說郛三種

伍

[明] 陶宗儀 等編

上海古籍出版社

説郛目録

弓第四十一

春明退朝録卷上

宋　常山宋敏求

熙寧三年予以諫議大夫奉朝請每退食觀唐人洎本朝名輩撰著以補史遺者因纂所聞見繼之先廬在春明里題爲春明退朝録云十一月晦常山宋敏求述

國朝宰相趙令盧相文潞公四十三登庸寇萊公四十四王沂公四十五賈魏公四十八樞密副使趙令三十九寇萊公三十一晏元獻公三十五韓魏公三十六參知政事蘇侍郎易簡三十六王沂公三十九知制誥蘇侍郎二十六王沂公二十七盧相楊文公晏元獻公宣獻公令宣徽使王公拱辰皆二十八夏文莊三十學士蘇侍郎二十八晏元獻公宣徽王公皆三十宣獻公三十五王沂公李邯鄲皆三十六楊文公錢子飛皆三十七盧相今參政王禹玉皆三十八吳正肅言律令有丁推推字不通少壯之意當是丁

稚唐以大帝諱避之損其點畫云

眞宗朝歲時始賜飲於宰相第大兩省待制以上赴林尚書特以諫議大夫爲三司副使亦預焉旣而并諸副使遂以爲常王太尉主會唯用太官之膳少加堂餐自丁晉公助以家饌至今踵之

天聖七年玉淸宮災遂罷輔臣爲宮觀使而景靈會靈祥源三宮觀以學士舍人管句康定元年李康靖公罷參知政事爲資政殿大學士提舉會靈觀自後學士皆爲提舉至和初晏元獻公以舊相爲觀文殿大學士提舉萬齡避家諱也觀而武臣今致政李少師端

愿爲觀察使止得管句祥源觀自陳於樞府宗袞宋元憲也謝朓謂謝安爲宗袞乃加以都管句今朝官亦云提舉非故事也

宗袞嘗言律云可從而違堪供而闕亞六經之文也

宋景文言人之屬文自穩當字第初思之未至也又曰爲文是靜中一業爾

本朝置樞密使副或置知樞密院同知院然使與知院不並置也熙寧元年文潞公呂宣徽爲使而潤州陳丞相自越州召爲知院前一歲陳丞相爲副使位在呂公之上故也

國初范魯公王祁公魏僕射三相罷趙令獨相始置參知政事自是一相或二相至咸平中始有呂文穆李文靖向文簡三相又至至和中文潞公劉丞相富鄭公三相

太平興國四年石元懿始以樞密直學士簽書院事八年張司空齊賢王公沔並以諫議大夫同簽書樞密院事景德三年馬正惠以檢校太傅韓公崇訓以

檢校太保並簽書樞密院事治平二年今郭宣徽爲同簽書院事

文臣爲樞密使皆帶檢校太尉太傅兼本官乾興元年錢文僖以兵部尚書爲樞密使不帶檢校官有司之失也

趙德明歸款眞宗賜以宗姓然不附屬籍晁文元草制云奕世荷殿邦之德舉宗聯命氏之榮寶元二年元昊叛詔削屬籍非也

唐太宗自撰鄭元成碑德宗亦撰段秀實碑

本朝太宗撰中令趙公碑皇祐中王侍郎子融守河中還乃以唐明皇所題裴耀卿碑額上之仁宗遂御篆賜沂公碑曰旌賢其後踵之者懷忠呂許公顯忠李武旌忠寇萊公全德元老王太尉敷忠積慶文潞公父沛親賢李侍中用和褒親齊國獻穆公旌功曹襄悼舊學晏元獻崇儒丁文簡舊德張鄧公顯先積慶趙中令子丞旌忠懷德張侍中耆儒賢高文莊褒賢范文正思賢劉丞相沆清忠王武恭旌忠元勳狄武襄褒忠陳恭公純孝張文孝英宗御篆忠規德範宋元憲上御篆淳得守正呂文穆大儒元老賈魏公

國朝歷三師三公者太祖卽位天雄節度待魏王彥卿自守太尉爲太師定難節度西平王李中令彝興自守太傅爲太尉荊南節度南平王高中令保融自守太保爲太傅

趙令以司徒太保侍中在中書以太保中書令留守西京又以太師西京養疾王文正以司空司徒太保在中書以太尉罷爲王清昭應宮使

范魯公以司徒在中書王祁公薛文惠呂文穆並以司空在中書丁晉公馮魏公王冀公並以司空司徒在中書韓魏公以司空在中書司徒爲節度侍中曹襄悼文潞公並以司空爲樞密使侍中呂文靖罷相以司徒監修國史曾魯公以司空爲節度侍中

呂許公以太尉致仕張鄧公曾魯公並以太傅致仕陳恭公以司徒致仕李相昉張相齊賢章郇公宋鄭公富韓公並以司空致仕

國朝宰相爲僕射魏公仁浦趙令薛文惠沈恭惠宋惠安李文正呂文穆呂正惠李文靖張司空王文正向文簡王冀公寇萊公呂許公王沂公賈魏公陳恭

公韓魏公文潞公富鄭公曾魯公二十二人樞相爲僕射陳文忠曹襄悼張榮僖王康靖四人樞密使爲僕射石元懿一人

列聖神御殿始咸平初眞宗令供奉僧元藹寫太宗聖容於啓聖院後玉清昭應宮範金祖宗像餘多塑像其殿名在京曰慶基奉先禪院奉宣祖開先太平興國寺奉太祖二聖玉清昭應宮奉太祖太宗同殿見上永隆啓聖院奉太宗見上安聖玉清昭應宮以下並奉眞宗奉眞景靈宮崇眞慈孝寺延萬齡觀永宗崇先觀孝嚴景靈宮奉仁宗英德景靈宮奉英宗在外曰武揚州建隆寺以下奉太祖興元

西京應天院端命滁州帝華西京應天院以下奉太宗統平太原府昭孝西京
應天院以下奉真宗信武澶州集真華陰雲臺觀又鳳翔太平宮有祖
宗神御殿南京鴻慶宮有三聖神御殿西京永安縣
會聖宮有五聖神御殿今京師定力院有太祖御像
國初待詔王靄畫諸后影殿曰重徽奉先禪院奉明德太后章穆皇后同殿彰
德慈孝寺奉章獻太后廣孝景靈宮奉章懿太后廣愛萬齡觀奉章惠太后
開寶八年十一月江南平留汴水以待李國主舟行
盛寒河流淺涸詔所在爲堰閘瀦水以過舟官吏擊
凍督役稍稽則皆何校甚者劾奏以次被罰州縣官

退朝錄〈卷上〉　六

降敕而杖之者凡十餘人
舊制將相食邑萬戶即封國公王太尉爲相過萬戶
而謙挹不封慶曆七年南郊中外將相唯夏鄭公合
萬戶中書請封英國公因詔使相未滿萬戶皆得封
於是王康靖封遂國公章文簡封郇國公王武恭封
冀國公其後遂以邑封合萬戶者徹國
國朝以來封國公者范侍中魯王文獻祁向侍中拱
燕秦靜難節度劉公重進燕保大節度趙公贊衞定國
節度馮公繼業梁張侍中永德鄧衞張尚書昭舒鄭陳孟

中令昶秦王中令彥超邠趙中令梁許陳呂文穆蔡徐許
冠忠愍萊丁秘監晉馮文懿魏曹襄悼韓魯鄆王文穆
冀張榮僖岐鄧徐呂文靖申許王文正沂張文懿郢鄧章文
簡鄖夏文莊英鄭王康靖遂鄧王武恭祁冀魯賈文元安許魏
陳恭公英岐文侍中潞杜正獻祁宋元憲莒鄭龐莊敏穎
韓侍中儀衞魏曾侍中英兗魯富相祁鄭韓
太子謚昭成許王元僖初謚恭孝改悼獻周王元祐
諸王謚悼秦王延美懿魏王德昭康惠岐王德芳恭憲楚王元佐恭靖陳王
元份文惠安王元傑恭懿鄧王元偓恭惠曹王元偁恭肅燕王元儼懷靖襄王

退朝錄〈卷上〉　七

勛悼穆豫王昕悼懿鄂王曦
公主謚恭懿宣祖女燕國大長公主降高懷德賢肅太祖女秦國大長公主降王承
衍賢靖太祖女晉國大長公主降石保吉恭惠太祖女許國長公主降魏咸信初謚正惠
改英惠太宗女燕國長公主降吳元扆和靜太宗女晉國大長公主降柴宗慶懿順
太宗女鄭國長公主降王貽永慈明太宗女申國大長公主報慈正覺大師清裕獻穆太宗
女齊國大長公主降李遵勖昭懷真宗女出俗爲道士號清虛靈照大師莊孝仁宗女楚
國大長公主降李瑋
宗室謚恭裕申王德文康孝南陽郡王惟吉安懿濮王允讓孝定相王允弼榮
易定王允良恭肅廣平郡王德隆思恪永嘉郡王允迪懿恭平陽郡王允升僖簡

信安郡王允寧康簡廣陵郡王德彝循國公承慶和懿定安郡王承簡恭僖舒國公承
懿僖靖同安郡王惟正僖穆丹陽郡王守節安僖榮王從式楚國公從信安簡
信都郡王德彝安恭博平郡王允初慈惠申國公德恭僖安楚國公守巽和惠
河東郡王承衍惠恪楚國公從古僖溫遂寧郡王承範良靜魏國公宗懿恭簡
韓國公宗禮良祁國公宗述吉國公克紹昭裕遂國公宗顏修孝南康郡王世永恭
樂平郡王承亮康僖光國公克廣榮僖陳國公承錫恭昌國公世滋
宰相謚文獻王祁公溥改文康宣懿魏僕射仁浦忠獻楚中令普文惠
薛相居正陳相堯佐恭惠沈相倫惠安宋相琪文正李司空昉王太尉旦正字犯仁
宗嫌名正惠呂相端正字犯仁宗嫌名文穆呂許公蒙正王冀公欽若文定張司空齊

退朝錄　卷上　八

賢李相迪文靖李相沆呂許公夷簡文簡畢相士安向相敏中忠愍寇萊公準文懿
馮魏公拯張鄧公士遜文正王沂公曾文節張相知白章惠王相隨改文惠文憲
章郇公得象改文簡元獻晏公殊正獻杜祁公衍恭陳相執中文元賈魏公昌朝
莊敏龐潁公籍元憲宋鄭公庠
樞密使謚元靖李公崇矩景襄楚公昭輔元懿石僕射熙載恭懿王公
繼英文莊高公若訥宣簡田公況惠穆呂公弼
樞密使相謚武惠曹侍中彬文忠陳僕射堯叟襄悼曹侍中利用榮
僖張侍中耆文僖錢公惟演思改恭毅楊公崇勳恭密改文康王相晦叔康靖
王侍中貽永文莊夏鄭公竦武恭王公德用

參知政事謚文懿郭尚書贄孫少傅抃文恭李公穆景肅趙公昌言康
節辛少傅仲甫恭肅溫尚書仲舒惠獻王尚書化基文定趙右丞安仁石少師
中立文僖陳公彭年康懿任尚書中正肅簡魯公宗道簡肅薛公奎宣獻
先公文忠蔡公齊文肅盛少傅度吳公奎忠憲韓少傅億忠穆王公鬷康
靖李少傅若谷文莊晁公宗慤安簡王公舉正文正范公仲淹正肅吳公育
文烈明公鎬文簡丁右丞度康穆程公戡文安王公堯臣質肅唐公介
樞密副使知院同知院謚宣靖錢郢州若水恭質宋公湜景
莊王公嗣宗正惠馬公知節正字犯仁宗嫌名安惠周侍郎起任少傅中師武穆
曹公瑋忠獻范尚書雍信質趙少師稹憲成李侍郎咨文孝張左丞觀文肅

退朝錄　卷上　九

鄭公戩恭惠任少師布威敏孫公沔孝肅包公拯文恭胡少師宿忠簡
王侍郎疇
使相謚恭惠安仲王審琦元靖王中令景正懿高中令保融正字犯仁宗嫌名
武烈石中令守信莊烈何中令福進恭孝孟中令昶武穆高公懷德忠順
陳公洪進忠懿錢中令俶莊武李侍中繼勳石公保吉安僖錢侍郎惟濟莊惠
宋太師偓恭惠張侍中美忠武李公繼隆武惠潘公美忠肅王公顯榮密
柴公宗慶恭密楊公崇勳恭僖李侍中用和文簡程柏琳良僖李公昭亮
文臣謚文安宋尚書白文莊江陵楊公忠定張尚書詠文恭薛尚書映忠
肅馬少保亮文楊侍郎億恭惠李中丞及文元晁少傅迥宣孫少傅奭康肅陳公

堯咨 章靖馮侍郎元 宣懿楊侍郎察 恪李右丞昭遘 景文宋尚書祁 襄余尚書靖
蔡安張尚書存 莊李尚書兊 修懿錢公明逸 懿敏王尚書素 懿靖李少師東之
武臣謚溫肅杜公審肇 恭僖杜公審瓊 恭惠杜公審進 武毅曹公翰崔公翰
忠武郭公守文 勤威馮公守信 和惠王公昭遠 恭肅王公承衍 忠惠吳公元扆
元惠周宣徽瑩 武康王公超 武懿曹公璨 忠毅彭公叡周公美 恭莊張公
潛 宣惠錢留後惟濟 和文李公遵勗 壯恪夏公隨王公凱 安毅鄭公守忠 忠
僖夏宣徽守贇 忠隱葛公懷敏 壯愍劉公平任公福 恭壯高公化 壯定楊留
後景宗 忠恪曹公宗 密郭宣徽承祐 良惠劉觀察從廣 榮毅許公懷德 良
定李留後端懿 勤惠張公孜

外戚謚武懿劉公通 康懷劉從德 安僖曹公記 恭懷曹公傅 景
思張堯封
內臣謚忠肅劉承規 安簡王承勛 僖靖藍繼宗 安恪盧守勲 僖
恭王惟忠 安僖岑守素 僖良皇甫繼明 良恪張永和 榮恪藍元用 忠
安張惟吉 僖勤史崇信石全育 僖恪劉從愿鄧保吉 威勤麥允信 僖安王守
中

任恭惠與呂許公同年進士而同爲博士恭惠登樞年耆康彊許公時尚爲相嘗所歎美詢其服餌之法恭惠謝曰不聽養生之術但中年因讀文選有所悟術謂石韞玉以山輝水含珠而川媚許公以爲然

父子掌誥國初至熙寧元年凡九家李文正昌武正字犯仁宗嫌名 王兵部文正王惠獻安簡 晁文元文莊錢希白修懿 梁翰林莊肅 呂文靖仲裕 宣獻公敏求 蘇儀甫子容

咸平六年併三部爲三司使官輕則爲權使公事慶曆中葉翰林道卿再總計止云權使蓋中書誤也其後遂分權使與使公事爲兩等

舍人院每知制誥上事必設紫褥於庭面北拜廳閣長立褥之東北隅謂之壓角宗衮作掖垣叢誌而不

解其事按唐舊書亦無聞焉惟裴廷裕正陵遺事云舍人上事知印宰相當壓角則其禮相傳自唐也予爲舍人日邵與宗入院不疑爲閣長壓角時議美之

翻譯新經始以光祿卿湯公悅兵部員外郎張公洎潤色之後趙文定楊文公晁文莊李尚書維皆爲譯經潤文官天僖中宰相丁晉公始爲使天聖三年又以宰相王冀公爲使自後元宰繼領之然降麻不入銜又以參政樞密爲潤文其事寖重每歲誕節必進新經前兩月二府皆集以觀翻譯謂之開堂亦唐之

清流盡在也前一月譯經使潤文官又集以進新經謂之閉堂慶曆三年呂許公羅相以司徒爲譯經潤文使明年致仕章郇公代之自後降麻入銜

宗袞嘗曰殘人矜才逆詐恃明吾終身不爲也亦縣唐相崔湜曰抑人以遠謗吾所不爲

予治平初同判尚書禮部掌諸處納到廢印極多率皆無用按唐舊說禮部郎中掌省中文翰謂之南宫舍人百日内須知制誥王元之與宋給事詩云須知百日掌絲綸又謂員外郎爲瑞錦窠員外郎廳前有

大石諸州府送到廢印皆於石上碎之又圖寫祥瑞亦員外郎廳所掌令狐楚元和初任禮部員外郎有詩曰移石幾回敲廢印開箱何處送新圖是也今之廢印安準故事碎之

唐内人墓謂之宫人斜四仲遣使者祭之

京師街衢置鼓於小樓之上以警昏曉太宗時命張公洎製坊名列牌於樓上按唐馬周始建議置鼕鼕鼓惟兩京有之後北都亦有鼕鼕鼓是則京都之制也二紀以來不聞街鼓之聲此後金吾之職遂廢之

矣

太常寺國初以來皆禁林之長主判而禮院自有判院同判院大中祥符中符瑞繁縟別建禮儀院輔臣主判而兩制爲知院天禧末罷知院天聖中省禮儀寺並兼禮儀事近有至六七人者按唐太常置卿一員少卿二員博士四員祥符中置博士二員後加至四員今若置判寺一員同判寺二員則合唐之卿數矣天聖元年改同判院爲司知院非博士也

太常寺舊在興國坊今三班院是也景祐初燕侍郎

肅判寺廳事畫寒林屏風時稱絶筆其後爲判寺好事者竊取之嘉祐八年徙寺於福善坊其地本開封府納稅所英宗在藩邸判宗正寺建爲廨舍既成而巳立爲皇子遂爲大常所請焉

端拱中西掖六舍人既而田錫罷職知陳州頃之宋湜貶均州團練副使王元之商州團練副使熙寧二年閣老錢君倚守江寧明年予自請出院李才元蘇子容皆落職惟吳冲卿權三司使不供職閣下無人草制遂命二直院焉

開寶二年李文正(正字犯仁宗嫌名)以中書舍人盧相以知制誥並命直學士院六年知制誥張公澹直學士院太平興國元年湯率更悅徐騎省鉉直學士院王焠州克正張侍郎洎直舍人院四人公皆江南文士也至熙寧二年復置舊官

唐制宰相四人首相爲太淸宮使次三相皆帶館職洪(正字犯宣祖廟諱)文館大學士監修國史集賢殿大學士以此爲次序本朝置二相昭文修史首相領焉集賢次相領焉三館職惟修史有職事而頗以昭文爲重

自次相遷首相乃得之趙令初拜止獨相領集賢殿大學士積兼修國史久之方遷昭文館薛文惠與沈恭惠並相薛自參政領監修拜相仍舊而沈領集賢畢文簡與寇忠愍並相而畢領監修寇領集賢王太尉獨相亦止領集賢近時王章惠麗莊敏初拜及獨相悉兼昭文修史二職非舊制也

文臣自使相除樞相罷節而還舊官景祐元年王沂公自使相帶檢校官復爲吏部尚書同平章事充樞密使慶曆七年夏鄭公自使相入樞仍帶節度使亦非舊制也

太祖太宗時文臣爲使相惟趙令一人眞宗時寇萊公王冀公二人節度使李南陽一人乾興後難遽數矣

唐文武參用袁滋自尚書右丞出華州刺史召爲左金吾衛大將軍如是者數人本朝頗循其制工部侍郎王公明兼黃州刺史給事中喬公維岳換海州刺史三司使尚書左丞李公士衡換同州觀察使學士承旨刑部尚書李公維翰換相州觀察使翰林學士

工部侍郎陳公堯咨換宿州觀察使如錢鄧州及慶曆初韓范龐王四公皆換觀察使以用兵擢之也龍圖閣直學士馬公季良換泰州防禦使非美遷也

武臣換文資者太宗時白州刺史錢昱換祕書監遷工部侍郎復換觀察使

眞宗優待王冀公景德中罷參知政事始置資政殿學士以命之宰相寇萊公頗抑之令班翰林之下乃命爲大學士冀公請鑄印不許遂領尚書都省以都省自有印也

後唐明宗以樞密使安重誨不通文義置端明殿學士以翰林學士馮道趙鳳爲之班樞密使之後食於其院端明殿卽西京正衙殿也本朝程侍郎羽爲之後隨殿名改爲文明殿學士李司空昉嘗爲之慶曆中以同永定謚號改爲紫宸殿學士丁文簡䇿參知政事爲之何右丞郯特爲御史言紫宸非人臣所稱又改爲觀文殿學士未幾賈魏公以使相換僕射因置大學士處之仍詔非歷宰相不除明道中改承明殿爲端明殿會先公自南都召歸特置學士班翰林

退朝錄 〈卷上〉 十六

資政之下與舊職名同而立位異矣

唐姚南仲不歷尚書侍郎而入省便爲僕射近世鄭文肅劉丞相張尚書方平王宣徽拱辰滕侍讀甫皆不歷郎中員外而便爲諫議大夫呂給事惠卿鄧中丞潤甫亦然

尚書省二十四司唐世以事簡者兼學士舍人本朝惟重左曹館職提點刑獄例得名曹省府判官轉運使得名曹又遷左曹學士舍人待制遷二資帶史撰更得優遷如蘇儀甫自刑部員外郎遷禮部郎中王原叔自工部郎中遷吏部郎中是也朝官帶史撰亦得優遷李邯鄲自博士爲禮部員外郎賈魏公自司封員外郎爲禮部郎中是也景祐中宋景文修樂書成遷工部員外郎慶曆中呂仲裕王原叔修崇文總目成並爲工部員外郎予預修唐書亦忝此官又朝選久不磨勘者郭諫議申錫遷右司員外郎穉擇之工部員外郎張修撰問禮部郎中

邇英閣講諷之所也閣後有隆儒殿在叢竹中制度特小王原叔久在講筵而身品短同列戲之曰宜爲

退朝錄 〈卷上〉 十七

隆儒殿學士

孫之翰言太祖一日召對趙中令出取幽州圖以示之趙令詳觀稱歎曰是必曹翰所爲也帝曰何以知之普對方今將帥材謀無出於翰此圖非翰也人不可爲也翰往必可得幽州然既得幽州陛下遣何人代翰帝黙然持圖歸內

楊庶幾孜言胡祕監旦退居襄陽鑱大硯以著漢春秋書成瘞其硯每聞大臣名士薨卒必作傳以紀其善惡然世不傳庶幾亦自有所述

杜甫終於耒陽槀葬之至元和中其孫始改葬於鞏縣元微之爲誌而鄭刑部文寶謫官衡州有經耒陽杜子美墓詩豈但爲誌而不克遷或已遷而故冢尚存耶

唐官有定員闕則補之後唐長興二年詔諸州得替節度防禦團練使刺史並令隨常朝官逐日立班二年敕免常朝令五日赴起居國初尚多前資官今閤門儀制尚有見任前任節度防禦團練使

太宗時始置磨勘差遣院後改爲審官眞宗時京朝

官四年乃得遷天聖中方有三年之制而在外任者不得遷須至京引對乃得改秩明道中始許外任歲滿亦遷時恭謝天地覃恩不隔磨勘有併遷者於是朝士始多皇祐明堂覃恩隔磨勘人情苦其不均英宗與上卽位赦復用恭謝之例

建隆至天禧每朝廷大禮二府必進官天聖二年南郊呂許公懇言之乃止自是加恩而已

每大禮兩府加恩功臣階勳食邑實封內得三種學士至待制大兩省得階勳而下二種大卿監至少卿監一種得加食邑郎中而下至朝京官一種階勳而已

凡加食邑宰相千戶實封四百戶餘降麻官食邑七百戶實封三百戶直學士以上食邑五百戶實封二百戶舍人待制散尚書至少卿監以上食邑三百戶實封一百戶

凡食邑三百戶封縣開國男五百戶封子七百戶封伯千戶封郡侯二千戶封公千五百戶以上始加實封

唐大帝時始有同中書門下三品時中書令侍中皆正三品大曆中並升爲二品晉天福五年升中書門下平章事爲正二品國初樞密使吳延祚以父諱璋加同中書門下二品用升品也

每南郊大禮循唐制命五使宰相爲大禮使學士爲禮儀使鹵簿使御史中丞爲儀仗使知開封府爲橋道頓遞使而禮儀使本太常卿事尚書兵部主字圖鹵簿使是其職也儀仗使排列之而鹵簿使督攝之其職事頗相通眞宗時東封西祀奉祀皆輔臣爲五

使南郊則用學士而下仁宗耕田恭謝大饗明堂祫
饗上大饗並循真廟之制

春明退朝錄卷中

予嘗判官誥院知制誥時又提舉兵吏司封官誥院而不白司勳恐遺之也凡文臣及節度觀察防團刺史諸司使副內殿承制崇班皆用吏部印管軍至軍校環衛官用兵部印封爵命婦用司封印加勳用司勳印

凡官誥之制后妃銷金雲龍羅紙十七張銷金褾袋寶裝軸紅絲網金紛褚公主銷金大鳳羅紙十七張銷金褾袋瑇瑁軸紅絲網塗金銀紛褚按皇后當降制誕誥不業

誥身而用冊本朝諸后皆止用告景祐元年立后始用冊治平熙寧皆循之親王宰相使相背五色金花綾紙十七張暈錦褾袋犀軸色帶紫絲網銀紛褚樞密使三師三公前宰相至僕射東宮三師嗣王郡王節度使白背五色金花綾紙十七張暈錦褾袋犀軸色帶參知政事樞密副使知院同知院簽書院事宣徽使僕射東宮三師御史大夫宗室率府副率以上白背五色綾紙十七張暈錦褾袋牙軸色帶尚書觀文殿大學士資政殿大學士東宮三少六統軍上將軍留後觀察使同上惟用法錦褾近者

用犛毛獅子錦以暈錦非舊制也三司使翰林學士承旨至直學士待制丞郎御史中丞大兩省賓客大卿監祭酒詹事庶子大將軍防團刺史橫行使内諸司使軍職遥郡樞密都承旨初除駙馬都尉白綾大紙七張法錦褾大牙軸色帶三司副使少卿監司業起居郎至正言知雜至監察御史郎中員外郎四赤令諭德少詹事家令率更令太子僕太常博士節度行軍司馬副使橫行副使諸司副使樞密副承旨軍職都指揮使忠佐馬軍步軍都軍頭以上藩方馬步軍都指揮使并

不遥郡者白綾大紙七張大錦褾牙軸青帶國子博士至洗馬通事舍人諸王友六尚奉御諸衛將軍承制崇班閤門祗候五官正諸州别駕樞密院諸房承旨如官至將軍以上用大綾紙大錦褾大牙軸兩使判官防團副使率府率副率京官館職堂後官中書樞密院主事諸軍職都虞候忠佐馬軍步軍副都軍頭諸班指揮使藩方馬步軍副都指揮使都虞候内供奉官至内品白綾中紙五張中錦褾中牙軸青帶祕書郎至將作監主簿白綾小紙五張黃錦褾角軸青帶幕職州縣官靈臺郎保章正諸州長史司馬中書錄事主書守當官樞密院令史書令史諸軍指揮使内品待詔書藝白綾小紙五紙小錦褾木軸青帶諸蕃蠻子大將軍司階司戈司候郎將以上並白綾大紙法錦大牙軸色帶凡修儀婉容才人貴人美人銷金小鳳羅紙七張銷金褾袋瑇瑁軸紅絲網塗金銀帉椾司言司正尚衣尚食典寶常使金花羅紙七張法錦褾袋内降夫人郡君團窠羅紙七張暈銀褾袋宗室婦常使金花羅紙七張法錦褾袋宗室女素羅紙七張法錦褾袋

國夫人銷金團窠五色羅紙七張暈錦褾袋郡夫人常使金花羅紙七張見任兩府母妻使團窠法錦褾袋以上至司言司正等皆用瑇瑁紫絲網帉椾郡君縣太君遥郡刺史正郎以上妻並銷金常使羅紙七張餘命婦並素羅紙七張

凡封贈父祖爲降麻官用白背五色綾紙法錦褾大牙軸餘雖極品止給大綾紙法錦褾大牙軸

凡朝士父在經大禮推恩得致仕官不給奉父任陞朝官以上致仕自得奉舊制若因其子更加秩則不給奉

凡宰相使相母封國太夫人妻封國夫人樞密使副使參知政事尚書節度使母封郡太夫人妻封郡夫人（樞密參政母經南郊封國太夫人）直學士以上給諫太卿監觀察使母封郡太君妻封郡君（舊制學士官至諫議大夫以上方得郡封天禧中詔改之）少卿監防團以下至陞朝官母封縣太君妻封縣君

凡輔臣宣徽使初入封三代爲東宮三少（曾祖爲少保祖爲少傅父爲少師）因進官或遇大禮進加至太師兩令國公使相節度使亦封三代尚書資政殿大學士三司使封

二代至太尉（大學士自如兩府例）學士至待制封一代至太尉餘陞朝官以上至吏部尚書（父歷兩府贈至師令國公歷兩制大兩省贈至太尉）

唐相止贈一代權德輿罷相爲檢校吏部尚書輿元節度使自潤州改葬其父於東都亡祖之域其祖倕終右羽林軍錄事參軍因表納檢校吏部尚書兼御史大夫請回贈祖一官詔不許納官特贈倕尚書禮部郎中（德輿在遷祔式假內公事皆差官服修服仍當有敕使及別奉詔命即令權承進上）

唐制宰相不兼尚書左右丞蓋僕射常爲宰相而丞轄留省中領事元和中韋貫之爲右丞平章事不久而遷中書侍郎又僕射給諫皆不爲致仕官然楊於陵爲左僕射致仕以僕射致仕（本朝沈相倫亦以僕射致仕）

唐節度使除僕射尚書侍郎謂之納節皆不降麻止舍人院出制天禧中丁晉公自保信軍節度使除吏部尚書參知政事先公在西閣當制至和中韓魏公自武康軍節度使除工部尚書三司使降麻非故事也

皇祐中宗衮請置家廟下兩制禮官議以爲廟室當靈長若身没而子孫官微即廟隨毀請以其子孫襲

三品階勳及爵庶常得奉祀不報

祕府有唐孟詵家祭儀孫氏仲饗儀數種大抵以士人家用臺卓享祀類几筵乃是凶祭其四仲吉祭當用平面氊條屏風而已

漢乾祐中除樞密使始降麻如將相之制本朝循之石元懿罷爲僕射亦降麻高文莊田宣簡呂寶臣罷止舍人院出告

天聖中修國史王安簡謝陽夏李邯鄲黄唐卿爲編修官安簡神情冲澹唐卿刻意篇什謝李嘗戲爲句

日王貌閑如鶴黃吟苦似猿

天聖中錢文僖留守西都而應天院有三聖御像去府僅十里朔望集衆官朝拜未曉而往朝拜畢三杯而退文僖戲爲句曰正好睡時行十里不交談處飲三杯又有人送驢肉復曰廳前捉到須依法合內盛來定付厨

宗衮嘗賞黃子溫詩子溫名孝恭天聖八年登進士第爲大理寺丞失官其從兄子思亦善詩詠懷曰日者未知裴令貴世人爭笑禰生狂重午日風簷燕引

五六子露井榴開三四花子思名孝先天聖三年登進士第終太常博士

治平三年予爲知制誥夏六月夢丞相遣朱衣吏召命草某人爲遂清殿學士制既寤不能記其姓名及其文詞也明年五月甲辰丞相遣朱衣吏召當制舍人呂縉叔草制除邵不疑爲寶文閣學士後數日得承旨張公所作詔云迺規層宇（正字犯御名）遂在西清恍然記去歲之夢與詔文離合其名若符契焉

尊號起於唐中宗稱應天神龍皇帝後明皇稱開元神武皇帝自後率如之陸贄嘗以諫德宗宗衮著尊號錄一篇繫以贊云損之又損天下歸仁蓋託諷焉上即位羣臣凡再上尊號率不許

李尚書維有三兄文靖丞相贊尚書虞部員外郎源太子中舍皆五十八而終尚書亦是歲大病懇言於朝乃罷翰林學士換集賢院學士出知許州王給事博文與其子景彝皆貳樞然並踰月而終

歐陽少師言爲河北都轉運使冬月按部至滄景間於野亭夜半聞車旅兵馬之聲幾達旦不絕問宿彼

處人云此海神移徙五七年間一有之

致政王侍郎子融言天聖中歸其鄉里青州時滕給事涉爲守盛冬濃霜屋瓦皆成百花之狀以紙摹之其家尚餘數幅

几節度州爲三品刺史州爲五品唐內臣爲中尉惟贈大都督國初曹翰以觀察使判潁州是以四品臨五品州也品同爲知隔品爲判自後惟輔臣宣徽使太子太保僕射爲判餘並爲知州

參知政事父見其進拜者盧朱崔吳正肅與尚書張

父安道樞副陳堯叟張文孝吳文肅由登用而朝廷多峻加其父恩命

唐時黄河不聞有決溢之患唐書惟載薛平爲鄭滑節度使始河溢瓠子東泛滑距城纔二里許平按求故道出黎陽西南因命其從事裴弘泰往請魏博節度使田弘正弘正許之乃籍民田所當者易以他地疏導二十里以殺水悍還壖田七百頃於河南自是滑人無患此外無所紀叅河朔地天寶後久屬蕃臣而事不聞朝廷也而汴河亦不聞疏通之事惟鄭畋

集載爲相時汴河淀塞請令河陽節度使於汴口開導仍令宣武感化節度使嚴帖州縣封閉公私斗門感化卽徐州也

唐兩京皆有三館而各爲之所所以逐館命修撰文字本朝三館合爲一並在崇文院中景祐中命修總目則在崇文院餘各置局他所蓋避衆人所見太宗實錄在諸王賜食廳眞宗實錄在元符觀祥符中修册府元龜王文穆爲樞密使領其事乃就宣徽南院廳以便其事自後遂修國史會要名曰編修院又修仁宗實錄而英宗實錄同時並修遂在慶寧宮史館領日曆局置修撰二員宰相爲監修自置編修院以修撰一人主之而日曆等書皆析歸編修院

唐在京文武官職事九品以上朔望日朝其文官五品以上及監察御史員外郎太常博士每日參武官五品以上仍每月五日十一日二十一日二十五日參三品以上九日十九日二十九日又參（王沂公家一本云四品以上九日十九日二十九日再參）其長上折衝果毅若文武散官五品以上直諸司及長上者各準職事參其洪（正字犯宣祖廟

諱）文館及國子監博士學生每季參若雨雪霑服失容及泥潦並停（以上唐儀制令）凡京百司有常參官謂五品以上職事官八品以上供奉官（以上唐六典）正（正字犯仁宗嫌名）元二年敕文官充翰林學士皇太子諸王侍讀武官充禁軍職事並不常朝參其在三館等諸職掌者並朝參訖各歸所務是年御史中丞竇參奏常參文武官準令每日參自艱難以來遂許分日待戎事稍平郎依常式其武官準令五品以上每月六參三品以上更加三參項並停廢今請準令却復舊儀十三年

御史臺奏諸司常參文官隔假三日以上並以橫行參假其武班每月先配九參六參九參謂一月九次六參謂一月六次今後每經三節假滿縱不是本配入日並依文官例橫行參假以上唐會要後唐同光二年四方館奏今後除隨駕將校及外方造奉專使文武兩班三品以上官可於內殿對見其餘並詣正衙從之天成元年御劄賜文武百僚每日正衙常朝外五日一赴內殿起居每月朔望日賜廊下食唐室承平時常參官每日朝退賜食謂之廊餐自乾符亂離罷之惟月旦入閤日

賜食明宗即位諫官請文武百僚五日一起居見帝於便殿李琪以為非故事以五日為繁請每月朔望日入閤賜廊下食罷五日起居之儀至是宜自朔望入閤外五日一起居以為常天成元年敕今後若遇不坐正殿日未御內殿前便令閤門使宣不坐放朝班退是年御史臺奏凡新除官及差使者合於正衙謝辭每遇內殿起居日百官不於正衙敘班其差使及新除官辭謝不令參謝每內殿起居日百僚先敘班於文明殿庭候辭謝官退則班入內殿從之晉天

福二年中書門下奏在內廷諸司使等每除正官請令赴正衙謝後不赴常朝其京官未陞朝官祇赴朔望朝參從之以上五代會要國朝諸在京文武陞朝官每日朝其有制免常朝者五日一參起居國朝令文按唐制文武職事官並赴常參武班五日一參又有三日一參五日參并朔望為六參三日參乃九參所謂常參官未有無職事者由後唐同光中乃分常朝內殿凡隨駕將校外方進奉使文武三品以上官即於內殿對見其餘並詣正衙至天成初詔文武百官每日常朝外五日一赴內殿

起居其趨朝官遇宣不坐放朝各退歸司本朝視朝之制文德殿曰外朝凡不釐務朝臣日赴是謂常朝垂拱殿曰內殿宰臣樞密使以下要近職事者并武班日赴是謂常起居每五日文武朝臣釐務令釐務並赴內朝謂之百官大起居是則本朝之制自為三等蓋天子坐朝莫先於正衙殿於禮群臣無一日不朝者故正衙雖不坐常參官猶立班俟放朝乃退唐有職事者謂之常參今隸外朝不釐務者謂之常參唐日御宣政設殿中細仗兵部旂旛等於廷朝官退

皆賜食自開元後朔望宗廟上牙盤食明皇意欲避
正殿遂御紫宸殿喚仗入閤門遂有入閤之名在唐
時殊不爲盛禮唐末常御殿更無仗遇朔望特設之
趨朝者仍給廊下食所以鄭谷輩多形於詩詠嘆美
而五代行之不絶祖宗數御文德殿行入閤禮熙寧
三年予被詔修閤門儀制以爲文德入閤非是當喚
仗御紫宸殿請下兩制與太常議之學士承旨王公
珪等以爲入閤是唐日坐朝之儀不足行詔削去其
禮予與閤門諸君因請如唐御宣政禮量設仗衛御

之詔乃可令朔望御文德殿始於此也閤門有舊入
閤圖頗約其禮而簡便之凡文武官百人執仗四百
人其五龍五鳳五嶽五星旗御馬皆立殿門之外舊
制凡連假三日而著於令者宰相至壓朝官盡赴文
德殿參假謂之横行次日百官仍赴内殿起居近年
連假後多便起而廢横行之禮
吏部流内銓每除官皆云權判正衙謝復正謝前殿
引選人謝辭縣唐以來謂之對別判銓與選人同入
起居畢判銓於殿廷近北西嚮立選人謝辭訖出判
銓官亦謝而出近止令選人門謝辭判銓不復入
魏野居於陝郊其地頗有水竹之勝客至必留連飲
酒真宗時聘召不起天禧中卒贈祕書省著作郎野
子閑有父風皇祐中天章閣待制李公昭遘守陝言
於朝賜號清逸處士
古者將葬請謚以易名近世多案殯或已葬而請謚
唐獨孤及謚郭知運而右司員外郎崔夏以爲知運
葬巳五十年今請易名竊恐非禮及以爲請謚者五
家皆在葬後苗太師一年呂諲四年盧奕五年顔杲

卿八年獨知運遂以過時見抑且八年與五十年其
緩一也舉奪殊制不可遂謚知運曰威
國朝以來博士爲謚考功覆之皆得濡潤慶曆八年
有言博士以美謚加於人以利濡潤有同納賂有詔
不許收所遺於是舊臣子孫竟來請謚既而禮院厭
其煩遂奏釐革嘉祐中李尚書維家復來請謚博士
呂縉叔引詔以罷之
唐制兼官三品得贈官如韓文公曾爲京兆尹兼御
史大夫後終吏部侍郎而贈禮部尚書是也又觀察

使多贈兩省侍郎以就三品得謚國初以來惟正官三品方得謚兼官贈三品不得之眞宗命陳彭年詳定遂詔文武官至尚書節度使卒許輟朝贈至正三品許請謚而史失其傳眞元中光祿卿知河陽鄭立卒而輟朝非故事也

上元然鐙或云沿漢祠太一自昏至晝故事梁簡文帝有列鐙賦陳後主有光壁殿遥詠山鐙詩唐明皇先天中東都設鐙文宗開成中建鐙迎三宮太后是則唐以前歲不常設本朝太宗時三元不禁夜上元御乾元門中元下元御東華門後罷中元下元二節而初元游觀之盛冠於前代

周禮四時變國火謂春取榆柳之火夏取棗杏之火季夏取桑柘之火秋取柞楢之火冬取槐檀之火而唐時惟淸明取榆柳火以賜近臣戚里本朝因之惟賜輔臣戚里帥臣節察三司使知開封府樞密直學士中使皆得厚贈非賜例也

唐曲江開元天寶中旁有殿宇安史亂後盡圮廢文宗覽杜甫詩云江頭宮殿鎖千門細柳新蒲爲誰綠

因建紫雲樓落霞亭歲時賜宴又詔百司於兩岸建亭館太宗於西郊鑿金明池中有臺謝以閱水戲而士人游觀無存泊之所若兩岸如唐制設亭即踰曲江之盛也

太宗時建東太一宮於蘇耶遂列十殿而五福君碁二太一處前殿冠通天冠服絳紗袍餘皆道服霓衣天聖中建西太一宮前殿處五福君碁大遊三太一亦用通天絳紗之制餘亦道冠霓衣熙寧五年建中太一宮內侍主塑像乃請下禮院議十太一冠服禮院乃具兩狀一如東西二宮之制一請盡服通天絳紗會有言亳州太淸宮有唐太一塑像上遣中使視之乃盡服王者衣冠遂詔如亳州之制

綠髹器始於王冀公家祥符天禧中每爲會即盛陳之然製自江南頗質朴慶曆後浙中始造盛行於時

嘉祐初兗國公主降李瑋時少師歐陽公長禮臺與諸博士折衷婚禮頗放古制治平中邵不疑以知制告權知諫院請選官撰本朝冠喪祭之禮乃詔禮院詳定遂奏請置局於本院不許因循寢之

皇祐二年七月李侍中用和卒詔輟視詔下禮院乃檢會李繼隆例院吏用印紙申請自二十一日至五日輟朝而二十四日太廟孟饗在輟朝之內同知院范侍郎鎮引春秋仲遂卒猶繹請罷饗判寺宋景文以日遠集議不及止之會緒見大中祥符三年四月敕石保吉卒輟四日五日七日朝三日其六日太廟孟饗已是大祠不坐又二十六日宣祖忌行香奉慰予時同知院欲請移輟二十七日朝判寺王原叔言與申請反覆遂亦止

退朝錄　卷中　十六

歐陽少師提總修太常因革禮遣姚子張闢見問太祖建隆四年南郊改元乾德是歲十一月二十九日冬至而郊禮在十六日何也乃檢月曆其敕制云律且協於黃鍾日正臨於甲子乃避晦而用十六日甲子郊也及修實錄以此兩句太質而削去之遂失其義皇祐二年當郊而日至復在晦宗袞遂建明堂之禮

張唐公言徐常侍謫邠州時柳仲塗開為守與之鄭仲賢文寶為陝西轉運使鄭即騎省門人也到官即來致謁而仲塗郡務不舉頗憚其來乃先懇於徐公鄭既謁見徐曰柳侯甚奉畏鄭翌日而還

列子廟在鄭州圃田其地有小城貌甚古相傳有唐李德裕王起題名而前輩留紀甚多景祐中王文惠公為章惠太后園陵使還請增葺之於是舊迹都盡今其榜陳文惠之筆

孟州汜水縣有武牢關城城內有山數峰一峰上有唐昭武廟按李德裕會昌一品集載昭武廟乃神堯太宗塑像今殿內有二人立而以冠傳付之貌或云

退朝錄　卷中　十七

失二帝塑像而但存侍者故也

李文正公罷相為僕射奉朝請居城東北隅昭慶坊去禁門遼遠每五鼓則輿置白居易集數冊於茶鐐中至安遠門仗舍然燭觀之俟啟鑰則赴朝雍熙二年三月詔中書申後兩棒鼓出樞密院中後四棒鼓出

開寶六年六月敕參知政事薛居正呂餘慶於都堂與宰臣趙普同議公事是月又敕中書門下押班知印及祠祭行香今後宜令宰臣趙普與參知政事薛

居正呂餘慶輪知既而復有釐革
雍熙四年文德殿前始置參政塼位在宰相之後至
道中寇萊公爲參知政事復與宰臣輪日知印正衙
押班其塼位遂與中書門下一班書敕齊列銜街衢
並馬宰相使相上事并有公事並升都堂及萊公罷
遂詔只令宰臣押班知印參政止得輪祠祭行香正
衙塼位次宰臣之下立凡有公事並與宰臣同升都
堂如宰臣使相上事即不得升
景德四年六月敕臣僚自外到闕及在京主執如有

公事並日逐於巳時以前中書客院聚廳相見其後
復分廳見客慶曆八年禁止之如景德之制
太宗製笏頭帶以賜輔臣其罷免尚亦服之至祥符
中趙文定罷參知政事爲兵部侍郎後數歲除景靈
宮副使眞宗命廷賜御仙花帶與繡韉遂服御仙帶
自後二府罷者學士與散官通服此帶遂以爲故事
予親見蔡文忠罷參知政事爲戶部侍郎服此帶蓋
曾爲學士用詔文金帶曾經賜者許繫之先公爲翰林及侍讀兩學士淸災峇職爲中書舍人仍舊服金帶舊例皆如此景祐三年八月方著詔其宰相罷
免雖散官並依舊服笏帶李文定天聖中自祕書
監來朝除刑部侍郎並服笏帶近有罷參政者黑帶
佩魚而入非故事也入兩府自黑帶賜笏帶者太
宗朝例甚多祥符中張文節自待制爲中丞而參政
事天聖中姜侍郎自三司副使爲諫議大夫而樞密
並賜如上

春明退朝錄卷下

京城士人舊通用青絹涼繖大中祥符五年九月惟許親王用之餘並禁止六年六月始許中書樞密院依舊用繖出入

丁晉公天禧中鎮金陵臨秦淮建亭名曰賞心中設屏及唐人所畫袁安臥雪圖時稱名筆後人以蘆鴈圖易之嘉祐初王侍郎君玉守金陵建白鷺亭於其西皆棟宇軒敞盡覽江山之勝

唐成都府有散花樓河中有薰風樓綠莎廳揚州有賞心亭鄭州有夕陽樓潤州有千巖樓今皆易其名或不復見

祕府書畫予盡得觀之二王眞蹟內三兩卷有陶穀尚書跋尾者尤奇其畫梁令瓚二十八宿眞形圖李思訓著色山水韓滉水牛東丹王千角鹿其江南徐熙唐希雅蜀黃筌父子畫筆甚多

王祁公家有晉諸賢墨蹟唐相王廣津所實有永存珍祕圖刻閻立本畫老子西昇經唐人畫鎖諫圖王冀公家褚遂良書唐太宗帝京篇太宗見謙東贊步輦圖錢文僖家書畫最多有大令黃庭經李邕雜蹟錢宣靖家王維草堂圖周昉安惠家獻之洛神賦蘇侍郎家魏鄭公諫太宗圖楚樞密有江都王馬王尚書仲儀有回文織錦圖以上皆錄見者

揚州后土廟有瓊花一株或云自唐所植即李衛公所謂玉蘂花也舊不可移徙今京師亦有之

近人有收漢祖過沛圖者畫蹟頗佳而有僧爲觀者所指翌日並加僧以幅巾

金陵老王勝之轉運兩浙於民家得唐沈旣濟所撰

劉展亂紀一卷時唐書已成所載展事殊略按展上元元年爲宋州刺史與御史中丞李銑皆副淮西節度使王仲昇銑貪暴無法而展性剛鯁不折王仲昇奏銑狀而誅之次謀及展然展居睢陽有兵權難亟圖乃與監軍使邢延恩矯詔以展爲都統江南淮南節度防禦使代李峘欲其赴鎮於塗中執之也展頗以爲疑遣使請符節於峘旣得之悉舉睢陽兵七千人赴廣陵延恩始約李峘與淮南東道節度使鄧景山圖展及事露傳檄州郡言展反狀發兵距之展亦

露布言李崵反而南北警急文檄交馳於道景山渡淮隕於徐城洪爲展所敗又破李崵於下蜀二年命田神功舉平盧軍東下展迎擊爲神功再破之遂棄廣陵而奔江南以舟師自金山引鬭神功有五船而展殺其二船後爲賈隱林射展中目因而斬之傳首京師收器械三千餘萬展既平租庸使元載以吳越雖兵荒後民產猶給乃辟召豪吏分宰列邑以重斂之其州縣賦調積有逋違乃稽諸版籍通校大數八年之賦舉空名以歛之其科率之例不約戶品之上

下但家有粟帛者則以人徒圍襲如擒捕寇盜然後簿錄其產而中分之甚者七八九時人謂之白著言其厚歛無名其所著者皆公然明白無所嫌避一云世人謂酒酣爲白著既爲刻薄之後人不堪其困弊則必顛沛酩酊如飲者之著也劉晏傳中與此亦有白著差異渤海高云有白著歌曰上元官吏務剝削江淮之人多白著其所紀用兵次第甚詳此槩舉之云

賈直孺在翰林建言皇子不當爲檢校師傅乃詔止除檢校太尉

九宮貴神始天寶初術士蘇嘉慶上言請置壇明皇親祠及王璵爲相又勸肅宗親祠大和中監察御史舒元輿論列遂降爲中祀會昌中李德裕爲相復爲大祀宣宗時又降爲中祀乾符中宰相崔彥昭因歲旱禱雨獲應又升爲大祀

宗衮言世傳魏鍾繇表云竊憤怒之衆竊非可通勉勵之意恐古人借使又疑其誤

宰相三入者趙中令太祖朝初相太宗朝兩入呂文穆太宗朝再相眞宗朝一入呂許公張鄧公仁宗朝

皆三入

學士三入李文正劉中山子儀中山三入玉堂集云三入翰林皆待詔揚昭度宣召入院其舉自代皆宣獻公宋景文范景仁四入李邯鄲五入而一不拜

建隆三年十二月班簿二百二十四員文班一百五十四人內南班一百一十人兩省二十七人學士三人留司十人武班七十四人內留司一十一人

梁開平二年南郊執儀仗兵士二千九百七十人建隆四年郊兵部執儀仗兵士一萬三千六十人太常

寺鼓吹等二千六百四人太僕寺推駕兵士六百八十二人六軍執擊人員兵士五百五十二人左右金吾街仗各一百五十二人左金吾仗三百五十八人右金吾仗三百五十九人殿中省押番人員并執擊兵士共五百三十一人司天臺一百六十二人八司都四千三百七十三人合兵部二萬七千四百三十三人

予家有范魯公雜録記世宗親征忠正駐蹕城下管中夜有白虹自淝水起亘數丈下貫城中數刻方没

自是吳人閉壁踰年殍殕者甚衆及劉仁贍以城歸遷州於下蔡其城遂蕪廢又曰江南李璟發兵攻建州王延政有白虹貫城未幾城陷舍宇焚爇殆盡

又曰近朝皇太后皇后皆有印篆文曰皇太后之印皇后之印故事二宮立各有宮名長秋長樂長信之類是也宜以宮名爲文至尊之位亦不合言印當云某宮之寶

又曰近世諸王公主制中稱皇子皇弟皇女疑皇字相承爲例止合云第幾子第幾弟第幾女云

又曰江南有國時田每十畝蠲一畝半以充瘠薄

又曰罰俸例一品八貫二品六貫三品五貫四品三貫五百五品三貫六品二貫七品一貫七百五十八品一貫三百九品一貫五十

又曰上古以來逐朝所名黄帝起元用辛卯曆顓帝用乙卯曆虞用戊午曆夏用丙寅曆成湯用甲寅曆周用丁巳曆魯用庚子曆秦用乙卯曆漢用太初曆四分曆三統曆魏用黄初曆景初曆晉用元正字犯聖祖名始曆合元萬分曆宋用大明曆元嘉曆齊用天保曆

同章曆正象曆後魏用典和曆正元曆正象曆梁用大同曆乾象曆永昌曆後周用天和曆丙寅曆明元正字犯聖祖名曆隋用甲子曆開皇曆皇極曆大業曆唐用戊寅曆麟德曆神龍曆大衍曆元和觀象曆長慶宣明曆寶應曆正元曆景福崇元正字犯聖祖名曆晉天福用調元曆周顯德用欽天曆云本朝太祖用應天曆太宗用乾元曆真宗用宜天曆仁宗用崇天曆英宗用明天曆已而復用崇天曆

忠懿錢尚父自國初至歸朝其貢奉之物著録行於

時令大宴所施塗金銀花鳳狻猊壓舞茵蠻人及銀裝龍鳳鼓皆其所進也凡獻銀絹綾錦乳香金器璘瑁寶器通天帶之外其銀香龍香象獅子鶴鹿孔雀每集皆千餘兩又有香囊酒甕諸什器莫能悉數祥符天聖經火多燬去今太常有銀飾鼓十枚尚存

外臣除節度使景德前止舍人院作制楊文公外制集議潘羅支厮鐸督朔方軍節度數制是也其後遂學士院降麻如大禮加恩在將相後數日方下然不鎖院不宣麻近年遂同將相例鎖院告廷矣

交州進奉使舊多遣兵馬使或攝管内刺史或靜海節度賓幕之職及其歸多加檢校官或就遷其職如行軍司馬副使之類近皆自稱王官又以王官命之

尚書省舊制尚書侍郎郎官不得著靴報過都堂門

唐兵部吏部侍郎郎官選限内不朝今審官東西院三班院皆預内朝而流内銓止趨五日起居疑循舊制也

丁晉公馮魏公位三公侍中而未嘗冠貂蟬杜祁公相甫百日當慶曆四年郊祠貂冠公衮又升輅奉冊改謚諸后

杜祁公罷相知兗州寓北郊佛寺以待兗州接人踰再浹日會宗衮自汝陽召還過其寺造謁而杜公曰處此幾與在中書日同矣旦暮北去欲識壁云淳汾陽曾留此蓋自戲其居位不久也

杜祁公休退居南都客至無不見止服衫帽嘗曰七十致政可用高士服乎

唐宰相奉朝請即退延英止論政事大體其進擬差除但入熟狀畫可令所存有開元宰相奏請狀二卷

鄭畋鳳池稾草内載兩爲相奏擬狀數卷祕府有擬狀注制十卷多用四六紀其人履歷性行論薦皆宰相自草五代亦然冦萊公謂楊文公曰予不能爲唐時宰相蓋嬾於命詞也今中書日進呈差除退即批聖旨而同列押字國初范魯公始爲之

李西樞憲成爲知制告尚衣緋出守荆南召爲學士閤門舉例賜金帶而不可加於緋衣乃并賜三品服

太宗命製毬路笏帶賜輔臣後雖罷免亦服焉趙文定罷參知政事頃之除景靈宫副使賜以御仙帶自

後罷宰相仍服笏帶罷參樞皆止服御仙帶
江南有清輝殿學士張公洎爲之蜀有麗文殿學士韓昭爲之今契丹有乾文閣待制
皇后有謚起於東漢自是至于隋皆單謚光烈陰皇后明德馬皇后和熹鄧皇后文獻獨孤皇后是也史家取帝謚冠其上以別之如云光烈皇后陰氏明之德皇后馬氏也非謂欲連帝謚而名之也然則質家尚單文家尚複後世或用複謚如唐正（正字犯仁宗嫌名）觀中長孫皇后謚文德後太宗謚文皇帝文德自是複

退朝錄　卷下　九

謚其議自用二名偶同太宗之謚爾中宗謚孝和趙氏謚和思言取帝謚配之其後昭成肅明元獻章欽（正字犯翼祖廟諱）獻眞昭德莊憲諸后皆不連帝謚國初追尊四廟三祖之后冠以帝謚及杜太后崩始謚明憲未幾欲同三祖之后遂改昭憲及太祖諸后自連孝字太宗后連德字眞宗后連莊字皆用複謚非連帝謚爲義慶曆中乃言孝字連太祖謚德字連太宗謚遂改爲章以連眞宗謚且祖宗謚號皆十餘字豈止配一字爲義又太祖功烈豈專以孝稱大宗后連德字乃在下文與祖宗后謚文不對可如東漢諸后單稱之乎皇祐中予爲禮官龍圖閣直學士趙周翰奏議甚詳下禮院時新以章易莊朝廷以宗廟事重不欲數更張遂寢其所奏
祖宗朝使相節度使未嘗有領京師官局者其奉朝請必改他官多爲東宮三少上將軍統軍趙中令以使相自河陽還除太子少保至明道中錢相始爲景靈宮使治平中武康節度李公端愿始爲醴泉觀使
至和中仁宗疾平以太宗至道年升遐深惡其年號

退朝錄　卷下　十

趣詔中書改之是歲以郊爲恭謝天地改元曰嘉祐
宋景文言大小孤山以孤獨爲字有廟江壖乃爲婦人狀龍圖閣直學士陳公僩夫留詩曰山稱孤獨字廟塑女郎形過客雖知誤行人但乞靈時稱佳句
太祖時大卿監卒皆輟朝一日景德以前文武官贈三品皆不得謚曾任三品官乃得謚眞宗大中祥符中命陳文僖公彭年重定以正三品尚書節度使卒始輟朝贈尚書節度使許定謚自後遵用其制而日曆實錄國史皆遺其事

尚父錢忠懿王自太祖開基貢獻不絕帝以其恭順待之甚厚及討江南命爲昇州東南面行營招撫制置使屢獻戎捷及拔常州拜守太師依前尚書令兼中書令吳越國王又親赴行營帝益嘉之詔令歸國江南平亟請入覲許之既至會太祖幸洛陽郊禋西駕有日矣詔趣其還忠懿臨别面叙感戀願子孫世世奉藩太祖謂曰盡吾一生盡汝一生令汝享有二浙也忠懿以帝賜重約既得歸喜甚以爲太保其國矣是歲永昌禺成後二年來朝遂舉版籍納王府焉

退朝錄　〈卷下〉　十一

唐王及善曰中書令可一日不見天子乎太祖開寶九年以中外無事始詔旬假日不坐然其日輔臣猶對于後殿問聖體而退至道三年三月二十九日旬假是日太宗猶對輔臣至夕帝崩李南陽沆撰詞曰朝馮玉几言猶在夜啟金縢事已非時稱佳作至眞宗時旬假輔臣始不入寶元中西事方興假日視事慶曆初乃如舊

唐白文公自勒文集成五十卷後集二十卷皆寫本寄藏廬山東林寺又藏龍門香山寺高駢鎮淮南寄語江西廉使取東林集而有之香山集經亂亦不復存其後履道宅爲普明僧院後唐明宗子秦王從榮又寫本寘院之經藏今本是也後人亦補東林所藏皆篇目次第非眞與今吳蜀摹版無異

夏鄭公爲宣徽使忠武軍節度使自河中府徙判蔡州道經許昌時李邯鄲爲守乃徙居他所空使宅以待之夏公以爲知體

凡公家文書之稾中書謂之草樞密院謂之底三司謂之檢今秘府有梁朝宣底二卷即正（正字犯仁宗嫌名）明

退朝錄　〈卷下〉　十二

中崇政院書也檢即州縣通稱焉

祖宗時宰相罷免唯趙令得使相餘多本官歸班參樞亦然天僖中張文節始以侍讀學士知南京天聖中王文康以資政殿學士知陝州自慶曆後解罷率皆得職焉

祖宗時唯樞密直學士帶出外任李尚書維罷翰林爲集賢院學士知許州劉中山子儀自翰林爲臺丞李憲成以翰林權使三司皆斬出並以樞密直學士劉知潁州李知洪州蔡文忠以翰林兼侍讀兩學士

改龍圖閣學士知密州自翰林改龍圖而出藩繇文忠始也近歲率帶侍讀及端明學士那公昺以侍讀學士知曹州孫宣公亦以侍講知兖州二公皆久奉勸講遂優以其職補外自張文節以舊輔臣帶侍讀出守至寶元年梅公詢始以侍讀學士知許州侍讀帶外任自梅公始也其後翰林出者率皆換此職

晁文元公天僖中自翰林承旨換集賢院學士判西京留臺吳正肅公皇祐中以資政殿學士李少師公明嘉祐中以龍圖閣直學士並換集賢判西臺近歲

皆以禁職分臺

太宗命創方圓毬路帶亦名笏頭帶以賜二府文臣明道初張徐公爲樞密使兼侍中獨得賜之皇祐初李侍中用和以叔舅蘄賜時王侍中貽永爲樞密使遂并賜之其後曹侍中亦以叔舅而賜焉

文穆王冀公天聖初再爲相既拜命謝恩即請詣景靈宮奉真殿朝謝真宗皇帝冀公仍以五百千建道場託先公爲齋文其略曰奉諱之初謝病於外臨西宮而莫及企南狩以方遥失其本餘不盡記自後一府初拜恩入謝即詣景靈宮㕘謁冀公故事也

凡拜職入謝多有對賜拜官加勳封謝恩雖二府亦無有景德初王冀公以參知政事判大名府召還加邑封時契丹方講好真宗欲重其事冀公入謝特命以衣帶鞍馬賜之自後二府轉官加階勳封邑入謝並有對賜

慶曆四年賈魏公建議修唐書始令在館學士人供唐書外故事二件積累既多乃請曾魯公掌侍郎唐卿公釐附於本傳五年夏命四判館二修撰刊修時

王文安宋景文楊宣懿今趙少師判館閣張尚書余尚書安道爲修撰又命編修官六人曾魯公趙龍閣周翰何密直公南范侍郎景仁邵龍閣不疑與子而魏公爲提舉魏公罷相陳恭公不肯領次當宋元憲而以景文爲嫌乃用丁文簡丁公薨劉丞相代之劉公罷相王文安代之王公薨曾魯公代之遂成書初景文修慶曆編敕未暇到局而趙少師請守蘇州王文安丁母憂張楊皆出外後遂景文獨下筆久之歐少師領刊修遂分作紀志曾公始亦以編敕不入局

周翰亦嘗至後辭之公南過開封幕不疑以目疾辭去遂命王忠簡景彝補其缺頃之呂縉叔入居劉仲更始修天文曆志後充編修官將卒業而梅聖俞入局修方鎮百官表嘉祐五年六月成書曾公以提舉日淺自辭賞典唯賜器幣歐宋二公范王與余皆遷一官縉叔直祕閣仲更崇文院檢討宋謝而卒聖俞先一月餘卒詔官其一子初編修官作志草而景彝分禮儀與兵志探討唐事甚詳而卒不用後求其本不獲縉叔欲作釋音補少遺逸事亦不能成

退朝錄 〈卷下〉 十五

太尉舊在三師之下繇唐以來以上公爲重李光弼自司空爲太尉薨贈太保郭子儀自司徒爲太尉薨贈太師李德裕自司徒爲太尉皆以超拜李載義自司徒爲太保王智興自司徒爲太傅二人府具贈太尉是以上公寵待宗臣餘雖有功可遷保傅而掌武之尊不可得也五代至國初節度使皆自檢校太傅遷太尉太尉遷太師然無升秩明文

北都使宅舊有遷馬廳按唐韓偓使云外使進鷹初得按中官過馬不敎嘶注云上每乘馬必中官馭以進謂之過馬既乘之蹤斯鳴也蓋唐時方鎮亦從之因而名廳事也

唐明皇以諸王從學名集賢院學士徐堅等討集故事兼前世文辭撰初學記劉中山公子儀愛其書曰非止初學可爲終身記

二府舊以官相壓李文正自文明殿學士工部尚書爲參知政事而宋惠安公乃自左諫議大夫參知政事遷刑部尚書居其上至祥符末王沂公與張文節公同參知政事王轉給事中張轉工部侍郎而班沂公下意頗不悅乃復還貳卿之命止以舊官優加階

退朝錄 〈卷下〉 十六

邑自後第以先後入爲次序

太宗詔諸儒編故事一千卷曰太平總類文章一千卷曰文苑英華小說五百卷曰太平廣記醫方一千卷曰神醫普救總類成帝日覽三卷一年而讀周賜名曰太平御覽又詔翰林承旨蘇公易簡道士韓德純僧贊寧集三教聖賢事迹各五十卷書成之贊寧爲首坐其書不傳真宗詔諸儒編君臣事迹一千卷曰冊府元龜不欲以后妃婦人等事厠其間別纂彤

管鋐範七十卷又命陳文僖公裒歷代帝王文章爲宸章集二十五卷復集婦人文章爲十五卷亦世不傳

樞密院問降宣故事具典故申院按令有梁朝宣底二卷載朱梁正（正字犯仁宗嫌名）明三年四年事每事下有月日云臣李振宣或除官差官或宣事於方鎭等處其間有云宣頭宣命宣旨者梁朝以樞密院爲崇政院始置使以大臣領之任以政事正（正字犯仁宗嫌名）明年是李振爲使當時以宣傳上旨故名之曰宣而樞密

院所出文字之名也似欲與中書敕並行雖無所明見疑降宣始自朱梁之時晉天福五年改樞密院承旨爲承宣亦似相合其底乃底本也繫日月姓名者此所以爲底闔令尚仍舊名（熙寧七年月十三日）

或問令之敕起何時按蔡邕獨斷曰天子下書有四一曰策書二曰制書三曰詔書四曰戒敕然自隋唐以來除改百官必有告敕而從敕字予家有景龍年敕其制蓋須由中書門下省故劉禕之云不經鳳閣鸞臺何謂之敕唐時政事堂在門下省而除擬百官必中書令宣侍郎奉舍人行進入畫敕字此所以爲敕也然後政事堂出牒布於外所以云牒奉敕云云也慶曆中予與蘇子美同在館子美嘗携其遠祖珦唐時敕數本來觀與予家者一同字書不載勅字而近世所用也

皇祐二仁宗始祀明堂范文正公時守杭州而杜正獻致政居南都蔣侍郎希魯致政居蘇州皆年書體康范公建言朝廷部禮宜召元老舊德陪位于廷於是乃詔南都起杜公西都起任安惠公陪祀供帳都亭驛以待焉二公卒不至加賜衣帶器

弊賜一子出身自後前兩府致政者大禮前率有詔召之然亦無至者禮畢皆賜衣帶器弊焉

本朝兩省清望官尚書省郎並出入重載官祖宗時兩制亦同之王黃州罷翰林滁州謝上表云臣頭有重戴身彼朝章是也其後祥符天禧間兩制並徹去之非故事也祖宗時未有磨勘每遇郊祀等恩皆轉官未滿二載者不轉官例加五階王黃州自知制告未有勲便加柱國在滁州爲散郎自承奉郎加朝散大夫階

宋偓後唐明宗之外孫蕿太祖之駙馬歷累鎮節度檢校太師同中書門下平章事有女十五人開寶皇后最居長韓樞密崇訓寇萊公王武恭公皆其壻也

多亭國封張尚書安道言嘗收得舊本道家奏章圖其天門有三人守衛之皆金甲狀謂葛將軍掌旌周將軍掌節其一志記嘉祐初仁宗夢至大野中如迷錯失道左右侍衛皆不復見既而遙望天際有旛幢車騎乘雲而至輟乘以奉帝帝問何人荅何葛將軍也以儀衛護送帝至宮闕乃寤後詔令宮觀設像供事之

於道書中求其名位然不得如圖之詳也護送帝至宮闕乃寤後詔令宮觀設像供事之於道書中求其名位然不得如圖之詳也

至道二年十一月司天冬官正楊文鎰建言曆日六十甲子外更留二十年太宗以謂支干相承雖止於六十本命之外卻從一歲起首並不見當生紀年若存兩周甲子共成上壽之數使期頤之人猶見本年號令司天議之司天請如上旨印造新曆頒行可之

本朝之制凡霈宥大赦曲赦德音三種自分等差宗爲言德音非可名制書乃臣下奉行制書之名天子自謂德音非也予按唐常袞集赦令一門總謂之德音蓋得之矣

太宗淳化五年日曆載上謂侍臣曰聽斷天下事直須耐煩方盡臣下之情昔莊宗可謂百戰得中原之地然而守文之道可謂懵然矣終日沈飲聽鄭衛之聲與胡樂合奏自昏徹旦謂之聒帳半酣之後置畋酒篚沈醉躬弓至夜不已招箭者但以物擊銀器言其中的與俳優輩結十弟兄每略與近臣商議事必

傳語伶人叙相見遲晚之由縱兵出獵涉旬不返於優倡猱雜之中復自矜寫春秋不知當時刑政何如也蘇易簡書於時政曰上自潛躍以求多詳延故老問以前代興廢之由銘之於心以爲鑑戒上來數事皆史傳不載秉筆之臣得以紀錄焉

唐日曆正正字犯仁宗嫌名觀十年十月詔始用黃麻紙寫詔敕又曰上元三年閏三月戊子敕制敕施行既爲永式比用白紙多有蟲蠹自今已後尚書省頒下諸司及州下縣宜並用黃紙魏志劉放孫資勸明帝召司馬宣王帝納其言即以

黄紙令放作詔

澠水燕談錄

宋　王闢之

慶曆中郎官呂覺者勘公事已回奏對臣衣緋已久乞改章服仁宗曰待刑差遣與卿換章服不欲因鞫獄與人恩深慮刻薄之徒望風希進加人深罪耳帝寛厚欽恤之德如此廟號曰仁不亦宜乎

皇祐末契丹請太廟樂仁宗以問宰相對曰恐享祀不可習也樞密副使孫公沔曰當以禮折之請謂使者曰廟樂之作皆本朝所歌以詠祖宗功德也他國

可用耶使如能助吾祭乃覩之仁宗具言使者不敢復請

陳文惠將終前一日自爲墓誌曰宋有潁州先生堯佐字希道號智餘子年八十不爲夭官一品不爲賤老而納祿不爲辱三者粗備歸息於先秦國太夫人仲兄丞相棲神之域吾何恨哉

范文正公知邠州暇日率僚屬登樓置酒未舉望見縗絰數人營埋葬具者公亟令詢之乃寓居士人卒於邠將出殯近郊謂棺椁皆所未具公憮然即輟宴

廓厚賙給之使畢其事坐客感嘆有泣下者

孫明復先生近居太山之陽枯槁憔悴髮皓白著春秋尊王發微十五篇爲春秋學士未有過之者也故相李文正公守袞就見之嘆曰先生五十一室獨居誰事左右不幸風雨食飲生疾奈何弟之女賢可以奉先生箕帚固辭文定公曰吾女不妻先生不過爲一小官人妻先生德高天下幸婿李氏榮貴莫大於此先生曰宰相國女不以妻公侯貴戚而固以嫁山谷衰老藜藿之人相國之賢古無有也余不可不成相國之賢遂妻之其女亦甘淡薄事先生以盡婦道當時士大夫莫不賢之

澠水燕談錄　八　二

趙晉好學著述太宗擢典制誥逾月卒子東之亦有文前以職事死塞下家極貧三女皆幼無田以養無宅以居僕趙延嗣者久事舍人義不忍去竭力營衣食以給之雖勞苦不避如是者十餘年三女皆長延嗣未嘗見其面至京師訪舍人之舊媒嫁三女見宋翰林白楊侍郎徽之發聲大哭具道所以二公驚謝曰吾被衣冠且與舍人友而不能恤舍人之孤不迫汝遠矣迎三女歸京師擇良士嫁之三女皆有歸延嗣乃去祖徠先生石守道爲之傳以厲天下云

曹天州于令儀者市井人也長厚不忤物晩年常願豐富一夕盜入其家諸子擒之乃鄰子也令儀曰女素寡悔何苦而爲盜邪曰迫於貧耳問其所欲曰得十千足以衣食如其欲與之既去呼之盜大恐謂曰汝貧甚夜負錢以歸恐爲人所詰留之至明使去盜大感愧卒爲良民鄉里稱君爲善士君擇子侄之秀者起學室延名儒以教之子伋姪傑倣舉進士第今爲南曹令

澠水燕談錄　八　三

眉山蘇詢少不喜學幾壯猶不知書年二十七始發憤讀書舉進士又舉茂才皆不中曰此未足爲吾學也焚其文閉戶讀書五六年乃大究六經百家書說嘉祐初二子軾轍至京師歐陽文忠公獻其書于朝士大夫爭持其文二子舉進士亦皆在高等於是父子名動京師而蘇氏文章擅天下目其文曰三蘇蓋詢爲老蘇軾爲大蘇轍爲小蘇也

舊制郊祀禮成駕還闕門有勘契之儀其制以竹爲

塗長三尺鏤金飾其端緘以泥金縫囊金吾掌之金塗銅爲鏁長三尺其端所以合符者也貯以泥金紫囊爲前掌之駕至端門閤吏闔扉以問曰南來者爲誰駕前司告曰大皇皇帝奏請行勘箭之儀施交勘奏曰勘乞又審曰是否贊者齊聲曰是三審乃闢扉列班起居駕乃入契刻檀爲金飾鱗鬣别刻檀板爲坎足以容魚駕前掌魚殿前掌板駕過殿門合魚乃啓扉其制如勘箭之儀熙寧中詔罷其制

京師品官之喪用浮屠法繫鍾初無定制景德中令文武卿監武臣大將軍命婦人郡夫人以上令於夫詩開寶繫鍾至於爲例

進士之舉至於本朝尤盛而沿革不一開寶六年因徐士廉伐鼓訴訟帝御講武殿覆試自此始賜詩自興國二年呂蒙正榜始分甲第自興國八年王世則榜始賜袍笏自祥符中姚曄榜始賜宴自呂蒙正榜始賜同出身自王世則榜始賜别科出身自咸平三年陳克咨榜始唱名自雍熙二年梁顥榜始稱封謄錄覆考編排皆始於景德祥符之間

慶曆中歐陽文忠公謫守滁州有琅琊幽谷山川奇麗鳴泉飛瀑如環珮公登臨忘歸僧智仙作亭其上公刻石爲記以遺州令既去十年太常博士沈遵好奇之士聞而往遊其地山水秀絕以琴寫其聲爲醉翁引以敘其事然調不主聲爲知琴者所惜後三十餘年公薨遵亦殁其後廬山道人崔閑遵客也妙於琴理常恨此曲無詞乃譜其聲請撰於東坡居士以補其缺然後聲詞皆備遂爲音中絕妙好事者爭傳其詞曰琅然清圜誰彈向空山無言惟有醉翁知其

然一天雨露明月娟娟人未眠荷蕢過山前曰有心也哉此絃第二疊泛聲同此醉翁去後空有朝吟怨山有時而回巔水有時而回淵思翁無歲年翁今爲飛仙此意在人間試聽徽外三兩絃方居士之補詞其聲閑爲絃倚爲詞頃刻而就無有黜竄遵之子爲比丘號末覺眞禪師居士書以與之云二水同器有不相入二琴同手有不相應沈君信手彈琴而與泉合居士縱筆作詞而與琴會此必有眞同者矣

洛陽至京六驛舊未嘗進花李文定公留守始以進

進歲差府一人乘驛馬晝夜驅至京師所進止姚黄魏紫四五朶用菜葉實籠中藉覆上下使馬不動揺亦所以禦日氣有以蠟封花蔕可數日不落至今歲貢不絶江陰軍北距大江地僻鮮過客無將之煩所隸一縣公事絶少通州南阻江東北濱海士大夫罕至居民以魚鹽自給不爲盜賊獄訟希簡士宦三州者最爲優逸故士大夫以江陰爲兩浙道院通州爲淮南道院也

澠水燕談錄八　　六

幙府燕閒錄

宋　畢仲詢

唐末錢尚父鏐始兼有吳越將廣牙城以大公府有術者告曰王若改舊爲新有國止及百年如塡築西湖以爲之當十倍於此王其圖之鏐所謂術者曰豈有千年而有天下無眞王乎有國百年吾所願也卽於治所增廣之及忠懿歸朝錢氏霸吳越凡九十八年

范文正公嘗爲人作墓銘已封將發忽曰不可不使師魯見明日以示尹師魯曰希文名重一時後世所取信不可不愼也今謂轉運使爲部刺史知州爲太守誠爲脫俗然今無其官後必疑之此正起俗儒爭論也希文撫巳曰賴以示子不然吾幾失之范文正公作岳陽樓記爲世所貴尹師魯讀之曰此傳奇體也

吳叅政少以學究登科復中賢良爲翰林學士常常草制以示歐陽文忠稱之因戲曰君福至心靈歐陽文忠在翰林日常與同院出遊有逸馬斃犬於前文

幙府燕閒錄八　　一

忠顧曰君試言其事同院曰有犬卧於通衢逸馬蹄而殺之文忠曰使子修史萬巻未已也内翰以爲何如文忠曰逸馬殺犬於道

池州進士鄒閬食貧有守一日將之外邑凌晨啓戶見一小篕籠子在門外無封鎖開視之乃白金酒器數十事約重百兩殆曉寂無追捕者遂挈歸謂其妻曰此物無脛而至豈天賜我乎語未絶閬覺左股上有物蠕動見金色爛然乃一蠶也遂撥去之未廻手復在舊處以足踐之雖隨足而碎復在閬胷腹在上

矣弃之於水投之於火刀傷斧斫皆不能害衾裯飲食之間無所不在閬甚惡之遂訪友人之有識者曰吾子爲人所賣矣此謂之金蠶延至吾鄉雖小而爲禍頗大能入人腹中殘齧腸胃復完然而出閬愈惧乃以籠挈之事告之其友曰吾固知之矣子能事之卽得暴富矣此蟲日食蜀錦四寸收取糞乾而屑之置少許於飲食中人食之者必死蟲得所欲日致它財以報之閬笑曰吾豈爲此也友曰固知子不爲也然則奈何閬曰復以此蟲并舊物置籠中弃之則無患矣友人曰凡人畜此蟲久而致富即以數倍之息并元物以送之謂之嫁金蠶其蟲乃去直以元物送之必不可遣今子貧居豈有數倍之物乎實爲子憂之閬乃仰天嘆息曰吾平生以清白自處誓不失節不幸今有此事遂歸家其妻曰今固事之不可送之又不能惟有死耳若等好爲後事乃取其蟲擲於口中而吞之舉家救之不及妻子號慟謂其必死數日間無所苦飲啜如故逾月亦無恙竟以壽終因白金之故亦致小康豈以至誠之感不爲害乎

古之幞頭自隋以前只是皂絹幕其首唐馬周始制四脚繫於上二脚垂於後又加巾子制度不一武后時賜臣下巾子謂之武家樣又有高頭巾子明皇賜臣下内樣巾子又裴寬嘗自制巾子僕射巾自唐中葉巳後謂諸帝改製其垂二脚或圓或濶周絲弦爲骨梢翹矣臣庶多效之然亦不妨就枕余家有陳宏畫明皇裹頭坦腹仰卧吹玉笛圖又鄭谷詩云玉階春冷未催班楚拂塵衣就枌眠其便如此唐末喪亂自乾符後宮娥宦官皆用木圍頭以紙絹爲襯脚用

鋼錢爲骨就其製成而戴之取其緩急之便不暇如
平時對照繫裹也僖宗愛遂製成而進御五代帝王
多裹朝天幞頭二脚上翹四方僭位之主各創新樣
或翹上而反折於下或如團扇蕉葉之狀合抱於前
僞孟蜀始以漆沙爲之湖南馬希範二角左右長丈
餘謂之龍角人或誤觸之則終日頭痛至劉漢祖始
任晉爲并州衙校裹幞頭脚左右長尺餘橫直之不
復上翹迄今不改其制予幼年嘗見先相文簡公舊
物中有幞頭羅一段織出花額花界道必是臨時裁

剪而爲之文簡公畏漆應寒時猶裹羅幞頭其後服
紗漆者須隔年製下乃可戴今時以垂脚素紗者爲
纏不知起於甚時

國子博士王某知扶風縣有李生以貲拜官每見王
輒稱同院王不能平因而面質曰某自朝士與君名
位不同而見目同院何也李生徐曰固知王公未知
縣事峙自是國子博士謂之國博某以納粟授官亦
穀博也豈非同院乎王罵之大笑

故事邊郡入粟授官以厚價市駿馬猶不如意每以
爲恨常騎過市醫工李生滑稽能詼遮道謂曰君馬
新市其價幾何曰一百五十千李生盛稱壯健以爲
價賤王怪問之李生曰馱得三千石穀豈非壯健邪

老學菴筆記

宋　陸游

趙元鎮丞相謫朱崖病亟自書銘旌云身騎箕尾歸天上氣作山河壯本朝

政和中大儺下桂府進面具比進到稱一副初訝其少乃是八百枚為一副老少妍陋無一相似者乃大驚至今桂府作此者皆致富天下及外夷皆不能及也

鼂以道為明州船場日每日平旦具衣冠焚香占一

卦一日有士人訪之坐間小雨以道語之曰某今日占卦有折足之象然非某也客至者當之必驗無疑君宜戒之士人辭去至巷口踐滑而仆脛幾折療治累月乃愈

余在南鄭見西陲俚俗謂父曰老子雖年十七八有子亦稱老子乃悟西人所謂大范老子蓋尊之以為父也建炎初宗汝霖留守東京群盜降附百餘萬皆謂汝霖曰宗爹爹蓋此比也

北方多石炭南方多木炭西蜀又有竹炭燒巨竹為之易燃無烟奈久亦奇物邛州出鐵烹鍊利於竹炭炭皆用牛車載以入城予親見之

元豐中王荊公居半山好觀佛書每以故金漆版書藏經名還人就蔣山寺取之士人因有金漆板代書帖與朋儕往來者已而苦其露泄遂用竹兩片相合以片紙封其際久之其製漸精或又以縑囊盛而封之南人謂之簡板北人謂之板牌其後又通謂之簡板或簡牌予淳熙末還朝則朝士乃以小紙高四五寸闊尺餘相往來謂之手簡簡板幾廢市中遂無賣

者而市肆作手簡紙賣之甚售

宣和末婦人鞋底尖以二色合成名錯到底竹骨扇以木為柄舊矣忽變為短柄止插至半扇各不徹頭皆服妖也

崇寧中長星出推步躔度長七十二萬里

天下名山惟茅山華山青城山無僧寺青城十里外有一寺曰布金洪水壞之今復葺於其旁里許

王廣津宮詞云新睡起來思舊夢見人忘却道勝常勝常猶今婦人言萬福也前輩尺牘有云尊候勝常

者勝字當平聲讀
今僧寺輒作庫質錢取利謂之長生庫至爲鄙惡余按梁甄彬嘗以束苧就長沙寺庫質錢後贖苧還於束苧中得金五兩送還之則此事亦已久矣
晉語人兒二字通用世說載桓溫行經大將軍墓望之曰可兒可兒蓋謂可人爲可兒也故晉書孫綽與庾亮牋皆曰可人陶淵明不欲束帶見鄉里小兒亦是以小人爲小兒耳故宋書云鄉里小人也
謝景魚家有陳無已手簡一編有十餘帖皆與酒務官託買浮炭其貧可知浮炭謂投之水中則浮故也樂天詩曰日暮半爐麩炭火浮炭謂之麩炭
今人書某爲厶皆以爲俗從簡便其實古某字也穀梁桓二年蔡侯鄭伯會于鄧范甯注云鄧厶地陸德明釋文曰不知其國故云厶地本又作某
蘇叔黨政和中至東都見妓稱錄事太息謂廉宣仲曰今世一切變古唐以來舊語皆廢此猶存唐舊可喜前輩爲妓曰酒糾蓋謂錄事也相藍之東有錄事巷傳以爲朱梁時名妓崔小紅所居

自元豐皆置尚書省復二十四曹繁簡絶異在京師時有語曰吏勳封考筆頭不倒户度金倉日夜窮忙禮祠主膳不識判硯兵職駕庫典了潑袴刑都北門總是冤魂工屯虞水白日見鬼及駕幸臨安喪亂之後士大夫亡失告身批書者多又軍賞百倍平時賄賂公行冒濫相乘饟軍日滋賦斂愈繁而刑獄日衆故吏户刑三曹吏胥人人致富餘皆寂寞彌甚吏輩又爲之語曰吏勳封考三婆兩嫂户度金倉細酒肥羊禮祠主膳喫虀吃麵兵職駕庫咬姜呷醋刑都北門人肉餛飩工屯虞水生成餓鬼

前輩遇通家子弟初見請納拜者既受之則設席望其家遙拜其父祖乃就坐先君尚行之
陳師錫家享儀謂冬至前一日爲冬住與除夜之歲除爲對蓋本之閩音也余讀太平廣記三百四十卷有盧頊傳云是夕冬至除夜乃知唐人冬至前一日亦謂之除夜詩唐風日月其除除音直慮反則所謂冬至者冬除也陳氏傳其語而失其字耳
湯岐公初秉政偶浙寺奏牘有云生人婦者高廟問

此有法否泰盃公云古之法中有夫婦人與無夫者
不同上素喜岐公顧問曰古亦有之否岐公曰古法
有無臣所不能記然生人婦之語盖出三國志杜畿
傳上大驚乃笑曰卿可謂博記矣
南朝詞人謂文爲筆沈約傳云謝玄暉善爲詩任彦
昇工於筆約兼而有之又與湘東王手書論文章之
獎曰詩既若此筆又如之又曰謝朓沈約之詩任昉
陸倕之筆任昉傳又有沈詩任筆之語老杜寄賈至
嚴武詩云賈筆論孤憤嚴詩賦幾篇杜牧之亦云杜

詩韓筆愁來讀似倩麻姑癢處抓亦襲南朝語爾往
時諸晁謂詩爲詩筆非也
蘇子容詩云起草才多封卷速把麻人衆引聲長蘇
子由詩云明日白麻傳好語曼聲微繞殿中央盖昔
時宜制皆曼延其聲如歌詠之狀張天覺自小鳳拜
右揆有旨下閤門令宣讀遂爲故事
吳中地薄斸地二三尺輒見水予頃在南鄭見一軍
校火山軍人也言火山之南地尤枯瘠鋤鑊所及烈
焰應手涌出故以火名軍尤爲異也

周宇文護與母閻書曰受形稟氣皆知母子誰知薩
保如此不孝乃對母自稱小名南齊武帝崩鬱林王
即位明帝謀廢立右僕射王晏盡力助之從弟思遠
謂晏曰兄荷武帝厚恩一旦贊人如此事何以自立
因勸之引决及晏拜驃騎謂思遠兄思微曰隆昌之
末阿戎勸吾自裁若從其語豈有今日思遠曰如阿
戎所見猶未晚也此乃對兄自稱小名畢景儒幙府
燕閒錄載蘇易簡初及第時與母書自稱帳帳亦小
名也從伯父右司小名馬哥在京師省祖母楚國夫
人出上馬楚國偶有所問自屏後呼馬哥執事官聞

之白伯父曰夫人呼請吏部盖此輩亦習聞之也今
吾人子弟稍長便不欲人呼小名雖尊者亦以行第
呼之氣習風俗日薄如此奈何
政和宣和間妖言至多織文及纈帛有徧地桃冠有
並桃香有佩香曲有賽兒而道流爲公卿受籙議者
謂桃者逃也佩香者背鄉也賽者塞也籙者戮也
蔡京書神霄玉凊萬壽宮及玉皇殿之類玉字傍一
點筆勢險急有道士覩之曰此點乃金筆而鋒芒侵

王豈吾教之福哉時李德柔勝之親聞其言以語先君靈素詆釋教謂之金狄亂華當時金狄之語雖詔令及士大夫章奏碑版亦多用之或以爲靈素前知金狄之語故欲廢釋氏以厭之其實亦妖言也

謝景魚名倫滌硯法用蜀中貢餘之紙先去墨徐以絲瓜磨洗餘漬故都時定器不入禁中惟用汝器以定器有芒也

淮南諺曰雞寒上樹鴨寒下水驗之皆不然有一媪曰雞寒上距鴨寒下嘴上距謂足縮一下嘴謂其咮

於翼間

宋廢后入道謂之教主郭后曰金庭教主孟后曰華陽教主其實乃一師號耳政和後群黃冠乃敢上道君尊號曰教主不祥甚矣孟后在瑤華宮遂去教主之稱以避尊號吁可怪也

任元受事母盡孝母老多疾病未嘗離左右元受自言老母有疾之憂或以飲食或以燥濕或以語話稍多或以憂喜稍過盡言皆朝暮之候無毫髮之差五臟六腑中盡皆洞見曲折不待切脈而知故用藥必效雖名醫不迨張魏公作都督欲辟之入幕元受力辭曰盡言方養親使得一神丹可以長年必持以遺老母不以獻公也況能捨母而與公軍事耶魏公太息而許之

秦檜之有十客曹冠以教其孫爲門客王會以婦弟爲親客郭知運以離婚爲逐客吳益以愛婿爲嬌客施全以刺刃爲刺客李季以設醮奏章爲羽客弓侈以治產爲莊客卞異以出入其家爲狎客曹詠以獻計取媚爲說客而只有此九客耳秦既葬其亡父於

建康有蜀人史叔夜者懷雞絮號慟墓前其家大喜因厚遺之遂爲吊客足十客之數

齊民要術有鹹杬子法用皮漬鴨卵盐漬爲之今吳人用虎杖根漬之亦古遺法

古謂帶爲一腰猶今謂衣爲一領周武帝賜李賢御所服十三環金帶一腰是也近世又以帶爲一條語頗鄙不若從古爲一腰也

都下買婢謂未嘗入人家者爲一生人喜其多純謹也余在閩中與何揩之同閱報狀見新進驟用者揩

之曰渠是一生人宜其速進余怪而詰之揞之曰爲朝士者既爲人所忌嫉又多謗故新進者常無患蓋有徵也

老學菴續筆記

宋 陸游

麻姑傳王方平曰吾子不戲作狡獪事蓋古語謂戲爲狡獪列異傳云北地傳書小女折茯作鼠以狡獪是也今閩人謂之兒戲爲狡頑蓋本於此或以姦猾爲狡獪則失之

吳會又當吳興會稽兩郡吾固已言之偶讀文選魏文帝詩云惜哉時不遇適與飄風會吹我東南行南行至吳會連兩用會字爲韻昔人所無後一韻爲會稽之會已疑焉然設爲會稽之會已久雖名輩或承誤用之又南史隱逸褚伯玉傳齊高帝手詔吳會二郡以禮迎遣

隋書元胄傳文帝嘗於正月十五日與近臣登高時胄不在上卽令馳召之及胄見上謂曰公與人登高未若就朕也賜宴極歡正月十五日登高不見他書嘗考之韓退之有人日登高詩

唐初魏鄭公等撰隋書以隋文帝之父名忠故凡忠字唐皆諱之誠謂死事之臣爲誠節傳書中凡忠臣

皆曰誠臣書作於唐猶爲隋避諱驟讀之殆不可曉太宗詩云疾風知勁草板蕩識誠臣是避隋諱耳

海南儋崖諸郡出勒竹杖大於幹澁竹膚有芒可以剉瓜東坡詩云倦看澁勒晴蠻烟是也

嘉祐四友王荆公呂申公司馬温公韓少師

元祐四友蘇子瞻錢穆父王仲至蔣頴叔

梅宛陵詩好用案酒俗言下酒也出陸機草木疏荇按余也白莖葉紫赤圓徑寸餘浮水上根在水底與之深淺莖大如釵股上青下白煮其白莖以苦酒浸之脆美可案酒今北方多言案酒

余在蜀見東坡先生手書一軸曰黄幡綽告明皇求作白打使此官亦快人意哉味東坡語似以白打是博戲耳

王羲之先諱正故法帖中謂正月爲一月或爲初月其他正字率以政代之

唐有一種色謂之退紅王建牡丹詩云粉光深紫膩肉色退紅嬌王貞白倡樓行云龍腦香調水教人染退紅花間集樂府床上小薰籠韶州新退紅蓋退紅若今之粉紅髹器亦名作此色者今無之矣紹興末縑帛有一等似皂而淡者謂之不肯紅亦退紅之類也

蔡元慶對答喜笑溢於顔面雖見所甚恨者亦親厚無間人莫能測謂之笑面夜义盛章尹京典藩以慘毒聞殺人如刈草菅然婦雌聲欲語先笑未嘗正視人或置人死地時亦柔懦不異平日此尤可怪也

太宗自京尹嗣位秦王繼之秦王後但命近臣權之開封百餘年間非東宫親王不去權字意謂京尹師

祖宗曾爲之故人臣不敢居猶唐以太宗嘗爲尚書令三百年間遂無敢爲者雖郭尚父之勳業亦避之也

市井中有補治故銅鐵器者謂之骨路莫曉何義春秋正義曰說文云錮塞也鐵器穿穴者鑄鐵以塞之使不漏禁人使不得任宦其事亦似之謂之禁錮余按骨路正是錮字反語

漢書鄭侯音賛今亳州鄭縣乃音才何反而字書鄌字亦才何反云邑名一作鄭而賛字部有鄭字亦云

邑名按班固十八侯銘云文昌四友漢有蕭何序功第一受封爲鄼唐楊巨源丹鳳樓宣赦上門下相公詩云請問漢家功第一麒麟閣上識鄼侯是字二音顏注未必是也

太史公作張耳陳餘傳秦將作稱二世使人遺李良書云良嘗事我得顯幸良誠能反趙爲秦赦良罪貴良四句云云唐傳曰上嗟乎吾獨不得廉頗李牧爲吾將吾豈憂匈奴哉兩句而語若飛動減一字不得

杜少陵曲江詩云一片花飛減却春風飄萬點正愁人且看欲盡花經眼莫厭傷多酒入脣江上小堂巢

翡翠苑邊高塚臥麒麟細推物理須行樂何用浮名絆此身二聯中疊用三花字而意不重複又何妙也

王元之詩云兩株紅杏映籬斜妝點香山副使家何事春風容不得和鶯吹折數枝花語雖極工然大風折樹而鶯有不去於理未通當更求之

老泉布衣時初未有名蜀人大簡者乃薦於韓魏公歐陽文忠公張文定公詞甚切至文亦高雅今蜀人多傳其本而東坡潁濱二公獨無一語及大簡者老泉集中與大簡往來亦止有辭召試一書耳如與大簡請納拜書蜀人至今傳之集亦不載初疑偶然耳久之又得老蘇所作大簡墓銘亦不在其中乃知編集時有意刪去不知其意果何在也

蓼花洲閒錄

宋　高文虎

五代時有僧某卓菴道邊藝蔬丐錢一日晝寢夢一金色龍食所藝萵苣數畦僧寤驚且曰必有異人至已而見一偉丈夫於所夢之處取萵苣食之僧視其狀貌凜然遂攝衣延之餽食甚勤頃刻告去僧囑之曰富貴無相忘因以所夢告且曰公他日得志願爲老僧只於此地建一大寺偉丈夫乃藝祖也既即位求其僧尚存遂命建寺賜名普安都人稱爲道者院

則壽皇聖帝王封之名已兆於此

江南徐謂得畫牛晝齧草闌外夜則歸臥闌中持以見後主煜煜獻闕下太宗問羣臣俱無知者惟僧贊寧曰南倭海水或減則灘磧微露倭人拾方諸蚌胎中有餘淚數滴得之和色著物則晝隱而夜顯沃焦山時或風燒飄擊忽有石落海岸得之滴水磨色染物則晝顯而夜晦

兵部尚書杜業任樞密有權變足機會兵賦民籍指之掌中其妻張氏妬悍尤急室絶如妾業憚之如事嚴親烈祖常命元皇后召張至内庭誡之曰業位望通顯得置妾媵何拘忌如此豈婦道所宜邪張雪涕而言業本狂生遭逢聖運多壘之初陛下所籍者鴑馬未竭爾而又早衰多病縱之必貽其患將誤於任使耳烈祖聞之大加獎歎以銀盆綵段賞之

陳覺微時爲宋齊丘客及爲兵部侍郎也其妻李氏妬悍親執庖爨不置妾媵齊丘選已之婢三人與之李亦無難色奉事三婢若舅姑禮人問其故李曰此令公寵倖之人見之若面令公何敢倨慢三婢既不

自安求還宋第宋笑而許之

大中祥符八年四月二十三日夜榮王宮火起時大風從東北來五更後火益盛（子起登樓見之知是禁中遍夕不寐）未明東宮六位一時蕩盡宮人多有走上東華門樓有出不及者焚死百餘人（東宮六位東行第一雍王第二相王第三南陽郡王西行第一兗王第二曹王第三榮王第四即連御厨寄遍上臺）二十四日左掖門東並不開朝者皆趨右掖門天明宰臣等立於内東門廊廡之下既而火至承天門西燒儀鸞司又燒朝元殿後閣西至東上閤門長春殿西廊拆南北廊以絶火勢

火遂南燒內藏庫香藥庫又東回燒左藏庫直西燒秘閣史館午時燒乾元門東角樓西至朝堂救之而止未時火出宮城連燒中書省門下省鼓角司審官院是夕燒毀屋舍計二千餘間救焚而死者千五百人火至夜不絕宰臣樞密兩制是夕並宿禁中是時救左藏庫人尤衆輦出金銀帛疋莫知其數積於城墻之上及燒角樓風急回東北又燒之煙燄燭天救者不能措手初燒長春殿南廊火自屋內西行忽隔十餘間而發人皆奔走趨避之所存惟大內及中書

樞密院以西而已是時二王無居處寓于東華樓至夕召入禁中明日出居于上源驛時焚諸庫中香聞十餘里秘閣三館圖籍一時煨燼俱盡又大風中有飄書籍至汴水之南者中夕風定火亦止二十五日詔知諸王與中使閻六慶岑守素勘遺火之踪中人說二十四日欲明火勢漸東來遂折御厨主廊數百人登屋運水時望見宮人相壓死於煨燼中甚衆猶有手足能動者曹王夫人將投火中救之獲免宮人入火者不知其數禁中大樹焚之殆盡所餘亦焦枯焉惟相王宮在東南火自西北起王四更破東墻自率宿衛者運府庫等物出之十得七八矣五月三日榮王落遂州節度使降封端王（先領梓遂二州也）其日勘得掌茶酒宮人韓小姐新與親事官孟貴私通多竊寶器以遺之後事泄王乳母將決責之小姐乃謀放火因而奔出有琵琶伎入王大養者知之受小姐金而不言二十三日夜半於佛堂前簾上舉炬爇之時因風急火遂大作

祥符中西蜀有二舉人同硯席既得舉貧甚于索旁

郡以辦行將迫歲始離鄉里懼引保後時窮日夜以行至劍門張惡子廟號英顯王其靈響震三川過者必禱焉二子過廟已昏晚大風雪苦寒不可夜行遂禱於神各占其得失且祈夢爲信草就廟廡下席地而寢入夜風雪轉甚忽見廟中燈燭如晝殺俎甚盛人物紛然往來俄傳導自遠而至聲振四山皆岳瀆貴神也既就席賓主勸酬如世人二子大懼已無可奈何潛起伏暗處觀焉酒行忽一神曰帝命吾儕作來歲狀元賦當議題一神曰以鑄鼎象物爲題既而

諸神皆一韻且各刪潤彫改商確又久之遂畢朗然誦之曰當召作狀元者䰟魄授之二子黙喜私相謂曰此正爲吾二人發迨將曉見神各起致別傳呼出廟而去視廟中寂然如故二子素聰警各盡記其賦亟寫於書帙後無一字忘相與拜賜鼓舞而去倍道而行笑語欣然惟恐富貴之逼身也至京適將引保就試過省𦾨志氣洋洋半驗矣至御試二子坐東西廊御題出果鑄鼎象物賦韻脚盡同東廊者下筆思廟中所書慒然一字不能上口間關過西廊問之西

廊者望見東來者曰御題驗矣我乃不能記欲起問子幸無隱也東廊者曰我正欲問子也於是二子交相怒曰臨利害之際乃見平生且此神賜而獨私以自用天其禍爾邪各憤怒不得意草草信筆而出及唱名二子皆被黜狀元乃徐奭也既見印賣賦二子比廟中所記者無一字異也二子歎息始悟凡得失皆有假手者遂皆罷筆入山不復事筆硯恨不能記其姓名云

元豐二年相州安陽縣民段化以疾失明其子簡屢求醫不驗一夕忽夢神人告之曰與爾此藥可用人髓下之則汝父之目立見光明既悟手中果得藥簡乃剸左股捶骨取髓調藥以進立愈相州具奏其事古有爲父母剸指者指復更生自非至誠安能動天地感鬼神哉似段簡者安知不然也

西川費孝先善軌革世皆知名有大名人王旻因趣貨至成都求爲卦孝先曰教住莫住教洗莫洗一石穀搗得三斗米遇明即活遇暗即死再三戒之令誦此數言足矣旻志之及行途中遇大雨憩一屋下路

人盈塞乃思曰教住莫住得非此邪遂冒雨行未幾屋顛覆獨得免焉旻之妻已私鄰比欲講終身之好俟旋歸將致毒謀旻既至妻約其私人曰今夕新沐者乃夫也日欲晡呼旻洗沐重易巾櫛旻悟曰教洗莫洗得非此也堅不從婦怒不省自沐夜半反被害既覺驚呼隣里共視皆罔測其由遂被囚繫拷訊獄就不能自辯郡守錄狀旻泣言死即死矣但孝先所言終無驗耳左右以是語上達郡守守命未得行法呼旻問曰汝鄰比何人也曰康七遂遣人捕之殺汝

妻者必此人也已而果然因謂僚佐曰一石穀擣得三斗米非康七乎由是辯雪誠遇明郎活之効歟

神宗時以陝西用兵失利内批出令斬一漕官明日宰相蔡確奏事上曰昨日批出斬某人今已行否確曰方欲奏知上曰此人何疑確曰祖宗以來未嘗殺士人臣等不欲自陛下始上沉吟久之曰可與刺面配遠惡處門下侍郎章惇曰如此即不若殺之上曰何故曰士可殺不可辱上聲色俱厲曰快意事更做不得一件惇曰如此快意不做得也好

蔡確之子懋宣和末爲同知樞密院事因奏事言及確南遷時事云蘇軾有章救先臣確臣家嘗傳錄因袖出章進上上皇云蘇軾無此章軾在哲宗朝所上章哲宗一一旋封冊子手自錄次今在宮中並無此章懋悵然而退

東坡先生嘗遇客行一令以兩卦名證一故事一人云孟嘗門下三千客大有同人一人云光武兵渡滹沱河未濟既濟一人云劉寬羹汚朝衣家人小過先生云牛僧孺父子犯罪先斬大畜後斬小畜蓋爲荆公發也

朝廷嘗遣使高麗彼一僧館伴宴會中行令云張良項羽爭一傘良曰凉傘羽曰雨傘我使曰許由與晁錯爭一瓢由曰油葫蘆錯曰醋葫蘆

集句自國初有之未盛也至石曼卿人物開敏以文爲戲然後大著嘗見手書下第偶成云一生不得文章力欲上青雲未有因聖主不勞千里召姮娥何惜一枝春鳳凰詔下雖霑命豺虎叢中也立身啼得血流無用處著朱騎馬是何人又云年去年來來去忙

爲他人作嫁衣裳仰天大笑出門去獨對東風舞一場至元豐間王文公益工於此人言此自公始非也

王介甫以次女適蔡卞吳國夫人吳氏驟貴又愛此女乃以錦爲帳未成禮而華侈之聲已聞於外神宗一日問介甫云卿大儒之家用錦帳嫁女介甫諤然無以對歸問之果然乃舍之開寶寺福勝閣下爲佛帳明日再對惶懼謝罪而已

紹聖中瑤華既廢儀同王景宗乃乞以妾楊氏爲夫人乞免宣繫及不召媒保中批允之時許冲元在中

書遂依已得旨揮過門下章子厚大怒而責冲元云小白葵丘之盟諸侯以妾爲妻者天下共誅之惇頭可得此命不可下翊日極陳罷景宗仍奪儀同時論皆以爲得防微杜漸之意後三年乃乞建立元符至託以東朝之命自草詔惇何本末相戾也

熙寧末洛中有人耕於鳳凰山下獲石碣方廣二尺餘乃婦人撰夫誌銘君姓曹氏名禋字禮夫世爲洛陽人三十歲兩舉不第卒於長安道中朝廷卿大夫鄉閭故老聞之莫不哀其孝友睦婣篤行能文何其

蓼花洲閒錄〈九〉

夭之如是邪唯兒閑之獨不然乃慰其母曰家有南畝足以養其親室有遺文足以教其子凡累乎陰陽之間者生死數不可逃夫何悲喜之有哉丙子年三月十八日卒以其年十月十五日葬于鳳凰山之原予姓周氏君妻也歸君室八載矣生子一人尚幼以其恩義之不可忘故作銘焉銘曰其生也天其死也天苟違此理哀哉何言其生也浮其死也休終何爲哉慰母之憂

蔡魯公喜接賓客終日酬酢不倦家居遇賓客少間必至子弟學舍與塾師從容燕笑蔡元度稟氣弱畏見賓客每不得已一再見則如啜茶多退必嘔吐嘗云家兄一日無客到則病某一日接客則病

定州織刻絲不用大機以熟色經於木棦上隨所欲作花草禽獸狀以小梭布緯時先留其處以雜色線綴於經緯之上合以成文不相連承空視之如雕鏤之象故名刻絲如婦人一衣終歲方就雖作百花使不相類亦可蓋緯線非通梭所織也

蓼花洲閒錄〈十〉

范文正公四子長曰純祐高才善知人通兵書學道家能出神一日方觀坐爲妹壻蔡交以杖擊戶神驚不歸自爾遂失心然居喪猶如禮草文正行狀皆不誤失至其得疾之歲即書曰自此天下大亂遂擲筆于地蓋其心之亂也有子早世只一孫女喪夫亦病狂嘗閉於室中窻外有大桃樹花適盛開一夕斷櫺登木食桃花幾盡明旦人見其單身坐于樹杪以梯下之自是遂愈再嫁洛人奉議郎任詡以壽終

自古兵亂郡邑被焚毀者有之雖賊盜殘暴必賴室廬以處故有存者

參政孟庾夫人徐氏有奇疾每發於見聞卽舉身戰慄至於幾絶其見母與弟皆然母至死不相見又惡聞徐姓及打銀打鐵聲嘗有一婢使之十餘年甚得力極喜之一日偶問其家所爲業婢曰打銀疾亦遂作更不可見竟逐去之醫祝無能施其術蓋前世所

未嘗聞也

余家故書有呂晉卿夏叔文集載淮節婦傳云婦年少美色事姑甚謹夫爲商與里人共財出販深相親好至通家往來其里人悅婦之美因同江行會傍無人卽排其夫水中夫指水泡曰他日此當爲證既溺里人大呼救求得其尸已死卽號慟爲之制服如兄弟厚爲棺斂送終之禮甚備錄其行槖一毫不私至所販貨得利亦均分著籍既歸舉以付其母爲擇地卜葬日至其家奉其母如己親若是者累年婦以姑老亦不忍去皆感里人之恩人亦喜其義也姑以婦尚少年里人未娶視之猶子故以婦嫁之夫婦尤歡睦後有兒女數人一日大雨里人者獨坐簷下視庭中積水竊笑婦問其故不肯告愈疑之叩之不已里人以婦相歡又有數子待己必厚遂以誠語之曰吾以愛汝之故害汝前夫其死時指水泡爲證今見水泡竟何能爲此其所以笑也婦亦笑而已後伺里人出卽訴于官鞫實其罪而行法婦慟哭曰以吾之色而殺二夫何以生爲遂赴淮而死

寇萊公詩若野水無人渡孤舟盡日横之句深入唐人風格初授歸州巴東令人皆以寇巴東呼之以比韋蘇州之類然富貴時所作詩皆淒楚愁怨嘗爲江南春二絶云波淼淼柳依依孤村芳草遠斜日杏花飛江南春盡離腸斷蘋滿汀洲人未歸又曰杳杳煙波隔千里白蘋香散東風起日落汀洲一望時愁情不斷如春水余嘗竊謂深於詩者盡欲其唐人清悲怨感以主其格語意清切脱灑孤邁不知清極則志飄感深則氣謝萊公富貴時送人使嶺南云到海只

十里過山應萬重人以爲警絶晚竄海康至境首雷州吏呈圖經迎拜於道公問州去海近遠曰只可十里憔悴𦂳竄已兆於此矣予嘗愛王沂公曾布衣時以所業贄吕文穆公蒙正卷有早梅句云雪中未問和羹事且向百花頭上開文穆公曰此生次第已安排作狀元宰相矣後皆盡然

范文正公謫睦州過嚴陵祠下會吳俗歲祀里巫迎神但歌滿江紅有湘江好洲漠漠波似染山如削遶嚴陵灘畔鷺飛魚躍之句公曰吾不善音律撰一絶送神曰漢包六合網英豪一個冥鴻惜羽毛世祖功臣三十六雲臺爭似釣臺高吳俗至今歌之

太祖皇帝將展外城幸朱雀門親自規畫獨趙韓王普特從幸上指門額詢普曰何不祇書朱雀門須著之字普對曰語助太祖笑曰之乎者也助得甚事

謝石潤夫成都人宣和間至京師以相字言人禍福求相者但隨意書一字即就其字離析而言無不奇中者名聞九重上皇因書一朝字令中貴人持往試之石見字即端視中貴人曰此非觀察所書也然謝

石賤術據字而言今日遭遇即因此字黥配遠行亦此字也但未敢遽言之耳中貴人愕然且謂之曰但有所據盡言無懼也石以手加額曰朝字離之爲十月十日字非此月此日所生之天人當誰書也一座盡驚中貴馳奏翊日召至後苑令左右及宮嬪書字示之皆據字論說禍福俱有精理錫賚甚厚并與補承信郎緣此四方求相者其門如市有朝士其室懷姙過月手書一也字令其夫持問石是日座客甚衆石詳視字謂朝士曰此閤中所書否曰何以言之石曰謂語助者焉哉乎也固知是公內助所書尊閤盛年三十一否曰是也以也字上爲三十下爲一字也然吾官寄此當力謀遷動而不可得否曰正以此爲撓耳蓋也字着水則爲池有馬則爲馳今池運則無水陸馳則無馬是安可動也又尊閤父母兄弟近身親人當皆無一存者以也字著人則是他字今獨見也字而不見人故也又尊閤其家物產亦當蕩盡否以也字著土則爲地字今又不見土也二者俱是否曰誠如所言也朝士即謂之曰此皆非所問者但賤

室以懷姙過月方竊憂之所以問耳石曰是必十三個月也以也字中有十字并兩傍二竪下一畫爲十三也石熟視朝士曰有一事似涉奇怪因欲不言則吾官所問正決此事可盡言否朝士因請其說石曰也字着虫爲虵字今尊閤所祖殆蛇妖也然不見蟲蠱則不能爲害謝石亦有薄術可爲吾官以藥下驗之無苦也朝士大異其說固請至家以藥投之果下百數小蛇而體平都人益共神之而不知其竟挾何術也

蘇子瞻泛愛天下士無賢不肖歡如也嘗言自上可以陪玉皇大帝下可以陪悲田院乞兒子由晦默少許可嘗戒子瞻擇交子瞻曰吾眼前見天下無一個不好人此乃一病子由監筠州酒稅子瞻嘗就見之子由戒以口舌之禍乃餞之郊外不交一談唯指口以示之

溫州有上地杜十姨無夫五髭鬚相公無婦州人迎杜十姨以配五髭鬚合爲一廟杜十姨爲誰杜拾遺也五髭鬚爲誰伍子胥也若少陵有靈豈不對子胥笑曰爾尚有相公之稱我乃爲十姨何雌我邪

有自中原來者云北方有牛王廟畫百牛於壁而牛王居其中間牛王爲何人乃冉伯牛也嗚呼冉伯牛乃爲牛王

秀水閒居錄

宋 朱勝非

西門豹傳說河伯而楚辭亦有河伯詞則知古祭水神曰河伯自什氏書入中土有龍王之說而河伯無聞矣

張華博物志世止十卷事多雜出諸書或本書久失後人掇拾爲之耳

喻陟明仲睦州人持節數部政績藹著雅善散隸尤妙長苗每行按至山水佳處馬上臨風快作數弄殊風流蕭散也

薛許州能以詩道爲已任還劉德仁卷有詩云百首如一首卷初如卷終譏劉不能變態也

中庭淡月照三更白露洗空河漢明莫遣西風吹葉落只愁無處着秋聲此陳輿義秋夜詩也置之唐音不復可辨

彭祭酒學技馳聲善破經義每有難題人多請破之無不曲當

成中令鎮荆南請道士梁威儀行法事俯伏奏章頓首存想因之不起乃醉睡也成公斥之因而毁靡道場

瘞鶴銘潤州揚子江焦山之足石巖下惟冬序水退始可摸打世傳以爲王逸少書然其語不類晉人是可疑也

說郛目録

大唐創業起居注卷一

唐　溫大雅

起義旗至發引凡四十八日

初帝自衛尉卿轉右驍衛將軍奉詔爲太原道安撫大使郡文武官治能不稱職者並委帝黜陟選補焉河東巳來兵馬仍令帝徵發討捕所部盜賊隋大業十二年煬帝之幸樓煩時也帝以太原黎庶陶唐舊民奉使安撫不踰本封因私喜此行以爲天授所經之處示以寬仁賢智歸心有如影響煬帝自樓煩遠

至鴈門爲突厥始畢所圍事甚平城之急賴太原兵馬及帝所徵兵聲勢繼進故得解圍僅而獲免遂向東都仍幸江都宫以帝地居外戚赴難應機乃詔帝率太原部兵馬與馬邑郡守王仁恭北備邊朔帝不得巳而行竊謂人曰　爲害自古患之周秦及漢魏歷代所不能攘相爲勍敵者也今上甚憚塞遠適江濱反者多于蝟毛羣盜所在蜂起以此擊敵將求以濟天其或者殆以俾余我當用長策以馭之和親而使之令其畏威懷惠在茲一舉旣至馬邑帝與

仁恭兩軍兵馬不越五千餘人仁恭以兵少甚懼帝知其意因謂之曰突厥所長惟恃騎射見利卽前知難便走風馳電卷不恒其陳以弓矢爲爪牙以甲冑爲常服隊不列行營無定所逐水草爲居室以羊馬爲軍糧勝止求財敗無慚色無警夜巡晝之勞無構壘饋糧之費中國兵行皆反於是與之角戰罕能立功今若同其所爲習其所好彼知無利自然不來當今聖主在遠孤城絶援若不決戰難以圖存仁恭以帝隋室之近親言而詣理聽帝所爲不敢違異乃簡

使能騎射者二千餘人飲食居止一同突厥隨逐水草遠置斥候每逢　厥候騎旁若無人馳騁射獵以曜威武帝尤善射每見走獸飛禽發無不中嘗卒與突　相遇驍銳者爲别隊皆令持滿以伺其便突厥每見帝兵咸謂以其所爲疑其部落有引帝而戰者常不敢當辟易而去如此再三衆心乃安咸思奮擊帝知衆欲決戰突厥畏威後與相逢縱兵擊而大破之獲其特勤所乘駿馬斬首數百千級自爾厥後突厥喪膽深服帝之能兵收其所部不敢南入時有賊帥王漫天别黨衆逾數萬自號歷山飛結營於太原之南境上黨西河京都道路斷絶煬帝後十三年勅帝爲太原留守仍遣獸（唐諱虎字）賁郎將王威獸牙郎將高君雅爲副帝遂私竊喜甚而謂第二子秦王等曰唐固吾國太原卽其地焉今我來斯是爲天與與而不取禍將斯及然歷山飛不破突厥不和無以經邦濟時也旣而歷山飛衆數不少劫掠多年巧於攻城勇於力戰南侵上黨已破將軍慕容將軍羅侯之兵北寇太原又斬將軍潘長文首頻勝兩將所向無前

於是帝率王威等及河東太原兵馬往討之於河西雀鼠谷口與賊相遇賊衆二萬餘人帝時所統步騎纔五六千而已威及三軍咸有懼色帝笑而謂威等曰此輩羣賊惟財是視頻恃再勝自許萬全鬭力而取容未能克以智圖之事無不果所憂不戰戰必破之幸無憂也須臾賊陣齊來十許里間首尾相繼去帝漸近帝乃分所將兵爲二陣以羸兵居中多張幡幟盡以輜重繼後從旌旗鼓角以爲大陣又以麾下精兵數百騎分置左右隊爲小陣軍中莫識所爲及

戰帝遣王威領大陣居前旌旗從賊衆遥看謂爲帝
之所在乃帥精鋭競來赴威及見輜馱捨鞍爭取威
怖而落馬從者挽而得脱帝引小陣左右二隊大呼
而前夾而射之賊衆大亂因而縱擊所向摧陷斬級
獲生不可勝數而餘賊黨老幼男女數萬人並來降
附於是郡境無虞年穀豐稔咸帝恩德若亢陽之逢
膏雨焉後突厥知帝已還太原仁恭獨留無援數侵
馬邑帝遣副留守高君雅將兵與仁恭并力拒之仁
恭等違帝指蹤遂爲突厥所敗既而隋主遠聞以帝

與仁恭不時捕　縱爲邊患遂遣司直馳驛繫帝而
斬仁恭帝不疾而速此使之行可謂神也天其以此
使促吾當見機而作雄斷英謩從此遂定帝素懷濟
世之略有經綸天下之心接待人倫不限貴賤一面
相遇十數年不忘山川衝要一覽便憶遠近承風咸
思託附仍命皇太子於河東潛結英俊秦王於晉陽
密招豪友太子及王俱禀聖略傾財賑施卑身下士
逮乎鬻繒博徒監門厮養一技可稱一藝可取與之
抗禮未嘗云倦故得士庶之心無不至者十三年歲

在丁亥正月丙子夜晉陽宫西北有光夜明自地屬
天若大燒火飛燄炎赫正當城西龍山上直指西南
極望竟天俄而山上當童子寺左右有紫氣如虹横
絶火中上衝北斗自一更至三更而滅城上守更人
咸見而莫能辨之皆不敢道大業初帝爲樓煩郡守
時有望氣者云西北乾門有天子氣連太原甚盛故
隋主於樓煩置宫以其地當東都西北因過太原取
龍山風俗道行幸以厭之云後又拜代王爲郡守以
厭之二月已丑馬邑軍人劉武周殺太守王仁恭據

其郡而自稱天子國號定楊武周竊知煬帝於樓煩
築宫厭當時之意故稱天子規以應之帝聞而歎曰
頃來羣盜遍于天下攻略郡縣未有自謂王侯者焉
而武周豎子生于塞上一朝欻起輕竊大名可謂陳
涉狐鳴爲沛公駈除者也然甚欲因此起兵難于先
發私謂王威高君雅等曰武周雖無所能僭稱尊號
脱其進入汾源宫我輩不能剪除並當滅族矣雅大
懼固請集兵帝察威等情切謬謂之曰待據樓煩可
微爲之備宜示寬閑以寧所部三月丁卯武周南破

樓煩郡進據[illegible]帝謂官僚曰兵可戒嚴城可守備糧可賑給三者當今廢[illegible]不可須預部分惟諸公斷之威等計無所出拜而請帝曰今日太原士庶之命懸在明公公以爲辭孰能[illegible]此帝知衆情歸已乃更從容謂之曰朝廷命將出師皆禀節度未有閫外敢得專之賊據離宫自稱天子威福賞罰隨機相時以此攻城何城不克汾源去此數百里間江都懸隔三千餘里關河襟帶他賊據之聞奏往來還期莫測以嬰城膠柱之兵當巨猾豕突之勢詒文人以救火

其可撲滅乎公等國之爪牙心如鐵石欲同勠力以除國難公家之利見則須爲俾其無猜期于報効所以詢議擇善行之是非憚於治兵敢辭戎首威等對曰公之明略遠近備知地在親賢與國休戚公不竭力誰盡丹誠若更逡巡羣情疑駭帝若不得已而從之衆皆悅服懽而聽命帝以王威兼任太原郡丞爲人清恕令與晉陽宫監裴寂相知檢校倉糧賑給軍戶口高君雅當守高陽得無失脫遣巡行城池及捍禦器械以兵馬鎧仗戰守事機召募勸賞軍民徵發

皆須決於帝太原左近聞帝部分募兵備邊所在影赴旬日之頃少長得數千人兵司總帳以聞請安營處帝指興國寺曰勤王之師不謀而至此其興國者焉宜于此寺安處恐威雅猜覺亦不之問問私謂秦王等曰紀綱三千足成霸業處之興國可謂嘉名仍遣密使往蒲州催追皇太子等是月也朔方郡人梁師都又殺郡官而稱天子初帝遣虎牙郎將高君雅與馬邑守王仁恭防遏突厥雅違帝旨失利而還帝恐煬帝有責便欲據法繩雅雅是煬帝舊左右慮被

猜嫌忍而弗問雅性庸很不知慚屈是時帝甚得太原内外人心瞻仰龍顔疑有異志每與王威密伺帝隙有鄉長劉龍者晉陽之富人也先與宫監裴寂引之謁帝帝雖知其微細亦接待之以招客君雅又與龍相善龍感帝恩眄竊知雅等密意具以啓聞帝謂龍曰此輩下愚闇于時事同惡違衆必自斃也然卿能相報深有至誠幸勿有多言我爲之所夏五月癸亥夜帝遣長孫順德趙文恪等率興國寺所集兵五百人總取秦王部分伏于晉陽宫城東門之左以自

備甲子旦命晉陽縣令劉文靜導開陽府司馬劉正
會辭告高君雅王威等與北蕃私通引突　南寇帝
集文武官僚收威等繫獄丙寅而　厥數萬騎抄逼
太原入自羅郭北門取東門而出帝分命裴寂文靜
等守備諸門並令大開不得輒閉而城上不張旗幟
守城之人不許一人外看亦不得高聲示以不測衆
咸莫知所以仍遣首賊帥王康達率其所部千餘人
與志節府鷹揚郎將楊毛等潛往北門隱處設伏誡
之待　厥過盡抄其馬羣擬充軍用然突厥多帝登

創業起居注〈卷一　八

官城東南樓望之旦及日中騎塵不止康達所部並
是驍銳勇于抄刼日可食時謂賊過盡出抄其馬突
前後夾擊埃塵漲天逼臨汾河康達等既無出力
並墜汾而死唯楊毛等一二百人浮而得脫城內兵
數無幾已喪千人軍民見此勢私有危懼皆疑王威
君雅召而至焉恨之愈切帝神色自若懽甚于常顧
謂官僚曰當今天下賊盜十室而九稱帝圖王專城
據郡孤荷文皇殊寵思報厚恩欲與諸賢立功王室
適欲起兵威雅沮衆深相猜忌密搆異謀欲加之罪

疑其私通境外豈謂繫之二日（甲子是十五日 丙寅是十七日）厥
果入太原此殆天心爲孤罰罪非天意也何從而至
天既爲孤遣來還應爲孤令去彼若不去當爲諸軍
遣之無爲慮也帝以見兵未多又失康達之輩戰則
衆寡非敵緩恐入掠城外居民夜設伏兵出城以據
險要曉令他道而入若有來援仍誡出城將士遙見
厥則速據險勿與共戰若知其戰去必莫追之但
送出境而還使之莫測爾後再宿突[illegible]遁官自相謂
曰唐公相貌有異舉止不凡智勇過人天所與者前

創業起居注〈卷一　九

來馬邑我等已大畏之今在太原何可當也且我輩
無故遠來他又不與我戰開門待我我不能入久而
不去天必瞋我我以唐公爲人復得天意出兵要我
盡死不疑不如早去無住取死已亥夜潛遁明旦城
外覘入馳報帝曰我知之矣文武官入賀帝曰且莫
相賀當爲諸官召而使之卽立自手疏與突[illegible]書曰
何所聞而來何所見而去自去自來豈非天所爲也
我知天意故不遣追汝知天意亦須同我當今隋國
喪亂蒼生困窮若不救濟終爲上天所責我今大舉

義兵欲寧天下遠迎主上還共突厥和親更似開皇
之時豈非好事且今日陛下雖失可汗之意可汗寧
忘高祖之恩也若能從我不侵百姓征伐所得子女
玉帛皆可汗有之必以路遠不能深入見與和通坐
受寶玩不勞兵馬亦任可汗一二便宜任量取中仍
命封題署云某啓所司報請云突厥不識文字惟重
貨財願加厚遺改啓爲書帝笑而謂請者曰何不達
之深也自頃離亂亡命甚多走胡奔越書生不少中
國之禮併在諸夷我若敬之彼仍未信如有輕慢猜

慮愈深古人云屈于一人之下伸于萬人之上塞外
羣胡何比擬凡庸之一耳且啓之一字未直千金千
金尚欲與之一字何容有恡此非卿等所及遞遣使
者馳驛送啓始畢得書大喜其部達官等曰我知唐
公非常人也果作異常之事隋主前在鴈門人馬甚
衆我輩攻之竟不敢出太原兵到我等畏之若神皆
走還也天將以太原與唐公必當平定天下不如從
之以求寶物但唐公欲迎隋主共我和好此語不好
我不能從隋主爲人我所知悉若迎來也即忌唐公
於我舊怨决相誅伐唐公以此與我我不能去唐公
自作天子我則從行覓大勳賞不避時熱當日即以
此意作書報帝使人往還不踰七日使至前日所賀
官僚舞蹈稱慶帝開書歎息久之曰非有天命此胡
寧豈如此但孤爲人臣須盡節主憂臣辱當未立功
欲舉義兵欲戴王室大名自署長惡無君可謂階亂
之人非復尊隋之事本慮兵行以後突厥南侵屈節
連和以安居者不謂今日所報更相要逼乍可絶好
蕃　無有從其所勸突厥之報帝書也謂使人曰唐

公若從我語即宜急報我遣大達官往取進止官僚
等以帝辭色懍然莫敢咨諫典國寺兵知帝未從突
厥所請往往偶語曰公若更不從突厥我亦不能從
公裴寂劉文靜等知此議以狀啓聞帝作色曰公等
並是隋臣方來共事以此勸孤臣節安在裴寂等對
曰儻使伊呂得盡誠于桀紂即不爲湯武之臣寂等
攺以事君不敢拘于小節且今士衆已集所乏者馬
蕃人未是急須胡馬待之如渴若更遲留恐其有悔
帝曰事不師古鮮能克成諸賢宜更三思以謀其次

六月己卯太子與齊王至自河東帝權甚裴寂等乃因太子秦王等入啓請依伊尹放太甲霍光廢昌邑故事廢皇帝而立代王興義兵以檄郡縣改旗幟以示突厥師出有名以輯華夏帝曰如此所作可謂掩耳盜鐘事機相迫不得不爾雖失意于後主幸未負于先帝衆議既同孤何能易所恨元首叢脞股肱墮哉欷歔不得已裴寂等曰文皇傳嗣後主假權楊素亡國喪家其來漸矣民怨神怒降兹禍亂致天之罰理亦其宜於是遣使以衆議馳報突厥始畢依旨即

遣其柱國康鞘利級失熱寒特勤達官等送馬千疋來太原交市仍許遣兵送帝往西京多少惟命康鞘利將至軍司以兵起甲子之日又符讖尚白請建武王所執白旗以示　厥帝曰誅紂之旗牧野臨時所仗未入西郊無容預執宜兼以絳雜半續之諸軍稍旛皆放此營壁城壘幡旗四合赤白相映若花園開皇初太原童謠云法律存道德在白旗天子出東海常亦云白衣天子故隋主恒服白衣每向江都擬于東海常修律令筆削不停并以綵畫五級木壇自隨以事道又有桃李子歌曰桃李子莫浪語黃鵠繞山飛宛轉花園裏案李爲國姓桃當作陶若言陶唐也配李而言故云桃花園宛轉屬旌幡汾晉老幼謳謌在耳忽覩靈驗不勝懽躍帝每顧旗幡笑而言曰花園可爾不知黃鵠如何吾當一舉千里以符冥讖自爾已後義兵日有千餘集焉二旬之間衆得數萬裴寂等啓曰義軍漸大宜有司存官僚所統須有肄屬帝曰布衣之士或假名竊位孤實將軍居唐大守近捨于此更欲何求裴寂等請進位大將軍以隆府號

不乖古今權藉威名帝曰卿以二立相期欲孤爲霍光之任威在將軍何關大也必須仍舊亦任加之署置府僚長史已下功次取之量能受職裴寂等又請置諸軍并兵士等總號帝曰諸侯三軍春秋所許孤今霸業差擬晉文可作三軍分置左右謀爲統帥妙選其人諸軍既是義兵還可呼爲義士昔周武克殷義士非其薄德况今未有所克敢忘義士者乎太原遼山縣令高斌廉拒不從命仍遣使間行往江都奏帝舉兵煬帝惡李氏據有太原聞而甚懼乃勑東都

西京嚴爲備禦西河不時送款帝曰遼山守株未足爲慮西河繞山之路當吾行道不得留之六月甲申乃命大郎二郎率衆取之除程命齎三日之糧時文武官人並未署置軍中以次第呼太子秦王爲大郎二郎爲臨行帝語二兒曰爾等少年未之更事先以此郡觀爾所爲人具爾瞻咸宜勉力大郎二郎跪而對曰兒等早蒙弘訓禀教義方奉以周旋不敢失墜家國之事忠孝在焉故從嚴令事須稱旨如或有違請先軍法帝曰爾曹能爾吾復何憂于時義師初會

未經講閱大郎等慮其不攻以軍法爲言三軍聞者人皆自肅兵向西河大郎二郎在路一同義士等其甘苦齊其休息風塵警急身卽前行民間近道果菜已上非買不食義士有竊取者卽遣求主爲還價亦不詰所竊之人路左有長老或進蔬食壺漿者重傷其意非共所見軍人等同分未嘗獨受如有牛酒饋遺案輿來者勞而遣之曰此隋法也吾不敢煩慮前人有限遂爲終日不食以謝之於是將士見而感悅人百其勇至西河城下大郎二郎不甲親往喻之城外欲入城人無問男女小大並皆放入城內旣見義軍寬容至此咸思奔赴唯有郡丞高德儒執迷不反己丑以兵臨之飛梯纔進衆皆爭上郡司法書佐朱知瑾等從城上引兵而入執德儒以送軍門德儒卽隋之見鸞人也大郎二郎等數之曰卿逢野鳥謬道見鸞佞惑隋侯以爲祥瑞趙高指鹿爲馬何相似哉義兵今奬王室理無不殺趙高之輩仍命斬焉自外不戮一人秋毫不犯往還九日西河遂定師歸帝聞喜曰以此用兵天下橫行可也是日卽定入關之策

癸巳以世子爲隴西公爲左領軍大都督左三統軍等隸焉二郎爲燉煌公爲右領軍大都督右三統軍等隸焉世子乃爲太原郡守命裴寂劉文靜爲大將軍府長史司馬以殷開山劉正會溫大雅唐儉權弘壽盧階思德平武士彠等爲掾屬記室參左等官以鷹揚王長階姜寶誼揚毛京兆長孫順德竇琮劉弘基等分爲左右統軍副統軍自外文武職員隨才詮用其平旦有僧俗姓李氏獲白雀而獻之至日未時又有白雀來止帝牙前樹上左右復捕獲焉明旦有

紫雲見于天當帝所坐處移時不去既而欲散變爲五色皆若龍獸之象如此三朝百姓咸見文武調賀帝皆抑而不受丙申突厥柱國康鞘利等并馬而至舍之於城東興國玄壇鞘利見老君尊容皆拜道士賈昴見而謂同郡溫彦將曰突厥來詣唐公而

大唐創業起居注卷二

起自太原至京城凡一百二十六日

秋七月壬子以四郎元吉爲太原郡守留守晉陽宫文武後事並委焉義師欲西入關移營於武德南癸丑將引帝立軍門仗白旗而大號誓衆文曰夫天地定位否泰迭其盛衰日月著明虧昃貶其貞滿惟神莫測尚乃盈虛矧茲王道能無悔悋克先帝世炎漢商周撥亂乗乾多歷年所厥嗣墜緒時屬艱危則其股肱宰衡藩屏親戚戮力同奬推心翼戴頗或可扶

紏合而奔官守惡不可救廢放而安宗社伊霍桓文並其人也率爾踵武代有其事布在方策可得而言日者蒼精云謝炎運將啓上天眷命屬乎隋室於是我高祖文皇帝以后父之尊周親入相豹變陜左龍飛漢東誅尉迥於韓魏則神鉦過響勦王謙於巴蜀則靈山斯鏤四罪咸服九有樂推經綸帷幄之間揖讓巖廊之内造我區夏不更朞月舜禹以來受終未有如斯之易者以故臨朝恭已庶績爲心親覽萬機平章百姓兢兢慎于馭朽翼翼懼於烹鮮齊六合爲

一家等黔黎于赤子有陳不率殄虐政於江湖纏飄相屠降封章于沙漠其弔民也如彼其和戎也若茲散馬牛於山林鑄劒戟爲農器求瘼恤隱訟息刑清輕傜薄賦家給人足倉庫流衍于里閭職貢委輸于帑藏豈獨水衡貫朽常平粟紅而已哉加以愛民治國節用而敦本深根固蔕因河而踐華肆覲朝宗止於京邑玄覽縱觀弗踰岐下遐邇叶和内外禔福凱澤洋溢休祥紹至一世之垠咸賴仁壽二紀之治可謂隆平揚搉往初歷選前辟詩書所美莫之能尚然

聖人于慮失於知子以正萬國輕易元良廢守器之長立不才之庶兆亂之萌於是乎在異哉今上之行已也獨智自賢安忍忌刻拓狂悖爲混沌苟鴆毒爲恣雕飾非好佞拒諫信讒斂怨誠良仇讐骨肉巡幸無度窮兵極武喜怒不恒親離衆叛御河導洛肆舳艫而達江馳道緣邊徑長城而傍海離宮別館之所在車轍馬跡之所向咸塹山而堙谷畢結瑤而構瓊遼水屢征殲丁壯於億兆伊谷轉輸斃老幼於百萬禽荒馨於飛走鬻食窮於水陸征稅盡於重斂民力殫於勞止十分天下九爲盜賊荊棘旅于闕廷豺狼充於道路帶牛佩犢輟耕者連孤竹而寇潢池鋤耰棘矜大呼者聚萑蒲而起芒澤青羌白狄剽東道而肆威黃巾赤眉屠關左而竊號暴骸如莽僵尸若麻敵國滿畫鷁之舟越綄和鸞之轂四海波振而冰泮五嶽塵飛而土崩踞積薪以待然鉗衆口而寄坐明明皇祖貽厥無人赫赫宗隋滅爲亡國其以庸虛謬蒙嘉惠承七葉之餘慶資五世之克昌遂得地臣咸里家稱公室典驍衛之禁兵守封唐之大宇義無

坐觀綴旒之絶不舉勤王之師苟利社稷專之可也廢昏立明敢遵故實今便興甲晉陽奉尊代邸掃定咸雒集寧寓縣放後主於江都復先帝之鴻績固配天于圖寢存司牧于蒼生豈謂一朝言及於此事不獲已追增感欷凡厥士民義旅豪傑斂究時難曉達權謀家怨國恥雪乎今日從我同盟無爲貳志有渝此盟神其殛之仍命以此誓辭檄喻所在郡縣幷命檄書勿得因循妄論軍勢帝性簡質大度豁如前代自矜遠嫌之事皆以恕實行土不爲欺紿自然反經

合義妙盡機權類皆如此其義士等各以名到先後爲次第況加宜惠綏德二尉官帝謂行之等曰吾未特爲此官示宜行惠知綏撫以德使遠者知有征無戰見我心焉是夕次於淸源牧馬置營皆據高險老弱樵採丁壯休息虞候覘守之地飛鳥不通勿論人也帝乃將世子及燉煌公等率家僮十數巡行營幕次比器仗精粗坐臥飲食糧稟升斗馬驢饑飽逮乎僕隷皆親閲之如有不周卽令從人借助亦不責所屬典司顧謂二兒曰天下神器聖人大寶非符命所

屬大功濟世不可妄居所以納揆試艱虞登帝位櫛風沐雨夏會諸侯自晧厥後膺圖甚衆啓基創業未有無功而得帝王者也吾生自公宮長于貴戚牧州典郡少年所爲晏樂從容懽娛事極饑寒賤役見而未經險阻艱難聞而不冒在茲行也並欲備嘗如弗躬親恐違天旨爾等從吾勿欲懈怠今欲不言而治故無所尤庶愚者悅我寬容智者慚而改過世子及燉煌公請曰經綸機務一日萬端取決英睿四方輻湊麾下驅馳兒等承之自餘常事請付司存巨細以

聞恐疲神思又慮將佐等不被委任頗以自疑帝曰是何言與是何言與[illegible]不附爵賞不行吾之責也推鋒蹈刃斬將搴旗爾之務也深溝高壘談笑從容將吏之逸也吾憂責爾急於務逸樂推下功名與之賢自當內省不賢吾無所愧然晉陽從我可謂同心之人俱非致命之士漢初有蕭曹而無爾輩今我有爾輩而無蕭曹天道平分乃復如是行矣自愛吾知爾懷自是以後記室奉命宣旨稱教部伍間事給付一物軍書羽檄賞罰科條接撫初附慰悅遠近帝或

口陳事緒手疏意謂發言折中下筆當理非奉進旨所司莫能裁答義旗之下每日千有餘人請賞論勳告究申屈附文希旨百計千端來衆如雲觀者如堵帝處斷若流皆無疑滯人人得所咸盡懽心皆歎神明謂爲天下主也壬寅遣通議大夫張綸等率師經略稽　離石龍泉文成等諸郡丙辰至于西河引見民庶等禮敬耆老哀撫煢獨賑貸窮困擢任賢能平章獄訟日昃而罷罔有所遺顧謂左右曰向之五條惟皇要道聰明文思以之建極孤所以自強不息爲

義兵之先聲也仍自注授老人七十已上通議朝請朝散三大夫等官教曰乞言將智事屬高年耄耋杖鄉禮宜優異老人等年餘七十匍匐壘壁見我義旗懽踰擊壤筋力之禮知不可爲肉帛之資慮其多闕式加榮秩以賜其養節級並如前授自外當土豪雋以資除授各有差官之大小並帝自手注量才叙効咸得厥宜口問功能筆不停輟所司唯給告身而已爾後遂爲恒式帝特善書工而且疾真草不拘常體而草跡韶媚可愛嘗一日注授千許人官更案遇得

好紙走筆若飛食頃而訖得官人等不敢取告符乞寶神筆之跡遂各分所授官名而去乙丑張綸等下離石郡其太守楊子崇爲亂兵所害崇即後主從弟也頗有學識性理帝甚惜之崇性怯而無謀故及於難入自雀鼠谷次于靈石縣壬戌霖雨甚頻營於賈胡堡去霍邑五十餘里此縣西北抗汾水東拒霍太山守險之衝是爲襟帶西京留守代王遣驍將獸牙郎將宋老生率精兵二萬拒守又遣左武侯大將軍屈突通將遼東兵及驍果等數萬餘人據河東與老生相影響仍命臨汾以東諸郡所在軍民城守並隨便受老生屈突等徵發帝聞而笑曰億兆離心此何爲也老生乳臭未知師老之謀屈突膽薄嘗無出突之慮自防輕敵二子有之闘外相持俱非其事且屈突嘗破玄感時人謂其能兵老生數勝羣盜自許堪當勍敵無識之徒因相蹈附謂其必能制我不遣援兵我若緩以持之彼必以吾爲怯出其不意不過一兩月間並當擒之吾無憂也于時秋霖未止道路泥深帝乃命府佐沈叔安崔善爲等間遣羸兵往太原

更運一月糧以待開霽甲子有白衣野老自云霍太山遣來詣帝請謁帝弘達至理不語神怪逮乎佛道亦以致疑未之深信門人不敢以聞此老乃伺帝行營路左拜見帝戲謂之曰神本不測卿何得見卿非神類豈共神言野老對曰某事山祠山中聞語遣語大唐皇帝云若往霍邑宜東南傍山取路八月初雨止我當爲帝破之可爲吾立祠廟也帝試遣案行傍山向霍邑道路雖峻兵杠行而城中不見若取大路去縣十里城上人即遙見兵來帝曰行逢滯雨人多

疲濕甲仗非精何可令人遠見且欲用權譎難爲之朽山神示吾此路可謂指蹤雨靈有徵吾從神也然此神不欺趙襄子亦應無負於孤顧左右笑以爲樂丙寅突　始畢使達官級失特勤等先報已遣兵馬上道計日當至帝曰地名賈胡知胡將至天其假吾此胡以成王業也己巳滎陽賊帥李密遣使送款致書請與帝合從帝大悅謂大郎二郎等曰桀賊南柔強土北附所憂此輩今並歸心主上志在過江京都憂死不暇天下可傳檄而定何樂如之初李密與楊

玄感同逆感誅而密亡命投東郡賊帥翟讓讓知密是蒲山公之子頗讀漢書納而禮之推爲謀主密以百姓饑弊說來據洛口倉屯守武牢之險密自復舊封爲魏公號翟讓爲司徒公讓所部兵並齊濟間漁獵之手善用長槍華騮龍廐細馬所向江都者多爲讓所却故其兵銳於他賊加以密是逃刑之人同守衡要嗜主以李氏當王又有桃李之歌謂密應於符讖故不敢西顧尤加憚之密雖爲讓所推恐其圖已恭儉自勵布衣蔬食所居之室積書而已子女珍玩一無所取賑貸貧乏敬禮賓客故河汴間絕糧之士多往依之密又形儀眇小讓弗之忌遂謀殺讓而并其衆密以煬帝不來翟讓已死坐對敖倉便有自矜之志作書與帝以天下爲已任屢有大言其書多不錄大略云欲帝爲盟津之會殪商辛於牧野執子嬰于咸陽其旨以殺後主執代王爲意帝覽書抵掌謂所親曰密誇誕不達天命適所以爲吾拒東都之兵守成皋之阨更覓韓彭莫如用密宜卑辭推獎以驕其志使其不虞於我得入關據蒲津而屯永豐阻崤

函而臨伊洛東看羣賊鷸蚌之勢吾然後爲秦人之漁父矣記室承旨報密書曰頃者昆山火烈海水羣飛赤縣丘墟黔黎塗炭布衣戍卒轘鋤棘矜爭帝圖王狐鳴蠭起翼翼京洛強弩圍城膴膴周原僵屍滿路主上南巡泛膠舟而忘返匈奴北熾將被髮於伊川輦上無虞羣下結舌大盜移國莫之敢指忽焉至此自貽伊戚七百年之基窮於二世周齊以往書契以還邦國論胥未有如斯之酷者也則我高祖之業幾墜於地吾雖庸劣幸承餘緒出爲八使入典八屯

位未爲高足成非賤素飡當世僶俛叨榮從容平勃之間誰云不可但顛而不扶通賢所責主憂臣辱無義徒然等袁公而流涕極賈生之慟哭所以仗旗投袂大會義兵綏撫河朔和親蕃塞共匡天下志在尊隋以弟相機而作一日千里雞鳴起舞豹變先鞭御宇當塗聿來中上兵臨郟鄏將觀周鼎營屯敖倉酷似漢王前遣簡書屈爲唇齒今辱來旨莫我肯顧天生蒸民必有司牧當今爲牧非子而誰老夫年踰知命願不及此欣戴大弟攀鱗附翼惟冀早膺圖籙以

寧兆庶宗盟之長屬籍見容復封于唐斯足榮矣殪商辛於牧野所不忍言執子嬰於咸陽非敢聞命汾晉左右尚須安輯盟津之會未暇卜期今日鑾輿南幸恐同永嘉之勢顧此中原鞠爲茂草興言感歎實疚于懷脱知動靜遲數始報未面虛襟用增勞軫名利之地鋒鏑縱横深愼垂堂勉茲鴻業密得帝書甚悦示其部下曰唐公見推天下不足定也遂注意東都無心外略劉文靜之使蕃也來遲而突厥兵馬未至時有流言者云突厥欲與武周南入乘虛掩襲太原帝集文武官人及大郎二郎等而謂之曰以天贊我而言應無此勢以人事見機而發無有不爲此行遣吾當突厥武周之地何有不來之理諸公意謂何議者以老生、突厥相去不遥李密譎誑姦謀難測突厥見利則行武周事胡者也太原一都之會義兵家屬在焉愚夫所慮伏聽教旨帝顧謂大郎二郎等曰爾輩如何對曰武周位極而志滿突厥少信而貪利外雖相附内實相猜突厥必欲遠離太原寧肯近亡馬邑武周悉其此勢必未同謀又朝廷既聞唐國舉

兵憂虞不暇京都留守特畏義旗所以驍將精兵鱗次在近今若却還諸軍不知其故更相恐動必有變生營之内外皆爲勍敵於是突厥武周不謀同至老生屈突追奔競來進鬬圖南退窮自北還無所入往無所之畏溺先沈近于斯矣且今來禾菽被野人馬無憂坐足有糧行即得衆李密戀于倉米未遑遠略老生輕躁破之不疑定業取威在茲一決諸人保家愛命所謂言之者也兒等捐軀力戰可謂行之者也耕織自有其人請無他問雨罷進軍若不殺老生而

取霍邑兒等敢以死謝帝喜曰爾謀得之吾其决矣三占從二何籍與言慵夫之徒幾敗乃公事耳丙子太原運糧人等至八月巳卯霖止帝指霍太山而言曰此神之語信而有徵封内名山禮許諸侯有事乃命所部鄉人設祠致祭焉庚辰命諸軍驟行裝整鎧仗辛巳且發引取傍山道而趍霍邑七十餘里初行霧甚俄而秋景澄明帝謂大郎二郎曰今日之行在卿兩將景色如此天似爲人唯恐老生怯而不戰閉門城守其若之何大郎二郎啓帝曰老生出自寒微

勇而無智討捕小盜頗有聲名今來居此必當大蒙賞勞若不出戰死在不疑輕騎挑之無憂不出如其固守便可誣其相引謬爲誠節彼無識解不知遠大爲其左右體悉凡庸羣小相猜自成疑阻無妨密相表奏不廢傳首京都小慧之人思此解事以此量之來戰不惑帝曰老生不能逆戰賈胡吾知無能爲也爾等籌之妙盡其實是日未時帝將麾下左右輕騎數百先到霍邑城東去五六里以待步兵至方欲下營且遣大郎二郎各將數十騎逼其城行視戰地帝分所將人爲十數隊廵其城東南而向西南往往指麾似若安營而攻城者仍遣殷開山急追馬步等後軍老生在城上遥見後軍欲來眞謂逼其城置營乃從南門東門兩道引兵而出衆將三萬許人帝慮其背城不肯遠鬬乃部勒所將騎兵馬左右軍大郎領左軍擬屯其東門二郎將右軍擬斷其南門之路仍命小縮僞若避之旣而老生見帝兵却謂爲畏巳果引兵更前去城里餘而陣殷開山等所追步兵前軍統到方陣以當老生中軍後軍相續而至未及戰帝

命大郎二郎依前部分馳而向門義兵齊乎而前紅塵暗合鼓未及動鋒刃巳交響若山崩城樓皆振帝乃傳言巳斬宋老生所部衆聞而大亂捨仗而走爭奔所出之門門巳大郎二郎先所屯守懸門不發老生取入不得城上人下繩引之老生攀繩欲上去地丈餘軍頭盧君諤所部人等跳躍及而斬之傳首詣帝於是兵隨所向奮擊禁不可止數里之間血流蔽地僵屍相枕日欲將落帝見戰士心鋭仍命登城特無攻具肉薄而上自申至酉遂平霍邑帝視戰地槍

然謂左右曰河東已來孤之所使百姓見義旗有誠節老生所逼至于塗炭亂兵之下善惡不分火燒崐山誰論玉石無妨死人之内大有赤心於我者也取來不得及此戰亡生未被知沒有餘恨靜而思之良深痛惜從今已去當以文德來之不復用兵戈矣其破霍邑攻戰人等有勳者並依格賞受事不踰日惟有徒隷一色勳司疑請教曰義兵取人山藏海納逮乎徒隷亦無棄者及著勳績所司致疑覽其所請可爲太息豈有矢石之間不辯貴賤庸勳之次便有等

差以此論功將何以勸黜而爲王亦何妨也賞宜從重吾其與之諸部曲及徒隷征戰有功勳者並從本色勳授壬午帝引霍邑城内老生文武長幼見而勞之曰老生之外孤無所咎縱卿不誠于孤亦當以赤心相仰乃節級授官與元從人齊等其丁壯勝兵者即遣從軍配左右領軍大都督還取其同色同黨自相統處之不爲疑異俘降之徒不勝喜躍欣若再生共有關中人欲還者即授五品散官放還内外咸悅咸思報効仍命葬宋老生以本官之禮自是以後未歸附者無問鄉村堡塢賢愚貴賤咸遣書招慰之無有不至其來詣軍者帝並節級授朝散大夫以上官至于逸民道士亦請效力教曰義旗撥亂庶品來蘇類聚羣分無思不至乃有出自青溪遠辭丹竈就人間而齊物從戎馬以同塵咸願解巾負兹羈絏雖欲勿用重違其請逸民道士等誠有可嘉並依前授人或以授官太高諫帝者帝曰不悋爵賞漢氏以興比屋可封唐之盛德吾方稽古敢不遵行天下之利義無獨饗率土皆貴于我豈不益尊乎且皇隋敗壞各

歸於此雁門解圍之効東都援臺之勲在難即許授大夫免禍則惟加小尉所以士無鬭志將有墮心版蕩分崩至于今日覆車明鑒誰敢効尤然亦使外寇覬覦之徒嘗授無過此也又加官慰撫何如用兵殺戮好生任賞吾覺其優當以不日而定天下非卿等小見所及丙戌入臨汾郡勞撫任用郡内官民一如霍邑庚寅宿于絳郡西北之鼓山此山帝爲討捕大使時舊停營所故逗而宿焉去絳十餘里絳城不下是日曉鼓山西北有大浮雲色或紫或赤似華蓋樓

鬭之形須臾有暴風吹來向營而臨帝所居帳上帝
指絳城而謂傍侍曰風雲如此見從彼何不達之甚
仍命厨人明日下城而後進食辛卯帝觀兵于絳城
將士等爭欲先登因而縱上自卯及巳遂取之而食
于正平縣令李安遠之宅通守陳叔達已下面縛請
罪並捨而不問待之如初餘依臨汾郡部分癸巳至
龍門縣劉文靜康鞘利等來自北蕃　厥五百人
馬二千疋從鞘利等至帝喜其兵少而來遲藉之以
關隴謂劉文靜曰吾巳及河突　始至馬多人少甚

創業起居注〈卷二　十六

愜本懷先是帝使時于此縣界見河水清皇太子又
于此界獲玄狐於往縣西南宴見鞘利并與縣內道
俗等叙舊極懽丙申至汾陰遣書招馮翊賊帥孫華
華所部强兵至餘數千積年刼掠非常富實濮水以
北莫敢當之帝書到華喜而從命巳亥進營停于壺
口分遣諸軍問津水濱之人具舟爭進日有數百仍
署水軍焉辛丑太原獲青石龜形文有丹書四字曰
李治萬世齊王遣使獻之翠石丹文天然映徹上方
下銳宛若龜形神工器物見者咸驚奇異帝初弗之

信也乃令水清磨以驗之所司淺而經宿久磨其字
愈更鮮明於是內外畢賀帝曰上天明命貺以萬吉
恭承休祉須安萬方孤以寡德寧堪預此既為人下
不容以之須告宜以少牢祀石龜而爵送龜人用彰
休慶是日又有獲嘉禾而獻者敘曰嘉禾為瑞開諸
往策逮乎唐氏世有茲祥放勛獲之於前叔虞得之
於後孤今糺合復逢靈貺出自興平來因善樂休徵
偉兆何其美與顧循虛薄未堪當此呈形之處須表
天休送嘉禾人與平孔善樂宜授朝散大夫以旌嘉

創業起居注〈卷二　十七

應壬寅孫華率其腹心輕騎數十至自郃陽華年餘
弱冠言容質直帝見而輕之華每殷勤誠款請先立
効帝乃厚加撫遇甚得其情謂華曰卿能渡河遠來
相見吾當貴卿不減鄧仲華也關中卿輩不少名並
劳卿卿今率先從我羣雄當相繼而至於是拜華左
光祿大夫封武鄉縣公加馮翊郡守從其來者仍委
華以次授官頒賜各有差仍命華先濟為西道主人
華大悅而去仍命左右統軍王長諧劉弘基并左領
軍大都督府長史陳演壽等率師次華而渡據河西

岸以待大兵九月乙卯張綸自離石道下龍泉文城等郡獲文城太守莘公鄭元璹送焉帝見元璹釋而遣之初王長諧劉弘基陳演壽之濟河也帝誡之曰屈突通今在河東精兵不少相去五十餘里而不敢來足驗人情不爲之用然通雖不武久在戎行守法懼罪終無坐位不妨伺便時相邀襲宜爲之備以折要衝通若不入關河東自然歸我分兵向彼我即擊其河東通若全兵守城卿其絕其橋道可謂前扼其喉後撫其背首尾相救非通所堪若不走之必成擒

矣吾且按兵覲其進退至是通聞孫華導長諧等渡河果遣獸牙郎將桑顯和率驍果精騎數千人夜馳掩襲長諧等軍營諧及孫華等奉敎備預故並覺之伺和赴營設伏分擊應時摧散追奔至于飲馬泉斬首獲生略以千計顯和走入河東城僅以身免仍撤斷蒲津橋帝聞而謂官屬曰屈突遣兵此行事不獲已今若進逼圍之必不敢出使劉弘基孫華等至關門斷其行路然後吾於壺口朝服濟河利涉大川斯之謂矣戊午帝親率諸軍圍河東郡分遣大郎二郎

長史裴寂勒兵各守一面帝登城東原上西望城內所爲屈突果不敢出兵閉門自守城高甚峻不易可攻帝觀義士等志試遣登之前面千餘人應時而上時值雨甚帝命旋師軍人既得上城遂不時速下帝曰屈突宿衛舊人解安陣隊野戰非其所長嬰城善爲捍禦我師常勝人必輕之驍銳先登恐無還路今且示威而已未是攻城之時殺人得城如何可用乃還命諸將移營河渚文武將佐等已下定河北衆餘十數萬今欲入關請兼置公府觀領太尉增選僚屬

帝曰兵臨蒲坂諸君欲以舜職見推此意可知未煩如此必爲僚屬增府任從便宜加置於是復領太尉丙辰馮翊太守蕭造率官屬舉郡歸義相繼有華陰縣令李孝常據永豐倉遣子弟妹夫竇軌等送款仍便應接河西關上兵馬又京兆萬年醴泉等諸縣皆遣使至帝曰吾未濟者正須此耳今既事辦可以濟乎乃命所司以少牢祀河庚申率諸軍以次而渡甲子舍于朝邑長春宮三秦士庶衣冠子弟郡縣長吏豪族弟兄老幼相攜來者如市帝皆引見親勞問仍

節級授官教曰義旗濟河關中響應轅門輻湊赴者如歸五陵豪傑三輔冠蓋公卿將相之緒餘俠少良家之子弟從吾投刺咸畏後時扼腕連鑣爭求立效縻之好爵以永今朝於是秦人大悅更相語曰眞吾主也來何晚哉咸願前驅以死自効丙寅遣世子隴西公將司馬劉文靜統軍王長諧姜寶誼竇琮諸軍數萬人屯永豐倉守潼關備他盜慰撫使人竇軌等受節度焉遣燉煌公率統軍劉弘基長孫順德楊毛等諸軍數萬人往高陵道定涇陽雲陽武功盩厔鄠

諸縣等慰撫使人掾殷開山等受節度焉先是帝從弟趙興公神通起兵鄠縣有衆數千聞義旗渡河遣使迎帝又賊帥李仲文遣兄仲威送款仲文則魏密之從父也以密反於棠陽緣坐亡命招集無賴抄劫郡縣之間衆將四五千盩厔賊帥何潘兒向善志等亦各率衆數千歸附宜君賊帥劉旻又率其黨數千人降帝並以不次封遣書勞之仍令各於當界率衆便受燉煌公部署旬日間京兆諸賊四面而至相繼歸義罔有所遺商農工賈各安其業京城留守代王

及尚書衛文昇將軍陰世師京兆丞骨儀等以帝威德遐振民願所從恐京邑之人一旦去盡乃閉門拒守運糧入宫帝聞而歎曰吾既平[illegible]於王翼尊隋室欲立孺子以報高皇今被見疑拒不相納方知邵奭不悅於周旦非徒言耳陰衛輩小負我之深己巳帝之蒲津觀河東城庚午南過永豐倉是夜宿於臨晉濼渭合流之處將渡渭津人以見船朽破不堪帝渡及於濼水上流數十里更取好船苦於水淺沙積相次船行不進憂怖不知所爲其夜三更天甚晴霽忽

然覺水暴長數尺逆流而上船泛深波得達津次及明帝登船欲渡乃見逆流不已津司以聞衆咸駭異以爲光武滹沱之冰無以異也並於舟中拜賀帝曰此偶然耳吾何德以堪之乃命所司以少牢祀濼渭并有事於華山帝至倉所勞軍見箱廩塡實銘題數多喜謂從者曰千里遠來急於此耳此既入手餘復何論食之與兵今時且足信出於己久行諸將俱謹備守無爲他慮未下馬仍開倉大賑饑民辛未還宫壬申進屯馮翊郡過舊宅饗告五廟禮也初周齊戰

爭之始周太祖數往同州侍從達官隋便各給田宅景皇帝與隋太祖並家於州治隋太祖宅在州城東南西臨大路景皇帝宅居州城西北而面滄水東西相望二里之間數十年中兩宅俱出受命之王相繼代興時人所見開闢已來未之有也乙亥燉煌公至盩厔所過諸縣及諸賊界莫不風馳草靡裹糧卷甲唯命是從遣使啓帝請期日赴京帝日屈突東行不可西歸無路覩吾成敗方有所之不可爲虞矣乃命隴西公量簡倉上精兵自新豐道趣長樂離宮令燉

煌公率新附諸軍自鄠縣道屯長安故城至並各聽敎廹上郡雕陰以北咸遣使歸款丙子大軍西引屋下封過櫟陽路左所有煬帝行宮園苑及官人等並罷之敎曰大業已來巡幸過度宿止之處好依山水經茲勝地每起離宮峻宇雕牆亟成壯麗良家子女充仞其間怨曠感于幽明靡費極于民產替否迭進將何亂逖馳道所有宮室悉宜罷之其宮人等並放還親屬冬十月辛巳帝至灞上仍進營停于大興城春明門之西北與隴西燉煌等二公諸軍二十餘萬衆會焉帝勅諸軍各依壘壁勿入村居無爲侵暴若無兵者恭以俟命代王與留守衛文昇陰世師等以義兵多而且肅不令而齊門防轉嚴拒守愈固信使不通告諭事絕帝雖每遣使至城下申以尊隋夾輔之意愚人俗吏不達變通闇于事機往而無報如此向經旬日諸將相率啓帝曰京城不啓此是隋運其亡天既亡之非人能復違天棄日勞師費糧坐守愚夫恐非長策請進圍之以覩其意帝曰兵纏象魏矢及黃屋人其謂我何哉諸將對曰無成王之主不得

行周公之事又恐巨猾之徒知義兵已定關中來爭形勝請更思之帝乃遂巡未有報京兆舊賊帥等並以家近帝城不預元從恥無功乃各率所部兵分地逼城而上帝慮其輕脫失利辛卯命二公各將所統兵往爲之援京城東面南面隴西公主之西面北面燉煌公主之城中見而失色更無他計惟冀屈突及東都救援而已甲午關中羣帥等各請率驍銳登城二公莫之能止時帝在春明門外聞而馳入舍於羅郭安興坊以鎮之甲辰諸軍各競造攻具以臨城帝

又未之許二公及文武所司等固請曰太原以來所過未嘗經宿長驅四塞罕有不克之城今至京師不時早定玩敵致寇以挫兵鋒又慮初附之人私輕太原之兵無能爲也此機不小請速部分帝曰弘弩長戟吾豈不許用之所異內外共知以安天下斯志不果此外任諸公從民所欲然七廟及代王幷宗室支戚不得有一驚犯乃下教有違此者罪及三族於是諸軍各于所部營分角修攻戰之具雲梯競聳樓橦爭高百道齊來千里並進競京竹木殲于斯矣十一

日丙辰昧爽咸自逼城帝聞而馳往欲止之而弗及繞至景風門東面軍頭雷永吉等已先登而入守城之人分崩帝乃遣二公率所統兵依城外部分封府庫收圖籍禁擄掠軍人勿雜勿相驚恐太倉之外他無所于吏民安堵一如漢初入關故事代王先在東宮乃奉迎居於大興後殿是日帝還移營舍於長樂宮濇川上先是隋主以梟滅作逆掘其墳壟而涔其室陰世師骨儀等遂以爲恒准乃令京兆郡訪帝之五廟塋域所在並發掘焉帝以此憾之言必流涕戊午收陰世師骨儀崔毘伽李仁政等並命龍西公斬於朱雀街道以不從義而又愎焉餘無所問京邑士女懽娛道路華夷觀聽相顧欣欣乃命太常促擇吉日告高廟定尊位立代王之禮文武將佐等議請曰天厭隋德曆數在唐謳歌在路被于遐邇兵起晉陽遠定秦雍百餘日間廓清帝宅神武之速此謂若飛非天啓聖孰能如是昔漢高入關不卽自王項羽後至悔無所及公雖卑以自牧須安天下僉議請依符讖上尊號帝愀然改容曰舉兵之始本爲社稷社稷

有主孤何敢二劉季不立子嬰所以屈於項羽孤今尊奉世嫡復何憂哉壬戌乃率百僚備羽儀法物具法駕迎代王卽位於[redacted]十餘歲矣大赦天下改大業十二年爲義寧元年復天下勿出今年租賦賜民子孫承後者爵一級是日仍遙尊後主爲太上皇以少帝在不言廢也

大唐創業起居注卷三

起攝政至即眞日凡一百八十三日

義寧元年冬十一月甲子少帝以帝爲丞相進封唐王位在王公上以武德殿爲丞相府改教稱令萬機百度禮樂征伐兵馬糧仗庶績羣官並責成於相府惟郊祀天地四時禘祫奏聞帝固辭不拜公卿將佐等請曰公負孺子當朝豈得辭乎攝政公不入相王室何依臨茲大節義無小讓帝歎曰王家失鹿遂使狐同老狼乃奉詔受冊乙丑榆林靈武五原平涼安

定諸郡並舉城降並遣使詣義軍請命於是遣書發使慰諭巴蜀丙寅置丞相府長史已下屬官還以大將軍府僚裴寂等依次爲之己卯以隴西公爲唐王世子改封燉煌公爲秦國公四郎元吉爲齊國公仍改太原留守爲鎮北府總統山東諸郡十二月隴西金城郡奴賊薛舉等破賊率唐弼于扶風自稱天子初弼遣使詣帝歸款投狀扶風郡而爲薛舉所圍帝遣援兵往扶風未至弼黨在郡城外爲舉所圖弼遂被郡守竇璡所殺俄而璡及河池郡守蕭瑀相繼歸京師於是拜璡爲戶部尚書上柱國封燕國公瑀拜禮部尚書封宋公是月也屈突通自潼關都尉府欲奔東都關上劉文靜等諸軍追而獲焉送之相府帝見通捨而禮之謂曰公以淸貞奉上臣道不虧孤所翹心惟恨得卿之晚通拜款劉文靜等仍定弘農郡及佐諸縣義寧二年春正月蜀漢及氐羌所在諸郡雄豪并守長等奉帝書感悅競遣子弟獻款絡繹而至所司報答日有百餘梁益之間宴如也承詔封丞相長史裴寂爲魏國公司馬劉文靜爲魯國公趙興

公神通爲鄭國公永安公孝基爲蜀國公自餘將佐殷開山劉弘基已下並以次封開國郡公縣公焉其日令曰李密越趄鞏洛自許當塗王城如燬憂心孔棘東都危逼有若倒懸西人之子理木奔命其左右大都督府所統諸軍並宜誡嚴以時式遏有征無戰是謂義師招諭不從勿難還也初年孟月春作方興不奪農時宜知其速於是以世子爲左元帥秦王爲右元帥左右二府諸軍十餘萬衆引于瀍水之北仍以尚書蕭瑀爲相府司馬劉文靜爲左元帥府長史

尚書竇璡爲掾殷開山爲右元帥府長史司馬又拜屈突通爲上柱國封蔣國公檢校行軍左右虞候事軍士以下僚佐等皆選知名者爲之帝親諳軍勞而誓遣之二月涿郡太守羅藝與漁陽上谷北平柳城等郡諸官民遣使送款先是平原賊竇建德聚衆數萬人克斥河右渤海高陽等郡大將軍府使人張道源所定趙郡襄國武安清河等郡至是並陷於賊道源亦隨而没焉建德遂僭稱王自號夏國又南陽朱粲衆有所犯並好食人自稱可達汗莫知可達汗之

名有何義理酷害異常又有賊蕭銑起兵於江陵於是以華陽公鄭元璹爲太常卿封沛國公遣將兵出商山上洛道定南陽以東諸郡並遣使人左領軍大都督府司兵馬元規慰撫安陸及荆襄閏三月左右二元帥軍招諭東都城門不啓李密又不敢西寇時過農月遂奉令旋師宜陽新安二郡而還留行軍總管史萬寶盛彦師鎮宜陽呂紹宗任懷鎮新安少帝以帝功德日懋天曆有歸欲行禪讓之禮乃進帝爲相國加九錫賜殊物加殊禮焉冊曰於戲維爾假黃鉞使持節大都督内外諸軍事録尚書大丞相新除相國總百揆唐王夫乾道貞觀四象所以運行坤德含弘萬有馮其載育是以天地交泰資始由乎聖人陰陽順成總已歸其元輔故能陶甄品物代彼天工息四海之羣飛廻三靈之掩耀百揆時序五典克從雖伊尹格於皇天周公光於四表方斯蔑如也今將受王典冊其敬聽朕命上天不造降禍于我國家高祖棄盛業而昇龍太上釋寶圖以委御王室如燬喪亂弘多數屬道消時鍾代季郊廟絶主有若綴旒則

我祖宗之業已墜于地矣王應休明之運從兆人之欲奉七璽於代邸飛六轡於周京此乃綱我絶維有大造於皇家者也曩者塞表酋方羣胡反噬矢流君側圍甚平城淪陷指期阽危莫恤王釋位同謀總伐千里晨炊蓐食倍道兼行匈奴遠跡乘輿反正此則王之功也歷山飛稱兵燕趙妄假名號河朔響應山西屯結王首啓戎行大殲醜類此又王之功也貪婪屬犯關塞驅迫良善殺略吏人王鞠旅理兵卷甲長驅追奔逐北掃地無遺此又王之功也王威徒

黨濟謀逆亂外交邊裔內聘奸回實繁有徒傾覆宗社王收戮兇渠罪人斯得此又王之功也四郊多壘三輔倒懸黃巾示宮闕之名赤眉爲園陵之禍凶荒仍歲荊棘旅庭王投袂義舉星言電邁取霍邑如摧枯舉秦關如反掌克清河渭志存匡復此又王之功也北荒獯鬻事藉鞬櫜比者中原多故龍堆道絕王式遏有方款關請吏更斂鄰眭復我舊藩此又王之功也汾晉地險逋逃攸聚山藏川量負罪稽誅類馬騰之乞活同嚴尤之盡赦王懷柔伏叛杖信示威交

臂屈膝申其向化此又王之功也河潼轉漕畚遏關畿京坻委積由來尚矣羣凶據竊一鼓而崩此又王之功也京師危迫奸臣放命異一相之居內同四凶之扇禍王大誓師旅輿言感慨蕩清上國拯厥贅旒暴市焚屍並梟元惡此又王之功也上天貽愛莫甚乎人爰祚聖哲弼予冲幼官守司存社稷有奉濟方制于下埶爍員光於上黍此又王之功也唐弼凶豎草竊岐陽呑噬舊邦侵逼都鄙王制以銜策覩其携一親離衆叛戎盡收之此又王之功也華陽黑水控接岷嶓山川阻深盡爲逋藪義風所靡化行江漢此又王之功也薛舉崇奸同惡相濟僭擬輿服滔天泯夏西土游魂秦山肆毒赫斯受律咸俘醜類岐隴齊築京觀汧渭爲之不流此又王之功也三蜀奧區一都之會　民紛雜蠻陬荒梗王發一介之使降咫尺之書而靈關洞開劍閣無隘此又王之功也弘農甸服襟帶河陝鞠爲寇場連城阻亂長策遠振不征而服此又王之功也王有濟天下之勳重之以明德爰初發跡靡自鴻階峻極比于嵩華清瀾運于溟渤體

茲將聖道被如仁在物不失其宜含靈咸安其所恭生夏長信及四時地平天成義兼得一總萬機之務因百姓之心保乂我皇家弘濟乎多難者也是以濟濟多士庶政緝熙穆穆四時要荒式序激清風以厲俗暢和氣以調時神功作於造化積德高於垂象朕又聞之先王之宰物也尊賢尚德茂賞疇庸五侯專征九命作伯周襄光錫桓文是膺大啓南陽以表東海況乃道冠伊稷功高晉鄭酬勳蔑爾朕甚懼焉今晉授相國以河內汲郡清河武安魏郡信都高陽平

原趙郡襄國通前三十郡增封唐國錫茲黑土苴以白茅爰定爾邦用建家社昔周邵分陝咸爲保傅毛畢諸侯入作卿士内外之任禮實攸宜今授相國印綬唐王璽紱茅土金獸符第一至第五竹使符第一至第十相國禮絶羣后任總所司朝班彝數宜以事華其以相國總百揆去錄尚書之號上所假黄鉞内外都督丞相印綬又加王九錫共敬聽後命以王纘紀禮度哀矜折獄罔不用情無或遷志是用錫王大輅戎輅各一玄牡二駟以王分地敦本人天是賴疏

爵務農所寶惟穀是用錫王衮冕之服赤舃副焉以王風雅所被獯戎咸格陰陽順理遐邇宅心是用錫王軒懸之樂六佾之舞以王翼宣皇道義聲遐暢三才所運四海攸歸是用錫王朱戸以居以王登賢命秩襃德升朝思帝所難能官流詠是用錫王納陛以登以王正色持衡銖範御下式遏姦宄蕩清華夏是用錫王武賁之士三百人以王威同夏日志厲秋霜刑厝有期寛而不漏是用錫王鈇鉞各一彤弓一彤矢百旅弓十旅矢千以王霜露履踐禋祀恭嚴天地

幽通孝思至感是用錫王秬鬯一卣珪瓚副焉唐國宜置丞相已下一遵舊式往欽哉祇奉大禮用膺多繼踵舜因讓禹以明堯哲示天下爲至公不私已於尊位故賓虞以後若脫屣焉是知非堯不能讓舜非舜不能命禹商周德所不逮有撥亂反正之功順天行誅逆取順守咸以至誠兼濟無隱神祇三五帝王稱茲四聖英聲茂實飛騰萬古堯舜不及於子讓德而稱帝湯武不私於後亂力取而爲王故道有降差名有優劣然立功立德亦各一時末葉後來功德無

紀時逢屯否擁兵竊命託云輔政擇立餘孽頑嚚支庶先被推崇睿哲英宗密加夷戮專權任己遍令讓位雖欲已同於舜不覺禪者非堯恥德於唐虞見過于湯武豈不悖哉魏晉宋齊爲惑已甚託言之士須知得失羣公退而悅服私相謂曰相王格論絶後光前發明典謨申理誓誥可謂君子一言定八代之榮辱矣帝又謂所親曰諸人雖復見吾言論仍自不知至理吾今一匡天下三分有二入關形勢頗似漢高祖且起軍甲子旗幟已華如何更於少帝之處却受

九錫而求殊禮孺子有知不容肯行此事既成無識此乃吾自爲之立身以來不欺暗室如何今日誣罔天聽所區別帝王激揚名理以懲是古非今之輩謬相勸逼於是惟改丞相府爲相府國而九錫殊禮並屬諸有司是月也宇文化及兼弟智及等并驍果武賁司馬龕監門郎將裴乾通等謀同逆因驍果等欲還結統遂夜率之而圍江都宮殺後主於彭城閣初驍果兵等苦於久在江都咸思歸叛至是煬帝知唐據有西京過江討定仍先分驍果往守會稽詐之云

往東吳催米赦化及等因之而作難於是隋主崩問至帝乃率文武羣賢僚佐從少帝舉哀於大興後殿帝哭哀甚有諫止帝者帝曰吾爲人下喪居何可不哀然亦恨後主不亡於開皇之末以延鼎祚耳化及等本自因思歸之衆而行殺逆及以許公之子爲衆所推至是遂僭稱尊號率其同惡欲入關以李密斷成皋據洛口乃圖北取黎陽倉從白馬津而渡帝乃遣統軍張倫將蒲津以東從兵往魏郡道招慰化及等繼遣淮安王神通往定山東諸郡又募犯罪者數千人聽效力贖罪并張倫等並是淮安王節度焉李密聞化及之趣河北乃分兵遣別將徐世勣等也黎陽拒守化及從宛道渡河絶糧遂頓於聊城縣淮安王等率衆圍城部分失機行兵不利退保魏郡化及衆聚聊城糧無所出竇建德知其窮蹙遂攻破之獲化及兼弟智及責以弑逆並斬之而徇衆煬帝蕭皇后亦没于賊庭於是江都宮人美女珍寶金帛及乎玉璽並建德有之不逞之徒因説建德送蕭皇后及宮人等多齎金帛重賂ㄑ厥市馬而求援少帝年未

勝衣不經師傅長於婦人之手時事茫然既知煬帝不存惟求潛遜夏四月詔曰天禍隋國大行太上皇遇盜江都酷甚望　釁深驪北憫予小子奄紹丕愆哀號永感五情糜潰仰惟荼毒仇復靡申形影相弔罔知啓處相國唐王膺期命世扶危拯溺自北徂南東征西伐總九合于一匡決百勝于千里糺率ㄑ夏大庇氓黎保乂朕躬繄王是賴德侔造化功格蒼旻兆庶歸心曆數斯在屈爲人臣載違天命昔在虞夏揖讓相推苟非重華誰堪命禹當今九服崩離三靈

攺卜大運去矣請避賢路兆謀布德顧巳莫能私僮
命駕須歸藩國予本代王及予而代天之所廢豈其
如是庶憑稽古之聖以誅四凶幸值惟新之恩預充
三恪雪恥怨於皇祖守禋祀爲孝孫朝聞夕殞及泉
無恨今遵故事遜於舊邸庶官羣后改事唐朝宜依
前典趣上尊號若釋重負感泰兼懷假手真人俾除
醜逆濟濟多士明知朕意仍勑有司凡是表奏皆不
得以聞章奏不通理難再請欲召公卿議之漸以啓
諭於是文武將佐裴寂等二千人不謀同辭並不肯

奏詔乃相率上疏勸進曰臣聞天下至公非一姓之
獨有聖人達節與萬物而推移故五運遞興百王更
王春蘭秋菊無絶終古玉疏石記筆舌紛綸垂統有
光煥乎寶籙伏惟陛下資靈種德稟慶至眞固縱惟
神生知乃聖量包乎宇宙智周乎品物羣生塗炭蹐
之仁壽逢百六之厄創業雲雷追三五之蹤財成天
地仲夏之半龍躍晉陽孟冬伊始鳳翔灞上鴻志蝟
毛之反者霧委來庭觸柱拔山之大盜風馳獻款三
晉子弟共傳儉而陪麾咸秦豪傑連巴蜀而響應英

聲西被懋德東漸南諧交趾北變幽都躬未戎衣手
不提劍機務成於雄斷人傑得於才子威加四海功
出一門計極萬安戰窮百勝小往大來算無遺策時
未期月業倍前王今古代興膺斯撥亂若茲之舉如
茲之速載籍以來未之前聞也臣等誠歡誠喜頓首
頓首死罪竊以陛下承家開國積德累功世濟擬於
高陽纘緒盛於周武載誕燭神光之異儀形表玉勝
之奇白雀呈祥丹書授曆名合天諱姓符桃李君堯
之國靡不則天星紀云周奉時圖始甲子之旦不[illegible]

而脫起兵西北勢合乘乾我來自東位當出震至八
井深水之圖讖唐唐李樹之驍歌固以備在人謠無
德而稱者也且夫體非常之道立非常之功實非常
之人有非常之事不時正位人神佇式天命不常惟
德是與遷虞事夏抑有前規臣等敢錄舊典奉上尊
號當今萬機曠主九有困窮伏願降鑒回慮憂世外
巳上順天心祗膺允執俯從人願屈就樂推變黎庶
于時雍配上帝于宗祀勿以王者兼濟之功而爲匹
夫獨美之操昔之堯佐咸大天工績尤著者胤饗稷

爲播穀之都餘慶商周皐陶好生洽人今與陛下盛
德有後其若是乎四相三王齊名踵武千年得一相
繼風聲符命所鍾有自來矣願納縉紳僂僂之情允
副億兆顒顒之望率土更生含靈幸甚臣等誠惶誠
恐昧死以聞頓首頓首死罪死罪所司以表意奏聞
帝退所奏表謂奏者曰吾固知如是拒而不答裴寂
等進見曰昔桀紂雖復不賢亦各有子未聞湯武臣
輔之龜鏡巳見玆無所疑也先人有言曰功蓋天下
者不賞陛下欲議至尊而爲臣下恐隋朝不然此事

創業起居注〈卷三　十三

且臣等唐之將佐茅土大位受之唐國陛下不爲唐
帝臣等應須去官伏願深思容臣等有地帝笑曰裴
公何相逼之深當爲審思亦未之許裴寂等又依光
武長安同舍人彊華奉赤伏符故事乃奏神人太原
慧化尼蜀郡衛元嵩等歌謠詩讖慧化尼歌詞曰東
海十八子八井喚三軍手持雙白雀頭上戴紫雲又
曰丁丑語甲子深藏入堂裏何意坐堂中央有天
子又曰西北天火照龍山昭童子赤光連北斗童子
木上懸白幡胡兵紛紛滿前後拍手唱堂堂驅羊向
南走又曰　兵未濟漢不整治中都護有八井又曰
與伍伍仁義行武得九九得聲名童子木底百丈水
東家井裏五色星我語不可信問取衛先生蜀郡衛
元嵩周天和五年閏十月作詩戊亥君臣亂子丑破
城隍寅卯如欲定龍蛇伏四方十八成男子洪水主
刀傍市朝義歸政人寧俱不荒人言有恒性也復道
非常爲君好思量何■禹湯桃源花■李樹
起堂堂只看寅卯歲深水没黄楊未萌之前謠讖遍
於天下今覩其事人人皆知之陛下雖不以介懷天

創業起居注〈卷三　十四

下信爲靈効特此欲作常■以免須上爲七廟
下安萬民既膺符命不得拘文牽旨違天不祥裴寂
等言之甚切帝曰所以逡巡至於再三者非徒推讓
亦恐羣公面諛退爲口實然漢高云諸侯王推高于
寡人以爲皇帝位甚便宜於天下之民則可矣孤亦
何能有異之哉於是寂等再拜舞蹈稱萬歲而出遂
與國子博士丁孝烏等數百人具禮儀擇良日以武
德元年歲在戊寅五月甲子皇帝郎位於太極前殿
設壇於長安城南柴燎告天冊文曰皇帝臣某敢用

玄牡昭告于皇天后帝生人以來樹之司牧膺命所
屬謂之大寶曆數不在罔一作時或偷安故舜禹至公
揖讓而興虞夏湯武兼濟干戈而有商周事乃殊途
功成一致後之刱業咸取則焉其承家慶世祿降祉
曰祖曰考累功載德賜履參墟建侯唐舊地居戚里
門號公宫不緒建基足爲榮矣但有隋屬厭大業爽
德饑饉師旅民胥怨咨諭見咎徵昭於皇鑒備聞畀
聽所不忍言某守晉陽馳心魏闕授手濡足拯溺救
焚大舉義兵式寧區宇懲邊荒之辮髮輯兆庶之離

心誓以捐軀救茲生命指除喪亂期之又安有功雖
世無希九五惟身及子竭誠盡力率先鋒鏑誓以無
二再蒙弘誘克濟艱難電掃風驅廓清大邑傳檄而
定峨嵋拱手而平關隴西戎郎叙東夷底定非啓非
贊孰能茲速尊立世嫡翼奉宗隋戮力輔政無虧臣
節值鼎祚云革天祿將移謳歌獄訟事來唐邸人神
符瑞輻湊徵躬遠近宅心華夷請命少帝知神器有
適大運去之遜位而禪若隋之初讓德不嗣羣情逼
請六宗闕祀七政未齊罪有所歸恐當天譴請因吉

日克舉前典設壇肆類祗謁上帝惠茲下人翼子謀
孫罔敢愆德則小則大無或有違對越鴻休伏深慚
懼謹遣太尉公裴寂等用薦告之禮瑞冊蒼璧秬鬯
清酌薌合薌萁明粢嘉蔬禋祀于皇皇后帝明靈降
享[illegible]備羽儀法物臨軒大赦天下改義寧二年
爲武德元年[illegible]踐祚有司以子卯不
樂請擇他日帝曰歲在戊寅[illegible]始此
爲難得至今遇之烏可失之且殷周二代[illegible]
[illegible]所之以爲大吉同域之誠又甲于五行爲木

木加于子[illegible]良日雖欲勿用其能捨諸故自起
軍建乎入相登極咸用甲子爲

乾淳起居注

元　周密

乾道三年三月初十日南内遣閤長至德壽宮奏知連日天氣甚好欲一二日間恭邀車駕幸聚景園看花取自聖意選定一日太上云傳語官家備見聖孝但頻頻出去不惟費用又且勞動多少人本宮後園亦有幾株好花不若來日請官家過來閑看遂遣提舉官同到南内奏過遵依訖次日進早膳後車駕與皇后太子過宮起居二殿訖先至燦錦亭進茶宣召

吳郡王曾兩府已下六員侍宴同至後苑看花兩廊並是小内侍及幕士效學西湖鋪放珠翠花朵玩具疋帛及花籃鬧竿市食等許從内人關撲次至毬塲看小内侍拋綵毬蹴鞦韆又至射廳看百戲依例宣賜回至清妍亭看荼蘼就登御舟繞堤閑遊亦有小舟數十隻供應雜藝嘌唱鼓板蔬果與湖中一般太上倚闌閑看適有雙燕掠水飛過得旨令曾覿詩詞遂賦進阮郎歸云柳陰庭院占風光呢喃春晝長碧波新漲小池塘雙雙蹴水忙萍散漫絮飛揚輕盈體態狂爲憐流水落花香銜將歸畫梁既登舟知閤張掄進柳梢青云柳色初濃餘寒似水纖雨如塵一陣東風縠紋微皺碧沼鱗鱗仙娥花月精神奏鳳管鸞絃鬭新萬歲聲中九霞盃内長醉芳春曾覿和進云桃腮紅勻梨臉粉薄鴛徑無塵鳳閣凌虛龍池澄碧芳意鱗鱗清時酒聖花神看内苑風光又新一部仙韶九重鸞仗天上長春各有宣賜次至靜樂堂看牡丹進酒三盞太后邀太皇官家同到劉婉容位奉華堂聽擫阮奏曲罷婉容進茶訖遂奏太后云本位近

教得二女童瓊華綠華並能琴阮下棊寫字畫竹背誦古文欲得就納與官家則劇遂令各呈伎藝併進自製阮譜三十曲太后遂宣賜婉容宣和殿玉軸沉香槽三峽流泉正阮一面白玉九芝道冠北珠綠領道氅銀絹三百疋兩會子一百萬貫是日三殿並醉酉牌還内自此官裏知太上聖意不欲頻出勞人遂奏知太上命修内司日下於北内後苑建造冷泉堂疊巧石爲飛來峰開展大池引注湖水景物並如西湖其西又建大樓取蘇軾詩句名曰聚遠並是今上

御名恭書又御製堂記太上賦詩今上恭和刻石堂上是歲翰苑進端午帖子云聚遠樓前面面風冷泉堂下水溶溶人間炎熱何由到真是瑶臺第一重又日飛來峰下水泉清臺沼經營不日成境趣自超塵世外何須方士覓蓬瀛皆紀實也

淳熙三年五月二十一日天申聖節先十日駕詣德壽宮進香並進奉銀五萬兩絹五千疋錢五萬貫度牒一百道用綠油匣二百箇上貼黄云臣眘御名謹進令幕士安頓寢殿前候閤長到宮移入殿上并鋪放

進香排日皇太子皇太子妃并大内職與等進香至日卯時車駕率皇太子太子妃文武百僚並詣宫上壽車駕至小次降輦太上遣本宫提舉傳旨減拜行禮上回奏云上感聖恩容臣依禮上壽太上再命減十拜俟太上升殿皇帝起居拜舞如儀併率皇太子百官奉上御酒樂作衛士山呼駕輿入幄次小歇樂人再排立殿上降簾太上再坐太后率皇后太子妃上壽六宮次第起居禮畢退上待太上過寢殿進早膳太上令宣喚吳郡王等官前來伴話上侍太上同往射廳看百戲依例宣賜再入幄次小歇上遣閤長奏知太上午時二刻恭請赴坐至期車駕並赴德壽殿排當自皇帝已下並簪花侍宴至第三盞太上遣内侍詣官家免花帽束帶并御上盞云官裏回奏上感聖恩并免皇后頭冠皇太子穿執並謝恩訖太上泛賜皇太子疊金嵌寶盤盞紫羅紫紗南北内互賜承應人目子錢王管禁衛官率禁衛等人於殿門外謝恩又入幄次小歇約二刻再請太上往至樂堂再坐教坊大使申正德進新製萬歲興龍曲樂破對舞

各賜銀絹有差又移宴清華看蟠松宫嬪五十人皆仙妝奏清樂進酒并衙前呈新藝約至五盞太上賜官裏御書急就章并金剛經官家却進御書真草千文太上看了甚喜云大哥近日筆力甚進上起謝同皇太子步至蟠松下看御書詩再入坐太上皇索翡翠鸚鵡杯官裏與皇后親捧杯進酒太上曰此是宣和間外國進到可以屑金就以爲賜上謝恩時太上官家並已七八分醉再服上盞率皇后太子謝恩宣平輦近裏升輦太上宣諭知省云官家已醉可一路

小心照管知省等領聖旨還内來早上遣知省至宮恭問二聖起居并奏欲親到宮謝恩太上就令提舉往問興居并免到宮行禮

八月二十一日壽聖皇太后生辰先十日車駕過宮先至太上處起居方至本殿進香次皇后皇太子太子妃莊文太子妃張娘娘已下並進香起居上至太上内書院進泛索遂奏安止還内十二日婉容到宮至西便門廊下先至太上處奏起居次入本殿進香值雨免下堦起居大内進香十三日知省及大官到

宮進香閤長就管押進奉銀絹度牒等并七寶金銀器皿比天申節減半并珠子十號並於後殿鋪放十六日本殿提舉率本宮官屬進香并設放壽星及神仙書畫等物隔簾奏喏免起居退次日皇太后宅親屬到宮進香并本宮人吏後苑官屬作院使臣等並節次進香二十一日卯時皇后先到宮俟駕到至太上前殿起居次至本殿官家第一班皇后第二班太子并太子妃第三班上壽訖太后宅親屬上壽並同天申節儀太上邀官裏至清心堂進泛索值雨不呈

百戲依例支賜午初二刻奏辯就本殿大堂面北坐官家花帽兒上盏皇后三釵頭冠並賜簪花至五盞並免大衣服官裏便背兒赴坐第七盞小劉婉容進自製十色菊千秋歲曲破内人瓊瓊柔柔對舞上衣閤子庫取賜五兩數珠子一號細色北段各十疋太后又賜七寶花十枝珠翠芙蓉領緣一副又移坐靈芝殿有木犀處進酒次到至樂堂再更後還内

十月二十二日太上皇帝會慶聖節至日車駕過宮太上升殿起居訖簪花拜舞進壽酒訖太上回賜壽

酒次至太后殿行禮詳見第一卷從太上至後苑梅坡看早梅又至浣溪亭看小春海棠午初至載忻堂排當官家換素帽兒太后賜官裏女樂二十人上再拜謝恩并教坊都管王喜等進新製會慶萬年薄媚曲破對舞並賜銀絹太上以白玉桃盃賜上御酒云學取老爹年紀早早還京上飲酒再拜謝恩三盞後官家換背兒免拜皇后換團冠背兒太子免繫裹再坐本宮御侍六人並升郡夫人就賜誥謝恩并照例支散日子錢太上又賜官裏玉酒器十件壘珠嵌寶器皿

一千兩克絲作金龍裝花軟套閣子一副侍宴官吳
郡王已下各賜金桙盞疋段并薇露酒香茶等是日
官裏大醉申後宣逍遙子入便門升輦還內
淳熙五年二月初一日上過德壽宮起居太上留坐
冷泉堂進泛索訖至石橋亭子上看古梅太上曰苔
梅有二種宜興張公洞者苔蘚甚厚花極香一種出
越上苔如綠絲長尺餘今歲二種同時着花不可不
少留一觀上謝曰恭領聖旨上皇因言多日不見史
浩命內侍宣召既至起居訖賜坐并召居廣鄭藻初

筵教坊奏樂呈伎酒三行太上宣索市食如李婆婆
雜菜羹賀四酪面三臧猪胰胡餅戈家甜食等數種
太上笑與史浩曰此皆京師舊人各厚賜之史起謝
又移宴靜樂堂盡遣樂工全用內人動樂且用盤架
品味百餘種酒行無筭又宣索黃玉紫心葵花大盞
太上親自宣勸史捧觴爲兩宮壽時君臣皆已霑醉
小內侍寄語史相公云少酌上聞之曰滿酌不妨當
爲老先生一醉太上極喜賜史少保玉帶一條冰片
腦子一金合紫泥羅二十疋御書四軸史相謝恩退

淳熙六年三月十五日車駕過宮恭請太上太后幸
聚景園次日皇后先到宮起居入幕次換頭面候車
駕至供泛索訖從太上太后至聚景園太上太后至
會芳殿降輦上及皇后至翠光降輦並入幄次小歇
上邀兩殿至瑤津少坐進泛索太上太后並乘步輦
官裏乘馬遍遊園中冉至瑤津西軒入御筵至第三
盞都管使臣劉景長供進新製泛蘭舟曲破吳興祐
舞各賜絹上親捧玉酒船上壽酒酒滿玉船船中人
物多能舉動如活太上喜見顏色散兩宮內官酒食

并承應人目子錢遂至錦壁賞大花三面漫坡牡丹
約千餘叢各有牙牌金字上張碧油絹幕又別剪好
色樣一千朵安頓花架並是水晶玻瓈天晴一作汝天青
窯金瓶就中間沉香卓兒一隻安頓白玉碾花商尊
約高二尺徑二尺三寸獨插照殿紅十五枝進酒三
杯應隨駕官人內官並賜兩面翠葉滴金牡丹一枝
翠葉牡丹沉香柄金絲御書扇各一把是日知閤張
掄進壺中天慢云洞天深處賞嬌紅輕玉高張雲幙
國艷天香相競秀瓊苑風光如昨露洗妖嬈風傳馥

郁雲雨巫山約如春濃酒五行臺榭樓閣　聖代道洽功成一塵不動四境無鳴柝屢有豐年天助順基業增隆山嶽雨世明君千秋萬歲永享昇平樂東皇呈瑞更無一片花落賜金杯盤法錦等物此詞或謂是康伯可所賦張掄以爲己作又進酒兩盞至清輝少歇至翠光登御舟入裏湖出斷橋又至真珠園太上命買湖中龜魚放生并宣喚在湖賣買等人內侍用小綵旗招引各有支賜時有賣魚羹人宋五嫂對御自稱東京人氏隨駕到此太上特宣上船起居念其年老賜金錢十文

銀錢一百文絹十疋仍令後苑供應泛索時從駕官丞相趙雄樞密使王淮參政錢良臣並在顯應觀西齋堂侍班各賜酒食翠花扇子至申時御舟梢泊花光亭至會芳少歇時太上已醉官裏親扶上船並乘轎兒還內都人盡出觀瞻贊嘆聖孝

九月十五日明堂大禮十三日值雨未時奏請宿齋北內送天花蘑菇客蒸山藥棗兒乳糖巧炊火燒角兒等十四日早車駕詣景靈宮回太廟宿齋雨終日不止午後太上遣提舉至太廟傳語官家連日祀事不易所有十六日詣宮飲福以陰雨泥勞頓可免到宮行禮天氣陰寒請官家善進御膳頻添御服聖旨遣閤長回奏上感聖恩至日若登樓肆赦時依舊詣宮行禮若值雨不登門時續當奏聞至晚雨不止宣諭大禮使趙雄來早更不乘輅止用逍遙輦詣文德殿致齋一應儀仗排立並行放免從駕官並常服以從併遣御藥奏聞北內來日爲値雨更不乘輅謹遵聖旨更不過宮行飲福禮太上令傳語官家旣不乘輅此間也不出去看也大禮使趙雄雖已得旨猶不

許放散上聞之曰來早若不晴時有何面目雄聞之曰縱使不晴得罪不過罷相耳堅執不肯放散至黃昏後雨止月明上大喜遣內侍李思恭宣諭大禮使仍舊乘輅再遣御藥奏聞北內以天晴仍舊乘輅候登樓肆赦訖詣宮行飲福禮禮畢略至絳華堂進泛索知閤張掄進臨江仙詞云閶道彤庭森寶仗霜風䮠雲六龍扶輦下青冥香隨鸞扇遠日映赭袍簾捲天街人頂戴滿城喜氣氤氳等閑散作欲知天意好昨夜月華新

淳熙七年十二月二十八日南内遣御藥并後苑官
管押進奉兩宮守歲合食則劇金銀錢消夜歲軸果
兒錦曆鍾馗爆仗羔兒法酒春牛花朵等就奏知太
上皇帝元日欲先詣宮朝賀然後還内引見大金人
使太上不許傳語官家至日可先引見人使訖行到
宮
淳熙八年元日上坐紫宸殿引見人使訖卽率皇后
皇太子太子妃至德壽宮行朝賀禮（詳見第一卷）拜進呈
畫本人使面貌姓名及管伴問荅是歲太上聖壽七

十有五舊歲欲再行慶壽禮太上不許至是乃密進
黃金酒器二千兩上侍太上於欏木堂香閣内說話
宣押棊待詔并小說人孫奇等十四人下棊兩局各
賜銀絹供𡸁索訖官家恭請太上太后來日就南内
排當初二日進早膳訖遣太子到宮恭請兩殿並只
用轎兒禁衞簇擁入内官家親至殿門拱迎親扶太
上降輦至損齋進茶次至清燕殿閑看書畫玩器約
午時初後苑恭進酥酒十色熬煮午正三刻就凌虛
排當三盞至蕚綠華堂看梅上進銀三萬兩會子十
萬貫太上云此無用錢處不須得上再三奏請止受
三分之一未初雪大下正是臘前太上官家甚喜云
今年正欠些雪可謂及時太上云雪却甚好但恐長
安有貧者上奏云已令有司比去年倍數支散矣太
上亦命提舉官於本宮支撥官會照朝廷數目發下
臨安府支散貧民一次又移至明遠樓張燈進酒節
使吳琚進喜雪水龍吟詞云紫皇高宴蕭臺雙成戲
擊瓊包碎何人爲把銀河水剪甲兵都洗玉樣乾坤
八荒同色了無塵翳喜冰消太液暖融鳷鵲端門曉

班初退　聖主憂民深意轉鴻鈞滿天和氣太平有
象三宮二聖萬年千歲雙玉杯深五雲樓迥不妨頻
醉細看來不是飛花片片是豐年瑞上大喜賜鍍金
酒器二百兩細色段疋復古殿香羔兒酒等太后命
本宮歌板色歌此曲進酒太上盡醉至更後宣轎兒
入便門上親扶上輦還宮
淳熙九年八月十五日駕過德壽宮起居太上留坐
至樂堂進早膳畢命小内侍進綵竿垂釣上皇曰今
日中秋天氣甚清夜間必有好月色可少留看月了

去上恭領聖旨索車兒同過射廳射弓觀御馬院使
臣打毬進市食看水傀儡晚宴香遠堂堂東有萬歲
橋長六丈餘並用吳璘進到玉石甃成四畔雕鏤闌
檻瑩徹可愛橋中心作四面亭用新羅白羅木蓋造
極爲雅潔大池十餘畝皆是千葉白蓮凡御榻御屏
酒器香奩器用並用水晶南岸列女童五十人奏清
樂北岸芙蓉岡一帶並是教坊工近二百人待月初
上簫韶齊舉縹緲相應如在霄漢既入座樂少止太
上召小劉貴妃獨吹白玉笙霓裳中序上自起執玉

乾淳起居注　十三

杯奉兩殿酒并以壘金嵌寶注椀杯柈等賜貴妃侍
宴官開府曾覿恭上壺中天慢一首云素飈颺碧看
天衢穩送一輪明月翠水瀛壺人不到比似世間秋
別玉手瑤笙一時同色小按霓裳疊天津橋上有人
偷記新闋當日誰幻銀橋阿瞞兒戲一笑成癡絕肯
信羣仙高宴處移下水晶宮闕雲海塵淸山河影滿
桂冷吹香雪何勞玉斧金甌千古無缺上皇曰從來
月間不曾用金甌事可謂新奇賜金束帶紫番羅水
晶注椀一副上亦賜寶盞古香至一更五點還內是

夜隔江西興亦聞天樂之聲
淳熙十年八月十八日上詣德壽宮恭請兩殿往浙
江亭觀潮進早膳訖御輦檐兒及内人車馬並出候
潮門有命修内司於浙江亭兩旁抓縛席屋五十間
至是並用綵纈幕帟得旨從駕百官各賜酒食並免
侍班從便觀看先是澉浦金山都統司水軍五千人
抵江下至是又命殿司新刺防江水軍臨安府水軍
並行閱試軍船擺布西興龍山兩岸近千隻管軍官
於江面分布五陣乘騎弄旗標槍舞刀如履平地點

乾淳起居注　十四

放五色烟炮滿江及烟收炮息則諸船盡藏不見一
隻奉聖旨自管軍已下並行支犒一次自龍山已下
貴邸豪民綵幕凡二十餘里車馬駢闐幾無行路西
興一帶亦皆抓縛幕次綵繡照江有如鋪錦市井弄
水人如僧兒留住等凡百餘人皆手持十幅綵旗踏
浪爭雄直至海門迎潮又有踏混木水傀儡水百戲
撮弄等各呈技藝並有支賜太上喜見顔色曰錢塘
形勝東南所無上起奏曰錢塘江潮亦天下所無有
也太上宣諭侍宴官令各賦酹江月一曲至晚進呈

太上以吳琚爲第一其詞云玉虹遥掛望青山隱隱一眉如抹忽覺天風吹海立好似春霆初發白馬凌空瓊鰲駕水日夜朝天闕飛龍舞鳳鬱葱環拱吳越料此景天下應無羨東南形勝偉觀真奇絕好是吳兒飛綵幟蹴起一江秋雪黃屋天臨水犀雲擁看擊中流楫晚來波靜海門飛上明月兩宮並有宣賜至月上還內

淳熙十一年六月初一日車駕過宮太上命提舉傳旨盛暑請官家免拜至內殿起居太上令小內侍扶

掖免拜謝恩太后處亦免拜太上邀官裏便背兒至冷泉堂進早膳訖太上宣諭云今歲比常年熱甚上起荅云伏中正要如此太上云今日且留在此納涼到晚去忒三省有緊切文字不妨就幄次進呈上領聖旨遂同至飛來峰看放水簾時荷花盛開太上指池心云此種五花同幹近伯圭自湖州進來前此未見也堂前假山修竹古松不見日色並無暑氣後苑小厮兒三十人打息氣唱道情太上云此是張掄所撰鼓子詞後苑進沆瀣漿雪浸白酒上奏起曰此物恐不宜多喫太上曰不妨反覺爽快上曰畢竟傷脾太上首肯因閑說宣和間公公每遇三伏多在碧玉壺及風泉館萬荷莊等處納涼此處涼甚每次侍宴雖極暑中亦着納襖兒也命小內侍宣張婉容至清心堂撫琴并令棋童下棊及令內侍投壺賭賽利物則劇官家進水晶提壺連索兒可盛白酒二斗白玉雙蓮杯柈碾玉香脱兒一套六箇大金盆一面盛七寶水戲并宣押趙喜等教舞水族又進太皇后白玉香珀扇柄兒四把龍涎香數珠佩帶五十副真珠香

囊等物直至酉初還內

御塞行程

宋　趙彥衛

自東京至女眞所謂御寨行程東京四十五里至封丘縣皆塈北行四十五里至胙城縣腰頓四十五里至渡河沙店四十五里至滑州館二十五里至濬州七十里至湯陰縣腰頓三十五里至相州安陽館六十里至磁州滏陽驛腰頓七十里至邯鄲縣館四十里至臨洺鎮七十里至信德府邢臺驛三十五里至皇甫村驛柏鄉縣五十里至趙州平棘驛一百里至

眞定驛六十里至新樂縣五十里至中山驛五十里至望都縣七十里至保州金臺驛四十里至保州梁臺驛三十里至固城五十里至馬村舖五十里至涿州本道館六十里至良鄉縣六十里至燕京水平館始望東行六十里至潞縣九十里至三河縣七十里至薊州八十里至永濟務九十里至七箇嶺九十里至平州八十里至新安縣六十里至潤州自此皆沿海行四十里至遷州八十里至萊州八十里至隰州八十里至淘河島八十里至胡家務八十里至新城八十里至梯已寨六十里至倉官寨三十里至廣寧府三十里至顕州五里至東館八十里至兎兒堝八十里至梁虞務六十里至遼河大口平津館七十三里至廣州廣平館復望北行七十里至瀋州樂郊館八十里至興州興平館五十里至銀銅館九十里至咸州咸平館三十里至宿州宿寧館八十里至賈道舖懷方館四十里至楊八寨通遠館五十里至合叔孛董舖同風館三十六里至義和館五十里至如歸館四十里至信州彰信館七十里至勝州來德館五

十里至山寺舖會方館五十里至威州威德館五十里至龍驤館六十里至詳州常年館六十里至濵州混同館六十里至高平館四十里至同流館五十里至没搭合孛董莱同館七十里至烏龍館三十里至北寨號御寨今之使北者止至燕未有至烏龍館者

長安圖元豐三年五月五日龍圖閣待制知永興軍府事汲郡呂公大防命戶曹劉景陽按視邠州觀察推官呂大臨檢定其法以隋都城大明宮並以二寸折一里城外取容不用折法大率以舊圖及韋述西

京記爲本參以諸書及遺迹考定太極大明興慶三
宮用折地法不能盡容諸殿又爲別圖漢都城縱廣
各十五里周六十五里十二門八街九陌城之南北
曲折有南斗北斗之象未央長樂宮在其中未央在
西直便門長樂在東直社門隋都城外郭縱十五里
一百七十五步廣十八里百十五步周六十七里高
一丈八尺東西南北各三門縱十二街橫十四街當
皇城朱雀門南北九里一百七十五步縱十一街各
廣百步皇城之南橫街十各廣四十七步皇城左右

各橫街四三街各六十步一街直安福延喜門廣百
步朱雀街之東市一坊五十五萬年治之街之西市
一坊五十五長安治之坊之制皇城之南三十六坊
各東西三門縱各三百五十步中十八坊廣各三百
五十步外十八坊廣各四百五十步皇城之左右共
七十四坊各四門廣各六百五十步皇城左右之南
六坊縱各五百五十步北六坊縱各四百步市居二
坊之地方各六百步四面街各廣百步面各二門皇
城縱三里一百四十步廣五里一百一十五步周十

七里一百五十步縱五街橫七街百司居之北附宮
城南直朱雀門皆有大街各廣百步東西各二門南
三門大極宮城廣四里縱二百四十步周十三里一
百八十步高二丈五尺東一門西二門南六門北三
門宮城之西有大安宮唐大明宮城在苑內廣二千
一百四十八步縱四百九十五步東北各一門南五
門西二門禁苑廣二十七里縱三十里東一門南二
門北五門西內苑廣四里縱二百四面各一門東內
苑廣二百五十步縱四里九十五步東一門以渠道

水入城者三一曰龍首渠自城東南導滻至長樂坡
釃爲三渠一北流入苑一經通化門興慶宮由皇城
入太極宮二曰永安渠導交水自大安坊西街入城
北流入苑注渭三曰清明渠導坑水自大安坊東街
入城由皇城入太極宮城內有六高岡橫列如乾之
六爻初隋建都以九二置宮室九三處百司九五不
欲令民居乃置玄都觀興善寺此后漢隋唐宮禁城
邑之制而西京記云街東西各五十四坊六典注西
市居其中西坊之地凡一百一十坊今除市居外其

餘各五十五坊當以六典注爲正又六典注土闕之
西延英李庚賦東則延英耽耽當以庚賦爲正又西
京記大興城南直子午谷今據子午谷乃漢城所直
隋城南直石鼈谷又唐志大明宫縱一千八百步廣
一千八十步今實計縱一千一百一十八步廣一千
五百三十五步此舊説之議也唐高宗始營大明宫
於丹鳳後南開翊善永昌二坊各爲二外郭東北隅
永福二坊築入苑先天以後爲十六王内宅又高宗
以隆慶坊爲興慶宫附外郭爲複道自大明宫經通

通化門蹬道潛通以達此宫謂之夾城又制永嘉坊
西百步入宫外郭東南隅一坊始建都城以地高不
便隔在郭外爲芙蓉園引黄渠水注之號曲江明皇
增築興慶宫夾城直至芙蓉園又武宗於宣政殿東
北築臺曰望仙今人誤以爲蓬萊山武宗又脩未央
宫爲通光亭宣宗修憲宗遺迹於夾城中開便門自
芙蓉園北入至青龍寺俗號新開門自門至寺開敦
化以北四坊各爲二此遷改之興也大底唐多仍隋
舊故呂公受其制度之害而傷唐人冒襲史氏没其

實遂刻而爲圖故誌之

熙豐日曆

宋　王明清

紹興庚申金國以河南故地歸我詔以孟富文庾爲東京留守富文辟畢少董良史以自隨未幾又敗盟少董身陷僞地者累年常於相國寺鬻故書處得熙豐日曆殘帙數葉無復倫叙少董南歸出以相示於是緝其可以傳信者凡八條今錄於編亦有已見裕陵日錄中者併存之云

中書劄子度支員外郎充龍圖待制秦鳳路經略安撫使呂大防奏伏見本州路鳳翔府寄居著作佐郎前崇文院校書郎張載學術精深性資方毅昨因得告尋醫未蒙朝廷召命義難自進老於田間衆所共惜臣未敢別乞朝廷任使欲望聖慈且令召還書館舊職有不如臣所舉甘坐罔上不忠之罪俟勅旨奉聖旨依奏許朝參令發來赴闕依舊供職

中書省劄子已降勅旨奉使高麗船第一隻賜號凌虛致遠安濟神舟第二隻賜號靈飛順濟神舟右奉聖旨須宜令御書院如法書寫一面疾速入急遞至

明州交割及本州製造牌額安排所有勅牒令安燾等收掌

均州奏爲本州編管前漳州軍事判官練亨甫逐次與兄練劼弟練冲甫往女弟子魯麗華家踰濫後收養在寶林院郭和尚房下令求食因探見魯麗華與百姓王允在店飲酒與歸寺毆打魯麗華致樂營將申舉已送司理院照對去訖奏聞

晉州奏據雄州防禦推官知秀州崇德縣事充晉州州學教授陸長愈狀欲乞今後春秋釋奠以兖鄒

二公配享如允所請乞郎下禮部定奪次序立式伏乞備聞奏州司所據陸長愈狀聞勅旨尋下太常寺定奪申部今據本寺狀看詳至聖文宣王以先師顔子配享及以次從祀皆其門弟子也孟子知道固當尊禮然與孔子異代難與顔子並行配享之禮所請難議施行申部看詳太常寺所定未得允當古者配享及從祀但取著德立功其道又以相成者不必皆用同時之人如蜡之祭也主先嗇而祭司嗇先農之配郎以后稷神勾芒爲少昊氏之子祝融爲高辛氏

火正今春秋之祭則句芒配伏羲祝融太庭迎氣之日又爲從祀異代之人得爲配祀明矣唐貞觀二十一年詔伏生與高堂生杜預范甯之徒二十一賢與顔子俱配享孔子廟堂至今猶爲從祀孟子亦於孔聖之門當在顔子之列至荀況揚雄韓愈皆發明先聖之道有益學者未久配享誠爲闕典伏請自今春秋釋奠以鄒國公孟子配享文宣王設位於兖國公之次所有荀況揚雄韓愈並以世次先後祀於左丘明等二十一賢之間所貴上稱聖朝褒崇儒賢備條

祀典之意謹錄奏聞伏候勑旨帖檢會左丘明至范甯二十一人並封伯爵如允所請即乞荀況揚雄韓愈並加伯爵自國子監及天下至聖文宣王廟皆塑鄒國公像其冠服同兖國公仍畫荀況等像於從祀之列荀況在左丘明之下冠服皆從封爵奉聖旨依議

勑下江東轉運司斷太中大夫充龍圖閣待制江寧府陳繹爲前知廣州日將造到公使庫檀木觀音將松木觀音換檀木觀音入已并將公使錢糴糧餵飼自已自鬻等并役使土丁槍手修築解宇内地基及并將官乳香於神寺獨自焚燒并申奏辨明所犯虚詐及取勘時逐次虚妄對罪并男承務郎新差汝州洛南稻田務陳彦輔從使廣州軍人織造木綿生活等罪并取勘虚妄併將仕郎試國子監四門助教郭應之於廣州公使庫受供給與陳繹管勾宅庫買賣物虧價陳繹合追見在太中大夫舊職大夫龍圖閣待制或以職當徒一年勒停餘前項輕罪内犯盗贓一疋仍令准勑例追毀出身以來誥勑文字除名勒

停杖陳彦輔各從杖一百私罪上定斷罰銅十斤放郭應之該勑奉勑並依斷内陳繹特見除名勒停落龍圖閣待制仍追一官差知建昌軍替鄭琰成資過滿闕陳彦輔特衝替

王安石劄子奏幸遇聖運超拔等夷知奬眷怜逺兼父子戴天負地感涕難勝顧迫衰殘糜捐何補不勝螻蟻微願臣今所居江寧府上元縣園屋爲僧寺一所永遠祝延聖壽如蒙矜許特賜名額廣昭希曠榮遇一時仰憑威神誓報無已取進止奉聖旨依所乞

以報本禪寺爲名額其中載練亭甫事以知經術馳
名熙寧間爲王荆公之高弟而所坐乃爾殊不可曉
又恐在謫籍一時官吏迎合觀望如秦少游未可知
耳
太皇太后復生詔差御藥院李舜舉傳宣中書密院
兩府南廳醫詢本人稱限六十日内當如其所陳於
京師城内金明池内修壇作醮差御藥監及宣賜靜
衣一套至期無驗復詰之云太皇方與仁宗凭玉闌
于賞千樹梅花無意復思人間上以狂妄除名送秀
熙豐日曆（八）　五
州編管後不知所終

唐年補錄

馬揔

孔威

咸通末有舒州刺史孔威進龍骨一具因有表錄其
事狀云州之桐城縣善政鄉有百姓胡舉有青龍鬬
死于庭中時四月尚有繭箔在庭忽雲雷暴起聞雲
中有擊觸聲血如釃雨洒繭箔上血不汙箔漸旋結
聚可拾置掌上須臾令人冷痛入骨初龍拖尾及地
遶一泔桶即騰身入雲及雨悉是泔也龍既死剖之
唐年補錄（八）　一
喉中有大瘡凡長十餘尺身尾相半尾本褊薄鱗鬣
皆魚唯有鬚長二丈其足有赤膜翳之雙魚各長二
丈其腹自相齟齬時遣大雲倉使督而送舟以肉重
不能全舉乃剸之爲數十段載之赴官

王忠政

泗州門監王忠政云開成中死十二日復活始見一
人碧衣赤幘引臂登雲曰天召汝行雨隸於左落隊
其左右落隊各有五方甲馬簇於雲頭俯向下重樓
深室囊櫃之内纖細悉見更異者見米粒長數尺凡

兩隊而一隊於小項餅子貯人間水一隊所貯如馬牙硝末謂之乾雨雨皆在前風車爲殿

唐年補録　卷八　二

説郛目録

弓第四十三

説郛目録　卷八　弓四十三　一

東觀奏記卷上

宋　裴庭裕

孝明鄭太后潤州人也本姓朱氏李錡據浙西反相
言於錡曰朱氏有竒相當生天子錡取致於家錡誅
死后入掖庭爲郭太后侍兒憲宗皇帝愛而幸之生
宣宗皇帝爲母天下十四年懿宗即位尊爲太皇太
后又七年崩以郭太后配享出祭别廟

上性至孝奉鄭太后供養不居别宫只於大明宫朝
夕侍奉親舅鄭光即位之初連任平盧河中兩鎮節

度使大中七年自河中來朝上因與光商較政理光
素不曉文字對上語時有質俚即命宰臣别選河中
節度使留光奉朝謁后或以光生計爲憂即厚賜金
帛不復更委方面

憲宗皇后宴駕之夕上雖幼頗記其事追恨先陵商
臣之酷即位後誅鋤惡黨無漏網者時郭太后無恙
以上英察孝果且懷慚懼時居興慶宮一日與二侍
兒同升勤政樓倚衡而望便欲殞於樓下欲成上過
左右急持之即聞於上上大怒其夕后暴崩上志也

懿安郭太后既崩喪服許如故事禮院檢討官王皞
抗疏請后合葬景陵配享憲宗廟室疏既入上大怒
宰臣白敏中召皞詰其事皞曰郭太后是憲宗春宫
時元妃汾陽王孫逮事順宗爲新婦憲宗厭代之夜
事出暗昧母天下五朝不可以暗昧之事黜合食之
禮敏中怒甚皞聲益厲宰臣將會食周墀駐敏中廳
門以俟同食敏中傳語墀正爲一書生惱亂但乞先
之墀就中廳問其事皞益不撓墀以手加額於皞賞
其孤直翌日皞貶潤州句容令墀亦免相大中十三

年秋八月上崩宰臣令狐綯爲山陵禮儀使奏皞爲
判官又皞拜章論懿安合配享憲宗始升祔焉

上延英聽政問宰臣白敏中曰憲宗遷座景陵龍輴
行次忽値風雨六宫百官盡避去惟有一山陵使蹈
而長攀靈駕不動其人姓氏爲誰爲我言之敏中奏
景陵山陵使令狐楚上曰有兒否敏中奏長子緒見
任隨州刺史上曰可任宰相否敏中曰緒小患風痺
不任大用次子綯見任湖州刺史有台輔之器上曰
追來翌日授考功郎中知制誥到闕召充翰林學士

間歲遂立爲相時人感歎敏中亮直無隱不掩人於
上
上因讀元和實錄見故江西觀察使韋丹政事卓異問宰臣孰爲丹後宰臣周墀奏臣近任江西觀察使見丹行事餘風遺愛至今在人其子宙見任河陽觀察判官上曰速與好官持憲者聞之奏爲侍御史
加贈故楚州刺史尚書工部侍郎李德修禮部尚書德修憲宗朝宰相吉甫長子也吉甫薨太常謚曰簡度支郎中張仲芳以德宗好用兵吉甫居輔弼之任

不得謂之簡仲芳貶開州司馬寶曆中仲芳徵諫議大夫德修不欲同立朝連牧舒湖楚三州時吉甫少子德裕任荊南節度使檢校司徒平章事上卽位普恩德裕當追贈祖父乞廻贈其兄故有是命
白敏中守司徒兼門下侍郎充邠寧行營都統討山南平夏党項發日以禁軍三百人從敏中上論請依裴度討淮西故事開幕擇廷臣不阻大吏上允乃以右諫議大夫孫商爲左庶子行軍司馬駕部郎中知制誥蔣(名延裕私與諱同)爲右庶子節度副使駕部員外李荀爲節度判官戸部員外李玄爲都統掌記將軍冉耶陳君從爲都虞候
上親妹平安公主下嫁駙馬都尉劉異上命宰臣與一方面中書擬平盧節度使上謂曰朕只有一妹時欲相見平盧隔越淄青去京夐遠卿別思之宰臣乃奏邠寧節制近於平盧仍許平安公主歲時乘傳人京
劉異將赴鎮安平入辭以異姬人從安平左右皆宮人上盡記之忽見別姬問安平曰此誰也安平曰劉

郎聲音人(俗呼如此)上悅安平不妬喜形於色顧左右曰便令作主人不令與宮娃同處上之甄別防閑纖微不遺如此
萬壽公主上愛女鍾愛獨異將下嫁命擇郎壻鄭顥相門子首科及第聲名籍甚婚盧氏宰臣白敏中奏選上顥銜之上未嘗言大中五年敏中免相爲邠寧都統行有日奏上曰頃者陛下愛女下嫁貴臣郎壻鄭顥赴婚楚州會有日行次鄭州臣堂帖追廻上副聖念顥不樂國婚銜臣入骨臣且在中書顥無如臣

何一去玉階必媒孽臣短死無種矣上曰朕知此事久卿何言之晚耶因命左右便殿中取一樫木小函子來扃鐍甚固謂敏中曰此盡鄭郎説卿文字便以賜卿若聽顥言不任卿如此矣敏中歸戢益感上聰察宏恕常置函子於佛前焚香感謝大中十二年敏中任荆南節度使假日與前進士陳鍇銷憂閤靜話感上恩泣語此事盡以示鍇

杜琮通貴日久門下有術士李失其名琮待之厚琮任西川節度使馬植罷黔中赴闕至中道便過西川術

士一見謂琮曰受相公恩久思有效答今有所報矣黔中馬中丞非常人也相公當厚遇之琮未之信術士一見密於琮曰相公將有禍非馬中丞不能救琮始驚信發日厚幣贈之仍令吏爲植於都下買宅死生之計無闕焉植至闕方感琮不知其旨尋除光祿卿報狀至蜀琮謂術士曰貴人至闕作光祿卿矣術士曰姑待之稍進大理卿又遷刑部侍郎充諸道鹽鐵使琮始驚憂俄而作相懿安皇太后崩後琮懿安子壻也忽一日内榜子檢責宰相元載故事植諭旨翌日延英上前萬端營救植素辨博能回上意事遂中寢

武宗朝任宰臣李德裕雖丞相子文學過人性孤峭嫉朋黨如仇讐擠牛僧孺李宗閔崔洪於嶺南楊嗣復貞穆李公珏庭裕親外叔祖以會昌初冊立事亦七年嶺外上即位之後嶺表五相同日遷北以吏部尚書李珏爲檢校尚書左僕射充淮南節度使珏字待價趙郡贊皇人早孤居淮陰事毋以孝聞弱冠從之舉明經李絳爲華州刺史一見謂人曰日角珠庭非常人

也當擢進士科明經碌碌非子發跡之路一舉不第應進士許孟容爲宗伯擢居上第釋褐署烏重胤三城推官調進書判高等授渭南尉遷左拾遺左遷下邳令丁毋憂廬居三年不入室免喪諸侯羔鴈四府齊至門皆不就牛僧孺爲武昌節度使奏章先達銀臺授殿中侍御史内供奉武昌掌書記徵歸御史府韋處厚秉政一見笑曰清廟器豈擊搏者乎擢拜禮部員外改吏部員外李宗閔爲相以品流程式爲巳任擢掌書命改司勛員外庫部郎中文宗召充翰林

學士珏風格端肅屬詞敏贍恩傾一時累遷戶部侍郎承旨許立相者屢矣鄭注以藥術爲侍講學士李訓自流人召入內庭珏未嘗私焉訓注交譖貶江州刺史未幾訓爲相造假甘露謀上左右與王涯等一十一人赤族伏誅入方伏珏守正之卓徵爲戶部侍郎與楊嗣復同日命相上雖求理心切終優游不斷同秉政者陳夷行鄭覃請經術孤單者進用珏與嗣復論地胄詞采者居先每延英議政率相矛盾竟無成政但寄頰舌而已文宗宴駕以猶子陳王成美當

壁爲詒建桓立順事由兩軍貶王卽位貶昭州刺史上卽位累遷河陽三城節度使吏部尚書至是崔鄲薨於淮南輟之撫理凡三載薨諡貞穆

上臨御天下得君人法每宰臣延英奏事喚上階後左右前後無一人至纔處分生宸威不可仰視奏事下三四刻龍顏忽怡然謂宰臣曰可以閒語矣自是詢閭里間事話宮中燕樂無所不至一刻已來宸威復整肅是將還宮也必有戒勵之言每謂宰臣曰長憂卿負朕撓法後應不得相見度量如此趙國公令狐綯每謂人曰十年持政柄每延英奏對雖嚴冬盛寒亦汗流洽背

李廓爲武寧節度使不理右補闕鄭魯上疏曰臣恐新麥未登徐師必亂乞速命良將救此一方上未之省也麥熟而徐師亂上感魯言卽擢爲起居舍人

吏部侍郎孔溫業白執政求外任丞相白敏中曰我輩亦須自點檢孔吏部不肯居朝矣至理之世丞相畏人也如此

上微行至德觀女道士有盛服濃粧者赫怒亟歸宮

立宣左衛功德使宋叔康令盡逐去別選男道士二七人住持以清其觀

上將命令狐綯爲相夜半幸含春亭召對盡蠟燭一炬方許歸學士院乃賜金蓮花燭（一作炬）送之院吏忽見驚報院中曰駕來俄而趙公至吏謂趙公曰金蓮花乃引駕燭學士用之莫折是否頃刻而聞傳說之命

侍御史馬縂與三院退朝入臺路遇集賢校理楊收不爲之却縂爲朝長（臺中故事三院退朝入臺人謂之朝長）拉收僕臺

笞之集賢大學士馬植奏論玄宗開元中幸麗正殿
賜酒大學士張說學士副知院事徐堅以下十八人
不知先舉酒者說言學士以德行相先非與員吏遂
十八爵齊舉今馬植笞收僕者是笞植僕隸一般乞
黜之御史中丞令狐綯又引故事論救之上兩釋之
始著令三館學士不避行臺
李丕以邊城從事上召至案前問系緒丕奏系屬皇
枝上曰師臣巳有一李丕朕不欲九廟子孫與之同
名良久以手畫案曰丕字出脚平字也卿宜改名平

舞蹈而謝平後終於邠寧節度使
武宗好長生久視之術大中宮築望仙臺勢侵天漢
上始即位道士趙歸眞杖殺之罷望仙臺院大中八
年復命繕之右補闕陳凝巳下抗疏論其事立罷修
造以其院爲文思院上英睿妙理尤長於納諫從之
如轉丸李璲除嶺南節度使間一日以命中使頒旌
節給事中蕭倣封上詔書上方聽樂不暇別召中使
謂優人曰汝可就李璲宅却喚使來旌節及璲門而
反劉潼自鄭州刺史除桂州觀察使右諫議大夫鄭
裔綽疏言不可中使至鄭頒告巳數日却命追制納
諫從善皆此類也
馬植爲相與左軍中尉馬元贄有亢宗之分上初即
位元贄恩澤傾內臣曾賜寶帶內庫第一者元贄輒
以遺植一日便殿對上覩植帶認是賜元贄者詰之
植色變不敢隱翌日罷爲天平軍節度使行次華州
取植客吏董侔下御史獄盡聞植交通之狀再貶常
州刺史
杜濛授左拾遺庭裕先父任左補闕以濛家行不至
薄妻孥爲衆所聞不可處諫臣之列丞相魏謩盛怒

項濛上事先君見魏於政事堂曰必要任濛乞先移
他官丞相重違卽改授濛太常博士
上追感元和舊事但聞是憲宗朝卿相子孫必加擢
用杜勝任刑部員外郎內次對上詢其祖父勝以先
父黃裳永貞之際首排奸邪請憲宗監國上德之面
授給事中
裴諗爲學士一日加承旨上幸翰林諗寓直便中謝
上曰加官之喜不與妻子相面得否便放卿歸諗蹈

謝上以御盤果實賜之誥即以衫袖張而跪受上顧
一宮嬪領下誥父度元和中君臣魚水之分遂於誥
恩禮亦異焉
上雅尚文學聽政之暇常賦詩尤重科名大中十年
鄭顥知舉後宣宗索科名記顥表曰自武德已後便
有進士諸科出鶯谷而飛鳴聲華雖茂經鳳池而閱
視史策不書所傳前代姓名皆是私家記錄虔承聖
旨敢不討論臣尋委當行祠部員外趙璘採訪諸家
科目記撰成十三卷自武德元年至朝謹專上進方

侯無疆勑宜付翰林自今放牓後竝寫及第人姓名
及所試詩賦題目進入內仍仰所司逐年編次
術士柴嶽明動陰陽術數於公卿間聲名籍甚上一
日召於便殿對上曰朕欲爲諸子孫造萬年吉宅院
卿宜相其地嶽明奏曰人臣遷移不常有陽宅陰宅
入陰宅入陽宅者禍福刑尅師有傳授今陛下居深
宮有萬靈護衛陰陽二宅不言帝王家臣不敢奉詔
上然之賜束帛
遣司封員外郎充史館修撰權審於衢路突尚書左
僕射平章事崔鉉判曰宰相之統庶僚僕射之臨郎
吏豈有導騎已過按轡橫衝權審久在班行合諳典
故便知素履且舉舊條送都省罰七直審以素履之
言難順就尋左遷宿州刺史自爾不獲立朝矣
貶前鄉貢進士楊仁贍爲康州參軍馳驛發遣仁贍
女弟出嫁前進士于懷納函之朝有期周恤仁贍不
易其日憲司糺論逐坐貶

東觀奏記卷中

上每命相盡出睿旨人無知者一日制詔樞密院兵部侍郎判度支蕭鄴可同中書門下平章事仰指揮學士院降麻處分樞密使王歸長馬公儒以鄴先判度支再審聖旨未審落下爲復仍舊上意貴迎　蕭也乃宸翰付學士院戶部侍郎判戶部事崔慎由可工部尚書平章事落下判戶部事宸斷如此

河東節度使劉瑑在内署日上深器異大中十一年上手詔追之令乘遞赴闕初無知者瑑奏發太原人

方信之既至拜戶部侍郎判度支十二月十七日次對上以御按曆日付瑑令於下旬擇一吉日瑑不諭旨上曰但擇一拜官日即得瑑跪奏二十五日甚佳上曰此日命卿爲相秘無知者高湜自集賢校理爲蔣係鳳翔從事湜即瑑舊寮也二十四日辭瑑於宣平里私第湜曰竊度旬日必副具瞻之望瑑笑曰來日具聽何旬日也湜驚不敢發詰旦果爰立矣始以此事泄於湜既入相深有昇平之望與慎由議政於上前慎由曰惟當甄別品流上酬萬一瑑曰王夷甫當晉衰之末崇尚浮虛袒述流品終致中原版蕩晉室淪亡今當盛明之朝不能循名責實使百吏各稱其職而上酬陛下臣未知致理之日慎由不能對因此恩澤浸衰罷爲東川節度

魏國公崔鉉秉政鄭魯楊紹復段瓌薛蒙一時後造鉉所取信凡有補吏議事或與之參酌時人語曰炙手可熱楊鄭段薛欲得命通魯紹瓌蒙時魯爲刑部侍郎鉉欲引以爲相聖旨授河南尹不測其事赴後上問曰鄭魯發後除改卿還自由否鉉驚恐奏以此

事訪於左右云御扆上題此四句鉉益畏

上聽政之暇多賦詩多令翰林學士屬和一日賦詩賜寓直學士蕭寘令和寘手狀謝曰陛下此詩雖佳水日千里因之平生懷亦無以加也明日召學士韋澳問此兩句澳奏曰宋太子家令沈約詩寘以睿藻清新可方沈約爾上不悅曰將人臣比我得否恩遇漸薄執政乘之出觀察使

崔罕爲京兆尹内園巡官不避馬杖之五十四方炙上赫怒令與遠郡宰臣論救上曰罕爲京兆尹抑强

撫弱是其職任但不避馬便杖之可矣不合問知是
內園巡官方決一錯也又人臣之刑止行二十過此
是朕刑也五十四杖頗駭聞聽宰臣又論救上曰與
一廉察奮捉者宜抵罪根本輕致罕過制耳宰臣益
賀上無幽不察罕止貶湖南觀察使
故事京兆尹在私第但奇日入府偶日入遞院崔郢
爲京兆尹囚徒逸獄而走上始命造京兆尹廨宅京
兆尹不得離府上以崔罕鄧併敗官面召翰林學士
韋澳授京兆尹便令赴上賜度支錢二萬貫令造府

宅澳公正方嚴吏不敢欺委長安縣尉李信主其事
造成廨宇極一時壯麗尙有羨緡却進
韋澳爲京兆尹豪右斂手國舅鄭光莊不納租澳縶
其主者期以五日不足必抵法太后爲言之上延英
問澳澳具奏本末上曰今日納租足放否曰尙在限
內來日卽不得矣澳旣出半廷上連召之曰國舅莊
租今日納足放主者否澳曰必放上入告太后曰韋
澳不可犯且與送錢納却塡刻而放
先是京兆府進士明經解送設殊次平等三級以甄
別行實近年公道益衰止於奔競至解送之日威勢
撓敗如市道焉至是澳牓曰朝廷將裨教化廣設科
場當開元天寶之間始專重明經進士及貞元元和
之際又益以薦送相高當時務尙切磋不分黨甲絕
僥倖請託之路有推賢讓能之風等列標名僅同科
第旣爲盛事固可公行近日已來前規頓改互爭強
弱多務奔馳定高卑於下第之初決可否於差官之
日曾非考覈盡繫經營奧學雄文例捨於貞方寒素
增年矯首盡取以黨比群強中選者曾不足云而爭

名者益熾其事澳叨司畿甸合貢英髦非無藻鑒之
心懼有愛憎之謗且李膺以不察孝廉去任胡廣以
輕舉茂才免官況其管窺實難裁處況禮部格文本
無等第府庭解送不合區分今年合送省進士明經
等並以納策試前後爲定不在更分等第之限詞科
備三人府元府副府第三人于邵知貢舉放及第並
之盛本以京兆府等第級建中二年崔元翰崔敖崔
休府列益推崇藝實不能易也自文學道喪朋黨道
典紛競既多澳不勝憤遂此釐革益救一時之弊人

多惜之
上至孝動遵元和故事以憲宗曾幸青龍寺命複道開便門至青龍佛宮永日昇眺追感元和勝蹟張望久之
上敦睦九族於諸侯王尤盡尤愛郎位後於十六宅起雍和殿每月三兩幸與諸侯王擊鞠合樂錫賚有差進士司馬樞爲雍和殿賦詞雖不典亦志一時之事實
牛蘩任拾遺補闕五年頻上封事上盡記之後蘩自

司勳員外爲睦州刺史中謝上命至軒砌問曰卿頃任諫官頗能舉職今忽爲遠郡得非宰臣以前事爲徵否蘩曰陛下新有德音未任刺史縣令不能任近侍官宰臣以是獎擢非嫌忌上曰賜卿紫蘩退謝畢前曰臣所衣緋衣是刺史借服不審陛下便賜紫爲復別有進上遽曰且賜緋且賜緋上慎重名器未嘗容易服色之賜一無所濫
李藩自司勳郎中遷駕部郎中知制誥衣綠如故鄭裔綽自給事中以論駁楊漢公忤旨出商州刺史始賜緋衣銀魚沈珣自禮部侍郎爲浙東觀察使方賜金綬苗恪自司勳員外除洛陽令藍衫赴任裴處權自司封郎中出河南少尹到任本府奏薦賜緋給事中崔罕駁還上手詔褒奬曰有事不當卿能駁還職業既修朕何所慮
上每孜孜求理焦勞不倦一日密召學士韋澳盡屏左右謂澳曰朕每便殿與節度觀察使刺史語要知所委州郡風俗物產卿宜密採訪撰次一文書進來雖家臣與老不得漏洩澳奉宣旨即以十道四蕃志

更博採訪撰成一策題曰處分語自寫面進雖子弟不得聞也後數日薛弘宗除鄧州刺史澳有別業在南陽召弘宗餞之弘宗曰昨日謝聖上處分當州事驚人澳訪之即處分語中事也君上親總萬機自古未有
上校獵城西漸入渭水見父老一二十人於村佛祠設齋上問之父老曰臣醴泉縣百姓本縣令李君奭有異政考秩已滿百姓借留詣府乞未替兼此祈佛力也上默然還宮後於御扆上大書君奭名中書兩

擬醴泉令上皆抹去之踰歲以懷州刺史闕請用人
御筆曰醴泉縣令李君奭可懷州刺史莫測也君奭
中謝宸旨獎勵始聞其事
大理寺直王景初與刑部郎中唐技議讞不平景初
坐貶潭州司戶參軍制下景初撾登聞鼓稱寃再貶
昭州司戶制曰不遵嚴譴輒冒登聞以懲不恭也
京兆府參軍盧甚昇進士第入官甚孤貧有文學京
兆君遣巡館驛左補闕崔瑄婚姻廻與甚長亭相遇
爭廳甚以官雖卑乃公行畧不讓瑄瑄責其不遜遂

相詆訶甚來下御史臺按問吏云當服白衫甚曰非
國恤不素服上聞之以甚言涉大不敬除籍爲民投
之嶺表行至洛源驛賜死瑄左遷河南府陽翟縣令
大理卿馬曙任代北水運使代北出犀甲曙罷職以
一二十領自隨故事人臣家不得蓄兵器曙既在朝
乃瘞而藏之一日奴有犯罪者曙笞之即告於御史
臺稱曙蓄兵器有異謀命吏發曙私第得甲不虛坐
貶邵州刺史諫官上論以奴訴郎主在法不赦上命
杖殺曙奴於青泥驛曙載貶嶺外人臣無不感悅

司農卿韋廑夜令術士爲厭勝之術御史臺劾奏貶
永州司馬
優人祝漢貞詞辨敏給恩傾一時嗣朝王乾祐以金
帛結之求刺史盡納賂矣而未敢言御史臺劾奏漢
貞杖二十流天德軍乾祐竄嶺外
上推重詞學之臣於翰林學士恩禮特異宴遊密召
無所間隔惟於遷轉皆守彝章皇甫珪自戶部員外
召入內廷改司勳員外計吏員二十五箇月限轉司
封郎中知制誥孔温裕自禮部員外改司封員外入

內廷二十五箇月改司勳郎中知制誥動循官制不
以爵祿私近臣也
廣州節度使紇干泉以貪猥聞貶慶王府長史分司
東都制曰鍾陵問俗澄清之化靡聞南海撫封貪黷
之聲何甚而又交通詭遇溝壑無厭蹟固異於澹臺
道殊乖於吳隱舍人韓琮之詞也書上一朝不進用
矣工部尚書楊漢公前任荊南節度使以不廉聞公
議益喧左遷秘書監制曰考三載之績爾最無聞致
多士之朝人言未息既起風波之論難安喉舌之司

舍人沈詢詞也日至大中十三年漢公除同州刺史給事中鄭公輿裔綽三駁還制書上自即位但聞言官論執左曹駁正無不立從其奏至是惑於左右三下漢公同州之命不允所論時屬寒食内宴百寮上因擊毬巡班慰勞至給事中班謂公輿裔綽曰卿凡有駁議朕無不允從唯論漢公事涉朋黨裔綽前曰同州是太宗皇帝興王之地陛下爲子孫尤爲慎擇牧守漢公在荆南日貪殘已經朝責陛下豈可以祖宗重地私於此人上色變而廻馬翌日裔綽貶商州

刺史

武昌軍節度使苗（名與廷裕家諱同）責同子嚴不避馬擒至幕答其背嚴母請闕稱寃苗貶江州司馬制曰避馬雖乖於嚴敬鞭人合顧於簪纓舍人楊紹復之詞也苗自此爲清議所薄

高品吳居中承恩澤甚厚訪術者欲固其事術者令書上尊號於襪有告者上召至視之信然居中棄市

藍田尉直弘文館柳珪擢爲右拾遺弘文館直學士給事中蕭倣鄭裔綽駁還曰陛下高懸爵位本待賢良既命澆浮恐非懲勸珪居家不稟於義方奉國豈盡於忠節刑部尚書柳仲郢詣東上閤門進表稱子珪才器庸劣不合塵玷諫垣若誣以不孝即寃屈爲甚太子少師柳公權又訟侵毀之枉上令免珪官且在家修省貞元元和已來士林家禮法嚴整以韓臯柳公綽柳仲郢爲稱首一旦子孫不孝替組歎惜

太尉衛國公李德裕上即位後坐貶崖州司戶參軍卒於貶所一日丞相令狐綯夢德裕曰某已謝明時幸相公哀之許歸葬故里綯具爲其子滈言滈曰李

衛公犯衆怒又崔魏二丞相（崔鉉魏謩）皆敵人也見持政必將上前異同未可言之也後數日上將坐延英綯又夢德裕曰某委骨海上思還故里與相公有舊幸憫而許之既寤召其子滈曰向來見李衛公精爽尚可畏吾不言必掇禍明日入中書具爲同列言之既於上前論奏許其子蒙州立山縣尉（名與今上御名同）護喪歸葬

翰林學士駕部郎中知制誥庾道蔚勅曰以藝文擢居近密乖檢慎離處禁林宜守本官績連州刺史鄭

朗爲御史大夫道蔚以事干之乞庇罪人者朗卿之朗旣大用積前事盡聞於上故及此罪

監修國史門下侍郎兼禮部尚書平章事鄭朗奏當館修撰直史共四員唯故事已通籍者爲修撰未昇朝者爲直館以修史重事合選廷臣秩序或俾筆削不稱其直館伏請停廢更添置修撰兩員敕旨宜依直館萬年縣尉張範涇陽縣尉李節勤守本官以戸部郎中孟穆駕部員外郎李溪並充史館修撰通籍爲四員分修四季之事

以左拾遺鄭言爲太常博士鄭朗自御史大夫命相朗先爲浙西觀察使言實居幕中朗建議以諫官論時政得失動關宰輔鄭言必括囊形迹請移爲博士至大中十一年崔慎由自戸部侍郎秉政復以左拾遺杜蔚爲太常博士蔚亦愼由舊僚也踵爲故事至理之代動循至公後代方知難矣

以楚州刺史裴坦爲知制誥坦罷任赴闕宰臣令狐綯擢用宰臣裴休以坦非才不稱是選建議拒之力不勝坦命旣行政事堂謁謝丞相故事謝畢便與本院上事四輔送之施榻壓角而坐坦巡謁執政至休聽多輸感謝休曰此乃省台繆選非休力也力命肩舁使出不與之坐兩門吏云自有中書未有此事也人多爲坦羞之至坦主貢舉擢休之子弘上第時人云欲蓋而彰此之謂也

東觀奏記卷下

大中九年正月十九日制曰朝議郎守尚書刑部郎中柱國賜緋魚袋唐技將仕郎守尚書職方員外郎裴庭裕先父早以科名薦由臺閣聲猷素履亦有可嘉比者吏部以爾秉心精專請委考覈而臨事或乖於公當物議遂至於沸騰豈可尚列彌綸是宜竝分符竹善綏凋瘵以補傷尤技可虔州刺史散官勳封如故裴可申州刺史散官如故舍人杜德公之詞也

吏部侍郎兼判尚書銓事裴諗左授國子祭酒吏部

侍郎周敬復罰一月俸監察御史馮顓左授祕書省著作佐郎考院所送博學宏辭科趙秬等十人竝宜覆落不在施行之限初裴諗兼上銓主試宏技兩科其年爭名者衆應宏詞選前進士苗台符楊嚴薛訢李詢古敬翊已下一十五人就試諗寬豫仁厚有賦題不密之說前進士柳翰京兆尹柳憙之子也故事宏詞科只三人翰在選中不中者言翰於諗處先發賦託詞人溫廷筠爲之翰既中選其聲聒不止事徹宸聽杜德公爲中書舍人言於執政曰某兩爲考官未試宏詞先鑠考官然後考文書若自先得賦題者必佳糊名考文書得佳者考官乃公當罪止銓爲考官不合坐宏詞趙秬丞相令狐綯故人子也同列將以此事嫁患於令狐丞相丞相遂之盡覆去初日官奏文星暗科場當有事沈詢爲禮部侍郎聞而憂焉至是三科盡覆日官之言方驗

上自党項叛擾推其由乃邊將貪暴利其羊馬多欺取之始用右諫議大夫李福爲夏州節度使刑部侍郎畢諴爲邠寧節度使大理卿裴識爲涇原節度使

發日臨軒戒勵稟奉宸威絕侵奪之貪邊方帖息烽燧不復告警矣

浙東觀察使兼御史中丞納爲軍士噪逐坐貶朗州刺史馳驛赴任訥性褊狷遇軍士不以禮人皆怨之遂及於難監軍使王景宗責撫循無狀杖四十流恭陵自此戎臣失律監軍皆連坐

宰臣鄭朗自中書歸宣平私第內園使李敬寔衝路衛之朗列奏上召敬寔面語敬寔奏供奉官例不避上曰啣天子之命橫絕而過可矣安有私出不避輔

相乎劉紫綬配南衙
太常卿封敖於私第上事御史臺彈奏左遷國子祭酒故事太常卿上日廷設九部樂盡一時之盛敖拜太常卿欲便於親閱遂就私第視事法司舉奏遂薄責焉
上厲精理天下一紀之內欲臻昇平自大中十二年後藩鎮繼有叛亂宣州都將康全泰逐出觀察使鄭勳湖南都將石再順逐出觀察使韓琮廣州都將王令寰逐出節度使楊發江西都將毛鶴逐出觀察使

鄭憲上赫怒命淮南節度使檢校左僕射平章事崔鉉兼領宣池歙三州觀察使以宋州刺史温璋爲宣州刺史以右金吾將軍蔡襲爲湖南觀察使以涇原節度使李承勳爲廣州節度使以光祿卿宇宙爲江西觀察使只取隣道兵送赴任兗渠如期授首皆不勞師斬定誅鋤盡副聖旨
李景讓爲吏部尚書抗疏言穆宗至敬宗文宗武宗四廟當遷出以穆宗是上兄弟文宗已下是上猶子陛下拜兄尚可拜姪可乎使陛下得新事七廟宜重昇太宗已下入廟以正三昭三穆之序事下百官集議不定而止時人以上方嚮穆宗深爲景讓希旨多不直其事
劉皐爲鹽州刺史甚有威名監軍使楊玄价誣奏皐謀叛函首以進闔朝公卿面折廷諍上重違百辟之言始坐玄价專殺不辜之罪
上晚歲酷好仙道廣州監軍使吳德鄘離闕日病脚巳蹣跚矣三載監廣師歸闕足疾平上詰之遂具爲上說羅浮山人軒轅集醫整上聞之甘心焉驛詔

軒轅集赴京師既至館於南亭院外廷莫之面也諫官恐害政屢以爲言上曰軒轅道人口不干世事卿勿以爲憂留歲餘放歸授朝奉大夫廣州司馬集堅不受臨與上别上問理天下當得幾年集曰五十上聞之慰悅及遏密之歲春秋五十
李景讓夏侯孜偘偘立朝俱勵風操景讓爲御史大夫視事之日以侍御史孫玉汝監察御史盧緗王觀不稱職請移他官孜爲右丞相以職方郎中裴誠虞部郎中韓瞻俱聲績不立訴諸取容誠政太子中允

贍攺鳳州刺史

于延陵授建州刺史中謝上問之曰建去京師遠近延陵曰八千里上曰朕前後左右皆建人也郡極不惡卿若爲我廉潔奉公綏輯凋瘵長在我面前無異或撓法度使遠人無聊卽朕三尺階前便是萬里卿知之否延陵悸懾失序上撫而遣之

越人仇甫聚衆爲亂攻陷剡縣諸暨等縣浙左騷然上用王式爲浙東觀察使以武寧軍健卒二千人送之式生擒仇甫以獻斬於東市

東觀奏記 卷下 五

始選前進士于琮爲瑨連拜祕書省校書郎右拾遺賜緋左補闕賜紫尚永福公主事忽中寢丞相上審聖旨上曰朕此女子近因與之會食對朕輒折匕筯性情如此恐不可爲士大夫妻許琮別尚廣德公主亦上次女也

上委信宰輔言發詳從就中於元輔恩禮稍異白敏中赴邠寧行宫上幸興福樓送之自樓上投下朱書御劄一封與敏中言君臣倚注之分崔鉉赴鎭淮南幸通化樓送之并賜詩四韻以寵行邁鉉刻其詩於宣化驛

僧從晦住安國寺道行高潔兼工詩以文章應制上每擇劇韻令賦亦多稱旨晦積年供奉望紫方袍之賜以耀法門上兩召至殿上謂之曰朕不惜一副紫袈裟與師但師頭耳稍薄恐不勝耳竟不之易晦悒悒而終

憲宗門成之夜左軍中尉吐突承（下一字犯懿宗諱）實死其事上卽位追感承漼死於忠義連擢其子士（下字與今上御名同）至顯貴爲右軍中尉開府儀同三司恩禮始終無替焉

東觀奏記 卷下 六

畢諴本估客之子連昇甲乙科杜琮爲淮南節度使置幕中始落鹽籍文學優贍遇事無滞在翰林上恩顧特異許用爲相深爲丞相令狐綯所忌自邠寧連移鳳翔昭義北門三鎭皆綯緩其入相之謀也諴思有以結綯在北門求得絕色非人世所易有盛飾珠翠專使獻綯綯一見之心動謂其子曰尤物必害人畢太原於吾無分今以是餌吾將以吾家族也一見返之專人不敢將廻驛候諴意諴又瀝血輸啓事於

絢絢終不納乃命郡吏貨之東頭醫官李玄伯上所狎昵者以錢七十萬致於家乃舍之正堂玄伯夫妻執賤役以事焉踰月盡得其歡心矣乃進於上上一見惑之寵冠六宮玄伯燒伏火丹砂進之以市恩澤致上瘡疾皆玄伯之罪也懿宗即位玄伯與山人王岳道士虞紫芝俱棄市

大中十二年始用左諫議大夫鄭漳兵馬郎中李鄴爲鄆王已下侍讀時鄆王居十六宅夔昭以下五王居大明宮內院數日追制改克夔王以下侍讀五日

一入乾符門講讀鄆王即位後其事遂停

武寧軍節度使康季榮不卹軍士部下噪而逐之投於嶺外上以右金吾大將軍田牟曾任徐州有政聲特開延英殿召對再命往建鎭一方於是安帖

韋澳在翰林極承恩遇自京兆尹出爲河陽三城節度使當軸者擠之也大中十三年魏博節度使何弘敬就加中書令上命宣徽南院使王居方往魏博賜麻制假道河陽上以薄紙手詔澳曰密餙裝秋當與卿相見戒居方曰過河陽以此賜澳無令人知居方既至密以宸翰授澳上七月寢疾八月晏駕遂中寢

命監察御史楊戴往浙西道勘覆軍額大中十二年宣州叛將康全泰噪逐觀察使鄭薰朝廷用宋州刺史温璋問罪時蕭寘爲浙西觀察使地與宣州接連遂擢用武臣李琢代寘特建鎭海軍節鎭撫之以張犄角之勢兵罷後訴者言琢虛署官健名廣佔衣糧沒入私家上遂命戴往按覆軍籍無一卒虛額者戴還條奏訴者之言始不勝

度支奏狀言漬汚疋段誤書清汚上一覽異之樞密

使承旨孫隱中謂上未省漬字及中書復入上赫怒勘添改奏者罰責有差

大中十一年正月一日上御含元殿受朝太子太師盧鈞年八十矣自樂懸之南步而及殿墀稱賀上前聲容朗緩舉朝服之至十二年元日含元受賀太子少師柳公權年亦八十矣復爲百官首含元殿廷夐遠自樂懸南步至殿下力已綿憊稱賀之後上尊號聖敬文思和武光孝皇帝公權誤曰光武和孝御史彈出之罰一季俸料七十致仕舊典也公權不能克

遵典禮老而受辱人多惜之
太常卿高銖決罰禮院禮生博士李慤引故事見執政以禮院雖係太常寺從來博士自專事無關白者所以太常三卿初涖事博士無叅集之禮今銖重罰禮生有違典故丞相以銖夙德唯唯而已銖曰吾老不能退一旦爲後生所辱遂乞罷
勑鄉貢進士温廷筠早隨計吏夙著雄名徒負不羈之才罕有適時之用放騷人於湘浦移賈誼於長沙尚有前席之期未爽抽毫之思可隨州隋縣尉舍人

裴坦之詞也廷筠字飛卿彦博之裔孫也詞賦詩篇冠絶一時與李商隱齊名時號温李連舉進士竟不中第至是謫爲九品吏進士紀唐夫歎廷筠之寃贈之詩曰鳳凰詔下雖承命鸚鵡才高却累身人多諷誦上明主也而廷筠反以才廢制中自引騷人長沙之事君子譏之前一年商隱以鹽鐵推官死商隱字義山文學宏博牋表尤著於人間自開成二年昇進士第至上十二年竟不升於王廷而廷筠亦恓恓不涉第豈以文學爲極致已靳於此遂於祿位有所愛耶不可得而問矣
山南西道觀察使奏渠州犀牛見差官押赴闕廷既至上於便殿閲之仍命華門外宣示百僚上慮傷物性命終使押還本道復放於渠州之野
上命左軍中尉王宗實治道將幸華清宮兩省供奉官拜疏極諫上爲宰臣曰華清宮是祖宗舊宮又朝元閣聖祖現真峇地朕一紀在位未嘗瞻拜深覺缺儀今排比皆是軍司不勞州縣卿宜勉諭諫官勿更論列宰臣奉旨而退召兩省官宣諭俄而諫表再入

上謂宰臣曰諫官疏極懇切且言自穆宗巡幸之後列聖未嘗出宮居安慮危乞留聖慮朕聞此語决不爲遊華清之行矣卿宜召兩省官説我此意
十二年七月十四日三更三點退朝惟宰臣夏侯孜獨到衙以御史大夫李景讓爲檢校吏部尚書充劍南西川節度使時中元休假通事舍人無在館者麻案既出孜受麻畢乃召當直中書舍人馮圖宣之捧麻皆兩省胥吏自此始令通事舍人林滂亦在館俟命

上自不豫宰輔侍臣無對見者瘖甚令中使往東都太僕卿裴翮宣索藥中使往返五日復命召醫瘖方士院生對於寢殿院言可療旣出不復召矣

上大漸顧命内樞密使王歸長馬公儒宣徽上院使王居方以夔王當璧爲託三内臣皆上素所恩信者泣而受命時右軍中尉王茂玄心亦感上左軍中尉王宗實素不同歸長公儒居方患之乃矯詔出宗實爲淮南監軍使宣化門受命將由右銀臺出焉左軍副使亓元實謂宗實曰聖人不豫踰月中尉止隔門起

居今日除改未可辨也請一面聖人而出宗實始悟却入卽諸門已踵故事添人守捉矣亓元實翼導宗實直至寢殿上已晏駕東頭環泣宗實叱居方下責以矯宣皆捧足乞命遣宣徽北院使齊元簡迎鄆王於藩邸卽位是爲懿宗歸長公儒居方皆誅死籍沒其家

晁美人薨上震悼久之美人在上藩邸時承恩遇實生鄆王萬壽公主焉薨後詔翰林學士蕭寘爲志文皆刻其事及夔昭已下五王居内院而鄆王獨還藩邸大中末副位之後人間切有擬議者寘以此事言於公卿方辨立長之順鄆王嗣位後美人追崇爲皇太后太常杜宣猷獻謚曰元昭配享宣宗廟室

國老談苑卷上

宋　王銍

太祖嘗語趙普曰唐室禍源在諸侯難制何術以革之普對曰列郡以京官權知三年一替則無虞因從之

開寶中御廄新調御馬成進太祖御宣政殿親閱時太宗尹天府亟召之既至俾自殿陛乘之太宗固辭以人臣之禮不可上勉之不從其懇已而目送之且語左右曰令公真他日太平天子也

太祖以范質寢疾數幸其家其後慮煩在朝大臣止令內夫人問訊質家迎奉器皿不具內夫人奏知太祖即令翰林司送果子牀酒器凡十副以賜之復幸其第因謂質曰卿爲宰相何自苦如此質奏曰臣向在中書門無私謁所與飲酌皆貧賤時親戚安用器皿因循不置非力不及也猥蒙厚賜有涉近名望陛下察之壽甏開寶中因相位乏人太祖累言如范質真宰相也嗟悼久之

太祖嘗曲宴翰林學士王著御宴既罷著乘醉喧譁太祖以前朝學士優容之令扶以出著不肯退卽移近屏風掩袂慟哭左右掖之而去明日或奏曰王著逼宮門大慟思念世宗太祖曰此酒徒也在世宗幕府吾所素諳況一書生雖哭世宗能何爲也

太祖曰周世宗征淮南太祖總軍政然分部之制稟于世宗時宣祖不豫是役當淮將皇甫暉之敵也宣祖憚之密請移軍上告以世宗之命遂止上翌日衘戚奮志以圖報効擐身死戰血濡袖既而擒暉淮南平上功居第一王業肇于是矣向若苟私循軍移世宗有命則得禍無類又安能建不拔之基以延祀乎

萬世者乎

太祖提周師甚寡當李景十五萬衆陣于清流山下士卒恐懼太祖令曰明日午當破敵人心遂安翌日正午太祖果臨陣親斬僞驍將皇甫暉以覆其衆是時環滁僧寺皆鳴鍾而應之既平鳴鍾因爲定制趙時進滁州午鍾記

太祖嘗暑月納涼于後苑召翰林學士竇儀草詔處分邊事儀至死門見太祖岸幘跣足而坐儀卽退立

閤門使督趣儀曰官家方取便未敢進閤門使怒而奏之太祖自視微笑遽索御衣而後召人未及宣詔意儀奏曰陛下新即大位四方瞻望宜以禮示天下臣即不才不足動聖顧臣恐賢傑之徒聞而解體太祖歛容謝之自後對近臣未嘗不冠帶也

太祖將親征潞賊李筠詔留後呂餘慶趙普于京師普因私謁太宗于朱邸且曰普託迹諸侯十五年今偶雲龍變家爲國賊勢方盛萬乘蒙塵是臣子効命之日幸望啓奏此誠願軍前自効太宗即以聞上太

祖笑曰趙普豈勝甲冑乎因謂太宗曰是行也朕勝則不言萬一不利則使趙普分兵守河陽別作一家計度及凱旋第賞宰臣樞官太祖曰普有從朕伐叛之勳宜當加等于是授侍郎樞密使

太祖一日祖禓幸翰林院時學士盧多遜獨直上行與語引入寢殿因指所御青縑帳紫綾褥謂多遜曰爾在外意朕豐侈耶朕用此猶常愧之

太宗嘗冬月命徹獸炭左右或啓曰今日苦寒上曰天下民困是寒者衆矣朕何獨溫愉哉

太宗嘗幸龍圖閣閱書指西北架一漆函上親自署鑰者謂學士陳堯咨曰此田錫章疏也已而愴然久之

太宗一日寫書筆滯思欲滌硯中宿墨顧左右咸不在因自俯銅池滌之既畢左右方至上徐顧曰爾輩何處來

太宗志遵儉謹每居内服澣濯之衣或有穿者則命紉補以進

太宗退朝常以經籍自娛所閱之策以帕裹小黃門

待之巡行殿籞畢以爲從藥糊之須率皆副焉又以栢爲界尺長數寸謂之隔筆簡每御製或飛宸翰則用以鎮所臨之紙

真宗初即位暇日召翰林學士王禹偁與之論文禹偁奏曰夫進賢黜不肖闢諫諍之路彰爲誥命施之四方延利萬世此王者之文也至於雕纖之言豈足軫慮思較輕重于瑣瑣之儒哉願棄末務大以成宗社之計上顧曰卿愛朕之深矣

真宗在朱邸時諸王競營假山究王山成合宴以賞

眞宗預焉酒方洽王指爲侍讀姚坦曰是山崇麗乎坦曰聚血爾何山之謂也昔年夏侯嶠爲宛丘令田賦充而遷督刑之血日沃于庭此山之工實倍彼賦非聚血而何上不懌而輟宴還第乃去山爲壁寫儒行篇他日對而命宴坦叩頭謝曰非英賢何能及此太宗聞之意有屬焉

眞宗在東宮一日太宗㝡令學草書乃再拜曰臣聞王者事業功侔日月一照使隱微盡曉草書之蹟誠爲祕妙然達者葢寡儻臨事或誤則罪有歸焉豈一

照之心哉謹願罷之太宗大喜顧謂之曰他日之英王也

仁宗在儲宮眞宗愼擇官僚皆難其人魯宗道時作正言慷慨敢諫忽一日便坐召對眞宗曰太子天下之本當得正人輔之令以付卿其志心以導吾子宗道退讓敦獎遣之翌日除右諭德

仁宗既卽位每朝退多弄翰墨一日學書適遇江陵王欽若奏章上達因飛帛大書王欽若三字既罷左右取之呈于太后是時欽若有再命相之議太后遂令中使令其字緘爲湯藥馳驛以賜欽若卽日宣召之欽若至闕下故寂無知者

周世宗在漢爲諸衛將軍嘗遊畿甸謁縣令令是時方聚邑客蒱博弗得見世宗頗銜之及卽位令因部夫犯贓數百疋宰相范質以具獄上奏世宗曰親民之官贓狀狠籍法當處死質奏曰受所監臨財物有罪止贓雖多法不至死世宗怒厲聲曰法者自古帝王之所制本以防姦朕立法殺一贓吏非酷刑也質曰陛下殺之卽可若付有司臣不敢署勅遂貸其命

因令今後犯者並以枉法論質乃奉詔令刑統中强率斂入已並同枉法者是也質之守正不回大率如是

范質在中書急于銓品人物凡清資華級未嘗虛授于人延士大夫講貫世務以觀器識顯德中殿中侍御史柴自牧右補闕裴英同謁質于中書質語及民間利病因謂自牧曰嘗歷州縣乎自牧對以數任職事次問英英唐相贊之後以門地自負乃曰徒劳之役惟英偶免質怒責英曰質雖不才備位宰相坐政

事堂與諫官御史論生民疾苦非戲言也浮薄之徒安可居諫署英慙懼而退明日質具奏其事英遂授散秩

趙普在中書毎奏牘事有違戾太祖意者因請之于上或拂之于地普緩拾之振塵以獻有及再三者理遂而已

曹彬初尅成都有獲婦女者彬悉閉于一第竅度食且戒左右曰是將進御當寄行之洎事寧咸訪其親以還之無親者備禮以嫁之彬平蜀囬輜重甚多或言悉奇貨也太祖令伺之皆古圖書無珠金寸錦之

附

范質性儉約不受四方遺賂自五代以來宰相取給于方鎮由質絶之爲相輔居第止十一間門屋庳隘

周太祖嘗令世宗詣質時爲親王軒馬高大門不能容世宗卽下馬歩入及嗣位從容語質曰卿所居舊宅耶門樓一何小哉因爲治第

周世宗嘗欲以竇儀陶穀並命爲宰相以問范質質曰穀有才無行儀執而不通遂寢其事太祖又欲令參知政事趙普憚其剛嚴奏以薛居正代之終不入中書亦其命也

雷德讓判大理寺一日有疑讞非次請對時太祖放鷹鶻于後苑見德讓奏曰陛下以放禽爲急刑獄爲當臣切未論上怒舉持玉鉞撞之二齒墜地德讓拾而結于帶中上謂曰汝待訴我耶德讓曰臣安敢訴陛下自有史官書之上從而悔厚賜以遣之

竇儀自周朝以來負文章識度有望于時搢紳許以廊廟之器儀因以公台自許急于大用乃設方畧以經當之爲端明殿學士判河南府時括責民田增其

賦調欲期恩寵以致相位當時洛人苦之又嘗奉詔按筠州獄希世宗旨鍛鍊成罪枉陷數人士君子以此少之

權其爲翰林待詔有良馬日馳數百里陶穀欲取之累言于權權曰學士要誠合拜獻某年老有足疾非此馬馴良不能出入更俟一二年解職必以爲贄穀心銜之後因草寄詔召權于閤中書之穀曰吾嘗愛權卿破體王書寫了進本來權卽與書之穀突入閤

乃取其本乃謂權曰帝王密詔內有國家機事未經
進御輒寫一本欲將何用洩漏密旨罪當不赦卽呼
吏作奏牘發其事權不能自明但皇恐哀訴而已穀
曰函將馬來釋爾遂并馬券取之
又嘗奉使兩浙獻詩二十韻于錢俶其末云此生頭
已白無路掃王門時穀官是丞郎職爲學士奉命小
邦獻詩已是失體復有掃門之句何辱命之甚也
文淅帥開宴置金鍾以爲罰爵穀後因卧病淅帥使
人問其所欲穀以金鍾爲請淅帥以十副贈之乃以

詩謝云乞與金鍾病眼明其苟得無耻之如此及復
命將出其境卽賦詩于郵亭云井蛙休恃重溟儉澤
馬曾嘶九曲濱請令人傳誦冀掩前詩之失穀之狡
詐多此類也
劉溫叟方正守道以名教爲已任幼孤事母以孝聞
其母甚賢初爲翰林學士私庭拜母卽命二婢箱擊
公服金帶置于階下謂溫叟曰此汝父長興中入翰
林特所賜也自先君子薨背以來常懼家門替墜今
汝能自致青雲繼父之職可服之無愧矣因欷歔掩
泣溫叟伏地號慟退就别寢素衣蔬食追慕數日然
後服之士大夫以爲得禮溫叟累居顯要清貧尤甚
未嘗受人饋知貢擧時有經學門生居畿內者獻粟
草一車溫叟却之其人曰此物出于躬耕願以致勤
溫叟不得已而受之卽命家人置衣一襲以爲答計
其直卽倍于粟草矣自是無敢獻遺者爲御史中丞
時嘗道由乾元門左右奔告聖駕方御樓溫叟如常
而行樓側下馬入奏曰此門按故事非賜大讌不御
今陛下無故而登軍庶幾或鬬則有恩給之望臣所

以不却導從者不欲警彼耳目也非禮勿動臣職當
風憲敢不言之上遽還給內帑三千緡付縣官以自
罰
趙普自樞密副使授集賢殿大學士是時范質等皆
罷相中書絕曹普授官勅無人署字太祖在資福殿
普因入奏其事太祖曰卿但進來朕爲卿署字可乎
普曰此有所行非帝王所親之太祖俄曰卿問陶穀
竇儀必有所說普乃召問之儀曰唐文宗時甘露事
後中書無宰相然當時冊命輔相卽不知何人今皇

帝京尹官是中書令此正宰相任也署勑宜矣曾入奏遂命太宗署勑焉

田錫爲諫議大夫疾亟進遺表真宗宣御醫賫上藥馳往已無及矣俄召宰相對袖其表而示之且曰朕自臨大寶閲是表多矣非祈澤宗族則希恩子孫未有如錫生死以國家爲慮而儆戒于朕與歎久之命優其贈典

寇準再入中書魏野貽詩曰好去上天辭富貴却來平地作神仙未幾南遷常誦此詩句

崔遵度爲太子諭德性方正清素尤精于琴嘗著琴箋以天地自然有十二聲嶶非因數也范仲淹嘗問琴理于遵度對曰清麗而静和潤而遠琴書是也

李遵勗楊億劉筠常聚高僧論宗性遵勗命畫工各繪其像成圖目曰禪會

陳省華以大卿居家其子堯叟忝樞密堯咨掌制誥每朝退端服夾侍偶賓至則導茗酪焉

張詠爲兵部尚書臨終上䟽言丁謂姦邪用之亂國願殺之以謝天下

查道性淳古早寓常州琅山寺躬事薪水以給衆常衣巨衲不復洗濯以育蚤虱晚年待制龍圖閣朝列伏其重德咸謂之查長老

國老談苑卷下

王旦在中書祥符末内帑災縑帛幾罄三司使林特請和市于河外草三上旦悉抑之頃而特率屬僚詬于宰府旦徐曰瑣微之帛固應自至奈何彰國弱于四方居數日外貢併集受帛四百萬益旦先以寄符督之也

王嗣宗爲御史中丞真宗一日幸相國寺回自北門嗣宗上言曰天子行黄道豈可由後門臣任當風憲詎敢廢職上悅其直給内帑三千緡以自罰北門由

是不常開焉

曹瑋彬之子也爲節度使其母一日閱宅庫見積錢數千緡召瑋指而示曰先侍中履歷中外未嘗有此積聚可知汝不及父遠矣

寇準出入宰相三十年不營私第處士魏野贈詩曰有官居鼎鼐無地起樓臺洎準南遷時北使至内宴宰執預焉使者歷視諸相語譯導者曰孰是無地起樓臺相公坐無答者

王旦在中書二十年常日罷歸徑趍書閤闔扉以自息雖家人之親密者不復接焉常以蝗旱憂愧辭位俄而疾發不食真宗命内饔調内膳宸翰緘器以賜日常三四旦疾亟聚家人謂曰吾無狀久坐台司今且死矣當祝髮緇衣以塞吾平昔之志未幾而絕家人輩皆欲從其言惟壻蘇耆力排而止之

張知白爲參知政事嘗言參政之名實貳彼相禮當隆之每乘馬直入政事堂下

寇準鎮大名府北使路由之謂準曰相公望重何以不在中書準曰主上以朝廷無事北門鎖鑰非準不

可

李允則守雄州匈奴不敢南牧朝廷無北顧之憂一日出官庫錢千緡復歛民間錢起浮圖卽時飛謗至京師至于監司亦屢有奏削真宗悉封付允則然攻者尚喧沸真宗遣中人密諭之允則謂使者曰某非留心釋氏實爲邊地起望樓耳蓋是時北鄙方議寢兵罷斥堠允則不欲顯爲其備然後謗毁不入畢其所爲

陶穀以翰林學士奉使吳越忠懿王宴之因食蝤蛑

詢其名類忠懿命自蝤蛑至蟚蚏凡羅列十餘種以
進穀視之笑謂忠懿曰此謂一代不如一代也
田錫知制誥太宗命三班奉職出使回上殿因訪民
間利病錫上言曰陛下苟令三班奉職上殿言事未
審設呂蒙正巳下何用乃罷之
趙世長以宗正卿北使時九月既宴薦爪主客舉謂
世長曰此方氣候誠早彼想未也世長對曰本朝來
歲季夏此味方盛故知其節物晚也
滕涉以戸部副使聘北朝既至宴主客謂涉曰南朝

食肉何故不去皮涉曰本朝出產絲蚕故肉不去皮
耳
楊億在翰林丁謂初參政事億列賀焉語同列曰骰
子選爾何多尚哉未幾辭親逃歸陽翟別墅
陳彭年在翰林所兼十餘職皆文翰淸祕之目時人
謂其署銜爲一條冰
馮拯姬媵頗衆在中書密令堂吏市珠絡自持爲遺
或未允所售出入懷之有及三四夕
[illegible]宗道爲正言言事違忤眞宗稍忌之宗道一日自

訟于上前曰臣在諫列言事乃臣之職陛下以數而
忌之豈非有納諫之虛名俾臣負素飡之辱矣臣切
愧之謹願罷去上喜其忠慤勉而遣之他日追念其
言御筆題殿壁曰魯直
蘇易簡在翰林太宗一日召對賜酒甚歡上謂易簡
曰君臣千載遇易簡應聲答曰忠孝一生心上悅以
所御金器盡席悉賜之
种放隱終南山至老不娶養母非力耕之粒不饋四
方從學者幾百人由此被召

寇準有飲量每飲賓席常闔扉輟驂以留之未嘗點
油雖溷軒馬廄必用蠟炬
陳恕長于心計爲鹽鐵使釐宿弊大興利益太宗深
器之常御筆題殿柱曰眞鹽鐵陳恕
李宗諤爲翰林學士家雖百口雍睦有制眞宗嘗語
侍臣曰臣僚家法當如宗諤
李遵勗爲駙馬都尉折節待士宗楊億爲文于第中
築室塑像晨夕伸函文之禮刻石爲記未幾億卒
寇準年三十餘太宗欲大用尚難其少準知之遽服

地黄兼餌蘆菔以反之未幾髭髮皓白
查道以謹儉率已爲龍圖閣待制每食必盡一器度不勝則不復下筯雖蔬茹亦然嘗謂諸親曰福當如是惜之
祥符中議營昭應宮計其工十五年而成丁謂總領其事以夜繼晝每繪一料給燭二條踰七年而就
杜鎬廣博爲龍圖閣學士真宗一日問檟食原于何代鎬對曰漢景帝爲太子文帝鍾愛既居東朝文帝念之曰太子之食必料差殊乃命太官每具兩檐檟

以一賜之此其始也
魯宗道爲參政以忠鯁自任嘗與宰執議事時有不合者宗道堅執不回或議少有異則遷諍不已然多從宗道所論時人謂曰魚頭公蓋以骨鯁目之也
天聖初朝廷清明賞罰必信時王欽若王曾張知白魯宗道皆以忠義許國故風采聳動雖姚宋佐唐蕭曹出漢無以方此數君子者
戚綸待制龍圖閣天書初降群臣表賀詞皆溢美綸獨言曰瀆古未有此事不可恃之爲祥當戒愼修省以答天意眞宗覽而嘉之
張詠鎮杭州有訴者曰某家素多藏某二歲而父母死有甲氏贅于某家父將死手券以與之曰吾家之財七分當主于甲三分吾子得之其既成立甲氏執遺券以析之數理于官咸是其遺言而見抑詠嗟賞之謂曰爾父大能徵彼券則爲爾患在乳臭中矣遽命反其券而歸其貲
魯宗道以孤直遇主公家之事知無不爲每中書罷歸私宅別居一小齋繪山水題曰退思巖獨游其間

雖家人罕接焉
查道罷館陶尉與程宿寓于逆旅中夕有盜取其衣既覺呼宿曰衣有副乎翌日當奉假盜聞之棄獲而去
寇準謫營道惟衣夾紫爲相時所得金笏頭帶當權希時者諷其逾禮準拒之曰君父所賜服之不忘未見禮之失也諷者慙恧而退
丁謂在朱崖家于洛陽爲書敘致眞宗恩遇厚自刻責且勵家人不可與怨遂寄洛守託達于家洛守不

敢私開遽奏之上覽而感動遂有雷州之命

王旦在中書東封西祀悉嘗摠領祥符中處士魏野令山童持詩以獻曰聖朝宰相頻頻出君在中書十四秋西祀東封俱禮畢好來相伴赤松遊旦袖其詩累于上前求退不遂

查道初應舉自荆州湖遊索獲貲十餘萬至襄陽逆旅見女子端麗秀出非塵中之偶因詰其所來乃故人之女也遂以行槖求良謹者嫁之是歲由此罷舉又嘗于旅邸牀下獲金釵一束且百隻意所遺者必

復來求之向晩果二人至見道但嗟惋而已道詰之具言其所遺如道所獲遂盡以付之其人驚喜請留三之一以爲謝道固拒之而去

丁謂旣竄朱崖路由湘潭佛寺飯僧爲文以自敘其畧曰補仲山之袞雖盡巧心和傳說之羮難調衆口旣至貶所敎民陶瓦先爲公宇次営所居之第爲小樓日遊其上閲書焚香怡然以自得後將有衡陽之命諫官劉隨上言曰彼擅移于陵域將不利于嗣續合取頭顱置之郊廟遂中止

王旦在中書祥符末大旱一日自中書還第路由潘氏旗亭有狂生號王行者在其上指旦大呼曰百姓困旱焦劳極矣相公端受重祿心得安邪遂以所持經擲旦正中于首左右擒之將送京尹旦遽曰言中吾過彼何罪哉乃命釋之

寇準初爲密學方年少得意偶撰江南曲云江南春盡離腸斷蘋滿汀洲人未歸又云日暮江南一望時愁情不斷如春水意皆悽惋末年果南遷

种放以諫議大夫還山眞宗命宴餞于龍圖閣群臣賦詩以贈行杜鎬學士獨跪上前誦北山移文音句

鏘越一坐盡傾上尤善之

徐鉉爲散騎常侍太宗謂曰官家之稱其義安在鉉曰三皇官天下五帝家天下蓋皇帝之謂也淳化中上苑象斃太宗命使宣問鉉鉉對曰請于前左足求之果得以進詔復詢之鉉曰象膽隨四時在足今方二月臣故知耳初自南唐入京市宅以歲餘見宅主貧困之甚因召而謂曰得非售宅虧直而致是耶子近撰碑獲潤筆二百千可償爾矣宅主固辭不受因

命左右輦以付之後黜邠州年七十手不釋卷常親
寫許慎說文一部謹細無誤一日櫛罷命紙大書曰
道者天地母投筆而絕
賀蘭歸真有奇志異術隱居嵩山景德中真宗朝陵
因訪異人左右以歸真聞乃召對問曰知卿有黜化
之術可以言之歸真奏曰臣請言帝王黜化之術願
以堯舜之道黜化天下可致太平惟陛下用之
盧多遜既卒許歸葬其子察護喪權厝襄陽佛寺將
易以巨櫬乃啓其屍不壞儼然如生遂逐時易衣至

祥符中猶然
王欽若母賓古同倅三司一日賓古曰天下宿逃之
財自五代迄今理督未已亡族破家疵民大矣俟啓
而蠲之欽若即命吏理其數翌日上奏真宗大驚曰
先帝豈不知耶欽若曰先帝非不審其弊蓋與陛下
收天下心真宗感泣久之遽詔有司俾盡釋焉欽若
自此宸眷之厚
張詠鎮永興有父老訴牛舌為人所割詠詰之爾于
鄰仵誰氏最隙訴者曰有甲氏嘗貸粟于某家不遂
搆怨之深詠遽遣去戒云至家徑解其牛貨之父老
如教翌日有百姓訴殺牛者詠謂之曰爾割某氏牛
舌以償貸粟之怨而反致訟耶其人遂伏罪而謂神
明焉
寇準掾雷康丁謂謫朱崖將假路于雷康準聞之寘
遂誠兗丁謂令謂窮來而吾僕有剛者必將致仇當
為防之于是聚令博易亦闔之詰旦聞夜三更謂往
矣乃令散
李宗諤以京秩帶館職不預賞花釣魚故事賦詩戴

了宮花賦了詩不容重見赭黃衣無憀獨出金門去
恰似當年不第歸太宗覽之大喜特詔御宴即日改
官
祥符中天書降群臣稱賀魯宗道上疏畧曰天道福
善禍淫不言示化人君政得其理則作佑以垂報治
乖于上則出異以警戒又何書哉臣恐姦臣肆其誕
妄妖惑上聽真宗雖不開納然甚奇之
丁謂為侍中嘗賦詩云千金家累非良寶一品高官
是強名未幾而籍沒貲產削免官爵果符言志也其

中書時總領山陵事李維在翰林將授其親職爲挽郎懇請于謂曰更在陶鑄謂應聲曰陶鑄復陶鑄齋郎又挽郎維對曰自然堪淚下何必更殘陽未幾而謂敗至朱崖撰詩賦文論數十篇號知命集其詩有草解忘憂憂底事花能含笑笑何人之句

明道雜志

宛丘張耒

白樂天作紫毫筆詩云宣城石上有老兎食竹飲泉生紫毫余守宣時問筆工毫用何處兎荅云盖陳亳宿數州客所販宣自有兎毫不堪用盖兎居原田則毫全以出入無傷也宣兎居山出入爲荊棘樹石所傷毫例短秃則白詩所云非也白公宣州發解進士宜知之偶不問耳

用事謬誤雖文士時有之韓文公作孔子廟記云社稷之祀不屋而壇豈如孔子巍然當坐用王者禮若以謂壇祭之禮不如屋則何必社稷天地圜丘方澤初不屋也孔子之禮雖極隆比天地則有間矣豈以壇屋分隆殺乎又巍然端坐後世爲土偶乃有此古祭用主安能巍然而坐乎退之未之思也今文人作文稱亂世曰板蕩此二詩篇名也板爲不治則可蕩則詩云蕩蕩上帝下民之辟蕩豈亂意乎大師舉篇首一字名篇耳小序言蕩蕩無綱紀文章非其本義堯無能名亦蕩蕩也

釆石中元水府祠有韓幹畫馬一軸是一武臣過祠下舍之蓋模本也而人皆以爲真余曾取視之其典刑乃幹法落筆洗色常工所爲耳祠前人說頃年張唐公罷太平守過祠下見之不能舍乃令畫工模易取去以模者納廟中及行他舟皆發獨載畫一舟引之不動其勢自沉張公大恐還舊本舟乃安余紹聖丙子歲罷守宣城道釆石見此畫其秋寓苦苑丘於外氏李家見所畜模本甚多一馬與中元祠中正同乃信其爲模本央也真幹畫乃可實模本固易得唐

公何用愛之如此而神亦甚實之由此言之非獨唐公之鑒未精雖廟神亦誤信也

余所聞相工之驗者固多其尤異非常法所到者有三事其一歐陽文忠公應舉時常游京師浴室院有一僧熟視公公因問之曰吾師能相人乎僧曰然足下貴人也然有二事耳白於面當名滿天下脣不掩齒一生常遭人謗罵其後公以文章名世而屢爲言考中以陰事然卒踐二府其二江鄰幾學士在館閣有時名諸公多欲引之而鄰幾流落不偶與故相吳正憲相善時有一僧能相人且善鑒游江吳二家無幾江被召修起居注吳相甚喜一日謂僧曰江舍人修注殊可賀也僧愀然曰事未可知吳詰其故僧曰江舍人金形人於法當貴而留滯至今久不解其故近方能了耳吳曰何也僧曰非佳金鉛金耳修注當日在君側本朝火德鉛在火側安能久也吳亦未以爲信後百餘日江得肺疾不起其三事蘇舜欽除名居姑蘇唐詢彥猷守湖州蘇與唐善因挐舟自蘇訪之時湖有報本長老居簡有異術善知人唐因謂居簡使相蘇簡曰試使來院中蘇他日往過簡簡乃設

食具榻留之竟日遂留宿中夜簡乃登蘇臥榻若聽其息者蘇覺乃捫其臂若切脉然良久曰來得也局（吳人謂局如遠）更無他語他日唐問簡簡亦以前四言對之唐亦不曉蘇將行又過簡因問之曰來得也局是何等語耶簡從容曰若得一州縣官肯起否蘇大不意因不復言而舜欽以明年蒙恩牽復爲湖州別駕遂不赴官無幾何物故此三事相術之異者

某初除祕書省正字時與今劉端明奉世同謝劉時

除左史余舊見相人術貴天地相臨（謂顧頷之勢相稱）余見劉有此相又精爽明潤心頗奇之歸謂同舍晁無咎曰劉左史不遲作兩府晁不以為然劉竟再歲簽書西府無咎嘗怪余言之驗許將罷成都入北門晁二言沖元非學士可留非久當執政不知何以知之已而許果除右轄晁二謂余言君言劉簽書固如神我相許右丞也不踈

呂與叔長安人話長安有安氏者家得明皇髑髏光作紫金色其家事之甚謹因爾家富數倍甲于長安

遂為盛族後其家析居爭髑髏遂斧為數片人分一片而去余因謂之曰明皇生死為姓安人極惱合坐大笑時秦學士觀方為賈御史彈不當授館職余戲秦曰千餘年前賈生過秦今復爾也聞者以為佳謔而秦不歡

河豚魚水族之奇味也而世傳以為有毒能殺人中毒則覺脹亟取不繫食乃可解不爾必死余時守丹陽及宣城見土人戶食之其烹煮亦無法但用蔞蒿荻笋菘菜三物云最相宜用菘以滲其膏耳而未嘗見死者或云土人習之故不傷是大不然蘇子瞻是蜀人守揚州晁無咎濟州人作倅河豚出時每日食之二人了無所覺但愛其珍美而已南人言魚無頰無鱗與目能開闔及作聲者有毒而河豚備此五者故人畏之而此魚自有二種色淡黑有文點謂之班子云能毒人而土人亦不甚以捕也蘇子瞻在資善堂與數人談河豚之美諸人極口譬喻稱贊子瞻但云據其味真是消得一死人服以為精要余在真州會上食假河豚是用江鮰作之味極珍有一官妓謂

余曰河豚肉味頗類鮰而過之又鮰無脂肆也（肆論咄反）（河豚腹中白腴也上人謂之西施）晁無咎謂味似鰻鱺而肉差緊多食不令人逆此魚出時必成羣一網取數十初出時雖其鄉亦甚貴在仲春間吳人此時會客無此魚則非盛會其美尤宜再溫吳人多晨烹之羹成候客至率再溫以進或云其子不可食其子如一大粟而浸之經宿大如彈丸也或云中其毒者亦不必食不潔水調炒槐花末及龍腦水皆可解余見人有說中此毒急服至寶丹亦解橄欖最解魚毒其羹中多用之

而吳人悉不論此直云用不潔解河豚是戲語耳惡烏頭附子之屬丁騰吳人因食河豚而死或云丁自是中風非因食魚

韓少師持國每酒後好謳柳三變一曲其一句云多情到了多病有老婢每聽之輒云大官體中每與人別我天將風雨輒體中不佳而貴人多情致病耶又有一官人談語好文嘗謁一班行臨退揖而前曰未敢欵談旦夕專候宇下班行作色曰何如趍取今日睛㬇說了而此官人了不解

明道雜志　六

先人嘗任三司檢法官以親老求知吳江縣將之官名公多作詩送行而吳正憲王中甫詩工吳詩云全吳風景好之子去絃歌夜犬驚胥少秌鱸餉客多縣樓疑海蜃衙鼓苔江鼉遙想晨鳧下長橋正綠波王詩云乍被軒綏寵新辭計省繁三江吳故國百里漢郎官烟水蓴牙紫霜天橘顆丹優游民政外風月即清歡

王中父名介衢州人以制舉登第性聰悟絕人所嘗讀書皆成誦而任氣多忤物以故不達終於館職知州其作詩多用助語足句有送人應舉詩落句云上林春色好携手去來兮又贈人落第詩云命也豈終否時乎不暫留勉哉藏素業以待歲之秌此前古未有也平生所嗜唯書不治他事其談語多用故事淺聞者未易曉知湖州日判司理請覆檢官狀云督郵所由得此狀遍尋督郵無知者乃復入白之介曰督郵即録參也據爾如此全不讀書聞者皆笑

杜甫之父名閑而甫詩不諱閑某在館中時同舍屢論及此余謂甫天姿篤於忠孝於父名非不獲已宜

明道雜志　七

不忍言試問王仲至討論之果得其由大抵本誤也寒食詩云田父邀皆去鄰家閙不違仲至家有古寫本杜詩作問不違作問實勝閙又諸將詩云見愁汗馬西戎逼曾閃朱旂北斗閑寫本作殷字亦有理語更雄健又有娟娟戲蝶過閑幔片片驚鷗下急湍本作開幔開幔語更工因開幔見蝶過也惟韓幹畫馬贊有御閑敏寫本無異說雖容是開敏而禮卒哭乃諱馬贊容是父在所為也

先君嘗從趙周翰授易與周翰稍密先君嘗與客語

周翰作詩極有風味據此風流是溫飛卿韓致光之流而世以樸儒處之非也嘗作梅詩有一聯云霜女遺靈長着素玉妃餘恨結成酸又有一詩以向來爲題其詩曰向來精思已陳陳旅思無端不及春潘子形容傷白髮沈郎文字暗丹唇此詩奇麗之極豈野儒所爲乎

七言五言四言三言雖論詩者謂各有所起然三百篇中皆有之矣但除四言不全章如此耳韻雖起沈休文而自有三百篇則有之矣但休文四聲其律度

尤精密耳余嘗讀沈休文集中有九言詩休文雖作者至牽於鋪言足數亦不能工僅成語耳黃九說雄雌詩何以見取於夫子應是取愁韻耳謂瞻彼日月以下至篇終韻極不倫也韓吏部此日足可惜詩自嘗字八行字又八江字崇字雖越逸出常制而讀之不覺信奇作也子瞻說讀吏部古詩凡七言者則覺上六字爲韻設五言則上四字爲韻設如君不強起時難更持一念萬漏之類是也不若老杜語韻渾然天成無牽強之迹則退之於詩誠未臻其極也韓退之窮文之變每不循軌轍古今人作七言詩其句脉多上四字而下以三字成之如老人清晨梳白頭先帝天馬玉花驄之類而退之乃變句脉以上三下四如落以斧斤引纆徽雖欲悔舌不可捫之類是也退之作詩其精工乃不及柳子厚子厚詩律尤精如愁深苑猿夜夢知越雞晨亂松知野寺餘雪記山田之類當時人不能到退之以高文大筆從來便忽畧小巧故律詩多不工如陳商小詩叙情賦景直是至到而已脫詩人常格矣柳子厚乃兼之者良田柳少習

時文自遷謫後始專古學有當世詩人之習耳

南唐平徐鉉入朝見朝中士大夫寒月衣毛衫乃嘆曰自五　猾夏乃有此風鉉鄙之不肯服在邠州中寒疾亟鉉之爲此言是不甘爲亾國之俘爲醜言以薄中朝士大夫耳不然豈不讀毛詩也迎詩曰無衣無褐鄭玄注褐毛布也毛布非今段子乎則其來自三代也古人衣裘弁皮衣之爲裘取毛織之爲褐理何爽乎

蘇長公有詩云身行萬里半天下僧卧一菴初白頭

黃元云初日頭問其義但云若此僧負暄於初日耳余不然黃甚不平曰豈有用白對天乎余異日問蘇公公曰若是黃九要改作日頭也不奈他何

讀書有義未通而輒改字者最學者大病也老杜同谷詩有黃精無苗山雪盛後人所改也其舊乃黃獨也讀者不知其義因改爲精其實黃獨自一物也本處謂之土芋其根唯一顆而色黃故名黃獨耳饑歲土人掘食以充糧故老杜云耳鄭玄解經以緣爲褖以犧爲莎亦此類也古說黃目乃尊上畫人目而禁

明道雜志　十

中有古樽乃畫蟲或言蟲中惟蟲目最黃不然人目黃乃病也杜子美有問人求小猢猻詩曰聞說夔州路山猿樹樹懸猢猻與猿兩物也而子美乃聞猿而覓猢猻亦大鹵莽矣

潞公以太尉鎮洛師遇生日僚史皆獻詩多云五福全者潞公不悅曰遽使我考終命耶有一客詩云綽約肌膚如處子蓋用莊子姑射仙人事也洛人笑之曰願爾得婦色若此潞公色黔也蘇惠州嘗以作詩下獄自黃州再起遂遍歷侍從而作詩每爲不知者咀味以爲有譏訕而實不然也出守錢塘來別潞公公曰願君至杭少作詩恐爲不相喜者誣謗再三言之臨別上馬笑曰若還興也但有箋云時有吳處厚者取蔡安州詩作注蔡安州遂遇禍故有箋云之戲興也蓋取毛鄭孫詩分六義者又云願君不忘鄙言某雖老悖然所謂者希之歲不妨也善之言某謫監黃州市征有一舉子惠簡求免稅書扎稍如法乃言舟中無貨可稅但奉大人指揮令往荆南府取先考靈柩耳同官皆絕倒

明道雜志　十一

錢穆內相本以文翰風流著稱而尹京爲近時第一余嘗見其剖决甚閑暇雜以談笑諢語而胥吏每一顧問皆股慄不能對一日因决一大滯獄內外稱之會朝處蘇長公譽之曰所謂霹靂手也錢曰安能霹靂手僅免葫蘆蹄也葫音鶻

蘇侍郎言每見州府召客觀其品別人類已足觀政矣

錢穆嘗言三世仕宦方會着衣喫飯故錢公每饗客致饌皆精要而不繁

舊說宋莒公通小學好證人誤書坐此亦招怨如李獻臣三子名皆從眾字長壽朋次復圭次徒㔟也莒公曰朋象鳳羽之形非兩月也正此類甚多又有以方回首類之曰不知回字直屈一畫耳非兩口也

漢陽武昌濱江多魚土人取江魚皆剖之不加鹽暴江岸上數累千百雖盛暑爲蠅蚋所敗不顧也候其乾乃以物壓作鱐謂之淡魚載往江西賣之一斤近百錢饒信間尤重之若飲食祭享無淡魚則非盛禮雖臭腐可惡而更以爲佳一船淡魚其直數百千稅額亦極重黃州稅物每有三淡魚船則一日課利不

憂

貢父劉公作給事中時鄭穆學士表請致仕狀過門下省劉公謂同舍曰宏中請致仕爲年若干也荅者曰鄭年七十三矣劉公遽曰慎不可遂其請問曰何故也劉曰且留取伴八十四底時潞公年八十四再起平章事或云潞公聞之甚不懌宏中穆字也

熙寧中有班中一大校姓李忘其名嘗監牧馬於陳留雍丘之間野中有叢祠俗傳以爲周襄王公主墓李因取紙錢就墓拜焚之紙錢不化因忽昏仆地不知人久之甦謂其徒曰屬公主召我又嘆曰乃爾富貴因不復語雖問亦不荅牧事已歸家卽與其妻異寢後亦寢疾元豐中忽一日顧左右取衣冠甚急又云備馬云當從駕其父問從何駕也荅曰皇太后駕也既被衣冠良久遂卒乃慈聖太后崩日也

殿中丞丘浚多言人也嘗在杭謁珊禪師珊見之殊傲俄頃有州將子弟來謁珊降階接禮甚恭浚不能平子弟退乃問珊曰和尚接浚甚傲而接州將子弟乃爾恭耶珊曰接是不接不接是接浚勃然起摑珊數下乃徐曰和尚莫怪打是不打不打是打

沈存中博學多能天文曆數鍾律壬遁皆極其妙尤善用算然甚好奕棋終不能高嘗著書論棋法謂連書萬字五十二而盡棋局之變而余見世工棋者豈盡能用算知此數此有不分菽麥臨局便用智特妙而括欲以算數學之可見其迂矣括又自言推數知夾時在稱意中嘗言括夾時頗熱鬧然括之夾乃在謫廢中非稱意也

王聖美嘗言經傳中無嬸與妗字考其說嬸字乃世母字二合呼也妗字乃舅母字二合呼也二合如真言中合兩字音爲一

司馬溫公當世大儒博學無所不通雖已貴顯而刻苦記覽甚於韋布嘗爲某言學者讀書少能自第一卷讀至卷末往往或從中或從末隨意讀起又多不能終篇光性最專猶嘗患如此從來惟見何涉學士案上惟致一書讀之自首至尾正錯校字以至讀終末終卷誓不他讀此學者所難也何涉蜀人

明道雜志〈八〉　十四

余游洛陽大字院見歐公謝希深尹師魯聖俞等避暑唱和詩牌後有一和者稱鄉貢進士王復有一聯押權字特妙早蟬烁有信多雨暑無權後不甚顯名洛人云仕亦至典郡正郎

古人作詩賦事不必皆實如謝宣城詩澄江淨如練宣城去江近百里州治左右無江但有兩溪耳或當時謂溪爲江亦未可知也此猶班固謂八川分流

王荆公爲相大講天下水利時至有願乾太湖云可得良田數萬頃人皆笑之荆公因與客話及之時劉貢父學士在坐遽對曰此易爲也荆公曰何也貢父曰但旁别開一太湖納水則成矣公大笑貢父滑稽而解紛多此類

掌禹錫學士厚德老儒而性涉迂滯嘗言一生讀書但得佳賦題數箇每遇差考試輒用之用亦幾盡嘗試監生試砥柱勒銘賦此銘今具在乃唐太宗銘禹功而掌公誤記爲太宗自銘其功宋渙中第一其賦悉是太宗自銘韓玉女時爲御史因章劾之有無名子作一闋嘲之云砥柱勒銘賦本贊禹功勳試官親

明道雜志〈八〉　十五

處分賛唐文秀才寘上　子裏鑾駕幸并汾恰是鄭州去出曹門寘子裏俗謂昏也

世傳朱全忠作四鎮時一日與賓佐出游全忠忽指一方地曰此可建一神祠試召一視地工驗之而召工久不至全忠怒甚見於辭色左右皆恐良久工至全忠指地祝之工再拜賀曰此所謂乾上龍尾地建廟固宜然非太貴人不見此地全忠喜薄賜而遣之工出寶僚或戲之曰爾若非乾上龍尾當坎下驢頭矣東北人謂斫伐爲坎

世傳謝仙火字云謝仙是雷部中神名主行火此乃木柹上各私記其主姓名耳火猶甲也乃謝仙火中木也今柹商皆刻木記主名不惟謝仙也意或偶合道藏所載乎未下知也

莊子論萬物出入於機有程生馬馬生人而沈存中筆談乃謂行閒中聞人云此中有程遂以爲生馬之程而不知秦聲謂蟲爲程蟲即虎也豈莊子之謂歟生馬生人之論古今未見通者未可遽解也

王黃州詩云刺史好詩兼好酒山民名醉又名吟而

黃州呼醉爲沮呼吟爲垠（逆斤切）不知呼醉吟竟是何名也黃州廝役多無名止以第行爲稱而便稱爲名

余自罷守宣城至今且二年所過州府數十而有佳酒者不過三四處高郵酒最佳幾似內法問之其匠故內庫匠也其次陳州瓊液酒陳輔郡之雄自室有佳匠其次乃黃州酒可亞瓊液而差薄此謫官中一幸也平生飲徒大抵止能飲五升已上未有至斗者惟劉仲平學士楊器之朝奉能大盃滿釂然不過六七升醉矣晁無咎與余酒量正敵每相遇兩人對飲輒盡一斗纔微醺耳

范丞相司馬太師俱以閒官居洛中余時待次洛下一日春寒中謁之先見溫公時寒甚天欲雪溫公命至一小書室中坐對談久之爐不設火語移時主人設栗湯一杯而退後至留侍御史臺見范公纔見主人便言天寒遠來不易趣命溫酒大盃滿釂三杯而去此事可見二公之趣也

士人有雙漸者性滑稽嘗爲縣令因入村治事夏暑憩一僧寺中方入門主僧半酣矣因前曰長官可同

飲三盃否漸怒其容易叱去而此僧猶不已曰偶有少佳酒同飲三盃如何漸發怒令拽出去俄以屬吏漸亦就憩至晚吏呈案漸乃判云談何容易邀下官同飲三盃禮讓往來請上座獨喫八棒竟笞遣之

蘇舜元字才翁舜欽字子美兄弟也舜欽名籍甚才翁人少稱之然才翁書字清勁老健實過子美至爲詩有嘉句子美亦不逮也才翁有宿僧院詩一聯云斷香浮缺月古像守昏燈可謂佳絕

高郵崔伯易龍圖性信鬼神屢典郡所至必繕祠廟

其居家亦常祭享甚專精也嘗爲余言任兵部員外郎時一日下直出省其直舍有火爐盡去火以大鐵罩覆之明早入省去鐵罩則灰上有一名字舍中不得人崔已恠之遂復罩爐乃視之曰若果有所告來日當別有字來早去罩視之有一表字崔了不解至後不數日遷禮部郎中初視事吏持一印來曰此名表郎印也蓋禮部掌撰賀慰諸表表後署所司郎官名故有此印伯易以謂神告

楊大年奉詔修冊府元龜每數卷成輒奏之比再降

出眞宗常有簽貼有少差誤必見至有數十簽大年雖服上之精鑒而心頗自愧竊惴上萬幾少暇不應能如此稍訪問之乃每進本到輒降付陳彭年彭年博洽不可欺毫髮故謬誤處皆簽帖以進大年乃盛薦彭年文字請與同修自是進本降出不復簽矣

續明道雜志

宛丘張耒

黃州蓋楚東北之鄙與蘄鄂江沔光壽一大藪澤也其地多陂澤丘阜而無高山江流其中故其民有魚稻之利而溌山溪澗往往可灌溉故農惰其田事不修其商賈之所聚而田稍平坦輒爲叢落數州皆大聚落也而黃之陋特甚名爲州而無城郭西以江爲固其三隅略有垣壁間爲藩籬因堆阜攬草蔓而已城中民居纔十二三餘皆積水荒田民耕漁其中方

盛夏時草蔓蒙密綿亘衢路其俗褊迫儉陋而機巧語音輕清類荊楚而重濁類江左雖瀕江而大風雨大寒暑輒無魚其蟲多虵虢白花者治風本出蘄州甚貴其出黃州者雖死兩日有光治疾有驗土人能捕之歲貢王府黃人言此虵不采食蟠草中遇物自至者而食之其治疾亦不盡如本草所載余嘗病疥癬食盡三虵而無驗黃之東三驛地名岐亭有出名胸羅出蜈蚣俗傳其大者袤丈土人捕得以烟熏乾之商賈歲歲販入北方土人有致富者

余謫官時自宛丘赴黃自陳逾蔡由蔡道光乃至自蔡之新息東門渡淮後遂入光境皆大山峻嶺險處更不通焉徒步而登其著者曰驢笑門限春風鮑家皆嶺名也自入光境無麵食市所售餅餌色如土沙磣不可咀入黃境先道麻城縣境夾道皆松甚茂稍稍摧敗不相屬矣云麻城令有張君者課民植之後宰不能繼故松稍衰而余在黃聞令呂者以課民種松獲罪矣黃州牌稅最重所謂牌者皆大木版每四片爲一副蓋一棺之用也其販皆自湖南以連辰邵

等州其山多大木由中人售版直甚賤又多以繒帛魚羊牛肉等相易而至眞州貨之獲厚利故雖重征商人不憚也大者爲障板所謂障者編竹爲之而周以木浮之牌而每至江流急處則先放障更自障緩索牌上攬索而前則牌行差安而無虞小者爲櫓牌兩隅搖櫓如舟凡牌皆中立一柱貫出牌下所以候水深淺謂之將軍柱云湖南遠方北人守官者代還多乘牌所至于官府求輕稅或冒乘客牌即爲主之亦一獘事

蘄水縣有高醫龐安時者治疾無不愈其處方用意幾似古人自言心解初不從人授也蘄有富家子竊出游倡隣人有鬬者排動屋壁富人子方驚懼疾走出惶惑突入市市方陳刑尸富人子走仆尸上因大驚到家發狂性理遂錯醫巫百方不能已龐爲劑藥求得絞囚繩燒爲灰以調藥一劑而愈龐得他人藥嘗之入口即知此何物及其多少不差也

紹聖戊寅歲余在黃州見上元沽酒人頭巳簪麥穗土人言當年不爾

黃州江南流在州西其上流乃謂之上津其下水謂之下津去治無百步有山入江石崖頗峻峙土人言此赤壁磯也按周瑜破曹公于赤壁云陳於江北而黃州江東西流無江北至漢陽江西北流復有赤壁山疑漢陽是瑜戰處南人謂山入水處爲磯而黃人呼赤壁訛爲赤鼻

蘇侍郎由黃門謫知汝州因游天慶觀見殿上壁畫甚精問之乃吳道子筆也而殿稍不完因施巳俸新之工畢於殿脊上火珠中見有書字蓋記建殿年月

後有書曰某年月日有姓蘇人重修及其時正黃門修時也然則人之行止豈偶然哉

黃州有小虵首尾相類因謂兩頭虵余視之其尾端蓋類首而非也土人言此虵老蚯蚓所化無甚大者其大不過如大蚓行不類蛇宛轉甚鈍又謂之山蚓

楊國寶學士滎陽人頗以文行著稱元祐中任開封府推官一家大小十餘口死幾盡國寶最後亦卒先是國寶有妹孀依其兄以居妹有庖婢一日忽如病心狂語終日不休語頗凶怪或取土爲丘墳狀守之

而哭人以爲不祥勸楊逐之楊不聽時某與楊同館供職時楊方喪一女一日謂余曰余夜夢一虵首有冠余素聞虵身而冠謂之喪門大不祥心知楊之禍未已也不欲言之已而果然

田京待制將取幞頭戴之有虵出幞頭下或言虵戴幞頭喪門也不數日京死

京師有富家子少孤專財羣無賴百方誘導之而此子甚好看弄影戲每弄至斬關羽輒爲之泣下囑弄者且緩之一日弄者曰雲長古猛將今斬之其鬼或能祟請既斬而祭之此子聞甚喜弄者乃求酒肉之費此子出銀器數十至日斬罷大陳飲食如祭者羣無賴聚享之乃白此子請遂散此器此子不敢逆於是共分爲舊聞此事不信近見事有類是事聊記之以發異日之笑

黃州雨後泥中有蟲如細蚓長尺餘土人謂之蠱言或人踐之至其所踐處皆圻裂又有一蟲亦謂之蠱頭如劉身長尺許稍縈之即斷不倫而北方凡屋角陰處有蟲善躍而長眉目有斑竄間亦有南人謂之

錢駝兒疑詩所謂伊威

黃州窻壁間有大蜘蛛足長三寸而腹極小行甚駛腹無絲不能爲網

蘄州一日有赦書至乃紹聖五年五月朔受傳國寶赦也郡官未知赦因請問太守其守妄人也曰此赦以近修大慶殿成耳乃是赦文中有一句云告成大慶記唐人有得友人書云改年多感即宣傳云近改多感元年正類此事

王荆公知制誥因讀張公安道舊制詞見其作曹佾

建節制其一聯云世載其德有孤趙之舊勳文定厥祥實羑任之高姓大歎伏其着題而語妙此事某見

蔡卞說

某舅氏李君武者少才勇以武舉中第常押兵之夔州行峽路暮投一山驛驛吏曰從前此驛不宿客相傳堂中夜有恠物君武少年氣豪健不顧遂宿堂中至半夜忽有物自天窻中下類大飛鳥左右擊搏君武捫常所弄鐵鞭揮擊俄中之遂墮地乃取盆覆之至天明發盆視之乃一大水鳥如雞鶴細視之乃有

四目因爇之自後驛無恠

世傳王魏公當國時玉淸宮初原丁崖相令大具酒食列幕次以飲食游者後游者多詣丁訴玉淸飲食官視不謹多薄惡不可食丁至中書言於魏公公不荅丁三四言終無所云丁色變問相公何以不荅公曰此地不是與人理會饅頭夾子處

前輩談經重變先儒舊說雖時有不同不敢容易非如近時學者欲變則變斷矣胸臆不復參考見蘇侍郎說李迪與賈邊過省時同落第以當仁不讓於師爲論題而賈解師爲衆與傳注異時李落韻有司遂奏黜賈而取李重變舊說也

近世傳沈存中筆談所載殊有佳處然其言語體勢絶似魏朴王子韶蓋括善二人故也

沈存中爲客話越州鰻井事曰恬視見上井時如常鰻鱺耳俄頃稍大已而緣柱而上大與柱等客曰啓內翰好鼉鰻世謂無理誑人爲鼉謾余亦數問人說鰻井亦信神異

邵雍字堯夫洛陽人也不應舉布衣窮居一時賢者皆與之交游爲人豈弟和易可親而喜以其學敎人其學得諸易數謂今五行之外復有先天五行其說皆有條理而雍用之可以逆知來事其言屢驗其在史院時曾得其著書號皇極經世論者數十卷讀之不甚可曉其書中所論有配律曆及平上去入四聲處莫可攷也又有周易卦圖未曾見之或言雍此學無所從授而心自得也或言雍父得江鄰幾學士家婢而生雍婢携江氏家書數編來邵氏雍取而讀之乃得此學未知信否

韓魏公帥太原以多病求鄉郡遂建相州之節知相州到郡疾亦未安一夕有大星殞寢堂之後家人大驚以謂不祥久之魏公方行而仆於地家人尤惡之而久之疾遂平了無一事而一日邸報至王貽永卒貽永亦建相州節星殞於相爲貽永也貽永庸人方在位時言官百方撼之不能損豈知天上有物主之歟貽永所謂没典王附馬者此事見魏公姪正彦說

衛仆楚州人病瞽居北神鎮一神祠中與人語雖若高闊而間有深處類有道者莫能測雖病瞽而說書

續明道雜志　八

遣人讀而聽之便達其義無復遺忘每筭曆布筭滿按以手畧撫之人有竊取一筭再撫之即覺其市物擇其良苦雖毫釐不可欺有取其已弃者與之朴即怒曰是已嘗弃矣由是人無能欺亦莫知何以能若此也頗言人未來休咎亦屢中曾布令海州沭陽來楚見監司求舉狀不遂因試問朴以休咎朴曰公何憂自此三年當爲翰林學士矣已而信然朴年七十餘卒或言朴能養性導氣仙去不死也朴嘗令人聽其腦中有聲常若滴水云

仁宗時有大豪焦隱者嘗詣三司投狀乞買璞解州鹽池歲納淨利時王君貺主計曰買璞無不可者但當先自舉一地界乃可焦詞屈乃出嘆曰措大家也有長處

張文定以端明殿學士尹成都日值藥市其門豎李生因市藥遇一老人相與問訊老人曰張公已再鎮蜀矣文定實一至老人似言其前身事也又曰今有藥二粒君爲我達於公或公不信未肯餌則以一粒烹水銀疾永成金可無疑也李生以藥獻公公素好

續明道雜志　九

道聞之甚喜乃於府第小亭躬取水銀構火投藥一粒烹之既烹有聲如粥沸有紅光自鼎中起俄頃光罩一亭而鼎中聲亦屢變火滅視鼎中爛然餅金矣公取餘一粒即服之公壽八十五歲康寧終身無疾坐而逝殯後柩有大聲豈其尸解矣不然神丹在腹豈與常人同腐也某見公子恕說藥金一兩許公令作四指環其一公以奉其父其一與其夫人其一長子其一以自服父夫人長子皆前歿金亦隨葬獨公者猶在恕言此時公尚無恙意今亦薨之矣某嘗問

恕以公居常導養之方恕亦不盡知其深妙處恕但言公自中年後即清居獨居一堂每旦起即徐步周環約五里所日以是爲常不見別有施爲也少時服朱砂又服天門冬旣老亦罷之公年八十餘時某猶見之視其顔頰白膩如少年然公少年喜飲酒飲量絶人晚年病目亦其毒也公頗得彭老御内之術屢以試用公言唯一次實覺精氣上遡至腦耳他時不覺也

世言眉毫不如耳毫耳毫不如老饕此言老人饕餮

嗜飲食最年老之相也此語未必然某見數老人皆飲食至少其說亦有理内侍張茂而每食不過麄飯一盞許濃膩之物絶不向口老而安寧年八十餘卒茂則每勸人必曰且少食無大飽王皙龍圖造食物必至精細食不盡一器食包子不過一二枚耳年八十卒臨老尤康強精神不衰王爲余言食取補氣不饑即已飽生衆疾至用藥物消化尤傷和也劉几秘監食物尤薄僅飽即止亦年八十而卒劉監尤喜次酒每飲酒更不食物啖少菓實而已循州蘇侍郎每見某即勸令節食言食少即藏氣流通而少疾蘇公貶瘴鄉累年近六十而傳聞亦康健無疾蓋得其力也蘇公飲酒而不服藥每與客食未飽已捨匕筯

世傳唐張又新在李紳席上作詩贈樂妓云雲雨分飛二十年當時求夢不會眠此詩固佳然誤矣夫求夢須眠不眠安得有夢

黄州倉有大蛇其尾之圍猶如人股倉連州宅園地時時往來人或見之

有奉議郎丁綖者某同年進士也嘗言其祖好道多

延方士常任荆南監兵有一道人禮之頗厚丁罷官道人相送臨行出一小木偶人如手指大謂丁曰或酒盡時以此投缾中丁離荆南數程野次逢故舊相與飲酒俄而壺竭丁試取木偶投缾中以紙蓋缾口頃之聞木人觸缾紙有聲亟開視之芳酎溢缾矣不知後如何

余平生所見方士道人惟見陳州有王江者眞有道之士嗜酒佯狂形短而肥丫髻簪花語言不常有中理威王侍讀陶守陳頗禮之數問房中之方江無所

荅王問有強兵戰勝之術如何江曰百戰百勝不如不戰其言大抵類此余外祖李少卿居陳以年德爲一鄉所服常延禮江而江竟無所敬李一旦謂江曰與君相知有年矣竟鎖胸臆不我敎乎江曰君示鑰匙余不憚開也江止無常處或神祠佛寺下里貧舍遇便宿惟持槖一束時時題所止壁作詩句又有近性宗處喜與小兒輩戲或終日小兒以狗蠅巴豆盈掬與之江隨便噉食而了無他因衛部使者導從使者怒執送州杖之出曰好打好打人竟其杖處初無

損也後有客自北門來云嘗遇夜風雨寄宿道傍一小舍舍中惟一老翁至曉別去老人曰到陳州爲傳語任江客到陳城北草市王江遇之曰何不道傳語乃知必任江王姓非真也自爾江稍往來他處或至京師今不復見矣

雞能司晨見於經傳以爲至信而未必然也某任河南壽安尉因驗尸往旁縣夜宿一村寺中以明日程尚遠余謂從者曰雞鳴時上道從者曰今天寒雞懶俟其鳴向明矣不若見星而行也余未之信明日將旦而行雞竟未鳴在黃州時或夜月出四鄰雞悉鳴大抵有情之物自不能有常而或變也

先君舊說嘗隨侍祖父官閩有一官人家子弟秀穎美風表善作詩詩格似李長吉有一聯云細草行藤路垂陽席帽風然天卒又嘗見張去華說一道人能詩一聯云窗風枯硯滴山雨慢琴絃亦頗幽奇

元祐中給享詔南京張安道陪祠安道因蘇子由托其撰辭免及謝得請表余撰去後見張公表到悉用余文不改一字獨表內有一句云邪正昭明改之云

民物阜安意不欲斥人爲邪也張公高簡自居而慎如此

嘉祐中韓魏公當國遣使出諸道以寬恤民力爲名使既行魏公大悔之每見外來賓客必問寬恤使者不擾郡縣否意恐詔使擾擾民重不安也無幾皆能之王荆公行新法每遣使其大者曰察訪小至於興水利種稻田皆遣使使者項背相望於道荆公嘗言讀大小雅言周文武故事而小雅第二篇便言皇皇者華君遣使臣故遣使爲先務二公所見如是

干鵲噪而行人至蜘蛛集而百事喜凡人小小通塞亦先有符兆不可誣也某應舉時已獲薦赴南省儻居者前汴上散屋中初入屋懸寢帳忽見余帳後有一黃草新繩子垂下草甚勁緊自相糾繞成一及字余曰此乃佳兆蓋聞人謂登科及也省試罷歸省榜將出復至京師寓相國一鄉僧院中晨起嗽口噴水門上覺水濕處隱然有字因洗視之乃四字云榮登在卽也是歲余叨忝

凡觀人之術無他但作事神氣足者不富貴卽壽考

但人作十事若一一中理無可議者也自難得況終身作事中理邪其次莫若觀其所受此最切要升不受斗不覆卽毁物理之不可移者

元豐七年正旦元會駕既坐輅屋忽崩玉輅遂碎守輅士壓死者數人輿尸而出明年永裕晏駕此近不祥也

器寬易動意形於色得少爲足與好妄語者皆夭折貧賤之相余驗之非一

某元祐中記一日因朝罷復追班宣麻乃是楊王改封徐王制時鄭宏中學士在班中謂某曰穆舊爲楊府官僚將往賀之但以賀者與王名正同音故不欲也意甚不足某曰王名顥不名賀也鄭曰字雖不同音正類耳蓋聞人顥賀同音耳此事古人亦時有之韓退之作方橋詩云可居兼可過後乃云方橋如此做是讀做作佐也

國初時天下縣令多是貪高選人年各已老故所臨多貪闒幾與民爲等列然多曉田里間事又既不自尊大則民間情僞利病得以上達故下亦頗安之稱

得人者亦十四五然當時議者靳笑而病之久矣自范文正公始建請舉縣令佐有出身三考無出身四考有舉主始得作令自此書弊盡革爲令多新進士不然則人家子弟所臨漸漸曉文法皆黎巳求進吏民畏仰之矣人皆以爲便某在洛中時見一二老成所論異於此其說以謂舊令雖無峻整治狀而與民意親上下相安往往蒙利今令徒文具可以爲美觀耳於民無甚益往時雖有求於民而民樂輸不以爲費比之事鞭箠以急稅賦擾田里以督期會則大異

矣自舉令以來民不敢仰視令矣何有哉此說亦有理

王文恪以風節文詞著稱而性好吏事以察爲明甞守西京日長水縣申請買木錢數百千王視其狀便亟呼吏作教下縣令追買木一行人吏九十餘人皆械送府既至皆以屬吏吏莫知所以致罪久之不得情乃請其故王曰凡公文皆先書押而後用印故印在書上今此狀乃先印後書字在印上必有姦也於是鞫之果重疊冒請盜印爲之者洛人皆服其精明

某平生見人多矣惟見蘇循州不曾忤范丞相不曾疑蘇公雖事變紛紜至前而舉止安徐若素有處置范公見事便洞達情實各有部分未嘗疑惑此皆過人者

呂子進說其父正獻公平生淸談無嗜好學問至老不衰博習本朝典故而不治其瑣細有司之事嘗曰賢者當議其大者

嘉祐中嘗欲除張堯佐節度陳秀公作中丞與全臺上殿爭之　仁宗初盛怒作色待之既進見迎謂之曰豈欲論張堯佐不當授節度使耶節度使本麤官何用甚爭時唐質肅公作御史裏行最在衆人後越次而前曰節度使
太祖太宗總曾作來恐非麤官　上竦然而堯佐此命竟罷

范蜀公不信佛說大蘇公嘗與公論佛法其所以不信之說范公云鎮平生事非自所見者未嘗信蘇公曰公亦安能然哉設公有疾令醫切脉醫曰寒則服熱藥曰熱則餌寒藥公何嘗見脉而信之如此何獨至於佛而必待見耶

劉几字伯壽洛陽人自言唐文靜之後登進士高科後換武官數守邊號知兵其尉河南壽安時遇几時年巳七十餘精神不衰體幹輕健猶劇飲無日不飲酒聽其論事有過人者余素聞其善養生又見其年老不衰因問蓄之几挈余手曰我有術欲授子以是房中補導之術余應之曰方困小官家惟一婦何地施此遂不復授然見几飲酒每一飲酒輒一吸口雖醉不忘也曰此可以無齒疾晡後食少許物便巳一

夕與余飲各大醉就寢五更余覺覺饑甚呼人作粥几亦起曰幸留粥待我粥成几曰待我畧遣宿酒余起觀之見几以被自覆漸起兩足久之乃與進粥談笑至旦畧無少苦几最曉音數爲余言之余亦未嘗學鍾律不能盡記其説猶記其一説頗有理几言有士人陳昭素者頗以知音自許欲自言朝廷願定大樂几問其説昭素講之已備几謂之曰此不足恃也定樂之要在心通而耳曉今樂發黄鍾之鍾用銅若干今具以三若干銅火齊金汁無少異者鑄爲三黄

鍾舉而扣之爲三聲耶一聲也昭素曰金火雖均聲不能無變几曰此須子心與耳知黄鍾而後可法不足恃也此語有理後數年几遇余於陳几病矣無幾何而卒几有子婿陳令者佳士也頗知其婦翁之術曰暖外腎而已其法以兩手下而暖之默坐調息至千息兩腎融液如泥淪入腰間此術至妙几有弟恍所言亦如此

右史張公凡三至黄詩文載諸郡志多矣及觀明道雜志其間紀黄事尤詳相刻板道院亦以補郡志之闕慶元庚申三月既望郡守東嘉陳升識

說郛目録

弓第四十四

燕翼貽謀録卷一

宋　晉陽王栐

進士特奏

唐末進士不第如王仙芝輩唱亂而敬翔李振之徒皆進士之不得志者也蓋四海九州之廣而歲上第者僅一二十人苟非才學超出倫輩必自絕意于功名之塗無復顧藉故聖朝廣開科舉之門俾人人皆有覬覦之心不忍自棄于盜賊奸宄開寶二年三月壬寅朔詔禮部進貢士十五舉以上曾經終場者具名以聞庚戌詔曰貢士司馬浦等一百六人困頓風塵潦倒場屋學固不講業亦難專非有特恩終成遐棄宜各賜本科出身此特奏所由始也自是士之潦倒不第者皆覬覦一官老死不止至景德二年三月丁巳因賜李廸等進士第賜特奏名五舉以上本科六十四人三傳十八人同學究二十二人三禮四十四人年老授將作監主簿三十一人此特奏之名所由立也至景祐元年正月癸未詔進士諸科十取[illegible]二進士三經殿試諸科五經殿試武進士五舉年五

十諸科六舉年六十雖不合格特奏名此特奏名處以漸多也至太中祥符八年二月丙子則命進士六舉諸科九舉特奏名並赴殿試則又以人多而裁抑之也況進士入官十倍舊數多至二十倍而特奏之多自是亦如之英雄豪傑皆汨沒消靡其中而不自覺故亂不起于中國而起于　豈非得靖天下之要術歟蘇子云縱百萬虎狼于山林而飢渴之不知其將噬人藝祖皇帝深知此理者也豈漢唐所可仰望哉

御試不稱門生

自唐以來進士皆爲知舉門生恩出私門不復知有人主開寶六年下第人徐士廉撾登聞鼓言久困場屋乃詔入策進士終場經學並試殿庭三月庚午御講武殿覆試新進士宋準以下一百二十七人是歲禮部所放進士十一人而已五經止二十二人藝祖皇帝以初御試特優與取放以示異恩而御試進士不許稱門生于私門一洗故習大哉宏模可謂知所先務矣

吏銓試書判

國初承五季之亂吏銓書判拔萃科久廢建隆三年八月因左拾遺高錫上言請問法書十條以代試判詔令後應求仕及選人並試判三道仍復書判拔萃科先是諸道州府參選者每年終集于吏銓乾德二年正月甲申詔選人四時參選待之者甚厚責之者甚至眞得馭臣之柄矣後因銓部姑應故事不分臧否雖文紕繆書不成字者亦令注官故眞宗景德元年八月令銓司引對齎所試書判以備奏御仁宗即

位之初以諸路闕官凡守選者並與放選以示特恩至景祐元年正月遂廢書判爲銓試議者以爲奏補人多令人假手故更新制曾不思書判猶如今之簾引雖有假手不可代書若銓試之弊則又甚矣雖他人代書可也省試猶可況銓試乎承平時假手者用薄紙書所爲文揉成團名曰紙毬公然貨賣亦由朝廷施刑寖寬故也

復置縣尉

五代時尉職以軍校爲之大爲民患建隆三年十二

月癸巳詔諸縣置尉一員在主簿之下俸與主簿同始令初賜第人爲之從趙普之請也

選人服緋紫

國初選人有服緋紫或加階至大夫故人以爲榮雖老於選調不懈乾德二年六月庚寅中書詳定閣敎等議防禦團練軍事推官軍事判官（今從事郎）三考加將仕郎試祕書省校書郎留守兩府節度推官（今文林郎）三考加承奉郎試大理評事掌書記防禦團練判官（今儒林郎）二考加宣德郎依前試大理評事兼監察御史留

守兩府節度觀察判官（今承直郎）一考加朝散大夫試大理司直依前監察御史又轉而爲諸府少尹申奏加檢校官或加憲銜觀察判官以上服緋又十五年服紫但不佩魚謂之階緋階紫非有勞績而歷任無過失者並不改官故改官之法亦優

借緋紫佩魚

舊制借緋借紫皆不佩魚王詔爲刑部侍郎上奏云與胥吏無別非所以示觀瞻乞與賜服人同佩魚從之然既許其佩魚袋則當改其銜爲借紫金魚袋緋魚袋今尚仍舊銜此有司失於申明也詔化基之孫舉元之子終工部尚書享年七十九

盜賞不改官

舊制縣尉捕盜無改官者乾德六年三月庚寅詔尉逐賊被傷全火賜緋三分之二者減三選加二階五分之二者減二選加一階三分之一者減一選加一階縣令獲全火陞朝人改服色餘如尉賞身死者錄用的親子弟又詔捕寇立定日限已權限外之責而終能獲賊者與除其罰不得書爲勞績賞罰非不重

也若遽令改官親民則過矣

置司理參軍

今之司理參軍五代之馬步軍都虞候判官也以牙校爲之州鎮專殺而司獄事者輕視人命太祖皇帝開寶六年七月壬子詔州府並置司寇參軍以新及第九經五經及選人資序相當者充其後改爲司理參軍

因闕官增進士額

國初進士尚仍唐舊制每歲多不過二三十人太平

興國二年太宗皇帝以郡縣闕官頗多放進士幾五
百人比舊二十倍正月己巳宴新進士呂蒙正等於
開寶寺賜御製詩二首故事唱第之後醵錢於曲江
爲聞喜之飲近代於名園佛廟至是官爲供帳歲以
爲常

進士解褐衣綠

先是進士參選方解褐衣綠是歲錫宴後五日癸酉
詔賜新進士并諸科人綠袍靴笏自後以唱第日賜
之惟賜袍笏不復賜靴

堂吏用士人

世傳堂吏舊用士人呂夷簡改用吏人非也太祖皇
帝以堂吏擅中書事權多爲奸贓開寶六年四月癸
巳詔流内銓於前任令錄判司簿尉選諳練公事一
十五人補堂後官三年一替令錄除陞朝官餘上縣
五月庚辰以姜寅亮任能夏德崇孔崇煦爲之此太
祖開基立國之宏規也不特此爾寇準爲宰相刑部
大理寺三司法直副法直官舊例以令史遷補李沆
用士人景德二年三月詔銓司選流内官一任三考
無遺闕者引對試斷案授之蓋仰體太祖謹重堂後
官之意而推廣之也然改制之初不能一掃而清之
新舊雜用士大夫恥與爲伍又三年爲任人无同志
舊吏長子孫爲世業一齊不勝衆楚之咻太祖皇帝
美意數傳之後寂然無聞是可恨也

進士試禮部給公券

遠方寒士預鄉薦欲試禮部假丐不可得則寧寄舉
不試良爲可念譴夜開寶二年十月丁亥詔西川山
南荆湖等道所薦舉人並給來往公券令樞密院定
例施行蓋自初起程以至還鄉費皆給於公家如是
而挾商旅干關節繩之以法彼亦何辭今不復聞舉
此法矣

置遞卒代遞夫

前代郵置皆役民爲之自兵農既分軍制大異於古
而郵亭役兵如故太祖即位之始即革此弊建隆二
年五月詔諸道州府以軍卒代百姓爲遞夫其後特
置遞卒優其廪給遂爲定制

陞節度使班

上令武夫悍卒以軍功進秩爲節度使者不可數計而班在卿監之下太祖皇帝以節度使受禪遂重其選陞其班於六曹侍郎之上此建隆三年三月壬午詔書也故恩數同執政官而除拜鏁院宣麻尤異焉非宗室近屬外戚國壻年勞久次不得爲此官此外則殿帥而已前宰執亦時有除拜者崇寧以來始有濫恩其後宦者皆得爲之殊失太祖改制之本旨矣

賜常參官時服

前代賜時服惟將相翰林學士至諸軍大校而止建

隆三年太祖皇帝謂宰相曰時服不賜百官甚無謂也宜並賜之乃以冬十月乙酉朔賜文武常參官時服自後遂爲定制

知州借緋紫

唐制爲刺史者並借緋太平興國二年二月戊戌詔常參官知節鎮並借紫防禦團練刺史州借緋候回日依舊服色其服緋入仕諸州亦借紫惟軍壘則否

定試銜官爲七選

國初假試官乃以恩澤補授不理選限太宗皇帝以多授偽官皆遣子弟奉方物爲賀悉以試七選束曹赴調引對始授以官自後假試方得齒仕版矣

置參知政事

太祖皇帝以趙普專權欲置副貳以防察之問陶穀以下丞相一等有何官穀以參知政事參知機務對乾德二年四月乙丑乃以薛居正呂餘慶爲參知政事不押班不知印不升政事堂曾不思唐朝宰相名色最多若僕射若內史若納言若參預朝政若同二同三品其爲相則均也而爲同平章事乃資歷之最

淺者自天寶之亂多以資淺者爲之而此名一定不易矣穀以儒學見重於太祖而不考前代典故如此參官之設幾於宰相之屬其後至道元年四月戊子更制令升政事堂知印押班一同宰相仍給班爲一其後爲相者漸多而參政之權漸輕不得有所可否矣

一品綴中書班

官制未改之前凡宰執官自爲一班獨出百官之上雖前宰相以官師致仕者皆不得與宰執官齒焉

[illegible]年太祖因朝會見太子師侯益等班次在下乃以閏十二月丙子降詔凡一品致仕曾帶平章事者朝會綴中書門下班自後禮絕百僚矣

選人給印紙

先是選人不給印紙遇任滿給公憑到選以攷功過往往於已給之後時有更易不足取信太平興國二年正月壬申詔曰今後州府錄曹縣令簿尉吏部南曹並給印紙曆子外給公憑者罷之自此奔競巧求者不得以公憑營私更易改給矣

藩鎮屬州直隸京師

唐末藩鎮諸州聽命帥府如臣之事君雖或因朝命除授而事無巨細皆取決于帥與朝廷幾於相忘太平興國二年三月右拾遺李翰極言其弊太宗皇帝始詔藩鎮諸州直隸京師長吏自得奏事而後天下大權盡歸人主潛消藩鎮跋扈之心令長吏初除替滿奏事自此始也

常參官衣緋綠

舊制品官服緋紫者皆以品格故選人久次多[illegible]紫京朝選轉之速者反多服綠太平興國六年十一月冬至郊祀赦文令常參官衣緋綠二十年於吏部投狀具履歷以聞始以實歷後以應格者少改用莅事日爲始遂爲定制

革帶之制

舊制中書舍人諫議大夫權侍郎並服黑帶佩金魚霍端友爲中書舍人奏事徽宗皇帝顧其帶問云何以無別於庶官端友奏非金玉無用紅鞓者乃詔四品從官改服紅鞓黑犀帶佩金魚今武臣大使臣以

上紅鞓不知何所從始也國初士庶所服革帶未有定制大抵貴者以金賤者以銀富者尚侈貧者尚儉太平興國七年正月壬寅詔三品以上銙以玉四品以金五品六品銀銙金塗七品以上并未嘗參官并內職武官以銀上所特賜不拘此令八品九品以黑銀今世所謂藥點烏銀是也流外官工商士人庶人以鐵角二色其金荔枝銙非三品以上不許服太宗特新此銙其式無傳焉其後毬文笏頭御仙又出於太宗特製以別貴賤而荔枝反爲御仙之次雖非

從官特賜皆許服初品京官特賜帶者即服紫矣鞍轡之别亦始於太宗時太平興國七年正月詔常參官銀裝鞍絲條六品以下不得闊裝仍不得用刺繡金皮飾韉未仕者烏漆素鞍則是一命以上皆可以銀裝鞍也近歲惟郡太守猶存銀裝絲條之制此外無敢用者若烏漆則庶人通用而鞍皮之巧無所不至其用素鞍者鮮矣

臣庶許服紫袍

國初仍唐舊制有官者服皂袍無官者白袍庶人布

袍而紫惟施於朝服非朝服而用紫者有禁然所謂紫者乃赤紫今所服紫謂之黑紫以爲妖其禁尤嚴故太平興國七年詔曰中外官并貢舉人或於緋綠白袍者私自以紫於衣服者禁之止許白袍或皂袍至端拱二年忽詔士庶皆許服紫所在不得禁止而黑紫之禁則申嚴於仁宗之時今　中之服乃是國初申嚴之制此理所不可曉也

僚屬拜長官

太祖皇帝收藩鎮之權雖大藩府不敢臣屬其下使之拜伏于庭而爲小官者亦漸有陵慢其上之意咸平五年五月壬戌知開封府寇準極陳其不可乃詔開封府左右軍巡使京官知司錄諸曹參軍知畿縣見知府並庭參設拜自後諸州選人並拜于庭故老泉上書亦嘗言之不知此禮廢于何時

進士免解

進士舊無免解之條咸平二年六月丙戌詔貢舉應三舉人並免取解若三舉連中則是九年三舉不遂中間有二三十年者不若限以十八年之爲均平也

若四舉連中則亦罕有不爲濫矣

遠官丁憂不解官

國初士大夫往往久任亦罕送迎小官到罷多芒屨策杖以行婦女乘驢已爲過矣不幸丁憂解官多流落不能歸咸平二年三月甲戌詔川峽廣南福建路官丁憂不得離任聖主端居九重而思慮至此則從官遠方者不至於畏憚而不敢往祖宗仁厚之澤大抵如此其後以川峽距京師不甚遠至景德二年三月復聽川峽官丁憂惟長吏奏裁

尉司不得置獄

尉職警盜村鄉爭鬬僻經州縣者多投尉司尉司因此置獄拷掠之苦往往非法咸平元年十月己丑有詔申警悉毀撤之詞訴悉歸之縣蓋後生初任未歷民事輕於用刑縣令權輕不能制服民受其殃此令一行至今無敢犯者

吏銓主事用選人

銓曹吏人奸弊最甚掌銓者雖聰明過人皆不能出真宗朝有以為言者咸平三年十二月丁未詔選判

司簿尉充吏部流內銓南曹主事所以重士大夫之選其視符流外者胥壤不侔矣

燕翼貽謀錄卷二

定遷秩之制

國初三歲郊祀士大夫皆遷秩真宗即位孫何力陳其濫乞罷遷秩之例仍命有司考其殿最臨軒黜陟咸平四年四月方頒行自後士大夫循轉頗艱

禮闈禁懷挾

國初進士科場尚寬禮闈與州郡不異景德二年七月甲戌禮部貢院言舉人除書案外不許將茶廚蠟燭等入除官韻外不得懷挾書策犯者扶出殿一舉

其申嚴誡是也而元豐貢院之火死者甚衆則是法不行也

舉人命題

又試場所問本經義疏不過記出處而已如呂申公試卷問于謂子產有君子之道四焉所謂四者何也荅曰對其行己也恭其事上也敬其養民也惠其使民也義謹對試卷不謄錄而考官批于界行之上云記則曰通不記則曰不十簡之中四通則合格矣誤記者亦只書曰不而全不記者亦曰對未[illegible]

錢已封彌而兼采譽望猶確觀其字畫可以占其爲人而士之應舉者知勉於小學亦所以誘人爲善也自謄錄之法行而字畫之繆或假手於人者肆行不忌人才日益卑下矣行卷之禮人自激昂以求當路之知其無文無行鄉閭所不齒亦不敢妄意於科舉使古意尚存則如章子厚者豈容其應進士舉乎

進士第一人給金吾前引

舊制進士首選同唱第人皆自備錢爲鞍馬費而京師遊手之民亦自以鞍馬候於禁門外雖號廷魁與

衆無以異也大中祥符八年二月戊申詔進士第一人金吾司差七人導從兩節前引始與同列特異矣進士考試差官屬之轉運使惟許本路差官大中祥符八年二月乙卯詔本路闕人即報鄰路差

納粟補官

納粟補官國初無天禧元年四月登州牟平縣學究鄭巽出粟五千六百石振饑乞補弟巽不從晁迥李維上言乞特從之以勸來者豐稔即止詔補三班借職（今承信郎）自後援異例以請者皆從之然州縣官不許援坐止令庭參熙寧元年八月詔給將作監主簿齋郎助教牒募民實粟于邊此古人募民實粟塞下遺意也因記淳熙間詔以旱故募出粟拯民二千石補初品官而龍舒一郡應格者數人郡以姓名來上孝宗皇帝疑而不與仲父軒山先生力諫以爲失信於人恐自後歉歲無應募者孝宗亟從之已而應募者衆

譴官不得薦舉

舊制朝臣監司因事譴官多爲監當雖在貶所猶以

前任舉官言者以爲無以示貶抑之意天禧元年五月壬戌始制因罪監當不得舉官克知縣朝臣不得舉本州幕職官前朝貶謫雖重敘用亦驟未聞其黜免而置之閑地也王安石一時私意貽害無窮罪不勝誅國猶爲其所誤而況士大夫乎

增百官俸

國初士大夫俸入甚微簿尉月給三貫五百七十而已縣令不滿十千而三之二又復折支茶鹽酒等所入寔幾何頃歲[illegible]給其[illegible]未至率侵欺[illegible]

[illegible]五月丙辰詔赤畿知縣已令擇人[illegible]官優卹令兩赤縣月支見錢二十五千米麥共七斛畿縣七千戶以上朝官二十千六斛京官二十千五斛五千戶以上朝官二十千五斛京官十八千四斛三千戶以上朝官十八千京官十五千米麥四斛三千戶以下京官錢十二千米麥三斛是時已爲特異之恩至四年九月壬申詔曰並建庶官以釐庶務宜少豐於請給以各勵於廉隅自今文武官月請折支並給見錢六分外任給四分而惠均覃四海矣

貢士得贖罪

舊制士人與編氓等大中祥符五年二月詔貢舉人曾預省試公罪聽收贖而所贖止於公罪徒其後私罪杖亦許贖論

復置封駁司

唐朝職掌因五季之亂遂至錯亂或廢不舉給事中掌封駁不可一日無皇朝淳化四年太祖皇帝推考廢職始於唐末乃命魏庠柴成務同知給事中未幾隸銀臺通進司爲封駁司真宗咸平四年七月[illegible]侍郎知封駁司陳恕乞鑄印命取門下印用之因改其名爲門下封駁司

攝太祝不許同正員

國初五品以上任子有陳乞攝太祝者雖班初品選人下然不一二年經營巧求即同正員是與侍從奏補無以異也至道二年四月乙未太宗皇帝深懲其弊乃詔五品以上任子悉同學究出身不許攝太祝自後京選判然巧求者無所容其奸

伎術官不得擬常參官

應伎術官不得與士大夫齒賤之也至道二年正月申嚴其禁雖見任京朝遇慶澤只加勳階不得擬常參官此與書學畫學筭學律學並列於文武兩學者異矣

三班任廣南免短使

王師初下廣南北人畏瘴癘無敢往者雖武臣亦憚之後有武臣自廣南替回陳乞免短使者銓部以聞大中祥符八年七月辛丑[illegible]詔三班使臣任廣南[illegible]免短使遂[illegible]

金銀價

國家立國之初崇尚儉素金銀爲服用者鮮士大夫罕以侈靡相勝故公卿以清節爲高而金銀之價甚賤至東封西祀天書降天神現而侈費寖廣公卿士大夫是則是傚而金銀之價亦從而增故大中祥符八年十一月乙巳真宗皇帝覽三司奏乏銀支用問輔臣曰咸平中銀兩八百金兩五千今何增踊如此然不知是時其價若干也盖上以爲重則下競趨之求之者多則價不得不踊咸平距祥符十數年間世變已如此況承平日久侈費益甚沿襲至于宣政之間乎是宜價日增而未已也

沿江榷貨務

國初沿江置務收茶名曰榷貨務給賣客旅如鹽貨然人不以爲便淳化四年二月癸亥詔廢沿江八處應茶商並許於出茶處市之未幾有司恐課額有虧復請于上六月戊戌詔復舊制六飛南渡後官不能運致茶貨而榷貨務只賣茶引矣

考課院更名

朝吏銓不曰尚書吏部而曰考課院其上著京朝官幕職州縣官以別之淳化四年二月丙戌詔改考課京朝官院爲審官院考課幕職州縣官院爲考課院而總謂之流内銓云

置登聞檢鼓院

唐有理匭使五代以來無聞太宗皇帝淳化三年五月辛亥詔置理檢司以錢若水領之其後改曰登聞院又置鼓于禁門外以達下情名曰鼓司真宗景德四年五月戊申詔改鼓司爲登聞鼓院登聞院爲檢院應上書人並詣鼓院如本院不行則詣檢院以朝官判之判院之名始于此

置審刑院于禁中

太理寺奏案刑部審覆奏而行之太宗皇帝慮刑部大理寺吏舞文巧詆特置審刑院於禁中以李昌齡爲之判院下丞相必又以聞始行淳化三年八月己卯詔行之蓋重人命如此[illegible]官制改并歸刑部寺有半屬矣

[illegible]官次[illegible]

[illegible]百官之外有待制次[illegible]興元中[illegible]
官三兩人[illegible]事後唐天成中廢待制次對官五日一
次內殿百官轉對長興二年停至天福七年復漢乾
祐二年陶穀奏罷之淳化二年十一月丙申太宗皇
帝再復舊制詔百官次對每日兩次

淳化貢舉人數

諸州貢士國初未有限制來者日增淳化二年正月
丙午太宗命諸道貢舉人悉入對崇政殿凡萬七千
三百人時承平未久也不知其後極盛之時其數又

幾倍也

嚴禁蒲博

世有惡少無賴之人肆凶不逞小則賭博大則屠牛
馬銷銅錢公行不忌其輸錢無以償則爲穿窬若黨
類頗多則爲刼盜縱火行奸殺人不防其微必爲大
患淳化二年閏二月己丑詔犯蒱博開櫃坊屠牛
馬驢狗以食私銷銅錢爲器用並令開封府嚴戒坊
市捕之犯者定行處斬引匿不以聞與同罪所以塞
禍亂之源驅斯民納之善也其後刑名寖輕而[illegible]不
足以懲姦犯之者衆嘗怪近世士大夫莅官視此三
者爲不急之務知而不問者十常七八因訴到官有
不爲受理者是開盜賊之門也毋乃不思之甚乎

許封本生父母

皇朝以孝治天下篤厚人倫子之出繼他位者得封
贈其本生父母此前所未聞也李昉爲宰相上言臣
叔父超故任工部郎中集賢殿學士叔母謝氏故陳
留郡君是臣本生父母臣不報罔極之恩爲名敎罪
人今郊祀覃恩望與追榮太宗皇帝嘉之淳化四年

二月乙丑詔贈超爲太子太師謝氏鄭國太夫人然
此猶因昉有請而從之也至眞宗天禧元年八月辛
未詔文武陞朝官父不在無嫡母繼母者許敘封本
生父母則四海之內均沾寵恩雖於古禮違悖亦忠
厚之至也

爲出母服

士大夫之家不幸出妻爲之子者非其親生猶可不
服苟其所親生而視之恝然則非人類矣張永德父
穎先娶馬氏生永德爲穎所出永德知鄧州[illegible]

作二堂左繼母劉氏居之[illegible]居之不敢以[illegible]
加於繼母永德事二母如一人無間言時大臣[illegible]
皆得入謁劉氏存日馬不敢同入禁中劉氏卒馬始
得入謁太宗𢖍問嘉歎封莒國太夫人此可爲人子
事出母之法仁宗景祐三年九年集賢校理郭稹乞
爲嫁母服詔兩制御史大常寺禮院議詔自今並許
解官申心喪

襃前賢後

前代名賢之後累聖襃表最顯著有四人一日狄梁

公仁傑二曰張曲江公九齡三曰段太尉秀實四曰
郭汾陽王子儀真宗景德三年正月丙戌張公九世
孫元吉詣闕獻明皇墨跡并張公寫真告身詔以爲
韶州文學大中祥符四年八月丙辰以段公孫亮爲
三班借職仁宗天聖六年七月張公九世孫錫又以
公告身并明皇批荅來獻〔詔〕試國子四門助教慶曆
三年三月壬辰詔以狄公孫華州明法狄國賓爲本
州助教四年正月丙戌以郭公裔孫元亨爲永興軍
助教元豊五年四月復以段公八世孫文西[illegible]
助教復其家國家非靳一命於先賢也謹惜名器雖
賢者猶爾況褻用之乎

禁侈靡

咸平景德以後粉飾太平服用寖侈不惟士大夫之
家崇尚不已市井閭里以華靡相勝議者病之大中
祥符元年二月詔金箔金銀線貼金銷金間金蹙金
線裝貼什器土木玩之物並行禁斷非命婦不得以
金爲首飾許人糾告並以違制論寺觀飾塑像者齎
金銀并工價就文思院換易四年六月又詔宮院苑

[illegible]等止用丹白裝飾不得用五綵皇親士庶之家亦
不得用春幡幡勝除宣賜外許用綾絹不得用羅諸般
花用通草不得用縑帛八年三月庚子又詔自中宮
以下衣服並不得以金爲飾應銷金貼金縷金間金
戧金圈金解金剔金撚金陷金明金泥金榜金背金
影金闌金盤金織金金線皆不許造然上之所好終
不可得而絕也仁宗繼統以儉朴躬行於慶曆二年
五月戊辰申嚴其禁上自宮掖悉皆屏絕臣庶之家
[illegible]者必置于法然議者猶有憾以爲有未至焉[illegible]

國後此意泯矣

陞應天府爲南京

眞宗皇帝東封西祀思顯先烈大中祥符七年正月乙卯詔陞應天府爲南京建行宮正殿以歸德爲名以聖祖殿爲鴻慶宮奉太祖太宗像侍立於聖祖之旁其後遂開高宗皇帝中興之祥此正殆非偶然者矣

殺欺罔僧

僧徒奸狡雖人主之前敢爲欺罔江東有僧詣闕乞

修天台國清寺且言如寺成願焚身以報太宗從之命中使衛紹欽督役戒之曰了事了來紹欽即與俱往不日告成紹欽積薪如山驅使入火僧哀鳴乞回闕下面謝皇帝而後自焚紹欽怒以叉叉入烈焰僧死轉悲號而絕歸奏太宗曰臣已了事太宗頷之蓋非就焚太宗必以欺罔戮之於市矣

禁民庶宮觀寄褐

黃冠之教始於漢張陵故皆有妻孥雖居宮觀而嫁娶生子與俗人不異奉其教而誦經則曰道十

其教不誦經惟假其冠服則曰寄褐皆游惰無所業者亦有凶歲無所給食假寄褐之名挈家以入者大抵主首之親故也太祖皇帝深疾之開寶五年閏二月戊午詔曰末俗竊服冠裳號爲寄褐雜居宮觀者一切禁斷道士不得畜養妻孥已有家者遣出外居止今後不許私度須本師知觀同詣長吏陳牒給公憑違者捕繫抵罪自是宮觀不許停著婦女亦無寄食者矣而黃冠之兄弟父子孫姪猶依憑以居不肯去也名曰親屬大中祥符二年二月庚子眞宗皇帝

詔道士不得以親屬住宮觀犯者嚴懲之自後始與僧同其禁約矣

國忌行香

國忌行香本非舊制眞宗皇帝大中祥符二年九月丁亥詔曰宣祖昭武皇帝昭憲皇后自今忌前一日不坐羣臣進名奉慰寺觀行香禁屠廢務著于令自後太祖太宗忌亦援此例累朝因之今惟存行香而已進名奉慰久已不有矣不禁屠雙忌則休務單忌亦不廢務矣

揚州彰武殿

太祖征李重進還以御營建寺所御之榻存焉後僧徒共建一殿申嚴崇奉名彰武殿且請降御容使民瞻仰眞宗皇帝命翰林畫工圖寫騣衛而往仍賜供具景德二年八月癸巳命中使前往奉安遇朔望州郡率官僚朝禮六飛南渡蕩爲煨燼後雖建殿不復奏請御容姑存遺跡而已

蘭亭天章寺

太宗皇帝命内侍裴愈與山陰縣令李易直訪王羲之蘭亭舊跡其流杯修禊處在越州僧子謙因請建寺於舊地以藏御札至道二年二月壬辰詔從子謙之請賜寺名天章仍以御書賜之

東京相國寺

東京相國寺乃瓦市也僧房散處而中庭兩廡可容萬人凡商旅交易皆萃其中四方趨京師以貨物求售轉售他物者必由于此太宗皇帝至道二年命重建三門爲樓其上甚雄宸墨親塡書金字額曰大相國寺五月壬寅賜之

尼不得於僧寺受戒

僧寺戒壇尼受戒混肴其中因以爲姦太祖皇帝深惡之開寶五年二月丁丑詔曰僧尼無間實紊教法應尼合度者只許於本寺起壇受戒令尼大德主之如違重置其罪許人告則是尼無戒不須入戒壇各就其本寺也近世僧戒壇中公然招誘新尼受戒其不至者反誣以違法尼亦不知法令本以禁僧也亦信以爲然官司宜申明禁止之

萬壽觀金銀像

萬壽觀本玉淸昭應宮也宮爲火所焚惟長生崇壽殿存殿有三像聖祖眞宗各用金五千兩餘昊天玉皇上帝用銀五千餘兩仁宗天聖七年詔玉淸昭應宮史不復修以殿爲萬壽觀蓋明肅太后尚有修營之意宰臣猶帶使令領至是始去之示不復修營也

冊寶法物用塗金

眞宗皇帝朝盛禮務儀服以眞金最多金價因此頓長人以爲病仁宗明道二年正月癸未詔冊寶法物凡用金者並改　銀而以金塗之自此十省其

今惟寶用金餘皆金幣也

燕翼詒謀錄卷三

無爲軍災異祥瑞

太宗皇帝以海内混一門方無虞乃於江南置太平軍江北置無爲軍取太平無爲之義太平後改爲州無爲之建在淳化四年十二月戊戌至大中祥符年建軍方十有六年災異變怪忽發八月中有青[illegible]長數丈出郡治十六月風雨林木城門營壘盡壞壓死千餘人夜三鼓方止九月乙亥奏至眞宗皇帝亟命中使張景宣馳驛恤視民壞屋者無出來年夏租壓死者家賜米一斛無主及貧乏者官收瘞之令長史就宮觀精虔設醮爲民祈福是時方尚祥瑞宰相甚怒加譴郡守眞宗不從其後守臣慫艾於五年三月壬午奏甘露降桐樹七年七月庚寅奏聖祖殿叢竹内獲毛龜二以爲聖祖降九年四月奏瑞氣覆巢湖畫圖來上皆奉承上意也洎至皇祐三年仁宗皇帝在位三十年矣六月丁亥守臣茹孝標奏城内小山生芝三百五十本悉以上進改名其山曰紫芝山叢爾一培塿不應一時所産若是之多也上怒曰

以豐年爲瑞賢臣爲寶草木蟲魚之異烏足尚哉茹孝標與免罪戒州縣自今無得以聞大哉王言足以警臣子之進諛者矣

鳳凰麒麟見瑞

虞書載簫韶九成鳳凰來儀三代以後無傳焉惟漢宣帝時嘗見史不載其形狀如何眞宗景德元年五月七日午時白州有鳳凰三自南入城衆禽周遶至萬歲寺前枝高木上身如龍長九尺高五尺其文五色冠如金盞至申時飛向北去遂不復見州畫圖來上是時天下承平日久可謂治世宜其覽德輝而下

也若麟惟先聖識之漢武獲一角獸當時以爲麟太史公不以爲然也太平興國九年十月癸巳嵐州獻獸一角似鹿無斑角端有肉性馴善詔羣臣參驗徐鉉滕中正王佑等上奏曰麟也宰相宋琪等賀

設法賣酒

官榷酒酤其來久矣太宗皇帝深恐病民淳化五年三月戊申詔曰天下酒榷先遣使者監莞宜募民掌之減常課之十二使其易辦吏勿復預蓋民自鬻則取利輕吉凶聚集人易得酒則有爲生之樂官無譏察警捕之勞而課額一定無敢逋欠公私兩便然所入無贏餘官吏所不便也新法既行悉歸于公上散青苗錢于設廳而置酒肆于譙門民持錢而出者誘之使飲十費其二三矣又恐其不顧也則命娼女坐肆作樂以蠱惑之小民無知爭競鬬毆官不能禁則又差兵官列枷杖以彈壓之名曰設法賣酒此設法之名所由始也太宗之愛民寧損上以益下新法惟剝下奉上而且誘民爲惡陷民於罪豈爲民父母之

意乎今官賣酒用妓樂如故無復彈壓之制而設法之名不改州縣間無一肯釐正之者何耶

歲限度僧數

江南李主佞佛度人爲僧不可數計太祖既下江南重行沙汰其數尚多太宗乃爲之禁至道元年六月己丑詔江南兩浙福建等處諸州僧三百人歲度一人尼百人歲度一人自昔歲度僧道惟試經且因寺之大小立額如進士應舉然雖奸猾多竄身其中而庸蠢之甚者無所容自勅建立寺額度牒而僥倖

流皆得爲之不勝其濫矣

州長吏親決徒罪

州長吏不親監決中唐以來爲然遇引斷皆牙校監決於門外太宗恤刑慮有寃濫至道元年六月已亥詔諸州長吏凡決徒罪並須親臨因太常博士王式有請也今州郡杖罪悉委職幕官而徒罪必自監決帥府則以徒罪委通判聖朝謹嚴於用刑葢以人命爲重也

喪葬不得用僧道

喪家命僧道誦經設齋作醮作佛事曰資冥福也出葬用以導引此何義耶至於鐃鈸乃胡樂也胡俗燕樂則擊之而可用於喪柩乎世俗無知至用鼓吹作樂又何忍也開寶三年十月甲午詔開封府禁止士庶之家喪葬不得用僧道威儀前引太平興國六年又禁送葬不得用樂庶人不得用方相魌頭今犯此禁者所在皆是也祖宗於移風易俗留意如此惜乎州縣間不能舉行之也

鐵錢罷銅錢

江南李唐舊用鐵錢葢因韓熙載建議以鐵錢六權銅錢四然銅錢之價相去甚遠不可強也江南末年鐵錢十僅直銅錢一江南平民間不肯行用轉運使樊若水請廢之太平興國二年二月詔官收民間鐵錢鑄爲農器以給江北流民之歸附者於是江南鐵錢盡矣然川蜀陝西用之如故用蜀每鐵錢一貫重二十五斤銅錢一當十三小民鎔爲器用賣錢二千於是官錢皆爲小民盜銷不可禁止大中祥符七年知益州凌策請改鑄每貫重十二斤銅錢一當十民

間無鉟銷之利不復爲矣慶曆初知商州皮仲容議采洛南紅崖虢州青水銅置阜民朱陽二監鑄大錢一可當小錢三以之當十民間趨利盜鑄不已至八年張方平宋祁議以爲當更乃詔改銅錢當十先是慶曆元年十一月詔江饒池三州鑄鐵錢一百萬貫助陝西經費所積尤多錢重民苦之至是併罷鑄鐵錢其患方息

鎖廳不合格

舊制命官鎖廳取解先於所屬選官考試所業方聽

下解至禮部程文紕繆勒停不合格者贖銅永不得應舉中格庭對唱第日仍降甲等期待任子者甚厚非比寒士也雖欲假手其可得乎故當時由此塗出此皆爲文人仁宗欲開誘進之路天聖四年六月辛未詔免舉所業下第人免責罰仍許再應舉景祐元年復詔鎖廳人不合格除其罪以試者尚少而申明之也然自是任子心無所憚雖實無才能者亦求試矣

罷張燈

國朝故事三元張燈太祖乾德五年正月甲辰詔曰上元張燈舊止三夜今朝廷無事區宇乂安方當年穀之豐登宜縱士民之行樂其令開封府更放十七十八兩夜燈後遂爲例太宗淳化元年六月丙午詔罷中元下元張燈官雖廢之而私家猶有私自張燈者余曩仕出陽中元下元酒務張燈賣酒豈北方遺俗猶有存者耶

七夕改用七日

北俗遇月三七日不食酒肉者蓋重道教之故而改用六日太平興國三年七月乙酉詔曰七夕佳節近代多用六日宜以七日爲七夕頒行天下蓋方遵改用六日之時始於朝廷故釐正之自朝廷始

二月獻羔開冰

月令開冰獻羔在仲春之月五季之亂訛舛至用四月淳化三年三月己未詔改正之

朝辭宣旨戒飭

祖宗留意民事丁寧戒飭雖州縣小官未嘗少怠太平興國八年三月丁未詔應京朝官受任於外并州

縣幕職官朝辭并於閤門宣旨戒飭以其詞著之坐右不知此制廢於何時茍州縣小官亦蒙皇恩寵綏決知自重思所以稱上意不敢自暴自棄矣惜無能舉行之者也

外官給告歸省

承平時闕多員少士大夫注擬必求須次者以自便蓋王事鞅掌久勞于外乍還鄉里展掃墳墓聚會親族料理生産作業勢使之然甚而違年繩以三尺不能禁也淳化二年正月己丑詔京朝官釐務于外者

又詔後給假一月澣濯所在州府以上日開遲者有
罪其後進士既多仕子亦衆故東坡進策有一官三
人共之之説以爲居者一人去者一人而伺之者又
一人莅官之日少閑居之日長而士大夫至於冒法
況今一官而五六人共之耶

州縣官秩滿試法

雍熈三年九月癸未詔知州通判幕職州縣官秩滿
至京師於法書内試問如全不知者量加殿罰所以
關防檢察癃老昏謬疾病之人也今知州到闕必須

奏事通判而下不復舉行殊失祖宗謹重州縣勤恤
民瘼之意豈非不才者多惡其害已而不欲舉行之
乎

大觀八寶

漢天子印符曰璽後世因其名不改國初御前之印
書詔之印天子合同之印其名不正雍熈三年十月
丙午並改爲寶別鑄用之皇祐五年仁宗以奉宸庫
有美玉廣尺厚半之命製爲鎮國神寶宰臣龐籍等
文劉沆書牌哲宗元符元年咸陽民段義獻玉璽
紹聖三年河南鄉修造家舍掘得之色緑如藍文曰
受命于天既壽永昌其背螭紐五盤詔蔡京等議之
咸以爲眞秦璽也詔仍舊爲傳國璽徽宗大觀元年
詔求美玉製八寶以易六璽十一月壬戌詔曰永惟
受命之符宜有一代之制而尚循秦舊六璽之[illegible]
天申命地不愛寶獲全玉於異域得妙工於闐國
寶既成璽無前比可以來年正月朔日御大慶殿恭
受八寶是舉恩數特厚政和七年九月辛巳又製定
命寶範圍天地幽贊神明保合太和萬壽無疆爲文

廣九寸號九寶二聖北狩寶淪異域高宗皇帝復製
八寶循大觀舊規也

仁宗誕日賜包子

大中祥符八年二月丁酉値仁宗皇帝誕生之日眞
宗皇帝喜甚宰臣以下稱賀宮中出包子以賜臣下
其中皆金珠也是年仁宗方就學天生聖人得於夢
兆方五歲聖質已異常人故均福臣下者特異眞宗
時開封府洎京畿縣受納綿多取出剩訖事悉以其
餘均賜官吏而官吏無厭愈更多取歲增不已景德

三年六月壬辰詔悉錮之官吏所賜以官錢給其直

有蔭人不得爲吏

國初吏人皆士大夫子弟不能自立者忍耻爲之犯罪許用蔭贖吏有所恃敢於爲奸天聖七年三月乙丑三司吏毋士安犯罪用祖令孫蔭詔特決之仍詔今後吏人犯罪並不用蔭又詔吏人投募責狀在身無蔭贖方聽入役苟吏可用蔭則是仕宦不如爲吏也誘不肖子弟爲惡莫此爲甚禁之誠急務不可緩也

關陞次序

舊制京朝官實歷知縣三任入同判同判實歷三任入知州天聖六年七月己亥詔自今任內有五人同罪奏舉減一任同判後改爲通判至今因之各以兩任四考關陞

審視差知州軍

審官院定差知州軍並以資歷不容超越資歷當得不容不與天聖七年九月辛巳詔審官院定差並申中書引上審視若懦庸老疾不任事者罷之今都堂審察其遺意也

奏薦以服屬

國初奏薦之制甚寬不拘服屬遠近天聖四年始詔臣僚奏薦子弟須言服紀不許奏無服之親月奏者不以赦原其後又以服屬之親疎爲奏官之高下可謂良法

進奉人等第推恩

乾興元年仁宗皇帝登寶位八月令學士院試諸州進奉賀登位人曾舉進士試大理評事曾舉諸科試

祕書省正字餘試校書郎不願試人太廟齋郎凡四等試大理評事元豐爲假承事郎今爲通仕郎出官從事郎試祕書省正字元豐爲假承奉郎今爲登仕郎出官迪功郎太廟齋郎元豐未改今爲將仕郎出官亦迪功郎其後例補將仕郎惟宰執得登仕郎

資善堂

大中祥符八年仁宗封壽春郡王以張士遜崔遵度爲友講學之所爲資善堂此資善之名所由始也自後元良就學所皆曰資善

主家不得黥奴僕

五代諸侯跋扈枉法殺人主家得自殺其奴僕太祖建國首禁臣下不得專殺至建隆三年三月己巳降詔郡國斷大辟錄案朱書格律斷詞收禁月日官典姓名以聞取旨行之自後生殺之權出於上矣然主家猶擅黥奴僕之面以快其忿毒真宗咸平六年五月復詔士庶之家奴僕有犯不得黥面蓋重於戕人肌膚也祖宗謹重用刑苟可以施忠厚者無所不用其至如詔太歲三元聖節不決死罪則淳化二年三

月也令衆人自五月一日至八月一日免則天聖四年四月辛未詔也列聖相承莫敢不遵此所以祈天永命歟

公使庫不得私用

祖宗舊制州郡公使庫錢酒專饋士大夫入京往來與之官罷任旅費所饋之厚薄隨其官品之高下妻孥之多寡此損有餘補不足周急不繼富之意也其講睦鄰之好不過以酒相遺彼此交易復還公帑苟私用之則有刑矣治平元年知鳳翔府陳希亮自首曾以鄰州公使酒私用貶太常少卿分司西京乃爲嚴其禁公使酒相遺不得私用並入公帑其後祖無擇坐以公使酒三百小瓶遺親故自直學士謫授散官安置況他物乎故先世所歷州郡得鄰郡酒皆歸之公帑換易答之一瓶不敢自飲也

皇子不得爲師傅

師傅保輔佐人主其名甚重非道尊德重不可以居也師導之教訓傅傅其德義保保其身體如周召畢公之於成王可以當是名矣漢之張禹孔光辱莫甚

焉鄧禹其庶幾乎後世以爲階官而序進之失其本旨矣若皇子加官而冠以師傅保之稱此何義也子雖賢而可爲父之師傅保乎況有年方孩幼即加是官者尤悖理矣故英宗治平二年御史中丞賈黯力陳其非四月丙午詔止加三公太尉司徒司空是也自此名正言順人無得而議宣政以後至以師傅保加之官暨其悖理尤甚矣

京朝官須入知縣

選人改京朝官憚於作縣多歷閑慢比折知縣資序

熙寧十年二月戊子詔選人應緣改京朝官須入知縣雖不拘常制不得舉辟近世此禁寖弛凡改官人有出身任教授無出身任簽判二考滿則赴部注破格通判矣孝宗皇帝申嚴舊制仍以三年爲任考第未足或有過犯不得注通判至今遵行之

加婦服舅姑喪

禮經女子出適以父母三年之喪折而爲二舅姑父母皆爲朞喪太宗孝明皇后居昭憲太后之喪齊衰三年故乾德二年判大理寺尹拙少卿薛允中等奏

三年之內几筵尚存夫居苫塊之中婦被綺羅之飾夫婦齊體哀樂不同乞令舅姑之喪婦從其夫齊斬三年於義爲稱十二月丁酉朔詔從之遂爲定制

燕翼貽謀錄卷四

改江南官服色

江南初下李後主朝京師其羣臣隨才任使公卿將相多爲小官惟任州縣官者仍舊至於服色例令服綠不問官品高下以示別於中國也太宗淳化元年正月戊寅赦文應諸路僞授官先賜緋人止令[illegible][illegible]令並許仍舊其先衣紫人任常參官亦許仍舊遂[illegible]與王朝官齒矣

報母讎免死

楊萬頃殺張審素審素二子瑝琇爲父復仇殺萬頃張九齡欲活之李林甫必欲殺之而二子竟伏大刑蓋九齡君子喜人爲善林甫小人嫉人爲善好惡不同故也苟其父罪當死子不當報仇父死不以罪或非出上命而爲人所擠陷以死可不報乎審素之仇所當報也太宗雍熙三年七月癸未京兆府鄠縣民甄婆兒報母仇殺人詔決杖遣之惜乎瑝琇之不遇

聖時明主也

報叔父母恩封贈

歐陽修少孤其叔父教之學既貴乞以一官回贈以報其德詔從之乃自員外郎贈郎中後世以爲美談不知又有先於修者王曾爲參知政事攺葬叔太子中舍宗元叔母嚴氏自言幼孤叔父母育之詔贈宗元工部員外郎嚴氏懷仁縣太君

駙馬不得升行

李遵勗本名勗崇矩之孫繼昌之子眞宗朝尚長公主御筆增爲遵勗升爲崇矩之子繼昌之弟自此爲例實亂人倫治平四年二月神宗皇帝手詔述英宗

治命應公主出降其夫不升同父行蓋英宗久欲釐正以病未果出命故神宗以遺命行可謂善述人之事矣

禁越訴

士大夫沽小民之譽者縱小民妄訴雖虚妄灼然亦不及坐甚而聽其躐越幾於撓攪生事矣曾不思善良之民畏官府如虎狼甘受屈抑不敢理雪而奸猾之民以恐脇把持爲生與吏囊槖視官府如私家肆行不忌士大夫墮其計中爲其所困殊不自覺良可嘆也太祖皇帝乾德二年正月乙巳詔應論訴人不得躐越陳狀違者科罪開基創業之初首念及此慮爲善良害也眞宗咸平元年七月詔所訴虚妄好持人短長爲鄉里害者再犯徙三犯杖訖械送軍籍引見司苟能舉而行之庶幾妄訴者息矣

卑幼朞喪免妨試

舊制朞喪百日内妨試尊卑長幼同士人病之多入京冒哀就同文試洎中選被人論訴不免坐罪天禧四年二月壬申翰林學士承旨晁迥上言諸州士人

[illegible]舊制妨試奔湊京轂請自今卑幼朞服不妨取解詔從之自後冒哀求試者寡矣大凡人家尊長朞喪多年高者卑幼朞喪多年幼者免避卑幼則妨試亦鮮

創大宗正司

國初宗室尚少隷宗正寺仁宗景祐三年以宗室衆多特置大宗正司以皇兄寧江軍節度使允讓知大宗正事仍詔自今於祖宗後各擇一人爲之[illegible]不以[illegible]糾正違失凡宗室[illegible]

得尊達其後又以宗室出居外州於西京置西外宗正司南京置南外宗正司矣

州縣立義倉

今州縣義倉米始於仁宗時始集賢校理王琪嘗於景祐中陳請乞每正稅二斗別輸一升領於轉運使遇水旱振給有司會議不同而止慶曆元年九月琪申前議上特詔行之至新法行又增作每一斗收一升然水旱振給所賴爲多行之日久官吏視爲公家之物遇振給靳惜特甚殊失元立法之意

增置臺諫

仁宗重臺諫之選景祐元年四月癸丑詔御史臺置殿中侍御史監察御史裏行又詔舉三丞以上嘗歷知縣人除御史裏行二年除御史又二年除三司開封判官自清要而歷繁劇選任既重一時號稱得人明道元年七月辛卯又以諫官無治所乃以門下省充諫院而別創門下省於右掖門之西蓋朝臣皆有入局之所獨諫院無之故也

祖宗配天

眞宗欲以太宗配天於南郊而太祖之配不可改乃奉太宗並配仁宗郊天又益以眞宗則是以三帝配一上帝矣嘉祐七年因揚畋力諫乃定以太宗配之今南郊又以祖宗並配矣

堂吏不得爲知州

祖宗重堂後官更用士人其敘遷至員外郎者與外任其後多不願出惟求子孫恩澤遂以爲例英宗嘉祐八年中書奏今後願留人雖許供職其諸房提點並須擇才候職事修舉方補如不職與堂除知州蓋

猶以士流之故優之也新法既行增置宰屬而士流不復爲堂後官因是廢削舊制堂後官外任止於通判不得爲知州先是皇祐三年四月詔堂後官無得佩魚若士人選用而至提點五房方許佩魚以示別也今雖非士人選用皆佩之矣

衍聖公襲封

先聖後嗣自先聖封文宣王而襲爵者稱文宣公文宣謚號也謚號非子孫所可襲仁宗至和二年三月用太常博士祖無擇議改爲衍聖公蓋取襲封之

婦人冠梳

舊制婦人冠以漆紗爲之而加以飾金銀珠翠采色裝花初無定制仁宗時宮中以白角改造冠并梳冠之長至三尺有等肩者梳至一尺議者以爲妖仁宗亦惡其侈皇祐元年十月詔禁中外不得以角爲冠梳冠廣不得過一尺長不得過四寸梳長不得過四寸終仁宗之世無敢犯者其後侈靡之風盛行冠不特白角又易以魚魫梳不特白角又易以象牙玳瑁矣

駙馬都尉遷官

國朝武臣正任十年一遷官熙寧八年特詔駙馬都尉七年一遷官仍著于令非獨示優亦所以杜其非理干請也元豐六年二月癸未詔吏部七年磨勘更不取旨

置西京國子監

仁宗景祐元年四月癸酉詔以河南府學爲西京國子監置分司官其後南京北京皆援爲之崇寧四年秋七月丙午朔詔罷三京國子監官各置司業一員則京具體而微矣

襃封先賢

皇朝追襃先賢皆有所因仁宗景祐元年九月詔封扁鵲爲神應侯以上疾愈醫者許希有請也徽宗崇寧元年二月封孔鯉泗水侯孔伋沂水侯崇先聖之嗣也六月封伯夷清惠侯叔齊仁惠侯重節義之風也宣和元年五月甲申封列禦寇沖虛觀妙眞君莊周微妙元通眞君尚虛無之教也然仁宗因醫者之請姑勉從之伯魚子思之封以配享從祀封也伯夷叔齊遜千乘之國豈求身後虛名莊列物外人何羨

眞君之號不必封可也

皮場廟

京師試於禮部者皆禱於二相者子游子夏也子游爲武城宰子夏聘列國不知何以得之名也今行都試禮部者皆禱于皮場廟皮場即皮剝也建中靖國元年六月傳文皮場土地主病疾之不治者詔封爲靈貺侯今廟在萬壽宮之晨華館與貢院爲鄰不知士人之禱始於何時館因何而置廟也

宮觀優老

王安石創宮觀以處新法之異議者非泛施士大夫也其後臣以罪出者多差宮觀其初出令也則曰優老元豐元年二月辛亥詔年六十聽注差宮觀以三十月爲任無得過兩任其後不拘此令矣

創檢正檢詳

元豐初詔檢正官檢詳官各四員爲額亦同都事録事承旨分房掌管其品秩尚卑政和更制品秩甚高各置一員通掌諸房權任甚重而所以擢用者不同

或出於人主親擢則宰執反憚之所請不敢不從出於宰臣進擬則人主反疑之因是品位不進近世目宰屬樞屬官爲旒窩之號頗恃以自矜矣

樞密使罷不單制

樞密使拜罷與宰臣恩數等皇祐五年高若訥爲樞密使政之時仁宗惡其奸邪特令舍人草詞罷以示貶黜其後皆以前宰臣爲之皆帶平章事罷政宜册如故而自執政拜使者罷政不復宣麻踵若訥也

淮南轉運使

淮南轉運使舊有二員皆從楚州明道元年七月甲戌詔從一員於廬州有渡以後廢江淮發運使而治楚州者移治眞州治廬州者移治舒州其後又自舒州移治無爲軍矣

改假版官

太廟齋郎後改爲假將仕郎政和六年十一月詔假版官行於衰亂之世可不循用改假承事郎爲通仕郎假承奉承務郎爲登仕郎改通政郎爲從政郎舊

登仕郎爲修職郎假將士郎去假字見任合改人并帶假人但改政稱呼更不給告勅

增置貼職

舊貼職止於直秘閣直龍圖閣右文殿修撰三等政和六年九月手詔天下人才富盛趨事赴工者衆不足以待多士可增置直徽猷閣直顯謨閣直寶文閣直天章閣秘閣修撰集英殿修撰凡九等中興以後又增數文煥章華文寶謨寶章五等矣等級既多遷轉亦易非舊比也今判部判寺判院判監之稱

制未改以前實稱今於加實稱之上可謂重疊昔有判刑部判禮部判兵部判工部惟戶吏二部無之[illegible]以流內銓三司使易其名矣官名既正又加以判[illegible]無謂也其他寺監亦然至於登聞檢鼓院進奏院舊稱判政和五年言者謂官制之改稱判者悉除去[illegible]太宗改司以官尊者稱判其次爲知者六院不可[illegible]言判也遂詔悉改爲監今之右文殿修撰舊爲集賢殿修撰政和六年四月奉御筆集賢殿舊無此名祕書省殿以右文殿爲名可改爲右文殿修撰

改宣德郎爲宣教

今之宣教郎即昔之宣德郎政和四年九月詔宣德郎與宣德門名相犯可改爲宣教郎見任人不別給告但改稱呼

端明述古殿學士

政和四年八月詔改端明殿學士爲延康殿學士改樞密直學士爲述古殿學士恩數品秩並依舊中興以後端明復舊而述古與樞密直皆廢矣

武臣改階官

大夫之稱亞於卿而郎官上應列宿又臣以爲階官宜也況其來自古初非創意立名故神宗正官名遂考古制以大夫郎易職事舊稱爲寄祿官若武臣橫行正副使之稱與承制崇班供奉侍禁奉職借職差使借差非名之不正也政和乃悉易以大夫郎之[illegible]此豈被堅執銳馳驟弓馬者之所宜稱乎橫行以十二階易十二階猶之可也正副使各十九階並以八階易之無乃輕褻名器之甚乎昔之超轉猶作九資階是副使四十五年可轉不過四資是減四十五年

爲十年矣祖宗多爲武臣等級責其邊功非有奇功殊勳無因超越故文臣正郎員外各止於三轉而武臣正使副使必各九轉畢君宏模一旦壞於建議之臣使良法美意掃地無遺最甚者稱謂不顧義理所在若文武官名一依元豐之制則人無得而議矣

權侍郎遷除

紹聖二年三月監察御史常安民言乞考祖宗用人之制修立權侍郎遷進法詔三省議之章惇閲奏乞自起居郎舍人侍御史帶修撰除者滿二年取旨自

七寺卿國子祭酒太常少卿秘書少監直龍圖閣者滿二年取旨除修撰與外任職事修舉者再留一年取旨除正與外任除待制卽才能爲衆所推績效顯著朝廷特拔擢者不拘此令詔從之且天子侍從之臣非有才能績効而可冒居之乎信如其言必如銓部注擬常調計資歷歲月者之爲也是時雖出此令卒莫能行章惇之意蓋欲假此令以扼異已之人而不次超越者則曰人主特拔擢也豈不愚哉

殿試更革

慶曆二年富弼乞罷殿試止令尚書禮部奏名次第唱名蓋以廷試惟用詩賦士子多僥幸故也王堯臣梁適皆狀元及第以爲譏已正月辛巳方從弼之請癸未遽從堯臣適之請復舊制

功臣立戟置家廟

慶曆元年十一月郊祀赦文功臣不限品數賜私門立戟文武臣僚許立家廟已賜門戟給官地修建此循唐制也故有兄弟同居而各置門以列戟者想是時必有立戟之人特近代此制不舉無能舉舊典以言者若家廟則終不能行至皇祐二年十二月甲申朔復頒三品以上家廟之制從宋庠之請也然一時議者欲令立廟之子孫襲其封爵世降一等自國公而至封男凡五世而封爵之甲者僅一二世或又疑襲封公爵惟三恪先聖之後有之此制一行數世之後必多孑孫或初命卑官不應襲公爵之封議終不決竟尼不行是不詳考前代之制也君子惜之

禁臣僚陳乞科名

國朝自眞宗時法令寖寬臣僚或以恩澤及所轉官爲子孫乞賜科名則召試而授之或乞親屬陞陟注

超越差遣自小官卽爲通判知州其降官降差遣亦援此陳乞紛遝大抵皆公卿大臣牽於人情而不可拒者積日累月不可數計慶曆四年正月丙戌詔並禁止不得陳乞

勑書樓

今縣邑門樓皆曰勑書樓淳[illegible]二年六月癸未詔曰近降制勑決遣頗多或有[illegible]刑名申明制度令天下無以講求論[illegible]有傷和氣自今[illegible]

應所受詔勑並藏勑書樓咸著于籍受代批書印曆子違者論罪則是勑書樓州縣皆有之也今州郡不聞有勑書樓矣

四方述職圖

唐有王會圖皇朝亦有四方述職圖大中祥符八年九月直史館張復上言乞纂朝貢諸國衣冠畫其形狀錄其風俗以備史官廣記從之是時外邦來朝者惟有高麗西夏注輦占城三佛齊蒙國[illegible]而已不若唐之盛也

進奏吏補官

國初進奏官循五季舊例假官至御史大夫諸國既平天下一　諸州各置進奏官專達京師多至百數混於皁隸不復齒於衣冠之列真宗大中祥符二年三月戊辰詔諸州進奏官十年以上補三班奉職無遇郊祀敘補五人迄今爲例

种放別墅

种放有別墅在終南山聚徒講學性嗜酒種秫自釀林泉之景頗爲幽勝真宗聞之欲幸其家而不果六年遣使畫圖以進六月己未召輔臣觀于龍圖閣再三褒美放父詡嘗爲吏部令史出官爲長安簿放幼好學長以古道自任奉母隱居於終南山之豹林谷自稱退士作退士說數千字又號雲溪醉叟太宗朝屢召不起張齊賢薦其節行可厲風俗真宗復遣中使召之起爲左司諫諫議大夫給事中力請還山從祀東封拜工部侍郎終身不娶既卒朝廷錄其姪世雍爲同學究出身

禁士大夫避諱

唐人重於避諱國初此風尚在劉溫叟以父名岳終身不聽樂部曲避監臨家諱尤甚太宗雍熙二年六月辛丑詔內外臣僚三代名諱止可行於已州縣長吏不得出家諱新授官職有家諱者除三省御史臺五品文班四品武班三品以上許準勑上言餘不在改請之限然法令明載官稱犯高曾祖父諱冒居者有罪則是與此詔相反也豈非此詔既行之後人無廉恥習以成風故又從而禁之邪

訴水旱立限日

民間訴水旱舊無限制或秋而訴夏旱或冬而訴秋旱往往於收割之後欺罔官吏無從覈實拒之則不可聽之則難信故太宗淳化二年正月丁酉詔荆湖江淮二浙四川嶺南管内州縣訴水旱夏以四月三十日秋以八月三十日爲限自此遂爲定制

嚴奏辟之令

國初州郡官屬皆長吏自行奏辟姓名未聞於朝已先莅職洎至命下則已莅月日皆爲考任大抵皆其宗族親戚也太宗雍熙四年八月乙未詔曰諸處奏

薦多是親黨既傷公道徒啓倖門今後如有員闕處當以狀聞自後奏辟不敢私於親戚或犯此令者人得而指擿之稍知所畏忌矣

乘驛給銀牌

唐制乘驛者給銀牌五代庶事草創樞密院給牒太平興國三年李飛雄僞作牒乘驛言反爲捕伏誅六月戊午詔復舊制應乘驛者給銀牌中興此制不復講矣

燕翼貽謀録卷五

禁服黑紫

仁宗時有染工自南方來以山礬葉燒灰染紫以爲黝獻之宦者洎諸王無不愛之乃用爲朝袍乍見者皆駭觀士大夫雖慕之不敢爲也而婦女有以爲衫褑者言者亟論之以爲奇衺之服寖不可長至和七年十月巳丑詔嚴爲之禁犯者罪之中興以後駐蹕南方貴賤皆衣黝紫反以赤紫爲御愛紫亦無敢以爲衫袍者獨婦人以爲衫褑爾服紫始末已見前卷

初立别頭試

眞宗時試進士初用糊名法以革容私之弊張士遜以監察御史爲巡鋪官因白主司有親戚在進士明日當引試願出以避嫌主司不聽士遜乃自言引去眞宗是之遂詔自今舉人與試官有親嫌者移試别頭别試所自此始且以御史爲巡鋪决無容私矣易以宦官不知始於何年也

武舉更革

唐設武舉以選將帥五代以來皆以軍卒爲將此制

又慶天聖七年以西鄙用兵將帥之人復置武舉至皇祐元年邊事寖息遂廢此科治平元年九月丁卯復置迄于今不廢淳熙甲辰距治平百二十載矣仲父靳山公知貢舉武舉林嵘陶天麟等來拜謝仲父問之曰朝廷設此科以擇將帥而公等不從軍何也荅以不堪笞箠之辱仲父因奏孝宗皇帝乞更舊制申飭三衙沿江軍帥待以士禮至淳熙十四年事始施行進士皆願從軍至紹熙庚戌仲父以知樞密院兼參知政事唱進士第復奏光宗皇帝命武舉進士

燕翼詒謀錄卷五　二

後軍不許軍帥笞辱大罪按奏小罪罰俸此令一出皆願從軍而軍中無所容之乃自三衙立同正員之額以至江上諸軍每舉以二十四員爲額七年爲任第一名同正將第二名第三名同副將第四名以下同準備將而第二十五名以下只注巡尉自後軍帥亦仰承朝廷優䘏之意待遇之禮與統領官等或令其兼同統領職事遇出戰多守令寨必自願親行陣者始聽之蓋軍中自統制以下多是假攝或以準備將而權統制者每於文移公牘書劄榜子則其本職爲寫權職而正遇東班便自居通判之上唯知州縣陵駕士大夫一聞鉦鼓之聲則惴惴戰栗士大夫信其僞銜不復與較故以守闕進勇副尉爲統制者往往而是若於武舉中選願親行陣者使久於其任而序進之必趨事赴功矣

吏部闕榜

部吏賣闕之弊自昔有之皇祐中趙及判流内銓始置闕亭凡有州郡申到闕即時榜出以防賣闕立法非不善也然部吏每遇申到匿而不告今州郡寄居

燕翼詒謀錄卷五　三

有丁憂事故數年不申到者亦有申部數年而部中不曾改正榜示者吏人公然評價長貳郎官爲小官時皆嘗由之亦不暇問太宗皇帝曰倖門如鼠穴不可塞也豈不信哉

定官員額

國初官者不過數十人眞宗時漸衆蓋以遇效思任子皆十數歲小兒積累至多故也皇祐五年閏七月戊戌言者以爲久弊當革乃詔自供奉官至行門以百八十員爲額遇闕額方許奏補至元祐二年二月

又詔自供奉官至黄門以百人爲額然流弊之久終不能革至宣政間動以千數矣

中外官二年爲任

仁宗朝言者以士大夫不安職守惟務奔競乞申嚴戒勵慶曆八年五月丁卯詔中外官滿二年方許差替其三年三十月爲任者仍皆此識其法也中興以來職事官猶計資考故有須次一兩政者至於三丞以上至郎官卿監有三四年不遷者故人無苟且之心近年滿年不遷則爲人指目居其位亦恐懼求去

是不諳祖宗典故爾

廷試不許上請

舊制御試詩賦論士人未免上請於殿陛之下出題官臨軒荅之往復紛紜殊失尊嚴之體景祐元年三月丙子詔進士題只書史所出御藥院印給之士人不許上請自後進士各伏其位不敢復至殿庭

臣僚賜諡

國朝待遇士大夫甚厚皆前代所無紹聖五年詔臣僚薨卒當賜諡而本家不陳乞者令有司舉行又見[illegible]同在朝者今連狀封贈此推恩泉壤澤及幽冥也

優恤士大夫

九年十二月癸丑詔流内銓選人父母年八十以上並聽注近官此教人以孝且厚風俗也康定元年六月壬子詔臣僚之官罷任所過山險去處差軍士防送無過送迎人之争此閔其道路羈旅恐不得其所也仁宗施恩於臣下者如此可謂仁矣先是咸平六年眞宗詔命官遷謫嶺南亡殁者並許歸葬官給緡錢如親屬年幼差牙校部送至其家蓋其人雖犯罪而其死則可閔威以懲其罪恩以恤其死施於死者

猶爾況生者乎施於有罪者猶爾況無罪者乎仁宗可謂能弘家法矣

宗室廩給

宗室年五歲則官爲廩給此祖宗舊法也皇祐二年判太宗正事允讓請自三歲廩給仁宗以太過三月甲辰詔宗室三歲以上官爲給食今又復以五歲爲限矣

西京國子監

西京學校舊爲河南府學景祐元年詔改爲西京國子監以爲優賢之所

親民官監商稅

商稅之任令付之初官小使臣或流外校尉副尉州郡縣令亦鄙賤之曾不思客旅往來鄉民入市動遭竭澤又復營私掩爲已有害民有甚焉者真宗景德二年三月癸未詔商稅三萬貫以上選親民官監臨通判添支所以重議征之寄近時理親民資序爲監當者未之聞也往往以爲浼已不肯褒就矣然朝廷

以場務之寄責之長貳縣令知監當之難於其人也故康定元年六月壬子詔天下州縣課利場務十分虧五釐以下知通縣令罰俸一月一分以下兩月二分降差遣增二分陞陟差遣賞罰不及於監當有深旨矣

越州裘氏義門旌表

大中祥符四年十二月己未越州言會稽縣民裘承詢同居十九世家無異爨詔旌表其門閭届指今二百三十六年矣其號義門如故也余嘗至其村故廬事猶在族人雖異居同在一村中世推一人爲長有事取決則坐於聽事有竹箄亦世相授矣族長欲撻有罪者則用之歲時會拜同飲咸在至今免役不知十九世而下今又幾世也余嘗思之裘氏力農無爲士大夫者所以能久聚而不散苟有驟貴超顯之人則有非族長所能令者況貴賤殊塗炎凉異趣父兄雖守之子孫亦將變之義者將爲不義矣裘氏雖無顯者子孫世守其業猶爲大族勝於乍盛乍衰者多矣天之祐裘氏者豈不厚乎

詞賦依平側用韻

國初進士詞賦押韻不拘平仄次序太平興國三年九月始詔進士律賦平仄次第用韻而考官所出官韻必用四平四仄詞賦自此整齊讀之鏗鏘可聽矣

司天監轉官

司天監官自挈壺正轉保章正靈臺郎直長局丞至冬官正僅五遷爾舊制五年一轉或謂較之武臣道醫官則太優欲增其等級慶曆五年六月乙卯朔詔自保章正至五官正十年一遷官雖循轉甚遲然上

承信郎轉至武翼郎猶爲優矣

禁以柑遺朝貴

承平時溫州鼎州廣州皆貢柑子尚方多不過千少或百數其後州郡苞苴權要負擔者絡繹又以易腐多其數以備揀擇重爲人害天聖六年四月庚戌詔三州不得以貢餘爲名餉遺近臣犯者有罰然終不能禁也今惟溫有歲貢歲饋鼎廣不復有之矣

改伴飯指揮使名

五季日尋干戈其於軍卒尤先激勵凡軍頭非有戰

功皆號伴飯指揮使皇朝一統邊境無虞伴飯者衆乃詔以處有罪者凡爲此職人皆望而知其犯罪也大中祥符二年二月詔改軍頭伴飯指揮使爲散指揮使然自此人不復以爲恥而激勵之權微矣

并水路發運使

皇朝初下江南置水路陸路發運二使運江南之粟以贍京師其後以陸路不便悉從水路雍熙四年四月己亥詔合水路陸路發運爲一路以王繼昇掌之董儼爲同掌自此迄于宣和不改

進士期集所

國初進士期集以甲次高下率錢刊小錄事遊[illegible][illegible]宴而名次甲所出幾或貧而名次高至於假丐熙寧六年三月庚申詔賜進士及第錢三千緡諸科七百緡爲期集費一時歆艷以爲盛事次舉熙寧九年三月戊寅練亨甫奏罷期集錢止賜錢造小錄及第五百千諸科二百千而遊燕之費復率錢爲之至元祐三年三月甲戌詔復增進士錢百萬酒五百壺爲期集費相仍至今定爲千七百緡而局中凡所率錢

皆以小錄爲名而同年得與燕集者無幾又爲職事者日叨飲食所得小錄題名紙札裝演皆精緻不費一金其不與職事者出錢而所得絶不佳不沾盃勺無乃太不均乎

東南駐劄十三將

元豐四年二月乙卯詔東南團練諸軍爲十三將蓋太祖皇帝初下江南慮人心未一分禁旅以戍之歲月寖久與州郡之兵無別故也淮東第一淮西第二浙西第三浙東第四江東第五江西第六湖北

南第八全邵永第九準備廣州應援福建第十處
第十一桂州静江府第十二邕州第十三廪給特厚
與禁衛比若江上諸軍乃諸郡兵額因勤王入援失
其土地故以駐劄名之其廪給與將兵不同况州郡
之兵乎

出賣僧道度牒

僧道度牒毎歳試補刊印板用紙摹印新法既行献
義者立價出賣毎牒一紙爲價百三十千然猶歳立
爲定額不得過數熙寧元年七月始出賣於民間初

歳不過三四千人至元豐六年限以萬數而夔州轉
運司増價至三百千以次減爲百九十千建中靖國
元年増至二百二十千大觀四年歳賣三萬餘紙新
舊積壓民間折價至九十千朝廷病其濫住賣三年
仍追在京民間者毁抹諸路民間聞之一時爭折價
急售至二十千一紙而富家停榻漸增至百餘貫有
司以聞遂詔已降度牒量增價直别給公據以俟書
塡六年又詔改用綾紙依將仕郎校尉例宣和七年
以天下僧道踰百萬數遂詔住給五年繇更兵火廢
格不行南渡以後再立新法度牒自六十千增至百
千淳熙初增至三百千又增爲五百千又増爲七百
千然朝廷謹重愛惜不輕出賣往往持錢入行都多
方經營而後得之後又著爲停榻之令許容人增百
千輿販又增作八百千近歳給降轉多州郡至減價
以求售矣

放官司房錢

至和元年二月乙未因大雨雪詔天下長吏詳酌公
私房錢與放三日非遇大雨雪不許獨放仍毎歳不

得過三次是時天下承平百餘年矣仁宗皇帝凝神
穆清而念慮及於細微眞聖主也

太學辟廱

國初凡事草創學校教養未甚加意皇祐三年七月
壬子詔太學生舊制二百人如不足止百人爲限其
簡如此元豐二年十二月乙巳神宗始命畢仲衍蔡
京范鏜張璪詳定於太學刱八十齋三十人爲額通
計二千四百人内上舍生百人内舍生三百人外舍
生三千人崇寧元年徽宗刱立辟廱増生徒共三千

八百人內上舍生二百人內舍生六百人教養於太學外舍生三千人教養于辟廱廢太學自訟齋太學之不率教者移之辟廱以祭酒總治兩學辟廱別置司業丞各一人博士十人正録各五人分為百齋講堂凡四所其後王黼反蔡京之政奏廢之而辟廱之士太學無所容矣

諸路帥臣

自江南既平兩浙福建納土之後諸州直隸京師無復藩府惟河北河東陜西以捍禦西北二 帥臣之

權特重其他諸路責任監司按察而已嘉祐四年五月丁巳始詔楊廬江寧洪潭越福七路兼本路軍馬鈐轄各置禁軍共有三指揮越福二指揮以威果為額每指揮四百人各路兵馬都監二員越福一員其後二廣經略京東西路安撫江東西路安撫皆因事令守臣兼領而加以鈐轄之名以至兩浙四川皆以調發之故後又改鈐轄為總管而四川至今仍舊名開端於嘉祐之時而定制於中興之後然帥臣大抵權輕當緩急之時罕能成功承平無事惟事教閱而已矣自勤王諸將分為駐劄州郡之額與不復補名存實亡然人存政舉苟擇人而用之仍委以久任庶幾緩急有所恃也

殿試士人不黜落

舊制殿試皆有黜落臨時取旨或三人取一或二人取一或三人取二故有累經省試取中屢擯棄於殿試者故張元以積忿降元昊大為中國之患朝廷始囚其家屬未幾復縱之於是羣臣建議歸咎於殿試黜落嘉祐二年三月辛巳詔進士與殿試者皆不黜

落迄今不改是一叛逆之賊子為天下後世士子無窮之利也

選人改官

通判舉人改官與太守同自提舉常平使者列于監司諸路頓增員數熙寧元年十二月始詔通判不得與人改京官元豐初詔改官人五員引一甲一甲三人歲以百四十人為額至元祐元年四月罷諸路提舉常平再命通判歲終舉改官一人或縣令一人副舉十二月以吏官員多吏部侍郎孫覺請歲以百人

爲額從之紹聖三年吏部乞以每甲五人引見不拘數則是歲有三百餘員也中興以來改官人數絕少歲不過數十人雖令選人舉官逐員放散數亦不增至紹熙初號爲頓增一僅三十餘員慶元以後歲有溢額蓋孤寒路絕得舉官五員俱足而不得者多不破白勢使然也

進納人改官

納粟補官始以拯饑後以募民實粟于邊自王安石開邊國用不足而致粟于邊頗艱應募者寡元祐二

年八月詔進納人許其改官歷四任十考增舉主二員職司二常員五自此人樂於應募此法雖明未聞有改秩者或謂中興以後有一人官至太守忘其姓名

舉縣令

舊制監司太守舉京官有定數縣令初不限員數皇祐二年五月庚午京西提點刑獄張易奏十六人縣令乃詔河北陝西漕憲十二員憲六員河東京東西淮南漕十員憲五員兩浙江東西福建湖南北廣東西益利梓路漕憲各四員夔路漕四員憲二員六路制置發運使副六員開封府諸州軍各一員然立法之初舉縣令有出身三考無出身四考有舉主二人移注近縣令任滿無贓私升幕職再任知縣再任滿引對改京官則是受舉之後歷知縣兩任六考改官此天聖七年閏二月甲辰詔書也至熙寧四年詔再任知縣縣令人須有安撫轉運提刑知州通判奏舉五員方許再任內有職司一人者亦聽此乃就任改官也政和間又以州縣增官員復增舉員中興以來

一循前例然亦時有增損

特恩轉官不隔磨勘

舊制特遷官者其理磨勘並自受告日爲始故有垂當磨勘忽拜特恩前功俱廢熙寧六年八月丙申詔文武臣僚特遷官者不隔磨勘施恩甚均人蒙實惠至今仍之

人遞發書

景祐三年五月詔中外臣僚許以家書附遞明告中外下進奏院依應施行蓋臣子遠宦孰無墳墓宗

人之念共能事人馳書必達官貴人而後可此制
一頒則小官下位受賜者多今所在士大夫私書多
入遞者循舊制也

經義詞賦兩科

國朝因唐制取士只用詞賦其解釋諸經者名曰明
經不得與進士齒王安石罷去詞賦惟以經義取士
元祐元年十一月立經義詞賦兩科用侍御史劉摯
之言也

致仕推恩

國初致仕以旌表士大夫之恬退者非如後世已成
僞爲之也真宗時主客郎中謝泌言致仕官如清名
爲衆所推粗有勞効方可聽其納祿咸平五年五月
丙戌詔年七十退者許致仕如因疾或歷任有贓犯
者不在此限大中祥符元年正月詔乞致仕者審官
院具歷任有無贓犯檢勘吏部申上取旨仁宗天聖
四年始詔郎中以上致仕與一子官明道元年二月
甲子又詔員外郎以上致仕者錄其子爲秘書省校
書郎三丞以上爲太廟齋郎二年正月庚寅又詔

丞以上致仕無子聽官嫡孫若弟姪一人降一等凡
此者皆以利誘之也景祐三年六月甲戌侍御史司
馬池上言文武官年七十令自陳致仕依舊敕與一
子官如分司給全俸違者御史臺糾察特令致仕更
不與子官及全俸詔榜朝堂皇祐三年二月戊子又
詔文武官年老無子孫奏恭親一人至和元年十二
月庚子又詔文武官年七十以上未致仕更不考課
遷官有功於國有惠於民勿拘嘉祐三年十二月辛
未又詔年七十居官犯事未致仕更不推恩子孫凡
此者皆以法繩之也慶曆二年六月壬申朔御史中
丞賈昌朝上言臣僚年七十筋力衰者優與改官致

仕詔從之此以賞勸之也況法初行須受命之後陳
乞恩澤病者尚不許首奏已死僞爲其後又限以受
命後身故者方許陳乞恩澤後又但以陳乞後身故
者放行而詐僞者公行不忌矣今士大夫解官持服
批書丁憂月日或與其父致仕月日自相牴牾有司
未嘗詰也至徽宗朝始放行員外致仕恩澤政和二
年張克公乞依武官副使非降黜中身亡者聽蔭補

從之詳考前後詔令肇端於眞宗之朝而詳密於仁宗之朝待之甚厚防之甚嚴責之甚備然上勞聖訓丁寧至於六七而不已亦可見風俗之日趨於薄而士大夫能守知足之戒者鮮矣

置朝集院

眞宗以朝官注擬于堂貧者留滯逆旅無以爲資乃置朝集院于朱雀門外此咸平四年四月癸丑詔也院既成詔陞朝官以上到闕並館于院中官給公券出入則乘馬開封府差兵士隨直惟可至廟堂省部

銓曹官廳而已雖欲出入市廛不可得也故陞朝官以上造朝則先歷於親戚故舊之家俟所幹畢悉備方敢報閤門故見於閤門即日關報朝集院開封府人馬即至迎入院中雖不可出入而同院中士大夫日夕遊從情如兄弟或商榷文字或彼此詢問風土或因而結交互相推薦其況未與栖栖逆旅者大不侔矣景祐二年十月辛亥詔復增置以士大夫之來者日多故也

京官不得擬知州通判

國初擢用人才不問資序有初補京官便除知州或差通判既不知仕途之艱苦小官往往遭其慢視又且未歷民事不諳民間疾苦淳化四年十月庚午蘇易簡上言初任京官未歷州縣不得擬知州通判詔從之然惟施之常調爾若人主特除則又不在此例呂公弼年十九以水部員外郎知廬州止如易簡所論不以啟制而止也

玉堂逢辰録

宋　錢惟演

營王宮火

大中祥符八年四月二十三日夜營王宮火時大風東北來五更後火益盛士起登樓觀之知是禁中通夕不寐東宮六位一時蕩盡宮人多走上東華門樓有出不及者死百餘人東宮六位東行第一雍王第二相王第三南陽郡王西行第一涇王第二曹王第三榮王西即連御廚寄逃上臺二十四日左掖門東

華門並不開朝者皆趨右掖門天明宰臣等並立於內東門廊廡之下旣而火至承天門西燒儀鸞司復燒朝元殿後閤門長春殿南廊拆西北王牌以絶火勢火遂南燒內藏庫香藥庫又東廻燒左藏庫又西燒闔閭入館午時燒乾元門東角樓西至朝堂救之而止未時火出宮連燒中書省門下省鼓司審宮院是夕燒屋舍計二千餘間救焚而死者千五百人火至夜不絶宰臣樞密兩制是夕並宿禁中是時救左藏庫人尤衆輦出金銀帛疋莫知其數積於城墻之

上及燒角樓風忽廻東北又燒之燗焰燄大救者不能措手初燒長春殿南廊火自屋內西行忽騰十餘間而發人皆奔走避之所存惟大內及中書樞密院以西而已二王時無居處寓于東華門樓夕上召入禁中明日出居於上源驛時焚諸庫香聞十餘里祕閣三館圖籍一時俱盡又火風中有飄書籍至汴水南者中夕風定火亦止二十五日詔知各王與中使閻文慶岑守素勘遺火之蹤中人說二十四日欲明火勢漸東來遂拆御廚王廊數百人登屋運水時望

見宮人相壓死於煨燼中甚衆猶有手足能動者曹王夫人將投火中救之獲免宮人入火者不知其數禁中大樹焚之逮盡所餘者亦燋枯焉惟相王宮在東入自西北起四王更破東墻自卒宿衛者運府庫等物出之十得七八矣五月三日榮王落遂州節度使降封端王（先領梓遂二州也）其日勘得掌茶酒宮人韓小姐稱與親事官孟貴私通多竊寶器以遺之後事泄王乳母決貴之小姐乃謀放火因而奔出有琵琶使人王木賓者知之受小姐金而不言二十三夜於诉

堂前簾上乘炬爇之因風火遂大作九年正月二十八日先於閤門賜食久之召宰臣親王承郎給諫入玉宸殿賜宴其日初入苑東門至西南行至一門百餘步有小亭上坐亭中見訖穿假山中南行至大荼蘼架下賜坐皆石床上面南侍臣西分列架下有水分流渡於坐石之側賜酒三行又南登小山又有小亭前上山直至一閣其上藏太宗御書及史籍并製御文字命侍臣更讀之乃南通小樓東有閣道上設縉紳書五臣論等皆列於壁自閣道下瞰皆是梨花

來路如小標枝排于闌檻間又北行皆在山上山徑中設茶具御坐北即有御製自誠箴紫牡丹歌風琴詩千葉牡丹詩等繪甚細却南行至翔鸞閣小宴賦詩畢便至流杯亭下籍以方槫流水周繞御杯載之以龍首小舟泛泛而至其次每一杯皆舟中一仙人執之而來又有水嬉千百其狀龍魚皆相隨流泛其饌亦用小舟一一人捧盤來來問徧乃止酒數行乃登象瀛山峯巒峻拔其上珍木異花聚萃相映山北坵有響石上製響銘在烏山下亭中有石木臺水中朱書詠酒銘又諸石筍石壁之上皆朱書御詩至此徧覲賜茶而出憩于屋次少頃又召入復穿一石橋跨小池之上覆以荼蘼架此處又有大橋交蔭花卉十品遂上玉宸殿遍觀東一室中有碑文又東有石紀未暇讀乃宣侍坐命酒於殿內七杯而罷其日惟黃門小樂二十餘人行酒者皆中使也閤門使教坊並不預焉盖深嚴之地非人間矣乃出侍臣皆辭焉

宜春傳信錄

宋　羅誘

彭伉唐徵士構雲之孫也伉妻即湛賁之姨伉舉進士及第湛猶爲縣吏妻族爲置賀宴皆官人名流伉居客右一坐盡傾湛至命飯于後閤湛無難色其妻忿然責之曰男子不能自勵窘辱如此復何爲哉湛感其言孜孜學業未數歲一舉登第伉常侮之伉方跨長耳縱遊郊郭忽有僮馳報湛郎及第伉失聲而墜故友人謔曰湛郎登第彭伉落驢今落驢橋即其

地也

盧肇字子發唐人也開成中就江西解爲試官未錄肇有啓事謝曰臣鼇贔屓首冠蓬山試官謂之曰昨限以人數擠排雖獲伸展深慚名第奉啓焉得首冠蓬山之謂肇曰必知明公垂問大凡頑石在上巨鼇戴之豈非首冠邪一坐聞之大咲至京師先達或問所來啓曰某袁民也或曰袁將出舉人邪肇曰袁州出舉人亦由沅江出鼈九肋者稀矣會昌三年肇爲狀頭及第

何朝宗萍鄉人年十八到殿前太祖曰此人未有髭鬚恐未老成不宜與第且令讀書至太祖末年朝宗始登第

屯田郎中李公衢明道中通判筠州爲性寛慈不擾民有婦人輸官絹以兩叚縫合爲一疋吏執詣公公詢其故婦人曰官中催科限逼而夫逃窮貧無所出是以至此公惻然良久遣其婦人去給主吏曰封絹於庫内俟支春衣下官自要他前官受秋租而吏恣取無藝公知之逐日入倉監視吏無所措其手筠人

爲之語曰輸租不使錢賴有李屯田每出則人呼曰李佛子來矣

朝議大夫李覯字夢符史傳諸書一過目即成誦文章如唐元次山登第歷官知虔州不就請監衡州南嶽廟以歸建玉溪洞洞中有抱一堂水仙亭有梅所曰香雪塢有泉花處曰繡錦谷貯書史處曰文藪終日醉吟於溪上於世味淡如也公排斥佛老釋教至老不衰鄉人常請公作崇勝院佛殿記中間曰天子愛民澤至渥也使供租稅若有難色至奉異方之教

則倒廩竭囊忻然無靳施者頗多其後多寶佛塔成有欲求記於公者公於是又曰今之人父母甘旨之養往往未能銖錙惟感報應捨篤金唾如也衆益慚故二文至今不果刻石

彭則爲巨賈置產甚厚喜儒學爲其子延接師友不問其費常以羨餘買國子監書兩本一本藏于家一本納于州學郡從事楊辨爲之記中間目則爲販夫子孫恥之太常少卿徐師閔知州見其人其文歎曰此善事也尚不能掩販夫之目它日人其誰肯爲善乎於是略竄易首尾而去販夫字命其從事余東名其記則之子孫始以爲榮焉

宜春傳信錄〈八〉　三

洛陽搢紳舊聞記

宋　張齊賢

余未應舉前數十年中多與洛城搢紳舊老善爲余説及唐梁已還五代間事使人終日聽之忘倦無暇著述邇來營丘事有條貫終朝宴坐無所用心追思所見聞得二十余事因編次之分爲五卷命之曰洛陽搢紳舊聞記宋朝乙巳歲夏六月營丘自序

洛陽舊聞記〈八〉　一

梁祖之初兼四鎮也英烈剛狠視之若乳虎左右小忤其旨立殺之梁之職史每日先與家人辭訣而入歸必相賀賓客對之不寒而慄進士杜荀鶴以所業投之且乞一見掌客以事聞於梁祖默無所報荀鶴在大梁數月先是凡有求謁梁祖如已通姓名而不得見者雖踰年困躓於逆旅中寒餓殊甚主者留之不令私去不爾即公人輩及禍矣荀鶴逐日詣客次一日梁祖在便廳謂左右曰杜荀鶴何在左右以見在客次爲對未見間有馳騎者至梁祖見之至巳午間方退梁祖遽起歸宅荀鶴謂掌客曰某飢甚告欲

歸公人輩爲設食且曰乞命若大王出要見秀才言已歸館舍郎某等求死不暇至未申間梁祖果出復坐於便廳令取盆骰子來既至梁祖擲數十擲意似有所卜擲且久終不愜旨怒甚屢顧左右怖懼縮頸重足若蹈湯火須臾梁祖取骰子在手大呼曰杜荀鶴遂擲之視之六隻俱赤乃連聲命屈秀才荀鶴爲主客者引入令趨驟至階陛下梁祖言曰秀才不合趨階荀鶴聲喏恐懼流汗在背叙謝訖命坐荀鶴慘悴戰慄神不主體梁祖徐曰知秀才久矣荀鶴欲降

階拜謝梁祖曰不可於是再拜復坐梁祖顧視階下謂左右曰似有雨點下令視之實雨也然仰首視之天無片雲雨點甚大霑階簷有聲梁祖自起熟視之復坐謂杜曰秀才曾見無雲而雨否荀鶴答言未曾見梁祖笑曰昔所謂無雲而雨謂之天泣不知是何祥也又大笑命左右將紙筆來請秀才題一篇無雲雨詩杜始對梁祖坐身如在燃炭之上憂悸殊甚復令賦詩不敢辭立成一絶獻之梁祖覽之大喜立召賓席共飲極歡而散且曰來日特爲秀才開一筵復

拜謝而退杜絶句云同是乾坤事不同雨絲飛洒日輪中若敎陰朗都相似爭表梁王造化功由是大獲見賞杜既歸驚惶成疾水瀉數十度氣貌羸絶幾不能起客司守之供侍湯藥若事慈父母明晨再有主客者督之且曰大王欲見秀才請速上馬不獲已巾櫛上馬比至凡促召者五七輩杜困頓無力趨進遲緩梁祖自起大聲曰杜秀才爭表梁王造化功杜頓忘其病趨走如飛連拜叙謝數四自是梁祖特設帳賓館賜之衣服錢物待之甚厚福建人徐寅下第獻

過梁郊賦梁祖覽而器重之且曰古人酬文士有一字千金之語軍資費用且多今一字奉絹一疋留于賓館厚禮待之梁祖既有移渦之志求賓席直言骨鯁之士一日忽出大梁門外數十里憩于高柳樹下樹可數圍柯榦甚大可芘五六十人游客亦侍坐梁祖獨語曰好大柳樹徐徧視賓客注目久之坐客各各避席對曰好柳樹梁祖又曰此好柳樹好作車頭末坐五六人起對曰好作車頭梁祖顧恭翔等起對曰雖好柳樹作車頭須是夾榆樹梁祖勃擊言曰[illegible]

一對措大愛順口弄人柳樹豈可作車頭須是夾[illegible]
木便順我也道柳好作車頭我見人說秦時指鹿爲
馬有甚難事顧左右曰更待甚須臾鍵見五七十人
悉擒言柳樹好作車頭者數以諛佞之罪當尚撲殺
之梁祖雖起於群盜安忍雄猜甚于古昔至于剛猛
英斷以雄數御物遂成興王之業豈偶然哉
太子少師李公諱肅國史有傳唐末西京留守齊王
張全義貴盛兼鎮河陽李公自雍之梁齊王見之愛
其俊異以女娶之即賢懿夫人所生王之適女也數

歲而亡又以宅姬所生之女妻之雖非賢懿所出以
其聰敏多伎藝王與賢懿惜憐之過於其姊音樂女
工無不臻妙知書答止廼神仙中人也性賢明有禮
節自幼至老無情容夫貴封清河郡夫人治家甚嚴
大畜姬僕且衆與夫別院李公院姬妾數十人夫人
亦數十人潛令伺夫院中如姬妾稍忤夫指顧則召
而撻之擇美少者待之每夫生日必先畜童女貌音
律者盛飾珠翠箭繡因捧觴祝壽并服玩物同獻之
夫或辭以婢妾衆多即復擇其常者歸已院執事稍
久者嫁之夫入朝將歸具襦帔候之於中堂之前側
令小倉頭探之既接見如賓禮夫若困倦一見便退
歸如相見稍從容令動樂迎引歸夫入院備酒菓時
新物多語及前代事夫愛而憚之未嘗敢失色于前
李公嘗將命制置安邑解縣兩池鹽利既至值皮卒
竊發爲亂公乘機許以正庫錢十萬貫爲賞止罪其
元惡者亂兵由是散去戮其同惡者數十人人心頓
安當時用事者一人素與公通家求洛中一櫻桃園
不與因而有隙嘗欲中傷之因是密上言曰李某擅

與盜用官庫物以買名欲求不次之賞於是乃命臺
官就鞫之獄甚急垂餌虎口爾夫人聞之乘步輦直
詣朝門候執權者出趨并於路側須臾叩馬聲甚厲
且訴且泣援引今古寵辱禍福成敗可驗者數事哀
怨悽苦左右聞者感動之時當路者慚悔甚即回馬
入朝非時請對曲爲諭雪之且言有妻張氏即齊王
之女詣臣馬前號訴時王聞之駭愕曰如是賢婦人
乎即命馳驛出之李公由是免禍至晉朝北[illegible]降王
契丹王非命而死　已知之李公受命護契丹葬[illegible]

歸北　既歸私第憂沮不知其計止於外廳獨坐夫
之夫人訝夫如是命侍人請之既入夫人謂李公曰
有不稱意差使乎夫默然泣下曰某已老男女又小
又涕泣哽噎未及再言夫人曰得無使絶域乎若然
不當效兒女輩啼泣耶李公收泣曰今奉命北使送
吏冊丹朝廷密害之北、已知矣某不憚遠役
念此去必不還矣夫人曰不然爲君計者哉　貪利
其房內珠金等可得數十萬緡以送行厚賂其戎王
左右及獻　主萬全必歸非惟速歸兼恐厚得回禮

李公如其言到蕃國賂其左右盡其所有爲私禮者
君臣果大喜命速遣公回賜名馬百餘疋別賜
駝馬百餘頭衣服器皿稱是復命不敢留悉進之由
是遷官賜賚甚厚夫人之力也先是趙思綰在永興
時使王赴欽思綰主藍田副鎮有罪已發李公時爲
環衛將兼雍耀三白渠使雍耀莊宅使節度副使權
軍府事護而脫之來謝於李公公歸宅夫人詰之曰
趙思綰庸賤人公何以免其過既來謝又何必見之
乎曰其比不言夫人問須言之思綰者雖賤類畨觀
其狀貌真亂臣賊子恨位下未有朕跡不然除去之
可也夫人曰既不能除去何妨以小惠啖之無使昕
怨自後夫人密遣人令思綰之妻來參夫人厚以衣
物賜之前後與錢物甚多及漢朝公以上將軍告老
歸雍未久思綰過雍遂閉門據雍城叛衣冠之族遭
塗炭者衆公全家免禍終以計勸思綰納欵遂拔雍
城周祖素知公名與之歸叛改官致仕於洛亦夫人
之力也且婦人之怯財與妒忌悉常態也以不妒忌
疎財者難事况非治世叩馬面數權貴惟陳古昔陷

害良善禍不旋踵而報應之驗雖大丈夫負膽氣輕
生者亦憚爲之况婦人女子者歟不獨雪夫罪而能
免全家之禍則昔之舉案齊眉如賓者何人哉不其
賢乎與夫飾粉黛弄眉首蠱惑其夫竊魚軒之貴者
豈同日而道哉夫人事跡可爲女訓母儀者甚多余
聊舉其殊尤者紀之於篇俾其令名千載之後不磨
耳

衡陽周令失其名蜀川人喪妻再娶亦蜀川人後妻
[illegible]女俱長矣周撫之如已女後妻兒妒周舊爲

婢內二人妊娠後妻加以宅事鞭撻之無虛日二婢各爲懷妊常以背或臂腿受其梃妻多方用杖觸其腹欲其不全二婢竟以鞭箠墮胎而死時余任衡州通倅間常不平之及余罷歸周氏之家久無所聞後有士人與周舊話及之周之後妻旣殺二婢其後三女相次適人因權寓衡陽不四五年其三女俱因産而死每一女死妻必飯僧悔過爲先鞭撻墮胎死者二婢看經自禮梁武懺三女俱以産死未死間必旬日號呼痛楚宛轉而後終妻涕泣憂惱而得疾女亡

後歲余亦死吁書所謂天網恢恢疎而不漏佛經報應何昭昭之若是乎俾妒悍不令之婦聞之增懼亦勸誡之道有關於世教云

張相諱從恩國號訪其姓氏未獲河東人有容色惠黠多伎藝十四五時失身於軍校爲側室洎軍校替歸洛下與之偕來至上黨得病因舁之而進至北小紀名地厭病且甚湯飲不能下自辰至酉痢百餘度形骸肯立臭穢狼藉不可嚮軍校厭之遂棄之道周而去不食者數日行路爲之傷嗟道傍有一土龕穴人益樵童牧豎避風雨之處也所過客閔之衆爲舁至於土龕中又數日痢漸愈衣服悉爲暴客所褫但以敗席亂草蔽形而已漸行至店日求丐飲食夜即宿逆旅簷下一旦有老嫗謂曰觀爾非求乞者也即携之而往我乞處非遠可三百許步即携之而往姥爲洗沐衣以故衣日進粥飲蔬飯而已不數月平復如故顏狀艷麗迨神仙中人也忽有士子過小紀知之求見贈姥絲絹五十疋載之而去偕往襄陽傥居會襄帥安大王從進叛左右殺士子納其妻從進

敗爲亂兵所得送至都監張相寨張即從恩也張相共獲婦女凡十餘人獨寵待士子之妻爲繼室深厚數歲張之正室亡遂以爲繼室後封郡夫人及爲中饋也善治家尤嚴整動有禮法及張家使相進封大國夫人壽終於洛陽第中吁婦人女子何先困而後遇險阻艱難備嘗之矣前有失身求丐之厄終享富貴大國之封則古之賢人君子當未遇也則風雨虐業萊色有呼天求死而不能一旦建功業會雲龍位通顯恩寵稠叠功業書之史册令名播之不朽

可勝數哉因書之以知婦人微賤者豈可輕易之乎況有文武才幹困布衣及下位者歟

萬州白太保名廷誨郎致政中令諱文珂之長子也任莊宅使時權五司兼水北巡檢（五司者莊宅城隍內園洛苑宮苑也）平蜀有功就除萬州刺史代歸歿於荆南白性好奇重道士之術從兄廷讓爲親事都將不履行檢嬰游行於鄽市中忽有客謂廷讓曰劍客嘗聞之乎曰聞曾見之乎曰未嘗見客曰見在通利坊逆旅中呼爲處士卽劍客也可同往見之廷讓如其言明日同至

逆旅中見五六人席地環坐中有一人深目豐眉紫色黑黃鬚廷讓拜黃鬚據然受徐曰誰氏子至此客曰白令姪與某同來專候起居處士黃鬚笑曰公爾同來可坐共飲須臾將一木盆至取酒數缾滿其盆各置一磁碗在面前舁一按驢肉置其側中一人鼓刀切肉作爲大臠用酌酒於碗中每人前設一器肉廷讓視之有難色黃須者一舉而盡數輩亦然俱引手取肉啖之顧廷讓揚眉攝目若怒色廷讓强飲半碗許咀嚼少肉而已酒食罷散去廷讓熟視皆猶屠角觝輩廷讓與同來客獨欸曲客語黃鬚者曰白公志士也處士幸勿形跡黃鬚於牀上席下取一短劍引出匣以手簸弄訖以指彈劍錚然有聲廷讓覩之意謂劍客爾復起再三拜之曰幸睹處士之目終願乞爲弟子黃鬚曰此劍凡殺五七十人皆恡則輕侮人者取首級煑食之味美如猪羊頭爾廷讓聞之若芒刺滿身恐悚而退歸以其事咨於弟廷誨貴家子聞異人奇士索所好尚且曰某如何得一見之可謀於客遂告之客曰但備酒饌俟之明日辰巳間客果

與俱來白兄弟迎接之延入白俱設拜黃須據受之飲食訖謂白曰君家有好劍否對曰有因取數十口置於前黃須一一閱之曰皆凡鐵也廷讓曰某房中有兩口劍試取觀之黃須置一於地亦曰凡鐵爾再取一觀之曰此可令取火筯至引劍斸之兩無傷缺以手揮擲若舞劍狀久之告去廷誨奇而留之黃須大率少語但應唯而已一日謂廷誨曰於爾弟處借銀十錠皮篋一具好馬一匹控僕二人暫至華陽回日銀馬却奉還白兄潛思之欲不與聞其多殺恡[illegible]

者欲與慮其不返黃須果怒告去不可留白弟遜謝之曰銀馬小事爾却是人力恐不中意處士指顧悉依借與之不辭上馬而去數日一僕至曰處士至土壕怒行遲遣回又旬日一僕至曰到陜州處士怒遣回白之兄弟謂是劍客不敢竊議恐知而及禍踰年不至有賈客來所借馬門者白詰之曰於華州買之契券分明賣馬姓名易之矣方知其詐三數年後有入陜者見之蓋素善鍛者也大凡平常厚貌深衷者易輕信黃須假劍術以威人宜乎白之可欺也書之

洛陽舊聞記八　十二

者亦鑄鼎備物之象使人入山林逢之不惑爾斯亦自古欺詐之尤者也君子覽之抑鑄劍之類也戒之

小說舊聞記

唐　柳公權

元相國之鎮江夏也嘗秋登黃鶴樓望沅江之湄有光若殘星焉乃令親信往覘之遂棹小舟直至光所乃釣船中也詢彼漁者漁者云適獲一鯉光則無之親信乃携鯉而來既登樓公命庖人剖之腹中得古鏡二如古錢大一面相合背則隱起雙龍雖小而鱗鬣爪角悉具既摩瑩後遂常有光輝公寶之置納巾箱中及相國薨亦亡去光啓丁未歲于鄴下與河南

小說舊聞記八　一

元恕愚恩話焉

外王父中書令晉國公宣宗朝在啓黃閣也不撓比於權貴惟以公諒宰大政四方凡諸所礙於德刑者必固爭不允由是征鎮忌焉而志尚典籍雖門施行馬庭列皃鍾而尋繹未嘗倦於永寧里第別搆書齋每退朝獨處其中愉愉如也大中因請辰前假寤入齋惟所愛卑脚大花鴨從既啓扉而花鴨連啗公衣却行此去復至既入閤花鴨仰視犬轉急公亦疑之乃於匣中援千金劍按於膝上向空祝之曰若有

類陰陽物可出相示吾乃大丈夫豈懾於若而相逼邪言訖倏有物梁上墜地乃人也朱髮衣短褐衣色貌黝瘦頓首連拜惟曰死罪公止之且詢其來及姓名對曰李龜壽盧龍塞人也或有厚賂龜壽令不利於公龜壽上感釣化復爲花鴨所驚形不能匿令公若貴龜壽萬死罪願以舍生服事台鼎公曰待汝以不死東遂命元從却押衙傳存隸之明日詰旦有婦人至第門服裝單急曳履而抱持襁嬰請于閽曰串爲吁李龜壽出乃其妻且曰訝聲稍遲昨夜半自前來相見耳遂與龜壽如初及公薨龜壽盡室亡去著

作舅氏昔年於語鼎臣兄弟余不敢隆盛列故于一日之三水日夫積仁可以經邦家厚德可以質幽顯晉文公天縱弘度岳生炳靈文則振起國風武則式遏戎醜故得光輔王室至於雍熙賓中興賢相也龜壽璪隸尚服義風九土蒼生固受恩宥之賜矣

秘書省內有落星石薛少保畫鶴賀監草書郎餘慶書鳳相傳號爲四絶元和中韓公武爲秘書監[illegible]中一鶴之眼時謂之五絶又省之東即義威衛[illegible]

摧毀其大廳逼校正院南對御史臺有人嘲之曰門緣御史塞廊被校書侵

廣陵妖亂志

唐 鄭廷誨

高駢末年惑于神仙之説呂用之張守一諸葛殷等皆言能役使鬼神變化黄白駢酷信之遂委以政事用之等援引朋黨恣爲不法其後亦慮多言者有所漏洩因謂駢曰高眞上聖要降非難所患者學道之人眞氣稍虧靈現遂絶駢聞之以爲信然乃謝絶人事屏弃妾媵賓客將吏無復見之有不得已之故則遣人洗浴齋戒詣紫極宮道士辟除不祥謂之解穢

然後見之拜起纔終已復引出自此内外擁隔紀綱日紊用之等因大行威福旁若無人歲月既深根蔕遂固用之自謂磻溪眞君張守一是赤松子諸葛殷稱將軍有一蕭勝者謂之秦穆公駙馬皆云上仙遣來爲令公道侶其鄙誕不經率皆如此江陽縣前一地祇小廟用之貧賤時常與妻寓止巫舍凡所動靜禱而後行及得志謂爲冥助遂修崇之廻廊曲室粧樓寢殿百有餘間土木工飾盡江南之選毎軍旅大事則以少牢祀之用之守一皆云神遇駢凡有密請

即還二人致意焉中和元年用之以神仙好樓居請於公廨邸北跨河爲迎仙樓其斤斧之聲晝夜不絶費數萬緡半歲方就自成至敗竟不一遊扃鐍儼然以至灰燼是冬又起延和閣於大廳之西凡七間高八丈皆飾以珠玉綺窓繡戸殆非人工毎旦焚名香列異寳以祈王母之降及師鐸亂人有登之者於藻井垂蓮之上見二十八字云延和高閣上干雲小語猶疑太乙聞燒盡降眞無一事開門迎得畢將軍此近詩妖也用之公然云與上仙來往毎對駢或叱咄

風雲顧揖空中謂見羣仙來往過於外駢隨而拜之用之指畫紛紜略無媿色左右稍有異論則死不旋踵矣見者莫測其由但慴膺不敢出口用之忽云后土夫人靈仙遣使就某借兵馬并李筌所撰太白陰經駢遽下兩縣率百姓葦蓆數千領畫作甲馬之狀遣用之於廟庭燒之又以五彩牋寫太白陰經十道置於神座之側又於夫人帳中塑一緑衣年少謂之韋郎廟成有人於西廡棟上題一長句詩曰四海干戈尚未寧謾勞淮海寫儀形九天玄女猶無信后土

夫人豈有靈一帶好雲侵鬢綠兩行蛾岫拂背青章
郎年少耽閑事案上休看太白經好事者競相傳誦
是歲詔於廣陵立駢生祠并刻石頌差州人採碑材
於宣城及至揚子院用之一夜遣人密以健牯五十
牽至州南鑿垣架濠移入城內及明栅緝如故因令
揚子縣申府昨夜碑石不知所在遂懸購之至晚云
被神人移置街市駢大驚乃於其旁立一大木柱上
以金書云不因人力自然而至即令兩都出兵仗鼓
樂迎入碧筠亭至三橋擁鬧之處故埋石以礙之僞

云人牛拽不動駢乃朱篆數字帖於碑上須臾去石
乃行觀者互相謂曰碑動也識者惡之明日楊子有
一村嫗詣知府判官陳騤云夜來里胥借耕牛牽碑
悞損其足遠近聞之莫不絕倒此至失守師鐸之衆
竟自壞墉而進常與丞相鄭公不叶用之知之忽曰
適得上仙書宰執之間有陰圖令公者使一俠士來
夜當至駢驚悸不已問計於用之用之曰張先生少
年時嘗學斯術於深井里聶夫人近日不知肯更爲
之否若有但請此人當之無不虀粉者駢立召守一

語之對曰老夫久不爲此戲手足生疎然爲令公有
何不可及期衣婦人衣匿於別室守一寢於駢臥內
至夜分擲一銅鐵於階砌之上鏗然有聲遂出皮囊
中豬血灑於庭戶簷宇間如格鬬之狀明日駢泣謝
守一曰蒙仙公再生之恩眞枯骨重肉矣乃躬輦金
玉及通天犀帶以酬其勞又有蕭勝者亦用之黨也
納五百金賂於用之用之曰爾何欲曰欲得知鹽城
監耳乃見駢爲求知鹽城監駢以當任者有績與奪
之間頗有難色用之曰用勝爲鹽城者不爲勝也昨

得上仙書云有一寶劍在鹽城井中須一靈官取之
以勝上仙左右人欲遣去耳駢俛仰許之勝至監數
月遂匣一銅七首獻於駢用之稽首曰此北帝所佩
者也得之則百里之內五兵不敢犯駢甚異之遂飾
以寶玉常置坐隅時廣陵久雨用之謂駢曰此地當
有火災郭邑之間悉合灰燼近日遣金山下毒龍以
少雨濡之自此雖無大段燒爇亦不免小小驚動也
於是用之每夜密遣人縱火荒祠壞宇無復存者駢
嘗授道家祕法用之守一無增焉因刻一青石如手

扳狀隱起龍蛇近成文字玉皇授白雲先生高駢潜使左右置安道院香几上駢見之不勝驚喜用之曰玉皇以令公焚修功著特有是命計其鸞鶴不久當降某等此際謫限已滿便應得陪幢節同歸眞境也他日瑤池席上亦是人間一故事言畢歡笑不已遂相與登延和閣命酒肴極歡而罷後於道院庭中刻木爲鶴大如小駟羈轡中設機捩人或逼之奮然飛動駢嘗羽服跨之仰視空濶有飄然之思矣自是嚴齋醮飛煉金丹費耗資財動逾萬計日居月諸竟無其驗

呂用之鄱陽安仁里細民也性桀驁畧知文字父璜以貨茗爲業來往於淮浙閒時四方無事廣陵爲歌鍾之地富商大賈動逾百數璜明敏善酒律多與羣商遊用之年十二三其父挈行旣慧悟事諸賈皆得歡心時或整履擁篲匿家與奴婢等居數歲璜卒於家乾符初羣盜攻剽州里遂他適用之旣孤且貧其舅徐魯仁周給之歲餘通於魯仁室爲魯仁所逐因事九華山道士牛弘徽弘徽自謂得道者也用之降志師之傳其驅役考召之術弘徽旣死用之復客于廣陵遂穀巾布褐用符藥以易衣食歲餘丞相劉公節制淮左有蠱道寘法者逮捕甚急用之懼遂南渡時高駢鎮京口召致方伎之士求輕舉不死之道用之以其術通于客次逾月不召詣渤海親人俞公楚公楚奇之過爲儒服目之曰江西呂巡官因閒薦于渤海及召試公楚與左右附會其術得驗尋署觀察推官仍爲制其名因字之曰無可言無可無不可也自是出入無禁初專方藥香火之事明年渤海移鎮

用之悃請戎服遂署右職用之素負販久客廣陵公私利病無不詳熟鼎竈之暇妄陳時政得失渤海益奇之漸加委任先是渤海舊將有梁纘陳拱馮綬董僅公楚歸禮日以疎退渤海至是孤立矣用之乃樹置私黨窺伺動息有不可去者則厚以金寶悅之左右羣小皆市井人見利忘義上下相蒙大逞妖妄仙書神符無日無之更迭唱和罔知愧耻自是賄賂公行條章日紊煩刑重賦率意而爲道路怨嗟各懷亂計用之懼其竊發之變因請置巡察使採聽府城密

事渤海遂承制授御史大夫充諸軍都巡察使於是召募府縣先負罪停廢胥吏陰狡兇狠者得百許人厚其官傭以備指使各有十餘丁縱橫閭巷間謂之察子至于士庶之家呵妻怒子密言隱語莫不知之自是道路以目有異已者縱謹靜端默亦不免其禍破滅者數百家將校之中累足屏氣焉

高駢嬖吏諸葛殷妖人呂用之之黨也初自鄱陽將詣廣陵用之先謂駢曰玉皇以令公久爲人臣機務稍曠獲譴於時君輒遣左右一尊神爲令公道中羽翼不久當降令公善遇欲其不去亦可以人間優職縻之明日殷果來遂巾褐見駢於碧雲亭妖形鬼態辯詐蜂起謂可以坐召神仙立變寒暑駢莫測也俾神靈遇之謂之諸葛將軍也殷從容酒席間聽其鬼怪之說則盡日忘倦自是累遷鹽鐵劇職聚財數十萬繕其兇邪陰狡用之佞如也有大賈周師儒者其居處花木樓榭之奇爲廣陵甲第殷欲之而師儒拒焉一日殷謂駢曰府城之內當有妖起伏其得志非水旱兵戈之匹也駢曰爲之奈何殷曰當就其下建齋壇請靈官鎮之殷即止師儒之第爲處駢命軍候驅出其家是日雨雪驟降泥淖方盛執事者鞭撻迫蹙師儒攜挈老幼匍匐道路觀者莫不愕然殷遷其族而家焉殷足先患風疽至是而甚每一躁癢命一青衣交手爬搔血流方止駢性嚴潔甥侄輩皆不得侍坐唯與殷款曲未嘗不廢寢忘餐或促膝密坐同杯共器遇其風疽忽發即恣意搔捫指爪之間膿血沾染駢與之飲啗曾無難色左右或以爲言駢曰神仙多以此試人汝輩莫介意也駢前有一犬子每聞殷腥穢之氣則來近之駢怪其馴狎殷笑曰某常在大羅宮玉皇前見之別來數百年猶復相識其虛誕率多如此高虞常謂人曰爭知不是吾滅族冤家也殷性躁虐知揚州院來兩月官吏數百人鞭背始半光啓二年僞朝授殷兼御史中丞加金紫及城陷竄至灣頭爲邏者所擒腰下獲黃金數斤通犀帶兩條既縛入城百姓聚觀交唾其面尋撮其鬢髮頃刻都盡獄具刑于下馬橋南杖至百餘絞而未絕會師鐸母自子城歸家經過法所遂扶起避之復蹂于[illegible]

下執朴者尋以巨木踣之驕殿過決罰如初始殷之
遇也驕暴之名尋布於遠近其族人競以謙損戒殷
殷曰男子患於不得遂志既得之當須富貴自處人
生寧有兩遍死者至是果再行決及弃屍道左爲讐
人剜其目斷其舌兒童輩以瓦礫投之須臾成峰
吳堯卿者家于廣陵初傭保于逆旅善書計因出入
府庭遂聞于縉紳始爲鹽鐵小吏性敏辯事之利病
皆心記口調悅人耳目故丞相李蔚以其能首任之
爲廝因署堯卿知酒州院兼利國監尋奏爲刺史制

命未行會軍變復歸廣陵頃之知浙西院數月而罷
又知揚州院兼権糴使僞朝受堯卿御史大夫堯卿
託附權勢不問貴賤苟有岐路縱斷養輩必斂衽以
金玉餌之微似失勢雖素約爲死交則相對終日不
復與言趨利背義如此權貴無不以賄賂交結之故
不離淮泗僭竊朱紫塵汙官省三數年間盜用鹽鐵
錢六十萬緡時王棨知兩使務局下堯卿獄將窮其
事爲諸葛殷所保持獲全及城陷軍人識是堯卿者
咸請啗之畢師鐸不許夜令堯卿以他服而遁至楚
州遇變爲讐人所殺弃屍衢中其妻以紙絮葦棺斂
之未及就壙好事者題其上云信物一角附至阿鼻
地獄請去斜封送上閻羅王時人以爲笑端
予讀溫公通鑑載高千里爲張呂迷惑事則甚疑
之以爲千里本才士且有將畧乃受左道愚弄不
異兒童豈耄年喪志而然耶及考他書始知是記
出于羅隱隱嘗不禮于千里作此快之其間增飾
之誣固自不免溫公乃信之不疑如李蘩鄴侯家
傳詞多虛美則又盡載無遺其楊右相冰山之說

亦開天遺事之僞也人謂史遷好奇多變溫公亦
未免耶

説郛目録

弓第四十五

玉堂雜記序

必大試館職時太上稱其文謫宰執陳公東伯朱公倬云他日令掌制今上受禪兩月自六察擢左史初對玉音云向在王邸見卿詞科擬制雅宜代言不旋踵遂兼三字其後兩入翰苑首尾十年自權直院至學士承旨皆徧爲之其衔兩制知遇至矣歲月既久凡涉典故及見聞可紀者輒筆之淳熙庚子進位二府蘇易簡玉堂之思每切于中因命小子綸裒爲一編畧加訂其間多涉幾微非止温木或刪成蜀僅得五十餘條前後脞錄辭無銓次釐爲三卷或可附洪氏翰苑羣書後云壬寅八月十二日周必大題

玉堂雜記卷上

宋　周必大

錢文僖公惟演金坡遺事云舊規學士六人遇聖節共率百二十緡寺中設齋今遂五十千與樞密使同開道場前一日赴宴當時所記如此近歲樞密院前散聖節及貢院賜宴則學士待制皆與而無送錢故事又六參隨樞密班先入止是再拜不舞蹈并遇宣麻不徃皆内朝故事也

金坡遺事又云聖節唐時惟六學士及二使謂中官樞密使

赴待詔雖發書㞐亦不與坐又云　本朝淳化五年十月上賦詩一首令待詔吳郢張用和齋以示學士張洎錢若水又李昌武宗諤翰苑雜記學士初授中謝前一日待詔一名至私第宣召入院聽口宣舞蹈訖揖待詔上階相見具酒果迎待詔以事例物并書致於待詔前熙寧間司馬文正公日記云初除學士待詔李堯卿宣召設香案褥位於庭望闕堯卿稱有敕光再拜堯卿口宣云云光每句應喏畢再拜舞蹈又再拜升階與待詔坐啜茶蓋中朝舊典也今學士既有待詔四人或右選或白身子爲學士忠翊郎之滋來宣召大略如李馬二公所記而無對揖茶酒之禮例支十千辭云自來虛喝不敢受子强予之常日學士入院坐堂上朱衣吏初賛喝東院錄事某人以下躬喏訖又喝云各祇候次賛喝西院某人以下亦如之最後平賛云待詔既不名亦不喝各祇候則待詔與院吏固亦有間若平居則視之全與吏等無由待以茶酒豈將命時不欲吏之邪抑　祖宗時所遣或翰林他局之待詔邪然唐制發書㞐赴聖節禮已

厚矣

李仁父燾續通鑑長編開寶二年　太祖命李昉盧多遜分宣學士院昉前在翰林堂吏因事至者必拜堂下事已即退未嘗與坐至是拜堂上更展叙中外無復襄日之禮昉愕然詢同列則云數年矣

司馬文正公日記云熙寧二年五月癸巳鎖院以奉安二御容禮成德音降西京囚杖以下放是日丞相出中書提點魏李先以下入院授以參政趙抃所封御前札茶湯館于虛閣　御藥劉有方來茶湯館上

門甃復謁御厨翰林設食致酒果黄昏進首尾詞内
批依此修寫四鼓起讀點句揩點進入明日丞相退
朝宣訖開院淳熙三年十一月八日必大被宣草十
二日冬祀赦黄昏方至院御藥持御封中書門下省
熟狀來繫鞵迎于中門同監門内侍一員俱升廳御
藥先以熟狀授監門共茶湯訖先送御藥出院復與
監門升廳受熟狀付吏又點湯送監門下階館之門
甃而不報謁既熟狀自内出非參政所封故提點官
不來惟中書門下省刑房録事尚書省刑房主事各

一人穿秉同至仍舊繫鞵見之不迎不送不設茶湯
而退守當官四人貼房十數人旅揖階下與文正公
所記多不同至六年九月十二日復被宣草明堂赦
御藥張安中監門綵襄相見如儀惟録事沈楧主事
李師文茶而不湯院吏云前不設茶誤也守當官等
不復廷揖所謂酒餼之賜今皆無之詰朝奏知先出
而吏卒輩皆俟三日後宣赦訖乃得歸

太上初遜位上尊號時陳丞相康伯當國集議定命
學士洪景嚴遵撰議文然後降詔必大時任察官必
知其非而無由改乾道六年郊祀禮成加上尊號必
大在翰苑始引唐故事乞上帥羣臣過宫表請既允
然後降詔國朝止有人主上母后尊號故册文稱嗣
皇帝靖康上　教主道君之號徐丞相處仁已命汪
彦章藻代作册文會有彊事不及行禮紹興三十二
年初上　德壽尊號乃承例用嗣皇帝乾道六年上
既表加乞上尊號而院吏寫表亦稱嗣皇帝私謂未
安謹按唐明皇傳位後顔眞卿議肅宗不當於宗廟
稱嗣皇帝况親奉表德壽乎以白虞丞相允文丞相

難之必令尋例必大思建炎以後遇節朔遥拜　徽
宗表是時翰苑多名士必不誤用乃督吏搜舊牘明
日果得表本一册止稱皇帝又按韓文順宗實録載
憲宗上順宗尊號册文亦稱皇帝臣某此最可據共
議遂定

是歲初議於　太上皇帝尊號中加憲天體道四字
皇后加慈明二字必大草詔云太上皇帝與天同大
體道之宗　太上皇后如月之明以慈爲寶蓋取文
意之順耳將宣布而議者謂天聖三年賜　太宗

串國大長公主謚曰慈明當避於是改用明慈丁亥
宰執云詔書先明而後慈殆默定也
必大與同直院鄭仲益聞既分草皇帝請加上　太
上皇帝皇后尊號冊表諸公謂　太上皇帝自當答
詔頗疑皇后難於措辭必大請以意共爲答詔文意
所及總言父母以該之而不稱予吾之類遂草以進
上甚以爲然凡兩答詔皆必大所草也
上於文字尤欲得體一覽便見是非必大草　太上
辭尊號第一詔其末云怡神閒燕何力之有　上曰

此雖道太上語畢竟自此起草送去何力之有句不
能無嫌必大遂改作無累於物蓋　上用意至到如
此
淳熙二年六月禮部太常寺申來年　太上皇帝當
慶七十欲將國朝加上尊號并　壽典禮參酌比附
先次討論申有旨恭依七月乙酉侍從禮官等就
都堂議加性仁立德至神無爲八字而皇后再加二
字爲齊明廣慈後兩日禮部趙侍郎雄謂無爲二字
與　太上字相連頗涉語忌請改爲明武煥文其

又嘗作至神無爲又作成武煥文逮癸卯乃定用性
仁立德無爲全美參政龔實之茂良而下尚不以爲
然葉丞相衡既主之衆莫能奪八月直院胡長文元
質罷丁卯　上自用必大再直已擬詔草會九月乙
未葉丞相罷龔參首招予及學士王季海共議然後
定爲性仁誠德經武緯文遂草宣布詔其頌　太上
皇帝云以德行仁本性誠之固有修文偃武合經緯
之自然　太上皇后云月齊日以得天而能久照坤
順乾而配地是以廣生　上再三稱獎謂數句用經

語該括明備非卿不能爲眞大手筆也
大禮降御劄既云劄示則當親筆付外近歲同常詔
從院吏寫本行出未知中朝舊事如何乾道九年六
月七日宣當直學士草南郊御劄三更進草其間云
乾清坤夷振四方之綱紀星輝海潤兆百世之本支
玉巵每奉於親闈瑞節歲交於鄰境　上改作農扈
屢豐戎軒載戢崇禮樂而四達嘉風俗而再淳玉巵
每奉於親闈美化遂淳於海宇仍批云可改發抹者
五句意不近於郊祀其欲得體大率如此

己亥三月丁卯詔今歲郊祀以例約束省費旋有旨
来令行出下禮部太常寺議明堂大禮初李仁父主
此說於前郊嘗經集議會近習揚言燾博極羣書却
不曾讀孝經乃不果行至是予以禮部尚書兼翰林
學士與諸儒議曰周公雖攝政而主祭則成王王方
幼冲故周公參稽古制藏事於明堂其曰嚴父者指
周公能推本武王之志追尊文王之功非謂自主其
祭祀也眾以爲然遂奏臣等竊覩傳載黃帝拜祀上
帝于明堂唐虞祀五帝于五府歷時既久其詳莫得

而聞至禮記始載明堂位一篇言天子負斧依南鄉
而立内之公矦伯子男外之蠻夷戎狄以序而立故
曰明堂也者明諸矦之尊卑也孟子亦曰明堂者王
者之堂也周禮大司樂有冬至圜丘之樂夏至方丘
之樂宗廟九變之樂三者皆大祭祀惟不及明堂豈
非明堂者布政會朝之地成王時嘗於此歌我將之
頌宗祀其祖文王乎後暨漢唐雖有沿革至於祀帝
而配以祖宗多由義起未始執一本朝　仁宗皇祐
中破諸儒異同之論即大慶殿行親享之禮並俻

祖宗從以百神前期朝獻景靈宮享太廟一如郊祀
之制　太上皇帝中興斟酌家法舉行於紹興之初
亦在殿庭蓋得聖經之遺意且國家大祀有四春祈
穀夏雩祀秋明堂冬郊祀是也陛下即位以來固嘗
一講祀穀四躬冬祀惟合宮雩壇之禮猶未親行今
若特舉秋享於義爲允臣等謹據已行典禮及將前
代賀循本朝名儒李泰伯范鎮明堂嚴祖說并治平
中吕誨司馬光等集議近歲李燾奏劄具錄以聞乙
亥有旨從之九月上辛以顯肅后忌前改用仲辛行

禮辛酉當受誓戒前一日　上語宰執足指瘡腫恐
妨拜跪欲展季辛又值顯恭后忌如何宰執奏天地
尊后忌畢遂降旨用二十六日必大按漢武太初太
始征和中屢祀明堂不專用辛方請別卜日詰朝
上忽遣中使諭旨都堂夜來傳藥足瘡良愈不必改
日但已展誓戒之期若再降旨不張皇否趙相奏此
却無妨遂以是日午時集官受誓戒丙寅大雨丁卯
鎖院草赦戊辰百執事冒雨入麗正門過後殿請
皇帝致齋己巳　上乘逍遥車朝獻景靈宮入太廟

宿齋四日之間雨晝夜傾注通衢殆如溪澗有旨來早不乘玉輅止用逍遥車徑入北門趍文德殿致齋朝服導駕官皆改常服應儀仗排立人並放趨相爲大禮使客諭有司未得放散黄昏後雨驟止夜分内侍李思恭傳旨御史臺閤門太常寺仍舊乘玉輅府台行事件疾速施行典午時爽駕來登輅必大執綏上喜曰且得晴霽辛未行禮月色如晝上拜起不倦以迄于成黎明登樓肆赦簪花過德壽宫人情熙然赦書乃必大視草其間云惟周成宗祀洛中陟配於

文王帷漢武合祠汶上推嚴於高帝皆用親郊之禮具殫尊祖之誠於鑠本朝若稽前代儆經路寢有皇祐之舉儀偏秩羣神有紹興之近制不忍于素可舉而行益欲明著古禮以示來世也後數日加恩羣臣必大復草趙相制云祼將太宫霖潦驟霽陟恪大寢月華正中又云鎮定大事如彥博之恢宏貫通羣經如宋庠之博治皆紀一時之事且以　仁宗初行明堂一公實爲相也大禮赦條乃六部諸司條具上省省中類聚取旨訖即進熟狀降付學士院草赦文送院井首尾詞大書進入其間多云當議將上取旨恭有司擬申如此既經畫旨行赦便是處分不應仍舊用當議二字必大爲學士諭令削去院吏特不敢遂從以筆塗之

大禮　上乘玉輅率命翰林學士執綏備顧問近歲多闕正員臨時選差他官與五使同降旨淳熙丙申南郊己亥明堂必大再爲之按京師用唐顯慶輅嘗以登封其穴固可知元豐改造已不能及今乃紹興癸亥而所製　上自太廟服通天冠絳紗袍乘輦至

輅後由木陛以登惟留御藥二宦者侍立執綏官完從旁用小梯攀緣而上衛士以絲繩圍腰繫以上柱輅行頗搖兀宸兀亦覺危坐云

大禮後　上御樓揭鷄竿肆赦皇太子及文武百僚拜舞于下惟樞密使翰林學士相對侍立樓上丙申己亥必大扈從再登麗正門望濤江形勢環抱極壯觀也

乾道七年四月甲子詔皇太子判臨安府用至道故事也或謂當以太中大夫爲判官通領府事恐名稱

未正遂議改尹而以侍從爲少尹餘判推官用卿監
郎官丁卯將鎖院降麻或又疑宣麻又疑宣麻給告
非待備禮之禮已巳後省官禮官會議於史院檢照
唐太宗征遼命太子監國及大帝命太子受諸司啓
事或詔或制抗麻爲重可以作則　上然之臾午偶
當日被宣范紫可成大先以侍講遞宿聞報遽出溥
莫至玉堂御藥李其忘名持御封御筆皇太子某宜領
臨安尹可依此挽制三鼓進草因奏此制書既不給
告則當付有司空行竊恐皇太子別無被受欲依自

玉堂雜記〈卷上　十一

來詔書體式格又首尾書寫一通降付皇太子令擬
定王式進呈如賜俞允乞遠批降付下御筆批依辛
未定告大廷惟此稱潤盛典適以史官備討論詞臣
參大色復得宸翰寶藏予家非儒生之榮遇乎
答皇子式用卿字非是前輩知體則不然其他或汝
或王或公皆當有別
翰苑歲進春端貼子如大内多及時事　太上則詠
遊幸之類必大嘗自德壽宮後垣趨傳法寺望見一
樓巍然朝士云　太上名之曰聚遠而自題其額仍
大書東坡顔有高樓能聚遠一時收拾與閑人之詩
於屏間又靈隱寺冷泉亭臨安絶景去城既遠難於
頻幸乃即宮中鑿大池續竹筒數里引西湖水注之
其上疊石爲山象飛來峯宛然天成必大作端午帖
子云聚遠樓頭面面風冷泉亭下水溶溶人間炎熱
何由到真是瑤臺第一重蓋謂此也前後頗聞禁籞
大畧併記于下宮中分四地分隨時遊覽東地分香
遠堂梅清深堂竹月臺梅坡松菊三徑菊芙蓉竹清妍荼蘼清新
木芙蓉岡南地分載忻大堂御宴處忻忻古栢太湖石射廳臨

玉堂雜記〈卷上　十二

賦山子荷花燦錦金林檎至樂池上半丈紅李子郁清曠木犀瀉碧
養金魚處西則冷泉古梅文杏館靜樂牡丹浣溪大樓子海棠北則
絳華亭羅木旱船俯翠茅亭春桃盤松其詳不可得而知
也嘗見御製盤松贊曰本云天錫瑞木得自嶔岑枝
蟠數萬幹不倍尋怒騰雲勢靜奏琴音凌寒鬱茂當
暑陰森封以腴壤遍以碧濤越千萬年以慰我心碑
在宮中又汪季路遠得御製祭土地文藁真蹟寶藏
之其文云維淳熙五年歲次戊戌十一月日　太上
皇帝遣具階張宗尹特設牲牢旨酒珍果香花致祭

于本宮土地之神神有百職職各不同典司草木土示是供我遊湖園乃蕿奇松植之禁苑百態千容婆娑偃蓋夭矯騰龍翠色凝露清音舞風醉吟詶適予情所鍾壅培封殖久或力窮烏鳥外擾蟻蠹內攻神其勤絶勿使能終精邪竊據盜斧適逢神其呵逐勿使遺蹤常令勁質坐閱隆冬堅踰五柞弱舁雙桐歷千萬年鬱鬱葱葱牲牢旨酒嗣録汝功尚饗

歐陽文忠公學士院草録世已不傳近歲有玉堂集云是李漢老邴編類亦差訛非全書其中却載皇太

子府春端帖子蓋政和宣和間所供今東宮乃闕此欲引例爲請緣無善本可據且當時不曰宮而曰府遂止王安中內制一例曰閤

玉堂雜記卷中

乾道七年十二月辛酉有旨僕射之名不正欲採周漢舊制改左右丞相令有司討論必大時爲禮部侍郎兼權直學士院又兼同修國史兼實録院修撰皆當與聞會衆議不齊而虞丞相亦謂同非　官制遷延至明年正月戊寅僅條具歷代宰相官稱申尚書省禁中即聞之明日遣中使王忘其名來問緩故必大以實奏二月癸卯得御筆云尚書左右僕射可依漢制改作左右丞相學士院降詔登時具草封入乙巳

付外施行庚戌從駕過德壽宮既歸得旨赴東華門祇候宣引日已晡闇有內宴小黃門出云恐晚日引然不敢退酉後忽宣入選德殿起居畢　上徽酒袖出親劄云北來一二大臣同心輔正夙夜匪懈漸革苟且之風以副綜覈之意深可嘉尚今因除授宜示褒典虞允文可特進左丞相梁克家可正奉大夫右丞相御前設小案用牙尺壓蠲紙一幅旁有漆匣小歙硯寘筆墨於玉格必大鞠躬書除目進呈訖奏曰拜相轉官前例固不一今並命而或三或四更取

聖裁　上曰以其協心故褒進之然特進一官即由
保所以允文三官又問兼樞密使否　上曰令樞密
亦非古先改丞相稱呼將來別理會且帶可也又奏
所領書局　上曰卿自理會賜坐奏問既改左右相
其序位如何　上曰欲升在三少之上三公之下遂
間請起宣坐賜茶飲訖再拜而退御藥李邦直同自
複道秉燭鎖院蓋　上意欲密故不用尋常宣官之
禮金蓮故事今庶幾焉凡鎖院御藥監門中官各一
員御藥留宿其廳鎖教或先去恐是大禮別有職事昧爽再相見以

小字制書本授之送至中門先啓鑰入內即復扃院
俟朝退宣麻訖學士乃得歸時虞公獨相梁爲參政
間班外中但謂改易相名及雙制出愕然或疑學士
多轉右相一官有所抑揚不敢辨也按　祖宗時命
相多以舊官其後往往遷秩近歲勑局修三省法乃
著令轉三官茲豈當立法乎
乾道七年七月二十六日午後快行家傳旨下學士
院取從官爲四川宣撫使體例蓋是時參知政事王
公明炎在蜀三年屢求歸宰相薦吏部侍郎王之
奇爲代故來索例必大今回奏云降麻官方屬本
院侍從當問三省既畢忽宣鎖至院已秉燭中使出
御封御筆乃王炎除樞密使依舊四川宣撫使其密
如此吏寫熟狀依例不轉官但加食邑必大方草制
未暇細思既得筆依奏方省其誤自寫奏云本朝政
官制後以太中大夫爲宰執官當時改樞密使爲知
院事　中興以來既復置使首用舊弼故恩數多視
宰臣未有以中大夫充者昨作微元是通議大夫虞
允文太中大夫故不轉官今王炎止是中大夫竊慮

合轉左太中太夫仍加封邑庶協近制御筆批依時
三鼓批畢尚濕
必大初直院見批答臣僚章表皆大書其後不過三
兩行表紙盡則接以詔紙數幅文盡乃止然表紙高
詔紙矮參差不等問之掌故並無依據心每疑之其
後徧於執政故家求承平時舊本稿得　仁宗皇祐
間答孫威敏公沔辭免副樞表則所接之紙高低相
若淳熙乙未再叨寫直閏九月十二日因李參彥穎
王樞淮斷章批答即具奏照皇祐體式於表後用一

等紙書寫進呈仍乞今後准此施行御筆依遂爲定
制
宰執及親王使相太尉生日天章閣排辦牲餼頒中
學士院撰詔書及寫賜目一紙各請御寶（詔用書詔之寶賜目錫賜之寶）前一日差內侍持賜其詔例書撰進之日謂如
正月旦生文意必叙歲首而所畫日則是去曠殊不
相應必大爲直院奏乞不拘進詔早晚但實畫生日
於後得旨從之遂爲定制　祖宗時牲餼外又錫器
幣往往就差子弟姻戚特賜欲其省費也過江惟牲

餼耳米麪本色羊準價皆取之有司酒則臨安醞造
臨時加以黃封拜賜訖與使者同升廳搢笏展讀就
坐茶湯書送錢十五千從人三千天章閣使臣庫子
快行錢酒各有差
淳熙丙申八月庚辰德壽宮遣大璫張去爲至都堂
傳　旨立翟貴妃爲后　上　皇后明日午後執政
奏事　皇后歸姓謝氏乙酉晩快行家來宣鎖院是
日侍講刑部侍郎程泰之已宿直呼馬而出予至內
前適與之遇泰之揚鞭云留詩案上矣酉時出仁[illegible]
華門入對選德殿　上曰　太上有　旨立謝后令
卿草制必大奏合畧及歸姓否　上曰不如此四方
何由知明言幼隨乳母可也宜坐賜茶訖御藥王濛
同入院二鼓後進草畢吏呈泰之詩云抖擻身章報
冒塵裹驪顧影也遨遊鑾坡寓宿非其地遺躅掞文
自有眞宇直由來同古語位高兼復見今人迎潮有
諾無輕爽季老當年不誘貧（謂賜金也）予次韻戲之云天
街並踏軟紅塵飛鞚交馳駭徼巡椒殿敢期當制草
槐庭元擬用儒眞（初謂年兄入相鎖院）鬻方偶免冬龜手適市

孫慙且攫人禮絕同僚應有日重霑潤筆乃無貧（謂相制亦賜金也）先是七月十九日六曹長貳六人往浙江亭
觀潮泰之在焉惟予以內直不赴晡時大雷雨走筆
戲蔡子平洸云雷轟萬鼓勒潮回無復亭前雪作堆
應爲尚書慳且澁盲風恠雨一時來迎潮輕爽之語
指此
淳熙丙申八月乙未都堂召議賜交趾來年曆日詔
書予謂李天祚去冬已薨龍翰未經封拜欲作安南
國王嗣子龍翰執政然之先是予以兵部職事條具

天祚贈典按故事其王初立即封交趾郡王久之進南平王死則贈侍中南越王　上以天祚自紹興丁巳嗣位今四十年淳熙元年二月又自南平王特封安南國王故欲厚其禮予請仍贈侍中追封南越國王詔可之安南爲國蓋曾丞相之失聞奏章行移舊止稱安南道加封之後浸自尊大文書稱國不復可改丁酉三月二十四日制授龍翰靜海軍節度觀察處置等使特進檢校太尉兼御史大夫上柱國安南國王食邑三千戶食實封壹阡戶仍賜推誠順化功

臣予適當制其云即乘國以肇封既從世襲極眞王而錫命何待次升蓋言不封郡王也交州在唐爲安南都護府本朝　太宗時黎氏奪丁璿節度大中祥符二年李公蘊復篡之傳子德政至孫日尊嘗稱帝改元日尊卒乾德嗣卒陽煥嗣卒天祚嗣卒龍翰嗣生數歲矣制云乃眷一邦茲傳七世自公蘊言之也其名曰日曰乾曰陽曰天曰龍皆有僣上之意然表章字如蠅頭幾不可辨玉音每嘉其恭順云

淳熙三年九月二十五日鎖院付下中書門下省除祖伯圭除使相提舉洞霄宮必大奏按故事宗室里或前宰執帶節度使多充宮觀使若至使相自領使無疑昨史浩以使相提舉宮觀者誤也恐自此遂以爲例令具士㒞錢忱等例皆是以使相充宮觀使在外任便居住者合取旨改正一更四點進入五點　上批可依士㒞等體例除宮觀使

是年十一月二十二日御封付下參知政事錢良臣辭免監修國史日曆所劄子降詔不允必大因奏自來宰執兼領書局多是內尚書省批出局名既至朝

廷降勑合行寫正而省吏止奉行內批宰執亦隨勑黃繫銜差誤日久今因答詔輒具言之國史日曆者書名也日所者官司也今大臣合監修日曆却添一所字似監修造作之官又如勑令所從官詳定宰執提舉今却云提舉勑令所此何理也以至國史院會要玉牒皆爲一律合行改正　上以爲允其後或是或否復混淆矣

丁酉九月丙辰宣召侍讀史少保浩錫宴澄碧殿暮送以金蓮燭宿玉堂直廬上命作詩叙此會

古詩三十韻云季秋中澣日淳熙隆四禩朝回攬轡
問中使俄傳旨少頃日轉申宜召陪燕喜預令掃玉
堂深夜備樓止悚懼跪承命鳴騶亟穿市絳闕登皇
居非煙常靡靡入自東華門熊羆森爪士詔許乘肩
輿安徐無跛倚復古距邇德相望幾數里脩廊接雲
漢岧嶤璨珠蕊中途敞金扉恍若蓬壺裏羣山擁蒼
壁四顧環弱水山既日夕佳水亦湛無滓冰簾映綺
疏瓊殿中央峙澄碧耀宸奎龍神爭守視蹈舞上丹
墀天威不違咫奉觴祈萬壽時蒙一啓齒餘波丐鼠

腹酒行不知幾徘徊下瑤席綏步煩玉趾從遊至清
激錫坐談名理泉聲韻琴瑟一洗箏笛耳皇云萬機
暇觀書每來此論道及帝王直欲齊其軌堯舜禹湯
文前身無乃是臣言匪獻諛道實由心起既然明是
心要在力行爾登橋釂餘醪飲興未容已金蓮引雙
燭再拜離階戺玉音寵諭臣此會宜有紀歸途感恩
榮占寫忘骩骳　上御製俯同其韻云揖遜荷帝堯
寅恭五元禩治道貴清靜聖言有深旨誰歟元首明
自得股肱喜躋民期仁壽距肯中道止力農樂

坐賈安於市歲行閱豐登國論銷委靡予力初何能
濟濟賴多士矧予有元老中立而不倚居東逾三年
不遠來千里未遂赤松遊暇誦青瑣蘂皓首持六經
日侍明光裏翼乎鴻遇風縱矣魚在水儒行絶瑕疵
道心無塵滓挺挺松柏姿嶢嶢山岳峙予惟日萬幾
至仁同一視西成錫小宴促坐才尺咫湛露愧歌周
置酒非封齒歸美見新詩如卿能有幾眷言澄碧行
勝賞得芳趾亦屢引公卿對此談政理虛心欲受人
忠言資逆耳朕瘠天下肥至樂無易此頗念文武疆

六合尚殊軌東都會諸侯宣王昔於是期爾罄嘉謀
使我勳業起勿以方燕顧所書聊復爾卮酒正須釂
話言未能已都護萬年觴何當至庭戺文章耆老手
直筆中興紀載賡鏤翁焉得辭骩骳遂十一月壬
寅輪當内直申時二刻宣召至清華閣　上曰學士
宴見無時最爲親近朕和史浩詩待録示卿可和以
進此學士職也又云卿想不甚飲比賜宴時見卿面
赤邪至誠不辭既退中使李肅傳旨賜詩本并戊戌
小春茶二十銙葉世英墨五團以代賜酒世英御前

上也恭進和篇云粤從三代還歲月過千禩時無賢君道未契宸旨陛下屢詔臣三代而下人君皆不知道煌煌唐太宗勳業在所喜冠攘旣掃除蠻貊畢至止循良布郡邑惠政寬獄市忠賢儼班聯切蕙梶浮靡闢輔羅府兵巖穴聘奇士民生覆盂安國勢泰山倚皇心期過之風下九萬里忠厚培本根文物絫華藻淳熙王觀閒何啻相表裏屬車尚壽江列障隔淮水蠢茲獯鬻氏作我太淸滓坐令營屯衆久費糗糧峙中原厭狠貪諸將空虎視安得貫略楛來貢尺有咫六合混一

家耕桑盛生齒願言講治道先務當有幾欲仁斯仁至患在未舉趾而兆前史中遺事可尋理衛英爪與牙王魏目兼耳處中賴房杜虛受忘彼此不聞國異政但見車同軌跣云古道難僉曰今王是寸陰聖所競盛德日方起無干格三苗其効七旬爾軻稱仁無敵傳謂禮可已東覩及北女看卽朝玉卮南山竹易殫陛下功難紀儒館謾獻歌將奈詞之歉是日奏事畢問陛下命臨安府開文海有諸　上曰然奏云文選之後有文粹已遠不及所謂文海乃近時江鈿纂類殊無倫理書坊刊行可也今降旨校正刻板事則重恐難傳後莫若委館閣官銓擇本朝文章成一代之書　上大以爲然曰卿可理會奏乞委館職上曰待差一兩員其後遂付呂伯共祖謙旣成　上問何以爲名必大乞賜名皇朝文鑑　上曰善又降旨令必大作序亦旣進呈將刊版會有近臣密啓云所載臣僚章疏毀及　祖宗政事遂不果刻今其書士大夫或傳之

淳熙五年閏六月十二日鎖院付到熟狀皇子魏王

自荆南集慶軍節度使開府儀同三司行江陵尹判明州改成德彰信軍節度使行荆州牧必大奏彰信是曹州　徽宗曾爲節度使卽位後升興仁府又親王帶牧合隨本鎭今成德軍卽眞定府却帶荆州牧非是　上批別擬大鎭進入遂黜更具本鎭帶牧故事來必大又奏去夏魏王除荆南節度使江陵尹誤犯端拱中　眞宗除授昔政和中已失檢點今因改鎭不敢不審兼兩鎭合帶兩牧仍隨本鎭併於實錄中檢故事以進夏夜甚短奏入已三鼓至四鼓[illegible]

出只於兩鎮上就本鎮止帶一牧必大遂擬永興[illegible]德軍節度使雍州牧進入項之點定然後進草禁中未就寢以待禁中四鼓乃在外三更

故事食邑千戸以上封侯若拜相雖舊爵卑食邑少亦徑封侯蓋五等伯子男用縣名至侯則升郡當降旨時未知所封何郡第云進封開國侯而已秦益公薨後初拜沈守約該左相万俟元忠卨右相沈歸安縣万俟陽武縣各從其鄉也既相合升郡侯而學士院遂進沈為歸安郡万俟陽武郡初非郡名其誤

甚矣當時偶不知改久之因進書轉官方能釐正至今遇恩升郡臣僚院吏及吏部尚復差舛謂如元係吳興縣開國伯則合云進封吳興郡開國伯却云吳興郡進封開國侯殊無義理予嘗為正之

北門掌內制西掖掌外制是謂兩制又著令自觀文殿大學士至敷文閣待制為侍從官朝廷或詔近臣舉賢議事多云兩省諫議大夫以上尚書省侍郎以上而別言御史中丞學士待制乃為詳備近世相承通稱侍從固已疑混若泛言兩制則非矣

紹興二十四年春直學士院湯公思退以禮部侍郎同知貢舉時百官多闕大抵一人兼數職凡進士出身皆入試闈獨留監察御史王公綸荅備坼號也內制既闕官遂降旨暫權適草劉婉儀進位貴妃制太上稱其有典誥體潤筆給萬緡賜硯尤奇秦丞相不樂遣論列而去秦薨召還掌內外制知樞密院事垂相而病除大資政留守金陵即其鄉也未第時允第就食府庠至是人以為榮尋卒官予嘗草其致仕制云少則歌鹿鳴而薦于鄉老則釋麟符而居其里

考昔人而或有在近歲以幾希贈官制云古所謂鄉先生者沒則祭于社而後世良二千石民亦奉嘗之備於二者蓋兼之皆紀實也

故事止除六曹侍郎及雜學士以上遇辭免皆降詔不允給舍并權侍郎則否紹興二十七年六月戸部王侍郎師心辭給事中亦降不允詔書蓋舊官合荅詔也是歲九月權禮部賀侍郎允中除給事中辭免亦降詔乃誤襲王例非故事也三十年正月權工部王侍郎晞亮遷夕拜不復降詔得之矣明年九口

禮部金侍郎安節亦遷夕拜又誤降詔自後往往
進論院官臨事申明改正爲善

玉堂雜記卷下

諸報見於金坡遺事元豐三年八月丙申亦詔於[illegible]書省樞密院用諮報至今守之其制首題學士院諮報尚書省或中書門下樞密院次入詞云云末云右謹具諮報某省伏候裁旨後題年月學士押字雖中間權臣用事官失其職獨此不廢又三省密院於百司例用劄付惟學士院云劄送他官司得省劄必前連片紙書所受月日乃敢押字惟學士院徑判押其首又吏胥有錄事曹案曰房皆稍擬中書尊内庭也

祖宗時内制多避兩府親嫌亦有不許避者蘇文忠公之於弟文定公是也然終不自安乞郡而去紹興初范元長冲除學士以趙丞相鼎姻家特復置侍讀學士以處之及秦丞相檜當國兄梓實爲學士子熺繼爲學士承旨亦嘗爲禮部侍郎雖並緣元祐故事其實非也

國初久爲學士官至八座已罷職或再來直院　神宗改官制後中丞幷權六曹尚書若兼内制亦止云直學士院舒亶等是也　中興初詹乂已爲龍圖閣

學士猶曰權直院其他如正侍郎已下多帶兼權汪
藻等是也厥後程克俊林待聘楊愿等初以給舍兼
權稍久乃落權字以爲恩數至正尚書則帶兼權學
士胡交修等是也乾道三年洪景盧邁奏請自庶官
遷侍從便落權字止兼直院故先以起居郎權直院
既遷中書舍人即落權字庚寅秋予以少蓬兼權直
院明年正除權禮部侍郎吏引近制申明合正爲直
院予固抑之兼權如故翰長王日嚴亦不復問其
後王季海淮以太常少卿兼權直院既除三字即徑

落權遂爲定例淳熙五年十二月必大自翰林遷禮
部尚書兼學士蓋上所兼之官在正官下者皆不帶
權非舊例也六年十一月遷吏書又升兼學士丞相
且有內批付院云天官事繁今後非特旨撰述其餘
並免
上自登極至今將二十年正除翰苑纔七八人皆登
二府惟王日嚴以年踰七十除端明殿學士而去
乾道癸巳曾丞相懷鄭參政聞張樞密說在二府或
薦新政官正字崔大雅典詩入內庭以其資淺乃創

翰林權直之名月俸減學士直院三之一（自學士至應官兼權直院者俸給一等）院中餐錢不減明年冬以父憂去尋丁
母憂戊戌秋服闋復召爲寄院編修官史丞相浩當
國下史院討論兼職名稱遂改爲學士院權直蓋以
翰林乃內諸司總名難專指學士院也
淳熙己亥明堂大禮崔大雅已遷著作權直如故擬
料院止隨其官帮支賜二十疋兩大雅以狀申祕書
省省申朝廷趙丞相雄將上取旨遂用月俸例支學
士三之二　祖宗試文多在學士院近歲惟試館職

耳既得省劄召某人試即下太史局擇日報內侍省
差官一員充監門前一日學士宿院進策題候內批
依次早乃引試支左藏庫錢三十緡充餐錢試畢錄
策題并試卷依紹興三十年司諫何通遠溥以爲言
太上欲復故事而人頗憚試首召朱熙載等次召劉
儀鳳等皆辭不就　太上諭湯丞相思退等擇二人
必令試且云蘇軾中制科猶試況餘人乎於是以予
及同年程泰之大昌應詔具宣　上旨乃不敢辭已
而　太上欲除校書郎或謂過江選人無此例自

字乾道六年九月予以祕書少監寓直翰苑發策試王仲衡希呂嘗賦詩寄程同年云當年給札階金鑾重到依然九月寒學士策詢學士策館職亦合呼學士祕書官試祕書官自憐綠鬢非前度尚喜青衫總一般時予服綠寄語浙東程閣老程時爲浙東提刑兼權帥事亦嘗直翰苑莫矜紅旆笑儒酸程答詩末句云有底滑稽堪羨處金蓮燭底話窮酸始予庚辰九月與程同試兩人名皆有大字明年試蔣芾茜煒姓名俱連草頭又明年試王東里程千里名連里字頻歲偶爾亦可書也按 祖

宗朝館職者指招文集賢史館之職也在內多升修注出外則爲帶職凡轉官奏補恩數皆厚故艱其選必試而後除亦以限止無能之人自 神宗罷館職止是祕書省官與其他職事官無當不當尚循館職之名況狀元不試餘人多徑除著作佐郎所試者校書正字而已舊制云試前一日學士宿院故元祐中蘇文忠公與鄧文惠公溫伯各進策題禁中點用文忠所作及予與程同試時學士洪景嚴兵部尚書權學士楊元老椿亦並入至是予與鄭仲益同

爲長官典故浸移乃始輪入不敢強之其後予再兼丙申二月召試許蒼舒遂修故事約程元成叔達並入策題則輪撰

隆興初 上用 真宗故事輪講筵學士院官直宿禁林每夕兩員以備宣引咨訪往往賜酒留款其後以兩人難獨召若同召則議論難盡止命一員遞宿自後益遴其選或國忌妨行香若有故員少及大暑皆權免間遇除授宣鎖講筵官已入直率間命者皇而出至有不及伺候從吏借馬於內諸司者或偶值

本院官直宿就兩鎖院若大除拜嘗有錫賜則不繫當日與否往往特宣云舊直兩日謂之頭直末直

紹興辛巳明堂禮成以元顏亮背盟十月四日詔今次明堂大禮合加恩臣僚權宜不鎖院不宣麻止降制給告並免辭免俟事定日依舊隆興二年邊事改卜郊乾道二年冬當罷二相皆未暇舉行乾道六年必大始奏復舊制

內制名色不一係値時或未詳具體式故凡詞頭之下者院吏必以片紙錄舊作於前謂之屏風

學士峻公蘇文定公詔草及謝表備言之至今乃方
葢其來久矣國初陶穀謂一生依本畫葫蘆殆謂是
耶
凡鎖院或親被旨或受熟狀本院卽關閤門今月某
日有鎖院事閤門得之卽關報御史臺集文臣職事
官承務郎釐務官通直郎已上明日赴文德殿聽麻
宰相樞密皆不往惟輪參知政事一員押麻麻卷自
内出閤門啓御封兩吏對展宣贊舍人南面揖匆又
手大聲摘首尾詞及階位姓名下數句并所除之官

玉堂雜記 〈八〉卷下 六

而讀之不盡宣也聽訖知閤門官以授參政參政付
中書吏百官不拜而退若大詔令及冊后之類則宰
執文武百僚俱入文亦盡讀拜舞然後退
禁中以鎖院爲重淳熙三年 慶壽赦凡除麻官合
加恩者用辛巳明堂例免鎖院官制循例辭免九月
三日中書進熟狀魏王愷恩平郡王璩末陽郡王居
廣並加食邑食實封只乞降付院草制内大人失於
詳閱宣鎖程直院是夜進草明日告廷如式又明日
内批付密院典字直筆吳慶慶降 充紫霞帔不令供
職主管大内公事慶國淑懿夫人劉從 信降兩字夫
人益懲其誤也
凡非時宣召院官（侍從巳下及外官而内引者同）紫窄衫絲絇行入
殿廊有小黃門來導至便坐 上服紅半臂（忌前用黃）黃
門贊拜揖升殿奏對訖 上曰且坐先已設小兀子
得旨則側身虛揖而坐將退黃門贊云宣坐賜茶於
是中官進御前者忠佐授臣僚者賜酒亦然所用杯
不同侑以果實一飣其器分大小若二府則黃門隻
導 上亦服窄衫宰相樞使坐高兀子執政紫圍坐

玉堂雜記 〈八〉卷下 七

而低賜茶酒亦如之或曲宴則酒五行亦或加多每
杯賜食初無定制
中興後凡除拜節鉞以上多由中書進熟狀院吏云
鎖中左者文臣也右選者武臣也逐房臨時呼院吏
取索是以知之惟草后妃太子宰相麻則不容知快
行數十輩來宣召云鎖小殿子既至便殿 上服帽
帶諭以除授之意御前列金器如硯匣壓尺筆格糊
板水滴之屬幾二百兩既書除目隨以賜之隆興初
猶用此例乾道以後止設常筆硯而已退則有旨封

遣不及例賜牌子金百兩立后升儲倍之

凡除拜加恩官在都下者既宣麻而院吏私錄本走報希覬賄遺初無公移也而被受之官辭免者多云準學士院報麻除授云云此非典故不應相承以爲例

褒諭臣僚或降詔或勑書院中自有定式近歲如大理獄空及監司守臣有勞績若是庶僚皆合降勑昔三省樞密院往往誤批降詔院吏隨所得旨而行不敢正也

翰苑印以翰林院學士印六字爲文背鐫景德二年少傅監鑄上兩字微刓自南渡京百司印無如此久者尚書六曹惟禮部印是舊物然亦元豐改官制後所鑄蓋文書稍簡故不刓耳

紹興辛巳五月詔學士院權寓皇城司而以院爲欽宗几筵殿終制復舊

學士院舊號北門今在行宮和寧門內蓋沿北門之制地迫皇城極爲窄隘汪尚書應辰爲權學士時上屢令增葺竟以無地步而輟廳後玉堂緣近上止二員故分東西兩閣中有小龜頭榜曰摛文堂蓋在京　徽宗因廣直廬御書以賜強承旨淵明今乃汪彥章內翰藻所篆　太上又嘗書玉堂二字賜學士周茂振鱗之刻石廳上

東閤窗下甃小池久無雨則涸傍植金沙月桂之屬又有海棠郁李玉繡毬各一株西偏植金橘過城根株不能大花開時香滿院結實雖小而甘浙中未易得也淳熙己亥夏侍講兵部尚書兼給事中王仲行入直示兩絕句云玉堂晝永暑風微鞦韆飛花落小

池徙倚幽欄憑問訊夏鶯飛出萬年枝小池剷影弄餘輝照耀虛簷極出奇木杪不鳴風力軟鬪萍翻藻有魚嬉予次韻云東省南宮切太微夔龍行集鳳皇池更哦殿閣薰風句坐覺微涼生桂枝紫禁同依日月輝蒼顏獨愧羽毛奇木如明鏡雖堪俯笑汝星星誰肯嬉予嘗發策試仲衡至是同爲入座俱在講筵唱酬頗多是時詩及院中景物故記於此

朝殿日皇太子宰相親王使相參政各有朱衣吏二人自下馬處前導至殿門　樞密使恩數次宰執者知院及朝權簽書

此外惟翰林學士有之又禁門內許以茶[illegible]
自隨與執政等
車駕將出孟享或過宮則應奉官及侍從以上朝于
後殿宰執有奏事侍從先退例過玉堂少憩若值冬
至元正則團拜堂上俟駕過就院門外上馬以從南
渡以來朝臣遇節序賜予多權停今經筵寒食重午
冬至尚賜節料錢酒其他侍從則三大節客省簽賜
羊酒米麪而學士院官若侍從以上兼領自從本官
或庶僚權直院獨三伏賜冰一檐時果五品品纔一

楪亦因與經筵官輪宿而得之書局自有中官承受凡遇時節例賜茶酒學士院無承受故也淳熙乙未初伏必大以待制侍講賜流香
酒四斗後二年減半時果七楪冰一檐視庶官直院爲稍
增以短表謝支快行家食錢三千文折酒錢三百別
賜冰一檐翰林司關子云限日下支不許次日支食錢一千蓋侍從所
得者
十月旦賜錦襖子學士院觀察使族門金鵬尚書執
政八搭暈錦宰相使臣天下樂例從左帑請支得不
以時臨期隨品色假爲領袖施之朝服三日而止[illegible]
等非之予自翰苑遷八座已亥十月值從駕恭謝景
靈官兵部尚書王仲衡未逹制儀弟用市錦予告之
啟計無所出予撥所服與之而馳取舊金鵬者自用
暨追班閤門吏匙趙軫與其從顧予辞謝予悟其意
呼而告以雖班尚書猶兼翰林學士故可捨高從卑
軫等愧謝而退
渡江後每遇開講罷講臨安治具侍講讀修注官紹
興三十二年冬予爲左史趙清卿子潚知臨安府獻
議盡罷百司饋送及所供飲饌時洪景嚴以內翰兼

侍讀開講日學士院自置酒五行是後遂爲例乾道
六年予與鄭仲益兼直院鄭兼侍講是秋開講鄭上
席謂予亦院官當與其事予但簽書招客之日而以
不兼講讀不赴坐時胡邦衡銓以工侍兼侍講坐中
賦覃字韻詩見及予次其韻有云寓直敢同東道主
蓋謂是也
翰林學士初上舊制勑設甚盛　中興後不復舉行
予直院時除王日嚴爲學士院中支餐錢具五杯而
已

故事大宴未𠕂坐問學士院皆爲舘閣官具食薺
祖宗時內外制官無不自三館出館中之人往往締
日僚友之舊道義之交不專以勢利高下爲心故每
於是日小集從容談笑也近時具食雖如故乃設於
學士院門幕次內荅未嘗見玉堂主人也竊意前輩
不爾淳化中　太宗以飛白玉堂等四字賜翰林而
學士承旨蘇易簡會兩制於玉堂直秘閣潘謹脩典
爲詧可見也已上乃近世程致道俱麟臺故事所記
乾道七年天申節貢院賜齋筵予時以少蓬兼內直

乃督院吏治具吏白廚庫乏錢兼近已不講予曰故
事既難廢况予身貳秘書而罷此禮乎命如故例然
不過盤餐之類爾
必大久在翰苑獨員之日常多率數月輒丐去　上
必批降詔不允院吏申省乞踏暫差官撰述乃委中
書舍人如此再三遂爲定例徑封奏劄付中書後省
數年來　上數令薦詞臣爲代明示大用意必大每
退避戊戌九月丁丑御藥院傳旨問近例院官有無
三員者吏具　上初政承旨洪遵學士史浩直院劉
珙又問紹興間故事吏復具八年曾開勾龍如淵皆
爲直院而召孫近承旨三十一年何溥爲學士虞允
文劉珙並直院後旬餘雀大雅服闋還朝　上曰卿
來適其時遂再兼權直十月復增莫子齊濟尋卒其
後雖增趙大本彥中熊子復克予遂參預
朝佐頃者官桂陽獲觀今丞相周公鑾坡録愛而
博之茲如武林又得其玉堂雜記益聞所未聞益
中興以來九重之德美前輩之典刑恩數之異同
典故之沿革皆因事而見之此尤不可不傳也乃

手抄一通藏於家竊聞公在翰苑時知無不言朝
廷有大命令人所不敢議者公從容敷奏皆當上
意凡所以隄防在瀾護養元氣者豈止一事而公
不書何其謙也然盛德偉烈表表在人耳目公雖
不書其能使之弗傳哉紹熙元年重五日樵溪丁
朝佐謹書
丞相益公玉堂雜記一編森得之久矣字畫間有
舛誤每苦其難讀近訪丁懷忠觀其泉書藏懷忠
不知森有此書出以相示森曰明月夜光天下之

所同寶也予獨能私有之乎亟假其本而參訂之因系歲月于後紹熙辛亥仲春一日肯山蘇森謹題

玉壺清話

宋　釋文瑩

典國中太宗建祕閣選三館書以實焉命參政李至專掌一日李昉宋琪徐鉉三學士扣新閣求書一觀至性畏慎曰扃鑰誠某所掌籤函中事嚴秘難啓柰諸君非所職窺不便三人者咲謂至曰請無憂主上文明吾輩苟以觀書得罪不猶愈他咎乎因强拉祕鑰啓窺至密遣閤使聞奏上知之亟走就閣賜飲仍令盡出圖籍古畫賜昉等縱觀昉上言請升祕閣于

三館之次從之仍以飛白闕賜之及賜草書千字文至請勒石上曰千字文本無籍梁武帝得鍾繇破碑愛其書命周興嗣次韻而成之俚無足取夫孝爲百行之本卿果欲勒石朕不惜卿爲寫孝經本刻於閣以教教化也

景德三年有巨星見於天氐之西光芒如金圓無有識者春官正周克明言按天籙荆州占其星周伯語曰其色黄金其光煌煌所見之國太平而昌又按元命苞此星一曰德星不時而出時方朝野多歡六

平定鑾輿還闕凱旋萬域賦斂無横宜此星之見也
克明本進士獻文於朝召試中書賜上及第
黄夷簡閑雅有詩名在錢忠懿王幕中階尊顯二十年開寶初太祖賜俶開吳鎮越崇文耀武功臣遣夷簡謝於朝將歸上謂夷簡曰歸與元帥言朕已於薫風外建離宫規模華壯不減江浙兼賜名禮賢宅以待李煜與元帥先朝者即賜之今煜倔强不朝吾將討之元帥助我乎無爲他謀所惑果然則將以精兵堅甲奉賜向克常州元帥有大功俟江南平可暫

來見保無他阻一慰延想耳固不久留朕執圭幣三見於天子豈敢自誣即當遣還也夷簡受天語俛首而歸私自籌曰兹事大難王或果以去就之計見決於我胡以爲對始歸見俶固不匿盡以天訓授之遂稱疾於安蹊别業保業保身潛遁夷簡山居詩有宿雨一番蔬甲嫩春山幾焙茗旗香之句雅喜治宅咸平中歸朝爲光禄少卿後終以壽焉
太祖嘗譏趙普曰卿苦不讀書今文臣角立雋軌高駕卿得無愧乎普由是手不釋卷太祖亦自此寵遇

經史
李瀚及第于和凝牓下后與座主同任學士會凝作相瀚爲承旨適當批詔次日于玉堂輒開和相舊閣悉取圖書器玩留一詩于榻攜之盡去詩曰座主登庸歸鳳閣門生批詔立鼇頭玉堂舊閣多珍玩可作西齋潤筆否
杜審琦昭德王太后之兄也任建寧州時節旦請覲審琦覲太祖太宗之舅也一日陳内宴于福寧宮昭德太后臨之祖宗以渭陽之重終宴待焉及爲壽二

帝皆捧觴列拜樂人史著粗能屬文致詞于簾陛之外其畧曰前殿展君臣之禮虎節朝天後宫伸骨肉之情龍衣拂地祖宗特受之
王師伐蜀孟昶出兵拒之其勢既蹙始自賫表詣王全斌請降奉其母違宫屬沿峽流而下至江陵止遣使厚勞之别賜茶藥慰其母手詔之曰國母李氏有賢識昶在國或縱侈過度往往訴撻于庭有司始候昶至闕令銜璧獻俘于太廟一皆罷之車駕親勞之郊近止令素服待罪於兩觀之下御含元殿備禮

之預詔有司直右掖門東葺大第五百楹什用器皿悉賜焉封杲爲中書令秦國公給巨鎮節俸拜命六日而卒年四十七發哀奠贈視三公之秩初其母繼至闕上以禁輦肩至宮庭嬪御扶掖親酌酒飲之曰母但寬衷勿念鄉土與日必送母歸蜀母奏曰妾家本太原若許妾還并州死亦心足時晉壘未平太祖聞其言識大喜曰俟平劉鈞立送母歸必如所願因厚賜之後杲卒母亦不哭以酒酹地曰爾貪生失理不能納疆于眞主又不能死社稷是誰咎乎吾以汝

所以忍死至今今汝既死吾安籍其生耶遂數日不食而卒

太祖生于西京夾馬營至九年西幸還其廬駐蹕以鞭指其巷曰朕憶昔日一石馬兒爲戲羣兒屢竊之朕埋於此不知在否斸之果得然太祖愛山川形勝樂其土風有遷都之意李懷忠爲雲騎指揮使諫東都正得皇居之中黃河通漕運儲廩可仰億萬不煩飛輓況國帑重兵宗廟禁掖若泰山之安根本不可輕動遂寢議拜安陵奠哭爲别曰此生不得再朝于此也卽更衣服弧矢登闕臺望西北鳴弦發矢以之矢委處謂左右曰卽此乃朕之皇堂也以向得石馬埋于中又曰朕自爲陵名曰永昌是歲果宴駕

唐陸羽續水經常言蛇雉遺卵于地千年而爲蛟焉按漢武帝元封中潯陽浮江親射蛟于江中獲之乃是其蛟出殼之日害于一方洪水飄蕩吳人謂之發洪余少時嘗遊杭州新城縣之伊山目擊此事方晚忽茂草中一雌雉飛起丈餘翅羽零落復入草中數次不絶久而不出予切怪之雍草往視果一巨蛇一

雌雉蟠結纏糾津沫狼籍不斯須雉驚而飛蛇亦入草始驗陸之說不誣

太宗御廐一馬號碧御霞馬口角有文如碧霞夾于雙勒間圉人飼秣稍疲怠失時則蹄齧吼噴怒不可解從征太原上下岡坂其平如砥下則伸前而屈後登高則能反之太宗甚愛之上尊餘濔時或令飲則嘶鳴喜躍後聞宴駕悲嗔骨立眞宗遣從皇轝於熙陵數月遂斃詔以樊幃埋于桃花犬之旁

先主李升受吳主禪長子璉妃封永康公主問

公主則流涕辭不願稱宮中爲之悽感逮卒未康終身縞素斥去容飾不茹葷血惟誦佛書但自稱未亡人朝夕焚香對佛自誓曰願兒生生世世莫爲有情之物居延和中年二十四歲無疾坐亡凡五夕光如剪練長丈餘自口而出至斂溫軟如生先主感悼贈痛詔李建勛刻碑宮中紀其異

道山清話　宋　王暐

司馬君實洛中新第初遷入一日步行見墻外墻堞竹簽數十問之則曰此非人行之地將以防盜也公曰吾篋中所有幾何且盜亦人也豈可以此爲防命亟去之

正獻杜公嘗言人家祀祖先非簡慢則媟瀆得其中者鮮矣

斯舉又作黃綿襖子歌其序言正月大雨雪十日不

巳既晴鄰里相呼目日曰黃綿襖子出矣

魏公一日至諸子讀書堂見臥榻枕邊有一劍公問儀公何用儀公言夜間以備緩急公笑曰使汝果能手刃賊賊死于此汝何以處萬一奪入賊手汝不得爲完人矣古人青氈之說汝不記乎何至于是也吾嘗見前輩云夜行切不可以刃物自隨吾輩安能害人徒起惡心非所以自重也

神宗時文州曲水縣令宇文之邵上書極言時政且言姦聲亂色盈溢耳目衢巷之中父子兄弟不敢肩

閭巷謂王者之都而風俗一至于此神宗乃遣一二
內侍於通衢中物色民言竟以無是事而止予謂縱
物色得其言如何敢聞于上前劉貢父常對人言內
官如聽得只道是尋常文談

魏公在永興一日有一幕官來參公一見熟視蹙然
不樂凡數月未嘗交一語儀公乘間問公幕官者公
初不識之胡然一見而不樂公曰見其額上有鬼隱
起必是禮拜當非佳士恁地人緩急怎生倚仗

哲宗御講筵所手折一栢枝玩䄵顧爲講官奏曰方

春萬物發生之時不可非時毀折哲宗亟擲于地終
講有不樂之色太后聞之數曰怪鬼壞事呂晦叔亦
不樂其言也云不須得如此

溫公在永興一日行國忌香幕次中客將有事欲白
公悞觸燭臺倒在公身上公不動亦不問

韓持國爲人凝嚴方重與兄弟聚話王汝子華議論
風生持國未嘗有一言

邵康節與富韓公在洛每日晴必同行至僧舍韓公
每過佛寺神祠必躬身致敬康節笑曰無乃爲佞乎
韓公亦笑自是不爲也

章子厚與蘇子瞻少爲莫逆交一日子厚坦腹而臥
適子瞻自外來摩其腹以問子瞻曰公道此中何所
有子瞻曰都是謀反底家事子厚大笑

蘇子瞻一日在學士院閑坐忽命左右取紙筆寫平
疇交遠風良苗亦懷新兩句大書小楷行草書凡寫
七八紙擲筆太息曰好好散其紙于左右給事者

張文潛嘗言近時印書盛行而鬻書者往往皆士人
躬自負擔有一士人盡掊其家所有約百餘千買書

將以入京至中途遇一士人取書目閱之愛其書而
貧不能得家有數古銅器將以貨之而鬻書者雅有
好古器之癖一見喜甚乃曰毋庸貨也我將與汝估
其直而兩易之於是盡以隨行之書换數十銅器亟
返其家其妻方訝夫之回疾視其行李但見二三布
囊磊塊然鏗鏗有聲問得其實乃詈其夫曰你换得
他這箇幾時近得飯喫其人曰他换得我那箇也則
幾時近得飯喫因言人之惑也如此坐皆絶倒

劉貢父一日問蘇子瞻老身倦馬河堤永踏盡黃榆

綠槐影非闇下之詩乎子瞻曰然貢父曰是日影耶月影耶子瞻曰竹影金鎖碎又何嘗說月月也二公大笑

周重實爲察官以民間多壞錢爲器物乞行禁止且欲毁棄民間日近所鑄者銅器時張天覺爲正言極論其不可恐官司臨迫因而壞及前代古器重實之言旣不降出憤懣不平謂同列曰天覺只怕壞了鈸兒磬兒

呂晦叔爲中丞一日報在假舘中諸公因問何事在

假時劉貢父在坐忽大言今日必是一箇十齋日蓋指晦叔好佛也

子瞻愛杜牧之華清宮詩自言凡爲人寫了三四十本矣

人問邵堯夫人有潔病何也堯夫曰胸中滯礙而多疑耳未有人天生如此也初因多疑積漸而日深比亦未爲害但疑心旣重則萬境皆錯最是害道第一事不可不知也

山谷在宜州服紫霞丹自云得力曾紆嘗以書勸之勿服山谷荅云公卷疽根在傍乃不可服如僕服之殆是晴雲之在川谷安得霹靂火也

李公擇每飲酒至百杯卽止詰旦見賓客或圖書簡亦不病酒亦無倦色

張天覺好佛而不許諸子誦經云彼讀書未多心源未明纔拈着經卷便燒香禮拜不能得了

彭汝礪久在侍從剛明正直朝野推重晚娶宋氏婦有姿色器資承順惟恐不及後出守九江病中忽索紙筆大書云宿世寃家五年夫婦從今以往不打這

鼓投筆而逝

陳瑩中云嶺南之人見逐客不問官高卑皆呼爲相公想是見相公常來也

一長老在歐陽公座上見公家小兒有小名僧哥者戲謂公曰公不重佛安得此名公笑曰人家小兒要易長育往往以賤名爲小名如狗羊犬馬之類是也聞者莫不服公之捷對

溫公無子又無姬侍裴夫人旣亡公常忽忽不樂時至獨樂園于讀書堂危坐終日常作小詩隸書梁間

云暫來還似客歸去不成家其同人簡有云草妨步則薙之木礙冠則芟之其他任其自然相與同生天地間亦各欲遂其生耳可見公存心也

周穜言垂簾時一日早朝執政因理會事太皇太后命一黃門於內中取案上文字來黃門倉卒取至惧觸上幞頭墜地時上未著巾也但見新剃頭撮數小角兒黃門者震懼幾不能立旁有黃門取幞頭以進上凝然端坐亦不怒亦不問旣退押班具其事取旨上曰只是錯太后命押班只是就本班量行遣

章子厚爲侍從時遇其生朝會客其門人林特者亦鄉人也以詩爲壽子厚晚於座上取詩以示客且指其頌德處云只是海行言語道人須道著乃爲工門人者頗不平之怒曰昔人有令畫工傳神以其不似命別爲之旣而又以不似凡三四易畫工怒曰若畫得似後是甚模樣滿坐烘然

太祖嘗有言不用南人爲相實錄國史皆載陶穀開基萬年錄開寶史譜言之甚詳皆言太祖親寫南人不得坐吾此堂刻石政事堂上或云自王文穆大拜後吏輩故壞壁因移石於他處後寖不知所在旣而王安石章惇相繼用事爲人竊去如前兩書今館中有其名而亡其書也頃時尚見其他小說往往牙見今皆爲人節略去人少有知者知亦不敢言矣

予一日道過毗陵舍於張郎中巷見張之第宅雄偉園亭臺榭之勝古木參天因愛而訪之問其世家則知國初時有張佖者隨李煜入朝太宗時佖在史館家常多食客一日上問卿何賓客之多每日聚說何事佖曰臣之親舊多客都下貧乏絕糧臣累輕而俸

有餘故常過臣飯止菜羹而已臣愧非薄而彼更以爲羨美故其來也不得而拒之七日上遣快行家一人伺其食時直入其家佖方對客飯於是即其座上取一客之食以進果止糲飯菜羹仍皆麤疉陶器上喜其不隱時號菜羹張家佖三子益之昷之查之皆嘗爲郎官至今彼人呼其所居曰張郎中巷

紹聖改元九月禁中爲宣仁作小祥道場宣隆報長老陞座上設御幄於旁以聽其僧祝曰伏願皇帝陛下愛國如身視民如子毎念太皇之保佑常如先帝

之憂勤庶尹百僚謹守漢家之法度四方萬里永爲趙氏之封疆既而有僧問話云太皇今居何處答云身居佛法龍天上心在兒孫社稷中當時傳播人莫不稱歎於戲太皇之聖華夷稱爲女堯舜方其垂簾幾有號令天下人謂之快活條貫

元祐癸酉九月一日初夜開寶寺塔表裏通明徹旦禁中夜遣中使賫降御香寺門已閉既開寺僧皆不知也寺中望之絶無所見去寺漸明後二日宣仁上僊

道山淸話　八

杜少陵宿龍門詩有云天闕象緯逼王介甫改闕爲閲黄魯直對衆極言其是貢父聞之曰直是怕他

劉貢父嘗言人之戲劇極有可人處楊大年與梁周翰朱昂同在禁掖大年年未三十而二公皆高年矣大年但呼朱翁梁翁每以言侵侮之一日梁戲謂大年曰這老亦待留以與君也朱於後亟揺手曰不要與衆皆笑其捷雖一時戲言而大年不五十而卒

慶曆中胡瑗以白衣召對侍延英講易讀乾元亨利貞不避上御名上與左右皆失色瑗曰臨文不諱後瑗因言孟子民無恒產讀爲常上微笑曰又却避此一字葢自唐穆宗已改常字積久而讀熟雖曰尊經然坐斥君父之名亦未爲允上嘗詔其修國史瑗乃避其祖諱不拜

黄庭堅宜州之貶也坐爲承天寺藏記

張舜民彬州之貶也坐進兵論世言白骨似山沙似雪之詩此特一事耳兵論近於不遜矣舜民嘗因登對云臣頃赴潭州任因子細奏陳神宗感疾之因哲宗至於失聲而哭

道山淸話　八　九

富丞相一日於墳寺剃度一僧貢父聞之笑曰彥國壞了幾個才度得一個人問之曰彥國每與僧對語往往奬予過當其人恃此傲慢反以致禍者故目擊數人矣豈非壞了乎皆大笑然亦莫不以其言爲當也

華老入相不及一年而罷坐父死不葬後華老作家廟記自辯劉器之爲其集之序

元祐丁卯十一月雪中予過范堯夫於西府先有五客在坐予既見因衆人論説民間利害公甚喜書室

中無火坐久寒甚公命溫酒來公與坐客各舉兩大白公曰說得通透後令人心神融暢

或問范景仁何以不信佛景仁曰爾必待我合掌膜拜然後爲信耶

司馬君實嘗言呂晦叔之信佛近夫佞歐陽永叔之不信近夫躁皆不須如此信與不信纔有形迹便不是

祐陵嘗問溫公外議說陳升之何如溫公曰二相皆閩人二執政皆楚人風俗如何得近厚又問王安石

如何溫公曰天資僻執好勝不曉事其拗强似德州其心術似福州上首肯微笑又嘗稱呂惠卿美才溫公曰惠卿過於安石使江充李訓無才何以能動人主

司馬君實與呂吉甫在講筵因論變法事至於上前紛拏上曰相與講是非何至乃爾既罷講君實氣貌愈溫粹而吉甫怒氣咈膺移時尚不能言人言一個陝西人一個福建子怎生廝合得着

趙先生能使人夢寐中隨其往以觀地獄賓靈長老不信欲往觀之先生與之對趺坐命長老合眼正念人視之二人皆已熟寐鼻息如雷俄頃而覺長老者流汗被體視先生合掌作戰悸之狀人問之皆不答但亟遣人往州橋問銀鋪李員外如何既而人回曰今早殂矣明日長老遂退院而去

劉貢父言每見介甫道字說便待打諢

張文潛言嘗問張安道云司馬君實直言王介甫不曉事是如何安道云賢只消去看字說文潛云字說也只是二三分不合人意思處安道云若然則足下

亦有七八分不解事矣文潛大笑

大參陳彭年以博學强記受知定陵凡有問無不知者其在北門因便殿賜坐對甚從容上因問墨智墨允是何人彭年曰伯夷叔齊也上問見何書曰春秋少陽即令祕閣取此書既至彭年令於第幾板尋檢果得之上極喜自是注意未幾執政

黃庭堅嘗言有人心動則目動王介甫終日目不停轉

庭堅一日過范景仁終日相對正身端坐未嘗回顧

亦無倦色景仁言吾二十年來胸中未嘗起一思慮二三年來不甚觀書若無賓客則終日獨坐夜分方睡雖兒曹譁呼咫尺皆不聞庭堅曰公却是學佛作家公不悅

李覯字泰伯盱江人賢而有文章蘇子瞻諸公極推重之素不喜佛不喜孟子好飲酒作文古文彌佳一日有達官送酒數斗泰伯家釀亦熟然性介僻不與人往還一士人知其富有酒然無計得飲乃作詩數首罵孟子其一云完廩捐階未可知孟軻深信亦還

癡丈人尚自爲天子女婿如何弟殺之李見詩大喜留連數日所與談莫非罵孟子也無何酒盡乃辭去既而又有寄酒者士人聞之再往作仁義正論三篇大率皆詆釋氏李覽之笑云公文采甚奇但前次被公吃了酒後極索寞今次不敢相留聊此酒以自遣懷聞者莫不絕倒

劉貢父平生不曾議人長短人有不韙必當面折之雖介甫用事諸公承順不及惟貢父屢當面攻之然退與人言未嘗出一語人皆服其長者雖介甫亦敬服之

朱虞叔送酒與子瞻子瞻以簡謝之云酒甚佳必是故人特遣下廳也葢俗謂主者自飲之酒爲不出廳耳

范堯夫帥陝府有屬縣知縣因入村至一僧寺少憩既飯步行廊廡間見一僧房頗雅潔閴無人聲案上有酒一瓢知縣者戲書一絕於窗紙云爾非慧遠我非陶何事窗間酒一瓢僧野避人聊自醉臥看風竹影蕭蕭不知其僧俗家先有事在縣理屈坐罪明日

其僧乃截取窗字黏於狀前訴於府且曰某有施主某人昨日携酒至房中值某不在房知縣既至施主走避酒爲知縣所飲不辭但有數銀盃知縣既醉不知下落銀盃各自鐫識今施主追某取之乞追施主某人與廳吏某人鞫之堯夫曰爾爲僧法當飲乎杖而逐之且曰果有失物令主者自來理會持其狀以示子姪輩曰爾觀此安得守官處不自重即命火焚之對僚屬中未嘗言及後知縣者聞之乃俯書致謝堯夫曰不記有此事自無可謝還其書

王安石配享文宣王廟庭坐顔孟之下十哲之上駕
幸學親行奠謁或謂安石巍然而坐有所未允蔡知
院元度曰便塑底也不得

後跋語

先大父閣史在館閣最久多識前輩皆以聞見著館
秘録賜書記并此書爲三仍歲兵火散失不存近方
得此書於南豐曾仲存家因手抄藏示子孫騁老矣
未知前二書尚及見乎建炎四年歲在庚戌孫朝奉
大夫主管亳州明道宮賜紫金魚袋騁書

家世舊聞

宋　陸游

太傅（諱軫字齊卿）性質直雖在上前不少改昔爲館職時
嘗因奏事極言治亂舉笏指御榻地曰天下奸雄窺
覬此座者多矣陛下須好作乃可長保明日仁祖以
其語告大臣曰陸軫淳直如此
楚公（諱佃字農師）使　歸擕所得貔至京師先君言猶記
其狀如大鼠而極肥腯甚畏日偶爲隙光所射輒死
性能糜肉一臠之肉以貔一臠投之旋即糜爛然

人亦不以此貴之但謂珍味耳楚公使　時館中有
小　執事甚謹亦能華言因食夾子以食不盡者與
之拜謝而不食問其故曰將以遺父母公喜更多與
之且問識此何物也曰人言是石榴意其言食餔也
又　人負載隨行物不用兵夫但遇道上行者即驅
役之耳一日將就馬一擔夫訴曰某是燕京進士不
能負擔公笑爲言而遣之
祖母楚國鄭夫人撫視庚子與巳子等先君與四十
二叔父提舉公（諱宲字元珍）同歲方懷孕與祖母作襁褓

二副付侍者曰先產者先用之已而八月祖母生先君九月杜支婆生叔父相距才二十餘日也先世以來族母皆稱支婆

楚公言遼人雖外竊中國禮文然實安於　之俗南使過中京舊例有樂來迎卽以束帛與之公以十一月二十日至中京遼人作樂受帛自若也明旦迓使輒止不行曰國忌行香公覈案牘則　忌在二十日也因移文問　曰去年昨日作忌今年今日作忌何爲不可蓋利束帛故徙忌日耳又同途送使聞其喪而不能作哀也但以墨減幞頭之光行數日既除服則佩服如常矣獨副使忘洗幞頭見者大笑公平生待物以誠雖於　　不變也因從容與語使洗之副使亟謝

先君諱宰字元鈞言青州王沂公所居坊有牓曰三元文正之坊又嘗見沂公初登科報其父書曰曾今日殿前唱名遂忝第一皆先世積德大人不須過喜因言楚公登科時第四人張中在廢延喜甚挈楚公手曰如何得鄉里如夫楚公不答及歸審謂親曰此殆非

遠器也中爲明州象山縣官坐私與高麗人朴寅亮倡和詩停官終身沉滯雖一時不幸坐法亦器宇非遠大也

宣和末蔡京病篤人皆謂必死矣獨晁叔用冲之謂先君曰未死也此老敗壞至此若使晏然死牖下備極哀榮豈復有天道哉已而果然

先君言蔡京自少好方士之術其在錢唐嘗遇異人以故所至輒延道人輩崇寧初作相卽爲徽廟言泰州徐神翁能知未來事元祐中蘇軾知揚州遣人往求字神翁大書曰泄慢墮地獄禍及七祖神翁雖方外士而能疾元祐人所宜褒顯其可笑如此然上頗喜之群閹又言元符中哲宗嘗遣人審問聖嗣神翁曰吉人君子吉人者上名也于是召至都下上用太宗見陳摶故事御絲鞋卽便殿以賓禮接之又有劉混康者茅山道士其師祖朱自英以傳籙著名章獻明肅太后臨朝時嘗召至京師從受法籙故混康亦得召混康頗有識善劾鬼神然未嘗行卻曰安能敺枷擊鎖作老獄吏邪二人者既至皆物故上疑其變

化仙去益求其類初京爲眞定師道人王老志自言鍾離權弟子嘗許京必貴極人臣至是物色得之京館之後圃引與見上老志敢大言熟視上曰頗記老臣否上亦自記嘗夢遊帝所有仙官贊拜者其面目眞老志也恩禮尤渥車駕遊幸老志輒羽衣導駕言有非常輒能知之未幾老志夜叩京門告以鍾離公怒我語涉欺誕行當墮落公禍亦不終矣明日得疾力辭歸河朔而死自是方士自言有異術者相踵而林靈素最後出尤爲魁傑素字靈通吏本名靈噩温

州人少嘗事僧爲童子嗜酒不檢僧笞辱之發憤棄去爲道人頗知小術亦時時自寫所爲歌詩遺人然筆札詞句皆鄙惡了無可觀既得幸其徒黠者稍潤色之然靈素本庸夫每升高座說法肆爲市井俚談聞者絶倒或擇日施符水爲人治病車駕臨幸其所居設次臨觀則陰募京師無賴數十人此背爲傴扶杖爲盲噤口爲瘖曳足爲跛既噀水投符則傴者伸背盲者捨杖瘖者大呼跛者疾走或拜或泣各言得疾二十年或三十年一旦都除歡聲動地上爲大悦

靈素以爲未足則又猶言神霄事謂天有九霄神霄最尊上爲神霄帝君實玉帝長子下降世間而其貳曰青華長生二帝君實治神霄府事每齋醮上必親製辭表以禱上帝君或久無靈響亦禱焉好事者或謂青華爲上長生爲鄆王蓋過矣然宮觀設醮亦或言見上御道家冠服跨金龍冉冉自空而降呼奉祠官及道士與語其事秘不可知也惟鄉果自空而墜則往往得之果皆絶大異常靈素又自謂已乃神霄許吏褚慧有光曰褚嘉卿位至右極仙嘉卿今亦生世間是爲王黼黼正御製詩有曰君王猶記褚嘉卿

者是也其它如蔡京則左元仙伯范致虛則東臺典籍王孝迪則西臺洋閱眞文史靈素與王華有隙則曰華鹿吏也常與帝君馭馬其他有名者甚衆是時明節劉后方幸又曰后在神霄爲九華玉眞安妃蔡京曲讌詩曰保和前殿麗秋暉恩許塵凡到綺闈西讌酒闌傳密詔玉眞軒裡見安妃是也安妃名在眞誥蓋天之高眞而靈素敢瀆冒如此又嘗密奏西眞斋將誕蓋明節方[illegible]館耳靈素賜號葉玶殿[illegible]

金門羽客通眞達靈先生上刻玉爲降眞召靈之寶自用之而錫靈素塗金印文曰通眞達靈之印班視執政錫賚至不可計有弟子姓丁自言謂之四世孫上爲下詔贈爲少保士大夫無恥者日萃其門所薦進皆即拔擢又著令道士居僧之上而道士入僧寺輒據上席已而遂冠笄僧尼矣先是宮中數有物怪或見一老娼黃帽黃衫抱十餘歲兒紅袍玉帶乘輿鳴蹕而出娼兒皆有悲泣容其將見必先有聲如雷宮中爲之雷去聲上常手札賜靈素畧曰元符三年冬內

家世舊聞　六

人自秦陵還摘皂莢八一籠入宮門籠輒自躍皂莢皆跳出是祟物顯行宜善治之勿爲髠徒所笑靈素竭其術不効既久上益厭之遂放靈素歸故郡宣和末病死靈素之逞憾釋氏也每爲金狄亂華又創圖宮殿爲仙女騎鱗鳳之狀名之曰女眞皆言妖也

錢氏私誌

宋　錢世昭

神廟熙寧間諭宰相王岐公云昭陵二女皆朕之姑卿可選勲賢之後有福者尚之岐公未有以奉詔會大父齊閣知台州回光玉補試入太學適與岐公之子敏甫同齋敏甫告岐公云近有一錢少監子風骨不羣文采富贍恐可奉詔岐公遂就啓聖院設齋令敏甫盡召同舍飯罷岐公會茶熟視光玉甚久皆不喻其意翌日又令敏甫竊取所業溝以進御云臣向

錢氏私誌　一

奉詔選勲賢之後尚主今得吳越王錢某之孫與臣男同齋得其業又奏啓聖覽見之事乞賜召見上云待共太皇商量後數日有旨令三班奉職曹詩進士錢某又一人忘其姓名於某月某日同候宣押曹詩以本色服光玉服布衣巳時候內侍宣押入內至一小殿殿內皆宮嬪二貴主在焉引曹與光玉立於簾前斯須上小帽領出簾外熟視云簾外與簾內一般顧左右令止御樂聽聖旨簾內宮人傳旨錢某可尚慶壽公主曹詩可尚承壽公主引入幕次更衣各賜

襲衣玉帶服所賜畢引至殿下謝恩殿上鈞簾慈聖
裕陵宣仁欽聖同坐慈聖謂曹詩曰你是我姪會見
指光玉背曰錢郎好女壻上云是箇享福節度使左
右宮妃觀者如堵上同三殿徐登步輦還内樂聲漸
遠復引光玉與曹詩再入幕次賜酒五行執事皆宮
人飲罷内侍復引至宮門各以使下御馬一疋崇政
殿親從官二十人導歸第謂之宣繫玉帶赴朝三日
除正刺史郡繫方金御仙花帶赴朝參騎年賢穆下
降三殿護送就第太常鹵簿迎引故事下降後三日

錢氏私誌　二

貴主同副車詣景靈宮及入内謁畢方見舅姑舊例
貴主畫堂垂簾坐舅姑拜簾外賢穆奏乞行常人禮
上與慈聖大喜再三稱詔從請上令中使宣諭宰執
是日宰執殿上稱賀

賢穆乳母末嘉董夫人一日入禁中慈聖問云主主
以未得子爲念爲甚不去玉仙聖母處求嗣董奏曰
都尉不信事須是官家娘娘處分後數日光玉入禁
中上笑云董婆來娘娘處說都尉來光玉皇恐謝罪
欽聖云別没事只是娘娘要教主主去玉仙求嗣董
奏云都尉不信光玉奏云既得聖旨安敢不信遂擇
日與賢穆同詣玉仙止留知觀老道士一人焚香祈
禱道士見貴主冠服之盛歎艷富貴云願得貧道與
大主做兒子歸而有娠明年四月十五日光玉欲赴
朝賢穆云我昨夜夢見玉仙觀知觀來與我做孩兒
亟遣人詣廟祈禱且問道士動静知觀自去年大主
上廟後便不安不下床多日矣知觀在房内聞人聲
問云甚處人來報云錢大主臨蓐齋香燭祈禱知觀
笑云來僱我也是日告姐大父實闕善推步午時遣

錢氏私誌　三

人來報光玉云符數七十有九若今日酉時生是箇
有福節度使伯兒果酉時生平生淡薄享壽七十有
九

賢穆有荆雍大長公主牌印金鑄也金鞍勒瑪瑙鞭
金撮角紅藤下馬杌子開國初貴主乘馬元祐後不
鑄印無乘馬儀物

歐文忠任河南推官親一妓時先文僖罷政爲西京
留守梅聖俞謝希深尹師魯同在幕下惜歐有才無
行共白于公屢微諷而不之恤一日宴於後園客集

而歐與妓俱不至移時方來在坐相視以目公責妓云末至何也妓云中暑往涼堂睡著覺失金釵猶未見公曰若得歐推官一詞當爲償汝歐即席云柳外輕雷池上雨雨聲滴碎荷聲小樓西角斷虹明闌干倚遍待月華生燕子飛來栖畫棟玉鉤垂下簾旌涼波不動簟紋平水精雙枕傍有墮釵横坐皆稱善遂命妓滿酌賞歐而令公庫償釵戒歐當少戢不惟不恤翻以爲怨後修五代史十國世家痛毀吳越又於歸田錄中說文僖數事皆非美談從祖希白嘗戒子

孫毋勸人陰事賢者爲恩不賢者爲怨歐後爲人言其盜甥表云喪厥夫而無託攜孤女以來歸張氏此時年方七歲内翰伯見而笑云年七歲正是學簸錢時也歐詞云江南柳葉小未成陰人爲絲輕那忍折鶯憐枝嫩不勝吟留取待春深十四五閒抱琵琶尋堂上簸錢堂下走恁時相見已留心何況到如今歐知貢舉時落第舉人作醉蓬萊詞以譏之詞極醜詆今不錄

岐公在翰苑時中秋有月上問當直學士是誰左右

以姓名對命小殿對設二位召來賜酒公至殿側侍班俄頃女童小樂引步輦至宣學士就坐公奏故事無君臣對坐之禮上云天下無事月色清美與其醉聲色何如與學士論文若要正席則外廷賜宴正欲畧去苛禮放懷飲酒公固請不已再拜就坐上引謝莊賦李白詩美其才又出御製詩示公公嘆仰聖學高妙每起謝必勅内侍挾扶不令下拜夜漏下三鼓上悅甚令左右宮嬪各取領巾裙帶或團扇手帕求詩内侍舉牙床以金鑲水晶硯珊瑚筆格玉管筆皆

上所用者於公前來者應之畧不停綴都不蹈襲前人盡出一時新意仍稱其所長如美貌者必及其容色人人得其歡心悉以進呈上云豈可虛辱須與學士潤筆遂各取頭上珠花一朵裝公幞頭簪不盡者置公服袖中宮人旋取針線縫聯袖口宴罷月將西沉上命輟金蓮燭令内侍扶掖歸院翌日問學士夜來醉否奏云雖有酒不醉到玉堂不解帶便上床與幞頭任面前抱兩公服袖坐睡恐失花也都下盛傳天子請客

蔡魯公帥成都一日於藥市中遇一婦人多髮如雪者毛女語蔡云三十年後相見言訖不知所在蔡後以太師魯國公致仕居京師一日在相國寺資聖閣下納涼一村人自外入直至蔡前云毛女有書蔡拆書其人忽不見啓封大書東明二字蔡不曉其意後貶長沙死於東明寺因就叢焉呂辨者蔡門人蔡罷珠履盡散獨呂送至長沙呂乘間問蔡云公高明遠識洞鑒古今知國家之事必至於斯乎答云非不知也將謂老身可以幸免

錢氏私誌〔六〕　六

徐神翁自海陵到京師蔡謂徐云且喜天下太平是時河北盜賊方定徐云太平天上方遣許多魔君下生人間作壞世界蔡云如何得識其人徐笑云太師亦是

紹興間吳山下有大井每年多落水死者董德之太尉率衆作大方石板蓋井口止能下水桶遂無墮人之患有人夜行聞井中呌云你幾箇怕壞了活人我幾箇幾時能勾託生觀此不可謂無鬼也

徽皇聞米元章有字學一日於瑤林殿張絹圖方廣二丈許設瑪瑙硯李廷珪墨牙管筆金硯匣玉鎮紙水滴召米書之上出簾觀看令梁守道相伴賜酒果乃反繫袍袖跳躍便捷落筆如雲龍蛇飛動聞上在簾下回顧抗聲曰奇絕陛下上大喜盡以硯匣鎮紙之屬賜之尋除書學博士一日崇政殿對事畢手執劄子上顧視令留椅子上米乃顧朶殿云皇帝呌內侍要唾盂閤門彈奏上云俊人不可以禮法拘一日見蔡魯公蔡云元章書法之妙今日可謂第一龜山顛還他曼卿佛牌爲第一米曰恁地時龜山却且做

錢氏私誌〔八〕　七

第二米有孔子贊曰孔子孔子大哉孔子孔子孔子以前未有孔子孔子以後更無孔子孔子孔子孔子大哉孔子

東坡在惠州佛印居江浙以地遠無人致書爲憂有道人卓契順者慨然歎曰惠州不在天上行即到矣因請書以行印即致書云嘗讀退之送李愿歸盤谷序愿不遇知於主上者猶能坐茂樹以終日子瞻中大科登金門上玉堂遠於寂寞之濱權臣忌子瞻爲宰相耳人生一世間如白駒之過隙三二十年功名富貴轉眄成空何不一筆勾斷尋取自家本來面

萬劫常住永無墮落縱未得到如來地亦可以驂鸞鸞鶴翱翔三島爲不死人何乃膠柱守株待入惡趣昔有問師佛法在甚麽處師云在行住坐卧處着衣吃飯處痾屎刺撒處沒理沒會處死活不得處子瞻曾中有萬卷書筆下無一點塵到這地位不知性命所在一生聰明要做甚麽三世諸佛只是一箇有血性的漢子子瞻若能脚下承當把一二十年富貴功名賤如泥土努力向前珍重珍重

錢氏私誌　八

唐一行嘗語人曰吾得古人相法相人之法以洪範五福六極爲主觀其所由察其所安可得大槩若其人忠孝仁義所作所爲言行相應顛沛造次必歸於善者吉人也若不忠不孝不仁不義言行不相應顛沛造次必歸於惡者凶人也吉人必獲五福之報凶人必獲六極之刑不于其身必于其子孫若但於風骨氣色中料其前程休咎豈能悉中也

荆公擧一酒令云有客姓任名稔販金販錦關吏止之曰任稔任入金錦禁急又字謎云月字加兩點不得作貝字猜貝字欠兩點不得作目字猜賀資二字也又四箇口盡皆方加十字在中央不得作田字猜不得作器字蓋圖字也

燕北風俗不問士庶皆自稱小人宣和間有遼國右金吾衛上將軍韓正歸朝授檢校少保節度使對中人以上說話即稱小人中人以下即稱我家每日到漏舍誦天童經數十遍其聲朗朗然且云對天童豈可稱我自皇天生我皆改爲小人云皇天生小人皇地載小人日月照小人北斗輔小人前後二十餘句凡稱我者皆改爲小人誦畢贊笑云這天童極靈聖

錢氏私誌　八　九

王少師云若無靈聖如何持得許多小人然小人有母皆嘗小人之食小人之稱其來古矣施之於經是可笑也

隆興初賀子忱知樞密院有武臣陳理公賞補從軍三十餘年累立戰功宣和年第一次燕山府立功靖康年第二次白溝河右牛行虎視牛行足以任虎視足以威又問卿如何對云臣草木瓦礫陛下用之則貴不用則賤

之覺丞相再召到闕謝表云十年去國門前

可羅一日還朝屋上之烏亦好後有一遷官勑牒云
十年去國不聞長樂之鐘一日還朝復見大君之鼎
見魏漢津所鑄九鼎初成也
明節劉后一時遭遇寵傾六宮忽苦痁疾臨終戒左
右云我有遺囑在領巾上候我氣絶奏官家親自來
解語畢而終左右馳奏上至哀慟悲不自勝領巾上
蝇頭細字其辭曰妾出身微賤而無寸長一旦遭遇
聖恩得與嬪御之列命分寒薄至此夭折雖埋骨於
九泉寃鬼不離左右切望陛下以宗廟社稷之重天

下生靈之衆大王帝姬之多不可以賤妾一人過有
思念深動聖懷况後宮萬計勝如妾者不少妾深欲
忍死而與君父訣别譴限已盡不得少留寃痛之情
言不能盡淚下有數百點悲切之言不能盡記後左
右每欲寛解必提領巾上愈傷感聞者謂李夫人不
足道也林靈素謂后是九華安妃臨終聞本殿異香
音樂次年有青坡術士見后於巫山髣髴鈿合金釵
云
叔父太尉昭陵之甥親見宣政太平文物之盛
事太上備膺眷遇在帝左右銜命出疆凡耳目所
接事出一時語流千載者廣記而備言之世昭敬
請而集名曰錢氏私誌云姪廸功郎秀州嘉興尉
世昭序

家王故事

宋　錢惟演

隆遇

先臣開寶九年二月入朝一日太祖召宴後苑時惟太宗及秦王侍坐酒酣詔先臣與太宗敍兄弟之禮命中人翼起之先臣叩頭辭讓繼之以泣方得免先臣太平興國三年入朝太宗詔赴苑中宴先臣時獨臣兄安僖王惟濬侍焉因泛舟於宮池太宗手舉御杯賜先臣跪而飲之明日奉表謝其畧曰御苑深沉

想人臣之不到天顏咫尺惟父子以周親

保讓廢王

先臣初爲台州刺史時伯父廢王倧始嗣立而宿將胡思進怙權亂政倧不能容形於色言且欲殺之思進乃逼廢王而以兵迎立先臣時晉開運四年十二月晦也先臣乙夜至府置具與思進約曰能全吾兄則敢承命不然者請避賢路思進曰諾先臣如視事於是遷倧於越其後思進違約曰請害倧先臣聳然百端思進之請益固先臣察其必有它變乃先遣親將薛溫者往越爲倧守衛倧且誠曰是行也委爾保全廢王事無大小皆非吾意先死扞之溫既行果思進夜使二卒持刃逾垣而入倧第倧闔寢戶以拒之求救之聲聞於外溫領徒而入斃二卒於廷中及思進之死倧獲無恙開寶中始以疾終

大度

先臣鎮東南日嘗大會賓客食鱉臑而庖人因刀傷手以紙濡血紙墮食器中先臣得之遂藏於袖且顧左右曰無令掌膳者知

焚案帳

太平興國中趙普再入相盧多遜罷爲兵部尚書一日普召臣兄惟濬到中書語曰朝廷知盧多遜求取元帥財物甚多今未亟行者爲元帥故也請具所遺之物列狀上之辭意亹亹冀在必致惟濬歸而白之且曰侍中之言（侍中者普也）未必不是上旨先臣曰上英明大臣有過行即自行何假吾狀惟濬懼普與寮吏等又堅請曰逆侍中意恐致不測先臣知不可已乃曰汝將案帳來吾與汝審視之乃盡取當時所與大

臣近寄財物之數籍俟惟濬等退命取火悉焚之既而召語曰我受主上非常之恩是以入朝之初上所顧遇者皆以金幣爲之土物耳且非有它求爲故也况侍中之下皆有之何獨慮柄豈不見人之將溺而加石焉汝等少年勿爲此案籍已焚之禍福吾自當之惟濬等惕息而退後果知是事非太宗意

家王故事

桐陰舊話

宋　韓元吉

忠獻公將生令公夢人手中書一大與字示之知門戶之將起也及命名從人從意而字宗魏蓋取畢萬之後必大萬盈數魏大名之義耳年六七歲病甚令公與夫人守視之忽若張口飲藥狀曰有道士牽犬以藥飼我俄汗而愈後因畫像以祀按列仙傳韋善後唐武后朝京兆人長齋奉道法嘗携黑犬名烏龍世俗謂爲藥王云

太保公忠憲曾祖也周國公祖也皆葬靈壽相比獻肅公自太原移帥定武始議改葬既發穴則二瓦棺並列有泉湛然其下大驚以問鄉老有曰當時開壙見水貧不能易地遂以木架於水上然猶不腐則知未嘗溢涸爾因不敢改而相地者以爲奇第斲石爲柱横二石梁瓦棺仍之不别爲槨增築其封收冢首於上洪水李公邦直爲墓表孫康簡公曼叔書之亦買田靈壽以贍同族之貧者

忠憲公少年貧特學書無紙莊門前有大石就其上

字字晚即滌去遇烈日及小雨張幕繳自蔽率以為常

公與李康靖公同行應舉有一氈同寢臥至別割氈為二分之具後發貴以長女嫁康靖公子邯鄲公而第七解州府君娶康靖公女子孫數世婚姻不絕

李康靖公為汝州守趙公門客（本傳云依所親趙兄或是）忠憲公亦往見為趙公尤敬待忠憲每間公至書院即令設肉食康靖嘗有簡戲云久思肉味請兄訪友也趙公遂女以許嫁忠憲公既過省趙公遣人送女至京

師資從甚鮮華女亦乘馬披繡衫戴帽泊城外旅邸一夕病心痛卒忠憲具素服往哭之後乃為王文王公壻也

公在蜀既踰年仁宗欲召為參知政事宰相有謂當俟秩滿者而更薦所厚善及公受代止以中丞召至仁宗遂遷公同知樞密院事迄拜參政乃知聖眷自有定也然范文正公嘗進百官圖訕呂　靖而力薦公宜相文正出鄱陽出榜朝堂有妄密薦稱密行離間之語仁宗以喻公公奏曰臣頃歲陛下過聽擢貲

樞密未嘗涉朋比結左右也況仲淹非姻親故舊若仲淹舉臣以公則臣之拙直陛下所知舉臣以私則臣委質以來素無交託進退之際惟陛下所裁仁宗賜詔褒答

舍人諱綜字仲文景祐元年登進士第後以呂文靖公薦入館忠憲公書戒之曰惟上感君恩次答知己外但服勤職業一心公忠何慮前程不達切須照管人情周防忌善之言為切繼遷開封府推又戒之曰乍贊浩穰庶事皆須熟思無致小有失錯至於斷一

笞杖或不當明則懼於朝章幽則畏於陰隙二書真跡具在族人家自餘尚數紙亦與獻肅兄弟者無一筆草書尾但云吾押付汝而不名

王夫人初未有子夢一僧貌甚異手持蓮花曰汝欲生男子摘五葉餌之後生舍人及獻肅公職方官師非敏公五子皆貴顯嘗誨之曰汝父有法度為世所知汝曹或不及則人必以為類我也其善教如此

獻肅公諱絳字子華發解過省殿試皆第三以元祐三年三月薨皆三數亦異事也故蘇惠公頌挽詩云

二眷慶曆三人第四入熙寧四輔尊蓋公自樞副遷
參政宣撫陝右郎軍中拜昭文相再入史館相也
職方諱繹字仲連從晏元獻公辟爲永興倅有富家
子悅娼女柳約爲夫婦而父母強爲子娶乃誅之市
卜教以厭蠱期妻必死可娶娼則厚酬之既而妻果
病垂死妻之父母聞而告官晏公醇儒不信曰世顧
有是邪職方固請鞠之遂得實發地藏木偶人書其
妻名氏生時與呪詛之詞晏公大驚乃奏抵法
宮師諱維字持國忠獻公嘗夢巨碑中有宮師姓名

而爲金字莫曉所謂然亦意公必貴也故公不出應
科舉忠獻公亦不強之曰是兒當自致遠大其後公
預元祐黨籍蔡京請徽廟御書羣臣姓名而金填之
或謂是應
莊敏公諱縝字玉汝初求字於歐陽文忠公公以小
合幅紙書玉女二字送來莊敏大不樂明日相見猶
有愠容文忠公曰出處無點水也君何怪耶取筆漆
女字三點相與一笑蓋詩中王欲玉女但音發作汝
也前輩亦雅戲若此

人月使每歲至中國索食料多不時珍異之物州縣
擾聒公之使之入其境稍深則必索猪肉及胃臟之
屬從者莫能曉蓋燕北絕産羊俗不畜猪驛司馳騎
散於奔命無日不加箠楚所以困之爾既同程與送
伴者飲率盡酒然公翊日乘騎如故初不病酲也蓋
取隨行大盞酌勸之伴者不能勝屢至委頓臨別飛
飲達旦及叙違馬上幾不能入揖後聞其中責伴者
以失儀沙袋擊之至死

說郛目錄

弓第四十六

北夢瑣言

唐　孫光憲

唐宣宗皇帝好儒雅每直殿學士從容未嘗不論前代興亡頗留心貢舉嘗於殿柱上自題曰鄉貢進士李某或宰臣出鎮賦詩以贈之詞皆清麗凡對宰臣言政事即終日忘倦洎僖宗皇帝好蹴球鬬鷄爲樂自以能於步打謂俳優石野猪曰朕若作步打進士亦合得一狀元野猪對曰或遇堯舜禹湯作禮部侍郎陛下不免且落第帝笑而已原其所好優劣即聖政可知也

太尉李德裕幼神俊憲宗賞之坐於膝上父吉甫每以敏辯誇於同列武相元衡召之謂曰吾子在家所嗜何書意探其志也德裕不應翌日元衡具告吉甫因戲曰公誠涉大痴耳吉甫歸以責之德裕曰武公身爲帝弼不問理國調陰陽而問所嗜書者成均禮部之職也其言不當所以不應吉甫復告元衡大慙由是振名

唐大中年交州奏先差赴慶州行營押官鄭神佐陣

沒其室女年　十四先亾父未行營巳前許嫁右驍雄軍健李玄慶未受財禮阿鄭知父神佑陣沒遂與李玄慶休親截髮往慶州北懷安鎮收亾父遺骸到兖州瑕丘縣進賢鄉與亾母合葬訖便於塋內築廬以居識者曰女子適邊取父遺骸合葬烈而且孝誠可嘉也盧蕘習於近俗國不能禁非也廣引禮經而諮之

杜邠公悰司徒佑之孫父冂從郁歷遺補織令悰尚憲宗岐陽公主累居大鎮復居廊廟無他才未嘗延接寒素甘食竊位而巳有朝士貽書于悰曰公以碩大敦龎之德生于文明之運矢厥謨猷出入隆顯極言議之文多不錄時人號爲禿角犀凡蒞藩鎮未嘗斷獄繫囚死而不問宜其責之嗚呼處高位而妨賢享厚祿以豐巳無功於國無德於民富貴而終斯乂何人也子孫不享何莫由斯

唐文宗皇帝謂宰臣曰太宗得魏徵采拾闕遺弼成聖政今我得魏謩於疑似之閒必極匡諫雖不敢希及正觀之政庶幾處無過之地今授謩右補闕委舍

人善爲之詞又問謩曰卿家有何圖書謩曰家書悉無唯有文貞笏在文宗令進來鄭覃在側曰在人不在笏文宗曰鄭渾未曉但甘棠之義非要笏也

咸通中進士皮日休進書兩通其一請以孟子爲學科其畧云臣聞聖人之道不過乎經經之降者不過乎史史之降者不過乎子子不異道者孟子也捨是而子者必斥乎經史爲聖人之賊也云云文多不載請廢莊列之書以孟子爲主有能通其義者其科選同明經也其二請以韓文公愈配饗太學其畧曰臣聞聖人之道不過乎求用用於生前則一時可知也用於死後則萬世可知也云云孟子荀卿翼傳孔道以至於文中子文中子之道曠矣其幾於室授者唯韓愈爲躪躒楊墨蹂踐釋老故得孔道炳然如日星焉吾唐以來一人而巳苟不得在二十一賢之數則典禮未爲備也

唐段相文昌家寓江陵少以貧窶修進常患口食不給每聽曾口寺齋鐘動輙詣謁飡爲寺僧所厭自此乃齋後扣鐘冀其晚至而不逮食也後入登台座連

出大鎮拜荆南節度有詩題曾口寺云曾遭闍黎飯後鐘蓋爲此也富貴後打金蓮花盆盛水濯足徐相商致書規之鄒平曰人生幾何要酬平生不足也夏侯孜相國未偶伶俜風塵蹇驢無故墜井每及朝士之門舍逆旅之館多有齟齬時人號曰不利市秀才後登將相何先塞而後通也

唐渤海王太尉高公駢鎮蜀日因巡邊至資中郡舍於別史衙對郡山頂有開元佛寺是夜黃昏僧禮讃螺唄間作渤海命軍候悉擒械之來晨笞背悉逐召

將吏而謂之曰僧徒禮念亦無罪過但以此寺十年後當有秃丁數千作亂我以是厭之其後土人髠髮執兵號大髠小髠據此寺爲寨凌脅州將果叶渤海之言

唐鄭愚尚書廣州人雄才奧學擢進士第敭歷清顯聲稱烜然而性本好華以錦爲半臂崔魏公鉉鎮荆南滎陽除廣南節制經過魏公以常禮延遇滎陽舉進士時未嘗以文章及魏公門此日於客次換麻衣先贄所業魏公覧其卷首尋已賞嘆至三四不覺曰眞銷得錦半臂也

唐相國韋公宙善治生江陵府東有別業良田美産最號膏腴而積稻如坻皆爲滯穗大中初除廣州節度使宣宗以番禺珠翠之地垂貪泉之戒京兆從容奏對曰江陵莊積穀尚有七千堆固無所貪宣皇曰此可謂之足穀翁也

唐劉僕射崇龜以清儉自居甚招物論嘗召同列餐苦蕒饆饠朝士有知其矯乃潛問小蒼頭曰僕射晨餐何物蒼頭曰潑生吃了也朝中聞而哂之又鎮番

禺効吳隱之爲人京國親知貧乏者頗佚濡救但畫荔枝圖自作賦以遺之後薨於嶺表扶護靈櫬經渚宮家人鬻海珍珠翠于市時人譏之

唐荆州衣冠藪澤每歲解送舉人多不成名號曰天荒解劉蛻舍人以荆解及第號爲破天荒爾來余知古關圖常修乃荆州之居人也率有高文連登上科關貟衙前將校之子也及第歸鄉都押已下爲其張筵乃指盤上醬甌戲老校曰要校卒爲者其人復樽進之曰此亦校卒爲者也席人大噱

唐薛澄州昭緯即保遜之子也恃才傲物亦有父風每入朝省弄笏而行傍若無人好唱浣溪紗詞知舉後有一門生辭歸鄉里臨岐獻規曰侍郎重德某乃受恩爾後不請弄笏與唱浣溪紗即某幸甚時人謂之至言有小吏常學其行步揖遜薛公知之乃召謂曰試於庭前學得似則恕汝罪於是下簾擁姬妾而觀之小吏安詳傲然舉動酷似笑而捨之路侍中中巖在西蜀嘗夏日納涼於球場廳中使院小吏羅九皐中庭步履有似裴條中巖遥見促召衫帶遍視方

知其非因笞之

唐柳僕射仲賢鎮鄴城有一婢失意將婢於城都鬻之蓋巨源使君乃西川大校累典大郡宅在苦竹溪女儈具以柳婢言導蓋公欲之乃取歸其家女工之具悉隳之日夕賞其巧技或一日蓋公臨街窺牕柳婢在侍通衢有鬻綾羅者從牕下過召之就宅蓋公於東廡內選擇邊幅舒卷揲之第其厚薄酬酢可否柳婢失色而仆似中風恙命扶之而去一無言語但令與還女儈家翌日而瘳詰其所苦青衣曰某雖賤人曾爲柳家細婢死則死矣安能事賣絹牙郎乎蜀都聞之皆嗟歎也清族之家率由禮則蓋公暴貴未知士風爲婢僕所譏宜矣哉

乾符後宮娥皆以木圍頭由是四方效之唯內官各自出樣匠人曰所軍容頭至是果驗也

王贊侍郎中朝名士有[illegible]楊蘧者曾到嶺外見陽朔荔浦山水談不容[illegible]情緣嘗得接琅琊從容不覺形於言曰侍郎曾見陽朔荔浦山水乎瑯邪曰某未曾打人脣綻齒落安得而見因之大笑楊字俄而

遷求彼邑華家南去亦州縣官中一高士也

沈詢侍郎清粹端美神仙中人也制除山北節旄京城誦曹唐游仙詩云玉詔新除沈侍郎便分茅土領東方不知今夜游何處侍從皆騎白鳳凰即風姿可知也蔣凝侍郎亦有人物每到朝士家人以爲祥瑞號水月觀音前代潘安仁衛叔寶何以加此唐末朝士中有人物者時號玉筍班

歸登尚書每浴必屏左右自於浴斛中坐移時或有外窺者見一巨黿吹水也性甚嗇嘗爛一羊脾旋割

旋啜封其殘者一旦丙子於封處剖食八座不見冗封大怒其内由是没身不食肉斯亦愈於和嶠之流也

唐盧延讓業詩三十五舉方登一第卷中有狐衝官道過狗觸店門開之句租庸張濬親見此事每稱賞之又有餓猫臨鼠穴饞犬舐魚砧之句爲成中令汭見賞又有栗爆燒氊破猫跳觸鼎翻爲王先主建所賞盧謂人曰平生投謁公卿不意得力於猫兒狗子也人聞而笑之盧有詩云不同文賦易爲是者之乎

復入翰林閣筆而已同列戲之曰不同文賦易爲是者之乎竟以不稱職數日而罷

唐榮陽鄭準以文筆依荆州成中令常欲比肩陳琓自集其所作爲三卷號劉表軍書雖有胥襟而辭體不雅至祝朝貴書云中書令舍人日草麻通事舍人日奏可又賀襄州趙令嗣襲其書云不沐浴佩玉而有祁兆不登山取符而無恤封是於慶賀中斯言甚庳賤也鄭道之敬其若是乎應舉日詩卷題水牛曰護犢横身立逢人揭尾跳朝士以爲大笑

唐金吾大將軍張直方西班倜儻勲臣也好接賓客歌妓絲竹甲於他族與裴相國休相對相國始麻衣就試執金慕其風采因裴造謁執金款待異禮他日朝中盛稱裴秀才文藝朝賢許之相國恐涉雜文不遑安處自是不敢更歷其門執金頻召不往或曰裴秀才方謀進取慮致物議非是嫚惷一日又詔傳語曰若不訪及即更奉薦裴益悚惕

唐天祐三年拾遺充史館修撰崔琢進狀以堂叔母在孟州濟源私莊抱疾加甚無兄弟奉養無菑近告投兼以年將七十地絶百里闕視藥膳不遑晨夕遂

乞假躬往侍疾勑旨依允時人義之或曰避禍而享義名亦智也

李罕之河陽人也少爲桑門無賴所至不容曾乞食於滑州酸棗縣自旦至晡無與之者擲鉢于地毁僧衣投河陽諸葛爽爲卒罕之即僧號便以爲名素多力或與人相毆毆其左頰右頰流血爽署爲小校每遣討賊無不擒之蒲絳之北有摩雲山設堡柵于上號摩雲寨前後不能攻取時罕之下焉自此號李

摩雲累歷郡侯河南尹節將官至侍中卒盖汴州判
南成洞之流也
唐乾符中荆州節度使晉公王鐸後爲諸道都統時木星入南斗數夕不退晉公觀之問諸知星者吉凶安在咸曰金火土犯斗卽爲災唯木當爲福耳或然之時有術士邊岡洞曉天文精通曆數謂晉公曰唯斗帝王之宫宿唯木爲福神當以帝王占之然則非福於今必當有驗於後未敢言之他日晉公屏左右密問岡曰木星入斗帝王之兆木在斗中朱字也識

者言唐世當有緋衣之讖或言將來革運或姓裴或姓牛以爲裴字爲緋衣牛字着人卽朱也所以裴晉公度牛相國僧孺每罹此謗李衛公斥周秦行紀乃斯事也安知鍾於碭山之朱乎
鄴王羅紹威喜文學好儒士每命幕客作四方書檄小不稱旨壞裂抵弃自劈牋起草下筆成文又癖於七言詩江東有羅隱爲錢鏐客紹威申南阮之敬隱以所著文章詩賦酬寄紹威大傾慕之乃目其所爲詩集曰偷江東今鄴中人士多有諷誦

晉王之入魏博劉鄩先屯洹水寂若無人因令覘之云城上有旗幟來往晉王曰劉鄩一步一計未可輕進更令審探果縛芻爲人插旗於上以驢負之循堞而行故旗幟嬰城不息問城中羸老者曰軍去已二日矣果私趨黃澤欲寇太原以霖潦不克進其計謀如是
亂離以來官爵過濫封王作輔狗尾續貂天成初桂州節度觀察使馬爾卽湖南馬殷之弟本無功德品秩巳高制詞云爾名尊四輔位冠三師旣非品秩升

遷難以井田增盖此要語也議者以名器假人至此賈誼所以長歎息也
太傅致仕趙光逢仕唐及梁薨於天成中文學德行風神秀異號曰玉界尺踐歷臺省入翰林御史中丞梁時同平章事時以兩登廊廟四退丘園百行五常不欺暗室搢紳仰之
禮部尚書崔貽孫年過八十求進不休囊橐之資素有貯積性好干人喜得小惠左降之後二子爭財旨甘醫藥咸不供侍書責其子曰生有明君眞宰

天曹地府無爲老朽豈放爾邪爲縉紳之笑端

杜陽雜編卷上

唐　蘇鶚

代宗廣德元年吐番犯便橋上幸陝王師不利常有紫氣如車蓋以迎馬首及迴潼關上嘆曰河水洋洋送朕東去上至陝因望鐵牛嘅然謂左右曰朕年十五六宮中有尼號功德山言事往往神驗屢撫吾背曰天下有災遇牛方廻今見牛也朕將廻御是夜夢黃衣童子歌於帳前曰中五之德方峩峩胡呼呼何柰何詰旦上具言其夢侍臣咸稱土德當王國家中興之兆也（黃衣土之色中五土之數蟲蟲者高蟲之義也）是月副元帥郭子儀與大將李忠義渭北節度使王仲昇克復京都吐番大潰上還宮闕圖功臣於凌煙閣上因謂子儀曰安祿山僭亂中原是卿再安皇祚昨朕蒙塵卿復戮力今日天下乃卿與我也雖圖劵不足以褒元老因泣下霑衣子儀伏於上前嗚咽流涕曰老臣無復致命久矣但慮衰耄不堪王事賴仗陛下宗廟社稷之靈以成微績上因命御馬九花虬并紫玉鞭轡以賜子儀知九花之異固陳讓者久之上曰此馬高大

稱卿儀質不必讓也（子儀身長六尺餘）九花虬卽范陽節度
李德山所貢額高九寸毛拳如麟頭頸鬃鬣眞虬龍
也每一嘶則羣馬聳耳以身被九花文故號爲九花
虬（亦有獅子驄皆其類）上東幸觀獵於田不覺日暮忽顧謂左
右曰行宮去此幾里奏曰四十里上遂令速歸恐閣
夜而九花虬緩緩然若行五里而已侍從奔驟無及
者上以爲超光越影之匹也（王子年拾遺記周穆王有八駿號超光越影逐日者）
自是益加鍾愛旣復京師特賜子儀崇功臣也
上嘗幸興慶宮於復壁間得寶匣匣中獲玉鞭鞭末

杜陽雜編　卷上　二

有文曰軟玉鞭卽天寶中異國所獻光可鑑物節文
端妍雖藍田之美不能過也屈之則頭尾相就舒之
則勁直如繩雖以斧鑕鍛斫終不傷缺上歎爲異物
遂命聯蟬繡爲囊碧玉絲爲鞘碧玉蠶絲卽永泰元
年東海彌羅國所貢云其國有桑枝幹盤屈覆地而
生大者連延十數頃小者蔭百畝其上有蠶可長四
寸其色金其絲碧亦謂之金蠶絲縱之一尺引之一
丈撚而爲鞘表裏通瑩如貫其鞘雖併十夫之力挽
之不斷爲琴瑟絃則鬼神悲愁忭舞爲弩絃則箭出
一千步爲弓絃則箭出五百步上令藏之於內府至
朱泚犯禁闈其鞭不知所在（故水部員外賈嵩所傳也）
上寬厚之德出於天然爲兒時常爲玄宗器之每坐
於玉案前熟視上貌謂武惠妃曰此兒甚有異相他
日亦是吾家一有福天子也因命取上清珠以絳紗
裹之繫於頸上上清珠卽開元初罽賓國所貢（罽賓國在西海）
其珠光明潔白可照一室視之則出僊人玉女雲
鶴絳節之象搖動於其中及上卽位寶庫中往往有
神光異氣掌庫者具以事告上曰豈非上清珠耶遂

杜陽雜編　卷上　三

令出之絳紗猶在乃泫然流涕徧示近臣曰此我爲
兒時明皇所賜也遂令貯之於翠玉函置之于卧內
忽有水旱兵革之災上每虔祝之無不應驗
大曆中日林國獻靈光豆龍角釵其國在海東北四
萬里國西南有怪石方數百里光明澄澈可鑑人五
藏六腑亦謂之僊人鏡其國人有疾輒照其形遂知
起於某藏腑卽自採神艸餌之無不愈焉靈光豆大
小類中國之菉豆其色殷紅而光芒長數尺本國人
亦呼爲詰多珠和石上菖蒲葉煑之則大如鵞卵之

中純紫豣之可重一觔上啗一丸香美無比而數日不復言飢渴龍角釵類玉而紺色上刻蛟龍之形精巧奇麗非人所製上因賜獨孤妃與上同遊龍舟池有紫雲自釵上而生俄頃滿于舟楫上命置之掌內以水噴之遂化爲二龍騰空東去

上崇奉釋氏毎春百品香和銀粉以塗佛室遇新羅國獻五彩氍毹製度巧麗亦冠絶一時毎方寸之內卽有歌舞伎樂列國山川之象忽微風入室其上復有蜂蝶動揺鶯雀飛舞俯而視之莫辨眞假又獻萬

佛山可高一丈因置山於佛室以氍毹藉其地焉萬佛山則彫沉檀珠玉以成之其佛之形大者或逾寸小者七八分其佛之首有如黍米者有如半菽者其眉目口耳螺髻毫相無不悉具而更鏤金玉水精爲幡蓋流蘇菴羅薝蔔等樹搆百琲爲樓閣臺殿其狀雖微而勢若飛動又前有行道僧徒不啻千數下有紫金鐘徑濶三寸上以龜口銜之毎擊其鐘則行道之僧禮首至地其中隱隱謂之梵音蓋關戾在乎鐘也其山雖以萬佛爲名其數則不可勝紀上因置九光扇于巖巘間四月八日召兩衆僧徒入內道場禮萬佛山是時觀者歎非人工及覩九色光於殿中咸謂之佛光卽九光扇也由是上令三藏僧不空念天竺密語千口而退 傳之於僧惟籍

李輔國恣横無君上切齒久矣因寢夢登樓見高力士領兵數百鐵騎以戟刺輔國首流血灑地前後歌呼自北而去遣謁者問其故力士曰明皇之令也上覺亦不敢言輔國尋爲盜所殺上異之方以夢語於左右先是肅宗賜輔國香玉辟邪二各高一尺五寸

奇巧殆非人間所有其玉之香可聞於數百步雖鏁之於金函石匱終不能掩其氣或以衣裾誤拂則芬馥經年縱澣濯數四亦不消歇輔國常置於座側一日方巾櫛而辟邪忽一大笑一悲號輔國驚愕失據而囅然者不已悲號者更涕泗交下輔國惡其怪碎之如粉以投厠中其後常聞冤痛之聲其輔國所居里巷酷裂彌月猶在蓋舂之爲粉而愈香故也不周歲而輔國死焉初碎辟邪輔國嬖孥慕容宮[illegible]異常物隱屑二合而魚朝恩不惡輔國之禍以錢三十

萬買之及朝恩將伏誅其香化爲白蝶竟天而去當
時議者以奇香異寶非人臣之所蓄也輔國家藏珍
玩皆非人世所識夏則於堂中設迎涼之草其色類
碧而榦似苦竹葉細如杉雖若乾枯未嘗彫落盛暑
東之牕戶間而涼風自至鳳首木高一尺彫刻鸞鳳
之狀形似枯槁毛羽脫落不甚盡雖嚴凝之時置諸
高堂大廈之中而和煦之氣如二三月故列名爲常
春木縱烈火焚之終不焦黑焉涼草鳳木或出於薛王宅十洲記事火林有不焚之木殆非此類者耶

魚朝恩專權使氣公卿不敢仰視宰臣或決政事不
預謀者則睚眦曰天下之事豈不由我乎於是上惡
之而朝恩幼子曰令徽年十四五始給事於內殿上
以朝恩故遂特賜綠焉未浹旬月同列黃門位居令
徽上者因敘立於殿前恐其後至遂爭路以進無何
誤觸令徽臂乃馳歸告朝恩以班次居下爲同列所
欺朝恩怒翌日於上前奏曰臣幼男令徽位處衆僚
之下願陛下特賜金章以超其等不由緋便求紫上未及語
而朝恩已令所司捧紫衣而至令徽即謝於殿前上
雖知不可强謂朝恩曰卿兒着章服大宜稱也魚氏
在朝動無畏憚他皆倣此其同列黃門尋遣斥逐於
嶺表及朝恩被誅天下無不快焉

上纂業之始多以庶務託於鈞衡而元載專政益墮
國典若非良金重寶趑趄左道則不得出入於朝庭
及常袞爲相雖賄賂不行而介僻自專少於分別故
升降多失其人或同列進擬稍繁則謂之沓伯由是
京師語曰常無分別元好錢賢者愚而愚者賢時崔
祐甫素公直與衆言曰朝庭上下相蒙善惡同致清

曹峻府爲鼎輦養賢豈裨皇化耶由是益爲持權者
所忌至建中初祐甫執政人心方有所歸元載末年
造蕓輝堂於私第蕓輝香草名也出于闐國其香潔
白如玉入土不朽爛舂之爲屑以塗其壁故號蕓輝
堂焉而更構沉檀爲梁棟飾金銀爲戶牖內設懸黎
屏風紫綃帳其屏風本楊國忠之寶也屏上刻前代
美女伎樂之形外以玳瑁水犀爲押又絡以眞珠瑟
瑟精巧之妙殆非人工所及紫綃帳得於南海溪洞
之酋帥即絞綃之類也輕疎而薄如無所礙雖屬凝

冬而風不能入盛夏則清涼自至其色隱隱焉不知其帳也謂載臥內有紫氣而服玩之奢僭擬於帝王之家蕓輝之前有池悉以文石砌其岸中有蘋陽花亦類白蘋其花紅大如牡丹不知自何而來也更有碧芙蓉香潔菡萏偉於常者載因暇日憑欄以觀忽聞歌聲清響若十四五子唱焉其曲則玉樹後庭花也載驚異莫知所在及審聽之乃芙蓉中也俯而視之聞喘息之音載惡之旣甚遂剖其花一無所見卽祕之不令人說及載受戮而逸奴爲平盧軍卒人故

得其實載龍鬚紫拂色如爛椹可長三尺削水精爲柄刻紅玉爲環鈕或風雨晦冥臨流沾濕則光彩動搖奮然如怒置之於堂中夜則蚊蚋不敢入拂之爲聲雞犬牛馬無不驚逸若垂之池潭則鱗介之屬悉俯伏而至引水於空中則成瀑布三五尺未嘗輒斷燒鸞肉爊之則焞焞焉若生雲霧厥後上知其異屢言之載不得已而遂進焉（載自云得於洞庭道士張知和）載寵姬薛瑤英攻詩書善歌舞僊姿玉質肌香體輕雖旋波搖光飛鸞綠珠不能過也瑤英之母趙娟亦本岐王之愛妾也後出爲薛氏之妻生瑤英而幼以香啗之故肌香也及載納爲姬處金絲之帳却塵之褥其褥出自勾驪國一云是却塵之獸毛所爲也其色殷鮮光軟無比衣龍綃之衣一襲無一二兩摶之不盈一握載以瑤英體輕不勝重衣故於異國以求是服也唯賈至楊公南與載友善故往往得見歌舞至因贈詩曰舞怯銖衣重笑疑桃臉開方知漢武帝虛築避風臺（王子年拾遺記趙飛燕體輕恐暴風帝爲築臺焉）公南亦作長歌褒美其略曰雪面澹娥天上女鳳簫鸞翅欲飛去玉釵碧翠

步無塵楚腰如柳不勝春瑤英善爲巧媚載惑之怠於庶務而瑤英之父曰宗本兄曰從義與趙娟遞相出入以搆賄賂號爲關節更與中書主吏卓倩等爲腹心而宗本輩以事告者載未嘗不頷之天下齎寶貨求大官職無不恃載權勢指薛卓爲梯媒及載死瑤英自爲俚妻矣論者以元載喪令德而崇貪名自一婦人而致也（傳於進士賈遂）

德宗皇帝英明果斷無以比德每進用公卿大臣莫不出自宸衷若聞一善可錄未嘗不稱獎之百官對

剔如稍稱旨無不擡眉聳聽朝退即輙書其姓名於座側或有奬用多所稱職故卿大夫巳下謂上聖英睿每與宰臣從容詢訪時政往往呼其行第其尚賢進善皆此類也及上蒙塵幸奉天翰林學士姜公輔屢進嘉謀深叶上意初涇原兵亂長安公輔奏云朱泚甚有反狀不如早爲之所無令爲兇逆也上倉皇之狀不暇聽從更云朱泚素鎮涇原頗得將士心今罷兵權居常怏怏不如詔之以從鑾駕不然即斬之以絶後患及聞收秀實之死上執公輔手曰姜公姜公先見之明可謂神略矣盧杞朕擢自郡守坐於

廟堂自陳百口之説何獨悞我也盧杞常言以百口保朱泚不反上將欲幸奉天自携火精劒出內殿因嘆曰千萬年社稷豈爲狗鼠所竊邪遂以劒斫檻上鐵狻猊應手而碎左右皆呼萬歲上曰若碎小寇如斬狻猊不足憂也及乘輿遇夜侍從皆見上仗數尺光明即火精劒也建中二年大林國所貢云其國有山方數百里出神鐵其山有癖毒不可輕爲採取若中國之君有道神鐵即自流溢鍊之爲劒必多靈異其劒之光如電切金玉如泥以朽磨之則生煙焰以金石擊之則

光流起上始於行在無藥餌以備將士金瘡時有裨將爲流矢所中上碎琥珀匣以賞之其匣則火精劒匣也近臣諫曰陛下奈何以裨將金瘡而碎琥珀匣上曰今凶逆恣欲危社稷是軍中藉材用人之際而戰士有瘡如朕身之瘡也昔太宗剪鬚以付英公今朕以人爲寶豈以劒匣爲寶也左右及中外聞者無不感悦初上欲西行有知星者奏上曰逢林即住上曰豈可令朕處林木間乎姜公輔曰不然但以地名亦應也及奉天尉賈隱林謁上於行在上觀隱林

氣宇雄俊兼是忠烈之家而名叶知星者語隱林即天寶末賈循之猶子也上因延於臥內以採籌略之深淺隱林於御榻前以手板畫地陳攻守之策上甚異之隱林因奏曰臣昨夜夢日墜地臣以頭戴日上天上曰日即朕也此來事莫非前定遂拜爲侍御史斜勑行在尋遷左常侍後駕遷幸梁州而隱林卒

二年夏五月京師副元帥李晟收復宮闕朱泚走涇原而兵士纔餘數百人昏忽迷路不辨南北因問路於田父田父對曰豈非朱大尉邪僞宰相源休止之

曰漢皇帝泚僞號漢因父曰天不長兇地不生惡蛇不爲龍鼠不爲虎天網恢恢去將何適泚怒將殺之忽亡其所在及去涇州百餘里泚忽馬上叩頭稱乞命而手足紛紜若有拒捍因之墜馬良久復蘇左右扶上馬問其故泚曰見段司農劉海賓杖戈執戟與朕相敵不堪其苦也時將士聞者益懷異意忽日達涇州僞節度使田希鑒閉門不納遂至寧州彭原縣爲心腹衛士韓旻薛綸朱維孝等逼而墜筰將殺之泚謂旻曰汝等朕所鍾愛今將敗績可忍共殺邪旻曰誠

爲陛下腹心失則不可共爲塗炭今借陛下之首以取富貴也言未終泚首已斷泚始亂長安源休姚令言等廣陳圖讖以堅泚意及爲僞宰相日益自負休乃收圖書貯倉廩作蕭何事業或聞王師不利而喜色出面謂令言曰天下將定吾等之功豈後於蕭何矣令言曰漢皇未弱於劉季休退語僞黃門侍郎蔣鎮曰若度其才即吾爲蕭姚爲曹耳識者聞之謂休不忝官職喬琳雖受僞官而性好諧戲因語鎮曰源公真所謂火迫鄧侯耳

代宗朝與國所獻奇禽馴獸自上即位多放弃之建中二年南方貢朱來鳥形有類於戴勝而紅觜紺尾尾長於身巧解人語善別人意其音清響聞于庭外數百步宮中多所憐愛常爲玉屑和香稻以喑之則其聲益加寥亮夜則棲於金籠晝則飛翔于庭廡而俊鷹大鶻不敢近一日爲巨鵰所搏而斃宮中無不歔欷或遇其籠自開内人有善書者於金華紙上爲朱來鳥寫多心經及朱泚犯禁闈朱來鳥之兆明矣

又大曆中澤潞有僧號普滿隨意所爲不拘僧相或歌或哭莫喻其旨以言事往往有驗故時人比爲萬

廻建中初於潞州佛舍中題詩數篇而亡去所記者云此水連涇水雙珠血滿川青牛將赤虎還號太平年此水者泚字也涇水者自涇州兵亂也雙珠者泚與弟滔青牛者興元二年乙丑歲乙木也丑牛也是歲改貞元年丙寅虎也是歲泚平兵也

上切於賜政而類篇法于台衮之臣每命相密召學士草詔及進本上輒多改注即顧謂左右曰朕處渠等極位復以美詞褒之所冀爲朕勠力同心以成大化既用崔祐甫爲相悉以國務委之而祐甫事無巨

細悉皆陳諫上曰朕與卿道合天下細事卿宜隨便剖奏無乃多疑朕也自是祐甫之道益所公當及楊公南盧杞執政報恩復讐紊亂綱紀朝野爲之戢手公南既殺劉晏士庶莫不寃痛之明年公南得罪賜死崖州時人謂劉相公寃報矣建中元年七月乙丑傷殺晏二年十月乙未貶楊爲崖州司戶去州百里賜死實錄云七月與午晏已受誅使廻云至乙丑下詔殺之

上每臨朝多令徵四方丘園才能學術直言極諫之士由是提筆貢藝者滿於闕下上親自考試用絕請託之門是時文學相高公道大振得路者咸以推賢

進善爲意上試制科於宣政殿或有詞理乖謬者即濃筆抹之至尾如輒稱旨者必翹足朗吟翌日則徧示宰臣學士曰此皆朕門生也是以公卿大臣已下無不服上藻鑒宏詞獨孤受所司試放馴象賦及進其本上自覽考之稱嘆者久因吟其句曰化之式孚則必受乎來獻物或違性斯用感於至仁上以受爲知去就故特書第三等先是代宗朝文單國累進馴象三十有二上即位悉令放之於荆山之南而受不辱其受獻不傷放弃故賞其知去就焉

貞元二年中常侍自蜀使廻進瑞鞭一其文節高有鱗鳳龜龍之形體質徵而鱗甲毛羽無不備具其色照爛有類琥珀於暗中揮之有如電光上雖不好寶貨祥瑞及覽此鞭頗甚稱旨稱歎遂置之于明珠匣其匣葢飾以明珠者也

上西幸有二馬一號神智驄一號如意騮皆耳中有毛引之可長一尺相馬經云耳中有毛長一尺者日行千里而進退緩急皆如上意故謂之功臣一日花木方春上欲幸諸苑内廐控馬侍者進瑞鞭上指二駿語近臣曰昔朕西

幸有二駿謂之二絕今獲此鞭可謂三絕矣遂命酒飲之左右引翼而去因吟曰鴛鴦赭白齒新齊晚日花開落翠蹄玉勒乍廻初噴沫金鞭欲下不成嘶中書舍人韓翃詩也

八年吳明國洞冥記有吳明之璫貢常燃鼎鸞蜂蜜云其國去東海數萬里經挹婁沃沮等國挹婁沃沮皆出漢東夷傳其土宜五穀珍玉尤多禮樂仁義無剽刼人壽二百歲俗尚神仙術而一歲之内乘雲控鶴者往往有之常望有黃氣如車葢知中國有土德王遂願人貢馬常燃鼎

量容三斗光潔頪玉其色純紫每修飲饌不熱火而俄頃自熱香潔異於常等久食之令人反老爲少百疾不生鸞蜂蜜云其蜂之聲有如鸞鳳而身被五彩大者可重十餘斤爲窠於深巖峻嶺間大者占地二三畝國人採其蜜不過三二合如過度則有風雷之異若螫人則生瘡以石上菖蒲根傅之卽愈其蜜色碧常貯之於白玉椀表裏瑩徹如碧琉璃久食之令人長壽顔如童子髮白者應時而黑及沉痾眇跛諸僻惡之病無不瘵焉

杜陽雜編卷中

唐　蘇鶚

順宗皇帝卽位歲拘弭國貢却火雀一雄一雌履水珠常堅冰變晝草其却火雀純黑大小似鷰其聲清殆不類尋常禽鳥置於火中火自散去上嘉其異遂盛於水精籠懸於寢殿夜則宮人持蠟炬以燒之終不能損其毛羽履水珠色黑類鐵大於鷄卵其上鱗皺其中有竅云持入江海內可行于洪波之上下上始不謂之實遂命善浮者以五色絲貫之繫於左臂

毒龍畏五色絲遣入龍池其人則步驟於波上若在平地亦潜於水中良久復出而徧體略無霑濕上奇之因以御饌賜使人至長慶中嬪御試弄於海池上遂化爲黑龍入于池內俄而雲煙暴起不復追討矣常堅冰云其國有大凝山中有冰千年不釋及貢至京師潔冷如故雖盛暑赫日終不消嚼之卽與中國者無異變晝草有類芭蕉可長三尺而一莖千葉樹之則百步內昏黑如夜始藏于百寶匣中其上緘以紂書上見而怒曰背明向暗之物是何貴也遂命并匣

之於使前使初不爲樂及退謂鴻臚曰本國以變晝爲異今皇帝以向踏爲非可謂明德也

永貞元年南海貢奇女盧眉娘年十四眉娘生而眉如綫細長也稱本北祖帝師之裔自大足中流落於嶺表後漢盧景祚景宣景裕景融兄弟四人皆爲帝師因號爲帝師也幼而慧悟工巧無比能於一尺絹上繡法華經七卷字之大小不逾粟粒而點畫分明細於毛髮其品題章句無有遺闕更善作飛仙蓋以絲一縷分爲三縷染成五彩於掌中結爲傘蓋五重其中有十洲三島天人玉女臺殿麟鳳之象而外列執幢捧節之童亦不啻千數其蓋闊一丈秤之無三數兩自煎靈香膏傅之則虬硬不斷上歎其工謂之神助因令止於宮中每日但食胡麻飯二三合至元和中憲宗皇帝嘉其聰慧而奇巧遂賜金鳳環以束其腕眉娘不願住禁中遂度以黃冠放歸南海仍賜號曰逍遙及後神遷香氣滿室弟子將葬舉棺覺輕即徹其蓋惟有藕履而已後入海人往往見乘紫雲遊於海上是時羅浮處士李象先作盧逍遙傳而象先之名無聞故不爲世人傳焉

憲宗皇帝寬仁大度不妄喜怒及使殿與宰臣言政事莫不嚴肅容貌是以進善出惡俗泰刑清而天下風化矣或延英入閣未嘗不以生民哀樂爲意或四方進歌舞妓樂上皆不納則謂左右曰六宮之內嬪御已多一旬之中資費盈萬豈可剝削生靈以娛耳目焉其儉德憂人皆此類也

吳元濟之亂淮西以宰臣裴度爲元帥及對於殿上曰僞蔡稱兵朕於深思甚難其人也且安天下用將帥如造大舟以越滄海其功則多其成則大一日萬里無所不届若乘一葉而蹈洪波其功也寡其覆也速朕今託元老以摧狂寇真謂一日萬里矣度曰微臣無狀叨蒙大用唯慮一丸之卵不足以[illegible]段之馬不足以行千里但竭臣至忠以仗宗廟之靈臣雖不才敢以死效命泣下沾濡若不勝語上亦爲之動容

元和五年內給事張惟則自新羅使廻云於海上泊洲島間忽聞鷄犬鳴吠似有煙火遂乘月閑步約及一二里則見花木臺殿金戶銀闕其中有數公子戴

章甫冠着紫霞衣吟嘯自若惟則知其異遂請謁見公子曰汝何所從來惟則具言其故公子曰唐皇帝乃吾友也汝當旋去爲吾傳語俄而命一青衣捧金龜印以授惟則乃置之於寶函復謂惟則曰致意皇帝惟則遂置之還舟中廻顧舊路悉無踪蹟金龜印長五寸上負黄金玉印面方一寸八分其篆曰鳳芝龍木受命無疆惟則達京師即具以事進上曰朕前生豈非仙人乎及覽龜印歎異良久但不能諭其文爾因命緘以紫泥玉鏁致于帳内其上往往見五色光可長數尺是月寢殿前連理樹上生靈芝二株宛

如龍鳳上因嘆曰鳳芝龍木寧非此驗乎

上好神仙不死之術而方士田佐元僧大通皆令入宫禁以鍊石爲名時有處士伊祁玄解縝髮童顔氣息香潔常乘一黄牝馬纔高三尺不啗芻粟但飲醇酎不施韁勒唯以青氊藉其背常遊歷青兖間若與人款曲語話千百年事皆如目擊上知其異人遂令密召入宫處九華之室設紫茭之席飲龍膏之酒紫茭席色紫而類茭葉光軟香淨冬溫夏凉龍膏酒黑如純漆飲之令人神爽此本烏弋山離國所獻（烏弋山離因見班固西域傳）上每日親訪問頗加敬仰而玄解曾朴未嘗閑人臣禮上因問曰先生春秋既高而顔色不老何也玄解曰臣家于海上常種靈草食之故得然也即於衣間出三等藥實爲上種於殿前一曰雙鱗芝二曰六合葵三曰萬根藤雙鱗芝色褐一莖兩穗穗隱形如鱗頭尾悉具其中有子如瑟瑟焉六合葵色紅而葉類於莪葵始生六莖其上合爲一株共生十二葉内出二十四花花如桃花而一朶千葉一葉六

影其成實如相思子萬根藤一子而生萬根枝葉皆碧鉤連盤屈可蔭一畝其花鮮潔狀類芍藥而蘂色殷紅細如絲髮可長五六寸一朶之内不啻千莖亦謂之絳心藤靈草既成人莫得見玄解請上自采餌之頗覺神驗由是益加禮重遇西域有進美玉者二（亡其國名）一圓一方徑各五寸光彩凝冷可鑑毛髮時玄解方坐於上前熟視之曰此一龍玉也一虎玉也上驚而問曰何謂龍玉虎玉耶玄解曰圓者龍也生於水中爲龍所寶若投之水必虹蜺出焉方者虎也生

於嵒谷爲虎所寶若以虎毛拂之即紫光迸逸而百獸懾服上異其言遂令試之各如其説詢得玉之由使人曰一自漁者得一自獵者獲上因命取龍虎二玉以錦囊盛之於内府玄解將還東海亟請於上上未之許過宮中刻木作海上三山綵繪華麗間以珠玉上因元日與玄解觀之指蓬萊曰若非上仙無由得及此境玄解笑曰三島咫尺誰曰難及臣雖無能試爲陛下一遊以探物象妍醜即踴體於空中漸覺微小俄而入於金銀闕内左右連聲呼之竟不復有

所見上追思歎恨僅成羸疹因號其山爲藏眞島每詰旦於島前焚鳳腦香以崇禮敬後旬日青州奏云玄解乘黃牝馬過海矣

八年大軫國貢重明枕神錦衾碧麥紫米云其國在海東南三萬里當軫宿之位故曰大軫國經合丘禺稾之山（合丘禺稾山見山海經）重明枕長一尺二寸高六寸潔白逾於水精中有樓臺之狀四方有十道士持香執簡循環無已謂之行道眞人其樓臺𢊍木丹青眞人衣服簪帔無不悉具通瑩焉如水覩物神錦衾水蠶絲所織也方二丈厚一寸其上龍文鳳彩殆非人工其國以五色彩石甃池塘採大柘葉飼蠶於池中始生如蚊蝱游泳於其間及老可五六寸池中有挺荷雖驚風疾吹不能傾動大者可闊三四尺而蠶經十五月即跳入荷中以成其璽形如斗自然五色國人繰之以織神錦亦謂之靈泉絲上始覽錦衾與嬪御大笑曰此不足以爲嬰兒綳褓曷能爲我被耶使者曰此錦之絲水蠶也得水則舒水火相反遇火則縮遂於上前令四官張之以水一噴即方二丈五色煥

爛逾於向時上乃嘆曰本乎天者親上本乎地者親下不亦然哉則却令以火逼之須臾如故上益異之翌日出示術士田元佐李元戢焉碧麥大於中華之麥粒表裏皆碧香氣如粳米食之體輕久則可以御風紫米有類苣藤炊一升得飯一斗食之令人髭髮縝黑顏色不老久則後天不死上因中元日薦于玄元皇帝故當時道士有得食者（得於太清宮道士朱環中）

穆宗皇帝殿前種千葉牡丹花始開香氣襲人一朶千葉大而且紅上每覩芳盛歎曰人間未有自

中每夜卽有黃白蛺蝶萬數飛集于花間輝光照耀達曉方去宮人競以羅巾撲之無有獲者上令張羅於空中遂得數百於殿內縱嬪御追捉以爲娛樂遲明視之則皆金玉也其狀工巧無以爲比而內人爭用絳縷絆其脚以爲首飾夜則光起粧奩中其後開寶厨覩金錢玉屑之內有蠕蠕者有爲蝶者宮中方覺焉

飛龍衛士韓志和本倭國人也善彫木作鸞鶴鵶鵲之狀飲啄動靜與眞無異以關戾置於腹內發之則凌雲奮飛可高三尺至一二百步外方始却下兼刻

木爲飛雀飛龍使異其機巧遂以事奏上覩而悅之志和更彫踏床高數尺其上飾之以金銀綵繪謂之見龍床置之則不見龍形踏之則鱗鬣爪牙俱出及始進上以足履之而龍夭矯若得雲雨上怖畏遂令撤之志和伏於上前曰臣愚昧致有驚忤聖躬臣別進薄技稍娛至尊耳目以贖死罪上笑曰所解技何試爲我作之志和遂於懷中出一桐木合子方數寸中有物名蠅虎子數不啻一二百焉其形皆赤云以丹砂啗之故也乃分爲五隊令舞涼州上令召樂以舉其曲而虎子盤旋宛轉無不中節每遇致詞處則隱隱如蠅聲及曲終纍纍而退若有尊卑等級志和臂虎子於上前獵蠅於數百步之內如鷂捕雀罕有不獲者上加其小有可觀卽賜以雜綵銀椀志和出宮門悉轉施于他人不逾年竟不知志和所在

敬宗皇帝寶曆元年南昌國獻玳瑁盆浮光裘夜明犀其國有酒山紫海蓋山有泉其味如酒飲之甚美醉則經月不醒紫海水色如爛椹可以染衣其龍魚

龜鱉砂石草木無不紫焉玳瑁盆可容十斛外以金玉飾之及盛夏上置於殿內貯水令滿遣嬪御持金銀杓酌水相沃以爲嬉戲終不竭焉浮光裘卽海水染其色也以五彩蹙成龍鳳各一千三百絡以九色眞珠上衣之以獵北苑爲朝日所照而光彩動搖觀者皆眩其目上亦不爲之貴一日馳馬從禽忽値暴雨而浮光裘略無沾濕上方嘆爲異物也夜明犀其狀類通天夜則光明可照百步覆繒千重終不能蔽其輝煥上令解爲腰帶每遊獵夜則不施蠟炬有

書三

寶曆二年東國貢舞女二人一曰飛鸞二曰輕鳳脩眉黟首蘭氣融冶冬不纊衣夏不汗體所食多荔枝榧實金屑龍腦之類衣軿羅之衣戴輕金之冠表異國所獻也軿羅衣無縫而成其紋巧織人未之識焉輕金冠以金絲結之爲鸞鶴狀仍飾以五彩細珠玲瓏相續可高一尺秤之無二三分上更琢玉芙蓉以爲二女歌舞臺每歌聲一發如鸞鳳之音百鳥莫不翔集其上及觀於庭際舞態豔逸更非人間所有

每歌罷上令內人藏之金屋寶帳蓋恐風日所侵故也由是宮中語曰寶帳香重重一雙紅芙蓉

上降日大張音樂集天下百戲於殿前時有妓女石火胡本幽州人也挈養女五人纔八九歲於百尺竿上張弓絃五條令五女各居一條之上衣五色衣執戟持戈舞破陣樂曲俯仰來去越節如飛是時觀者目眩心怯火胡立於十重朱畫床子上令諸女迭踏以至半空手中皆執五綵小幟床子大者始一尺餘俄而手足齊舉爲之踏渾脫歌呼抑揚若履平地上賜物甚厚文宗即位惡其太險傷神遂不復作

文宗皇帝尚賢樂善罕有倫比每與宰臣學士論政事之暇未嘗不話才術文學之士故當時以文進者無不謌誦焉於是上每視朝後即閱羣書見無道之君行狀則必扼腕歎欲讀堯舜禹湯傳則歡呼斂衽謂左右曰若不甲夜視事乙夜觀書何以爲人君邪每試進士及諸科舉人上多自出題目及所司進所試而披覽吟誦終日忘倦常延學士於內庭討論經義較量文章令宮女已下侍茶酒飲饌而李訓講周

易微義頗叶於上意時方盛夏遂命取水玉腰帶及辟暑犀如意以賜訓訓謝之上曰如意足以與卿爲談柄也上讀高郢無聲樂賦白居易求玄珠賦謂之玄祖傳於水部賈嵩員外

大和九年誅王涯鄭注後仇士良專權恣意上頗惡之或登臨遊幸雖百戲駢羅未嘗爲樂往往瞠目獨語左右莫敢進問因題詩曰輦路生春草上林花滿枝憑高何限意無復侍臣知

上於內殿前看牡丹翹足憑欄忽吟舒元輿牡丹賦

云俯者如愁仰者如語合者如咽吟罷方省元輿詞不覺嘆息良久泣下沾臆時有宮人沈阿翹爲上舞河滿子調聲風態率皆宛暢曲罷上賜金臂環即問其從來阿翹曰妾本吳元濟之妓女濟敗因以聲得爲宮人俄遂進白玉方響云本吳元濟所與也光明皎潔可照十數步言其犀捶即響犀也方物有聲乃響應其中焉架則雲檀香也而文彩若雲霞之狀芬馥着人則彌月不散制度精妙固非中國所有上因令阿翹奏涼州曲音韻清越聽者無不凄然上謂之

天上樂乃選內人與阿翹爲弟子焉

開成宮中有黃色蛇常夜自寶庫中出遊於階庭間光彩照灼不可擒捕宮人擲珊瑚玦擊之遂并玦而亡去掌庫者具以事告上令徧搜庫內乃得黃金蛇而珊瑚玦着其首上熟視之曰昔隋煬帝爲晉王時以黃金蛇贈陳夫人吾不知此蛇得自何處左右因覩頷下有慶字上蹶然曰果不失朕所疑耳阿慶煬帝小字也上之博學敏悟率多此類遂命取頗梨連環繫於玉蕤之前是其後更不復見焉（以蕤能懾蛇也）

上好食蛤蜊一日左右方盈盤而進中有擘之不裂者上疑其異乃焚香祝之俄頃自開中有二人形眉端秀體質悉備螺髻瓔珞足履菡萏謂之菩薩上遂置之於金粟檀香合以玉屑覆之賜興善寺令致敬禮至會昌中毁佛舍遂不知所在（傳之涯州從事陳訥）

王涯初爲大官名德聞望頗爲朝廷欽仰末年恃寵固位爲士大夫譏之其所居之地妖怪屢見知氣者以不吉語告之而涯廣自引諭曾無休退之意及伏誅時人謂王公禍至不省惑矣

鄭注艱險左道熒惑人主爲天下側目鄭鎮鳳翔日有草如茵生於紫金帶上注旣心有所圖乃喜謂芝瑞識者以物反其所夫草生於土常也今生於金是反常也鄭氏之禍將至其不久矣注又嘗置藥篋藥化爲青蠅萬數飛去注頗惡之數日不視事未踰月而誅焉

賈餗布衣時謁滑臺節度使賈耽耽以餗宗黨復喜其文才宏麗由是延納之忽一日賓客大會有善相者在耽座中及餗退而相者謂曰向來賈公子神氣

俊逸當位極人臣然當執政之時朝廷微變若當此
際諸公宜早避焉涯頷之以至動吝及大和中餘秉
鈞衡有知者潛匿於山谷間十有三四耳
王沭者涯之再從弟也家於江南老而且窮以涯執
相權遂跨蹇驢至京師索米僦舍經三十餘月始得
一見涯於門屏所望不過一簿尉耳涯潦倒無厲序
之情大和九年秋沭方說涯之嬖奴以導所欲涯始
一召見欵曲而許微官處焉自是旦夕造涯之門以
俟其命及涯敗露伏法仇士良收王氏家族沭方在

涯私第以爲族人被執而腰斬之
舒守謙即元輿之族也聰敏慧悟富有春秋元輿以
源流非遠而禮遇頗厚經歲處元輿舍未嘗一日間
息于車服飲饌元輿謂之猶子薦取明經第官歷秘
書郎及持相印許列清曹命之無何末年以非過怒
守謙至于朔旦伏謁頓不相見由是日加譴責亦爲
童僕輩白眼守謙既不自安遂置書于門下辭往江
南元輿亦不見問翌日辦裝出長安咨嗟蹇分惆悵
自失即駐馬迴望泣涕漣如始達昭應忽聞元輿之
禍釋然驚喜（是時於宰相宅收捕家口不問親疎並從誅戮）當時論者以士
舒禍福之異定分焉

杜陽雜編卷下

唐　蘇鶚

武宗皇帝會昌元年夫餘國（夫餘國見漢東夷傳）貢火玉三斗及松風石火玉色赤長半寸上尖下圓光照數十步積之可以燃鼎置之室內則不復挾纊才人常用煎澄明酒其酒亦異方所貢也色紫如膏飲之令人骨香松風石方一丈瑩徹如玉其中有樹形若古松偃蓋颯颯焉而涼飈生於其間至盛夏上令置于殿內稍秋風颼颼即令撤去上好神仙術遂起望仙臺以崇朝禮復脩降真臺舂百寶屑以塗其地瑤楹金栱銀檻玉砌晶熒炫燿看之不定內設玳瑁帳火齊牀焚龍火香薦無憂酒此皆他國所獻也（亡其國名）上每齋戒沐浴召道士趙歸真已下共探希夷之理由是室內生靈芝二株皆如紅玉又渤海貢馬腦櫃紫瓷盆馬腦櫃方三尺深色如茜所製工巧無比用貯神仙之書置之帳側紫瓷盆量容斗斛內外通瑩其色純紫厚可寸餘舉之則若鴻毛上嘉其光潔遂處於仙臺秘府以和藥餌後王才人擲玉環誤缺其半菽上

猶歎息久之（傳於濮州刺史楊坦）處士元藏幾自言是後魏清河孝王之孫也隋煬帝時官奉信郎大業元年爲過海使判官遇風浪壞船黑霧四合同濟者皆不救而藏幾獨爲破木所載殆經半月忽達于洲島間洲人問其從來藏幾具以告洲人曰此方滄浪洲中去中國已數萬里乃出菖蒲酒桃花酒飲之而神氣清爽焉其洲方千里花木常如二三月地土宜五穀人多不死亦出鳳凰孔雀靈牛神馬之屬又產分蒂瓜瓜長二尺其色如椹一顆二蒂有碧棗丹栗皆大如梨其洲人多衣縫掖衣戴遠遊冠與之語中華事則歷歷如在目前所居或金闕銀臺玉樓紫閣奏簫韶之樂飲香露之醑洲上有久視山山下有澄綠水其泉闊一百步亦謂之流綠渠雖投之金石終不沉沒故洲人以瓦鐵爲船舫又有良金池可方數十里水石沙泥皆如金色其中有四足魚（今刑部盧渥員外云金義嶺有池如盆其中有魚皆四足）又有金蓮花洲人研之如泥以間彩繪光影煥爍與真金無異但其不能入火而已更有金莖花其花如蝶每微風至則

搖蕩如飛婦人競採之以爲首飾且有語曰不戴金蓮花不得在仙家又有强木造舟楫其上多飾珠玉以爲遊戲强木不沉木也方一寸重百斤巨石縋之終不能沒藏幾淹駐既久忽思中國洲人遂製凌風舸以送之激水如箭不旬日即達于東萊問其國乃皇唐也詢年號則貞元也訪鄉里則榛蕪也追子孫皆疎屬也自隋大業元年至貞元末殆二百年矣有二鳥大小類黃鸝每翱翥空中藏幾呼之則至或令授人語乃謂之傳信鳥本出滄浪洲也藏幾工詩好

酒混俗無拘檢數十年間遍遊無定人莫知之惟趙歸眞常與藏幾弟子九華道士葉通微相遇遂得其實歸眞往往以藏幾之異備奏于上上令謁者齎手詔急徵及至中路忽然亡去謁者惶怖即上疏具言其故上覽疏咨嗟曰朕不能如明皇帝以降異人後有人見藏幾泛小舟於海上者至今江表道流大傳其事焉

宣宗皇帝英明儉德器識高遠比在藩邸常爲諸王典式忽一日不豫神光滿身南面獨語如對百寮郞太后惶恐慮左右有以此事告者遂奏文宗云上心疾文宗召見熟視上貌以玉精如意撫背曰此眞我家他日英主豈曰心疾乎即賜上御馬金帶仍令選良家子以納上宅及即位時人比漢文帝衣澣濯之之衣饌不兼味先是宮中每欲行幸即先以龍腦鬱金藉其地自上垂拱並不許焉凡與朝士從容未嘗一日不論文學而頗注意於貢舉常於殿柱上題鄉貢進士字或大臣出鎭即賦詩賜之凡欲對公卿百寮必先嚴整容止更衣盥手然後方出語及庶政則

終日忘倦章奏有不欲左右見者率皆焚爇倡優妓樂或彌日嬉戲上未嘗等閑破顔縱賜與亦甚寡薄一日後宮有疾召醫人侍湯藥洎乎愈上袖出金數兩遺之醫者將謝遽止之曰勿使內官知言出於外更使諫官上疏也其儉靜率多此類

大中初女蠻國貢雙龍犀有二龍鱗鬣爪角悉備明霞錦云鍊水香麻以爲之也光耀芬馥着人五色相間而美麗於中國之錦其國人危髻金冠瓔珞被體故謂之菩薩蠻當時倡優遂製菩薩蠻曲文士亦往

往弊其詞更有女王國貢龍油綾魚油錦紋彩尤異皆入水不濡濕云有龍油魚油故也優者亦作女王國曲音調宛暢傳於樂部後漢東夷傳云海中有女王國窺井輒有孕又梁朝公子傳云女國有六

大中中日本國王子來朝獻寶器音樂上設百戲珍饌以禮焉王子善圍棋上勑顧師言待詔為對手王子出楸玉局冷暖玉棋子云本國之東三萬里有集真島島上有凝霞臺臺上有手談池池中生玉棋子不由製度自然黑白分焉冬溫夏冷故謂之冷暖玉

又產如楸玉狀類楸木琢之為棋局光潔可鑒及師言與之敵手至三十有三勝負未決師言懼辱君命而汗手凝思方敢落指則謂之鎮神頭乃是解兩征勢也王子瞪目縮臂已伏不勝廻語鴻臚曰待詔第幾手耶鴻臚詭對曰第三手也師言實第一國手矣王子曰願見第一曰王子勝第三方得見第二勝第二方得見第一今欲躁見第一其可得乎王子掩局而吁曰小國之一不如大國之三信矣今好事者尚有顧師言三十三鎮神頭圖

羅浮先生軒轅集年過數百而顏色不老立於牀前則髮垂至地坐於暗室則目光可長數丈每採藥於深巖峻谷則有毒龍猛獸往來衛護或晏然居家人有具齋邀之雖一日百處無不分身而至或與人飲酒則袖出一壺纔容一二升縱客滿座而傾之彌日不竭或他人命飲即百斗不醉夜則垂髮於盆中其酒瀝瀝而出麴蘗之香輒無減耗或與獵人同羣自非朋遊者俄而見十數人儀貌無不間別或飛朱篆於空中則可屆千里有病者以布巾拭之無不應手而愈及上召入內庭遇之甚厚每與從容論道率皆

叶於上意因問曰長生之道可致乎集曰徹聲色去滋味哀樂如一德施無偏自然與天地合德日月齊明則致堯舜禹湯之道而長生久視之術何足難哉又問先生之道孰愈於張果曰臣不知其他但少於果耳及退上遣嬪御取金盆覆白鵲以試之集方休於所舍忽起謂中貴人曰皇帝安能更令老夫射覆盆乎中貴人皆不喻其言于時上召令速至而集纔及玉堦謂上曰盆下白鵲宜早放之上笑曰先

已知矣坐於御榻前上令宮人侍茶湯有笑集貌古布素者而鬒髮降屑年纔二八須臾忽變成老嫗鷄皮鮐背髮鬢皤然宮人悲駭於上前流涕不已上知宮人之過促令謝告先生而容質却復如故上因語京師無荳蔻荔枝花俄頃二花皆連枝葉各數百鮮明芳潔如纔折下又嘗賜甘子集曰臣山下有味逾於此者上曰朕無復得之遂取上前碧玉甌以寶盤覆之俄頃撤盤即甘子至矣芬馥滿殿其狀甚大上食之嘆其甘美無匹又問曰朕得幾年天子即把筆

書曰四十年但十字挑腳上笑曰朕安敢望四十年乎及晏駕乃十四年也集初辭上歸山自長安至江陵於一布囊中探金錢以施貧者約數十萬中使從之莫知其所出既至中路忽亡其所在使臣惶恐不自安後數日南海奏先生歸羅浮山矣

大中末舒州奏衆鳥成巢闊七尺高一丈而鷰雀鷹鶻水禽山鳥無不親狎如一又有鳥人面綠毛觜爪悉紺其聲曰甘虫因謂之曰甘蟲時人畫圖寫於小肆焉

懿宗皇帝器度沉厚形貌瓌偉在藩邸時疾疹方甚而郭淑妃見黃龍出入臥内上疾稍間妃異之具以事聞上曰無泄是言貴不見忘又嘗大雪盈尺上寢室上輙無分寸諸王見者無不異之

大中末京城小兒疊布蘸水向日張之謂捩暈及上自鄆王即位捩暈之言應矣

宣宗製泰邊陲曲其詞曰海岳晏咸通及上垂拱而年號咸通焉上仁孝之道出於天性鄭太后晏代而蔬素悲咽同士人之禮公卿奉慰者無不動容以至

酸鼻

咸通九年同昌公主出降宅于廣化里賜錢五百萬貫仍罄内庫寶貨以實其宅至于房櫳戶牖無不以珍異飾之又以金銀爲井欄藥臼食樻水槽釜鐺盆甕之屬仍鏤金爲笊籬箕筐製水精火齊琉璃玳瑁等牀悉樴以金龜銀鳖又琢五色玉器爲什合百寶爲圓案又賜金麥銀米共數斛此皆太宗廟條支國所獻也堂中設連珠之帳却寒之簾犀簟牙席龍廚鳳褥連珠帳續眞珠爲之也却寒簾類玳瑁斑有紫

色云却寒之鳥骨所爲也未知出自何國又有鷓鴣枕翡翠匣神絲繡被其枕以七寶合成爲鷓鴣之狀翡翠匣積毛羽飾之神絲繡被繡三千鴛鴦仍閒以奇花異葉其精巧華麗絕比其上綴以靈粟之珠如粟粒五色輝煥又帶蠲忿犀如意玉其犀圓如彈丸入土不朽爛帶之令人蠲忿怒如意玉類桃實上有七孔云通明之象也又有瑟瑟幕紋布巾火蠶綿九玉釵其幕色如瑟瑟闊三丈長一百尺輕明虛薄無以爲比向空張之則疎朗之紋如碧絲之貫眞珠雖

大雨暴降不能濕溺云以鮫人瑞香膏傅也紋布巾卽手巾也潔白如雪光軟特異拭水不濡用之彌年不生垢膩二物稱得之鬼谷國火蠶綿云得之炎洲絮衣一襲用一兩稍過度則熇蒸之氣不可近也九玉釵上刻九鸞皆九色上有字曰玉兒工巧妙麗殆非人工所製有金陵得者以獻公主酬之甚厚一日晝寢夢絳衣奴授語云南齊潘淑妃取九鸞釵及覺具以夢中之言言於左右洎公主薨其釵亦亡其處韋氏異其事遂以實話於門人或有云玉兒卽潘妃

小字也逮諸珍異不可具載自兩漢至皇唐公主出降之盛未之有也公主乘七寶步輦四面綴五色香囊囊中貯辟寒香辟邪香瑞麟香金鳳香此香異國所獻也仍雜以龍腦金屑刻鏤水精瑪瑙辟塵犀爲龍鳳花其上仍絡以眞珠玳瑁又金絲爲流蘇彫輕玉爲浮動每一出遊則芬馥滿路晶熒照灼觀者眩惑其目是時中貴人買酒於廣化旗亭忽相謂曰坐來香氣何太異也同席曰豈非龍腦邪曰非也余幼給事於嬪御宮故常聞此未知今日由何而致因顧問當壚者遂云公主步輦夫以錦衣換酒於此也中貴

人共覩之益歎其異上每賜御饌湯物而道路之使相屬其饌有靈消炙紅虬脯其酒有凝露漿桂花醑其茶則綠華紫英之號靈消炙一羊之肉取之四兩雖經暑毒終不見敗紅虬脯非虬也但貯於盤中則健如虬紅絲高一尺以筯抑之無數分撒則復其故迨諸品味人莫能識而公主家餘饌如里中糠粃一日大會韋氏之族於廣化里玉饌俱列暑氣將盛公主命取澄水帛以水蘸之掛于南軒良久滿座

挾纊澄水帛長八九尺似布而細明薄可鑒云其中有龍涎故能消暑毒也韋氏諸家好爲葉子戲夜則公主以紅琉璃盤盛夜光珠令僧祁捧立堂中而光明如晝焉公主始有疾召術士米賓爲燈法乃以香蠟燭遺之米氏之鄰人覺香氣異常或詣門詰其故賓具以事對其燭方二寸上被五色文卷而爇之竟夕不盡郁烈之氣可聞於百步餘煙出其上即成樓閣臺殿之狀或云蠟中有蜃脂故也公主疾既甚醫者欲難其藥餌奏云得紅蜜白猿膏食之可愈上令

訪內庫得紅蜜數石本兜離國所貢也白猿脂數甕本南海所獻也山海經曰南方有山中多白猿雖日加餌一無其驗而公主甍上哀痛之自製挽歌詞令百官繼和及庭祭日百司與內官皆用金玉飾車輿服玩以焚於韋氏之庭家人爭取其灰以擇金寶及葬於東郊上與淑妃御延興門出內庫金玉駝馬鳳凰麒麟各高數尺以爲威儀其衣服玩具悉與生人無異一物已上皆至一百二十昇刻木爲樓閣宮殿龍鳳花木人畜之象者不可勝計以絳羅多繡絡金銀瑟瑟爲帳幕者亦各千數結爲幢節傘蓋彌街翳日旌旗珂珮兵士鹵簿率多加等以賜紫尼及女道士爲侍從引翼焚升霄降靈之香擊歸天紫金之磬繁華輝煥殆二十餘里上賜酒一百斛餅餤三十駱駝各徑闊二尺餇役夫也京城士庶罷市奔看汗流相屬惟恐居後及靈車過延興門上與淑妃慟哭中外聞者無不傷泣同日葬乳母上又作祭乳母文詞理悲切人多傳寫是後上晨夕惴心挂想李可及進歎百年曲聲詞怨感聽之莫不淚下又教數千人作歎百年隊取

內庫珍寶彫成首飾畫八百疋官絁作魚龍波浪文以爲地衣每一舞而珠翠滿地可及官歷大將軍賞賜盈萬甚無狀左軍容使西門季玄素鯁直乃謂可及曰爾恣巧媚以惑天子滅族無日矣可及恃寵亦無改作可及善轉喉舌對至尊弄媚眼作頭腦連聲作詞唱新聲曲須臾即百數方休時京城不調少年相效謂之拍彈（聲去）一日可及乞假爲子娶婦上曰即令送酒米以助汝嘉禮可及至舍見一中使監二銀榼各高二尺餘宣賜可及始謂之酒及封啟皆實中

也上賜可及金麒麟高數尺可及取官車載歸私第西門季玄曰今日受賜更用官車他日破家亦須輦還內府不道受賞徒勞牛足後可及坐流嶺南其舊賜珍玩悉皆進納君子謂西門有先見之明

上敬天竺教十二年冬製二高座賜新安國寺一爲講座一曰唱經座各高二丈斫檀沉爲骨以漆塗之鏤金銀爲龍鳳花木之形徧覆其上又置小方座前陳經案次設香盆四隅立金顁伽高三丈磴道欄檻無不悉具前繡錦襜褥精巧奇絕冠于一時即設萬

人齋勑大德僧撤首爲講論上剏修安國寺臺殿廊宇制度宏麗就中三間華飾祕邃天下稱之爲最工人以夜繼日而成之上親幸賞勞觀者如堵降誕日於宮中結綵爲寺賜升朝官已下錦袍李可及嘗教數百人作四方菩薩蠻隊

十四年春詔大德僧數百人於鳳翔法門寺迎佛骨百官上疏諫有言憲宗故事者上曰但生得見歿而無恨也遂以金銀爲寶刹以珠玉爲寶帳香舁仍用孔雀氄毛飾其寶刹小者高一丈大者二丈刻香檀爲飛簾花檻瓦木階砌之類其上徧以金銀覆之舁一刹則用夫數百其寶帳香舁不可勝紀工巧輝煥與日爭麗又悉珊瑚馬腦眞珠瑟瑟綴爲幡幢計用雜珍寶不啻百斛其剪綵爲幡爲傘約以萬隊四月八日佛骨入長安自開遠門安福樓夾道佛聲振地凡瞻禮僧徒道從上御安福寺親自頂禮泣下霑臆即召兩街供奉僧賜金帛各有差仍京師耆老元和迎眞體者悉賜銀椀錦綵長安豪家競飾車服駕肩彌路四方挈老扶幼來觀者無不蔬素以待恩福時

有軍卒斷左臂於佛前以手執之一步一禮血流灑地至肘行膝步齧指截髮不可算數又有僧以艾覆頂上謂之鍊頂火發痛作即掉其首呼叫街市少年擒之不令動搖而痛不可忍乃號哭臥於道上頭頂焦爛舉止蒼迫凡見者無不大哂焉上迎佛骨入內道場即設金花帳溫清牀龍鱗之席鳳毛之褥焚玉髓之香薦瓊膏之乳皆九年訶陵國所貢獻也初迎佛骨有詔令京城及畿甸於路旁壘土爲香刹或高一二丈迨八九尺悉以金翠飾之京城之內約

數是妖言香刹搖動有佛光慶雲現路衢說者迭相爲異又坊市豪家相爲無遮齋大會通衢間結綵爲樓閣臺殿或水銀以爲池金玉以爲樹競聚僧徒廣設佛像吹螺擊鈸燈燭相繼又令小兒玉帶金額白腳呵唱於其間恣爲嬉戲又結錦繡爲小車輿以載歌舞如是充于輦轂之下而延壽里推爲繁華之最是歲秋七月天子晏駕識者以爲物極爲妖公主薨而上崩同昌之號明矣

僖宗皇帝即位詔歸佛骨于法門其道從威儀十無

其一具體而已然京城耆耋士女爭爲送別執手相謂曰六十年一度迎眞身不知再見復在何時即伏首於前嗚咽流涕所在香刹沿悉鏟除近甸百無一二焉

金華子雜編

唐　劉崇遠

高祖太宗之興也革隋之失乃定民之賦租務從優減稅納逾數皆係枉法兵興之後因亂政經天下蜂擾盜賊荐起六合岌嶪世無完城復以失民心之致哉乾符中所在猶皆平寧故老童孺多未識兵器州郡間或忽有遺火沿燒不數舍而士庶驚撓奔迸狂駭逾時不息忺嘆之音謂極于罹毒也不數年後大

漫滔天九有無復息肩遺賊反復偷安兵革則向來之荼苦猶甘薺焉

李景讓尚書少孤貧夫人王氏性嚴重明斷近代貴族母之賢無及之者孀居東洛諸子尚幼家本清素日用尤乏嘗値霖雨且久其宅院內古墻夜坍隤僮僕修築次忽見一槽船實以散錢婢僕等當困窘之際喜其有獲相率奔告于堂前夫人聞之誡僮僕曰切不得輒取俟吾來視之而後發既到命取酒酹之曰吾聞不勤而獲祿猶身爲災士君子所慎者非得宜之也我何堪焉若天實以先君餘慶澤及未亡

當令此諸孤學問成立他日爲俸錢資吾門此未敢覬乃令亟掩如故其後諸子景讓景溫莊皆進士舉擢第並有重名位至方岳讓最剛正奏彈無所避爲御史大夫宰相宅有看街樓子皆封泥之懼其糾劾也

杜晦辭自南曹郎爲趙公隱從事于朱方王郢之叛趙相國以撫御失宜致仕晦辭罷職時北門李相國在淮海辟爲判官晦辭以恩門休戚辭不受職退隱于陽羨別業時論多之永寧劉相國鎮淮南又辟爲

金華子雜編　二

節度判官方始應召稍近于女色有父之遺風赴淮南之召路經常州李瞻給事方爲郡守晦辭于祖席忽顧樂營妓人朱娘言別因掩袂大哭瞻曰此風聲賤人員外如要但言之何用形迹乃以步輦隨而遺之晦辭自飲筵散不及換便服步歸舟中以告其內子內子性仁和聞之無難色遂履而迎之其善于適願也如是

龜直中紋名曰千里其近首橫紋之第一級左右有斜里皆接于千里者龜王之紋也今取常龜驗之莫有也徐太尉彥若之赴廣南將渡小海元隨軍將忽于淺瀨中得一小琉璃瓶子大如嬰兒之拳其內有一小龜子長可一寸往來旋轉其間略無暫已瓶子之項極小不知所入之由也因取而藏之其夕忽覺舡一舷壓重起而視之即有衆龜層叠就舡而上其人大懼以將涉海慮致不虞因取所藏之瓶子祝而投于海中衆龜遂散既而語于海舡之胡人胡人曰此所謂龜寶也稀世之靈物惜其遇而不能有蓋薄福之人不勝也苟或得而藏于家何慮寶藏之不豐哉胡客惋嘆不已

金華子雜編　三

楊琢嘗話在淄青日見有一百姓家燕窠累年添接僅踰三尺其燕哺雛既飛忽一旦有諸野禽飛入庭除俄而漸聚棟之上棲息無空隙不復畏人厨人饋食于堂手中盤饌皆被衆禽搏攫不可驅逐其家老人罔測灾祥顧之甚悶忽以杖擊破燕巢隨手有一白鳳雛長三寸許自巢而墮未及於地即拋然出戶望西南冲天而去諸禽亦應時散逝須臾而盡予往歲宰于晉陵琢時爲縣丞云皆目之所覩耳

瑑又云一家亦是燕窠窠中忽然赤色光芒而隱隱有聲若鳴鼓地中日夜不絕夜後廟處呼喝于外賁其不戢燈燭既入其舍視之不見有火纔出門外望則有火焰亘天居旬日聞人聲漸博曰或聚衆其家老父懼偶以柱杖探燕窠中卽有一小赤龍子長尺餘墮下鱗甲炳煥老父驚惶遽以裀褥藉之焚香禱謝未畢既而見一大龍長丈餘自簷屋而入光如列炬爍人瞻視一家震駭竄伏稽顙龍徐徐擁其子入自寢室越其屋騰空而去亦不損物然其家不三四

年皆隳敗焉

玉泉子眞錄

唐　亡名氏

鄭公路昆仲有爲江外官者維舟江渚羣偷奄至卽以所有金幣羅列岸上而恣賊運取賊一不犯曰但得侍御小娘子足矣其女有美色賊潛知之矣骨肉相顧不知所以荅女欣然請行其賊卽具小舟載之而去謂賊曰君雖爲偷得無所居與親屬焉然吾衣冠子既爲汝妻豈以無禮見逼若達汝所止一會親族以托好逑足矣賊曰諾又指所偕二婢曰公既以

偷爲名此婢不當有爲君計不若歸吾家既以貌美其言且順顧已無不可者既自鼓其棹載二婢而去女于是赴江而死

沈洵之節使山北爲奴歸秦所害是日家宴既歡且歌其詞卽莫打南來雁從他南北飛行時雙打取莫遣兩分離其夕妻亦遇害詞方驗云

崔公鉉之在淮南嘗俾樂工集其家僮教以諸戲一日其樂工告以成就且請試焉鉉命閱于堂下與妻李氏坐觀之僮以李氏妬忌卽以數僮衣婦人衣曰

妻曰妾列于旁側一億則執簡束帶旋辟唯諾其間張樂命酒笑語不能無屬意者李氏未之悟也久之戲愈甚悉類李氏平昔所嘗爲李氏雖少悟以其戲偶合私謂不敢而然且觀之僮志在于發悟愈益戲之李果怒罵之曰奴敢無禮吾何嘗如此僮指之且出曰咄咄赤眼而作白眼諱乎鉉大笑幾至絕倒

廣明之年號識者以爲黃巢日月　明年兩京沒焉讖者尤之初製中尉首輒折木爲摸所謂其楦者先是數年內官競新其様命工人斫爲之中尉者輒呼曰

玉泉子眞錄　二

斫兩中尉頭樞密使亦呼曰斫兩長官頭它皆類此又京城小兒十數爲羣折蒿剪楮率成槍旆各各相向如臨陣爲敵至是悉驗云

令狐綯父楚鎮東平綯侍以赴任嘗送親友郊外逆旅中有父老焉似不知其令狐公也時方久旱綯因問民間疾苦父老即陳以旱歎盜賊且起復曰而今却是風不鳴條雨不破塊時也綯以其言前後相反詰之父老答曰自恭月不雨至于是月得非不破塊乎賦稅征迫販妻鬻子不給繼以桑柘得非不鳴條乎綯卽命駕掩耳而去

劉贊相國楊公嗣復之門生也對策以直言忤時中官尤所嫉怒中尉仇士良謂楊公曰奈何以國家科第放此風漢及第耶楊公既懼卽答曰嗣復昔與贊及第時猶未風耳

玉泉子眞錄　三

松窻雜記

唐　杜荀鶴

唐進士趙顏於畫工處得一軟障圖一婦人甚麗顏謂畫工曰世無其人也如可令生余願納爲妻畫工曰余神畫也此亦有名曰眞眞呼其名百日晝夜不歇卽必應之應則以百家綵灰酒灌之必活顏如其言遂呼之百日晝夜不止乃應曰諾急以百家綵灰酒灌之遂呼之活下步言笑飲食如常曰謝君召妾妾願事箕箒終歲生一兒年二歲友人曰此妖也必

與君爲患余有神劒可斬之其夕遺顏劒劒纔及顏室眞眞乃曰妾南岳仙也無何爲人畫妾之形君又呼妾之名既不奪君願君今疑妾妾不可住言訖攜其子卽上軟障嘔出先所飲百家酒覩其障唯添一孩子仍是舊畫焉

有王生者不記其名業三史博覽甚精性好誇炫語甚容易每辨駁古昔多以臆斷有旁議者必大折之嘗遊沛因醉入高祖廟顧其神座笑而言曰持三尺劒滅暴秦翦强楚而不能免其母烏老之稱徒歌大風起兮雲飛揚曷能威加四海哉徘徊庭廡間肆目乂之乃還所寓是夕纔寐而卒見十數騎擒至廟庭漢祖按劒大怒曰史籍未覽數紙而敢褻瀆尊神烏老之言出自何典若無所據爾罪何逃王生頓首曰臣嘗覽大王本記見司馬遷班固書云母劉氏媼注曰日非臣敢出於胸襟耳漢祖益怒曰朕沛中泗水亭長碑昭然具載矣曷以外族溫氏而妄稱烏老乎讀錯本書且不見義敢持酒喧於殿庭宜付所司劾

犯上之罪語未終而南面有清道者揚言太公來及階廟王生曰斯何人見辱之甚也漢祖降階對曰此虛妄侮慢之人也罪當斬之王生目太公遂據厲聲而言曰臣覽史籍見侮慢君親者尚無所貶而賤臣戱語於神廟豈期肆於市朝哉漢祖又怒曰在典冊豈載侮慢君親者當試徵之王生曰臣敢徵大王可乎漢祖曰然生曰王卽位會群臣置酒於前殿獻太上皇壽有否漢祖曰有之既獻壽乃曰大人嘗以臣無賴不事產業不如仲力今某之業孰與仲多有

乎漢祀曰有之殿上皆呼萬歲大笑爲樂有之乎曰有之王生曰是侮慢君親者矣太公曰此人理不可屈宜速遣之不爾必遭杯羹之譲也漢王默然良久云斬此物汚我三尺刃令揃髮者摑之一摑雾然而蘇東方明矣以鏡視腮有若指蹤數日方滅

玄帝幸東都因秋霽與一行師共登天宮寺閣臨眺久之上遐顧悽然長嘆數四謂一行曰吾身得終無忠乎一行進曰陛下行幸萬里聖祚無疆及西狩初至成都前望大橋上舉鞭問左右曰是橋何名節度

使崔員躍馬前進曰萬里橋也上因進嘆曰一行之言今果符之吾無憂矣

玄宗好走馬擊毬內廐所飼者意猶未甚適會黃幡綽戲語相解因曰吾欲良馬久之而誰能通於馬經旛綽奏曰臣能知之因且今三承相悉善馬經上曰吾與三承相語政事之外悉究其旁學不聞有通於馬經者爾焉得能知之旛綽曰臣日日沙堤上見承相所乘馬皆良馬也以是必知通馬經上因大笑而語他

玄宗自臨淄郡王爲潞州別駕乞歸京師以觀[illegible]址迹尤自思揖會春暮豪家數輩盛酒饌遊於昆明池選勝方宴上戎服臂小鷹於野次因疾驅直突會前諸子輩頗露難色忽一少年持酒船唱令曰宜以門族官品陳備之酒及於上大聲曰曾祖天子父相王某臨淄郡王也諸少年聞之驚走不敢復視上因連飲三銀船盡一卣徐乘馬東去

玄宗何皇后始以色進及上登位數年恩寵日衰后憂畏之狀愈不自安然撫有不恩幸免讒謗共危之

禍忽一日泣訴於上曰三郎獨不記何忠脫新裁半臂更得一斗麵爲三郎生日湯餅耶何忍不追念於前時上聞之戚然改容有憫皇后之色由是得延其恩者三更秋終以諸妃恩遇日盛皇后竟見出焉后無罪被黜六宮共憐之何忠者何后自呼其父名者也

開元中有程修巳者善畫得進謁玄宗修巳始以孝廉召入上不甚禮以畫者流擬之會暮春內殿牡丹開上頗好詩因問修巳曰今京邑傳唱牡丹詩誰爲

首出修已對曰吾嘗聞公卿間多吟賞中書舍人李正封詩曰國色朝酣酒天香夜染衣上聞之嗟賞移時時楊貴妃侍恩寵上笑謂貴妃曰汝粧鏡臺前宜飲以一紫金盞酒則正封之詩可見矣

狄梁公爲相有姨盧氏居午橋南別墅姨生一子未嘗來都城公因休沐候姨安否因問表弟有何樂願悉力從其欲者姨曰相爾自貴耳姨止有一子不欲令事女主公大慙而退

南楚新聞

唐　尉遲樞

薛昭緯經巢賊之亂流離道途往來絕粮遇一舊識銀工邀昭緯飲食甚豐作詩謝之曰一楪氈羹年也數十根破盤中更有紅鱗早知文字多辛苦悔不當初學治銀

荆南孫儒之亂斗米四十千持金寶換易纔得一合一撮謂之道場米言饑人不可食他物唯煎米飲之亦可稍充腸胃

孫寵日走報馬入孔子廟觸倒衙官兩箇

李蠙司空初名虬將赴舉夢名上添一畫成虱字及寤曰虱者蠙也及改名果登科

百粵人以蝦蟆爲上味先於釜中置小芋俟湯沸殺蝦蟇乃抱芋而熟謂之抱芋羹又云疥皮者最佳切不可脫去錦褾子

李泌賦詩譏楊國忠云青青東門柳歲晏必憔悴國忠訴之明皇曰賦柳者譏卿賦李者爲朕可乎

明皇幸蜀德宗時年十五從行有父老言於衆曰太

孫乃僣耳龍何懼賊乎

肅宗在靈武時鑄印徵兵文曰六合大同印

李泌爲肅宗曰臣絶粒無家祿位茅土皆非所欲收復京師但枕天子膝一覺使司天奏有客星犯帝座足矣

李泌辟穀身輕能行屏風上每導引骨節珊然有聲謂之鎖子骨

德宗播遷人多乏食無釀酒者後京師稍寧有一醉人聚觀亦爲祥瑞

南楚新聞 八 二

德宗以播遷爲天命李泌曰天子造命不可言命

李泌謂盧杞小心乃姦臣之態

李泌謂以二月一日爲中和節人家以青囊盛百穀果實更相饋遺務極新巧宮中亦然謂之獻生子

李泌未相時宿内院阿師旦起竊泌鞋送帝泌曰鞋者諧也當爲弼諧事宜諧之

李泌少爲詩曰天覆吾地載吾天地吾有意無不然絶粒升天衢不然鳴珂遊帝都安得不富復不貴作帛藏一丈夫

李泌兒時身輕能于屏風上立薰籠上行有異人見泌云此兒十五歲又升天父母惡之舁空中異香作蒜虀潑之恐其飛升上天也

南楚新聞 八 三

中朝故事　　唐　尉遲偓

華清宮湯泉内天寶中刻石爲坐及作芙蓉僕曙謹到今猶在屋木亦有全者驪山多飛禽名阿濫堆明皇帝御玉笛采其聲翻爲曲子名當時左右皆傳唱之

代說鄭畋是鬼胎其母卒後與其父亞再合而生畋初亞未達遨遊諸處留其妻并一婢在山觀中女冠院側及歸妻已卒詢其婢婢曰娘子將欲產臨之時

聞空中有語曰汝須出觀外無觸吾清境不然吾當殺汝妻祝曰某婦人也出無歸望聖者閔念分娩後乃絕殯觀内道衆爲殯於外野田中矣亞以盞酒酹之是夜夢妻曰某命未盡合與君生貴子因爲汚觸道觀爲神靈所殺從此北向十里有一僧院其間只有一僧年可五十許此高士也可往求之僧必拒諱但再三哀鳴祈之當得再奉箕箒也及寤不以爲信次夕又再夢之語如初亞於是趨其院果見一僧門初謁之亦喜亞遂告之殊不顧曰我即凡人出家耳豈能主幽冥之事乎亞復懇求之僧怒以拄杖驅擊亞并其辱連日不去且亦不寢僧乃許之曰汝既心堅若此俟吾尋訪之乃坐入定中夜後起謂亞曰事諧矣天曙先歸吾當送來亞其夕歸觀三更中聞戶外人語即引妻來言本身以毀壞此即魂耳善相保囑之而去其妻宛如平生但惡明處二三年間乃生畋又數歲妻乃辭去自言年數已盡合當決去涕泗而别俄不知所之

戎幕閒談

唐　韋絢

贊皇公博物好奇尤善話古今異事當鎮蜀時賓佐宜吐亹亹不知倦焉乃語絢曰能隨而紀之亦足以資於聞見絢遂操觚錄之號爲戎幕閒談太和五年十一月二十三日巡官韋絢引

贊皇公曰余昔爲太原從事覩公牘中文水縣解武士彠墓前有碑元和中忽失龜頭所在碑上有武士凡十處皆錯去之其碑高大於華岳碑且非人力拔削所及經年武相遇害

公又曰韓相自金陵入朝歲餘後于楊子江中見有龜鼈滿江浮下而悉無頭此時韓相在城中甕人莫知其故

公又曰昨循州杜相談異頗多書示寮佐其所言初到蜀年資州有方丈石走行盤礴數畝新都縣大道觀老君旁泥人鬚生數寸見者拔之俄頃又出都下諸處有栗樹樹葉結實食之味如李鹿頭寺前水溢出及猫鼠相乳之妖果有蠻寇憑陵絢尋覩耆逃李勢在蜀欲滅顏有怪異成都北鄉有人望見女子入草徃覩之見物如人有頭目而無手足能動搖不能言語又廣漢馬生角長寸半又馬生駒一頭二身六耳無目二陰一牝一牡又驢無毛飲食數日死而又江源地生草七八尺莖葉皆赤子青如牛角昨又見約令副使司馬君將何令宣說蠻欲圍城城門外有人見一龍與水牛鬬俄頃又說皆滅李樹上皆生木瓜而空中不實

公又曰揚雄蜀王本紀言秦相張公子築成都城屢

有頹壞時有龜周旋行走巫言依龜行迹築之既而城果就

公又曰貞元中司勳郎中名迺郎李景侍御之先人也德宗朝以美才頗有恩澤一日朝下歸第馬上昏昏如醉過其門不入馭者曰欲徃何處恍而若寤覺馬入宅謂其妻曰適者歸路恍惚如在夢中有二黄衫人引至一戶外且欲入中有人曰未來須待玉魚符下也既而始醒焉馬首已過于門矣此非人間也吾其能久乎後入朝堂之地無纖芥之物上龍

地上見一玉魚子光瑩奪目彫刻奇麗恐他人先得遽以袍袖裹之及歸馬上把玩至家與稚兒弄之殊忘須待玉魚符之事其妻在傍見之頗省其語潛不樂果數日而逝

商芸小說

唐　撰人闕

郭林宗來遊京師當還鄉里送車千許乘李膺亦在焉衆人悉詣大槐客舍而別獨膺與林宗共載乘薄笨車上大槐坂觀者數百人引領望之眇若松喬之在霄漢

李元禮謖謖如勁松下風膺居陽城時門生在門下者恒有四五百人膺每作一文出手門下共爭之不得墮地陳仲弓初令大兒元方來見膺與言語訖遣

廚中食元方喜以爲合意當復得見焉

膺同縣聶季寶小家子不敢見膺杜周甫知季寶不能定名以語膺呼見坐置砌下牛衣上一與言即決曰此人當作國士卒如其言

膺爲侍御史青州凡六郡唯陳仲舉爲樂安視事其餘皆病七十縣並棄官而去其威風如此

陳仲舉雅重徐孺子爲豫章太守至便欲先詣之主簿白羣情欲令府君先入拜陳曰武王軾商容之閭席不暇煖吾之禮賢有何不可

鄭玄在徐州孔文舉時爲北海相欲其返郡敦請懇惻使人繼踵又教曰鄭公久遊南夏今艱難稍平何有歸來之思無寓人於室毀傷其藩垣林木必繕治墻宇以俟還及歸融告僚屬昔周人尊師謂之尚父今可咸曰鄭君不得稱名也袁紹一見玄歎曰吾本謂鄭君東州名儒今乃是天下長者夫以一布衣雄世斯豈徒然哉及去紹餞之城東必欲玄醉會者三百人皆使離席行觴自旦及暮計玄可飲三百餘杯而温克之容終日無怠

張衡死月蔡邕母始懷孕此二人才貌甚相類時人云邕是衡之後身初司徒王允數與邕會議允詞常屈由是銜邕及允誅董卓并收邕衆人爭之不能得太尉馬日磾謂允曰伯喈忠直素有孝行且曠世逸才多識漢事當定十志今子殺之海内失望矣允曰無蔡邕獨當無十志何損遂殺之

傳巽有知人之鑑在房州目龐統爲半英雄後統附劉備見待次諸葛亮如其言

中朝時有人畜銅澡盤晨夕恒鳴如人扣以白張華華曰此盤與洛鐘宫商相諧宫中朝暮撞故聲相應可鑢令輕則韻乖鳴自止也依言即不復鳴

有客相從各言所志或願爲揚州刺史或願多貲財或願騎鶴上昇其一人曰腰纏十萬貫騎鶴上揚州欲兼三者

封氏聞見記

唐 封演

自古帝王五運之次凡二說鄒衍則以五行相勝爲義劉向則以五行相生爲義漢魏共尊劉說國家承隋氏火運故爲土德衣服尚黄旗幟尚赤褒服赭赤色赭黄黄色之名赤者或謂之柘木鷄因名樹爲金鷄

秦漢以來天子但稱皇帝别無徽號則天垂拱四年得瑞石於洛水曰聖母臨人永昌帝業號其石爲寶

圖於是群臣上尊號請稱聖母神皇后稍加越古天冊金輪聖神等號至中宗踐祚號應天神龍玄宗即位號開元神武後稍加爲開元天地大寶聖文神武應道肅宗號光天文武代宗號寶應元聖文武今上號聖神文武則天以女主臨朝苟順臣子一時之請受尊崇之號自後因爲故事允文允武乃聖乃神皇王盛稱莫或過此既以爲祖父之稱又以爲子孫之號雖顛之倒之互有變易而曾雜此數代之後將無所廻避貞元初主上昭然覺悟乃下詔去其徽號直稱皇帝合於古矣近歲百僚復請加尊號上守謙冲意不許之昔光武皇帝詔群臣上書不得言聖孔子曰若聖與仁則吾豈敢謙冲之德大矣哉

露布捷書之别名也諸軍破賊則以帛書建諸竿上兵部謂之露布盖自漢已來有其名所以名露布者謂不封撿露而宣布欲四方速知亦謂之露版者魏武奏事云有警急輒露版插羽是也宋時沈璞爲盱眙太守與臧質共拒魏軍軍退質與璞全城使自上露版後魏韓顯宗大破齊軍不作露布臣每哂而問

之答曰頃聞諸將獲二三驢馬皆爲露布臣每哂之近雖仰憑威靈得摧醜　擒斬不多脱復高曳長縑虛張功捷尤而效之其罪斯甚所以斂毫卷帛解上而已然則露版古今通名也隋文帝詔太常卿牛弘撰宣露布儀開皇九年平陳元帥晋王以驛上露布兵部請依新禮集百官及四方客使於朝堂内史令凡有詔在位者皆拜宣露布訖蹈舞者三又拜郡縣皆同因循至今不改近代諸露布大抵皆張皇國威廣談帝德動逾數千字其能體要不煩者鮮矣

一代通謂府廷爲公衙公衙即古之公朝也字本
作牙詩曰祈父予王之爪牙祈父司馬掌武備象猛獸
以爪牙爲衛故軍前大旗謂之牙旗出師則有建牙
禡牙之事軍中聽號令必至牙旗之下稱與府朝無
異近俗尚武是以通呼公府爲公衙府門爲牙門或
云公門外刻木爲牙立於門側以象獸牙軍將之幕
置牙竿首懸旗於上其義一也
官銜之名盖與近代同當是選曹補授須存資歷聞
奏之時先具舊官名品於前次書擬官於後使新舊

相銜不斷故曰官銜亦曰頭銜所以名爲銜以言如
人口銜物取其連屬之意又如馬之有銜以制其首
前馬已進後馬續來相次不絶者古謂之銜尾相屬
即其義也
朝廷百司諸廳皆有壁記叙官秩創制及迁授始末
原其作意盖欲著前政履歷而發將來健羨焉故爲
廳記之體貴其說事詳雅不爲苟飾而近時作記多
措浮詞褒美人才抑揚門閥殊失記事之本意韋氏
兩京記云郎官盛寫壁記以紀當廳前後遷除出
入以成俗然則壁之有記豈當是國朝以來始自
省遂流郡邑耶
士子初登榮進及遷除朋僚慰賀必盛置酒饌音樂
以展歡宴謂之燒尾說者有虎變爲人唯尾不變須
爲燒除乃得成人故以初蒙拜授如虎得爲人本尾
猶在脫體既合方爲焚之故云虎尾一云新羊入羣
不相親附火燒其尾則定貞觀中太宗嘗問朱子奢
以羊事對

拔河古謂之牽鉤襄漢風俗常以正月望日爲之相
傳楚將伐吳以爲教戰梁簡文臨雍部禁之而不能
絶古用篾纜今民則以大麻絙長四五十丈兩頭分
繫小索數百條挂於前分二朋兩勾齊挽當大絙之
中立大旗爲界震鼓叫譟使相牽引以却者爲輸名
曰拔河
秦漢以來帝王陵前有石麒麟石辟邪石象石馬之
屬人臣墓前有石羊石虎石人石柱之屬皆所以表
飾墳壟如生前之儀衛耳國朝因山爲陵
玄宗朝海内殷贍送葬者或當衢設祭張施帷

假花假果粉人麪粻之屬然大不過方丈高不踰數尺議者猶或非之變亂以來此風大扇祭盤帳幙高至八九十尺用床一二四百張雕鐫飾畫窮極伎巧饌具牲牢復居其外

景龍文館記　　武平一

中宗景龍三年正月七日上御清暉閣登高遇雪因賜金綵人勝令學士賦詩是日甚歡宗楚客詩云窈窕神仙閣參差雲漢間九重中禁路七夕早春還太液天爲水蓬萊雪作山今朝上林樹無處不堪攀正謂此也

正月八日立春内出綵花賜近臣武平一應制云鑾輅青旂下帝臺東郊上苑望春來黃鶯未解林間囀紅蘂先從殿裡開畫閣條風初變柳銀塘曲水半含苔欣逢曆藻先部律更促霞觴畏景催是日中宗手勑批云平一年雖最少文甚警新悅紅蘂之先開訝黃鶯之未囀循還吟咀賞歎兼懷今更賜花一枝以彰其美所賜學士花並令插在頭上後所賜者平一左右交插因舞蹈拜謝時崔日用乘酣飲欲奪平一所賜花上於簾下見之謂平一曰日用何爲奪卿花平一跪奏曰讀書萬卷從日用滿口虛張賜花一枝學平一終身不獲上及侍臣大笑因更賜酒一杯當

時嘆美
四年清明中宗幸梨園命侍臣爲拔河之戲以大麻絙兩頭繫十餘小索每索數人執之以挽六弱爲輸時七宰相二駙馬爲東朋三相五將爲西朋僕射韋巨源少師唐休璟以年老隨絙而踣久不能起帝以爲笑樂韋承慶應制詩舊火收槐燧餘寒入桂宮鶯啼正隱葉鷄鬬始開籠
唐制上巳祓禊賜侍臣細柳圈云帶之免蠆毒瘟疫
中宗四年上巳祓禊于渭濱賦七言詩賜細柳圈李
景龍館記 八 二
乂應制詩此日欣逢臨渭賞昔年空道濟汾詞沈佺期詩寶馬香車清渭濱紅桃碧柳禊堂春皇情尚憶垂竿佐天瑞先呈捧劍人
神龍中安樂公主西莊在延平門外二十里司農卿趙履溫種殖將作大匠楊務廉引流鑿沼延袤十數里時號定昆池
高宗誕辰與侍臣賦詩宴樂上曰可識朕意不須惜醉李嶠等奏曰既陪天歡不敢不醉
四年春上宴於桃花園群臣畢從學士李嶠等各獻桃花詩上令宮女歌之辭既清婉歌仍妙絕獻詩者舞蹈稱萬歲上勅太常簡二十篇入樂府號曰桃花行
四年夏四月上與侍臣於樹中摘櫻桃恣其食末後於蒲萄園大陳宴席奏宮樂至暝每人賜朱櫻兩籠也
四月上巳日上幸司農少卿王光輔庄駕還朝後中書侍郎南陽岑羲設茗飲蒲萄漿與學士等討論經史
景龍館記 八 三
中宗時殿中奏蹀馬之戲宛轉中律遇作飲酒樂者以口啣盃卧而復起吐蕃大驚

說郛目錄

行營雜錄

宋　趙葵

太祖初受周幼主命北討至陳橋爲三軍推戴時太后以下眷屬悉在定力院設齋有司來搜捕主僧令登閣而固其扃鑰俄大搜索僧紿云皆散走不知所之矣甲士入寺升梯且發鑰見蛛網布滿其上而塵埃凝積若累年不曾開者乃相告曰是安得有人遂皆去有頃太祖已踐祚矣

太祖潛耀日常與一道士遊關河無定姓名自曰混沌或又曰真無每劇飲爛醉且善歌能引其喉於杳冥之間作清徵之聲時或一二句隨天風飄下惟太祖聞之曰金猴虎頭四真龍得真位至醒詰之則曰醉夢豈足憑邪至膺圖受禪之日乃庚申正月初四也自御極不再見下詔草澤徧訪之或見於轘轅道中或嵩洛間後十六載乃開寶乙亥歲也上巳祓禊駕幸西沼道士忽醉坐水次木陰下笑揖上曰別來安善上大喜亟遣中人密引至後掖恐其遁急回蹕見之一如平時抵掌浩飲上曰久欲見汝決一事

壽遂得幾多在道七日但今年十月二十日夜晴則
可延一紀不爾則當速措置上諳留之俾居後苑苑
吏或見宿於木末鳥巢中數日忽不見上切切記其
語至所期之夕上御太清閣以望氣是夕果晴星斗
明燦上心方喜俄而陰霾四起天地陡變雪雹驟降
移仗下閣急傳宮鑰開門召開封尹即太宗也延入
内寢酌酒對飲宦官宮妾悉屏出但遙見燭影下太
宗時或避席有不可勝之狀飲訖漏三鼓雪已數寸
上引柱斧戳雪顧太宗曰好做好做遂解帶就寢鼻

息如雷是夕太宗留宿禁内將五鼓周廬者寂無所
聞帝已崩矣

李後主歸朝後每懷故國且念嬪妾散落鬱鬱不自
聊嘗作長短句簾外雨潺潺春意將闌羅衾不奈五
更寒夢裏不知身是客一餉貪歡獨自莫凭闌無限
關山別時容易見時難流水落花春去也天上人間
意思悽惋不久下世

祥符中封禪事竣宰執對于後殿上曰治平無事久
欲與卿等一處閒玩今日可矣遂引羣公及内侍
入一小殿多有假山甚高山而有洞上既入乃復
招羣公從行初覺甚暗數十步則天宇豁然千峰百
嶂雜花流水盡天下之偉觀少焉至一所重樓複閣
金碧照耀有一道士貌亦奇古來揖上執禮甚恭上
亦答之良厚邀上主席上再三遜謝然後坐羣臣再
拜居道士之次所論皆玄妙之旨而牢醴之屬又非
人間所見也鸞鶴舞庭笙簫振林木至夕乃罷道
士送上出門而別曰萬幾之暇無惜與諸公頻見過
也復由舊路以歸臣下因以請于上上曰此道家所

謂蓬萊三山者也羣臣自失者累日後亦不復再往
不知何術以致之也

慶曆三年有李京者爲小官與鼎臣在侍從二人相
與通家一日薦其友人於鼎臣求爲聞達於朝鼎臣
即繳書具奏之京坐貶官未行京妻謁鼎臣妻敘別
鼎臣妻慙不出京妻立廳事召鼎臣幹僕語之曰我
來雖爲往還之久欲求一別以爲乃公嘗有數帖與
吾夫祝私事恐爾家以爲疑索火焚之而去

王嗣宗守邠土邠舊有狐王廟相傳能爲人禍福

時享祀祈禱不敢少怠至不敢道故嗣宗至郡集諸邑獵戶得百餘人以甲兵圍廟薰灌其穴殺百餘狐或云有大白狐從火中遁去其妖遂息後人復爲立廟則寂無靈矣嗣宗後帥長安處士种放者朝廷所尊禮每帥守至輒面數之嗣宗不服以言拒之放責數嗣宗聲色俱厲嗣宗怒以手批其頰先是眞宗有勑書令放有章奏即附驛欲詣闕即乘驛放遂乘驛訴於上前上特於嵩山之陽置書院以處之後嗣宗去郡有人贈詩曰終南處士威風滅渭北妖狐窟穴空嗣宗大喜歸告其子孫曰吾死更勿爲碑誌但石刻此詩置于墓旁吾其榮矣

僞蜀廣政末成都人唐季明因破一木中有紫文隸書太平兩字時以爲佳瑞有識者云不應此時須成都破後方見太平爾自王師平蜀頻施曠蕩之恩仍有太平興國之號

大中祥符六年緜州彰明縣崇仙觀柏柱上有木文如畫天尊狀毛髮眉目衣服履舄纖縷悉備知州比部員外郎劉宗言遂繪事奏聞奉旨令津置赴闕送

玉清昭應宮今川民皆圖畫供奉之

成都漆工艾延祚甲午歲爲賊所驅於郡治令造漆器五月六日忽聞鼓鞞聲及南門火起乃天兵至郡也延祚窘甚緣上大樹匿穠葉間見天兵往來捜捕殺戮很籍至夜遂下樹卧積屍中及中宵聞數十人傳呼聲頗類將吏且無燭炬因竊視之不見其形但聞按籍點名僵屍聞呼一一應之惟不呼延祚乃知聖朝代叛討逆悉奉行天誅也

南唐胡則守江州堅壁不下曹翰攻之危急忽有旋風吹片紙墜城中有詩曰由來秉節世無雙獨守孤城死不降何似知機早回首免教流血滿長江後城陷屠殺殆盡謂之洗城

人傳溫公西江月詞流播已久今又得一首名錦堂春云紅日遲遲虛廊轉影槐陰迤邐西斜彩筆工夫難狀晚景煙霞蝶尚不知春去漫繞幽砌尋花奈猛風過後縱有殘紅飛向誰家始知青鬢無價歎飄零官路荏苒年華今日笙歌叢裏特地咨嗟席上青衫濕透算感舊何止琵琶怎不教人易老多少離愁散

[illegible]入滙

劉貢父爲中書舍人一日朝會幙次與三衛相鄰時諸帥兩人出軍伍有一水晶茶盂傳玩良久一帥曰不知何物所成瑩潔如此貢父隔幙謂之云諸公豈不識此乃多年老冰耳

慶曆中郎官呂覺者勘公事回因登對自陳衣緋已久乞改章服上曰待別差遣與卿換賜不欲因鞫獄與人恩澤慮刻薄之徒望風希進加入人罪耳

神考嘗問荊公卿曾看歐陽修五代史不對曰臣不

曾仔細看但見每篇首必曰嗚呼是豈五代時事事可歎者乎

昭陵上賓前一月每夜太廟中有哭聲不敢奏一日太宗神御前香案自壞

元祐癸酉九月一日夜開寶寺塔表裏通明徹旦禁中夜遣中使齎降御香寺門已閉既開寺僧皆不知也寺中望之無所見去寺漸明後二日宣仁上仙

國家開寶中所鑄錢文曰宋通元寶至寶元中則皇宋通寶近世錢文皆著年號惟此二錢不然者以年號不實字文不可重也

皇女爲公主其夫必拜駙馬都尉故謂之駙馬宗室女封郡主者謂其夫爲郡馬縣主者爲縣馬不知何義

神廟一日行後苑見牧豭猪者問何所用牧者曰自太祖來常令畜之自稚養以至大則殺之又養稚者累朝不敢易亦不知何用神廟沈思久之詔付所司禁中自今不得復畜月餘忽獲妖人急欲血澆之禁中卒不能致方悟祖宗遠略

司馬溫公隧碑賜名清忠粹德紹聖初毀磨之際大風走石群吏莫敢近獨有一匠氏揮斤而擊未盡碎忽仆碑下而死

東坡仁宗朝登進士科復應制科擢居異等英宗朝判鳳翔欲以唐故事召入翰林宰相限以近例且欲召試秘閣上曰未知其能否故試之如軾豈不能邪宰相猶難之及試又入優等遂直史館神宗朝以議新法不合補外李定之徒媒蘖其詩文有訕上語下詔獄欲寘之死上獨庇之得出方在獄時宰相密[illegible]

詩云根到九泉無曲處世間惟有蟄龍知此不臣也
上曰詩人之詞安可如此推求時相語塞上一日與
近臣論人才因曰軾方古人孰比近臣曰頗似李白
上曰不然白有軾之才無軾之學累有意復用而言
者力沮之一日忽出手札曰蘇軾黜居思咎闊歲茲
深人材實難不忍終棄因量移臨汝哲宗朝起知登
州召爲南宮舍人不數月遷西掖遂登翰苑紹聖後
熙豐諸臣當國元祐諸臣俱遷謫崇觀間京卞用事
拘以黨籍禁其文辭墨迹而毀之政和間忽弛其禁

行營雜錄　八

求軾墨迹甚銳人莫知其由或傳徽宗親臨寶籙宮
醮筵其主醮道流拜章伏地久之方起上詰其故答
曰適至上帝所值奎宿奏事良久方畢始能達其章
也上歎訝久之問曰奎宿何神爲之所奏何事對曰
所奏事不可知爲此宿者即本朝蘇軾也上大驚不
惟弛其禁且欲玩其詞翰一時士大夫遂從風而靡
道君皇帝大觀二年戊子秋八月以易數一一口乂
乂一乃御製易運碑刻之延福殿東壁其略曰始建
元基（高宗御宇德基）紹興德壽（謂紹興年德壽宮）承太乙偕運盡在
[illegible]九之數（高宗聖壽八十一歲）祖傳甲庚吉（太祖子孫再傳）建炎炎熾
盛之勢（建炎年號）柰何五行逆順天地之數非由人致朕
嘗聞易執善本基庚子辛丑禍起東南（謂方臘）擘動干
戈元衡立刼壬寅癸卯（宣和間天下大亂）亦云哀哉甲辰乙
巳（與金夾攻燕山）丙午丁未（金入寇二帝北狩）內有丙火天下生
靈塗炭至半（是時天下大亂）江表之虞（傷去江表）莫知何辜戊申
巳酉（高宗初立）時正災刼（金渡江苗劉內變）庚戌辛亥偏重勢輕
（高宗航海劉豫稱帝于汴）壬子癸丑後成敗建（改元紹興）甲寅乙卯立
應豐穰（是年大有）丙辰丁巳朕巳何在（徽宗以紹興五年崩）祖宗復

行營雜錄　九

有中興之後（是年孝宗以建國公進封普安郡王復紹太祖之後）云云其後事
皆歷驗信乎聖哲先知之明因往推來在天數者果
不可逃與
初陳橋兵變太祖整軍從仁和門入建炎南渡御舟
過杭開縣名曰仁和上甚喜曰此京師門名也遂有
定都之意
道教之方盛也一時詔命章表皆指佛爲金狄焉試
舉其略政和元年四月詔曰朕每澄神默受帝命訂
正訛俗閔中華被[illegible]之教盛行而至真之道未[illegible]

宣和三年十一月詔曰意□□□風陰邪之氣源流派分使信者以寂滅爲樂豈非陰氣襲而陽魄散邪林靈素凡四五表皆以金□爲語如賀神霄降云蠢金之成群于丹霄之正法如謝駕幸寶籙院聽講大洞經云幸際玉霄之主是膺金□之風又云金□至而華風變又云期銷金之魔而宣和元年道德院方奏金芝生車駕幸觀因幸蔡京家鳴鑾堂置酒時蔡京有詩徽宗即席賜和曰道德方今喜迭興萬邦從化本天成定知金帝來爲主不待春風便發生其後　起海上滅遼陷中原以金爲國號讖金之禍而金帝之來不待春風兆以靖康元年冬犯京師以閏十一月二十五日城陷時太史預借春出土牛以迎新歲竟無補於事則徽宗賜和之句甚符其讖可深歎哉

監左帑龍舒張宣義嘗言有親戚宦遊西蜀路經襄漢晚投一店行戶外忽見旁左側上有一人無首以爲鬼也主人云尊官不須驚此人也非鬼也往年因患瘰癧病勢蔓衍一旦頭忽墮號家人以爲不□而竟不死自此每有所需則以手指畫但日以粥湯灌之至今猶存耳又云岳侯軍中　一兵犯法梟首妻方懷姙後誕一子如常人而首極細軀幹甚偉首僅如拳眉目皆如刻畫則知胞胎所係父母相爲感應

嘉興精嚴寺大刹也僧造一殿中塑大佛詭言婦人無子者祈禱于此獨寢一宵即有子殿門令其家人自封鎖蓋僧於房中穴地道直透佛腹穿頂而出夜與婦人合婦人驚問則云我是佛州人之婦多陷其術矣日不敢言有仕族妻亦往求嗣中夜僧忽造前既不能免即嚙其鼻僧去翊日其家遣人遍於寺中物色見一僧臥病以被韜面揭而視之鼻果有傷捕捕聞官時韓彥古子師爲郡將流其僧燬其寺

豐有俊字宅之四明人登青樓偶見小倡疑故人女累目之女亦悟酒罷留宿女着澁良久乃入曰豐官人識妾否詰之果故人女豐曰某所以留者以坐間不敢問也且各寢必有以處汝娼遂退豐與京尹有契明日以白尹且云某僮有錢百千從公更貸二百

干嫁之尹嘉其誼即取入府厚匳具擇良士嫁焉君即王宣子佐也

天台朱氏家本富後貧鬻廬於鄰價成作詩曰自歎年來刺骨貧吾廬今已屬西鄰殷勤說與東園栁他日相逢是路人富者見詩惻然即以券還之亦不索其直鄉人嘉其誼

有夫出外而妻獨居者忽夜半見一道人從空而下逼與爲淫婦入室取刀爲誓曰汝若逼我有死而已相持至曉乃一喫菜事魔人也信哉邪之不可干正

也如此

馬裕齋知處州禁民捕蛙有一村民犯禁乃將冬瓜切作蓋刳空其腹實蛙于中黎明持入城爲門卒所捕械至于庭公心怪之問曰汝何時捕此蛙答曰夜半有知者否曰唯妻知公追其妻詰之乃妻與人通俾妻教夫如此又先往語門卒以收捕意欲陥夫於罪而據其妻也公窮究其罪遂寘妻并姦夫於法

初隆祐太后升遐朝廷欲建山陵大臣謂諸帝陵寢今在伊洛不日復中原即歸祔矣宜以攢宮爲名遂卜吉於會稽民間冢墓附近者往往他徙高宗思陵興役之際孝宗密勑無輒壞民墓其愛物之心一至於此文王澤及枯骨未足多也

有士人貧甚夜則露香祈天益久不懈一夕忽聞空中語曰帝閔汝誠使我問汝所欲士答曰某所欲甚微非敢過望但願此生衣食麤足逍遥山水間以終其身足矣空中大笑曰此上界神仙之樂何可易得若求富貴則可矣予因歷數古人極貴念歸而終不遂者皆是蓋清樂天所靳惜百倍於功名爵祿也

歐公甥女適夫張氏夫死携孤女歸父家嫁公族子晟晟之官至宿州赴郡宴歸而失其舟至京師捕得之開封府勘乃稍人與晟妾通妻知而欲笞之反爲妾所誘併與稍人通府尹承當路風旨令張氏引公以自解獄奏仁宗大駭遣中使王昭明監勘而張氏反異公遂得明白猶坐以張氏匳具買田作歐陽戶名出知滁州

松陽縣民有被毆經縣驗傷翊日引驗了無瘢痕宰惟而詰之乃仇家使人要歸飲以熟麻油酒臥之火

燒地上覺而疼腫盡消又有　中箭血如箭出醫
者以炒原蠶蛾末傅之立愈又云前方亦治跌撲後
方大治金瘡
孝宗留心經術無所不涉奏對官被顧問者多致失
措有王過者蜀人上殿孝宗驟問曰李融字若川謂
何過即對曰天地之氣融而爲川結而爲山李融之
字若川如元結之字次山也上大喜遂詔改官密院
編修
紹興中金人遣其祕書監劉陶來聘因問岳飛以何
行營雜錄　八　十四
罪而死館伴者無以對但曰意欲謀叛爲部將所告
以抵誅陶曰江南忠臣善用兵者止有岳飛所至紀
律甚嚴秋毫無犯所謂項羽有一范增而不能用所
以爲我擒如飛者其亦江南之范增乎館伴者默不
能對秦檜聞之約束勿奏俄以不職貶其人
行都崇新門外鹿花寺乃殿帥楊存中郡王特建以
處北地流寓僧一歲元宵側近營婦連夜入寺觀燈
有殿司將官妻同一女往觀乃爲敷僧引入房中置
酒盛饌逼令其醉遂留宿於幽室遂殺母而留女女
不敢哀及半年三僧盡出其房窗外乃是野地女亡
窺窗見一卒在地打草呼近窗下備語前事可急往
某寨某將家報知速來取　我卒如言往報將官即告
楊帥帥令人告報本寺云來日郡王自齋合寺僧行
人力本府自遣廚子排齋至是坐定每二卒擒下一
僧合寺僧行人力盡縛之又令百餘卒破其寺衆得
此女見父號慟遂鄉三人王首送所屬依法施行而
毀其寺逐去諸髡
行營雜錄　八　十五

江行雜錄

宋 廖瑩中

肅宗在春宮嘗與諸王從玄宗詣太清宮有龍見于殿之東梁玄宗目之顧問諸王有所見乎皆曰無之問太子太子俛而未對上問頭在何處曰在東上撫之曰眞我兒也

和政公主肅宗第三女也降柳潭肅宗宴于宮中女優有弄假官戲其綠衣秉簡者謂之叅軍樁天寶末蕃將阿布思伏法其妻配掖庭以使隸樂工是日遂

爲假官之長所謂樁者及侍宴皆笑樂公主獨俛首顰目不視上問其故公主曰禁中侍女不少何必須此人使阿布思眞逆人也其妻亦同刑人不合近王尊之座果冤橫又豈忍使妻與羣優雜處爲笑謔之具哉妾雖至愚深以爲不可上亦憫惻遂罷戲而免阿布思之妻由是賢重公主

令狐文公除守兗州州境方旱米價甚高公至首問米價幾何州有幾倉屈指獨語曰舊價若干四倉各出米若干以若干定價糶則可以賑救矣左右聽之流語遍郡中富人競發所畜物價乃平人心欣然

賈魏精於術數有一叟失牛詣桑國師占師曰爾牛在賈相公帽筒中叟迎公首訴之公笑取筒中式盤據數作卦曰爾牛在安國觀之門後大槐鵲巢中便往探視見旁有人繫牛乃獲盜牛者

牛奇章帥維揚杜牧在幕中夜多微服逸遊公聞之以街子數輩潛隨護之以防不虞後牧之以拾遺召臨別公以縱逸爲戒牧之始猶諱之公命取一篋皆街子報帖云杜書記平善乃大感服

杜牧之阿房宮賦云六王畢四海一蜀山兀阿房出陸傪作長城賦云千城絕長城列秦民竭秦君滅傪輩行在牧之前則阿房宮賦又祖長城句法矣牧之云明星熒熒開粧鏡也綠雲擾擾梳曉鬟也渭流漲膩棄脂水也煙斜霧橫焚椒蘭也雷霆乍驚宮車過也轆轆遠聽杳不知其所之也盛言秦之奢侈楊敬之作華山賦有云見若咫尺田千畝矣見若環堵城千雉矣見若杯水池百里矣見若蟻垤臺九層矣蜂窠聯聯起阿房矣小星熒熒焚咸陽矣華山賦杜

徒佑巳常稱之牧之乃佑孫亦是倣敎之所作信矣
文章以不蹈襲爲難也

元相國之鎮江夏也嘗秋夕登黄鶴樓遥望海江之濱有光若殘星焉乃令親信往觀之遂櫂小舟直至江所乃釣船也詢彼漁云適獲一鯉光則無之親信乃携鯉而來既登樓命庖人剖之腹中得古鏡二如古錢大以面相合背則隱起雙龍雖小而鱗鬣爪悉具既磨瑩則常有光耀公寶之置巾箱中及相國甍鏡亦亡去

江行雜録　八　三

外王父中書令晉國公宣宗朝再啓黄閣不協比於權道惟以公諒宰大政四方有請託礙於法者必固爭不巳由是征鎮忌焉然志尚典籍雖門施行馬庭列戟鍾而尋繹未嘗稍倦於永寧里第别搆書齋每退朝獨處其中愉愉如也大中三年因請假將入齋惟所擾甲脚大花鴨從既啓扉而花鴨迪銜公衣却行叱去復至既入閤花鳥仰視吠轉急公亦疑之乃匣中拔千金劒按於膝上向空祝之曰若有異類陰物可出相見吾乃大丈夫豈懾於鬼輩而相迫邪言訖歘有物從梁上墜地乃人也朱髮衣短後衣色貌黧瘦頓首連拜惟曰死罪公止之且詢其姓名何爲對曰李龜壽盧龍塞人也或有厚賂龜壽令不利於公龜壽上感釣化復爲花鴨所驚形不能匿令公若貰龜壽萬死之罪願以餘生服事台鼎公曰待汝以不死遂命元從都押衙傅存隷之明日旦有婦人至第門服裝單急曳履而抱持襁嬰請於閽曰幸爲呼李龜壽龜壽乃出其妻且曰訝君稍遲昨夜半自前來相見耳遂與龜壽同止及公甍龜壽盡室亡去

江行雜録　八　四

白樂天詩云倦倚繡牀愁不動緩垂緑帶髻鬟低遼陽春盡無消息夜合花開日又西好事者化爲倦繡圖

梁太祖統四鎮日名温與崔相國連構大事崔每奏太祖忠赤委之關東國無患矣昭宗遂勑太祖改名全忠識者曰全字人王也又在中心其不可也近臣亦奏上方悔焉勑命既行追之莫及後果篡大位是時四方天下共在中心賜名之應也

王平甫云花蕊宫詞三十二首今考王恭簡讀成初

集記纔二十八首盡筆於此庶眞贗了然五雲樓閣鳳城間花木長新日月間三十六宮連内苑太平天子坐崑山會眞廣殿約宮墻樓閣相扶接太陽静凳玉堦横水岸御爐香燕撲龍牀龍池九曲遠相通楊柳絲牽兩岸風長似江南好春景畫船來去碧波中東内斜將紫禁通龍池鳳苑夾城中曉鐘聲斷嚴粧罷院院紗牕調日紅殿名新立號重光島上池臺盡改張但是一人行幸處黃金閣内鎖牙牀安排諸院接行廊水檻周回十里强青錦地衣紅繡毯盡鋪龍

腦鬱金香夾城門與内門通朝罷巡遊到苑中每日中官祗候處滿堤紅豔立春風厨船進食簇時新侍坐無非列近臣日午殿頭宣索膾隔花催喚打魚人立春日進内園花紅蕊輕輕嫩淺霞跪到玉堦猶帶露一時宣賜與宮娃三面宮城近夾墻苑中池水白茫茫亦從獅子門前入旋見亭臺繞岸傍離宮别院繞宮城金板輕敲合鳳笙夜夜月明花樹底傍池長有按歌聲御製新翻曲子成六宮纔唱未知名盡將觱栗來抄譜先按君王玉笛聲旋移紅樹斸青苔宣使龍池再鑿開展得緑波寛似海水心樓殿勝蓬莱太虛高閣凌波殿背倚城墻面浸池諸院各分娘子位羊車到處不教知修儀承寵住龍池掃地焚香日午時等候大家來院裏看教鸚鵡念宮詩才人出入每相隨筆硯將來繞曲池張向綵牋書大字忽防御製寫新詩六宮官職總新除宮女安排入畫圖二十四司分六局御前頻見錯相呼春風一面曉粧成偷折花枝傍水行却被内監遥覷見故將紅豆打黃鶯梨園弟子簇池頭小樂攜來候燕遊旋把銀笙先按

拍海棠花下合梁州殿前排燕賞花開宮女侵晨探幾回斜望花開遙舉袖傳聲先喚近臣來小毬場近曲池頭宣喚勳臣試打毬先向畫廊排御幄管絃聲動立浮油供奉頭籌不敢爭上棚專喚近臣名内人酌酒纔宣賜馬上齊呼萬歲聲殿前宮女總纖腰初學乘騎怯又嬌上得馬來纔似走幾回拋鞚抱鞍橋自教宮娥學打毬玉鞍初跨柳腰柔上棚知是官家認遍遍長贏第一籌翔鸞閣外夕陽天樹影花光水接連望見内家來在處卜門斜過卷樓船内人追逐

采蓮時驚起沙鷗兩岸　蘭棹把來齊拍水並船相
覩濕羅衣新秋女伴　相逢畫船飛別浦中旋折
荷花伴歌舞夕陽斜　滿衣紅月頭支給買花錢滿
殿宮娥盡十千遇著喝名多不應含羞急過御牀前
周恭帝幼冲軍政多決於韓通通愚愎太祖英資有
度量多智略屢立戰功由是將士皆愛服歸心焉及
將北征京師民間譁言出軍之日當立點撿爲天子
富室或挈家逃匿於外州獨宮中不之知太祖懼密
以告家人曰外間詾詾如此將若之何太祖姊或云即魏

氏長公主方在廚引麪杖逐太祖擊之曰大丈夫臨大事
可否當自決胸懷乃來家間恐怖婦女何爲
太祖之自陳橋還也太夫人杜氏方設齋於定力院
聞變王夫人懼杜太夫人曰吾兒平生奇異人皆言
當極貴何憂也言笑自若是日太祖卽位契丹北漢
兵皆退
京都中下之戶不重生男每生女則愛護如捧璧擎
珠甫長成則隨其姿質教以藝業用備士大夫採拾
娛侍名目不一有所謂身邊人本事人供過人針線
人堂前人劇雜人折洗人琴童棋童廚娘等級截乎
不紊就中廚娘最爲下色然非極富貴家不可用余
以寶祐丁巳參閫寓江陵嘗聞時官中有舉其族人
置廚娘事首末甚悉謾書之以發一笑其婺人名某
者奮身寒素巳歷二倅一守然受用澹泊不改儒家
之風偶奉祠居里使孌不足使令飲饌且大粗率守
念昔留某官處晚膳出京都廚娘調羹極可口適有
便介如京謾作承受人書託以物色費不屑較未幾
承受人復書曰得之矣其人年可二十餘近回自府

第有容藝能算能書旦夕遣以詣直不旬月果至初
憩五里頭時遣腳夫先申狀來乃其親筆也字畫端
楷歷敘慶幸卽日伏事左右末乞以四轎接取庶成
體面辭甚委曲殆非庸碌女子所可及守一見爲之
破顏及入門容止循雅紅裙翠裳參視左右乃退守
大過所望少選親朋皆議舉杯爲賀廚娘遽至
使廚請曰未可展會明日且是常食五杯五分廚娘
請食品菜品資次出書以示之食品第一爲羊頭僉
菜品第一爲蔥虀餘皆易辨者廚娘謹奉旨教舉筆

硯具物料肉羊頭食五分各用羊頭十個葱韮五牒合用葱五斤他物稱是守周疑其妄然未欲遽示以儉鄙姑從之而密覘其所用翊旦廚師告物料齊廚娘發行匳取鍋銚盂勺湯盤之屬令小婢先捧以行熣爍燿目皆白金所爲大約計該五七十兩至如刀砧雜器亦一一精緻傍觀嘖嘖廚娘更圍襖圍裙銀索攀膊掉臂而入據坐胡牀切徐起取抹批臠慣熟條理眞有運斤成風之勢其治羊頭也漉置几上别留臉肉餘悉擲之地衆問其故廚娘曰此皆非貴人

所食矣衆爲拾頓他所廚娘笑曰若輩眞狗子也衆雖怒無語以荅其治葱韮也取葱微徹過沸湯悉去鬚葉視楪之大小分寸而裁之又除其外數重取條心之似韭黄者以淡酒醯浸漬餘棄置了不惜凡所供備馨香脆美濟楚細膩難以盡其形容食者舉筋無羸餘相顧稱好旣撤席廚娘整襟再拜曰此日試廚萬幸白意須照例守方遲難廚娘曰豈非待撿例耶探囊取數幅紙以獻曰是昨在某官處所得支賜判單也守視之其例每展會支賜絹帛或至百疋錢或至三二百千無虛拘者守破慳勉强私竊喟歎曰吾輩事力單薄此等筵宴不宜常舉此等廚娘不宜常用不兩月託以他事善遣以還其可笑如此

温公之仕崇福春夏多在洛秋冬在夏縣每日與本縣從學者十許人講書用一大竹筒筒内貯竹簽上書學生姓名講後一日即抽簽令講講不通則微數責之公每五日作一暖講一杯一飯一麪一肉一菜而已公先隴在鳴條山墳所有餘慶寺公一日省墳止寺中有父老五六輩上謁云欲獻薄禮乃用瓦盆

盛粟米飯瓦罐盛菜羹眞飯土簋啜土鉶也公享之如太牢旣畢復前啓曰某等聞端明在縣日爲諸生講書村人不及往聽今幸略說公即取紙筆書庶人章講之旣已復前白曰自天子章以下各有毛詩兩句此獨無有何也公默然少許謝曰某平生慮不及此當思其所以奉荅村父笑而去每見人曰我講書曾難倒思馬端明公聞之不介意

建炎己酉秋杭州清波門裏竹園山平地涌血須臾成池腥聞數里明年金人殺戮萬人即暗竹園也燃

寧八年冬杭州地涌血者三最後流入于河腥不可聞

有稱　典野人和東坡念奴嬌詞題吳江橋上東駕巡師江表過而覩之詔物色其人不復見矣詞云炎精中否歎人材委靡都無英物　長驅三犯闕誰作長城堅壁萬國奔騰兩宮幽陷此恨何時雪草廬三顧豈無高臥賢傑天心眷我中興吾皇神武踵曾孫周發河嶽封疆俱效順狂　曾須灰滅翠羽南巡扣閽無語徒有衝冠髮孤忠耿耿劒鋒冷浸秋月

古者尚書令史防禁甚密宋法令史白事不得宿外雖八座命亦不許李唐令史不得出入夜鎖之韓愈爲吏部侍郎乃曰人所以畏鬼以其不見鬼如可見則人不畏矣選人不得見令史故令史勢重任其出入則勢自輕不禁吏出入自文公始

徽宗北狩四太子請王婉容爲粘罕子婦上遣之曰好事新主及行大哭曰何忍以一身事兩主就輿中以匜刀自刎太子曰南宋大臣未有如此者擇地追之至碑曰貞婦家

光堯聖壽太上皇帝當内修外攘之際尤以文德服遠至於宸章睿藻日星昭垂者非一紹興二十八年將郊祀有司以太常樂章篇序失次文義弗協請遵眞宗仁宗朝故事親製祭享樂章詔從之自郊社宗廟原廟等共十有四章肆筆而成睿思雅正宸文典贍所謂大哉王言也至於一時閒適寓興而作則有漁父辭十五章又淸新簡遠備騷雅之體其辭有曰薄晚煙林淡翠微江邊秋月已明輝縱遠柁適天機水底閒雲片段飛又曰靑草開時已過船錦鱗躍處

浪痕圓竹葉酒柳花氈有意沙鷗伴我眠又曰水涵微影湛虛明小笠輕簑未易晴明鏡裏縠紋生白鷺飛來空外聲辭不能盡載觀此數篇雖古之騷人詞客老於江湖擅名一時者不能企及

通判監酒趙詩者昔在學校嘗因寮生熟寐與衆戲以香燭花果楮錢之類設供於臥榻前而潛伺之寢者既覺見之曰我已死邪因唏嘘不已少頃復寐久不起視之眞死矣乃徹供設之物相與秘之斯人豈作覺見此神魂驚散遂不復還體也邪事有不可知

者

聞見雜錄

宋　蘇舜欽

太祖為殿前都點檢有殿直衛節執詣樞府樞相王朴曰太尉軍制殿直庭臣無廻避禮後太祖每曰安得如王朴者相之

故事執政奏事坐論殿上太祖即位之明日執政登殿上曰朕目昏持文字近前執政至榻前密遣中使撤其坐執政立奏事自此始也

慈聖光獻皇后養女范觀音得幸仁宗溫成患之一日歲大旱仁宗祈雨甚切至然臂香以禱宮人內璫皆然祈雨之術備盡天意弗荅上心憂懼溫成養母賈氏宮中謂之賈婆婆感動六宮時相認之以為其姑乃陰謂丞相請出宮人以弭災變上從之溫成乃曰上非出所親厚者莫能感天意首出其養女以率六宮范氏遂被出而雨未至上問臺官李東之曰惟冊免議未行耳是夕鎖院賈氏營救不獲時相從工部侍郎拜武鎮軍節度使同中書門下平章事判北京雨遂霽

先公爲諫官論王德用進女口仁宗初詰之曰此宮禁事卿何從知先公曰臣職在風聞有之則陛下當改無之則爲妄傳何至詰其從來也仁宗笑曰朕眞宗子爵王某子與他人不同自有世契德用所進女口實有之在朕左右亦甚親近且留之如何先公曰若在疏遠雖留可也臣之所論正恐親近仁宗色動呼近璫曰王德用所進女口各支錢三百貫即令出內東門了急來遂涕下先公曰陛下既以臣奏爲然亦不須如此之遽且入禁中徐遣之上曰朕雖爲

帝王然人情同耳苟見其涕泣不忍出則恐朕亦不能出之卿且留此以待報先公曰陛下從諫古之哲王所未有天下社稷幸甚久之中使奏宮女已出門矣上復動容而起

李和文都尉好士一日召從官呼左右軍官妓置會夜午臺官論之楊文公以告先公不答退以紅箋書小詩以遺和文且以不得預會爲恨明日眞宗出章疏先公曰臣嘗知之亦遺其詩恨不得往也太平無象此其象乎上意遂釋

丁文公嘗忌楊文公一日詣晉公既拜而髯拂地晉公曰內翰拜時鬚撇地楊起視其仰塵曰相公坐處幕漫天時人稱其敏而有理

太祖一日幸後苑賞牡丹召宮妃將置酒得幸者以疾辭再召復不至上乃親折一枝過其舍而簪于髻上上還輒取花擲地上顧之曰我辛勤得天下乃欲以一婦人敗之邪即引佩刀截其腕而去

金城夫人得幸太祖頗侍寵一日宴射後苑上酌巨觥以勸太宗太宗固辭上復勸之太宗顧庭中曰金

城夫人親折此花來乃飲上遂命之太宗引弓射而殺之再拜而泣抱太祖足曰陛下方得天下宜爲社稷自重而上飲射如故

張乖崖布衣時客長安旅次聞鄰家夜聚哭甚悲訊之其家無他故乖崖詣其主人力叩之主人遂以實告曰某在官不自慎嘗私用官錢爲家僕所持欲娶長女拒之則畏禍從之則女子失節約在朝夕所以舉家悲泣也乖崖明日至門首俟其僕出即[illegible]我曰汝主假汝至一親家僕遲遲強之而去出城使導焉

前至崖間即數其罪僕倉皇間以刃揮墜崖中歸告其鄰曰僕已不復來矣速歸汝鄉後當謹於事也

太祖即位方鎮多偃蹇所謂十兄弟者是也上一日召諸方鎮授以弓劍人馳一騎與之私出固子門大林中下馬酌酒上語方鎮曰此間無人爾輩要作官家者可殺我而爲之方鎮伏地戰恐上再三諭之伏地不敢對上曰爾輩是真欲我爲主耶方鎮皆再拜呼萬歲上曰爾輩既欲我爲天下主爾輩當盡臣節今後毋或偃蹇方鎮復再拜呼萬歲與飲盡醉而歸

李文靖端默寡言堂下花檻傾圮經歲不開家人一日語之文靖不荅累以爲言文靖曰豈以此故動吾一念哉亦不之問

廣東老嫗江邊得巨蚌剖之得大珠歸而藏之絮中夜輙飛去及曉復還嫗懼失去以大釜煑之至夜有光燭天隣里驚之以爲火也競往赴之光自釜出乃珠也明日納于官府今在韶州軍資庫予嘗見之其大如彈丸狀如水精非蚌珠也其中有北斗七星隱然而見煑之半枯矣故郡不敢貢于朝

命州道左有石洞入洞十里有石門門間有仙人像半掩扉外又有白石龍一條觀者必秉炬而入有落蝠即旋去之每旱必往祈請及出洞門必有書字記雨之多少商人或過洞外必森然心動莫不加敬

夔峽將至灧澦堆峽左巖上有題聖泉二字泉上有大石謂之洞石而初無泉也過者擊石大呼則水自石下出予嘗往焚香俾舟人擊而呼之曰山神土地人渴矣久之不報一卒無室家復大呼曰龍王萬姓渴矣隨聲水注時正月雪下其水如湯或曰夏則如冰凡呼者必以萬歲則以龍王而呼之水於是出矣

楊州后土廟有瓊花一株宋丞相郊構亭花側榜曰無雙謂天下無別株也仁宗慶曆中嘗分植禁中明年輙枯遂復載還廟中鬱茂如故

張文懿爲射洪令時出城遇村寺老僧于道邂逅過之亦必出迎文懿怪而詰之僧曰長官來則山神夜夢告某曰相公至矣一日復往而僧不出文懿曰不出何也僧謝曰神不我告也文懿以爲誕使僧問其所以夜夢告曰長官誤斷殺牛事天符已下不復相

矣文懿驚駭省之果嘗有殺牛事也遂復改正明日再過寺僧復出日昨夕山神云長官復爲相明日當來但減筭爾後文懿再入中書

太宗即位以太祖諸子並稱皇子嘗曰猶我子也何有分別其後皇族遂不以疏密尊卑皆加皇字故有皇兄之類非典故也予丞宗正嘗建言乞如春秋之制各冠其父祖所封國曰王子公孫皇字惟皇子得稱焉時相呂申公翰太常少卿梁燾阻格不行宗正寺玉牒仙源類譜皇屬籍自慶曆八年張文定以翰

林學士爲宗正寺修玉牒官修進之後至元祐元年凡四十五年玉牒官皆一時名人宗文道輩是也未嘗成書神宗朝官制行分隷宗正寺至予爲丞方建明修完其間最難取會者宮禁中事與皇族女夫官位耳蓋慶曆前皇族女尚少至元祐間不下萬員予請於朝宮禁事乞會內侍省御藥院皇族女夫附于屬籍不必書其官但書某人可也朝旨從之遂復成書然玉牒事迹皆取三省樞密院時政記與日曆修著其禁甚嚴元祐末遂令史院官修撰送宗正寺書錄蓋丞失其人非典故與官制也自予罷丞今十餘年不聞復進書矣閣書殿奉未有如玉牒者祖宗以來用金花白羅紙金花紅羅縹黃金軸神宗時始爲黃金梵策以軸大難披閱也予進神宗玉牒始用此制又以黃金爲匣鎖鑰皆黃金也進畢奉安於太廟南宗正寺玉牒殿予初白報正官乞修寺皆自司馬丞相呂丞相而下無一人知此典制者皆曰玉牒用玉簡刊刻如冊者也其玉牒典制尚不悉知書之纂亦宜矣

養痾漫筆　　宋　趙溍

靖康之變中原爲北地當時高人勝士亡沒者不少紹興庚申辛酉河南關陝暫復有自關中驛舍壁間得詩二絕云鼙鼓轟轟聲徹天中原廬井半蕭然鶯花不管興亡事妝點春光似去年又云渭平沙淺鴈來棲渭漲沙移鴈不歸江海一身多少事清風明月淚霑衣

張南軒晩得奇疾虚陽不祕每嘆曰養心莫善於寡欲吾平生理會何事而心失所養乎竟莫能治踰年而卒就歛通身透明臟腑筋骨歷歷可數瑩徹如水晶自昔醫書不載此疾之症

翟欽甫者金人也衆欽清菴欽甫偶至衆不之識俾賦清菴詩欽甫放拙起句云爲問清菴何以清衆拍手大笑及賦第二句霜天明月照蓬瀛衆失色連賦廣寒宮裏琴三弄白玉樓頭笛一聲金井玉壺秋水冷石田茅屋暮雲平夜來　枕遊仙夢十二瑤臺獨自行衆愧謝延之上坐

嘉泰間内臣李大謙於行都九里松玉泉寺側建功德寺役工數内有漆匠張某者天台人偶春夜出浴回於道中遇一老嫗挽入小門暗中以手捫壁隨嫗而行但覺是布幙轉經數曲至一室中使就物坐此嫗乃去繼有一尼携燈至又見四壁皆有青赤衣帷遮護終不知是何地此尼又引經數曲及至一室燈燭酒殽器皿一一畢備但非中下人家所有張見之驚異亦不敢問其所以且疑且喜尼往頃時復至後有一婦人隨來容美非常惟不冠飾張殊畏懼尼過使坐遂召前嫗命酒殽數盤此婦人更不一語尼云已晩矣張但懇尼云匠者無錢尼終不顧遂令就寢尼執燈扃戸而去張屢詢所來及姓名而婦人竟無一語疑爲瘖疾至鐘動尼復至啓鑰喚張起如前令嫗引出亦摸布壁行覺至一門非先來所經此嫗令出街可至役所張如夢寐中行至一街迨曉卽離役所二里許後循路歸其董役者責之及聞此事使人徧訪終不得其原所入門域衆皆謂遇鬼物而有一木匠云恐寵借種耳

建隆中曹彬潘美伐江南城旣破李煜白衫紗帽見二公先見潘設拜潘答之次見曹設拜曹使人明語之曰介胄在身拜不及答識者善之二公先登舟召煜飲茶船前獨設一木脚道煜嚮之國主儀衛甚盛一旦獨登舟徘徊不能進曹命左右挾而登焉旣一啜曹謂李歸辦裝詰旦會于此同赴京師未曉如期而赴焉潘始甚惑之曰詎可放歸曹曰適來獨木版尚不能前畏死甚也旣許其生赴中國矣焉能取死衆皆服其識量

太祖一日小宴顧李煜曰聞卿能詩可舉一首煜思久之乃舉詠扇詩云揖讓月在手動摇風滿懷太祖曰滿懷之風何足尚侍臣莫不嘆服

大原王仁裕家遠祖母約二百餘歲形質纔三四尺兩眼白睛皆碧飲啗甚少夜多不睡每月餘忽不見數日復至亦不知其來往之迹牀頭有一柳箱可尺餘封鎖甚密人未嘗得見其中物常戒諸孫曰如我出愼勿開此箱開則我不回也諸孫中有一無賴者一日醉酒而歸祖母不在徑詣牀頭取封鎖柳箱開之其中止有一小鐵篦子餘無他物自此祖母竟不回矣

竹之異品頗多成都古今記云對青竹黃而溝青故每節若間出云此竹今浙中亦有之惟會稽頗多彼人呼爲黃金間碧玉辰州有一種小竹曰龍絲竹生山谷間高不盈尺細僅如針前輩詩有小竹如針能具體卽此也武陵桃源山有方竹四面平整如削堅勁可以爲杖予頃在湖湘間見有以竹爲桶者其徑幾二尺羅浮山記云第三峯有竹大徑七尺圍節長

丈二葉若芭蕉謂之龍公竹松窻雜錄有異竹篾長二百餘尺玉篇云箄竹可爲舟但未親見耳云實有之

陳同甫名亮號龍川始聞辛稼軒名訪之將至門遇小橋三躍而馬三却同甫怒拔劍揮馬首推馬仆地徒步而進稼軒適倚樓望見之大驚異遣人詢之則已及門遂定交稼軒帥淮時同甫與時落落家甚貧訪稼軒于治所相與談天下事酒酣稼軒言南北之利害南之可以并北者如此北之可以并南者如此

且言錢唐非帝王居斷牛頭之山天下無援兵決西湖之水滿城皆魚鱉飲罷宿同甫于齋中同甫夜思稼軒沉重寡言醒必思其誤將殺我以滅口遂盜其駿馬而逃月餘同甫致書稼軒假十萬緡以濟貧稼軒如數與之

孝宗幸天竺及靈隱有輝僧相隨見飛來峯問輝曰既飛來如何不飛去對曰一動不如一靜又看觀音像手持數珠問曰何用曰念觀音經問自念則甚曰求人不如求已孝宗大喜

本朝四帝亦有吉符真宗卽來和天尊出楊礪之夢紀載諸國史祥符崇尚道教建立宮觀專尚祥瑞王欽若獻芝草八千一百三十九本丁謂獻芝草三萬七千餘本獨孫奭不然其事真宗久無嗣用方士拜章至上帝所有赤脚大仙微笑上帝卽遣大仙爲嗣大仙辭之帝曰當遣箇好人去相輔贊仁宗在禁中未嘗鞋惟坐殿方御鞋襪下辰卽去之徽宗卽江南李主神祖幸秘書省閱江南李主像見其人物儼雅再三歎訝而徽宗生生時夢李主來謁所以文采風流過李主百倍及北狩女真用江南李主見虜詔故事高宗韋后生徽宗夢錢王再三乞還兩浙夢覺與鄭后言朕夜被錢王取兩浙甚急鄭后奏云昨夜妾夢亦然須臾報韋后誕高宗及建炎渡江今都錢唐百有餘年豈非應乞兩浙之夢乎一門志載宣和間禁中有物曰猫𤢖然一物無頭眼手足有毛如漆中夜有聲如雷禁中人皆云猫來諸閤皆扃戶徽廟亦避之甚至登九金坐移時或往諸嬪妃榻中睡以手撫之亦温暖曉則自榻滾下而去罔知所在後宮妃嬪夢中有與同寢者卽此猫也或云朱温之屬所化

左傳云豕人立而啼未必誣也

紹興初楊存中在建康有雙勝交環謂之二勝環取兩宮北還之意因得美玉琢成帽環進高廟日尚御之親有一伶人者在傍高宗指環示之此環楊太尉進來名二勝環伶人接奏云可惜二勝環且放在腦後高宗亦爲之改色此所謂執藝事以諫也

王黼宅與一寺爲鄰有一僧每日於黼宅旁溝中漉取流出雪色飯洗淨曬乾數年積成一囤靖康城破

[illegible]內絕食此僧即用所積乾飯復用水浸蒸熟[illegible]乃齎宅老幼賴之無餒

眞定大曆寺有藏雖小精巧藏經皆唐宮人所書經尾題名氏極可觀佛龕上有一匣藉匣古錦儼然有開元賜藏經勑書及會昌間賜免拆殿勑書有塗金匣藏經一卷字體尤婉麗其後題曰善女人楊氏爲大唐皇帝李三郎書

士之窮通出處蓋有命焉非人所能爲也元祐中東坡知貢舉李方叔就試將鎖院坡緘封一簡令叔黨

持與方叔值方叔出其僕受簡置几上有頃章子厚二子曰持曰援者來取閱竊觀乃楊雄優於劉向論一篇二章驚喜攜之以去方叔歸求簡不得知爲二章所竊悵惋不敢言已而果出此題二章皆模倣坡作方叔幾於閣筆及拆號坡意魁必方叔也乃章援第十名文意與魁相似乃章持坡失色二十名間一卷頗奇坡謂同列曰此必方叔視之乃葛敏修時山谷亦與校文曰可賀內翰得人此乃僕宰泰和時一學子相從者也而方叔竟下第坡出究聞其故大嘆[illegible]作詩送其歸所謂平生漫說古戰場過眼空迷日五色者是也其母歎曰蘇學士知貢舉而汝不成名復何望哉抑鬱而卒余謂坡拳拳於方叔如此眞盛德事然卒不能增益其命之所無反使二章得竊之以發身而子厚小人將以坡爲有私有黨而無以大服其心豈不重可惜哉

淳熙中王季海爲相奏起汪玉山爲太宗伯知貢舉且以書速其來玉山將就道有一布衣之友平生極相得屢黜于禮部心甚念之乃以書約其胥會于富

陽一蕭寺與之對榻夜分密語之曰某此行或者典貢舉當特相牢籠省試程文易義冐子中可用三古字以爲驗其人感喜玉山旣知貢舉搜易卷中果有冐子用三古字者遂竟批上置之前列及拆號乃非其友人也竊怪之數日友人來見玉山怒責之曰此必足下輕名重利售之他人何相負乃如此友人指天誓曰某以暴疾幾死不能就試何敢漏泄于他人玉山終不釋未幾以古字得者來謁玉山因問之曰老兄頭場冐子中用三古字何也其人泯默久之對

曰茲事甚恠先生旣問不敢不以實對某之來就試也假宿於富陽某寺中與寺僧閒步廡下見室下一棺塵埃漶漫僧曰此一官員女也殯于此十年矣杳無骨肉來問又不敢自瘞之因相與嘅然是夕夢一女子行廡下謂某曰官人赴省試妾有一語相告此去頭場目子中可用三古字必登高科但幸勿相忘使妾枯骨早得入土旣覺甚恠之遂用其言果叨前列近已往寺中瘞其女矣玉山驚歎

臨安中瓦在御街上士大夫必遊之地天下術士皆

養痾漫筆 〈九〉

聚焉凡挾術者易得厚獲而近來數十年間向之行術者多不驗惟後進者術皆奇中有老於談命者下問後進汝今之術卽我向之術何汝驗我若何不驗後進者云向年士大夫之命占得祿貴生旺皆是貴人今日士大夫之命多帶刑殺衝擊方是貴人汝不見今日爲監司郡守閫帥者日以殺人爲事邪老師歎服

狒狒讚曰狒狒恠萌被髮操竹獲人則笑脣掩其目終亦號跳反爲我戮物類相感志曰狒狒出西南蠻宋建武中安昌縣進雌雄二頭帝曰吾聞狒狒能負千斤旣力若此何能致之對曰狒狒見人輙笑笑則下脣掩其額故可以釘之髮可爲朱纓血可染衣似獼猴人面而紅作人言鳥聲善知人生死飲其血使人見鬼帝命工圖之元稹詩狒狒穿筒格猩猩置屐馴

凡人溺死者及服金屑未死者以鴨血灌之可活

耳暴聾者用全蝎去毒爲末酒調滴耳中聞水聲卽聾愈　枸杞子榨油點燈觀書能益目力　金瘡刀

養痾漫筆 〈十〉

斧傷用獨殼大栗研爲乾末傅之立止或倉卒用生嚼傅亦驗　喉痺幷乳鵝蝦蟆衣鳳毛草擂細入鹽霜梅肉煑酒各少許和再研細布絞汁鵝毛刷患處隨手吐痰卽消　癰疽惡瘡初腫起當歸大黃蘗皮羗活爲細末生鷺鷥藤擂汁調傅瘡之四圍自然收毒聚作小頭卽破切不可倂瘡頭傅之恐毒氣四攻不可收也

新昌徐氏婦病瘵有名醫陸某在二百里外輿致之及門婦巳死但胷膈間猶微熱陸入診之良久曰此

血鬪也得紅花數十斤則可活主人亟購如數座乃
爲大鍋煑之候湯沸遂以三木桶盛湯于中取窗格
藉婦人寢其上湯氣微復進之有頃婦人指動半日
遂蘇

四明延慶寺一僧自頂至踵平分寒熱醫無識者有
一道人曰此生偏腸毒也藥之一夕而愈

骨鯁用犬涎穀芒用鵝涎無弗愈者皆以意推也

孝宗甞患痢衆醫不効德壽憂之過宮偶見小藥肆
遣中使詢之曰汝能治痢否對曰專科遂宣之至請

問得病之由語以食湖蟹多故致此疾遂令診脉曰
此冷痢也其法用新采藕節細研以熱酒調服如其
法杵細酒調數服即愈德壽大喜就以杵藥金杵臼
賜之至今呼爲金杵臼嚴防禦家可謂不世之遇

病眼生赤瘴者取田螺一枚去掩以黃連末糝之置
于露中曉取則肉化爲水以之滴目赤瘴自消

治嗽方甚多余得一方甚簡但用香櫞去核薄切作
細片以時酒同入砂瓶內煑令熟爛自昏至五更爲
度用蜜拌勻當睡中喚起用匙挑服甚効又越州某

學録云少時苦嗽百藥不療或教用向南桑桑[illegible]
東每條寸折內鍋中太約用水五碗煎至一碗然[illegible]
暑中遇渴飲之服一月而愈

象山縣有村民患水腫者以爲鬼禍訊之卜者卜者
授之方用田螺大蒜車前草和研爲膏作大餅覆臍
上水從便出數日遂愈

文昌雜録

宋　陳襄

禮部侍郎謝公言有一養珠法以今所作假珠擇光瑩圓潤者取稍大蚌蛤以清水浸之伺其口開急以珠投之頻換清水夜置月中蚌蛤采玩月華比經兩秌即成真珠矣

禮部王員外言昔在金陵有一士子爲魚鯁所苦累日不能飲食忽見賣白餳者因買食之頓覺無恙然後知餳能治鯁也後見孫眞人書已有此方矣余知

安州有鼎州通判栁應辰爲余傳治魚鯁法以倒流水半盞先問其人使之應吸其氣入水中面東誦元亨利貞七遍吸氣入水飲少許即差亦嘗試之甚驗

禮部謝侍郎言乾山藥法刮去皮以厚紙裹掛於風中最良又置焙籠中下鋪茅數寸以微火烘之亦佳

作湯瓶如新者乳香最難研先置壁罅中半日許入鉢乃不粘祠部趙郎中亦云研乳香取指甲三兩片置鉢中尤易末爾

禮部王員外言今謂面油爲玉龍膏太宗皇帝始[?]此藥以白玉碾龍合子貯之因以名焉

禮部王員外言崔豹古今注蛺蝶大者名鳳子然詞人罕用余讀韓偓詩有鵝兒唼啑雌黃嘴鳳子輕盈膩粉腰正爲蝶也

石曼卿善豪飲與布衣劉潛爲友嘗通判海州劉潛來訪之曼卿與劇飲中夜酒欲竭顧船中有醋斗餘乃傾入酒中併飲之至明日酒醋俱盡每與客痛飲露髮跣足著械而坐謂之囚飲飲于木杪謂之巢飲以藁束之引首出飲復就束謂之鱉飲其狂縱大率

如此

華嶽張超谷巖石下有僵尸齒髮皆完春時遊人多以酒灑口中呼爲臥仙好事者作木榻以薦之嘉祐中有石方十餘丈自上而下正塞巖口豈未仙者所蛻山靈護之不欲人之褻慢邪

閩嶺已南多木綿土人競植之株其花爲布號吉貝余後因讀南史海南諸國傳言林邑等國出古貝木其華成對如鵞毳抽其緒紡之以作布與苧不異亦染成五色織爲斑布正此穜也蓋俗呼古爲吉耳

熙寧中福建賊廖恩聚羣黨於山林招撫久之方出
降朝廷赦其罪授右班殿直既至有司供脚色一項
云歷任以來並無公私過犯見者無不笑之
淳化中有司言油衣帟幙損幣者萬數欲毀棄詔令
煮而浣之命尚方染以雜色刺爲旗幟焉
晉志云袴褶之制未詳所起近代車駕親　中外戒
嚴則服之唐制三品巳上紫褶五品巳上緋褶通用
細綾七品巳上碧褶通用小綾玉藻云襌爲絅（音扃）引
急也帛爲褶褶袷也鄭云襌爲絅有衣裳而裏者也

帛爲褶有表裏而無著者也周遷輿服雜事云趙武
靈王緌　之緌　服有袴褶之制始自漢武近世服
以從　隋制纘嚴文武百官咸服之車駕親丶制縛
袴使不舒散皇朝導駕官袴褶蓋馬上之服也
通典梁御史中丞給威儀十人其八人武冠絳韝一
人緗衣執鞭杖依行列行七人唱呼入殿引喤（音橫）至
階一人執青儀囊不喤國朝故事御史中丞涖官呵
引至朝堂門兩朱衣吏雙引入朝堂至文德殿門止
蓋亦引喤之比也

唐德宗貞元十年七月賜故唐安公主謚曰莊穆巻
公上賜謚始於此也
杜甫紫宸退朝詩云香飄合殿春風轉花覆千官淑
景移又晚出左掖云退朝花底散歸院柳邊迷乃知
唐朝殿前種花柳今殿庭惟對植槐楸鬱鬱然有嚴
毅之氣
世言市井市廛未曉其義如何因讀風俗通曰市亦
謂之市井言人至市有粥賣者當於井上洗濯令香
潔然後到市或曰古者二十畝爲井田因井爲市故

云又市中空地謂之廛顔師古乃云凡言市井者市
交易之處井共汲之所總而言也
北　謂住坐處曰捺鉢四時皆然如春捺鉢之類是
也不曉其義近者彼國中書舍人王師儒來修祭奠
余充接伴使因以問師儒答云是契丹家語猶言行
在也
禮部王員外言昔見朝儀大夫李冠卿說揚州所居
堂前杏一窠極大花多而不實適有一媒姥見如此
笑謂家人曰來春與嫁了此杏冬深忽攜酒一尊來

云是婚家撞門酒索處子裙一腰繫杏上巳而奠酒辭祝再三家人莫不笑之至來春此杏結子無數江淮亦多有嫁橘法不知是何術也

國子朱司業言南方柑橘雖多然亦畏霜每霜時亦不甚收惟洞庭霜雖多卽無所損詢彼人云洞庭四面皆水也水氣上騰尤能辟霜所以洞庭柑橘最佳歲收不耗正爲此爾

司馬范郎中云叔父蜀郡公鎮近居許昌作高菴以待司馬公累招未至菴極高在一臺基上司馬公居

洛作地室隧而入以避暑熱故蜀公作高菴以爲戲也北京留守王宣徽洛中園宅尤勝中堂七間上起高樓更爲華侈司馬公在陋巷所居才能庇風雨又作地室常讀書於其中洛人戲云王家鑽天司馬家入地然而道德之尊彼亦不知顏氏子之樂也

元豐三年高麗國遣使柳洪副朴寅亮朝貢且獻日本國車一乘洪云諸侯不貢車服誠知非禮本國所以上進者欲中朝見日本工拙爾朝廷爲留之高麗本箕子之國其知禮如此

梁顥八十二歲雍熙二年狀元及第其謝啓云白首窮經少伏生之八歲青雲得路多太公之二年後終秘書監年九十餘

延平吳氏姊妹六人皆妬悍殘忍時號六虎就中五虎尤甚凡三適人皆不終平生手殺婢十餘人每至夜分常聞堂廡間喧呼擊扑之聲同室者皆懼五虎怒曰何鬼敢爾命開戶移榻於中庭持刃獨寢徹旦寂然人謂五虎之威鬼猶畏之也

守宮其形大槩類蜥蜴足短而加潤亦有金色者秦

始皇時有人進之云能守鑰人不敢竊發鑰故名之日守宮由此也又云致于宮中宮人之有異志者卽吐血汚其衣或曰以守宮繫宮人臂守宮吐血汚臂者有淫心也秦皇則殺之

長安故宮闕前有唐肺石尚在其制如佛寺所繫響石而甚大可長八九尺形如人肺亦有款志但漫剥不可讀秋官大司寇以肺石達窮民原其義乃伸寃者擊之立其下就士師聽辭如今之撾登聞鼓也所以肺形者便於垂又肺主聲聲所以達其寃也

張杲卿丞相知潤州日有婦人夫出經數日不歸忽有人報菜園井中有死人婦人驚往視之號哭曰吾夫也遂以聞官公命屬官集鄰里就井驗是其夫與非衆皆以井深不可辨請出屍驗之公曰衆皆不能辨婦人獨何以知其夫收付所司鞫問果姦人殺夫婦人與其謀

漁家以猢猻毛置之網四角則多得魚云魚見之如人之見錦繡也今有見人於江湖溪沼間垂釣布網者但至心黙倒誦揭諦呪一七遍則可使終日無獲

湘潭間有李道人常持此呪以濟物命後爲羣漁所仇乃越境而遁

北方有白鴈似鴈而小色白秋深則來白鴈至則霜降河北人謂之霜信杜甫詩云故國霜前白鴈來即此也

夜藏飲食器中覆之不密鼠聞其氣欲盗食而不可得則環器而走涎滴器中食之者得黄疾通身如蠟鍼藥所不能療也

史記趙同漢書同作談蓋司馬遷以父名故改之今人與父同名者改曰同爲字也

元微之詩云松門待制應全遠藥樹監搜可得知蓋有唐宣政殿爲正衙殿廷東西有四松松下待制官立班之地舊圖至今猶存

按開成元年正月詔以入閤日次對官班退立於東階松樹下俟宰臣奏事畢齊至香案前各言本司事雖紫宸殿亦有松樹爲待對官立位云殿門外有藥樹監察御史監搜之位在焉唐制百官入宮殿門必搜監察所掌也太和元年下詔曰自親

晉以降參用霸制虛儀搜索因習尚存朕方推表大信寘人心腹况吾台宰又何間焉自今已後坐朝衆寮既退宰臣復進奏事其監搜宜停

遂昌雜錄

元　鄭元祐

高昌廉公諱希貢字端父由按察僉事累任廉使後以薊國公致仕公嘗出其兄平章公諱希憲像而自晳如滿月冠巾團領袍手執孟子公嘗言先兄禮賢下士如不及方爲中書平章時江南劉整以尊官來見先兄毅然不命之坐劉去宋諸生藍縷冠衣袖詩請見先兄亟延入坐語稽經紬史飲食勞苦如平生驩既罷某等兄弟請於先兄曰劉整貴官也而兄簡

薄之宋諸生寒士也而兄加禮殊厚某等不能無疑敢問公曰此非汝輩所知我國家大臣語默進退繫天下輕重劉整官雖尊貴背其國以叛者若夫宋諸生與彼何罪而羈囚之况今國家起朔漠我於斯文不加厚則儒術由此衰熄矣

宋亡故官并中貴往往爲道士若杭省馬院張太尉其一也其人長身廣額宋爲入内都知太尉國家以其内侍拘入朝遂傾家賄上下得以其子代如李丞相羅司徒皆是也羅李既貴悉顯其親族而張獨畏慝不敢奏僅撥平江田三十頃賜之得田後固已優裕無他望一日仁廟顧爲張曰汝有父母在乎張拜荅曰母已亡獨父在爲道人上曰封贈慶典會及之乎張曰老父既寄迹方外不敢覬望後福上憮然召中書省臣以爲張哥在朝久矣而慶典不及其父母卽命以其子爵秩貴之其父在杭尙不知而是日頸痛重若爲物所壓日重一日制贈金紫光祿大夫司徒上柱國徽政院使典謁卿闕國公賜玉帶金幣鈔物等又降特旨江浙省臣浙西憲臣皆將旨燕犒于

其家比使臣至頸痛重殆不勝使臣卽臥内宣恩命冑不知極品之貴使臣舉玉帶以示之始驚顧謂其所親者曰宋得賜玉帶者兩人扁乇賈平章耳不及佩服舉手一撫摩遂卒嗚呼顯宦貴祿信有命彼不知而妄求者可以爲戒也

余年三十許時識一老僧於吳江洲渚上僧台人也時已年七十餘爲余言伯顏丞相先鋒兵至吳是日大寒雨雪老僧者時爲承天寺行童兵森列寺前主山老僧某令其覘兵勢且將自刎行童震慄遽告

以銀椅中坐者以手招行童童莫敢前且令軍十人
召之將至戒以無恐既至召令前問住山某和尚安
否西廊下某首座安否童大驚且戒令先往首座房
致意首座僧大驚而銀椅中坐者已至房作禮笑問
曰首座如何忘却耶某囘昔時知命子寺前賣卜者
也嘗宿上房踰半年已而偕至方丈拜主僧主僧錯
愕謾不省扣之乃言曰我尤宣撫也今日尚何言耶
命大鍋煑粥啗兵人令兵人持招安榜而令行童以
吳語誦榜文曉諭百姓於此始知尤公探諜江南凡

八年至以龍虎山張天師符籙取驗於世祖皇帝云
尤公久於江南探諜南士人品高下皆悉知之時江
淮省政江浙省自維揚遷錢塘尤公因陛平章郡有
天慶觀即今玄妙觀杭高士褚雪巘先生諱師秀自
宋以清苦飾行闢一几尤公單騎從一童至天慶方
丈觀主王官轄者尚不知爲平章尤公乃自言觀主
人驚尤公曰我欲一拜褚高士耳觀主謂一人孤僻
士宰相何取而欲見之尤公意彌堅觀主扣房門
士方讀書閽扣戶聲問爲誰觀主以姓名對高
士首不游廊僧轄何爲至此觀主以山門急切事語
之乃啓戶觀主言平章請見高士拒之曰某自來不
識時貴人而平章顧已拜於地意欲高士延坐其室
卽鎮戶偕行廊廡間平章卑仰敬之愈甚至雲堂前
語平章曰三年前有閩州王高士嘗留此某則非其
人也因長揖竟出尤公顧瞻嗟咨曰是眞一世之高
士公每出見杭士女出遊仍故都遺風前後雜沓公
必停輿或駐馬戒飭之曰汝輩尚嚮嚮睡耶今日非
南朝矣勤儉力作尚慮不能供繇役而猶若是惰遊

乎時三學諸生困甚公出必擁呼曰平章今日餓殺
秀才也從者叱之公必使之前以大囊貯中統小鈔
探囊撮予之遂建言以學校養士從公始

宋僧温日觀居葛嶺瑪瑙寺人但知其畫蒲萄不知
其善書也今世傳蒲萄多贋其眞者枝葉鬚梗皆草
書法也酷嗜酒楊總統以名酒啗之終不一濡脣見
輙憤罵曰掘墳賊帷鮮于伯機父愛之温時至其家
抱軒前支離叟或歌或哭每索湯浴鮮于公必豹爲
進藻豆其法中所謂散聖者其人也支離叟卽伯

家所種松也
宋巨璫李太尉者宋亡爲道士號梅溪元祐童時嘗侍其游故內指點歷歷如在獨記其過葫蘆井揮涕曰是蓋宋時先朝位上釘金字大牌曰皇帝過此罰金百兩宋家法之嚴如此他則童騃不能也
宋京畿各郡門有激賞庫郡有慈幼局遇盜發郡守開庫募士故盜不旋踵擒獲貧家子多厭之輒不育乃許抱至局書生年月日時局有乳媪鞠育之他人家或無子女却來取於局歲侵子女多入慈幼局故道無拋棄子女信乎其恩澤之周也積雨雪亦有錢

遂昌雜錄　五

雖小惠然無甚貧者
故老言賈相當國時內後門火飛報已至葛嶺賈曰火近太廟乃來報言竟後至者曰火已近太廟賈乘兩人小肩輿四力士以鎚劍護輪里許即易輪人倏忽至太廟臨安府已爲具賞犒梟勇士樹皁纛到創手皆立具於呼吸間賈下令肅然不過曰火到太廟斬殿帥令甫下火沿太廟八風雨殿前卒肩一卒飛上斬八風板落火即止登驗姓名轉十官就給金碟當之賈才局若此類亦可喜傳景文云
宋太學生東嘉林景曦字霽山當楊總統發掘陵寢時林故爲杭丐者背竹籮手持竹杖夾遇物即以夾投籮中鑄銀作兩許小牌百十繫腰間賄西僧云自餘不敢望收得高宗孝宗骨斷足矣番僧左右之果得高孝兩朝骨爲兩函貯之歸葬於東嘉其詩有夢中作十首其一絕曰一杯未築珠宮土雙匣親傳竺國經只有春風知此意年年杜宇哭冬青又曰空山急雨洗巖花金粟堆寒起暮鴉水到蘭亭更嗚咽不知

遂昌雜錄　六

眞帖落誰家又曰橋山弓劍未成灰玉匣珠襦一夜開猶記去年寒食日天家一騎捧香來餘七首尤悽然則忘之葬後於宋常朝殿前掘冬青樹一株植於兩函土堆上又有冬青花一首曰冬青花冬青花花時一日腸九折隔江風雨清影空五月深山落微雪移來此種非人間曾識萬年觴底月後忘之又一首有曰君不記羊之年馬之月霹靂一聲山石裂聞其事甚異不欲書若林霽山者其亦可謂義士也已
淡溪王文友諱仁輔克昔讀書里人倪文光

者延之以教其兩弟曰子瑛曰元鎮於久之文光殁
而子瑛騃元鎮出應門戸不勝州郡之朘剝也貲力
遂耗減已而子瑛卒家中乾元鎮刓無作有以濟朋
友會文友卒元鎮買油杉棺葬之芙蓉峯傍葬之日
梁溪士友皆至葬文友後元鎮寄於詠求顧未有能
振之者

閩人鄭所南先生諱思肖宋有國時其上世仕於吳
宋亡遂客吳下聞其有田數十畝寄之城南報國寺
以田歲入寺爲祠其祖禰遇諱必大慟祠下而先生

併館穀於寺焉先生自宋亡矣不與北人交接於友
朋坐間見語音異者輒引起人知其孤僻故亦不以
爲異其上世本業儒而先生於佛老教則喜之平日
喜畫蘭疎花簡葉不求甚工其所自賦詩以題蘭皆
險異詭特蓋以攄其憤懣云吳人好事者爲板刊其
所謂錦錢集者行於世若先生在周爲頑民在殷爲
義士益不易窺其涯涘云

鄧中齋先生諱剡字光薦宋丞相信國公客也宋亡
以義行著其所賦鷓鴣辭有曰行不得也哥哥湖
翁子竄狩馱天長地久多網羅南音漸少北語多啣
飛不起可奈何行不得也哥哥其意可見其所賛文
丞相像有曰目煌煌兮疎星曉寒氣英英兮晴雷殷
山頭碎柱兮璧完血化碧兮心丹嗚呼孰謂斯人不
在人亡

謝后旣北遷其支裔在杭者固多謝君退樂一人也
退樂嘗言江南始内附有所謂李信卿者自北來謂
能相人望氣崖岸倨甚退樂以貴官咸敬之亦設早
饌以延致之李至卽中坐省幕官皆下坐不得其一

言時趙文敏公謂之七司戸固退樂姻戚也屬公來
同飯時文敏風瘡滿面李遂見卽起迎文敏謂衆人
曰我過江僅見此人耳瘡愈卽面君公輩記取異時
官至一品名滿四海初襄陽未破時世祖令其卽軍
中望氣行踰三兩舍卽還言於世祖曰臣見卒伍中
往往有公輔貴人襄陽不破江南不平何處著許多
富貴人嗚呼此與南衙士卒皆將相者何異哉

宋季琴士汪水雲者工於詩詩皆清麗可喜杭城破
其詞有曰西塞山邊日落處北關門外雨來天南人

嘩淚北人笑臣甫低頭拜杜鵑又曰錢塘江上雨初乾風入端門陣陣酸萬馬亂嘶臨警蹕三宮灑淚濕鈴鸞童兒賸遣追徐福厲鬼終當滅賀蘭若說和親能活國嬋娟賸遣嫁呼韓題王導像有曰秦淮浪白蔣山青西望神州草木腥江左　吾甘半壁只緣無淚灑新亭聞水雲後從謝后北遷老宮人能詩者皆水雲指教或謂瀛國公喜賦詩亦水雲教之也

今嘉議大夫吏部尚書致仕許昌馮公名夢弼字士啟其始仕由八番雲南宣慰司吏繼辟掾湖廣省士

啟嘗言其在八番時乘驛出向其所最後至一驛驛吏語以今夕晚矣且馬絆出在江上不若勿行士啟漫不肖卽還馬亟行行未三四十里忽烏刺赤者急下馬拜跪伏其言侏離莫能曉而其意則甚哀窘士啟問之搖手意謂且死矣於是士啟亦下馬禱之曰某萬里遠客從吏遠方使有祿命固不死無之敢逃死時月微明睹一物如小屋大竟衮入江水腥風臭浪襲人行數里許乃問烏刺赤烏刺赤曰是之謂馬絆問馬絆何物搖手不敢對二更後至前驛驛吏出迎錯愕曰是何大膽敢越馬絆來乎士啟問馬絆爲吏乃言此馬黃精也遇之者輒爲其所啗齊諧志怪而畧此於是乎書

國初富初菴先生以占筮起東南時錢唐初内附以故都生聚既繁貲力殷盛世皇占其後來如何既成卦而富猶未之知也世皇曰我占宋故都富對曰誠如所占其地五六十年後會見城市生荊棘不如今多也今杭州連厄於火災復困於科繇視昔果不逮

和靖先生豈有領珠者而楊璉真珈亦發其墓焉聞

棺中一無所有獨有端硯一事余童時尚見一碑鐫和靖先生墓五大字仆草中久之余山中以浙省儒學提舉有心力於先生墓上悉力起發水濱仍建學士橋傍山建祠宇塑先生像於其中今復數年矣聞又荒落賢人何不幸哉

今河南行省參知政事宛丘趙公名期頤字子期其先府君宛丘公諱祐字天錫爲江浙行省照磨時余客於其家宛丘公嘗言其家在陳州有兎屋一橫人稱爲趙總把家國家初歲秋續兵官將兵哨江南北

初至極嚴殺再歲三四歲情契如故一日哨馬南歸睹一縶囚兩足凍垂墮呻吟饑凍焉足問宛丘之父問囚爲誰囚頻蹙曰我南宋官人廬州通判胡其姓破爲所得公父復問如此汝則是秀才囚復曰我春秋登科公父曰汝如此則能教學囚曰豈有秀才而不能教學者乎公父請於統兵官用兩馬易得之浣濯以湯液包裹以氈毳溫糜以酒漿幾絕而復蘇蘇則兩足墮矣因問其姓字貫籍遂延致于家以教諸子是時淮以北舉不知有全書胡通判以其所記憶

授諸生更六年而後殂因葬之屋後臨殁謝宛丘公之家曰我分死六年前矣重爲汝家所延汝之家後必有斯文顯者逮于朔登丁卯科用文儒登政府而其二代皆封二品信乎斯文之報可徵云

宣政雜錄

宋　江萬里

政和壬寅有狐登崇政殿御座衛士晨起叱之不動呼衆逐之至西廊下不見卽日得旨壞狐廟亦闕之先兆也

宣和初都下有朱節以罪置外州其妻年四十居望春門外忽一夕頤頷痒甚至明鬚出長尺餘人問其實莫知所以賜度牒爲女冠居於家蓋人妖而亦巳闕之先兆也又淮南民家兒四歲自耳目下皆生鬚長寸餘能作大字其父入都持兒示人日得數緡

月餘人傳曰於某處看

宣和初收復燕山以歸朝金民來居京師其俗有臻蓬蓬歌每扣鼓和臻蓬蓬之音爲節而舞人無不喜聞其聲而効之者其歌曰臻蓬蓬外頭花花裏頭空但看明年正二月滿城不見主人翁本　識故京師不禁然次年正月徽宗南幸次年二聖北狩又有伎者以數丈長竿繫椅於杪伎者坐椅上少頃下投於小棘坑中無偏頗之失未投時念詩曰百尺竿頭望

九州前人田土後人收後人收得休歡喜更有收人在後頭此亦花讖而兆禍可怪

政和中宗室士頓所居鈍軒忽生白芝數本於梁棟上因易名芝軒賓客詠歌以爲和氣次年士頓死又一年賜所居入四聖觀族衆散徙蓋不祥也壬寅春太傅王黼賜第有白芝生於正寢附卧榻後屏風而出又一本在廳事照壁上隔六年有殺身之禍

宣和庚子滄州南皮縣弓手張德平日以健勇擒捕有獲然多及平人因瘟疫死半歲墓中忽有聲人報

其子往視則墓已穴露出其面矣及破墓欲出之則身變白蛇子驚問曰何爲異類父曰我以殺平人多獲此報子可作屋置我於中開竅於頂時出頭四望以肉飼我日十餘斤足矣年餘身漸大所食增多家貧謂其子曰我雖壞爾財物切無害我若殺我則十二年後復生爲白蛇則天下兵矣子憤其妖曰此正喪門神也殺之乃所以止兵乘醉礪刃斷之蛇首躍展轉壞屋宇桑麻數里

宣和年都下趙倚年十二隨母嫁里中田生生貪力母每遭毒手積六年倚每見母被凌辱即勸母去母終無意一日倚病母遭叱詈倚病中憤鬱因力疾母出買藥時田生尚寢倚乃閻戶持刀殺田生連十餘下以力弱不能中要害而田亦死轉血中隣人排闥入倚曰吾母以身歸田主執爨具飯乳子澣衣勤勞旦夕而未嘗得田生一善言爲人子者得不痛心恨吾病甚不能力斷其首即以刃付邏卒束手就執既行猶回視諸人曰好視吾母行人皆爲之泣下獄察其孝亦爲讞上上哀其誠止從杖而編置焉

政和中濟南府禹城縣孝義村崔志有女甚孝母臥病久冬忽思魚食而不可得其女曰聞昔者王祥臥冰得魚想不難也兄弟皆曰謹信書則不如無書汝女子何妄論古今女曰不然父母有兒女者本欲養生送死兒謂女不能邪乃同乳媼焚香誓天即往河畔臥冰凡十日果得魚三尾鱗鬣稍異歸以饋母食之所病頓愈人或問方臥冰時曰以身試冰殊不覺寒也

濟南府開元寺因更修掘地得古碑蓋會昌中次

碑也字皆刓缺磨滅不可讀惟八字獨存云僧慕象
巾尼皆綵鬢僧惡而碎之後有詔改德士遂將碑立
唐武后昇中述志碑后自撰睿宗書極壯偉在嵩山
下政和中河南尹上言請碎其碑詔從之

靖康初民間以竹徑二寸長五尺許冒皮於首鼓成
節奏取其聲似日通同部又謂製作之法曰漫上不
漫下通衢用以爲戲云

建炎戊申鎮江府民家兒生四歲暴得腹脹疾經數
月臍裂有兒從裂中生眉目口鼻人也但頭以下手

宣政雜錄　四

足不分莫辨男女又出白汁斗餘三日二子俱死

徽宗崇寧間曾夢青童自天而下出玉牌上有字曰
丙午昌期眞人當出上覺默疏於簡札謂丙午年是
昌盛之時眞仙當降乃預製詔書具陳夢意令天下
尋訪異人以詔揭于寶籙宮然四方了無異人至乙
巳冬內禪欽宗卽位意當丙午之期矣而次年金人
果至有北狩之禍僕實從徽宗北行每話青童夢惟
其無驗後乃悟曰豈丙午是猖獗之期而天眞之
出也蓋事未經變不能悉其妖言

徽宗北狩經薊縣梁魚務務有還鄉橋不少主命名
人至今呼之止曰此乃亂世之主後聖必能力伸此
究令我回此橋因不食而去

宣和五年間每夜漏三鼓街衢稍寂滿耳聞犬吠聲
勢若舉禁城內百萬之犬俱嘷無復聞人聲每深夜
獨行附近察遠傾耳聽之不見犬也嘗時已爲異及
靖康末人入京師至今都之始悟其異晉書載廬江
何氏家忽聞地中有犬聲掘得一犬并雌雄二雛後
里中亦有禍

宣政雜錄　五

徽宗遜位前一年中秋後在苑中賦晚間景物一聯
云日射晚霞金世界月臨天宇玉乾坤寫示宰臣甚
謂得意皆稱贊取對精切格韻高勝聖學非從臣可
及

古杭雜記

元　李有

理宗庚申賈似道初入相有人作詩云收拾乾坤一担擔上肩容易下肩難勸君高着擎天手多少傍人冷眼看

晉郭璞錢唐天目山詩云天目山前兩乳長龍飛鳳舞到錢唐海門一點巽峯起五百年間出帝王及高宗中興建邦天目乃主山至度宗甲戌山崩京城騷動時有建遷蹕之議者未幾宋鼎遂移有人作詩云

天目山前水齧磯天心地脉露危機西周浸冷觚稜月未必遷岐說果非

開僖韓侂冑開邊隙至函其首以乞和太學有詩云

晁錯既誅終叛漢於期已入竟亡燕

驛路有白塔橋印賣朝京里程圖士大夫往臨安必買以披閱有人題於壁曰白塔橋邊賣地經長亭短驛甚分明如何祇說臨安路不較中原有幾程

寶慶丙戌袁樵尹京於西湖三賢堂賣酒有人題壁曰和靖東坡白樂天三人秋菊薦寒泉而今滿面生塵上卻與袁樵課酒錢

太學服膺齋上舍鄭文秀州人其妻寄以憶秦娥云花深深一勾羅襪行花陰行花陰閒將柳帶細結同心日邊消息空沉沉畫眉樓上愁登臨愁登臨海棠開後望到如今此詞為同舍見者傳播酒樓妓館皆歌之以為歐陽永叔詞非也

婺州劉鼎臣赴省試臨行妻作詞名鷓鴣天云金屋無人夜剪繒寶釵翻過齒痕輕臨行執手殷勤送襯取蕭郎兩鬢青聽囑付好看承千金不抵此時情明年宴罷瓊林晚酒面微紅相映明

易祓字彥章譚州人以優校為前廊久不歸其妻作一剪梅詞寄云染淚修書寄彥章貪做前廊忘卻回廊功名成遂不還鄉石做心腸鐵做心腸紅日三竿懶畫粧虛度韶光瘦損容光何日得成雙羞對鴛鴦懶對鴛鴦

三山蕭軫登第榜下娶再婚之婦同舍張任國以柳梢青詞戲之曰掛起招牌一聲喝采舊店新開熟[illegible]孩兒家懷老子畢竟招財當初合下安排又不[illegible]

買歎自古道正身替代見任添差
理宗朝嘗欲舉行推回畝田之令有言而未行至賈
似道當國卒行之有人作詩曰三分天下二分亡猶
把山川寸寸量縱使一坵添一畝也應不似舊封疆
又有作沁園春詞云道過江南泥墻粉壁右具在前
述何縣何鄉里住何人地佃何人田氣象蕭條生靈
憔悴經界從來未必然惟何甚爲官爲己不把人憐
思量幾許山川况土地分張又百年西蜀巉巖雲迷
烏道兩淮清野日警狼烟宰相弄權姦人罔上誰念

干戈未息肩掌大地何須經理萬取千焉
蜀人文及翁登第後期集遊西湖一同年戲之曰西
蜀有此景否及翁即席賦賀新郎云一勺西湖水渡
江來百年酣醉回首洛陽花世界烟渺黍離之地更
不復新亭墮淚簇樂紅粧搖畫舫問中流擊楫何人
是千古恨幾時洗余生自負澄清志更有誰磻溪未
遇傅巖未起國事如今誰倚仗衣帶一江而已便都
道江神堪恃借問孤山林處士但掉頭笑指梅[illegible]
天下事可知矣

項羽廟在臨安近郡三衢十八里頭樟藏市市人失
火延及斯廟人有詩曰嬴秦久矣酷斯民羽入關中
又火秦父老莫嗟遺廟毀咸陽三月是何人
淨慈寺乃祖宗功德院側有五百尊羅漢別創一田
字殿安頓裝塑雄偉殿中有千手千眼觀音一位尤
爲精製其第四百二十二位阿濕毘尊者獨設一龕
用黃羅爲幔幙之傍置籤筒一座其像側身傴僂便
腹斜目覷人而笑臨安婦人祈嗣者必詣此炷香默
禱以手摩其腹云有感應日積月久汗手加於泥粉

之上其腹黑光可鑒邪說誣民如此又假此以爲題
化之端斂掠民財不可勝計其無忌甚矣
史彌遠作相時士夫多以鑽刺得官伶人俳優者一
人手執一石用一大鑽鑽之久而不入其一人以物
擊其首曰汝不去鑽彌遠卻來鑽彌堅可知道鑽不
入也遂被流罪
舊傳三歲拜郊或明堂大禮所有在前誤國姦臣首
級在大理寺者必以文祭葢訛傳謂以汚穢之物祭
之其實乃少牢也其文云國家於二年恩霈洪

國然今亦不恤汝之舊特用以祭謬傳若此豈朝廷寛大之恩哉

杭州市肆有喪之家命僧爲佛事必請親戚婦人觀看主母則帶養孃隨從養孃首問來請者曰有和尚弄花鼓棒否請者曰有則養孃爭肯前去花鼓棒者謂每舉法樂則一僧三四鼓棒在手輪轉拋弄諸婦人競觀之以爲樂亦誨淫之一端也

賈似道母兩國夫人本賈涉之賤妾嘉定癸酉涉爲萬安丞似道在孕不容於嫡縣宰陳履常新塗人也

涉與之通家往來以情告之遂相與謀陳宰令其妻過丞廳之次諸妾環侍談話間因語丞妻以乏使令欲借知事一妾丞妻云惟所擇用陳妻遂指似道之母丞妻幸其去欣然許之即隨軒以歸縣衙及八月八日似道生於縣治賈承檄往他郡歸謁于宰始知之終不復入丞廳後改任維揚似道歸鄉而其母竟流落及似道鎮維揚子母方得聚會享富貴數十年咸淳甲戌以壽終似道歸越治葬朝士貴戚設祭饌以相高爲競有累至數丈者裝祭之日以至顚仆數人送葬者值水潦不問貴官没及腰膝不得自便雖理宗度宗山陵無以過之其冬北兵渡江似道潰師

寶祐乙卯御史洪天錫劾内臣盧允升董宋臣疏不行六月御筆御史丁大全除司諫御史陳大方除正言正言胡大昌除侍御洪天錫遂左遷時天下目丁大全陳大方胡大昌爲三不吠之犬

温陵呂中作國史要畧謂南渡之後一壞於紹興之檜再壞於開僖之韓三壞於嘉定之史愚亦謂理宗四十年在御一壞於嵩之再壞於大全三壞於似道

也相之壞國如此哉

錢塘遺事

元　劉一清

高宗誕之三日徽宗幸慈寧后閤妃嬪捧抱以見上撫視甚喜顧謂后妃曰浙臉也葢慈寧后乃浙人其後駐蹕于杭亦豈偶然宋太祖自陳橋驛整軍從仁和門入高宗由海道過杭聞縣名仁和甚喜曰此京師名門也駐蹕之意始此也

五代錢王射潮箭在臨安府候潮門左手數步昔江潮每衝激城下錢氏以壯士數百人候潮之至以強弩射之由此潮頭退避後遂以鐵鑄成箭樣其大如杴作亭泥路之傍埋箭亭中出土外猶七尺許以示鎮壓之義然潮汛之來常失故道臨安府置一司名脩江司馬

賈相當國陳藏一作雪詞譏之詞曰沒巴鼻雲時間做出漫天漫地不論高底并上下平白都教一例鼓動滕神招邀巽二一任張威勢識他不破只今道是祥瑞却鵝鴨池邊三更半夜悞了吳元濟東郭先生都不管闗上前門穩睡一夜東風三竿暖日萬事流水東皇笑道山河元是我的詞名念奴嬌

度宗崩幼君諒陰進士榜第一名黃龍潭二名路萬里三名胡幼黃京師爲之語曰龍在潭飛不得萬里路行不得幼而黃留不得德祐元年五月太皇太后詔諭呂文煥等息兵通好詔曰賈似道專制朝政十有五年挾智行私矜巳自用結怨軍民失信鄰國戰功當賞而不賞邊費當支而不支盡心力以守襄城者坐視亦不救備巳財以增郢兵者反受責言遂使諸將離心三軍解體比者請師出督畏死偷生不戰而逃莫知所在自古失律之師未有如此之謬者吾巳明正其罪但念吾年七十抱病滋久嗣君幼冲煢煢在疚念北方之兵薄吾近地宗社危急不可以一朝居似道召禍至此老身幼主實受其殃因思爾文煥世授國恩久當事任守城六載備殫勤勞爾赤廿爾文虎昔受先朝之知嘗任師旅之寄一時捨此度非本心三人在此豈能遂志本朝之舊不念吾國之危茲用手披敷陳吾意爾三人爲吾轉道此意于師相吾老幼雖不足念生靈何辜受此荼毒不知何道

可以息民何辭可以通好于北朝以成南北之[illegible]以紓社稷之近憂願亟爲我圖俾正室不壞理宗在天之靈要必降于爾衷故茲詔示想宜孚悉呂文煥回本國書云報國盡忠自許初心之無[illegible]居城守難豈圖末路之多差茲祈轉念昔日之功庶可抄伸今日之欵明公問信歸人欲言伏念少尸戎行壯臨邊徼于戈滿眼輕性命于鴻毛弓箭在腰繫死生于馬足不憚驅馳于西北誓將屏蔽于東南幸以微勞累[illegible][illegible]劝至若襄城之討最爲淮甸之危蠢茲無厭之

錢塘遺事　八　三

人指將必攻之地迅裂如水火之衝擊震蕩如風雨之去來坐一日爲尤難居九年而可奈南向高築蔙欲拒吾喉襟樊城盡屠其在剪我羽翼雖劉也先首于犯順而焦然中苦于黨姦孤城共若彈丸謂可靴尖之踢倒長江雖曰天塹或欲投鞭而斷流[illegible]焰如斯先聲屢至臣能死爾仰天而哭伏地而哀男既生琨折骸而爨易子而食尚[illegible][illegible][illegible][illegible][illegible]救急會鄰郡之聚兵委病痛于九年之[illegible][illegible][illegible][illegible][illegible][illegible][illegible]之日思念張巡之死守不如李陵之[illegible][illegible][illegible][illegible][illegible][illegible][illegible][illegible]

[illegible]國手局敗留着此豈出尋常之機俗眼畧耳覩形奈不識驪黃之馬豈使忠臣偶陷于他國亦從絕意不念于鄉閭固知死也何補于生安有食焉不任其事因銜北命乃擁南兵視以犬馬報以仇讐非曰子弟攻其父母不得已也尚何言哉臣煥等死罪幸荷今皇上亶其好生開以自新之路明公都督雖是開罪藕然念舊之情安敢固違永爲背叛見今按兵不動卧徹不驚撫此良臣伏覩景命且秦穆公之數殺馬在野人猶知報恩如齊威公之相射鉤願君子終無忌怨出德祐太皇太后

錢塘遺事　八　四

默記

宋　王銍

王朴仕周爲樞密使五代自朱梁以用武得天下政事皆歸樞密院至今言二府當時宰相但行文書而已况朴之得君所以世宗才四年間取淮南下三關所向成功時緣用兵朴多宿禁中一日謁見世宗屏人顰蹙且倉皇歎嗟曰禍起不久矣世宗因問之曰臣觀玄象大異所以不敢不言世宗云如何曰事在宗社陛下不能免而臣亦先當之今夕請陛下觀之

可以自見是夜與世宗微行自厚載門同出至野次止於五丈河旁中夜後指謂世宗曰陛下見隔河如漁燈者否世宗隨亦見之一燈熒熒然迤邐甚近則漸大至隔岸火如車輪矣其間一小兒如三數歲引手相指既近岸朴曰陛下速拜之既拜漸遠而沒朴泣曰陛下既見無可復言後數日朴于李穀坐上得疾而死世宗既伐幽燕道被病而崩至明年而天授我宋矣火輪小兒蓋聖朝火德之兆夫豈偶然

藝祖初自陳橋推戴入城周恭帝即衣白襴乘轎子自居天清寺（天清世宗節名而寺其功德院也）太祖與諸將同入內六宮迎拜有二小兒丱角者宮人抱之亦拜詢之乃世宗二子紀王　王也顧謂諸將曰此復何待左右即提去惟潘美在後以手掐殿柱低頭不語藝祖云汝以爲不可邪美對曰臣豈敢以爲不可但於理未安藝祖即命速退以其一人賜美美即收之以爲子而藝祖亦不復問其後名惟正者是也每供三代惟以美爲父而不及其他故獨此房不與美子孫連名名夙者乃其後也夙爲文官子孫亦然夙有才爲名

師其美明者自云

徐鉉歸朝爲左散騎常侍遷給事中太宗一日問曾見李煜否鉉對以臣安敢私見之上曰卿第見但言朕令卿往相見可矣鉉遂徑往其居望門下馬但一老卒守門徐言願見太尉卒言有旨不得與人接豈可見也鉉云奉旨來見老卒往報徐入立庭下久之老卒遂取舊椅子相對鉉遥見謂卒曰但正衙一椅足矣頃間李王紗帽道服而出鉉方拜而遽下階引其手以上鉉辭賓主之禮李王曰今日豈有此禮徐

引觴少傾乃敢坐後主相持大笑乃黙坐不言忽長吁數口當時悔殺了潘佑李平鉉既去有旨召對詢後主何言鉉不敢隱遂有泰王賜牽機藥之事牽機藥者服之前卻數十回頭足相就如牽機狀也又後主在賜第七夕命故妓作樂聲聞于外太宗聞之大怒又傳小樓昨夜又東風及一江春水向東流之句併坐之遂被禍云

張茂實太尉章聖之子尚宮朱氏所生章聖畏懼劉后凡後宮生皇子公主俱不育以與內侍張景宗令

養視遂冒姓張既長景宗奏授三班奉職入謝日章聖曰孩兒且許大也昭陵出閤以爲春坊謁者後擢副富鄭公使　作殿前步帥中丞韓絳言茂實出自宮中迹涉可疑富鄭引以爲殿帥蓋嘗同奉使交結有自鄭皇恐待罪然朝廷考校茂實之除拜歲月非鄭進擬出絳知蔡州鄭乃止厚陵爲皇太子茂實入朝至東華門外居民樊用者迎馬首連呼曰虧你太尉茂實惶恐執詣有司以爲狂人而黥之知其實非狂人也茂實緣此求外郡至厚陵即位避藩邸諱改名孜蹤跡之自知蔡州坐事移曹州憂恐以卒謚勤惠滕元發言嘗因其病問之至臥內茂實岸幘起坐其頭角巉然真龍種也全類其表叔本朝內臣養子未有大用至節帥者此可驗矣其子詢字仲謀賢雅能詩有子與郎中作婿此可惜也

神宗初即位慨然有取山後之志滕章敏首被擢用所以東坡詩云皇帝知　公早虞懷第一人蓋欲委滕公以天下事也一日語及北方曰太宗自燕京城下軍潰北上追之僅得脫凡行在服御寶器盡爲所奪

從行宮嬪盡陷沒股上中兩箭歲歲必發其棄天下竟以箭創發之故當時不共戴天之讐乃捐金繒數十萬事之爲人子孫當如是乎已而泣下久之蓋已有　之志後永樂靈州之敗故鬱鬱不樂者尤甚愉聖志之不就也章敏公爲先子言

京兆李植字化光觀察使士衡之孫自少年好道不樂婚宦初爲侍禁約婚慈聖娶迎入門見鬼神千萬在前驚走踰墻避之后即時還父母家俄選爲后焉植後自放田野往來關中洛陽汝州人以爲有道之

士也
李後主手書金字心經一卷賜其宮人喬氏喬氏後入太宗禁中聞後主薨自内庭出經捨相國寺西塔以資薦且自書於後云故李氏國主宮人喬氏伏遇國主百日謹舍昔時賜妾所書般若心經一卷在相國寺西塔院伏願彌勒尊前持一花而見佛云云其後江南僧持歸故國置之天禧寺塔相輪中寺後大火相輪自火中墮落而經不損金陵守王君玉所得君玉卒子孫不能保之以歸寗鳳子儀家喬氏書

在經後字整潔而詞甚悽惋所記止此徐鉉集南唐制誥有宮人喬氏出家誥豈斯人邪
徐常侍鉉自江南歸朝歷右散騎常侍貶靖難軍行軍司馬而卒于邠州鉉無子其弟鍇有後居金陵攝山前開茶肆號徐十郎有鉉鍇誥勑備存甚多僕嘗至攝山求所謂十郎家觀之其間有自江南入朝初授官誥云歸明人僞銀青光祿大夫守太子率更令云云知内史乃江南宰相也銀青存其階官也
小說載伐江南大將獲李後主寵姬夜見燈輒閉目云烟氣易以蠟燈亦閉目云烟氣愈甚曰然則宮中未嘗點燭邪云宮中本閣每至夜則懸大寶珠光照一室如日中也觀此則李氏豪侈可知矣
楊宣懿察之母甚能文而教子以義方少不中禮輒朴之察省試房心爲明堂賦榜發科第二人報者至其母睡未起聞之大怒轉面向壁曰此兒辱我如此乃爲人所壓邪及察歸亦久不與語其年廷對宣懿果魁天下
歐陽文忠慶曆中爲諫官仁宗更用大臣韓富范諸

公將大有爲公銳意言事如論杜曾家事通嫂婢有子曾出知曹州卽自縊死又論參知政事王舉正不才及宰臣晏殊賈昌朝舉館職凌景陽娶富人女夏有章有贓魏庭堅踰濫三人皆廢終身如此之類極多大忤權貴遂除修起居注知制誥韓富既罷未幾以龍圖閣直學士爲河北都運令計議河北二相賈昌朝陳執中爭邊事其實宰相欲以事中之也曾令内侍供奉官王昭明同往相度河事公言今命侍從出使故事無内臣同行之理而臣實耻之朝廷從之

公在河北職事甚振無可中傷會公甥張氏幼孤鞠育於家嫁姪晟晟自處州司戶罷以僕陳諫同行張與諫通事發鞫於開封府右軍巡院張懼罪且圖自解免其語皆引公未嫁時事詞多醜鄙軍巡判官著作佐郎孫揆止劾張與諫通事不復枝蔓宰相聞之怒再命太常博士三司戶部判官蘇安世劾之遂盡用張前後語成案俄又差王昭明者監勘蓋以公前事欲令釋憾也昭明至獄見安世所劾案牘視之駭曰昭明在官家左右無三日不說歐陽修今省判所

勘乃迎合宰相意加以大惡異日昭明喫劒不得安世聞之大懼竟不易揆所勘但劾歐公用張氏貲買田產立戶事奏之宰相大怒公旣降知制誥知滁州而安世坐牒三司取錄問人吏不聞奏降殿中丞泰州監稅昭明降壽春監稅公責詞云不知淑慎以遠罪辜知出非已族而鞠於私門知女歸有家而納之羣從向以訟起晟家之獄語連張氏之資券旣不明辨無所驗以其久參侍從免致深文可除延閣之名還序右垣之次仍歸漕節往布郡條體予寬恩思釋

[illegible]又安世責詞云汝受制按考法當窮審而乃巧爲朋比顧避事端潛落偽說陰合傅會知朕愼重獄事不爾有司而妄徇私情替名胥役跡其阿比之意尚與朋黨之風云云其後王荆公爲蘇安世埋銘盛稱能回此獄而世殊不知揆守之於其前昭明主之于其後使安世不能有變改迎合也然則二人可謂奇士矣昭明後亦召用而揆饒州人終殿中丞當張獄之典陽闞州外爲舉人上書極力救之今宋文集中有外書

逵奚盈盈傳晏元獻家有之蓋唐人所撰也盈盈者天寶中貴人之妾姿艷冠絕一時會貴人者病同官之子爲千牛者失索之甚急明皇聞之詔大索京師無所不至而莫見其跡因問近往何處其父言貴人病嘗往問之詔且索貴人之室盈盈謂千牛曰今勢不能自隱矣出亦無甚害千牛懼得罪盈盈因教曰第不可言在此恐上問何往但云所見人物如此所見帘幕帷帳如此所食物如此勢不由己決無患矣旣出明皇大怒問之對如盈盈言上笑而不問後數

日號國夫人入內朝皇戲謂曰何久藏少年不出邪夫人亦大笑而已謂人妾者智術固可慮矣又見天寶後被庭戚屬莫不如此固可以久安邪此傳晏元獻手書藏其甥楊文仲家其間叙婦人姿色及情好幽折甚詳然大意若此也

龍袞江南錄云江南周后隨後主歸朝封鄭國夫人例隨命婦入宮每入輒數日而出必大泣罵後主聲聞于外後主多宛轉避之又韓玉汝家有李王歸朝後與金陵舊宮人書云此中日夕只以眼淚洗面

藝祖事周世宗功業初未大顯會世宗親征淮南駐蹕正陽距壽陽劉仁贍未下而藝祖分兵滁州距壽州四程皆大山至清流關而上關去州三十里則平川而西澗又在滁城之西也是時江南李璟據一方國力全盛聞世宗親至淮上而滁州其控扼且援壽州命大將皇甫暉臨軍姚鳳提兵十萬扼其地太祖以周軍數千與暉遇於清流關隘路周師大敗暉整全師入憩滁州城下會翊日再出太祖兵聚關下且虞暉兵再至問諸村人云有鎮州趙學究在村中教學多智計村民有爭訟者多詣以決面立太祖徵服往謁之學究者固知為趙點檢也迎見加禮太祖再三叩之學究曰皇甫暉威名冠南北太尉以其與己如何曰非敵也學究曰然彼之兵勢與己如何曰非其比也學究曰然兩軍之勝負如何曰彼方勝我敗畏其出兵所以問計於君也學究曰然且使彼來日整軍再來出戰師絕歸路不復有噍類矣太祖曰當復奈何學究曰我有奇計所謂因敗為勝轉禍為福者今關下有徑路人無行者雖暉軍亦不知之乃山

之背也可以直抵城下方阻西澗水大漲之時彼必謂我既敗之後無敢躡其後者誠能由山背小路率兵浮西澗水至城下斬關而入彼方戰勝而驕解甲休衆必不為備可以得志所謂兵貴神速出其不意若彼來日整軍而出不可為矣太祖大喜且命學究以指其路學究亦不辭而遣人前導節下令誓師夜從小路行三軍跨馬浮西澗以迫城暉果不為備奪門以入既入暉始聞之率親兵擐甲與太祖巷戰三縱而三擒之既主帥被擒矣或謂周師大兵且至城

中大亂自相蹂踐死亾不計數遂下滁州即國史所載太祖曰餘人非我敵即斬皇甫暉頭者此時也滁州既破中斷壽州爲二救兵不至壽州爲孤軍周人得以擒仁贍自滁州始也擒暉送世宗正陽御寨世宗大喜見暉於寶中金創被體自撫視之暉仰面言我自貝州卒伍起兵佐李嗣源遂成唐莊宗之禍後率衆投江南位兼將相前後南北二朝大小數十戰未嘗敗而今日見擒於趙某者乃天贊趙某豈臣所能及因盛稱太祖之神武遂不肯治創不食而死至

今滁人一日五時鳴鐘以旌薦暉云蓋淮南無山惟滁州邊淮有高山大川江淮相近處爲淮南屏蔽去金陵才一水隔耳既失滁州不惟中斷壽州失援則淮南盡爲平地自是遂盡得淮南無復陣寨世宗乘滁州破竹之勢盡收淮南李璟割地稱臣者由太祖先擒皇甫暉首得滁州阻固之地故也此皇甫暉所以稱太祖爲神武者暉亦非常人知其天授非人力也其後真宗時所以建原廟於滁而殿曰端命者太祖歷試於周功業自此而成王業自此而始故號端命蓋我宋之鎬汴也其趙學究即韓王普也實與太祖定交於滁州引爲上介歸德軍節度巡官以至太祖受天命爲宗臣比跡于蕭曹者自滁州始也

說郛目録

弓第四十八

朝野僉載

唐　張鷟

貞觀年中定州鼓城縣人魏全家富母忽然失明問卜者王子貞子貞爲卜之曰明年有人從東來青衣者三月一日來療必愈至時候見一人着青紬襦遂邀爲設飲食其人曰僕不解醫但解作犂耳爲主人作之持斧繞舍求犂轅見桑曲枝臨井上遂斫下其母兩眼煥然見物此曲桑恭井之所致也

周郎中裴珪妾趙氏有美色曾就張璟藏卜年命藏曰夫人目長而慢視准相書猪視者淫婦人目有四白五夫守宅夫人終以姦廢宜慎之趙笑而去後果與人姦沒入掖庭

洛州有士人患應病語即喉中應之以問善醫張文仲經夜思之乃得一法即取本草令讀之皆應至其所畏者即不言仲乃録取藥合和爲丸服之應時而愈

後魏孝文帝定四姓隴西李氏大姓恐不入星夜乘鳴駞倍程至洛時四姓已定訖故至今人謂之駞李

焉

鄭愔爲吏部侍郎掌選贓汚狼籍引銓有選人繫百錢於靴帶上愔問其故荅曰當今之選非錢不行愔默而不言

天后中契丹李盡忠萬榮之破營府也以地牢囚僕俘數百人聞麻仁節等諸軍欲至乃令守囚霫等紿之曰家口饑寒不能存活求待國家兵到吾等即降其囚日別與一頓粥引出安慰曰吾此無飲食養汝又不忍殺汝總放歸若何衆皆拜伏乞命乃紿放去

朝野僉載　八　二

至幽州具說饑凍逼迫兵士聞之爭欲先入至黄麞峪賊又令老者投官軍送遺老牛瘦馬於道側仁節等三軍棄步卒將馬先爭入被賊設伏横截軍將被索縛之生擒節等死者塡山谷罕有一遺

永徽年以後人唱桑條歌云桑條苐女韋也樂至神龍年中逆韋應之諂佞者鄭愔作桑條樂詞十餘首進之逆韋大喜擢之爲吏部侍郎賞縑百疋

周垂拱已來苾挐兒歌詞皆是邪曲後張易之小名苾挐

趙公長孫無忌以烏羊毛爲渾脱氊帽天下慕之其帽爲趙公渾脱後坐事長流嶺南渾脱之言於是效焉

魏王爲巾子向前踣天下欣欣慕之名爲魏王踣後坐死至孝和時陸頌亦爲巾子同此樣時人又名爲陸頌踣未一年而陸頌殞

咸亨已後人皆云莫浪語阿婆嗔三叔聞時笑殺人後果則天即位至孝和嗣之阿婆者則天也三叔者孝和爲第三也

朝野僉載　八　三

天后時謠言曰張公喫酒李公醉張公者斥易之兄弟也李公者言李氏大盛也

孫佺爲幽州都督五月北征時軍師李處郁諫五月南方火北方水火入水必滅佺不從果没八萬人昔竇建德救王世充於牛口谷時謂竇入牛口豈有還期果被秦王所擒其孫佺之北也處郁曰飡若入咽百無一全山東人謂溫飯爲飡音孫幽州以北並爲燕地故云

龍朔年已來百姓飲酒作令云子母相去離連臺拗

倒子母者盞與盤也連臺者連盤拗倒盞也及天后永昌中羅織事起有宿衛十餘人於清化坊飲爲此令此席八進狀告之十人皆棄市自後廬陵徙均州則子母相去離也連臺拗倒者則天被廢諸武迁放之兆

開元五年春司天奏玄象有眚見其災甚重玄宗震驚問曰何祥對曰當有名士三十人同日寃死今新及第進士正應其數其年及第李蒙者貴主家婿上不言其事密戒主曰每有大遊宴汝愛婿可閑留其

家主居昭國里時大合樂音曲遠暢曲江漲水聯舟數艘進士畢集蒙聞乃踰垣奔走羣衆愜望才登舟移就水中畵舸平沉聲妓篙工不知紀極三十進士無一生者

廣州錄事參軍柳慶獨居一室器用食物並致卧内奴有私取鹽一撮者慶鞭之見血

夏侯彪夏月食飲生虫在下未曾瀝口嘗送客出門奴盜食臠肉彪還客覺之大怒乃捉蠅與食令嘔出之

鄭仁凱爲密州刺史有小奴告以履穿凱曰阿翁爲汝經營鞋有頃門夫着鞋者至凱廳前樹上有鸐窠鸐啄木也遣門夫上樹取其子門夫脱鞋而緣之凱令奴着鞋而去門夫竟至徒跣凱有德色

安南都護鄧祐韶州人家巨富奴婢千人恒課口腹自供未曾設客孫子將一鴨私用祐以擅破家貲鞭二十

杭州刺史裴有敞疾甚令錢塘縣主簿夏榮看之榮曰使君百無一慮夫人早須崇福以禳之崔夫人曰

禳須何物榮曰使君娶二姬以壓之出三年則危過矣夫人怒曰此獠狂語耳在身無病榮退曰夫人不信榮不敢言使君命合有三婦若不更娶於夫人不祥夫人曰乍可死此事不相當也其年夫人暴亡敞更娶二姓榮亦信矣

洛陽縣令宋之遜性好唱歌出爲連州參軍刺史陳希古者庸人也令之遜教婢歌每日端笏立於庭中吻吻而唱其婢隔窻從而和之聞者無不大笑

北齊南陽王入朝上問何以爲樂王曰致歡最樂遂

收嫩一宿得五斗置大洛斛中一人脫衣而入被嫩
蟄死宛轉號叫苦痛不可言食頃而死帝與王坐看
之
周嶺南首領陳元光設客令一袍袴行酒光怒令曳
出遂殺之須臾爛煑以食客後呈其二手客懼攫喉
而吐
周瀛州刺史獨孤莊酷虐有賊問不承莊引前曰若
健兒一一具吐放汝遂還巾帶賊並吐之諸官以爲
爲必放頊莊曰將我作具來乃一鐵鉤長丈餘甚銛
利以繩掛於樹間謂賊曰汝不聞健兒鉤下死令以

腋鉤之遣壯士掣其繩則鉤出於腦矣謂司法曰此
法何似荅曰弔民伐罪深得其宜莊大笑後莊左降
施州刺史染病唯憶人肉部下有奴婢死者遣人割
肋下肉食之歲餘卒
周推事使索元禮時人號爲索使訊囚作鐵籠頭䩭
（呼角反）其頭仍加楔焉多至腦裂髓出又爲鳳曬翅獮
猴鑽火等以椽関手足而轉之並斫骨至碎又懸囚
於梁下以石縋頭其酷法如此元禮故人薛師之
假父後坐贓賄流死嶺南
周秋官侍郎周興推劾殘忍法外苦楚無所不爲時
人號牛頭阿婆百姓怨謗興乃牓門判曰被告之人
問皆稱枉斬決之後咸悉無言
周侍御史侯思止醴泉賣餅食人也羅告准例酧五
品於上前索御史上曰卿不識字對曰獬豸豈識字
但爲國觸罪人而已遂授之凡推勘殺戮甚衆更無
餘語但爲囚徒曰不用你書言筆語但還我白司馬
若不肯來俊臣與你孟青横遭苦楚非命者不可勝

數白司馬坂者北邙山司馬坂也來俊者中丞來俊
臣也孟青者將軍孟青棒也後坐私蓄錦朝堂決殺
之
殿中侍御史王旭括宅中别宅女婦風聲色目有稍
不承者以繩勒其陰令壯士彈竹擊之酸痛不可忍
倒懸一女婦以石縋其髮遣証與長安尉房恒姦經
三日不承女婦曰侍郎如此若毒兒死必訴於冥司
若配入宮必申於主上終不相放旭慙懼乃捨之
監察御史李嵩李全交殿中王旭京師號爲三豹嵩

爲赤𤢖豹交爲白額豹旭爲黑豹皆狠戾不軌鴆毒無儀體性狂疎精神慘刻每訊囚必鋪棘卧體削竹籤指方梁壓髁碎瓦措膝遣仙人獻果玉女登梯犢子懸駒驢兒拔橛鳳凰晒翅獼猴鑽火上麥索下闌單人不聊生囚皆乞死肆情鍛鍊誣是爲非任意指麾傳空爲實周公孔子請作殺人伯夷叔齊求其劫罪訊劾乾壍水必有期推鞫濕泥塵非不久來俊臣乞爲弟子索元禮求作門生被追者皆相謂曰牽牛付虎未有出期縛鼠與猫終無脫日妻子永别友朋長辭京中人相要作呪曰若違心負教横遭三豹其

朝野僉載　八　八

毒害也如此

真臘國在驩州南五百里其俗有客設檳榔龍腦香蛤屑等以爲賞宴其酒比之淫穢私房與妻共飲對尊者避之又行房不欲令人見此俗與中國同國人不着衣服見衣服者共笑之俗無鹽鐵以竹弩射虫鳥

五溪蠻父母死於村外閣其屍三年而葬打鼓路歌親屬飲宴舞戲一月餘日盡産爲棺餘臨江高山半肋鑿龕以葬之自山上懸索下柩彌高者以爲至孝即終身不復祠祭初遭喪三年不食鹽

嶺南獠民好爲蜜唧即鼠胎未瞚通身赤蠕者飼之以蜜釘之筵上囁囁而行以筯挾取啖之唧唧作聲故曰蜜唧

天后中成王千里將一虎子來宫中養損一宫人遂令生餓數日而死天后令葬之其上起塔設千人供勒碑號爲虎塔至今猶在

袁守一性行淺促時人號爲料鬬鳬翁雞任萬年尉

朝野僉載　八　九

雍州長史竇懷貞每欲鞭之乃於中書令宗楚客門餉生菜除監察懷貞未知也貞高揖曰駕欲出公作如此掩按守一即彈之月餘貞除左臺御史大夫守一請假不敢出乞解貞呼而慰之守一兢惕不已楚客知之爲除右臺侍御史於朝堂抗衡於貞曰與公羅師羅師者市郭兒語無交涉也無何楚客以反誅守一以其黨配流端州

尚書右丞陸餘慶轉洛州長史其子嘲之曰陸餘慶筆頭無力嘴頭硬一朝受詞訟十日判不竟送案

下餘慶得而讀之曰必是郝狗遂鞭之

周定州刺史孫彥高被突厥圍城數十重不敢詣聽文符須徵發者於小窗接入鎖州宅門及賊登壘乃入匱中藏令奴曰牢掌鑰匙賊來索愼勿與昔有愚人入京選皮袋被賊盜去其人曰賊偷我袋將終不得我物用或問其故荅曰鑰匙尚在我衣帶上彼將何物開之此孫彥高之流也

岐王府參軍石惠恭與監察御史李全交詩曰御史非長任參軍不久居待君遷轉後此職還到余因競放牒往來全交爲之判十餘紙以報乃假手於拾遺

朝野僉載　八　十

張九齡

王怡爲中丞憲臺之穢姜晦爲掌選侍郎吏部之穢崔泰之爲黃門侍郎門下之穢號爲京師三穢

陽滔爲中書舍人時促命制敕令史持庫鑰他適無舊本撿尋乃斵窗取得之時人號爲斵窗舍人

杭州參軍獨孤守忠領租船赴都夜半急追集船人更無他語乃曰逆風必不得張帆衆大哂焉

王熊爲澤州都督府法曹斷掠糧賊惟各決杖一百通判熊曰總掠幾人法曹曰掠七人熊曰掠七人合決七百法曹曲斷府司科罪時人哂之前尹正義爲都督公平後熊來替百姓歌曰前得尹佛子後得王癩獺判事驢咬瓜喚人牛嚼沫見錢滿面喜無鏹從頭喝嘗逢餓夜叉百姓不可活

滑州靈昌尉梁士會官科鳥翎里正不送舉牒判曰官喚鳥翎何物里正不送鳥翎佐使曰公大好判鳥翎太多會索筆曰官喚鳥翎何物里正不送鳥翎有識之士聞而笑之

朝野僉載　八　十一

滄州弓高鄧廉妻李氏女嫁未周年而廉卒李年十八守志設靈几每日三上食臨哭布衣蔬食六七年忽夜夢一男子容止甚都欲求李氏爲偶李氏睡中不許之自後每夜夢見李氏竟不受以爲精魅書符呪禁終莫能絕李氏歎曰吾誓不移節而爲此所撓蓋吾容貌未衰故也乃拔刀截髮麻衣不濯蓬鬢不理垢面灰身其鬼又謝李氏曰夫人竹栢之操不可奪也自是不復夢見郡守旌其門閭至今尚有節婦里

隋開皇中京兆韋袞有奴曰桃符每征討將行有膽
力袞至左衛中郎以桃符久從驅使乃放從良桃符
家有黃牸宰而獻之因問袞乞姓袞曰止從我姓爲
韋氏符叩頭曰不敢與郎君同姓袞曰汝但從之此
有深意故至今爲黃犢子韋即韋庶人其後也不許
異姓者蓋慮年代深遠子孫或與韋氏通婚此其意
也
薛季昶爲荆州長史夢猫兒伏臥於堂限上頭向外
以問占者張猷猷曰猫兒者爪牙伏門限者閫外之

事君必知軍馬之要未旬日除桂州都督嶺南招討
使
洛州杜玄有牛一頭玄甚憐之夜夢見其牛有兩尾
以問占者李仙藥曰牛字有兩尾失字也經數日果
失之
明崇儼有術法大帝試之爲地窖遣妓奏樂引儼至
謂曰此地常聞絲管是何祥也卿能止之乎儼曰諾
遂書二桃符於其上釘之其聲寂然上笑喚妓人問
云見二龍頭張口向上遂怖懼不敢奏樂也上大悅

孝和帝令內道場僧與道士各述所能久而不决女
都觀葉法善取胡桃二升并殼食之並盡僧仍不伏
法善燒一鐵鉢赫赤兩手欲合老僧頭上僧唱賊袈
裟掩頭而走孝和撫掌大笑
歐陽通詢之子善書瘦怯於父常自矜能書必以象
牙犀角爲筆管貍毛爲心覆以秋兎毫松烟爲墨末
以麝香紙必須堅薄白滑者乃書之蓋自重其書薛
純陁亦效歐陽草傷於肥鈍亦通之亞也
宗楚客造一宅新成皆是文栢爲梁沉香和紅粉以

泥壁開門則香氣蓬勃磨文石爲階砌及地着吉莫
鞾者行則仰仆楚客被建昌王推得贓萬餘貫兄弟
配流太平公主就其宅看歎曰看他行坐處我等虛
生浪死一年追入爲鳳閣侍郎景龍中爲中書令韋
氏之敗斬之
洛州昭成佛寺有安樂公主造百寶香爐高三尺開
四門絳橋勾欄花草飛禽走獸諸天妓樂麒麟鸞鳳
白鶴飛仙絲來線去鬼出神入隱起鈒鏤窈窕便娟
眞珠瑪瑙瑠璃琥珀玻瓈珊瑚琲璖琬琰一切寶貝

用錢三萬府庫之物盡於是矣
襄州胡延慶得一龜以丹漆書其腹曰天子萬萬年以進之鳳閣侍郎李昭德以刀刮之並盡奏請付法則天曰此非惡心也捨而勿問
則天好禎祥拾遺朱前疑說夢云則天髮白更黑齒落更生即授都官郎中司刑事囚三百餘人秋分後無計可作乃於圜獄外羅墻角邊作聖人跡長五尺至夜半三百人一時大呌内使推問云昨夜有聖人見身長三丈面作金色云汝等並寃枉不須怕懼天子萬年即有恩赦放汝把火照之見有巨跡即大赦天下改爲大足元年
滄州南皮縣丞郭務靜初上典王慶通判稟靜曰爾何姓慶曰姓王須臾慶又來又問何姓慶又曰姓王靜怪愕良久仰看慶曰南皮佐史總姓王
滕王嬰蔣王惲皆不能廉慎大帝賜諸王名五王不及二王敕曰滕叔蔣兄自解經紀不勞賜物與之以爲錢貫二王大慙朝官莫不自勵皆以取受爲贓汚有終身爲累莫敢犯者

益州新昌縣令夏侯彪之初下車問里正曰雞卵一錢幾顆曰三顆彪之乃遣取十千錢買三萬顆謂里正曰未須要且寄母雞抱之遂成三萬頭雞經數月長成令縣吏與我賣一雞三十錢半年之間成三十萬又問竹筍一錢幾莖曰五莖又取十千錢付之買得五萬莖謂里正曰吾未須要筍且向林中養之至秋竹成一莖十錢成五十萬其貪鄙不道皆類此
洛州司僉嚴昇期攝侍御史於江南巡察性嗜牛肉所至州縣烹宰極多事無大小入金則弭凡到處金銀爲之踊貴故江南人謂爲金牛刺史
張昌儀爲洛陽令借易之權勢屬官無不允者風聲鼓動有一人姓薛賫金五十兩遮而奉之儀領金受其狀至朝堂付天官侍郎張錫數日失狀以問儀儀曰我亦不記得有姓薛者即與錫檢業内姓薛者六十餘人並令與官其蠹政也如此
隋牛弘爲吏部侍郎有選人馬敞者形貌最陋弘輕之側卧食果子嘲敞曰嘗聞扶風馬謂言天上下今見扶風馬得驢亦不假敞應聲曰嘗聞隴西牛千石

不用鞠令見隴西牛臥地打草頭弘驚起遂與官

唐高士廉選其人齒高有選人自云解嘲謔士廉時着木屐令嘲之應聲云刺鼻何曾嚏踏而不知瞋高生兩個齒自謂得勝人士廉笑而引之

周張元一腹麤而腳短項縮而眼跌吉頊目爲逆流蝦蟆

唐姜晦爲吏部侍郎眼不識字手不解書濫掌銓衡曾無分別選人歌曰今年選數恰相當都由座主無文章案後一腔凍猪肉所以名爲姜侍郎

朝野僉載　八　十六

唐王及善才行庸猥風神鈍濁爲內史時人號爲鳩集鳳池俄遷文昌右相無他政但不許令史雙驢入臺終日迫逐無時聾舍時人號爲驅驢宰相

周張衡令史出身位至四品加一階合入三品已團甲因退朝路旁見蒸餅新熟遂市其一馬上食之彼御史彈奏則天乃降敕流外出身不許入三品遂落甲

薊頲年五歲裴談過其父頲方在乃試誦庾信枯樹賦將及終篇避談字因易其韻曰昔年移樹依依漢陰今看搖落悽悽江潭樹猶如此人何以任談駭嘆久之知其他日必主文章也

通川界內多獺各有主養之並在河側岸間獺若入穴插雉尾於獺穴前獺即不敢出去却尾即出取得魚必須上岸人便奪之取得多然後放令自喫喫飽即鳴杖以驅之還插雉尾更不敢出

垂拱年則天監國羅織事起湖州佐史江琛取刺史裴光判書割字合成文理詐爲徐敬業反書以告差使推光款書是光書款語非光語前後三使推不能

朝野僉載　八　十七

決敕令差能推事人勘當取實僉曰張楚金可乃使之楚金憂悶仰臥西窗日高向看之字似補作平看則不覺向日則見之令喚州官集索一甕水令琛投書於水中字一一解散琛叩頭伏罪敕令決一百然後斬之賞楚金絹百疋

元嘉少聰俊左手書肓右手畫方口誦經史目數羣羊兼成四十字詩一時而就足書五言一絶六事齊舉代號神仙童子

刑部尚書李日知自爲畿赤不曾打杖行罰其事亦

濟及刑部尚書有令史受敕三日忘不行者尚書索杖剝衣喚令史總集欲決之責曰我欲笞汝一頓恐天下人稱你云撩得李日知嗔喚李日知杖你亦不是人妻子亦不禮汝遂放之自是令史無敢犯者設有稽失衆共謫之

王沂者平生不解絃管忽旦睡至夜乃索琵琶絃之成數曲一名雀啅蛇二名胡王調一名胡瓜苑人不識聞聽之者莫不流淚其妹請學之乃教數聲須臾總忘不復成曲

道士史崇玄懷州河内縣縫靴人也後度爲道士僑假人也附太平爲太清觀主金仙玉真出俗立爲尊師毎入内奏請賞賜甚厚無物不賜授鴻臚卿衣紫羅裪帔握象笏佩魚符出入禁闈公私避路神武斬之京中士女相賀

嶺南風俗家有人病先殺雞鵝等以祀之將爲修福若不差卽次殺猪狗以祈之不差卽次殺太牢以禱之更不差卽是命不復更祈死則打鼓鳴鐘於堂比至葬訖初死且走大叫而哭

景龍中瀛州進一婦人身上隱起浮圖塔廟諸佛形像按察使進之授五品其女婦留内道場逆韋死後不知去處

景雲中西京霖雨六十餘日有一胡僧名寶嚴自云有術法能止雨設壇場誦經呪其時禁屠宰寶嚴用羊二十口馬兩匹以祭祈請經五十餘日其雨更盛於是斬逐　僧其雨遂止

則天時調猫兒與鸚鵡同器食命御史彭先覺監遍示百官及天下考使傳看未遍猫兒飢遂齧殺鸚武

以餐之則天甚愧

逆韋之妹馮太和之妻號七姨信邪見豹頭枕以辟邪白澤枕以去魅作伏熊枕以爲宜男太和死嗣虢王娶之韋之敗也虢王斫七姨頭送朝堂則知辟邪之枕無效矣

滄州東光縣寶觀寺常有蒼鶻集重閣每有鴿數千鶻冬中每夕取一鴿以煖足至曉放之而不殺自餘鷹鶻不敢侮之

太宗養一白鶻號曰將軍取鳥常驅至於殿前然後

擊殺故名落馬殿上恒令送書從京至東都與魏王仍取報日往反數廻亦陸機黃耳之徒歟

吏部侍郎鄭愔初託附來俊臣俊臣誅即託張易之易之被戮託韋庶人後附譙王竟被斬

天后内史宗楚客性諂佞時薛師有嫪毐之寵遂為作傳二卷論薛師之勝從天而降不知何代人也釋迦重出觀音再生期年之間位至内史

敬宗時高崔巍喜美癡大帝令給使捺頭向水下良久出而笑之帝問曰見屈原云我逢楚懷王無道乃

朝野僉載　八　二十

沉汨羅水汝逢聖明主何為來帝大笑賜物百段

秋官侍郎狄仁傑嘲秋官侍郎盧獻曰足下配馬乃作驢獻曰中劈明公乃成二犬傑曰狄字犬傍火也獻曰犬邊有火乃是煮熟狗

安南武平縣封溪中有猩猩焉如美人解人語知往事以嗜酒故以屐得之檻百數同牢欲食之衆自推肥者相送流涕而別時餉封溪令以帊蓋之令問何物猩猩乃籠中語曰唯有僕并酒一壺耳令笑而愛之養畜能傳送言語人不如也

彭博通者河間人也身長八尺曾於講堂堦上臨堦而立取鞋一緉以臂夾令有力者後拔之鞋底中斷博通脚終不移牛駕車正走博通倒曳車尾却行數十步橫拔車轍深二尺餘皆縱橫破裂曾遊瓜埠江有急風張帆博通捉尾纜挽之不進

真觀中恒州有彭闥高瓚二人鬭豪時於大酺場上兩朋競勝闥活捉一豚從頭齩至項放之地上仍走瓚取猫兒從尾食之腸肚俱盡仍鳴喚不止闥於是乎帖然心伏

朝野僉載　八　二十一

巧人張崇者能作灰畫腰帶鉸具每一胯大如錢灰畫燒之見火即隱起作龍魚鳥獸之形莫不悉備

則天如意中海州進一匠造十二辰車廻轅正南則午門開馬頭人出四方廻轉不爽毫釐又作木火通鐵盞盛火展轉不翻

洛州殷文亮曾為縣令性巧好酒刻木為人衣以繒綵酌酒行觴皆有次第又作妓女唱歌吹笙皆能應節飲不盡即木小兒不肯把飲未竟則木妓女歌管連理催此亦莫測其神妙也

將作大匠楊務廉甚有巧思常於沁州市内刻木作僧手執一碗自能行乞碗中錢滿關鍵忽發自然作聲云布施市人競觀欲其作聲施者日盈數千矣

郴州刺史王琚刻木為獺沉於水中取魚引首而出蓋獺口中安餌為轉關以石縋之則沉魚取其餌關即發口合則銜魚石發則浮出矣

薛眘惑者善投壺龍躍隼飛矯無遺箭置壺於背後卻反矢以投之百發百中

越州兵曹柳崇忽瘍生於頭呻吟不可忍於是召術

士夜觀之云有一婦女綠裙問之不應在君窗下急除之崇訪窗下止見一瓷妓女極端正綠瓷為飾遂於鐵臼擣碎而焚之瘡遂愈

張易之初造一大堂甚壯麗計用數百萬紅粉泥壁文柏帖柱琉璃沉香為飾夜有鬼書其壁曰能得幾時令削去明日復書之前後六七易之乃題其下曰一月即足自是不復更書經半年易之籍沒入官

梁簡文之生誌公謂武帝曰此子與宛家同年生其年侯景生於鴈門亂梁誅蕭氏略盡

周其子布博學有才年十七為左衛長史不入五品登封年病以驢轝彊至嶽下天恩加兩階合入五品竟不能起鄉里親戚來賀衣冠不得遂以緋袍覆其上帖然而終

唐國史補

唐　李肇

乳兒子

元魯山自乳兒子數日兩乳湩流兒子能食其乳方止

獻文

崔顥有美名李邕欲一見開館待之及顥至獻文首章曰十五嫁王昌邕叱起曰小子無禮乃不接之

著六說

劉迅著六說以探聖人之旨唯說易不成行於代者五篇而已識者伏其精峻

獻獅子

開元末西國獻獅子至長安西道中繫於驛樹樹近井獅子哮吼若不自安俄頃風雷大至果有龍出井而去

僞書

天寶中天下屢言聖祖見因以四子列學官後[illegible]爲庚桑子者其辭鄙俚非聖賢書

翫錦靿

貴妃縊於馬嵬梨樹下店媼收得錦靿一隻相傳過客每一借翫必須百錢媼因至富

問疾

韋陟有疾房太尉使子弟問之延入臥內行步悉藉茵毯房氏子弟袜而後登侍婢皆笑衆朝以韋氏貴盛房氏清儉俱爲美談

萬里橋

蜀郡有萬里橋玄宗至而喜曰吾常自知行地萬里則歸

求音樂

李翰文雖宏暢而思甚苦澀晩居陽翟常從邑令皇甫曾求音樂思涸則奏樂神全則綴文

投犀象

李沂公勉爲嶺南節度使罷鎮行到石門停舟悉搜家人犀象投於江中而去

破賊

袁傪之破袁晁擒其僞公卿數十人州縣大具桎梏

謂必生致闕下修曰此惡百姓何足煩人乃各遣笞脊而釋之

緑橦歌

元載擅權累年客有爲都盧緣橦歌諷其至危之勢載覽而泣下

李馬不叶

初馬司徒面雪李懷光德宗正色曰唯卿不合雪人惶恐而退李令聞之請全軍自備資糧以討凶逆由此李馬不叶

鵲喜

寶參之敗給事中竇申止於配流德宗曰吾聞申欲至人家謂之鵲喜遂賜死

繫祖

馬司徒孫始生德宗命之曰繼祖退而笑曰此有二義意謂以索繫祖也

裂麻

陽城爲諫議大夫德宗欲用裴延齡爲相城曰白麻若出吾必裂之而死德宗聞之以爲難竟寢之

畫鵰

裴延齡恃恩輕躁班列懼之唯顧少連不避延齡嘗畫一鵰羣烏噪之以獻上上知衆怒如是竟不用

加糧

貞元十五年討吴少誠始令度支供諸道出界糧元和十年又加其數矣

兄弟優劣

穆氏兄弟四人贊質員賞時人謂贊俗而有格爲酪質美而多入爲酥員爲醍醐賞粹而少用賞爲乳腐

言最凡固也

白方

國子司業韋聿皐之兄也中朝以爲戲弄嘗有人言九宫休咎聿曰我家白方常在西南二十年矣

傲毁

吴人顧況詞句清絶雜之以詼諧尤多輕薄爲著作郎傲毁朝列貶死江南

惡詩

韋太保在淮南進崔叔清詩百篇德宗謂使者曰此

惡詩焉用進時呼爲准敕惡詩

好奇

韓愈好奇與客登華山絶峯度不可返乃作遺書發狂慟哭華陰令百計取之乃下

山陵

京輔故老言每營山陵封輒雨至少霖霪亦十餘日矣

策杖入府

李遜爲衢州刺史以侯高試守縣令高策杖入府罵

議百姓亦近代所難也

太玄經

王相注太玄經常取以卜自言所中多於易筮

宰臣録

蔣乂撰宰臣録每拜一相旬月必獻一卷故得物議所嗤

尚牡丹

京城貴遊尚牡丹三十餘年矣每春暮車馬若狂以不躭翫爲恥執金吾鋪官圍外寺觀種以求利一本有直數萬者

判事

宰相判四方之事有堂案處分百司有堂帖不次押名曰花押黄勑既行下有小異同日帖黄一作押黄

參酌院

長慶初上以刑法爲重每有司斷大獄又令中書舍人一員參酌而出之百司呼爲參酌院

賜紫

貞元末有郎官四人自行軍司馬賜紫而登郎署省

中謂爲四軍紫

惜福

肅宗爲太子上使割羊臑以餅飾刃徐噉之上喜曰福祿當如是愛惜

給公券

寶應二年大夫嚴武奏在外新除御史食宿私舍非宜自此乃給公券

寫書

張參爲國子司業年老常手寫九經以謂讀書不如

爲書

知音

宋沇爲太樂令知音近代無比太常久亡徵調沇乃考鍾律而得之

唐闕史

唐　異撰

蘭陵公

丞相蘭陵公素蕭傲清譽儉德時所推伏嘗統戎于豢（？）畠有酌泉投香之譽以是　估輻湊至於長安寶貨藥肆咸豐衍於南方之物由此人情歸美僖宗誕聖于壬午龍飛於癸巳皇筭十有二載宂恩命者德佑佐大化乃自奉常卿起爲上相時年八十有三居台席數載汲引才俊導暢皇慈儉德既彰澆風少華

及薨于位上甚追悼而廢常朝者三日册贈之禮有加等焉議者曰高位重祿苟有其分陰靈必助其壽考不然安有過懸車之歲而命相之主始生也太公晚年七十而遇文王今逾釣渭之年一紀則知榮辱之分豈偶然哉

裴休

裴休尚古好奇掌綸誥日有親表調授邑宰於曲阜者土人墾田得古器曰盎腹容三斗淺項痺足規口短耳朴素古醜將甕土壤者既洗滌之後磨礱之

隱有古篆九字帶盎之腰曲阜令不能辯兗州有書生姓魯能八體書字若召至于邑出盎示之曰此人篆也非今之所行者雖某頗嘗學之是九字曰齊桓公會于葵丘歲鑄邑爭大奇其說及以篆驗則字勢存焉及輦致河東公之門公以爲麟經時物得以言古矣寶之猶鍾玦郜鼎也視草之暇輒引親友之分深者觀之以是京華聲爲至寶公後以小宗伯掌貢舉生徒有以盎寶爲請者裴公一日設食會門弟子出器於庭則離立環觀迭詞以贊獨劉舍人蛻以爲

非當時之物近世矯作也公不悅曰果有說乎紫微曰某幼專丘明之書且載小白桓公九合諸侯取威定霸葵丘之會第八盟又按禮經諸侯五月而葬同盟至既塟然後反虞虞然後卒哭卒哭然後定謚則葵丘之役實在生前不得以謚稱此乃近世矯作也裴公洸然而悟命擊碎然後舉爵盡飲而罷

許道敏

許道敏隨鄉薦之初獲知於時相是冬主文者將蒞貢院謁於相門相大稱其卓苦藝學宜在公選主文受命而去許潛知其旨則磨礪以須屈指試期大掛人口俄有張希復員外結婚於丞相奇章公之門親迎之夕辟道敏爲儐道敏乘其喜氣縱酒飛章擢弄高譚極歡而罷無何時相敷奏不稱旨移秩他郡人情恐畏主文不敢第於甲乙自此蹭蹬坎不復振舉纏丁家故乖二十載至大中六年崔璵知舉方擢於上科時有同年張讀一舉成事年十有九乃道敏敗於垂成之冬儐導張希復之子牛夫人所生也

鄭畋

馬嵬佛堂楊妃縊所遷後才士經過賦詠以道其幽怨者不可勝紀皆以翠翹香鈿委於塵泥紅淒碧怨令人傷悲雖調古詞清無逃此意也丞相鄭畋爲鳳翔從事日題詩曰肅宗廻馬楊妃死雲雨雖亡日月新終是聖朝天子事景陽宫井又何人觀者以爲真輔國之句

法軌

名僧法軌形容短小開講於寺與李榮議論

番僧薈作一詩詠李榮於高坐上誦之云姓李應須禮名榮又不榮李應聲曰身長三尺半頭毛尤未生四坐伏!!辯捷

唐語林

唐　王讜

德行

姚崇與兒孫會集曰外甥自非疏但別姓耳遊與兒姪連名

開元天寶間傳家法者崔沔之家學崔均之家法

肅宗爲太子嘗侍膳尚食置熟俎有羊臂臑上顧太子使太子割肅宗既割餘汚漫刃以餅潔之上熟視不懌肅宗徐舉餅啖之上大悅謂太子曰福當如是愛惜

李師古跋扈憚黄門爲相未敢失禮乃寄錢物百萬并氈車一乘使者未敢進乃於宅門伺候有肩輿自宅出從婢二人青衣襤褸問何人曰相公夫人使者遽歸以告師古乃止

路隨幼孤其母問汝識汝父否曰不識母曰正如汝面也隨號絶久之終身不照鏡李衛公鼎其孝素篤行結爲親家以女適路氏

元魯山自乳兄子兩乳湩流能食乃止

言語

陳子曰衛公之戰伐無兵也杜員外詠歌無詩也張長史草聖無書也

陸長源以舊德爲宣武軍行司馬韓愈爲廵官或譏年輩相懸周原曰大虫老鼠倶爲十二相屬何恠之有旬日傳於長安中

高貞公爲中書舍人九年家無制草或曰前輩有製集焚之何也答曰王言不可存於私家

政事

顔魯公眞卿爲監察御史充河西隴右軍試覆屯交兵馬使五原旱有寃獄决乃雨郡人呼御史雨

李封爲延陵令吏人有罪不加杖罰但令裹碧頭巾以辱之隨所犯輕重以日數爲等級日滿乃釋吳人著此服出入州鄉以爲大耻皆相勸勵無敢犯賦稅常先諸縣旣去官竟不捶一人

宣宗毎行幸内庫以紫衣金魚朱衣銀魚三二副隨駕或半年或終年不用一副當時以得朱紫爲榮

太宗閲醫方見明堂圖人五臟之系咸附於背下然曰今律杖笞背奈何髀背分受乃詔不得笞背

文學

楊京兆兄弟皆能文爲學甚苦或同賦一篇共坐庭石霜積襟袖課成乃已

張弘靖十二世掌書命至丞相楊巨源贈公詩云伊陟無聞祖韋賢不利孫當時稱其能與張氏說家門

巨源在元和詩韻不爲新語體律務實功夫頗深自旦至暮吟詠不輟年老頭數搖人言吟詩多所致

李益詩名早著征人歌一篇好事者盡爲圖障回樂峯前沙雪天下唱爲歌曲

或有朝客譏宋濟曰近日白袍子何太紛紛濟曰蓋因緋袍子紫袍子紛紛使然也

方正

裴光庭累典名藩皆有異政玄宗謂宰相曰裴光庭姓好惡如扇驅蚊蚋焉

韓愈病將卒召群僚曰吾不藥今將病死矣汝詳視吾手足支體無誑人云韓愈癩死也

太宗得鷂子俊異私自臂之望見魏公乃藏于懷公

知之遂前白事因話自古帝王逸豫欲以爲諷上惜鷂子恐死而又素嚴憚徵欲盡其言徵語愈久鷂竟死懷中

雅量

裴相垍嘗應宏詞崔樞考之不第及爲相擢之爲禮部侍郎笑曰此報德也樞惶恐欲墜階又笑曰戲言也

長慶初趙相爲太常卿贊郊廟之禮時罷相二十餘年年七十六衆服其健右常侍郎孝亦笑曰是僕爲東府試官所送進士也

識鑒

王璵爲太常卿早起聞永興里人吹笛問是太常樂人否果是已後因閱樂而撻之問曰何得罪曰卧吹笛又見康昆崙彈琵琶云琵琶多琶聲少亦未可彈五十四絲大絃也自下而上謂之琵自上而下爲之琶

開州得玉磬十二以獻張率更叩其一曰是晉某歲所造也是歲餘月造磬者法月數有十三今明其一宜於黃鍾九尺掘之必得焉勅州求之如言而得

賞譽

正觀中蜀人李義甫八歲以神童至京師太宗在上林苑便對有得烏者上賜義甫義甫登時進詩曰日裏颺朝彩琴中伴夜啼上林多許樹不借一枝棲上笑曰朕今以全樹借汝後相高宗

大中末諫官獻疏請賜白居易謚上曰何不讀醉吟先生墓表卒不賜謚弟敏中在相位奏立神道碑使李商隱爲之

規箴

太宗常幸洛陽頗見可欲多治隋氏舊宮或縱畋遊魏徵驟諫上忻然罷曰非公無此語

夙慧

太宗令虞監寫列女傳以裝屏風未及闕卷乃闇書之一字無失

玄宗爲潞州別駕入覲京師尤自卑損暮春豪家子數輩游昆明池方飲次上戎服臂鷹疾驅至前諸不悅忽一少年持酒船倡曰今日宜以門族官品自

言酒至上大聲曰曾祖天子祖天子父相王臨淄王李某諸少年驚走不敢復視乃連飲三銀缸盡一巨餡乘馬而去

玄宗性俊邁不好琴會聽琴正弄未畢叱琴者曰待詔出謂内官曰速令花奴將羯鼓來爲我解穢

容止

開元中燕公張説當朝文伯冠服以儒者自處玄宗嫌其異已賜内樣巾子長脚羅幞頭燕公服之入謝玄宗大喜玄宗早朝百官趍班上見張九齡風儀秀

唐語林　六

整有異於衆謂左右曰朕每見張九齡精神頓生

李相國程爲翰林學士以階前日影爲入候公性懶每入必逾八磚後號爲八磚學士

企羨

魏僕射元忠每立朝必得常處人或記之不逾尺寸

陽城爲朝士家苦貧常以木枕質錢數萬人爭取之

李相宗閔知貢舉門生多清雅俊茂唐沖薛庠袁都時謂之玉筍

[illegible]有識山川者徧禮五岳一拜而退惟入關望華山自關西門步步拜禮至山下仰望歎詫七日而去謂京師衣冠文物之盛由此而至

咸通末鄭渾之爲蘇州錄事參軍爲鹽院官鍾輻爲院巡儀廣文時湖州牧李超趙蒙相次俱狀元二郡地土相接時爲語曰湖接兩頭蘇連三尾

太宗謂梁公曰以銅爲鏡可以正衣冠以古爲鏡可以知興替以人爲鏡可以明得失朕嘗保此三鏡用防己過今魏徵殂逝一鏡亡矣

唐語林　七

栖逸

江南多名僧貞元元和以來越州有清江淸晝婺州有乾後乾輔時謂之會稽二淸東陽二乾

崔趙公嘗問徑山曰弟子出家得否徑山曰出家是大丈夫事非將相所爲

韓愈好奇嘗與客登華山絕頂度不可下乃發狂慟哭爲遺書華陰令百計取之乃下

天寶之亂元結自汝濆率隣里南投襄漢保全者千餘家乃舉兵㕍叢之間有城守扞寇之力結天寶中

稱中行子始在商餘山自稱元子逃難入猗浪山或
稱浪士漁者呼爲聱叟酒徒呼爲漫郎

大唐新語

唐　劉肅

匡贊

姚崇以拒太平公主出爲申州刺史玄宗深德之太平既誅徵爲同州刺史素與張說不叶說諷趙彦昭彈之玄宗不納俄校獵于渭濱密召會于行所玄宗謂曰卿頗知獵乎崇對曰此臣少所習也臣年三十居澤中以呼鷹逐兎爲樂猶不知書張璟謂臣曰君當位極人臣無自弃也爾來折節讀書以至將相臣少爲獵師老而猶能玄宗大悦與之偕馬臂鷹遲速在手動必稱旨玄宗懽甚樂則割鮮閑則咨以政事備陳古今理亂之本上之可行者必委曲言之玄宗心益開聽之亹亹忘倦軍國之務咸訪於崇崇罷冗職修舊章內外有叙又請無赦宥無度僧無數遷吏無任功臣以政玄宗悉從之而天下大理

開元二十三年加榮王已下官勑宰臣入集賢院分寫告身以賜之侍中裴耀卿因入書庫覩書既而謂人曰聖上好文書籍之盛事自古未有朝宰充使學徒雲集

觀象設敎盡在是矣前漢有金馬石渠後漢有蘭臺東觀宋有總明陳有德教周則獸門麟趾北齊有仁壽文林雖載在前書而事皆瑣細方之今日則豈得扶輪捧轂者哉

規諫

太宗射猛獸於苑內有群豕突出林中太宗引弓射之四發殪四豕有一雄豕直來衝馬吏部尚書唐儉下馬搏之太宗拔劍斷豕顧而笑曰天策長史不見上將擊賊耶何懼之甚儉對曰漢祖以馬上得之不

以馬上理之陛下以神武定四方豈復逞雄心於一獸太宗善之因命罷獵

太宗嘗罷朝自言殺却此田舍漢文德皇后問誰觸忤陛下太宗曰魏徵每庭辱我使我常不得自由皇后退朝服立於庭太宗驚曰何爲若是對曰妾聞主聖臣忠今陛下聖明故魏徵得盡直言妾備後宮焉敢不賀於是太宗意乃釋

谷那律貞觀中爲諫議大夫褚遂良呼爲九經庫永徽中嘗從獵途中遇雨高宗問油衣若爲得不漏那律曰能以瓦爲之不漏也意不爲畋獵高宗悅賜那律絹帛二百疋

公直

陸德明受學於周弘正善言玄理王世充僭號署爲散騎侍郎王令子師之將行束修之禮德明服巴豆散臥東壁下充之子入跪床下德明佯紿之痢竟不與語遂移病成皐及入朝太宗引爲文館學士使閻立本寫其形褚亮爲之讚曰經術爲貴玄風可師勵行敦道儒在茲終於國子博士

文德皇后崩未除喪許敬宗以言笑獲譴及太宗梓宮在前殿又垂臂過侍御史閻玄正彈之曰敬宗往居先后喪已坐言笑黜今對大行梓宮又垂臂無禮敬宗懼獲罪高宗寢其奏事雖不行時人重其剛正

劉仁軌爲左僕射暮年頗以言詞取悅訴者戶部員外魏克巳斷案多爲仁軌所異同克巳執之曰異方之樂不入人心秋蟬之聲徒聒人耳仁軌怒焉罵之曰癡漢克巳俄遷吏部侍郎

景龍中中宗嘗遊興慶池侍宴者遞起歌舞并唱迴

波詞方便以求官爵給事中李景伯亦是在[illegible]
波詞持酒卮微臣職在箴規侍宴既過三爵[illegible]
恐非儀於是宴罷

清廉

楊嶠爲祭酒謂人曰吾雖三品非不榮貴意常不[illegible]
嶠昔一尉也時議重之嶠祖父休之事北齊[illegible]
封爲王以寵之休之固辭而謂人曰我非奴非猕何
事封王耶

李日知爲侍中頻乞骸骨詔許之初日知將欲陳請

不與妻謀及還飭裝將出居别業妻驚曰家室屢空
子弟名宦未立何爲辭職也日知曰書生至此已過
分人情無厭若恣其心是無止足也

持法

李日知爲司刑丞嘗免一死囚少卿胡元禮異判殺
之與日知往復至于再三元禮怒遣府吏謂曰元禮
不離刑曹此囚無活法日知報曰日知不離刑曹此
囚無死法竟以兩聞日知果直

示朝司農寺欲以冬藏餘菜出賣與百姓以墨勑
示僕射蘇良嗣良嗣判之曰昔公儀相魯拔葵去織
葵況臨御萬乘而賣蔬菜事遂不行

節義

高祖命屈突仲通副太宗討王世充時通二子俱在
充所高祖謂通曰東征之事今且相屬其如兩子何
通對曰臣以朽老誠不足當重任但自惟疇昔執
事豈以兩兒爲念兩兒若死自是其命終不以私害
公高祖歎息曰狥義之夫一至於此可尚也

敦行

裴敬彝父知周爲陳國王典儀暴卒敬彝時在長安
忽泣涕謂家人曰大人必有痛處吾卽不安今日心
痛手足皆廢事在不測能不戚乎遂急告歸父果已
殁毁瘠過禮事以孝聞累遷吏部員外

識量

狄仁傑爲内史則天謂之曰卿在汝南甚有善政欲
知譖卿者乎仁傑謝曰陛下以臣爲過臣當改之陛
下明臣臣之幸也若臣不知譖者並爲友善臣請不
知則天深加歎異

容恕

崔善爲明天文曆筭曉達時務爲尚書左丞令史惡其明察乃爲謗書曰崔子曲如鈎隨時待封侯高宗謂之曰澆薄之後人多醜政昔北齊奸吏歌斛律明月高緯闇主遂滅其家朕雖不明幸免斯事乃搆流言者罪之

裴玄本好諧謔爲戶部郎中時左僕射房玄齡疾甚省郎將問疾玄本戲曰僕射病可須問之既甚矣何須問也有洩其言者既而隨例候玄齡玄齡笑曰裴郎中來玄齡不死矣

盧承慶爲吏部尚書總章初校內外官考有一官督運遭風失米承慶爲之考曰監運損糧考中下其人容止自若無一言而退承慶重其雅量改注曰非力所及考中中既無喜容亦無愧詞又改曰寵辱不驚考中上衆推承慶之弘恕

聰敏

秦府倉曹李守素尤諳氏族時人號爲肉譜虞世南語人曰昔任彥昇善譚經籍稱爲五經笥今宜倉曹爲人物志

從善

魏徵嘗取還奏曰人言陛下欲幸山南在外裝束悉了而竟不行何因有此消息太宗笑曰當時實有此心畏卿嗔遂停耳

諛佞

成敬奇有俊才文章可立就爲大理正與姚崇有親崇或寢疾敬奇造宅省焉對崇涕泣懷中置生雀數頭乃一一持出請崇執手而後放之祝之速愈崇勉而從之敬奇既出忿其諛媚謂子弟曰此淚亦何從而來自茲不復接遇

大唐奇事

唐　馬總

晉子文

李林甫爲相初年有一布衣詣謁之閽吏謂曰朝廷新命相國大寮尚未敢及門何布衣容易謁之邪布衣執刺待於路傍高聲自稱曰業八體書生晉子文欲見相國伸一言林甫召之於賓舘至夜靜月下揖之生曰僕實老於書藝亦自少遊圖籍之圃嘗竊見古昔興亡明主賢臣之事故願謁公以伸一言林甫

曰僕偶備位於輔弼實非才器巳恐不勝大任福過禍隨也君幸辱玉趾敢授教於君君其無惜藥石之言以惠鄙人生曰古人不容易而談者蓋知談之易聽之難也必能少覽容易之言爲不容易之聽則涓塵皆可以裨海岳也况聖哲云一言可以興邦一言可以喪邦公若聞一言卽欲奉而行之臨一事卽恣心徇意如此則雖日納獻言之士亦無益也林甫乃容恭意謹而言曰君但一言教僕僕當書紳而示爲儆誡生曰君聞美言必喜聞惡言必怒僕以美言[illegible]

[illegible]則無裨君之事以惡言諷君必犯君之顏色旣犯君之顏色君復怒我卽不得盡伸惡言矣美言徇而損惡言直而益君當悉察之容我之言勿復加怒林甫不覺膝席而聽生曰君爲相相天子也相天于安宗社保國也宗社安萬國寧則天子無事天子無事則君之無事設或天下有一人失所卽罪在天子罪在天子焉用君相夫爲相之道不必獨任天下事當舉文治天下之民舉武定天下之亂則仁人撫疲瘵用義士和鬪戰自修節儉以諷上以化下自守忠貞

以事主以律人固不暇躬勤庶政也庶政得人卽治苟不得人雖才如伊吕亦不治噫相國愼之林甫聽之駭然遽起拜謝之生又曰公知斯運之通塞邪林甫曰君當盡教我我當終身不忘生曰大治生亂亂生治今古不能易也我國家自革隋亂而治至於今日亂將生矣君其記之林甫又拜謝至曙欲聞於上縻以一爵祿令左右潛守之堅求退曰我本祗欲達一言於公今得竭愚悃而又辱見納又何用四野人之歸也林甫堅留之不得遂去林甫令人暗逐之生

至南山中一石洞其人尋亦入石洞遂不見生唯有故舊大筆一其人攜以白林甫林甫以其筆置於書閣焚香拜祝其夕筆忽化爲一五色禽飛去不知所之

廉廣

廉廣者魯人也因採藥於泰山遇風雨止於大樹下及夜半雨晴信步而行俄逢一人有若隱士問廣曰君何深夜在此仍林下共坐語移時忽謂廣曰我能畫可奉君法廣唯唯乃曰我與君一筆但密藏焉即

隨意而畫當通靈因懷中取一五色筆以授之廣拜謝訖此人忽不見爾後頗有驗但祕其事不敢輕畫後因至中都縣李令者性好畫又知其事命廣至飲酒從容問之廣祕而不言李苦告之廣不得已乃於壁上畫鬼兵百餘狀若赴敵其尉趙知之亦堅命之廣又於趙廨中壁上畫鬼兵百餘狀若擬戰其夕兩處所畫之鬼兵俱出戰李及趙旣見此異不敢留遂皆毀所畫鬼兵廣亦懼而逃往下邳下邳令知其事又切請廣畫廣因告曰余偶夜遇一神靈傳得畫法每不敢下筆其如往往爲妖幸恕之其宰不聽謂廣曰畫鬼兵卽戰畫物必不戰也因命畫一龍廣勉而畫之筆纔絕雲蒸霧起飄風倏至畫龍忽乘雲而上致滂沲之雨連日不止令憂漂壞邑居復疑廣有妖術乃收廣下獄窮詰之廣稱無妖術以雨猶未止令怒甚廣於獄內號泣追告山神其夜夢神人言曰君當畫一大鳥叱而乘之飛卽免矣廣及曙乃密畫一大鳥試叱之果展翅廣乘之飛遠而去直至泰山而下尋復見神謂廣曰君言泄於人間固有難厄也本

與君一小筆欲爲君致福君反自致禍君當見還廣乃懷中探筆還之神尋不見廣因不復能畫下邳畫龍竟爲泥壁

王武

京洛富人王武者性苟且能媚于豪貴忽知有人貨駿馬遂急令人多與金帛於衆中爭得之其馬白色如一團美玉其鬃尾赤如朱皆言千里足也又婬是龍駒馳驟之駛非常馬得及王武將以獻大將軍薛公乃廣設以金鞍玉勒間之珠翠方伺其便達

其馬忽于廐中大嘶一聲後化爲一泥塑之馬立焉武大驚訝遂焚毁之

三聖記

唐　李德裕

大聖祖玄元皇帝

有唐寶歷二年歲次丙午八月丙申朔十五日庚戌玉清玄都大洞三道弟子正議大夫使持節潤州諸軍事守潤州刺史兼御史大夫充浙西道都團練觀察處置等使上柱國贊皇縣開國男食邑三百户賜紫金魚袋李德裕上爲九廟聖主次爲七代先靈下爲一切含識於茅山崇元觀南敬造老君殿院及造老君孔子尹眞人像三軀皆按史籍遺文庶垂不朽

老君

按史記孔子適周將問禮於老子老子曰子所言者其人與骨皆已朽矣獨其言在耳且夫君子得其時則駕馭不得其時則蓬累而行吾聞之良賈深藏若虚君子盛德容貌若愚去子之驕氣與多慾態色與淫志是皆無益於子之身吾所告子若是而已孔子去謂弟子曰鳥吾知其能飛魚吾知其能游獸吾知其能走走者可以爲網游者可以爲綸飛者可以爲

猶至於龍吾不知其乘風雨而上天吾今日見老子
其猶龍耶

尹眞人

按史記老子居周久之見周之衰乃遂去至關關令
尹喜曰子將隱矣彊爲我著書於是老子乃著書上
下篇言道德之意五千餘言而去列仙傳曰關令尹
喜者周大夫也喜內學星宿服精華隱德行仁時人
莫知也老子西遊喜先見其氣知眞人當過物色而
遮之果得老子老子亦知其奇爲著書與老子俱之

流沙西服巨勝寔莫知所終

先友記

唐　柳宗元

袁高河南人以給事中敢諫爭貞直忠謇舉無與比
能使所居官大再驗至禮部尚書
姜公輔爲內學士以奇策取相位好諫諍免後以罪
貶爲循州刺史卒
齊映南陽人爲相以文敏顯用
嚴郢河南人剛厲好殺號忠能爲京兆河南尹御史
大夫善舉職爲邪險構扇以貶死

元全柔河南人氣象甚偉好以惠報怨恢然者也爲
大官有土地入爲太子賓客
杜黃裳京兆人弘大人也善言體要爲相有牆仞不
佼以謀克蜀加司徒出爲河中節度
劉公濟河間人厚寬碩大與物無忤爲渭北節度入
爲工部尚書卒
楊氏兄弟者弘農人皆孝友有文章
憑由江南西道入爲散騎常侍
凝以兵部郎中卒

竣以大理評事卒最善文
程氏兄弟者河南人皆強毅仁孝
　贊爲御史中丞捍倰倖得貶後至宣池歙處置使
卒
　質爲尚書郎以侍御史内供奉卒最善文
皇甫政河南人有威儀由浙東廉使爲太子賓客
裴樞同郡人爲御史天子以隱罪誅吏樞頓首願門
　其狀以故貶後爲尚書郎
李舟隴西人有文學俊辯高志氣以尚書郎使危疑

　反側者再不辱命其道大顯被讒妒出爲刺史廢
李鄘江夏人果檢自負凝然善爲官爲御史中丞京
　痾卒
　兆尹鳳翔節度
梁肅安定人最能爲文以補闕修史侍皇太子卒贈
　禮部郎中
陳京泗上人始爲諫官數諫諍有内行文多詁訓爲
　給事中上方以爲相會惑疾自刃廢痾卒
韓會昌黎人善清言有文章名最高然以故多斥至
　起居郎貶官卒
　弟愈文益奇
許孟容吳人讀書爲文口辯爲給事中常論官由太
　常少卿爲刑部侍郎
李觀隴西人行義甚修至刑部郎中卒故與先君爲
　三司者也其大理者曰楊瑀瑀無可言猶以獄直
　爲御史
宇文邈河南人有文謹愨人也爲御史中丞鯁鯁自
　守然以直免官復爲刺史卒

袁滋陳郡人善篆書文敏不競爲相出使辱命貶刺
　史復爲義成軍節度卒
盧群范陽人雜博多所許與使反側之地天子以爲
　任事爲義成軍節度卒
崔損清河人畏慎爲相無所發明然不害物天子獨
　愛幸以損爲長者
鄭餘慶滎陽人再爲相始天下皆以爲長者及爲大
　官名益少今爲尚書河南尹無恙
鄭利用餘慶從父兄也有長者由大理少卿爲御史

中丞復由中丞爲大理少卿

李益隴西姑臧人風流有文詞少有僻疾以故不得用年老常望在非其志復爲尚書郎

王紓其弟縉太原人紹得幸德宗爲尚書在宰相之右今爲徐泗節度紓爲學術骨直爲尚書郎

路泌河南人以尚書郎使回 留 中度今巳年八十餘既和 十五年不得歸無爲言者

虞當會稽人爲郭尚父從事終泗州刺史以信聞

賈弇長樂人善士也爲校書郎卒

先友記　八　四

弟全至御史中丞

趙需天水人㖃㖃儒士也有名至兵部郎中卒

張式南陽人

張吕常山人

張惟儉宣城當塗人皆善言謔式至河南尹吕鄭州刺史惟儉和州刺史

奚陟江都人柔敏至吏部侍郎世謂陟善宦然其智足以自處也

盧景亮涿人有忠義多所激發爲諫官大書加木赴

璧坐貶縻弃甚久至順宗時爲尚書郎升中書舍人卒

楊於陵弘農人善吏敏秀者也爲中書舍人京兆尹

張因某人舉詔策爲長安尉願去官爲道士甚有名與其弟同貶封州曰吾老矣必死回也哭而行遂死封州

高郢渤海人有文章規矩自立者不干貴幸以太常爲相罷居尚書

唐次北海人有文章學行義甚高以尚書郎出爲刺史屏棄永貞中召以爲中書舍人道病去長安七

先友記　八　五

十里死傳舍

苗拯上黨人有學術峭直以諫議大夫漏泄省中語貶萬州卒

柳氏兄弟者先君族兄弟也最大并字伯存爲文學至御史病瞽遂癈次中庸中行皆名有文咸爲官早死

柳登柳冕者族子也自其父芳善文史與冕並居集賢書府冕文學益健頗躁自吏部郎中出爲刺史

至福建廉使卒登晚仕至尚書郎祕書少監

薛舟同郡人至尚書郎

吕牧東平人由尚書郎刺澤州卒

崔積清河人至檢校郎官子群爲右補闕給事中

房啓河南人善清言由萬年令爲容州經略

于申河南人至尚書郎

常仲孺河南人今爲諫議大夫

蘇弁武功人好聚書至三萬卷與先君通書以戶部

侍郎貶復爲刺史

崔芃博陵人善言名理爲御史尚書郎

鄭元均滎陽人强抗少所推讓然以此多怨因不得

位

李暉隴西人有史學

韓衡昌黎人善士

陳衆甫梓潼人高志氣

薛伯高同郡人好讀書號爲長者後至尚書卒

張宣力清河人儒善後表其名去力但爲宣自元均

至宣力皆没没無顯仕者

宗元曰先君之所與友凡天下善士舉集焉信讓正

大顯道博而無雜今之世言交者以爲端敢悉書所

先厚者附裁石以銘于背如右

皮子世録

唐　皮日休

皮子之先盖鄭公之苗裔賢大夫子皮之後在戰國及秦時無譜牒可考自漢至唐其英雄賢俊在位者往往有焉前漢時名容者以善爲容官至大夫後漢時名廵者爲太醫令三國時無門焉晉朝名初者爲襄陽太守名京者爲賢處士宋朝名熙祖者與徐廣論議符王世名審者爲堅侍郎後魏世名豹子者爲魏名將子道明襲爵弟喜爲使持節侍中都督秦雍梁益諸軍事大將軍仇池鎮將假公如故喜以戰守之功累加勲爵後轉散騎常侍安南將軍豫州刺史卒于天宗爵喜弟雙仁冠軍將軍仇池鎮將北齊時名景和者以功大官封王名延宗者爲黄門侍郎隋朝名子信者爲刺史至于吾唐汩汩於民間無能以文取位唯從祖翁諱瑕叔舉進士有名以剛柔不合時受蜀聘爲幕府累官至刺史從翁諱行修明經及第累官至項城令以盜不從貶州椽卒時日休之世以遠祖襄陽太守子孫因家襄陽之竟陵世世爲襄

陽人自有唐已來或農竟陵或隱鹿門皆不拘冠冕以至皮子嗚呼聖賢命世世不賤不足以立志地不甲不足以立名是知老子産於厲鄉仲尼生於闕里苟使李乾早胎老子豈降叔梁早祕仲尼不生賢既家有不足爲立大功致大化振大名者其在斯乎

盧氏雜說

唐 盧言

李絳

憲宗時中官吐突承璀有恩澤欲爲上立德政碑碑屋已成磨礱石訖請宣索文時李絳爲翰林學士奏曰大人者與天地合其德日月合其明無立碑紀美之事恐取笑夷夏上深然之遽命拆屋磨石承璀奏碑屋用功極多難便毀拆欲豎其請上曰急索牛拽倒其納諫如此

文宗

文宗命中使宣兩軍中尉及諸司使內官等不許着紗縠綾羅巾其後駙馬韋處仁見巾夾羅巾以進上曰本慕卿門戶清素故俯從選尚如此巾服從他諸戚爲之卿不須爲也

鄭餘慶

鄭餘慶清儉有重德一日忽召親朋官數人會食衆皆驚朝僚以故相望重皆淩晨詣之至日高餘慶方出閒話移時諸人皆囂然餘慶呼左右曰處方庖家

爛蒸去毛莫拗折項諸人相顧以爲必蒸鵝鴨之類逡巡昇臺盤出醬醋亦極香新良久就餐每人前下粟米飯一椀蒸胡蘆一枚相國餐美諸人強進而罷

宣宗

宣宗酷好進士及第每對朝臣問及第苟有科名對者必大喜便問所試詩賦題目幷主司姓名或有人物稍好者偶不中第歎惜移時常於內自題鄉貢進士李道龍

內出題

開成中高諧知舉內出霓裳羽衣曲賦太學創置石經詩進士試詩賦自此始也

鄭薰

鄭薰知舉放牓日唯舍人畢諴到宅謝恩至薰放牓日並無朱紫及門時論誚之

裴德融

裴德融諱皐值高鍇知舉入試主司曰伊諱皐某某下就試與及第困一生事後除屯田員外郎將盧簡求爲右丞裴與除郎官一人同參到宅右丞尤屈前

一人入從容多時前人敬云其與新除屯田裴員外同祗候右丞裴員外在門外多特盧遷使驛使官傳語曰員外是何人下及弟倆有事不得奉見裴倉皇失錯騎前人馬出門去

李景讓

大中年丞郎宴席蔣伸在座忽斟一盃言曰席上有孝于家忠于國及名重于時者飲此爵衆皆肅然無敢舉者獨李公景讓起引此爵蔣曰此宜其然

夏侯孜

崔郢爲京尹日三司使在永達亭子宴丞郎崔乘酒寀飲衆人皆延之時譙公夏侯孜爲戸部使問曰尹曾任給舍否崔曰無譙公曰若不曾歷給舍京兆尹不合衝丞郎宴命酒糺來命下籌且喫罰爵取三大器物引滿飲之良久方起

撥刀霸長

侯白捷辨楊素與相善素關中人白山東人素嘗卒難之欲其無對而關中下俚人言音謂水爲霸山東山東亦言擎將去爲撥刀素嘗戲白曰鄰東面多仁

義措一而得兩曰若爲得兩曰有人從其借弓者乃曰撥刀去豈非借一而得兩白應聲曰關中人亦甚聰明問一知二素曰何以得知曰曾有人問此水多崩渭水漲否答曰霸長豈非問一知二素伏其辨捷也

零陵總記

唐　陸龜蒙

李義山

李義山遊長安投宿旅店適會客因召與坐不知爲義山也酒酣客賦木蘭花詩衆皆誇示義山后成詩曰洞庭波冷曉侵雲日日征帆送遠人幾度木蘭舟上望不知花是此船身坐客大驚詢之方知是義山也

李邕

李邕常不許蕭誠書乃作詐古帖令紙故暗特示邕曰此乃右軍真跡如何邕看稱善誠實以告之復取視曰細看亦未能好

嚴安之

嚴安之崔潭俱爲赤尉安之令伍伯執大杖潭亦大甚杖至如椽安之復令執小杖潭亦益小甚杖至如著安之令伍伯空手乃不復學也

庾倬

新野庾倬爲河南府兵曹有寡姊在家時洛中物翔貴難致口腹庾常於公堂輟己饌以餉其姊始言所愛小男以餉之同官初甚鄙笑後知之咸嘉歎倬生簡休

李牟

李牟秋夜吹笛於瓜洲舟檝甚隘初發調羣動皆息及數奏微風颯然而至又俄頃舟人賈客皆有怨歎悲泣之聲

補闕母

補闕毋煚博學有著述才上表請修古史先撰目録以進玄宗稱善賜絹百疋

書生

有書生讀經書甚精熟不知近代事因說駱賓王遂云某識其孫李少府者兄弟太多意謂駱賓是諸王封號也

回鶻

回鶻常與摩尼議政故京師爲之立寺其法日晚乃食敬水而茹葷不飲乳酪其大摩尼數年一易往來中國小者年轉江嶺西市商胡橐其源生於回鶻有[illegible]

功也

李約

李約天性惟嗜茶能自煎謂人曰茶須緩火炙活火謂炭火之焰者也客至不限甌數竟日執持茶器不倦曾奉使行至陜州硤石縣東愛渠水清流旬日忘發

張登

張登長於小賦氣宏而密間不容髮有織成隱起往往感金之狀

薛調

薛調季瓚同年進士調美姿貌人號爲生菩薩瓚俊爽人號爲飭調寬恕而瓚猜忌論者以時人所稱恊其性也

李直方

李直方常第果實若貢士者以綠李爲首楞梨爲二櫻桃爲三柑爲四蒲桃爲五或薦荔枝曰寄舉之又問栗如之何曰最有冗事不出八九始范聯以諸香品時輩侯味虛撰百官本草皆此類也

周復

元稹在鄂州時周復爲從事稹嘗賦詩命院中屬和周簪笏見稹曰某偶以大人往還高謬獲一第其實詩賦皆不能也稹曰遽以實告賢於能詩者

薛元超

薛元超謂所親曰吾不才富貴過人平生有三恨始不以進士擢第不娶五姓女不得修國史

劉太真

貞元四年劉太真侍郎入貢院寄前主司蕭聽尚書詩曰獨坐貢闈裏愁心芳草生山公昨夜事應見此時情

于頔

于頔司空嘗令客彈琴其嫂知音聽於簾下曰三分中一分箏聲二分琵琶聲絕無琴韻

李汧公

李汧公雅好琴常斲桐又取漆桶爲之多至數百張求者與之

響泉

鑒虛爲僧頗有風格而出入内道場賣弄權勢杖殺於京兆府城中言鑒虛善煮羊脾傳以爲法

玉堂閑話

唐撰人闕

生贅肉

穰氏因時果有報應近歲有一男子既貧且賤於上吻忽生一片贅肉如展兩手許大下覆其口形狀醜異殆不可言其人每饑渴則揭贅肉以就飲啜頗甚若楚或問其所因則曰少年無賴曾在軍伍常於佛寺安下同火共封一羊分得少肉旁有一佛像上吻間可置之不數日嬰疾遂生此贅肉焉

西明寺

長安城西明寺鐘寇亂之後緇徒流離間其寺者數年有貧民利其銅袖鎚鑿往竊鑿之日獲一二斤鬻於闤闠如是經年人皆知之官吏不禁後其家忽失在市銅者亦訝其不來後官欲徙其鐘於別寺見寺鐘平墮在閣上及仆之見竊鐘者抱鎚鑿儼然坐於其間卽已乾枯矣

馬全節婢

魏帥侍中馬全節嘗有侍婢偶不愜意自擊殺之後

累年染重病忽見其婢立於前家人但訝全節之獨
語知相問答初云爾來有何意又云與爾錢財復曰
爲爾造像書經哀祈移時其亡婢不受但索命而已
不旬日而卒

晉少主

開運甲辰歲暮冬晉帝遣中使至内署宣問諸學士
云朕昨夜夢一玉盤中有一玉碗及一玉帶皆有碾
文光熒可愛是何徵也宜即奏來承旨李愼儀與同
僚併表奏賀以爲玉者帝王之寶也帶者有誓功之
兆盤盂者乃守器之象爲吉夢不敢有他占

玉堂閒話　二

郡牧

唐有膏梁子出刺郡人迎候甚至前任與之設交代
之禮儀無闕者二禮生具頭冠襴衣相其賓主升降
揖讓而新牧嶮屼踧踖斂容低視不敢正面對禮生
及禮畢使人再三傳話慰勞感謝皆莫涯其意翌日
於内閣從禮生從容生極惶恐罔知去就既坐嚬蹙
語曰賢尊安否禮生唯唯又曰頃年曾大事時極
尊心力生亦惘然及罷有親知細詢之乃曰此
恐生緣方相子弟昔曾使他家若是以前三歲姻耳
士流中亦有故爲輕薄者亦有昧於菽麥不能分别
者信而有之

張咸光

梁龍德年有貧衣冠張咸光遊丐無度於梁宋之間
復有劉月明者與咸光相類常懷七著每遊貴門即
遭虐戲方飧則奪其七著則袖中出而用之梁駙馬
温積諫議權判開封府事咸光忽遍詣豪門告別問
其所詣則曰往投温諫議也問有何紹介而往答曰

玉堂閒話　三

頃年大承記錄此行必厚遇也大諫嘗製碣山潛龍
宫上梁文云饅頭似椀，餅如籬暢殺劉月明主簿
喜殺張咸光秀才以此知必承顧盼聞者絶倒

市馬

洛中有大寮世籍膏梁不分牝牡偶市一馬都莫知
其妍媸爲駔儈所欺曰此馬不唯馴良齒及二十餘
歲合直兩馬之資況行不動塵可謂馴良之甚也遂
多金以市之儈既倍獲利臨去又曰此馬兼有搵撑
牙出也於是大喜詰旦乘出如登鴨之行及至家矜

銜曰此馬不唯馴熟兼能得果子牙兩所復召給別

賻二十

上霄峯

補闕熊皦云盧山有上霄峯者去平地七千仞上有古迹云是夏禹治水之時泊船之所鑿石爲竅以繫纜焉磨崖爲碑皆科斗文字隱隱可見則知大禹之功與天地不朽矣

振武角抵人

光啓年中左神策軍四軍軍使王卞出鎮振武置宴

樂戲既罷乃命角抵有一夫甚魁岸自鄰州來此較力軍中十數輩軀貌膂力悉不能敵主帥亦壯之遂選三人相次而敵之魁岸者俱勝帥及座客稱善久之時有一秀才坐于席上忽起告主帥曰某撲得此人主帥頗駭其言所請既堅遂許之秀才降階先入厨少頃而出遂掩縮衣服握左拳而前魁梧者微笑曰此一指必倒矣及漸相逼急展左手示之魁岸者懵然而倒合座大笑秀才徐步而出盥手而登席焉衆師詰之何術也對曰頃年客途曾于道店逢此人[illegible]其按跟蹌而倒有同伴曰恰醬見之輙倒其閭[illegible]忘之適詣設廚求得少醬握在手中此人見之果[illegible]倒聊宴設之歡笑耳有邊岫判官目覩其事

說郛目錄

弓第四十九

四朝聞見錄　　宋　葉紹翁

賜燕滌爵

賜酒群臣無滌爵之文孝宗賜宴内臣朝相王淮涕流於酒巳則復縮涕入鼻時吳公琚兄弟亦預燕見其飲酒輒有難色左右知其故後有詔自淮始

衣被

大臣見百官主賓皆用朝服時暑伏甚丞相淮體弱不能服閎至絶上亟詔醫疾有間後有詔許百官易

衣自淮始

張日封廟

張日封廟號昭即景祐中尚書六部郎張公夏也夏字伯起景祐中出爲兩浙轉運使杭州江岸率用新土潮水衝擊不過三歲輒壞夏乃作石堤一十二里以防江潮之害既成州人感夏之功慶曆中廟於堤上嘉祐十年贈太常少卿正和二年八月封寧江侯改封安濟公併賜今額紹興十四年增靈感字紹興三十年增順濟字予以本末攷之初無神怪之事臨安相傳以伯起治潮三年莫得其要領不勝既憤盡抱所書牘自赴于江上訴于帝後于寓所夢繼是修江者方得其說堤成而潮亦退蓋真野人之語也江之所恃者堤安有伯起不知以石代薪土之便工未及成效匹夫溝瀆之爲此身不存而憑虚忽之夢以告來者萬一不用其夢患當如何是尚得生名之智殁謂之神乎沿江十二里要是上至六和塔下至東青門正昭侯所築今顧諉之錢王則尤繆矣

武林

武林本曰虎林避帝諱改曰武林如云以玄虎爲玄武之類山自天目而來靈淩山頓伏至儀王墓若虎昂首領下石隱隱有斧鑿一痕故老相傳以爲太祖又以爲徽宗用望氣者之言鑿去虎須又謂高宗嘗占夢爲虎所驚因鑿焉未知孰是今行官有小山曰武林道士作亭其上環以花竹蓋因一小丘草草爲之非武林也道士亓易如剏閒因改爲樓公齋宿丐詩以咏其亭詩中用事最爲精傳曰武林山出武林水靈淩山毋乃是此山亦復用此名細攷其來真有

以也蓋靈隱之山即武林之山冷泉之水也謂此山
亦復用此名則行宮培塿之土非武林明矣老筆殊
使人畏也末章乃謂鑿井建[illegible]黄廬以厭王氣疑此
山爲武林餘脉致之當以前[illegible]爲正云

高宗六經

高宗御書六經嘗以賜國子[illegible]及石本予諸州庠上
親御翰墨稍倦即命吳后寫[illegible]續焉至今皆莫能辨

萬年國清

孝宗喜占對宋之瑞面對上問以所居之瑞對曰臣

家在治上天問曰彼多名山勝槩孰爲之冠之瑞對
曰唯是萬年國清幽天孝宗喜遂陞兩制云三衢毛
澤民以薦者對面徽宗上問卿所居江郎山高可幾
許澤民姑大言曰五千丈上問以何以驗之毛對曰
臣目斜視景孝宗喜其捷

楊沂中引西湖

言者疏奏楊沂中擅灌西湖水入私第上徐曉言者
朕南渡之初　人退而群盜起朕重困赤子遂用議
者羈縻之策[illegible]印盡封群盜大者郡邑小者鐵[illegible]
[illegible]自有者惟浙數郡猶豫未决嘗諸將平盡群盜朕已
發願除土地之外凡府庫金帛俱寘不問沂中故有
餘力以給泉池若以諸將平盜之功雖盡以西湖賜
之曾不爲過沂中此事惟卿容之言者惶恐而退

憲聖不妒忌

憲聖初不以色幸自渡南以來以至爲天下毋率多
遇魚貫以進即以疾辭思陵念其勤勞之久每欲正
六官之位而屬以來大后遠在沙漠不敢舉行上嘗
語憲聖曰極知汝相同勞苦反與後者齒朕甚有媿

侯娘娘謂太后歸爾其選已憲聖再拜對曰大姐姐遠
處北方臣妾短于定省毎[illegible]天日清美侍上宴集方
一思之肚裏淚下臣妾誠[illegible]不到此上爲泣下數行
愈以后爲賢暨大后既旋[illegible]馭以向嘗與憲聖均爲
徽宗左右徽宗遂以聖[illegible]宗大后恐憲聖記其微
時事故無援立意上得大后拜而有請曰德妃吳氏
服藥之久外庭之議請其宜王中貴更合取自家姐
姐教旨大后陽語上云這事由在爾而陰實不欲上
[illegible]奉大后之命云德妃吳氏云可立

爲后后遂開權祐三朝之功云

寧皇

寧皇命二小黄門常背二小屏前導隨其所至即面之屏書戒曰少飲酒怕吐少食生冷怕痛折二字爲屏以示之故每飲不過三爵宫中動欲呵衛黄衣至不避自以補革浣爲細衣爲便左右至以語激上則應曰毋作聰明亂舊章蓋學士永嘉陳傅良嘗導上以此故終身不妄

四夫人

四朝聞見録　五

佢胄所幸與同甘苦者爲三夫人號滿頭花新進者四夫人至通宫籍慈明常召入見賜坐以示殊寵四夫人者即與慈明偶席慈明銜之迨韓爲鄭發所刺諸婢皆遣還其父母慈明特旨令京尹杖四夫人而遣之

三朝聖政録

宋　石介進

太祖曰資蔭子弟但能在家彈琵琶弄絲竹豈能治民於是未許親民

太祖躬履節儉常服澣濯之衣寢殿設青布緣葦簾常出麻屨布裳賜左右曰我舊所服者也太祖平蜀閲孟昶宫中物有寶裝溺器遽命碎之曰以此奉身不死何待

太祖修大内既成令洞闢諸門無有壅蔽曰此如我心小有邪曲人皆見之

三朝聖政録　一

太祖問杜鎬曰西漢賜予悉用黄金近代乃爲難得之貨何也對曰當是時佛事未興金價甚賤也

太祖曰大凡居職不可不勤朕每見殿前兵卒掃一片地汲一瓶水必記姓名

許王爲中丞彈奏太宗勅之許王奏曰臣爲天子兒今犯罪被中丞推鞫上曰朝廷之制孰敢違之朕有過臣下當亦糾擿汝爲開封府君豈可不舉卒罰之

眞宗皇帝因元夕御樓觀燈見都人熙熙舉酒顧宰執曰祖宗創業艱難朕今獲覩太平與卿等同慶宰執稱賀皆飲釂獨李文靖沆終觴不懌明日王文正旦問其所以旦曰上昨日宣勸惟甚公不肯少有將順何也文靖曰太平二字嘗恐諛佞之臣以之藉口干進今人主自用此誇耀臣下則忠鯁何由以進旣謂太平則求祥瑞而封禪之說進若必爲之則耗帑藏而輕民力萬而有一患生於意外則何以支吾沆老矣茲事必不親見叅政他日當之矣其後四方奏祥瑞無虛日東封西祀講求典禮紛然不可遏王公追思其言嘆曰李文靖眞聖人也求文靖畫像置於書室中而日拜之予屢見前輩說此詢於兩家子孫其言皆同

眞宗問王文正曰祖宗時有秘讖云南人不可作宰相此豈立賢無方之義乎文正對曰無方之義信如陛下所言然要之唯賢然後可是時方大用王文穆或以此爲言而不知此讖乃驗於近世而不在文也

英宗召大理評事馮元說周易泰卦元敷衍卦體謂天氣下降地氣上騰然後交泰猶君下接於臣臣上承君然後君臣道通若天以高亢居上則地無由得交於天天地不交何由得泰君以尊天自持臣無由得接於君君臣不接何由得泰

會昌解頤録

唐　包湑

史無畏

史無畏者曹州人也與張從真爲友無畏止耕壠畝衣食窘困從真家富乃謂曰弟勤苦田園日夕區區奉假千緡貨易他日但歸吾本無畏忻然賫緡父子汎淮射利不數歲巳富從真繼遭焚爇及僮劫盜生計一空遂詣無畏曰今日之困不思弟千緡之報可相濟三二百乎無畏聞言輙爲拒扞報曰若言有負

但執劵來從真恨怨塡臆乃歸庭中焚香泣淚詛之言詞慷慨聞者戰慄午後東西有片黑雲驟起須臾霆雨雷雹兼至霹靂一震無畏遽變爲牛朱書腹下云負心人史無畏經旬而卒刺史圖其事而奏焉

改縣

唐玄宗幸溫泉見白鹿升天改會昌爲昭應縣

兩世夫妻

劉立者爲長葛尉其妻楊氏忽一日泣謂立曰我以某日當死且以小女美美爲托曰他日美美成長望君留之三二年其夕楊氏卒及罷官寓居長葛巳十年矣有縣令某者邀立往郭外看花令立先去舍趙長官莊行二三里見一杏園中有婦女十數人立駐馬觀之有一女年可十五六亦近敗垣中窺立至趙長官宅入門主人移時方出曰適女子與親族看花忽中暴疾所以不果奉迎坐未定有一青衣與趙耳語趙起入内聞趙公嗟嘆之聲乃問立曰君某年爲長葛尉婿楊氏乎曰然有女名美美僕名秋笋乎曰然趙又歎息驚異旋有人喚秋笋入宅中見一女涕

泣謂曰美美安否對曰無恙也僕亦訝之徐問趙曰某未省與君相識何故知其行止也趙乃以實告曰女適看花忽若暴卒旣蘇自言前身乃公之妻也適窺見公不覺悶絶立歔欷久之須臾縣令亦至衆客俱集趙白其事衆咸異之立曰某今年尚未高亦有名官願與小娘子尋隔生之好衆共成之於是成婿而美美長於母三歲矣

鄭華林苑有勾鼻桃子重三斤或二斤半亦有名梨凡此衆果氣味甘美入口消汁人間有名果李[illegible]

螺螄車四箱廣一丈深一丈合土在中植之則無不生也

洛中紀異錄

宋　秦再思

唐高祖神堯皇帝將舉義師入長安忽夜夢身死墜於床下爲群蛆所食及覺甚惡之乃詣智滿禪師而密話之滿卽賀曰公得天下矣帝大驚詢滿曰何謂也滿曰其死是斃也墜於床是下也群蛆所食者是億兆之所趨附也臣不敢直指天子故曰陛下是至尊之象也甚喜又曰貧道爲沙彌日常攻易今敢爲公占之及卦成曰得乾飛龍在天又是帝王之徵也時太宗侍帝之側滿又曰公子大人及去又語帝曰此公子福德無量何憂天下乎帝與太宗俱大悅帝至霍邑又夢甲馬無數見滿帝問是何軍伍對曰是公身中神也若無此何以威制天下後數夜復作前夢帝覺召太宗言之復曰吾事濟矣太宗拜於前連呼萬歲者四帝復大悅其後果卽位乃復營其事賜額爲興儀寺以太原帝舊田宅業產並賜之永充常住今之寺內見有圖夢堂乃塑師與帝並在後

李密歸因封邢國公後至桃林渡叛共遣兵征之至

陘渾乃斬于邢公山下先是公山之側有亂石縱横之頗妨行李時人謂之邢公壟客果死於此

高祖崩太宗詔營獻陵在京兆府三原縣唐朱里及朱氏簒立郎唐朱之驗矣後莊宗中興乃知里者李也是再造之徵後主於宮中作珠簾乃勅京師市珠内外之家收索將盡計無可得者復於相國守僧中收之尤有隱之者爲隣僧所告繫於獄中逐院而搜之老僧晝閉友人于寺中謂僧中齋閣者曰敕家正搜珠急孰敢入者至來年莊宗入汴盡滅朱氏復遠

近搜之寺僧曰今日是端的搜朱也

朱梁許州鄧虔使温韜於衙城濠内得一小龜金色徧身綠毛石函而進之後王勅於宛内鑿池養之又搆屋洪敞號金龜堂至來年莊宗立因號大唐入汴見之指爲左右曰金龜堂者是歸我也

蜀建王屬兎於天祐四年丁卯歲僭居帝位乃以兎子上金床之讖遂以金飾所坐復謂左右曰朕承唐以金德王坐此床天下孰敢不賓者乎聞者皆嗤之

先是甲子歌至淸泰三年丙申歲云數在五樓前又云但看八九月兵至　干原從大軍於太原南五樓村前大戰至九月晉祖以契丹至於城下王師敗績至十一月戎王遣翻軍送晉祖洛陽郎兵至　干原之應也廣順末京師訛言有人還魂見冥間要數萬丫髻小兒緣是無問貴賤之家小兒有髻子者皆剃之識者曰小兒元首者新君之兆也未幾世宗嗣位郎元首也

先是周末忽有一人衣麄布衣褁青巾草履而入於中書省政事堂内箕踞而坐群吏見之咸大驚叱之

何人也荅云官家教我來吏曰官家在甚處復荅曰在宗州尋白于諸相相曰此狂人爾不須奏恐累諸門守衛者事非細爾乃寢因卒逐之出外今上移鎮商丘少主禪位上開國爲大宋宗州官家是天命已兆之也

帝嚳有四妃一生帝摯一生帝堯一生殷之先一生周之先殷之後封於宋都商丘今上于前朝作鎮睢陽洎自開國乃號大宋先生皇考諱弘殷是始驗弘者大之端也殷者宋之本也是慶鍾於皇運今建都

在於大火之下宋爲火正又國家承周火德王於
使心星是帝王實宋分野今高辛氏陵廟在宋城
十里即天地陰陽人事際會亦自古罕有
孟昶末年忽命收官質庫家家大署廡前云奉勅限
一月召主收贖未幾王師西征蜀平時人始悟召主
收贖之義召者趙也贖者蜀也孟昶即宋之臣也即
知天命皇家之平盪暴亂固有日矣
周先乙酉歲王師平蜀莊宗詔太原節度使孟知祥
西入川鎮成都先是蜀人打毬或一捧便入湖子者

洛中紀異錄八　四

爲猛入音訛爲孟入得蔭一籌其後孟冬得兩蜀之
地乃僭大號洎子昶降乃知蔭一籌者果一子也
孟蜀於宮城府近側置一策勳府時昶之子喆常居
之昶以歲末自書桃符云天降餘慶聖祚長春喆拜
受致于寢門之左右及蜀平詔叅政呂餘慶權知府
事以內外曹署俱不便於公私至策勳府公曰此處
甚便欣然下馬至寢門公或覩桃符字乃曰吾不得
不至于此遂遷而居之乃知天降是國家之命呂公
之蜀也聖作長春又是主上聖節之號則皇運[illegible]

測也
絳州碧落觀有天尊名像光燄灼高丈餘上有文云
神仙所篆莫之測也先君云唐龍朔中刺史李諶爲母
氏天妃追薦所造也有先黃冠云李史君即高宗大
帝之子其文未刻之前忽有二道士詣李使君云聞
君欲篆刻其文我二人即天下之名篆也請爲史君
成之乃於懷中出一軸未書陰符經殆非人功也史
君尤異之復令殿內四面封閉不得令人窺視只我
二人在內候三日即畢矣史君從之但見三道士挈

洛中紀異錄八　五

二小囊入自其門餘無所覩至三日史君命開之只
見白鶴一雙自門飛出及視文篆已畢余有一及字
但只有一畫不成而去史君與道士衆悲喜益神之
後李陽冰於此學篆凡十二年終不得妙捨之而去
至今爲天下之絕矣

鐵圍山叢談

宋　蔡絛

太祖皇帝應天順人肇有四海受禪行八年矣當乾德之五祀而五星聚奎明大異常奎下當曲阜之墟也時太宗適爲兖海節度使則是太宗再受命之祥此所以國家傳祚聖系皆自太宗應符既同乎漢祖而卜年宜過於周曆矣

太宗始嗣位思有以帖服中外者一日輦下市肆有丐者不得乞因倚門大罵主人遜謝久不得解衆方擁門聚觀中忽一人躍出以刀刺丐者死遺其刀而去會日已暮追捕莫獲翊日聞奏太宗大怒謂猶仍五季亂習乃敢中都白晝殺人即嚴索捕期必得有司懼罪久之迹其事乃主人不勝其憤而殺之耳獄具太宗喜曰卿能用心若是雖然第爲朕更一覆毋枉焉且攜其刀來不數日尹再登對以獄詞并刀上太宗問審乎曰審矣於是顧旁小内侍取吾鞘來小内侍惟命即奉刀内鞘中因拂袖而起入曰如此寧不妄殺人

政和初間治極之際地不愛寶所在奏芝草者動三二萬本蘄黄間至有一鋪二十五里遍野而出汝海諸郡縣山石皆變瑪瑙動千百塊而致諸輦下伊陽太和山崩奏至上與魯公皆有懼色及復上奏山崩者出水晶也以木匣貯之進匣可三二十斤而多至數十百匣來上又長沙益陽縣山溪流出生金重十餘斤後又出一塊至重四十九斤他多稱是

冠禮肇於古國初草昧未能行因循至政和始講焉是時淵聖皇帝猶未入儲宮也初以皇長子而行冠於是天子御文德殿百僚在位命官行三加禮是日方樂作行事而日爲之重輪也先是諸王冠止於宮中行世俗之禮謂之上頭而已繇是而後天子諸子咸冠于外庭蓋自淵聖始

開寶初車駕親征僞漢引汾水灌太原城時盛夏藝祖露臂跣足亦不裹頭手持刀坐黄蓋下督兵吏運土築堤以堰汾河城上望見矢石雨坌不避也水浸城者餘數版而已又命水軍乘舟焚其譙門幾陷會班師獲免其後〃有使於僞漢者見水退而城始大

圯乃笑曰南朝知壅水灌城之利且不知灌而決之則無太原矣

南俗尚鬼狄武襄青征儂智高時大兵始出桂林之南道旁有一大廟人謂其神甚靈武襄遽爲駐節而禱之因祝曰勝負無以爲據乃取百錢自持之且與神約果大捷則投此期盡錢面也左右諫止儻不如意恐沮師武襄不聽萬衆方聳視已揮手倏一擲則百錢盡紅矣於是舉軍歡呼聲震林野武襄亦大喜顧左右取百釘來即隨錢疎密布地而釘帖之加諸

青紗籠覆手自封焉曰伺凱旋當謝神取錢其後破崑崙關敗智高平邕管及師還如言取錢與幕府士大夫共視之乃兩字錢也

陰陽家流窮五行術數不得爲亡至一切聽之反棄人事斯失矣是以古人行道而委命不敢用意中以爲信也先魯公生慶曆之丁亥其月當壬寅日當壬辰時爲辛亥在昔幼時言命者或不多取之能道位極人臣則不過三數及逢時遇主君臣相魚水而後操術者人人爭談格局之高推富貴之蹤徒足發賢者之一笑耳大觀改元歲復丁亥東都順天門內有鄭氏者貨粉於市家頗贍給俗號鄭粉家偶以正月五日亥時生一子歲月日時適與魯公合於是其家大喜極意撫愛謂且必貴時人亦爲之傾聳長則恣其所欲爲鬪雞走犬一切不禁也始年十有八春末攜妓從浮浪人躍犬馬游金明自苑中歸上下悉大醉矣馬忽駭入波水中淩而死

昔江南李重光染帛多爲天水碧天水國姓也當是時藝祖方受命言天水碧者世謂逼迫之兆未幾王師果下建業及政和末復爲天水碧時爭襲慕江南

風流吾獨惡之未幾　寒盟豈亦逼迫之兆乎

龐丞相籍以使相判太原時司馬溫公適倅并州一日被檄巡邊溫公因便宜命諸將築堡於窮鄙而不以聞遂爲西人敗我師破其堡殺一副將朝廷深訝龐公擅興詰責不已龐公旣素重溫公之賢終弗自言久之遂落使相以觀文殿學士罷歸龐公雖黜不語溫公遂獲免嗚呼龐公其眞可上接古人千載之風矣

王舒公介甫熙寧末語叔父文正公曰天不生才且
李何孰可繼吾執國柄者乎乃舉手屈指曰獨兒子
也蓋獨元澤因下一指又曰次賢也又下一指即又
曰賢兄如何謂魯公則又下一指沉吟者久之始曰
吉甫如何且作一人遂更下一指則曰無矣是時元
澤未病吉甫則已隙云

河中有姚氏十三世不析居矣遭逢累代旌表號義
門姚家也一旦大小死欲盡獨兄弟在方居憂而弟
婦又卒弟獨與小兒同室處焉度百許日其家人忽

聞弟室中夜若與婦人語笑者兄弗信也因自往聽
之審一日勵其弟曰吾家雖驟衰且世號義門吾弟
縱喪偶寧不少待方喪絰未除而召外婦人入舍中
耶懼辱吾門將柰何弟因泣涕而言不然也夜所與
言者乃亡婦爾兄瞠愕詢其故則曰婦喪踰月即夜
叩門曰我念兒無乳至此因開門納之果亡婦遂徑
登榻接取兒乳之弟甚懼自是數來相與語言大抵
不異平時懼其怪而不敢駭兄也兄念家道死喪殆
盡今手足獨有二人此是往亡吾弟爾且弟計不忍
絕然吾必殺之因夜持大刀伏于門左其弟弗知也
果有排門而入者兄盡力以刀刺之其人大呼而去
旦視之則流血塗地兄弟因爭尋血蹤至於墓所則
弟婦屍橫墓外傷而死矣會其婦家適至將此而訟
于官開墓則空棺耳官莫能治俄兄弟咸死獄中姚
氏遂絕

任宗堯者字子高名家子仕至典樂後改服武弁終
䝉觀察使宗堯多藝能洞曉天官律呂蓋傳授於魏
漢律先生宗堯始仕宦時即喜功名大觀末從尚書

王寧中書舍人張邦昌使高麗爲上節至四明則放
洋而去不十日四明忽傳副使舶壞人爲痛之始宗
堯將登舟則寄所齋玩好琴書於相識故人家而邁
及是傳也其故人者嗟惻一旦有女奴忽暴病不省
遂爲宗堯音訴其故人曰某所以涉鯨波萬里本希
尺寸賞不謂遽捐千金之軀而葬於魚腹故人念乎
某所寓三琴實平生愛賞甲可歸之我家乙亦奇古
當奉故人下者可與某氏所寓篋笥中百物歷歷分
區不遺毫髮其故人大駭爲奠哭久之女奴始甦翊

日則四明一郡皆傳謂使者舟壞信矣其後使人高麗歸上下一無恙故人者得見宗尭歎喜竊笑獨異於常宗弃始疑而詢焉方道其事乃知爲黠鬼所侮

雒陽太內興立自隋唐五代至聖朝藝祖嘗欲都之開寶末幸焉而宮中多見恠且適霖雨徒步祀謝見上帝而歸是後至宣和又爲年百五十久扃鑰蓋自金鑾殿後雖白晝人不敢入入亦多有異蓋亦大於斗蛇率爲巨蟒日夜絲竹歌哭之聲不絕也宣和末

有臨官與本者武人恃氣不畏事夏月因納涼於殿廡間至晡時後天尚未昏黑而從者堅請歸舍不聽俄忽聞蹕聲自內而出卽有衛從繽紛執紅銷金籠燭者數十對成行羅列中一人衣黃人如帝王狀胸間尚帶鮮血擁從甚盛徐行由殿廡從本寓舍前過本與其從者急趨入戶避之得詳瞰焉最後有一衛士似怒本納涼故妨其行從也乃以手兩指按其臥榻之四足遂穿磚而陷于地頃刻轉他殿而去遂忽不見本大駭自是不[illegible]其中矣因圖畫所見徧以示人雒陽士大夫多傳之曰此必唐昭宗也吾頃嘗聞是事第流落不偶久而十忘七八矣

劉器之安世元祐臣也晚在睢陽以鏹二十萬鬻一舊宅或謂此地素凶不可止器之不信始入卽有蛇虺三四出屋室間呼僕厮屏去則率拱立謂有鬼神不敢措手器之怒改命家人輩自納諸筐筐而棄諸汴流翊日則蛇出益多再棄輒復又倍會不浹旬乃至日得五七篚不已也器之不樂因自焚香於上神祠前曰此舍某已用錢易之卽是某所居矣蛇安得

據以爲恠乎始猶覬神之有職而令悛革今數日恠益出是神之不職爾因當受罰雖願仍其舊貫不可得矣顧從者盡掊土偶五六擲之河中召匠改塑由是恠不復作

王晉卿家舊寶徐處士碧檻蜀葵圖但二幅晉卿每歎闕其半也徽廟一旦訪得之乃從晉卿借半圖晉卿惟命但謂端邸愛而欲得其秘爾徽廟命匠者標軸成全圖招晉卿以觀因卷以贈一時盛傳人已悚異厥後禁中謂之就日圖者是已太上天縱雅尚已

著龍潛之時也及即大位酷意訪求天下法書圖畫自崇寧始命宋喬年掌御前書畫喬年後罷去而繼以米芾辈至末年尚方所藏率舉千計實熙朝盛事也吾以宣和歲癸卯嘗得見其目若唐人用硬黃臨二王帖至三千八百餘幅顔魯公墨迹至八百餘幅歐虞褚薛及唐名臣李太白白樂天等書字不可勝會獨兩晉人則有數矣至二王破羌路神諸帖真奇絕蓋亦爲多焉又御府所祕古來丹青其最高遠者以曹不興玄女授黃帝兵符圖爲第一曹髦卞莊子

刺虎圖第二謝稚烈女完節圖第三自餘始數顧陸僧繇而下不興者吳孫權時人曹髦乃高貴鄉公也謝稚亦晉人烈女謂綠珠實當時所畫又加顧長康則古賢圖戴逵破琴圖黃龍負舟圖皆神絕不可一二紀次則鄭法士展子虔[illegible]後主幸晉陽宮圖文書法從圖之屬大率奇特甚至唐人圖牒已不足數然唐則度人經者乃褚河南書字而閻博陵繪其相類多有此于今無復茲睹矣每令人短氣嗟時既貊尚世因爲之貨賂亦爲時病此則良過矣

虞夏而降制器尚象後世由漢武帝汾陰得寶鼎因更其年元而宣帝於扶風亦得鼎款識曰王命元臣官此物色及後和帝時竇憲勒燕然還南單于遺憲仲山甫古鼎有銘而憲遂上之凡此數者咸見諸史記所彰灼者殆魏晉六朝隋唐亦數數言獲古鼎器梁　之遴好古愛奇在荊楚聚古器數十百種又獻古器四種於東宮皆金錯字然在上者初不大以爲事獨國朝來寖乃珍重始則有劉原父侍讀爲之倡而成於歐陽文忠公又從而和之則若伯父君謨東

坡數公云爾初原父號博雅有盛名曩時出守長安長安號多古簋敦鏡甗尊彝之屬因自著一書號先秦古器記而文忠公喜集往古石刻遂又着書名集古錄咸載原父所得古器銘款由是學士大夫雅多好之此風遂一煽矣元豐後又有文士李公麟者出公麟字伯時實善畫性希古則又取生平所得暨其聞睹者作爲圖狀說其所以而名之曰考古圖傳流至元符間太上皇即位憲章古始耿然追唐虞之思因大崇尚及大觀初乃傚公麟之考古作宣和殿博

古圖所藏者大小禮器則已五百有幾世既知卄
以貴愛故有得一器其直爲金錢數十萬後動至百
萬不翅者於是天下塚墓破伐殆盡矣獨政和間爲
最盛尚方所貯至六千餘數百器遂盡見三代典禮
文章而讀先儒所講說殆有可哂者始端州上宋成
公之鐘而後得以作大晟及是又獲被諸制作於是
聖朝郊廟禮樂一旦遂復古跨越先代嘗有旨以所
藏列崇政殿暨兩廊召百官而宣示焉當是時天子
尚留心政治儲神穆清因從瑣闥密窺聽臣僚訪諸

左右知其爲誰乘其博識味其議論喜於人物而百
官弗覺也時所重者三代之器而已若秦漢間物非
殊特葢亦不收及宣和後則咸蒙貯錄且累數至萬
餘若岐陽宣王之石鼓西蜀文翁禮殿之繪像凡所
知名罔間巨細遠近悉索入九禁而宣和殿又刱立
保和殿者左右有稽古傳古尚古等諸閣咸以貯古
玉印璽諸鼎彝禮器法書圖畫盡在然世事則益獨
漫上志衰矣非復前日之敦尚考驗者俄遇僣亂側
聞都邑方傾覆時所謂先王之制作古人之風烈悉

入營夫以孔文子產之景行召公散季之文辭牛
鼎象樽之規模龍瓿鴈燈之典雅皆以食　馬供爨
烹腥鱗濕滅散落不存文武之道中國之耻莫甚乎
此言之可爲於邑至於圖錄規模則班班尚在期流
傳於不朽云作古器說

藝祖始受命久之陰計釋氏何神靈而愚若天下今
我抑嘗之不然廢其教矣日且暮則微行出徐入大
相國寺將昏黑俄至一小院戶旁望見一髡大醉吐
穢于道左右方惡罵不可聞藝祖陰怒適從旁過忽

不覺爲醉髡攔胸腹抱定曰莫發惡心且夜矣懼有
人害汝汝宜歸內可亟去也藝祖默心動以手加頰
而禮焉髡乃舍之去藝祖還內密召瑞護小璫爾行
徃某所覘此髡在否且以其所吐物狀來及至則已
不見小璫獨爬取地上所吐狼籍至御前視之悉御
香也釋氏教因不廢

宣和歲己亥夏都邑大水幾月入城隅高至五七丈
久之方得解時泗州僧伽大士忽見於大內明堂頂
雲龍之上凝立空中風飄飄然吹衣爲動旁侍惠岸

本又皆在焉又有白衣巾裹跪於僧伽前者若受戒諭狀莫識何人也萬衆咸睹迨夕而沒白衣者疑爲龍神之徒爲僧伽所降伏之意爾上意甚不樂

宣和六年春正月甲子寔上元節故事天子御樓觀燈則開封尹設次以彈壓遊焉觀下又于肆從六宮於其上以觀天府之斷決者簾幙重密下無由知是日土偶獨在西觀上而宦者左右皆不從其下則萬衆忽有一人躍出緇布衣若僧寺童行狀以手指簾謂上曰汝是某邪有何神乃敢破壞吾教吾今語汝

報將至矣吾猶不畏汝汝豈能壞諸佛菩薩邪時上下聞此皆失措震恐捕于觀下上命中使傳呼天府亟治之且親臨其上則又曰吾豈逃汝乎吾故示汝以此使汝知無奈吾教何爾聽汝苦吾吾今不語矣於是箠掠亂下又加諸炮烙詢其誰何畧不一言亦無痛楚狀上益憤復召行天法羽士曰宋沖妙世號宋法師者亦神奇至視之則奏曰臣所治者邪鬼此人者臣所不能識也因又斷其足筋俄施刀臠血肉狼籍上大不怡爲罷一日之歡至暮終不得爲何人何猶盡之嗚呼浮圖實有人

桂林有韓生嗜酒自云有道術人初不太聽重之也一日欲自桂過明同行者二人俱止桂林郊外僧寺而韓生亦來夜不賺自抱一籃持匏杓出就庭下衆共往視之則見以杓酌取月光作傾瀉入籃狀爭戲之曰子何爲乎韓生曰今夕月色難得我懼他夕風雨儻夜黑留此待緩急爾衆笑焉明日取視之則空籃弊杓如故衆益哂其妄及舟行至邵平共坐江亭上各命僕辦治殽膳多市酒期醉適會天大風俄日

暮風益亟燈燭不得張坐上墨黑不辨眉目矣衆大悶一客忽念前夕事戲謝韓生曰子所貯月光今安在寧可用乎韓生爲撫掌而對曰我幾忘之微子不克發我意即狼狽走從舟中取籃杓而一揮則白光燎焉見於梁棟間如是連數十揮一坐遂盡如秋夫晴夜月色瀲灎秋毫皆覩衆乃大呼痛飲達四鼓韓生者又酌取而收之籃夜乃黑如故始知韓生果異人也

奉宸庫者祖宗之珍藏也政和四年太上始自從權

綢不欲付諸臣下因踵藝祖故事檢察内諸司於是乘輿御馬而遍歷内中諸司大駭懼經數日而止因是併奉宸俱入内藏庫時於奉宸中得龍涎香二琉璃缶玻瓈母二大篚玻瓈母者若今之鐵滓然塊大小猶兒拳人莫知其力又歲久無籍且不知其所從來或云柴世宗顯德間大食所貢又謂真廟朝物也玻瓈母諸璫以意用火煆而模寫之但能作珂子狀青紅黄白隨其色而不克自必也香則多分錫大臣近侍其模製甚大而外視不甚佳每以一豆大爇之

輙作異花氣芬郁滿座終日畧不歇於是太上大奇之命籍被賜者隨數多寡復收取以歸中禁因號曰古龍涎爲貴也諸大璫爭取一餅可直百緡金玉爲穴而以青絲貫之佩于頸時於衣領間摩挲以相示由此遂作佩香焉今佩香蓋因古龍涎始也

于闐國朝貢使每來必携其寶鐺以往反自國初迨今如是也我主客備見之寶一鐵鐺爾蓋其來道涉流沙踰三日程無薪水獨挈其水而行是鐺者投以水頃輙已百沸矣用是得不乏故寶之

金蠶毒始蜀中近及湖廣閩粤浸多有人或舍去則謂之嫁金蠶率以黄金釵器錦段置道左俾他人得焉鬱林守爲吾言甞見福清縣有訟遭金蠶毒者縣官治求不得蹤或獻謀取兩刺蝟入捕必獲矣蓋金蠶畏蝟蝟入其家金蠶則不敢動匿榻下墻罅果爲兩蝟擒出之亦可駭也又嶠嶺多蜈蚣動長二三尺螫人求死不得然獨畏托胎蟲多延行井榦墻壁上蜈蚣雖大偶從下過托胎蟲必自落於地蜈蚣爲局縮不得行托胎蟲乃徐徐圍繞周匝蜈蚣愈益縮

然後登其首曆腦而食之以故人遭蜈蚣害必取托胎蟲涎輙生擣塗焉痛立止且金蠶甚毒若有鬼神蜈蚣若是之强且大也然蝟捕金蠶托胎制蜈蚣物理有不可致詰而不可知者如此

往時川蜀俗喜行毒而成都故事歲以天中重陽時開大慈寺多聚人物出百貨其間號名藥市者於是有於廊隙間呼貨藥一聲人識其意亟投以千錢乃從廊隙間度藥一粒號解毒丸故一粒可救一人命夫迹既叵測故時多疑出神仙政和間祐陵以仁經

惠天下嘗卽上清寶籙宮之前新作兩亭左曰仁濟
給藥治疾苦右曰輔正主符水除邪鬼因遂詔海內
凡藥之治病彰彰有聲者悉索其方書上之於是成
都守臣監司奉命相與窮其狀乃始得售解毒丹家
蓋世世懼行毒者讐害故匿其迹非有所謂神仙也
旣據方修治得其全卽并藥奏御事下殿中省上曰
朕自弛天子所服御以濟元元毋煩有司也由是殿
中省群醫師驗其方則王氏博濟方中之保靈丹方
爾當是時尤子行適領殿中監事故獨得其詳吾落

南來用是藥嘗救兩人食萌蔓草毒得不死蓋不可
不書

花蕊夫人蜀王建妾也後號小徐妃者大徐妃生王
衍而小徐妃其女弟在王衍時二徐坐游燕淫亂亡
其國莊宗平蜀後二徐隨王衍歸中國半塗遭害焉
及孟氏再有蜀傳至昶則又有一花蕊夫人作宮詞
者是也國朝降下西蜀而花蕊夫人又隨昶歸中國
昶至且十日則召花蕊夫人入宮中而昶遂死昌陵
後亦惑之嘗造毒屢爲患不能遂太宗在晉邸時數
諫昌陵而未克去一日從上獵苑中花蕊夫人在側
晉邸方調弓矢引滿擬走獸忽回射花蕊夫人一箭
而死始所傳多僞不知蜀有兩花蕊夫人皆亡國且
殺其身

江湖間小龍號靈異見諸傳説甚悉崇寧中淮水暴
漲而汴口檣舟不能進一日脒爽小龍者出運綱之
舟尾有梔工之婦不識也謂是蜥蜴擬置之則又緣
柁而上婦怒舉火柴擊其首隨擊霹靂大震一聲汴
口官私舟船七百隻皆自相撞擊俱碎死數十百人

朝廷聞而不樂第命官爲賑䘏焉會發運使上計而
小龍者又復出大漕甚窘懼乃焚香祝之願與王請
上計入覲天子可乎龍卽作喜悅狀因舉身入香奩
中不動大漕遂攜至都輦先以示魯公得奏聞上遣
使索入內爲具酒核以祝之龍輒躍出險中兩爪據
金盃飲幾醉於是天子異之取大琉璃合貯龍爲親
加封識焉降付都城汴水之都門外小龍祠中一夕
封識宛如故視合中龍則已變化去矣上喜加封邑
字仍大敞其祠宇至大觀末魯公謫東南舟行始抵

汴口而小龍又出迓魯公然小龍所隷南北當江淛間素不至二浙也政和壬辰魯公在錢塘居鳳山之下私第以正月七日小龍忽出佛堂中於是家人大小咸歎異疑必有故明日而召命至復加六字王及靖康之初家破魯公貶嶺外吾從行至江陵將遡陸出鼎澧間公畏暑因改舟行下江陵憩渚宫之沙頭一倉官廨舍纔弛擔則龍復出見衆公爲之涕下且感念龍神乃不忘恩舊如此吾戲公曰固知小龍之必來爾公謂詢其故吾曰此亦出公之門也苟每加

意於是無世情者則今日必來使此龍一出世間有世情當又不來是烏足辱人懷抱耶公乃收淚而笑

嶺右俗淳物賤始吾以靖康丙午來博白時虎未始傷人獨村落間竊羊豕或婦人小兒呼譟逐之必委置而走有客嘗過墟井繫馬民舍籬下虎來瞰籬客懼民曰此何足畏從籬旁一叱而虎已去村人視猶犬然十年之後流寓者日衆風聲日變百物湧貴而虎浸傷人今則啖人與内地弗殊風俗澆厚亦及禽獸耶先王中孚之道信及豚魚知必不誣

博白有遠村號錄舍皆高山大水人跡罕及斗米一二錢蓋山險不可出有小江號龍潛魚大者動長六七尺癡不識人村民自誇我山多鳳凰吾且詰妄從而詰之則曰其大如鵝五色有冠率居大木之顛冗木而巢焉遇天氣清明必出出必雙飛所過則諸鳥歛翼俛首而伏不敢鳴皆久之吾歎曰此真鳳凰也古人謂南方丹山產鳳爲信

相學齋雜鈔

元　鮮于樞

定齋先生李獻卿字欽止河中人

陳司諫規字正叔稷山人明昌五年進士博學能詩文亦有律度南渡以後諫官稱許獨陳規正叔不許以直自名仕至右司諫卒子良臣今在燕中

吏部高先生呼字雄飛嵩巖人歷彰德總管召爲翰林學士至元五年立御史臺拜侍御史臺吏部尚書卒

淄川先生楊弘道字叔能自號素菴默翁博學無所不知而不爲科舉計嘗以蔭仕于金遭亂南歸爲唐州司戶北還終于鄉里有小亨集十卷言補一卷行于世

參政楊公諱果字正卿號西菴中山人金末王鶚榜登科歷偃師蒲城等縣辟陝州行臺郎中北渡後務居洛陽紫陽爲稅課所官辟經歷官參河南經略司事中統改元召爲參知政事告老除懷孟總管以榮其歸致仕後卒葬于鄉里

轉運田特修字彥實易縣人大定十九年進士仕至泰原轉運使喜作詩爲周德卿李之純所賞彥實所居里名半十行第五以五月五日生小字五兒二十五歲鄉府省御四試皆中第五年五十五八月十五日卒造物之戲人如此

太常卿石抹世勣字晉卿承安中進士終于禮部尚書子嵩字企隆掌翰林文字父子皆死蔡州之難

戶部張德直字伯直平陽人叔祖邦彥字彥才登科以當塗令政仕有松堂集父廸祿字仲英明昌初進

士歷岐山上黨二縣令卒於省掾德直貞祐三年進士釋褐新平簿藍田令移沔池遍許名補省掾省選授巡院使終于同知武勝軍節度使事子誠今居永寧

寧分字分夫彭城人正大元年經義第一人歷輦轂䟽三縣令幼有武聲爲人尤蘊藉

斂舉字彥舉陝人性嗜酒工詩客京師十餘年竟流落以死同時有鄭雲表者慕彥舉之爲人作詩挽之云形如槁木因詩苦眉鎖蒼山得酒開人以爲寫眞

士。
道士申志貞字正之太原人嘗爲道教提點住京師長春宮時舊傳道士十七人坐與釋教持論不勝落髮爲僧者志眞其一也後終於鄉里
寂通老人陳時可字秀玉燕人今翰林學士仕國朝爲燕京路課稅所官
紫羅凡凡道人楊鴻字飛卿一名雲鵬少梁人北度後終于東平有洞然集行世
虎岩先生趙著燕人終於編修官

相學齋雜鈔八　三

南湖散人曹居一字通甫又號聽翁太原人金末登進士第仕國朝行臺員外郎
新軒先生張伯道字聖俞仕國朝爲京兆尹
紫陽先生楊奐字煥然後進稱爲關西先生少年時自悟以前身爲紫陽宮道士因以自號國朝爲河南府課稅所官有友山集行于世
王盤字文炳初名采鹼字肅客永年人舉徵君麻九疇金末以易縣登科北渡後爲東平學官一時名士脩出其門中統初召爲眞定宣撫使入拜翰林學士承旨年八十餘致仕歸東平時京師有以木菴陪飯賓太師陪鍼王狀元陪卩作三陪國徵詩于當代名公者先生自題云寺主善爲無米粥病人要喫沒錢鍼皇都詩老多才思收拾酸寒入笑林
庸齋先生薛玄字微之華陰人仕至河南提學有易解行于世也

相學齋雜鈔八　四

金鑾密記

唐　韓渥

昭宗召渥入院試文五篇萬邦咸寧賦禹拜昌言賦武臣授東川節度制答佛詹國進貢書批三功臣讓圖形表徽狀云臣才不邁羣器非拔俗待價旣殊于櫝玉窮經有愧于籯金遭遇清時涵濡睿澤袞冠振珮已塵象闕之班毦筆和鉛更入金門之召擊鉢謝鞬纂組非工撫已循涯以榮為懼

昭宗在鳳翔宴侍臣捕池魚為饌李茂貞曰本畜此

魚以候車駕又以巨杯勸帝酒帝不欲飲茂貞杯叩帝頤頷坐皆憤其無禮

汴人列十餘棚攻岐城掘蜩蝘濠時城中大窘燒人糞煮人肉而食李茂貞不肯與梁和昭宗諭曰在內公主美人等一日食粥一日食不托今已竭矣願速與梁和

逆章之變吏部尚書張嘉福河北道存撫使至懷州武涉驛有勅所至處斬之尋有赦矜放使人馬上昏睡遲行一驛比至巳斬訖

周黔府都督謝祐兇險忍毒則天朝徙曹王于黔中祐嚇云則天賜自盡祐親奉進止更無別勅王怖而縊死後祐于平閣上臥婢妾十餘人同宿夜不覺刺客截祐首去後曹王破家簿錄事得祐頭漆之題謝祐字以為穢器方知王子令刺客殺之

則天后嘗夢一鸚鵡羽毛甚偉兩翅俱折以問宰臣羣公默然內史狄仁傑曰鵡者陛下姓也兩翅折陛下二子廬陵相王也陛下起此二子兩翅全也武承嗣武三思連項皆赤後契丹圍幽州檄朝廷曰還我

廬陵相王來則天乃憶狄公之言曰卿曾為我占夢今乃應矣朕欲立太子何者為得仁傑曰陛下有賢子外有賢姪取舍詳擇斷在聖衷則天曰我自有聖子承嗣三思是何疥癬承嗣等懼掩耳而走即降敕追廬陵立為太子充元師初募兵無有應者聞太子行北邙山頭皆兵滿無容人處賊自退散

姚南仲滑州苦於監軍使薛盈珍遣部將曹洽奏論盈珍盈珍亦遣小使偕行洽自度不得盡言於上至滋水驛夜半先殺小使乃自殺緘遺表於囊中以與

也

常侍言旨

唐　柳珵

玄宗爲太上皇時在興慶宫屬久雨初晴幸勤政樓樓下市人及往來者愈喜曰今日再得見我太平天子傳呼萬歲聲動天地時肅宗不豫李輔國誣奏云此皆九仙媛高力士陳玄禮之異謀也下矯詔遷太上皇於西内絶其扈從部伍不過老弱二三十人及中道攢刃耀日輔國統之太上皇驚欲墜馬數四左右扶持得免高力士躍馬前進厲聲曰五十年太平天子李輔國舊爲家臣不宜無禮李輔國下馬失其轡又宣太上皇誥曰將士各得好在否於是輔國令兵士咸韜刃𩌦中高聲云太上皇萬福一時拜舞力士又曰李輔國攏馬輔國遂攏馬著靴行與將士等護侍太上皇平安到西内輔國領衆既退太上皇泣持力士手曰微將軍阿瞞已爲兵死鬼矣九仙媛力士玄禮皆嗚咽流涕翌日竟爲輔國所搆流九仙媛於嶺南安置力士玄禮長流遠惡處此事本在朱崖大尉所續桯史第十六條内蓋以避時事所以不書

也

楊貴妃生於蜀好食荔枝南海所生尤勝蜀者故每歲飛馳以進然方暑而熟經宿則敗後人皆不知之也

安祿山恩寵寖深上前應對雜以詼諧而貴妃常在坐詔令楊氏三夫人約爲兄弟由是祿山心動及聞馬嵬之死數日歎惋雖林甫養育之而國忠激怒之然其他腸有所自也

玄宗至蜀每思張曲江則泣下遣使韶州祭之兼賚貨幣以恤其家其誥辭刻於白石山屋壁間

常侍言旨　八　二

玄宗開元二十四年時在東都因宮中有怪明日召宰相欲西幸裴稷山張曲江諫曰百姓場圃未畢請待冬中是時李林甫初拜相竊知上意及班旅退佯爲蹇步上問何故對曰臣非脚疾願獨奏事乃言二京陛下東西宮也將欲駕幸焉用擇時假有妨於刈獲則獨可蠲免沿路租稅臣請宣示有司即日西幸上大說自此駕至長安不復東矣旬月耀卿九齡俱罷而牛仙客進焉

肅宗五月五日抱小公主對山人李唐於便殿顧唐曰念之勿怪唐曰太上皇亦應思見陛下肅宗涕泣是時張氏已盛不由己矣

常侍言旨　八　三

朝野遺記

宋　張鷟

和議成顯仁后（徽宗后韋氏）將還欽廟挽其輪而曰躡之第與吾南歸但得爲太一宮主足矣他無望於九哥也（高宗第九）后不能卻爲之誓曰吾先歸苟不迎若有瞽吾目乃升車既至則是聞所見大異不久后失明募醫療者莫能奏効有道士應募中貴導之入宮金鍼一撥左翳脫然而復明后大喜曰吾目久盲得師重明更煩終始其右報當不貲道士笑曰后以一目視

足矣以一目存誓可也后惕然起拜曰吾師聖人也知吾之隱設几而留謝之皆不答方啜茶遽索去后因詢其報德萬一者謾曰太后不相忘畧修靈泉縣朱仙觀足矣拂衣即出時上方視朝也仗下入長樂大驚急跡訪之寂無所得後王剛中帥成都而得古京朝圖朱仙像進入儼然當日道士也

逆亮南侵使人至欽宗所犯蹕七百餘人俱受害行都罔未知也一日京師舊禁宦二人閒步景靈宮於夜闌紫衣羽衣入門趨殿肆宦駭甚從而迹之無見也一念所鍾神遊尚不忘故國耶

車駕在維揚魏公方居臺院妙應師館其家一日師自外謂公曰適見城中人有死氣者七八度不應如是之衆此必虜至之徵矣宜早勸上渡江爲要妙應相法極神張氏素信之入奏乞早移蹕然上意欲觀望然後南巡也未幾粘罕遽至翠華亟行城中死者果無數

方伯彥潛善秦安之際外傳北風極勁而汪黃傲然謂無事故上每不知虜北江都宮中方有所御幸而

聞寇告變者遽至矍然驚惕遂病萎腐故明受殂後後宮皆不孕高廟中年不樂張忠獻者非獨以和戰異議亦追歸來堂思之怒耳

苗傅劉正彥之變植虛器于前星欲自恣凶狂耳春宮未辨菽麥而魏公在建業乃受而殞之過矣唐肅宗嘗帝數年又爲皇嗣者十餘載中宗復位以親王就列德王裕爲劉季述等迫立昭宗反正復歸東宮皆諒其非出于己也今明受之殞在鐵塔下父老尚能言蓋當時併乳媼掩之云

覔海之役及水濱而衛士懷家流言呂祖頤浩以大義諭解且怵以利曰先及舟者遷五秩署名而以堂印志之其不遜倡率者呂皆側用印記事定悉別而誅賞之

乘輿初涉鎮江羽衛介冑間止一黃扇存耳欲發羽檄下四　符不可得朱綠又非立談成者匆遽中取祖廷彤几折而代匱焉

莊文既薨孝廟自德壽宮　光宗未宣鎖之夕德壽故召魏王宴宿宮中洎夾日歸邸則儲冊已行而魏

邸出麻之宣城矣復見高廟亦有愠言曰翁翁留豈邸使三哥越次做太子帝語家諜戲撫之云見謂官家好做做時煩惱云

光廟聞貴妃無疾而殞哭泣無節初郊宿青城洎不已祀故止而壽仁復至玉津行圍亦犯玉女密妃之戒丙夜將臨星月尚皎方入大次服衮冕始搢大圭裂風倏起勞歷一聲燎火御幄皆仆在位者辟易上亦驚慴而雨雹交擊衆皆蹐中自救不暇莫能措手稍霽則已曙亦不容即禮矣聖體遂苦風眩神位玉石鞋牢皆狼籍所執鎮圭殿中監已授扶侍御藥亦所在一時策命宰臣望祀車駕亟歸療疾雖御樓之類悉不能舉矣

重華聞上疾自臨大內撫視上噤不知人但張口囈言耳壽皇憂且怒呼李后而數之云宗廟社稷之重汝不謹視上使之至此今將奈何一時忿極遽曰萬一不復當族汝家既將往東朝召留正責之曰汝以爲相不强諫何事正曰臣非不言奈不聽何帝曰爾自後須苦言之若有不入待朕留渠細語之其言止

是爾光宗既愈后泣謂曰嘗勸哥哥少飲不相聽近者不豫壽皇幾欲族妾家何負何辜既而聞留正所得聖諭謂若更過宮决被留不可還矣光宗已有怔忡之候此語既入故終乃長父王輦無近於龍樓云

光廟逾年不朝東內壽皇怏怏一日登朝堂露臺聞委巷小兒爭鬬呼趙官家者壽皇曰朕呼之尚不至爾耶自是怏然不樂自此浸不豫

紹熙在位雖有意受終而難發言也數擊鮮于慈福后尚近侍大臣屢排當位故旁側有奏曰意欲孃孃

為趣上爾后笑壽皇至東內從容問語官家也好早取樂放下與兒曹上曰臣久欲爾但見孩尚小未經歷故不能卽與之不爾則自快活多時矣後來備邸慶長樂必已及之矣備具狀為壽者再后不得已語之曰吾亦嘗諭乃翁桌所見又爾光宗岸幘稟后曰臣已白髮尚以為童則罪過翁翁后無語蓋謂高廟遜壽皇於盛年爾

光宗既退居每恨既往時成敗瞋目嗔罵或慟哭壽仁后歡奉觴以解陶之以是為常雖宮門外事不欲

知其心然久亦覺知矣初郊祀成恭謝回鑾御樂聲達于內光宗問其事后曰市井為樂耳帝怒曰爾欺我至是尚爾邪揮之以肱后仆于闌自是遂得疾

壽仁后感目者言已有厄於大內靜處築精室獨居以道粧事佛病革遂終於此長御欲之椒殿取禮服偶內人有怨后者持鑰不啓曰使余憑誰命禪此褘翟既不得周身則補與衆寶以歸於鳳儀及半途武安日鳳王至則皆委之而走時泰安恍惚內中畏避之故也及久知說傳方再有至者則為廊日所暴露色黝然矣惜之大寢宮人無計致鮑于地以進[illegible]下今餅亂其芬洎事聞于外梓人進禪幾有小白之[illegible]後甃于赤山那后之側不久雷震毀殯人共怪云

長秋所生母舊隸德壽為樂部以久次出適于外矣一日奏樂上以為不諳中貴人奏近老得者得吉嫁出令皆新習未能串使欲使已嫁出者通籍復入庶新故參教上可之自是悉還然后母在外孕身已數月矣將及期官者奏乞復外舘憲聖后同第令產仙韶無害也遂誕后東朝禁中三日洗兒憲聖臨視戲

之云使汝長福祿及吾左右皆失笑雖一時戲言後乃符驗云長秋自是亦養宮中既久新樂純習熟其所生與儔侶俱還民間后乃在楊才人位為義女而以琵琶隸慈福宮其生在壬午至紹熙之季蓋已長矣今上以嘉邸踐阼于東朝為重華承嫡主喪故久於彼一日朝長信偶酒後盥手后奉匜以前帝悅而灑之自爾得幸久而憲聖知之幾欲賜朴大璫王去為力諫之曰孃孃尚以天下畀孫一婦人何足惜且是事不可使外人知也東朝[illegible]少解然終不釋然謂

王且使楊氏寄汝家候駕回南内部舍而復之故后
暫居去爲家而去爲之子瑜自是得幸及阜陵登遐
上歸舊東宮以便御視朝長秌復還長信上眷念秌
厚然莫能得之韓后既上仙所幸宦官王德謙將詣
于東朝憲聖語曰乃翁舊欲吾堂前一人尚不與之
德謙頗黠則奏之臣非不識去就敢竊數孃孃嬪御
今大内人物如楊美人者亦不乏臣所私見蓋以皇
后近上昇後宮繼進無序苟得一人自陛下處賜與
官家則衆人方帖伏甚於保愛上躬爲宗社大計非

輕忽聖稍解曰汝此言亦不爲無理德謙知有間可
乘又使中貴人儀和以爲孃孃尚未見玄孫而楊氏
相命皆宜子波瀾鼓扇慈福遂以賜寧宗漸進爲婕
妤時韓侂胄用事知王瑜之舊也瑜遂不得入内時
曹氏亦得幸於上韓復左右之故后尤自抑勵讀書
飾巳躬數以御同達者一時故有賢稱韓無自寬之
今東宮要入實飾杭宗室善下居其間而韓侂胄與
善下厚故得導達也然同時入者亦一二人惟韓后
獨喜今館皆因與内人馳逐總角皆髻髫人欲爲櫛

櫛者必不可必得媽媽方結蓋常時后自爲束髮故
也由此韓后鍾情遂決爲嗣同入者復出後間繼莊
文者亦在當時選中此實天命也夫以維因善下出
入韓氏導達而致苟非其人者詎能致哉
韓成恭上仙後後宮爲上所眷者今長秌與婕妤曹
氏耳時欲繼立椒塗二嬪交進曹有姊妹通籍禁中
皆爲女冠賜號虛無自然先生者左右街都道錄者
皆厚於韓侂胄或謂亦與之姻韓侍禁中時多在曹
位故鑄金之際意自輕重然曹竽術令長秌能挾數

以御之且上意專在楊韓密間之未能奪也先是禁
中有二内人懷春而病事且媾各設席以邀羊車欲
決此舉二閤皆同日今長秌故遜曹使朝飲而已飲
於夜曹不寤也逮肝酒甫一再行曹未及有請則楊
位巳奏恭肅帝輦矣奏趣重疊上起洎至楊所則自
從容且遂留寢故能舐筆展幅以請奎章上即書貴
妃楊氏可立爲皇后付外施行而長秌復進筆乞又
書其一付其兄次山逮曉雙出之中貴所齎者未至
省而次山已持御筆自白廟堂矣蓋后慮韓罣上批

事或中變故兩行之使不可過耳

于舖雖爲相然事檄考極褻宮中使内人爲市舖爲市令若東昏之戲一日上故責市令撻之取樂舖肴故門告堯舜免一次上笑曰吾非唐虞汝非稷契也一日又與踰垣微行舖以肩承帝趾稍峻微有不相接處上曰聳上來司馬光舖應曰伸下來神宗皇帝君臣相謔乃爾

李太宰邦彦家起於銀工既貴其母嘗語昔事諸孫以爲恥母曰汝固有譏乎宰相家出銀工則可羞銀工家出宰相正爲嘉事何恥焉其見高于李守素多矣

朝野遺記〈八〉　九

文水縣西有山險可居保正石頳聚衆據之時抄虜游騎且斷其運道數夜犯其小寨粘罕怒遣重兵合攻之遂擒頳釘于車上將剮之已剸刃於股而色不變奇之呼謂曰能降我以汝爲將頳怒目罵曰爺能死不降爺如不名不上釘橛更無豫易也罕怒寸磔之罵不絕聲而死

程敦厚字子山東共表兄上元之孫也秦檜善之爲中舍時一日呼至府第請入内閣坐候之終日一室蕭然獨案上有紫綾褾一册書聖人以日星爲紀賦末後有學生類貢進士秦塤呈文采艷麗子山兀坐靜觀反覆幾成誦雖酒殽間勞沓至及晚竟不出乃退子山亘測也後數日差知貢舉宣押入院始大悟即以是命題此賦果精衆考官皆稱善洎揭曉乃孫果首選

秦檜妻王氏素陰險出其夫上方岳飛獄具一日檜獨居書室食柑玩皮以爪劃之若有思者王氏窺見笑曰老漢何一無決耶捉虎易放虎難也檜掣然當

朝野遺記〈八〉　十

心致片紙付入獄是日岳王薨于棘寺

孝廟追復岳飛官爵收召其子孫使給還元貲主者具當時所得止九千緡物耳其薨于獄也實請具浴拉脇而殂獄卒隗順負其屍出踰城至九曲叢祠中故老今九曲五顯廟尚靈（舊在大理寺墻下）順葬之北山之濟身素有一玉環瞑亦殉之屍下將逝遺于上識焉及其死也謂其子曰異時朝廷求之不獲必懸官賞汝告言曰棺上一鈴簡有棘寺勒字吾埋殯之符也

後果驗其㚅不得以一班職爲賞其子始上告官
如所言而尸色如生尚可更斂禮服也

朝野僉言 宋 張鷟

靖康元年丙午十一月二十五日金兵至京城下粘罕於城南青城屯兵幹離不於城北劉家寺屯兵環城列柵分地爲必拔之計

閏十一月初六日卯時有大星東南落流光數丈初七日不見斗二夜初八日夜遣火焚蔡京宅火光亘天鄰屋無所犯明旦士庶觀之咸謂國家召禍造端乃蔡爲首宅焚無片木而不及鄰實本天意

二十六日早城南百姓相驚云向北金兵下城入五嶽觀醴泉觀陳橋南薰封丘門皆有金人下城殺人刼取財物城中百姓皆以布被蒙體而走士大夫以綺羅錦繡易貧民衲襖布袴以藏婦女提攜童稚於泥雪中走惶急棄河者無數自縊投井者萬餘哭聲徹天軍民踰城出走者十餘萬人城外爲番兵殺死者居半是夜上在小殿中抱太子內侍止三四人餘皆逃遁君自龍德宮徒行入大內與諸王妃主相聚哭亦有遁於民間者

二十八日夜彗星見其長亘天二十九日日出赤如血

十二月初一日帝出南薰門初三日見二酋初四日還復入南薰門城中百姓父老捧香列拜呼萬歲而流涕者不知其數

靖康二年丁未正月初十日上出郊至十五日方見二酋士庶每日望車駕還內時大雨雪十餘日不止王宗沇自軍前傳詔云元帥留上打毬未得晴候打毬畢即還內士庶聞之各請僧道作道場祈晴又願車駕早還大內自諸王宗室執政侍從寺監省部官吏在京百姓各貼黃榜自宣德門至南薰門羅列道場百姓忠義之士然頂煉臂跪於南薰門父老持香爐於雪中跪拜哭流十餘日百姓每日御街上候駕時雨雪大凍餓死者無數

二十九日軍前索教坊內侍等四十五人露臺妓女千人蔡京童貫王黼梁師成等家歌舞及宮女數百人先是權貴歌舞及內人自上皇禪位後皆散去至是令開封府勒牙婆媒人追尋矣哭泣之聲徧於閭巷聞者不勝其哀

二月初七日上皇與諸王后妃以下乘金銅車子出詣虜營內人宦官多相攜步從諸王三十二人駙馬四十七人百姓見之咸知將欲廢立驚憂戰慄心膽喪亂皆不樂生市井小人張目相視色若死灰人心大擾留守司恐軍民亂致金人縱兵乃出榜曰太上道君皇帝并妃嬪諸王詣軍前懇元帥乞車駕還內軍士宜各體國安業不得輒有驚疑見者咸知其虛誕矣

大中遺事

宋 令狐澄

軒轅先生居羅浮山宣宗召入禁中能以桐竹葉滿手挼之悉成錢先生又能散髮箕踞用氣攻其髮一一條直如植

唐宮中以診脉爲對脉

裴暉詩有太康字宣宗曰太康失邦何以此謂我宰執奏晉平帝改元太康曰天子須博覽不然幾錯罪暉由是耽味經史夜觀書不休宮中竊目上爲老博士

新羅國記其國王族謂之第一骨餘貴族謂之第二骨擇貴人子弟之美者傅粉粧飾之名花郎國人皆爭事之

大中時工部尚書陳商立漢文帝廢發議立春秋左傳學議以孔聖修經褒貶善惡類例分明法家流也左丘明爲魯史載述時政惜忠賢之泯滅恐善惡之失墜以日繫月修其職官本非扶助聖言緣飾經旨蓋太史氏之流也率其春秋則明白而有實合之左氏則叢雜而無徵杜元凱曾不思夫子所以爲經當以詩書周易等列丘明所以爲史當與司馬遷班固等列取二義乖剌不侔之語參而貫之故微旨有所未周宛章有所未一文多不載又吳郡陸龜蒙亦引啖助趙匡爲證正與陳工部義同蓀光子同寮王公貞範精於春秋有駁正元凱之謬條緒甚多人咸訝之獨鄙夫嘗以陳陸啖趙之論竊然之非苟合也唯義所在

大中末相國令狐綯罷相其子滈應進士舉在父未

罷相前挾文解及第諫議大夫崔宣上疏述滈弄父權勢傾天下以衆人文卷須十月前送納豈可父身尚居於樞務男私挾其解名于拢主司侮弄文法恐姦欺得路孤直杜門云云請下御史臺推勘疏留中不出

大中四年進士楊消登第榜中文譽最高是歲暹羅國起樓[illegible]金帛奏請撰記時人榮之初官京兆府參軍[illegible]地即杜相審權也杜有江西之拜制書未行先[illegible]長樂公密語喜延辟之命欲以南昌牒奏任之

事令勿泄長樂公拜謝辭出宅速鞭而歸於通衢遇友鄭賓見其喜形於色駐馬懇詰長樂遽以恩地之厚告之滎陽尋復自詣京兆門謝賀具言得於馮先輩也京兆嗟憤而鄙其洩露自制下開幕馮不預焉心緒憂疑莫知所以旆車發日自霸橋乘肩輿門生咸在長樂拜別京兆公長揖馮曰勉旃由是囂浮之譽徧於搢紳竟不通顯中間有涉交通中貴愈招清議官止祠部郎中眉州刺史仕蜀至御史大夫

大中初盧攜舉進士風貌不揚語亦不正呼攜為彗（平聲）盖短舌也韋氏昆弟皆輕侮之獨韋岫尚書加欽謂其昆弟曰盧雖人物甚陋觀其文章有首尾斯人也以是卜之他日必為大用爾後盧果策名竟登廊廟

大中初綿州魏城縣人王助舉進士有奇文蜀自李白陳子昂後繼之者乃此人也嘗撰魏城縣道觀碑詞華典贍于時薛逢牧綿州見而賞之以其邑子延遇因改名助字次安壯其文類王勃也自幼婦刊建於使君列銜於碑陰以光其文雖兵亂焚蕩而[illegible]

蹤然好事者經過皆稅駕而覽之助後以瞀廢無聞於世賴河東公振發增價而子孫榮之其子朴仕蜀至翰林學士

西朝寶訓　闕名

真宗賦御溝柳詩令宰相兩省和進陳充中詩曰一度春來一度新翠光長得照龍津君王自愛天然態恨殺昭陽學舞人其詩最尤者

大中初京師嘗淫雨涉月將害粢盛分命禱告百無一應宣宗一日在內殿顧左右執鑪降階跣泥焚香仰視若自責者久之御服沾濕感動左右旋踵而急雨止翌日而雞陰開其歲大有年

會昌末年武宗忽改御名爲炎下炎及宣宗以光王龍飛于古文光字實從炎焉應先兆之明若是耶

真宗宴近臣語及莊子忽命呼秋水至則翠鬟綠衣小女童也朗誦秋水一篇聞者竦異

真宗嘗一日召陳搏至闕下士大夫多請相見須求其言告之曰儉好之所無久戀得意之所無再往如此而已

真宗嘗問近臣唐時酒價皆不能對丁晉公云一斗三百上問何以知之對曰杜甫詩云速宜相就飲一斗恰有三百青銅錢上稱善久之信乎杜詩爲詩史也

真宗在朱初時造一假山甚工置酒邀侍讀官僚姚坦觀之曰此用民力聚血山耳帝即剷去以其壁爲儒行

涑水記聞

宋　司馬光

周恭帝幼冲軍政多决於韓通通愚愎太祖英武有度量多智畧屢立戰功由是將士皆愛服歸心焉及將北征京師民間諠言出軍之日當立點撿爲天子宗室或挈家逃匿於外州獨宮中不知之太祖聞之密以告家人曰外間詾詾如此將若之何太祖之姊或云卽魏氏長公主面如鐵色方在厨引麪杖逐太祖擊之曰大丈夫臨大事可否當自决胸懷乃來家間恐怖婦女何爲邪太祖默然而出

太祖之自陳橋還也太夫人杜氏夫人王氏方設齋於定力院聞變王夫人懼杜太夫人曰吾兒平生奇異人皆言當極貴何憂也言笑自若太祖卽位是月契丹與漢兵皆退

太祖常見小黃門損畫殿壁者怒之曰豎子可斬曰此乃天子廨舍耳汝豈得之邪

太祖嘗謂秦王侍講曰帝王之子當務讀經書知治亂之大體不必學作文章無所用也

太祖皇帝潛龍時雖屢以善兵著奇功而天性不好殺故受命之後其取江南也戒曹秦王潘鄭王曰江南本無罪但以朕欲大一統容他不得卿等至彼愼勿殺人曹潘兵臨城久之不下乃草奏曰兵久無功不殺無以立威太祖覽之赫然批還其奏曰朕寧不得江南不可輒殺人也逮批詔到而城已破契勘城破乃批奏狀之日也

太祖皇帝卽位後車駕初出過大溪橋飛矢中黃繖禁衛驚駭帝披其胸笑曰教射教射旣還内左右密啓捕賊帝不聽久之亦無事

建隆間竹木務監官患所積財植長短不齊乞翦截俾齊整太祖批其狀曰汝手足指寧無長短乎胡不截之使齊長者任其長短者任其短御批宣和中予親戚猶有見者

國初宰執大臣有前朝與太祖俱北面事周仍多在已上一日卽位無所易置左右驅使皆委靡聽順無一人敢偃蹇者始聽政有司承舊例設宰相以下坐次卽叱去之

太祖性節儉寢殿設布緣葦簾常出麻履布衫以示左右曰此吾故時所服也

蜀道征討比事

宋　袁伸儔

紹興三十二年正月初一日四川宣撫使吳璘遣出軍統制杜安傳令于邵州防禦使向起利州兵馬鈐轄吳挺及保寧軍節度使姚仲共畧曰軍行並從隊伍勿亂次勿殿後勿蹂稼勿毁民舍勿掠民財逢敵欲戰必成列爲陣甲軍弓弩手並坐視敵兵距陣約一百五十步令神臂弓兵起立先用箭約射之前之所至可穿敵陣即前軍俱發或敵兵距陣約百步令

平射弓兵起立用箭約射如初然後全陣俱發或敵兵直犯拒馬令甲軍搶手容依拒馬枕槍擦刺忠義人亦如之追者並處斬如敵兵已敗許忠義乘其後追擊之必生獲女直及金人與其首級乃議賞否則謂其有以僞地兵領首僞爲女直金人首級冒賞者罪亦如之先是遣杜安示陣式于諸將以步軍爲陣心爲左右翅翼馬軍爲左右肋拒馬環于左右肋之將以衛步軍以一陣約計之主管陣敵統制一統領[illegible]主陣擬敵各　正副將准備將部隊將則因其隊

爲多寡陣兵二千二百六十有三步軍居陣之內者一千二百有七爲陣心者一千甲軍鎗手五百有二平射弓二百有二與拒馬首二百居陣外分兩翅副賀者五百六十有六左翼二百八十有三主陣將軍二平射弓二百一十有七神臂六十有四右翼亦如之馬軍外爲左肋二將官二訓練一旗隊十隊兵乘騎二百四十八右肋亦如之雖其間有貼撥補陣增益之不同而大畧可類見矣

大事記

宋　呂祖謙

歲目

上章涒灘一

周敬王三十九年　魯哀公將十四年

齊簡公任四年　晉定公午三十一年

秦悼公十年　楚惠王章八年

宋景公頭曼三十六年　衛出公輒十八年

陳湣公越二十一年　蔡成侯朔十年

鄭聲公勝二十年　燕獻公十二年

吳王夫差十五年

閼逢困新

周敬王四十三年　魯哀公十八年

齊平公鶩四年　晉定公三十五年

秦悼公十四年　楚惠王十二年

宋景公四十年　衛侯起元年

陳湣公二十五年　蔡成侯十四年

鄭聲公二十四年　燕獻公十六年

吳王十九年

上章涒灘二

周威烈王五年　魯元公嘉十年

齊宣王就匝三十五年　晉出公鑿十七年

秦靈公四年　楚簡王仲十一年

宋昭公得四十八年　衛懷公亹五年

鄭繻公駘二年　燕湣公十三年

閼逢困敦

周威烈王九年　魯元公十四年

大事記　二

齊宣公三十九年　晉烈公止三年

秦靈公八年　楚簡王十五年

宋昭公五十二年　衛懷公九年

鄭繻公六年　燕湣公十七年

上章涒灘三

周顯王八年　秦孝公元年

韓懿侯十二年　魏惠王罃十年

趙成侯種十四年　齊威王因齊十年

楚宣王良夫九年　燕文公元年

宋公剔成九年　魯共公奮十六年

衛成侯速元年

閼逢困敦

周顯王十二年　秦孝公五年

韓昭侯二年　魏惠王前十四年

趙成侯十八年　齊威王二十二年

楚宣王十三年　燕文公五年

宋公剔成十三年　魯共公二十年

衛成侯五年

大事記　三

上章涒灘四

周赧王十四年　秦昭王稷六年

韓襄王倉十年　魏襄王十七年

趙武靈王二十五年　齊閔王地十三年

楚懷王槐二十八年　燕昭王平十一年

宋君偃二十八年　魯平王旅十六年

衛嗣君二十四年

閼逢困敦

周赧王十八年　秦昭王十年

[illegible]襄王十五年　魏襄王二十一年
趙惠王何二年　齊閔王十六年
楚頃襄橫二年　燕昭王十五年
宋君偃三十二年　魯平公二十年
衛嗣君二十八年
上章涒灘五
秦始皇六年　韓桓惠王三年
魏景閔王增二年　趙悼襄王
齊王建二十四年　楚考烈王
大事記　八　四
燕王喜十四年　衛元君
閼逢困敦
秦始王十年　韓王安二年
魏景閔王六年　趙悼襄王八年
齊王建二十八年　楚幽王悍元年
燕王喜十八年　衛元君十五年
上章涒灘六
漢高后呂氏七年
閼逢困敦

漢文帝前三年
上章涒灘七
漢武帝元狩二年
上章涒灘八
漢宣帝神爵二年
閼逢困敦
漢元帝五鳳二年
上章涒灘九
漢哀帝元壽二年
閼逢困敦
大事記　八　五
漢平帝元始四年
上章涒灘十
漢明帝永三年
閼逢困敦
漢明帝永平七年
上章涒灘十一
漢安帝延光三年
上章涒灘十二

漢靈帝光和三年
上章涒灘十三
漢安樂思公延熙三年　吳大帝孫權赤烏二年
魏邵陵厲公曹芳正始元年
閼逢困敦
漢安樂思公延熙七年　魏邵陵厲公正始五年
吳大帝赤烏七年
上章涒灘十四
晉惠帝永康元年
大事記　八　六
閼逢困敦
晉惠王永興元年　漢光文帝劉淵元熙元年
蜀武帝李雄建興元年
上章涒灘十五
晉穆帝升平四年　秦宣昭帝符堅甘露二年
燕幽帝慕容暐建熙元年
魏昭成帝拓跋什翼二十三年
閼逢困敦
晉哀帝興寧二年　秦宣昭帝甘露六年

幽帝建熙五年　魏昭成帝建國二十七年
上章涒灘十六
宋武帝劉裕永初元年　魏明元帝嗣大帝五年
西秦乞伏熾盤建熙二年
夏赫連勃勃眞興二年　燕馮跋太平十二年
凉沮渠蒙遜玄始九年
閼逢困敦
宋文帝義隆元嘉元年　魏大武帝燾始光元年
西秦乞伏熾盤建弘六年
大事記　八　七
夏赫連勃勃眞興六年　燕馮跋太平十六年
凉沮渠蒙遜玄始十三年
上章涒灘十七
齊高帝蕭道成建元二年
閼逢困敦
魏孝文宏太和四年
齊武永明二年　魏孝文帝太和八年
上章涒灘十八
梁武帝蕭衍大同六年

西魏文帝元寶炬大統六年
東魏孝靜帝元善見興和二年
閼逢困新
梁武帝大同十年　西魏文帝大同十年
東魏孝靜帝武定二年
上章涒灘十九
隋文帝開皇二十年
閼逢困新
隋文帝仁壽四年
大事記　八　八
上章涒灘二十
唐高宗顯慶五年
閼逢困新
唐高宗麟德元年
上章涒灘二十一
唐玄宗開元八年
閼逢困新
唐玄宗開元十二年
上章涒灘二十二

唐德宗建中元年
閼逢困新
唐德宗興元元年
上章涒灘二十三
唐文宗開成五年
閼逢困新
唐武宗會昌四年
上章涒灘二十四
唐昭宗光化三年
大事記　八　九
閼逢困新
唐昭宗天祐元年
屠維協洽
周世宗顯德六年
南漢恩赦侯劉鋹大寶元年
蜀秦國公孟昶廣政二十二年
北漢劉承鈞天會三年
凡一千四百四十年

三朝野史

元　吳萊

史彌遠之立理宗而廢濟王或者謂其於夢寐之中有所感而然也後村先生劉克莊以詩譏之云楊柳春風丞相府梧桐夜雨濟王家人皆謂彌遠是佛位中人乃父丞相浩與覺長老道契握手入堂與問之曰和尚好我好覺見堂與中簾幙綺羅榮華富麗粉白黛綠環列左右乃應答曰大丞相富貴好老僧何好之有既而曰此念頭一差積年蒲團工夫俱廢柰

免墮落一日浩坐廳上儼然見覺長揖突入堂內使人往寺中請相見人即報云覺長老坐化圓寂于法堂上頃聞浩堂裏弄璋浩黙然自知後以覺字爲彌遠小名觀彌遠二十七年當國冊立理宗措天下於泰山之安纏籌廊廟日食萬錢豈非佛位中人歟遠自恃冊立之功專權納賄天下變爲汚濁功則有之忠則未也賈似道不許配享理宗由此

潘丙潘壬太學生也就湖州冊立濟王爲帝事敗濟王遇鴆而殂丙壬各梟其首欲屠湖州一城人民彌遠夢中見李侯太尉求免遂追回大統制一城生靈均拜李侯更生之賜至今長興李侯廟人民敬祀以報其威靈也

李全擾淮時史彌遠在廟堂束手無策有謡傳全軍馬渡江過行在京師人民惶惶彌遠夜半忽披衣而起有愛寵林夫人者見其起可疑亦推枕而起相隨於後忽見彌遠欲投池中林夫人急扶住泣告曰相公且少耐區處數日後得趙葵捷書

裕齋先生馬光祖知高郵軍適值管軍官營前率衆

叛據城縱軍刼掠與同黨王安等飲宴有妓毛惜惜不服褻侍全痛責之惜惜云妾雖賤妓不曾伏事反臣全遂斬之秋崖先生方岳作義娼傳

馬光祖知京口判姦婦云世間若無婦人天下業風方靜觀其尹京之日不畏貴戚豪强庭無留訟廟得包孝肅公尹開封之規模福王府訴民不還房賃屋錢光祖判云晴則雞卵鴨卵雨則盆滿鉢滿福王若要屋錢直待光祖任滿有士人踰墻偷人室女事覺官畢以令當廳面試光祖出踰墻摟處子詩士人秉

箋云花柳平生債風流一段愁踰墻乘輿下處子有
心樓謝砌應潸越安香計賠偷有情還愛欲無語强
嬌羞不負秦樓約安知漳獄囚玉顏麗如此何用讀
書求光祖判云多情愛還了半生花柳債好箇檀郎
室女爲妻也不妨傑才高作聊贈青蚨三百索燭影
搖紅配取嫦人是馬公犯姦之士旣幸免決罪又因
此以得佳偶此光祖以禮待士也

金陵帥閫趙以夫過衢州訪祕書徐霖相見後覿面
大慟左右見者駭然不知所哭何事元來哭世道艱

險小人在朝君子在野生民不見太平之治以夫與
霖俱懷嫠緯之憂故也

理宗祀明堂徐淸叟爲執綏官玉音問曰猶見捕鼠
如何淸叟急機荅曰愛之欲其生惡之欲其死應對
雖捷然理宗本命屬鼠一時荅問不覺觸突天聽理
宗度量恢宏亦不之咎

宏齋先生包恢年八十有八爲樞密陪祀登拜效臺
精神康健一日賈似道忽問曰包宏齋高壽步履不
艱必有衛養之術願聞其畧恢荅曰有一服丸子藥
乃是不傳之祕方似道欣然欲授其方恢徐徐笑曰
恢喫五十年獨睡丸滿座皆哂

四月初八日謝太后壽崇節初九日度宗乾會節賈
似道命司封郎中黄蛻作致語中有一聯云聖母神
子萬壽無疆亦萬壽無疆昨日今朝一佛出世又一
佛出世滿朝縉紳皆喜之

至元丙子春淮西閫夏貴歸附大元宣授中書左丞
至元巳卯薨有贈以詩云自古誰不死惜公遲四年
聞公今日死何似四年前又有人弔其墓云享年八

十五何不七十九嗚呼夏相公萬代名不朽

大兵渡江賈似道卽出檄書播告中外曰洪惟藝祖
肇造我邦至於高宗爰宅與會以仁守國以德配天
未嘗行一不義殺一不辜可以質諸無疑證諸不悖
理宗四十一年忠厚之澤著于生民先帝十一載恭
儉之心何負天下不念元溫犂從尚受卵翼之恩李
陵一門初無毫髮之損國家厄運一至於此人心忠
義夫豈無之太皇后七袠之聖躬今天子孤幬之沖
實在人情猶知恤鄰鄰之老幼豈臣子忍坐視君父

之阽危寧無邦國忠臣亦有江湖豪傑其合唱義之旅載馳勤王之師如陶士行慷慨之征申張魏公忠赤之志救日之亏救月之矢便直指於旌旗如礪之山如帶之河尚永堅於盟誓檄到諸路咸使聞知

賈似道乃父涉開閫淮東爲國宣勞似道閫帥兩淮効父之故智閫才有餘相才不足自當軸以來收畜古銅器法書名畫玉器珍寶金銀貨泉用譚玉辨驗以元老之尊眉蔬與賤娼濟稱必褻狎貪財好色一至於此敗壞宋國遺臭萬年

三朝野史　八　五

宋興於後周顯德七年時恭帝八歲亡於德祐元年少帝四歲諱顯顯德二字不期而合周以主幼而亡宋亦以主幼而亡周有太后在上禪位於太祖宋亦有太后在上歸附於大元宋太祖革命之時韓通不伏而被誅陳宜中當國之日韓震無辜而被殺此造物報應之理也

賈秋壑甲戌寒食嘗作一絶云寒食家家插柳枝留春春亦不多時人生有酒須當醉青冢兒孫幾箇悲明年謫死

有越僧作錢塘懷古詩云天定終難恃武功不堪嬰淚濕東風百年南渡斜陽外十里西湖片雨中燕子來時龍輦去楊花飛後鳳樓空倚筇曾向錢塘望山掩江城霧氣籠

賈秋壑德祐乙亥八月生日建醮青詞云老臣無罪何衆議之不容上帝好生奈死期之已迫適値垂弧之旦預陳易簀之辭切念臣際遇三朝始終一節爲國任怨但知存大體以杜私門遭時多艱安敢顧微軀而忘末路屬[illegible]會[illegible]之[illegible]率驕兵悍將以徂

三朝野史　八　六

征用命不前致成酷禍措躬無所惟有後圖衆口皆詆其非百喙難明此謗四十年勞悴悔不爲雷庾之保身三千里流離猶恐置霍光於赤族仰慙覆載俯愧劬勞伏願皇天厚土之鑒臨理考度宗之昭格三宮霽怒收瘴骨于江邊九廟闡靈掃□氣於境外此時已無廖王諸客矣豈似道所自爲邪讀之雖可恕可笑可恨其文自好

丙子三宮赴北行省浮三學生一百人從行責齊僕足其數時見幾者悉已蘆州橋吳府子弟名孝孫倢

一入齊至是乃爲齊僕所指驅之北去出關後諸生廸廸不行人箠以梃棒三下登舟餧甚得粥飲一桶無匙著乃於河邊拾蚌蛤之殼爭攫而食之飢寒困苦道亡者多皆身膏草野後授諸路府教授僅餘十七八人耳

文文山天祥劉中齋夢炎一般狀元宰相末後結果不同流芳遺臭較然可見陳靜觀宜中容死暹羅雖免作北臣而視從容就義者有間矣陳如心文龍與義就擒尤得其死方蛟峯逢辰德祐屢召不起持父服終其身尚得爲全人也文山在獄中時北人有詩云當今不殺文丞相君義臣忠兩得之義似漢王庚齒日忠如蜀將斫頭時乾坤 月[illegible] 界岡嶺風雲草木知未必史臣書到此老夫和淚寫新詩中齋自北歸過嚴陵就養於其子府判者何潛齋遺之詩曰昆明灰劫化塵綃夢裏功名黍一炊鍾子不將南操變庾公空抱北臣悲歸來眼底湖山在老去心則浙水知白髮門生憐未死青衫留得裹遺尸

彭大雅知重慶大興城築僚屬諫不從彭曰不把錢

做錢看不把人做人看無不可築之理既而城成僚屬乃請立碑以紀之大雅以爲不必但立四大石于四門之上大書曰某年某月彭大雅築此城爲西蜀根本其後屬之流離者多歸焉蜀亡城猶無恙眞西蜀根本也

甲申雜記

宋　王鞏

曾彥和旼云神宗嘗有手詔云求於所不求取於所非時不可也余贊曰德音之謂歟

陳刑部績云荆公作相時嘗欲作當十錢神宗曰刑獄自此滋張矣遂已時政記載之

張恕厚之云遇過客言哲宗時得湟鄯矣尋留湟而棄鄯至元符建中閒始并湟棄之

劉晦叔昱言阿李國本不當立因私其國母而得立其大臣溫稽心常不協吝遣腹心詣王文郁乞內附文郁請于朝神宗曰此欲我為渠援耳但善加慰撫而已亦以其人攻其人之道也邊臣老將歎服睿筭

於是終元豐罷而不論紹聖初孫路以為可納章子厚除路漕陝西經營之晦叔亦漕陝西將西行問安厚卿李邦直厚卿曰先帝不納豈無深意耶邦直曰路奸官職一至如此既至永興但見路與鍾傳對榻而寢者一月一日傳謂晦叔曰此事決難為得之易守之難也其後鍾傳被召具言不可子厚亦意緩後

鍾傳坐冐賞貶遂復搆成其議
祖宗舊制後殿引公事則軍頭引見司皇城司殿前司三司祗應殿前統制諸班皇城統制親事官引見統制馬直步直兩指揮入料錢五百文熙寧中併馬直入雲騎步直入虎翼引見司兵遂廢矣
辛諫議子有儀嘗與阮逸善一日謂逸曰君未娶我有一相知無子家饒財有女求壻其家房緡二千嘗為營之苟成以一千謝我逸唯唯姻既成逸以前約語其婦翁婦翁難之有儀怨甚乃以逸有易立太上

甲申雜記　二

石難芳上林榔之句告訐不軌逸下吏全家流竄後有儀為海州都曹至淮舟没溺轎子浮水上得脫既至岸舟人雖小兒悉免有儀家人無一存者唯長子他道及宮滿歸洛長子忽失所在視之得尸井中世以為阮逸之報也
崇寧元年六月西京民家猪生二男一女一猪
李觀察士衡之孫左侍禁化先者少好神仙事父母強令娶婦遣行人議曹氏之女及禮席之日曹氏已入門化先踰垣而走曹氏復歸後曹氏還納為后慈聖光獻是也
仁宗朝春試進士集英殿后妃御太清樓觀之慈聖光獻出餅角子以賜進士出七寶茶以賜考試官
初貢團茶及白羊酒惟見任兩府方賜之仁宗朝及前宰臣歲賜茶一斤酒二壺後以為例
張文定前參知政事後為宣徽北院使神宗嘗俾張承旨誠一密問宋龍圖敏求不知前兩府有賜方團務頭帶例否宋公報曰非前宰相無賜例及文定改南院使知南京辭日始被賜為異恩也後王宣徽知

甲申雜記　三

西京引例以為言遂亦被賜王宣徽實王相禹玉座主陰有力焉
見任執政官生日賜以酒餼張文定以宣徽使在院神宗特命賜之非例也
潭州彭子民隨董必察訪廣西時蘇子瞻在儋州董至雷議遣人過儋彭顧董泣涕下曰人人家各有子孫董遂感悟止遣一小使臣過儋但有逐出官舍之事
張元素字君餙從事荆南府共同事楊久中一日忽

遇天帝降其室前有鸞鶴鳳凰祥雲先至帝有隨身
宮殿光彩煥耀一室之間望之不窮遂錫久中曰廉
正君其妻及子皆有名號論物外事皆非世人所知
語世間事大小無不驗楊置花枝數盆於室前即生
根株於盆中隨四時開落結實皆不盈尺而根株盤
結與常木無異病者取花盆中水飲之即愈荆南守
孫頎龍圖病目點之隨手而愈久中後爲朝奉郎七
十餘歲卒于睦州其妻子奉事今如故

老人多言曆日載幾龍治水惟少爲雨多以其龍數
多即少雨也又舊言雨暘有常數春多即夏旱夏旱
即秋霖皆大不然崇寧四年歲次乙酉凡十一龍治
水自春及夏及秋皆大雨水

陳刑部縝公密云祖宗刑部大理寺每半年一次斷
訖天下案牘至神宗朝以春秋二時差銓試官遂四
季各斷訖上等賜絹十五匹中等十匹下等七匹恩
賜止如此今年乙酉於例十二月五日合斷絕但移
先一月至十一月五日斷訖宰府及刑寺稱賀自侍
郎劉賡大理曹調李孝稱而下各遷兩官簿一官乃

非常之恩也

又云嘗與元豐官制局初畫尚書省圖局官與宋用
臣凡三進皆不稱旨其後御筆親制置一圖出元豐
尚書省是也既成親幸遍覽悉如初旨詔有敢易一
門一窓以違制論舉省皆遷官

又云初議官制張誠一要易都知押班名置殿中監
誠一時被眷無敢異者既而與諸監制度作劄子同
進呈神宗顧左右無内侍官在側以御衣遮手而搖
之曰不可遂卷殿中監劄子收袖中即别處分事徐

顧燕頌子容蔡京元長曰此名不可輒易祖宗有深
意續時在列親聞德音

庚寅歲湖州孔目官朱氏以米八百石作粥散貧是
歲生服服爲從官

潤州金壇縣陳亢熙寧八年饑莩無數作萬人坑每
一屍設飯一旣席一領紙四貼藏屍不可紀是歲生
廓又生度皆爲監司孫登仕者相繼

西[illegible]于龍呵既歸朝至闕下引見謂押伴使曰平生
聞包中丞拯朝廷忠臣某既歸漢乞賜姓包神宗嘉

如其請名順其後熈河極罄忠力
武臣王棫爲邢恕教令上書誣宣仁於哲宗有異心及教蔡渭等上書論元祐及元豐末等事其書一後悉存皆恕手筆其間塗竄者非一棫於哲宗朝論之得閤門職名旣卒其子直方時出其書以示親寄自元豐末至宣仁上仙大臣無不被誣者而禹玉尤甚蔡蕃奉議嘗謂直方曰使王氏子竭産亦願得此書也蔡倅潤過高郵爲余言之王居東京九龍廟側
湖南提刑唐稑字碩夫過高郵謂余曰治平二年九

月自吿州作邑過長沙一老人以扁舟載竹兀子就舟貨見其竹如白牙因買之至四年攝事京局因上馬馬蹶其兀壞竹脚中破内有雕刻字曰某年月日造某年月日破王押與破之日無差其字以朱塗之旣駭前識之異而竹未破時其心安得而書之竹工必異人也又云其父諲爲湖北漕一日有一道人特刺造門但全幅書一登字延坐問之曰徐登也館之菴中不食日飲酒一斗或見羣卒飯輒取一掬食之而已間與鄭毅夫内翰宴飲雖妓女笑語戲弄無虞或發其陰視之童皃也間與唐漕飲取千里外物不移刻一日唐欲河東蒲桃又思峽中新荔子酒數巡則令人就其卧屏間取之皆美新若方折枝者唐坐中見劉莘老時劉爲荆南職官徐語唐曰此人異日爲宰相但不久耳久之告别甚遽唐曰何之答曰大抵天地間萬物皆有數不可逃也我將之復州願求一書與復守托以後事如其言旣至復謁守曰乞一棺柩開九穴葬于無人之境後三日卒復守如其言葬之以書報唐唐亟徃與守倅僚吏發棺視之衣一

襲而已後旬餘與毅夫語其事間有京遞至發之得嵩山道士與毅夫書云徐先生來聞動靜甚詳校其至嵩日乃卒于復之日也唐碩夫親見之
大逵謂天使爲赦倒郎君依赦倒日行五百里也
天下之公論雖仇怨不能奪也李承之奉世知南京嘗謂余曰昨在侍從班時李定資深鞫蘇子瞻獄雖同列不敢輒啓問一日資深於崇政殿門忽謂諸人曰蘇軾誠奇才也衆莫敢對已而曰雖二三十年所作文字詩句引證經傳隨問即答無一字差舛誠天

下之奇才也歎息不已

周仲元章作漕淮南謂余曰嘗爲衡陽宰一日邑吏云甘露降視松竹間光潔如珠因取一枝視劉貢父貢父曰速棄之此陰陽之戾氣所成其名爵餳飲之令人致疾古人葢有説焉當求博識之君子求甘露爵餳之别

建康實錄陳末覆舟山及蔣山松栢林冬月常出木醴後主以爲甘露之瑞俗呼爲雀餳

朝請大夫潘适爲渭州通判時涇原帥呂大忠被召

甲申雜記　八

問邊事既對哲宗語呂曰久要見卿曾得大防信否對曰近得之上曰安否又曰大臣要其過海朕獨處之安州知之否對曰舉族荷陛下厚恩上曰有書再三說與且將息忍耐大防朴爲人所賣候二三年可再相見呂再拜謝退而喜甚因章睦州召飯詰其對上語呂盡告之既至渭語潘潘曰失言矣必爲深悔後半月言者論其同罪異罰遂有循州之行既死上猶問執政曰大防何至虔州後請歸葬獨得旨歸葬哲宗簡在深矣嗚呼帝王之度非淺識可窺也潛邸

高郵語余如此

紹聖初余謫簽書柴州判官廳公事過别殿中侍御史陳次升當時當時曰且緩行上意未可知余深叩之陳曰早來請對上語我曰章惇文字不要絕了余問曰公何以報上曰唯唯余曰胡不白上臣爲耳目之官帝王猶心也心所不知耳目所以傳道之也心既知之何用耳目陛下既知惇何不罷斥更待臣等文字陳謝曰甚是甚是待數日再對又數日陳召余曰早來對如公之言言之但上曰未有以代惇者然惇爲相終哲宗一朝豈其命歟

甲申雜記　九

先公自太原罷歸朝既引對神宗諭來日前殿引既對上曰昨日以後殿卿仁宗舊臣不欲褁帽子見卿嗚乎上之禮遇臣下也如此

沙門島舊制有定額過額則取一人投之海中馬默處厚知登州建言朝廷既貸其生矣即投諸海中非朝廷之本意今後溢額乞選年深自至配所不作過人移登州神宗深然之即詔可著以爲定制未幾馬方坐堂上忽昏困如夢寐中見一人乘空來如世

所書符使也左右挾一男一女至馬前大呼曰我自東嶽來聖帝有命奉天符馬默本無嗣以移沙門島罪人事上帝特命賜男女各一人遂置二童乘黄雲而去馬驚起與左右卒隸見黄雲東去後生男女二人馬親語余如此

肩秩重實大觀元年九月得吉州守過高郵言紹聖中有洛人告言文及甫劉唐老與李邦直等將生變誅子厚蔡元度諸人下至兩制侍從皆及之召重實為京西轉運使推治之以其嘗攻文路公也朝旨令

先推究體訪候有狀即治之又以運判周純為知情不告云將引用嶺南謫降人元祐人同力為之哲宗召重實對曰欲盡誅族大臣以下則將置朕於何地又召呂升卿令國門聽旨俟其有實即遣誅諸人于嶺南重實既至西京捕文劉置運司別廳且辟程公孫專管當察訪于外久之無狀而誅大臣之語則有之文凡三請自裁未幾罷邦直留守知成都府且審驗重實令有實即就攝久之公孫忽得二張秀才齎語云元謀云候上意變必用元祐人遁有族誅之舉重實即具奏且言元不及乘輿不數日有旨令文劉逐便呂還朔部並更不推治哲宗之明之仁今世無知者以元旨極密公案一宗并元狀悉不在有司雖朝廷悉無知者公案藏其家終當上之乞實錄書之公孫喜刺人事者也

孫升舍人為選人時夢與一僧立通衢忽傳呼宰相來既至孫曰此府界提點蔡持正也僧曰此本朝第四人過嶺宰相也元祐中果謫新州本朝盧寇丁三人矣蔡實第四人也又歐陽大椿為新州職官一日

與守過寺中壁間見大字題曰蔡確善終之室與守異之方問其所以字滅不見後蔡果謫新終于屋下方蔡去也主僧掃治其室寺僧夜夢人告之曰善治之更當有宰相至矣數年劉莘老至亦終于此室方劉拜右僕射之日家人具飯一小僕忽仆于堂下少選大呼曰相公指揮頭踏往新州去已而家人詰之僕竊曰不知其言之出也

梁況之居住鄂州忽一道人至況之與對飲道人求絲褲況之與之即卷投衣袖中將投語曰入袖即[illegible]

凡投數十次竟不能入嗟咨曰不免爲寇萊公矣道人遂引去約當再來後月餘復至門人欲入白郎口不須見侍郎但報先去也候到彼相見未幾兕之貶化州久之一道人至兩口腹上亦兩口既至廳舍索斗酒一引而盡見兕之但云記得鄂州相見否音聲雖同而形貌非矣索錢二十七文而去出門以木檜穿腹中口吹鐵笛取漁舟獨立其上風引舟渡江而去化人云未嘗有此道人至也後二十七日兕之謝世

元祐中冊孟后議備六禮議成皇太后于文德殿垂簾發冊子由招余託客語呂微仲余曰公爲中執法私通意宰相可乎子由曰此國事若露章陳之恐壞事耳余遂造相府方語蘇中丞有少意俾白相公微仲色甚厲曰某忝位宰相豈可與中丞通私意余曰國事也若露章恐壞國事后意恐不能甘也迺曰何事蘇以文德天子正衙殿姒后坐而發冊此事不可啓微仲曰柰何余曰崇政可乎微仲曰容密啓既而因奏事微仲留白文德殿正衙殿也居常太皇推事謙抑若只御崇政殿益所以示盛德也宣仁曰亦何必就崇政只就本殿發冊可也明日詔下止遣内謁者傳命大臣於内東門承旨持節成禮二公防微杜漸之意宣仁謙冲之德皆無知者

紹聖中余見劉莘老蘄州因詰莘老公自中丞執政平生交游皆拒絶獨聽一王巖叟語今悔乎莘老默然久之曰惟蔡持正事實過當離青州時固悔矣

崇寧中因語上仁厚之德聰明多藝絶人遠甚呂吉甫曰大抵人君來處别不可以世人語也余深然之

范堯叟爲右丞時五嶽觀災或曰可速修之其像甚靈昨奉安時數十人舉一像昨夕數道士能舉之范曰果靈何不休焚之上笑而已時以聽直言斯盛德也

吳冲卿孫犯大戮法當族上止令貶湖浙間又俾諸子隨其父所在方案上議法上屢涕下仁聖之度眞類祖宗

宣仁同聽政日御厨進羊乳房及羔兒肉宣仁蹙然動容曰羊方羔而無乳則餓矣又曰方羔而烹之

夭折也却而不食有旨不得宰羊羔以爲膳

趙清獻每夜靜焚香于庭具言自晨興至夕凡與人言及所奏事與其所爲事諄諄以告諸天或問之則曰苟欺其心則覥于語言其敢告諸上帝乎迺所以自警察也

滕友作監司廣東患傷寒不省乆之夢泗州大聖洒楊枝水且語之曰宋祚無窮爲臣者惟忠與正無動汝志無易汝守汝亦有無窮之問聽畢遂愈

內侍劉承遂奉命北嶽祈雨乆之不應召羣巫訊之

皆不驗或謂一巫甚驗劉亟召之巫甚倨慢曰嘉應侯也劉曰嘉應侯爵豈憑女巫自售巫叱怒不已劉曰侯之廟在京師何地巫妄指他所劉遂加鞭捶乆之巫乃服曰我北京左藏庫庫子也因盗官錢三十貫爲同輩告首乃召告者入庫交錢遂殺之既而自刃死初亦莫知死也如大昏醉中莫知身世所在一日忽省入其家見其妻哭於門問之妻曰爾死三日矣入門尸卧地上將投尸中爲羣鬼所執詣一大府王者俾赴獄毎碓磨刀割之際血肉糜爛如泥獄卒取泥肉成堆聚之須臾大風至復成人晝夕無時其苦不可言數遇恩赦忽傳天有赦衆獄頓止出門列坐聽赦其中召一人出告之曰爾家作功德天赦爾其人遂騰空而去語畢獄具悉至如前因其人之有赦衆囚停息才頃刻耳如是三年得出猶日受鐵杖三千得出初亦不知杖從何來杖畢得以恣行一日遇千騎萬乘而來屯於村旁草莽間問具左右曰天齊仁聖帝毎歲一詣議事我輙告其人曰願緣化於此作一行宮其人入白乆之出曰詔可矣是日鐵杖

遂止因附此巫道人吉凶化錢營廟今垂成矣劉異之爲作諸功德薦拔之後數月巫詣劉謁告曰陰府來追聽赦既而熟睡不省兩日後復醒曰初至大府宣赦如常時既而知赦專爲我也方欣悦而王者曰殺人爲盗在法不赦且令歸當上請後四日復謁告曰又有赦矣既至王者召我詣前曰上帝有命內侍劉承遂非親非舊特赦之緣汝罪大令作女子遂再拜泣涕稱謝巫因仆於地翌日巫失所附經縣論告劉與錢帛謝遣之而去崇寧元年秋劉至陵下語之

陵使余時按事永安縣故得其詳

隨手雜録

宋　王鞏

江漁言馮悦御藥服伏火藥多腦後生瘡熱氣冉冉而上幾不濟矣一道人教灸風市穴十數壯雖愈時時復作又教馮以陰煉秋石以大豆卷濃煎湯下遂悉平和其陰陽也陰煉秋石法余昔有之沈暘所傳是也大豆卷法大豆於壬癸日浸井華水中候豆生牙取皮作湯使之

江表誌云江南李氏進貢中國無虚月十數年間經費將匱建隆初始申銅禁鑄泉貨當十又鑄唐國通寶錢兩文當開元錢一文又用韓熙載法變鑄鐵錢其後一緡約責三十索銀一兩二十五索餘物稱是至開寶末國帑罄矣

右鄭文寶撰

蕭士京大夫爲廣東轉運使其妻事僧伽甚謹一夕夢僧伽别去其妻問欲何往曰後十二日蘇子瞻當渡海我送過之驚起語其夫後十二日子瞻果有瞻州之命蕭親語於余

全州進士唐伯虎一日病卒心獨温後數日還魂初若夢爲人追呼入官府見王者曰誤矣當還已而語伯虎曰到人間爲我轉法華經爲報亦當勸人誦之伯虎請曰其它日亦得祿乎謂之曰雖有薄耳遂出至家而甦後任梧州推官六十餘卒

范文正語先懿敏曰每夜就寢即竊計其一日飲食奉養之費及其日所爲何事苟所爲稱所費則摩腹安寢苟不稱則一夕不安眠矣翌日求其所以稱之者

柴世宗銷天下銅像以爲錢真定像高大不可施工有司請免既而北伐命以砲擊之中佛乳竟不能毀未幾世宗癰發乳間而殂

蔡特正居宛丘一日雪作與里人黃好謙遊一倡家入門見其肴醴特盛它時有美少年青巾白裘據席而坐蔡黃方引去少年亟俾倡邀二公欣然就席酒酣少年顧持正曰君正如李德裕顧黃曰君侯此公貴憑藉亦顯語畢少年亦引去二公叩倡何人也倡曰朝來齎錢具飲亦不知誰氏也後知其言特正爲侍御史薦黃爲御史云

子瞻爲學士一日鎖院召至内東門小殿時子瞻半醉命以新水漱口解酒已而入對授以除目呂公著司空平章軍國事呂大防范純仁左右僕射承旨畢宣仁忽謂官家在此子瞻曰適已起居矣宣仁曰有一事要問内翰前年任何官職子瞻曰汝州團練副使今爲何官備員翰林充學士曰何以至此子瞻曰遭遇陛下曰不關老身事子瞻曰必是出自官家曰亦不關官家事子瞻曰豈大臣薦論耶曰亦不關大

臣事子瞻驚曰臣雖無狀必不別有干請曰久待要學士知此是神宗皇帝之意當其飲食而停筯看文字則内人必曰此蘇軾文字也神宗忽時而稱之曰奇才奇才但未及用學士而上仙耳子瞻哭失聲宣仁與上左右皆泣已而賜坐喫茶曰内翰内翰直須盡心事官家以報先帝知遇子瞻拜而出徹金蓮燭送歸院子瞻親語余如此

子瞻自杭召歸過宋語余曰在杭時一日中使至既行送之望湖樓上遲遲不去時與監司同席已而

某未行監司莫可先歸諸人既去密語子贍曰某出京師辭官家官家曰辭了娘娘了來某辭太后殿復到官家處引某至一櫃子旁出此一角密語曰賜與蘇軾不得令人知遂出所賜乃茶一斤封題皆御筆子贍具劄子附進稱謝至宋語余曰且教子由伏事娘娘我小使頭出來自家門打一解哲宗眷遇如此復爲大臣讒逐至貶海島命矣

曾旼過泗州謂余曰某罷揚州教授時子贍守揚某往見呂吉甫眞州吉甫問曰軾何如人也旼曰聰明人也吉甫怒厲聲曰堯聰明耶舜聰明耶大禹之聰

隨手雜錄　四

明耶旼曰非三者之聰明亦是聰明也曰所學如何旼曰學孟子愈怒愕然而立曰是何言歟旼曰孟子以民爲重社稷次之此其所以知學孟子也吉甫默然久之

周夌司勳子之婦病腿閒瘡曉夕痛痒不可勝唯以杖子挑之乃少解經累年百藥弗效聞百司吏夜至事冥司招而問之吏曰當往叩之見周司勳于冥間問其婦疾曰此婦不敬舅姑好決罰女使此其起[illegible]吏明日語其子懇告致懇其父父曰婦已有死所矣嘗在南京又曰吾所任掠剩大夫也亦以平生刻薄好斂民財以奉縣官故任此職凡人財有定分或其經營或其種植稍多其數我即往取世人不知也贓任非善處亦安能救婦也後其子不復南來會其外祖知南京力取之醫治懇辭不獲至南京三日而卒

太祖一日召趙韓王於別殿左右無一人出取幽燕圖示之趙熟視久之曰此必曹翰所爲帝曰何以知之曰非翰莫能也帝曰何如趙曰舉必克之須世世

隨手雜錄　五

得曹翰守之乃可帝不語携圖而入不復言幽燕之討

曹彬潘美伐太原將下曹麾兵少卻潘力爭進兵曹終不許既歸至京潘詢曹何故退兵不進曹徐語曰上嘗親征不能下下之則我輩速死既入對太祖詰之曹曰陛下神武聖智尚不能下臣等安能必取帝頷之而已

錢王有外國所獻頗眩伽寶其方尺餘其狀如水精云可厭十里火殃乃置於龍興寺佛髻中餘杭[illegible]

祿而龍輿不可近也有盜嘗焚其殿柱木悉灰燼而烟焰竟不焫皇朝改爲太平祥符寺自唐至皇朝凡有十寶此其一也

呂微仲貶嶺外至虔州瑞金縣語其子曰吾不復南矣吾死爾歸呂氏尚有餘種苟在瘴鄉無俱全之理後數日卒先是十年前有富人治壽材夢偉丈夫冠冕而來曰且輟賢宅富人驚寤汗浹體微仲過縣富人望之乃夢中偉丈夫也及卒乃輟其材而斂焉

郡君李氏余嬸也嘗有貨珠子老嫗李氏携珠子至

既去遺珠子在地嬸收之後嫗踰時不至一日既至形容瘦精神恍惚非昔人也嬸詰之曰向時所貨珠子歸則失去告其主以金十兩償之其主不許因憂愁感疾幾不能起嬸曰珠子當時遺在地我得之今在此嫗驚喜涕下願致金六兩以請嬸取還之金不受也後微疾夢出門乘車出曠野至大官府見二偉人衣冠坐堂上引至堂下偉人方問姓氏嬸知其陰府也遂誦大悲呪左右皆驚愕其堂搖動不已二偉人立語曰勿誦放爾歸矣一吏持大簿書至案[illegible]問曰記得還李媼珠子事否嬸曰記之其一偉人曰當展二十年壽其一曰得無太多也其一曰婦人而不愛珠寶此可尚也俾人送還復乘車至門首而入見其尸卧帳中驚而寤起後二十年乃卒

柳州張通直舟泊潭州新婦死七日而體温旣還魂云初見二人如弓手追去甚急至一河次一人曰解衣婦曰我婦人衣不可去其一人止之呼舟而渡入大城市井喧鬨聞傳呼聲二人引婦立城砌上二人立其下見一金紫人導從甚嚴婦識之乃其舅程之

邵之元父也連呼舅舅金紫者亦識之曰七娘來來遂許馬取二人文檄視之乃曰誤矣急呼衣箱取紙一番令婦執之候至戒石但執紙而立旣去二人失色相顧低頭不復語至府門人間大官府也婦立戒石南俄見金紫人至次衣綠人次衣朱人皆坐金紫人卽呼婦取紙語二同坐曰語勾此人來矣綠衣人曰巳來不奈何朱衣人曰旣誤莫須放回金紫人曰合如此只是二人得徒罪矣卽引二如弓手者取狀杖脊二十下令虞候引婦出至一寺大廈脩廊寂無

一人虛堂屏間一僧坐廩候未前又一吏入至詣僧致語僧發楊俯揖問婦曰識字否曰識之僧指手中經題問之婦曰金剛經也僧展卷教誦之又曰歸則誦之遂令婦執堂下檣腳用力引之檣起驚寤而甦

初吳處厚箋蔡持正詩進于朝邸官已傳本報之凡進入三日而寂無聞執政因奏事禀于簾前宣仁曰甚詩未嘗見也執政云已進入未降出簾中云待取看至午間遣中使語執政曰已降出矣三省皆云不曾承領上下疑之明日乃在章奏房與通封常程文

字共為一複蓋初進入亦通封也明日進呈殊不怒色但云執政自商量繼而處厚復有䟽執政請送蔡確分析諫官吳安詩劉安世論列而分析未上間會梁燾自潞州召為諫議大夫至京日比過河陽那恕極論蔡確有策立勳社稷臣也同諫官以恕之言論之日益切直宣仁始怒為泣諭執政曰當時誰曾有異議官家豈不記得但問他太妃遂促蔡相謫命執政議太常少卿分司南京議未決會分析至確盛言有策立之勳諫官繼登論之益苦明日執政對簾中忽語曰蔡確可英州別駕新州安置諸公驚退悉力開陳久之劉莘老曰蔡確母老引柳宗元乞與劉禹錫換播州事呂微仲曰蔡確先帝大臣乞如劉摯所論移一近裏州郡簾中曰山可移此不可移也范堯夫揖王正仲留身論之意不解堯夫曰告官家且斷太皇太后念蔡確是先朝大臣哲宗不語論辨往來久之堯夫曰臣奉詔奉詔只乞免內臣押去宣仁曰如何堯夫以曹利用事言之宣仁曰決不殺它自坐自殺不差內臣此無固必但與執政商量執政議差

小使臣或承務郎以上官伴送至夜批出差內官一員已而堯夫正仲與不論確事臺官皆罷去初處厚繳詩至京莘老嘗問余曰如何施行余曰此難行前日諸公自罪李定以詩罪人矣莘老曰豈可已乎余曰一則收殺一則劄與蔡確知堯夫亦以見問余語如前堯夫曰吾弟更語莘老曰次第須謫曰重則分司輕則小州余曰必若謫之當與處厚並命此風不可長也後一日莘老召余入密室見其顏色慘怛曰九重之內安知有英州新州此必有博士又曰今日

進呈此老斥罵却不入來指文潞公也余意以華老賣潞公遂往見潞公問余曰近事如何余答曰蔡確外議以謂過當潞公聲色皆厲曰見無禮於其君者如鷹鸇之逐鳥雀又曰曾見司馬康否余曰見之潞公曰前日被旨召梁燾司馬康與執政函問邢恕語言梁燾言與司馬康同坐聞恕言蔡確社稷臣事康乃曰不聽得燾曰時第三杯矣康曰時饑貪食壯美不聽得潞公曰康如此不肖耶余曰司馬康温公子也温公道德人也康不諂人於罪真肖矣潞公即索

隨手雜録　十

湯余引去始知華老之言不妄

仁宗嘗語張文定宋景文曰孟子可謂知樂矣今樂猶古樂又曰自排遍以前音聲不相侵亂樂之正也自破之後始侵亂矣至此鄭衛也

越人朱彦弼至華陰震死其父朝夕泣告于天某此一子平昔無過今乃至此久之恍惚中聞有言曰朱彦弼作醮西嶽廟乃用脂燭及便溺於殿角罪當死非枉也

仁宗一日召致仕晁迥對延和殿上問洪範數迴對曰比年災變仍發此天所以左右王者願陛下脩飾五事以當天心庶幾轉禍為福上感悟出所幸嬖尚美人等又籍其位金帛二十餘萬賜三司贍軍費

晁文元迥嘗言歷官臨事未嘗挾情害人危人售進保全固護如免髮膚之傷

太祖皇帝初入宮見宮嬪抱一小兒問之曰世宗子也時范質與趙普潘美等侍側太祖顧問普等普等曰去之潘美與一帥在後不語太祖召問之美不敢

隨手雜録　十一

答太祖曰即人之位殺人之子朕不忍為也美曰臣與陛下北面事世宗勸陛下殺之即負世宗勸陛下不殺則陛下必致疑太祖曰與爾為姪世宗子不可為爾子也美遂持歸其後太祖亦不問美亦不復言後終刺史名惟吉潘夙之祖也美本無兄弟其後惟吉歷任供三代止云以美為父而不言祖余得之于其家人

太祖無事時常召潘美輩禁中議政或與之縱飲至令宮女解衣無復君臣之禮一日召美入而太祖戀

帶不樂久之不語美皇恐趨拜殿下請罪太祖曰非爾也上來語爾前朝民間積欠甚多早來三司乞因赦獨放適問二府二府請督索朕謂三司主國財乃要獨放二府主德政却要督索近臣如此天下何緣太平朕所以不樂美贊曰陛下用心如此何緣不太平遂解顔如常時

太祖太宗時諸節度皆解兵柄獨潘美不解美每赴鎮留妻子止携數妾以往或有子即遣其妾與子歸京仍具奏乞陛下特照管

范祥鈔法陝西貯錢五百萬貫不許輒支用大約每鈔極賤至五貫即官給錢五貫五十文買之極貴則減五十文貨之低昂之權當在官矣鈔法無時而不行近年輒借用本錢貴賤一切不問此所以鈔法不行

陝西每銅錢一貫用鐵錢一貫三十文可換後因常平司指揮諸州勿出銅錢諸司遂效之民間相傳鐵錢將不用矣家家收蓄銅錢輕用鐵錢由是錢賤而物加貴

潘中散适爲處州守一日作醮其茶百二十盞皆乳華内一盞如墨詰之則酌酒人誤酌茶盞中潘焚香再拜謝過即成乳華僚吏皆歎服麗水宰宣德郎陳縉輒慢之指老君像曰老子賣烏髭藥裏語畢驚暍月餘遂發狂不能語解官歸今踰年未愈

陸彦回爲眞州通判一日疾幾卒幕官諸人白郡爲下致仕狀狀附遞即安明日遂出聽事而不知乞致仕矣諸人遂密告其妻其妻遣老嫗詣州且言朝奉到官未久與同官初無怨仇諸人皆作官養老幼獨

朝奉令致仕何耶郡主與諸人厚賂健步趁遞後入日狀回乃白陸陸欣然欲具會以集同寮是夕病復作乃卒

黄鐸爲陝西漕攝延安帥事夢乘四小舟泝流而下烟雨中見一卒曰張相見在此鐸往見之相公何故在此曰商英侯接人更二年方詣相府夢覺汗流浹體遂誌於書稿間復移夔路漕以西事除名勒停羈四舟沿峽江而下至峽州方烟雨間見一卒洗面問之何人曰張相公虞侯也遂持所誌謁張而言之其

後張初召拜相適作夢之二年矣鐸後復官至京不
事交謁語其所親事莫非前定不必求也
杜常少年時夢泛河至橋間有自岸而呼者其岸高
峻常凡再躍始及岸一人引至大木間見偉丈夫褒
服而坐人指之曰天帝也拜之常起帝召常與錢二
百文曰此爾及第人數再請之則曰過此天機不可
泄也常後應舉累不第嘉祐末間歲科舉放登第者
二百人常遂中甲科時英宗在諒陰中木者廟諱也
柳庭俊作官江西被差檢放旱以漕司喻意不敢以

實聞一日宿于高明使者覩夢偉丈夫轉簿示之曰
柳庭俊放稅不實使上澤不得流行杖一百驚寤戰
汗浹體
太宗朝武程乞放宮人三百人帝喻執政宮中無此
數執政請以狂妄罪之帝釋而不問

聞見近錄

宋　王　鞏

柴世宗得天下劉崇自河東犯闕世宗將親征馮道
力諫止世宗曰太山壓卵耳何爲不可道曰陛下可
謂太山乎今皆宿將久處貴位氣方驕陛下卽位席
未暖未易使也世宗以道輕巳卽日命駕出師次高
平遇崇接戰世宗據高原下觀兵陣方接東北角奔
西北角次之王師敗績明日按軍不戰置酒軍中酒
行牽奔將七十二人斬纛下卽坐中拜七十二人補

之左右股栗太祖皇帝實預補中明日再戰軍士不
用命者太祖刃其笠以識之戰罷識者皆斬之軍聲
于是大振崇走遂圍太原
太祖皇帝爲殿前都點檢有殿直衝節執詣樞府樞
相王朴曰太尉軍制殿直廷臣無廻避禮太祖卽位
每歎曰安得王朴者相之
太祖將北征過韓通飲通子欲弑之通力止乃巳明
日陳橋欣戴入御曹門以待將相之至時伏弩右掖
門外通出死矢下石守信實守右掖開關以迎王師

至中書立都堂下召范質王溥魏仁浦與語移刻將校持刃迫質帝叱之質與帝約賓禮柴氏保其天年乃召陶穀草制詣前殿帝北面立宣制制畢坐朝百官

故事執政奏事坐論殿上太祖皇帝即位之明日執政登殿上曰朕目昏持文字近前執政至榻前密遣中使徹其坐執政立奏事自此始也

太宗皇帝自并門乘勝直趨幽燕乃空山後遯王師據幽州乃甘心之日矣有敕例郎君干越者小兒也

請得五千騎以嘗王師不成退處未晚乃從之乃騎持一幟由間道邀我歸路周環往來晝夜不絕帝疑救兵大至宵歸定州王師多没此者由是以至今號其裔兵曰于越軍前此自柴世宗盡御河爲界入未嘗敢犯邊自爾日尋干戈至眞宗皇帝澶淵之幸方息兵御河蓋世宗運漕河也

國家以來知制誥封還詞頭蓋鮮康定間張文定知諫院時劉從德妻遂國夫人初以后族出入禁中一日削其國封奪其門籍久之出入如初張文定請論其不可富文忠曰眞諫臣也未幾中旨還其國封富文忠當制遂封還詞頭朝論謂無近比然僉是富文忠矣張可久自轉運使改橫行歐陽文忠援富文忠例封還詞頭後遂爲例

至和中仁宗皇帝不豫一日喻大臣擇宗室以傳天下又曰允良雖僭擬然變晝作夜諒無他心宗諤外示節儉疑其有心者後董婕妤因上元出遊有密祈董請立周王後辛巳立者周王眞宗子在仁宗爲近屬也俄有詔立之禮官與中書議不決請于上上親

書從政宗諤宗旦宗實四名以示中書歐陽文忠公曰周王没童孩無立後禮議遂寢宣宗旦聞恐醉卧三日不與其後慈聖光獻皇后與時相卒立英宗爲皇子蓋本仁宗之意也

慶曆中親事官乘醉入禁中仁宗皇帝遣喻皇后貴妃閉閣勿出后謹聽命貴妃直趨上前明日上對輔臣泣下輔臣亦泣首相陳恭公毅然無改容上謂貴妃冒不測而來斯可寵也樞相乘間啓廢立之議張文定得其說即詣恭公以爲不可恭公持議甚堅久

而上復問之衆相適進曰一之巳甚其可再乎聲甚厲既退上留適曰朕止欲稍加妃禮本無他意卿可安心群論遂止

故事建儲皆大臣議定召學士鎖院英宗皇帝大漸學士王禹玉當制上遣御藥院供奉官高居簡就第召張文定至寢幄文定時在告也英宗冠白角冠被黃服憑几語文定曰久不見學士意慘然榻上有紙一幅上有明日降詔立皇太子八字而未有主名張公曰必潁王也盛言潁王身居嫡長而無失德上頷

之文定乃進紙筆請其名上力弱字疑似不可辯再請書乃大書大大王三字遂歸院草制明日大臣始知潁王爲皇太子神宗皇帝每謂文定曰國朝以來卿可謂顧命矣

眞宗皇帝聖嗣未立以綠車旄節召濮安懿王養之宮禁中仁宗皇帝生以簫韶部樂送歸邸仁宗方盛年而嗣未立以故事請楊太后選濮安懿王諸子以入禁中英宗皇帝甚幼初不在進名楊后見之抱之以歸時宣仁聖烈皇后亦以慈聖光獻皇后甥養之宮闈宮中號英宗爲官家兒宣仁爲皇后女仁宗每戲英宗曰皇后女可以爲婦乎英宗謝之由是宮中每以爲戲孫王生英宗還邸仁宗壽故約以宣仁爲夫人則宣仁所以簡上心者舊矣

至和中仁宗寢疾時相富文忠密通意光獻立後而慈聖意在英宗傳道中外者張茂則也而伺察英宗起居狀者王廣淵也蔡抗也事垂成語文潞公潞公爲首相與富公議協密諭王文忠爲詔草常懷之以待非常久之仁宗疾有瘳潞公服喪去位富文忠乃

召韓忠獻爲樞密使且密告之欲共圖其事富文忠尋亦憂去忠獻乃立英宗爲皇子富文忠聞之不懌以謂事固定待有變而立可也萬一有疑阻則豈復得其人也韓富由是構隙英宗即位時富文忠解喪爲樞密使一日鎖院麻出乃立潁王制富文忠初不與聞遂以語侵忠獻而引疾方去韓忠獻之喪富文忠一不弔問

仁宗春秋高一日出巨軸付中書曰第四十二封乃司馬文正乞立嗣疏也翌日進呈宰臣曰司馬光何

其疏之多也上曰非獨光也前後人共四十二疏卿第議之中書袖歸翌日再稟上曰與客院同議又翌日同進呈上問韓忠獻公曰宗室中卿厚誰韓忠獻恐懼逡廵退立復問曾宜静等韓忠獻久之曰事繫陛下上曰朕懷此久矣顧未知卿等意耳探懷取紙一番乃英宗皇帝濮邸舊名議乃定旣退上歸宮顧左右曰我有交代矣宮人衆泣其後成上意而不變及慈聖光獻同聽政一二貴璫間言兩宮而兩宮終始無事者韓忠獻之功也

韓忠獻當國召王翰林珪至中書受立英宗爲皇子詔王曰此事須面得旨中書以爲得體及對乃曰事出陛下耶大臣耶今宮中有將臨月者姑俟之可乎上曰事出朕意天使朕有子則豫王不夭矣立之以慰人心又曰爲誰之子而立之上曰天知地聞濮王子也遂退草詔詔有濮安懿王之子猶朕子也之句

景祐中仁宗皇帝嘗寢疾雖安羸弱時相呂文靖請置大宗正司以濮安懿王暨守節知其事蓋意有所在而人無知者

熙寧中西賊圍羅兀城甚急賊得吾禁卒語之曰汝語城中張大吾軍使速降當與汝爵祿卒敬諾之致卒危梯上下瞰城中卒輒大呼曰西賊人少糧盡朝夕去矣城中堅守之賊怒醢之雖古忠烈之士無以過也

仁宗皇帝朝有獻新樂者其音近鄭衛衆謂非古遂寢熙寧中劉几等頗采用之教坊樂工某乙詣几上書以爲不可几以書聞付大理問狀工曰國朝所用王朴樂爲近古今几所奏純淸而不濁鄭衛音也又

兩宮聲大宮微而此宮高是有兩君之象天無二日國無二王樂之所諱時以爲狂編管畿縣未幾哲宗出閤遂卽帝位

張大夫士澄房兄士寧居咸平縣豪有力性嗜雞子日食十數以爲常其王典庫冀五郎者每爲畜之一日冀方探篋取之一自篋中直上而升至士寧庖舍而墜地氣若黑霧其臭薰烈家人驚異間火起堂廡帑藏須臾而盡嘗畜皇祐錢萬貫謂之鎮庫錢俏起爲煙毬而去不復銅滓糞生尋自服砒霜爛腸而[illegible]

張大夫幼子嗜鮮鱭張運判湖南其子買魚刳腸芼羹羹沸刳魚游泳鼎中羹成鮮活若不刳者視之則刳矣遂絶烹鮮

輦源者嘗語張大夫曰真定府都監王文思嗜牛肉一日方臨肉几上肉中哀號累日不絶蔡元長作尹聞而取視之其聲益悲命爲棺歛飯僧燒之灰燼中得白骨一副

吳越王子太師雅之女適張氏生子名堯封與堯佐爲宗表兄弟堯封游學南京遂娶曹氏堯封俊邁從

學山東孫明復至其舍執事皆堯封妻女如事親焉時文异倅南京子彦博彦若並師明復明復遂薦堯封于文氏爲門客張文之好始于此矣堯封就舉與張文定同保將引試語文定曰宗表兄自無錫宰歸當往求舉資及還堯佐但與錢五百文後堯封舉進士第任石州推官卒其女入宫中爲婕妤沈氏養女是爲温成皇后乂之得幸仁宗貴寵日盛時相乃爲訪其族氏會堯佐以太常博士知開州還時相因以白上除祠部員外郎府界提點尋繼遷擢遂自待制

河東轉運使拜龍圖閣學士知開封府卽自刑部員外郎除給事中拜端明殿學士提舉在京百司遷三司使未幾降制拜節度宣徽群牧景靈四使一日大旱策免宰相潞公召自蜀將至闕下貴妃親視供帳以待其夫人入謝衆論諠然時貝州王則叛仁宗北顧妃乃陰諭潞公貝州事明鎬將有成績可請行潞公旣行貝州平潞公以功拜相群論漸息曹氏後封越國夫人

貝州叛仁宗皇帝召張文定欲遣之文定以未嘗知

兵且薦明鎬自代退以告陳恭公明將行復問事宜于文定文定告以地道攻城爲上策薦邢佐臣主其事貝州平卒以地道攻城成功佐臣推功第一

張堯封少從孫明復學于南京其子去華與貴妃常執事左右及貴妃數遣使致問明復閉門拒之終身

侍講楊畋卒李壽朋詣先公曰楊公死無以殮幸經筵諸公賻之先公時爲翰林侍讀學士旣賻之且語李曰此事當告之上明日經筵先公啓曰楊畋死[illegible]

以敎陛下幸矜恤仁宗願之少選中使開賜黃金百兩仍語中使曰楊畋家貧不得受其遺賜仍使宣諭王某知仁宗之眷遇臣如此

李柬之李受自侍從請歸老先公時在經筵因而奏曰柬之等尚可陳力而亟請老近年士大夫貪冒爵祿年踰禮經而不知止者多矣望陛下稍加恩數以勵風俗已而詔就資善堂會經筵官賜餞內出珍果名花巨觥酌勸時人榮之北之二疎

真宗飲酒三斗不亂一日召輔臣賜飲至三斗復進巨觥觥退而酒出詔貯之三瓶中雜未飲酒以賜輔臣明日開視之不能辨也輔臣既對問上所以上笑曰古人謂酒有別腸豈虛言哉

汴河舊底有石板石人以記其地里每歲興夫開導至石板石人以爲則歲有常役民未嘗病之而水行地中京師內外有八水口泄水入汴故京師雖大雨無復水害昔人之畫善矣偶張君平論京畿南京宿亳陳潁蔡等州積水以南京言之自南門二堤直抵東西二橋左右皆瀦澤也漁舠鳴榔如江湖君平請

權借汴夫三年通泄積水于是諸郡守令等始帶溝洫河道三年而奏功凡瀦積之地爲良田自是汴河夫借充他役而不復開導至元祐五年實七十年又舊河並以木岸後人止用土筱棧子謂之外添裏補河身奔兌卽外補之故河日加淺而水行地上矣

南京去汴河五里河次謂之河市五代國初官府罕至舟車所聚四方商賈孔道也其盛非宋州比凡群有宴設必召河市樂人故至今俳優曰河市樂人者由此也

世宗開御河本爲薊燕漕運計御河其不可廢也

前人冠子弟及冠必置盛饌會鄉黨之德齒使將冠者行酒其巾裹如唐人之草裹但繫其脚于巾者酒行父兄起而告客曰某之子弟僅于成人敢有請將冠者再拜右席者乃焚香善祝解其繫而伸之冠者再拜謝而出自是齒于成人冠服遂同長者故謂之巾裹亦古之冠禮也今冠帶尚謂之巾裹其由是矣此風廢亦百年矣

張融自樞密直學士守蜀歸監在京麴院後爲樞密

副使建第差北麗太宗皇帝一日語融曰聞卿建第甚雄朕方要一庫未成可輟之卽日遷居佛寺今新衣庫是也

慈聖光獻皇后養女范觀音得幸仁宗溫成患之一歲大旱仁宗祈雨甚切至燃臂香以禱宮人內當皆右左燃之祈雨之術備盡矣天意弗荅上心憂懼溫成養母賈氏宮中謂之賈婆婆威動六宮時相諂之以爲其姑乃陰謂丞相請出宮人以弭灾變上從之溫成乃白上非出所親厚者莫能感天意首出其養

女以率六宮范氏遂被出而雨未應上問臺官李東之曰惟册免議未行耳是夕鎖院賈氏嘗救不獲時相從工部侍郎拜武鎮軍節度使同中書門下平章事判北京雨遂霔

自眞宗皇帝澶淵之幸朝廷不復講武寶元中元昊始遣介稱教練都使乞于其國中自稱兀卒又乞五音爲六當時朝議旣以天下久太平未嘗議經武之策而石元孫劉平輩輒盛意言兵以賊爲可討獨吳春卿上疏曰彼之國中自號兀卒而六音且奉臣子之分如常可姑從之而我治武備以待其變張文定亦繼有請令武備不講宜如吳育之議因可爲邊備俟其無厭則我有以待之也朝議非之元昊旣不得請再遣使乃稱閤門使邊臣乃舉兵由是寶元慶曆西師累年內外騷動至明堂當大霈仁宗問張文定赦目文定建言乞示西人招徠之意上欣納之曰朕意也于是元昊入貢西方以寧

張元許州人也客于長葛間以俠自任縣河有蛟長數丈每飲水轉橋下則人爲之斷行一日蛟方枕大

石而飲元自橋上負大石中蛟蜿轉而死血流數里又嘗與客飲驛中一客邂逅至主人者延之元初不識知也客乃顧元曰彼何人斯元厲聲曰皮裹骨頭肉人斯應聲以鐵鞭擊之而死主人塗千金之藥久之能蘇元每夜游山林則吹鐵笛而行聲聞數里群盜皆避元累舉進士不第又爲縣宰笞之乃逃詣元昊將行過項羽廟乃竭囊沽酒對羽極飲酹酒泥像又歌秦皇草昧劉項起吞并之詞悲歌累日大慟而遁及元昊叛露布有朕欲親臨渭水直據長安之語

元所作也後鄜延被圍元實在兵中于城外寺中題曰太師尚書令兼中書令張元從大駕至此其跋扈如此昊雖彊黠亦元導之也

富文忠至和間既懷立嗣之命宮教蔡抗陰伺英宗起居英宗之立爲皇子也恐懼遜避卧終日不起抗以利害動之即起拜命及英宗即位以抗故人也日思大用召自定州且有叅知政事之除至闕下英宗上仙抗尋亦卒

先公三守平涼召自許州及對英宗皇帝曰端明舊

德不當更守邊但顧在廷無如端明者且爲官家行便當召還先公曰陛下方即位邊有警豈臣避難之時然陛下以官家自名呼臣等以官未正名分英宗曰方此即位視先朝舊人豈敢遽以卿禮官家在至和中端明時知開封府至宮中救火已望見顔色如端明才望豈在人後欲召别殿訪政亦未敢耳先公曰今陛下何所避耶願諭臣臣將詣政府論之英宗方謙損爲德遽曰無須爾也然恩遇異常玉食御樽日有所賚一日兒女婚嫁遣中使問其姓氏悉賜冠帔及行錫黄金百兩及至渭乃解圍去烽燧息會樞密副使王疇薨英宗喻執政曰可除王某補之時相退而不荅或曰方邊有警擇帥累日王某命下即邊人喜躍乃亦解去王某歸不知何人可代上曰豈使其終身守邊耶然竟爲執政所格英宗親遣李若愚諭此

先公爲諫官論王德用進女口仁宗初詰之曰此宮禁事卿何從知先公曰臣職在風聞有之則陛下當改無之則爲妄傳何至詰其從來也仁宗笑曰朕眞

宗子卿王某子與他人不同自有世契德用所進女口實有之在朕左右亦甚親近且留之如何先公曰若在疎遠雖留可也臣之所論正恐親近仁宗色動呼近璫曰王德用所進女口各支錢三百貫即令出内東門了急來奏遂涕下先公曰陛下既以臣奏爲然亦不須如此之遽且入禁中徐遣之上曰朕雖帝王然人情同耳苟見其泣涕不忍去則恐朕亦不能出之卿且留此以待報先公曰陛下從諫古之哲王所未有天下社稷幸甚久之中使奏宮女已出東

門上復動容而起

故事季春上池賜生花而自上至從臣皆簪花而歸紹聖二年上元幸集禧觀始出宮花賜從駕臣僚各數十枝時人榮之

一本云自幸[illegible]而下悉簪花從歸然上未嘗簪也

張文懿罷相由范文正攻彈也文懿復相一日仁宗語文懿曰范仲淹嘗有疏乞廢朕可施行之文懿曰仲淹法當誅然不見章疏乞付外施行上曰未嘗見其疏但比有爲朕言者且議其罪文懿曰其罪大無

它法無文案即不可行望陛下訪之凡數日則一請其疏月餘凡十數請上曰竟未見之然爲朕言者多矣可從末減曰人臣而欲廢君無輕典既無明文則不可以空言加罪上意解即曰仲淹在外初似疑今既無疑可稍遷之以慰其心上深然之

張文懿既致政而安健如少年一日西京看花回道帽道服乘馬張蓋以女樂從入鄭門監門官不之識也且禁其張蓋以門籍請書其職位文懿以小詩大書其紙末云門吏不須相怪問三曾身到鳳池來門官即以詩進仁宗遣中使錫以酒饌問勞

李太后薨未發喪將以妃禮葬之執政對呂文靖留身曰昨夕聞有宮嬪薨章獻皇后即引仁宗手起過屏後后復獨坐簾下曰相公欲間諜人家子母耶文靖曰陛下爲劉氏血食計則早正典禮后默不語遂遷于皇儀殿以后禮葬之及章獻上仙間言不入者文靖力也

仁宗初徹簾聽政一日遽出詣奉先寺發李太后棺視之其顏如生上慟而後改卜由是群疑悉亡

寇忠愍知永興軍于其誕日排設如聖節儀晚衣黃道服簪花走馬承受具奏寇準有叛心眞宗驚手出奏示執政曰寇準乃反耶先文正熟視笑曰寇準許大年紀尚騃耳可劄與寇準知上意亦解

李和文都尉好士一日召從官呼左右軍官妓置會夜午臺官論之楊文公以告先文正文正不荅退以紅牋書小詩以遺和文且以不得預會爲恨明日眞宗出章疏文正曰臣嘗知之亦遺其詩恨不得往也太平無象此其象乎上意遂釋慶曆中鄭天休諸

復會李氏第既退達曉道遇李翰林造朝事遂喧言者論之時呂許公當國亦以太平無事而乃有此爲說仁宗意未解許公曰臣觀赴會姓名皆舉朝賢俊安得許多人代之臣欲召至中書戒勵上從之既召諸公無一人至者

丁晉公嘗忌楊文公文公一日詣晉公既拜而髯拂地晉公曰内翰拜時鬚撇地文公起視其仰塵曰相公坐處幕漫天時人稱其敏而有理

仁宗朝禁中夜火執政趨詣東華門閉而不納遍詣

聞見近録　八　十八

諸門皆然王沂公語呂許公曰可斬關而入許公曰不可自東而南而北周旋叩關至日高方啓東華門有旨百官皆步而入殿宇多灰燼上御升平樓垂簾呼班唱拜如常儀自沂公以下皆拜許公獨挺然而立上遣使問之許公曰昨夕宮中災今日未面天顔臣不敢拜于是卷簾上臨軒陛許公即再拜或問其然曰禁中火方擾攘復斬關而入不惟上益驚豈不防它變也垂簾之下未見天子萬一誤拜其將奈何

張文懿爲祉洪令一道士詣邑熟視文懿不語久之頂間取瓢出藥千粒顧文懿曰可餌之文懿即餌之道士微笑復取之至九十粒即吐道士浴之使再餌之復吐其四實餌八十六粒道士曰明日可到城外觀也明日詣之謂文懿曰欲爲神仙耶欲爲宰相耶文懿曰欲爲相耳道士咨歎久之留一書封緘甚密且候作相老勸時開竟不知其何人也文懿八十六歲未嘗有疾至上元偶思道士所留書啓之乃彩選一册因會子弟作選至宰相視上惟有眞人耳始悟道士意也明日道士忽至顧文懿曰打疊了未語畢而去使人訪之即卧店中卒矣文懿忽覺腹痛須臾

聞見近録　八　十九

一囊下藥入十六粒炳然如新遂葬藥于三寶堂下是夕薨

張文定守蜀重九藥市拂晨驟雨隨行醫官張子陽避雨玉局觀須臾晴霽樹上白衣翁竚立顧視子陽曰我有一事要爾通意主人子陽唯唯即出藥二粒如粟米大使遺文定子陽曰嘗識尹否翁姓何氏翁曰我姓葛侍郎已兩守蜀我嘗見之于陽曰止此一來耳翁曰說與主人他日再來此相尋子陽持藥具

白文定以汞一兩置藥一粒煅之須臾有聲如遠磬然清越非常諦聽間忽有圓光出合內焕耀滿室驚而取之汞成黄金文定乃餌其餘藥一粒使再訪之不復見矣

呂文靖罷相孔中丞道輔以直亮自任無所忌避一日臺獄事連文靖子即攝付吏及文靖復相凡國事無所建明悉取上旨既累月仁宗曰呂夷簡今回作相並不主事文靖遽言臣前日為朝廷不避仇怨身當國事臣方罷去而諸子即坐臺獄臣死望朝廷眷

顧子孫必無也臣是以不敢當事上俛首曰但勉之文靖再拜遂留身出紙一番皆進退人物上悉可內外遷徙數日間凡數十人皆文靖平日所厚一時桃李之盛本朝無比

張文定嘗云在翰林時當章郇公致政麻命下同宋景文往賀之因語之曰昨日宣召受旨上眷遇之意甚厚何遽謝事也郇公曰不可待不厚時引去也又日亦恐更耄年則忘了矣文定與景文相顧而笑退而相語曰是何言歟何忘之有及老矣乃知郇公之言為然蓋在得之時與奪每為思慮所惑不若少時能斷故孔子所以戒也文定自六十七後遂屢請歸予嘗論之陽舒而陰歛物之理也及其老矣陽衰而陰盛是以好歛之意生君子終始之際可不慎乎

慶曆中韓范富執政日務興作時章郇公為相張文定因往見之語以近日諸公頗務興作如何郇公不荅凡數問之曰得象每見小兒跳躑作戲禁止不得到觸着墻自退耳方其舉步時勢難遏也未幾三公悉罷文定嘗曰事不可競古諺曰遲是疾疾是遲斯甚有理當其盛衰之際不勞力而成不勞慮而敗理

之常也

寶元康定間西人犯邊用兵累歲遼人窺我遣使求關南之地富文忠既行疑時相與已不協輒發國書觀之乃與所授詞果不同馳歸請對具言之詔付文忠詣學士院視學士改書然後行元授書五函皆許其添歲賜也每出一函待不從然後施出之文忠輒留二函于雄州既至文忠抗論不屈徐出一書遼人意未厭復出一書至于三遼人密探文忠篋中止有

三書遂從約文忠使還持二函以歸歲減聘者二十萬

庾嶺險絕聞天下蔡子直爲廣東憲其弟子正爲江西憲相與協議以甎甃其道自下而上自上而下南北三十里若行堂宇間每數里置亭以憩客左右通渠流泉涓涓不絕紅白梅夾道行者忘勞予嘗至嶺上仰視青天如一線然既過嶺即青松夾道以達南雄州太平久矣遐邇同風非有前世南北之異

江西舊漕鹽至州有餘悉輸于官漕舟沿江貨所附私鹽既盡遂盜官物鹽盡鑿舟沉之聲言風水每歲

抛失十三四而盜取監臨私負抵法枕藉于市蔡子正爲江西憲建言鹽至江西有出剩者乞據其數給江西價之半朝廷從之今數十年官物既鮮盜竊而舟獲完歸刑法爲減百世之利也中間浮淺之人或再減其直其弊如初張頡爲江西憲也神宗戒其謹守蔡挺之法于今賴焉

太祖一日幸後苑觀牡丹召宮嬪將置酒得幸者以疾辭再召復不至上乃親折一枝過其舍而簪于髻[illegible]花擲于地上顧之曰我艱勤得天下乃[illegible]婦人敗之耶即引佩刀截其腕而去

[illegible]夫人得幸太祖頗恃寵一日宴射後苑上酌巨觥以勸太宗太宗固辭上復勸之太宗顧庭下曰金[illegible]夫人親折此花來乃飲上遂命之太宗引弓射而殺之即再拜而泣抱太祖足曰陛下方得天下宜爲社稷自重而上飲射如故

張垂崖布衣時客長安旅次聞鄰家夜聚哭甚悲訊之其家無它故垂崖詣其主人力叩之主人遂以實

告曰某在官失不自慎嘗私用官錢爲家僕所持欲娶長女拒之則畏禍從之則女子失身約在朝夕所以舉家悲泣也垂崖明日至門首候其僕出即曰我白汝主人假汝至一親家僕遲遲强之而去出城使導馬前至崖間即疏其罪僕倉皇間以刃揮墜崖中歸告其鄰曰盛僕已不復來矣速歸汝鄉後當謹于事也

岳州唐白鶴寺前有古松合數圍平頂如龍形呂洞賓昔嘗憩其下有一翁自松頂而下前揖甚敬洞

詔之曰我樹神也洞賓曰邪耶正耶翁曰若其邪也安得知真人哉言訖升松而去洞賓即題于寺壁曰獨自行時獨自立無限世人不識我惟有千年老樹精分明知是神仙過

鄂州黃鶴樓下有石光徹名曰石照其右巨石世傳以爲仙人洞也一守關老卒每晨興即拜洞下一夕月如晝見三道士自洞中出吟嘯久之將復入洞卒即從之道士曰汝何人耶卒具言其所以且乞富貴道士曰此洞間石速抱一塊去卒持而出石合無從

而入明日視石黃金也鑿而貨之衣食頓富爲隊長所察執之以爲盜也卒以實告官就其家取石至郡則金化矣非金非玉非石非鉛至今藏于軍資庫中子瞻有詩記之

太祖即位患方鎮猶習故常取于民無節而意多跋扈一日召便殿賜飲款曲因問諸方鎮爾在本鎮除公上之外歲得自用爲錢幾何方鎮具陳之上諭曰我以錢代租稅之入以助爾私爾輩歸朝日與爾宴樂何如方鎮再拜即詔給侯伯隨使公使錢京亦聽半給州縣租賦悉歸公上民無苛歛之擾至今侯伯尚給公使錢以此也

太祖即位方鎮多偃蹇所謂十兄弟者是也上一日召諸方鎮授以弓劍人馳一騎與上私出固子門大林中下馬酌酒上語方鎮曰此處無人爾輩要作官家者可殺我而爲之方鎮伏地戰恐上再三諭之伏地不敢對上曰爾輩是真欲我爲主耶方鎮皆再拜稱萬歲上曰爾輩既欲我爲天下主爾輩當盡臣節今後無或偃蹇方鎮復再拜呼萬歲與飲盡醉而歸

寇忠愍爲執政尚少上嘗語人曰寇準好宰相但太少耳忠愍乃服何首烏而食三白鬚髮遂變于是拜相

李文靖端默寡言堂下花檻頹圮經歲不問魚軒一日語之文靖不荅累以爲言文靖曰豈以此故動吾一念哉亦不之問既薨盛夏顏色不變吐香如蓮花七日不滅

先文正在中書一日拊其案曰安得見李同年耶李謂文靖也同列叩之曰文靖與某在中書邊事方紛

然予嘗謂曰何日事定文靖曰陛下天資高明有爲之君也今二十未寧故不暇某老矣它日適當公手是時方東封西祀建立道宮皆如文靖之言

先文正雖年六十而久病氣索人或勸其引疾而去文正曰予豈不知此者乎顧諸公未有以相代者恐貽上憂也寧受貪冒之名以報上恩耳文正薨丁馮之徒既相朝廷紛紛識者歎其先識

馬樞密知節勁直自任持大笏入朝上頗怪之馬曰臣見本院長官多欺陛下臣不怕驚動官家惱亂宰

相則打煞此斷兒久矣上慰勞之

孔中丞道輔爲州椽太守到官三日謁廟廟有蛇以爲神每祝之則蛇自神像鼻中直出飲酒孔方讀祝蛇出飲孔厲聲曰明則有禮樂幽則有鬼神蛇何爲敢爾以笏擊蛇死遂揮象壞其廟而去

舉侍讀詢以文雅自任久在侍從怨求爲濠州既被命先文正文正曰何以求此曰聊以温故耳文正待差一通判去倅舍人讀書梅其去怏怏盖不平差博士呂夷簡通判濠州梅語人曰何處得箇呂夷簡來也會讀書梅辭文正適與王沂公同坐堂上王因以梅語白文正曰君善待呂公呂公它日與王公同作相舍人方作學士梅愈不平王亦爲過言其後王沂公呂文靖同宰席梅適除學士

廣東老媪江邊得巨蚌剖之得大珠歸而藏之絮中夜輒飛去及曉復還媪懼失去以大釜煑之至夜有光燭天隣里驚之以爲火也競往赴之光自釜出乃珠也明日納于官府今在韶州軍資庫予嘗見之其大如彈狀如水晶非蚌蛛也其中有北斗七星隱然

而見責之半拈矣故郡不敢貢于朝

咸平縣僧藏佛牙一株其大兩指許淡金色予嘗請而供之須臾舍利自牙中出初如露巡行牙上或遠數十步求者輒得予請至四十八粒欲求爲四十九粒也經夕不可得明日發篋則已足其數又或謂自有甘露穴中出者明日再往請之不得遂出陳州門十數里請竟不得因拜辭而歸拜起一粒自甘露穴出其大如菉豆光彩炳然後神宗迎之禁中遂御封匣而歸之今人罕得見者

全州道左有石洞入洞十里有石門門間有仙人象手握扉外又有白石龍一條凡觀者必執炬而入有煙燒即旋失去之每旱必往祈請及出洞門必有書字記雨之多少商人或過洞外必森然心動莫不加敬

夔峽將至灧澦堆峽左巖上有題聖泉二字泉上有大石謂之洞石而初無泉也至者擊石大呼則水自石下出予嘗往焚香俾舟人擊之舟人呼曰山神土地人渴矣久之不報一卒無室家復大呼曰龍王龍

王萬姓渴矣隨聲水大注時正月雪寒其水如湯或曰夏則如冰凡呼者必以萬歲必以龍王而呼之水于是出矣

范文正以司諫出使江南至宿州聞郭后廢乃復馳歸京師至國門呂文靖遣其長子候之曰司諫其來以廢后事耶文正不答既得對乃盛言之竟以是罷職

李邦直張粹明嘗謂予曰神宗晚年建立三省所以分執政權而互相考察規模遠矣今上初俾侍宴其後諭執政曰延安郡王可出閤當議官僚乃曰司馬光端重宜爲宮官亦漢羽翼之謂也如呂公著孫覺皆可作之其下當擇功臣子弟若文貽慶可任洗馬之類此孟子謂巨室大家人所慕之意足以取重春宮矣除目具而神宗棄天下今司馬公之來是末命也

六姪震嘗謂予曰神宗一日召執政詣天章閣而吳雍與震預召時爲中書檢正官也及對乃議官制除目初執政進呈三省印上曰始欲以金而今御寶乃

金也塗金可耳執政既進除目上笑曰三省密院官姑罷之乃議吏部而下及其官除其乙則俾雍震亙書之至太常少卿上曰此必慎擇人執政屢薦名皆不應上意至禮部郎中則曰此南宮舍人非他曹可比可除劉摯至著作郎則曰此非蘇軾不可少選上默久之曰得之矣太常少卿可除范純仁既畢即曰朕與高遵裕期某日當下靈武候告其捷當大慶賚至是官制可行除目可下仍戒之曰外人有知者不過卿等數人泄耳又命執政戒雍震其後靈武失律

官制隔歲乃下比之初議十改五六矣

蘇子瞻既貶黃州神宗每憐之一日語執政曰國史大事朕意欲俾蘇軾成之執政有難色上曰非軾則用曾鞏其後鞏亦不副上意上復有旨起蘇軾以本官知江州中書蔡持正張粹明受命震當詞頭明日改承議郎江州太平觀又明日命格不下曰皆王禹玉力也

王和甫嘗言蘇子瞻在黃州上數欲用之王禹玉輒曰軾嘗有此心惟有蟄龍知之句陛下龍飛在天而不敬乃反欲求蟄龍乎章子厚曰龍者非獨人君人臣皆可以言龍也上曰自古稱龍者多矣如荀氏八龍孔明卧龍豈人君也及退子厚詰之曰相公乃欲覆人之家族耶禹玉曰它舒亶言爾子厚曰亶之唾亦可食乎

楊州后土廟有瓊花一株宋丞相構亭花側曰無雙謂天下無別株也仁宗慶曆中嘗分植禁中明春輒枯遂復載還廟中鬱茂如故

張文懿爲祇洪令時出城過村寺寺老僧必迎于道

邂逅過之亦必出迎文懿怪而詰之僧曰長官來則山神夜夢告某曰相公至矣一日復往而僧不出文懿曰不出何也僧謝曰神不我告也文懿以爲誕使僧問其所以夜夢告曰長官誤斷殺牛事天符已下不復相矣文懿驚駭省之果嘗有殺牛事也遂復改正明日再過寺僧復出曰昨夕山神云長官復爲相明日當來但減筭耳後文懿三入中書

史朝請琳云其舅張仲元患風痺平生餌桑螵蛸圓及死自口吻有黑氣出戶數丈視之螵蛸無數

榮州威遠縣民間忽有雷電入其舍須臾霆震已而于其柱題曰矦矦二字不知其何謂也

太宗即位以太祖諸子並稱皇子嘗曰猶我子曰何有分別其後皇族遂不以疏密尊卑皆加皇字故有皇兄之類非典故也子嘗宗正嘗建言乞如春秋之制名冠其父祖所封國王子曰王子公孫惟皇子得稱焉時呂申公喻太常少卿梁燾沮格不行宗正寺玉牒仙源類譜皇屬籍自慶曆八年張文定以翰林學士爲宗正寺修玉牒官修進之後至元祐元年凡

十五年玉牒官皆一時名人宋次道輩是也未嘗成書神宗朝官制行分隸宗正寺至予爲丞方建明修完其間最難取會者宮禁中事與皇族女夫官位耳蓋慶曆前皇族女尚少至元祐間不下萬員予請于朝宮禁事乞會內侍省御藥院皇族女夫附于屬籍不必書其官但書某適某人可也朝旨從之遂獲成書然玉牒事迹皆取三省樞密院時政記與日曆修著其禁嚴甚元祐末遂令史院官修撰送宗正寺書錄益丞失其人非典故與官制也亦自予罷丞今

十餘年不聞復進書矣國書嚴奉未有如玉牒者祖宗以來用金花白羅紙金花紅羅褾黃金軸神宗時詔爲黃金梵筴以軸大難披閱也予進神宗玉牒始用此制又以黃金爲匣鎖鑰皆黃金也進畢奉安于太廟南宗正寺玉牒殿予初白執政官乞修寺書自司馬丞相呂丞相而下無一人知此典制者皆曰玉牒用玉簡刊刻如冊者也其玉牒典制尚不悉知書之廢亦宜矣

史朝請琳云通判許州有路分都監郭虞卿妻乳母禮塔數年禮數將滿嘗以薏苡記其數薏苡忽自器中跳躑視之舍利滿前皆自薏苡中出凡得數勺須臾所禮銀塔中靈光煥然舍利如雨又須臾乳媪兩膝生舍利無數禮塔則舍利隱痛媪益勤不懈數日失塔所在

黃魯直嘗問王荊公世謂四選詩丞相以歐韓高于李太白耶荊公曰不然陳和叔嘗問四家之詩乘間簽示和叔時書史適先持杜集來而和叔遂以其所送先後編集初無高下也李杜自昔齊名者也何可

下之魯直歸問和叔和叔與荊公之說同今人乃以太白下歐韓而不可破也

孫威敏治平中起自謫官以觀文殿學士知慶州至鄭州會西使至時威敏已授館驛中州將白威敏徙居曰我大臣可爲陪臣避耶已而使至威敏大啓其門設矮榻偃臥堂上鼓笛自若西使至門望而問之左右曰慶州孫經略也西人俛首而過

張文定留守南京高麗使者至例當留守迎送文定曰我前執政也可與陪臣禮乎遂不出而遣少尹

以其事聞神宗以爲得體仍令中書降旨揚州令陳
升之如張某所請
司農寺請鬻祠廟爲軀若干錢張文定留守南京而
以其事聞于神宗大駭之即批其奏曰慢神辱禮無
甚于此詔天下速罷之司農官罰金
金州推官母王氏朱道誠之妻也日誦十句觀音心
呪時年四十九病篤家人方治後事王氏恍然見青
衣人曰爾平生誦觀世音心呪但復少十九字增之
當益壽王曰我不識字奈何青衣曰隨聲誦記之乃

曰天羅神地羅神人離難難離身一切災殃化爲塵
久之而醒疾亦尋愈後至七十九其孫浩信厚士也
爲予道其詳如此

續聞見近錄

宋　王鞏

先公任諫官時大旱請對乞駕出祈雨仁宗曰太史
言月二日當雨月一日當出先公曰臣謂是日無雨
上曰卿何以知之曰陛下既知有雨則安用祈以知
有雨而祈非誠也天非至誠不格臣是以知無雨也
上曰明日當出先公曰臣乞傳旨閤門上即召近璫
諭曰明日於醴泉觀等處祈雨先公曰何不遠出豈
憚熱乎凶歲百姓衣食將不給矣上毎意動則耳輪

先赤厲聲曰待去西太一宮先公曰乞傳旨上曰卿
不知典故出城不預告也先公曰此國初以來防不
虞耳今太平久矣人渴望清光預使知之不過村落
觀駕者多爾上乃諭旨翌日特召先公隨駕非例也
是日熾日塵埃遍空玉色不怡及歸至瓊林苑悲雨
有雲烟起西太一宮上上瞻顧間雷霆大震遂雨至
鄭門自遣遙輦易平頭輦且徹蓋以承雨入內傳旨
先公明日入對及對上喜甚曰此雨卿所致也先公
曰陛下盛德格天天下之幸上曰昨夕歸內不敢寢

於殿下設香案焚生龍腦十七斤以謝天左右進繖亦卻之立至三更自頂至踵無不霑濕先公曰陛下雖荅天之誠如此盛德之至也然陰氣不可不防宜爲社稷自重上曰當無雨之際恨不身爲犧牲何暇自愛也

先公尹京一日以府事對仁宗留之曰朕有一事要與卿議今待命一相誰人爲可先公曰臣在諫院不避謙疑人指爲朋黨今陛下命相臣安敢薦人上曰卿事朕久何所形迹先公曰臣安敢言其姓名但不

因內臣言宮女不知姓名者是好宰相上曰除非富弼也先公再拜曰陛下得人矣數日鏁院富文忠拜相數日先公再對上曰前日與卿議富弼作相果慰人望當麻出時朕遣十數小璫伏朝堂及麻出百僚皆曰好宰相朕喜累日卿有事無問如何但奏取來因諭曰卿在諫院日章疏有可以爲朕規戒者一一錄來要留觀禁中先公再拜而出遂以諫疏稿悉上之

嘉當世爲樞密使三司火神宗御右掖門視之顧遣璫曰急促馬步司就近差兩指揮兵士救之當世奏曰故事發兵須得樞密院宣旨內臣傳宣發兵此事不可啓上深然之卽於楊前出宣付近璫而去神宗數嘉之蔣論以爲得體

仁宗在春宮乘間時畫馬爲戲內臣多乞之張文懿爲太子諭德亦從乞之　師文豈可與馬也乃大書寅亮天地弼予一　八字以遺之文懿奏聞內中交賀要璫周懷政上嘗戲爲哥哥懷政走詣上乞書上大書曰周家哥哥斬斬時以爲戲也其後退傳三

入中書爲相懷政竟處極刑

劉瑾元忠知眞定入寺見僧坐禪以爲不敬執赴有司僧告吏曰願少憇供荅吏可之僧卽跏趺而化衆甚異之他日有僧以事至府元忠急呼杖之且曰少緩卽又坐化矣

王荊公領觀使歸金陵居鍾山下出卽乘驢予嘗謁之旣退見其乘之而出一卒牽之而行問其指使相公何之指使曰若牽卒在前聽牽卒若牽卒在後卽聽驢矣或相公欲止卽止或坐松石之下或田野林下

鑿之家或入寺隨行未嘗無書或乘而誦之或憩而誦之仍以囊盛餅十數枚相公食罷即遺牽卒牽卒之餘即飼驢矣或田野間人持飯飲獻者亦爲食之蓋初無定所或數步復歸近於無心者也

京師舊未嘗食蜆蛤自錢司空始訪諸蔡河不過升勺以爲珍饌自後士人稍稍食之蜆蛤亦隨而增盛其諸海物國初以來亦未嘗多有錢司空以蛤蜊爲膳於是海錯悉益以走四方

蔡君謨重鄉物以子魚爲天下珍味嘗遺先公多不

過六尾云所與者不過諫院故人二三公耳今子魚盛至京師遺人或至百尾由是子魚之價減十倍

郭后之廢也孔中丞道輔范文正而下論不已一日時相曰此事已然其將如何夫婦不容有間也萬一復位公等能保后於上無他否諸公曰我之所議論也不知其他爾

仁宗將修東華門太史言太歲在東不可犯也上批太史狀曰東家之西即西家之東西家之東即東家之西太歲果安在即日修之

禁中殿梁當易而才無適中者三司奏有大枋可截用之太祖皇帝批其狀曰截你爺頭截你娘頭其愛物如此

諸綱有厨船今則爲押綱厨船矣故事置厨船者爲全綱諸船不得動火惟厨船造飯以給諸船一無火燭之虞二無盜米之弊

錢若水因撰昭應宮碑成賜之玉帶上令服之而謝三日而止至今被賜者閤門以爲例

太宗皇帝常欲自宰臣至侍從官等第賜帶且批旨

曰犀近角玉近石金百煉百不變眞寶也遂作笏頭帶以賜輔臣其餘未及頒而上寢疾乃巳奉宸庫至嘉祐中尚有當日選擇將賜犀帶仁宗上仙賜從官爲遺留者是也

錢公若水詣陳希夷留數日不得辭一日召錢至圍爐見一僧據榻而坐希夷甚敬之希夷曰此子疑有仙骨僧顧視曰急流中引退者也錢公退問何人也希夷曰白閣道者後錢爲樞密副使時呂相端罷太宗明日謂輔臣曰聞呂端命下哭泣不巳錢公

曰安有此退語諸公曰我輩眷戀爵祿爲上見薄如此遂力請罷

先晉公之謫華州也一日召伯祖叔祖同詣陳希夷希夷不出戶而接之坐久不語忽問曰更有子乎晉公曰仲子在舍希夷曰召之及至門希夷出門迎顧先文正曰二十年太平宰相顧伯祖曰進士及第叔祖曰倚兒作官或問希夷曰此君鼻偏如何希夷曰今日拜相明日鼻正又懇文正曰他日至此願放此地租稅其後卒如其言及眞宗西祀汾陰文正以前

言啓之上即詔釋雲臺觀租稅

蔡君謨始作小團茶入貢意以仁宗嗣未立而悅上心也又作曾坑小團歲貢一斤歐陽文忠所謂兩府共賜一餅者是也元豐中取揀芽不入香作密雲龍茶小於小團而厚實過之終元豐外臣未始識之宣仁垂簾始賜二府及裕陵宿殿夜賜碾成末茶二府兩指許二小黄袋其白如玉上題曰揀牙亦神宗所藏至元祐末福建轉運司又取北苑槍旗建人所作鬭茶者也以爲瑞雲龍請進不納紹聖初方入貢歲不過八團其製與密雲等而差小也

笏頭金帶惟見任執政前宰相乃賜之張文定造朝神宗始欲與王荆公同執政文定欲引進諸公與上意不諧又欲俾爲樞密使文定復請罷將官上曰其理如何文定曰兵行詭道若古人以十萬號百萬之類是也今五千人爲一將出兩將則敵知其萬人爾上曰卿是不欲任事矣乃以宣徽使留視職文定辭上曰留卿非爲此職時有訪問及諸典故耳歲餘文定堅請去上甚眷眷及辭賜以笏頭帶且以前宰相

禮遇之其後或以爲例非始意也嘗見宋次道云一日夜二鼓樞盲張誠一以小紙批問前執政有無賜笏頭帶例次道答以無之不知其意在張公也

張文定自陳徙宋召入覲既見神宗御崇政殿將引詔明日前殿引及見即召對賜坐啜茶上諭曰卿宿德前殿始御靴袍所以昨日輟崇政引見退而諭閤門今後前執政官見日不以班次引前殿著于令

張文定與趙清獻同除參知政事前此韓公絳除參知政事邵公亢除樞密副使故事執政官以先後

爲班次明日立班韓次宰臣曾魯公邵次韓文定又
次之清獻居下列上既坐復起屏後召閤門令張某
次曾某韓某次張某趙某次韓某邵復居下列及對
留文定曰早來班次可見朕意卿舊德暫除參知政
事爲資級留行且大用方六日而文定以憂去

文潞公守蜀一日宴飲夜深雪作諸卒輒毁馬屋五
間爲薪指使入白潞公曰更毁五間與之酒竟不輟
卽諭取佗屋補之

慶曆中仁宗親除先公歐陽文忠蔡君謨余安道四

公爲諫官先公實居其長三公曰公宰相子且不貪
朝廷責之必不至嶺外縱遠亦可行我輩疎遠且貧
凡論事必其先之先公以爲然當時號先公曰獨打
鶻三公曰一棚鶻云

仁宗初獨聽政范文正以進擬資敘班簿圖上之冀
曉上心使執政者不得越次欺罔執政以事危之遂
謫知饒州諸公出餞語文正曰前爲已光今更光矣
文正詭曰今回光後回光直待上牢了仲淹方是□
期耶衆大噱

慶曆中范文正富文忠韓忠獻執政議斬邊帥范文
正力爭之至論上前退之殿陛文忠厲聲曰六丈無
過待作佛文正曰上富春秋公等教上殺人行看劍
在吾輩頭上矣其後文忠忠獻咸以爲不及

張文懿爲鄧國公既致政還鄉時范文正守鄧置酒
高會軍校皆命坐文懿既坐卽據主席而客文正席
中駭之文懿徐曰公知鄧州暫守此土耳老夫開國
於此所以主席無嫌議者是之明日文懿復置會揮
金甚盛以帛三百端爲文正壽時人榮之 右聞見近録

進士張夢龍嘗與家人悉臥病張病極覺神氣冉冉
自身出須臾有吏卒導至大官府立庭下上有被衣
冠儼然而坐如王者問之曰張某也吏前趨白曰張
其昨因父病曾刺心血和藥當增福壽王者令亟遣
之曰二人送之以歸見其尸卧張驚知其死矣欲投
其尸百方不能入二人曰我汪生汪祿判官也許我
燃塔燈二座乃可入張驚諾二人去引一道士至□
人曰九天司命也司命復問曰當許我一醮張請何
有力酬之司命唯唯乃持劍步剛呪噀之際以劍割

其腹而納之恍然復甦　右甲申雜記

乾道四年夏六月以同舍吳君一能本校聞見申申二錄所闕凡二十六事錄如右從續記

從早罹中州之難不能保傳家圖籍之藏至於先世文集所自著書亦皆散逸窮處江海極力訪求僅獲一二如清虛先生平生詩文及論語傳今不存而蘇黃秦三公所爲序照映方來猶可考也隆興改元始得先生雜記三編於向氏乃令二子滋涵各錄一卷且手抄末篇合爲一帙而藏之書中所記元豐間爲中書檢正與聞天章議官制除目者則從之大父尚書公也四月甲戌四明西溪三近堂從曾孫從謐識

南遊記舊

宋　曾紆

鐵面御史

慶曆中賈昌朝鎮北都因奏韓魏公治恩冀河流斷趙征村岡勢不利國致皇嗣未立仁宗即中日批付侍御史知雜吳中復亟往按治一日受內降至七對中復固請對乃既對以所授內降面乞盡付中書門下行出乃敢奉詔初甚咈吳固爭不已乃從時人謂之鉄面御史

文臣陪扈

舊制游幸宴賞惟學士陪扈太宗好文藝詔知制誥並扈從唯吊喪問疾不赴

撩頭牒

掖垣牒御史臺連字俗謂之撩頭牒自李宗諤始中丞呂文仲論奏不當宗引臺閣故事復奏云宰相政事堂禮上兩省官謁于堂上中丞率百官班于堂下蓋兩省長言尊則位居四輔叙位則禮絕有司令掖垣近司使同守監統攝亂堂階等威之人

侮黷憲章議請中外朝廷眞宗讓之從自定爲例

蛾眉班

中書門下班分東西向謂之蛾眉班自王溥始王溥罷相歸班

錦帳嫁女

王介甫以次女適蔡卞吳國夫人吳時驟貴人愛此女乃以天下樂錦爲帳未成禮而華侈之聲已聞于外神宗一日問介甫云卿大儒之家用錦帳嫁女甫諤然無以對歸問之果然乃捨之開寶寺福勝閣下

爲佛帳明日再對皇懼謝罪而已

兄弟五草制

熙寧中韓子華自鄧州再入相韓持國方在翰苑遂當制縉紳榮之元豐中官制行曲阜公除天官南豐先生爲西掖行詞元符末曾公拜相曲阜以學士草制曲阜對便殿以親嫌辭上云禁中以撿見韓准故事乃批旨兄弟迭居詞禁兄行弟詞弟草兄制是日以天寧前一日樞密院罷散齋筵曾公押筵曲阜居席面會徽宣名鎖院曾公拜相營輝一時乂非韓氏之比

蔡京一屠沽

南豐先生病中介甫日造臥内因邸報蔡京召試介甫云他如何做得知制誥一屠沽耳又云徐修注告詞是子固行當時便當論繳時南豐巳病華領之面已

祖述

永州張子秀發才云者人各有所祖述如廉頗慕藺相如近世如韓持國祖述晏公之類蔡京祖述盛坊

使丁仙現無所不爲以取人三一辭顔而已

本末相戾

紹聖中瑶華既廢判正儀同宗景乃乞以妾楊氏爲夫人乞免宣繫及不召媒保中批依所乞許冲原在中書遂依巳得知揮過門張子厚大怒向責冲原云小白葵丘之盟誡諸侯以妾爲妻者天下共誅之悖頭可得也命不可下翌日極陳罷景宗司仍奪儀同時論佳之以爲得防微杜漸之意後三年乃乞建立元符至托以東朝之命自草詔撿何本末相戾也

詞識

李端愿宮保文和長于治園池延賓客不替父風每休沐必置酒高會延侍從館閣率以爲例至入分寢閣什物供帳皆不移具元直中會佳客坐中忽學士將鎖院孫巨源適當制頗怏不欲去李餝侍妾取羅巾求長短句巨源援筆欲書從者告以將掩門矣草作數語云城頭尚有三䡾鼓何須抵死催人去上馬苦忽忽琵琶曲未終回頭腸斷處却更簾纖雨漫道玉爲堂玉堂今夜長李邦直在坐頗以卒章弄佳語巨源是夕得妾於玉堂後六日卒

二事自慰

黄寔自言平生有二事元豐甲子爲淮東提舉常于除夜泊汴口見蘇子瞻挑杖立對岸若有所俟歸舟中以揚州厨釀二尊雍酥一奩遺之後十五年爲發運使暑泊清淮樓見米芾衣犢鼻自滌研於淮口索篋中一無所有獨得小龍團二餅迺遣人送之趍其滌硯水此有此二事頗自慰云

燕北雜記

鞭空　武珪

契丹見旋風合眼望空用鞭打四十九下口道坤不刻七聲呼種田爲提烈

納牛駝

契丹富豪民要裹頭巾者納牛駝七十頭馬百疋以給其名目謂之舍利

炙羊骨

契丹行軍不擇日用艾和馬糞於白羊琵琶骨上炙炙破便出行不破即不出

午日

番兵每遇午日如不出兵亦須排陣望西大喊十聲言午是番家大王之日

凌辱漢兒

北界漢兒多爲契丹凌辱罵作奴婢也

勁弓

燕北膠弓堅勁不易折

飲宿

契丹飲宿不逐水草

山居新語

王瑀

蒙古禱雨

蒙古人之禱雨者非若方士惟取淨水一盆浸石子數枚而已其大者若鷄卵小者不等然後默持密呪將石子淘漉玩弄如此良久輒有雨石子名曰鮓答乃走獸腹中所產狗牛馬者最妙

眞廟訪醫

王文公寢疾眞廟屢訪醫者視之仍不得輒歸如是

半年一日王氏以計聞而醫者語人曰半年厮繫絆與一服藥且大家厮離

防城得官

景德中河朔舉人皆以防城得官而范昭作狀元張存任并雖事業荒跡亦皆被澤時有無名子嘲曰張存解放旋風砲任并能燒猛火油

齊賢善啖

張司空齊賢罷相知安陸賓客會厨吏密寘一金漆大桶廳側窺公所飲食如其物投桶中至暮漲溢桶

外

山居新語 二

家世舊事

宋 程頤

少師影帳畫侍婢二人一日鳳子一日宜子頤幼時猶記伯祖母指其爲誰今則無能識者抱笏蒼頭曰福郎家人傳曰畫上呼使啜茶視而寫之福郎尋卒人以爲畫殺叔父七郎中影帳亦畫侍者二人大者曰楚雲小者曰僊奴未幾二人皆卒由是家中益神其事人壽短長有定數豈畫能殺盖偶然爾

成都寺院皆無高門限傳云少師腳短當時皆去之至今猶不復用

少師卜居醴泉第舍卑狹頤少時嘗到宛然如舊諸房門皆題誰居先公太中所記也後十年再到則已爲四翁房子孫所賣更易房室不忍復觀矣自少師貴顯居京師醴泉第宅大評事諸孫居之後遂分而賣之先公未嘗問也券契皆存以其上有少師書字故不忍毀去然收藏甚密家中子弟有未嘗見者先公守鳳州時四翁問欲得宅否先公答以叔有之姪珦有之正同當善守而已又出一少師小印合示頤

曰祖物也可收之顧曰翁能保之足矣不敢受者所以安其疑心也又知太宗皇帝御書及少監真像皆在亦未敢求見不意纔數年四翁卒比再至醴泉則散失盡矣思之痛傷後又二十年頤到醴泉改葬少師始求得少監段太君告于三翁家少師犀帶于長安太監簿家少師綠玉枕于四翁女和家鞍瓦于三翁家

少師厭河北五代兵戈及宰醴泉遂謀居焉徙葬少監于縣城之西既顯雖賜第居京師囊槖至于御書

誥物皆多在醴泉從高祖太評事四評事治生事皆淳儉嚴整太評事家人未嘗見笑惟長孫妳生一老嫗白曰承旨新婦生男微開顏曰善視之曾祖母崔夫人亦留醴泉與從曾祖母雷氏奉祝二叔舅姑晨夕敬畏平居必著長裙烹飪少有失節則不食拱手而起二婦恐懼不敢問所由伺其食美取所餘嘗之然後知所嗜太高祖母楊氏前卒四高祖母李氏主內事性尤嚴峻二婦晝則供侍夜復課以女工之事雷氏不堪其勞有間則泣于後庭崔夫人每勸勉之竟得羸疾而終崔夫人怡怡如也叔舅姑遂加愛之後外祖崔駕部過雍見其艱苦之甚屬少師取至京師不撤帷帳盡置囊篋云暫往省覲叔舅姑方聽其來少師之待兄弟崔夫人之事叔舅姑後世所當法也

少師治醴泉惠愛及人至深其後諸房子弟既多不無侵損于邑人而邑人敬愛之不衰有爭忿者及門則止俟過而復爭小兒持盤賣菓爲族中群兒奪取啼而不敢較嘉祐初頤過邑去少師時八十年矣驢

足病呼醫治之問知姓程辭錢不受昔時村婦多持香茶祈蠶于家因掐取其土以乞靈後禁止之

族父文簡公應舉來京師館于廳旁書室唯來一驢更無餘資至則賣驢得錢數千伯祖殿直輕財好義待族人甚厚日責文簡公具酒饌欲觀其器度文簡公訴曰驢兒已喫至尾矣

文簡公一夕夢紫衣持箱幞其中若敕書受之曰壽州陳氏不測所謂以問伯祖殿直亦莫能曉後登科有媒氏來告有陳氏求婿必欲得高科名問其鄉里

乃壽州人文簡公年少才高欲婿名家弗許伯祖曰爾夢如是蓋黙定矣豈可違也强之使就後累年猶怏怏陳夫人賢德宜家夫婦偕老享封大國子孫相繼豈偶然哉

叔祖寺丞有知人之鑒常謂文簡公公輔之器文簡公爲著作佐郎時賈文元尚少一日侍叔祖坐曰某昨夜夢坐此有一人乘驢而來索紙寫門狀復乘驢而去坐中有一人指之曰此將來宰相也頃之文簡公乘驢而來索紙寫門狀復登驢而出正如所説之

夢賈文元曰程六當爲宰相歎羨不已叔祖謂曰爾無羨後爾作相在先及文簡公爲兩制賈方小官及參大政風望傾朝衆謂旦夕爰立俄以事罷去此三易藩郡而賈已登庸方拜使相雖古之精于術者無以過也

叔祖寺丞年四十謂家人曰吾明年死矣居數月又指堂前屋曰吾去死如隔此屋矣又數月指室中牕曰吾之死止如隔此紙爾未幾而卒叔祖多才藝與人會射發矢能如其意常從主人之後主人中中主人遠則亦遠不差尺寸

伯叔殿直喜施而與人周一日苦寒有儒生造門即持綿袴與之其人大驚曰何以知我無袴也蓋于游從間常察其不足也至晚年家資懸罄而爲義不衰有儒生以講説醵錢時家無所有偶伯祖母有珠子裝抹胸賣得十三千盡以與之

明道先生宰晋城時有富民張氏子其父死未幾晨起有老父立于門外問之曰我汝父也今來就汝居具陳其由張氏子驚疑莫測相與詣縣請辨之老父

曰業醫遠出治疾而妻生子貧不能養以與張氏某年某月某日某人抱去某人某人見之先生謂曰歲久矣爾何記之詳也老父曰某歸而知之則書于藥法策後因懷中取策進之其所記曰某年月日某人抱兒與張三翁家先生問張氏子曰爾年幾何曰三十六矣爾父而在年幾何曰七十六矣謂老父曰是子之生其父年纔四十人已謂之三翁乎老父驚服服罪

明道主簿上元時謝師直　江東轉運判官師宰書

省其兄嘗從明道假公僕掘桑白皮明道問之曰漆司役卒甚多何爲不使曰本草説桑白皮出土見日者殺人以伯淳所使人不欺故假之耳師宰之相如此謝師直尹洛時嘗談經與鄙意不合因曰伯淳亦然往在上元某説春秋猶時見取至言易則皆曰非是頤謂曰二君皆通易者也監司談經而主簿乃曰非是監司不怒主簿敢言非通易能如是乎

家世舊事　八　六

説郛目録

朝會儀記　蔡質　闕

稽古定制

卓異記

唐　李翺

翺所著卓異記皇唐帝功瓌特奇偉前古無可比倫及臣下盛事超絶殊常撫昔而照今貽謀紀述家世徽範奉上度宻不自顯發人莫知之至有談爲傳說者洎正人碩賢守道不撓立言行巳眞貫白日得以愛慕遵楷其奸邪之迹覩而益明自廣利益所聞見雜載其事不以次第然皆是儆惕在心或可諷歎且神仙鬼怪未得諦言非有亦用俾好生殺爲人一途無害於教化故貽自廣不俟繁書以見意時開成五年七月十一日予在檀溪

敘封禪併兩朝　兩卽帝位

平賊同日　三理子皆登帝位

相有二親　三代爲相

三拜中書令　三十二年居相位

二十七年背相印　代妻父爲節度

與妻父同時爲相　與使主同時爲相

三拜左僕射　父子同時爲節度使

兄弟爲禮部侍郎　子弟四人皆任節度使

兄弟皆掌記　四代掌綸誥

座主見門生知舉　起家二年爲丞相

與同列子弟爲丞相　父子皆自揚州再入相

文士爲文元功六拜正司徒兼侍中中書令晉國公裴度

門生先佩金紫　門生撰座主白麻

三代自中書舍人拜侍郎

敘封禪併兩朝

高宗皇帝麟德三年正月一日有事于泰山玉牒文曰嗣天子臣治敢昭告于昊天上帝有隋位極顛危天數窮否生靈塗炭鼎祚淪亡高祖仗黄鉞而救黎元錫玄珪而拯沉溺太宗功宏鍊石定區宇於再塵業壯斷鼇飲滄溟而一息臣忝奉餘緒承威積慶遂得崑山寢燎炎海韜波雖業茂宗祧斯實降靈穹昊今謹告成東嶽歸功上玄大寶克隆鴻基永固凝薰萬姓陶化八紘又玄宗有事於泰山開元十三年玉牒文曰有唐嗣皇帝臣隆基敢昭告於昊天上帝天啓李氏運興土德高祖太宗受命立極高宗升中六合殷盛中宗紹復繼體丕定上帝眷祐錫臣中武底綏内難推戴聖父恭承大寶十有三年敬若天意四海晏然封祀泰嶽謝成于天子孫百祿蒼生受福謹按自麟德三年至開元十三年凡五十四年兩宗封禪自古帝王無有倫比

兩即帝位

中宗皇帝弘道元年二月六日皇太子即位嗣聖元年二月八日降廬陵王聖曆元年九月十五日即冊

爲皇太子神龍二年正月二十四日重即帝位謹按中宗皇帝即位後復爲皇太子又重紹寶位昇降兩度自古無比暨昭宗龍紀元年三月十三日自壽王即位至光化三年十一月三日遷爲太上皇至天復元年正月一日返政却即帝位自古未有

平賊同日

憲宗皇帝朝元和元年十一月一日斬劉闢西川之亂元和十二年十一月一日斬吳元濟淮西之亂元和二年十一月一日斬李錡浙西之亂憲宗誅三[illegible]

皆同月同日自古無等

三聖子皆登帝位

穆宗皇帝聖子三人敬宗長慶四年正月十三日卽帝位文宗寶曆二年十二月十三日卽位武宗開成五年正月十四日卽位謹按穆宗有聖子三人皆有天下詳求正史未有比倫或曰高洋兄弟三人亦皆卽位如何對曰皇唐仗義舉旗拯時之亂承隋致禪光有八紘安得以區區北齊偏方潤位窃才稚立欲相侔埒况高歡乃魏廐翦馬之賤追封爲尊安得比

我穆宗十二葉之嗣君也

相有二親

代國郭元振謹按李邕撰行狀云自我有唐受宰相臣未有二親存者唯元振而已

三代爲相

河東公張嘉貞子延賞賞子弘靖按漢書韋平繼嗣爲丞相者若今之張氏三代無比

三拜中書

燕國張說按中書故事本云說三拜此命終始無玷自古未有

三十二年居相位

梁國公房玄齡按玄齡初與杜如晦爲友屬隋室喪亂未嘗不慨然相顧有匡國濟時之心雖徒步風塵未嘗自失不得已而調集吏部高孝基有知人之鑒見玄齡嗟嘆謂裴矩曰僕閱人多矣未見此賢及唐師至渭北玄齡卽仗策詣於軍門秦王一見引爲謀主一届居相位三十二年而終自古未有

二十七年皆相印

汾陽王郭子儀按子儀至德元年自朔方前節度使加庫部尚書同中書門下考二十四自古未有

代妻父爲節度使

韋皐張延賞按韋皐初自鳳翔判官殿中侍御史權領隴州立殊功拜節度使及朱泚平入爲右金吾將軍時延賞已爲西川矣四年之代領玆鎭士林之中近古未有

與妻父同時爲相

杜黄裳韋執誼初黄裳爲相時執誼自吏部郎中賜

緋紫貞及平章事自近古未有

與使主同時爲相

杜佑權德輿牛僧孺李珏按戀輿杜公神道碑云早忝賓席晚聯台座時牛公自中書侍郎出鎮武昌辟珏爲書記始授殿中侍御史其後十餘年間珏已爲戶部侍郎平章事時牛公自右僕射再入爲相正共珏同列相庭當代以爲盛矣

三拜左僕射

彭原公李程按李程自河中節度使入拜左僕射自武德至長安四年已前兩度拜左僕射爲正丞相其後以南省事踈方帶平章之號然非耆德碩老有嘉名者莫得居之焉程由是故相巨鎮三年此官不交於右振古爲盛矣

父子同時爲節度使

韓弘汴州公武鄜州弘正魏博布經原按韓弘由弘正兩人皆稱有功憲宗英特爲兩家父子同時爲節度使威曰當代爲美又曰王智興河中子晏平靈武亦皆同時向不具載對曰王智興逐崔群劫徐州晏平用賄十萬貫取朔方其未久又坐贓貶永州司戶固不以以編之

兄弟三人爲禮部侍郎

崔邠酆鄲按國紀以文章取事叢曹選之以登第吏部得補官方帥因之以奏請丞相因之除授不由奏官之擇雖詞人無階級可進故禮部之重根本如是崔邠酆鄲兄弟三人皆仕此官斯爲卓異

子弟四人皆任節度使

西平王李晟有子四人愿夏徐岐下蒲憲濱州愬隨襄岐徐魏聽夏憲并滑州按李晟收城之功皎如白日其後四子皆秉節麾大忠所庇斯聖神之報應也

兄弟四人皆任掌記

盧簡能夏州簡辭河孟弘正昭義簡求鄧州按使下書記必擇有文學得時稱者任之盧簡能兄弟四人並當嘉選時亦無比

四代掌綸誥

張嘉貞延賞弘靖次宗從嘉貞至弘靖掌綸誥繼世人以爲冠古絕今次宗又拜爲前古未有士林之

座主見門生知舉

蕭昕杜黄裳楊嗣復柳璟李景讓薛䡄按故事考
貝外知貢舉自開元中以外郎權輕遂命禮部侍郎
至之迺來取士益以爲重而座主見門生知舉猶蕭
杜二家若嗣復與璟又是禮部侍郎璟首及第纔十
六年致仕春官尤以爲美

起家二年爲丞相

張鎬按獨孤及撰張鎬神道碑云一命左拾遺二命
右補闕三命侍御史四命諫議大夫五命中書侍郎

平章事起家二年秉國鈞自古未有

與同列子弟爲丞相

宋璟與蘇瓌子頲同時爲相按蘇頲除紫微侍郎平
章事時璟嘆曰吾與蘇家父子同時爲丞相至如寬
厚博物僕射亦有之若正直賢明則頲過其父推此
爲論繼代爲相有如此頲與其父同秉衡者古無所
聞璟初共其父比肩又與其子同列如璟年德重又
居台位又無其比

父子皆自揚州再入爲相

李吉甫子德裕按國朝繼世爲相者數子唯吉甫德
裕皆自揚州節度再入爲相則無其匹况吉甫以忠
明博達事憲宗德裕以清直無黨事武宗今上踐祚
起而用之與蘇瓌父子相望爲優劣也頲不再相再
相者則德裕之盛爲難及也

文士爲文元功六拜正司徒兼侍中中書令晉
國公裴度

按裴公進士及第宏詞登科歷中書舍人御史中丞
刑部侍郎叶贊憲皇平蕩宿寇爲盜憎入朝遇刼不

能傷遂拜相前後爲小人害其才横議以惑上者多
矣故其詩曰灰心緣忍事霜鬢爲論兵竟自爲蔡州
節度使至郾城三師兵不敢逗撓纔四十日擒吳元
濟以獻明年平鄆州分青州兖州爲三道用韓弘父
子田弘正父子兩家同時爲鎮皆掌强兵自古無之
大和五年册拜司徒兼侍中其年又拜河陽後二年
又拜留守洛陽又拜司徒中書令仍依舊居守一年
又拜留守太原一年又拜入輔凡六拜焉當廷以侍
中中書令爲止相艱難以來以寵用武臣如公文纂

發身戎功佐主削平巨寇致位上台以台德終始於大位者近古儒生無比也

門生先爲座主佩金紫

李石按石元和十三年及第後二年賜緋後二年賜紫自釋褐四年之内服金紫輩之前輩實無其比至長慶二年座主庾公内難服闋除尚書右丞始賜紫綬石乃選紫衫金印以獻議者榮之

門生爲翰林學士撰座主白麻

許廷老按玄宗初置翰林待詔尋改爲學士以備顧問祇對而已代宗登極并領詔誥每授相除將不由外制德宗之代尤難其選凡及第之人入者甚衆或座主先逝而不見或座主官位而不及於内廷之制者唯廷老翰林時座主庾公拜兖海節度廷老爲門生得爲麻制時代榮之

三代自中書舍人拜侍郎

燕公張説自中書舍人拜工部侍郎子均自中書舍人拜禮部侍郎孫濛自中書舍人拜文部侍郎故張公三代自中書舍人拜侍郎奕世無比時號爲佳美才耳

終

翰林志

唐　李肇

昔宋昌有言曰所言公公言之所言私王者無私夫翰林爲樞機宥密之地有所慎者事之微也若制置任用則非王者之私漢制尚書郎主作文書起草更直于建禮門内臺給青縑白綾或以錦被帷帳氈褥晝通中枕大官供食湯官供餅餌五熟果五日一美食下天子一等建禮門内得神仙門内得光明殿神仙殿自門下省中書省蓋以今翰林之制略同而所掌輕也漢武帝時嚴助朱買臣吾丘壽王司馬相如東方朔枚皐之徒皆在左右是時朝廷多事中外論難大臣數詘亦其事也

唐興太宗始于秦王府開文學館擢房玄齡杜如晦一十八人皆以本官兼學士給五品珍膳分爲三番更直宿于閣下討論墳典時人謂之登瀛洲貞觀初置弘文館學士聽朝之隙引入大内殿講論文義商較時政或分夜而罷至玄宗置麗正殿學士名儒大臣皆在其中後改爲集賢仙殿亦草書詔至翰林置

學士集賢書詔乃罷
初國朝修陳故事有中書舍人六員專掌詔誥雖曰
禁省猶非密切故溫大雅魏徵李百藥岑文本褚遂
良許敬宗上官儀時召草制未有名號乾封已後始
曰北門學士劉懿之劉禕之周思茂元萬頃范履冰
爲之則天朝蘇味道韋承慶其後上官昭容獨掌其
事睿宗則蘇頲賈膺福崔湜玄宗初改爲翰林待詔
張說陸堅張九齡徐安貞相繼爲之改爲翰林供奉
開元二十六年劉光謙張垍乃爲學士始別建學士
院于翰林院之南又有韓紘閻伯璵孟匡陳兼李白
蔣鎮在翰林院雖有其名不職其事
已後翰林始兼學士之名代宗初李泌爲學士而今
壁記不列名氏蓋以不職事之故也
案六典中書掌詔旨制勑璽書册命皆案典故起草
進書其禁有四一曰漏洩二曰稽緩三曰遺失四曰
忘誤所以重王命也制勑既行有誤則奏而正之凡
王命之制有七一曰册書立后建嫡封樹藩屏寵命
尊賢臨軒備禮則用之二曰制書行大典賞罰授

官爵釐革舊政赦宥降虜則用之三曰慰勞制書襃
贊賢良勸勉遣勞則用之四曰發日勑增減官員廢
置州縣徵兵發馬除免官爵授六品已下官處流已
上罪並用之五曰勑旨爲百司承旨而爲程式奏事
請施行者則用之六曰論事勑書慰諭公卿誡約臣
下則用之七曰勑牒隨事承旨不易舊典則用之又
荅疏于王公則用皇帝行寶勞來勳賢乃用皇帝之
寶徵召臣下則用皇帝信寶荅四方書則用天子行
寶撫慰蠻方則用天子之寶發番國兵則用天子信
寶並甲令之定制也近朝大事直出中禁不由兩省
不用六寶並從權也元和初置書詔印學士院主之
凡赦書德音立后建儲大誅討免三公宰相命將曰
制並用白麻紙不用印雙日起草候閤門鑰入而後
進書隻日百寮立班于宣政殿樞密使引案自東上
閤門出若謫宰相則付通事舍人矩步而宣之機務
要速亦用雙日甚者雖休假追朝而出之凡賜與徵
召宣索處分曰詔用白藤紙凡慰軍旅用黃麻紙并
印凡印批荅表疏不用印凡太清宮道觀薦告詞文

用青藤紙朱字謂之青詞凡諸陵薦告上表內道觀歎道文並用白麻紙雜詞祭文禁軍號並進本凡將相告身用金花五色綾紙所司印凡吐蕃贊普書及別錄用金花五色綾紙上白檀香木真珠瑟瑟鈿函銀鏁迴紇可汗新羅渤海王書及別錄並用金花五色綾紙次白檀香木瑟瑟鈿函銀鏁諸蕃軍長吐蕃宰相迴紇內外宰相摩尼已下書及別錄並用五色麻紙紫檀木鈿函銀鏁並不用印南部及大將軍清平官書用黃麻紙出付中書奉行却送院封函

與迴紇同凡畫而不行藏之函而不用者納之

凡參議奏論撰述注釋無定名奏復無晝夜凡徵天下草澤之士臨軒策試則議科設問覆定與奪凡受宜有堂曆自記有承旨簿記大抵四者之禁無殊而漏泄之禁為急天寶十二載安祿山來朝玄宗欲加同中書平章事命張垍制不行及其去也怏怏滋甚楊國忠曰此張之告也遂貶盧溪郡司馬兄均建安郡太守弟埱宜春郡司馬德宗雅尚文學注意是選乘輿每幸學士院顧問錫賚無所不至御饌珍肴輟而賜之又嘗召對于玉堂移院于金鑾殿對御起草詩賦唱和或旬日不出吳通微昆季同時擢用與陸贄爭恩不叶甚于水火天下醜之貞元三年贄上疏曰伏詳令式及國朝典故凡有詔令合由于中書如或墨制施行所司不須承受蓋所以示王者無私之義為國家不易之規貞觀中有學士一十八人太宗聽朝之餘但與講論墳籍時務得失悉不相干實錄之中具載其事玄宗末方置翰林張垍因緣國親特承寵遇當時之議以為非宜然止于唱和文章批荅

表疏其于樞密輒不知肅宗在靈武鳳翔事多草創權宜濟急遂破舊章翰林之中始掌書詔因循未革以迄于今歲月滋深漸逾職分頃者物議尤所不平皆云學士是天子私人侵敗綱紀致使聖代虧至公之體宰相有備位之名陛下若俯順人情大革前弊凡在詔勑悉歸中書遠近聞之心稱至當若未能變改且欲因循則學士年月校深稍稍替換一者謗議不積二者氣力不衰君臣之間庶全終始事關國體不合不言疏奏不納雖徵據錯謬然識者以為知言

貞元末其任益重時人謂之內相而上多疑忌動必
拘防有守官十三考而不遷故當時言內職者榮滯
相半及順宗不懌儲位未立王叔文起于非類竊學
士之名內連牛美人李忠言外結姦黨取兵柄弄神
器天下震駭是時鄭絪爲內庭之老首定大計令上
即位綬絪中書侍郎平章事初姜公輔行在命相及
就第而拜之至李吉甫除中書侍郎平章事適與裴
垍同直裴垍草吉甫制吉甫草武元衡制垂簾揮翰
兩不相知至暮吉甫有歎惋之聲垍終不言書麻尾
之後乃相慶賀禮絕之敬生于座中及明院中使學
士送至銀臺門而相府官吏候于門外禁署之盛未
之有也

凡學士無定員皆以他官充下自校書郎上及諸曹
尚書皆爲之所入與班行絕迹不拘本司不繫朝謁
常參官二周爲滿歲則遷知制誥一周歲爲遷官則
奏就本司判記上月日北省官宰相送南省官給舍
丞郎送上興元元年敕翰林學士朝服序班宜准諸
司官知制誥例凡初遷者中書門下召令右臺門候

旨其日入院試制書答共三首詩一首自張仲素後
加賦一首試畢封進可者翌日受宣乃定事下中書
門下于麟德殿候對因院賜宴營幕使宿設帳幕圖
褥尚食供饌酒坊使供美酒是爲敕設序立拜恩訖
候就宴又賜衣一副絹二十疋飛龍司借馬一疋旬
日又進文一軸內庫給青綺錦被青綺方褡青綾单
帕漆通中枕銅鏡漆奩象篦大小象梳漆箱銅采羅
銅黃梳紫絲履白布手巾畫木架床鑪銅案席氊褥
之類畢備內諸司供饍飲之物主膳四人掌之內圖
官一戶三人以供使令其所乘馬送迎于掖門內
橫門之西度支月給手力資四人人錢三千五百四
品已上加一人每歲內賜春服物三十疋暑服物三
十疋綿七屯寒食節料三十疋酒餳杏酪粥屑肉餤
清明火二社蒸餿端午衣一副金花銀器一事百索
一軸青團鏤竹大扇一柄角糉三服沙蜜重陽酒饍
粉糕冬至歲酒兎野鷄其餘時果新茗瓜新曆是爲
經制直日就須授下直就第賜之凡內宴坐次宰相
坐居一品班之上別賜酒食珍果與宰相同賜帛二

十疋金花銀器一事貞元四年勑晦日上巳重九節
百寮宴樂翰林學士每節賜錢一百千其日奏選勝
而會賜酒脯茶果明年廢晦日置中和節宴樂如之
非凶年旱歲兵革則每歲爲常
凡正冬至不受朝俱入進名奉賀大忌進名奉慰其
日尚食供素饌賜茶十串
凡郊廟大禮乘輿行幸皆設幕次于御幄之側侍從
親近人臣第一御含元殿丹鳳樓則二人于宮中乘
馬別駕出殿門徐出就班大慶賀則俱出就班

凡當直之次自給舍丞郎入者三直無儤自起居御
史郎官入五直一儤其餘雜入者十直三儤新遷官
一直服價名于次之中減半著爲別條例題于北壁
之西閤
凡交直候内朝之退不過辰巳入者先之出者後之
直者疎數視人之衆寡事之勞逸隨時之動靜凡節
國忌授衣二分田假之令不霑有不時而集併夜而
宿者或内務不至外喧已寂可以探窮理養性浩然
之氣故前輩傳楞伽經一本函在屋壁每下直出門
相謔謂之小三昧出銀臺乘馬謂之大三昧如釋氏
之去纏縛而自在也北廳前堦有花塼道冬中日及
五塼爲入直之候李程性懶好晚入恒過八塼乃至
衆呼爲八塼學士
元和已後院長一人別勑承旨或密受顧問獨召對
賜居北壁之東閤號爲承旨閤子其屋棟別列名爲
政事駕在大内即于明福門置院駕在興慶宮則于
金明門内置院今在右銀臺門之北第一門向牓曰
翰林之門其制高大重複號爲胡門入門直西爲學

士院即開元十六年所置也引鈴于外惟宣事入其
北門爲翰林院又北爲少陽院東屋三院西廂之結
麟樓南西並禁軍署有高品二人知院事每日晚執
事于思政殿退而傳旨小使衣綠黄青者逮至十人
更番守曹南廳五間木學士騎馬都尉張垍飾爲公
主堂今東西間前架高品使居之中架爲藏書南庫
西三間前架北三洞谿設榻受制旨印書詔二時會
食之所西壁列制勑例名數其中使堂博一局印匣
中間爲北一戶梁東西各二間學士居之山

横屋六間當北廳通廊東西三間爲藏書北車其二庫書各有錄約八千卷小使主之西三間書官居之號曰待制北廳五間東一間是丞旨閣子並學士雜處之題記名氏存于壁者自呂諲始建中已後年月遷換乃爲周悉南北二廳皆有懸鈴以示呼召廳庭之南漢屋七間小使居之分主寶績詔草紙筆之類又西南爲高品使之居廐北爲寶庫之北小舉廊抵于北廳西舍之南其一門待詔戴小平嘗處其中死而復生因弊爲南向之宇畫山水樹石號爲畫堂次

二閤貯遠歲詔草及制舉詞策又北廻而東並待詔居之又東盡于東垣爲典主堂待詔之職執筆硯以俟書寫多至五六員其選以能不以地故未嘗用士人自王伾得志優給頗厚三歲一轉官有至四品登朝者廬廊西壁多畫怪石松鶴北廳之西南小樓王涯率人爲之院内古槐松玉蕊藥樹柿子木瓜菴羅崐山桃杏李櫻桃紫薔薇辛夷蒲萄冬青玫瑰凌霄牡丹山丹芍藥石竹紫花蕪菁青菊商陸蜀葵萱草紫苑諸學士至者雜植其間殆至繁溢元和十二年肇自監察御史入明年四月改左補闕依前充中書舍人張仲素祠部郎中知制誥段文昌以司勳員外杜元穎司門員外郎沈傳師在焉是時憲宗文武皇帝裂海岱十二州爲三道之歲將以居翰苑皆謂凌玉清遡紫霄豈止於登瀛洲截亦曰玉署玉堂焉

續翰林志

宋　蘇易簡

太宗曰詞臣實神仙之職也玉堂東西壁悉畫水以布之風濤浩渺瀛洲之象也修篁皓鶴悉圖廊廡奇花異木羅植軒砌風傳禁漏月色滿庭真人世之仙境新學士入院上事宣徽告報救設儀鸞宿陳席幕大官備珍饌設上尊酒者悉至赴是設者止鳳閣舍人餘不得預坐居是職者苟能節用以安貧杜門以省事擇交如之吉養浩然之氣來者瞻望其出處待者優假其顏色逍遙卒歲非神仙而何

宋綬字公垂仁宗朝同修國史後其子敏求爲史館修撰父子繼世掌史世以爲榮焉

袁樞字機仲爲編修官分修列傳故相章子厚家以同里宛轉求釋其事公曰吾史官書法不隱寧可負天下後世公議

徐鍇爲虞部員外郎專掌集賢院　此銳意群集不復問家事嘗言集賢院即是吾家指所居曰此寄宿之所爾

仁宗朝初修起居欽中書擬人而彭乘在選中上指乘曰此儒也雅有恬退名無以易之及召見諭曰卿先朝舊人久補外未嘗自言對曰臣生孤遠自量其分敢過有所望耶上頗嘉之

翰林壁記　唐　丁居晦

靈鵲

學士院有雙鵲嘗棲于西軒海棠枝上每學士會食必徘徊翱集于玉堂之上累無驚畏因謂之靈鵲或鳴噪必有大詔令或宣召之事

史職

元和十四年史館修撰李翺奏臣謬得秉筆史館以紀録爲職夫勸善懲惡正言直筆記聖朝功德述忠臣賢士事業載姦臣佞人醜行以傳無窮者史官之

職也

鈴有聲

李德裕鎮蜀時謂幕賓韋絢云翰林院有懸鈴以備夜直警急文書出入皆引之以代傳呼也長夏中予爲學士時河北用兵一夜鈴有聲如人引其索者使視之則無人後往往如此使人持棒潛伺於下終無所覩而數數鳴動不已院中諸公私共惟其鳴時皆應用兵處耗聲則急緩亦如之曾莫之差衆咸異之

元相詩云禁掖引鈴索

不草制

崔貽範於鳳翔圍城中擄李茂貞起復作相偓當草制抗疏論其不可夜半以授翰林院學士使中人馬從皓語偓曰學士無以性命爲戲偓不答扃戸而寢明日無麻制宣讀茂貞曰陛下命相學士不肯草制與反何異昭宗曰卿薦貽範朕不拒偓不草制朕亦不拒其如道理分明何

置座右

子元著史通内外四十九篇徐堅讀之歎曰爲史氏者宜置此座右也

置札玉階

開元末韋絢自左補闕爲起居舍人時陽嗣復已除起居舍人楊嗣復於殿下先奏曰左補闕韋絢新除起居舍人未中謝奏取進旨帝顧之李鈺招而引之絢即置筆札於玉階欄檻之右疾趨而問詞拜舞焉

有賞音

范華論撰書之意曰吾聞之傑思殆無一字空設古

書行應有賞音者自古體上而思精未有此也

御史臺記

闕名

裴琰之

裴琰之作同州司戶年纔弱冠但以行樂爲事畧不爲案牘刺史譙國公李崇義怪之而問戶佐佐曰司戶達官兒郎恐不閑書判旣數日崇義謂琰之曰同州事物固繁司戶尤甚公何不别求京官無爲滯此司也琰之唯諾復數日曹事委積諸竊議以爲琰之不知書但遨遊耳他日崇義召之厲色形言將奏免

之琰之出謂其佐曰文案幾何對曰遽者二百餘琰之曰有何多如此逼人命每案後連紙千張仍命五六人以供研墨點筆左右兒唯而已琰之不之聽語主案者畧言事意倚柱而斷之詞理縱横文華粲爛手不停綴落紙如飛傾州官僚觀者如堵牆驚嘆之聲不已也案達於崇義崇義初曰司部解邪判戶佐曰司戶太高手筆仍未之奇也比四五十案詞彩彌精崇義悚作召琰之降階謝曰公之詞翰若此何恐藏鋒成鄙夫之過是日名動一州數日聞於京邑

擢雄州司户

李義琛

太宗朝文成公主自吐蕃貢金數百至岐州遇盜前後發使案問無獲賊者太宗召諸御史目之特命李義琛前曰卿神清俊拔暫勞卿推逐必當獲賊琛受命施以客計數日盡獲賊矣太宗喜特加士階賜金二十兩

辛郁

唐辛郁管城人也舊名太公弱冠遇太宗於行所問

何人曰辛太公太宗曰何如舊太公郁曰舊太公八十始遇文王臣今適年十八已遇陛下過之遠矣太宗悅命值中書

張楚金

唐則天朝刑部尚書張楚金爲酷吏周興搆陷將刑乃仰歎曰皇天后土豈不察忠孝乎柰何以無辜獲罪因泣下數行人人皆爲歔欷須臾陰雲四塞若有所感旋降敕釋罪宣示訖天地開朗慶雲紛糾時議言其忠正所致也

楊茂直

唐楊茂直任拾遺有補闕姓王精九經不練時事每自言明三教時有僧名道儒妖訛則天捕逐甚急所在題云訪僧道儒茂直與薛兼金戲謂曰敕捕僧道儒足下何以安閒云何關吾事茂直曰足下明三教僧則佛教道則老教何不關吾事乃驚懼興寢不安遂不敢歸寓於曹局數宿祈左右慎其事意復共誑之憂懼不已遇人但云實不明三教事茂直等方寬慰云别訪人非三教也乃敢出

左右臺御史

唐孝和朝左右臺御史有遷南省仍內供奉者三墨敕授者五臺議之爲五畢三仍左臺呼右臺爲高麗僧言隋漢僧赴齋不呪願唪唄但飲食受䞋而已譏其掌外臺在京輦無所彈劾而俸祿同也自右臺授左臺號爲出蕃自左臺授右臺號爲没蕃每相遇必相嘲謔不已也

杜文範

唐杜文範襄陽人也自長安尉應舉擢第拜監察御

史選殿中授刑部員外以承務郎特授西臺舍人先時與高上智俱任殿中爲侍御史張由古宋之順所排擯與上智遷員外既五旬由古之順方八省文範衆中謂之曰張宋二侍御俱是俊才由古問之荅曰若非俊才那得五十日騎土牛趂及殿中舉衆歡笑

元晉

唐曹懷舜金鄉人父維叔死王事贈雲麾將軍懷舜襁褓授游擊將軍歷内外文武官則天云懷舜久歷文資而屈於武職自左鷹揚衛郎將拜右玉鈐衛將軍有宋州司馬曹元本父名乞伯時汲縣丞元晉好談多警策或問元晉元本懷舜從叔元晉應聲荅曰雖則同堂俱非本族人怪問之晉曰玄本乞伯子懷舜繼叔見以此知矣

御史裏行

唐開元中置裏行無員數或有御史裏行侍御史裏行殿中裏行監察裏行以未爲正官故臺中詠之曰柱下雖爲史臺中未是官何時聞必也早晚見任端任端郎侍御史任正名也

終

上庠録

宋　吕榮義

政和元年尚書蔡嶷爲知舉尤嚴挾書是時有街市詞曰侍香金童方盛行舉人因以其詞只改十五字作懷挾詞云喜葉葉地手把懷兒摸甚恰恨出題厮撞着内臣過得不住脚忙裏只是看來斑駮這一身冷汗都如雲霧薄比此年時頭勢惡待檢又還猛相度只恐根底有人尋着

長慶三年正月禮部侍郎王起奏曰伏以禮部放榜之後遠誤傳非便臣請今年進士堪及第者本司考試訖其詩賦先進中書門下詳覆勑却下本司然後准例大字放榜從之

唐制禮部試舉人夜以三鼓爲限本朝率用白晝不許繼燭

陳彭年任翰林學士求對歸請政府王文正公且延見之陳起呈其狀曰科場條貫公投之於地曰内翰做官幾日待隔截天下進士陳惶懼而退

長安舉子六月後落第者不出京剎口過夏借淨坊

廟院作文章曰夏課時語曰槐花黃舉子忙故翁承贊有詩云雨中粧點望中黃勾引蟬聲噪夕陽憶得當年隨計吏馬蹄終日爲君忙

咸通十一年以龐勛盗據徐州人屯戍卒連年飛輓物力方虚因詔權停貢舉一年是歳進士盧尚卿自遠至闕聞詔而廻乃賦東歸詩曰九重丹詔下塵埃深鎖文闈罷選才桂樹放教遲月長杏園終待隔年開自從玉帳論兵後不許金門諫獵來今日灞陵橋上過關人應笑臘前廻

上庠錄　入　二

裴思謙狀元及第以紅牋作名紙謁平康里諸妓因宿于里中有詩曰銀釭斜背解鳴璫小語低聲喚玉郎從此不知蘭麝貴夜來新惹桂枝香

李翺尚書牧江淮郡日進士盧儲投卷來謁李禮待之置文卷几案間赴公宇覩[illegible]女及笄見文尋繹數四謂小青衣曰此人必爲狀元李公聞之深異其語乃among

詩曰昔年嘗去王京遊第一仙人許狀頭今日已成秦晉約果教鸞鳳下粧樓

唐科名記

宋會稽高似孫

志烈秋霜科　顯慶二年韓思彥

幽素科　乾封元年蘇瓌解琬苗神客何輔元徐昭劉訥言崔谷神

詞殫文律科　上元元年崔融

岳牧科　永隆元年

才膺管樂科　神龍二年張大求魏啟心魏愔盧絢張文成褚璆咸慶業郭鄰植不得

才高位下科　馮萬石寇良貞張敬

材堪經邦科　三年張九齡康元瓌

唐科名記　入　一

賢良方正科　蘇晉宋務光寇泚盧怡呂慎

抱器懷能科　景龍三年長侯銛

茂才異等科　王敬從盧重玄

詞標文苑科　垂拱四年房晉甫璦王旦

蓄文藻之思科　永昌元年彭景直

抱儒素之業科　李文愿

臨難不顧徇節寧邦科　長壽二年薛稷寇泚

長才廣度沉迹下僚科　證聖元年張濬

文藝優長科　通天元年韓琎

絶倫科 神功元年蘇頲崔玄童袁仁敬何鳳孟溫禮洪子輿盧從愿趙不欺

拔萃科 大足元年崔翹鄭徵

疾惡科 馮萬石

襲黃科 長安二年馬克麾

文以經國科 景雲二年袁暉韓朝宗

藏名負俗科 李俊之

文經邦國科 先天元年韓休

藻思清華科 趙冬曦

宣風典化科 郭璘之

唐科名記 二

道侔伊呂科 張九齡

手筆俊拔超越輩流科 杜昱張子漸張秀明常無名趙居貞賈登邢巨

直言極諫科 開元二年梁昇卿袁楚客

哲人奇士逸倫屠釣科 孫逖

良才異等科 邵潤之崔翹

文史兼優科 五年李昇期康子建奚珦

文儒異等科 崔侃褚庭誨

博學通藝科 六年鄭少微蕭道成

[illegible]科 七年邢巨苗晉卿[illegible]洪趙良器

將帥科 十三年裴敦復房自謙

武足安邊科 十五年鄭昉樊衡

高才沉淪草澤自舉科 劉景山

才高未達沉迹下僚科 十七年吳鞏

博學宏詞科 十九年陶翰

多才科 二十一年李史魚

王霸科 二十三年劉璀杜綰

智謀將帥科 張重光崔[redacted]李廣琛

文詞秀逸科 天寶元年崔尤顏真卿

唐科名記 三

風雅古詞科 六年薛據

詞藻宏麗科 十三年楊綰

樂道安貧科 大曆二年楊□

諷諫主文科 六年鄭珣李益

賢良方正能直言極諫科 大曆二年裴休裴素李郃南卓李甘杜牧馬植鄭亞崔博崔璵王式羅群京崔渠韓賓崔慎苗愔韋杲崔煥崔讜

軍謀宏遠堪任將帥科 大曆二年鄭冠李式

詳明吏理達於教化科 大曆二年宋琨寶曆元年韋正貫

文詞清麗科 建中元年奚涉梁肅劉[redacted]亮鄭輈沈封吳通

經學優深科建中元年孫玭黎逢白李隨
高蹈丘園科建中元年張紳衛良儒蘇哲
軍謀越衆科建中元年夏侯審平知和鄭澹淩正周謂丁侁
孝弟力田聞於鄉閭科建中元年郭黃鍾崔沿李牧貞元四年張浩
博通墳典達於教化科貞元元年熊執易劉簡甫十年朱潁元和三年馮芑淩
丑長慶元年李思玄
識洞韜畧堪任將帥科貞元元年許贊
清廉守節政術可稱堪任縣令科貞元四年李巽
詳明政術可以理人科貞元十年張平叔李景亮長慶元年崔郢

才識兼茂明於體用科貞元十年元稹章憤獨孤郁白居易曹景伯韋慶後崔琯
羅壤崔護薛存慶章衍李瑶
元修蕭俛沈傳師柴宿
達於吏理可使從政科貞元十年陳昧元和三年蕭睦
軍謀宏遠材任將帥科元和三年樊宗師長慶元年吳思李商節
軍謀宏遠材任邊將科寶曆元年裴儔侯雲章

五代登科記

宋 韓思

梁太祖開平二年進士十八人諸科五人
三年進士十九人諸科四人
四年進士十五人諸科一人
五年進士二十人諸科十人
乾元二年進士十一人諸科一人
三年進士十五人
四年停舉

五年進士十三人諸科二人
貞明二年進士十二人諸科一人
三年進士十五人諸科二人
四年進士十二人諸科二人
五年進士十三人諸科一人
六年進士十三人諸科三人
七年停舉
龍德二年進士十四 二人
三年停舉

唐莊宗同光二年進士十四人諸科二人

三年進士四人

四年進士八人諸科二人

明宗天成二年進士二十三人諸科九人

三年進士十五人諸科四人

四年進士十三人諸科二人

長興元年進士十五人重試落下八人諸科一人

二年進士四人

三年進士八人諸科八十一人

四年進士二十四人諸科一人

愍帝長興五年進士十七人諸科一人

廢帝清泰二年進士十四人諸科一人

三年進士十三人

晉高祖天福二年進士十九人

三年進士二十人

四年五年停貢舉

六年進士十一人諸科四十五人

七年進士七人

八年進士七人

九年進士十三人諸科五十六人

開運二年進士十五人諸科八十八人

三年進士二十人諸科九十二人

漢高祖天福十二年進士二十五人諸科一百五十五人

隱帝乾祐元年進士二十三人諸科一百七十九人

二年進士十九人諸科八十人

三年進士十七人諸科八十四人

周高祖廣順元年進士十三人諸科八十七人

二年進士十三人諸科六十六人

三年進士十八人內落下二人諸科八十三人

世宗顯德元年進士二十人諸科一百二十二人

二年進士十六人諸科一百十六人

三年進士六人諸科二十九人

四年進士十人諸科三十五人

五年進士十五人內落下七人諸科七十二人

六年進士十人諸科五十人

按五代五十二年其間唯梁與晉各停貢舉共二
年

趨朝事類

闕名

官品令

[redacted]五階

諸州助教　諸州文學　通仕郎　登仕郎

將仕郎

選人七階

迪功郎　修職郎　從政郎　從仕郎　文林郎

儒仕郎　承直郎

京官五階

承務郎　承奉郎　承事郎　宣議郎　宣教郎

陞朝官二十四階

通直郎　奉議郎　承議郎　奉郎

朝散郎　朝請郎　朝奉大夫　朝散大夫

朝請大夫　奉直大夫　朝議大夫　中散大夫

中奉大夫　中大夫　太中大夫　通議大夫

通奉大夫　正議大夫　正奉大夫　宣奉大夫

光祿大夫　金紫光祿大夫　特進大夫

武弁出身
進義校尉　進武校尉
小使臣八階
承信郎　承節郎　保義郎　成忠郎　忠翊郎
忠訓郎　秉義郎　從義郎
大使臣二階
修武郎　訓武郎
副使八階是郎　正使八階是夫大
武翼郎大夫　武義　武經　武略　武節　武顯
趨朝事類　二
武德　武功
橫行副使十二階是郎　正使十二階是大夫
右武郎大夫　拱衛　親衛　翊衛　中衛　中亮
左武　中侍　協忠　履正　宣正　正侍
衛官
左右金吾衛士比[redacted]將軍比節度使
大將軍比武翼大夫左右衛以下隆一等比之驍騎
驍衛武衛屯衛領軍衛監門衛千牛衛上將軍諸衛
大將軍將軍

勳一十二轉
上柱國　柱國　上護軍　護軍　上輕車都尉
輕車都尉　上騎都尉　騎都尉　驍都尉
飛都尉　武騎尉
以上騎尉以上兩府及武臣以上經恩加兩重文
武朝官加一重武騎尉以京官加一重朝官雖未
至驍騎尉經恩亦便加騎都尉
爵一十二等
王　嗣王　郡王　國公　郡公　開國公
趨朝事類　三
開國郡公　開國縣公　開國侯　開國伯
開國子　開國男
以上封爵王子兄弟封國親王之子承嫡爲嗣王
宗室近親及特旨者封郡王見前任宰執食邑實
封共萬戶及承襲並封郡公其開國家隨食邑
食邑無定法
一萬戶　八千戶　七千戶　六千戶　五千戶
四千戶　三千戶　二千戶　一千戶　七百戶
五百戶　四百戶　三百戶　二百戶　一百戶

以上經恩宰執以上加千戶封四百戶餘隆麻官七百戶實三百戶文臣侍郎武臣視察使五百戶實封二百戶文臣少卿監武臣諸司副使宗室副率以上三百五戶實一百戶雖有加飼緣無定法實封一百戶日計錢二十五文足二千戶封公一千戶封侯七百戶封伯五百戶封子三百戶封男

內命婦品

一等

貴妃　淑妃　德妃　賢妃　貴儀　淑儀　淑容

順容　婉儀　婉容　昭儀　昭媛　修容　昭容

修媛　修儀　充媛　婕妤　美人　才人

侍郎郡夫人　郡夫人　十字國夫人

兩字國夫人　六字國夫人　兩國四字夫人

四字國夫人　兩國兩字夫人　兩字國夫人

國夫人

二等

尚字　尚正　尚官　尚儀　尚食　尚服　尚寢

司字　司衣　司賓　司室　司殿　司闈　典

典賓　典字　典寶　典飾　典製　典圖　典綵

典醞　典珍　典樂　掌字　掌衣　掌記　掌綵

掌樂　掌圖　掌籍　掌醞　紅霞帔

知尚書內省事　仙韶使　仙韶副使

小殿直都知　小殿直押班

三等

紫霞帔　尚書省都事　大侍御

小殿直第一等長行　仙韶都頭

四等

聽宣　尚書省內事　錄事　小殿直第二等長行

仙都色長行

五等

殿直　散直　散手　書省　小侍御

皇后閣祗候　小殿直第三等長行

著緋著綠女童

內命婦封贈

貴妃　淑妃　德妃　賢妃

正一品封贈三代　十字　八字　六字

貴儀　貴容　淑儀　淑容　順儀　順容　婉儀
婉容　從一品封贈三代　六字　兩國　四字
昭儀　昭容　昭媛　脩容　脩媛　脩儀　充儀
充容　充媛
正二品封贈三代　四字　兩字　兩國
婕妤　正三品封贈二代　四字　兩國
美人
趨朝事類　六
正四品封贈一代　國
才人
正五品封贈一代　郡
司字正七品
典字正八品
掌字正九品
紅霞帔　紫霞帔　聽宣　聽直　青直
以上不係入品
外命婦品

使相以上封國夫人　執政節度使以上封郡夫人
尚書以上封淑人　侍郎以上封碩人
太中大夫以下封令人　中散大夫以下封恭人
朝奉大夫以下封宜人　朝奉郎以下封安人
通直郎以下封孺人
封贈綾羅紙價錢
三公三少開府七貫五百東宮三師三少特進光祿大夫
左右金吾衛上將軍至觀察使六貫宣奉至通奉諸衛
上將軍三貫五百通議至散中諸衛大將軍三貫六百朝議至
趨朝事類　七
縣奉大夫二貫三百朝請至承議郎諸率府一貫八百奉議通
直諸率府副率一貫五百宣教郎以下一貫母七貫三百五十妻六貫
四百五十朝奉大夫遥郡刺史以上妻七貫二百十后妃才人
以上同
宰相執政官曾仕同若室章閣直學士以上及駙馬都
尉管軍臣僚入內內侍至押班并將校化外蕃蠻官
免納雖已致仕准見任官例
封贈郡號
鉅鹿　樂安　壽春　仙遊　萬年　萬載　許昌

建安　遂寧　奉天　靈寶　天長　天興　保寧
興國　永安　乾祐　昌國　寧國
郡縣不在封贈之例
典禮須知
行在
諸稱行在者謂天子駐蹕之所在也古不聞之自秦漢方有此稱本縣百司初稱隨駕其自南渡後皆稱行在惟三省學士院臺諫内侍省之類不云行在蓋天子之司常侍之謂也

趨朝事類　八

三省
諸稱三省者謂門下中書尚書省中書擬定門下進畫尚書奉行紹興十五年中書門下併而爲一謂之制勑院
省劄
尚書省施行事以由奉山所造紙每張三文與免戶役准此字令寫大準此
駕頭
駕頭者祖宗即位時所乘也皇朝類苑謂之正衙法座香木爲之金飾四足墮其角其前小偃織藤冒之駕頭至則宣贊唱引迎駕者起居也又沈存中筆談謂是中貴官捧月樣
被毛座褥機子於馬上令係閤門宣贊舍人
諸職事官諫議大夫寄祿官太中大夫以上及學士待制或經恩賜者許乘飾度使曾任執政官者准此

趨朝事類　九

紹熙行禮記

宋 周密

紹熙二年辛亥十一月壬申光宗初郊先是貴妃黄氏有寵慈懿李后妒之至是上宿齋宮乘閒殺之以暴卒聞上不勝駭憤及行禮値大風雨黄壇燈燭盡滅不成禮而罷上以爲獲罪於天且懼壽皇譴怒憂懼不寧遂得心疾歸臥壽成殿壽皇知其事輕輿徑至寢殿欲慰勉之直上寢戒左右使勿言旣寤小黄門奏知壽皇在此上矍然驚起下榻叩頭請罪

壽皇再三開諭終不懌自是喜怒不常不復視朝矣至三年二月疾稍平請重華宮起居四年九月重陽節以疾不過宮宰執侍從兩直百僚及諸生皆有疏乞過宮甲申上將朝重華百官班立以俟上已出至御屏李后挽上回曰天色冷官家且進一盃酒百僚侍衛皆失色時陳傅良爲中書舍人遂趨上引裾請毋再入隨上至御屏後李后叱之曰這裡甚去處你秀才們要斫了驢頭傅良遂大慟于殿下李后遣人問曰此是何禮傅良對曰子諫父不聽則號泣隨之后益怒遂傳旨已降過宮指揮更不施行於是臣僚士庶紛紛之議競起矣十月會慶節工部尚書趙彥逾等上疏重華乞會慶聖節先期諭旨勿免過宮壽皇御筆朕自秋涼以來思與皇帝相見所有卿等奏劄已令進御前矣庚申詔過宮又不果出至戊寅上始朝重華都人皆大喜先是丞相留正以論姜特立待罪范村凡一百四十日至此方召還五年正月壽皇始不豫上以疾不能問安嘗藥臣僚劾内侍陳源楊舜卿林億年以離間兩宮請罷逐及壽皇疾甚

留正請上侍疾俛焉道至瀛淳殿泣而出旣而宰執以所請不從乞出光宗傳旨令宰執盡出于是俱至浙江亭待罪知閤韓侂胄奏請自往宣押入城於是宰執各還第國史趙汝愚傳云孝宗令嗣秀王傳意令宰執入奏實復請過宮許之至斯過年有旨放伏奮是時諸公引裾慟哭者十日相堅請道宮佛寺集議百司皂隸造謗謁傳學舍草茅爭相伏闕劾道字攺之一書至有生靈塗炭社稷丘墟之語且有詩云從教血染長安市一枕清風臥釣磯優擬劾外謫[illegible]

不至大抵當時執政無承平諸公識不能以上疾求
昭示天下鎮靜浮言而朝紳學士率多賣直釣名之
人而乃使上蒙疑負謗日甚一日至六月九日戊戌
壽皇崩于重華殿本宮提舉關禮等詣宰執第告上
大漸丞相留正樞密趙汝愚參政陳騤同知余端禮
請過宮侯至晚又不果出先是孝宗未服藥黃裳等
嘗請過宮以芴欄光宗云壽皇已服藥矣便請陛下
升輦已而無宅至是亦以爲妄不復信十三日壽皇
大殮車駕不至無與成服人情憂懼留正等遂奏請

紹熙行禮記　八　三

憲聖代行祭奠之禮以安人心往反數四始得太皇
聖旨皇帝以疾聽就内中成服太皇太后代行祭奠
之禮宰相百官就重華宮成服正等遂遵行之然中
外人情詾詾以禍在旦夕近習富室競輦金帛藏匿
村落而朝士中如項安世等遁去數人如李詳等擬
家歸鄉者甚衆侍從至欲相率出城於是留正等連
疏乞立太子以重國本二十四日晚御批云甚好次
日宰執擬立太子指揮進入御筆批依付學士院降
詔是晚又御批云歷事歲久念欲退閑留正見之驚

以爲初旨請立太子今乃有退閑之語何邪會夫迫
朝臨行於殿庭傷足正疑爲不祥先是正嘗從容執
華者問命有兎伏草鷄自焚之象及此謂所知曰上
卯生吾酉生前語驗矣遂力請罷免出城俟命工部
尚書趙彦逾將爲山陵按行使臨欲渡江因別汝愚
曰近事危急如此知院乃同姓之卿豈容坐視當思
求之之策可也汝愚默然久之曰今有何策事急持
刀去朝天門叫幾聲自割殺耳彦逾曰與其如此死
不若如此死且如聞上有御筆八字果否汝愚曰留

紹熙行禮記　八　四

丞相丁寧莫說今事急矣與尚書說亦不妨彦逾曰
既有此御筆何以不便立嘉王汝愚驚曰向嘗有立
儲之情尚恐上怒此事誰敢擔當且看慈福壽成兩
宮之意如何彦逾曰留丞相以足跌求去天付此一
段事業與知院豈可持疑禫祭在近便可舉行汝愚
曰此是大事恐未易倉卒亦須擇一好日遂取宮曆
檢視適是日甲子吉彦逾曰帝王即位即是好日兼
宮曆又吉何疑事不容緩宜亟行之亦順事也因勸
與殿帥郭杲同議汝愚遂遣范仲壬及詹體仁諭意

皋皆不答汝愚大恐彥逾曰某嘗有德于皋遂馳告之曰近日外議洶洶太尉知否皋曰然則奈何彥逾遂以內禪事語之曰某與趙樞密第能謀之耳太尉爲國虎臣此事全在太尉皋猶未語彥逾曰太尉所慮者百口之家耳今某盡誠以告太尉不答豈太尉別有謀乎皋矍然而起曰敢不效使令遂與區處發軍坐甲等事還報汝愚議遂定乃謀可白事于慈福宮者始擬吳琚琚憲聖姪也琚辭或云已白憲聖不許繼欲用吳環環亦辭於是令徐誼葉適因閤門蔡

必勝諭意於知閤門事韓侂胄侂胄母憲聖女弟也其妻又憲聖女姪也最爲親近侂胄慨然曰某世受國恩託在肺腑願得効力於是往見慈福宮提舉張宗尹曰事勢如此我輩死無日矣宗尹曰今當如何遂告以內禪事且云須得太后主張方可宗尹遂許爲奏知次日未報侂胄惶遂親往慈福宮適直憲聖感風不出侂胄益窘立殿廡垂涕重華宮提舉關禮適至邀問之侂胄不敢言因指天爲誓侂胄遂具述其事禮曰即當奏知少俟可也禮入見垂涕憲聖問

曰汝有何苦曰小臣無事天下可憂耳憲聖搖頭不言禮曰聖人讀萬卷書曾見有如此時節可保無虞否憲聖曰此豈汝所知禮曰此事人人知之丞相已去所賴二三執政且夕亦且去矣中外將誰賴乎言與淚俱下憲聖驚曰事將奈何禮曰今宰執政令韓侂胄在外欲奏內禪事望聖人三思早定大計憲聖不語久之曰我前日略曾見吳琚說來若事順須是做教好且許來早於梓宮垂簾引執政面對禮遂傳旨侂胄侂胄乃復命于汝愚始往報陳騤余端禮及

郭杲并步帥閻仲關禮使其姻黨閤門舍人傅昌朝密製黃袍先是嘉王數日謁告執政諭宮僚彭龜年等曰禪祭重事王不可不入七月四日甲子禪祭羣臣入王亦入執政率百僚詣大行前奏請太皇頂之垂簾有旨令韓侂胄同執政奏事汝愚等再拜詣簾前奏曰皇帝以疾至今未能執喪臣等累入劄乞立皇子嘉王爲皇太子以繫人心皇帝批出甚好繼又批歷事歲久念欲退閑取太皇太后處分憲聖曰皇帝既有御筆相公自當奉行汝愚等奏曰此事甚大

須降一指揮方可憲聖曰好汝愚遂袖出所擬指揮以進曰皇帝以疾未能執喪曾有御筆自欲退閑皇子嘉王可卽皇帝位尊皇帝爲太上皇帝皇后爲太上皇后憲聖覽訖曰甚好汝愚等再拜奏曰凡事令望太皇太后主張憲聖首肯訖遂令都知楊舜卿提舉壽康宮以任其責遂召至簾前面付之汝愚卽凡筵殿前宣布聖旨及詔書訖嗣禮張宗尹扶被太子入簾太皇面諭再三太子固辭曰恐負不孝之罪俯伏涕泣太皇命侂胄入簾授以黃袍令扶嗣君往卽

皇帝位嗣禮張宗尹共被嗣君至素幄傳太皇聖旨令汝愚等勸請汝愚等奏曰天子當以安社稷定國家爲孝今中外人人憂亂萬一變生置太上於何地尚得爲孝乎衆扶上披黃袍上猶却立衆扶上就座汝愚等率百僚再拜皇帝立受汝愚等遂傳宣殿帥郭杲閤仲同韓侂胄一班起居内侍扶導上詣太皇簾前行謝禮次詣梓宫前行禫祭禮畢御史臺閤門集百官禁衛立班起居翌日侂胄侍上詣光宗問起居光宗問是誰侂胄對曰嗣皇帝光宗瞪視[illegible][illegible]

兒邪先是汝愚諭殿帥郭杲以三百軍至祥曦殿門祈請御寶杲入索于職掌内侍羊駉劉慶祖私議曰今外議洶洶如此萬一璽入其手或以它授豈不利害於是封誌空函授杲二璫取璽從間道詣德壽宫納之憲聖及汝愚開函奉璽之際憲聖方自内付璽與之（四朝聞見錄云寧宗次日謁光宗慈懿方自臥内取璽與之按御璽重寶安得卽位後方取秉璽玉各有職安得置之臥内恐非事實）先是襄陽歸正人陳應祥等囑聚亡命謀以七月望日爲壽皇發喪爲亂前一夕登極赦至其徒告之而敗汝愚遂奏乞召還留正以輔

初政而御史張叔椿則劾以棄國之罪遂遷叔椿爲吏部侍郎正乃復入拜左相汝愚爲右相汝愚曰同姓之卿不幸處君臣之變敢言功乎辭不拜乃以特進爲樞密使及孝宗將攢汝愚見議欲卜山陵與正異議遂出正判建康府汝愚遂拜右相先是汝愚許侂胄以事成日節鉞彥逾執政既而推定策恩汝愚乃謂彥逾曰我輩宗臣不當言功僅除郭杲節度使彥逾爲端明殿學士出爲四川制置知成都府侂胄遷觀察使樞密都承旨（元係防禦使知閤門事至是遷一級）于是二人

憤曰此事皆吾二人之力汝愚不過蒙成耳今旣自據相位以專其功乃置我輩度外邪于是始有逐汝愚之謀矣汝愚覺之以朱熹有重名遂自長沙召入爲待制侍經筵及收召李祥楊簡呂祖儉等道學諸君子以自壯然宮中及一時之議皆歸功于侂胄自是出入宮掖居中用事且嗾伶人刻木爲熹等像戲冠大袖講說性理爲戲于禁中熹與龜年等屢白汝愚曰侂胄怨望殊甚宜以厚賞酬其勞處以大藩出之于外勿使預政以防後患汝愚不納曰彼嘗自言不受官職何慮之有[illegible]而熹進對面陳侂胄之姦邪而正言黃度欲論之而謀泄以內批斥去熹又因進講極論之聲色頗厲上怒遂批出除熹宮觀汝愚諫請見乃以內批袖還上繼而求去皆不許於是彭龜年奏陛下逐朱熹太暴且言侂胄竊弄威權爲中外所附必爲大患寧宗欲兩罷之汝愚欲兩留之罷遂龜年與郡侂胄勢由是益張會彥逾帥蜀陛下辭日晝疏當時道學諸賢姓名指爲汝愚之黨而寧宗亦疑之矣知閤劉弼謂侂胄曰趙丞相欲專此大發曰

紹熙行禮記　九

引虛名之士以植黨君豈但不得節鉞遠竄[illegible]免矣海之禍侂胄恐甚會汝愚欲除劉光祖爲御史侂胄知其欲擊己而上方令近臣上御史于是出御筆除大理簿劉德秀爲御史楊大法爲殿院又[illegible]以劉三傑代之於是言路皆韓黨矣先是汝愚嘗云夢孝宗授以湯鼎背負白龍騰天又沈有開嘗在汝愚坐曰外間傳嘉王出判福州許國公判明州三軍士庶以推戴相公矣又徐誼語人曰但得趙家一塊肉足矣蓋指魏王之子徐國公柄也樓鑰行辭免批答

紹熙行禮記　十

有親爲伯父固非同姓之卿之語太學上書乞尊汝愚爲伯父成周子言郞君不令何澹謂寧宗非光[redacted]子其說非一端于是右正言李沐首疏其事劾汝[redacted]以同姓居相位非祖宗典故方太上聖體不康之[redacted]欲行周公故事倚虛聲植私黨以定策自居專功自恣等事遂罷汝愚相出知福州旣而臺臣言合罷郡與祠有祭酒李祥博士楊簡府丞呂祖儉等有疏太學生周端朝等六人共一書訴汝愚有太功不當去位皆被黜謫未幾何澹　紘疏汝愚唱引僞徒謀爲

不執乘龍授鼎假夢爲符言且與徐誼謀造讖書
送太上過越爲紹熙皇帝等事遂責汝愚永州安置
至衡州而卒朱熹爲之註離騷以寄意焉放吟孫逢
詣于闕門有一死固知公所欠孤忠賴有史長存之
句其後葉翥汪義端交論僞學而劉三傑以僞黨爲
逆黨凡得罪者五十九人省部籍記姓名降詔禁僞
學而直省吏蔡璉告汝愚定策時與謀賓客所言凡
七十紙欲逮彭龜年曾三聘徐誼沈有開下大理獄
賴范仲藝等力解之乃已既而侂胄遷太傅封平原
郡王自此十年專政肇開兵端身殞國危在侂胄固
不足責而當時諸君子處之亦失其道有以致之也

上壽拜舞記

宋　陳隨隱

紫宸殿上壽三十三拜三舞蹈初面西立閤門進班
齊閤上升座鳴鞭禁衛起居移班北面躬身聽贊喏
拜起直身搢笏三舞蹈跪左膝三叩頭出笏就一拜
又兩拜躬身跪班首奏聖躬萬福再聽贊拜兩拜移
班如初殿中監升殿詣酒尊所教坊起居殿侍進御
茶牀又北面躬身聽贊拜兩拜班首立上公升殿注
酒詣御座前躬進俛伏致詞訖躬身跪上公降階復
位聽贊拜兩拜起躬身跪樞密宣荅聽贊拜兩拜移

班如初上公升殿立御座東樂作上飲畢上公受盞
降階復位北面躬身聽贊拜兩拜舞蹈如初不該赴
座官先退赴座官躬身聽樞密詣折檻東宣荅訖聽
贊拜兩拜升階立席後跪進酒樂作上飲畢舍人贊
各賜酒躬身聽贊拜兩拜起贊各就坐立如故復贊
乃坐酒行先上公次百官搢笏執盞立席後躬身飲
訖聽贊拜兩拜復坐食至搢笏執碟出笏再進酒如
上禮三行舍人曰可起立席後跪上公御座前俛伏

跪奏復位降階北面聽贊拜兩拜舞蹈如初鳴鞭捲班凡正旦朝賀一十九拜三舞蹈初面西立上升座閤門起居班首以下躬身北面俟舍人宣名訖聽贊拜兩拜舞蹈如前禮躬身俟班首奏聖躬萬福聽贊拜兩拜起直身立俟樞密升殿班首出班俛伏致詞垂躬身俟班首復位聽贊拜兩拜舞蹈如初起躬身俟樞密承旨詣折檻東稱有制兩拜起躬身俟樞密宣答訖聽贊拜兩拜舞蹈如初凡冬至朝賀一十三拜一舞蹈初百官面西立儀仗以下起居知閤次之

大讀奏自舍人宣班首以下起居稱賀北面躬身聽贊拜兩拜起舞蹈如初起躬身俟班首奏聖躬萬福聽贊拜兩拜起直身立俟樞密升殿班首致詞密答如正旦禮凡朔望起居九拜一舞蹈初讀奏目知閤御帶行門以下常起居殿中侍御史大起居七拜百官躬身聽舍人宣班首名北面聽贊拜兩拜舞蹈如初不候贊兩拜班首不離位奏聖躬萬福躬身聽贊拜兩拜起躬身聽贊各祇候捲班凡上殿倫對初、西立舍人引北面躬身聽贊拜聲絕兩拜起躬身聽贊祇候直身立引稍前兩步再躬身聽贊拜兩拜起躬身聽贊祇候面西立俟三省奏事退引升殿立東南角舍人前奏銜位姓名上殿因依引赴御坐左側身立搢笏當殿未出笏叉手及横執劄子爲失儀如有宣諭即口奏云臣官不該殿上拜容臣奏事畢下殿謝恩奏事畢依舊路下殿北面不候贊兩拜隨班凡謝恩初面西立舍人奏姓名引北面贊拜兩拜出殿致詞歸位贊兩拜舞蹈聽贊祇候退凡朝辭面西立舍人奏姓名引北面贊兩拜不出班奏聖躬萬福

又贊兩拜出班致詞復位又贊兩拜贊好去如有賜物宣有敕即搢笏舞蹈三拜凡賜茶引北面躬身奏聖躬萬福贊兩拜贊就坐升殿立席後再贊乃坐茶至搢笏出笏降階贊兩拜贊祇候退

封禪儀記

漢　馬第伯

車駕正月二十八日發雒陽宮二月九日到魯遣守謁者郭堅伯將徒五百人治泰山道十日魯遣宗室諸劉及孔氏瑕丘丁氏上壽受賜皆詣孔氏宅賜酒肉十日發十二日宿奉高是日遣虎賁郎將先上山三案行還益治道徒千人五十日始齋國家居太守府舍諸王居府中諸侯在縣庭中齋諸卿校尉將軍大夫黃門郎百官及宋公衛公褒城侯東方諸侯雒

中小侯齋城外汶水上太尉太常齋山虞馬第伯自云某等七十人先之山虞觀祭山壇及故明堂宮郎官等郊肆處入其幕府觀治石石二枚狀博平圓九尺此壇上石也其一石武帝時石也時用五車不能上也因置山下為屋號五車石四維距石長丈二廣三尺厚尺半所四枚檢石長三尺廣六寸狀如封篋長檢十枚一紀號不高丈二尺廣三尺厚尺二寸名曰立石一枚刻文字紀功德是朝上山騎行往往道峻峭不騎步牽馬乍步乍騎且相半至中觀留馬去

平地二十里南向極望無不覩仰望天闕如從谷底仰觀抗峯其為高也如視浮雲其峻也石壁窅窱如無道徑遥望其人端如行朽兀或為白石或雪久之白者移過樹乃知是人也殊不可上四布僵臥石上有頃復蘇亦賴齋酒脯處處有泉水目輒為之明復勉强相將行到天關自以已至也問道中人言尚十餘里其道旁山脇大者廣八九尺狹者五六尺仰視巖石松樹鬱鬱蒼蒼若在雲中俛視谿谷碌碌不可見丈石遂至天門之下仰視天門窔遼如從穴中視

天直上七里賴其羊腸逶迤名曰環道往往有絙索可得而登也兩從者扶挾前人相牽後人見前人履底前人見後人頂如画重累人矣所謂磨胸捏石捫天之難也初上北道行十餘步一休稍疲咽脣焦五六步一休蹀蹀據頓地不避濕暗前有燥地目視而兩脚不隨早食上晡後到天門郭使者得銅物銅物形狀如鐘又方柄有孔莫能識也疑封禪具也得之者汝南召陵人姓楊名通東上一里餘得木甲木甲者武帝時神也東北百餘步得封所始皇立石及闕

在龜方漢武在其北二十餘步得北垂圓臺高九尺方圓三丈所有兩陛人不得從上從東陛上臺上有壇方一丈二尺所上有方石四維有距在四面有闕鄉壇再拜謁人多置錢物壇上亦不掃除國家上見之則詔書所謂酢梨酸棗狼籍散錢處數百幣帛具道是武帝封禪至泰山下來及上百官爲上跪拜置梨棗錢於道以求福即此也東山名曰日觀者雞一鳴時見日始欲出長三丈所泰觀者望見長安吴觀者望見會稽周觀者望見齊西北有石室壇以南有玉盤中有玉龜山南脇神泉飲之極清美利人日入下太行數環日暮時頗雨不見其道一人居前剛先知蹈有人乃舉足隨之比至天門下夜人定矣

明禋儀注

宋　王儀

景靈宮聖祖一位　素饌

十拜　四次跪 俛伏興　不設小次中後殿差官分詣

第一上

叅神兩拜　盥帨　跪奠鎮圭　俛伏興

跪奠玉幣　兩拜俛伏興

第二上

再盥帨　洗拭爵　跪三進酒　俛伏興

兩拜

第三上

亞終獻畢　詣飲福位　兩拜　跪三祭酒

進摶黍　啐酒飲福位　俛伏興　兩拜

送真　望燎　奏禮畢

太廟一十三室　牲牢 禮饌

五十八拜　四十跪 俛伏興　奏請還小次大禮使以下

一　而望燎

第一上

祭神兩升　盥帨　洗拭瓚　各入室
跪祼鬯　出戶外兩拜
第二上
再盥帨　洗拭爵　各入室　跪奠鎮圭
俛伏興　跪奠幣　三祭酒　俛伏興
出戶外　讀冊訖兩拜　還小次
第三上
亞終獻畢　出小次詣飲福位　兩拜
跪三祭酒　啐酒受俎　俛伏興

受博黍　兩拜　送神　奉神主入祏
室　奏禮畢
明堂殿正配四位
昊天上帝　皇地祇　太祖　太宗各牲牢禮
二十二拜一十三跪俛伏興
第一上
祭神兩拜　盥帨　各詣前位　跪奠鎮圭
俛伏興　跪奠玉幣　俛伏興　兩拜
第二上
再盥帨　洗拭爵　各詣前位　跪三祭酒
俛伏興　讀冊訖　兩拜　請還小次依前例
不還
第三上
亞終獻畢　詣飲福位　兩拜　跪三祭酒
啐酒受俎　受博黍　俛伏興　兩拜
送神　望燎　奏禮畢

梁雜儀注

唐　段成式

梁正旦使北使乘車至闕下入端門其門上層題曰朱明觀次曰應門門下有一大畫鼓次曰太陽門左有高樓懸一大鍾門右有朝堂門闕左右亦有二大畫鼓北使入門擊鍾磬至馬道北懸鍾內道西北立引其宣城王等數人後入擊磬道東北面立其鍾懸外東西廂皆有陛臣馬道南近道東有茹昆崙客道西近道有高句麗百濟客及其升殿之官三千許人

位定梁主從東堂中出云齋在外宿故不由上閤來擊鍾鼓乘輿警蹕侍從升東階南面幄內坐幄是緑油天皂裙甚高用繩係着四柱憑黑漆曲几坐定梁諸臣從西門入着具服博山遠遊冠纓末以翠羽真珠爲飾雙雙佩帶劍黑舄初入二人在前導引次二人並行次一人擎牙箱班劍箱別二十人具省服從者百餘人至宣城王前數步北面有重席爲位再拜便次出引王公登獻玉梁主不爲興魏使李同軌陸操聘梁入樂遊苑西門內青油幕下梁主備三仗乘輿從南門入操等東面再拜梁主北入林光殿未幾引臺使入梁主坐皂帳南面諸賓及群官俱坐定遣書舍人殷靈宣旨慰勞具有辭荅其中庭設鍾懸及百戲殿上流杯池中行酒具進梁主者題曰御杯自餘各題官姓之杯至前者即飲又圖象舊事令隨流而轉始至訖於座罷首尾不絶也

婚雜儀注

唐 段成式

北朝婚禮青布幔為屋在門內外謂之青廬於此交拜迎婦夫家領百餘人或十數人隨其奢儉挾車俱呼新婦子催出來至新婦登車乃止婿拜閤日婦家親賓婦女畢集各以杖打婿為戲樂至有大委頓者律有甲娶乙丙共戲甲旁有櫃比之為獄舉置櫃中復之甲因氣絕論當鬼薪

近代婚禮當迎婦以粟三升填臼席一枚以覆井枲三斤以塞窓箭三隻置戶上婦上車壻騎而環車三匝女嫁之明日其家作黍臛女將上車以蔽膝覆面婦人門舅姑以下悉從便門出更從門入言當躪新婦迹又婦入門先拜豬㭗及竈　娶婦夫婦併拜或共結鏡紐　又娶婦之家弄新婦　臘月娶婦不見姑

婚禮納綵有　合歡嘉禾　阿膠　九子蒲　朱葦　綿絮　長命縷　雙石　乾漆

九事皆有詞膠漆取其固綿絮取其調柔蒲葦為

可屈可伸也嘉禾分福也雙石義在兩固也

北朝婦人常以冬至日進履襪及韡正月進箕帚長生花立春進春書以青繒為幟刻龍像銜之或為蝦蟇五月進五時圖五時花施帳之上是日又進長命縷宛轉繩皆結為人像帶之夏至日進扇及粉脂囊皆有辭

朝會儀記　漢　蔡質

正月旦天子幸德陽殿臨軒公卿將大夫百官各陪朝賀蠻貊胡夷朝貢畢見屬郡計吏皆陛覲庭燎宗室諸劉雜會萬人以上立西面位定公納薦太官賜酒食西入東出既定上壽計吏中庭北面立太官上食賜羣臣酒食貢事御史四人執法殿下虎賁羽林弧弓撮矢陛戟左右戎頭偪脛陪前向後左右中郎將住東西羽林虎賁將住東北五官將住中央悉坐就賜作九賓徹樂舍利從西方來戲於庭極乃畢入殿前激水化爲比目魚跳躍嗽水作霧鄣日畢化成黃龍長八丈出水游戲於庭炫燿日光以兩大絲繩繫兩柱中頭間相去數丈兩倡女對舞行於繩上對面道逢切肩不傾又蹋局出身藏形於斗中鐘磬並作樂畢作魚龍曼延小黃門吹三通謁者引公卿羣臣以次拜微行出罷卑官在前尊官在後德陽殿周旋容萬人陛高二丈皆文石作壇激沼水於殿下畫屋朱梁玉階金柱刻鏤作宮掖之好廁以青翡翠一

柱三帶韜以赤緹天子正旦節會朝百官於此自到偃師去宮四十三里望朱雀五闕德陽其上鬱𡾰與天連雒陽宮閣傳云德陽宮殿南北行七丈東西行三十七丈四尺

稽古定制　闕名

唐制

一凡王公以下屋舍不得施重拱藻井三品以上堂舍不得過五間九架廈兩頭門屋不得過三間五架五品以上五品堂舍過五間七架廈兩頭門屋不得過三間兩架仍通作烏門六品七品以下堂舍不得過三間五架門屋不得過一間兩架非常參官不得造抽心舍及施懸魚瓦獸乳梁裝飾其祖父舍宅門廕子孫雖廕盡聽依舊居住其王公以下及庶人第宅皆不得造樓閣臨人家庶人所造房舍不得過三間四架不得輒施裝飾

宋制

一凡公宇棟施瓦獸門設梐枑諸州正衙門及城門並施鴟尾不得施拒鵲六品以上宅舍以作烏頭門父祖宅舍有者子孫許仍之凡民庶家不得施重拱藻井及五色文采爲飾仍不得四鋪飛簷庶人屋舍許五架門一間兩廈而已

一凡屋舍非邸殿樓閣臨街市之處毋得爲四鋪作鬧鬪八非品官毋得起門屋非宮室寺觀毋得彩畫棟宇及朱黟漆梁柱窗牖雕鏤柱礎一太祖詔自今觀察防禦團練使刺史知州通判等罷任日具官舍有無破損及增修文帳以次交付其幕職州縣官得替日其曾修葺及創造屋宇廨子方許給由如損壞不完者殿一選一承平時在京官多無廨宇外任官有廨舍而新舊交承不容他官居占今役職事官並以見占屋宇爲廨舍更不知移易

說郛目録

弓第五十二

明皇十七事序

太和八年秋八月乙酉，上於紫宸殿聽政，宰臣涯以下奉職事。上顧謂宰臣曰：「故内臣高力士終始事迹，試爲言之。」臣涯謹奏云：「上元中，使臣柳芳得罪竄黔中，時力士亦從事巫州，因與周旋。力士以旁嘗司史，爲芳言先時禁中事，皆芳所不能知，而芳亦有質疑者，芳默識之。及還，編次其口語，號曰《問高力士》。」上曰：「令訪史氏取其事。」書之。臣涯等既奉詔，乃詣芳孫度支員外璟，詢事。璟曰：「某祖芳前從力士問覼縷，未竟，復著《唐歷》，採摭義數，尤相近者，以傳之。其録或秘不敢宣，或怪奇非編録所宜及者，不以傳。」今按求其書，甚實。臣德裕亡父先臣與芳子吏部郎冕，開元初俱爲尚書郎，後官亦俱東出，道相與語，遂及高力士説。且曰：「彼皆目覩，非出傳聞，信而有徵，可爲實録。」先臣每爲臣言之。臣伏念所聽授，凡有十七事。歲祀久，更遺稿不傳。臣德裕非黄瓊之練習，愧史遷之該博，唯次舊聞，懼失其傳，不足以備大君之問，謹録如左，以補史官之欽云。

明皇十七事

唐　李德裕

玄宗之在東宮爲太平公主所忌朝夕伺察纖微聞於上而宮闈左右亦潛執兩端以附太平之勢時元獻皇后得幸方娠玄宗懼太平之忌欲令服藥除之而無可語者張說以侍讀得進太子宮中玄宗從容謀及說說贊其事他日說又有事入侍因懷去胎藥三劑以獻玄宗得其藥喜盡出左右獨搆火殿中煑未及熟怠而假寢影響之際有神人長丈餘身披金

明皇十七事　八　二

甲操戈繞藥三匝藥盡覆而無遺焉玄宗起視異之復增火又投一劑煑於鼎中因就榻瞬目以候之而神復見覆藥如初凡三煑皆覆乃止明日說又至因告其詳說降階拜賀曰天所命也不可去之厥後元獻皇后思食酸玄宗以告說說因進經輒袖木瓜以獻故開元中恩澤莫能及肅宗之與說子均垍若親戚兄弟云芳本張說所引說嘗自陳述與力士詞協也

玄宗初即位禮貌大臣賓禮故老注意於姚崇宋璟引見便殿皆爲之興起去輒臨軒以送其他宰臣優寵莫及至李林甫以宗室近屬上所援用恩意甚厚而禮遇漸輕姚崇爲相嘗於上前請序進郎吏上顧視殿宇不顧崇再三言之冀上少酬而卒不對崇益恐趨出高力士奏曰陛下初承鴻業卽當面言可否而崇言之陛下不視臣恐宰臣必大懼上曰朕旣任崇爲相政事之大者當日奏朕與共決之如郎署吏秩甚卑獨不能決而重煩吾耶崇至中書方悸不自安會力士宣事因爲言上意崇且解且喜朝廷聞者

明皇十七事　八　三

皆以上有人君大度得任相之道焉

魏知古起家諸吏爲姚崇引用及同升也崇頗輕之無何請知古攝吏部尙書宋璟門下過官知古心銜之思有以中之者時崇二子分曹洛邑會知古至恃其家君頗招致請託知古歸悉以聞上他日上召崇從容謂曰卿子才乎皆何官也崇揣知上意因奏曰臣有三子兩人皆分司東郡矣其爲人欲而寡愼是必以事干知古然臣未及問之耳上始以丞相子重言之欲微動崇而意崇私其子或爲之隱及聞崇所

奏大喜明曰卿安從知之崇曰知古微時是臣之尉薦以至榮遂臣之子愚謂知古見德必容其非故必干之上於是明崇不私其子之過而薄知古之負崇也上欲斥之崇爲之請曰臣有子無狀撓陛下法陛下原之臣幸大矣而由臣逐知古海內臣庶必以陛下爲私臣矣非所以補元化也上久乃許之翌日以知古爲工部尚書罷知政事

源乾曜以奏事稱旨上悅之於是驟拔用歷戶部侍郎京兆尹以至宰相異日上獨與力士語曰爾知吾拔用乾曜之速乎力士曰不知也上曰吾以其容貌言語類蕭志忠故用之力士曰志忠不嘗負陛下乎陛下何念之深也上曰志忠晚乃謬悞耳其初立朝得不爲賢相乎上之愛才宥過聞者無不歎

蕭嵩爲相引韓休爲同列及休相稍與不協嵩因乞骸骨上慰嵩曰朕未厭卿卿何庸去嵩俯伏曰臣待罪相府爵位已極陛下未厭臣臣得以乞身如陛下厭臣臣首領之不保又安得自遂因涕上爲之改容曰卿言切矣朕思之未決卿第歸至夕當有處無

使至旦宜如常朝謁也及日暮命力士詔嵩曰朕惜卿欲固留卿而君臣始終貴全大義亦國家美事也今除卿右丞相是日荆州始進甘子上以素羅包二枚以賜之

玄宗好神仙往往詔郡國徵奇士有張果者則天時聞其名不能致上亟召之乃與使偕至其所爲變怪不測又有邢和璞者善筭星術視人投筭而能究知善惡夭壽上使筭果懵然莫知其甲子又有師夜光者善視鬼後召果與坐密令夜光視之夜光進曰果今安在願得見之而果坐於上前久矣夜光終莫能見上謂力士曰吾聞奇士至人外物不能敗其中試飲以堇汁不死者乃奇士也會天寒甚乃使以汁進果果遂飲盡二巵醇然如醉者顧曰非佳酒也乃寢頃之取鏡視其齒已盡焦且黧矣命左右取鐵如意以擊齒盡墮而藏之於衣乃懷中出神藥已微紅傅於墮齒中復寢久之視鏡齒皆生矣而粲然潔白上乃信其不誣矣

玄宗嘗幸東都天大旱且暑時聖善寺有竺乾僧無

畏號三藏善召龍致雨之術上遣力士疾召無畏奏
旱數當耳召龍興雲烈風迅雷適足以暴物不可爲
也上强之又曰若暑人病矣雖暴風疾雷亦足快意
無畏不得已乃奉詔有司爲陳請雨具而幡幢像設
甚備無畏笑曰斯不足致雨悉令徹之獨盛一鉢水
以刀攪旋之胡言數百呪水須臾有若龍狀其大類
指赤色首瞰水上俄復沒於鉢中無畏復以刀攪水
呪者三頃之白氣自鉢中興如爐烟直上數尺稍引
出講堂外無畏謂力士曰宜去雨至矣力士極馳而

去還顧見白氣疾旋自講堂出若一疋素練者既而
昏霾大風震雷以雨力士纔及天津橋之南風亦隨
馬而至矣衢中大樹多拔力士比復奏衣盡霑濕時
孟温禮爲河南尹目覩其事温禮子皡嘗言于臣亡
祖先臣與力士言同後吏部員外郎李華撰無畏碑
亦云奉詔致雨滅火返風昭昭然徧於耳目也今洛
京天津橋有荷澤寺者卽高力士去請呪水祈雨回
至此寺前而大降明皇因於此地造寺而名荷澤爲
寺今見在

玄宗善八分書凡命相皆先以御筆書其名置案上
會太子入侍上舉金甌覆其名以告之曰此宰相名
也汝庸知其誰也卽射中賜爾卮酒肅宗拜而稱曰
非琳與從愿乎上曰然因舉甌以示之乃賜卮酒是
時琳與從愿皆有宰相望玄宗將倚爲相者數矣竟
以宗族繁盛慮附託者衆卒不用

肅宗在東宮爲李林甫所搆幾危者數矣無何鬢髮
斑白常早朝上見之惻然曰汝第歸院吾當幸汝矣
上至見宮中庭宇不灑掃而樂器久屏塵埃積其間

左右使用無有妓女上爲之動色顧謂力士曰太子
居處如此將軍盍使我聞之乎（上在禁中不名力士呼爲將軍）力士
奏曰臣嘗欲上言太子不許云無動上念郎詔力士
下京兆尹亟選民間女子細長潔白者五人將以賜
太子力士趨出庭下復還奏曰臣他日嘗宣旨京兆
閱致女子人間嚣嚣然而朝廷好言事得以爲口實
臣以爲掖庭中故衣冠以事復其家者宜可備選上
大悅使力士召掖庭令按籍閱視得三人乃以賜太
子而章敬皇后在選中頃者后侍寢魘不悟吟呼若

有疾痛氣不屬者肅宗呼之不解竊自計曰上始贈我卒無狀不瘳上安知非吾護視不謹耶遽秉燭視之良久方瘳肅宗問之后手掩其左脇曰妾向夢中有神人長丈餘介金操劍謂妾曰吾與汝作子自左脇以劍抉而入腹痛殆不可忍及今未之已也肅宗驗之於燭下若有綖而赤者存焉遽以狀聞遂生代宗吳揆嘗言於先臣與力士所說亦同代宗之誕三日上幸東宮賜之金盆以浴吳后年幼體弱皇孫體未舒負媼懼感乃以宮中同日生而體貌豐碩者以進上視之不樂曰此非吾兒負媼叩頭具服上睨謂

曰非爾所知取吾兒來於是以太子之子進見上大喜置諸掌內視之笑曰此兒福祿過其父及上起身還宮進內謂力士曰此一殿有三天子樂乎哉可以勸太子飲酒吳揆嘗言於先臣與力士言亦同

肅宗爲太子時嘗侍膳尚食置熟俎有羊臂臑上顧使太子割肅宗既割餘汚漫在刀取餅潔之上熟視不懌肅宗徐舉餅啖之上甚悅謂太子曰福當如此愛惜

天寶中安祿山每來朝上特異待之每爲致殊禮殿西偏張金雞障其下來乃賜坐肅宗曰天子殿無人臣坐禮陛下寵之既厚必將驕也上呼太子前曰此有奇相吾以此厭禳之爾

興慶宮上潛龍之地即聖歷初五王宅也上性友愛及即位立樓于宮之西南垣署曰花萼相輝朝退亟與諸王遊或置酒爲樂時天下無事號太平者垂五十年及[illegible]狄亂乘傳遽以告上欲遷幸復登樓置酒四顧悽愴乃命奏玉環玉環者睿宗所御琵琶也

異時上張樂宮中歌舞嘗置之榻以黃帕覆之不以雜他樂器而未嘗持用至是使樂工賀懷智取調之又命禪定寺僧殷師彈之時美人善歌從者三人使其中一人歌水調畢奏上將去復留眷眷因使視樓下工歌有善水調者乎一少年心悟上意自言工歌亦善水調使之登樓且歌歌曰山川滿目淚霑衣富貴榮華能幾時不見只今汾水上惟有年年秋鴈飛上聞之潛然淚出顧侍者曰誰爲此詞或對曰宰相李嶠上曰李嶠真才子也不待曲終而去

玄宗西幸車駕自延英門出楊國忠請由左藏庫而去從之望見千餘人持火炬以候上駐蹕曰何用此爲國忠對曰請焚庫積無爲盜守上歛容曰盜至若不得此當歛於民不如與之無重困吾赤子也命撤火炬而後行聞者皆感激流涕迭相謂曰吾君愛民如此福未艾也雖太王去豳何以過此乎

玄宗始入斜谷也早烟霞甚晦知頓使韋倜於野中得新熟酒一壺跪獻於馬首者數四上不爲之舉倜懼乃注以他器引滿於前上曰卿以我爲疑耶始吾御宇之初嘗飲大醉損一人吾悼之因以爲戒迨今四十餘年未嘗甘酒指力士及近侍曰此輩皆知之非給卿也從臣聞之無不感悅上孜孜儆戒也如是富有天下五十載豈由斯道乎

天寶中興慶池小龍嘗出游宮垣南溝水中蜿蜒奇狀靡不瞻覩及鑾輿西幸一夕乘雲雨自池中望西南而去上至嘉陵江將乘舟有龍翼舟而進上泫然流涕顧謂左右曰此吾興慶池中龍也命以酒沃酹之於是龍振甲而登天

玄宗於諸昆季友愛彌篤呼寧王爲大哥每與諸王同食因食之次寧王錯喉噴上髭王驚慚不安上顧其悚悚欲安之黃旛綽曰不是錯喉上問何也對曰是噴帝上大悅

玄宗遽播遷於蜀百官諸司多不知之有陷在賊中者爲祿山所脅從而黃旛綽亦在其數得出入左右及收復賊黨就擒旛綽被拘至行在上素憐其敏捷釋之有毀於上前曰黃旛綽在賊中與大逆圓夢皆順其情而忘陛下積年之恩寵祿山夢見衣袖長至堦下旛綽曰當垂衣而治祿山夢見殿中槅子倒旛綽曰革故鼎新推之多類此也旛綽曰臣實不知陛下大駕蒙塵赴蜀旣陷在賊中寧不苟悅其心以脫一時之命今日得再見天顏因與大逆圓夢必知其不可也上曰何以知之對曰逆賊夢袖長是出手不得也又夢槅子倒者是胡不得也以此臣故先知之上大笑而止

開元天寶遺事　唐　王仁裕

玉有太平字

開元元年內中因雨過地潤微裂至夜有光宿衛者記其處所曉乃奏之上令鑿其地得寶玉一片如拍板樣上有古篆天下太平字百僚稱賀收之內庫

步輦召學士

明皇在便殿甚思姚元崇論時務七月十五日苦雨不止泥濘盈尺上令侍御者擡步輦召學士來時元

崇爲翰林學士中外榮之自古急賢待士帝王如此者未之有也

賜筯表直

宋璟爲宰相朝野人心歸美焉時春御宴帝以所用金筯令內臣賜璟雖受所賜莫知其由未敢陳謝帝曰所賜之物非賜汝金蓋賜卿之筯表卿之直也璟遂下殿拜謝

截鐙留鞭

姚元崇初牧荊州三年受代日闔境民吏泣擁馬首遮道不使去所乘之馬鞭鐙民皆截留之以表瞻戀新牧具其事奏之褒詔美焉就賜中金一千兩

靦顏厚如甲

進士楊光遠惟多矯飾不識忌諱遊謁王公之門干索權豪之族未嘗自足稍有不從便多誹謗常遭有勢撻辱略無改悔時人多鄙之皆曰楊光遠靦顏厚如十重鐵甲也

七寶山座

明皇於勤政樓以七寶裝成山座高七尺召諸學士

講議經旨及時務勝者得升焉惟張九齡論辯風生升此座餘人不可階也時論美之

癡賢

右拾遺張方回精神不爽時人呼爲癡漢子每朝政有失便抗疏論之精彩昂然進不懼死明皇常謂右拾遺張方回忠賢人也

蜂蝶相隨

都中名姬楚蓮香者國色無雙時貴門子弟爭相詣之蓮香每出處之間則蜂蝶相隨蓋慕其香也

掃雪迎賓

巨豪王元寶每至冬月大雪之際令僕夫自本家坊巷口掃雪爲逕路躬親立於坊巷前迎揖賓客就本家具酒炙宴樂之爲暖寒之會

夢虎之妖

周象者好畋獵後爲汾陽令忽夢一乳虎相逼驚而睡覺因茲染疾後有僧海寧者因過象門謂閽吏曰此居有妖氣久則不可救也閽吏遂聞於象象召僧令視之僧曰當與君禳之遂擇日設壇持劍禹步誦呪自大門而入至於寢所繞患人數徧而叱之忽於牀下作一虎聲家人悉驚奔散周象亦不覺投牀下伏炎於地僧以水噀之須臾如故

記事珠

開元中張說爲宰相有人惠說一珠紺色有光名曰記事珠或有闕忘之事則以手持弄此珠便覺心神開悟事無巨細渙然明曉一無所忘說祕而至寶也

遊仙枕

龜玆國進奉枕一枚其色如瑪瑙溫溫如玉其製作甚朴素若枕之則十洲三島四海五湖盡在夢中所見帝因立名爲遊仙枕後賜與楊國忠

隨蝶所幸

開元末明皇每至春時旦暮宴於宮中使嬪妃輩爭插艷花帝親捉粉蝶放之隨蝶所止幸之後因楊妃專寵遂不復此戲也

記惡碑

盧奐累任大郡皆顯治聲所至之處畏如神明或有無良惡跡之人必行嚴斷仍以所犯之罪刻石立本

人門首再犯處於極刑民間畏懼絕無犯法者明皇知其能官賜中金五千兩璽書褒諭焉故民間呼其石爲記惡碑

自暖盃

內庫有一酒盃青色而有紋如亂絲其薄如紙於盃足上有鏤金字名曰自暖盃上令取酒注之溫溫然有氣相次如沸湯遂收於內藏

辟寒犀

開元二年冬至交趾國進犀一株色黃如金使者請

以金盤置於殿中溫溫然有暖氣襲人上問其故使者對曰此辟寒犀也頃自隋文帝時交國曾進一株直至今日上甚悅厚賜之

傳書鴿

張九齡少年時家養羣鴿每與親知書信往來只以書繫鴿足上依所教之處飛往投之九齡目之爲飛奴時人無不愛訝

牽紅絲娶婦

郭元振少時美風姿有才藝宰相張嘉貞欲納爲婿

元振曰知公門下有女五人未知孰陋事不可倉卒更待付之張曰吾女各有姿色即不知誰是匹偶以子風骨奇秀非常人也吾欲令五女各持一絲幔前使子取便牽之得者爲婿元振欣然從命遂牽一紅絲線得第三女大有姿色後果然隨夫貴達也

豪友

長安富民王元寶楊崇義郭萬金等國中巨豪也各以延納四方多士競於供送朝之名寮往往出於門下每科場文士集於數家時人目之爲豪友

喚鐵

太白山有隱士郭休字退夫有運氣絕粒之術於山中建茅屋百餘間有白雲亭鍊丹洞注易亭修真亭朝玄壇集神閣每於白雲亭與賓客看山禽野獸即以槌擊一鐵片子其聲清響山中鳥獸聞之集於亭下呼爲喚鐵

鸚鵡告事

長安城中有豪民楊崇義者家富數世服玩之屬僭於王公崇義妻劉氏有國色與鄰舍兒李弇私通情

甚於夫遂有意欲害崇義忽一日醉歸寢於室中劉氏與李弇同謀而害之埋於枯井中其時僕妾輩並無所覺惟有鸚鵡一隻在堂前架上洎殺崇義之後其妻却令童僕四散尋覓其夫遂經府陳詞言其夫不歸竊慮爲人所害府縣官吏日夜捕賊涉疑之人及童僕輩經拷捶者百數人莫究其弊後來縣官等再詣崇義家檢校其架上鸚鵡忽然聲屈縣官遂取於臂上因問其故鸚鵡曰殺家主者劉氏李弇也官吏等遂執縛劉氏及捕李弇下獄備招情欵府尹具

事案奏聞明皇歎訝久之其劉氏李弁依刑處釹封鸚鵡爲綠衣使者付後宮養餧張說後爲綠衣使者傳好事者傳之

瑞炭

西京國進炭百條各長尺餘其炭青色堅硬如鐵名之曰瑞炭燒於爐中無焰而有光每條可燒十日其熱氣逼人而不可近也

敲冰煮茗

逸人王休居太白山下日與僧道異人往還每至冬

時取溪冰敲其精瑩者煮建茗共賓客飲之

物外之遊

王休高尚不親勢利常與名僧數人或跨驢或騎牛尋訪山水自謂結物外之遊

花妖

初有木芍藥植於沉香亭前其花一日忽開一枝兩頭朝則深紅午則深碧暮則深黃夜則粉白晝夜之内香艷各異帝謂左右曰此花木之妖不足訝也

花上金鈴

天寶初寧王日侍好聲樂風流藴藉諸王弗如也至春時於後園中紉紅絲爲繩密綴金鈴繫於花稍之上每有鳥鵲翔集則令園吏掣鈴索以驚之蓋惜花之故也諸宮皆效之

七寶硯鑪

内庫中有七寶硯鑪一所曲盡其功每至冬寒硯凍置於鑪上硯冰自消不勞置火冬月帝常用之

妖燭

寧王好聲色有人獻燭百炬似臘而膩似脂而硬不

知何物所造也每至夜筵賓妓間坐酒酣作狂其燭則昏昏然如物所掩罷則復明矣莫測其怪也

夢玉鷰投懷

張說母夢有一玉鷰自東南飛來投入懷中而有孕生說果爲宰相其至貴之祥也

饞魚燈

南中有魚肉少而脂多彼中人取魚脂煉爲油或將照紡織機杼則暗而不明或使照筵宴造飲食則分外光明時人號爲饞魚燈

助嬌花
御苑新有千葉桃花帝親折一枝插於妃子寶冠上曰此箇花尤能助嬌態也

照病鏡
葉法善有一鐵鏡鑑物如水人每有疾病以鏡照之盡見臟腑中所滯之物後以藥療之竟至痊瘥

助情花
明皇正寵妃子不視朝政安祿山初承聖眷因進助情花香百粒大小如粳米而色紅每當寢處之際則
開元天寶遺事 九
含香一粒助情發興筋力不倦帝祕之曰此亦漢之慎卹膠也

眼色媚人
念奴者有姿色善歌唱未常一日離帝左右每執板當席顧眄帝謂妃子曰此女妖麗眼色媚人每囀聲歌喉則聲出於朝霞之上雖鐘鼓笙竽嘈雜而莫能過宮妓中帝之鍾愛也

警惡刀
貴妃父楊玄琰少時常有一刀每出入於道塗間多佩此刀或前有惡獸盜賊則所佩之刀鏗然有聲似警於人也玄琰寶之

夢中有孕
楊國忠出使於江浙其妻思念至深荏苒成疾忽晝夢與國忠交因而有孕後生男名朏洎至國忠使歸其妻具述夢中之事國忠曰此蓋夫妻相念情感所致時人無不譏誚也

金籠蟋蟀
每至秋時宮中妃妾輩皆以小金籠捉蟋蟀閉於籠
開元天寶遺事 十
中置之枕函畔夜聽其聲庶民之家皆效之也

燭奴
申王亦務奢侈蓋時使之然每夜宮中與諸王貴戚聚宴以龍檀木彫成燭跋童子衣以綠衣袍繫之束帶使執畫燭列立於宴席之側目爲燭奴諸宮貴戚之家皆效之

醒醉草
興慶池南岸有草數叢葉紫而心殷有一人醉過於草傍不覺失其酒態後有醉者摘草嗅之立然醒悟

故目爲醒醉草

盆池魚

明皇以李林甫爲相後因名張九齡問可否九齡曰宰相之職四海具瞻若任人不當則國受其殃只如林甫爲相然寵權出宸衷臣恐他日之後禍延宗社帝意不悅忽一日帝曲宴近臣於禁苑中帝指示於九齡林甫曰檻前盆池中所養魚數頭鮮活可愛林甫曰賴陛下恩波所養九齡曰盆池之魚出陛下任人他但能裝景致助兒女之戲爾帝甚不悅時人皆

開元天寶遺事　十一

美九齡之忠直

看花馬

長安俠少每至春時結朋聯黨各置矮馬飾以錦韉金鞍並轡於花樹下往來使僕從執酒皿而隨之遇好囿則駐馬而飲

香肌暖手

岐王少惑女色每至冬寒手冷不近於火惟於妙妓懷中揣其肌膚稱爲暖手常日如是

金衣公子

明皇每於禁苑中見黃鶯常呼之爲金衣公子

花裀

學士許愼選放曠不拘小節多與親友結宴於花圃中未嘗具帷幄設坐具使童僕輩聚落花鋪於坐下愼選曰吾自有花裀何銷坐具

銷恨花

明皇於禁苑中初有千葉桃盛開帝於貴妃日逐宴於樹下帝曰不獨萱草忘憂此花亦能銷恨

醉輿

開元天寶遺事　十二

申王每醉卽使宮妓將錦綵結一兜子令宮妓輩擡舁歸寢室本宮呼曰醉輿

妓圍

申王每至冬月有風雪苦寒之際使宮妓密圍於坐側以禦寒氣自呼爲妓圍

風流藪澤

長安有平康坊妓女所居之地京都俠少萃集于此兼每年新進士以紅牋名紙遊謁其中時人謂此坊爲風流藪澤

依冰山

楊國忠權傾天下四方之士爭詣其門進士張彖永□陝州人也方學有大名志氣高大未嘗低折於人人有勸彖令修謁國忠可圖顯榮彖曰爾輩以謂楊公之勢倚靠如泰山以吾所見乃冰山也或皎日大明之際則此山當誤人爾後果如其言時人美張生見幾後年張生及第釋褐授華陰尉時縣令太守俱非其人多行不法張生有吏道勤於政事每申舉一事則太守令尹抑而不從張生曰大丈夫有凌霄蓋世之志而拘於下位若立身於矮屋中使人擡頭不得遂拂衣長往歸遁於嵩山

開元天寶遺事　十三

禽擁行車

李元紘開元初爲好畤令賦役平允不嚴而治大有政聲遷潤州司馬發離百里士民號泣遮路烏鵲□類飛擁行車有詔褒美之

鏡影成相字

宋璟未第時因於日中覽鏡鏡影忽成□□□□自負遂修相業後如其志

知更雀

裴耀卿勤於王政夜看案牘晝決獄訟常養一雀每夜至初更時有聲至五更則急鳴耀卿呼爲知更雀又于廳前有一大桐樹至曉則有群鳥翔集以此爲出廳之候故呼爲報曉鳥時人美之爲

枯松再生

明皇遭祿山之亂鑾輿西幸禁中枯松復生枝葉葱蒨宛若新植者後肅宗平內難重興唐祚枯松再生祥不誣矣

開元天寶遺事　十四

顛飲

長安進士鄭愚劉參郭保衡王沖張道隱等十數輩不拘禮節旁若無人每春時選妖妓三五人乘小犢車指名園曲沼藉草裸形去其巾帽叫笑喧呼自謂之顛飲

選婿窗

李林甫有女六人各有姿色雨露之家求之不允林甫廳事壁間開一横窗飾以雜寶縵以絳紗常日使六女戲於窗下每有貴族子弟入謁林甫即使女於

意中自選可意者事之

四方神事

姚元崇爲宰相憂國如家愛民如子未嘗私於喜怒惟以忠孝爲意四方之民皆畫元崇之真神事焉求之有福

立有禍福

盧奐爲陝州刺史嚴毅之聲聞於關內玄宗幸京師次陝城頓知奐有神政御筆賛於廳事曰專城之重分陝之雄仁惟惠愛性實謙冲亦旣利物存乎匪躬

斯爲國寶不隊家風尋除兵部侍郎陝州之民多有淫祀者州之士民相語曰不須賽神明不必求巫祝爾莫犯盧公立便有禍福

移春檻

楊國忠子弟每春至之時求名花異木植於檻中以板爲底以木爲輪使人牽之自轉所至之處檻在目前而便即歡賞目之爲移春檻

氷山辟暑

楊氏子弟每至伏中取大氷使匠琢爲山周圍於宴席間座客雖酒酣而各有寒色亦有挾纊者其驕貴如此也

戲擲金錢

內庭嬪妃每至春時各於禁中結伴三人至五人擲金錢爲戲蓋孤悶無所遣也

射團

宮中每到端午節造粉團角黍貯於金盤中以小角造弓子纖妙可愛架箭射盤中粉團中者得食蓋粉團滑膩而難射也都中盛於此戲

探官

都中每至正月十五日造麵蠒以官位帖子卜官位高下或賭筵宴以爲戲笑

撤去燈燭

蘇頲與李乂對掌文誥玄宗顧念之深也八月十五夜於禁中直宿諸學士翫月備文酒之宴時長天無雲月色如晝蘇曰清光可愛何用燈燭遂使撤去

刀槍自鳴

武陣中刀槍自鳴識者以爲不祥之兆後果有祿山

之亂大駕西幸之應也

富窟

王元寶都中巨豪也常以金銀疊爲屋壁上以紅泥泥之於宅中置一禮賢堂以沉檀爲軒檻以碔砆甃地面以錦文石爲柱礎又以銅線穿錢甃於後園花徑中貴其泥雨不滑也四方賓客所至如歸故時人呼爲王家富窟

牀畔香童

元寶好賓客務於華侈器玩服用僭於王公而四方

開元天寶遺事　十七

之士盡歸而仰焉常於寢帳牀前雕矮童二人捧七寶博山爐自暝焚香徹曉其驕貴如此

龍皮扇

元寶家有一皮扇子製作甚質每暑月宴客即以此扇子置於坐前使新水灑之則颯然風生巡酒之間客有寒色遂命徹去明皇亦嘗差中使去取看愛而不受帝曰此龍皮扇子也

夢筆頭生花

李太白少時夢所用之筆頭上生花後天才贍逸名聞天下

醒酒花

明皇與貴妃幸華清宮因宿酒初醒凭妃子肩同看木芍藥上親折一枝與妃子遞嗅其艷帝曰不惟萱草忘憂此花香艷尤能醒酒

蛛絲卜巧

帝與貴妃每至七月七日夜在華清宮遊宴時宮女輩陳瓜花酒饌列於庭中求恩於牽牛織女星也又各捉蜘蛛於小合中至曉開視蛛網稀密以爲得巧

開元天寶遺事　十八

之候密者言巧多稀者言巧少民間亦效之

夜明杖

隱士郭休有一柱杖色如朱染叩之則有聲每出處遇夜則此杖有光可照十步之内登危陟險未嘗足失則杖之力焉

郡神迎路

張開爲荊州刺史至郡界風雨暝晦不辨面目唯聞空中有殿喝之聲相次雲中有衣紫披甲冑者十數人開問其故對曰某荊州内外所主之神久仰使君

令名故相率迎引到任謁廟後各致謝及建飾廟貌自此政聲尤善也

縣妖破膽

李杲遷洛陽令嚴刑峻法民吏畏服縣之積弊杲盡華之踰月之中縣務清簡時有進士劉兼赴舉上都舍於村邸至夜中聞戶外街衢中有數人相語曰李令今古正人也吾輩見其行事威猛令人破膽此中不可久居宜遷於他邑可求血食也兼訝其事遂啓門視之寂無影響方知乃邑之妖神也兼遂書賛一

開元天寶遺事　十九

首於村邸之壁云狡吏畏威縣妖破膽好録政聲聞於御覽後明皇旌其能賜金百兩及章服焉

泥金帖子

新進士才及第以泥金書帖子附家書中用報登科之喜至文宗朝遂寢削此儀也

喜信

新進士每及第以泥金書帖子附於家書中至鄉曲親戚例以聲樂相慶謂之喜信也

被底鴛鴦

五月五日明皇避暑遊興慶池與妃子晝寢於水殿中宮嬪輩凭欄倚檻爭看雌雄二鸂鶒戲於水中帝時擁貴妃於綃帳內謂宮嬪曰爾等愛水中鸂鶒爭如我被底鴛鴦

半仙之戲

天寶宮中至寒食節競竪鞦韆令宮嬪輩戲笑以為宴樂帝呼為半仙之戲都中士民因而呼之

相風旌

五王宮中各於庭中竪長竿掛五色旌於竿頭旌之

開元天寶遺事　二十

四垂綴以小金鈴有聲即使侍從者視旌之所向可以知四方之風候也

占雨石

學士蘇頲有一錦紋花石鏤為筆架嘗置於硯席間每天欲雨即此石架津出如汗逡巡而雨頲以此常為雨候固無差矣

向火乞兒

張九齡見朝之文武僚屬趨附楊國忠爭求富貴惟九齡未嘗及門楊甚銜之九齡常與識者議曰今時

之朝彥皆是向火乞兒一旦火盡灰冷暖氣何在當凍屍裂體棄骨於溝壑中禍不遠矣果然因祿山之亂附炎者皆罪累族滅不可勝數九齡之先見信夫神智傳達也向火言附炎也

結棚避暑

長安富家子劉逸李閑衛曠家世巨豪而好接待四方之士疏財重義有難必救真慷慨之士人皆歸仰焉每至暑伏中各於林亭內植畫柱以錦綺結爲涼棚設坐具名長安名妓間坐遞相延請爲避暑之會

時人無不愛羨也

冰筯

冬至日大雪至午雪霽有晴色因寒所結簷溜皆爲冰條妃子使侍兒敲下二條看玩帝自晚朝視政回問妃子曰所玩何物耶妃子笑而答曰妾所玩者冰筯也帝謂左右曰妃子聰惠比象可愛也

雞聲斷愛

長安名妓劉國容有姿色能吟詩與進士郭昭述相愛他人莫敢窺也後昭述釋褐授天長簿遂與國容相別詰旦赴任行至咸陽國容使一女僕馳矮駒賫短書云歡寢方濃恨雞聲之斷愛恩憐未洽歎馬足以無情使我勞心因君減食再期後會以結齊眉長安子弟多諷誦焉

占風鐸

岐王宮中於竹林內懸碎玉片子每夜聞玉片子相觸之聲即知有風號爲占風鐸

山猿報時

商山隱士高太素累徵不起在山中構道院二十餘

間太素起居清心亭下皆茂林秀竹奇花異卉每至一時即有猿一枚詣亭前鞠躬而啼不易其候太素因目之爲報時猿其性度有如此

遊蒸飄青雲

長安春時盛於遊賞園林樹木無閑地故學士蘇頲應制云飛埃結紅霧遊蒸飄青雲帝覽之嘉賞焉遂以御花親插頲之巾上時人榮之

紅冰

楊貴妃初承恩召與父母相別泣涕登車時天寒淚

結爲紅氷

投錢賭寢

明皇未得妃子宮中嬪妃輩投金錢賭侍帝寢以親者爲勝名入妃子遂罷此戲

精神頓生

明皇毎朝政有闕則虚懷納諫大開士路早朝百辟趨班帝見張九齡風威秀整異於衆僚謂左右曰朕毎見九齡使我精神頓生

口案

開元天寶遺事　二十三

張九齡累歷刑獄之司無所不察毎有公事赴本司行勘胥吏輩未敢訊劾先取則於九齡囚於前面分曲直口撰案卷囚無輕重咸樂其罪時人謂之張公口案

言刑

燕公說有宰輔之才而多詭詐復貪財賄時亦多之亦汙之毎中書議事及衆僚巡廳或有所忤立便叱罵爲衆所嫌故朝彥相謂曰張公之言毒於極刑言好面辱人也

銷寃橋

長安東灞陵有橋來迎去送皆至此橋爲離別之地故人呼之銷寃橋也

逐惡如驅蚊蚋

袁光庭累典名藩皆有異政明皇謂宰輔曰袁光庭性逐惡如扇驅蚊蚋

歇馬杯

長安自昭應縣至都門官道左右村店之民當大路市酒量錢數多少飲之亦有施者與行人解之故路人號爲歇馬杯

開元天寶遺事　二十四

吹火照書

蘇頲少不得父意常與僕夫雜處而好學不倦毎欲讀書又患無燈燭常於馬廐竈中旋吹火光照書誦焉其苦學如此後至相位

金牌斷酒

安祿山受帝眷愛常與妃子同食無所不至帝恐外人以酒毒之遂賜金牌子繫於臂上毎有王公召宴欲沃以巨觥祿山即以牌示之云准勅斷酒

文陣雄帥

張九齡常覽蘇頲文卷謂同僚曰蘇生之俊贍無敵真文陣之雄帥也

射飛毛

羽林將劉洪喜騎射常對御使人於風中擲鵝毛洪連箭射之無有不中帝賞歎厚賜焉

淚粧

宮中嬪妃輩施素粉於兩頰相號爲淚粧識者以爲不祥後有祿山之亂

開元天寶遺事　二十五

索鬬雞

李林甫爲性狠狡不得士心每有所行之事多不協羣議而面無和氣國人謂林甫精神剛戾常如索鬬雞

肉陣

楊國忠於冬月常選婢妾肥大者行列於前令遮風蓋藉人之氣相暖故謂之肉陣

傳書鷰

長安豪民郭行先有女子紹蘭適巨商任宗爲賈於湘中數年不歸復音書不達紹蘭目覩堂中有雙鷰戲於梁間蘭長吁而語於鷰曰我聞鷰子自海東來往復必徑由於湘中我婿離家不歸數歲蔑有音耗生死存亡弗可知也欲憑爾附書投於我婿言訖淚下鷰子飛鳴上下似有所諾蘭復問曰爾若相允當泊我懷中鷰遂飛於膝上蘭遂吟詩一首云我婿去重湖臨窗泣血書慇懃憑鷰翼寄與薄情夫蘭遂小書其字繫於足上鷰遂飛鳴而去任宗時在荆州忽見一鷰飛鳴於頭上宗訝視之鷰遂泊於肩上見有一小封書繫在足上宗解而示之乃妻所寄之詩宗感而泣下鷰復飛鳴而去宗次年歸首出詩示蘭後文士張說傳其事而好事者寫之

開元天寶遺事　二十六

燈婢

寧王宮中每夜於帳前羅列木雕矮婢飾以彩繪各執華燈自昏達旦故目之爲燈婢

解語花

明皇秋八月太液池有千葉白蓮數枝盛開帝與貴戚宴賞焉左右皆歎羨久之帝指貴妃示於左右曰

爭如我解語花

油幕

長安貴家子弟每至春時遊宴供帳於園圃中隨行載以油幕或遇陰雨以幕覆之盡歡而歸

鬬花

長安王士安春時鬬花戴插以奇花多者爲勝皆用千金市名花植於庭苑中以備春時之鬬也

裙幄

長安士女遊春野步遇名花則設席藉草以紅裙遞相插掛以爲宴幄其奢逸如此也

開元天寶遺事　二十七

鳳炭

楊國忠家以炭屑用蜜捏塑成雙鳳至冬月則然於鑪中及先以白檀木鋪於鑪底餘灰不可參雜也

文帥

明皇常謂侍臣曰張九齡文章自有唐名公皆弗如也朕終身師之不得其一二此人眞文場之元帥也

乞巧樓

宮中以錦結成樓殿高百尺上可以勝數十人陳以瓜果酒炙設坐具以祀牛女二星嬪妃各以九孔針五色線向月穿之過者爲得巧之候動清商之曲宴樂達旦士民之家皆效之

吸花露

貴妃每宿酒初消多苦肺熱嘗凌晨獨遊後苑傍花樹以手攀枝口吸花露藉其露液潤於肺也

含玉嚥津

貴妃素有肉體至夏苦熱常有肺渴每日含一玉魚兒於口中蓋藉其凉津沃肺也

開元天寶遺事　二十八

紅汗

貴妃每至夏月常衣輕綃使侍兒交扇鼓風猶不解其熱每有汗出紅膩而多香或拭之於巾帕之上其色如桃紅也

金函

明皇憂勤國政諫無不從或有章疏規諷則探其理道優長者貯於金函中日置座右時取讀之未嘗懈息也

擊鑑救月

長安城中每月蝕時即士女取鑑向月擊之滿郭如是蓋云救月蝕也

歌直千金

宮妓永新者善歌最受明皇寵愛每對御奏歌則絲竹之聲莫能遏帝常謂左右曰此女歌直千金

肉腰刀

李林甫妒賢嫉能不協羣議每奏御之際多所陷人衆謂林甫爲肉腰刀又云林甫嘗以甘言誘人之過譖於上前時人皆言林甫甘言如蜜朝中相謂曰李公雖而有笑容而肚中鑄劍也人日憎愍異口同音

隔障歌

寧王宮有樂妓寵姐者美姿色善謳唱每宴外客其諸妓女盡在目前惟寵姐客莫能見飲故半酣詞客李太白恃醉戲曰白乆聞王有寵姐善歌今酒殺醉飽羣公宴倦王何怯此女示於衆王笑謂左右曰設七寶花障召寵姐於障後歌之白起謝曰雖不許見面聞其聲亦幸矣

樓車載樂

楊國忠子弟恃后族之貴極於奢侈每遊春之際以大車結綵帛爲樓載女樂數十人自私第聲樂前引出遊園苑中長安豪民貴族皆效之

猧子亂局

一日明皇與親王棊令賀懷智獨奏琵琶妃子立於局前觀之上欲輸次妃子將康國猧子放之令於局上亂其輸贏上甚悅焉

決雲兒

申王有高麗赤鷹岐王有北山黃鶻上甚愛之每弋

獵必置之於駕前帝目之爲決雲兒

長湯十六所

華清宮中除供奉兩湯外而別更有長湯十六所嬪御之類浴焉

錦鴈

奉御湯中以文瑤密石中央有玉蓮湯泉湧以成池又縫錦繡爲鳧鴈於水中帝與貴妃施鈒鏤小舟戲翫於其間宮中退水出於金溝其中珠纓寶絡流出街渠貧民日有所得焉

夜明枕
虢國夫人有夜明枕設於堂中光照一室不假燈燭
金雞障
明皇每宴使祿山坐於御側以金雞障隔之
百枝燈樹
韓國夫人置百枝燈樹高八十尺竪之高山上元夜點之百里皆見光明奪月色也
千炬燭圍
楊國忠子弟每至上元夜各有千炬紅燭圍於左右

開元天寶遺事　三十一

有腳陽春
宋璟愛民恤物朝野歸美時人咸謂璟爲有腳陽春言所至之處如陽春煦物也
粲花之論
李白有天才俊逸之譽每與人談論皆成句讀如春葩麗藻粲於齒牙之下時人號曰李白粲花之論
醉聖
李白嗜酒不拘小節然沉酣中所撰文章未甞錯誤而與不醉之人相對議事皆不出太白所見時人號爲醉聖
靈鵲報喜
時人之家聞鵲聲皆爲喜兆故謂靈鵲報喜
走丸之辯
張九齡善談論每與賓客議論經旨滔滔不竭如下坂走丸也時人服其俊辯
探春
都人士女每至正月半後各乘車跨馬供帳於園圃或郊野中爲探春之宴

開元天寶遺事　三十二

冰獸贈王公
楊國忠子弟以姦媚結識朝士每至伏日取堅冰令工人鏤爲鳳獸之形或飾以金環綵帶置之雕盤中送與王公大臣惟張九齡不受此惠
嚼麝之談
寧王驕貴極於奢侈每與賓客議論先含嚼沉麝方啓口發談香氣噴於席上
醉語
李林甫每與同僚議及公直之事則如癡醉之人未

嘗問答或語及阿狗之事則響應如流張曲江常謂賓客曰李林甫議事如醉漢䜩語也不足可言

煖王鞍

岐王有玉鞍一面每至冬月則用之雖天氣嚴寒則此鞍在上坐如溫火之氣

百寶欄

楊國忠初因貴妃專寵上賜以木芍藥數本植於家國忠以百寶粧飾欄楯雖帝宮之內不可及也

四香閣

國忠又用沉香爲閣檀香爲欄以麝香乳香篩土和爲泥飾壁每於春時木芍藥盛開之際聚賓客於此閣上賞花焉禁中沉香之亭遠不侔此壯麗也

任人如市瓜

明皇召諸學士宴於便殿因酒酣顧謂李白曰我朝與天后之朝何如白曰天后朝政出多門國由姦幸任人之道如小兒市瓜不擇香味惟揀肥大者我朝任人如淘沙取金剖石採玉皆得其精粹明皇笑曰學士過有所飾

雪刺滿頭

宋璟求致仕表云臣竊祿簪裳備負廊廟霜毫生領雪刺滿頭求退歸耕養慵巖穴樂生堯世死荷聖恩

忍字

光祿卿王守和未嘗與人有爭嘗於案几間大書忍字至於幃幌之屬以繡畫爲之明皇知其姓字非時引對問曰卿名守和已知不爭好書忍字尤見用心奏曰臣聞堅而必斷剛則必折萬事之中忍字爲上帝善賜帛以旌之

風流陣

明皇與貴妃每至酒酣使妃子統宮妓百餘人帝統小中貴百餘人排兩陣於掖庭中目爲風流陣以霞帔錦被張之爲旗幟攻擊相鬭敗者罰之巨觥以戲笑時議以爲不祥之兆後果有祿山兵亂天意人事不偶然也

望月臺

玄宗八月十五日夜與貴妃臨太液池凭欄望月不盡帝意不快遂勑令左右於池西岸別築百尺高臺

與吾妃子來年望月後經祿山之兵不復置焉惟有
基址而已

竹義

太液池岸有竹數十叢牙筍未嘗相離密密如栽也
帝因與諸王閑步於竹間帝謂諸王曰人世父子兄
弟尚有離心離意此竹宗本不相疏人有懷貳心生
離間之意覩此可以爲鑑諸親王皆唯唯帝呼爲竹
義

美人呵筆　三十五

開元天寶遺事

李白于便殿對明皇撰詔誥時十月大寒凍筆莫能
書字帝勅宮嬪十人侍于李白左右令各執牙筆呵
之遂取而書其詔其受聖眷如此

傳信記序

余何爲者也累忝臺郎思勤墳典用自修勵竊以國
朝故事莫盛于開元天寶之際服膺簡策管窺王業
忝於閑聽或有闕焉承平之盛不可殞墜輒因步領
之暇搜求遺逸傳於必信者曰開天傳信記斗筲微
器用罔不節之咎何已遐乎好事者覩其志寬其愚
是其心也唐吏部員外郎鄭棨撰

傳信記　一

傳信記

唐　鄭棨

上於藩邸時每戲遊城南韋杜之間因逐狡兔意樂忘返與其徒十數一飲倦甚休息於封部大樹下適有書生延上過其家家貧止於村妻一驢而已上坐未久書生殺驢拔蒜備饌酒肉霧霈上顧而奇之及與語磊落不凡問其姓名乃王琚也自是上每遊韋杜間必過琚家諮議合意益親善焉及韋氏專制上憂甚獨密言於琚琚曰亂則殺之又何疑也上遂納琚之謀戡定禍難累拜爲中書侍郎實預配享焉

上於諸王友愛特甚常思作長枕與諸王同起臥諸王有疾上輒終日不食終夜不寢形憂于色左右或開諭進食上曰弟兄吾手足也手足不理吾身廢矣何暇更思美食安寢邪上于東都起五王宅于上都製花萼相輝之樓蓋爲諸王爲會集宴樂之地上與諸王靡日不會聚或講經義論理道間以毬獵蒲博

無與比也

開元初上勵精理道鏟革訛弊不六七年天下大治

賦詩飲食歡笑戲謔未嘗惰息近古帝王友愛之道

河清海宴物殷俗阜安西諸國悉平爲郡縣自國門遠門西亘地萬餘里入河隍之賦稅左右藏行庫財物山積不可勝較四方豐稔百姓殷富管戶一千餘萬米一斗三四文丁壯之人不識兵器路不拾遺行者不囊糧其瑞疊應重譯麕至人情欣欣然感登岱告成之事上猶惕厲不已爲讓者數焉是時劉宴年八歲獻東封書上覽而奇之命宰相出題就中書試驗張說源乾曜等咸寵薦上以宴陷生秀妙引宴于內殿縱六宮觀看貴妃坐宴於膝上親爲宴畫眉人丱髻宮中人投果遺花者不可勝數也尋拜宴祕書省正字

開元初山東大蝗姚元崇請分遣使捕蝗埋之上曰蝗天災也誠由不德而致焉卿請捕蝗得無違而傷義乎元崇進曰臣聞大田詩曰秉畀炎火者捕蝗之術也古人行之于前陛下用之于後古人行之所以安農陛下行之所以除害臣聞安農非傷義也農安則物豐除害則人豐樂興農去害有國之大事也幸

陛下熟思之上喜曰事既師古用可救時是朕心也遂行之時中外咸以爲不可上謂左右曰吾與賢相討論已定捕蝗之事敢議者死是歲所司結奏捕蝗虫九百餘萬石時無飢饉天下賴焉

上將登封泰山益州進白騾至潔朗豐潤權奇偉異上遂親乘之柔習安便不知登降之倦告成禮畢復乘而下纔下山坳休息未久而有司言白騾無疾而殪上歎異之謚曰白騾將軍命有司具櫬櫝疊石爲墓在封禪壇北一里餘于今存焉

上爲皇孫時風表瓌異神彩美邁嘗於朝堂叱武攸暨曰朝堂我家朝堂汝得恣蜂蠆而狼顧耶則天驚異之再三顧曰此兒氣槩不常爲吾家太平天子也

西涼州俗好音樂製新曲曰涼州開元中列上獻上召諸侯便殿同觀曲終諸王賀舞蹈稱善獨寧王不拜上顧問之寧王進曰此曲雖嘉臣有聞焉夫音者始于宮散于商成於角徵羽莫不根柢襲橐於宮商也斯曲也宮離而少徵商亂而加暴臣聞宮君也商臣也宮不勝則主勢卑商有餘則臣事僭卑則逼下僭則犯上發于隱微形於音聲播於歌詠見之於人事臣恐一日有播越之禍悖逼之患莫不兆於斯曲也上聞之默然及安史作亂華夏鼎沸所以見寧王審音之妙也

天寶中上以三河道險束漕運艱難乃旁北山鑿石爲月河以避湍急名曰天寶河歲省運夫五十萬又無覆溺淹滯之患天下稱之其河東西徑直長五里餘闊四五丈深三四丈皆鑿堅石匠人於石得古鐵鏵長三尺餘上有平陸二字皆篆文也上異之藏於內庫遂命改河北縣爲平陸縣旌其事也

上御勤政樓大酺縱士庶觀看百戲競作人物填咽金吾衛士白捧雨下不能制止上患之謂力士曰吾以海內豐稔四方無事故盛爲宴樂與百姓同懽不如下人喧亂如此汝何方止之力士曰臣不能也陛下試召嚴安之處分打揚以臣所見必有可觀上從之安之到則周行廣場以手板畫地示衆曰犯此者死以是終五日酺宴咸指其地畫曰嚴公界境無一人敢犯者

蘇瓌初未知邇常處邇於馬廄中與傭僕雜作一日有客詣瓌候於廳所邇標箠趨庭遺墜文書客取視之乃詠鼠嚙奴詩也其詞曰指頭十挺墨耳朵兩張匙客心異之而瓌出與客淹留客笑語之餘因詠其詩并言形貌問何人非足下宗族庶孽耶若加禮收舉必蘇氏之令子也瓌自是稍稍親之適有人獻瓌兔懸於廊廡間瓌乃召邇詠之立呈詩曰兔子死闌殫持來掛竹竿試將明鏡照何異月中看瓌大驚奇驟加禮敬邇由是學問日新文章蓋代及上平內難

一夕間制詔絡繹無非邇出代稱小許公也

道士葉法善精于符籙之術上累拜為鴻臚卿優禮待焉法善居玄真觀嘗有朝客數十人詣之解帶淹留滿座思酒忽有人叩門云麴秀才法善令人謂曰方有朝客未暇瞻晤幸吾子異日見臨也語未畢有秀才傲睨而入年二十余肥白可觀笑揖諸公居末席伉聲談論援引古人一席不測恐聳觀之良久暫起旋轉法善謂諸公曰此子突入語辨如此豈非魍魎為惑乎試與諸公避之麴生復至扼腕抵掌論難鋒起勢不可當法善密以小劍擊之隨手失墜于階下化為瓶榼一座驚懾遽視其所乃盈瓶醲醞也咸大笑飲之其味甚嘉坐客醉而揖其瓶曰麴生風味不可忘也

上命裴寬為河南尹寬性好釋氏師事普寂禪師日夕造謁焉居一日寬詣寂寂曰有少事未暇款語且請遲回休憩也寬乃屏賓從止於空室見寂潔滌正堂焚香端坐坐未久忽聞扣門連聲云一行大師至一行入詣作禮禮寂之足禮訖附耳密語其貌絕恭

寂但顧云無不可者語訖入禮禮語三是三寂惟云是是一行語訖降階入南堂自闔其扉寂乃徐命弟子云遣聲鐘一行和尚滅度矣左右疾走視之一如真言後寂滅度寬復衰絰葬之日徒步出城送之甚為縉紳所譏也寬子諝復為河南尹素好詼諧多異筆嘗有投牒誤書紙背諝判云者畔似那畔那畔似者畔我不可辭與你判笑殺門前着靴漢又有婦人投狀爭猫兒狀云若是兒猫即是兒猫若不是兒猫即不是兒猫諝大笑判狀云猫兒不識主旁我捋老

鼠兩家不須爭將來與裴諝遂納其猶兒爭者亦哂
安祿山初爲張韓公帳下悉使之吏韓常令祿山洗
足韓公脚下有黑點子祿山因洗脚而竊窺之韓公
顧夭曰黑子吾貴相也獨汝窺之亦能有之乎祿山
曰某賤人也不幸兩足皆有比將軍者黑而加文竟
知此何祥也韓公奇而觀之益親厚之約爲義兒爲
加寵焉
太真妃最善於擊磬拊搏之音冷冷然新聲雖太常
梨園之能人莫加也上令採藍田綠玉琢爲器上造

簨簴流蘇之屬皆以金鈿珠翠珍怪之物雜飾之又
鑄二金獅子作拏攫騰奮之狀各重二百餘斤其他
綵繪縟麗造作神妙一時無比也上幸蜀回京師樂
器多忘失獨玉磬偏在上顧之悽然不忍置于前遂
命送太常至今藏於太常正樂庫
上幸蜀回車駕次劍門門左右巉壁峭絶上謂侍臣
曰劍門天險若此自古及今敗亡相繼豈非在德不
在險耶因駐蹕題詩曰劍閣横空峻鑾輿出守回翠
屏千仞合丹障五丁開灌木縈旗轉仙雲拂馬來乘
時方在德嗟爾勒銘才其詩至德二年普安郡太守
賈深勒于石壁今存焉
賀知章祕書監有高名告老歸吳中上嘉重之每別
優異焉知章將行涕泣辭上上曰何所欲知章曰臣
有男未有定名幸陛下賜之歸爲鄉里榮上曰爲道
之要莫若信乎孚者信也履信思乎順卿子必信順
之人也宜名之曰孚知章再拜而受命知章久而謂
人曰上何謔我耶實人孚乃爪下爲子豈非呼我爲
爪子耶

上嘗坐朝以手指上下按其腹朝退高力士進曰陛
下向來數以手指按其腹豈非聖體小不安耶上曰
非也吾昨夜夢遊月宮諸仙娛以上清之樂寥亮清
越殆非人間所聞也酣醉久之合奏諸樂以送吾歸
其曲淒楚動人杳杳在耳吾回以玉笛尋之盡得之
矣坐朝之際慮忽遺忘故懷玉笛時以手指上下尋
非不安力士再拜賀曰非常之事也願陛下爲臣一
奏之其聲寥寥然不可名言也力士又再拜且請其
名上笑言曰此曲名紫雲回遂載于樂章今太常刻

名在焉
上封太山進次滎陽旃然河上見黑龍命弧矢射之矢發龍潛滅自爾旃然伏流于今百餘年矣按旃然卽濟水也溢而爲滎遂名旃然左傳云楚師濟于旃然是也
華岳雲臺觀中方之上有山崛起半瓮之狀名曰瓮肚峯上賞望嘉其高迥欲于峯腹大鑿開元二字填以白石令百餘里望見諫官上言乃止
上於弘農古函谷關得寳符白石篆文正成乘字識者解之云乘者四十八年得寳之符天下言之曰得

寳弘農得寳耶于今唱之得寳之年遂改天寳也
上幸愛祿山爲子嘗與貴　於便殿同樂祿山每就坐不拜上而拜妃上顧問此　不拜我而拜　予意何在也祿山奏曰　家卽有母不知有父故也上知笑而捨之祿山豐肥大腹上嘗問曰此　腹中何物其大如是祿山尋聲應曰腹中更無他物唯赤心爾上以言誠而益親善之
一行將卒留物一封命弟子進于上發而視之乃蜀當歸也上初不諭及幸蜀回乃知微旨深歎異之
羅公遠多祕術最善隱形之法上就公遠雖傳受不肯盡其要上每與同爲之則隱沒人不能知若自試或餘衣帶或露幞頭脚每被宮人知上所在上怒命力士裹以油幞置榨木下壓殺而埋弃之不旬日有中使自蜀道回逢公遠于路乘騾而笑謂使者曰上之爲戲一何虐耶
萬回師閿鄉人也神用若不足謂愚而癡無所知雖父母亦以豚犬畜之兄被戍役安西音問隔絶父母謂其誠死日夕涕泣而憂思也萬回顧父感念甚忽

跪而言曰涕泣豈非憂兄耶父母曰信然萬回曰詳思我兄所要者衣裝糗粮之屬悉備之某將覲焉忽一日朝賫所備夕返其家告父母曰兄平善矣發書視之乃兄迹也一家異之弘農抵安西萬餘里以其萬里而廻故謂之萬廻也居常貌如愚癡忽有先覺異見驚人神異也上在潘邸或遊行人間萬廻於聚落街衢高聲曰天子來或曰聖人來其處信宿間上必經過徘徊也

安樂公主上之季妹也附會韋氏上見一物如人馳遍體被毛毛如豬立踞牙鉤爪三尺余以繫朴甫目如電光而怒視之朴甫連叱不動遂命弧矢毛人笑而跳入前堂堂中青衣遇而暴卒經于廐中群馬皆死不累日而林甫卒

大眞妃常因妒媢有語侵上上怒甚召高力士以輜輧送其家妃悔恨號泣抽刀剪髮授力士曰珠玉珍異皆上所賜不足充獻唯髮父母所生可達妾意望持此伸妾萬一慕戀之誠上得髮揮涕憫然遽命力

士召歸

天寶初上遊華淸宮有劉朝霞者獻賀幸溫泉詞詞乾儻雜以俳諧文多不載今畧其詞曰若夫天寶二年十月後兮臘月前辦有司之供具命駕幸于溫泉天門乾開露神仙之輻湊鑾輿劃出驗甲仗以駢闐靑一隊兮黃一隊熊踏胸兮豹拏背朱一團兮綉一團玉鏤鈿兮金鏤鞍述德云直攫得盤古髓搯得女媧瓤遮莫你古時千帝豈如我今日三郎其自敘云別有窮奇蹭蹬失路猖狂骨憧雖短伎藝能長夢裏幾回富貴覺來依舊悽惶今日是千年一遇叩頭莫五角六張帝賢而奇之將加上命朝霞改去賀五角六張字奏云臣草此賦時有神助自謂文不加點筆不停綴不願從天而改上顧曰眞窮薄人也授以春官衛上左焉

幽閑鼓吹

唐　張固

宣宗囑念萬壽公主蓋武皇世有保護之功也駙馬鄭尚書之弟顗嘗危疾上使訊之使迴上問公主視疾否曰無何在曰在慈恩寺看戲場上大怒且歎曰我怪士大夫不欲與我爲親良有以也命召公主公主走輦至則立於階下不視久之主大懼涕泣辭謝上責曰豈有小郎病乃親看他處乎立遣歸宅畢宣宗之世婦禮以修飾

宣宗暇日召翰林學士時韋尚書澳遽入上曰要與卿款曲少間出外但言論詩上乃出新詩一篇有小黃門置茶訖亦屏之乃問曰朕於敕使如何韋公即述上威制前朝無比上閉目搖首曰總未總未依前怕他在於卿如何計將安出韋公既不爲之素備乃率意對曰以臣所見謀之於外庭即恐有太和末事不若就其中揀拔有才識者委以計事如何上曰此乃末策朕已行之初擢其小者自黃至綠至緋皆感恩若紫衣挂身即一片矣公慙汗而退噫人君之問社稷之福對敭止此惜哉

裴公休在相位一日奏對宣宗曰今賜卿無畏有何盱畫言乎公嘗著論儲宫之意至是乃頓首以諫上曰若立儲君便是閑人公不敢盡言而退

宣宗坐朝次對官趨至必待氣息平均然後問事令狐相進李遠爲杭州宣宗曰比聞李遠詩云長日唯銷一局棋豈可以臨郡哉對曰詩人之言不足爲實也仍薦遠廉察可任乃俞之

宣宗視遠郡謝上表左右曰不足煩聖慮也上曰遠郡無非時章奏只有此謝上表安知其不有情懇乎吾不敢忽也

張長史釋褐爲蘇州常熟尉上後旬日有老父過狀判去不數日復至乃怒而責曰敢以閑事屢擾公門老父曰某實非論事但覩少公筆跡奇妙貴爲篋笥之珍耳長史異之因詰其何得愛書答曰先父愛書兼有著述長史取視之曰信天下工書者也自是備得筆法之妙冠于一時

白尚書應舉初至京以詩謁顧著作顧覩姓名熟視

白公曰米價方貴居亦弗易乃披卷首篇曰咸陽原上草一歲一枯榮野火燒不盡春風吹又生卽嗟賞曰道得箇語居卽易矣因爲之延譽聲名大振

喬彝京兆府解試時有二試官彝日午叩門試官令引入則已醺醉視題曰幽蘭賦不肯作曰兩箇漢相對作此題速改之爲渥洼馬賦曰校些子奮筆斯須而就警句云四蹄曳練翻瀚海之驚瀾一噴生風下胡山之亂葉便欲首送京尹曰喬彝崢嶸甚宜以解副薦之

幽閑鼓吹　八　三

李藩侍郎嘗綴李賀歌詩爲之集序未成知賀有表兄與賀筆硯之舊者召之見託以搜訪所遺其人敬謝且請曰某盡記其所爲亦見其多點竄者請得所葺者視之當爲改定李公喜併付之彌年絕跡李公怒復召詰之其人曰某與賀中外自小同處恨其傲忽常思報之所得兼舊有者一時投於溷中矣李公大怒叱出之嗟恨良久故賀篇什流傳者少

李賀以歌詩謁韓吏部吏部時爲國子博士分司送客歸極困門人呈卷解帶旋讀之首篇鴈門太守行曰黑雲壓城城欲摧甲光向日金鱗開却援帶命邀之

苗帝師困於名場一年似得復落第春景暄妍策蹇獨出都門貰酒一壺藉草而坐醺醉而寐久之既覺有老父坐其旁因揖叙以餘杯飲老父媿謝曰郎君縈悒耻寧要知前事耶苗曰某應舉已久有一第分乎曰大有事但更問苗曰某困於窮變一郡寧可及乎曰更向上曰廉察乎曰更向上苗公稍猛問曰將相乎曰更向上苗公怒全不信因肆言曰將相向上作天子乎老父曰天子眞者卽不得假者卽得苗都以爲怪誕揖之而去後果爲將相及德宗昇遐攝冢宰三日

幽閑鼓吹　八　四

賓客劉公之爲屯田員外郎時事勢稍異旦夕有騰趠之勢知一僧有術數極精寓直日邀之至者方欲問命報韋秀才在門外公不得已且令僧坐簾下韋秀才獻卷已畢畧省之而意色殊倦韋覺之乃去與僧語不對吁嗟良久乃曰某欲言員外必不愜如何公曰但言之僧曰員外後遷乃本行正郎也然須待適

來章秀才知印處置公大怒揖出之不旬日貶官韋秀才乃處厚相也後三十餘年在中書劉轉屯田郎中

朱崖李相在維揚封川李相在湖州拜賓客分司朱崖大懼遣專使厚致信好封川不受取路江西而過非久朱崖入相過洛封川憂懼多方求厚善者致書乞一見欲解紛復書曰怨即不怨見即無端初朱崖封川早相善在中外致力及位高稍稍相傾及封川在位朱崖爲兵部尚書自得岐路必當大拜封川多方阻之未効朱崖知而憂之邠公杜相即封川黨時爲京兆尹一日謁封川封川深念杜公進曰何戚戚也封川曰君揣我何念杜公曰非大戎乎曰是也何以相救曰某即有策顧相公必不能用耳曰請言之杜曰大戎有辭學而不由科第于今怏怏若與知舉則必喜矣封川默然良久曰更思其次曰更有一官亦可平治慊又曰何官曰御史大夫封川曰此即得邠公再三與約乃驰詣安邑門門人報杜尹來朱崖迎揖曰安得訪此寂寞對曰靖安相公有意旨令某

傳達遂言亞相之拜朱崖驚喜雙淚遽落曰大門官小子豈敢當此薦拔寄謝重疊杜遽告封川封川與虔州議之竟爲所隳終致後禍

朱崖在維揚監軍使楊欽義追入必爲樞近而朱崖致禮皆不越尋常欽義心銜之一日邀中堂飲更無餘賓而陳設寶器圖畫數牀皆殊絶一席祗奉亦竭情禮起後皆以贈之欽義大喜過望旬日行至汴州有詔令監淮南軍欽義至即具前時所獲歸之朱崖笑曰此無所直奈何相拒一時却與欽義感悅數倍後竟作樞密使武皇一朝之柄用皆自欽義也

李師古跋扈憚杜黃裳爲相未敢失禮乃命一幹吏寄錢數千緡并氈車子一乘亦直千緡使者未敢遽送乃於宅門伺候累日有綠輿自宅出從婢二人青衣襤褸問何人曰相公夫人使者遽歸以告師古師古折其謀終身不敢失節

潘炎侍郎德宗時爲翰林學士恩渥極異其妻劉氏晏相之女也京尹某有故伺候累日不得見乃遺閽者三百縑夫人知之謂潘曰豈有人臣京尹願一見遺奴三百疋縑帛其危可

卯也遂勸潘公避位
子孟陽初爲戶部侍郎夫人憂惕謂曰以爾人材而在丞郎之位吾懼禍之必至也戶部解喻再三乃曰不然試會爾同列吾觀之因遍招深熟者客至夫人垂簾視之既罷會喜曰皆爾之儔也不足憂矣末座慘綠少年何人也答曰補闕杜黃裳夫人曰此人全別必是有名卿相
元相在鄂州周復爲從事相國常賦詩命院中屬和周正郎乃簪笏見相公曰某偶以大人往還高門謬獲一第其實詩賦皆不能也相國嘉之曰遂以實告賢於能詩者矣

裴寛尚書罷郡西歸汴流中日晚維舟見一人坐樹下衣服極弊因命屈之與語大奇之遂爲見知以君子識必自富貴何貧也舉船錢帛奴婢貺之客亦不讓所惠語訖上船奴婢偃蹇者鞭撻之裴公益奇之其人乃張徐州
安祿山將反前三兩日於宅宴集大將十餘人錫賚絶厚滿廳施大圖圖山川險易攻取剽劫之勢每人付一圖令曰有違者斬直至洛陽指揮皆畢諸將承命不敢出聲而去於是行至洛陽悉如其畫也
張正甫爲河南尹裴中令銜命代淮西置宴府西亭裴公舉一人詞藝好解頭張相公正色曰相公此行何爲也爭記得河南府解頭中令有慚色
崔咸舍人嘗受張公之知及懸車之後公與議行止崔時爲司封郎中以感知之分極言贊美公便令製表表上値無厚善者而一章允請三數月後門館閴寂家人輩竊罵之公後亦悔每語子弟曰後有大段事勿與少年郎議之

崔造相將退位親厚皆勉之長女賢知書獨勸相國遂決退一二歲中居閑躁悶顧謂兒姪曰不得他諸道金銅茶籠子物掩也遂復起
相國張延賞將判度支知有一大獄頗有冤濫每甚扼腕及判使卽召獄吏嚴誡之且曰此獄已久旬日須了明日視事案上有一小帖子曰錢三萬貫乞不問此獄公大怒更促之明日帖子復來曰錢五萬貫公益怒命兩日須畢明日復見帖子曰錢十萬貫公曰錢至十萬可通神矣無不可回之事吾懼及禍不

得不止

元相載在中書日有丈人自宣州所居來投求一職事中書度其材不任事贈河北一函書而遣之丈人說怒不得已持書而去既至幽州念被產而來止公一書書若懇切猶可望乃拆而閱之更無一辭唯署名而已大悔怒欲回心念已行數千里試謁院寮問既是相公丈人豈無緘題曰有判官大驚立命謁者上白斯須乃有大校持箱復請書書既入館之上舍留連數日及辭去奉絹一千疋

元載子伯和勢傾中外福州觀察使寄樂妓十人既至半載不得送使者窺伺門下出入頻者有琵琶康崑崙最熟厚遺求通即送妓伯和一試奏盡以遺之先有段和尚善琵琶自製西梁州崑崙求之不與至是以樂之半贈之乃傳焉道調梁州是也

丞相牛公應舉知于頔相之奇俊也特詣襄陽求知住數月兩見以游客遇之牛公怒而去去後忽召客將問曰累日前有牛秀才發未曰已去何以贈之曰與之五百受之乎曰擲之于庭而去于公大恨謂賓佐曰某叅事繁有闕違者立命小將賫絹五百書一函追之曰未出界即領來如已出界即送書信小將於界外追及牛公不啓封擲迴

是書爲有唐張固撰共二十五篇因在懿僖間採摭宣宗遺事簡當精覈誠可以補史氏之闕余家藏有宋本將刻而傳焉嘉靖壬午春三月吳郡大石山人顧元慶

摭異記

唐　李濬

濬憶兒童時即歷聞公卿間叙國朝故事且兼多語其世事特異者取其必實之跡暇日輟成一小軸貯之松窻

玄宗先天中再平内難後以中外無事鋭意政理好於觀書洎自周漢以來有所未及者必欲盡舉之帝既勤書海内之風翕然率化尤注意於起居注先天開元中皆選當時鴻儒或貞正之士充之若有舉其

職者雖十數年猶載筆螭頭惜不欲去則遷名曹郎與兼之自先天元年至天寶十一載冬季起居注撰成七百卷内起居注撰成三百卷内起居注自開元二年春因上幸寧王宅叙家人禮至於樂奏前後酒食沾賚上無自專皆令稟於寧王敬上曰大哥好作主人阿嚇但謹爲上客（上在禁中常自稱阿嚇）以是極歡而罷明日寧王率岐薛已下同奏曰臣聞起居注必記天子言動臣恐左右史不得　天子閨行極庶人之禮無以光示萬代臣請自今後臣與兄弟各輪日載筆於乘輿前得以行在紀叙其事四季則用朱印聯名牒送史館然皆依外史例乎　上聞庶明臣等守職如螭頭官上以八分書日本國紙爲答辭甚謙上然悉允所奏自是天寶十載冬季以成三百卷率以五十幅黄麻爲一編用雕檀軸紫龍鳳綾標書成寧王上請自部納于史關上命賜以酒樂共宴侍臣於史館上寶惜是史尤甚因命别起大閣以貯之及祿山陷長安用嚴高計未至升殿宫先以火千炬猛焚是閣不移時灰滅故玄宗實録百不叙及三四以是人

間傳記者尤鮮（祿山謀臣嚴莊高尚）

開元中禁中初重木芍藥即今牡丹也（開元天寶花呼木芍藥本記云禁中爲牡丹花）得四本紅紫淺紅通白者上因移植於興慶池東沉香亭前會花方繁開上乘月夜召太真妃以步輦從詔特選梨園弟子中尤者得樂十六色李龜年以歌擅一時之名手捧檀板押衆樂前欲歌之上曰賞名花對妃子焉用舊樂詞爲遂命龜年持金花牋宣賜翰林學士李白進清平調詞三章白欣承詔旨猶苦宿酲未解因援筆賦之雲想衣裳花想容

春風拂曉露華濃若非羣玉山頭見會向瑤臺月下逢一枝紅艶露凝香雲雨巫山枉斷腸借問漢宮誰得似可憐飛燕倚新粧名花傾國兩相歡長得君王帶笑看解釋春風無限恨沉香亭北倚闌干龜年遽以詞進上命梨園弟子約畧調撫絲竹遂促龜年以歌太真妃持頗梨七寶盃酌西涼州蒲萄酒笑領意甚厚上因調玉笛以倚曲每曲遍將換則遲其聲以媚之太真飲罷飾繡巾重拜上意龜年常話於五王獨憶以歌得自與者無出於此抑亦一時之極致耳

上自是顧李翰林尤異於他學士會高力士終以脫烏皮六縫爲深恥異日太真妃重吟前詞力士戲曰始謂妃子怨李白深入骨髓何拳拳如是太真妃因驚曰何翰林學士能辱人如斯力士曰以飛燕指妃子是賤之甚矣太真頗深然之上嘗欲命李白官卒爲宮中所捍而止

玄宗幸東都偶因秋霽與一行師共登天宮寺閣臨眺久之上暇顧愴然發歎數四謂一行曰吾甲子得終無患乎一行進曰陛下行幸萬里聖祚無疆及西行初至成都前望大橋上擧鞭問左右曰是橋何名節度使崔圓躍馬前進曰萬里橋上因追歎曰一行之言今果符之吾無憂矣

上好馬擊毬内廐所飼者意猶未甚適會黄幡綽戲語相解因曰吾欲良馬久之而誰能通於馬經者幡綽奏曰臣能知之且曰今三丞相悉善馬經上曰吾與三丞相語政事之外悉究其旁學不聞有通馬經者爾焉得之幡綽曰臣日日沙堤上見丞相所乘馬皆良馬也以是必知通馬經上因大笑而語他

上自臨淄郡王爲潞州別駕乞假歸京師覩時晦跡尤用卑損會春暮豪家子數輩盛酒饌遊於昆明池選勝方宴上戎服臂小鷹於野次因疾驅直突會前諸子輩頗露難色忽一少年持酒船唱令曰宜以門族官品備陳之酒及於上因大聲曰曾祖天子父相王臨淄郡王某也諸少年聞之驚走四散不敢復視於車服上因聯飲三銀船盡一巨餡徐乘馬而東去

上初以林邑國進白鸚鵡惠利之性特異常者因暇日以金飾之示於三相上再三美之時蘇頲初入相

每以忠讜勵上因前進曰書云鸚鵡能言不離飛鳥臣願陛下深以爲誡

何皇后始以色進及上登位不數年恩寵日衰后憂畏之狀愈不自安然撫下有恩幸免讒謗共危之禍忽一日泣訴於上曰三郎獨不記何忠脫新紫半臂更得一斗麵爲三郎生日湯餅耶何忍不追念於前時上聞之戚然改容有憫皇后之色由是得延於其恩者三更秋終以諸妃恩遇日盛皇后竟見黜焉后無罪被擯六宮共憐之何忠何后自呼其父名也

樵異記　八　五

中宗嘗召宰相蘇瓌李嶠子進見二丞相子皆童年上近撫於赭袍前賜與甚厚因語二兒曰爾日憶所通書可奏爲吾者言之頲應曰木從繩則正后從諫則聖嶠子失其名亦進曰斮朝涉之脛剖賢人之心上曰蘇瓌有子李嶠無兒

德宗命李泌爲相以泌三朝顧遇禮待信用不與諸宰相等常於便殿語及玄宗朝尤惜謬用李林甫因再三嘆息重言曰中原之禍自林甫始也然以玄宗英特之姿何始不察耶泌因奏曰玄宗盛年始初已曆則天中宗多難之後雖江充將胎戾元賈后欲圖愍懷於肅宗之患無以改過也及降封臨淄旋出入閤上下鄠杜之間備聞人間疾苦又以天縱英姿志除內難有漢宣之多異仗蕭王之赤城故英威一震姦兇自殪而夙尚儒學深達政經溥漢高馬上之言美武帝更僕之問自初登寶位舉近正人惟帝之難力所能舉上既勤儉政事無不施行又得良臣天下自化及東封之後上每覽帝籍有自多之言用聲色爲娛漸堂階之峻故古語曰貧不學儉而儉自來富

樵異記　八　六

不學奢而奢自至若以勤儉爲志則臣下守法官無邪人及嗜慾稍深則政亦怠矣故林甫善爲承迎上意招顧金王託庇左右安國委相之跡如是則百吏可知是以楊雄言昔武帝運帑藏之財填廬山之壑未爲害也今貨入權門甚於此矣林甫末厭仙客繼之昔齊桓以管仲存而霸業成管仲亡而齊難作則古人所諷見於深旨由是泌屢以是非諷之上怡然聽從似喜所得因曰相才而又知書吾高枕矣大和開成中有程修己者以善畫得進謁修已始以孝廉

習八籍故上不甚以畫者流覩之會春暮內殿賞牡丹花上頗好詩因問修已曰今京邑傳唱牡丹花詩誰爲首出修已對曰臣嘗聞公卿間多吟賞中書舍人李正封詩曰天香夜染衣國色朝酣酒上聞之嗟賞移時楊妃方恃恩寵上笑謂賢妃曰粧鏡臺前宜飲以一紫金盞酒則正封之詩見矣

自太和乙卯歲後上不樂事稍間則必有歎息之音會幸三殿東亭因見横廊架巨軸於其上上謂修已曰斯開元東封圖也因命內臣轉懸於東廡下上舉

白玉如意指張說輩數人歎曰使吾得其中一人來則吾可見開元矣由是惋惜之意見于顏色遂命進美酎盡爵促步輦歸寢殿開成承諸錄中敘上語李右相曰吾思天下事難理則進飲醲酎以自醉解

狄仁傑之爲相也有盧氏堂姨居于午橋南別墅姨止有一子而未嘗來都城親戚家梁公每遇伏臘晦朔修禮甚謹嘗經甚雪多休暇因候盧姨安否適見表弟挾弓矢攜雉兔來歸膳味進於北堂顧揖梁公意甚輕簡公因啓姨曰某今爲相表弟有何樂從願悉力以從其旨姨曰相自貴爾有一子不欲令其事女主公大慙而退

姚崇爲相忽一日對於便殿舉左足不甚輕利上曰卿有足疾耶崇曰臣有腹心之疾非足疾也因前奏張說罪杖數百言上怒曰卿歸中書宜宣與御史中丞共按其事而說未之知會朱衣吏報午後三刻說乘馬先歸崇急呼御史中丞宇林甫以前詔付之林甫語崇曰說多智謀是必困之宜以劇地崇搆曰丞相得罪未宜太偪林甫曰公必不忍耶說當無害林

甫正將詔付於御史中路以馬墜告假說之未遭崇搆也前旬月有教授書生私通於侍婢最寵者會擒得姦狀以聞於說說怒甚將窮獄於京兆尹書生勵聲曰睹色不能禁亦人之常情也公貴爲相豈無緩急有用人乎靳於一婢女耶說奇其言而釋之以侍兒與遣書生一跳跡去何月餘無所聞知忽一日直訪於說憂色滿面且言某感公之恩思有謝者久之今方聞公爲姚相國所搆外獄將具公不知之危將至矣某願得公平生所實者用計於九公主必能立

□之說因自歷指狀所寶之物書生告云未足解公之難又凝思久之忽曰近有雞林郡夜明簾爲寄信者書生曰吾事濟矣因請手扎數行懇以情言遂急趨出逮夜始及九公主邸第書生具以說旨言之兼用簾爲贄且請公主曰上獨不念在東宮時思必始終恩加張丞相乎而今反用快不利張丞相之心耶明日公主入謁具爲奏之上感動急命高力士就御史臺宣前所按事並宜罷之書生亦不再見張丞相矣

太尉衛國公爲并州從事到職未旬月忽有王山人者詣門請謁公命與坐乃曰某善按冥也公初未之奇因請正寢備几案紙筆香水而已因令垂簾靜伺之生與公偕坐於西廡下頃之王生曰可驗矣紙上書八字甚大且有楷法曰位極人臣壽六十四王生遽請歸竟不知所去及會昌朝三策一品薨於海南果符王生所按之年

衛公長慶中在浙右會有漁人於秦淮垂機網下深處忽覺力舉異於常時及歛就水次卒不獲一鱗忽得古銅鏡可尺餘光浮於波際漁人驚取照之歷歷盡見五臟六腑縈脉動竦駭神魄因腕戰而墜漁人偶話於舍旁遂乃聞之於公盡周歲萬計窮索水底終不復得

物之異聞

雷公鏁　辟塵犀簪　媛金魚袋　青龍皮　鄱陽王墓中自動墨研　日中軟杖子　龍腦香崑崙子　元先生贈韋丹尚書飯餅　鏤白玉香囊并玉鏁子長三尺餘　異竹篋長二百餘尺　黄楊枕文有

乘龍形　張公洞翠碧　中藏上藥　桃源洞中仙人棋子　不生澁鐵腰帶　韋殼尚書夢中所得軟羅纈巾　西蜀織成蘭亭　罽賓國黄金衣　筆管上鏤盧思道燕行歌　拂林國犀紫文馬腦如小合底寫國王名在上又小貌亦類之　白玉劍長二尺餘

已上二十一物皆得其所自或經目識客有疑問悉用條譴

愧郯錄

相臺岳珂

申福殿

江州廬山有宮曰太平興國侍從領祠官建申福殿奉　高皇本命實　紹興二十八年十二月丁亥朔賜名珂按　京師有龍德宮乃　徽祖潛邸　宣和與　子之後　移御是間中已有申福臻祥二殿竝之會要　紹興九年和議始成有司指以爲安奉龍輴之地葢不特複名之當易而已

號謚之異

仁宗將加仁英二室謚　元豐六年五月丙子朔詔改加上　尊謚爲奉上　徽號令三省官與太常寺同定初六字爲謚增十字爲號葢始此云

宗族之别

政和三年閏四月丙辰　詔改公主爲帝姬郡主爲宗姬縣主爲族姬珂按　本朝嬴姓而用姬爲稱謂雖　詔書明言考古制宜莫如周然要是蔡京輩誤讀漢書薄姬丁姬輩名字謂姬本婦人通號故循而用之耳　建炎改制議者之論已詳不復複出□宗族二字本以别親疏似亦差互攷之春秋襄公十二年秋九月吳子乘卒左氏因其臨於周廟而别白之曰凡諸侯之喪異姓臨於外同姓於宗廟同宗於祖廟同族於禰廟杜征南預又從而釋之曰同族爲高祖以下如此則族之親於宗明矣今乃反之尤失所宜京輩當時固位士多隨聲是非或者因郭語先後爲次葢初不致考也

諸陵複名

僖祖陵曰欽　順祖曰康　翼祖曰靖　宣祖曰安　太祖曰昌　貞宗曰定　仁宗曰昭　哲宗曰泰　欽宗曰獻實犯後周慶祖漢平帝殤帝唐太祖後晉睿祖僞南漢高祖唐武后烈祖昭成竇后昭德王后僖宗漢惠帝南齊宣帝後梁敬祖後晉憲祖吳景帝元魏肅宗周天元唐中宗周明帝唐太祖僞南漢中宗元魏宣武順于后唐元宗高祖已用之名　靖定二號凡再改而皆出於複其弗審爲尤甚　思崇已出前記自　貞宗而下聯永字稱謂雖同紀錄

猶異若　三祖廼國初定制名止一字並相混爲一
不可別矣南齊宣帝後梁敬祖之爲安魏于后之爲
泰唐太祖之爲康亦皆聯永字云

階官避家諱

律文有私諱冒榮之禁故四銓之法遇磨勘階官之
稱與其三代諱相值者許其自陳授以次官謂之寄
理遂以繫之官稱之首珂按　國朝著令諸官稱避
家諱者擬以次官　元豐改官制或有或無於是
元符令又附益之云或授舊官歷攷條令初無以二

字入銜者屬世磨鈍之柄而下之人得以寄稱掌故
之野亦明矣士習目睫恬不知怪　開禧丙寅李參
預璧爲小宗伯會課當遷中奉大夫正其祖諱援故
實自言不帶寄理　詔從之繼參大政復遷中大夫
而稱朝議大夫自若朝論以爲得體然銓法迄今亦
莫之改也

任子分授

舊制任子許分貤徧及支庶纔得降資秩而已後乃
不復然珂嘗攷續會要　熙寧五年四月二十二日
用團練使致仕郭化言乞將合得一子恩澤分減
與子熙恭二人近下班行內安排　詔郭熙與右班
殿直舊例與子恩澤許降資分授　上以一子官
朝廷之特恩分授非古且長僥倖遂　命罷之然則
此制蓋襲用已久革而當人心雖各私其子亦莫之
敢議今世鮮復有知此故事者

年號闕名

首唐德宗以正觀開元之盛慨想前烈攺元正元庶
幾二祖　本朝因之如近世　隆興之用　建隆

紹興　淳熙之用　淳化　熙寧　紹熙之用　紹
興　淳熙　慶元之用　慶曆　元祐　開禧之用
開寶　天禧皆是也珂按呂陶淨德集記聞曰
元佑之政謂　元豐之法不便卽復　嘉祐之法以
救之然不可盡變大率新舊二法並用貴其便於民
也議者乃云對鈞行法朝士善謔乃云豈獨法令爲
然至於年號亦對鈞矣然詼諧之談亦有味可謂
人君法　祖存古之意最爲盛德附言近肆不可以
訓又按　光宗升祔循故事將建閣以藏　宸章侍

從集議欲以大謨名當　國者乃爲不馴又欲名天
疇疑近天章且天章不入銜矣乃用寶謨珂謂寶文
乃　仁祖閣名顯謨又　神宗閣名如陶之言亦對
鈞也方顯謨建閣特國論尚　紹述　哲宗纂　丕
承之烈以見善繼若寶謨則直以爲之書首於三謨
而言之歷代寶之以爲大訓本專指墳典此葢惟取
歛藏之義云

官品不分別

本朝雜壓之制雜流伎等官皆入品下而寺監之吏
乃未出官而先給告者亦通謂之入品但以所居官
爲品之高下不復有分別珂按高峻小史劉昺傳元
魏高祖臨光極堂大選高宗曰當今之世仰祖質朴
淸濁同流混齊一等君子小人名品無別此殊爲不
可我今八族以上士人品第有九品九品之外小人
之官復有七等若有人可起家三公恐賢才難得不
可止爲一人渾我典制昺對曰陛下刊正九流爲不
朽之法豈惟髣髴唐虞固以有光二代此雖爲門地
而言然九品之官不混它品亦一時之制與今士夫

皁隷閽豎伎術混爲一區爲不同也

寺觀敕差住持

中興以後　駐蹕浙右大刹如徑山靈隱天竺
宮觀如太一開元佑聖皆降　勑劄差主首至於選
服禪席如雪峯南華之屬亦多用黃牒選補珂按李
文簡燾續長編　熙寧八年八月戊申　詔內外宮
觀寺院主首及僧道正傳降　宣敕差補者自今尚
書祠部給帖　神祖之意凡以爲不足辱　制旨而
已其制不知又於何時要鄰於瀆也

追冊后

國初追冊后始於　孝惠　建隆三年四月追冊爲
皇后　乾德二年三月謚曰孝惠太常　上議攝太
尉　皇弟開封尹奉冊纔之者　淑德　懿德　章
懷　章穆　溫成　明達　明節　成穆凡八行焉
妣后又不與也惟　明道二年十月三十日追冊
美人張氏爲皇后十一月三十日　詔追冊皇后官
告焚黃進入　內是時　郭后正位中宮　仁宗追
念遺徽特崇位號故不盡用后制然以儷體　宸極

乃告冊用告下儕妃嬪雖曰欲從殺禮然予名損實訂禮者要失所据矣其後　温成辛奉冊孫威敏沔以樞密副使力爭不肯行事亦可見當時之公議焉

上后謚官

建隆二年六月二十三日太常少卿馮吉上昭憲皇后初謚曰明憲自後以爲故事惟　孝章以翰林學士承旨宋白　元德以秘閣校理舒雅　章懿則命翰林學士馮元如　孝惠則問　上議之官　温成則有　賜謚之詔它皆以判太常寺貳卿之議而行

之自慈聖光獻以母儀　四朝始用翰林學士章享仍始受成於　祖宗之廟以後乃歸之翰苑以爲常制　章穆之爲莊穆仍有吏部尚書張齊賢等覆謚又不同云

古今祠厲

古有七祀於前帝五諸侯卿大夫之無後者皆致祭焉謂之泰厲公厲族厲今絶無舉行者故此等無依之厲勢或出於依附淫祠殆無足恠禮記祭法鄭氏注漢時民家皆秋祠厲蓋此祀又達於民也於古加詳矣鄭注又云民祠厲而托之曰山蓋惡言厲巫祀耶厲山氏之名去厲爲山且引春秋民齊事謂厲山有子曰柱證時巫之謬珂按巫誠謬矣然謂厲爲山要非如此大詭意必祀山氏特去一字不馴者耳巫祝下流去古未遠尚知有厲山氏今世謂夏禹爲行雨之神謂小孤爲婦人之神皆妄行而不以爲誤是巫又烏知厲山

皇祐差牒

今世中臺給黄牒之制前必曰尚書省牒其官而右

語則曰差充某職替某官成資闕珂嘗得　皇祐五年十二月勑牒一其詞曰中書門下牒光祿寺丞錢中立牒奉勑宜差知虔州贑縣事替阮士龍過滿闕候交割縣務諸般公事一一點檢依例施行牒至准勑故牒珂謹按　祖宗朝造命之地本同中書門下制勑院在焉自　元豐分三省中書取旨門下省審尚書奉行而其職始分故　熙寧以前士大夫所被受堂帖多是中書劄子而官制後始歸之尚書非沿襲之誤也如候到交割點檢數語　祖宗之重民

守謹職守不厭於詳且覆蓋於此有稽焉

武定軍

嘉定戊辰　詔改雄淮軍爲武定珂按此名有二不可五代史晉開運元年三月癸巳籍民爲武定軍是嘗爲複名不可一也　其宗廟諡　武定爲蜀常以牂州爲武定軍節度景祐四年四月　詔以祀廟諡改爲武康軍不可二也立軍經武爲一代之制而襲李世之號瀆　宗廟之制在今日所當亟三焉

新城錄

唐　沈亞之

元和九年蔡之師死其子元濟以其士叛逸掠陳汝之間冬縱兵臨壽春屠馬塘走其守令孤通焚霍丘淮南郡邑大駭民人卷席而居上聞之怒謫其守明年春詔執金吾李將軍馳傳出守之既至收其壞亡衆壽春城使人勞井閭而市貨耕桑之業始復民人莫知復爲戰矣八月乙巳乃夜引兵南出霍丘百四十里又拆而西四十里營於萬勝岡築新城初將度

曰吾士卒萍合之衆也易散而難役吾以築壘令之必苦難使寇聞之必襲吾思欲其自用乃召諸將謂曰吾且日望氣其狀有寇謹備之令諸軍分營連居環廻之間十有餘里各視營之所向宜爲數堵之垣以禦暴矢耳諸將素奇將軍言歸而亟曉其卒故所命立就將軍與監軍使出周視之以武寧大稱築者之能勞以酒帛語寵其將因曰既已幸周繚之善也他將恥其功之不類乃復與卽日而垣周將軍監[illegible]使出具牛酒爲勞因士卒之樂又令曰山澤之地[illegible]

土瘠濁今時方秋浸潦用事謂衆之功難爲也顧其
垣今日而周明日而壞吾爲諸君惜之誠能致其厚
則土藏氣色脉力相輔雖霖潦不爲患矣築者皆悅
復爭爲厚及竟將軍監軍使出視之復勞曰嗟乎諸
君之能衆士之功也既周且厚始爲其垣今則城矣
因自吟曰城乎城乎使其增數仍其飭之寇雖虫尤
寧敢犯我乎遂歸諸將相謂曰乃者將軍之詞得無
意其高耶吾黨亦醜其卑矣復增其築於是新城遂
具明日果寇來望見皆愕然因至新城傍具張喉高

言指城上曰爲我曹敬謝將軍訖辭而去諸將盡伏
冦亦以王覽董重質營其側拒之十一月戊辰將軍
將卒萬餘西渡澗渠上史族岡與賊陣自平明至日
中進退相延不得合及日側將軍乃謀曰彼必乘暮
伺吾還兵擊我必矣於是引兵急切履冦進退數里
乃以精兵分伏其兩隅復自進退間拔其羸老先復
令軍中曰皆坐賊之後見官幟有引渡者以爲兵怠
俱還遂大呼疾馳東下於是伏兵皆奮斷其後賊大
潰殺傷千餘生得數十人官卒死者亦數百人是時

時堯爲先鋒將使百騎遊擊左右獨五人環馳如
殺至賊麾下斬其將王覽繼轡轉鬭而歸十一年夏
高霞寓敗於隨唐既謫盡發其卒屬陳秋捕得冦兵
盡罷南境之備但東備矣九月使偏將軍李曜領步
卒數百人從險道夜行銜枚入冦境西過九女原百
餘里屠其堡衆三十餘壘又使義特諸將西北境安
陽山破其王附屯戍之衆數十百人招其降民男女
萬戸得其將二人用之久之朝之卿士以爲將軍怠
於戰或發其語而客亦有來詰於將軍曰始天下高

將軍之義以將軍兵臨三州之冦謂一舉而取何爲
久不稱其獲與將軍曰子之望吾非也夫鋤深根者
必利其鍤乃吾之部多吳楚耕販之人習於沮澤之
上彼魚鳥之性其生也恇恇如偷見其游翔之羣非
不多也及撫掌而駭之卽爭爲潰矣而冦亦素難吾
名常以精卒待我今驟是於谿谷之間與冦夬鬭譬
由畜疵之禦窮狼寧有所抗蟄居之嚴城以固其意
今日恭從壁上望見冦騎號呼奔突之狀以熟其目
然吾又常諭以風雲勝敗之語以壯所恃如目熟而

恃壯及其可用吾伺其利而擊之期於必勝此吾所効也十一年冬詔書促戰十月乙未上遣中貴人來臨視將軍於是圖其陣於帳中令諸將各識其序且秣擊鼓以士卒爲分合圓方之勢備書所用將軍出客有難之者自建中於今淮三反其間矣雖蒙赦令然未嘗斯須忘戰故介兵人傳其兵父訓之子兄敎之弟非戰事不語是寇以將軍名聞天下故不敢犯自將軍西出疆屯兵於蕲勝城以控其要濠水而東連次江淮之間郡邑之人耕桑自力展轉相屬曾

不爲寇虞此將軍之功也以强計毅誠招其轉禍之人繼來如繩此將軍之用也今將軍不以此爲百全之基驅貊越之人身自蒙堅而與必死之寇决命頃刻即萬有一不如將軍之指東士之固將安仰哉對曰此吾以熟於計久矣然吾昔嘗仕於河塞十有餘年若僂之忘伸也前行始入覲不意蒙寵於過慄使率師振旅吾之力唯其所屈已死効夫馬覊覊而引者也覊之使馳則爲之馳覊緩則步安有擇塗陸而避僵蹶哉如有從之不前銜之不止徒見撻賤之棄

人特延頸蹻足以待御且望上旦暮待績於吾中貴人至亦吾蒙覊之日也何敢自引於便而已矣遂以十一月庚辰夜漏過四十刻引兵西渡上史蔟收之下蜀跋壘分練皆察及日中大風從西起拆幹廻熾將軍謂中貴人曰今日之候非其利也願屯兵堡史蔟以伺之中貴人曰某受命視公戰不視公守將軍不得已乃陣中軍爲前武寧軍次之左右輔皆親兵戰凡十合會盧宣之軍居閒聞戰聲自驚潰失次且遁是賊軍方苦中軍武寧之殺傷幾欲引去及聞盧

宣之軍驚潰即分精兵數百勁突所潰以擊之而將軍復與中軍武寧深逐賊而行數十里因與盧宣之軍相棄盧宣之軍先遁去卒無所傷至暮中軍力鬭遂死其將曹惟直張忠信楊渾等及卒死者數百人武寧死者亦數百人還軍新城雖無功者亦勞之以故士卒無戰苦畏叛之患時吾之客壽春得詳其語而書之以備史聽

説郛目録

弓第五十三

南渡宮禁典儀

乾淳御教記

燕射記

唱名記

天基聖節樂次

乾淳教坊樂部

官本雜劇段數

幸張府節畧

藝流供奉志

南渡宮禁典儀

元　周密

慶壽册寶

壽皇聖孝冠絶古今承顔兩宮以天下養一時盛事莫大于慶壽之典今撫錄大略于此淳熙三年光堯聖壽七十預于舊歲冬至加上兩宮尊號立春日行慶壽禮至十三年太上八十正月元日再舉慶典其日文武百僚集大慶殿各服朝服用法駕五百三十四人大樂四十八架正樂一百八十八人及列儀仗鼓吹于殿門外上服通天冠絳紗袍執大圭恭行册寶之禮鼓吹振作禮儀使已下皆導從上乘輦從至德壽宮俟太上升御座宮架樂作皇帝北向再拜奏起居致詞曰臣某稽首言伏惟聖號太上皇帝陛下壽同天永德與日新典册揚徽華　顯慶左相宣荅日聖號太上皇帝聖旨皇帝迎陽展采縟牒榮親何幸吾身屢觀盛事次皇太子已下稱賀致詞宣荅訖並再拜舞蹈禮畢次詣太上皇后殿行禮如前候解嚴訖皇帝入宮進奉禮物行家人禮御宴極歡自皇

帝以至群臣禁衛吏卒往來皆簪花後三日百官拜表稱賀千文德殿四方萬姓不遠千里快覩盛事都民垂白之老喜極有至泣下者楊誠齋詩云長樂宮前望翠華玉皇來賀太皇家青天白日仍飛雪錯認東風轉柳花春色何須羯鼓催君王元日領春回牡丹芍藥薔薇朶都向千官帽上開任斯菴詩云金爵觚稜曉日開三朝喜氣一時回聖人先御紅鸞扇天子龍輿萬騎來霜曉君王出問安寶香隨輦護朝寒五雲深處三宮宴九奏聲中二聖歡

四孟駕出

先期禁衛所閤門牒臨安府約束居民不許登高及衩袒觀看男子並令衫帶婦人裙背仍先一日封閉樓門取責知委不許容着來歷不明之人殿步三司各擬統制將官軍兵六千二百人擺敚諸巷（大禮則倍此數）至日五鼓地分頭項沿門驅逐雜人外儀衛節次如后

地分約攔　諸廂約攔
緝捕使臣　都轄官約攔

軍器庫從物　內藏庫從物
御酒庫從物　御廚從物
祗候庫從物　騏驥院御馬（兩行）
御藥院藥架　引從舍人（兩行）
諸司庫務官（兩行）　搜視行宮司
行宮殿門　控攏親從（二百十五人）
前驅親從（兩行各二十一人）　贊喝舍人（兩行各八人）
天武（兩行各八人居內）　都下親從（兩行各八人居內）
駕頭（閤門祗候乘騎捧駕）　引主駕首（兩行各五人）

閤門提點（兩行）　御史臺知班（兩行）
尚書省錄事　客院副承旨
珠子御座　院馬御馬座（喝御）
閤門簿書（兩行）　宣贊舍人（兩行）
茶酒班　環衛官
帶御器械　攔前等
輦官人員　逍遙輦（輦官十六人）
御輦院官　閤門承受（兩行）
御燎子頭籠　翰林司官

御綵鞋所　御服所
御座馬十匹兩行　馬院總管
御軍器庫　睿思殿庫
閤子庫　閤門覺察官兩行
長入祗候兩行各二十六人　茶酒班殿侍各三十一人
快行親從各三十二人　繫鞭兩行各七人
殿前指揮使兩行各三十一人居外　茶酒班殿侍兩行各六人執從物居內
編排禁衛行子三十一人于內往來編排
等子人員十將兩行各四人居外　御龍直共八十二人執從物居內
南渡典儀　四
知閤門事乘馬行閤子內　步帥乘馬行閤子內
親從方圍子兩行各一百四十人
圍子兩邊各四重
第一重內殿直已下兩邊各一百人　第二重崇政殿圍子兩邊各一百人
第三重御龍直兩邊各一百人　第四重崇政殿圍子兩邊各一百人
水手并戲捕等子兩邊各五人　攔前崇政殿親從十七人
殿帥乘騎行圍子內中道　主管禁衛所官內
等子兩邊各二十五人居外
中道第二日并恭謝教坊樂人迎駕念致語口號等并教坊樂部于此排立

快行親從兩邊各三十人　塵旍拂子
水晶骨朶　香毬二
打燭快行兩行駕回不用　編排官二人
執燈籠親從兩行各七十四人列至眾安橋去燭駕回先行
行門兩行各十二人　當食官
聽宣官　輦官人員
平輦輦官三十六人　黃羅御繖二
黃羅御扇二　挾輦御藥
帶挿外御帶　帶挿閤下官
南渡典儀　五
閤門覺察舍人　攔後圍子
挾輦指揮使各二十一人　輦後樂東西兩班各三十六人第一日不作
天武兩行各八人居外　都下親從兩行各八人
扇筤　挾輦內殿直各二十二人
宰臣　使相
執政　宰執後約攔親從各二十二人
閤門覺察宣贊舍人　侍從後約攔親從各二十二人
從駕臣僚分東西班東班係尚書侍郎兩制等官西班係正任宗室遙郡
車駕所經諸百官司皆結綵門迎駕起居俟駕頭將

至知班行門躬班到排立次唱躬身拜再拜駕回[illegible]拜簁兩免拜

班首奏聖躬萬福唱喏直身立遊巷軍兵則呼萬歲

大禮南郊明堂

三歲一郊預于元日降詔以冬至有事于南郊或用次年元日行事明堂止于半年前降詔用是歲季秋上辛日先于五六月内擇日命帥潛及修内司修飾郊壇及綾縳青城齋殿等屋凡數百間悉覆以葦席護以青布并差官兵修築泥路自太廟至泰禋門又自嘉會門至麗正門計九

里三百二十步明堂止自太廟至麗正門皆以潮沙填築其平如席以便五輅之往來每隊各有歌頭以綵旗爲號唱和杵歌等曲以相兩街居民各以綵段錢酒爲犒又命象院教象前導朱旗以二金三鼓爲節各有幞頭紫衣蠻奴乘之手執短鑁旋轉跪起悉如人意市井因競市繪塑小象以餽遺四方又以車五乘壓之以鐵多至萬斤與輅輕重適等以觀疾徐傾側之勢至前一月進呈謂之閙試及駕出前一日縛大綵屋于太廟前置輅其中許都人觀瞻先自前一月以來次第按試習儀殆無虚日郊前十日執事陪祀等官並受誓戒于尚書省宗室赴太廟受誓戒前三日百官奏請皇帝致齋于大慶殿是日上服通天冠絳紗袍結佩陞高座侍中奏請降座就齋室次日車駕詣景靈宮服衮冕行禮儀從並同四孟禮畢駕回就赴太廟齋殿宿殿是夕四鼓上服衮冕詣祖宗諸室行朝饗之禮是夜鹵簿儀仗軍兵于御路兩傍分列間以紙盆貯燭白太廟直至郊壇泰禋門禪映如畫宰執親王貴家巨室列幕櫛比皆不遠千里不憚重費預定于數月之前

而至期猶有爲有力所奪者珠翠錦繡絢爛于二十里間雖寸地不容閑也歌舞遊遨工藝百物輻輳爭售通宵駢闐至五更則鹵簿先驅所至皆滅燈火蓋清道祓除之義黎明上御玉輅從以四輅金象革木導以訓象千官百司法駕儀仗錦繡雜遝蓋十倍孟饗之數聲容文物不可盡述次第出嘉會門至青城宿齋明堂則徑入麗正門齋殿宿齋四壁皆三衙諸軍周廬坐甲軍幕旌旗布列前後傳呼唱號列燭互巡往來如織行宮至暮則嚴更警場太廟齋宿亦然鼓角轟振又有衛士十餘隊

每隊十餘人互喝云是與不是衆應曰是又喝曰是甚人衆應曰殿前都指揮使其人謂之喝探至三鼓執事陪祀官並入就黃壇排立萬燈輝耀綮若列星凡擬燈皆自爲誌號如捧俎官則畫一人爲捧俎之狀等類蓋燈多不容不以此辯認亦有好奇可笑者用丑時一刻行事至期上服通天冠絳紗袍乘輦至大次禮部侍郎奏中嚴外辦禮儀使奏請皇帝行事上服衮冕步至小次升自午階天步所臨皆藉以黃羅謂之黃道中貴一人以大金合貯片腦迎前撒之

禮儀使前導殿中監進大圭至版位禮直官奏有司謹具請行事（宮架樂作自此上進止皆樂作）時壝壇內外凡數萬衆皆肅然無譁天風時送佩環韶頀之音眞如九天吹下也太社令升煙燔牲首上先詣昊天位次皇地祇次祖宗位奠玉祭酒讀册文武二舞次亞終獻行禮畢上詣飲福位酹飲福酒（登歌樂作）禮直官喝賜胙次送神次望燎訖禮儀使奏禮畢上還大次更衣乘輦還齋宮百僚退班賀禮成于端誠殿黎明上乘大安輦從以五輅進發教坊排立奏念致語口號訖樂作諸軍隊伍亦次第鼓吹振作千乘萬騎如雲奔潮涌四方萬姓如鱗次蟻聚迤邐入麗正門教坊排立再奏致語口號舞畢降輦小憩以俟辯嚴登門肆赦弁陽老人有詩云黃道宮羅瑞腦香衮龍升降佩鏘鏘大安輦奏乾安曲萬點明星簇紫皇又曰萬騎雲從簇錦圍內官排立馬如飛九重閶闔開清曉太母登樓望駕歸李鶴田詩云嚴更頻報夜何其萬甲聲傳遠近隨梔子燈前紅焵焵大安輦上赴壇時

郊壇天盤至地高三丈二尺四寸通七十二級分四成上廣七丈共十二階分三十六龕午階闊一丈主上升降由此階其餘各闊五尺

圓壇之上止設昊天上帝皇地祇二神位及太祖太宗配天十六龕共祀五帝太一感生北極北斗及分祀衆星三百六十位

儀仗用六千八百八十九人自太廟排列至青城

玉輅下祗應人共三百二十一人

呵喝人員二人　教馬官二人

挾捧輪將校四人　推輪車子官健八人

駕士班直二百三十二人
千牛衛將軍二員　抱太常龍旗官六員
職掌五人　專知官一名
手分一名　庫子八人
裝𦁓匠二人　諸作工匠十五人
蓋覆儀鸞司十一人　監官三員
金象革木輅每輅下一百五十六人
玉輅青飾　金輅黃飾
象輅紅飾　革輅淺色飾

木輅黑飾（輅下有人冠服並依輅色）
玉輅前儀仗騎導
騎導官　左壁文臣
右壁武臣
六軍儀仗官兵二千二百三十二人
左右諸將軍十三員（中道五員　左右八員）
金吾街仗司
執穲稍八十人　攝將軍八員
仗下監門二十六員　鼓吹五百八十三人

導駕樂人三百三十八人

車駕幸學

先期三日儀鸞司及內侍省官至國子監相視入廟亦至學中搜檢次日諸齋生員盡行般出學外安泊各齋門並用黃封學官預擬御課（咸淳丁卯出詩薦楊綰隱賦）用黃羅裝背大冊面僉云太學某齋生臣姓某供以太黃羅袱護之置于各齋之前以備駕至點索崇化堂後郎聖駕歇泊之所皆設御屏黃羅幃設供御物等凡勑入宮門號止于國子監外門勑入殿門號止于

國子監內門勑入禁衛號止于崇化堂天井謂之隔門除司業祭酒外其餘學官前廊長諭並帶黃號于隔門外席地坐賜酒食三品以俟迎駕駕至絕禮坊隨駕樂部參軍色念致語雜劇色念口號起引子導駕至大成殿櫺星門禮部太常寺官國子監三學官及三學前廊長諭率諸生迎駕起居上乘輦入門至大成殿門降輦有旨免鳴鞭以昭至敬閤門太常禮直官前導入御幄太常卿跪奏稱太常卿臣某言請皇帝酌獻之禮上出御幄升殿詣文宣王位前三上

合跪受爵三祭酒奠酌兩拜在位皆兩拜降階歸幄
太常卿奏禮畢陪位官並退上乘輦鳴鞭入崇化堂
降輦入幄更衣上所至皆設御幄禮官國子監官三學官三
學生並于堂下分東西立次引執經官講書官于堂
下東壁面西立宰臣執政已下北向立閤門奏班齊
上服帽紅上蓋玉束帶絲鞋出崇化堂坐宰臣已下
宣名奏聖宮萬福御藥傳旨宣升堂各兩拜贊賜坐
分東西階升堂席後立次引執經官講書官奏萬福
官該宣名者即宣名兩拜次引國子監三學官并三學生奏萬

福兩拜分引升兩廊席後立內官進書案聽宣以經
授執經官進于案上講筵內承受對展經册入內官
進牙界方舍人贊賜坐宰相以下及兩廊學官生員
應喏訖各就坐聽講講書官進讀經義執經官執牙
篦執讀入內官收撤經書再以講義授講官講書官
指講訖入內官撤書堂上兩廊官並起分行宰臣以
下降階講書官當御前躬身致詞北向立兩拜御藥
降階宣答云有制竭欽將聖肅尊視學之儀講繹中
庸爰命敷經之彥茂明彝訓允當朕心再兩拜御藥

傳旨宣坐賜茶訖舍人贊躬身不拜各就坐分引升
堂席後立兩拜各就坐翰林司供御茶訖宰臣已下
并兩廊官贊喫茶宰臣已下降階北向立御藥傳旨
不拜引兩廊官北向各再拜訖出皇帝起易服幞頭
上蓋玉帶絲鞋乘輦鳴鞭出學百官諸生迎駕如前
隨駕樂部參軍色迎駕念致語雜劇色念口號曲子
起壽同天引子導駕還宮在學前廊並該恩出官諸
生各有免解恩例餘並推恩有差

登門賜赦

其日駕自文德殿詣麗正門御樓教坊作樂迎導參
軍色念致語雜劇色念口號至御幄降輦門下閤門
進中嚴外辦畢訖御藥喝捲簾上出幄臨軒門下鳴
鞭宮架奏曲簾捲扇開樂止撞右五鐘黃繖纔出門
下宰臣已下兩拜分班立門上中書令稱有敕立金
雞門下侍郎應喏宣奉敕立金雞雞竿一起門上仙
鶴童子捧赦書降下閤門接置案上太常寺擊鼓鼓
止捧案至樓前中心如閤稱宣付三省參政跪受捧
制書出班跪奏請付外施行門上中書令承旨宣曰

制可門下參政稱宣付三省遂以制書授宰臣跪受訖閤門提點開拆授宣赦舍人捧詣宣制位起居舍人一員摘句讀舍人稱有制宰臣已下再拜俟讀至咸赦除之獄級奏脫枷訖罪囚應喏三呼萬歲歌呼而出候宣赦訖門上舍人贊樞密及中書令曲賀兩拜門下宣制舍人捧制書授宰臣宰臣授刑部尚書尚書授刑房錄事訖歸班兩拜致詞三舞蹈三扣頭知閤稱有制宰臣已下再拜知閤宣荅云云若特大慶典卿等同之又再舞如前門上中書令奏禮畢扇合宮架樂作

簾降樂止撞左五鐘門下禮部郎中奏解嚴上還幄次門下鳴鞭舍人喝奉敕放仗宰臣已下再拜退次宣勞將士訖乘輦歸內至南宮門教坊司迎駕念致語口號如前至文德殿降輦舞畢退弁陽翁詩云換輦登門捲御簾侍中承制舍人宣鳳啣金雞口一派歡聲下九天

金雞竿長五丈五尺四面各百戲一人緣索而上謂之搶金鷄先到者得利物呼萬歲綵羅襖子一領絹十疋銀碗一隻重三兩諸州進奏院各有遞鋪腰鈴黃旗者數人俟宣赦訖即先發太平州萬州壽春府取太平萬壽之語以次俱發鈴聲滿道都人競觀

樓下排立次第

青龍白虎旗各一　信旗二

方圓罕畢二　方扇二

纛四　劍二

將軍二　儀衆居左

道衆居右　玉輅居中

大常宮架樂　宣赦臺

招拜紅旗　繫鼓

三院罪囚獄級居左　御馬六匹居右

宣制位居中　橫門

快行　承旨

三省官已下

恭謝

大禮後擇日行恭謝禮第一日駕出如四孟儀詣景靈宮天興殿聖祖前行恭謝禮次詣中殿祖宗神御前行禮還齋殿進膳訖引宰臣已下賜茶茶畢奏[illegible]

內

第二日上乘輦自後殿門出教坊都管已下千秋歲殿南迎駕起居參軍色念致語雜劇色念口號樂作駕後樂東西班則于和寧門外排立後從作樂將至太一宮逆士率衆執威儀于萬壽觀前入幄子內迎駕起居作法事前導入太一宮門降輦候班齊詣靈休殿參神次詣五福十神太一次詣申佑殿（本命）北辰殿通真殿（聖佑）順福殿（太后本命）延壽殿（南極）火德殿禮畢宣宰臣已下合赴坐官並簪花對御賜宴上服幞頭紅

上蓋玉束帶不簪花教坊樂作前三盞用盤盞後二盞屈巵御筵畢百官侍衛吏卒等並賜簪花從駕縷翠滴金各競華麗望之如錦繡御前樂都管已下三百人自新椿橋西中道排立迎駕念致語口號如前樂動滿路花至殿門起壽同天曲破舞畢退姜白石有詩云六軍文武浩如雲花簇頭冠樣樣新惟有至尊渾不戴盡將春色賜群臣萬數簪花滿御街聖人先自景靈回不知後面花多少但見紅雲冉冉來（是日皇后及內中車馬先還宮中呼后爲聖人）

聖節

其日侯宰執奏事訖追班上坐垂拱殿先引樞密院并管軍官上壽（東京分爲二日今只併爲一日）禮畢再坐紫宸殿上公已下分立候奏班齊上公詣御茶牀前躬進御酒跪致詞云文武百僚臣某等稽首言天基令節（聖節名逐朝換）臣等不勝大慶謹上千萬歲壽下殿再拜樞密宣荅云得公等壽酒與公等內外同慶又再拜教坊樂作接盞訖跪起舞蹈如儀閤門官喝不該赴坐官先退樞密喝群臣升殿閤門分引上公已下合赴坐官

升殿第一盞宣視盞送御酒歌板色唱祝堯齡賜百官酒觱篥起舞三臺（後並准此）供進內娭或第二盞送御酒歌板起中腔供進雜爆第三盞歌板唱踏歌供進內餅候內官起茶牀樞密跪奏禮畢群臣降階舞蹈拜退此上壽大略也若錫宴節次大率如夢華所載茲不贅書今偶得理宗朝禁中壽筵樂次因列于此庶可想承平之盛觀也

公主下降

南渡以來公主無及嫁者獨理宗朝周漢國公主出

降慈明太后姪孫楊鎮禮文頗齊今據褫築于北一
先是擇日遣天使宣召駙馬至東華門引見便殿賜
玉帶靴笏鞍馬及紅羅百疋銀器百兩衣著百疋聘
財銀一萬兩對御賜筵五盞用教坊樂伎畢謝恩訖
乘塗金御仙花鞍轡狨座馬執絲鞭張三簷傘教坊
樂部五十人前引還第謂之宣繫　進財物件並照
國朝會要太常寺關報有司辦造
先一日宣宰執常服繫鞵詣後殿西廊觀看公主房
奩

南渡典儀八　十八

真珠九翬四鳳冠　褕翟衣一副
真珠玉佩一副　金革帶一條
玉龍冠　綬玉環
北珠冠花篦環　七寶冠花篦環
真珠大衣背子　真珠翠領四時衣服
壘珠嵌寶金器　塗金器
貼金器　出從貼金銀裝檐等
錦繡銷金帳幔陳設茵褥地衣步障等物
其日駙馬常服玉帶乘馬至和寧門易冕服至東華
門川鴈幣玉馬等行親迎禮用熙寧故事公主服九
翬四鳳冠褕翟纁袖升轎其前
天文官　本位從物從人
燭籠二十　本位使臣
插釵童子八人　方扇四
圓扇四　引障花十
提燈二十　行障坐障
皇后親送乘九龍轎子皇太子乘馬團子左右兩重
其後太子列宗正寺榮王榮王夫人及諸命婦至第

南渡典儀八　十九

賜御筵九盞筵畢皇后太子先還公主歸位行同牢
禮（開寶通禮）然後親行盥饋舅姑之禮（開寶通禮）謁見舅姑用
名紙一副衣一襲手帕一合粧盝藻豆袋銀器三百
兩衣著五百疋餘親各有差三朝公主駙馬並入內
謝恩賞賜禮物賜宴並中使庭奉表稱賀賜宰執親
王侍從內職管軍副都指使已上金銀錢盛包子有
差（象聚寧式）駙馬家親屬各等第推恩

冊皇后儀

先一日宣押翰林學士鎖院草冊后制詞賜學士潤

錢金二百兩次日百官聽宣布皇后三辭不允差官
奏告天地宗廟社稷諸陵太史局擇日先期命有司
陳設至日早文武百僚集于大慶殿門外節次贊引
執事官入立班定皇帝自內服幞頭紅袍玉帶靴入
幄更服通天冠絳紗袍禮部侍郎奏中嚴外辦禮儀
使俛伏跪稱禮儀使臣某言請皇帝發冊（餘與德壽宮上冊寶禮儀並同）侍中詣御坐前躬承旨訖降東階立稱有制皆
再拜太傅太保躬身侍中宣制曰冊妃某氏立爲皇
后命公等持節展禮太傅太保再拜參政帥掌節者

南渡典儀　二十

脫節衣詣太傅位掌節者以節授參政參政奉節西
向以節授太傅太傅受訖以節授掌節者次中書令
以冊授太傅太傅受訖置于案次侍中轉寶授太保
並于前儀復位並再拜持節者前導冊寶進行太傅
押冊太保押寶（正安樂作）由中道出文德殿東偏門（樂止）掌
節者加節衣至穆清殿外幄次初冊寶出門禮儀使
至御坐前跪奏禮儀使臣某言禮畢內侍承旨索扇
扇合簾降鳴鞭協律郎舉麾鼓柷（乾安樂作）皇帝降坐入
東房（戛敔樂作）侍中版奏解嚴是日至穆清殿設樂架黃
麾仗皇帝常服乘金龍肩輿至穆清殿後兩閤內命
婦等應陪者列奉從至閤內侍中版奏中嚴外辦應
行事執事官各就門外位立定持節者立于左內命
婦各就位皇后首飾褘衣內侍引司言引尚宮尚宮
引皇后出閤協律郎舉麾（坤安樂作）由西房至殿上南向
立定（樂止）禮直官引太傅太保就內給事詣皇后前跪
奏如前次太傅以冊授內侍內侍授冊舉用官奠冊
舉冊舉案俱詣內謁者監位以冊授內謁者監受冊
奠訖次太保轉寶授內謁者監如前儀掌節者脫節

南渡典儀　二十一

衣節授掌節內侍前導冊寶進行入殿門內謁者監
都大主管後從以次入殿（宜安樂作）至位（樂止）尚宮引皇后
自東階至殿下中褥位北向（承安樂作）至位（樂止）舉冊寶官
并案進于皇后之右少前西向跪奠訖內侍稱有制
后再拜讀冊官跪宣冊文后又再拜次內謁者監奉
冊授皇后皇后受訖以授司言次奉寶授皇后皇后
受訖（樂止）皇后再拜退內侍以謝皇太后牋授皇后皇
后置于案再拜內侍奉表以出授進次謝皇帝表加
前內侍奏禮畢次尚宮引后升堂（和安樂作）司寶奉寶至

于坐前樂止司賓引內命婦次就位班首初行惠安樂作至
位樂止命婦皆再拜司贊引班首升階惠安樂作樂止進當皇
后北向致詞稱賛階自西降惠安樂作至位樂止內外命婦
皆再拜司言稱令旨命婦皆再拜宣令旨訖又皆再
拜司賓以次引命婦還宮惠安樂作出門樂止次內侍引外
命婦出咸安樂作至階上樂止北向致詞咸安樂作降階樂止外命
婦皆再拜又宣荅如前內侍奏禮畢皇后降坐徽安樂作
皇后歸閤泰安樂作至閤樂止受賀畢皇后更常服升坐命
外命婦如宮中儀會畢再拜以次出

皇后歸謁家廟

太史局預擇日降旨命禮寺參酌禮典所屬排辦至
日皇后出宮至祥曦殿上升龍檐出和寧門至皇后
家廟本府幹辦使臣等並穿乘兵士並衫帽于大門
外香案前排立俟儀衛至各兩拜本府親屬于門內
婦人于廳下側立候龍檐升廳至堂門降檐入幄次
少歇次本府親屬並立幄前與居退詣家廟以俟陪
立次本閣官奏請皇后服團冠背兒乘小車入詣家
廟內傳傳呼樂官樂作西階降車樂止皇后升堂西向位樂作兩拜

陪位官各兩拜讀祝文兩拜陪位各兩拜如上儀樂作
樂止皇后還位再拜陪位官各兩拜皇后降東御階
升車樂止又詣後堂炷香如前儀次赴□延皇后坐于
堂中南向堂前施簾親屬並常服詣廳下南向謝恩
俟皇后升堂詣簾前兩拜婦人于簾內兩拜親屬並
繫鞋立定以俟就坐供進酒食如家人禮至第五盞
各于席前立俟皇后降坐少歇再坐並如前儀又至
第九盞酒畢並靴笏各兩拜賜筵賜物次于廳前排
立謝恩各兩拜俟皇后出幄乘龍檐親屬北向兩拜

退皇后還內詣御前謝恩筵內御前及送諸閣分夫
人御侍詔部職事內人及諸位次內人本殿內人並
細色疋帛盤盞細菓海鮮時新喫食及支給內侍省
大官巳下及本殿官吏銀絹有差次日內降旨擇皇
后封贈三代親屬並行推恩

早泛索

皇后　下飯七件　小楪兒五件
　菜蔬五件　菜果十合
親屬　各早食十味

賜筵
皇后　繡高飣十　時果十楪
脯腊十楪　細京果十楪
細審煎十楪　看果十楪
親屬　京果四十壘　脯腊三百楪
時果乾果共五百楪
初坐
皇后　下酒喫食九盞　上細看食十件
果子意思十件

歇坐　下酒喫食十盞　果子十件
時果十件
宣賜折食錢
大官四員　閤長已下十三員　皇后閤内人
押班等二十五人　木殿隨從官　儀鸞司官
御酒庫官　御藥院官　御厨官　翰林司官
祗候庫官　講殿幕士　樂官
賜筵樂次
宗廟酌獻三盞諸部合長生樂引子

筵初坐　蕙蘭芳引子
第一盞　觱篥起玉漏遲慢　笛起側犯
笛起真珠髻　觱篥起鴬穿柳　合喜慶曲破
對舞
第二盞　觱篥起聖壽永歌曲子　琵琶起傾盃
樂
第三盞　琵琶起憶吹簫　觱篥起獻仙音
第四盞　琵琶獨彈壽千春　笛起芳草渡
念致語口號　勾雜劇時和等赴舜禹湯斷送
萬歲聲　合意思副末念雨露恩濃金六貴　風光遠送馬侯家

第五盞　觱篥起賣花聲　笛起魚水同歡
歇坐
第一盞　觱篥起合小唱簾外花
第二盞　琵琶獨彈無疆壽
第三盞　箏琶方響合雙雙燕神曲
第四盞　唱賺
第五盞　鼓板　觱篥合小唱舞楊花
再坐

第六盞　笙起壽南山　方響起安平樂
第七盞　筝彈會群仙　笙起吳音子　勾雜劇
吳國寶等做年年好　斷送四時歡合意思
末念香生花富貴綠嫩草精神
第八盞　笛起花犯　觱篥起金蓮倒垂蓮
第九盞　諸部合喜新春慢曲犯　樂官五十人
各帽子紫衫腰帶　都管一人幞頭公服腰帶
繫鞋執杖子
樂官犒設

內藏庫支賜銀　皇后殿外庫支賜錢酒
皇后散付本府親屬宅眷幹辦使臣已下
本府支犒錢酒
金谷　金瓶　金盤盞　金環　金鋜　金釵
金錢　共金五百兩　銀盤盞共二千兩　細色
疋段翠領　翠花　翠冠　翠扇　翠篦環　銀
錢畫扇　龍涎香　畫領　刺繡領　生色羅

宮中誕育儀例略

宮中凡閤分有娠將及七月本位醫官申內東門司
及本位提舉官奏聞門司　特奏再命醫官指定降誕
月分訖門司奏排辦產閤及照先朝舊例三分減
于內藏庫取賜銀絹等物于後　羅二百疋　絹四
千六百七十四疋　釘設產門三朝三臘滿月一臘二臘百晬頭晬
金二十四兩八錢七分二釐　裝木幹枝銀結篦鈴鋌鍍盆
銀四千四百四十兩　銀錢三貫足　大銀盆一面
醽醁沉香酒五十三石二十八升　裝畫扇子一座
裝畫油盆八面　簇花生色袋身單袋一副　催
生海馬皮二張　檀香匣盛嘸銅剃刀二把金鍍銀

鎖鑰全　彩畫油栲栳簸箕各一　彩畫油瓢八口
彩畫油瓶二　新羅漆馬喞鐵一副　裝畫胎衣
瓶　鐵秤錘五箇　鐵鉤五十條　眠羊卧鹿二合
各十五事　金銀果子五百箇　影金貼羅散花兒
二千五百　錦沿席一　綠席瓊繡合褥子各二
碼碯緣絹一疋　大璫四領　乾蓐草一束　雜用
盆十五箇　暖水釜五箇　綠油椰木槌十箇　生
粟一合　生艾一斤　生母薑二片　黑豆一斗　榜栊
金　無灰酒二缾一米醋二缾　紐地黃汁布二條

濾藥布二條（金箱兒漆全）香墨十鋌（紅羅銷金匣）一
五十箇（金漆籠兒）小石子三十顆（竹籠作）竹紫五十把
紅布袋二（盛馬通未用）帶泥藕十挺　生芋子一合（內裝
彩畫）銀杏一合五十斤（內裝畫一千箇）嘉慶子五十斤（內裝
畫七百箇）菱米五十斤（內裝畫七百箇）胡桃二千箇（裝畫）圓
眼五十斤（裝畫）荔枝五十斤　蓮肉五十斤　栗子
五十斤　果子十合　喫食十合（蒸羊一口生羊剪花八節羊文色
子棗䭔豆棗塔兒糖餅炊餅糕髓餅[illegible]浮圖兒）仍令太醫局差產
科大小方脈醫官宿直供畫產圖方位飲食禁忌合

南渡典儀　八　二十八

用藥材催生物件　合本位踏逐老娘伴人乳婦抱
女洗人等　申學士院撰述浄胎髮祝壽文　排辦
産閣了畢犒賜修內司會通門官本司人吏庫子醫
官儀鸞司等人銀絹官會有差　候降誕日本位官
郎便申內東門司轉奏　降誕三日一臘兩臘四節
次折產閣三臘滿月二次百晬頭晬已上十次支賜
銀絹仍添本位聽宣內人請給十分已上並係常例
此外特恩臨時取旨不在此限外廷儀禮不在此內

皇子行冠禮儀略

太史擇日降旨命太常寺參酌舊禮有司具辦儀物
至日質明百僚立班皇帝即御坐禮直官通事舍人
太常博士引掌冠贊冠者入就位（常冠以太常卿贊冠以閤門官）初
入門（樂作祗安）至位（樂止）典儀贊再拜在位皆再拜訖左輔
詣御坐前承制降自東階詣掌冠者前稱有制典儀
贊再拜在位皆再拜訖左輔宣制曰皇子冠命卿等
行禮掌冠替冠者再拜左輔復位王府官入詣皇子
東房禮直官通事舍人太常博士引皇子內侍二人
夾侍王府官後從（自從並准此）皇子初行（樂作恭安）即席南向

南渡典儀　八　二十九

坐（樂止）禮直官等引掌冠替冠詣罍洗（樂作）搢笏盥手帨
手訖執笏升（樂止）執折上巾者升掌冠者降一等受之
右執項左執前進皇子席前北向跪冠（樂作修安）掌冠者
典席南北面立贊者進席前北面跪進服服訖（樂止）掌
冠搢皇子復坐贊冠者跪取爵內侍以酒注爲爵掌
冠受爵跪進皇子席前北向立祝曰酒醴和旨籩豆
靜加受爾元服兄弟具來永言保之降福孔皆皇子
搢笏跪受爵（樂作翼安）飲訖奠酌執笏太官令奏饌設于
皇子席前皇子搢笏食訖執笏太官令撤饌並如前

贊冠者進席前北向跪脱七梁冠置于匱與內侍跪受服與置于席執九旒冕者升掌冠者降三等受之右執項左執前進皇子席前北向跪冠（樂作廣安）掌冠者與贊冠者進席前北面跪簪結紘與立皇子與內侍進服服訖（樂止）皇子復坐贊冠者再進酒如前祝曰旨酒既清嘉薦令芳三加爾服眉壽無疆永承天休俾熾而昌皇子跪爵（樂作賢安）太官令奉饌如前皇子降自東階詣朶殿東房易朝服降立于横街南王府官階下西向皇子初行（樂作）至位（樂止）禮直官等引掌冠者詣

南渡典儀　八　三十

皇子位少進字之曰歲日云吉威儀孔時昭告厥字君子攸宜順爾成德永受保之奉勑字某皇子再拜舞蹈再拜奏聖躬萬福又再拜左輔詣御坐前承旨降階詣皇子前宣曰有勑皇子再拜左輔宣勑戒曰好禮樂善服儒講藝蕃我王室友于兄弟不溢不驕惟以守之宣訖皇子再拜餘如皇太子儀次日文武百僚詣東上閤門拜表稱賀

人使到闕

北使到闕先遣伴使賜御筵于赤岸之班荊舘中使傳宣撫問賜龍茶一斤銀合三十兩次日至北郭稅亭茶酒上馬入餘杭門至都亭驛中使傳宣賜龍茶銀合如前又賜被褥銀沙鑼等明日臨安府書送酒食閤門官說朝見儀投朝見榜子又明日入見于紫宸殿見畢赴客省茶酒遂賜宴于垂拱殿酒五行從官已上與坐是日賜茶酒名果又賜使副衣各七事幞頭牙笏二十兩金帶一條并金魚袋靴一雙馬一匹鞍轡一副共折銀五十兩銀沙鑼五十兩色綾絹一伯五十疋餘並賜衣帶銀帛有差明日賜牲餼折

南渡典儀　八　三十一

傳生羅十疋綾十疋絹布各二疋朝見之二日與伴使偕往天竺寺燒香三十兩並齋筵乳糖酒果次至冷泉亭呼猨洞遊賞次日又賜肉中酒果風藥花餳赴守歲夜筵用傀儡元正朝賀禮畢遣大臣就驛賜御筵中使傳宣勸酒九行三日客省簽賜酒食禁中賜酒果遂赴浙江亭觀潮酒七行四日赴玉津園燕射命善射者假官伴之賜弓矢酒行樂作伴射與大使射弓館伴與副使射弩酒九行五日大燕集英殿尚書郎官監察御史已上並與學士院撰致語六日

[illegible]朝辭退賜襲衣金帶三十兩銀沙鑼五十兩紅
錦二色綾二疋小綾十色絹三十疋雜色絹一百疋
餘各有差臨安府書送贈儀復遣執政就驛賜燕晚
赴解換夜筵伴使始與親勸酬且以衣物爲賄謂之
私覿次日賜龍鳳茶金銀合乘馬出北關登舟又次
日遣近臣賜御筵自到闕至朝辭客賜太使銀一千
四百兩副使八百八十兩衣各三襲金帶各三條都
管上節各銀四十兩衣兩襲下節各銀三十兩衣一
襲塗金帶副之

乾淳御教記

元　周密

壽皇留意武事在位凡五大閱（乾道二年四年六年淳熙四年十年）武
幸白石武幸茅灘武幸龍山一時儀文士馬戈甲旌
旗之盛雖各不同今撮其要以著于此
先一日諸軍人馬金裝執色于教場東布列軍幕宿
營至日殿前馬步諸軍先赴教場下方營并親隨軍
排列將壇之後質明三衙管軍官並金裝從駕上自
祥曦殿戎服乘馬太子親王宰執近臣並戎服乘馬
以從護聖馬軍八百騎分執鎗旗弓矢軍器前後奏

隨軍番部大樂等（詳見後御教儀衛次第）駕入教場升幄殿殿
帥執撾躬奏諸司人馬排立齊舉黃旗招諸軍向御
殿椰子一鼓唱喏一鼓呼萬歲再一鼓又呼萬歲疊
鼓呼萬萬歲又一鼓唱喏殿帥奏取聖旨鳴角發嚴
上御金裝甲冑登將壇幄殿鳴角戒嚴殿帥奏取聖
旨馬步軍整隊成屯以備教戰連三鼓馬軍上馬步
軍起旗槍分東西爲應敵之勢舉白旗教坊陣黃旗
變圓陣皂旗變曲陣青旗變直陣緋旗變銳陣緋心

皂旗作長蛇陣緋心白旗作伏虎陣殿帥奏取聖旨兩陣各遣勇將挑戰變八圓陣疊鼓衆旗左馬軍戰右步軍右馬軍戰左步軍再疊鼓交旗擊刺混戰三疊金分陣大勢馬軍四面大戰三疊金分陣殿帥奏教陣訖取旨人馬排列當頭鳴角發隊以俟放教諸軍呈大刀車炮烟槍諸色武藝御前傳宣撫諭將士射生官進獻獐鹿上更戎服賜宰臣已下對御酒五行殿帥奏取旨謝恩如前唱喏訖駕出教場是日太上皇于都亭驛設簾幄以觀駕至邀上入幄宣喚管

軍官賜大金碗酒于簾外都人贊歎以爲盛觀時殿司旗幟以黃馬司以緋步司以白以道路隘促止用從駕軍一萬二千四百人分爲二百四十八小隊戈甲耀日旌旗蔽天連亘二十餘里粲如錦繡都人縱觀以爲前所未有凡支犒金銀錢帛以鉅萬計悉出內庫戶部不與焉

御教儀衛次第

文物儀衛並同四孟駕出今止添入後項

彈壓前隊侍立使臣都轄

執黃龍旗使臣　執繡龍旗使臣

帶弓箭汗胯豹尾使四員

帶汗胯員騎劍使臣十員

彈壓後隊侍立使臣都轄

黃羅戲珠龍旗　黃繡龍旗二

豹尾使臣四　員騎劍使臣十人

供進馬四匹　帶甲御馬

御前金裝甲馬　管押使臣幕士

內中正供馬　獸醫押槽

黃繡龍傳宣旗二　小龍傳宣旗十

隨逐巡視官　馬院禁衛官

引馬監官二員　供馬監官二員

聖駕供鞭通管二員

擾梢提轄二員　日烏獨脚旗

挾駕指揮四十二人

銷金龍旗二　犀皮御座椅

鈴鎚刀子左　匙筯刀子右

青璮御笠　褐璮御笠

金鳳瓶　絲鞵筷子
御膳篚子　玉靶千闘刀
馬腦千闘刀　水晶千闘刀
金洗嗽　皂白御靴
通犀千闘刀　角靴千闘刀
酒鱉子大小　白虎皮杖檮
白豹皮杖檮　梳刷馬盂袋
黑漆奩盤　圭木奩盤
銷金弓箭葫蘆　虎豹皮弓箭袋葫蘆

飲水角　拍板二
哨笛四　番鼓二十四人
彈壓樂器使臣　管押訓練官
杏黃龍旗二　緘纛二
札子九　大鼓十
龍笛四　臨安府彈壓官屬
從駕官宰臣已下並如常日

燕射記

元　周密

淳熙元年九月孝宗幸玉津園講燕射禮皇太子宰執使相侍從正任皆從恭至殿門外少駐教坊進念致語口號作樂于麗正門內嘉會門至玉津園賜宴酒三行上服頭巾窄衣束帶絲鞵諸軒內侍御帶進弓箭看箭人喝看御箭教坊樂作射垜前排立招箭班應喏皇帝第一箭射中皇太子已下各再拜稱賀進御酒拜宣勸訖皇太子已下及臣僚射弓第四箭

射中上再射第三箭又中的傳旨不賀舍人先引皇太子當殿賜窄衣金束帶次引射中臣僚受賜如前再進御酒奏樂用雜劇次賜宰臣已下十兩銀碗各一隻上賦七言詩丞相令懷已下屬和以進上乘逍遙輦出玉津園門教坊進念口號至祥曦殿降輦招箭班者服紫衣幞頭入手立於垜前御箭之來能以幞頭取勢轉導入的亦絕伎也

唱名記

元 周密

第一名承事郎

第二第三名並文林郎

第一甲賜進士及第

第二甲同進士及第

第三第四甲賜進士出身

第五甲同進士出身

武舉第一名秉義郎

特奏第一名同進士出身

上御集英殿拆號唱進士名各賜綠襴袍白簡黃襯衫武舉人賜紫羅袍鍍金帶牙笏賜狀元等二人酒食五盞餘人各賜泡飯前三名各進謝恩詩一首皆重戴綠袍絲鞭駿馬快行各持敕黃於前黃旗雜沓多至數十百面各書詩句于上呵殿如雲皆平日交遊親舊相迓之人或三學使令齋𠎝輩若執事之人則係帥漕司差到狀元局祗應亦有術人相士輩自衒預定魁選鼓舞於中自東華門至期集所豪家貴邸競列綵幕縱觀其有少年未有室家者亦往往於此擇壻焉期集所例置局於禮部貢院前三人主之於內遴選所長以充職事有糾彈牋表主管題名小錄掌儀典客掌計掌器掌膳掌酒果監門等後旬日朝謝又數日拜黃甲敘同年其儀三名設褥于堂上東西相向四十巳上立于東廊四十巳下立于西廊皆再拜拜巳擇榜中年長者一人狀元拜之復擇少者一人拜狀元又數日赴國子監謁謝先聖先師訖賜聞喜宴于局中侍從巳上及綰職皆與知舉官押宴遂立題名石刻凡費悉出於官及諸閫饋遺云

天基聖節排當樂次 正月五日

元　周密

樂奏夾鐘宮觱篥起萬壽永無疆引子王恩壽
第一盞觱篥起聖壽齊天樂慢周潤
第二盞笛起帝壽昌慢潘俊
第三盞笙起昇平樂慢侯璋
第四盞方響起萬方寧慢余勝
第五盞觱篥起永遇樂慢楊茂
第六盞笛起壽南山慢盧寧

第七盞笙起戀春光慢任榮祖
第八盞觱篥起賞仙花慢王榮顯
第九盞方響起碧牡丹慢彭先
第十盞笛起上苑春慢胡寧
第十一盞笙起慶壽樂慢侯璋
第十二盞觱篥起柳初新慢劉昌
第十三盞諸部合萬壽無疆薄媚曲破
初坐樂奏夷則宮觱篥起上林春引子王榮顯
第一盞觱篥起萬歲梁州曲破齊汝賢
舞頭豪俊邁　舞尾范宗茂
第二盞觱篥起聖壽永歌曲子陸恩顯
琵琶起捧瑶巵慢王榮祖
第三盞唱延壽長歌曲子李文慶
嵇琴起花稍月慢李松
第四盞玉軸琵琶獨彈正黄宮福壽永康寧俞
達　拍王良卿
觱篥起慶壽新周潤　進諢子笛哨潘俊
杖鼓朱堯卿

拍王良卿　進念致語等時和
伏以華樞紀節瑶墀先五日之春玉曆發祥聖世啓
千齡之運歡騰薄海慶溢大庭恭惟
皇帝陛下濬哲如堯儉勤邁禹躬行德化躋民壽域
之中治洽泰和措世春臺之上
皇后殿下道符坤順位儷乾剛宫闈資陰教之修海
寓仰母儀之正有德者必壽八十个甲子環周申命
其用休億萬載皇圖鞏固臣等生逢華旦叨預伶官
輒采聲詩恭陳口號

上聖天生自有真　千齡寶籙紀休辰
貫樞瑞彩昭璇象　滿室紅光裊翠麟
黄閣清夷瑶荚曉　未央閒暇玉巵春
箕疇五福咸敷斂　皇極躬持錫庶民

三遲鸞旆喜聆舜樂之和天近鵷班宜進齊諧之伎
上奉天顔吳師賢已下上進小雜劇
雜劇吳師賢已下做君聖臣賢爨斷送萬歲
聲

第五盞笙獨吹小石角長生寶宴樂侯璋

天基聖節　八　三

拍張亨　笛起降聖樂慢盧寧
雜劇周朝清已下做三京下書斷送遶池遊
第六盞箏獨彈高雙調聚仙歡陳儀
拍謝用　方響起堯階樂慢劉民和
進聖花金寶
第七盞玉方響獨打道調宮聖壽永余勝
拍王良卿　箏起出墻花慢吳宣
雜手藝祝壽進香仙人趙喜
第八盞萬壽祝天基斷隊

第九盞簫起縷金蟬慢傅昌寧
笙起託嬌鶯慢任榮祖
第十盞諸部合齊天樂曲破
再坐第一盞觱篥起慶芳春慢楊茂
笛起延壽慢潘俊
第二盞箏起月中仙慢侯端
嵇琴起壽爐香慢李松
第三盞觱篥起慶簫韶慢王榮祖
笙起月明起花燈慢任榮祖

天基聖節　八　四

第四盞琵琶獨彈高雙調會群仙
方響起玉京春慢余勝
雜劇何晏喜已下做楊飯斷送四時歡
第五盞諸部合老人星降黄龍曲破
第六盞觱篥獨吹商角調筵前保壽樂
雜劇時和已下做四偌少年遊斷送賀時豐
第七盞鼓笛曲拜舞六么
弄傀儡踢架兒盧逢春
第八盞簫獨吹雙聲調玉簫聲

第九盞諸部合無射宮碎錦梁州歌頭大曲
雜手藝永團圓趙喜
第十盞笛獨吹高平調慶千秋
第十一盞琵琶獨彈大呂調壽齊天
撮弄壽果放生姚潤
第十二盞諸部合萬壽興隆樂法曲
第十三盞方響獨打高宮惜春
傀儡舞鮑老
第十四盞箏琵方響合纏令神曲

第十五盞諸部合夷則羽六么
巧百戲趙喜
第十六盞管下獨吹無射商柳初春
第十七盞鼓板　舞綰壽星姚潤
第十八盞諸部合梅花伊州
第十九盞笙獨吹正平調壽長春
傀儡群仙會盧逢春
第二十盞觱篥起萬花新曲破
祇應人

部白
周朝清　陸恩顯
雜劇色
吳師賢　趙恩　王太一　朱旺[illegible]
時和　金寶　俞慶　何晏喜
沈定　吳國賢　王壽　趙寧
胡寧　鄭喜　陸壽
歌板色
李文慶

拍板色
王良卿　張亨　謝用
簫色
傅昌寧　朱明役　李允信
箏色
陳儀　豪輔文　吳宣　豪俊賢
徐顯祖　張廣
琵琶色
王榮祖　豪俊民　俞達　豪俊邁

段繼祖

嵇琴色

李松　侯端　孫民顯

笙色

侯璋　葉茂青　任榮祖　董茂

張瓘　潘寶　姚拱　范椿

孫昌　莫正　周珍　馬椿

陳寶　姚舜臣

觱篥色

天基聖節　七

齊汝賢　周潤　楊茂　王恩

王榮顯　姜師賢　劉昌　楊彬

王福　杜明　喻祥　周忠恕

夏福　徐珏　周喜　周澄

沈壽　丁預　鄭亨　周佐

楊瑾　沈庚　鄭聰　莫壽

潘顯祖　時潤　胡份　周信

李圭　李潤　史顯　金壽

笛色

楊德茂　潘俊　盧寧　彭俊

賀昌　賀壽　胡師文　壽椿

姚寶　張茂祖　崔興　朱珍

張茂才　金貴　潘顯祖　沈壽

周興　李大用　董大有　金明

趙喜　莫及　張春　葉茂

胡寧　任顯　張椿　孫寧

彭進　李榮　全寧　金彥恭

董喜　王佑　來亨　王喜

天基聖節　八

顧和　顧松　金顯　董寧

杜松　李椿　張椿　何福

管思齊　朱喜　花椿　李拱辰

方響色

金勝　彭先　黃莊　劉民和

姜大亨　張榮

杖鼓色

朱堯卿　馮喜　時忠　施榮

朱拱辰　周忠　李顯　姚寶

葉茂　李榮祖

大鼓色

王喜　鄧珍　王宣　曲榮

雜旋色

范宗茂

內中上教

張明　倪椿　潘恩　石琇

張琳

弄傀儡盧逢春等六人　雜手藝姚潤等九人

天基聖節　八　九

女厮撲張椿等十人

築球軍陸寶等二十四人

百戲沈慶等六十四人

百禽鳴胡福等二人

乾淳教坊樂部

雜劇色　泗水潛夫

德壽宮

劉景長使臣　王喜保義郎頭名都管使臣又名公謹號玩隱老人

芽山重芽芽頭　蓋門貴　蓋門慶末

侯諒次末侯大頭　張順　曹辛

宋典燕子頭　李泉現引兼舞三臺

衙前

教坊樂部　八　一

龔士美使臣都管　劉恩深都管　陳嘉祥節級

吳興祐德壽宮引兼舞三臺　吳賦

金彥昇管幹教頭　王青　孫子貴引

潘浪賢引兼末部頭　王賜恩引　吳慶全熾燭頭

周泰次　郭名顯引　宋定次德壽宮蚌蛤頭

劉信副部頭　成貴副　陳烱息副大厂

王侯喜副　孫子昌副末節級　焦色金

楊名高末　宋昌榮副歡青頭

前教坊

伊朝新　王道昌

前鈞容直

杵榖豐五味琳　李外善

和顧

劉慶次劉家　梁師孟　朱和次貼衙前鱔魚頭

甯貴甯鑊　蔣寧次貼衙前利市頭　司進絲瓜兒

郝成次貼衙前小鍬兒　高門典　高門顯蒸頭兒

高明燈搭兒　張舜朝　趙民歡

司政仙鶴兒　劉貫　段世昌段子貫

教坊樂部　（八）　二

龔安節　嚴父訓　朱朝清

宋昌榮二名守衙前　周旺丈入頭　下噂

宋吉　伊俊　汪泰

王原全次貼衙前　王京　鄭喬

王來宣　張䜌守闕祗應黑俏　焦喜焦榜頭

歌板色

德壽宮

李行高兼笛

衙前

王信兼拍

拍板色衙前笛色王均觱篥色鄭彥周賢良兼拍板

德壽宮

劉益使臣　謝春澤

衙前

吳興祖節級　趙末部頭　花成

特世俊守闕節級

前鈞容直

崔喜

教坊樂部　（八）　三

琵琶色衙前豪師古兼琵琶

德壽宮

胡永年武功大夫　謝聖澤

衙前

焦進部頭　趙昌祖　段從容

和顧

吳良輔　豪士英　曹彥國

簫色

衙前

曾延慶部頭　劉珦　周濟部頭
和顧
朱世昌兼箏　王謹　劉宗耼
周亨　陳簫
稽琴色
德壽宮
曹友聞承節郎守闕都管
衙前
楊春和人員守闕都管　魏國忠節級兼舞　孫良佐
教坊樂部　四
高俊　馮師賢
和顧
劉運成　趙進杖鼓兼　惠和
馮師賢　王處仁
箏色
德壽宮
朱邦直忠訓郎
衙前
張行福部頭　豪士良　高俊

前教坊
孫延俊
前鈞容直
李吉
笙色
德壽宮
湯士成　孫顯祖
衙前
朱世寧節級　豪師古兼琵琶　傅紹管幹人
教坊樂部　五
鄧孝仁　趙福兼德壽宮
前鈞容直
吳勝
前教坊
劉永顯
和顧
張世宗　康彥和　王興祖
觱篥色
德壽宮

田正德 教坊大使　鞠思忠　孫慶祖
劉舜俞　陳永良
衙前
李祥 守闕節級　仇彦 節級　王恩 管級
李和 部頭　時世榮 部頭　王正德
王道和　慢守恭　李遇
金宗信 兼德壽官　鄭彦 兼拍板　張勻
劉道　曹彦興　吳良佐
朱貴 管幹人　孟誠　陳祐
教坊樂部〈六〉
丘彦 管幹人　鄧孝元　王永
周賢良　陳師授 兼德壽官　陳永良
前教坊
戚興道　李彦美　郭席珍
前鈞容直
王宣　唐政
和顧
于慶 兼舞　馮宣　王椿
倪潤　李祥 守闕都級　陳繼祖

李倫　張彦明　陳良瑋
馮興　商翼　時世顯
王文信　王延慶　謝潤
張榮 第三名守闕衙前　時顯祖　費仍裕
任再興　李榮正　秦邦彦
鄭彬　時允恭　金潤
王壽　王思齊　于成
孫良輔　崔顯　盧茂春
王師忠　朱康寧　張端
教坊樂部〈七〉
顧宣　王仲禮　郭建宗
劉順 守闕衙前
笛色
德壽官
元守正 忠翊郎　孫福 使臣　孫繼祖
張行謹
衙前都管
孫福 使臣　朱椿 人員守闕都管　張守忠 節級
楊勝 節級　王喜 節級　張師孟 部頭

居興部頭　李智友　段從禮
朱順　陳俊　雷興祖
王仕寧　時寶部頭兼德壽宮　孫進
郭彥　楊選兼德壽宮　金儀
趙俊守闕節級　趙順　楊元慶
時定　趙興祖　陸顯祖
丘遇　徐識　孫顯
王筠兼德壽宮拍板　張榮　郭亨
元舜道

教坊樂部〔八〕　八

前教坊
金宗訓　俞德　謝祖良
曾延廣　李進
前鈞容直
王喜　俞德　冀恩
和顧
張億　邢慶　張師顏
劉國臣　趙昌　張廣
元舜臣　沈琮杖鼓　胡良臣

王師仲　徐亨　張義
林顯　鄭清　陳士恭
巫彥　朱世榮　朱紹祖
翟義　張孝恭　汪定
費興　李昇　馮士恭
陳實　楊善　尹師授
張介　賀宣　朱榮
朱元守闕衙前　軒定鼓板　張成鼓板
闞興鼓板　王和鼓板　陳煥

教坊樂部〔九〕　九

張世亨　許珍　張淵
孫顯宗　崔成守闕衙前
方響色
德壽宮
齊宜　田世榮
衙前
葛元德部頭　于喜　齊宗亮管幹人
前鈞容直
高福

和顧
馬仲榮　尹朝　于通
劉才高
杖鼓色
德壽宮
張名高　孟清
衙前
高宣節級　時思俊守闕節級部頭兼板　孟文叔守闕節級
程盛　齊喜
教坊樂部　十
時和　鄧友端　徐宗旺
吳興福兼德壽官　鄧世榮　張興祿管幹人
葉喜
前教坊
鞠端
前鈞容直
閻興　邢智
和顧
張士成　張潤　張義

張世昌　張世顯　孫榮
段錦新　蔡顯忠　齊宗景
郭興祖　時康寧　高潤
張皐　傅良佐　李晉臣
思芸　范琦　段錦
大鼓色
德壽宮
張佑　李吉
衙前
教坊樂部　十一
董福部頭　李進　周均小唱
張佑兼德壽官
和顧
趙慶鼓兒　劉成　孫成鼓兒習學大鼓
王富勾殿習學大鼓　尹師聰鼓兒　張守道習踏鼓情
張昇鼓兒　宋棠掌儀下書寫文字　喻祥卜唱
錢永守闕衙前
舞旋　稽琴魏國忠琵琶家士英並兼舞三臺
德壽官

劉良佐　郭武德

衙前

杜士康

和顧

丁慶

雜劇四甲

劉景長一甲八人

戲頭李泉現　引戲吳興佑

次淨茆山重侯諒周泰　副末王喜

裝旦吳子貴

蓋門慶進香一甲五人

戲頭孫子貴　引戲吳興佑

次淨侯諒　副末王喜

內中祗應一甲五人

戲頭孫子貴　引戲潘浪賢

次淨劉衮　副末劉信

潘浪賢一甲五人

戲頭孫子貴　引戲郭名顯

次淨周泰　副末成貴

築毬三十二人

左軍一十六人

毬頭張俊　蹺毬王憐　正挾朱選

副挾施澤　左竿網丁詮　右竿網張林

散立胡椿等

右軍一十六人

毬頭李正　蹺毬朱珍　正挾朱選

副挾張寧　左竿網徐賓　右竿網王用

散立陳俊等

雜班

雙頭侯諒　散耍劉衮劉信

小樂器

嵇琴曹友聞　簫管孫福　篥劉運成

拍侯諒

鼓板

衙前一火

笛楊勝張師孟　鼓兒尹師聰

柏張順
顧二火
笛張成老僧　閻俊字伯　張喜
鼓兒張昇　笛王和小厮
鼓兒孫成換僧　拍張榮狗兒
馬後樂
拍板吳興祖　觱篥田正德　孫慶祖
陳師授　笛孫福　時實
元守正　提鼓孫子貴　札子孟清
教坊樂部　十四
時世俊　高宣　吳興福
張興祿
內中上教博士
王喜　劉景長　曹友聞
朱邦直　孫福　吳永年各支月銀十兩
雜劇
王喜　侯諒　吳興福
吳興佑　劉景長　張順
拍板

田正德　謝春澤
琵琶
胡永年
舞
劉良佐
嵇琴
曹友聞　楊春和
箏
朱邦直
教坊樂部　十五
方響
齊宣
笙
楊士成
蔡
劉運成
觱篥
孫慶祖
笛

孫福　時寶

掌儀範等合千人

掌儀範

朱邦直　曹友聞　元守正

孫福　朱捺守闕

衙前都管

劉思深　孫福　王公謹守闕

管幹教頭

朱貴　張典祿　丘彦

教坊樂部（八）十六

傅紹　齊宗亮

逐色部頭

劉信　趙朮　焦進

周濟　楊春和　宋世寧

李和　時世榮　時寶

岳典　葛元德　高宣

董福　時世俊　杜士康

潘浪賢

雜劇段數　吳　周密

爭曲六么　扯攔六么

教聲六么　鞭帽六么

衣龍六么　王子高六么

孤奪旦六么　厨子六么

崔護六么　骰子六么

照道六么　鶯鶯六么

大宴六么　驢精六么

女生外向六么　暮道六么

三偌暮道六么　雙攔哮六么

趕厥夾六么　羹湯六么

索拜瀛府　厚熟瀛府

哭骰子瀛府　醉縣君瀛府

爍骨頭瀛府　賭錢望瀛

西偌梁州　三索梁州

詩曲梁州　頭錢梁州

食杏梁州　法事饅頭梁州

四哮伊州　領伊州
鐵指甲伊州　闘五百伊州
裴少俊伊州　食店伊州
橋櫓新水　燒花新水
雙哮新水　簡帖薄媚
請客薄媚　錯取薄媚
傳神薄媚　九裴薄媚
本事現薄媚　打調薄媚
拜裔薄媚　鄭生遇龍女薄媚

雜劇段數〈八〉　二

土地大明樂　列女降黄龍
雙姐降黄龍　燈毬大明樂
三爺老大明樂　梆北上官降黄龍
趕厥胡渭州　單番將胡渭州
銀器胡渭州　看燈胡渭州三厥
人寺降黄龍　榆標降黄龍
打地鋪逍遥樂　潑麵逍遥樂
甲打石州　石和那石州
趕厥石州　塑金剛大聖樂
甲打大勝樂　柳毅大聖樂
霸王中和樂　馬頭中和樂
大打調中和樂　喝貼萬年歡
能知他泛清波　三釣魚泛清波
五柳菊花新　青陽觀碑䌽雲歸
夢巫山䌽雲歸　小四將整乾坤
四季夾竹桃花　禾打千春樂
牛五郎罷金征　新水爨
三十拍爨　天下太平爨

雜劇段數〈八〉　三

百花爨　三十六拍爨
門子打三教爨　孝經借衣爨
大孝經狐爨　喜朝天爨
說月爨　風花雪月爨
醉青樓爨　宴瑶池爨
錢手帕爨小字太平歌　詩書禮樂爨
醉花陰爨　錢爨
鶻鶵爨　借聽爨
大徹底錯爨　黄河賦爨

睡爨　門兒爨
上借門兒爨　抹紫粉爨
夜半樂爨　棹孤舟爨
借衫爨　火發爨
調燕爨　燒餅爨
託合萬年歡　迓鼓兒熙州
駱駝熙州　二郎熙州
大打調道人歡　會子道人歡
打拍道人歡　越孃道人歡
雜劇段數　八　四
打勸長壽仙　偌賣姐長壽仙
分頭子長壽仙　棋盤法曲
孤和法曲　藏瓶兒法曲
車兒法曲　病爺劒器
霸王劒器　黄傑進延壽樂
義養孃延壽樂　扯檻兒賀皇恩
催裝賀皇恩　封陟中和樂
唐輔採蓮　雙哮採蓮
病和採蓮　諸宮調霸王

諸宮調掛冊兒　相如文君
崔智韜艾虎兒　王崇道休妻
李勉負心　四鄭舞楊花
四偌皇州　檻偌保金枝 磕禾
浮漚傳永成雙　浮漚暮雲歸
老孤嘉慶樂　裴航相遇樂
進筆慶雲樂　兩相一萬年芳
木蘭花爨　月當聽爨
醉還醒爨　鬧夾棒爨
雜劇段數　八　五
撲胡蝶爨　鬧八粧爨
鍾馗爨　銅博爨
戀雙雙爨　惱子爨
像生爨　金蓮爨
恩鄉早行孤　睡孤
諱樂孤　論惲孤
迓鼓孤　大暮故孤
小暮故孤　老孤遣妲
孤慘　雙孤慘 骨実肉

三孤慘　四孤醉留客
四孤夜宴　四孤好
四孤披頭　四孤擂
病孤三鄉題　王魁三鄉題
強偌三鄉題　文武問命
兩同心掛鋪兒　一井金掛鋪兒
滿皇州掛鋪兒　變貓掛鋪兒
白苧掛鋪兒　探春掛鋪兒
慶時豐掛兒　三哮掛鋪兒

雜劇段數　六

三哮揭榜　三哮上小樓
三哮文字兒　三哮好女兒
三哮一擔脚　𧝓哮合房
𧝓哮店休妲　𧝓哮負酸
秀才下酸擂　急慢酸
眼藥酸　食藥酸
風流藥　黃元兒
論淡　醫淡
醫馬　調笑驢兒

雌虎　崔智韜　解熊
鶻打兎變二郎神　二郎神變二郎神
毁廟　入廟霸王兒
單調霸王兒　單調宿
單背影　單頂戴
單唐突　單折洗
單蹇　單搭手
雙搭手　雙厥送
雙厥投拜　雙打毬

雜劇段數　七

雙頂戴　雙園子
雙索帽　雙三教
雙虞候　雙養孃
雙排　雙捉
雙禁師　雙羅羅啄木兒
賴房錢啄木兒　闘城啄木兒
大雙頭蓮　小雙頭蓮
大雙慘　小雙慘
小雙索　雙排軍

醉排軍　雙賣妲
三合入　三出合
三笑月中行　三登樂院公狗兒
三教安公子　三杜爭寨
三頂戴　三偌一貫驢
三盲一偌　三教鬧着棋
三借窑貨兒　三獻身
三教化　三京下書
三短鐙　打三教奄宇

普天下　滿皇州打三教
領三教　三姐醉還醒
三姐黃鶯兒　賣花黃鶯兒
太四小將　四小將
四國朝　四脫空
四教化　泥孤

高宗幸張府節次畧

宋　周密

紹興二十一年十月高宗幸清河郡王第供進御筵節次如後

安民靖難功臣太傅靜江軍武靖海軍節度使醴泉觀使清河郡王臣張俊進奉

繡花高飣一行八果壘
香圓　真柑　石榴　橙子　鵞梨　乳梨
榠樝　花木瓜

樂仙乾果子叉袋兒一行
荔枝　圓眼　香蓮　榧子　榛子　松子
銀杏　梨肉　棗圈　蓮子肉　林檎旋
大蒸棗

縷金香藥一行
腦子花兒　甘草花兒　硃砂圓子　水龍腦
木香丁香　史君子　縮砂花兒　官桂花兒
白术人參

雕花蜜煎一行

雕花梅毬兒　紅消兒　雕花筍　蜜冬瓜魚
兒　雕花紅團花　木瓜大段花　雕花金菊
青梅荷葉兒　雕花薑蜜筍花兒　雕花橙子
木瓜方花兒
砌香鹹酸一行
香藥木瓜　椒梅　香藥藤花　砌香櫻桃
砌香萱草拂兒　紫蘇奈香　砌香蒲萄
甘草花兒　梅肉餅兒　薑絲梅　雜思梅餅
兒　水紅薑

節畧　八　二

脯腊一行
線肉條子　皁角鋌子　鰕腊　雲夢豝兒
肉腊　妳房　旋鮓　金山鹹豉　酒醋肉
肉瓜齏
垂手八盤子
揀蜂兒　番蒲萄　香蓮事件念珠　巴欖子
大金橘　新椰子象牙板　小橄欖　榆柑子
再坐切時菓一行
春藕　鵝梨餅子　甘蔗　紅柿　切棖子

切綠橘　乳梨月兒　生藕鋌兒
時新菓子一行
金橘　葴楊梅　新羅葛　切蜜蕈　切脆棖
榆柑子　新椰子　切宜母子　甘蔗奈香
梨五花兒　藕鋌兒　新柑子
雕花蜜煎一行　同前
砌香鹹酸一行　同前
龍纏菓子一行
荔枝甘露餅　荔枝蓼花　荔枝好郎君

節畧　八　三

龍纏桃條　酥胡桃　纏棗圈　纏梨肉
香蓮事件　香藥蒲萄　纏松子　糖霜玉蜂
兒　白纏桃條
脯腊一行　同前
下酒十五盞
第一盞　花炊鵪子　荔枝白腰子
第二盞　妳房簽　三脆羹
第三盞　羊舌簽　萌芽肚胘
第四盞　肫掌簽　鵪子羹

第五盞　肚胘膾　鴛鴦㸆肚
第六盞　沙魚膾　炒沙魚襯湯
第七盞　鱔魚炒鱟　鵝肫掌湯齏
第八盞　螃蟹釀棖　奶房玉蕊羹
第九盞　鮮蝦蹄子膾　南炒鱔
第十盞　洗手蟹　鯚魚假蛤蜊
第十一盞　五珍膾　螃蟹清羹
第十二盞　鵪子水晶膾　猪肚假江珧
第十三盞　蝦棖膾　蝦魚湯齏

第十四盞　水母膾　二色蠒兒羹
第十五盞　蛤蜊生　血粉羹
勸酒小色一行
炒白腰子　炙肚胘　炙鵪子脯　潤鷄潤兎
炙炊餅　不炙炊餅臠骨
勸酒菓子庫十番
砌香菓子　雕花蜜煎　時新菓子　獨裝巴
欖子　裝大金橘小橄欖　鹹酸蜜煎　對裝
揀松番葡萄　獨裝新椰子　對裝春藕陳公
梨　四色時菓
厨勸酒一味
江鰩㸆肚　江蝗生　蝤蛑簽　薑醋香螺
香螺㸆肚　薑酸假公權　煠牡蠣　牡蠣㸆
肚　蟑蚷㸆肚
準備上細壘四卓
又次細壘二卓（内蜜煎鹹酸時新脯腊等）
對食十盞二十分
蓮花鴨簽　繭兒羹　三珍膾　南炒鱔

水母膾　鵪子羹　鯚魚膾　三脆羹　洗手
蟹　㸆肚胘
對展每分時菓五盤兒
知省　御帶　御藥　門司　直殿官
晩食五十分名件
二色蠒兒　肚子羹　笑靨兒　脯鴨　小頭
羹飯　脯腊雞
直殿官大㸆下酒
鴨簽　水母膾　鮮蝦蹄子羹　糟蟹　野鴨

紅生水晶膾　五珍膾　蛤蜊羹

直殿官合子食

脯雞　油飽兒　野鴨　二色薑豉　雜熝

入糙雞　䖳魚　麻脯雞臟　炙焦　片羊頭

菜羹一葫蘆

直殿官菓子

時菓十隔楪

準備

薛方瓠羹

備辦外官食次

第一等　並送簇

太師尚書左僕射同中書門下平章事秦檜

燒羊一口　滴粥　燒餅　食十味　大碗百味羹　鎚兒盤勸　簇五十饅頭血羹　燒羊頭雙下　雜簇從食五十事　肚羹　雙下火膀子　羊舌託胎羹　三脆羹　鋪羊粉飯　大簇飣　鮓糕鶉子　蜜煎五十楪　時菓一合　切榨十楪

酒三十瓶

少保觀文殿大學士秦熺

燒羊一口　滴粥　燒餅　食十味　蜜煎一合　時菓一合　切榨　酒十瓶

第二等

參知政事余若水

簽書樞密巫伋

少師恭國公殿帥楊存中

太尉兩府吴益

普安郡王

恩平郡王

各食十味　蜜煎一合　切榨一合　燒羊一盤

酒六瓶

第三等　侍從七員

左朝散郎禮部侍郎兼權吏部尚書陳誠之

左中大夫刑部侍郎兼權吏部侍郎韓仲通

右承議郎權吏部侍郎李如崗

右奉議郎起居舍人湯思退

右朝散大夫大府卿兼戶部侍郎徐宗說

右宣教郎樞密院檢詳諸房文字兼兵部侍郎陳相
右宣教郎中書門下省檢正諸房公事兼給事中陳夔
管軍二員
馬軍太尉成閔
步軍太尉趙密
知閤六員
保信軍節度使領閤門使兼客省四方館事提點皇
城司鄭藻
熙化軍承宣使領閤門使兼客省四方館事提點皇
節畧　八
城司錢
成州團練使領閤事兼客省四方館事提點皇城司
趙愷
貴州團練使領閤門事兼客省四方館事提點皇城
司李
武節大夫吉州刺史領閤門事兼客省四方館事提
點皇城司孟
武節大夫惠州刺史領閤門事兼客省四方館事提
點皇城司蘇

御帶四員
降授鄂州防禦使帶御器械潘端卿
忠州防禦使帶御器械石清
武功大夫遥郡防禦使帶御器械龔彦明
武功大夫兼閤門宣賛舍人帶御器械李彦實
宗室三員
安慶軍承宣使同知太宗正事士衎
建州觀察使士劇
瓊州觀察使居廣
節畧　九
外官六員
建寧軍節度使提舉萬壽觀韋謙
崇慶軍節度使提舉萬壽觀韋
慶遠軍節度使提舉萬壽觀吳蓋
崇信軍承宣使提舉佑神觀劉光烈
永寧軍承宣使提舉佑神觀朱孝莊
武慶軍承宣使提舉佑神觀王安道
各食七味　蜜煎一合　時菓一合
第四等　環衛官九員

右監門衛大將軍貴州刺史君閔
右監門衛大將軍福州防禦使士輻
右監門衛大將軍榮州團練使士阫
右監門衛大將軍貴州團練使士歆
右監門衛大將軍宜州刺史士銖
右監門衛大將軍宜州刺史士赫
右監門衛大將軍吉州刺史士階
右監門衛大將軍吉州刺史士暗
右監門衛大將軍吉州刺史士闢

節畧 八 十

宣贊舍人十八人
王濮臣 陳 清 王 肯 郭蔓之 許彥洪
鄭應之 裴良弼 陳 廸 李大有 王邦昌
張彥圭 梁 份 鄭立之 李邦傑 蔡舜臣
谷 璹 王德霖 張安世
閤門祇候二十人
李 內 李唐訥 鄭 明 范 涉 周 誈
張令緯 張 拱 楊 价 賈公正 陳仲通
劉堯咨 張 耘 何 恍 李 僩 王 謙

董 原 劉 伉 劉康祖 何超祖 朱邦達
看班祇候人
梁振之 王 諶 董 珩 司馬紀 潘思夔
張 赫 馮 倚 劉堯卿
提點兼祗應行首五人
李 觀 邊思聰 邊 鎬 鄭孝禮 常士廉
三省樞密房副承旨逐房副承旨六人
劉與仁 劉與賢 韓師文 武 鑄 邊俊民
嚴經安

節畧 八 十一

隨駕諸局幹辦監官等十八人
成州團練使幹辦皇城司馬持
右武郎幹辦皇城司劉允升
保義郎幹辦御廚潘邦
保義郎幹辦御廚馮藻
保義郎幹辦翰林司王喜
修武郎幹辦儀鸞司郭公旣
保義郎幹辦祗候司黎安國
武翼郎閤門宣贊舍人兼翰林幹辦御輦院邵瑨

忠翊郎幹辦左右騏驥院班彥通
武忠郎幹辦左右騏驥院張淳
承信郎閤門祇候兼幹辦左右騏驥院裴良從
武功大夫幹辦行在左藏庫石玠
右朝散大夫幹辦行在左藏庫劉份
武功大夫幹辦行在左藏庫吳鑄
忠翊郎閤門祇候兼幹辦行在左藏庫趙節
承節郎閤門祇候兼幹辦行在左藏庫劉勲
忠翊郎主管軍頭司兼祇應杜淵

保義郎主管軍頭司兼祇應徐宗彥
各食三味　酒二瓶
第五等
閤門承受十人
知班十五人
御史臺十六人
各食五味　酒一瓶
聽喚中官等五十分
各食五味　斬羊一觔　饅頭五十箇　角子一
箇　鋪薑粉飯　下飯鹹豉　各酒一瓶
進奉盤合
寶器
御藥帶一條　玉池面帶一條
玉獅蠻樂仙帶一條　玉鶻兎帶三條
玉璧環二　玉素鍾子一
玉花高足鍾子一　玉枝梗爪盃一
玉瓜盃一　玉東西盃一
玉香鼎二蓋全　玉盆兒一

玉椽頭楪兒一　玉古劒璏等十七件
玉圓臨安樣楪兒一　玉靶獨帶刀子二
玉並三靶刀子四　玉犀牛合替兒一
金器一千兩　翠毛二百合
珠子十二號共六萬九千五百九顆
珠子念珠一串一百九顆　馬價珠金相束帶一條
白玻璃圓盤子一　玻璃花瓶七
玻璃碗四　馬腦碗大小共二十件
古器

龍文鼎一　商彝二　高足商彝一　周盤一
商父彝一　商敦二　周舉鼎一　有蓋獸耳周
罍一
汝窑
酒瓶一對　洗一　香爐一　香合一　香毬一
盞四隻　盂子二　出香一對　大奩一　小奩一
合伏
螺鈿合一十具織金錦褥子全　犀皮合一十具織金錦褥子全
書畫　有御寶十軸
節略八　十四
曹霸五花驄　馮瑾霽烟長景
易元吉寫生花　黄居寶雀竹
吳道子天王　張萱唐後竹叢
邊鸞萱草山鷓　黄筌萱草山鷓
宗婦曹氏蓼岸　杜庭睦明皇斫膾
無寶有御書九軸
趙昌踯躅鵪鶉　梅竹思踯躅母雞
杜霄撲蝶　巨然嵐鎖翠峰
徐熙牡丹　易元吉寫生枇杷
董元夏山早行二軸
僞主李煜林泉渡水人物
無寶御書
荆浩山水　吳元俞紫氣星
疋帛
撚金錦五十疋　素綠錦百五十疋
木錦二百疋　生花番羅二百疋
暗花婆羅二百疋　樗蒲綾二百疋
進奉犒設
節略八　十五
隨駕官知省御帶御藥門司直殿官
紫羅五百疋　雜色纈羅五百疋
馬下目子錢一萬貫文
禁衛一行祗應人等
錢二萬貫文　炊餅二萬箇
熟猪肉二千觔　燒爆三十合
酒二千瓶
本家親屬推官
弟　拱衛大夫張保

男右奉議郎直敷文閣主管台州崇道觀賜紫金魚
袋張子顏
男右宣教郎直敷文閣主管台州崇道觀賜紫金魚
袋張子正
孫承事郎籍田令賜紫金魚袋張宗元
姪龍神衛四廂都指揮使清海軍承宣賜添差兩浙
江路馬步軍副總管張子蓋
姪右朝請大夫直徽猷閣主管佑神觀賜金魚袋張
子儀

姪　承奉郎　張子安
姪　忠翊郎　張子文
姪孫　保義郎　張宗旦
姪孫　保義郎　張宗亮
姪孫　登仕郎　張宗說
姪孫　成忠郎　張宗益
姪孫　登仕郎　張宗穎
妻　秦國夫人　魏氏
妻　咸寧郡夫人　章氏

妾　和寧郡夫人　楊氏
妾　碩人　潘氏
妾　碩人　沈氏
妾　碩人　曹氏
妾　碩人　周氏
弟婦　太碩人　王氏
弟婦　恭人　任氏
第二女孺人張氏　第三女孺人張氏
第四女孺人張氏　男子顏婦王氏

男子正婦王氏　姪子蓋婦碩人趙氏
姪子儀婦宜人郭氏　孫宗元婦王氏
紹興二十一年十一月　日和州防禦事幹辦府事
差提點排辦一行事務張青具

藝流供奉志

泗水潛夫

棊待詔

鄭日新 棋重　吳俊臣 安吉兵　施茂 施猢猻

朱鐄　章先　杜黄 象

徐彬 象　林茂 象　禮重 象

尚端 象　沈姑姑 象 女流　金四官人 象

上官夫人 象　王安哥 象　李黑子 象

書會

李霜涯 作賺絶倫　李大官人 譚詞　葉庚

周竹窗　平江周二郎 猢猻　賈廿二郎

演史

喬萬卷　許貢士　張解元

周八官人　檀溪子　陳進士

陳一飛　陳三官人　林宣教

劉進士　鞏八官人　徐繼先

穆書生　戴書生　張小娘子

宋小娘子　陳小娘子　李黑子

陸進士　丘機山

說經

長嘯和尚　彭道 名法和　陸妙慧 女流

余信庵　陸妙靜 女流　周春辨 和尚

達理 和尚　嘯庵　隱秀

借庵　保庵　戴悅庵

息庵　混俗　許安然

有緣 和尚　戴忻庵

小說

蔡和　李公佐　小張四郎

朱修 德壽宮　孫奇 德壽宮　任辨 御前

施王 御前　葉茂 御前　方端 御前

劉和 御前　王辯 鐵衣契兵　盛顯

王奇　陳良　王班直 洪

翟四郎 升　俞張二　許濟

張黑踢　俞住庵　色頭陳彬

秦州張顯　酒李一郎 林國　喬宜

王四郎 明　王十郎 林國　王六郎 大師

胡十五郎花　故衣毛三　余張三
蕭兒徐榮　徐保義　汪保義
張柏　張訓　沈佺
沈唱　湖水周　糖肝末
擬條張茂　王三教　徐茂象牙孩兒
王王管　翁彥　貓元
陳可庵　林茂　夏達
明東　王壽　白思義
史忠英女流

藝流供奉志　三

影戲
賈震　賈堆　三賈賈偉賈儀賈佑
尚保義　三伏伏大伏二伏三　沈顯
陳松　馬俊　馬進
王三郎昇　朱祐　蔡諮
張七　周端　郭真
李二娘隊戲　王潤卿女流黑媽媽

唱賺
濮三郎　扇李二郎　郭四郎

孫端　葉端　牛端
華琳　黃文質　盛二郎
顧和蠟蜀　馬升　熊春
梅四　汪六　沈二
王六　許曾三　邵六傀
小王三　媳婦徐　沈七
謝一娃

小唱
蕭婆婆韓太師府　賈壽　陳尾犯

藝流供奉志　四

畫魚周　陸思顯都管　笙張
周順齋執禮　仵都事　丁八
丁未年撥入勾欄弟子嘌唱賺色
施二娘　時春春　時住住
何總憐　童二　嚴偏頭
白大鼻　葛四　徐勝勝
耿四　朱安安　陳伴伴火虎頭
余元元　錢寅奴

鼓板

段防禦 捻生　張眼光　張僴
張驢兒 謂之三張　陳宣娘 笛　陳喜生 頂
周雙頂　潘小雙　陳喜 頂
莫及 笛　來七 笛　董大有
金四 札子皮　朱關生

雜劇

趙泰　慢星子 女流 鑼　王侯喜
宋邦寧　唐都管 世榮　三何 晏喜 清晏 然晏
鋤頭段　嘲伶頭　諸國朝

藝流供奉志　五

宋朝清　王太 鐵笠　郝成 小鍬
宋喜　宋國珍　趙恩
王太　吳師賢　朱太 猪兒頭
王見喜　鐵太　馮舜朝
王珍美　吳國賢　鄭太
惠恩澤　時和　顏喜
扁金蓮　一窗王　時豐稔
時國昌　金寶　趙祥
吳國昌　王吉　王雙蓮 女流

沈小橋　杜太

雜扮

鐵刷湯　江魚頭　兔兒頭
菖蒲頭　眼裏喬　胡蜀葵
迎春雷　卓郎婦　笑靨兒
科頭扮　韻梅頭　小菖蒲
金魚兒　銀魚兒　小俏
周喬　鄭小俏　魚得水 旦
王道太　王壽香 旦　厲太

藝流供奉志　六

顧小喬　陳橋皮　小橋皮
菜市喬　自來俏

彈唱因緣

童道　費道　蔣居安
陳遂　李道　沈道
顧善友　甘道　俞道
俞康孫　張道

唱京詞

蔣郎婦　孟客　吳郎婦

説客

諸宮調傳奇

高節婦　黄淑卿　王雙蓮

衮本道

唱耍令

大禍胎　小禍胎　李俊

陳香淵　大小王　熊二

路叔卿　陳昌　葉道道情

王保　王定　陸槐

藝流供奉志八　七

郭忠　牛昌　郭雙蓮

陳新　徐喜　趙防禦雙無目御前

唱撥不斷

張翁子　黄三

説諢話

蠻張四郎　商謎　胡六郎

魏大林　張振　周月岩江西人

蠻明和尚　東吳秀才　陳賢

張月齋　陳機和尚　魏智海

小胡六　馬定齋　王心齋

覆射

女郎中

學鄉談

方齋郎

舞綰百戲

張遇喜　劉仁貴　朱十將

常十將　錯安頭　歡喜頭

小昇歌　林賽哥　張名貴

藝流供奉志八　八

花念一郎　花中實

神鬼

謝興哥　花春　王鐵一郎

王鐵三郎

撮弄雜藝

林遇仙　趙十一郎　趙家喜

渾身手　張寶歌　王小仙

姚遇仙　趙廿五郎　趙世昌

趙世祥　耍大頭鴨弄　金寶

施半仙　金逢仙　林遇仙
小關西　陸壽　施小仙
女姑姑
泥丸
王小仙　施半仙　章小仙
袁承局
頭錢
包顯　包喜　包和
黃林

踢弄
吳金脚　耍大頭　吳鷄子
傀儡懸絲　杖頭　藥發　肉傀儡　水傀儡
陳中喜　陳中貴　盧金線
鄭榮喜　張金線　張小僕射杖頭
劉小僕射水傀儡　張逢喜肉傀儡
項撞踏索
李賽強　一塊金　李真會
鬭生强

清樂
黃顯貴　沒眼動樂
角觝
王僥大　張關索　撞倒山
劉子路　盧大郎　鐵板沓
賽先生　金重旺　賽板沓
曹鐵凛　賽僥大　賽關索
周黑大　張僥大　劉春哥
曹鐵拳　王憃快　嚴關索

韓銅柱　韓鐵僧　王賽哥
一拔條　溫州子　韓歸僧
黑八郎　鄭排　昌化子
小佳哥　嚴鐵條　武當山
金壽哥　周僧兒　廣大頭
孟來住　董憃快　董僥六
周板沓　鄭三住　周重旺
小關索　小黑大　阮捨哥
傳賣鮮　鄭白大

喬相撲　鶴兒頭　鴛鴦頭
元魚頭
蹴毬
黃如意　范老兒　小孫
張明　蔡潤
射弩兒
周長遊弩　康沈造箭　黃一秀
查大　林四九娘女流
散耍
藝流供奉志　十一
楊寳　陸行　莊秀才
沈喜　桃菊
裴秀才
陳齋郎　花花帽孫秀
吟叫
吳百四　姜阿得　鍾勝
余慶　潘喜壽　蘇阿黑
合生　雙秀才
沙書

金道　敎走獸　姚遇仙　李三郎攺畫
馮人喜　李三敎熊
敎飛禽蟲蟻
趙十一郎　趙十七郎　猢猻王
弄水
啞八　畫牛兒　僧兒
謝捧
放風箏
藝流供奉志　十二
周三　呂偏頭
煙火
陳太保　夏島子
說藥
楊郎中　徐郎中　喬七官人
捕蛇
戴官人
七聖法
杜七聖

消息

陸眼子　高道

藝流供奉志〈十三

說郛目録

說郛目録〈弓五十四〉　一

晋史乘目録

晉史乘

武林吾衍

從亡

文公自少好士年十七有賢士五人曰狐偃趙衰顛頡魏武子司空季子自獻公爲太子時文公固已成人矣獻公即位文公年二十一以驪姬變欲謀立奚齊故居蒲城既獻公殺太子申生使宦者寺人披趨殺文公文公踰垣宦者逐斬其衣袪文公遂奔狄狄其母國也是時文公年四十三賢士五人從亡

野人與塊

文公出亡過五鹿乞食於野人野人舉塊以與之公怒將鞭之舅犯曰天賜也民以土服又何求焉天事必象十有二年必獲此土二三子志之歲在壽星必獲諸侯天之道也由是始知有此其以戊申乎所以申土也再拜稽首受而載之

釐負羈

文公出亡過曹共公聞其駢脅使袒而浴設薄以觀之釐負羈之妻謂釐負羈曰吾觀晉公子之從者皆

足以相國若以相必反其國又其民必得志於諸侯得志於諸侯而誅無禮曹其首也子盍蚤自貳焉乃饋盤餐置璧焉文公受其餐而反其璧及其反國起師伐曹克之令三軍毋入釐負羈之里

楚享

文公亡之楚楚子享之曰公子若反晉國則何以報不穀對曰子女玉帛則君有之羽毛齒革則君地生焉其波及晉國者君之餘也其何以報君曰雖然何以報我對曰若以君之靈得反晉國晉楚治兵遇於

中原其避君三舍若不獲命其左執鞭弭右屬橐鞬以與君周旋子玉請殺之楚子曰晉公子廣而儉文而有禮其從者肅而寬忠而能力晉侯無親外內惡之吾聞姬姓唐叔之後其後衰者也其將由晉公子乎天將興之誰能廢之違天必有大咎乃送諸秦

對秦使

晉獻公之喪秦穆公使人弔文公且曰寡人聞之亡國恒於斯得國恒於斯雖吾子儼然在憂服之中喪亦不可久也時亦不可失也孺子其圖之以告舅犯舅犯曰孺子其辭焉喪人無寶仁親以爲寶父死之謂何又因以爲利而天下其孰能說之孺子其辭焉公子文公對客曰君惠弔亡人重耳身喪父死不得與於哭泣之哀以爲君憂父死之謂何又敢有他志以辱君義稽顙而不拜哭而起起而不私子顯以致命於穆公穆公曰仁夫公子重耳夫稽顙而不拜則未爲後也故不成拜哭而起則愛父也起而不私則遠利也乃送文公反晉

盟河

文公入國至於河令棄籩豆茵席顏色黎黑手足胼胝者在後舅犯聞之中夜而哭文公曰吾亡也十有九年矣今將反國夫子不喜而哭何也其不欲吾反國乎對曰籩豆所以食也茵席所以臥也而君捐之顏色黎黑手足胼胝所以執勞苦而君後之臣聞國君蔽士無所取忠臣大夫蔽遊無所取忠友今至於國臣在所蔽之中矣不勝其哀故哭也文公曰禍福利害不與舅氏同之者有如白水祝之乃沈璧而盟

放寺人披

秦伯使公子縶如晉師又盟于郇狐偃及秦晉之大夫盟於郇公子遂如晉師入曲沃朝於武宮殺懷公於高梁呂郤畏偪將焚公宮而殺晉侯寺人披請見公使讓之且辭焉曰蒲城之役君命一宿女即至其後余從狄君以田渭濱女爲惠公來求殺余命女三宿女中宿至雖有君命何其速也夫袪猶在汝其行乎對曰臣謂君之入也其知之矣若猶未也又將及難君命無二古之制也除君之惡惟力是視蒲人狄人余何有焉今君即位其無蒲狄乎齊桓公置射

鉤而使管仲相君若易之何辱命焉行者甚衆豈惟刑臣公見之以難告既而公宮火呂甥郤芮不獲公乃如河上秦伯誘而殺之

里鳧須

文公出亡過曹里鳧須從因盜文公資而亡文公無糧餒不能行介子推割股肉以食文公然後能行及文公反國國中多不附文公者於是里鳧須造見曰臣能安晉國文公使人應之曰子尚何面目來見寡人欲安晉也里鳧須曰君沐邪使者曰否里鳧須曰臣聞沐者其心倒心倒者其言悖今君不沐何言之悖也使者以聞文公見之里鳧須仰首曰離國久臣民多過君君反國而民皆自危里鳧須又襲竭君之資避於深山而君以餒介子推割股天下莫不聞臣之爲賊亦大矣罪至十族未足塞責然君誠赦之罪與驂乘遊於國中百姓見之必知君不念舊惡人自安矣於是文公大悅從其計使驂乘於國中百姓見之皆曰夫里鳧須且不誅而驂乘吾何懼也是以晉國大寧

反國行賞

文公亡時陶叔狐從及反國行三賞而不及陶叔狐陶叔狐見舅犯曰吾從君而亡十有二年顔色黎黑手足胼胝君今反國行三賞而不及我也意者君忘我與我有大故與子試爲我言之君舅犯言於文公文公曰噫我豈忘是子哉夫高明至賢德行全誠耽我以道說我以仁暴浣我行昭明我名使我爲成人者吾以爲上賞防我以禮諫我以誼蕃援我使我不得爲非數引我而請於賢人之門吾以爲次賞夫勇

壯強禦難在前則居前難在後則居後免我於患難之中者吾又以爲之次且子獨不聞乎死人者不如存人之身亡人者不如存人之國三行賞之後而勞苦之士次之夫勞苦之士是子固爲首矣豈敢忘子哉周內史叔興聞之曰文公其霸乎昔聖王先德而後力文公其當之矣

介子推

文公反國酌士大夫酒召舅犯而將之召艾陵而相之授田百萬介子推奉觴而起曰有龍矯矯將失其

所有蛇從之周流天下龍旣入深淵得其安所蛇脂盡乾獨不得甘雨此何謂也文公曰嘻是寡人之過也吾爲子爵與待旦之朝也吾爲子田與河東陽之閒介子推曰推聞君子之道謁而得位道士不居也爭而得財廉士不受也文公曰使我得反國者子也吾將以成子之名介子推曰推聞君子之道爲人子而不能承其父者則不敢當其後爲人臣而不見察於其君者則不敢立於其朝然推亦無索於天下矣遂去而之介山之上文公使人求之不得爲之避寢三月號呼朞年詩曰逝將去汝適彼樂郊誰之永號此之謂也文公待之不肯出求之不能得以謂焚其山宜出及焚其山遂不出而焚死

大蛇阻道

文公出獵前驅曰前有大蛇高如堤阻道竟之文公曰寡人聞之諸侯夢惡則修德大夫夢惡則修官士夢惡則修身如是而禍不至矣今寡人有過天以戒寡人還車而反前驅曰臣聞之喜者無賞怒者無刑今禍福已在前矣不可變何不遂驅之文公曰不然

夫神不勝道妖亦不勝德禍福未發猶可化也還車反宿齋三日請於廟曰孤少犧不肥幣不厚罪一也孤好弋獵無度數罪二也孤多賦斂重刑罰罪三也請自今以來者關市無征澤梁無賦斂赦罪人舊田半稅新田不稅行此令未半旬守蛇吏夢天帝殺蛇曰何故當聖之道爲而罪當死發夢視蛇臭腐矣謁之文公曰然天神果不勝道而妖亦不勝德奈何其無究理而任天也應之以德而已

勤王

文公時周襄王有弟太叔之難出亡居於鄭不得入使告難於魯於晉於秦其明年春秦伯師於河上將納王狐偃言於文公曰求諸侯莫如勤王且大義也諸侯信之繼文之業而信宣於諸侯今爲可矣使卜偃卜之曰吉遇皇帝戰於阪泉之兆公曰吾不堪也對曰周禮未改今之王古之帝也公曰筮之筮之遇大有之睽曰吉遇公用享於天子之卦戰克而王享吉孰大焉且是卦也天爲澤以當日天子降心以迎公不亦可乎大有去睽而復亦其所也文公辭秦師

而下三月甲辰次於陽樊右師圍溫左師逆王夏四月丁巳王入於王城取太叔於溫而殺之於隰城戊午文公朝王王享醴命之侑予之陽樊溫原攢茅之田晉於是始闢南陽之地

襄王賜命

襄王享醴命文公侑王命尹氏及王子虎內史叔興父策命文公爲方伯賜之大輅之服戎輅之服彤弓一彤矢百玈弓矢千秬鬯一卣虎賁三百人曰王謂叔父敬服王命以綏四國糾逖王慝文公三辭從命

[illegible]敢再拜稽首奉揚天子之丕顯休命[illegible]受以出出入三覲

請隧

文公既定襄王於郟王勞之以地辭請隧焉王弗許曰昔我先王之有天下也規方千里以爲甸服以供上帝山川百神之祀以備百姓兆民之用以待不庭不虞之患其餘以均分公侯伯子男使各有寧宇以順及天地無逢其災害先王豈有賴焉內官不過九御外官不過九品足以供給神祇而已豈敢厭縱其

耳目心腹以亂百度亦唯是死生之服物采章以臨長百姓而輕重布之王何異之有今天降禍災於周室余一人僅亦守府又不佞以勤叔父而班先王之大物以賞私德其叔父實應且憎以非余一人余一人豈敢有愛也先民有言曰改玉改行叔父若能光裕大德更姓改物以創制天下自顯庸也而縮取備物以鎮撫百姓余一人其流辟於裔土何辭之與有若由是姬姓也尚將列爲公侯以復先王之職大物其未可改也叔父其懋昭明德物將自至余敢以私

勞變前之大章以忝天下其若先王與百姓何何政
令之爲也若不然叔父有地而隧焉余安能知之文
公遂不敢請受地而還

出陽民

周襄王以陽樊賜晉文公陽人不服晉侯圍之倉葛
呼曰王以晉君爲德故勞之以陽樊陽樊懷我王德
是以未從於晉謂君其何德之布以懷柔之使無有
遠志今將大泯其宗祊而蔑殺其民人宜吾不敢服
也夫三軍之所尋將蠻夷戎狄之驕逸不虔於是乎

致武此羸者陽也未狎君政故未承命君若惠及之
唯官是徵其敢逆命何足以辱師君之武震無乃玩
而頓乎臣聞之曰武不可覿文不可匿覿武無烈匿
文不昭陽不成養何而祇以覿武臣是以懼不然其
敢自愛也且夫陽豈有裔民夫亦皆天子之父兄甥
舅也若之何其虐之也晉侯聞之曰君子之言也乃
出陽民

斬顛頡

文公問於狐偃曰寡人甘肥周於堂庖酒豆肉集於
宮壺酒不清生肉不布殺一牛遍於國中一歲之功
盡以衣士卒其足以戰民乎狐子曰不足文公曰吾
弛關市之征而緩刑罰其足以戰民乎狐子曰不足
文公曰吾民之有喪資者寡人親使郎中視事有罪
者赦之貧窮不足者與之其足以戰民乎狐子對曰
不足此皆所以慎產也而戰之者殺之也民之從公
也爲慎產也公因而迎殺之失所以爲從公矣曰然
則何如足以戰民乎狐子對曰令無得不戰公曰無
得不戰奈何狐子對曰信賞必罰其足以戰公曰刑

罰之極安至對曰不辟親貴法行所愛文公曰善明
日令田於圃陸期以日中爲期後期者行軍法焉於
是公有所愛者曰顛頡後期吏請其罪文公隕涕而
憂吏曰請用事焉遂斬顛頡之脊以徇百姓以明法
之信也而後百姓皆懼曰君子顛頡之貴重如彼甚
也而君猶行法焉況於我則何有矣文公見民之可
戰也於是遂興兵伐原克之伐衛東其畝取五鹿攻
陽勝虢伐曹南圍鄭反之陴罷宋圍還與荊人戰城
濮大敗荊人返爲踐土之盟遂成衡雍之義一舉而

人有功所以然者無他故以其從狐偃之謀假顛頡之脊也

伐原

文公攻原裹十日糧遂與大夫期十日至原十日而原不下擊金而退罷兵而去士有從原出者曰原三日即下矣羣臣左右諫曰夫原之食竭力盡矣君姑待之君曰吾與士期十日不去是亡吾信也得原失信吾不爲也遂罷兵而去原人聞曰有君如彼其信也可無歸乎乃降衛人聞曰有君如彼其信也可無

從乎亦降溫人聞之亦降孔子聞而記之曰攻原得衛者信也

舉原令

文公出亡箕鄭挈壺餐而從迷而失道與公相失饑而道泣寢餓而不敢食及文公反國舉兵攻原而拔之文公曰夫輕忍饑餒之患而必全壺餐是將不以原叛乃舉以爲原令大夫渾軒聞而非之曰以不動壺餐之故信其不以原叛也不亦無術乎吾聞明主不恃其不我叛也恃吾不可叛也不恃其不我欺也恃吾不可欺也

伐衛

文公出會欲伐衛公子鋤仰天而笑公問何笑曰臣笑隣之人有送其妻適私家者道見桑婦悅而與言然顧視其妻亦有招之者矣臣竊笑此也公悟其言乃止引師而還至國而貉人攻其地

取五鹿

文公問帥於趙衰對曰郤縠可行年五十矣守學彌惇夫先王之法志德義之府夫德義生民之本也能

惇篤者不忘百姓也請使郤縠公從之公使趙衰爲卿辭曰欒枝貞愼先軫有謀胥臣多聞皆可以爲輔臣弗若也乃使欒枝將下軍先軫佐之取五鹿先軫之謀也郤縠卒使先軫代之胥臣佐下軍

虢亡

文公田於虢遇一老夫而問曰虢之爲虢久矣子處此故矣虢亡其有說乎對曰虢君斷則不能諫則無與也不能斷又不能用人此虢之所以亡文公輟田而歸遇趙衰而告之趙衰曰今其人安在君曰吾不

與之來也趙衰曰古之君子聽其言而用其人今之
君子聽其言而棄其人哀哉晉國之憂也文公乃召
賞之於是晉國樂納善言文公卒以覇

分曹地

文公解曹地以分諸侯僖公使臧文仲往宿於重館
重館人告之曰晉始覇而欲固諸侯故解有罪之地
以分諸侯諸侯莫不望分而欲親晉皆將爭先晉不
以故班亦必親先者吾子不可不速行魯之班長而
又先諸侯其誰望之若[illegible]無及也從之獲地於

諸侯爲多反既受命爲之請曰地之多也重館人之
力也臣聞之曰善有章雖賤賞也惡有釁雖貴罰也
今一言而闢境其章大矣請賞之乃出而爵之

釋曹伯

晉侯有疾曹伯之豎侯獳貨筮史使曰以曹爲解齊
桓公爲會而封異姓今君爲會而滅同姓曹叔振鐸
文之昭也先君唐叔武之穆也且合諸侯而滅兄弟
非禮也與衛偕命而不與偕復非信也同罪異罰非
刑也禮以行義信以守禮刑以正邪舍此三者君將
若之何公説復曹伯

伐鄭

文公過鄭鄭公不禮被瞻諫曰晉公子之從者皆賢
者也若不禮焉若復其國而得志於諸侯禍無赦不
如殺之鄭君不聽晉國既定乃興師伐鄭鄭人以名
寶行成公弗許曰予我被瞻而師還被瞻曰不若以
臣予之鄭君曰孤之過也被瞻曰殺身以免國臣願
之被瞻入晉軍文公將烹之被瞻曰臣願盡辭而死
公聽其辭瞻曰昔明勝患知也殺身贖國忠也請就

直乃據鼎而呼曰三軍之士皆聽瞻也自今以來無
有忠於其君忠其君故將烹公謝焉乃罷而歸之鄭
鄭以之爲將軍

釋鄭圍

初公亡過鄭鄭不禮之至是與秦圍鄭鄭之孤言於
鄭伯曰國危矣若使燭之武見秦君師必退公從之
辭曰臣之壯也猶不如人今老矣無能爲也已公曰
吾不能早用子今急而求子是寡人之過也然鄭亡
子亦有不利焉許之夜縋而出見秦伯曰秦晉圍鄭

鄭既知亡矣若亡鄭而有益於君敢以煩執事越國以鄙遠君知其難也焉用亡鄭以陪鄰鄰之厚君之薄也今舍鄭以爲東道主行李之往來共其乏困君亦無所害且君嘗爲晉君賜矣許君焦瑕朝濟而夕設版焉君之所知也夫晉何厭之有既東封鄭又欲肆其西封若不闕秦將焉取之闕秦以利晉惟君圖之秦伯說與鄭人盟使杞子逢孫楊孫戍之乃還子犯請擊之公曰不可微夫人之力不及此因人之力而敝之不仁失其所與不知以亂易整不武吾其還

也亦去之

伐宋

文公伐宋乃先宣言曰吾聞宋君無道蔑侮長老分財不中教令不信余來爲民誅之

伐鄭

文公將伐鄭趙衰言所以勝鄭文公用之而勝鄭將賞趙衰趙衰曰君將賞其末乎賞其本乎賞與末則騎乘者存賞其本則臣聞之郄虎公召郄虎曰衰言所以勝鄭今既勝將賞之曰蓋聞之子子當賞郄虎對曰言之易行之難臣言之者也公曰子無辭郄虎不敢固辭乃受賞凡行賞欲其博也博則多功今虎非親言者也而賞猶及之此疏遠者之所以盡能竭智者也

伐楚先兆

城濮之戰文公謂舅犯曰吾卜戰而龜熸我迎歲彼背歲彗星見彼操其柄我操其標我又夢與荆王搏彼在上我在下我欲與戰子以爲何如舅犯對曰卜戰龜熸是荆人也我迎歲彼背歲彼去我從之也彗

星見彼操其柄我操其標以掃則彼利以擊則我利君夢與荆王搏彼在上君在下則君見天而荆王伏其罪也且吾以宋衛爲主齊秦輔我我合天道獨以人事固將勝之矣文公從之荆人大敗

退舍敗楚

文公與楚相子玉戰晉師退軍吏曰以君避臣辱也且楚老矣子犯曰直爲壯曲爲老豈在久乎微楚之惠不及此退三舍避之所以報也背惠食言以亢其讎我曲楚直其衆素飽不可謂老我退而楚還我將

師來若其不還曲在彼矣退三舍子玉使鬭勃請戰曰請與君之士戲君憑軾而觀之得臣與寓目焉文公使欒枝對曰寡君聞命矣楚君之惠未之敢忘是以在此爲大夫退其敢當君乎既不獲命敢煩大夫謂二三子戒爾車乘敬爾君事詰朝將見文公登有莘之虛以觀師曰少長有禮其可用也遂伐其木以益其兵楚師敗績楚殺其大夫得臣

敗楚行賞

文公與荆人戰於城濮君問於舅犯舅犯對曰服義

者不足於信服戰之君不足於詐詐之而已矣君於雍季雍季對曰焚林而田得獸雖多而明年無獸也乾澤而漁得魚雖多而明年無復也詐猶可以偷利而後無復遂與荆軍戰大敗之及賞先雍季而後舅犯侍者曰城濮之戰舅犯之謀也公曰雍季之言百世之謀也舅犯之言一時之權也寡人既行之矣

結履

文公與楚戰至黃鳳之陵履係解因自結之左右曰不可以使人乎公曰吾聞上君之所與居皆其所畏也中君之所與居皆其所愛也下君之所與居皆其所侮也寡人雖不肖先君之人皆在是以難之也

憂勝楚

文公與楚人戰大勝之燒其軍火三日不滅文公退而有憂色侍者曰君大勝楚今有憂色何也文公曰吾聞能以戰勝而安者其唯聖人乎若夫詐勝之徒未嘗不危也吾是以憂

釋衛侯

文公大敗楚衛成公聞之出奔楚晉立其弟叔武攝君事元咺相之衛侯自楚反而疑其弟曰叔武篡我咺爭之曰叔武無罪衛侯不信終殺叔武元咺走晉告而訟其君晉侯執衛侯歸於京師寘諸深室甯子職納橐饘焉文公使醫酖衛侯甯俞貨醫使薄其酖不死乃釋衛侯

用民

文公即位二年欲用其民子犯曰民未知義盍納天子以示之義乃納襄王於周公曰可矣乎對曰民未

矣信盡伐原以示之信乃伐原曰可矣乎對曰民未知禮盡大蒐備師尚禮以示之乃大蒐於被廬作三軍使郤縠將中軍以爲大政郤溱佐之舅犯曰可矣遂伐曹衛出穀戍釋宋圍敗楚師於城濮於是乎遂覇

會盟

文公合諸侯而盟曰吾聞國之昏不由聲色必由姦利好樂聲色者淫也貪姦者惑也夫淫惑之國不亡必殘自今以來無以美妾疑妻無以聲樂妨政無以姦情害公無以貨利示下其有之者是謂伐其根素而流於華葉若此者有患無憂有寇勿弭不如言者盟示之於是君子聞之曰文公其知道乎其不王者猶無佐也

救饑

晉國饑公問於箕鄭曰救饑何以對曰信公曰安信對曰信於君心信於名信於令信於事公曰然則若何對曰信於君心則美惡不踰信於名則上下不干信於令則時無廢功信於事則民從事有業於是乎

民知君心貧而不懼藏出如入何匱之有公使爲箕及清原之蒐使佐新上軍

宰人上炙

文公時宰人上炙而髮繞之文公召宰人而譙之曰女欲寡人之哽邪奚爲以髮繞炙宰人頓首再拜請曰臣有死罪三援礪砥刀利猶干將也切肉肉斷而髮不斷臣之罪一也援木而貫臠而不見髮臣之罪二也奉熾爐炭火盡赤紅炙熟而髮不燒臣之罪三也堂下得微有疾臣者乎公曰善乃召其堂下而譙之果乃誅之

逐獸

文公出田逐獸碭入大澤迷不知所出其中有漁者文公謂曰我若君也道安從出我且厚賜若漁者曰臣願有獻公曰出澤而受之於是遂出澤公令曰子之所欲以教寡人者何等也願受之漁者曰鴻鵠保河海之中厭而欲移徙之小澤則必有九緒之憂黿鼉保深淵厭而出之淺渚則必有羅網釣射之憂今君逐獸碭入至此何行之太遠也文公曰善哉謂從

者記漁者名漁者曰君何以名爲君其答天事地敬社稷周四國慈愛萬民薄賦斂輕租稅者臣亦與焉君不敬社稷不固四國外失禮於諸侯内逆民心一國流亡漁者雖得厚賜不能保也遂辭不受曰君亟歸國臣亦反吾漁所

失麋

文公逐麋而失之問農夫老古曰吾麋何在老古以足指曰如是往公曰寡人問之以足指何也老古振衣而起曰一不意人君如此也虎豹之居也厭閑而

近人故得魚鼈之居也厭深而之淺故得諸侯厭衆而亡其國詩云維鵲有巢維鳩居之君放不歸人將居之於是文公恐歸遇欒武子欒武子曰獵得獸乎而有悅色文公曰寡人逐麋而失之得善言故有悅色欒武子曰其人安在乎公曰吾未與來也欒武子曰居上位而不恤其下驕也緩令急誅暴也取人之言而棄其身盜也文公曰善還載老古與俱歸

舉冀缺

晉臼季過冀見冀缺耨其妻饁之敬相待如賓與之歸言於文公曰敬德之聚也能敬必有德德以治民君請用之公曰其父有罪可乎對曰舜之罪也殛鯀其舉也興禹管敬仲桓之賊也實相以濟康誥曰父不慈子不祗兄不友弟不恭不相及也詩云采葑采菲無以下體君取節焉可也文公以爲下軍大夫以先茅之縣賞胥臣

西河守

文公問於咎犯誰可使爲西河守者咎犯對曰虞子羔可也公曰汝之讎也對曰君問可爲守者非問臣

之讎也羔見咎犯而謝之曰幸赦臣之過薦之於君得爲西河守咎犯曰薦子者公也怨子者私也吾不以私事害公義子其去矣顧吾謝子也

登隧

文公行地登隧大夫皆扶之隨會不扶文公曰會夫爲人臣而忍其君者其罪奚如對曰其罪重死文公曰何謂重死對曰身死妻子爲戮焉隨會曰君奚獨問爲人臣忍其君者而不問爲人君而忍其臣者邪文公曰爲人君而忍其臣者其罪何如隨會對曰爲

人君而忍其臣者智士不爲謀辯士不爲言仁士不爲行勇士不爲死文公援綏下車辭諸大夫曰寡人有腰髀之病願諸大夫勿罪也

國難

文公問於郭偃曰始也吾以國爲易今也難對曰君以爲易其難也將至矣以爲難其易也將至矣

種米

文公得玄山之粟而美之欲種之宫中問於冀缺對曰臣嘗服稼穡之事矣凡五穀必以種今君所植者

末也種之必不能生公曰寡人不慧不知稼穡微子之言惑其不解乎冀缺曰務農重穀國之本也君之言及此晉國之福也

封狐文豹

文公時翟人有封狐文豹之皮者文公喟然嘆曰封狐文豹何罪哉以其皮爲罪也大夫欒枝曰地廣而不平財聚而不散獨非狐豹之罪乎文公曰善哉說之欒枝曰地廣而不平人將平之財聚而不散人將爭之於是列地以分民散財以賑貧

問政

文公問政於舅犯舅犯對曰分熟不如分腥分腥不如分地割以分民而益其爵祿是以上得地而民知富上失地而民知貧古之所謂致師而戰者其此之謂也

原季

文公使原季爲卿辭曰夫三德者偃之出也以德紀民其章大矣不可廢也使狐偃爲卿辭曰毛之知賢於臣其齒又長毛也不在位不敢聞命乃使狐毛將

上軍狐偃佐之狐毛卒使趙衰代之辭曰城濮之役先且居之佐軍也善軍伐有賞善君有賞能其官有賞且居有三賞而不可廢也且居之倫箕鄭胥嬰先都在乃使先且居將上軍公曰趙衰三讓其所讓皆社稷之衛也廢讓是廢德也以趙衰之故蒐於清原作五軍使衰將新上軍箕鄭佐之胥嬰將新下軍先都佐之子犯卒蒲城伯請佐公曰趙衰三讓不失義讓推賢也義廣德也德廣賢至有何患矣請令衰也從子乃使趙衰佐新上軍

李離

文公使李離爲大理過聽殺人自拘於廷請死於君
文公曰官有貴賤罰有輕重下吏有罪非子之罪也
李離對曰臣居官爲長不與下吏讓位受爵爲多不
與下吏分利今過聽殺人而下吏蒙其死非所聞也
不受命文公曰自以爲罪則寡人亦有罪矣李離曰
法失則刑失刑失則死君以臣爲能聽微決疑故使
臣爲理今過聽殺人之罪罪當死文公曰棄位委官
伏法亡國非所望也趣出無憂寡人之心李離對曰

政亂國危君之憂也軍敗卒亂將之憂也夫無能以
事君闇行以臨官是無功而食祿也臣不能以虛自
誣遂伏劍而死

傳讙

文公問於胥臣曰吾欲使陽處父傅讙也而教誨之
其能善之乎對曰是在讙也蘧篨不可使俛戚施不
可使仰僬僥不可使舉侏儒不可使援矇瞍不可使
視嚚瘖不可使言聾聵不可使聽僮昏不可使謀質
將善而賢良贊之則濟可竢也若有違質教將不入
其何善之爲臣聞昔者大任娠文王不變少溲於豕
牢而得文王不加病焉文王在母不憂在傅弗勤處
師不煩事王不怒孝友二虢而惠慈二蔡刑於大姒
比於諸弟詩云刑於寡妻至於兄弟以御於家邦於
是乎用四方之賢良及其即位也詢於八虞而咨於
二虢度於閎夭而謀於南宮諏於蔡原而訪於莘尹
重之以周召畢榮億寧百神而柔和萬民故詩曰惠
於宗公神罔時恫是則文王非專教誨之力也公曰
然則教無益乎對曰胡爲文益其質故人生而學非

學不入公曰奈夫八疾何對曰官師之所材也戚施
直鎛蘧篨蒙璆侏儒扶盧矇瞍修聲聾聵司火僮昏
嚚瘖僬僥官師所不材也以實裔土夫教者因體能
質而利之者也若川然有原以卬浦而後大

益曰季宅

文公見白季其廟傳於西牆公曰孰處而西對曰君
之老臣也公曰西益而宅對曰臣之忠不如老臣之
方其牆壞而不築公曰何不築對曰一日不稼百日
不食公出而告之僕僕稽首於軫曰呂刑云一人有

慶兆民頼之君之明羣臣之福也乃令於國曰毋淫宫室以妨人宅板築以時勿奪農功

日食

文公問於士文伯曰三月朔日有食之寡人學惝焉詩所謂彼日而食於何不臧者何也對曰不善政之謂也國無政不用善則自取謫於日月之災故不可不愼也政有三而已一曰因民二曰擇人三曰從時公曰善乃興善政而行之國大治

楚史檮杌目録

楚史檮杌

武林吾衍

問爲國第一

楚莊王問於孫叔敖曰寡人未得所以爲國是也孫叔敖曰國之有是衆非之所惡也臣恐王之不能定也王曰不定獨在君乎亦在臣乎孫叔敖曰國君驕士曰士非我無道貴士驕君曰國非士無道安强人君或至失國而不悟士或至饑寒而不進君臣不合國是無由定矣夏桀殷紂不定國是而以合其取舍者爲是以不合其取舍者爲非故致亡而不知莊王曰善哉願相國與諸侯士大夫共定國是寡人豈敢以褊國驕士民哉

茅門令第二

莊王有茅門者法曰羣臣大夫諸公子入朝馬蹄蹂霤者斬其輈而戮其御太子入朝馬蹄蹂霤廷理斬其輈而戮其御太子大怒入爲王泣曰爲我誅廷理王曰法者所以敬宗廟尊社稷故能立法從令尊社稷者社稷之臣不宜加誅夫犯法廢令不尊敬社稷

是臣棄君下陵上也臣棄君則主失威下陵上而上位危社稷不守何以遺太子乃還走避舍再拜請死

虞丘子第三

楚令尹虞丘子復於莊王曰臣聞奉公行法可以得榮能淺行薄無望上位不名仁智無由顯榮才之所不著無當其處臣爲令尹十年矣國不加治獄訟不息處士不升淫禍不討久踐高位妨羣賢路尸祿素餐貪欲無厭臣之罪當稽於理臣竊選國俊下里之士曰孫叔敖秀羸而多能其性無欲君舉而授之政則國可使治而士民可使附莊王曰子輔寡人寡人得以長於中國令行於絶域遂霸諸侯非子如何虞丘子曰久固祿位者貪也不進賢能者誣也不讓以位者不廉也不能三者不忠也爲人臣不忠君王又何以爲忠臣願固辭莊王從之賜虞丘子采地三百號曰國老以孫叔敖爲令尹少焉虞丘子家干法孫叔敖執而戮之虞丘子喜入見於王曰臣言孫叔敖果可使持國政奉國法而不黨施刑戮而不骫可謂公平莊王曰夫子之賜也已

士亹傳第四

莊王使士亹傅太子箴辭曰臣不材無能益焉王曰賴子之善善之也對曰夫善在太子太子欲善善人將至若不欲善善則不用故堯有丹朱舜有商均啓有五觀湯有太甲文王有管蔡是五王者皆元德也而有姦子夫豈不欲其善不能故也若民煩可教訓蠻夷戎狄其不賓也久矣中國所不能用也王卒使傅之問於申叔時叔時曰教之春秋而爲之聳善抑惡焉以戒勸其心教之世而爲之昭明德廢幽昏焉

以休懼其動教之詩而爲之道廣顯德以耀明其志教之禮使知上下之則教之樂以疏其穢而鎮其浮教之令使訪物官教之語使明其德而知先王之務用明德於民也教之故志使知廢興者而戒懼焉教之訓典使知族類行比義焉若是而不從動而不悛則文詠物以行之求賢良以翼之悛而不攝則身勤之多訓典刑以納之務慎惇篤以固之攝而不徹則明施舍以道之忠明久長以道之信明度量以道之義明等級以道之禮明恭儉以道之孝明敬戒以道之事明慈愛以道之仁明昭利以道之文明除害以道之武明精意以道之罰明正德以道之賞明齊肅以耀之臨若是而不濟不可爲也且夫誦詩以輔相之威儀以先後之體貌以左右之明行以宣翼之制節義以動行之恭敬以臨監之勤勉以勸之孝順以納之忠信以發之德音以揚之教備而不從者非人也其可興乎太子踐位則退自退則敬不則赧

隱諫第五

莊王涖政三年不治而好隱戲社稷危國將亡士慶

[illegible]左右羣臣曰政不治而社稷危胡不入諫一作伍舉諫左右曰子其入矣士慶入再拜而進曰隱有大鳥來止南山之陽三年不飛不鳴不審何也王曰子其去矣寡人知之矣士慶曰臣言亦死不言亦死願聞其說王曰此鳥不蜚以長羽翼不鳴以觀羣臣之慝是鳥雖不飛飛必沖天雖不鳴鳴必驚人士慶稽首曰所願聞已王大說士慶之問而拜之以爲令尹授之相印士慶喜出門顧左右曰吾王成王也中庶子聞之踰而泣曰臣尚衣冠御郎十年矣而爲令尹而後

爲藩蔽王賜士慶相印而不賜臣臣死將有日矣王曰寡人居泥塗中子所與寡人言者内不及國家外不及諸侯如子者可富而不可貴也於是乃出其國寶璧玉以賜之曰忠信者士之行也言語者士之道路也道路修治士無所行矣

伐陳第六

莊王伐陳吳救之雨十日十夜晦左史倚相曰吳必夜至甲列壘壞彼必薄我何不行列鼓出待之吳師至楚見成列而還左史倚相曰追之吳行六十里而無功王罷卒寢果擊之吳師大敗

晉伐楚第七

晉伐楚三舍不止大夫請擊之莊王曰先君之時晉不伐楚及孤之身而晉伐楚是孤之過也若之何其辱羣臣大夫也大夫曰先臣之時晉不伐楚今臣之身而晉伐楚此臣之罪也請王擊之王俛而泣涕沾襟起而拜羣大夫晉人聞之曰君臣爭以過爲在已且輕下其臣不可伐也夜還師而歸

伐鄭第八

莊王伐鄭鄭伯肉袒左把茅旌右執鸞刀以進言於莊王曰寡人無良邊陲之臣以干天禍使大國之君沛焉遠辱至此莊王曰君之不令臣交易爲言是以使寡人得見君之玉面也而微至乎此授節左右麾楚軍退舍七里將軍子重進諫曰夫南郢之與鄭相去數千里大夫死者數人斯役者數百人今克而弗有無乃失民臣之力乎莊王曰吾聞古者杅木一作不穿皮不蠹不出於四方以是君子之重禮而賤財也要其入不要其土人告以從而不舍不祥也吾以不祥立天下菑及吾身何取之有既晉之救鄭者至日一作曰請戰莊王許之將軍子重諫曰晉強國也道近分列楚師奄罷君其勿許莊王曰不可強者我避之弱者我威之是寡人無以立乎天下也乃遂還師以逆晉寇莊王援枹而鼓之晉師大敗士卒奔者爭舟而指可掬也莊王曰嘻吾兩君不相好百姓何罪乃退楚師以佚晉寇

伐越第九

莊王欲伐越杜子諫曰王之伐越何也曰政亂兵弱

莊子曰臣患悲之智如目也能見百步之外而不能自見其睫王之兵自敗於秦晉喪地數百里此兵之弱也莊蹻爲盜於境內而吏不能禁此政之亂也王之弱亂非越之下也欲伐越此知之如目也王乃止

取陳第十

莊王欲伐陳使人視之使者曰陳不可伐也莊王曰何故對曰其城郭高溝壑深蓄積多其國寧也王曰陳可伐也夫陳小國也而蓄積多積多則賦斂重賦

斂重則民怨矣城郭高溝壑深則民力罷矣典兵伐之遂取陳

伐晉第十一

莊王欲伐晉使尹豚觀焉反曰不可伐也其憂在上其樂在下且賢臣在焉曰沈駒明年又使尹豚觀焉反曰可矣初之賢人死矣諂諛多在君之廬者其君好樂而無禮其下危處以怨上上下離心興師伐之其民必先反莊王從之果如其言矣

圍宋第十二

莊王圍宋有七日之糧曰盡此不克將去而歸於是使司馬子反乘闉一作堙而窺宋城宋使華元亦乘闉而應之子反曰子之國何若矣華元曰憊矣易子而食之析骸而爨之子反曰嘻甚矣憊雖然吾聞圍者之國箝馬而秣之使肥者應客今何吾子之情也華元曰吾聞君子見人之困一作厄則矜之小人見人困則幸之吾望見吾子似於君子是以情也子反曰諾子其勉之矣吾軍有七日糧爾揖而去子反告莊王莊王曰若何子反言其故莊王曰嘻甚矣憊今得此

而歸爾子反曰不可吾已告之矣曰軍有七日糧爾莊王怒曰吾使子視之子曷爲而告之子反曰區區之宋猶有不欺之臣何以楚國而無乎吾是以告之也莊王曰雖然吾欲今得此而歸耳子反曰王請處此臣請歸耳王曰子去我而歸吾孰與處於此吾將從子而歸遂師而歸

克鄭第十三

楚人圍鄭克之鄭伯肉袒牽羊以逆王曰其君能下人必能信用其民庸可絕一作棄乎自手旗左右麾軍

引兵退三十里而舍遂許之平

問鼎第十四

莊王伐陸渾之戎遂至於洛觀兵於周（一下有定王字）使王孫滿勞莊王莊王問鼎之大小輕重焉對曰在德不在鼎昔夏之興也遠方圖物貢金九牧鑄鼎象物百物而爲之備使民知神姦故民入川澤山林不逢不若魑魅魍魎莫能逢之用能協其上下以承天休桀有昏德鼎遷於商載祀六百商紂暴虐鼎遷於周德之休明雖小重也其姦回昏亂雖大輕也天祚

明德有所底止成王定鼎于郟鄏卜世三十卜年七百天所命也周德雖衰天命未改鼎之輕重未可問也

樊姬第十五

莊王聽朝罷燕（一作晏）樊姬下堂而迎之曰何晏也得無饑倦乎莊王曰今日聽忠賢之言不知饑倦也樊姬掩口而笑王曰何也姬曰妾得尚湯沐執巾櫛振衽席十有一年矣妾未嘗不遣人梁鄭之間求美人而進於王也與妾同列者十人賢於妾者二人妾豈

欲擅王之寵哉不敢私願蔽衆（一下有美字）欲王之多見則娛今沈令尹相楚數年矣未嘗見進賢而退不肖也又焉得爲忠賢乎莊王旦朝以樊姬之言告令尹令尹避席而進孫叔敖叔敖治楚三年而楚國霸

救解揚第十六

莊王伐宋宋告急於晉晉景公欲發兵救宋伯宗諫曰天方開楚未可伐也乃求壯士得霍人解揚字子虎往命宋毋降道過鄭鄭新與楚親乃執解揚而獻之楚莊王莊王厚賜與約使反其言令宋趣降王要解

揚乃許於是楚乘揚以樓車令呼宋使降遂倍楚約而致其晉君命曰晉方悉國兵而救宋宋雖急慎毋降楚晉兵今至矣莊王大怒將烹之解揚曰君能制命爲義臣能承命爲信受吾君命（一作令）以出雖死無二王曰汝之許我已而倍之其信安在解揚曰死以許君欲以成吾君命臣不恨也顧謂楚君曰爲人臣無忘盡忠而得死者楚王諸弟皆諫王赦之於是赦解揚而歸之晉爵爲上卿

申侯第十七

莊王既服鄭一敗晉師將軍子重三言而不當莊王歸過申侯之邑申侯進食日中而王不食申侯請罪莊王歎曰吾聞之其君賢者也而又有師者王其君中君也而又有師者霸其君下君也而羣臣又莫若君者亡今我下君也而羣臣又莫若不穀不穀恐亡且世不絕聖國不絕賢天下有賢而我獨不得若吾生者何以食焉

射兕第十八

莊王獵於雲夢射隨兕中之申公子培刼而奪之王

楚史　八　十一

曰何其暴而不敬也命吏誅之大夫諫曰子培賢者也此必有故姑察之不出三月子培病死兩棠之戰大勝晉歸而賞功申公子培之弟進請賞於王曰人之有功也賞於車下王曰奚謂也對曰臣之兄嘗讀故記曰射隨兕者不出三月臣之兄爭而得之故夭死也王命發乎之書而視之於是記果有焉乃厚賞之

好獵第十九

莊王好獵大夫諫曰晉敵國也楚不謀晉晉必謀楚今王無乃耽於樂乎王曰吾獵以求士也其榛叢刺虎豹者吾以是知其勇也其攫犀搏兕者吾以是知其勁有力也罷田而分所得吾以是知其仁也因是道也而得三士焉楚國以安

養由基第二十

楚庭嘗有神白猿楚之善射者莫能中莊王自射之搏矢而熙使養由基射之矯弓操矢而往未之發猿擁柱而號矣發之則應矢而下王大悅

絕纓第二十一

楚史　八　十二

莊王賜羣臣酒日莫酒酣燭滅有引美人之衣者美人援絕其冠纓告王曰今者燭滅有引妾衣者妾援得其冠纓趣火來上視絕纓者王曰賜人酒使醉失禮奈何欲顯婦人之節而辱士乎乃命左右曰今日與寡人飲不絕纓者不懽羣臣百有餘人皆絕去其冠纓而上火卒盡懽而罷居二年晉與楚戰有一臣常在前五合五獲首却敵卒得勝之莊王怪而問曰寡人德薄又未嘗異子子何故出死不疑如是對曰臣當死往者醉失禮王隱忍不暴而誅也臣終不敢

有蔭蔽之德而不顯報王也常願肝腦塗地立頸血湔敵久矣臣乃夜絕纓者也

子佩飲王第二十二

令尹子佩請飲莊王王許諾子佩疏揖北面立於殿下曰昔者君王許之今不果往意者臣有罪乎王曰吾聞子具於強臺者南望料山以臨方皇左江而右淮其樂忘死若吾薄德之人不可以當此樂也恐留而不能反

相人第二十三

楚人有善相人斷言無遺策聞於國莊王見而問於情對曰臣非能相人能觀人之交也觀布衣者其交皆孝悌篤慎畏令如此者其家必日益身必日安此所謂吉人也觀事君者其交皆誠信有行好善如此者事君若非日益官職日進此所謂吉臣也主明臣賢左右多忠主有失皆敢分爭正諫如此者國日安主日尊天下日富此之謂吉主也臣非能相人能觀其人之交也莊王曰善乃招聘四方之士夙夜不懈遂得孫叔敖將軍子重之屬以備將相遂成霸功二

築臺第二十四

莊王築層臺延石千里延壤百里士有反三月之糧者大臣諫者七十二人皆死矣有諸御巳者違楚百里而耕謂其耦曰吾將入見於王其耦曰以身乎吾聞之說人主者皆閑暇之人也然至且死矣今子特草茅之人耳諸御巳曰若與余同耕則比力也至於說人主不與子比賢矣委其耕而入見莊王王謂之曰諸御巳來汝將諫耶諸御巳曰君有義之用有法之行且巳聞之土負水者平木負繩者正君受諫者

聖君築層臺延石千里延壤百里民之釁咎血成通塗然且未敢諫也巳何敢諫乎顧臣愚竊聞昔者虞不用宮之奇而晉併之陳不用子家羈而楚併之曹不用僖負羈而宋併之萊不用子猛而齊併之吳不用子胥而越併之秦不用蹇叔之言而國危桀殺關龍逢而湯得之紂殺王子比干而武王得之宣王殺杜伯而周室卑此三天子六諸侯皆不能賢士之言故身死而國亡遂趨而出王遽追之曰巳子反矣吾將用子之諫先日諫寡人者不足以動寡人之

色加諸寡人故皆至死今子之說動寡人之心又色不加諸寡人故用子之諫明日命曰有能入諫者吾與之爲兄弟遂解層臺而罷民役

沈尹華第二十五

莊王學書於沈尹華昭釐惡之王好制使中謝佐制者乘間謂王曰國人皆曰王乃沈尹華之弟子也王不悅因疏沈尹華大夫曰中謝小人也一言而使王不聞先王之道令昭釐得行其私不可不審也莊王於是罰中謝而黜昭釐

孫叔敖諫第二十六

楚王將伐晉告于朝曰敢諫者死無赦孫叔敖曰臣聞畏鞭箠之嚴不敢諫其父非孝子也懼鈇鉞之誅不敢諫其君非忠臣也於是諫曰臣園中有榆其上有蟬方奮翼悲鳴欲飲清露不知螳螂之在後曲其頸欲攫而食之也螳螂方欲食蟬不知黃雀在後舉頸[illegible]欲啄而食之也黃雀方欲食螳螂不知童子挾彈在其下迎而欲彈之童子方欲彈黃雀不知前有深坑後有窟也此皆貪前之利而不顧後害者也[illegible]庶若此人主亦然君今知貪彼之土而樂其士卒性不慮其後患也莊王從之乃不伐晉

寢兵第二十七

莊王既勝晉於河雍之間歸而封孫叔敖叔敖辭而不受病疽將死謂其子曰吾則死矣王必封汝汝必讓肥饒之地而受沙石之間有寢丘者其地确石之名醜荆人鬼越人禨人莫之利也叔敖死王果封其子以肥饒之地其子辭而不受請有寢之丘楚國之俗功臣二世而奪其爵唯孫叔獨存

蘇從第二十八

莊王立爲君三年不聽朝乃令於國曰寡人惡爲人臣而遽諫其君者今寡人有國家立社稷有諫則死無赦蘇從曰處君之高爵食君之厚祿愛其死而不諫其君則非忠臣也乃入諫莊王立鼓鐘之間左伏楊姬右擁越姬左裯衽右朝服曰吾鼓鐘之不暇何諫之聽蘇從曰臣聞之好道者多資好樂者多迷好道者多糧好樂者多亡荆國亡無日矣死臣敢以告王王曰善左執蘇從手右抽陰刀刎鐘鼓之懸明日

故蘇從爲相

椒舉第二十九

莊王欲伐陽夏師久而不罷羣臣欲諫而莫敢莊王獵於雲夢椒舉進諫曰王所以多得獸者馬也而王國亡王之馬豈可得哉莊王曰善不穀知詘強國之可以長諸侯也知得地之可以爲富也而忘吾民之不用也明日飲諸大夫酒以椒舉爲上客罷陽夏之師

復封陳第三十

莊王爲陳夏氏亂故伐陳謂陳人無動將討於少西氏遂入陳殺夏徵舒轘諸栗門因縣陳陳侯在晉申叔時使於齊反復命而退王使讓之曰夏徵舒爲不道弒其君寡人以諸侯討而戮之諸侯縣公皆慶寡人女獨不慶寡人何故對曰猶可辭乎王曰可哉曰夏徵舒弒其君其罪大矣討而戮之君之義也抑人亦有言曰牽牛以蹊人之田而奪之牛牽牛以蹊者信有罪矣而奪之牛罰已重矣諸侯之從也曰討有罪也今縣陳貪其富也以討召諸侯而以貪歸之無乃不可乎王曰善哉吾未之聞也反之可乎對曰可哉吾儕小人所謂取諸其懷而與之也乃復封陳鄉取一人焉以歸謂之夏州

滅蕭第三十一

莊王伐蕭宋華椒以蔡人救蕭蕭人囚熊相宜僚及公子丙王曰勿殺吾退蕭人殺之王怒遂圍蕭蕭潰申公巫臣曰師人多寒王巡三軍拊而勉之三軍之士皆如挾纊遂傅於蕭還無社與司馬卯言號申叔展叔展曰有麥麴乎曰無有山鞠窮乎曰無河魚腹

疾奈何曰目於眢井而拯之若爲茅絰哭井則已明日蕭潰申叔視其井則茅絰存焉號而出之

諸侯請約第三十二

莊王與晉戰勝之懼諸侯之畏己也乃築爲五仞之臺臺成而觴諸侯諸侯請約莊王曰我薄德之人也諸侯請爲觴乃仰而曰將將之臺窅窅其謀我言而不當諸侯伐之於是遠者來朝近者入賓

少師慶第三十三

莊王之時太子車立於茅門之內少師慶逐之太子

怒入謁王曰少師慶逐臣之章王曰含之老君在前而不踰少君在後而不豫是國之寳臣也

求過第三十四

莊王見天不見妖而地不出孽則禱於山川曰天其忌予歟此能求過於天必不逆諫矣安不忘危故能終而成霸功焉

聘士第三十五

莊王使使賫金百斤聘北郭先生先生曰臣有箕箒之使願入計之即謂婦人曰楚欲以我爲相今日相

即結駟列騎食方丈於前如何婦人曰夫子以織屨爲食食粥毚履無怵惕之憂者何哉與物無治也今如結駟列騎所安不過容膝食方丈於前所甘不過一肉以容膝之安一肉之味而殉楚國之憂其可乎於是遂不應聘與婦去之

優孟第三十六

莊王時有所愛馬衣以文繡置之華屋之下席以露床啗以棗脯馬病肥死使羣臣喪之欲以棺槨大夫禮葬之左右爭之以爲不可王下令曰有敢以馬諫者罪至死優孟聞之入殿門仰天大哭王驚而問其故優孟曰馬者王之所愛也以楚國堂堂之大何求不得而以大夫禮葬之薄請以人君禮葬之王曰何如對曰臣請以雕玉爲棺文梓爲槨楩楓豫章爲題湊發甲卒爲穿壙老弱負土齊趙陪位於前韓魏翼衛其後廟食太牢奉以萬戶之邑諸侯聞之皆知大王賤人而貴馬也王曰寡人之過一至此乎爲之柰何優孟曰請爲大王六畜葬之以壠竈爲槨銅歷爲棺齎以薑棗薦以木蘭祭以糧稻衣以火光葬之於

人腹腸於是王乃使以馬屬太官無令天下久聞也楚相孫叔敖知其賢人也善待之病且死屬其子曰我死汝必貧困若往見優孟言我孫叔敖之子也居數年其子窮困負薪逢優孟與言曰我孫叔敖之子也父且死時屬我貧困往見優孟優孟曰若無遠有所之即爲孫叔敖衣冠抵掌談語歲餘像孫叔敖楚王及左右不能別也莊王置酒優孟前爲壽莊王大驚以爲孫叔敖復生也欲以爲相優孟曰請歸與婦計之三日而爲相莊王許之三日後優孟復來王曰

婦言謂何孟曰婦言慎無爲楚相不足爲也如孫叔敖之爲楚相盡忠爲廉以治楚楚王得以霸今死其子無立錐之地貧困負薪以自飲食必如孫叔敖不如自殺因歌曰山居耕田苦難以得食起而爲吏身貪鄙者餘財不顧恥辱身死家室富又恐受賕枉法爲姦觸大罪身死而家滅貪吏安可爲也楚相孫叔敖持廉至死方今妻子窮困負薪而食不足爲也於是莊王謝優孟乃召孫叔敖子封之寢丘四百戶以奉其祀後十世不絕

祭不踰望第三十七

莊王寢疾卜之曰河爲祟大夫曰請用牲莊王曰止古者聖王之祭不一望濉漳江漢楚之望也寡人雖不得河非所獲罪也遂不祭三日而疾有瘳孔子聞之曰楚莊王之霸其有方矣制節守職反身不貳其霸不亦宜乎

夏姬第三十八

莊王既討陳靈公之賊殺夏徵舒得夏姬而悅之將近之申公巫臣諫曰此女亂陳國敗其群臣嬖女不可近也莊王從之令尹又欲取申公巫臣諫令尹從之後襄尹取之至恭王與晉戰于鄢陵楚兵敗襄尹死其尸不反數求晉不與夏姬請如晉求尸楚方遣之申公巫臣將使齊私說夏姬與謀及夏姬行而申公巫臣廢使命道亡隨夏姬之晉令尹將徙其族言之於王曰申公巫臣諫先王以無近夏姬今身廢使命與夏姬逃之晉是欺先王也請徙其族王曰申公巫臣爲先王謀則忠自爲謀則不忠是厚於先王而薄也何罪於先王遂不徙

蜀檮杌

宋　張唐英

王建字光圖其先潁州郾城後徙居壊城隆眉額身長七尺與晉暉輩以剽竊爲事被重罪繫許昌而獄吏縱之使去武當僧處洪謂曰子骨相異常貴不可言何自陷爲盜感其言因隸軍於忠武而節度使杜審權振列校從討王仙芝有功所乘馬死剖之得一小蛇於心間私自異之秦宗權處淮西募建補軍虞候廣明中僖宗大喜乃分其兵使建等五人主之號

隨駕五都田令孜皆錄爲假子駕還分典神策軍光啓元年令孜與河中王重榮有隙移鎮易定重榮遂舉兵向闕二年正月僖宗再幸興元以建爲清道使負玉璽以從至當塗駟而顧寧李昌符朱孜等遣人焚棧道建翼僖宗過於煙焰中夜宿坂下僖宗枕建膝而寢賜以金券至褒中以建遙領壁州刺史令孜懼禍求爲西川監軍以楊復恭代爲觀軍容復恭慮建不附已出爲利州防禦使十月駕還楊守亮鎮興元屢召建建疑圖已遂招募亳猾八千攻閬州殺

楊行遷入據其城自稱刺史十一月昭宗即位陳敬瑄叛於成都迎建於東川顧彥朗內顧爲患願發之令孜於子也可折簡召之遂與建曰中原多事推三蜀可以偷安陳公慷廓無疑同建大事吾父子輔之無不可也建大喜領兵趨成都敬瑄參謀李乂謂曰建爲人姦雄狠顧久矣必不爲人下若爲將校亦非公之利建至東川敬瑄遣人止之建怒進攻破鹿頭入據漢州進攻成都顧彥朗懼建反戈相襲上表雪其罪建亦奏請擇大臣帥蜀乃召宰相韋昭度爲

成都尹蜀郵黎雅置永平郡於邛州以建爲節度發兵迎昭度於劍門敬瑄不受代昭度於城東置行府以建爲衙內都指揮使大順元年十月建度敬瑄垂敗心與全蜀乃入白昭度曰相公興數萬之衆來有討叛之効而餉運不繼大衆嚚然今關東藩鎮相噬圖傾國家朝廷姑息不暇相公爲國大臣其心安忍不如東還以靖中原此根本之策也劍外之事願以相委必有所[illegible]驅策昭度猶豫未決建陰令軍士殺昭度帳下吏駱保臠食之昭度懼遂

以符節付建即日東還詔復敬瑄官令建罷軍歸邛州建不孜急攻成都令孜懼登城與建語曰老夫與八哥素厚何苦相扼如此建曰建與軍容有父子之恩何心敢忘但太師負國而朝廷使建討之苟太師改心便可釋憾令孜與敬瑄議以勢不可敵其夕令孜攜符印即建營受之翌日以成都讓建自稱留後表陳其事龍紀元年春制授成都尹西川節度監軍使知節度事管內觀察處置雲南八國招撫等使敬瑄廢處雅州以其子爲刺史旣行建遣殺於三匹令

孜仍監其事四月以令孜陰附鳳翔擒下獄餓死光化三年詔建私門立戟加中書令封琅琊王四年封建西平王三年昭宗還長安建奉表貢茶布等十萬八月封建司徒蜀王四年八月朱全忠弑昭宗建率將吏百姓舉哀制服七年全忠篡位改元開平巨人見青城山鳳凰見萬歲縣左右勸進三遜而後從九月僭即位號大蜀改元武城以王宗佶爲中書令韋莊爲散騎常侍判中書門下事唐道襲爲樞密使任知元潘峭爲宣徽南北院使王宗裕爲太傅王宗侃

爲太保兼侍中以唐觀軍容嚴遵美爲内侍監授唐室舊臣王進等三十二人官爵有差十月下詔改堂宇廳舍爲宮殿其略曰帝君之居上應辰象朝貢臻集華夷會同宮闕殿閣之深嚴臺省府寺之完壯須分名號以美觀聽況我肇啓丕圖類有嘉瑞允協上玄之貺式光萬世之基至於廚廐之標題倉庫之曹列並宜從華用永惟新大衙門爲宣德門師子門爲神獸門大廳爲會同殿毬場門爲武門毬場廳爲神武殿蜀王殿爲承乾殿清風樓爲壽光閣西廳子爲

咸宜殿九頂堂爲承乾殿會仙樓爲龍飛樓西廳門爲東上閤門廳子西門爲西上閤門節堂南門爲日華門庫角門爲月華門萬里橋門爲光下門笮橋門爲坤德門大東門爲萬里春門小東門爲瑞鼎門大西門爲乾正門小西門爲延秋門北門依舊大玄門子城南門爲宗禮門中隔門爲神雀門東門爲神政西門爲興義鼓角樓爲大定門北門爲大安門中隔爲玄武門昌橋爲應聖橋舊宅爲昭聖宮堂爲金華殿摩訶池爲龍躍池設廳爲韶光殿軍資庫爲國

討庫衙庫爲內藏庫衙內麴佑庫爲齊庫大衙內雜庫爲廣潤庫賞設庫爲常盈庫賞設行庫爲殿前庫南倉爲天富倉贍軍東庫爲左藏北庫倉爲大倉甲狀庫爲天富庫舊役三院爲彰信門尚書省於舊使院置御史臺於府司置府城爲皇城使防使司依舊兩馬步使爲左右街使廂虞候爲街廵使後槽飛龍廄客司馬客省使藥營爲教坊使厨爲御食戟門添置六戟三十六戟神策營爲粮料司六軍爲支計院成都府爲在子城外遂穩便處置立府所司新曲宅

爲啓官堂爲玉華殿武城二年正月祀南郊御樓肆赦赦韋莊爲吏部侍郎張格爲中書侍郎並平章事因謂曰不恃權不行私惟至公是守此宰相之任也三月灌州奏武部郎中張道古卒道古臨淄人少有文詞慕朱雲梅福之節景福中舉進士釋褐爲著郎遷右拾遺時播遷之後方鎮阻道古上疏言五危二亂七事責授施州司戶叅軍未幾以左補闕徵由蜀赴闕陳田之亂乃更姓名賣卜於温江韋聞其名奏爲節度判官又上建時叙二亂五危事爲同僚所嫉逐茂州安置開國召爲武部郎中至玉壘關謂所親曰吾唐室諫臣終不能拳跽與雞犬同食今召還須再貶於此死之日瘞之日葬我於關東不毛之地題曰唐左補闕張道古墓至蜀果不爲時所容復貶茂州卒於路五月立周氏爲皇后宗懿爲太子十月講武星宿山步騎三十萬遂宴於行宮謂左右曰得一二人如韓信而將之中原不足平也宗佶跪曰臣雖不才自顧可策取兵部郎中張扶進曰陛下雄才大畧尚不能得岐隴尺寸之土宗佶小子狂妄願陛下

無以中原爲意宗佶憾之諭庖人置堇而毒殺之扶字子持廣都人博學善文凡書奏牋檄皆屬之贈諫議大夫制封諸子爲王建十一子馬嬺生宗仁白嬺生宗輅陳嬺生宗智宗時喬嬺生宗傑褚嬺生宗鼎宗澤宗平徐嬺生衍撲殺晉國公王宗佶本姓甘氏建未有子錄爲養子以戰功累遷中書令侍位隆功高所爲不法連上表求爲太子建勉諭令出而不肯去言詞甚悖因叱衛士撲殺之

三年六月下詔勸農桑曰昔劉先主入蜀武侯勸其

閉閣勸民十年而後舉兵震駭關內朕以猥瑣托居人上爰念蒸民久罹干戈之苦而不暇力於農桑之業今國家漸寧民用休息其郡守縣令務在惠綏無使無擾使我赤子樂於南畝而有豳風七月之詠焉

八月吏部侍郎平事韋莊卒莊字端己杜陵人見素之後乾寧中舉進士建奏爲掌書記昭宗遇弑梁祖即位遣使諭興元節度王宗綰馳驛自建建謀興復莊以兵者大事不可倉卒而行乃爲建答宗綰書其略曰吾常主上恩有年矣衣襟之上寶翰如新墨詔之中淚痕猶在犬馬猶能報主而况人之臣乎自去年三月東遷連貢二十表而絕無一使之報天地阻隔叫呼何及聞上至轂水臣僚及宮僚千餘人皆爲汴州所害及至洛果遭弑逆自聞此詔五內糜潰令兩川銳旅誓雪國耻不知來使何以宣諭示此告勅令自決進退梁使遂還梁祖復遣使通好以建爲兄莊得書笑曰此神堯驕李密之意也建之開國制度號令刑政禮樂皆莊所定拜平章事卒有浣花集二十卷十二月大赦改元永平

永平元年十一月周德權卒德權汝南人建之妻兄從建入蜀以戰功累遷眉州刺史梁祖既纂德權上表曰綮識文李祐西王逢吉昌土德充興丹莫當李祐者唐王也西王者王氏興於西方也逢吉昌者逢字如殿下之名也土德坤維也充興亦西方也丹莫當者丹朱也言朱與不敢與殿下抗也願稽合天命仰膺寶籙使天地有主人神有依建大悦曰成我者叔舅也建即位累遷太保中書令卒贈太師

二年正月贈張魯扶義公諸葛亮安國公二月朔游龍華禪院召僧貫休坐賜茶藥綵段仍令口誦近詩時諸王貴戚皆賜坐貫休欲諷之因誦公子行曰錦衣鮮華手擎鶻閒行氣貌多輕忽稼穡艱難總不知五帝三王是何物建稱善貴倖皆怨之貫休本蘭溪人善詩與齊已齊名有西岳集十卷三月詔平章事張格專編纂開國以來實錄獲玉璞於田令孜之第其文曰有德承天其祚永昌八月什邡縣獲銅牌石記有曆昌之文改什邡爲通計縣改太子名爲元膺

三年七月太昌軍使徐瑤等脇太子元膺舉宮以叛

儲君討之斬元膺瑶伏誅以術爲太子瑶字伯玉長
爲人從建入蜀勇猛善格鬭建初在韋昭度幕府其
兵皆文身黧黑衣裝詭異衆皆稱爲鬼兵稱瑶爲鬼
魁建克成都瑶多汚辱衣冠士女富人李希妻俞氏
有異色瑶　而逼之俞氏曰吾夫嘗爲鄉貢進士風
流儒雅人比之相如尚亦非我匹爾鬼兒也焉得無
禮於我瑶仗劒謂曰而畏此乎俞氏曰吾寧死必不
受辱瑶欲殺之左右謂曰城中婦人無限何必暴至
於此遂壯而釋之

四年二月以太子衍判内外六軍事詔以東宫爲崇
賢府凡文學道德之士得以延納訪問重陽建出游
寳曆寺后妃皆從其日宫女四人逃匿搜尋不獲明
日得之乃寺僧誘之藏於民家與僧二十二人同斬
於龜化橋十月内樞密使潘炕字凝夢其先河西人
有氣量家人未嘗見其喜怒然變於美妾解愁善成
疾解愁姓趙氏其母夢吞海棠花蕋而生頗有國色
善爲新聲及工小詩建嘗至炕第見之謂曰朕宫無
此人意欲取炕曰此臣下賤人不敢以塵於君其實

之弟峭謂曰緑珠之禍可不戒邪炕曰人生貴於
適意豈能愛死而自不足於心耶人皆服其有守其
十二月御大安門受秦鳳階成之信大赦改元通正
將大霖雨禱于奇相之祠唐英校古史寔彖氏之女
竊黄帝玄珠沉江而死爲此神即今江瀆廟是也
通正二年正月梁遣使來聘二月翰林學士庾傅昌
卒傅昌周義成庾信之後富文藻著金行啓運録二
十卷青宫載筆記十五卷玉堂集二十卷三月弘農
郡王晉暉卒暉許州人少有膽勇初與建爲盜夜消

武陽古墓中聞人呼墓中鬼曰潁州設無遮會可同
否墓中應曰蜀王在此不得相從二人相會曰蜀王
誰是也暉曰行哥狀貌有異於人必有不常之事建
嘗與飲叙舊暉曰武陽冢中言果不誣耳建笑曰始
心不及此卒建親往臨弔十一月大赦改元天漢元
年國號改稱天漢以廣成先生杜光庭爲戶部侍郎
天漢元年正月封張飛爲靈應王鄧艾爲彰順王張
儀爲昌化王五月祀皇帝于南郊翌日祀皇帝於方
丘六月賜百官飛宿凡十一月祀昊天上帝於圜丘

大風拔木帳幄皆裂改元光天依舊稱大蜀國
光天二年四月有狐出於寢室鵂鶹鳴於帳中鶺鴒
集於摩訶池建因感疾甚篤召大臣渙坐示手書曰
朕比遭亂離以干戈定秦蜀賴卿等忠勤夾輔遂
各號龍有神氣兢兢業業懼不負荷幸賴天地之靈
廟社之祝方隅底定民黎康樂二氣叶和五穀豐稔
然以萬機之大不免勤勞於夙夜感此一恙藥石弗
救太子雖幼有賢德然次不當立卿等固請于外妃
后亦甚篤愛勢不能違立爲儲王免力輔無墜我邦
家之休又謂曰太子若不克荷但置之別宮選立賢
者慎勿害之徐氏兄弟但優與俸祿以豐其家勿令
掌兵以速其禍詔太子入侍疾六月建薨年七十二
僞謚武神文聖孝德明忠皇帝廟高祖葬永陵
黃松子曰唐自廣明之亂天下凌遲姦猾亡命之徒
攘袂佽众於萑蒲之下而所在橫潰建於此時乃與
晉暉輩攘竊於許蔡之郊藏匿於墟墓之間其暴固
不足以聳動郡縣及得罪被繫死在旦夕而孟彥暉
縱之使去此獄吏知其必貴而祐之耶抑天爲之

遂能奮迹士伍奔赴行在忠義感激誠貫白日執戈
被銳翼衛乘輿於烟熖之中其勤至矣巨閹猜忌白
壁遷利遂舉兵據閬上謀自全之計洎陳田召而不
納遂抗表請師猶有勤王之節而韋昭度章句書生
柔雅醞藉非具有將帥之才駕馭之術建察其可取
而代中以幾智奪其符印遂推敵克城節制全蜀而
納貢述職道不絕使及梁祖受禪非有湯武高光之
德建誓師雪恥而爲岐隴所阻自視才略不在梁下
其肯心降俛首而爲之臣耶因僭竊位號亦犄使之
然也觀其委任將佐擢用才智撫養士卒惠綏黎庶
勸課農桑輕省徭賦臨終顧托至誠無疑前視劉備
可以無愧矣

幸蜀記　宋居白

僖宗聰睿强記好馳騁諸色博弄無不周徧季年寵内園小兒張浪狗好歌能舞纔十六七能數般馬伎忽一日浪狗曰臣無馬乘僖宗乃寄與銀一百兩令自買之其時聖駕自岐陽回長安少有好馬浪狗於諸尋求雲陽縣買得一疋浪狗本在宣徽南院安下僖宗日日獨行浪狗院中問買的馬自潛行看之此馬又未曾騎習僖宗巡繞馬左右詡浪狗曰好馬好

馬稱數徧其馬忽爾騰躍右足踏僖宗左脇便倒不醒浪狗驚惶將數銀盂子尿灌僖宗口良久方蘇歸稱氣疾詔醫二十餘人候脉用藥皆言是膀胱之氣並無瘳效其脇痛轉劇至十二日崩本因馬踏也

四月唐遣容省使嚴末股入蜀軍以窺實虛其芻記略曰伏自朱温肆逆運屬昭宗三年痛別於西秦一旦適還於東洛誅殘南北焚爇宫闈雖列藩悉是唐臣無一處不從僞命由是大唐中興皇帝念高宗太祖之業俟爾㝢張憤朱温崔胤之徒同謀篡殺遂乃[illegible][illegible]迺發心鼎獨然竭滄波而誓戮鯨鯢芟林莽而殄除虎兕十年對壘萬陣交鋒處乆困於生靈乃選練其死士過汶水擒王彦章於馬前旋于開斬朱正於樓上劒霜未匣槍雪猶殫段凝領八萬雄師倒戈伏死趙嵒知一人應運引頸待誅遂使賊將歸心謀夫拱手取乾坤只勞八日救塗炭遂定四維此詞亦頗壯烈也

成康元年正月朔受朝賀大赦改元三月衍明永陵自爲夾市民庶皆効之還宴怡神亭嬪妃妾妓皆衣

道服蓮花冠髽髻爲樂夾臉連額渥以朱粉曰醉妝國人皆効之

四月朔衍會群臣舉觴不飲容色不悦特進顧在珣曰臣聞主憂臣辱主辱臣死今陛下臨軒不樂臣願請罪衍曰北有後唐南有蠻詔朕既不能吊伐彼有不爲臣子此所憂爾在珣曰朝廷有十臣在陛下何憂退而令太子洗馬林宰者著十在文以進曰有口口口者興土木於禁中選驍雄於手下爰持斧鉞出鎮藩籬飾宫殿於選方命鸞輿而遠幸爲禍之端爲

禍之原有王承林者摧挫英雄吹揚佞媚全無才智謬處腹心斷性命於戲玩之間戮仇讎於樞機之下有功勞而皆棄非賄賂而不行有宋光嗣者受先皇之付囑爲大國之棟梁既不輸忠又不知退恣一門之奢侈任數力之驕矜徒爲貪饕之人實非社稷之器有王宗弼者謬陟烟霄殊非謇諤興亂本則遏章程之妙恣姦謀則事頰舌之能必召傾亡尚居左右有韓昭者性懷慘毒又恣貪殘焚爇軍營要寛私第不顧喧騰於衆口惟思自任於心懷有歐陽晃者酷

毒害民市刑聚貨叨爲郡守實負天恩瘡病已徧於陽安蒙蔽半由於內寄有田魯儔者爲君王之元舅受保傅之尊官但務奢華不思輔弼第宅過同於上苑珍珠未滿於貪心有徐延瓊者出爲留守入掌樞機無謇諤以佐君但唯唯而徇旨有景潤澄者披求女色取悅宸襟常叩不次之恩每有無厭之寵敷對雅謗於便捷佐時不識於經綸素非忠勤實爲忝竊有嚴凝月者唱亡國之音銜起時之俊每爲巫覡以亂聖明致君爲桀紂之年使上乏唐虞之化任臣如此社稷何安衍覽之大笑賜在坰綵五百段加開封府在坰以綵之半遺宰宰宇仲緘西江人博通經史除溫江主簿遷太子洗馬落托不羈文多譏刺執政惡之故不得用而卒

四月遊浣花龍舟綵舫十里綿亘自浣花潭至萬里橋遊人士女珠翠夾岸日正午暴風起須臾雷雨冥晦有白魚自江心躍起變爲蛟形騰空而起是日溺者數千人衍俱卽時還宮

重陽宴群臣於宣華苑夜分未罷衍自唱柳宗元詩

曰梁苑隋堤事已空萬條猶舞舊春風何須思想千年事誰見楊花入漢宮侍臣宋光溥咏胡曾詩曰吳王自恃秉雄才貪向姑蘇醉綠醅不覺錢塘江上月一宵西送越兵來衍聞之不樂於是宴罷

七月天倉倉奏米中生蟲如小蜂尾後垂如米粒曳之而行

十月彗星見長丈餘在井婁之次司天言恐國家有大災宜修德以禳之詔於玉局北置道場以合天變右補闕張雲上疏言此是百姓怨氣上徹於天成此

彗星彗者除舊布新之義此乃亡國之兆宜祈禳之可免衍怒流於泰州雲唐安人立朝謇諤自比朱雲權倖多嫉之宣徽使景潤澄嘗謂曰昔朱雲請斬馬劍以厲斬張禹今上方只有殺雞刀卿欲用乎雲曰雞刀雖小亦可斬群狗潤澄憾之至是奏雲謗國遂有黎州之貶雲多病行至臨邛卒

六年正月禁民戴危帽其製秋中銳首拂之即墜

九月唐莊宗遣李稠來通好市珠玩錦綉衍不許以爲落草莊宗怒曰衍豈免落草乎

幸蜀記　五

韓昭字德華長安人衍北巡以爲文思殿學士京城留守判官多嘲謔云韓公凡事如僧剃髮無有寸長昭以便佞恩傾一時出入宮掖太妃愛其美風姿而專有嬖陽之寵唐兵入蜀王宗弼與之有隙先捕而殺之梟首金馬坊百姓皆溺之

四月二日明文殿試制科白衣蒲禹卿對策其略曰今朝廷所行皆一朝一夕之事公卿所陳者非乃子乃孫之謀盤偷目前之安不爲身後之慮衣朱紫者皆盜跖之輩在郡縣者悉狼虎之人奸佞滿朝貪淫如市以斯求治是謂倒行執政皆切齒欲誅之衍以其言有益擢爲右補闕

三月禁百姓不得帶小帽衍好私行往往宿於倡家飲酒於樓索筆題曰王一來去恐人識之故令民間皆帶大帽

四月流軍使王承綱於茂州衍嘗私至承綱家悦其女有美色欲私之承綱有隙奏其出怨言故被貶女聞綱得罪剪髮求贖其罪不從乃自縊死

五月不雨至九月林木皆枯赤地千里肥遺見王氏

幸蜀記　六

開國記以肥遺爲畢鬼唐英按肥遺蛇名角上有火見則大旱非鬼也

五年三月上巳宴怡神亭婦女雜坐夜分而罷衍雜坐舄履交錯嘗召嘉王宗壽赴宴宗壽因持杯諫衍宜以社稷爲念少節宴飲其言慷慨激烈衍有愧色佞臣潘左迎顧在珣韓昭等奏曰嘉王從來酒悲不足乃相與諧謔戲笑衍命宮人李玉簫歌衍所撰宮詞侑宗壽酒宗壽懼禍乃盡飲之左迎曰嘉王聞玉簫歌即飲請以玉簫賜之衍曰王必不納宗壽字

永年王建之族子

八月衍受道籙於苑中以杜光庭爲真天師崇真館大學士光庭字賓至京兆杜陵人方干見之謂曰此宗廟中寶玉大圭也舉制科不中入天台爲道士僖宗召見賜紫衣出入禁中上表乞遊成都隱青城山白雲溪卒於蜀年八十五顏貌如生世以爲尸解有文千卷餘皆本無爲之旨

九月詔置賢良方正博通經史明達吏治識洞兵機沉滯丘園五者令黃衣選人白衣舉人投策就試吏

部考較十月以韓昭爲吏部侍郎昭受賂狥私選人詣鼓院訴之又嘲曰骨肉遵法清城侍郎親情稍間二州侍郎自留銜職集璧侍郎衍一日聞言召而問之昭曰此皆太后太妃國舅之親亦臣之親衍爲之默然

衍字化源建幼子舊名宗衍八歲封鄭王爲左奉鑾軍使元膺死建以維王宗輅類已又信王宗傑明敏有才欲選立之衍母徐氏有寵寄以金百鎰遺宰相張格言上已許衍爲太子願相公助之格遂抗表言衍才氣英武允堪社稷之托遂得立開崇賢府置僚屬頗好論史賦詩即位年十八時梁貞明五年也立周氏爲皇后十月詔選良家女二十人備後宮十二月拜永陵詔以來年正月有事於南郊改明年爲乾德元年以龜躍池爲宣華池即摩訶池

二年八月衍遂以宰相王鍇判六軍諸衛事旗幟戈甲百里不絕衍戎裝被金甲珠帽錦袖執弓挾矢百姓望之驚相謂爲灌口祅神復以宮人二十人從至漢州駐西湖與宮人泛舟奏樂飲宴彌月九月駐軍

西縣自西縣還至益昌泛舟遊閬中舟子皆衣錦綉衍自製水調銀漢之曲日命樂工歌之郡民何康女殊有美色將嫁衍取之賜其夫家百縑其夫一慟而卒

三年三月衍還成都五月宣華苑延袤十里內起重光太清延昌會真之殿清和迎仙之宮降真蓬萊丹霞之亭土木之功窮極奢巧衍數于其中爲長夜之飲

六月往大慈寺避暑觀明皇僖宗御容宴群臣於華

巖閣下七夕與宮人乞巧於丹霞樓是月寢疾命太
昶監國季良召術士周仲明問知祥壽仲明曰上合
爲眞王食蜀中二十年旣登九五於壽無益季良曰
可爲金縢乎曰此天數也非人力可爲季良又問子
孫壽何如曰二紀外有眞人出天下一統二十六日
季良薨年六十一僞謚文武聖德英烈明孝皇帝廟
號高祖葬和陵有道者自號醋頭手攜一燈藥所至
處卓之呼曰不使登登使倒至是人以爲應知祥好
學問性寬厚撫民以仁惠馭衆以恩接士大夫以禮

薨之日蜀人甚哀之

昶字保元知祥第三子母李氏雍順公主之媵昶於
太原大成初知祥迎入蜀累遷西川衙內馬步軍都
指揮使

明德九年七月知祥覆疾以昶監國望日册爲太子
知祥薨於柩前卽位加季良司徒仁罕兼中書令判
六軍事遷德兼侍中六軍副使張業撿校太尉季肇
兼侍中十月仁罕伏誅仁罕字德美陳留人十一月
季肇以太子太傅致仕肇汝陰人二年二月尊母李

氏爲皇太后季氏長深宮王之媵嘗夢大星自天墜
將其懷以告公主曰此娙有福相當生貴子乃令知
府舍知祥乃館於徐延瓊之第延瓊卽衍之舅衍嘗
幸其第悅其華麗於壁上書一字以戲之蓋蜀中以
孟爲不佳故也延瓊以紅紗籠之祥見而笑曰疎狂
霸主亦知我居此耶

四月明宗卽位十月加知祥撿較太傅兼侍中長興
元年二月南郊知祥加中書令改封其妻瓊華公主
爲福慶長公主薨朝廷遣使來歸賻册贈晉國雍順

長公主六月進封蜀王承制行賞諸將進秩有差九
月葬長公主于星宿山四年二月命修墓禁樵採三
月宴官僚於王氏宣華苑謂左右曰使衍荒於政有
賢嗣之繼岌小子豈遽至此耶趙季良曰亦天時也
不有所廢君何以興知祥大喜九月立三廟十一月
明宗崩制服大臨五年正月白鵲集玉局化白龜遊
宣華苑季良上表陳符瑞率百官勸進曰將士大夫
盡節効忠於殿下正望攀鱗附翼知祥曰德薄不足
以承天命以蜀王而老於孤足矣季良曰早延大號

元以慰軍民推戴心閏正月二十八日遂僭帝位其
月大風晝冥以季良守司空平章事李仁罕爲衛聖
諸軍馬步軍指揮使趙廷隱張乘爲左右匡聖步軍
都指揮使三月追尊曾祖佚爲孝元皇帝廟號太祖
察爲孝景皇帝號世祖考獻爲孝武皇帝廟號顯宗
遣使持書至洛稱大蜀皇帝四月受王綉以自足其
所欲衍誠能啗之以利結之以好勤勞霸政勇於爲
治尚可延數十年俟眞王應運納土歸命不失爲寶
融而以鄙吝召禍不免面縛及拜裂土之詔欣然自
得以不失爲禪屬天未厭亂中外有變非辜殞命可
哀也哉

孟知祥字保徹邢州龍岡人爲郡衙吏以咸通十五
年甲午歲四月二十一日生有火光照室隣里皆異
之有僧見而拊曰此武臺山靈也弱冠補太原衙内
都指揮使克用鎮太原妻以其弟克讓之女累迁衛
軍使天祐五年莊宗嗣晉王位改馬步軍教練使出
知嵐州及中門使莊宗與宋祖夾河項兵知祥參謀
應變事無留滯中官馬以罪請誅知祥懼禍乃薦郭
崇韜爲副而辭疾補馬步軍都虞候莊宗卽位於鄴
除太原尹知留守事同光三年十二月以知祥爲都
尹劍南西川節度副大使朝于洛陽有師出内府幄
幕珍玩館於宮中莊宗既疑崇韜有異志戒知祥誅
之知祥曰崇韜國之勳舊必無二心俟其至蜀觀之
如無他志卽遣歸闕知祥知石璋中使馬圭至言徃
誅崇韜知祥自洛至蜀凡十七日時天成九年正月
至則崇韜已被誅諸將洶洶知祥至制宜慰人心稍
定初蜀人繫拂以初入爲孟入又王氏宮殿皆廻匠

人孟得名姓及知祥至人以爲先兆時魏王尚駐於
梁下詔慰勞衍曰國當裂土而封必不薄人於險三
辰在上一言不欺衍捧詔欣然曰不失爲安樂公乃
率其宗屬及宰相王鍇等及將佐家族上下數千人
東赴洛陽四年三月至鳳翔是時關東急蜀中未寧
莊宗令宦者迎延嗣徃中路誅之四月延嗣至興晉
守張銙誅於泰州驛吏其族時年二十八母徐氏臨
行刑呼曰宛試吾兒以國迎降反以爲戮信義俱棄
吾知爾禍必族矣建自唐光啓三年冬入蜀父子相

承乂四十年而亡天成三年衍舊臣王宗壽上表乞
改葬明宗下詔進封爲順正公以諸侯禮葬長安南
三趙村
黃松子曰衍幼無英特之質長於綺紈富貴之中及
元膺被誅次當以輅倸爲嗣而衍母專寵大臣表裏
内謀遂得嗣立襲位之後不能委任忠賢躬決刑政
惟宮苑是務惟宴遊是好惟憸巧是近惟聲色是尚
閹官執政于外母后司晨于内張士輩以諫諍而得
罪王宗壽輩以鯁忠而見侮況不畏詞厚禮以睦隣

又不選將講武而守國唐師壓境尚謀宣淫於藩臣
之家而采光葆之議其滅亡也宜哉然予覩莊宗之
才非司馬文王之比崇韜繼岌帥兒繆將非鍾會鄧
艾之比是時天下郡國十未得五六藩鎮跋扈經略
未暇雖意在伐蜀亦未有必然之計止於求金帛而
已
初衍禱張惡子廟抽籤得逆天者殃四字後遂不免
唐將李彥琛等圍鳳州刺史王承捷以城降衍乃令
王宗儀宗勳昱儼三招討以禦之唐師至三泉諸將
皆棄城寨逃還衍令斷桔津栢梁自綿谷還晉王宗
弼以兵固守仍令斬宗勳等三將俄而宗弼亦棄綿
谷奔自芳與三將同謀納欵於魏王十一月衍至成
都宮人及百官迎謁於七里亭衍入宮要中作面統
隊以趨城中知唐師已逼但掩袂泣下既而宗弼擁
兵還成都遂刼衍及母妻諸子遷于天啓宮收其金
後總王至德陽衍報曰與將校謀歸朝廷爲樞密使
宋光嗣景潤澄宣徽使用輅歐陽晃等與謀熒惑各
已處斬謹函首以獻又邀李嚴相見以母妻爲托曰

上表曰臣先人受職坤維作藩唐室一開土宇垂四
十年屬梁𦶇梃災皇綱解紐不能助逆遂至從權勉
狥輿情止王三蜀建臣纂紹罔敢逆邉自保土疆以
安生聚皇帝陛下嗣唐虞之業興湯武之師廓定中
區奄征不庭梯航畢集文軌大同臣方議改圖使期
納欵遽聞致討實抱驚危今則委千里封疆盡於王
土與萬家臣妾皆沐皇恩輿櫬有歸負荆請罪望回
日月之照特寛斧鉞之誅顒佇德音以安反側謹表
奉歸命翌日魏王至七里亭衍備亡國禮以降魏王

入居東內夷其族宗弼姓魏名洪夫弟忠武軍隨有功賜姓名莊

天回驛太后與太妃各賦詩太后詩曰週遊靈境散幽情千里江山暫得行所恨風光看未足却驅金翠入龜城太妃詩曰翠驛江亭近玉京夢魂猶是在青城比來出看江山景却被江山看出行

徐氏父名耕成都人生二女皆有國色耕教爲詩有藻思耕家甚貧有相者謂之曰公不久當大富貴耕因使相其二女相者曰青城山有王氣每夜徹天者

一紀矣不十年後有眞人乘運此二子當作妃后君貴由二女致也及建入城聞有姿色納於後房娣生彭王妹生衍即位娣爲淑妃妹爲貴妃耕爲驃騎大將軍衍即位封貴妃爲順聖太后淑妃爲翊聖太后兄延瓊弟延珪皆致位太師侍中衍既荒於酒色而徐娣妹亦各倖臣不能相規正至於失國皆其致也

十月衍還成都是月莊宗遣與雲宮使魏王繼岌樞密使郭崇韜來伐中外星列衍所私秦州節度使王承休妻嚴氏至是自統精兵入秦州以巡邊賓客左右諫皆不聽補闕蒲禹卿上疏衍所納禹卿成都人從衍入洛及衍被誅乃慟哭曰蜀人自此重不幸也乃題詩於驛門而逃不知所終衍離成都日天地冥晦兵不成列有羣鴉泊於旗竿上其鳴甚哀次梓橦大風暴起發屋拔木知星者趙延祐言曰此貪狼風千里外必有破國稱臣者

七月丙午衍應聖節列山棚於得賢門是日有暴風摧之望日震應聖堂摧兩柱太常少卿楊珍上言略曰陛下誕聖之日而山摧者非不騫不崩之義也在

於得賢門者示陛下所用不得賢也應聖堂柱震摧者示陛下柱石非才也衍不以爲意九月衍與母同禱青城山宮人畢從皆衣雲霞之衣衍自製甘州詞令宮人歌之其詞哀怨聞者悽惋衍至青城王旬日設醮祈福太妃太后謁建鑄像及丈人觀玄都觀金華宮景山至德興各有唱和詩刻于后次至彭州湯平化漢州學山晚看聖燈亦各賦詩曰四至木中分島嶼數重花外見樓臺衆稱善久之十月召百官宴芳林園賞縱梔花此花青城山中進粒子種之而成

其花六出而紅青香如海棠時最重賞
十一月漢兵陷鳳翔王景崇自焚死
十三年五月昶第三子玄寶卒年七歲昶因此乃封弟仁殷爲夔王仁贄爲雅王仁裕爲彭王仁操爲嘉王子玄喆爲秦王判六軍諸衛事玄珏爲褒王玄寶幼而奇異旣亂誦詩書萬言昶悲悼乃下詔封遂王贈青州大都督九月令城上芙蓉盡以幄幔遮護是時蜀中安乂賦役俱省米斗三十城中之人子弟不識稻麥之苗以筍菜俱生於林木之上盖未嘗出至

幸蜀記　七

郊外也村落閭巷之間弦管歌誦合筵社會晝夜相接府庫之積無一絲一粒入於中原所以財幣充實城上盡種芙蓉九月間盛開望之如錦繡昶謂左右曰自古以蜀爲錦城今日觀之眞錦城也
十一月左城歐陽彬卒彬字齊美衡山人博學能文昶以爲嘉州刺史喜曰青山綠水中爲二千石作詩飲酒爲風月主人豈不嘉哉
十四年春周高祖卽位改元廣順三月宴後苑放士庶入觀時俳優有唱康老子者昶問李昊等其曲所由昊不能對齊光溥曰康老而無子故置此曲
十月地震摧民居者百數
六年春大選良家子以備後宮限年十三以上二十以下州縣騷然新津縣令陳及之疏諫昶嘉其言賜白金百兩然采擇不止於是後宮位號有十四品昭儀昭容華保芳保香保衣安宸安蹕安情修容修媛修娟等秩
八年九月寧江軍節度使張公驛卒驛太原平樂人涉獵文史爲政清嚴民受其賜及卒昶哭曰嚴而不

幸蜀記　八

猛清而不濫張公而已
十年八月諸王宮侍劉保乂卒乂青州人治尚書左氏性嚴急日施檟楚於諸王乳媪密令諭之保乂曰膏粱之性不撻之則他日爲豚犬耳
八月漢州奏水西縣令范義死其子文通居喪以孝聞有盜發義冢羣虎逐之文通廬於墓側虎見之弭耳而去賜羊酒束帛以旌之是歲漢高祖卽位改元天福
十二年八月昶日遊宴是時蜀中百姓富庶夾江皆

勝亭遊賞之處都人士女傾城遊玩珠翠綺羅名爲異香馥都森列昶御龍舟觀水嬉上下十里人望之如神仙之境昶曰曲江金殿鎖千門殆未及此兵部尚書王廷珪賦曰十字舞倡李艷娘有姿色召入宮賜其家錢十萬

五月地震昶問大臣曰頃年地頻震此何祥也對曰地道靜而屢動此必强臣陰謀之事願以爲慮

六月教坊部頭孫延應王彥洪等謀逆延應初選入教坊有尼謂曰君貴不可言至是　王家苦竹開花

侯侍中家馬作人言銀搶營中井水湧出地又數震此叛亂之兆也搆得十二人期以宴日持仗爲俳優盡殺諸將而奪其兵馬其黨趙廷規所告盡擒而誅之九月眉州刺史申貴授維州司戶責潞州誅虐聚歛諭獄吏令賊徒引富民爲黨以納其賂常指獄門曰此吾家錢穴被訴下獄責於維州至犁浦賜死民家相賀

十月地震從西地來聲如暴風急雨之狀

四年五月昶著官箴頒于郡縣曰朕念赤子旰食宵衣託之令長撫養安綏政在三異道在七絲驅雞爲理留犢爲恩寛嚴得所風俗可移無令侵削毋使瘡痍下民易虐上天難欺賦輿是切軍國是資朕之爵賞固不踰時爾爲戒體朕深思昶好學凡爲文皆本於理常謂李昊徐光溥曰王衍浮薄而好輕艷之辭朕不爲也

五年正月地震二月湖南遣使來聘三月宴後苑賞瑞特牡丹祥幸之遂生昶六月江原縣民張元母死負土成墳有白兎馴繞其廬群烏銜土置於墳上賜

帛三十段

三年四月吳越遣使來聘十二月晉高祖即位改元天福四年三月晉高祖遣使來聘叙姻親之舊其書略曰大晉皇帝奉書蜀皇帝伏自中原多故大憝繼興朱氏不道而皇天不親沙陀背義而蒼生失望不期景運猥屬眇躬方鼎足以分疆宜隣好之講睦況有姻親之舊敢交玉帛之歡機務方殷保攝是望

十月百姓譙本愚母忽然化成虎上城趙延隱射殺之因見昶言曰虎山林之獸而人化之入於城市疑

虎旅中有不軌之士其夜張洪謀叛翌日爲其黨所
告伏誅洪太原人剛勇猛厲軍中號爲張大蟲至是
有虎上城被誅卽其驗也十二月昶耀兵太玄門翌
日大赦改元廣政
廣政元年上巳遊大慈寺宴從官於玉溪院賦詩徘
優以王衍爲戲命斬之三月民訛言後宮產蛇取人
心肝食百姓驚恐踰月方止十一月地震屋柱皆搖
三日而後止
二年六月地震洶洶有聲三年正月上元觀燈露臺

幸蜀記　二十一

二月王師至興州所在不戰而下遂拔利州崇韜布
陣將戰昭遠據牀不能起免胄而逃爲追騎所獲
昶大懼出金帛募兵令玄喆統之守劍門城都震恐
皆怨昭遠召禍而恨誅之不速也昭遠入城依東門
院僧爲小沙彌知詐依僧見昭遠黠留給侍昶左
右累遷卷簾使通知樞密院未幾節制山南延遂至
文州見古冢有屍如生乃大中年文州步軍都虞候
文和之墓命判官文名作文重葬之夢文和謂曰我
爲大氣眞人侍子當有兵刃之厄既能葬我可以

禍至是爲王師所獲至闕下太祖詰曰汝何誘昶
結劉鈞昭遠曰臣愚無知但忠於本國耳太祖釋
之以爲領軍大將軍開平卒
二十八年正月王師陷夔節度使高彦儔自焚死彦
儔太原人是月劍門不守玄喆奔還問計於左右老
將石贇曰此軍遠來勢不能久可堅壁以老之昶沉
吟久之乃彈指歎曰吾父子以豐家美食養兵四十
年無一人爲我東向發一箭今若閉壘誰肯效命乃
遣通奏使伊審徵賫表詣魏城乞降其表略曰以綦

幸蜀記　二十二

承只知四序之推移不識三靈之改卜伏自黃帝陛
下大出震聖德居尊聲教被於遐荒慶澤流於中
夏當凝旒正殿丁以小事大之儀及告類圜丘曠執
贊奉琛之禮葢緣地居遐僻路阻闕庭已戀先見之
明因有後時之責今則皇威電赫聖略風馳干戈所
指而無前鼙鼓纔臨而自潰山河郡縣半入於提封
將卒倉儲盡歸於圖籍但念臣中外骨肉二百餘人
高堂有親七十非遠弱齡侍奉只在庭闈日承訓撫
之景粗勤學養之道實願克終甘旨保此衰年太祖

知其始有歸國之謀拜工部尚書賜宅一區其妻劉氏追感亦卒七年十二月贈右僕射事蜀十年貲貨巨萬奢侈踰度妓妾百數嘗讀王愷石崇傳笑曰窮儉乞兒也以此爲富可笑可歎

王衍及昶降表皆昊爲之蜀人鄙其所爲夜書其門曰世請降表李家

十二月太后夢青衣神言是宮中衛聖龍神乞出居于外乃召於圓覺寺廡下建堂自内引出置于寺中識者以爲不祥

二十四年十月漢州什邡井中有火龍騰空而去昶書兆民賴之四字誤寫兆爲趙十一月民訛言國家遷天水皆不祥也

二十五年正月以玄喆爲太子玄喆字遵聖昶長子歸朝受泰寧節度知貝州封滕國公知滑州滁州卒于十九年弟玄珏入朝爲統軍卒

二月壁州白石縣巨蛇見長百餘丈三月王師平荆湘昶懼將發使朝貢樞密使王昭遠固止之

二十六年四月遂州方義縣雨雹大如斗五十里内飛鳥六畜皆死

二十七年春昶遣使齎帛書通好於太原尊劉鈞爲天子至境上爲彊吏所獲太子怒命王賦顏彥進等六將由鳳州路劉光乂等二將由夔州路領兵來討遣王昭遠趙宗韜韓保正李珪率兵拒戰昶謂昭遠曰今日之師皆卿所召勉力爲朕立功謂宰相李昊華餞於城外昭遠酒酣攘臂言曰此行非止克敵當領此雕面惡少數萬人取中原如反掌及執鐵如意指揮諸將自比孔明人竊笑之

孟知祥以爲蒙陽合召入侍太子昶嗣位累遷翰林學士爲人吝嗇如聚財求守外郡昶不欲其出令合兼蘭州刺史乃召合曰汝至城都歲必輸錢數千緡三掌貢舉賄厚者登高科人面許其直無有愧色門生輩至相見甚懽延話終日乃曰吾近鑿一井水甚甘乃各飲一盃竟不設茶其鄙嗇如此

十七年正月赦周世宗即位改元顯德

十九年正月大赦民免今年夏租以周師出境也

二十年六月周世宗歸我秦奉之俘昶遣使致書謝

若大蜀皇帝世宗不荅昶曰朕郊祀天地稱天子時
備方鼠竊作賊何得相薄邪
十二月旌表蓬州縣孝子程崇雅門以割股進父及
泣竹林而得冬筍以療母疾
二十一年十一月天雨血
二十三年正月人日昶謁和陵正月龍見于壘關時
藝祖皇帝見龍元年也十一月宰相李昊請言曰臣
覩大宋啓運不類漢周天厭亂久矣一統天下其在
此乎若通職貢亦係安三蜀之長策也昶曰卿且去

朕徐自圖之昊字穹佐唐相紳後
四月太子太傅致仕王處回卒回字亞賢彭城人初
有道士朱桃椎謁之於堦前以劒撥取花子三粒種
之須臾成化三朶謂處回曰此仙人旌節花公富貴
之兆處回後歷三鎮果如其言性寛厚養士家貲成
萬初幼時相者周玄貌見之曰此寶精也當大富故
處回積鏹比內藏三之二
十五年正月下詔勸農三月以趙廷隱別墅爲崇勳
園幅員十餘里臺榭亭沼窮極奢侈六月朔宴教坊
俳優作灌口神隊二龍戰鬬之象須臾天地皆晦大
雨雹明日灌口奏岷山大漲其夕大水漂城壞延秋
門深溺數千家摧司天監太廟令宰相范仁恕禱青
羊觀又遣使往灌州下詔罪十一月地震十二月天
雨毛
黄松子曰知祥以戚里之親領三蜀之寄館留宮中
召宴卧內其恩可謂隆矣及明宗即位重誨專政治
搆欵式遂變誠節擅誅李嚴專畜季良遂結董璋攻
遂閬其抜扈之心著矣議者以王孟僭竊其惡均一

子以建之不臣猶有可恕當恕之於前矣知祥始末
陳於後唐托葭莩之援階將才之貴故當勤王勠力
爲國藩輔而乃偭然自命不復顧忌迹其宗心眞亂
臣賊子也昶孜孜求治與民休戚雖刑法猶後向不
至酷虐人頗安之然不失天時用庸臣之謀結井門
之援此至極迷者之所不爲而昶爲之固以誅之無
赦及王師弔伐能斂手歸命生享大國之封死有眞
王之贈子孫俱享厚祿

五代新說　徐炫

余咸亨之始著作東觀以三餘之暇閱五代之書後與好事者談或以叙存錄目余搦管隨記疏之因而詮次遂加題目名曰五代新說三十篇分爲兩卷

帝王　符命
忠節　孝道
友愛　義烈
諫爭　誠感
儒學　詞林
著述　博綜
敏對　武畧
膽勇　識量
方雅　簡素
廉讓　周給
止足　惠政
道義　伎藝
任誕　嘲誚
叙異　隱逸
歎逝　烈女

梁高祖武皇帝（姓蕭諱衍字叔達）初爲雍州刺史舉義兵齊東昏侯立和帝封梁王受齊禪魏叛臣侯景來降以爲河南王領壽陽景與弟猶子臨賀王正德及圍臺城城陷孫永安侯入見帝帝曰可一戰否曰不可嘆曰得既自我失亦在命不豫子孫夫復何恨景幽帝於宴居殿絕膳而崩立太子爲簡文帝（諱綱字世纘）景幽

帝於永福省少帝引筆自叙曰有梁王蘭陵蕭綱立身行已終始若一風雨如晦鷄鳴不已數至於此命也何如作五言詩曰天道何茫昧方途那可相鳳飛逢鳥弋龍行會魚網又曰寶劍還藏獄神龍逐陸居有意聊思勿無情堪著書崇燕帝帝知不免因大酣醉後以土囊加之而崩景立豫章王棟爲太子俄而簒位湘東王命太守王僧辯司空陳霸先擊景破之誅景即位爲元皇帝都郢州魏軍圍城帝登城樓觀戰爲詩曰落星依遠戍斜月半平林徼兵資琰玉壘

鼓亂擲金單醆投百米芳俑下千尋從軍所以梁深王有赤心俄而城陷被殺將奔爲詩曰長夜無歲月安知秋與春原陵五杏樹空得動耕人又曰南風且絕唱西陵最可悲今日還嵩里終非封禪時太尉與司空定議以帝第九子承制迎還京師爲皇太子太尉與北齊通好司空懼其有變襲殺之太子是爲敬帝（諱方智小字法真）帝即位封司空爲陳王陳王受禪以弟爲江陰王

陳高祖武皇帝（姓陳諱霸先）即位三年崩兄子臨川王嗣

位是爲文帝（諱蒨字子華）七年崩是爲廢帝（諱紹宗）二年廢文帝弟安成王立是爲先帝（諱頊）十四年崩太子立是爲後主（諱叔寶）六年隋滅陳以後主皈封長城王後主惑於張貴妃常居内游宴不關政事故隋師至而莫禦濟江陵詩曰故鄉一水隔風烟兩岸通望極青波裏思盡白雲中

北齊高祖神武皇帝（姓高諱歡字賀六渾渤海人）歸魏拜晉州刺史進渤海王位相國崩贈齊王謚獻武嫡子嗣位是爲文襄帝文襄帝立追尊高祖爲神武皇帝文襄王（諱澄字子惠）嗣位進位相國齊王將受禪爲食奴蘭判因進毒食次崩謚文襄太原公嗣位是爲文宣文宣進位追尊曰文襄皇帝顯祖皇帝（諱洋字子進）嗣位相國齊王受魏禪十年崩太子立是爲廢帝（諱殷字正道）即位叔父常山王廢帝自立是爲昭帝（諱演字延安）一年崩徵弟長廣王立是爲武成帝（諱湛）四年傳位太子自稱太上皇帝崩太子立是爲後主（諱緯字仁綱）十二年周滅齊以後主歸長安封溫公爲詩曰龍樓絕行迹鳳闕永無因獨知明夜月遙想鄴城人

周太祖文皇帝（姓宇文諱泰字黑獺）魏進位太師崩謚曰文公嫡子嗣位是爲閔帝後追尊爲文帝閔帝（諱覺字陀羅尼）嗣位大冢宰封周尊受魏禪依周制攝天王先帝猶子爲冢宰（名護郎晉蕩公）執政以帝受禪至是廢帝立帝兄寧都公爲天王是爲明帝（諱毓字統萬突）三年冢宰酖帝崩立帝弟魯公是爲武帝（諱邕字妙羅突）誅冢宰十八年崩太子立是爲皇帝（諱贇字乾伯）稱天元皇帝二年崩太子立是爲靜帝（諱衍）以清公輔政進爲清王二年禪位隋王

隋高祖文皇帝（姓楊名堅本姓普六茹氏）受周禪二十四年崩太

立是爲煬帝諱廣小字阿麼十二年幸江都宇文化及弑
帝於溫室大唐平江南諡曰煬
梁武帝兩髂駢骨項上隆起右手有文曰武帝所居
之室常有雲氣人或遇者體輒肅然梁元帝背有黑
子相者曰此大貴之兆也
梁武帝張太后忽見庭前菖蒲花左右無見者取吞
之而孕焉
齊神武少時夢履衆星而行曾與同志數人獵於迴
澤澤中茅屋有犬出噬殺鷹帝射犬有三人出將辱

帝有老母兩目盲匍匐而出曰何敢與大家爭三子
乃止母言善相闗相諸人皆云卿相而已至帝曰貴
不可道去數百步還顧無所見齊文宣帝鱗身重踝
曾見天闕晉陽有沙門乍愚乍智呼爲阿禿師帝與
諸童兒見之歷問祿位至帝無言而指天
周文帝母王氏孕夢抱子升天纔上至天而墜故帝
未受禪而崩背有黑子宛轉若龍覆之形手垂過膝
面有紫光陳武帝初夢天開數丈有四朱衣人捧日
令上吞之及覺腹中猶熱

隋文帝生於馮翊般若寺有尼曰此兒所從來甚異
不可以俗間處之乃自撫養皇妣曾見帝頭生角身
有鱗起駭而墮地尼自外至曰已驚我兒帝額有五
柱入頂目光外射有文在手曰王
梁太子在率更徐公摛侍太子侯景入永福省衆皆
奔散摛嶷然曰侯公當以禮見何得如此景乃下拜
梁吳興太守張公乘侯景使人說之乃斬之連擊景
景益兵攻城城陷戎服坐廳事臨之以刃終不爲屈
而死

梁沈中丞浚見侯景景怒橫刃於膝瞋目叱之浚正
色謂景曰舉兵向闕赦過結盟血未乾而又翻背死
生有命豈畏逆臣之刃乎不顧而去景後竟殺之
北齊東雍州刺史傅公復周武帝破齊遣其子招慰
之答曰此兒爲臣不忠爲子不孝願斬之號令天下
及至高河郡公問至尊所在曰已被執入周公乃大
哭入廳事前北面哀號然後出降周帝執其手曰朕
平齊惟見公一人
梁袁光祿昂母憂將柩過江而遇風駭乃縛衣着柩

吕同沉溺餘舟皆沉唯獨獲全　梁孔奐紫微源至
孝毎見父手所寫必哀慟流涕　梁劉洗馬苞七歲
時見諸州郎泣母以其畏懼怒之答曰兒早孤不及
識父聞諸州相似以故中悲因而歔欷母亦悲慟
梁陶黃門季直五歲喪母母在時質衣於外後贖歸
抱之號泣聞者酸感
北齊趙郡公高獻生三旬而失父及數歲讀孝經至
資於事父則流泣及喪母舉聲則絶遂長齋骨立
周幽公文廣患瘵經年母李氏亦以成疾而歿公居
喪委頓而終時爲誄母爲子死子爲母死孝慈之道

極於一門
北齊李中散岳弟庶爲臨漳令以訟魏吏不平文宣
帝怒杖之三百死臨漳獄中中散痛之終身不經臨
漳居弟喪不許婢入室而令妻伴弟妻哀氏
北齊王侍中琳敗於壽春爲陳所殺故吏倉曹朱瑒
與陳徐僕射書曰庶孤墳旣築或非負王之燕豐碑
式樹時留墮淚之人不使壽春城下唯傳報葛之夫
滄州島上獨有悲田之客徐義之領琳首葬之於八
公山側
北齊王侍中統侍宴文宣帝飲酒曰快哉大樂侍中
曰亦有大苦帝云何曰長夜荒飲亡國滅身所謂大
苦帝默然
隋大將軍賀公若弼會突厥來賜射一發中的文帝
曰非弼無能當之命公公拜而祝曰若赤心奉國當
一發破之如其不然發不中也一發破的帝大悅曰
此天賜我也
陳博士長議論議温雅後主於東宫造玉柄麈尾初
成曰雖多士如林堪捉者獨長議耳便以授之令講

老莊文於鍾山開善寺命講索麈尾麈尾未至勅取
松枝以屬議曰可代麈尾即後之一故事耳
隋二劉生大劉名焯河間人小劉名炫信都人結盟爲友好學不倦雖
衣食不繼澹如也著五經義疏諸論古今滯義前賢
不通者大劉生皆明之時人伏其精博小劉亦亞之
故稱二劉
陳徐僕射陵文變舊體多有新意九錫尤美爲一代
文宗初使於齊齊人留之致書楊僕射愔曰晨看旅

雁心起江淮昏望牽牛情馳楊越朝千悲而掩泣夜萬緒而回腸何必走趙魏之黃塵加幽并之白骨遂使東平拱樹長懷向漢之悲西路孤墳恒表鄉思之夢僕射言而得還

隋國子房博士時遠煬帝曾問天子有女樂否朝臣不對遠乃進曰窈窕淑女鍾鼓樂之此即王者房中樂著於雅頌帝悅

梁王丹陽昕侍宴高祖問曰朕有無答曰陛下應萬物爲有體至理爲無上稱善

梁柳吳興惲少時高祖問讀何書答曰尚書又問有何美句應曰德惟善政政在養民高祖稱善詔尚公主

周韓大將軍梁有勇畧破稽胡悍其勁捷號爲著翊人太祖曰著翊之名寧減飛將

周蔡少保祐與齊轉戰齊人有厚衣長刀者直進其十步一發殪之後有戰被明光甲所向無敵齊人謂之鐵[illegible]

隋右屯衛麥將軍鐵杖初在陳以驍勇聞日行五百里走及奔馬以爲盜被俘爲官戶配執傘毎罷朝往南臨州行刼明旦及牙陣帝知而不罪入隋屢有軍功及征遼謂醫人曰丈夫性命自有所在豈能艾葉灸頞爪蔕歕鼻療黃不差死兒女子乎乎遂死於遼東

北齊將軍彭樂從神武帝與周文帝戰於沙苑入深被刺腸出不盡截去復戰

隋折衝郎將沈光初仕陳入隋驍捷絕倫禪定寺幡竿高十丈適懸絕斷非力所及光口銜繩拍竿而上

直至龍頭繫繩畢手足皆乂透空而下以掌摳地倒行十數步觀者驚駭徵遼東上衝梯十五丈城上競擊之而墜未及地得過垂絙接而復上者數四帝召下大悅即爲折衝都尉

梁左率侃有客失火燒十餘物並金寶聞之初不挂意客懼走追而慰之

北齊蘭陵王長恭朝退而出僕從盡散惟有一人與之獨還無所質問

梁昭明太子統性愛山水游圖泛舟數請奏女樂久

不答徐而咏大中詩曰何必絲與竹山水有清音
悠而止
梁徐僕射勉曾有乘夜求官正色曰今夕止好談風
月不宜及公事也
梁江會稽革代還唯乘一舸偏欹不得安卧或曰舸
偏濟嶮宜以重物均之既無物及於西陵岸取石十
餘段以實之
隋房司隷彦謙清介曾謂其子曰人人皆以祿富我
獨以官貧所遺子孫在於清白

五代新說　八　十一

梁吏部郎奉幼時祖母集諸孫散棗栗於牀上皆爭
之而獨不取問之答曰不敢自取當待賜中表異之
周綏德陸公通祿散之親故家無餘財常曰凡人患
貧而不貴不患貴而貧也
梁陶黄門季直嘆曰仕至三千石始願畢矣無爲久
預人間事病歸
陳孔晋陵奐單舸臨郡俸祿恤孤郡中大悦號曰神
君
隋齊周趙别駕軌代還父老泣曰公清若水請酌一
盃奉餞受而飲之
北齊陸法和初隱於江陵及侯景反將任約攻江陵
梁元帝時鎮江陵令兵隨法和拒之至赤沙湖法和
不介冑泝流而下乃曰彼龍正睡吾軍之龍甚躍即
命攻之約大敗逃竄不知其處法和曰吾先於此洲
建一剎雖名爲剎其實賊標當往取之約果抱剎仰
頭出鼻就而擒之
侯景既破蜀賊當至俄而武陵王起兵於襄陽城北
大樹下掘得一龜長尺半以杖叩之曰汝出入不能

五代新說　八　十二

已數百年不逢我者豈見天日後文帝疑其爲人遂
還京白堊塗門著麁布衣大繩束腰危坐終日天保
中歸國死後屋壁破落其下有書曰十年天子爲尚
可百日天子急如火周年天子遁代坐又曰一母生
三天兩天共五年說者謂婁太后生文宣帝昭帝武
陵帝文宣十年其子廢帝百日昭帝一年武陵傳位
後主共五年焉
隋安平公文愷還東西兩都皆云經始以煬帝北巡
欲誇　作觀風殿殿上容侍衛數百人離合爲之

□輪軸推移忽若神功□□見之莫不驚駭煬帝大
悅
梁曹江州景宗乘車按部謂左右曰我昔在鄉里騎
馬快如龍拓弓霹靂聲箭如餓鴟叫平澤逐鹿耳後
生風鼻頭出火不知老之將至今來作貴人閉置車
中如三日新婦悒悒使人無氣
梁陶隱居弘景少時得葛洪神仙傳晝夜研尋便有
養生之志謂人曰仰青天見白日不覺爲遠遂居句
容之句曲山云是第八洞天名金陵華陽之天自號

華陽隱居性愛松風每聞其響欣然爲樂先隱居母
夢青龍自懷而出并見兩天人執香爐詣之已而娠
生隱居遂貞隱與齊宜都王善王被誅夢來告別因
訪幽中事遂著夢記
陳徐僕射陵母臧氏夢五色雲化作鳳集在肩已而
誕之寶誌師摩其頂曰天上石麒麟也及長才學過
人目有青睛時人以爲聰明之相
沈麟士幼俊敏七歲聽叔父岳言玄賓散言無所遺
岳拊其背曰斯文不墜其在爾乎張永爲吳興守請

麟士入郡沈閒郡後有隹山水乃往停數月

三楚新錄

宋　周羽冲

馬氏諱殷上蔡人也自云伏波之後唐末罹亂所在豪俠競起時殷方處卒伍隨渠帥何氏南侵長沙據之殷戰頻有功何乃擢爲裨將命爲邵州刺史殷寬厚大度得士卒力何氏卒諸將在外者皆擁兵歸以爭其位惟殷素服發喪識者謂之知禮未幾衆軍各殺其帥使人迎殷爲主初衆軍之迎殷也值夜殷甚疑懼欲拒不行將睡忽覩一人黑色而貌甚偉執大

棒鞠躬趨報曰軍國内外平安俄而不見由是殷以爲嘉兆心始安乃謂所親曰此行未必不爲福及至衆果奉之殷立使人間道上表禧宗在蜀甚悅據其表遣使朱書御札許自開國立臺置卿相分天子之半伏焉楊行密據有淮南聞其建國遣舟師數萬伐之比至城下殷登樓指麾一鼓破之伏屍流血湘水爲赤自是四方慴伏無敢侵之嶺外廖光圖自韶陽叛舉族來奔部曲隨至者數千人殷以其豪而衆多將拒不納武穆諫曰廖者料也馬得料必肥是家國旺霸之兆何爲拒之遂待以禮因命光圖爲永州刺史光圖具陳南越可取狀言甚激切殷亦將開拓疆土聞其陳甚善因使部將李勳將數萬衆擊南越未數月拔桂管十八城劉龔懼而乞盟勳即李老虎勇壯絶倫每一食肉十數斤割大臠而啖之人號曰李老虎先是桂管兒童每聚戲呼曰大蟲來號呼而走及勳拔桂管論者以爲應莊宗反正下詔徵諸侯入覲武穆以年老不行命長子希範入朝希範多辯善應對及至莊宗謂曰朕聞卿部内有洞庭湖其波無際

有之乎對曰有之陛下一旦南巡狩則此湖不足以飲馬耳莊宗大悅既而曰比聞馬氏之國必爲高郁所圖今有子如此高郁何能可得耶高郁殷之謀臣也莊宗將去其爪牙故以是言間之而希範不察及歸果使人構其罪郁竟棄市識者知其不克霸焉初希範入覲途經淮上時桑維翰旅遊楚泗間知其來遂謁之曰僕聞楚之爲國挾天子而令諸侯其勢不可謂之卑也加以利盡南海而公室大富足下之來非傾府庫之半則不足以供芻粟之費今僕貧者敢

以萬金爲請惟足下濟之希範輕薄公子覩維翰形短而腰長語而且醜不覺絶倒而笑旣而贈與數百縑維翰大怒拂衣而去及殷甏希範立時維翰已爲宰相奏削去半仗止稱天策上將軍楚王而已其卿相臺閣皆罷之然希範性剛愎好以誇大爲事雖去半仗而軍國制度皆擬乘輿乃大興土功建天策府中構九龍殿以沉香爲八龍各長百尺抱柱相向作趨捧勢而已坐其間自謂一龍也凌晨將坐先使人焚香於龍腹中烟氣鬱然而出若口吐焉近古以

來諸侯王奢僭未有如此之盛也處士戴偃賢而有才嫉其過度自稱元黃子作漁父詩百篇諷之希範聞而不悅遂禁錮士庶無與之交偃竟餓死廡下將丁思覲雄傑之士以希範器度不廣乃上書曰今四海分裂中原之地纔十數州而大王克紹先業爲諸侯之長未闢折一馬箠爲天子討愚臣所以爲恥也惟大王思之希範覽而怒惻思覲官希範淫而無禮先王妾媵無不烝通又使尼潛搜士庶家女有容色者強娶之前後數百猶有不足之色曰吾聞軒轅御

五百女以昇天吾其庶幾乎未幾死識者笑之先是高郁數見形將死又書見時謂寃報焉異母弟希萼爲永州刺史聞其死自以當立具舟楫以歸及至長沙衆且立嫡弟希廣矣遽命希萼爲鼎州刺史初牙將張萬敵建議以希萼居長立之則順而記室李皐爭之曰吾聞立嗣以嫡希萼乃婢妾所生安可立乎萬敵退而歎曰惜哉李公禍自此始未幾希萼果自鼎州舉兵叛將襲長沙希廣聞之命將許可瓊拒之可瓊倒戈以降希廣計無所出然素好釋氏乃披緇

服召僧念佛以禳北城陷不輟其愚昧皆此類也萼爲希萼繼之且命捕李皐有擒至者希萼責之曰吾雖生於庶孽然託體先君汝何見毀而不吾立邪皐無以對命壯士臠而殺之旣而希萼淫於酒色多爲不道小門使謝延澤有美貌希萼幸之引入內閤與妻妾聞坐而飲爲衆所惡其弟希崇乘釁作亂擒希萼囚於衡陽旣而悔焉遽命舟楫追之約於長沙南五十里昭潭沉之路經衡山縣豪族廖光圖子仁勇聞其來與叔凝議曰希萼長而被廢今又見追此必

不免吾屬受先王恩不能爲之除禍亂安社稷豈可謂居水上乎乃率數百人劫而立之號衡山王以衡山縣爲府且使人募兵數日衆及一萬郡縣多起兵應之希崇懼求救於吳吳命邊鎬將兵來救其實伐也初童謡云鞭打馬馬急走鎬至希崇知其詐乃將拒焉或以童謡爲諫希崇不得已遂降及希蕚見鎬且請之吳於是鎬以禮遣希蕚及希崇舉族而行先是吳欲加兵於楚以鎬多藝使詐爲僧以遊長沙弄鈸行乞未幾亡去故吳以爲將而鎬非將才每出師皆載佛而行祝以請福由是三軍解體及王逵兵至竟宵遁焉初馬氏之強聞海内諸院公子長幼八百餘人皆以侈靡爲務識者多非之公子之徒聞而且怒時有國師張氏紿之曰彼所見非者恐祚之不永也以君昆仲之衆使更而王亦有八百年之家國何憂何懼乎時郊外有鄧翁者聞而歎曰文武之道未嘗介意而更納虚誕之説以自安吾見其死於溝壑有日矣及邊鎬師至果驗星散寒餒而卒者過半焉

周氏諱行逢武陵人也世業農嘗犯法黥德中馬氏亂吳命邊鎬將兵伐之盡有湘中之地時鎬雖尅勝然不能安撫民多怨叛武陵酋豪王逵劉咬牙等十數人乘時舉兵襲之數日而有八千之衆行逢與焉部衆兼行遇夜奄至城下鼓譟斬門而入時鎬軍驕勝士卒解甲不復防禦又昏黑之際忽聞兵入倉卒驚駭計無所出皆束手就戮遲明死者十有八九鎬以單騎遁走於是逵據其境上表於朝廷天子嘉之就除湖南節度兼中書令逵素雄豪得志之後不拘小禮車服制度擬於王者先是吳有術士言南楚之分氣色甚盛將有王氏起焉僞主聞而憂之且問曰今之節將處南楚者誰爲王姓或對曰有永州刺史王溫耳僞主疑之遣使拜溫征南將軍賜以印綬巾帶密於市中置毒使至溫拜命著巾俄頃腦裂而死未幾逵舉兵襲長沙據之即其應也時行逢已爲麾下將衆頗伏其才畧逵因命爲副貳行逢雖受命然終以逵非君長才密謀圖之未幾逵領兵侵南越留行逢知留後事行逢因謂所親曰王公必不返然以後事付吾者所謂以雲雨貸蛟龍也及逵至桂揚

果爲越兵所破僅以身免竟死於路行逢果代其位時軍吏多武陵人咸有戀土之心或說行逢曰富貴不還鄉如衣錦夜行公起於徒而爲列侯可謂富且貴矣然無西還意使鄉人父老何以瞻望風采邪行逢感悟即日命駕歸武陵以武陵爲西府使人迎其妻潘潘貌素陋然性剛烈雖行逢已爲侯王待之蔑如也先是所待皆勸之使詣行逢對曰人心自非聖賢必多變動以吾老醜雖往公豈以曩時心相向哉我有死而已聞者未以爲然及使至果不從命惟躬

率婢僕以耕織自給賦稅亦及時輸納未嘗逋懸行逢止之而不從曰賦稅官物也豈以已爲主而自免之哉行逢聞而有漸色時兵革之後郡邑官吏以聚斂爲務行逢患之潛使人察其姓名一旦除去管内稍清至於建官設職亦皆慎選有女婿乞補吏行逢曰吏所以理民也觀汝不堪其事吾當爲汝置鍬犁數具汝能用之鉏種以養老幼亦是美事何祿之求竟不補焉時一方翕然號爲治　然多猜忌好發人陰事故麾下恐其不免多有謀叛而行逢亦能預爲備往往未發而誅於是公府凛然入者若履冰雪先是前進士何景山爲王逵記室每輕行逢行逢得志命景山爲益陽令未幾因事縛而投之江曰汝嘗佐王逵今王逵死且爲我告龍王其殘忍皆此類也故天策學士徐仲雅有清才然性好譏稽周破之後傷於凍餒行逢素聞其名且以窮困謂必能改節因召爲節度判官初王逵之起兵也欲其得衆苟能應募者置司空太保以誘之自是武陵村落廛市豪横之輩稱司空太保者無筭及仲雅至行逢問曰自吾

遷鎮西土控雄盛之地四境懼之乎仲雅對曰公管内滿天太保滿地司空何不　之行逢不悅未幾大宴僚吏仲雅在座行逢音呼字多誤仲雅戲曰不於五月五日剪却舌頭使語音乖錯如此行逢大怒然仲雅嘗歷事馬氏諸王民信之矣　不敢加誅後仲雅竟以忤旨去職因退居山寺暇日咏櫻樹曰朵似新蒲綠身如亂錦纏任君千度剝意氣自衝天益怒行逢而發也有鄧洵美連郡人也登進士第將歸連上行逢署館驛巡官洵美背偪時謂之鄧駝爲

性迂僻類其形衆不悅之雖處幕府僚而食貧不暇及同年王溥爲相聞洵美不得志乃爲詩曰綵衣我已登黄閣白社君猶困故廬自是行逢稍優給之未幾給事中李昉至昉亦洵美同年也相見話舊不覺號慟久而怍行逢貶爲易俗塲官須臾使人詐爲山賊突入公署殺之聞者無不痛惜後李昉再奉命祠南嶽知洵美墳在近爲詩弔之曰今日向君墳畔過不勝悽抱暗酸辛李觀象爲節度使以行逢嚴酷恐及禍乃寢紙帳臥紙被行逢信用之凡軍府事無輕

重皆取決焉而觀象性多嫉忌好蔽人之好零陵儒士蔣密能吟咏頗得風騷之旨嘗題桑云綺羅因片葉桃李謾同時爲作者所許觀象聞之佯驚曰此僕詩何蔣密之能爲士林鄙之及行逢疾病命子保權尊師之且謂保權曰麾下將校皃狠難制者除之已盡惟衡州張文表耳吾歿之後此人必叛𦳀一不可敵當舉族北歸無使骨肉落虎狼之口言訖而逝數月文表果叛舉舟師順流而下以襲長沙時行軍司馬廖簡知留後事方與軍吏聚會有報文表至簡素輕殊不介意謂軍吏曰黄口小兒到而擒之何憂乎伐鼓飲酒如初是晩文表入城麾軍直至會所簡已醉不能發弓矢惟按膝作氣而已文表親以戈戮之座間遇害者數十人時保權年方十三英爽有膽氣聞叛嘆曰先君可謂知人矣僕雖無能安可使軍國落此賊手乎據命部將楊師璠率萬餘衆討之及師璠將行親出餞送泣對三軍曰先君甍背墳土未乾而皃賊悖逆實保權不孝所致安敢勞於諸君幸以先君之故無忘戮力苟滅此賊於地下足矣各希勉

之吐氣發言義形於色三軍無不感激然保權猶慮其敗且馳表乞師未逾旬師璠大破文表於亭津梟其首餘黨皆戮初文表將叛猶豫未定有從者夜夢文表頷上出一龍文表大喜曰此天命也於是舉兵及敗論者以龍神物也而出於頷是禍將作神去焉保權以文表已滅命使止師而王師已破江陵逼境矣保權懼召李觀象議之觀象曰夫請師以討文表也今文表已破而師不還豈非朝廷將有事南地乎我國所恃者江陵之在北境耳今江陵已東手不能

自救欲與相拒所謂魚入沸鼎而更鼓鬛掉尾其可免乎惟公善自圖之無失子孫萬世利也保權不得已乃出郊迎且請入覲天子聞而悅命以禮遣既至宗族封拜有差初行逢以淫祀爲患管內祠廟非前代有功及民者皆毀折一時有識之士怡然以爲明斷及來年酷信釋氏每歲設大會齋者四破耗國用仍度僧建寺所在不輟因暇復召羣僧於府中講唱而已自執爐焚香以聽凡披緇之士雖三尺童子皆搶地伏拜之雖梁武篤好未之加也故君子知其不克永世矣

高氏諱季興字貽孫峽州峽石人也東魏司徒昂之後幼好武而有膽氣乾符末所在冦賊競起時梁祖爲帥專征潛有跋扈之志思得義勇者與之同力季興潛察之乃歸梁祖於郊祖見之悅拔爲制勝軍使累從征討以功授宋州團練使未幾移授荊南兵馬留後及禪代正拜江陵尹兼管節度觀察處置等使季興以江陵古之重地又當天下多事有割據之志乃大興力役重築城壘執畚者十數萬人皆將校賓友負土助焉郭外五十里墳冢皆令發掘取磚以甃之及土工畢陰慘之夜皆聞鬼哭鬼火數起累月方定論者以爲幽魂不安故也時諸侯爭霸急於用人進士梁震登第後薄遊江陵季興請爲掌書記震性抗直臨事敢言時莊宗反正下詔徵諸侯王入覲季興奉詔將行震諫曰朝廷自反正後有吞併諸侯心我繕甲自守猶恐不保況敢拋棄軍國千里入覲哉今之諸侯爲梁朝舊人者惟公耳安知朝廷不以讐敵相待耶幸望圖之無使懷王之患復見於今日也

季興曰吾已決矣多言奚爲及至莊宗果欲留之及歸值夜將吏出迎郊外季興握震手曰不聽君言幾落虎口初季興方對莊宗謂之曰今天下負固不服者惟吳蜀耳朕欲先有事於蜀而蜀地險阻尤難江南纔隔荊南一水朕欲先之卿以爲何如季興對曰臣聞蜀國地富民饒獲之可建大利江南國貧地狹民少得之恐無益臣願陛下釋吳先蜀時莊宗意亦欲伐蜀及聞季興之言大悅未踰年聞莊宗伐蜀季興私自喜曰此吾以計給之彼乃信而用耳未幾遣

使册季興爲南平王季興謂震曰此恐吾與蜀連衡也及蜀破書至季興方食落筯而嘆曰此吾失計也所謂倒持太阿授人以柄梁震曰大王勿憂今蜀雖破未必爲福未幾莊宗宴駕果再亂一如震言初季興嘗從梁祖出征引軍旦發至逆旅未曉有一嫗秉燭開門而迎其禮甚謹季興頗疑而問之嫗對曰妾適夢神人推門呼曰宜速起有王者來及起開門而君子至豈非所謂王者邪所以不敢褻慢耳季興大悅洎季興卒從誨立震獨不悅謂所親曰先王平

生與吾相見弟兄之不若也今日安能屈節北面復事其子邪遂求解職退處郊外灌園鬻蔬爲業稱處士每以事召至府則倒跨黄牛直造廳事前呼從誨不以官閥止稱郎君而已從誨以其先王舊人不忍殺之有令載仁者唐之後也避亂於江陵季興署觀察推官載仁自負文學常爲季興見知每從容接待不爲少禮然爲性迂緩一日將赴從誨召方上馬無何部曲相毆載仁怒命急於厨中取飯并猪肉令相毆者對飡之仍戒曰如敢再犯必當於猪肉中加之

以酥聞者無不笑之及從誨嗣立有孫光憲者本成都人也旅遊江陵方圖進取從誨辟爲掌書記自是牋奏書檄皆出其右載仁充位而已由是載仁遂與光憲有隙光憲猶能避之故論者多光憲光憲每患兵戈之際書籍不備遇發使諸道未嘗不厚與金帛購求爲於是三年間收書及數萬卷然自負文學常怏怏不得志又常慕史氏之作自恨諸侯幕府不足展其才力每謂交親曰安知獲麟之筆反爲倚馬之用因吟劉禹錫詩曰一生不得文章力百口空爲飽

煖家有梁延嗣者景陵人唐天成中將兵守復州監利季興之入覲也莊宗欲殺之既而逃歸益懷怨憤遂以兵攻取復之監利玉沙二縣延嗣兵敗爲季興所獲至從誨旣立擢爲大校遂承制授歸州刺史未幾又遷復州團練使仍掌親軍延嗣諱健兒士卒之語每聚談有犯者往往交遊變爲仇讎光憲與延嗣年甲相亞居常自謂筋力不衰一日赴毬場上馬左右扶持者甚衆延嗣且在後笑曰孰謂大卿年老而彌壯觀其上馬輕捷良由扶持者爾光憲乃回顧曰

非因衆扶蓋是老健延嗣不勝怒論者少之有王惠範者平江軍節度保義之子美風儀好讀書初保義之奔荆南也季興以爲行軍司馬未幾生惠範及長以門蔭爲文學累遷觀察推官從誨立以女妻之欲使自幕府事掌内外軍政惠範爲人閒誕不羈聞之不悅入告從誨辭之自是以從誨爲不知已至軍國之事皆不參預但以金帛購求古書圖畫日以披翫爲志焉建隆三年武安軍節度周行逢薨子保權立衡州刺史張文表不服舉兵反保權告急朝廷乞師

爲援朝廷遣宣徽使李處耘領兵萬餘救之李以路由江陵慮繼冲不測遣使諭之曰比者王師救應東道之主誠在足下然利在急速故不淹留但假一鄉道使於城外經過幸矣繼冲將許之猶豫未決有大校李景威者素勇悍越次白繼冲曰兵尚權變城外之說實不可信以臣觀之彼實欲乘釁伐我耳况今精兵數萬訓練備矣景威雖不才願盡以相付不顧命爲大王拒之繼冲曰事未可知爾勿憂也及王師至果如景威之言繼冲大懼不得已乃出郊迎其詣李公乞上表入朝李公以聞天子大悅遣使就除繼冲徐州節度使便道赴任蓋孫光憲之謀也景威以不用已謀扼喉而死繼冲傷之先是荆南尚使甕器皆高其足而公私競置用之謂之高足碗至大軍一臨舉族東遷高足之識一朝應之蓋由天命信矣哉

江南野錄

宋　龍袞

先主名聲字正倫朱梁統制天下楊行密專據湖南
大將徐溫出師濠上見先主携歸爲巳子遂用巳姓
吳主委正先主遷左僕射遂受吳禪奉吳主爲讓皇
義父溫爲武王改元昇文復姓李氏
世宗即位遣孫忌奉表稱藩既而背約世宗問忌江
南虛實忌曰本國雖小甲兵尚三十萬未易可圖世
宗曰江南不見十數郡何可期也忌曰精兵雖止十

餘萬然長江一條飛湍千里可敵十萬之師國老宋
齊丘乃王猛謝安之徒可敵十萬後主名顯字重光
周世宗怒不割淮南地將征建康見白氣貫空使覘
之乃後主與衆獵焉歎曰彼有人焉未可圖也乾德
二年始與鐵錢以當銅錢十之一是歲納國初先主
之世均量民田以奠科賦家出一卒號爲義師又於
客戶三丁抽一謂之團軍至嗣主許諸郡民競渡每
端午較其殿最勝者加以銀盌謂之打標至是盡蒐
爲卒號凌波軍又率民間傭奴子壻謂之義勇軍又
募豪民自被緋製器招集無賴輩謂之自在軍王
師圍急乃招百姓老弱外能被執者謂之排門軍
初後主違旨拒命嘗曰他日王師見討孤當躬擐戎
服背城一戰如其不獲聚室自焚太祖曰此措大兒
語耳徒有其口必死其志果然
孫忌鄙延巳謂人曰玉巵象瓶盛穢鵝樹鳳池棲集
梟翟遂罷相
嗣主如南都既數日詰旦殿庭忽見殘獐一腳視之
乃獸食之餘詢宿衛莫知所以使往詢陳陶陶曰昨

暮乃狼星直日故爾嗣主嘆曰眞鴻儒矣
世宗怒江南失約召晟責之乃置晟于樓車
李後主酷信浮屠有僧與后頂僧伽帽衣袈裟誦佛
書拜跪頓顙至爲瘤贅親爲桒門削作厠簡子試之
腮頰少有澁滯者再爲治之其手不扠學佛握印而
行僧犯姦有司具牘還俗後主令禮佛三百拜免刑
王師剋池州令僧俗兵士念救苦觀世音菩薩
韓熙載初知貢舉人皆以爲巨題熙載是夕自賦五
首且視諸生皆有可觀及著格言五十餘篇時輩罕

及誘掖後進號韓夫子性好詼浪有投贄荒惡者使
妓炷艾爇之俟來嗅曰子之卷軸何多艾氣也
陳彭年大中祥符中同知貢舉省試榜出有朔不預
選怒入其第會彭年未來於几上得黃勑乃題其背
曰彭年頭惱太東烘眼似朱砂鬢似蓬紕繆幸叨三
字内荒唐仍在四人中取他權勢欺明主落却親情
賣至公千百孤寒齊下淚斯言無路達堯聰彭年怒
抱其勑入奏章聖見而不悅然釋其罪

說郛目録

弓第五十五

金志

初興本末

元　宇文懋昭

金國本名朱里真蕃語舌音訛爲女真或曰慮真避契丹興宗名又曰女直肅愼氏遺種渤海之別族也或曰三韓辰之役挐氏於此地中最微且賤唐貞觀中靺鞨來中國始聞女真之名世居混同江之東長白山下其山乃鴨綠水源南鄰高麗北接室韋西界渤海鐵離東瀕海三國志所謂挹婁元魏所謂勿吉唐所謂黑水靺鞨者今其地也其屬分六部有黑水部即今女真其水掬之則色微黑契丹目爲混同江澗二十丈餘狹處可六七十步濶者至百步居江之南者謂之熟女真以其服屬契丹也江之北者謂之生女真亦臣服於契丹後有酋豪受宣命爲首領號太師契丹自賓州混同江北八十里建寨以守又云契丹乘唐衰併吞諸蕃三十六女真在其中契丹恐女真爲患誘豪右數千家處之遼陽之南而著籍焉分其勢使不得與本國通謂之合蘇款自咸州東北

分界入宮口至粟沫江中間所居之女真咸隸兵馬司與其國往來無禁謂之回霸抵凌而野居者謂之黃頭女真又居粟沫江之北寧州江之東地方千餘里人戶十餘萬無大君長亦無國名止是族帳散居山谷間自推豪傑爲酋長小者千戶大者數千戶蓋七十二部落之一也僻處契丹東北隅臣屬一百餘年世襲節度使兄弟相傳週而復始或又云其初酋長本新羅人號完顏氏完顏猶漢言王也女真妻之以女生二子其長即胡來也其自此傳三人以至阿骨打以其國產金及有金水源故稱爲大金

初興風土

女真在契丹東北隅地饒矜山林田宜麻穀土產人參蜜蠟北珠生金細布松實白附子禽有鷹鸇海東青之類獸多牛馬麋鹿野狗白彘青鼠貂鼠其人勇悍好詐貪婪殘忍善騎射喜耕種好漁獵每見野獸之蹤躡而求之能得其潛藏之所又以樺皮爲角吹作呦呦之聲呼麋鹿而射之其居多依山谷聯木爲柵或覆以板與樺皮如墻壁亦以木爲之冬極寒屋

餘高數尺獨開東南一扉扉既掩復以草綢繆塞之穿土爲床煴火其下而寢食起居其上厚毛爲衣非入室不撤衣衣履稍薄則墮指裂膚雖盛夏如中華初冬俗勇悍喜戰鬬耐饑渴苦辛騎上下崖壁如飛濟江河不用舟楫浮馬而渡其樂惟鼓笛其歌惟鷓鴣曲第高下長短如鷓鴣聲而已其疾病無醫藥尚巫祝病者殺豬狗以禳之或用車載病者入深山大谷以避之其親友死則以刀剺額血淚交下謂之送血淚死者埋之而無棺槨貴者生焚所寵奴婢所乘鞍馬以殉之其祭祀飲食之物盡焚之謂之燒飯其

道路無旅店行者息於民家主人初則拒之拒之不去方具飯食而納之其市無錢以物博易無工匠其舍屋車帳往往自能爲之其禮則拱手退身爲喏跪左膝蹲右膝拱手搖肘爲拜其節序元旦則拜日相慶重午則射柳祭天稅賦無常隨用度多寡而斂之與契丹言語不通而無文字賦斂科發射箭爲號事急者三射之多以牛驢負物遇雨則張牛革以禦之緩則射獵急則戰鬬齊室皆謂之郎君事無大小皆屬焉

男女冠服

金俗好衣白櫟髮垂肩與契丹異垂金鐶留顱後髮繫以色絲富人用珠金飾婦人辮髮盤髻亦無冠自滅遼侵宋漸有文飾婦人或裹逍遥或裹頭巾隨其所好至于衣服尚如舊俗土產無桑蠶惟多織布貴賤以布之麤細爲別又以化外不毛之地非皮不可禦寒所以無貧富皆服之富人春夏多以紵絲錦紬爲衫裳亦間用細皮布秋冬以貂鼠青鼠狐貉或羔皮或作紵絲紬絹貧者春夏並用爲衫裳秋冬亦衣

牛馬豬羊猫犬魚蛇之皮或獐鹿麋皮爲袴爲衫爲襪皆以皮至婦人衣曰大襖子不領如男子道服裳曰錦裙裙去左右各闕二尺許以鐵條爲圈裹以繡帛上以單裙襲之

婚姻

金人舊俗多指腹爲婚姻既長雖貴賤殊隔亦不可渝壻納幣皆先期拜門戚屬偕行以酒饌往少者十餘車多者至十倍飲客佳酒則以金銀器貯之其次

戸先畢列於前以百數賓退則分餉焉先以烏金銀
杯酌飲貧者以木酒三行進大軟指小軟指如中國
寒具以進蜜糕人各一盤曰茶食宴罷富者瀹建茗
留上客數人啜之或以麤者煎乳酪婿家無大小皆
坐炕上婿黨羅拜其下謂之男下女禮畢婿牽馬百
匹少者十匹陳其前婦翁選子姓之别馬者視之好
則留不好則退留者不過十二三或皆不中選雖婿
所乘亦以充數大抵以留馬少爲恥女家亦視其數
而厚薄之一馬則報衣一襲婿皆親迎既成婿留于

婦家執僕隸役雖行酒進食皆躬親之三年然後以
婦歸婦氏用奴婢數十戸牛馬數十羣每羣九牸
一牡以資遣之夫謂妻爲薩薩妻謂夫爲愛根一云
婚嫁富者以牛馬爲幣貧者以女年及笄行歌于途
其歌也乃自叙家世婦工容色以伸求侶之意聽者
有求娶欲納之即攜而歸後復方補其禮偕來女家
以告父母父死則妻其母兄死則妻其嫂叔伯死則
姪亦如之無論貴賤人有數妻

飲食

飲食甚鄙陋以豆爲漿又嗜半生米飯漬以生狗血
及蒜之屬和而食之嗜酒好殺釀糜爲酒醉則縛之
俟其醒不爾殺人

皁隸

皁隸出身與蔭人等甚以爲重如州郡都吏出職並
補將仕郎授錄事判官司徒司判寺丞至儒林亦蔭
子部吏缺人令州縣擇人貢之十年無公私過補昭
信校尉授下縣令或錄事衙尉亦可至知州同州

浮圖

浮圖之教雖貴戚望族多舍男女爲僧尼惟禪多而
律少在京曰國師帥府曰僧錄僧正列郡曰都綱縣
曰維那披剃威儀與南宋等所賜號曰大師曰大德
並賜紫所謂國師在京之老尊宿也威儀如王者國
主有時而拜服真紅袈裟升堂問話講經與南朝等
僧錄僧正師府僧職也皆擇其道行高者限三年爲
一任任滿則又别擇人張官府設人從僧尼有訟者
皆理而決遣之並服紫袈裟都綱則列郡僧職也亦
以三年爲任有師號者賜紫無者如常僧服維那縣

僧職也僧尼有訟者笞以下決遣之杖以上者並申解僧錄都綱司

道教

金國崇重道教與釋教同自奄有中州之後燕南燕北皆有之所設道職于帥府置司正曰道錄副曰道正擇其法籙精專者授之以三年爲任任滿則別擇其人其後熙宗又置道階凡六等有侍宸授經之類諸大貴人奉一齋施動獲千緡道教之傳有自來矣

科條

金國之法極嚴殺人剽劫者掊其腦而致之死籍其家爲奴婢親戚欲得者以牛馬財物贖之其贓以十分爲率六歸主四沒官罪輕者決柳條罪重者贖以物代命則劓耳鼻以誌之其獄掘地數丈置囚于其中罪無輕重悉笞背州縣官各許專決當其有國之初刑法並依遼制常刑之外又有一物曰沙袋以革爲囊實以沙石繫于杖頭人有罪者持以決其背大率似合杖之屬惟數多爲自熙宗立始加損益首除沙袋之制至皇統間又下學士院令討論條件頒行

天下目之曰皇統新制近千餘條海陵熙宗立又去脊杖以其近人心故也斬刑者與上古之制一也處死者免決重杖止令紟紟絞也流者不流犯人之家屬徒者非謂杖脊代徒實拘役也徒止五年五年以上即死罪也徒五年則決杖二百四年百八十三年百六十二年百四十一年百二十杖無大小止以荊決脊實數也拘役之處逐州有之曰都作院所徒之人或使之磨甲或使之土工無所不可鄉院以鐵爲鋜鐮鎖之罪輕者用一罪重者二之朝縱暮收年限滿日則逐便不得依舊爲百姓刑法與舊不相遠惟僧尼犯姦者強盜不論得財與不得財者並處死強姦者罪死則與古法異

赦宥

金國以赦宥最爲大事或改元或生子或冊封或遷都或災異並皆肆赦罪無減等一例放之每赦必有恩內外小大文武百官並與覃遷一資熙宗臨季年一歲兩赦海陵立常謂赦宥非國家常典若惠姦宄則賊良民詔告天下自今以往更不議赦不兩年躬

自時之其後彼有改正隆赦迨世宗立纔數年間凡八三枚然洪忠宣松漠記聞云北朝惜赦無郊霈予銜命十五年才見兩赦一爲舍都姑拔一爲皇子生豈是時天會年間惜赦而此後不惜赦耶

屯田

屯田之制本出上古金國行之比上古之制尤簡嚴齊國後慮中州有懷王三戶之意始置屯田軍非止女真契丹亦有之自本部族徙居中土與百姓雜處計其戶口給賜官田使自播種以充口食春秋量給

衣服若遇出軍之始月給錢米米不過十斗錢不過數千老幼在家依舊耕耨亦無不足之歎今屯田去處大名府山東河北兩關諸路皆有之約一百三十餘千戶每千戶止三四百人所居止處皆不在州縣築寨處村落間千戶百戶雖設官府亦在其內

田獵

金國酷喜田獵昔會寧四時皆獵海陵遷燕以都城外皆民田三時無地可獵候冬月一出必踰月后妃親王近臣皆隨焉每獵則以隨駕軍密布四圍名曰圍場待狐兔豬鹿麋鹿散走于圍中國主必先射之或以鷹隼擊之次及親王近臣出圍者許諸餘人捕之飲隨處而進或以親王近臣共食遇夜或宿於州縣或宿於郊野無定海陵以其子光漢年十二獲獐取而告太廟熙宗尤甚有三事令臣下不諫曰作樂曰飲僧曰圍獵其惡田獵如此

兵制

金國凡用師征伐上自大元帥中自萬戶下至百戶飲酒會食略不間列與父子兄弟等所以上下情通

無閉塞之患國有大事適野環坐畫灰而議自卑者始議畢即漫滅之不聞人聲軍將行大會而飲使人獻策主帥聽而擇焉其合者即爲特將任其事暨師還敎勝又大會問有功者隨功高下多少支賞舉以示衆薄則增之

旗幟

金國以水德王用師行征旗皆尚黑雖五色皆具必以黑爲主尋常車出入止用一日旗與后同乘則加月旗二相間而陳或數百隊或千餘隊日旗即以紅

紅爲日刺於黃旗上月旗郎以素帛爲月刺於紅旗上近御則又有日月大纛旗二如大禮祫享册封一衛古制旗無大小皆衛焉然五方五星五嶽青龍白虎朱雀玄武神鳳外又有五星聯珠一日月合璧一象二天王二海馬二鳶隼二太白三近御又張一大旗其制極廣錯綉神物以猛士執之旁有數十人護之各施大繩以備風勢名之曰蓋天

車轍

后妃並用殿車其車如五花樓之狀上以錦繡青氈爲裾四圍以簾秋冬亦用氈並用金飾緣柱廊月板護泥皆飾以金玉或四輪或兩輪並朱車之四角后用金鳳妃用金孔雀如一品二品車之四角夫人並用銀螭頭

因士談或紅或黃無定以金龍爲頂蓋后用金鳳太子用金龍妃紫繖用孔雀一品青繖用銀浮圖二品三品用紅浮圖四品五品青浮圖

服色

論官品各以官品如五品官便可服五品服如武臣至四品皆服橫金若文臣則加魚不待錫賜而皆許自服焉

國主視朝服紵絲襆頭窄袖緋袍玉帶黃滿領如遇祭祀册封告廟則加衮冕法服平居閑暇皂巾雜服與士庶無別

遼志

本末

元　葉隆禮

契丹之始也中國簡册有所不載遠夷草昧復無書可考其年代不可得而詳也本其風物地有二水曰地也里没里復名陶猥思没里者是其一也其源出自中京西馬盂山東北流華言所謂土河是也曰裊羅箇没里復名女古没里者又其一也源出饒州西南平地松林直東流華言所謂潢河是也至木葉山

合流爲一古昔相傳有男子乘白馬浮土河而下復有一婦人乘小車駕灰色之牛浮潢河而下遇於木葉山顧合流之水與爲夫婦此其始祖也是生八子各居分地號八部落一曰祖皆利部二曰乙室語部三曰實活部四曰納尾部五曰頻没部六曰内會雞部七曰集解部八曰奚嗢部立遺像於木葉山後人祭之必刑白馬殺灰牛用其始來之物也後有一主號曰迺呵此主特一髑髏在穹廬中覆之以氈人不得見國有大事則殺白馬灰牛以祭始變人形出視事已即入穹廬復爲髑髏因國人竊視之失其所在復有一主號曰喎呵戴野豬頭披野豬皮居穹廬中有事則出退復隱入穹廬如故後因其妻竊其豬皮遂失其夫莫知所如次復又一主晝里昏呵惟養羊二十口日食十九留其一焉次日復有二十口如之是三主者皆有能治國之名餘無足稱焉異矣哉氈中枯骨化形治事戴豬首服豕皮罔測所終當其隱入穹廬之時不知其孰爲之主也孰爲之副貳也荒唐怪誕訛以傳訛遂爲口實其詳亦不可得而詰也

自時厥後牛馬死損詞訟麗淹復遭風雨雪霜之害中遂衰微八部大人後復稍整兵三年一會於各部内選雄勇有謀畧者立之爲主舊主退位列以爲常至阿保機爲衆所立後併七部而滅之契丹始立其國人原與自阿保機至耶律德光而浸盛遭五季之衰天未厭亂石晉胎釁產禍諸華毒痡四海飛揚跋扈貪殘僭擬中國帝王名數盡盜有之冠履倒植藎猶其染干戈之慘極矣迨宋真宗旣已和戎不復以一矢相加令森覆蔭百有餘年聖興道三主以來天

誘其衷華心慕義貪婪歲幣顧倡盟好銷鋒寢柝號稱無事南北皆不知兵各保首領以沒兹非以德懷遠之明效與祖宗列聖之德可謂至哉若遼之威服諸夷奄有全燕何其盛也天祚昏孱女真肆心深入一呼土崩瓦裂何其弱也且兵者不祥之器也天道好還盛極而衰理固然也遼其興也勃焉其亡也忽焉悲夫今據舊聞哀其本末雖未能考其異而訂其同要之大畧其不相遠後之英主謀臣而欲溯今洞古可以爲鑒矣

族姓原始

契丹部族本無姓氏惟各以所居地名呼之婚嫁不拘地里至阿保機變家爲國之後始以王族號爲横帳仍以所居之地名曰世里著姓世里者上京東二百里地名也復賜后族姓曰蕭氏番法王族惟與后族通婚更不限以尊卑其王族后族二部落之家若不奉北主之命皆不得與諸部族之人通婚或諸部族私相婚嫁不拘此限故北番惟耶律蕭氏二姓也

國土風俗

契丹國在庫莫奚東唐所謂黑水靺鞨者今其地也有七十二部落不相統制好爲寇盜父母死而悲哭者以爲不壯但以其屍置于山樹上經三年後方取其骨而焚之因酹酒而祝曰冬月時向陽食我若射獵時使我多得豕鹿其無禮頑囂於諸夷最甚其風俗與奚靺鞨頗同至阿保機稍并服諸小國而多用漢人漢人又教之以隸書半增損之作文字數千以代刻木之約又制婚嫁置官號稱皇帝

部落

漢時爲何奴所破保鮮卑山魏青龍中部酋爲王雄所殺衆遂逃潢水之南黃龍之北至元魏自號曰契丹在唐開元大寶間使朝獻者無慮二十故事以范陽節度爲押奚契丹使至唐末契丹始盛

併令部落

初契丹有八部族之大者曰大賀氏後分爲八部部之長號大人而常推一人爲王建旗鼓以統八部每三年則以次相代或其部有災疾而畜養衰耗則八

部衆議以旗鼓立其次而代之被代者以爲元約如此不敢爭及阿保機乃曰中國之王無代立者由是阿保機益以威制諸國不肯代其立九年諸部共責誚之阿保機不得已傳其旗鼓而謂諸部曰吾立九年所得漢人多矣吾乃別自立一部以爲漢城可乎諸部許之漢城在炭山東灤河上有鹽鐵之利乃後魏滑鹽縣是也有地可植五穀阿保機率漢人耕種爲治城郭邑屋廛市如幽州制漢人安之不復思歸阿保機知衆可用用其妻述律策使人告諸部大人

曰我有鹽鐵之利諸部所食然諸部知食鹽之利而不知其鹽有主人可乎當來犒我諸部以爲然共以牛酒會鹽池阿保機伏兵其旁俟其酒酣伏兵發盡殺諸部大人復併爲一國東北諸夷皆畏服之

兵馬制度

晉末契丹主部下兵謂之大帳有皮室兵約三萬騎人皆精甲兵也爲其爪牙國母述律氏部下謂之屬珊有衆二萬是先戎主阿保機牙將半已老矣每南來時量分借五千騎述律氏常留數百兵爲部落根本其諸大首領太子偉王永康南北王于越麻荅五押等大者千餘騎次者數百人皆私甲也別族則有奚霫勝兵亦千餘人少馬多又有渤海首領大舍利高模漢兵步騎萬餘人並髠髮左衽竊爲契丹之飾復有近界韃靼于厥里室韋女眞党項亦被脅屬每部不過千餘騎其三部落吐渾以隨陷幽州管內鴈門以北十餘軍州部落兵合三五萬餘衆此是石晉割賂契丹之地番漢諸族其數可見矣每契丹南侵其衆不啻十萬國主入界之時步騎車帳不從阡陌

東行一槩而行大帳前及東西面差大首領三人各率萬騎支散游奕百十里內外相覘邏謂之欄子馬凡上吹角爲號衆則頓舍環遶穹廬以近及遠折木稍屈之爲弓子鋪不設槍營塹柵之備每行軍聽鼓三伐不問昏晝一布便來行逆大敵不乘戰馬俟近敵師即競乘之所以新羈戰馬蹄有餘力其用軍之術成列而不戰俟退而乘之多伏兵斷糧道冒夜舉火上風曳柴饋餉自齎退敗無恥散而復聚寒而益堅此其所長也

建官制度

職位如貴耶律蕭氏二姓其官有契丹樞密院及行宮都總管司謂之北面以其在牙帳之北以主番事又有漢人樞密院中書省行宮都總管司謂之南面以其在牙帳之南以主漢事其賜隱宗正寺也夷离畢參知政事也林牙翰林學士也夷离中刺史也內外官多倣中國者其下佐吏則有敞史木古思奴古都奴古徒奴古分領兵馬則有統軍侍衛控鶴司南王北王奚王府舍利帳分提失哥東西都省太師兵又

有國舅輅輵瞎遥輦常袞諸司南北皮室二十部族節度頻必里九克漢人渤海女真五節制五治火帥一百六百九百家奚凡民年十五以上五十以下皆籍爲兵時舉兵必殺灰牛白馬祠天地及木葉山神鑄金魚符調發兵馬其從馬及傳命有銀牌二百軍所舍有遠探欄子馬以夜聽人馬之聲每其立梟所得人戶馬牛金帛及其下所獻牲口或犯罪沒入者別爲行宮領之建州縣置官屬既死則設大穹廬鑄金爲像朔望節辰忌日輒致祭築臺高丈餘以盆焚食謂之燒飯

宮室制度

十宮各有門戶出兵馬阿保機曰洪義宮德光曰永興宮兀欲曰積慶宮述律曰延昌宮明記曰章敏宮突欲曰長寧宮燕燕曰崇德宮隆緒曰興聖宮隆慶曰敦睦宮隆運曰文忠宮王府又有四樓在上京者曰西樓木葉山曰南樓謂化州曰東樓唐州曰北樓凡受冊積柴升其上大會番夷其下已乃燔柴告天而漢人不得預有諢子部百人夜以五十人番直四

鼓將盡歌於帳前號曰聒帳每謁木葉山即射柳枝諢子唱番歌前導彈胡琴和之已事而罷

衣冠制度

國母與番官胡服國主與漢官即漢服番官戴氊冠上以金華爲飾或以珠玉翠毛蓋漢魏時遼人步搖冠之遺像也額後垂金花織成夾帶中貯髮一總服紫窄袍帶以黃紅色條裹革爲之用金玉水晶碧石綴飾又有冠如紗帽無簷不撤雙耳額前綴金花上結紫帶末綴珠或紫皂幅巾紫窄袍束帶丈夫或綵

中單綠花窄袍中單多紅綠色貴者被貂裘以紫黑
色爲貴青色爲次又有銀鼠尤潔白賤者被貂毛羊
鼠沙狐裘弓以皮爲弦箭削樺爲簳韄勒輕快便於
馳走以貂鼠或鵞項鴨頭爲捍腰宋眞宗景德中太
常博士王曙戶部員外郎中維往賀國主生辰還言
國主見漢使彊服衣冠幾巳即帳中雜番騎出郊射
獵矣

漁獵時候

每歲正月上旬出行射獵凡六十日然後並撻魯河

鑿冰釣魚冰泮即縱鷹鶻以捕鵞鴈夏居炭山或上
京避暑七月上旬復入射鹿夜半令獵人吹角效鹿
鳴既集而射之宋眞宗時遣使往賀生辰還言始
至長泊泊多野鵞鴨國主射獵領帳下騎擊扁鼓遶
泊驚鵞鴨飛起乃縱海東青擊之或親射焉國主皆
佩金玉錐號殺鵞鴨錐初獲即拔毛插之以鼓爲
坐遂縱飲酒醉以此爲樂又好以銅及石爲槌以擊
兔每秋則衣褐裘呼鹿射之夏月以布爲衣帳藉氈
閑坐於陰或深淵洗鷹

試士科制

太祖龍興朔漠之區倥偬干戈未有科目數世後承
平日久始有開闢制限以三歲有鄉村省三試之設
鄉中曰鄉薦府中曰府解省中曰及第時有秀才未
願赴者州縣必根刷遣之程文分兩科曰詩賦曰經
義魁各名分爲三歲一試進士貢院以二寸紙書及
第者姓名給之號喜帖明日舉按而出作樂及鬧擊
鼓十二面以法雷震殿試臨期取旨又將第一人特
賜一官授奉直大夫翰林應制次文字第二人第三

人止授從事郎餘並授從事郎聖宗時止以詞賦法
律取士詞賦爲正科法律爲雜科若夫任子之令不
論文武並奏亦有員數

歲時雜記

正月

正旦　正旦國人以糯米飯白羊髓相和爲團如拳大
於逐帳內各散四十九個候五更三點國主等各於
本帳內牕中擲米團在帳外如得雙數當夜動番樂
設宴如得隻數更不作樂便令師巫十二人外邊遶

□撼鈴執箭唱叫於帳內諸火爐內爆鹽并燒地拍鼠謂之驚鬼居帳內第七日方出乃鄉穆之族北呼此謂之妳捏離漢人譯云妳是丁捏離是日

立春

立春日婦人進春書以青繒爲幟刻龍像銜之或爲蝦蟆

人日

人日京都人食煎餅於庭中俗云薰天未知何所從出也

中和

二月一日大族姓蕭者並請耶律姓者於本家筵席此節爲瞎里尀漢人譯云瞎里是請尀是時

上巳

三月三日國人以木雕爲兔分兩朋走馬射之先中者勝其負朋下馬跪奉勝朋人酒勝朋於馬上接盃飲之北呼此節爲淘裏化漢人譯云淘裏是兔化是射

佛誕日

四月八日京府及諸州縣各用木雕悉達太子一尊城上舁行放僧尼道士庶民行城一日爲樂

端午

五月五日午時採艾葉與綿相和絮衣七事國主著之番漢臣僚各賜艾衣三事國主及臣僚飲宴渤海廚子進艾糕各點大黃湯下北呼此時爲討賽離又以雜絲或綵結合歡索纏于臂膊婦人進長命縷宛轉皆爲人象帶之

朝節

夏至日婦人進扇及脂粉囊謂之朝節

三伏

六月十八日大族耶律姓並請蕭姓者亦名瞎里尀

中元

七月十三日夜國主離行宮向西三十里卓帳先于彼處造酒食至十四日一應隨從諸軍並隨部落動番樂設宴至暮國主却歸行宮謂之迎節十五日動漢樂大宴十六日早却往西方令隨行軍兵人大喊三聲謂之送節此節爲賽離拾漢人譯云賽離是月

拍丈奴是月奴也

中秋

八月八日國主殺白犬於寢帳前七步埋其頭露其觜後七月移寢帳於埋狗頭上北呼此節爲担褐嬭漢人譯云担褐是狗嬭是頭

重九

九月九日國主打圍斗射虎少者輸重九一筵席射罷於地高處卓帳與番漢臣登高飲菊花酒出兎肝切以生鹿舌拌食之北呼此節爲必里遲離漢人譯

之云九月九日也又有茱萸研酒灑門戶間辟惡亦有入鹽少許而飲之者又云男摘二九粒女摘一九以酒嚥者大能辟惡也

小春

十月內五京進紙造小衣甲并鎗刀器械各一萬幅十五日一時進堞國主與押番臣密望木葉山奠酒拜用番字書狀一紙同焚燒奏木葉山神云寄庫北呼此時爲戴辨漢人譯云戴是燒辨是甲

冬至

冬至日國人殺白馬白羊白鴈各取其生血和酒國主北望拜黑山奠祭山神言契丹死魂爲黑山神所管又彼人傳云凡死人悉屬此山神所管富民亦然契丹黑山如中國之岱嶽云北人死魂皆歸此山每歲五京進人馬紙甲各萬餘事祭山而焚之其禮甚嚴非祭不敢近山

臘月

臘月國主帶甲戎裝應番漢臣諸司使已上並戎裝五更三點坐朝動樂飲酒罷各等第賜御甲羊馬北

呼此節爲粆離時漢人譯云粆離是戰時是時是戰特也

詔盜

五月十三日放國人作賊三日如盜及十貫以上依法行遣北呼爲鶻里時漢人譯云鶻里是偷時是時也

行軍

契丹行軍不擇日用艾和馬糞於白羊琵琶骨上灸灸破便出行不破即不出

午日

契丹出軍每遇午日起程如不用兵亦須望西大喊三聲行之彼言午是北朝大王之日

旋風

契丹人見旋風合眼用鞭望空打四十九下口中道坤不刻七聲

舍利

契丹國内富豪民要裹頭巾者納牛駝十頭馬百疋并給契丹名目謂之舍利

跪拜

凡男女拜皆同其一足跪一足著地以手動爲節數止於三四彼言捏骨地者即跪也

長白山

長白山在冷山東南千餘里蓋白衣觀音所居其山内禽獸皆白人不敢入恐穢其間以致蛇虺之害黑水發源于此舊云粟末河太宗破晉改爲混同江其俗刳木爲舟長可八尺形如梭子曰梭船上施一槳止以捕魚至渡車則方舟或三舟

澤蓳

西樓有蒲瀕水叢生一莖如柳長不盈尋丈用以作箭不矯作而堅左氏所謂董澤之蒲是也

回鶻豆

回鶻豆高二尺許直榦有葉無旁枝角長二寸每角止兩豆一根才六七角色黄味如粟

螃蠏

渤海螃蠏紅色大如椀螯巨而厚其脆如中國蠏螯石拒鮀魚之屬皆有之

松漠記聞

宋　洪皓

女真即古肅慎國也東漢謂之挹婁元魏謂之勿吉隋唐謂之靺鞨開皇中遣使貢獻文帝因宴勞之使者及其徒起舞於前曲折皆爲戰鬭之狀上謂侍臣曰天地間乃有此物常作用兵意其屬分六部有黑水部即今之女真其水掬之則色微黑契丹目爲混同江其江甚深狹處可六七十步濶處至百步唐太宗征高麗靺鞨佐之戰甚力駐蹕之敗高延壽高惠

真以衆及靺鞨兵十餘萬來降太宗悉縱之獨坑靺鞨三千人開元中其酋來朝拜爲勃利州刺史遂置黑水府以部長爲都督刺史朝廷爲置長史臨之賜府都督姓李氏訖唐世朝獻不絶五代時始稱女真後唐明宗時嘗寇登州渤海擊走之其後避契丹諱更爲女直（契丹之諱□宗諱）俗訛爲女質居混同江之南者謂之熟女真以其服屬契丹也江之北爲生女真亦臣于契丹後有酋豪受其宣命爲首領者號太師契丹□賓州混同江北八十餘里建寨以守予嘗自賓涉江過其寨守禦已廢所存者數十家耳（生女真即金國也）

女真酋長乃新羅人號完顏氏完顏猶漢言王也女真以其練事後隨以首領讓之兄弟三人一爲熟女真酋長號萬戸其一適他國完顏年六十餘女真妻之以女亦六十餘生二子其長即胡來也自此傳三人至楊哥太師無子以其姪阿骨打之弟謚曰文烈者爲子其後楊哥生子闍辣乃令文烈歸宗

金主九代祖名龕福追謚景元皇帝號始祖配曰明懿皇后八代祖名訛魯追謚德皇帝配曰思皇后七

代祖名佯海追謚安皇帝配曰節皇后六代祖名隨闊追謚定昭皇帝號獻祖配曰恭靖皇后五代祖李黄名實魯追謚成襄皇帝號昭祖配曰威順皇后高祖太師名胡來追謚惠（犯欽宗廟諱）皇帝號景祖配曰昭肅皇后曾祖太師名核里頗追謚聖肅皇帝號世祖配曰翼簡皇后曾叔祖太師名蒲剌束追謚穆憲皇帝號肅宗配曰靜宣皇后曾季祖太師名穆哥追謚孝平皇帝號穆宗配曰貞惠皇后伯祖太師名吳剌束追謚恭簡皇帝號康宗配曰敬僖皇后祖名旻

世祖第二子遼咸雍四年歲次戊申生即阿骨打也歲契丹謚大聖武元皇帝號太祖同母弟二人長曰吳乞買次曰撒也阿骨打卒吳乞買立名晟謚文烈皇帝號太宗配曰明德皇后今主名亶阿骨打之孫繩果之子繩果追謚景宣皇帝亶之配曰居始坦氏

阿骨打八子正室生繩果於次為第五又生第七子乃燕京留守易王之父正室卒其繼室立亦生二子長曰二太子為東元帥封許王南歸至燕而卒次生第六子曰蒲路虎為兗王太傅領尚書省事長子固碖力木胡側室所生為太師涼國王領尚書省事第三曰三太子為左元帥與四太子同母四太子即兀朮為越王行臺尚書令第八子曰邢王為燕京留守打毬墜馬死自固碖以下皆為奴婢繩果歿其妻為固碖所收故今主養於固碖家及吳乞買卒其子宋國王與固碖粘罕爭立以今主為嫡遂立之

吳乞買乙卯年卒長子曰宗磐為宋王太傅領尚書省事與滕王虞王皆為悟室所誅次曰[illegible]為沂王燕京留守次曰滕王虞王袞王撒也稱揞郭虚切板揞被彼云

大也李極烈吳乞買時為儲君常謀盡誅南人闍辣封魯王為都元帥後被誅其子太抴馬亦被囚因赦得出庶子烏拽馬名勗字勉道今為平章

粘罕者吳乞買三從兄弟名宗翰小名烏家奴本曰粘漢言其貌類漢兒也其父即阿盧里移賚粘罕為西元帥後雖貴亦襲父官稱曰阿盧里移賚孛極烈都元帥孛極烈彼云大官人也其庶弟名宗憲字吉甫好讀書甚賢

悟室者女真人悟作鄔音或云悟失名希尹封陳王

女真人相誅宋兗滕虞凡七十二王後為兀朮族誅

回鶻自唐末浸微本朝盛時有入居秦川為熟戶者女真破陝悉徙之燕山甘涼瓜沙舊皆有族帳後悉羈縻于西夏唯居四郡外地者頗自為國有君長其人卷髮深目眉修而濃自眼睫而下多虬髯土多瑟瑟珠玉帛有兜羅綿毛氎狨錦注絲熟綾斜褐藥有膃肭臍硇砂香有乳香安息篤耨善造賓鐵刀劍烏金銀器多為商賈於燕載以橐它過夏地夏人率十而指一必得其最上品者賈人苦之後以物美惡雜

皆毛速中毛速以羊毛緝之其中兩頭爲雙用以細或綫封之有甚貴者有單以雜色毛者則輕細然所征亦不貲其來浸熟始犀洛兗吏密識其
中下品者俾指之尤能別珍寶蕃漢爲市者非其人
爲儈則不能售價奉釋氏最甚共爲一堂塑佛像其
中每齋必刲羊或酒醮以指染血塗佛口或捧其足
而鳴之謂爲親敬誦經則衣袈裟作西竺語燕人或
俾之祈禱多驗婦人類男子白皙者青衣如中國道
服然以薄青紗羃首而見其面其居秦川時女未嫁
者先與漢人通有生數子年近三十始能配其種類

卽以來議者父母則曰吾女嘗與某人某人昵以多
爲勝風俗皆然其在燕者皆久居業成能以金相瑟
瑟爲首飾如釵頭形而曲一二寸如古之笄形又善
結金線相瑟瑟爲珥及巾環織熟錦熟綾注絲線羅
等物又以五色線織成袍名曰剋絲甚華麗又善撚
金線別作一等背織花樹用粉繳經歲則不佳唯以
指撚逵靻辛酉歲金國肆眚皆許西歸多留不反今
亦有目微深而鼻不虬者蓋與漢兒通而生也
嗢熱者國最小不知其始所居後爲契丹徙置黃龍
府南百餘里曰賓州州近混同江卽古之粟末河黑
水也部落雜處以其族類之長爲千戶統之契丹女
眞貴游子弟及富家兒月夕被酒則相率攜尊馳馬
戲飲其地婦女聞其至多聚觀之間令侍坐與之酒
則飲亦有起舞歌謳以侑觴者邂逅相契調謔往反
卽載以歸不爲所顧者至追逐馬足不遠數里其携
去者父母皆不問留數歲有子始具茶食酒數車歸
寧謂之拜門因執子壻之禮其俗謂男女自媒勝於
納幣而昏者飲食皆以木器好寘蠱他人欲其不驗
者云三彈指於器上則其毒自解亦間有過毒而斃

者族多李姓予頃與其千戶李靖相知靖二子亦習
進士舉其姪女嫁爲悟室子婦靖之妹曰金哥爲金
主之伯故倫側室其嫡無子而金哥所生今年約二
十餘頗好延接儒士亦讀儒書以光祿大夫爲吏部
尚書其父死託宇文虛中高士談趙伯璘爲誌高宇
以趙貧命趙爲之而二人書篆其文頗所潤甚厚會
在燕識之亦學奕象戲點茶靖以光祿知通州自燕
有素今亡矣其論議亦可聽衣制皆如漢兒

渤海國去燕京女真所都皆千五百里以石累城足東並海其王舊以大爲姓右姓曰高張楊竇烏李不過數種部曲奴婢無姓者皆從其主婦人皆悍妒大氏與他姓相結爲十姊妹迭幾察其夫不容側室及他游聞則必謀寘毒死其所愛一夫有所犯而妻不之覺者九人則羣聚而詬之爭以忌嫉相夸故契丹女真諸國皆有女倡而其良人皆有小婦侍婢唯渤海無之男子多智謀驍勇出他國右至有三人渤海當一虎之語契丹阿保機滅其王大諲譔徙其名帳

千餘戶于燕給以田疇捐其賦入往來貿易關市皆不征有戰則用爲前驅天祚之亂其聚族立姓大者於舊國爲王金人討之軍未至其貴族高氏弃家來降言其虛實城後陷契丹所遷民益蕃至五千餘戶勝兵可三萬金人慮其難制頻年轉戍山東每徙不過數百家至辛酉歲盡驅以行其人大怨富室安居踰二百年往往爲園池植牡丹多至三二百本有數十幹叢生者皆燕地所無纔以十數千或五千賤貢而去其居故地者今歸契丹舊爲東京置留守有蘇扶等州蘇與中國登州青州相直每大風順隱隱聞鷄犬聲阿保機長子東丹王贊華封於此謂之人皇王不得立鞅鞅嘗賦詩曰小山壓大山大山全無力羞見當鄉人從此投外國遂自蘇來從浮海歸唐明宗善畫馬好經籍猶以筏載行其國初倣唐置官司國少浮圖氏有趙崇德者爲燕都運未六十餘休致爲僧自爲大院請燕竹林寺慧日師住持約供衆僧三年費竹林乃四明人趙與予相識頗久

古肅慎城四面約五里餘遺堞尚在在渤海國都三

十里亦以石累城脚

黄頭女真者皆山居號合蘇館女真合蘇館河西亦有之有八館在黄河東今皆屬金人與金粟城五花城隔河相近二城八館舊屬契丹今屬夏人金人約以兵取關中以三城八館報之後背約再取八館而三城在河西夏爭不得其一城忘其名其人憨朴勇鷙不能別死生金人每出戰皆被以重札令前驅謂之硬軍後役之益苛廩給既少遇鹵掠所得復奪之不勝忿天會十一年遂叛興師討之但守遐山下不敢登其巢穴經二年出鬬而敗復降[illegible]黃頭[illegible]也今國謂之黃頭生女真髭髮皆黃目睛多綠亦黃

□曰多円避契丹諱遂稱黄頭女真

盲骨子契丹事迹謂之朦骨國即唐書所謂蒙兀部

大遼道宗朝有漢人講論語至北辰居所而衆星共之道宗曰吾聞北極之下爲中國此豈其地邪至夷狄之有君疾讀不敢講則又曰上世獯鬻獫狁蕩無禮法故謂之夷吾修文物彬彬不異中華何嫌之有卒令講之

道宗末年阿骨打來朝以悟室從與遼貴人雙陸貴人投瓊不勝妄行馬骨打憤甚拔小佩刀欲剚之悟

室急以手握鞘骨打止得其柄扶其胷不死道宗怒侍臣以其強悍咸勸誅之道宗曰吾方示信以待遠人不可殺或以王衍縱石勒張守珪赦安祿山終致後害爲言亦不聽卒歸之至叛遼用悟室爲謀主骨打且死囑其子固倫善待之

大遼盛時銀牌天使至女真每夕必欲薦枕者其國舊輪中下戶作止宿處以未出適女待之後求海東青使者絡繹恃大國使命惟擇美好婦人不問其有夫及閥閱高者女真浸忿遂叛

初女真有戎器而無甲遼之近親有以衆叛間入其境上爲女真一酋說而擒之得甲首五百女真賞其酋爲阿盧里移賚（彼云第三箇官人亦呼爲相公）旣起師才有千騎用其五百甲攻破寧江州遼衆五萬禦之不勝復傳遣之亦折北遼益至二十萬女真以衆寡不敵謀降大酋粘罕悟室婁宿等曰我殺遼人已多降必見剿不若以死拒之時勝兵至三千旣連敗遼師器甲益備與戰復克天祚乃發蕃漢五十萬親征大將余都姑謀廢之立其庶長子趙王謀泄以前軍十萬降遼

□大震天祚怒國人叛已命漢兒遇契丹則殺之初遼制契丹人殺漢兒者皆不加刑至是慮其宿憤見者必死國中駭亂皆莫爲用女真乘勝入黃龍府五十餘州浸逼中京（中京古白霫城）天祚懼遣使立阿骨打爲國王骨打留之遣人邀請十事欲冊帝爲兄弟國及尚主使數往反天祚不得已欲帝之而他請益堅天祚怒曰小夷乃欲偶吾女邪囚其使不報已而中京被圍跳至上京過燕遂投西夏夏人歸舅甥盟長女真之強不果納初大觀中　本朝遣林攄使遼遼人

命習儀撻惡其屑屑以番狗詆佯使天祚曰大宋兄弟之邪臣吾臣也今辱吾左右與辱我同欲致之死在廷恐兆疊皆泣諫止杖半百而釋之時天祚總將來歸以是故恐不加禮乃走小勃律復不納乃夜回欲之雲中未明遇諜者言婁宿軍且至天祚大驚時從騎尚千餘有精金鑄佛長丈有六尺者他寶貨稱是皆委之而遁值天微雪車馬皆有轍跡爲敵所及先遣近貴諭降未復婁宿下馬跽于天祚前曰奴婢不佞乃以介冑犯皇帝天威死有餘罪因捧觴而進

遂俘以還封海濱王處之東海上其初是河西也國人立其季父於燕俄死以其妻代後與郭藥師來降所謂蕭太后者

寧江州去冷山百七十里地苦寒多草木如桃李之類皆成園至八月則倒置地中封土數尺覆其枝幹季春出之厚培其根否則凍死每春冰始泮遼主必至其地鑿冰釣魚放弋爲樂女真率來獻方物若貂鼠之屬各以所產量輕重而打博爲之打女真後多強取女真始慾暨阿骨打起兵首破此州馴致亡國

遼亡大實林牙亦降（大實小名林牙猶翰林學士虜俗人纍以小名居官上）後與粘罕雙陸爭道罕心欲殺之而口不言大實懼及既歸帳即棄其妻携五子宵遁詰旦粘罕怪其日高而不來使召之其妻曰昨夕以酒忤大人（大音駝）畏罪而竄詢其所之不以告粘罕大怒以配部落之最賤者妻不肯屈強之極口嫚罵遂射殺之大實深入沙子立天祚之子梁王爲帝而相之女真遣故遼將余都姑帥兵經畧屯田于合董城（城去上京三千里）大實游騎數十出入軍前都姑遣使打話遂退沙子者蓋不毛

之地皆平沙廣漠風起揚塵至不能辨色或平地頃刻高數丈絕無水泉人多渴死大實之走凡三晝夜始得度故女真不敢窮追遼御馬數十萬牧于磧外女真以絕遠未之取皆爲大實所得今梁王大實皆亡餘黨猶居其地

合董之役令山西河北運糧給軍予過河陰縣令以病解獨縛出迎以繩繫梘枝垂綠袍上命之坐懇辭叩其故以實言曰縣饋餉失期令被撻柳條百懲不敢出其亦罹此罰痛楚特甚故不可坐創未愈懼爲

腹氣所使故帶㮕以辟之
余都姑之降金人以爲西軍大監軍久不遷常鞅鞅
其軍合董也失其金牌金人疑其與林牙暗合遣賢
其妻子余都姑有叛心明年九月約燕京統軍反統
軍之兵皆契丹人余都謀誅西軍之在雲中者盡約
雲中河東河北燕京郡守之契丹漢兒令誅女真之
在官在軍者天德知軍僞許之遣其妻來告時悟室
爲西監軍自雲中來燕微聞其事而未信與通事漢
兒那也回行數百里那也見二騎馳甚遽問之曰會

松漠記聞　十三

見監軍否以不識對問爲誰曰余都下人那也追及
悟室曰適兩契丹云余都下人既在西京何故不識
監軍北人稱雲中爲西京恐有姦謀遂回馬追獲之搜其靴中
得余都書曰事已泄宜便下手復馳告悟室即回燕
統軍來謁縛而誅之又二日至雲中余都微覺父子
以遊獵爲名遁入夏國夏人問有兵幾何云親兵二
三百遂不納投達靼達靼先受悟室之命其首領詐
出迎具食帳中潛以兵圍之達靼善射無衣甲余都
出敵不勝父子皆死凡預謀者悉誅契丹之黠漢兒

之有聲者皆不免
金國舊俗多指腹爲婚姻既長雖貴賤殊隔亦不可
渝壻納幣皆先期拜門戚屬偕行以酒饌往少者十
餘車多至十倍飲客佳酒則以金銀杯貯之其次以
瓦杭列於前以百數賓退則分餉焉男女異行而坐
先以烏金銀杯酌飲貪者以木酒三行進大軟脂小軟脂
如中國寒具蜜糕以松實胡桃肉漬蜜和糯粉爲之形或方或圓或爲柿蒂花大畧類浙中寶棤糕人一盤曰茶食宴罷富者瀹建茗留上客數人啜
之或以粗者煎乳酪婦家無大小皆坐炕上壻黨羅

松漠記聞　十四

拜其下謂之男下女禮畢壻牽馬百匹少者十匹陳
其前婦翁選子姓之別馬者視之塞痕則留好也韓辣
則退不好也留者不過什二三或皆不中選雖壻所乘
亦以充數大氐以留馬少爲恥女家亦視其數而厚
薄之一馬則報衣一襲壻皆親迎既成昏留婦氏執
僕隸役雖行酒進食皆躬親之三年然後以婦歸婦
氏用奴婢數十戶奴曰亞海婢曰亞海軫牛馬十數群每群九
牸一牡以資遣之夫謂妻爲薩那罕妻謂夫爲爰根
契丹男女拜皆同其一足跪一足着地以手動爲節

數止於三彼言捏骨地者即跪也
女真舊絶小正朔所不及其民皆不知紀年問之則曰我見草青幾度矣蓋以草一青爲一歲也自興兵以後浸染華風酋長生朝皆自擇佳辰粘罕以正旦悟室以元夕烏拽馬以上巳其他如重午七夕重九中秋中下元四月八日皆然亦有用十一月旦者謂之周正金主生於七月七日以國忌用次日今朝廷遣賀使以正月至彼蓋循契丹故事不欲使人兩至也

金國治盜甚嚴每捕獲論罪外皆七倍責償唯正月十六日則縱偷一日以爲戲妻女寶貨車馬爲人所竊皆不加刑是日人皆嚴備遇偷至則笑遣之既無所獲雖畚钁微物亦携去婦人至顯入人家伺主者出接客則縱其婢妾盜飲器他日知其主名或偷者自言大則具茶食以贖（謂羊酒餚饌之類）次則携壺小亦打餻取之亦有先與室女私約至則而竊去者女願留則聽之自契丹以來皆然今燕亦如此
女真舊不知歲月如燈夕皆不曉己酉歲有中華僧被掠至其闕遇上元以長竿引燈毬表而出之以爲戲女真主吴乞買見之大駭問左右曰得非星邪左右以實對時有南人謀變事泄而誅故乞買疑之曰是人欲嘯聚爲亂剋日時立此以爲信耳命殺之後數年至燕頗識之至今遂盛
胡俗奉佛尤謹帝后見像設皆梵拜公卿詣寺則僧坐上坐燕京蘭若相望大者三十有六然皆律院自南僧至始立四禪曰太平招提竹林瑞像貴游之家多爲僧衣盂（衣鉢也）甚厚延壽院主有質坊二十八所

僧職有正副判録或呼司空（遼代僧有兼官至檢校司空者故名稱尚存）出則乘馬佩印街司五伯各二人前導凡僧事無所不統有罪者得撻之其徒以爲榮出家者無買牒之費金主以生子肆赦令燕雲汴三臺普度凡有師者皆落髮奴婢欲脱隷役者纔以數千囑請即得之得度者亡慮三十萬舊俗姦者不禁近法益嚴立賞三百千它人得以告捕嘗有家室則許之歸俗通平民者皆流遞僧尼自相通及犯品官家者皆死
漢路虎性愛民所居官必復租薄征得番漢間心但

時有酒過後除東京留守渤海賊勑令止飲行未抵治所有一僧以㮽梒爲盃遮道而獻㮽梒木多有文縷可愛多用爲椀曰可以酌酒路虎曰皇帝臨遣時宣戒我勿得飲爾何人乃欲以此器導我邪顧左右令縛㪡辣骸彼云敲殺也即引去行刑者哀其亡辜擊其腦不力欲令宵遁而以死告未畢復呼使前僧被血淋漓路虎問所以獻我者意安在對曰大王仁慈正直百姓喜幸故敢奉此爲壽無他志也路虎意解欲釋之詢其鄉以渤海對路虎笑曰汝鬭我來用此相鬭耳豈可赦也

卒殺之又於道遇僧尼五輩共輦而載召而責之曰汝曹輦遊已冒法而乃敢顯行吾前邪皆射殺之

金國之法夷人官漢地者皆置通事即譯語官也或以有官人爲之上下重輕皆出其手得以舞文招賄三二年皆致富民俗苦之有銀珠哥大王者銀珠者行第六十也以戰多貴顯而不熟民事嘗留守燕京有民數十家負富僧金六七萬緡不肯償僧誦言欲申訴遁者大恐相率賂通事祈緩之通事曰汝輩所負不貲今雖稍遷延終不能免苟能厚謝我爲汝致其死皆欣然許諾僧旣陳牒跪聽命通事潜易它紙譯言曰乂旱不雨僧欲焚身動天以蘇百姓銀珠笑卽書牒尾稱塞痕者再庭下已有牽攏官二十輩驅之出僧莫測所以扣之則曰塞痕好也狀行矣須臾出郭則遁者已先期積薪擁僧於上四面舉火號呼稱寃不能脫竟以焚死

胡俗舊無儀法君民同川而浴肩相摩于道民雖殺鷄亦召其君同食炙股烹脯音甫肉也以餘肉和蕎菜擣臼中糜爛而進率以爲常吳乞買稱帝亦循故態金主方章之

金國新制大氏依倣中朝法律至皇統三年頒行其法有創立者率皆自便如歐妻至死非用刃者不加刑以其側室多恐正室妬忌漢兒婦莫不唾駡以爲古無此法曾臧獲不若也

北人重赦無郊霈予銜命十五年才兩見赦一爲余都姑叛一爲皇子生

盲骨子其人長七八尺捕生麋鹿食之金人嘗獲數輩至燕其目能視數十里秋毫皆見蓋不食煙火故眼明與金人隔一江常度江之南爲寇禦之則返無

如之何
金國天會十四年四月中京小雨大雷震羣犬數十爭赴土河而死所可救者纔二三爾

雞林類事

宋 孫穆

高麗王建自後唐長興中始代高氏爲君長傳位不欲與其子孫乃及于弟生女不與國臣爲姻而令兄弟自妻之言王姬之貴不當下嫁也國人婚嫁無娉財令人通說以米食爲定或男女相欲爲夫婦則爲之夏日羣浴于溪流男女無別瀕海之人潮落舟遠則上下水中男女皆露形父母病閉于室中穴一孔與藥餌死不送

國城三面負山北最高峻有溪曲折貫城中西南當下流故地稍平衍城周二十餘里雖雜沙礫築之勢亦堅壯

國官月六叅文班七百十員武班五百四十員六拜蹈舞而退國王躬身還禮稟事則膝行而前得旨復膝行而退至階級乃步國人卑者見尊者亦如之其軍民見國官甚恭尋常則朝跪而坐官民子拜父父亦荅以半禮女僧尼就地低頭對拜其俗不盜少爭訟國法至嚴追呼唯寸紙不至即罰凢人詣官府少

亦費米數斗民貧甚憚之有犯不去巾衣但褫袍帶
杖笞頗輕投束荆使自擇以牌記其杖數最苦執縛
交臂反接量罪爲之自一至九又視輕重制其時刻
而釋之惟死罪可久甚者俾皆相摩胸皮折裂凡大
罪亦刑部拘役也周歲待決終不逃其法惡逆及詈
父母乃斬餘止杖肋亦不甚楚有賂武不兑歲八月
論囚諸州不殺咸送王府其性仁至期多赦宥或配
送青嶼黑山永不得還
五穀皆有之粱最大無秫糯以粳米爲酒少絲蚕每

羅一疋值銀十兩故國中多衣麻苧地瘠惟產人參
松子龍鬚布藤席白硾紙日早晚爲市皆婦人挈一
柳箱一小升有六合爲一刀以升爲刀以稗米定物之價
而貿易之其地皆視此爲價之高下若其數多則以
銀瓶每重一斤工人制造用銀十二兩半入銅二兩
半作一斤以銅當工匠之直癸未年倣本朝鑄錢交
易以海東重寶三韓通寶爲記
方言天曰漢捺　日曰姮　月曰㔍黒隘切　雲曰屈
林　風曰孛纜　雪曰嫩　雨曰霏微　雪下曰
嫩耻凡下皆曰耻　雷曰天動　霹曰霍　電曰
閃　霜露皆曰率　霧曰蒙　虹曰陸橋　鬼曰
幾心　神曰神通　佛曰孛　仙人曰遷　一曰
河屯　二曰途孛　三曰洒厮乃切　四曰迺　五曰
打戍　六曰逸戍　七曰一急　八曰逸荅　九
曰鴉好　十曰噎　二十曰戍沒　三十曰實漢
四十曰麻兩　五十曰舜　六十曰逸舜　七
十曰一短　八十曰逸頓　九十曰鴉順　百曰
醞　千曰千　萬曰萬　旦曰阿慘　午曰捻宰

暮曰占捺或言古沒　前日曰記載　昨日曰訖載
今日曰烏捺　明日曰轄載　後日曰母魯　約
明日至曰轄烏受勢凡約日至皆曰受勢　年春
夏秋冬同　上曰頂　下曰底　東西南北同
土曰轄希　田曰田　火曰孛　山曰每　石曰
突　水曰沒　海曰海　江曰江　溪曰溪　谷
曰丁蓋　泉曰泉　井曰烏沒　草曰戍　花曰
骨　木曰南記　竹曰帶　栗曰[illegible]　[illegible]曰
枝棘　松曰鮓子南　胡桃曰渴來　柿曰坎

梨曰敗　林檎曰悶子計　漆曰黄漆　茭曰質
姑　雄曰鵖試　雌曰暗　雞曰喙(音達)　鷺曰漢
賽　雉曰雉賽　鴿曰弼陀里　鵲曰渴則寄
鶴曰鶴　鴉曰打馬鬼　雁曰哭利弓幾　禽皆
曰雀譚　雀曰賽(斯乃反)　虎曰監(蒲南切)　牛曰燒(去聲)
羊曰羊　猪曰突　犬曰家稀　猫曰鬼尼
鼠曰觜　鹿曰鹿　馬曰末　乘馬曰轄打(平聲)　皮
曰渴翅　毛曰毛　角曰角　龍曰稱　魚曰水
脫(剝恙切)　鼈曰團　蟹曰慨　鰒曰必　螺曰蓋

慨　蛇曰蛇　蠅曰蠅　螘曰螻　蝨曰裾　蚤
曰批勒　幾曰側根施　蟇曰蚝鋪　人曰人
主曰主　客曰孫命　官曰員理　士曰進(寺儘切)
吏曰主事　商曰行身　工匠曰把指　農曰
宰把指　兵曰軍　僧曰福田　尼曰阿尼　遊
子曰浮浪人　丐曰丐剝　倡曰水作　盜曰婆
兒　倡人之子曰故作　樂工曰亦故作(多倡人子爲之)
稱我曰能(奴台)　問你汝誰何曰餧箇　祖曰漢
了祕　父曰子了祕　母曰了祕　伯叔亦皆曰

了查祕　叔伯母皆曰了子彌　兄曰長官　嫂
曰長漢吟　娣曰嫁妹　男子曰吵喃(音眇南)　弟曰
了兒　妹曰了慈　女子曰漢吟　自稱其夫曰沙
會　妻亦曰漢吟　自稱其妻曰細婢(亦曰陡臂)　男兒
曰了姐(亦曰同婆記)　女兒曰寶姐(亦曰古召育曹兒)　父呼其子
曰了加　孫曰了寸了姐　舅曰漢了祕　姑曰
漢了彌　婦曰了寸　母子兄曰訓蔚　母子弟
曰次蔚　姨妗亦皆曰了子彌　頭曰麻帝　髮
曰麻帝核試　面曰榇翅　眉曰踈步　眼曰嫩

耳曰愧　口曰邑　齒曰你　舌曰蝎　面美
曰榇翅朝勳　面醜曰榇翅没朝勳　心曰心(音尋)
身曰門　胸曰軻　背曰腿馬末　腹曰擺
手曰遜　足曰潑　肥曰骨鹽眞(亦曰鹽骨易成)　瘦曰
安里鹽骨眞　洗手曰遜時蛇　凡洗濯皆曰時
蛇　白米曰漢菩薩　粟曰田菩薩　麥曰密頭
目　大穀曰麻帝骨　酒曰酥孛　醋曰生根
醬曰密祖　鹽曰蘇甘　油曰畿(入聲)林　魚肉皆
曰姑記　飰曰朴舉　粥曰謨做　茶曰茶　湯

水　飲酒曰酥孛麻蛇　凡飲皆曰麻蛇　勸酒
曰蘇孛打里　凡安排皆曰打里　勸客飲盡食
曰打馬此　醉曰蘇孛速　不善飲曰本道安理
麻蛇　熟水曰泥根没　冷水曰時根没　飽曰
擺咱七加反　飢曰擺咱安里　金曰那論義　珠曰
區戌　銀曰漢蔵　銅曰銅　鐵曰歲　絲曰絲
麻曰三　羅曰速　錦曰錦　綾曰菩薩　絹曰
及　布曰背　苧曰毛　苧布曰毛施背　幞
頭曰幞頭　帽子曰帽　頭巾曰土捲　袍曰袍

帶曰腰帶亦曰謁子帶　皂衫曰軻門　被曰泥不
袴曰珂背　裩曰安海珂背　裙曰裙　鞋曰盛
襪曰背戌　女子蓋頭曰子母蓋　針曰板捺
夾袋曰南子木蓋　女子勒帛曰實帶　綿曰
實　繡曰繡　白曰漢　黃曰那論　青曰青
紫曰質背　黑曰黑　赤曰赤　紅曰真紅　緋
曰緋　染曰没涕里　秤曰雌字　尺曰作　升
曰力音堡　斗曰抹　印曰印　車曰車　船曰擺
席曰薦音登　席薦曰質薦　椅子曰馳馬　卓子曰

食床　林曰林　燭曰火炬　簾曰箔　燈曰活
黃　下曰簾箔　耻曰囉　匱曰枯孛　傘曰聚
笠　扇曰孛采　笠曰蓋音渴　梳曰苾音必　篦曰
頻希　齒刷曰養支　合曰合子　盤子曰盤
瓶曰瓶　銀瓶曰蘇乳　酒注曰瓶砣　盞盤曰
臺盤　釜曰吃枯吃反　盆曰雅數耶　鬲曰窣　碗
曰巳顯　楪曰楪至　盂曰大耶　匙曰戌　茶
匙曰茶戌　箸曰折七吉反　沙羅曰戌羅亦曰敖耶　硯曰
皮盧　筆曰皮盧　紙曰垂　墨曰墨　刀子曰

割　剪刀曰割子蓋　骰子曰節　鞭曰鞭　鞍
曰未鞍　轡曰轡　鼓曰濮　旗曰旗　弓曰活
箭曰蘸亦曰矢　劍曰長刀　火刀曰割刀　斧曰
烏子蓋　炭曰蘇成　柴曰孛南木　香曰寸
索曰鄔又曰朴　索縛曰那没香　射曰活索　讀書
曰乞鋪　寫字曰乞核薩　畫曰乞林　榜曰栢
子　寢曰作之　與曰你之　坐曰阿則家囉
立曰立　卧曰乞寢　行曰欺臨　走曰連音打
來曰烏囉　去曰匿家入囉　笑曰胡臨　哭

曰胡住　客至曰孫烏䨾　有客曰孫集移窒延　客入曰屋裏坐少時　語話曰替里受勢　擊考曰屋打理　決罪曰滅䊸氏　借物皆曰皮離　受勢　問此何物曰設審　乞物曰念受勢　問物多少曰寄翅易戍　凡呼取物皆曰都囉　相別曰羅戲少時　凡事之畢皆曰得　勞問曰雅荅　生曰生　死曰死　老曰刀斤　少曰亞退　存曰薩囉　亡曰朱幾　有曰移實　無曰不烏實　大曰黑根　小曰胡根　多曰覺合及

雞林類事　八　八

少曰阿㮣　高曰那奔　低曰㮣則　深曰及欣　淺曰眼低

虜廷事實

宋　文惟簡

姓氏

女眞部族種類不同有夾谷赤盞溫敦馳滿納合徒丹烏古論烏林荅紇石列等數十姓各以其先世所居地名爲列惟完顔一姓則有異焉蓋其遠祖因避罪自高麗而至女眞後立神功聖德碑於燕城之西參知政事韓昉作文翰林承旨宇文虚中書翰林待制吴激篆額其碑自序出于高麗云

虜廷事實　八　一

風俗

女眞風俗初甚淳質其祖宗者不知人主之爲貴鄉人醖酒欲熟則烹鮮繫肥邀而主于其家無貴賤老幼團坐而飲酒酣則賓主迭爲歌舞以相誇尚今則稍知禮不復如此耳

杖責

虜中上自宰執公卿下至判司簿尉有罪犯者亦不能免杖責如在朝之臣有忤其主意者則去衣卧地令侍衛之人以柽箠之數足則止名曰御斷州縣官

有罪則差天使至本家量輕重而杖之名曰監斷有因而致死者上下内外官雖曾被刑責相視不以爲辱又安知古者刑不加大夫也

拜天

虜人州軍及軍前毎遇端午中九重元三節擇寛敞之地多設酒醴牢餼餅餌果實祭于其所名曰拜天祭罷則無貴賤老幼能騎射者咸得射柳中者則金帛賞之不中者則褫衣以辱之射柳既罷則張宴飲以爲極樂也

黄鼠

沙漠之野地多黄鼠畜豆穀于其地以爲食用村民欲得之則以水灌其穴遂出而有獲見其城邑有賣者去皮刳腹甚肥大虜人相説以爲珍味則知蘇屬國奉使時胡婦掘野鼠而食之者正謂此也

婚娉

虜人風俗取婦于家而其夫身死不令歸宗則兄姪皆得以娉之有妻其繼母者與豕犬何異漢兒則不然知其非禮法也

過醆

金國上至朝廷下至州郡皆有過醆之禮如宰臣百官生日及民間娶婦生日若接天使趁奉州官之類則以酒巢爲具及有幣帛金銀鞍馬珍玩等諸物以相贈遺主人乃捧其酒于賓以相贊祝祈懇名曰過醆如此以結恩釋怨不如是爲不知禮

放偷

虜中毎至正月十六夜謂之放偷俗以爲常官亦不能禁其日夜人家若不畏謹則衣裳器用鞍馬車乘

之屬爲人竊去隔三兩日間主人知其所在則以酒食錢物贖之方得原物至有室女隨其家人出遊或家在僻静處爲男子刼持去候月餘日方告其父母以財禮娉之則放偷之弊是何禮法

披束

胡兒自古以來披髮左衽習以爲俗安知有衣冠之化爲可貴耶頃年初創臺有女眞契丹之人爲公相尚書侍郎者既從漢法例當披束皆病頭悶身痒及爲苦譯而語人曰都被爾漢人立法物束殺我輩也

受辱此誠可笑

啞揖

漢兒士大夫見上位耆年及久闊交見則進退周旋三出頭五折腰相揖而不作聲名曰啞揖不如是者爲山野之人不知禮法衆咸嗤笑契丹之人又手于胸前亦皆不作聲是謂相揖

喪葬

北人喪葬之禮蓋各不同漢兒則以棺斂遺體然後瘞之喪之凶禮一如中原女眞則以木槽盛之葬于

虜廷事實 四

山林無有封樹惟契丹一種特有異焉其富貴之家人有亡者以刀破腹取其腸胃滌之實以香藥鹽礬五綵縫之又以尖葦筒刺于皮膚瀝其膏血且盡用金銀爲面具銅絲絡其手足耶律德先之死蓋用此法時人目爲帝羓信之有也

血泣

嘗見女眞貴人初亡之時其親戚部曲奴婢設牲牢酒饌以爲祭奠名曰燒飯乃跪膝而哭乃以小刀輕厲額上血淚淋漓不止更相拜慰須臾則男女雜坐飲食舞弄極其懽笑此何禮也

釋奠

距燕山東北一千里曰中京大定府本奚東虜舊地其府中亦有宣聖廟春秋二仲月行釋奠之禮契丹固哥相公者因此日就廟中張宴有胡婦數人麗服靚妝登于殿上徘徊瞻顧中有一人曰此髯者是何神道答者曰便是罵我夷狄之有君者衆皆發笑而去

寺塔

虜廷事實 五

燕山京城東壁有大寺一區名曰憫忠廟下有石刻唐太宗征遼東高麗回念忠臣孝子歿于王事者所以建此寺而荐福也東西有兩磚塔高可十丈云是安祿山史思明所建

夷俗考

崑山方鳳

夷俗本不足錄但憫其均是人也生於夷壞於習拘於法終不可化然其間亦有好詩書守節義終三年之喪無淫妬之女可見人性之善無間夷夏而又幸我中國之人生此善地得見衣冠禮樂之盛故畧述其俗之甚異者書之凡四條

東

馬韓國出大栗如梨鷄尾長五尺作土室如栗開戶

於上少年勇力者以繩貫脊皮縋以大木讙呼為健不誇於人辰韓國以大鳥羽送死其意欲使死者飛升生兒便以石厭其頭欲其匾故其國人皆匾頭行者相逢皆住讓路倭國女子不淫不妬犯法者沒其妻子其俗以蹲踞為恭敬飲食以手而用籩豆後以女子為王訊獄置小石於沸湯令犯法者探之云理曲手爛或置毒虫於甕令罪人曲者即螫手國中有五經及佛經白居易集並於中國得之高句麗國叛反者縛之大柱燒而斬之盜則償十倍不能償者以子女爲奴婢則吏一鄉於後立多反其行必擠于俗尚淫男女相悅即爲婚亦無聘財或有受財者人以爲賣婢高麗國知文字庶民子孫夜誦書晝習射宋時遣使進州敘孝經一卷越王孝經一卷新義八卷皇靈孝經一卷孝經雌圖一卷又表求板本九經詔與之三歲一試舉人有進士諸科等學每試百餘人登第者不過一二十人地產龍鬚蓆白硾紙狼尾筆士女服尚素每十二月朔王詣京官則付國相又有國子監四門學生徒六千人貢士有三等王城曰士

貢郡邑曰鄉貢他國人曰賓貢既試之王親試以詩賦論病不服藥惟呪咀厭勝子拜父亦答半禮挹婁國東以豕膏塗身厚半寸以禦寒夏即裸體以尺布蔽前後其人臭穢坐則箕踞以足挾肉啖之若冷肉則坐其上令溫煖將嫁娶男以毛羽插女頭方卜□人死即日葬之殺猪積墓上以爲死者之糧有哭者謂之不壯勿吉國嚼米爲酒亦能醉人俗以溺洗手面初婚之夕男就女家執女乳方成婚妻若淫人告其夫夫輒殺妻而又悔必殺告者由是淫婦終不發

扶桑國其地多扶桑木故名葉似桐初生笋國人食之實如梨而赤以皮爲紙有大牛角載二十斛女斛女國女人潔白有毛髮長委地二三月後入水則有娠六七月而生女人胸前無乳項後毛中有汁可以乳子五日能行三四歲則成人矣

西

乙弗敵人不食五穀惟食魚與蘇子狀如枸杞子或赤或黑見他國人便走避其行如飛吐蕃君與臣爲友號曰共命其數不過五人君死之日共命人日夜縱酒於脚下針血出盡乃死殉葬又有君所親信者用刀鋸腦或以木刺兩肋死亦殉焉大食國海中有一方石石上有樹赤枝青葉樹上生小兒長六七寸見人不語而能笑人摘取入手即乾黑大羊同人皆辮髮多風雪冰厚丈餘俗無文字但刻木結繩而已其首長死抉去腦實以珠玉五臟皆以黃金易之又造金鼻銀齒以人殉葬大月氏國人乘四輪車用八牛挽之能鑄石爲五色琉璃光彩奪目康居國人皆深目多鬚釀葡萄酒至千石十年不敗以六月一日

爲歲首此日王及人庶剪鬚髮馬上射七日俗尚天神云神兒七日死失骸首其日國人徒跣號哭求天兒骸首豎一院畜狗甚多人死置院內令狗食之天竺國有飛梯地道木牛流馬之法其人皆學悉曇章書於貝多樹葉以紀事獅子國舊無人止有鬼神有龍居之諸國來市易不見人影但百貨俱集且示價商人依價償而取之諸國聞其爲樂土因止其地遂成大國三童國人眼皆三睛珠或有四舌皆能言語短人國人長三尺亦有二尺者頭少髮有大鳥高七

八尺每啄食之短人持弓矢以自備波斯國有大鳥形如槖駝有兩翼飛不能高能啖人若有叛者鉄灼其舌瘡白爲直黑爲曲又有污獮蛇狀類鼠青色長八九寸能入穴取鼠悅般國人能割人喉斷擊人頭骨碎髓血以草藥納口中須臾血止復生亦無瘢痕東女國子從母姓不從父姓每年十月巫者至山中布糟與麥呪呼又之俄有鳥來如鷄狀剖視之腹中有穀者歲豐否即大災名曰鳥卜人死剝其皮藏之骨肉皆納甕中而瘞之吐火國男多女少兄弟通室

婦人有五夫則首戴五角十夫則十角無兄弟者結
義他人方得共妻否則終身無婦矣生子屬長兄
南
盤瓠之後曰傜生子能行燒鐵石烙其踝蹠故履荊
根而不傷試刀必以牛一割卽殊者良刃也歲首祭
盤瓠雜揉魚肉酒飯於木槽群聚而號爲盡禮男女
相得得則男至女群吚鳴負所愛女而去其父母方
喜若女二年男不負者父母以女爲人所棄每飲殺
之其人性同禽獸父子相殺讎手有兵刃者先之旣

而夕走避於外求得一狗以謝其毋不復嫌恨若報
仇殺人必食之兒女死一哭而止親戚私相賣責者
嗁哭不服卽將買主入官爲奴俗尚淫祀且畏鬼甚
有賣身以供祭祀者附國人累石爲巢高十餘丈妻
其群母及嫂父亦納子之妻人死覆以獸皮舞劒而
呼云鬼取我父我必殺鬼西原蠻洞主酋李娶數妻
皆號曰娘娘其洞官家婚姻聘禮干擔婚來就親女
家於五里外結草屋與居男女婢僕甚多成婚之夕
兩家各盛兵爲備小有言則相鬭婚能殺婢則妻室

畏之否則謂之懦居半年方歸夫家人有遠出歸者
止三十里外遣巫提竹籃脫遠歸人家貯於內前行
言爲行人收魂歸也尾濮蠻其人有尾長三四寸欲
坐先穿地爲穴以安尾尾折便死能食人惟識毋不
識父有賓客殺老者以供廚賓婚有期老者必泣黎
峒蠻居室架木兩重上以自居下以畜牧婚姻折箭
爲定親死食生牛肉以爲哀痛葬則舁櫬令一人擲
鷄子於地不破處卽爲吉穴客至主人出不交一言
置酒先以真味客若食不辭則喜少有嫌則逐客凡

會飲人人持刀三杯後方巳然亦置刀身傍一語不
合則起而相戕商人負其一錢十年必獲而後已或
謀殺其一鷄則鳴皷告衆曰當償一鬭者雌雄各一
也又笑每生鷄子若干必至數倍乃巳奇羅國征伐
皆乘象每一隊象百頭每一象百人衛之有官者方
留髮嫁娶以檳榔爲禮死則焚尸盛以金甖沉于海
頓遜國有酒樹似安石榴採其花汁停甕中數日成
酒人將死親賓歌舞於郭外有鳥如鵝口如鸚鵡而
紅色飛來食死人肉盡乃燒其骨沉海中以爲上等

人也

北

烏桓國嫁娶先私通百日後方行禮婚至婦家朝朝拜其妻而妻之父母則不拜爲妻家僕役一二年妻家乃更厚遺送女凡事只從婦謀能作白酒如中國之味而不知作麴病者燒石自熨或刺血出親死歌舞殯之燒熟犬并死人衣物殉之鮮卑國婚嫁先髡頭至三月男女大會然後各從所愛者配合獸有野角端異於他國高車國初 奴單于生二女

夷俗考 八 七

姿美單于曰此女安可配人將以與天乃築臺置二女臺上請天自取之有一老狼日夜守臺而嗥臺下作穴若居室之狀其小女曰父命天來迎此必天使取我乃下臺爲狼妻生子遂成高車國其人好引聲長歌有似狼嗥都波國結草爲廬無牛羊不知耕稼取百合草根爲根緝鳥羽爲衣人死以木櫃盛尸置樹上任烏鳥食之契丹國有鉄甸水醎濁如血又有女真人善作鹿鳴野鹿皆至射而取之又能讓糜爲酒醉則縛之醒則解不然多殺人其後化爲狗國人身狗首長毛不衣能爲犬嗥其妻原漢人能漢語生男爲狗生女爲人穴居食生而妻女熟食嘗有人至其國其妻憐之乘其狗夫出使逃歸臨行與筋十餘隻教其每走十餘里遺一筋狗夫追之見筋知爲已家物必啣歸則不能追矣室韋國以皮爲舟編木爲室以豬皮爲席婚嫁兩家相許壻盜婦去然後行聘禮婦人不再嫁以爲死人妻難共居也雜度乘人甚長髮皆褁頭人輕健一跳三丈又能於水中立浮臥浮履水而行如陸地然黠戛斯國赤髮皙面綠瞳以

夷俗考 八 八

黑髮爲不祥黑瞳爲野種男子黥手女子黥項調歲首爲戎師哀以三哀爲一時

北風揚沙錄

宋　陳準

金國本名朱里真番語舌音訛爲女眞或曰慮眞避契丹興宗名又曰女直肅慎氏之遺種而渤海之別族也或曰三韓辰韓之後姓拏氏于夷狄中最微且賤唐貞觀中靺鞨來中國始聞女眞之名世居混同江之東長白山鴨綠水之源南隣高麗北接室韋西界渤海鐵離東瀕海三國志所謂挹婁元魏所謂勿吉唐所謂黑水靺鞨者今其地也有七十二部落

不相統制契丹阿保機乘唐衰與北方吞諸蕃三十六女眞在其中阿保機恐女眞爲患誘豪右數千家遷之遼陽之南而著籍焉使不得爲本國通謂之合蘇款契自咸州東北分界入宮口至東涑江中間所居之女眞隸契丹咸州兵馬司于其國往來無禁謂之回霸合蘇款者熟女眞也回霸者非熟女眞亦非生女眞也自東江之北寧江之東地方千餘里戶十餘萬無大君長亦無國名散居山谷間自推豪俠爲酋長小者千戶大者數千則謂之生女眞七十二部落之一也僻處契丹東北隅地多山林屋無瓦覆以板或樺皮墻壁亦木爲之產名馬生金大珠頗事耕蓺而不蠶桑人多衣樺布冬極寒盛夏如中國十月時屋纔高數尺獨開東南一扉掩覆以草綢繆之環屋爲土床熾火其下而寢食起居其上衣厚毛爲衣非入室不徹衣履稍薄則墮指裂膚臣屬契丹二百餘年世襲節度使封號兄弟相傳周而復始間歲矣北珠貂革名馬良犬爲貢亦服叛不常契丹謂之女眞道羈縻而已俗勇悍耐饑渴苦辛騎上下崖如飛

江河不用舟楫浮馬而渡人皆辮髮與契丹異耳金環留臚後髮以色絲繫之富人用珠金爲飾男子亦衣紅黃與婦人無別嗜酒而好殺無常居善爲鹿鳴呼鹿而射之生啖其肉醉則縛而俟其醒不爾殺人雖父母不辨也與契丹言語不通而無文字賦斂調發刻箭爲號事急者三刻之謂好爲械謂不好爲刺撒謂酒爲勃蘇謂棓殺爲蒙山不屈花不刺官之尊者以九曜二十八宿爲號職皆曰勃極烈猶中國総諸蒸紏官也自五戶勃極烈推而上之至方肯

白統兵緩則射獵急則出戰宗室皆謂之郎君事無大小必以郎君總之然轄卿相舜拜馬前而郎不爲禮役使之如奴隸凡用兵戈爲前行號曰硬軍人馬皆全甲刀棓自副弓矢在後設而不發非近五十步不射弓力不過七斗箭鏃至六七寸形如鑿入不可出人携不滿百枚其法什伍百皆有長伍長擊柝什長執旗百長旗鼓千人將則旗幟金鼓悉備伍長戰死四人皆斬什長戰死伍長皆斬百長戰死什長皆斬能負同伍戰没之尸以歸即得其家貲凡將皆自

執旗人視其所向而趨自主帥至卒皆自馭無從者以粟粥燔肉爲食上下無異品國有大事適野環坐畫灰而議自卑者始議畢即漫滅之不聞人聲其密如此軍將行大會而飲使人獻策主帥聽而擇焉其合者即爲特將任其事師還又大會問有功者隨功高下與之金帛以示衆衆以爲薄復增之法令殺人者死仍没其家人爲奴婢親戚欲得則輸牛馬贖之盗一責十以歸主而四輸官其它罪無輕重悉笞背守一州則一州之官許專决守一縣則一縣之官許專决取民財者無罪凡有官者將坐之即賜以酒官尊者杖于堂上已杖復視事如故本朝建隆二年始遣使來朝貢方物名馬貂皮

説郛目録

弓第五十六

蒙韃備録

宋　孟珙

立國

韃靼始起地處契丹之西北族出於沙陀别種故於歷代無聞焉其種有三曰黑曰白曰生所謂白韃靼者顔貌稍細爲人恭謹而孝遇父母之喪則嫠其面而哭嘗與之聯轡毎見貌不醜惡其腮有刀痕者問曰白韃靼否曰然凡掠中國子女教成却歸之與人交言有情今彼部族之後其國乃韃主成吉思之公

主必姬權管國事近者入聘於我宋副使速不罕者乃白韃靼也毎聯轡間速不罕未嘗不以好語相陪奉慰勞且曰辛苦無管待千萬勿怪所謂生韃靼者甚貧且拙且無能爲但知乘馬隨衆而已今成吉思皇帝及將相大臣皆黑韃靼也大抵韃人身不甚長最長者不過五尺二三亦無肥厚者其面横闊而上下有顴骨眼無上紋髮鬚絶少形狀頗醜惟今韃主忒没真者其身魁偉而廣顙長髯人物雄壯所以異也成吉思乃舊牌子頭結婁之子牌子頭者乃彼國

十人之長也今爲創國之主譯曰成吉思皇帝東征西討其國强大

韃主始起

今成吉思皇帝者甲戌生彼俗初無庚甲今考據其言而書之易於見彼齒歲也其俗每以草青爲一歲人有問其歲則曰幾草矣亦嘗問彼月日笑而答曰初不知之亦不能記其春與秋也每見月圓爲一月見草青遲遲方知是年有閏月也成吉思少被金人虜爲奴婢者十餘年方逃歸所以盡知金國事宜其人英勇果决有度量能容衆敬天地重信義所傳或沒真者乃小名爾初無姓氏亦無名諱近年以來有女真叛亡之臣爲用所以譯曰成吉思皇帝或曰成吉思者乃譯語天賜兩字也

國號年號

韃國所鄰前有糺族左右乃沙陀等諸部舊有蒙古斯國在金人僞天會間亦嘗擾金虜爲患金虜嘗與之戰後乃多與金帛和之按李諒征蒙記曰蒙人嘗改元天興自稱太祖元明皇帝今韃人甚朴野畧無

制度珙常討究於彼聞蒙已殘滅久矣蓋北方之國或方千里或方百里興衰起滅無常今韃之始起並無文書凡發命令遣使往來止是刻指以記之爲使者雖一字不敢增損彼國俗也其俗既朴則有回鶻爲鄰每於兩河博易販賣於其國迄今文書中自用於他國者皆用回鶻字如中國笛譜字也今二年以來因金國叛亡降附之臣無地容身願爲彼用始教之以文書於金國往來却用漢字去年春珙每見其所行文字猶曰大朝又稱年號曰兔兒年龍兒年自

去年方改曰庚辰年今曰辛巳年是也又慕蒙爲雄國故以國號曰大蒙古國亦女真亡臣教之也珙親見其權皇帝摩睺國王每自稱曰我韃靼人凡彼大臣元帥皆自稱曰我彼亦不知其爲蒙是何等名字何爲國號何爲年號今所行文書皆亡臣識字者强解事以教之耳南遷錄載韃有詔與金國稱龍虎九年非也以愚觀之更遲年歲則金虜叛亡之臣必教之撰其誕日以爲節又必教之改年立號也矣

太子諸王

成吉思皇帝兄弟凡四人成吉思居長大皇弟久已陣亡二皇弟名便古得那見在國中三皇弟名忒没葛眞所統多係自己人馬善戰有功成吉思有子甚多長子比因破金國攻打西京雲中時陣亡今第二子却爲大太子名約直三太子名阿戴四太子名天婁五太子名龍孫皆正后所生其下又有十數人乃庶生也女七人長公主曰阿其鱉拽今嫁豹突駙馬二公主曰阿里黑百因俗曰必姬夫人曾嫁金國亡臣白四部死寡居今領白韃靼國事日逐看經有婦

士數千人事之凡征伐斬殺皆自己出三公主曰阿五嫁尚書令國舅之子餘未知名孫男甚衆

諸將功臣

元勲乃彼太師國王没黑助者小名也中國人呼曰摩睺羅彼詔誥則曰謀合理南北之音輕重所訛也見封天下兵馬大元帥行省太師國王乃黑韃靼人十年以來東征西討威震夷夏征伐大事皆決於已故曰權皇帝衣服制度全用天子禮有兄曰計里歌那自有千騎不任事弟二人長曰抹歌見在成吉思處爲護衛次曰帶孫歸王每隨侍爲國王每戒所部將士如已見弟只以小名稱之不許呼他國王止有一子名袍阿美容儀不肯剃婆焦只裹巾帽著窄服能諸國語其次曰兎花見太傅國公聲名亞於摩睺羅又有鵰博者官亦穹見隨成吉思掌重兵又其次曰按赤那邪見封尚書令乃成吉思正后之弟部下亦有騎軍十餘萬所統之人頗循法韃人自言隨國王者皆惡隨尚書令者皆善也其次曰劉伯林者乃燕地雲内州人先爲金人統兵頭目奔降韃主有子

甚勇而韃主忒没眞長子戰死遂將長子之妃嫁伯林之子同韃人破燕京等處甚有功伯林昨已封王近退閑於家其子見爲西京留守又其次曰大葛相公乃紀家人見留守燕京次曰劉八者乃回鶻人也老亦在燕京同任事燕京等處有紙蟵兒無師史元帥劉元帥等甚衆各有軍馬皆聽摩睺國王命令

任相

首相脱合太師者乃兎花太傅之兄原女眞人極狡獪兄弟皆歸韃主爲將相其次韃人宰相乃卒埒奮

合又有女真七金宰相餘者未知名率皆女真亡臣向所傳有白儉李藻者爲相今止見一處有所題曰白倫提兵至此今亦未知存亡燕京見有移剌晉卿者契丹人登第見爲内翰掌文書又有楊彪者爲吏部尚書楊藻者爲彼北京留守珙所見國王之前有左右司二郎中使人到則二人通譯其言語乃金人舊太守女真人也

軍政

韃人生長鞍馬間人自習戰自春徂冬旦旦逐獵乃

其生涯故無步卒悉是騎軍起兵數十萬畧無文書自元帥至千戶百戶牌子頭傳令而行凡攻大城先擊小郡掠其人民以供驅使乃下令曰每一騎兵必欲掠十人人足備則每名需草或柴薪或土石若干晝夜迫逐緩者殺之迫逐填塞濠塹立平或供鵞洞砲座等用不惜數萬人以此攻城壁無不破者城破不問老幼妍醜貧富逆順皆誅之略不少恕凡諸臨敵不用命者雖貴必誅凡破城守有所得則以分數均之自上及下雖多寡每留一分爲成吉思皇帝獻餘物則敷俵有差宰相等在於沙漠不臨戎者亦有其數焉凡征伐謀議先定於三四月間行於諸國又於重五宴會共議今秋所向各歸其國避暑牧養至八月咸集於燕都而後啓行

馬政

韃國地豐水草宜羊馬其馬初生一二年即於草地苦騎而教之却養三年而後再乘騎故教其初是以不蹄齧也千馬爲群寂無嘶鳴下馬不用控繫亦不走逸性甚良善日間未嘗芻秣惟至夜方始牧放之

隨其草之青枯野牧之至曉搭鞍乘騎並未始與豆粟之類凡出師人有數馬日輪一騎乘之故馬不困弊

糧食

韃人地饒水草宜羊馬其爲生涯止是飲馬乳以塞饑渴凡一牝馬之乳可飽三人出入止飲馬乳或宰羊爲糧故彼國中有一馬者必有六七羊謂如有百馬者必有六七百羊群也如出征於中國食羊盡則射兔鹿野豕爲食故屯數十萬之師不舉煙火近年

以來掠中國之人爲奴婢必米食而後飽故乃掠米
麥而於劄寨處亦煮粥而食彼國亦有一二處出黑
黍米彼亦煮爲解粥

征伐

韃人在本國時金虜大定間燕京及契丹地有謠言
云韃靼去趕得官家沒去處葛酋雍宛轉聞之驚曰
必是韃人爲我國患乃下令極於窮荒出兵剿之每
三歲遣兵向北剿殺謂之滅丁迄今中原人盡能記
之日二十年前山東河北誰家不買韃人爲小奴婢

皆諸軍掠來者今韃人大臣當時多有虜掠住於金
國者且其國每歲朝貢則於塞外受其禮幣而遣之
亦不令入境韃人逃遁沙漠怨入骨髓至僞章宗立
明昌年間不令殺戮以是韃人稍稍還本國添丁長
育章宗又以爲患乃築新長城在靜州之北以唐古
糺人戍之酋首因唐古糺叛結即剌都糺木典糺腓
糺役典糺等俱叛金人發兵平之糺人散走投於韃
人且回鶻有田姓者饒於財商販鉅萬往來於山東
河北具言民物繁庶與糺同說韃人治兵入寇忒沒

其念其欺凌以此犯邊遂州悉敗死燕京謂韃人曰
我國如海波如一掬沙豈能動搖韃人至今老幼
皆能記此語虜君臣門其時西京始大驚恐乃擁國
中精銳以忽殺虎元帥統馬步五十萬迎擊之虜大
敗又再刷山東河北　等處鎭護衛等人馬三十
萬令高琪爲元　韃人迫於燕京城下
是戰也　潰散殆盡其國遂衰
後來凡圍河北山東　州等處虜皆不敢嬰其
鋒

官制

韃人襲金虜之俗亦置領錄尚書令左右相左右平
章等官亦置太師元　金牌第一等貴官帶
兩虎相向　日天賜成吉思皇帝
聖旨當便　金牌曰天賜成吉思皇帝
聖旨疾又其次乃銀牌文與前同如成吉思亦行詔
敕等書皆令亡虜叛臣教之遣發臨民者四曰宣差遂
[illegible]官皆曰節使令在於左右帶弓矢執侍驍勇者
曰護衛

風俗

韃人賤老而喜壯其俗無私鬬爭正月一日必拜天重午亦然此亦久住燕地襲金人遺制飲宴爲樂也摩睺國王每征伐來歸諸夫人連日各爲主禮具酒饌飲燕在下者亦然其俗多不洗手而拏攫魚肉手有脂膩則拭於衣袍上其衣至損不解浣濯婦女往往以黃粉塗額亦漢舊裝傳襲迄今不改也上至成吉思下及國人皆剃婆焦如中國小兒留三搭頭在顖門者稍長則剪之在兩下者總小角垂於肩上

軍裝器械

成吉思之儀衛建大純白旗以爲識認外此並無他旌幢惟傘亦用紅黃爲之所坐乃金裹龍頭胡床國王者間有用銀處以此爲別其鞍馬帶上亦以黃金盤龍爲飾國王亦然今國王止建一白旗九尾中有黑月出師則張云其下必元帥方有一旗國王止有一鼓臨陣則用之鞍轎以木爲之極輕巧不必一石以上箭用沙柳爲笴手刀甚輕薄而彎

奉使

人奉使曰宣差自皇帝或國王處來者所過州縣及管兵頭目處悉來尊敬不問官之高卑皆分庭抗禮穿戟門坐於州郡設廳之上太守親跪以効勤宿於黃堂廳事之內鼓吹旗幟妓樂郊外迎送之凡見馬則換易并一行人從悉可換馬謂之乘鋪馬亦古乘傳之意近使臣到彼國王處凡相見禮文甚簡言辭甚直且曰你大宋好皇帝好宰相大抵其性淳朴有太古風可恨金虜叛亡之臣教之今乃鑿混沌破彼天真教以姦計爲可惡也

祭祀

凡占卜吉凶者退殺伐每用羊骨扇以鐵椎火椎之看其兆拆以決大事類龜卜也凡飲酒先酹之其俗最敬天地每事必稱天聞雷聲則恐懼不敢行師曰天叫也

婦女

其俗出師不以貴賤多帶妻孥而行自云用以管行李衣服錢物之類其婦女專管張立氈帳收卸鞍馬輜重車馱等物事極能走馬所衣如中國道服之類

凡諸酋之妻則有顧姑冠用鐵絲結成形如竹夫人長三尺許用紅青錦繡或珠金飾之其上又有杖一枝用紅青絨飾又有文袖衣如中國鶴氅寬長曳地行則兩女奴拽之男女雜坐更相觴勸不禁止使人於彼國王者相見了卽命之以酒同彼妻賴蠻公主及諸侍姬稱夫人者八人皆共坐凡諸飲宴無不同席所謂諸姬皆粲白美色四人乃金虜貴嬪之類餘四人乃韃人內四夫人者甚姝麗最有寵皆胡服胡帽而已

燕聚舞樂

國王出師亦以女樂隨行率十七八美女極慧黠多以十四絃等彈大官樂等四拍手爲節甚低其舞甚異韃人之俗主人執盤盞以勸客客飲若少留涓滴則主人者更不接盞見人飲盡乃喜如彼擊鞠止是二十來騎不多用馬者爾惡其鬨鬧也擊罷遣人來請我使人至彼乃曰今日打毬如何不來答曰不聞鈞旨相請故不敢來國王乃曰你來我國中便是一家人凡有宴聚打毬或打圍出獵你便來同戲如何又要人來請喚因大笑而罰六盃終日必大醉而罷且每飲酒其俗鄰坐更相嘗換若以一手執盃是令我嘗一口彼方敢飲若以兩手執盃乃彼與我換盃我當盡飲彼酒却酌酒以酬之以此易醉凡見外客醉中喧鬨失禮或吐或臥則大喜曰客醉則與我一心無異也我使人相辭之日國王戒伴使曰凡我城子多有好酒與喫好茶飯與喫好笛兒鼓兒吹着打着所說好城子乃好州縣也

北邊備對序

淳熙二年臣大昌備數講官因侍甫賓壽皇問曰卿言中國山川悉矣北虜地理亦能詳知之否大昌對曰虜無文史間有可傳者多非詳實臣安敢强以不知爲知也後登紹熙大昌乃得奉祠家居無爲常愧向也淺學無以爲塞顧問追采古來中華北狄樞紐日間有條列而推言之則虜事雖不盡知而亦可云涉獵矣初時本訓指問者惟北狄故專主北以言不以來他虜也紹熙辛亥八月新安程大昌敘

北邊備對　一

北邊備對

宋　程大昌

四海

四海之邊中國者在山東則爲東海在廣南則爲南海人人得而聞見不待證說矣若夫禹迹所及西境流沙而極不言西海東北當至碣石而北海之名不著于經則（亦溥四海說）于四海者如之何而習也漢武帝事兹有慾使命方行四表故西北二海遂有身履而目擊之者矣非道聽塗說之比也於是條支之西有海焉先漢使命固嘗見之而入諸史矣後漢班超又嘗遣甘英親至其地也至於西海之西又有大秦者焉（即波斯也）夷人之與海商皆嘗往來若夫北海則又其甚遠者矣而霍去病之封狼居胥山也其山實臨瀚海者北海也蘇武郭吉皆爲匈奴所囚寘諸北海之上而唐史所載又曰突厥部北海之北更有所謂骨利幹之國焉在海北岸也然則北[illegible]在[illegible]者實皆環夷夏而四之非寓言矣若夫四海并二[illegible]海相海青海蒲類海蒲昌海居延海白亭

北邊備對　一

鮮水海皆嘗立海名然要其實致則衆水鍾爲大澤如洞庭彭蠡之類故借海以名之非眞海也李吉甫辨白亭海而曰河北得水便名爲河塞外有水便名爲海其說確也班固於張掖之水曰羌谷水出羌中東北至居延入海則眞以居延爲海矣

漢緣邊九郡

五原 勝州 朔方 夏州 雲中 雲州 代郡 雁門 定襄 忻州

北平 平州 上谷 易州 漁陽 薊州

秦漢河南

漢史凡記三輔以及虜事而曰河南者非洛陽河之南也上郡北地隴西朔方西河皆在積石豐勝龍門三河之南故曰河南也

虜名號

北狄者太王之獯鬻宣王之玁狁幽王之犬戎桓公之山戎也爲其居四夷之北故總名北狄也至戰國遂有林胡烏桓之先也後爲鮮卑至漢初東胡遂爲冒頓所并而冒頓國于東胡之西即漢世之匈奴也

漢史之敘北狄事自秦以前皆名爲大戎而史記李牧傳已有匈奴之名則狄人以匈奴爲國號久矣若以時世求之則當戰國之初其酋長即頭曼也故漢史曰頭曼不勝秦而北徙頭曼者冒頓之父也頭曼之時已稱單于後又增稱撐犂孤塗單于史著其義曰撐犂者天也單于者廣大之貌也自秦至漢在北最強者惟此一族他虜雖盛莫之與京也後魏之世蠕蠕稍熾始改稱單于爲可汗者其疑則皇帝也故唐高宗曰今之可汗古單于也突厥也者本匈奴之北部居金山之陽以鐵工屬蠕蠕已而益大改稱

突厥突厥者兜牟也以兜牟名國明其肇迹於兵也唐初頡利大盛所據之地三垂薄海南抵大漠其地正與華夏對立而力亦相抗若夫元魏拓跋本亦北虜其勢既盛乃竊用中國禮樂盜居中國郡縣不容列爲偏北之虜故皆不錄唐自突厥以外其彊大能與中國抗力者薛延陀回紇沙陀吐谷渾四種最大若吐蕃雖嘗侵入北境其實西戎也

契丹

五代史曰契丹在潢水之南黃龍之北鮮卑故地或

云亦鮮卑別種戰國之世命爲東胡者是也及阿保機併小族稱帝援立石晉又得其所割鴈門以北幽州節度管内十六州蓋其地東北有盧龍塞西北有居庸關中國恃此以限界北狄自十六州既割之後山險皆爲虜有而河北盡在平地無險可以拒守矣

囘紇九姓

唐史囘紇者其先匈奴也後呼鐵勒薛延陀者囘紇之部落也貞觀初突厥已亡惟囘紇與薛延陀爲最雄强已而囘紇攻薛延陀併有其地遣使獻功太宗

爲幸靈州次涇陽受其功乃以囘紇部爲瀚海部督多覽葛部爲燕然部督凡六部督天寶初囘紇之臣裴羅襲破拔悉密自稱骨咄祿毗伽可汗天子以爲奉義王居突厥故地徙牙烏德鞬山南去高闕無二千里則去塞甚不遠而又盡九姓之地九姓者曰藥葛羅曰胡咄葛爲族凡九也其後裴羅又殺白眉可汗得地愈廣盡得古匈奴地肅宗初遣兵助廣平王收長安帝以幼女妻之此在唐之中世北虜最强者也

匈奴庭

匈奴之俗雖曰逐水草遷徙不常然亦擇形勢便利據一地以爲之庭猶中國之有京邑也遇戰爭游獵則隨事而出事已復歸其舊其設險據要略與中國同惟不建築城郭則大異耳

北狄無城郭

東西南三夷皆以有城郭爲固至於北夷則以不立城郭爲武韓安國曰匈奴輕疾悍亟之兵也至如飆風去如收電居處無常難得而制漢攸西域諸國有城郭國有行國城郭則其築城有守者也行國則不立城郭而以馬上爲國者也

突厥建牙

匈奴屯衆之地則曰單庭突厥兵帥所駐即曰建牙其實一也

黃河四大折

黃河自鹽澤西來歷達積關其而勢所向凡四大折或與北狄分境或當北狄來路其初一折出積石而北流中國都蘭也是一折也及至靈州西南遂轉北

而行凡千餘里北河西岸即爲涼甫甘沙四郡是又
一折也迨其北流千里而逆至九原豐州則又轉而
東流故豐州北面正往大河是又一折也豐州之東
爲勝州北境固抵大河而河從此州之東又轉而南
故勝州北東兩面皆抵大河也自此而往直至潼關
皆是河南矣此又一折也

長城

古來築長城以扞北虜者四世燕趙秦隋也秦制多
承燕趙而隋氏不盡因秦也史記燕城起於造陽而

至襄平造陽者上谷地也襄平者遼東縣也遼
陽者遼水之北也皆燕國邊胡之地故其建築亦在
此地也趙之臣則自代地而西屬于高闕代者雁門
郡也高闕者靈州北流河之西陰山之上游也趙武
靈王困於雲代故其備胡之城但能並河而西以極
乎趙境耳至秦已并六國天下爲一西自上郡北地
而東至遼東西悉爲秦有故蒙恬之役也西起臨
洮由中國極西之地而北循遼東則中國極東之地
也自東迄西給萬餘里無論燕趙之與城闕其在當

時並爲一地而總長城也然是會合三制而要其所
宿則秦城之長固在乎中國之北矣然嘗而求之則
其城不皆秦築也秦代所築者元和志曰開皇
長城自代之繁峙縣北經蔚州北十里入飛狐縣夫
其自代而蔚則極北而與虜邊中國之地不出此外
秦人爲城以城中夏勝地固當在此矣志又曰開皇
城起嵐州合河縣經嵐州皆因古跡修築大嵐州者
唐時郡也初爲胡地後爲趙惠文所取則合河縣固
可立城矣幽州者戰國時屬燕地則非趙人所得有

而由可施版築也是前乎燕趙別有築之者史所不
載然其言因古跡修築也以此知古來湮落無載者
多也元和志又有大業城在靈州懷遠縣界河外則
嘗積石河而北秦無此迹矣

大漠

漢趙信既降匈奴與之畫謀令遠度幕北以要疲漢
軍虜之必欲越漠征之而大漠之名始通中國也
幕者漠也言沙磧廣莫望之漠漠然也漢以後史家
變幕爲磧磧者沙積也其義一也

玉門陽關

漢之兩關皆在燉煌郡壽昌縣通典曰漢龍勒縣也玉門在縣之北陽關在玉門之南故曰陽一陽而設兩關者自北而趨西域有南北道故也

居庸關

太行山南自河陽懷縣迤邐北出直至燕北無有間斷也北其為山不同俗號盖數有千里自能至於皆陡峻不可登越獨有八處鑿通彼俗名之曰陘居庸關也首即其最北之第八陘也此陘東西橫亘五十

里而中間通行之地才闊五步郎李左車謂井陘車不得方軌騎不得成列其險可以類推也

天山

天山即祁連山也又名時漫羅山又名祁漫羅山蓋虜語謂為祁連也時漫羅也祁漫羅也皆天也通典元和志於張掖縣既著祁連山矣而伊西庭三州皆有此山則是自甘張掖而西至於庭州相去三千五六百里而天山皆能周徧其地則此山亦廣長矣

陰山

漢朔方之北雲中之南代郡之西高闕之東有陰山焉又有陽山焉漢書音義曰陽山在河北陰山在河南予以史漢本文考之始知陰山陽山皆在豐勝河之北謂為河南者誤也

燕然山

後漢和帝永元元年竇憲與耿夔出朔方雞鹿塞至涿山與南匈奴兵合憲分遣精騎與戰於稽落山大破之八十一部俱降遂登燕然山去塞五千餘里刻石勒功紀漢威德若夫燕然山者必在速邪烏之地

而速邪烏必在漢北而非薊之燕山也

焉支山

霍去病元狩三年出隴西有功武帝曰驃騎涉狐奴轉戰六日至焉支山千有餘里合短兵㨾戰皐蘭下通典甘州删丹縣有焉支山匈奴失之乃歌曰失我焉支山使我婦女無顏色說者曰焉支閼氏也言之燕脂也此山產紅藍可為燕脂而閼氏資以為飾故失之而婦女無顏色其說或然也

浚稽山

應劭曰浚稽山在武威塞北匈奴以爲蔽障路

金山

隋唐間突厥阿史那氏得古匈奴北部之地居金山之陽

賀蘭山

賀蘭山在靈州保静縣山有林木青白望如駮馬北人呼駮馬爲賀蘭

燕北錄

宋　王易

清寧四年戊戌歲十月二十三日戎主行離𩦲〈館〉在西北約二百八十餘里地名𢘽與甸行柴冊之禮於十一月十一日先到小禁圍内宿泊於十二日郊於禁〈丹〉宫内選九人與戎主身材一般大小者各賜戎主所着衣服一套令結束九人假作戎主不許别人知覺於當夜子時與戎主共十人相離出小禁圍入大禁圍□□帳各入一帳每帳内只有蠟燭一條椅子一隻並無一人於三日辰時每帳前有契丹大人一員各自入帳列阿骨𧐗漢語題認天子也若捉認得戎主者先賜牛羊駝馬各一千當時宋國大王戎主親弟於第八帳認得戎主番儀得言道我不是的皇帝其宋國大王却言道你的是皇帝如此往來番語三遍戎主方始言是出帳來着箱内番儀之服畢次第行禮先望日四拜次拜七祖殿次拜木葉山神次拜金神次拜赤娘子次拜七祖眷屬次上柴籠受冊□□□賀當日行禮罷與太后太叔同出大

禁圍却入小禁圍內與近上番儀臣僚夜宴至三更
而退四日歇泊五日却來犯甸受賀制禮物小禁圍
在大禁圍外東北內有氈帳二十三座大禁圍每一
面長一百一十步內有氈帳十座黑氈立幕七座大
小禁圍外有契丹兵甲一萬人各執鎗刀旗鼓弓箭
等旗上錯成番書顯字漢語正軍字七祖者太宗世
宗穆宗景宗聖宗興宗也亦娘子者番語玄呼謂之
掠胡與俗傳是陰山七騎所得黃河中流下一婦人
因生其族類木其形雕彩裝當時於木葉山廟內安

置每一親戎主行柴冊禮時於廟內取來作儀注第
三日送歸本廟七祖眷屬七人俱是木人着紅綿衣
於木葉山廟內取到柴龍之制高三十三尺用帶皮
榆柴疊就上安黑漆木壇三層壇上安御帳當日戎
主坐其中下有契丹臣僚三百餘人皇后生產如遇
八月先啓建無量壽道場逐日行香禮拜一月與戎
主各帳寢預先造團白氈帳四十九座又內一座最
大徑闊七十二尺皇后欲覺產時於道場內先燒香
望日番拜八拜便入最大者帳內其四十八座小帳
于大帳周圍卓放每帳各用有角羊一口以一人紐
羊角候皇后欲產時於諸小帳內諸人等一時用力
紐羊角其聲俱發內外人語不辨番云此羊代皇后
忍痛之聲也仍以契丹翰林院使抹却眼掩皇后胸
穩婆是燕京高夫人其皇后用甘草苗代稈草臥之
若生男時方產了戎主着紅衣服于前帳內動番樂
與近上契丹臣僚飲酒　皇后即服酥調杏油半盞
如生女時戎主着皂衣動漢樂與近上漢兒臣僚飲
酒皇后即服黑豆湯調鹽三錢其羊差人收放不得

宰殺直至自樂皇后至第九日即歸戎主帳其餘契
丹婦人產時亦望日番拜八拜候入帳內以手帕子
抹却契丹臂人眼掩婦人胸臥甘草苗若生男時其
夫面塗迷子胭脂產婦亦服酥調杏油其迷子八月
收以麄布絞汁用時以波亦水塗面番婦人時常亦
用作飾或生女時其夫面塗突黑產婦亦服黑豆湯
調鹽番語用此物塗面時宜男女貧者不具此作
銀脾有三道上戎主下及契丹臣庶每年取初降雪
時帶用

戎主太后喚時但是近位番漢臣僚並齊道治夔離漢語萬歲也契丹如見月蝕當夜各備饌相賀戎主次日亦有宴會如日蝕即盡望日吐之仍背日坐

戎主及契丹臣僚每聞霹靂聲各相鈎中指只作喚雀聲以爲禳厭也戎主及契丹臣僚等如見旋風時便合眼用拳子空中打四十九下口道坤不克七聲漢語鬼風也以禳厭之

凡兵馬應是漢兵多以得勝或必勝二字爲號諸番兵以萋唎忍爲號漢語龍虎二字也

燕北錄　八　四

銀牌三道上是番書朕字用金鍍鈒成見在內侍右承宜宋璘處收掌用黑漆匣盛每日于戎主前呈封一遍或有緊急事宜用此牌帶在項上走馬于南北大王處抽發兵馬餘事即不用之

銀牌式

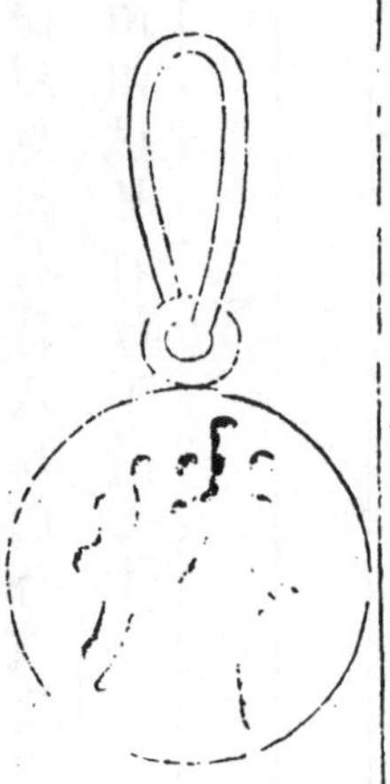

長牌有七十二道上是番書勅走馬字用金鍍鍍鈒成見在南以司收掌每遇下瓦京諸處取色索物色及進南朝野味鹿茸果子用此牌信帶在腰間左邊走馬

長牌式

燕北錄　八　五

木刻子牌約有一十二道上是番書急字左面刻作七刻取其本國已歷七世也右面刻作一刻旁是番書永字其字只是用金鍍銀葉陷成長一尺二寸以來每遇往女眞達靼國取要物色抽發兵馬用此牌信帶在腰間左邊走馬其二皆驗認爲信

木刻子式

鐵爪番呼鬢靚以熟鐵打作八片虛合成用柳木作柄約長三尺兩頭鐵裹打數不過七十

鐵爪式

沙袋番呼郛不離以牛皮夾縫如鞋底內盛沙半以來柄以柳木作胎亦用牛皮裹約長二尺打數不過五百

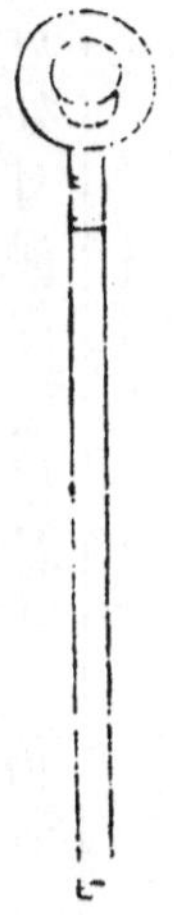

沙袋式

戎主太后寢帳內事不論大小若傳播出外捉獲者其先傳播人處死接聲傳播人決沙袋五百契丹盜衣服錢絹諸物等捉獲贓直或累倍估計價錢每五貫文決沙袋一下累至一百五十文決沙袋五百配役五年若更有錢時十貫文打骨錄一下至骨錄五下已上更有錢時處死四時捺鉢春捺鉢多於長春州東北三十里就濼甸住坐夏捺鉢多於永安山住坐秋捺鉢無定止冬捺鉢多在靴甸住坐所謂捺鉢若戎主所至處也

北轅錄

宋　周煇

淳熙丙申十一月二十九日詔待制敷文閣張子政假試戶部尚書充賀金國生辰使皇叔祖右監門衛大將軍士褒假明州觀察使知東上閤門簾客省四方館事副之明年正月七日陛辭出國門初九日離行在二十一日至淮陰二十六日燕館習儀二十八日北行引接傳御使副即館坐受其謁上中節序立其傍金遣接伴使昭武大將軍尚書戶部郎中李佾

廣威將軍尚書兵部員外郎完顏宗卞供賓立飲引接三盃而退二十九日盱眙置酒餞使介叓淮午至泗州津亭使副望拜如儀接伴戎服陪立叉帶銀牌牌樣如方響上有蕃書急速走遞四字上有御押其狀如主字之法出使皆帶牌有金銀木之別韌服對立于庭至展起居狀三節人講參禮使副陞廳茶酒三行之法先湯後茶少頃聯轡入城夾道甲士執兵直抵於館旋共唲食果飣如南方齋筵先設茶筵一般若七夕乞巧其瓦壠桂皮雞腸銀鋌金剛鐲西施舌取其形密和麪油煎之金甚珍此茶食謂未行酒先設此品進茶一盞又謂之茶筵次供饅頭血羹畢羅肚羹羞羊餅子解粥肉齋羹索麪骨頭盤子自後大同小異酒味甚漓食畢即鎖門內外不通二月一日甫交睫聞接伴所晨衙三節謂北家聲喏各相呼而起時猶未至三鼓旋覓盃水洗漱冠櫛畢點心已至灌肺油餅棗糕麪粥有供糕糜處或未暇舉筯忽一人呼官員認馬三節出門馬已預定上一上二貼於背上以防差誤馬料於民謂之戶馬御者不俟據鞍即散蓋防與之話言

泄機事也細車四輛奉南北使副亦以序行車之形製既不美觀出館各有細紗二燭籠爲導氣象甚不佳亦有羌管從後聲頓悽怨永夜修途行人爲之感愴車每輛用驢十五頭把車五六人行差遲以巨挺擊驢謂之走車其震蕩如逆風上下波濤間轞車三十六輛每輛輓以四牛禮物私覿使介三節行李皆在焉自起程至三許折車真宰汴京燕山也蓋常先一兩程而往水人夫及輓車牛驢至州縣更易六十里至臨淮縣縣有徐城本徐國有徐君墓季札掛劍處即此

是日行循汴河河水極淺洛口即塞理固應然承平漕江淮米六百萬石自揚子達京師不過四十日五十年後乃成污渠可寓一笑隋隄之柳無復彷彿矣二日至虹縣晚宿靈壁縣汴河自此斷流自過泗地皆荒瘠兩岸奇石可愛石產於縣鳳凰山以小爲貴或云花石綱所棄者虞姬墓在西岸雖無碑却有村墅名陰陵靈壁舊爲鎮亦名獻齒頭虹本紅陽夏丘二縣地漢書紅陽侯立是也訛而不改遂名曰虹五日至永城縣縣本敬丘縣地漢更敬丘曰太丘陳寔爲之長縣北

有芒山與碭山相接六日至穀熟縣十八里至南京入陽廳門市樓榜曰睢陽夾道甲兵甚盛張巡許遠廟在西門外謂之雙忠廟其傍則宋玉臺此地高辛氏子閼伯所居商丘也武王封微子杞爲宋國後唐號歸德軍本朝王業所基陞爲南京詔即衙域以爲大内以歸德爲名後陞應天府太上皇於此登位上今改歸德府及門數妓來迓北使率皆騎驢不約束步武便乘騎也入境男子衣皆小窄婦女衫皆極寬大有位者便服立止用皂紵絲或番羅繫版縧與皂隷略無分別縧反挿垂頭於腰謂之有禮無貴賤皆著尖頭靴所頂之巾謂之蹋鵰七日至寧陵縣縣本甯城古葛伯國六國時屬魏爲信陵君無忌之封宿拱州襄陵驛今改曰睢州睢河在十里外本襄邑縣宋襄公葬于此故曰襄陵八日至雍丘縣縣故杞國武王封禹後東樓公縣東有葵丘齊桓公所會也行二十里過空桑伊尹所生之地又里許即伊尹墓地名三家次過范郎廟其地名孟兆廟塑孟姜女偶坐配享者蒙恬將軍也又六十里至陳留縣縣本鄭邑

爲陳所幷故名實張良之封邑或云陳思王亦生於此九日至東京今改曰南京未到城先過皇城寺宜春苑使副易朝服三節更衣帶從跨馬入新宋門舊曰朝陽一名洪仁樓櫓濠塹甚設次入甕城次入大城人煙極凋殘至會同館舊貢院也接伴所得私覿盡貨於此行戶倍償都窮晚食酒貯以黄釭味差勝有以柑子餉承應人得之甚喜云謂之孔果子按東京春秋衛陳鄭三國之境古大梁城也十三日至黄河洋航以渡自南抵北用船八十五隻各濶一丈六

七尺其布置相去又各丈餘上實箏于木復覆以草
或車牽馬而過如履平地一以順天名橋予覩斵頭
巨艦緯以寸金規制堅壯掃兵守護甚嚴不日我國
家恢復河北渴師枕席上云當知此橋爲利之博焉
十八里至迷津津即袁紹渡處十四日至湯陰縣湯
陰本蕩陰晉侍中嵇紹死節之所又有羑里城羑河
羑市文王所囚之地十五日至相州闤闠繁盛觀者
如堵二樓曰康樂曰月白風淸又二樓曰翠樓曰秦
樓時方賣酒其上牌書十洲春色酒名也或云韓魏

公晝錦堂今爲一貴人宅石記猶在好事者叩門打
碑不禁也相出茜草故纈名天下銅雀臺講武城章
河紂之朝歌城皆在境內講武南有塔開是舊鄴於
高丘相望名七十二冢世謂曹孟德狙詐惑後人使
迷其葬所相實古鄴相魏文侯始封之地十六日至
邯鄲縣縣古趙國邯山名鄲盡也邯山至此而盡凡
城郭字從邑故字皆從邑趙王叢臺在縣之北聞毎
年三月二十四日空巷上簡子冢冢形如硯世謂硯
子家程嬰公孫杵臼墓亦在焉路逢一細車蓋以青
氈頭段人家也頭段者謂貴族及將相之家十七日
至邢州古鉅鹿郡故邢侯國也秦兼天下於此置信
都縣十八日至內丘縣內丘本漢之中丘未至內丘
西望太行山岡巒北走崕谷秀傑如昔所聞山延袤
八十里十九日至栢鄉縣縣本春秋晉郭邑之地漢
光武即位於鄗之南六十里至趙州道經光武廟有
二石人首橫於路俗傳光武欲渡河二人致餉慮滅
其蹤乃除之又云遇二人問途不答怒而斬之已而
皆石也未至城五里渡石橋橋從空架起工極堅緻

南北長十三丈闊四之一實隋人李春所造元祐間
賜名安濟有張果老驢迹二十日至眞定府未至城
先過滹沱河河流不甚闊聞當春漲時殊湍急也眞
定在春秋時屬鮮虞國二十二日至新樂縣縣古鮮
虞國漢中山孝王母馮昭儀隨王就國王於是建宮
於樂里而呼爲西樂城語訛西爲新四十五里至中
山府堯始封于此二十四日至安肅軍過白溝河二
十五日至涿州黃帝戰蚩尤於涿鹿即此地二十六
日至良鄉縣入內通侍郎李慶和賜銀合湯藥貼用

紅綾勅書云勅某卿遠持慶幣來賀誕辰馳華驛以
艮勞次郊亭而伊邇宜有節宣之餽以彰眷遇之優
二十七日過盧溝河即盧龍也燕人呼水爲龍呼黑
爲盧亦謂黑水河色黑而濁其急如箭至燕山府外
燕賓館赴班荆宴少定傳銜館伴使昭武大將軍太
子少詹事蒲察明少中大夫侍御史鄧儼爲之副南
使與之互展起居狀繼與接伴互展辭狀天使敬昊
賜宴畢仲賜酒果酒九行禮畢趨入城初入端禮門
次入南門次入豐宜門次過龍津樓樓亦分三道通

用奪玉石扶闌上琢爲嬰兒狀極工巧次入宣陽門
山馳道西南入會同館甫就次有天使完顔沭傳宣
撫問二十八日忠勇校尉劉彦忠忠翊校尉何彦來
交禮物天使烏古論賜酒果宜威將軍充東上閤門
副使郭喜說朝見儀二十九日辨色副使率三節入
見行司捧國書於馬上前行初出館橫過馳道行西
御廊東西曲尺各二百五十間至掖門下馬自專德
門由會通承明二門入左嘉會門趨而南至幕次少
頃鳴鐘鐘罷衛士山呼百官裏見時方辰正斯須於

幕間見曳玉帶者五人先出後知爲東宮親王平章
令公也繼獨引副使捧國書頃之閤門綠衣吏來引
都轄以下（都轄三節之長）先入宣明門次行政門於隔門上
西北序立門之裏即殿庭隙門見副使舞蹈之節俟
禮物過副使由右出三節自東入拜于大廷上上有
一品至七品黑漆黃字牌子蓋其朝著也一廷可容
數百人遍地製成鸞鳳殿九楹前設露臺柱以文繡
兩廊各三十間中有鐘鼓樓兩外垂金漆簾額飾以
繡廊之西馬有韉紅繡鞍者數疋乃高麗所進殿門

外衛士二三百人分兩傍立盡戴金花帽錦袍宣明
門外直至外廊皆甲士青綃甲居左旗執黃龍紅綃
甲居右旗執紅龍外廊皆銀鎗左掖門入皆金鎗人
依一柱以立焉仁政門左門用甲士訖見無一人跛
倚者凡門屋下皆青隊執弓矢人數各有差若乃經
從之處宮殿門名兹不具載北宮營繕之制初雖取
則東都而竭民膏血終殫土木之費悉覆以琉璃
日色輝映樓觀翬飛圖畫莫克摹寫佐佑之初役民
兵一百二十萬數年方就死者不計其數三節既出

副使疾作依柱以立扶策至幕次未畢餘禮小底入報小底二百人傳旨免禮數至於殿門外受衣帶三節繼之是日麗夏使人同見少留俟其禮竟閤門來引復舊路出至嘉會門駐立久之以麗人在門外受賜未畢也歸館久之宣威將軍客省使兼東上閤門盧璣到館押伴置酒殿上近例止就賜副使免坐第拜表謝三節各受衣帶五事尚書公獨以病辭館伴所服以禮例應給使副衣帶各七事有靴而無笏一無象簡所用皆木質也三十日就館宴天使李顯全賜宴

幷酒果燕山酒固佳是日所餉極爲醇厚名金瀾盞用金瀾水以釀之也三月一日雨免入賀不爾必致霑服失容有習來此者言雖雨立移時不恤也二日天使完顏奕賜分食者分御膳以賜之也九日入辭使副受書而歸十日離館燕古冀州地武王封堯後於薊即薊縣也隋立涿郡唐爲幽州天寶間曰范陽郡陞爲盧龍軍遼曰燕京名析津府皇朝改曰燕山府一曰大典府二十三日至東都未至城三二里車夫指一土岡云是名愁臺乃晉少帝北狩之路二十四日押宴鎮國上將軍鎮南軍節度使兼懷州管内觀察使高蘇賜宴幷酒果天使趙泳食畢啟行四月十六日至家是行往返凡九十六日

西使記

元　劉郁

壬子歲皇弟旭烈統諸軍奉詔西征凡六年拓境幾萬里己未正月甲子常德〔字仁卿〕馳驛西覲自和林出兀孫中西北行二百餘里地漸高入站經瀚海地極高寒雖暑酷雪不消山石皆松文西南七日過瀚海行三百里地漸下有河濶數里曰昏木輦夏漲以舟楫濟數日過龍骨河復西北行與別失八里南以直近五百里多漢民有二麥黍穀河西注瀦爲海約千餘里曰乞則里八寺多魚可食有碾磑亦以水激之行漸西有城曰業瞞又西南行過孛羅城所種皆麥稻山多柏不能林絡石而長城居肆囿間錯土屋牕戸皆琉璃城北有海鐵山風出往往吹行人墮海中西南行二十里有關曰鐵木兒懺察守關者皆漢民關徑崎嶇似棧道出關至阿里麻里城市井皆流水交貫有諸果唯瓜蒲萄石榴最佳回紇與漢民雜居其俗漸染頗似中國又南有赤木兒城居民多并汾人有獸似虎毛厚金色無文善傷人有蟲如蛛毒中人則煩渴飲水立死惟過醉蒲萄酒吐則解有畄酒孛羅城迤西金銀銅爲錢有文而無孔方至麻阿中以馬牽拖床遞鋪負重而行疾或曰乞里乞四易馬以犬二月二十四日過亦堵兩山間土平民夥溝洫映帶多故壘壞垣問之蓋契丹故居也計其地去和林萬五千里而近有河曰亦運流洶洶東注土人云此黃河也二十八日過塔剌寺三月一日過賽藍城有浮圖諸回紇祈拜之所三日過別石蘭諸回紇貿易如上巳節四日過忽章河渡船如弓韈然土人云河源出南大山地多產玉疑爲崑崙山以西多龜蛇行相雜郵亭客舍甃如浴室門戸皆以琉璃飾之民賦歲止輸金錢十文然貧富有差八日過尋思干城大而民繁時群花正開唯梨花薔薇玫瑰如中國餘多不能名城之西所植皆蒲萄粳稻有麥亦秋種滿地產藥十數種皆中國所無藥物療疾甚効曰阿只兒狀如苦參治馬鼠瘡婦人損胎及打撲內損用豆許嚥之自消曰阿息兒狀如地骨皮治婦人產後衣不下又治金瘡膿不出嚼碎傅瘡上卽出曰奴哥

撒兒形似桔梗治金瘡及腸與筋斷者嚼碎傅之自
續餘不能盡録十四日過暗不河夏不雨秋則雨溉
田以水地多蝗有鳥飛食之十九日過里丑城其地
有桑棗征西與奮屯駐于此二十六日過馬蘭城又
過納商城草皆苜蓿藩籬以栢二十九日過婦埽兒
城滿山皆鹽如水晶狀近西南六七里新得國曰木
乃奚牛皆駝峯黑色地無水土人隔山嶺鑿井相公
數十里下通流以溉田所屬山城三百六十已而皆
下惟檐寒西一山城名乞都不孤峰峻絶不能矢石

丙辰年王師至城下城絶高險仰視之帽爲墜諸道
並進敵大驚令相大者納失兒來納款已而兀魯兀
乃算灘出降算灘猶國王也其父領兵别據山城令
其子取之七日而陷金玉貨物甚多一帶有直銀千
笏者其國兵皆刺客俗見男子勇壯者以利誘之令
手刃父兄然後充兵醉酒扶入窟室娱以音樂美女
縱其欲數日復置故處既醒問其所見教之能爲刺
客死則享福如此因授以經咒日誦蓋使蠱其心志
死無悔也令潛使未服之國必刺其主而後已雖婦

人亦然其木乃奚在西域中最爲兇悍威脅鄰國霸
四十餘年王師既克誅之無遺類四月六日過訖立
兒城所産蛇皆四跗長五尺餘首黑身黄皮如鯊魚
口吐紫艶過阿剌丁城禡咱蒼兒人被髪率以紅帕
勒首衣青如鬼然王師自入西域降者幾三十國有
佛國名乞石迷西在印毒西北蓋傳釋迦氏衣鉢者
其人儀狀甚古如世所繪達摩像不茹葷酒日啖粳
一合所談皆佛法禪定至暮方語丁巳歲取報達國
南北二千里其王曰合法里其城有東西城中有大

河西城無壁壘東城周之以甓繪其上甚盛王師至
城下一交戰破勝兵四十餘萬西城陷皆盡屠其民
尋圍東城六日而破死者以數十萬合里法以舸走
獲焉其國俗富庶爲西域冠宫殿皆以沉檀烏木降
眞爲之壁皆以黑白玉爲之金珠珍貝不可勝計其
妃后皆漢人所産大珠曰太歲彈蘭石瑟瑟金剛鑚
之類帶有直千金者其國六百餘年傳四十主至合
法里而亡人物頗秀於諸國所産馬名脱必察合法
里不悦以橙漿和糖爲飲琵琶三十六絃初合法里

患頭痛醫不能治一伶人作新琵琶七十二絃聽之立解上人相傳報達諸王之祖故諸王皆臣服報達之西馬行二十日有天房內有天使神人之祖葬所也師名癖顏八兒房中懸鐵絙以手捫之心誠可及不誠者竟不得捫經文甚多皆癖顏八兒所作轄大城數十其民富貴西有密乞兒國尤富地產一人夜視有光處誌之以灰翌日發之有大如棗者至報達六千餘里國西即海海西有富浪國婦人衣冠如世所畫菩薩狀男子之服皆善寢不去衣雖夫婦亦異處有大鳥駝蹄蒼色鼓翅而行高丈餘食火其卵如升許其失羅子國出珍珠其王名換思阿塔卑云西南海也採珠盛以革囊止露兩手腰絙石墜入海手取蚌并泥沙貯于囊中遇惡蟲以醋噀之即去既得蚌滿囊撼絙舟人引出之徃往有死者印毒國去中國最近軍民一千二百萬戶所出細藥大胡桃珠寶烏木鷄舌賓鐵諸物國中懸大鐘有訴者擊之司鍾者紀其事及時王官亦紀其名以防姦欺民居以蒲爲屋夏大熱人處水中已未年七月兀林國阿早丁算

灘來降城大小一百二十民一百七十萬山產銀黑契丹國名乞里彎王名忽教馬丁算灘聞王大賢亦來降其拔里寺大城獅子雄者鬃尾如纓拂傷人吼則聲從腹中出馬聞之怖溺血狼有鬃孔雀如中國畫者惟尾在翅內每日中振羽香猫似土豹糞溺皆香如麝鸚鵡多五色風駝急使乘日可千里鵓鴿傳日亦千里珊瑚出西南海取以鐵網高有至三尺者蘭赤生西南海山石中有五色鴉思價最高金剛鑽出印毒以肉投大澗底飛鳥食其肉糞中得之撒八兒出西海中蓋瑇瑁之遺精蛟魚食之吐出年深結成價如金其假者即犀牛糞爲之也骨篤犀大蛇之角也解諸毒龍種馬出西海中有麟角牝馬有駒不敢同牧被引入海不復出阜鷴一產三卵內一卵生犬灰色而毛短隨母影而走所逐禽無不獲者壠種羊山西海以羊臍種土中溉以水聞雷而生臍系地中及長驚以木臍斷便行齧草至秋可食臍內復有種又一女婦解馬語即知吉凶甚驗其怪異等事不可殫紀往返凡一十四月郁款曰西域之開始自張

案其上地山川固在也然世代寖遠國號變易事亦難考今之所謂瀚海者即古金山也印毒即漢身毒也曰駝鳥者即安息所産大馬爵也密昔兒即唐拂菻地也觀其土産風俗可知已又新唐書載拂菻去京師四萬里在西海上所産珍異之物與今日地里正同蓋無疑也中統四年三月劉郁記

使高麗錄

宋　徐兢

宣和四年壬寅春三月詔遣給事中路允廸中書舍人傅墨卿充國信使副往高麗秋九月以國王俁薨被旨兼祭奠弔慰而行遵元豐故事也五年癸卯春三月十八日壬寅促裝治舟戊申詔赴睿謨殿宣示禮物三月十一日甲子赴同文舘聽誡諭十三日丙寅皇帝御崇政殿臨軒親遣傳旨宣諭十四日丁卯錫宴于永寧寺是日解舟出汴夏五月三日乙卯舟次四明先是得旨以二神舟六客舟兼行十三日乙丑奉禮物入八舟十四日丙寅遣供衛大夫相州觀察使直睿思殿關弼口宣詔旨錫宴于明州之廳事十六日戊辰神舟發明州十九日辛未達定海縣先期遣中使武功大夫容彭年建道場於總持院七晝夜仍降御香宣祝於顯仁助順淵聖廣德王祠神物出現狀如蜥蜴實東海龍若也廟前十餘步當鄞江窮處一山巍然出於海中上有小浮屠舊傳海舶望是山則知其爲定海也故以招寶名之自此方謂之

出海口二十四丙子八舟鳴金鼓張旗幟以次解發中使關弼登招寶山焚御香望洋再拜是日天氣晴快巳刻乘東南風張蓬鳴艣水勢湍急委蛇而行過虎頭山水浹港口七里山虎頭山以其形似名之度其地巳距定海二十里矣水色與鄞江不異但味差鹹耳蓋百川所至此尤未澄徹也過虎頭山行數十里即至蛟門大抵海中有山對峙其間有水道可以通舟者皆謂之門蛟門云蛟蜃所宅亦謂之三交門其日申未刻遠望大小二謝山歷松栢灣抵蘆浦拋

八舟同泊二十五日丁丑辰刻四山霧合西風作張蓬委蛇曲折隨風之勢其行甚遲舟人謂之拒風巳刻霧散出浮稀頭白峯窄額門石師顏而後至沈家門拋泊其門山與蛟門相類而四山環擁對開兩門其勢連亘尚屬昌國縣其上漁人樵客叢居十數家就其中以大姓名之申刻風雨晦㝠雷電雨雹欻至移時乃止是夜就山張幕掃地而祭舟人謂之洞沙實岳瀆主治之神而配食之位甚多每舟各刻木爲小舟載佛經糗糧書所載人名氏納於其中而投諸

海蓋禳厭之術一端耳二十六日戊寅西北風勁甚使者率三節人以小舟登岸入梅岑舊云梅子眞棲隱之地故得此名有履跡瓢痕在石橋上其深麓中有蕭梁所建寶陀院殿有靈感觀音昔新羅賈人往五臺刻其像欲載歸其國暨出海遇焦舟膠不進乃還置像於焦上院僧宗岳者迎奉於殿自後海舶往來必詣祈福無不感應吳越錢氏移其像於城中開元寺今梅岑所尊奉即後來所作也崇寧使者聞于朝賜寺新額歲度緇衣而增飾之舊制使者於此請

禱是夜僧徒焚誦歌唄甚嚴而三節官吏兵卒莫不虔恪作禮至中霄星斗煥然風幡搖動人皆懽躍云風巳回正南矣二十七日巳卯舟人以風勢未定尚候其孰海上以風轉至次日不改者謂之孰不爾至洋中卒爾風回則茫然不知所向矣自此即出洋故審視風雲天時而後進也申刻使副與三節人俱還入舟至是水色稍澂而波面微蕩舟中巳覺騰飑矣二十八日庚辰天日淸晏卯刻八舟同發使副具朝服與二道官望闕再拜投御前所降神霄玉淸九陽

總眞符籙并風師龍王牒天曹直符引五嶽眞形與止風雨等十三符訖張蓬而行出赤門食頃水色漸碧四望山島稍稀或如斷雲或如偃月已後過海驢焦狀如伏驢崇寧間舟人有見海獸出没波間狀如驢形當別是一物未必因焦石而有驢也蓬萊山望之甚遠前高後下峭拔可愛其島尚屬昌國封境其上極廣可以種蒔島人居之仙家三山中有蓬萊越弱水三萬乃得到今不應指顧間當是今人指以爲名耳過此則不復有山惟見連波起伏噴豗洶湧舟

楫振撼舟中之人吐眩顛仆不能自持十八九矣舟行過蓬萊之後水深碧色如玻瓈浪勢益大洋中有石曰半洋焦舟觸焦則覆溺故篙師最畏之是日午後南風益急加野狐颿制颿之意以浪來迎舟恐不能勝其勢故加小颿於大颿之上使之提挈而行是夜洋中不可住維視星斗前邁若晦冥則用指南浮針以揆南北入夜舉火八舟皆應夜分風轉西北其勢甚亟雖已落蓬而颭動颻揺瓶盎皆傾一舟之人震懼膽落黎明稍緩人心向寧依前張颿而進二十

九日辛巳天色陰翳風勢未定辰刻風定且順復加野狐颿舟行甚說申後風轉酉刻雲合雨作入夜乃止復作南風入白水洋其源出靺鞨故作白色是夜舉火三舟相應矣黄水洋卽沙尾也其水渾濁且淺舟人云其自西南而來横於洋中千餘里卽黄河入海之處舟行至此則以雞黍祀沙蓋前後行舟遇沙多有被害者故祭其溺水之魂云自中國適句驪唯明州道則經此若自登州板橋以濟則可以避之比使者回程至此第一舟幾遇淺第二舟午後三柂併

折賴宗社威靈得以生還故舟人每以過沙尾爲難當數用鉛硾時其深淺不可不謹也黑水洋卽北海洋也其色黯湛淵淪正黑如墨猝然視之心膽俱喪怒濤噴薄屹如萬山遇夜則波間熠熠其明如火方其舟之升在波上也不覺有海惟見天日明快及降在窪中仰望前後水勢其高蔽空腸胃騰倒喘息僅存顛仆吐嘔粒食不下咽其困卧於茵褥上者必使四維隆起陷如槽不爾則傾側輥轉傷敗形體當是求脱身於萬死之中可謂危矣六月一日壬午黎明

霧昏乘平南風巳刻稍霽風轉西南益張野狐颿午正風厲第一舟大檣耇然有聲勢曲欲折亟以大木附之獲全未後東北望天際隱隱如雲人指以爲半托伽山不甚可辨入夜風微舟行甚緩二日癸未早霧昏曀西南作未後澂霽正東望一山如屏卽夾界山也華 以此爲界限初望隱然酉後過近前有二峯謂之雙髻山後有小焦數十如奔馬狀雪浪噴激遇山濺瀑尤高丙夜風急雨作落帆徹蓬以緩其勢五嶼在處有之而以近夾界者爲王定海之東北蘇

州洋内羣山馬島皆有五嶼大抵篙工指海山上小山爲嶼所以數處五山相近皆謂之五嶼矣三日甲申宿雨未霽東南風作午後過是嶼風濤噴激久之崮崒蒼翠頗甚可愛是日巳刻雲散雨止四顧澂霽遠望三山並列中一山如堵舟人指以爲排島亦曰排垜山以其如射垜之形耳是日午後東北望一山極天連亘如城日色射處其白如玉未後風作舟行甚快黒山在白山之東南相望甚邇初望極高峻逼近見山勢重複前一小峯中空如洞兩間有溪可以

藏舟昔海程亦是使舟頓宿之地館舍猶存今取道更不拋泊上有民居聚落國中大罪得貸死者多流竄於此每中國人使舟至遇夜於山巔明火於烽燧諸山次第相應以迄王城自此山始也申後舟過月嶼二距黒山甚遠前曰大月嶼回抱如月舊傳上有養浪源寺後曰小月嶼對峙如門可以通小舟行闌山島又曰天仙島其山高峻遠望壁立前二小焦龜鼊之狀白衣島三山相連前有小焦附之偃檜積蘇蒼潤可愛亦曰白甲苫跪苫在白衣島之東北其山

特大於衆苫數山相連碎焦環遶不可勝數夜潮衝激雪濤奔薄月落夜昏而濺沫之明如火熾也春草苫又在跪苫之外舟人呼爲外嶼其上皆松檜之屬望之鬱然夜分風靜舟行益鈍檳榔焦以其形似得名大抵海中之焦遠望多作此狀唯春草苫相近者舟人謂之檳榔焦夜深潮落舟隨水退幾復入洋舉舟恐懼亟鳴櫓以助其勢黎明尚在春草苫四日乙酉天日晴霽風靜浪平俯視水色澄碧如鑑可以見底復有海魚數百其大數丈隨舟往來夷猶鼓鬣洋

洋自適殊不顧有舟楫過也是日午後過菩薩苫麗人謂其上曾有顯異因以名之申後風靜隨潮寸進是日酉後舟至竹島拋泊其山數重林木翠茂其上亦有居民民亦有長山前有白石焦數百塊大小不等宛如堆玉使者回程至此適值中秋月出夜靜水平明霞映帶鉼先千丈山島林壑舟楫器物盡作金色人人起舞弄影酌酒吹笛心目欣快不知前有海洋之隔也五日丙戌晴明過苫苫苫距竹島不遠其山相類亦有居人麗俗謂刺蝟毛爲苫苫苫此山林

木茂盛而不大正如蝟毛故以名之是日拋泊此苫麗人拏舟載水來獻以米謝之東風大作不能前進遂宿焉六日丁亥乘早潮行辰刻至羣山島拋泊其山十二峯相連環遶如城穴舟來迓載戈甲鳴鐃歙角爲衛別有小舟載綠袍吏端笏揖於舟中不通姓字而退云羣山島注事也繼有譯語官閤門通事舍人沈起來叅同接伴金富軾知全州吳俊和遣使來投遠迎狀使副以禮受之揖而不拜遣掌儀官相接而已繼遣荅書舟既入島沿岸乘旗幟列植者百餘

人同接伴以書送使副及三節早食使副牒接伴送國王先狀接伴遣采舫請使副上羣山亭相見其亭瀕海後倚兩峯相並特高壁立數百仞門外有公廨十餘間近西小山上有五龍廟資福寺又西有崧山行宫左右前後居民十數家後使副乘松舫至岸三節導從入館接伴郡守趨廷設香案拜舞望闕拜舞恭問聖體畢分兩行升堂使副居上以次對再拜訖少前叙致復再拜就位上中節堂上序立與接伴揖國俗皆雅揖都轄前致辭再拜次揖郡守如前禮退

就席其位使副俱南向接伴郡守東西相向下節舟人聲喏于庭上節分坐堂上中節分兩廊下節坐門之兩廂舟人坐于門外供張極齊肅飲食且豐腆禮皃恭謹地皆設席蓋其俗如此亦近古也酒十一中節下節第降殺之初坐接伴親斟以奉使者復酹之酒半遣人致不三節皆易大觥禮畢上中節趨揖如初禮使副登松舫歸所乘大舟官典在羣山島之南一山特大亦謂之案苫前後有小焦數十繞之石狀一洞深可數丈高闊稱之潮至拍水聲如雷車七日

戊子天日晴快見全州守臣致書備酒禮曲留使者使者以書固辭乃已惟受所饋蔬甚魚蛤等因以方物酬之午刻解舟宿橫嶼八日己丑早發南望一山叢之紫雲苫橫嶽差疊其後二山尤遠宛如雙眉凝翠焉是日午後過下用倉山郎舟人所謂芙蓉山也其山在洪州境內上有倉廩積穀且廣云以備邊鄙非常之用故以富用名之洪州山又在紫雲苫之東南風百里州建其下又東一山產金盤踞如虎謂之東源小山數十環拱日城其山上有一潭淵澄可鑑

不可測是日申刻舟過鵶子苫亦名軋居苫麗人謂笠為軋其山形如之因以得名是日酉刻舟過是日酉後舟勢極大舟行如飛自軋子苫一瞬之間郎泊馬島蓋青州境也泉甘草茂國中官馬無事則羣牧於此因以為名其主峰渾厚左臂環抱前行石嘴入海激水而波驚湍洶涌千奇萬怪不可名狀故舟過其下多不敢近慮觸暗焦也有客館曰安與亭知青州洪若伊遣介紹與譯語橫陳懿同來如全州禮岸次迓卒旗幟與羣山島不異入夜然大火炬郷煌照

空時風政作惡舟中搖蕩幾不可坐使者扶持以小舟登岸相早如羣山亭之禮惟不受酒禮夜分遠使舟九日庚寅天氣清明南風茹勁辰發馬島巳刻過九頭山其山云有九峯遠望不甚詳然而林木謂茂清潤可喜唐人島未詳其名山與九頭山相近是日午刻舟過島富雙女焦其山甚大不異島嶼前一山雖有草木但不甚深密後一山多小中斷為門下有暗焦不可通舟是日巳刻舟自唐人島纔過此焦數勢愈亟舟行益速大青嶼以其遠望嶺然如凝黛故

麗人作此名是如午刻舟過和尚島山勢重疊林壑深茂山中多虎狼昔嘗有學佛者子之獸不敢近今葉老寺乃其遺跡也故麗人謂之和尚島是日未刻風過其下牛心嶼在小洋中一峯特起狀類覆盂而中稍銳麗人謂之牛心它處皆見之形肖此山而差小者亦謂之雞心嶼是日未正舟過此嶼南風小雨聶公嶼以姓得名遠視甚銳逼近如堵蓋其形扁縱橫所見各異是日未末舟過其下小青嶼如大青嶼之形但其山差小而周圍多焦石申初舟過雨勢稍

寄是日申正舟次紫燕島即廣州也倚山爲館榜曰慶源亭亭之側爲幕屋數十間居民草舍亦衆其中之東一嶼多飛燕故以名之接伴尹彦植知廣州陳淑遣介紹與譯官卓安持書來迎兵仗禮儀加厚申後雨止使副與三節登岸到館其飲食相見如全州禮夜漏下二刻歸舟十日辛卯辰刻西北風八舟不動都轄吳德休提轄徐兢同上節復以采舟詣館過濟物寺爲元豐使人故左班殿直宋密飯僧是日未刻到急水門其門不類海島宛如巫峽江路山圍屈

曲前後交錯兩間即水道也水勢爲山峽所束驚濤泊岸轉石穿崕喧豗如雷雖千鈞之弩追風之馬不足喻其湍急也至此已不可張蓬惟以櫓棹隨潮而進由後抵蛤窟拋泊其山不甚高大民居亦衆山之脊有龍祠舟人往還必祀之海水至此比之急水門變黄白色矣分水嶺即二山相對小海自此分流之地水色復渾如梅岑時十一日壬辰早雨作午刻潮落雨益甚國王遣劉文志持光書使者以禮受之酉刻前進至龍骨拋泊十二日癸巳早雨正隨潮至禮成港使副遷入神舟午刻使副率都轄提轄官奉詔書于采舟麗人以兵仗甲馬旂幟儀物共萬計列於岸次觀者如堵墻采舟及岸都轄提轄奉詔書入于采輿下節前導使副後從上中節以次隨之入于碧瀾亭奉安詔書訖分位少墕次日遵陸入于王城臣竊惟海道難甚矣以一葉之舟泛重溟之險惟恃宗社之福當使波神効順以濟不然則豈人力所能至哉方其在洋也以風颿爲適從若或暴横轉至他國生死瞬息又惡三種險曰癡風曰黑風曰海動癡風

之作連日怒號不已四方莫辨黑風則飄怒不時天色晦冥不分晝夜海動則徹底沸騰如烈火煑湯洋中遇此鮮有免者且一浪送舟輒數十餘里而以數丈之舟浮波濤間不啻豪末之在馬體故涉海者不以舟之大小爲急而以操心履行爲先若遇危險則發於至誠虔祈哀懇無不感應者比者使事之行第二舟至黄水洋中三柂併折而臣適在其中與同舟之人斷髪哀懇祥光示現然福州演嶼神亦前甚顯異故是日舟雖危猶能易他柂既易復傾摇如是五

晝夜方達明州定海北至登岸舉舟臞顇幾無人色其憂懼可料而知也若以謂海道非難則還朝復命不應受重賞以爲必死則自海道而還者良亦有人以其年五月二十八日放洋得順風至六月六日卽達羣山島及回程以七月十三日甲子發順天館十五日丙寅復登大舟十六日丁卯至蛤窟十七日戊辰至紫燕島二十二日癸酉過小青嶼和尚島大青嶼雙女焦唐人島九頭山是日泊馬島過軋子苫望洪洲山二十四日乙亥過横嶼入羣山門泊島下至

八月八日戊子凡十四日風阻不行申後東北風作乘潮出洋過苦苫八夜不住九日己丑早過竹島辰巳望見黑山忽東南風暴復過海動舟側欲傾人大恐懼卽鳴鼓招衆舟復還十日庚寅風勢益猛午刻復還羣山島至十六日丙申又六日矣申後風正卽發洋夜泊竹島又二日風阻不行至十九日己亥午後發竹島夜過月嶼二十日庚子早過黑山次過白山次過五嶼峽界山北風大作低蓬以殺其勢二十一日辛丑過沙尾午間第二舟三副柂折夜漏下四刻正柂亦折而死使舟與他舟皆遇險不一二十三日壬寅望見中華秀州山二十四日癸卯過東西脅山二十五日甲辰入浪港山過潭頭二十六日乙巳早過蘇州洋夜泊栗港二十七日丙午過蛟門望招寶山午刻到定海縣自離高麗到明州界凡海道四十二日云

天南行記

元　徐明善

至元二十五年安南國上表曰安南國世子微臣陳日烜皇恐百拜昧死伏罪上言于上天眷命皇帝陛下聖旨方今薰風解愠欽惟聖躬起居萬福微臣父子歸順天朝三十有餘年矣雖微臣因嬰疾病道途遼遠陛下置之度外綱貢方物使臣進獻歲月未曾欠欽至元二十三年阿里海牙平章貪厥邊功違却聖詔是以小國一方生靈化爲塗炭大軍回後微臣

知其下情壅塞惡語見誣執反稱臣成罪特差通侍大夫阮義全恊忠大夫阮德榮右武大夫段海穹中大夫阮文彦等奉賫貢方物前詣欽省意謂必加矜恤豈期並不回歸至元二十四年冬又見大軍水陸進伐焚燒國内寺宇開掘祖先墳墓擄殺民家老小摧破百姓産業諸殘負行無所不爲時臣怕死先已迯去烏馬兒叅政說與國人傳報臣云你走上天我上天去你走入地我入地去你迯山裏我山裏去你迯水裏我水裏去百端毀辱不可容言臣聞斯語知其不免愈行遠迯迨蒙太子矜恤曲從小國情願發回大軍烏馬兒叅政又領般軍別出海外盡捕游道邊民大者殺之小者虜去至於懸縛解剐身首異處百姓逼死輙興鳥窮獸窮之禍微臣恐爲自累親來制正道遠已無及者也聞見百姓逸到昔戾機大王一名稱係大國貴戚臣於是日平禮相待極加尊重敬與不敬大王必知若烏馬兒所行酷虐大王眼見微臣不敢妄道小國水土甚惡炎瘴寔繁臣庸任坐久淹或生疾病雖微臣盡於奉養亦不免貪利邊功

誣奏流言之罪也微臣謹具行路禮物差人前就界首遞送大王歸國伏望陛下德配乾坤恩過父母智可以燭幽顯辨可以識情僞願垂矜察曲加寬宥庶令微臣免於罪戾得全晢終事天之意豈微臣惟與一方生靈死生骨肉世受生成大造之恩亦普率諸國寔享陛下仁心仁聞之大幸也外大軍遺亡者殆千餘人臣已發令歸了或後別有見之臣亦尋教回去小國近遭兵火今且天氣尚熱貢物人使難於即辨待至冬間方可發遣臣下情無任叩　天顏聖惶

恐昧死伏罪之至謹奏至元二十五年四月安南國
世子微臣陳日烜上奏旣而詔諭安南國曰上天眷
命皇帝聖旨諭陳日烜省所上表已盡來情又唐兀
歹哈散剌兗吉剌歹口奏事亦以聽悉朕君臨萬邦
誨威並用豈於爾國獨忍加兵蓋自混一以來屢講
會同之禮爾名爲向化實未造朝累示徵書輒辭以
疾及命爾叔攝守彼疆公然拒違敢行專殺至若阿
里海牙占城之役就爾假途俾之繕治津梁飛輓芻
粟不惟失信乃復抗師此而不征王憲何在民殘國

破實自取之今爾表稱伏辜似已知悔據來人代奏
謂爾自責者三被召不來一也脫歡撫軍而不迓二
也唆都根麽曾遮當來三也若蒙赦宥當遣質子進
美姬且歲貢方物凡茲謬敬將焉用此若使果出誠
悃何不來此面陳安有聞遣將則惟事遁逃見班師
則聲言入貢以此奉上情僞可知爾試思與其嶺海
偷生日虞兵至曷若闕庭皈命被寵榮還二策之間
孰得孰失爾今一念迷悟係彼一方存亡故遣山北
遼東道提刑按察使劉廷直禮部侍郎李思衍檢校

兵部郎奴同唐兀歹哈散兗吉剌等將引前所差來
人阮義全等二十四人回國親諭朕旨爾能趣裝一
來足明臣節朕當悉宥前過復爾舊封或更遲疑難
決但已宜修爾城郭礪爾甲兵聽爾所爲候朕此舉
爾嘗臣事亡宋自度氣力何如合早知機無貽後悔
昔戾機孫爲族屬以禮遣還彼乃有過謫戍之人譬
如以此飾情合將烏馬兒拔都軍官等發送回來方
表忠順詔書到日烏馬兒拔都軍官等一同來見彼
中所宜事理朕當區處完備盡遣回還故茲詔示想
宜知悉至元二十五年十一月十二日禮部侍郎李

思衍呈都堂以明善輔行十六日詣都堂奉鈞旨相
副使安南玄者二十六日出順城門二十六年己丑
二月二十八日至其國門世子之弟大師迓上香致
敬問聖躬起居萬福使者道途安好各上馬至驛二
十九日世子與使者相見驛後有重屋世子由後門
先至其中啓中扃延使者立揖問聖躬萬福使者道
途安好三月一日具旗幟黃繖鼓吹迎詔書聞者入
王城及殿門下馬再入門曰集賢殿世子再拜上香

又再拜宣詔書聞者世子之左右親侍而已禮畢宴
使者二日世子遣翰林等來言烏馬兒参政將北歸
徃辭輿道世子之弟夜時舟中爲風濤所溺及老病
不堪朝覲之意六日世子延使者覲表稿十月世子
延使者觀萬佛十三日押方物使臣譚名獻𧶘殘十
五日太師使者至江七月八日至京安南國表曰安
南國世子微臣陳日烜皇恐昧死伏罪上言于上天
眷命皇帝陛下方今三春明媚萬彙敷榮恭惟聖躬
起居萬福微臣於至元二十六年三月初一日見劉

天使李侍郎郎中同唐兀歹合散魯占刺歹等奉賷
天詔及將小使臣阮義全等數輩回歸微臣不勝欣
幸謹於正殿焚香拜讀至於趣裝一來一同來見微
臣神魂俱喪心膽如摧所謂樂未極而悲來喜未終
而懼至也微臣僻處海隅久嬰病疾道途遼遠水土
艱難雖命由天數之所付而死乃人情之最怕加以
大軍屢伐殺伐尤多兄弟無良搆讒不少徃者國叔
遺愛的是境外逃亡反誣指以爲專殺繼而仲弟益
稷將使軍前投拜乃先去以爲己功又况來人代奏
輒爲訛言微臣十死殆無一生陛下德過唐虞明並
日月誠僞無所不周幽微無所不燭是以大軍前後
屠滅微臣常以忠順二字銘于心肺年綱歲信不曾
廢闕蓋恃其聖人在上天日照臨未有不明者矣大
軍纔去天使未來微臣巳差中大夫陳克用從義郎
阮孟聰等敬賫謝罪菲物詣闕馳獻倘蒙寬宥曲賜
矜察諒亦明見微臣怕死貪生之意除外別無敢行
悖逆事也去年小國百姓送遺軍微臣親問只得昔
戾様大王烏馬兒參政樊參政三名百姓皆爲殺它

妻子燒它房宇之故多欲肆行非義惟微臣深自甚
護厚加給養妻妾完全衣食克到先備行物特差使
臣從義郎阮盛隨昔戾様大王同唐兀歹等赴闕其
間二参政落後緣於大軍纔退意恐参政未息怒心
必與禍害是以慢怠方行津遣豈期微臣無福事與
願違樊参政忽遭熱病微臣盡其所有藥物購彼部
下醫人療之不可漸致身亡微臣火葬修功德訖因
給馬疋付它妻妾馳其骨千戶梅世英薛文正等
爲之護送一併還家其劉天使至日皆云邕州過了

凡茲平日館待敬之與否問諸妻妾亦可知已爲馬
見參政期當續後回夫彼以歸路經由萬佃因請先
就與道賚其行具水土程中夜困蝕舟爲水溺參政
身材長大難於拯援遂致溺亡小國人夫尋亦俱死
它之妻妾小僮幾陷没賴手輕小救之得免微臣大
葬修之功津天海使郎中眼所親見其或不恭有妻
妾在難可掩藏微臣謹具送禮亦付之妻妾一同舍
人郎中續後回國外在前數限微臣所軍人通計八
千餘人其間或有頭目皆不知之今蒙詔諭微臣更

行搜索得所軍人頭目若干名軍人若干名並從天
使回者別後尚有遺亡猶未盡到微臣亦當發遣不
敢一留伏望陛下山海包含汙垢藏納毓其目明擴
其耳聰一一寬宥置之度外微臣豈特一生保全首
領以終事天之心更期世世生生粉骨碎身圖報聖
之萬一抑亦一國生靈萬口一辭共祝聖壽無疆之
萬萬也微臣無任瞻天望聖激切屏營之至謹奏至
元二十六年三月日安南國世子微臣陳日烜上奏
進方物狀云安南國世子微臣陳日烜伏以今年月

日見天使劉按察等賫奉天詔微臣久嬰疾病懼罪
謹具菲物差陪臣譚明通侍大夫周英種等一行人
使隨天使詣國進獻今具名數物件于后附在卷末
右前件項菲物隨狀上進伏望聖慈俯賜鑒納謹狀
至正二十六年三月日安南國世子微臣陳日烜狀
進皇后箋云安南國世子臣陳日烜謹頓首上箋方
今蕙路風光椒塗日暇欽惟皇后殿下起居萬福主
張内治興隆功邁於百王表正母儀聰育仁同於一
視化基正始德體好生故得萬國之歡心不忍一夫

之失所乞憐荒辟預沐洪慈尚應玉律之和益分瑶
池之壽謹具菲物在于別副進獻伏惟鑒納臣誠惶
誠恐頓首謹言至元二十六年三月日安南國世子
臣陳日烜上箋進方物狀云金懸珥結眞珠一雙連
玳瑁盤一口赭色珠金朝領一領盛用銀匣一口色
珠十八顆黄尼珠四紫尼珠四碧尼珠四石榴珠四眞珠二百七十六顆
大二中四小七十如鸞石様二百粧金眞珠釧一雙金重一兩珠一千顆金勸
盃一副共重四兩五錢花犀盞盛用金楪一口重三
兩金盃連盞一口重九兩六錢錦一疋天絲段子三

疋五色細着絹二十疋闍婆國白布一疋翠羽五十隻右前件項菲物隨巘上進伏望洪慈俯賜鑒納謹狀至元二十三年三月日安南國世子臣陳日烜狀

一金度銀廓朱木表兩連匙鎮一副一馴象一頭撈金鞍子連坐具販一坐撈金重十兩一金度銀尊牛犀連精毬五副共重十四兩六錢金度銅鐸七口羚羊角几一坐精綵錦席一片紅錦索四條紅綾銷金霞帔一片撈金度銀御前花石盤一面琉璃瓶連金蓋二口共重一兩六錢金燭臺一對重十四兩撈金度銀牙犀盤一面撈金沉香

天南行記　九

盞連蓋底一口盛金蓮葉楪一口金底蓋三兩七錢金蓮葉楪五兩金瓜樣楪一口六兩八錢金瓢一口十兩撈金犀楪連底一口四兩撈金犀盞一口撈金五錢盛用金楪一口四兩三錢金契連筋金一副共六兩金契一口四兩金筋一兩三錢金穿肉一七錢真金垂帶四條撈金度銀金烏文木牠象骨象棋盤一面金線三兩金間度鋸匣連契一口二十五兩象牙棋子一具三十二件一花犀三株金度銀間底三件底重十兩八錢一大烏犀角五株連畫木底五片一金斯鑼五面共一百兩一鋸斯鑼十面共重三百兩一蘇合香油盛用銀瓶三口油共重一百六十三兩瓶共重七十九兩一西洋國黃毛叚子二疋一五色細絹五十疋一五色綾一百疋一蠻錦一百疋一闍婆國白布二十个一闍婆國間色布十个一翠羽一百隻一白檀香二齊共重十斤十五兩一梅檀香五齊七十斤一甘榜然香一百斤一草菓十斤一象牙二十扎一犀角二十株一鷹鳥二隻一雉鳥二隻一風狸一頭一鱷魚八尾一八哥兒鳥一隻

天南行記　十

高昌行紀

宋　王延德

初自夏州歷玉亭鎮次歷黃羊渡沙磧無水行人皆載水凡二日至都囉囉族漢使過者遺以財寶謂之打當次歷第女喎子族族臨黃河以羊皮爲囊吹氣實之浮於水或以橐駝牽木栰而渡次歷茅女王子開道族行入六窠砂砂深三尺馬不能行行者皆乘橐駝不育五穀砂中生艸名登相收之以食次歷樓子山無居人行砂磧中以日爲占旦則背日暮則向日日中則止夕行望月亦如之歷卧梁劾特族地有

都督山唐回鶻之地次歷大虫太子族族接契丹界人衣尚錦繡器用金銀馬乳釀酒飲之亦醉次歷屋地因族蓋達于于越王子之子次至達于于越王子族此九族達靼中猶尊者次歷拽利王子族有合羅川唐回鶻公主所居之地城基尚在有湯泉之地傳云契丹舊爲回鶻牧牛回鶻徙甘州契丹達靼遂各爭長攻戰次歷阿墩族經馬騌山望鄉嶺上石龕李陵題字處次歷格囉美源西方百川所會極望無際鷗鷺鳧鴈之類甚衆次至托邊城亦名李僕射城城中首領號通天王次歷小石州次歷伊州州將陳氏其先自唐開元二年領州凡數十世唐時詔勑尚在地有野蠶生苦參上可爲錦帛有羊尾重者三觔小者一觔肉如熊白而甚美又有礪石剖之得賓鐵謂之喫鐵石又生胡桐樹經雨即生胡桐律次歷益都次歷納職城在大患鬼魅磧之東南望玉門關甚近無水草載糧以行凡三日息鬼谷口避風驛用本俗法試茶出詔押禦風風乃至凡八日至澤田寺高昌

聞使至遣人來迎次歷地名寶莊又歷六種乃至高昌高昌即西州也其地南距于闐西南距大食波斯西距西天步露沙雪山葱嶺皆數千里地無雨雪而極熱毎盛暑居人皆穿地爲穴以處飛鳥羣萃河濱或起飛則爲日氣所爍墜而傷翼屋宇覆以白堊開寶二年雨及五寸即廬舍多壞有水出金嶺導之周繞國城以溉田園作水磑地産五穀惟無蕎麥貴人食馬餘食羊及鳧鴈樂多琵琶箜篌出貂鼠白氎繡文花蘂布俗好騎射婦人戴油帽謂之蘇幕遮用開

皇七年曆以三月九日爲寒食餘二社冬至亦然以
銀或鍮石爲筒貯水激以相射或以水相潑爲戲謂
之壓陽氣去病好游賞行者必抱樂器佛寺五十餘
區皆唐朝所賜額寺中有大藏經唐韻玉篇經音等
居民春月多羣聚遨樂於其間游者馬上持弓矢射
諸物謂之禳災有敕書數藏唐太宗明皇御札詔勅
緘鎖甚緊復有摩尼寺波斯僧各持其法佛經所謂
外道者也所統有南突厥北突厥大衆熨小衆熨樣磨
割祿黠戛司末蠻格哆族預龍族之名甚衆國中無

高昌行紀　八　三

貧民絶食者共賑之人多壽考率百餘歲絶無夭死
時四月師子王避暑於北庭以其舅阿多于越守國
先遣人致意於延德曰我王舅也使者拜我乎延德
曰持朝命而來禮不當拜復問曰見王拜乎延德曰
禮亦不當拜阿多于越復數日始相見然其禮頗恭
師子王邀延德至其北庭歷交河州凡六日至金嶺
口寶貨所出又兩日至漢家寨又五日上金嶺過嶺
即多雨雪嶺上有龍堂刻石記云小雪山也嶺上有
積雪行人服毛罽度嶺一日至北庭憩高臺寺其王
烹羊并馬以具膳尤豐潔地多馬王及王后太子各
養馬牧放於平川中彌亘百餘里以毛色分別爲羣
莫知其數北庭川長廣數千里鷹鷂鵰鶻之所生多
美艸下生花砂鼠大如兎需鷙禽捕食之其王遣人
來言擇日以見使者願無訝其淹久至七日見其主
王及王子侍者皆東向拜受賜旁有持磬者擊以節
拜王聞磬聲乃拜既而王之兒女親屬皆出羅拜以
受賜遂張樂飲宴爲優戲至暮明日泛舟於池中池
四面作鼓樂又明日遊佛寺曰應運泰寧之寺貞觀

高昌行紀　八　四

十四年造北庭北山中出硇砂山中常有煙氣湧起
而無雲霧至夕光燄若炬火照見禽鼠皆赤采硇砂
者著木底鞵若皮爲底者即焦下有穴生青泥出穴
外即變爲砂石土人取以治皮城中多樓臺卉木人
白皙端正性工巧善治金銀銅鐵爲器及攻玉善馬
直絹一疋其駑馬充食者纔直一丈貧者皆食肉西
抵安西即唐之西境七月令延德先還其國其王九
月始至亦聞有契丹使來使缺唇以銀葉蔽之謂其
王云聞漢遣使入達靼而道出王境誘王窺邊宜早

迭至達靼無使久畱因云高敞本漢土漢使來覘視
封域將有異圖王當察之延德偵知其語因謂王曰
人之素不順于國今乃反間我欲殺之王固勸乃止
自六年五月離京師七年四月至高昌所歷以詔賜
諸番君長襲衣金帶繒帛八年春與其謝恩使凡百
餘人復循舊路而還雍寧元年四月至京師延德初
至達靼之境頗見晉末陷沒者之子孫咸相率遮迎
獻飲食問其鄉里親戚意甚悽感畱旬日不得去

陷虜記

郃陽胡嶠

自幽州西北入居庸關明日又西北入石門關關路
崖狹一夫可以當百此中國控扼契丹之險也又三
日至可汗州南望五臺山其峰最高者東臺也又三
日至新武州西北行五十里有鷄鳴山云唐太宗北
伐聞鷄鳴于此因以名山明日入永定關此唐故關
也又四日至歸化州又二日登天嶺嶺東西連亘有
路北下四顧冥然黃雲白草不可窮極契丹謂嶠曰

此辭鄉嶺也可一南望而爲永訣同行者皆慟哭往
往絶而復蘇又行三四日至黑榆林時七月寒如深
冬又明日入斂谷谷長五十里高崖峻谷仰不見日
而寒尤甚已出谷得平地氣稍温又行二日渡湟水
又明日渡黑水又二日至湯城淀地氣最温契丹若
大寒則就温于此其水泉清冷草軟如茸可藉以寢
而多異花記其二種一曰旱金大如掌金色爍人一
曰青囊如中國金燈而色類藍可愛又二日至儀坤
州渡麝香河自幽州至此無里堠其所向不知爲南

北又二日至赤崖翰與兀欲相及遂及述律戰于沙河述律兵敗而北兀欲追至獨樹渡遂囚述律于撲馬山又行三日遂至上京所謂西樓也西樓有邑屋市肆交易無錢而用布有綾錦諸工作宦者翰林伎術教坊角觝秀才僧尼道士等皆中國人而并汾幽薊之人尤多自上京東去四十里至珍珠寨始食菜明日東行地勢漸高西望平地松林鬱然數十里遂至平川多草木始食西瓜云契丹破回紇得此種以牛糞覆棚而種大如中國冬瓜而味甘又東行至褭

潭始有柳木水草豐美有息雞草尤美而本大馬食不過十本而飽自褭潭入大山行十餘日而出過一大林長二三里皆蕪荑枝葉有芒刺如箭羽其地皆無草兀欲時車帳在此會諸部人葬德光自此西南行日行六十里行七日至大山門兩高山相去一里而長松豐草珍禽野卉有屋室碑石曰陵所也兀欲入祭諸部大人惟執祭器者得入入而門闔明日開門曰拋盞禮畢問其禮皆秘不肯言嶠所目見因述律葬德光等事與中國所記差異已而翰得罪被鎖

嶠與部曲東之福州福州翰所治也嶠等東行過一山名十三山云此西南去幽州二千里又東行數日過衛州有居人三十餘家蓋契丹所虜中國衛州人築城而居之嶠至福州而契丹多憐嶠教其逃歸嶠因得其諸國種類遠近云距契丹國東至于海有鐵甸其族野居皮帳而人剛勇其地少草木水鹹濁色如血澄之久而後可飲又東女真善射多牛鹿野狗其人無定居行以牛負物遇雨則張幔爲屋常作鹿鳴呼鹿而射之食其生肉能釀糜爲酒醉則縛之而

睡醒而後解不然則殺人又東南渤海又東遼國皆與契丹略同其南海曲有魚鹽之利又南奚與契丹略同而人好殺戮又南至于榆關矣西南至儒州皆故漢地西則突厥回紇西北至嫗厥律其人長大髦頭酋長金其髮盛以紫囊地苦寒水出大魚契丹仰食又多黑白黃貂鼠皮北方諸國皆仰足其人最勇鄰國不敢侵又其西轄戛又其北單于突厥皆與嫗厥律略同又北黑車子善作車帳其人知孝義地貧無所產云契丹之先常役回紇後背之走黑車子始

學作車帳又北牛蹄突厥人身牛足其地尤寒水曰斯蘆河夏秋水厚二尺春冬冰徹底常燒器銷冰乃得飲東北至韈劫子其人髦首披布爲衣不鞍而騎大弓長箭尤善射遇人輒殺而生食其肉契丹等國皆畏之契丹五騎遇一韈劫子則皆散走其國三面皆室韋一曰室韋二曰黄頭室韋三曰獸室韋其地多銅鐵金銀其人工巧銅鐵諸器皆精好善織毛錦地尤寒馬溺至地成冰堆又北狗國人身狗首長毛不衣手搏猛獸語爲犬嗥其妻皆人能漢語生男爲狗女爲人自相婚嫁穴居食生而妻女人食云嘗有中國人至其國其妻憐之使逃歸與其筯十餘隻教其每走十餘里遺一筯狗夫追之見其家物必啣而歸則不能追矣其說如此又曰契丹嘗選百里馬二十匹遣十人齎乾麨北行窮其所見其人自黑車子歷牛蹄國以北行一年經四十三城居人多以木皮爲屋其語言無譯者不知其國地山川部族名號其地氣遇平地則温和山林則寒冽至三十三城得一人能鐵甸語其言頗可解云地名頡利烏于邪堰云

自此以北龍蛇猛獸魑魅羣行不可往矣其人乃還此北荒之極也契丹謂嶠曰夷狄之人豈能勝中國然晉所以敗者主暗而臣不忠因具道諸國事曰子歸悉以語漢人使漢人努力事其主無爲夷狄所虜吾國非人境也

群輔録

晉　陶潛

明由曉升級宋均曰級等差政所先後也　必育受税俗宋均曰受賦税及徭役所宜施爲也　成博受古諸宋均曰古諸侯職等也　隕丘一作立　受延嬉宋均曰延長嬉興也主受此録也

右燧人四佐燧人出天四佐出洛宋均曰出天天所生出洛地所生也

金提一作堤主化俗宋均曰爲民除災害也　鳥明主建福宋均曰福利民　視默主災惡宋均曰爲民除災害也　紀通爲中職宋均曰爲田主主内職也　仲起爲海陸宋均曰主平地兼統海也　陽侯爲江海宋均曰主江海事一本作江湖

右伏羲六佐六佐出世宋均曰密戲不及燧人故增二佐出世人所生也

風后受金法宋均曰金法言能決理是非也　天老受天籙宋均曰籙天教命也　五聖受道級宋均曰級次序也　知命受糾俗宋均曰糾正也　窺紀受變復宋均曰有禍變能補復也　地典受州絡宋均曰絡維絡也　力墨受準斥宋均曰準斥凡事也力墨或作力牧

右黄帝七輔州選擧翼佐帝德自燧人四佐至七輔見論語摘輔象

重　該　脩　熙

右少昊四叔實能金木及水使重爲勾芒該爲蓐收脩及熙爲玄冥世不失職遂濟窮桑見左傳蔡墨辭

義仲　義叔　和仲　和叔

右義和四子孔安國云卽堯之四岳分掌四岳諸侯鄭玄云堯既分陰陽爲四時命義仲和仲義叔和叔等爲之官又主方岳之事是爲四岳見鄭尚書注

伯夷爲陽伯（樂舞侏離歌曰招陽）　義仲之後爲義伯（樂舞譬哉歌曰南陽）　棄爲夏伯（樂舞武殳哉歌曰新慮一無武字）　義叔之後爲義伯（樂舞將陽歌曰朱華）　咎繇爲秋伯（樂舞蔡俶歌曰零落）　和仲之後爲和伯（樂舞未詳歌曰歸來）　垂爲冬伯（樂舞丹鳳一曰齊落歌曰齊樂一曰獲）

右八伯自義和死後分置八伯舜既卽位元祀巡狩每至其方各貢兩伯之樂大傳冬伯後闕一人鄭玄云此上下有脫辭其說未聞十有五祀後又百工相和而歌慶雲八伯稽首而進者也見尚書大傳

讙兜　共工　鯀　三苗

右四凶

蒼舒　隤敳　檮戭　大臨　龍降　庭堅　仲容　叔達

右高陽氏才子八人齊聖廣淵明允篤誠天下之民謂之八凱

伯奮　仲堪　叔獻　季仲　伯虎　仲熊　叔豹　季貍

右高辛氏才子八人忠肅恭懿宣慈惠和天下之

民謂之八元從四凶至此悉見左傳季文子辭

禹作司空　棄作稷　契作司徒　咎繇作士　益作朕虞　垂作共工　伯夷作秩宗　龍作納言　夔作典樂

右九官舜登帝位所選命見尚書

雄陶　方回　續牙　伯陽　東不訾（或云不識）　秦不虛（或云不空）　靈甫

右舜七友並爲歷山雷澤之游戰國策顏歜云堯有九佐舜有七友而尸子只載雄陶等六人不載

靈甫皇甫士安作逸士傳云祇其友則雄陶方回續牙伯陽東不訾秦不空靈甫之徒是爲七子與戰國策相應

禹　稷　契　皋陶　益

右舜五臣見論語已列九官中

禹　稷　契　皋陶　伯夷　垂　益　夔

右八師見楚辭七諫

伯夷　禹　稷

右三后伯夷降典制民惟刑禹平水土主名山川

稷降播種農殖嘉穀三后成功惟殷于民漢太尉楊賜曰昔三后成功皋陶不與焉益吝之也見尚書甫刑後漢書

微子　箕子　比干

右殷三仁論語曰微子去之箕子爲之奴比干諫而死孔子曰殷有三仁焉

伯夷　太公

右二老尚書大傳曰太公避紂居東海之濱皆率其黨曰盍歸乎吾聞西伯昌善養老此二人者蓋天下之大老也往而歸之是天下之父歸之也天下之父歸之其子焉往孔融曰西伯以二老開王業

閎夭　太公望　南宮适　散宜生

右文王四友尚書大傳云閎夭南宮适散宜生三子學于太公望望曰嗟乎西伯賢君也四子遂見西伯於羑里孔子曰文王有四臣丘亦得四友此四人則文王四鄰也

伯達　伯适　仲突　仲忽　叔夜　叔夏　季隨

季騧

右周八士見論語賈逵以爲文王時鄭玄以爲成王時也

伯邑考　武王發　管仲鮮　周公旦　蔡叔度

曹叔振鐸　霍叔武　郕叔處　康叔封　聃季載

一本無郕叔處有毛叔鄭

右太姒十子太史公曰太姒十子周以宗强見史記

周公旦　邵公奭　太公望　畢公　毛公　閎公

太顛　南宮适　散宜生　文母太姒也

右周十亂見論語其四人已列四友

秦公牙　吳班　孫尤　夫人冉贊　公子麋

右五王並能相焉尸子曰古有五王之相迺謂之

王其貴之也

狐偃　趙衰　顛頡　魏武子　司空季子

右晉文公從亡五人叔向曰三十七年有士五人

見左傳及晉太尉劉琨詩曰重耳憑五臣

奄息　仲行　鍼虎

群輔錄　八　六

右三良子車氏之子秦穆公沒要以從死詩人悼

之爲賦黃鳥見左傳毛詩

子展賦草蟲子罕子　子西賦黍苗子駟子　子產賦隰

桑子國子　公孫段賦桑扈子豐子　伯有賦鶉之賁賁

子良孫子耳子　子太叔賦野有蔓草子游孫子蟜子　印段賦蟋

蟀子印孫子張子

右鄭七穆謂之七子鄭穆公子十有一人罕駟豐

印遊國良七人子孫並有才名世任鄭國之政以

免晉楚之難謂之七穆叔向曰鄭七穆氏其后亡

乎及諸侯爲宋之盟鄭伯享趙武于垂隴七卿皆

從文子曰七卿從君以寵武也請皆賦以卒君貺

亦以觀七子之志見左傳又吳質書云趙武過鄭

七子賦詩

仲孫穀文伯獻子莊子孝伯僖子懿子武伯　叔孫得臣莊叔穆子昭子

戚子武子文子　季孫行父文子武子悼子平子桓子康子

右魯桓公之曾孫世秉魯政號曰三桓孔子曰三

桓之子孫微矣見論語左傳

趙無恤襄子趙衰始爲卿至無恤四世　范吉射昭子士會始爲卿至吉射

群輔錄　八　七

五世　智瑤襄子荀首始爲卿至瑤六世　荀寅文子荀林父始爲卿至寅

四世　魏多襄子魏絳始爲卿至多四世　韓不信簡子韓厥始爲卿至

不信四世

右六族世爲晉卿並有功名此六人寔弱晉國淳

于越云卒有田常六卿之臣劉向亦曰田常復見

於今六卿必起於漢見左傳史記漢

儀封人　荷蕢　晨門　楚狂接輿　長沮　桀溺

荷蓧丈人一作伯夷叔齊虞仲夷逸朱張柳下惠少連

右作者七人論語曰賢者避世其次避地其次避

色其次避言孔子曰作者七人見包氏注董威贊
詩曰洋洋乎盈耳哉而作者七人
德行
顏淵　閔子騫　冉伯牛　仲弓
言語
宰我　子貢
政事
冉有　季路
文學

子游　子夏
右四科見論語
顏回　子貢　子路　子張
右孔子四友文王有胥附奔奏先後禦侮謂之四隣孟懿子曰夫子亦有四隣乎子曰吾有四友焉自吾得回門人益親是非胥附乎自吾得賜遠方之士日至是非奔奏乎自吾得師前有光後有輝是非先後乎自吾得由惡言不至於門是非禦侮乎見孔叢子

顏回　冉仲弓　子路　宰我　子貢　公西華
右六侍仲尼志意不立子路侍儀服不脩公西華侍禮不習子貢侍辭不辯宰我侍亡忽古今顏回侍節小物冉伯牛侍曰吾以夫六子自厲也見尸子
檀子　盼子　黔夫　種首
右齊威王彊埸四臣齊威王與魏惠王會田於郊魏王問威王曰王有寶乎威王曰無有魏王曰若寡人國雖小猶有徑寸之珠照前後車各十二乘者十枚奈何爲萬乘之國而無寶乎威王曰寡人

之所以爲寶與王異吾臣有檀子者使守南城則楚人不敢爲寇東取泗上十二諸侯皆來朝吾臣有盼子者使守高唐則趙人不敢東漁於河吾臣有黔夫者使守徐則燕人祭北門趙人祭西門徙而從之者七十餘家吾臣有種首者使備盜賊則道不拾遺以此爲寶將以照千里豈直十二乘哉魏惠王慙不懌而去見史記及春秋後語
齊孟嘗君田文　魏信陵君無忌　趙平原君趙勝

楚春申君黃歇
右戰國四豪見史記
太子少傅留文成侯韓張良　相國酇文終侯沛蕭
何　楚王淮陰侯韓信
右三傑漢高祖曰此三人人之傑也見漢書
園公（姓園名秉字宣明陳留襄邑人常居園中故號園公見陳留志）　綺里季　夏
黃公（姓崔名廓字少通齊人隱居脩道號夏黃公見崔氏譜）　角里先生
右商山四皓當秦之末俱隱上洛商山皇甫士安
云並河内軹人見漢書及皇甫謐高士傳
群輔錄　八　十一
太子太傅疏廣字仲翁（宣帝本始四年魏相爲御史大夫薦廣於霍光時年六十）
以元康三年告退年六十七　太子少傅疏受字公子（廣兄子也）
右二疏東海人宣帝時並爲太子師傅每朝太傅
在前少傅在後朝廷以爲榮授太子論語孝經各
以老疾告退時人謂之二疏見漢書
重合令子輿（居宋里）　櫟陽令子羽（居東觀里）　東海太守
子仲（居宜唐里）　兗州刺史子明（居西南里）　頓陽令子良（居遂與里）
右郡決曹掾汝南周燕少卿之五子號曰五龍各

居一里子孫並以儒素退讓爲業天下著姓見周
氏譜及汝南先賢傳
龔勝字君賓　龔舍字君倩（或曰長倩）
右並楚人皆治清節世號二龔見漢書
唐林字子高　唐尊字伯高
右並沛人亦以潔履著名於成哀之世號爲二唐
比楚二龔後皆仕王莽見漢書左思曰二唐潔已
乃點乃汚
平阿侯王譚　成都侯王商　紅陽侯王章　曲陽
群輔錄　八　十一
侯王根　高平侯王逢時
右並以元后弟同日受封京師號曰五侯並奢豪
富侈招賢下士谷永樓護皆爲賓客時人爲之語
曰谷子雲之筆札樓君卿之唇舌言出其門也見
漢書張載詩曰富侈擬五侯
北海逢萌字子康　北海徐房字平原　李曇字子
雲　平原王遵字君公
右皆懷德穢行不仕亂世相與爲友時人號之四
子見後漢書嵇康高士傳

求仲　羊仲
右二人不知何許人皆治車爲業挫廉逃名一作世蔣元卿之去兗州還杜陵荆棘塞門舍中有三逕不出惟二人從之游時人謂之二仲見嵇康高士傳

太傅高密元侯南陽鄧禹字仲華　大司馬廣平忠侯南陽吳漢字子顔　左將軍膠東剛侯南陽賈復字君文　建威大將軍好畤愍侯扶風耿弇字伯昭　執金吾雍奴威侯上谷寇恂字子翼　征西大將軍

陽夏節侯潁川馮異字公孫　征南大將軍舞陽壯侯南陽岑彭字君然　征　將軍潁陽成侯潁川祭遵字弟孫　太常靈壽侯信都邳彤字偉君　東郡太守東光成侯鉅鹿耿純字伯山　上谷太守淮陰侯潁川王霸字元伯　左中郎將朗陵愍侯潁川臧宮字君翁　驃騎大將軍櫟陽侯馮翊景丹字孫卿　驃騎大將軍參蘧侯南陽杜茂字諸公　建義大將軍鬲侯南陽朱祐字仲先　驃騎將軍愼靖侯南陽劉隆字元伯　揚武將軍全椒侯南陽馬成字君遷

大司空阜成侯漁陽王梁字君嚴　衛尉安城忠侯潁川姚期字次兄　左馮翊安平侯漁陽蓋延字巨卿　捕虜將軍楊虛侯南陽馬武字子張　驍騎將軍昌城侯鉅鹿劉植字伯先　左將軍阿陵侯南陽任光字伯卿　豫章太守中水侯東萊李忠字仲都　左將軍槐里侯扶風萬脩字君游　琅邪太守祝阿侯南陽陳俊字子昭　積弩將軍昆陽威侯潁川傅俊字子衛　揚化將軍合肥侯潁川堅鐔字子伋
右河北二十八將光武所與定天下見後漢書張

衡東京賦云受鉞四七共工以除

武威太守梁統字仲寧　金城太守庫鈞字巨公　張掖太守史苞字叔文　酒泉太守竺曾字巨公　燉煌太守辛彤字大房
右河西五守是時更始已爲赤眉所害隗囂竊有異志統等五人共推竇融爲河西大將軍內撫吏民外禦寇（東伐隗囂歸心世祖克建功業見後漢書及善文

大鴻臚韋孟達　上黨太守公孫伯達　河陽長魏

仲達

右扶風平陵人同時齊名世號三達孟達名彪丞

相賢五世孫明帝時人見漢書及決錄

光祿大夫周舉　光祿大夫杜喬　光祿大夫周栩

尚書欒巴　青州刺史馮羨　兖州刺史郭遵　太

尉長史劉班　侍御史張綱

右八使漢順帝時政在權官官以賄成周舉等議

遣八使循行風俗同日俱發天下號曰八使見張

璠漢紀

群輔錄　　十四

平輿令韋順字叔文歷位樂平相去官以琴書自娛不應三公之命後爲平輿令吏

民立祠社中　順弟武陽令豹字季明友人羅陵犍爲縣丞卒官喪柩流離

豹棄官致喪歸比辟公府輒棄去司徒劉愷尤敬之　豹弟廣都長義字季節

少好學不求榮利四十乃仕三爲令長皆有惠化以兄喪去官比辟公府不就廣都爲立生祠焉

右清河太守韋文高之三子皆以學行知名時人

號韋氏三君見京兆舊事

楊震字伯起以大常爲司徒遷太尉　震子秉字叔節以太常爲太尉

秉子賜字伯獻以光祿勳爲公再司徒一太尉　賜子彪字文先以大

中大夫爲公一司徒一太尉

右楊氏四公弘農華陰人自孝安至獻帝七世父

子以德業相繼爲三公見續漢書

袁安字邵公以太僕爲司空遷司徒　安子敞字叔平以光祿勳爲司

空　敞子湯字仲河以太僕爲司空遷司徒　湯子逢字周陽

以屯騎校尉爲司空　逢弟隗字次陽以太常爲司空太尉

右袁氏四世五公見續漢書

處士豫章徐稺字孺子　京兆韋著字休明　汝南

袁閎字夏甫　彭城姜肱字伯淮　潁川李曇字子

雲

群輔錄　　十五

右太傅汝南陳公時爲尚書令與諸尚書悉名士

也共薦此五人時號五處士見續漢書及善文

周子居　黃叔度　艾伯堅　郅伯向　封武興

盛孔叔

右汝南六孝廉太守李倀選此六人以應歲舉受

版未行倀死子居等遂駐行喪倀妻於柩側下帷

見之屬以宜行子居嘆曰不有行者莫宣公不有

止者莫郵居於是與伯堅即日辭行封黃四人留

隨柩車見杜元凱女戒

大將軍槐里侯扶風平陵竇武字游平天下忠誠竇游平
太傅高陽鄉侯汝南平輿陳蕃字仲舉天下義府陳仲舉
侍中河間樂成劉淑字仲承天下德弘劉仲承
右三君
少傅潁川襄城李膺字元禮天下模楷李元禮　司空山陽
高平王暢字叔茂天下英秀王叔茂　太僕潁川陽城杜密
字周甫天下良輔杜周甫　司隸校尉沛國朱寓字季陵天下
冰凌朱季陵　尚書會稽上虞魏朗字少英天下忠貞魏少英　大司農博陵安
平劉祐字伯祖天下稽十劉伯祖　太常蜀郡成都趙典字
仲經天下才英趙仲經
右八俊

有道太原介休郭泰字林宗天下和雍郭林宗　太常陳留
圉夏馥字子治天下慕恃夏子治　尚書令河南鞏尹勳字
伯元天下英藩尹伯元　河南尹太山平陽羊陟字嗣祖天下
清苦羊嗣祖　議郎東郡陽平劉儒字叔林天下瑤金劉叔林　潁川太
守渤海高城巴肅字恭祖天下臥虎巴恭祖　議郎南陽安
衆宗慈字孝初天下通儒宗孝初
右八顧後漢書無劉儒有范滂
御史中丞汝南召陵陳翔字子麟海內貴珍陳子麟　衛尉
山陽高平張儉字元節海內忠烈張元節　太尉掾汝南細
陽范滂字孟博海內謇諤范孟博　蒙令山陽高平檀敷字
文有海內通士檀文有　洛陽令魯國孔昱字世元海內才珍孔世
元後漢書云字元世　太山太守渤海重合范康字仲真海內彬彬
范仲真　太尉掾南陽棘陽岑晊字公孝海內珍好岑公孝
鎮南將軍荊州牧武城侯山陽高平劉表字景升海內
所稱劉景升
右八及後漢書無范滂有翟超卓

少府東萊曲城王商字伯義海內賢智王伯義後漢書作王章　郎
中魯國蕃嚮字嘉景海內修整蕃嘉景　北海相陳留巴吾
秦周字平王海內貞良秦平王　侍御史太山奉高胡母班
字季皮海內珍奇胡毋季皮　太尉掾潁川陰劉翊字子相海內
依光劉子相　冀州刺史東平壽張王考字文祖海內依怙王文
祖　陳留相東平壽張張邈字孟卓海內嚴恪張孟卓　刺
冀州刺史陳國項蔡衍字孟喜天下雅志蔡孟喜
州刺史山陽湖陸度尚字博平海內清明度博平

右皆傾財竭已解釋怨結拯救危急謂之八厨 後漢書無劉翊有劉儒

從三君至此並見三君八俊錄

太丘長潁川陳寔字仲弓　寔子大鴻臚紀字元方

紀弟司空掾諶字季方

右並以高名號曰三君見甄表狀及邯鄲淳紀碑

太尉河南杜喬字叔榮 狀喬治易尚書禮記春秋好老子隱居不仕年四十爲郡功曹立朝正色有孔父之風　太常燉煌張奐字然明 狀奐廉方亮直學該群籍前後七徵十要三爲邊將財貨珍寶一無所取繙王孫裸形朱司馬爲石槨幅巾時服無棺而葬焉

群輔錄　八　十八

侍中河內向詡字甫興 狀詡博覽群籍兼好黃老古虛治然肆志不慕時倫積三十年　太傅汝南陳蕃字仲舉 狀蕃瓌偉秀出雅亮無倫學該墳典忠壯謇諤又日明允貞亮與大將軍竇武志匡社稷機事不密爲羣邪所害　太尉沛國施延字君子 狀延清公潔白進士許國臨難不顧名著漢朝　少府潁川李膺字元禮 狀膺承三公之後生高潔之門少履清節非法不言英聲宣於華夏高名冠於縉紳　司隸沛國朱寓字季陵 一名詡右一人訪其中正無議郤行狀者告本郡訪問耆老議　太僕潁川杜密字周甫 狀密清高雅達名播四海寓云桓帝時遺難無後　大鴻臚潁川韓融字元長 狀融聰識知機發於岐嶷歷統五郡恩惠化民時人名之曰窮神知化兄弟同居至於沒齒虞卿相之位且二十年奉身守約不隕厥問　司空潁川荀爽字慈明 狀爽年十二隨父在公府羣公卿校咸丈人也或遣進奏或親候從儒林歸仗究極篇籍　司空清河房植字伯武 狀植少履清苦孝友忠正歷位州郡政成化行既登三事靖恭衮服雖季文相魯晏嬰在齊清風高節不是過也　聘士彭城姜肱字伯淮 狀肱稟履玄知立性純固事親至孝五十而慕學綜六藝窮通究微行隆華夏名播四海　太尉下邳陳球字伯真 狀球清高忠直孝靈中年欲誅黃門常侍以此遇害　司空山陽王暢字叔茂 狀暢雅性貞實以禮文身居家在朝節行異倫　徵士陳留申屠蟠字子龍 狀蟠年九歲喪父號泣過於成人卞嘗見齒每至父母亡日三日不食在塚側致甘露白雉以孝稱州郡表其門閭徵聘不就年七十二終於家　衛尉山陽張儉字元節 狀儉體性忠直閨門孝友臨官賞罰清亮絕俗

群輔錄　八　十九

大司農北海鄭玄字康成 狀玄含海岱之純靈大雅之洪則學無常師講求道與數宣聖範錯綜其數作五經注義窮理盡性也　徵士樂安冉璆字孟玉 狀璆體清純之性蹈高潔之行前後十五辟皆不就除高唐令色斯而舉時陳仲舉李元禮仲弓皆難其高風　太尉漢中李固字子堅 狀固當順桓之際名臣大將軍梁冀惡直醜正害其道桓帝即位遂死於讒　有道太原郭泰字林宗 狀泰器量弘深孝友貞固名布華夏學冠群儒州郡禮命會不旋軌辟司徒徵有道並不屈　益州刺史南陽朱穆字公叔 狀穆中正嚴格有才數明見初補豐令政平民和有處子喪之風上書陳損益辭切情至　尚書會稽魏朗字少英 狀朗資純美之高亮幹輔國朝忠謇正直之風播於京師　聘士豫章徐稺字孺子 狀稺妙德高偉清英超世

前後三徵未嘗降志抗名出樓養志　度遼將軍安
浩然有夷齊之高遼伯玉卷舒之術
定皇甫規字威明 狀規少有岐嶷正直之節對策指刺黃門梁冀不能用退隱山谷教
樂詩書

右魏文帝初爲丞相魏王所旌表二十四賢後明帝乃述撰其狀見文帝令及甄表狀

太常敦煌張奐字然明 爲度遼將軍幽并清靜吏民歌之徵拜大司農賜錢除家一人爲郎辭不受願徙居華陰故始爲弘農人　度遼將軍安定皇甫規字威明　太尉武威段熲字紀明

右涼州三明並著威名於桓靈之世悉名士也見

群輔錄　二十

續漢書

韋權字孔衡　權弟瓚字孔玉　瓚弟矩字孔規

右太尉掾韋子才之三子皆脩仁義兄弟孝友逢盜賊一人病不能去兄弟相慕兵至俱死時人稱之號韋三義見三輔決錄

荀儉字伯慈 漢侍中悅之父　儉弟緄字仲慈 濟南相漢光祿大夫彧之父年六十六　緄弟靖字叔慈 或問汝南許劭靖爽孰賢邵曰二人皆玉也慈明外朗叔慈内潤靖隱身脩學動必以禮太尉辟不就年五十五　靖弟壽字慈光 舉孝廉年七十　壽弟汪字孟慈 昆陽令年六十　汪弟爽字慈明 公卓徵爲平原相遷光祿勳司空出自巖藪九十三日遂登台司年六十三　爽弟肅字敬慈 守舞陽令年五十　肅弟旉字幼慈 司徒掾年七十

右朗陵令潁川荀季和之八子並有德業時人號之八龍居西豪里渤海苑康知名士也時爲潁陰令美之曰高陽氏才子八人遂改所居爲高陽里見張璠漢紀及荀氏譜

公沙紹字子起　紹弟孚字允慈 北海耆舊傳稱孚與荀爽共約出不得事貴勢而爽當董卓時脫巾未百日位至司空後相見以爽違約割席而坐　孚弟恪字允讓　恪弟逵字義則　逵弟樊字義起

群輔錄　二十一

右北海公沙穆之五子並有令名京師號曰公沙五龍天下無雙穆亦名士也見魏明帝甄表狀及後漢書

膠東令盧汜昭字興先　樂城令剛戴祈字子陵　潁陰令剛徐晏字孟平　涇令盧夏隱字叔世　州別駕蛇丘劉彬字文曜 一云世州

右濟北五龍少並有異才皆稱神童當桓靈之世時人號爲五龍見濟北英賢傳

孝廉杜陵金畝字元休 位至兗州刺史　上計掾長陵弟五

廵字文休與先之子與先名種司空伯魚之孫名士也不詳廵位所至時辟太尉掾上
計掾杜陵韋端字甫休位至涼州牧太尉
右同郡齊名時人號之京兆三休並以光武元年
察舉見三輔決錄
晉宣帝河南司馬懿字仲達　魏司空潁川陳群字
長文　中領軍譙朱鑠字彥才　侍中濟陰吳質字
季重
右魏文帝四友見晉紀
魏步兵校尉陳留阮籍字嗣宗　中散大夫譙嵇康

字叔夜　晉司徒河內山濤字巨源　建威參軍沛
劉伶字伯倫　始平太守陳留阮咸字仲容籍兄子
散騎常侍河內向秀字子期　司徒琅邪王戎字濬
沖
右魏嘉平中並居河內山陽共爲竹林之游世號
竹林七賢見晉書魏書表宏戴逵爲傳孫統又爲
讚
吳範相風吳人　劉惇占氣河內人　趙達算河內人　皇
象書廣陵人　嚴子卿碁名昭武衛尉畯從子　宋壽占夢十不失一

曹不興畫爲孫權畫屏風誤落筆點素因以爲蠅後張御坐權以爲真蠅手彈不去方知其非
也　孤城鄭姥相見王粲於童齔謂位必至師傅後爲太子太傅
右吳八絶見張勃吳錄
陳留董昶字仲道　琅琊王澄字平子　陳留阮瞻
字千里一云阮八百卿瞻弟孚字遥集則率多通故大將軍王敦云方瞻有減故云八百
潁川庾敳字子高　陳留謝鯤字幼輿　太山胡毋
輔之字彥國　沙門于法龍　樂安光逸字孟祖
右晉中朝八達近世聞之故老
裴徽字文秀魏冀州刺史　裴楷字叔則徽第三子晉光祿大夫

裴綽字季舒楷弟長水校尉　裴瓚字國寶楷子中書郎　裴邈
字景初楷孫欽子太傅左司馬　裴遐字叔道瓚子太傅主簿　裴康
字仲豫徽第二子太子左率　裴頠字逸民楷孫季子晉尚書僕射　王
祥字休徵晉太保　王戎字濬沖父渾涼州刺史祥族子司徒　王
澄字平子衍弟裴綽女壻荊州刺史　王導字茂弘覽孫裁子敦從弟丞相
王綏字萬子戎子早亡裴康女壻　王衍字夷甫父文平北將軍戎從弟太
尉　王敦字處仲覽孫基弟二子大將軍　王玄字眉子衍子陳留
內史
右河東八裴琅琊八王聞之於故老

魏司空王昶字文舒　昶子汝南太守湛字處沖
湛子東海内史承字安期　承子驃騎將軍述字懷
祖　述子安北將軍坦之字文度　魏尚書僕射杜
畿字伯侯　畿子幽州刺史恕字務伯　恕子鎮南
將軍預字元凱　預子散騎常侍錫字世嘏　錫子
光祿大夫乂字弘治

右太原王京兆杜各稱五世盛德聞之於故老夫
書籍所載及故老所傳善惡聞於世者蓋盡於此
矣漢稱田叔孟舒等十人及田横兩客魯八儒史
並失其名夫操行之難而姓名翳然所以撫卷長

嘆不能已已者也

八儒

夫子没後散於天下設於中國成百氏之源爲綱紀
之儒居環堵之室蓽門圭竇甕牖繩樞併日而食以
道自居者有道之儒子思氏之所行也衣冠中動作
順大讓如慢小讓如僞者子張氏之所行也顔氏傳
詩爲道爲諷諫之儒孟氏傳書爲道爲疏通致遠之
儒漆雕氏傳禮爲道爲恭儉莊敬之儒仲梁氏傳樂
爲道以和陰陽爲遺風易俗之儒樂正氏傳春秋爲
道爲屬辭比事之儒公孫氏傳易爲道爲潔淨精微
之儒

三墨

不累於俗不飾於物不尊於名不忮於衆此宋鈃尹
文之墨裘褐爲衣跂蹻爲服日夜不休以自苦爲極
者相里勤五侯子之墨俱稱經而背誦不同相謂別
墨以堅白此苦獲巳齒鄧陵子之墨

羣輔録終

英雄記鈔

魏　王粲

劉表

劉表字景升山陽高平人也少知名號八俊

州界羣寇旣盡表乃開立學官博求儒士使綦毋闓

宋忠等撰五經章句謂之後定

表病上備領荊州刺史

張羨南陽人先作零陵桂陽長甚得江湘間心然性

屈彊不順表薄其爲人不甚禮也羨由是懷恨遂叛

表焉

劉焉

劉焉起兵不與天下討董卓保州自守犍爲太守任

岐自稱將軍與從事陳超舉兵擊焉焉擊破之董卓

使司徒趙謙將兵向州説校尉賈龍使引兵還擊焉

焉出青羌與戰故能破殺岐龍等皆蜀郡人

劉範

劉範聞父焉爲益州牧董卓所徵發皆不至收範兄

弟三人鎖械於郿塢爲陰獄以繫之

從長安亡之馬騰營從焉求兵焉使校尉孫肇將

兵往助之敗於長安

劉璋

焉死子璋代爲刺史會長安拜潁川扈瑁爲刺史入

漢中荊州別駕劉闔璋將沈彌婁發甘寧反擊璋不

勝走入荊州璋使趙韙進攻荊州屯朐䏰上奏下如

振反

先是南陽三輔人流入益州數萬家收以爲兵名曰

東州兵璋性溫柔無威畧東州人侵暴舊民璋不能

禁政令多闕益州頗怨趙韙素得人心璋委任之韙

因民怨謀叛乃厚賂荊州請和陰結中州大姓與俱

起兵還擊璋蜀郡廣漢犍爲皆應韙璋馳入成都城

守東州人畏威咸同心并力助璋皆殊死戰遂破反

者進攻韙於江州韙將龐樂李異反殺韙軍斬韙

劉備

靈帝末年備嘗在京師復與曹公俱還沛國募召合

衆會靈帝崩天下大亂備亦起軍從討董卓

備留張飛守下邳引兵與袁術戰於淮陰石亭

陶謙故將曹豹在下邳張飛欲殺之豹衆堅營
自守使人招呂布布取下邳張飛敗走備聞之引兵
還北至下邳兵潰收散卒東取廣陵與袁術戰又敗
備軍在廣陵饑餓困敗吏士大小自相啖食窮餓侵
逼欲還小沛遂使吏請降布布令備還州并勢擊術
具刺史車馬童僕發遣備妻子部曲家屬於泗水上
祖道相樂

建安三年春布使人齎金欲詣河内買馬爲備兵所
鈔布由是遣中郎將高順北地太守張遼等攻備九

月遂破沛城備單身走獲其妻息十月曹公自征布
備於梁國界中與曹公相遇遂隨公俱東征

備在荆州數年嘗於表坐起至厠見髀裏肉生慨然
流涕還坐表怪問備備曰吾常身不離鞍髀肉皆消
今不復騎髀裏肉生日月若馳老將至矣而功業不
建是以悲耳

袁紹攻公孫瓚劉備與田楷東屯齊曹公征徐州徐
州牧陶謙遣使告急於田楷楷與備俱救之時備
有兵千餘人及幽州烏丸雜胡騎又畧得饑民數
人既到謙以丹楊兵四千益備備遂去楷歸謙謙表
備爲豫州刺史屯小沛謙病篤謂别駕麋竺曰非劉
備不能安此州也

袁成

袁成字文開壯健有部分貴戚權豪自大將軍梁冀
以下皆與結好言無不從故京師爲作諺曰事不諧
問文開

袁紹

袁紹字本初汝南汝陽人也高祖父安爲漢司徒自

安以下四世居三公位由是勢傾天下

紹生而父死二公愛之幼使爲郎弱冠除濮陽長有
清名遭母喪服竟又追行父服凡在冢廬六年禮畢
隱居洛陽不妄通賓客非海内知名不得相見又好
游俠與張孟卓何伯求吳子卿許子遠伍德瑜等皆
爲奔走之友不應辟命中常侍趙忠謂諸黄門曰袁
本初坐作聲價不應呼召而養死士不知此兒欲何
所爲乎紹叔父隗聞之責數紹曰汝且破我家紹於
是乃起應大將軍之命

逢記說紹曰將軍舉大事而仰人資給不據一州無
以自全紹答曰冀州兵彊吾士飢乏設不能辦無所
容立紀曰可與公孫瓚相聞導使來南擊取冀州公
孫必至而馥懼矣因使說利害爲陳禍福馥必遜讓
於此之際可據其位紹從其言而瓚果來

是時年號初平紹字本初自以爲年與字合必能克
平禍亂

紹以河內朱漢爲都官從事漢先時爲馥所不禮內
懷怨恨且欲邀迎紹意擅發城郭兵圍守馥第拔刃
登屋馥走上樓收得馥大兒槌折兩脚紹亦立收漢
殺之馥猶憂怖故報紹索去

袁譚

初譚尚戰於外門譚軍敗奔北郭圖說譚曰今將軍
國小兵少糧匱勢弱顯甫之來久則不敵愚以爲可
曹公來擊顯甫曹公至必先攻鄴顯甫還救將軍
兵而西自鄴以北皆可虜得若顯甫軍破其兵奔
又可斂取以拒曹公曹公遠僑而來糧餉不繼必
去比此之際趙國以北皆我之有亦足與曹公

矣不然不諧譚始不納後遂從之問圖誰可使
圖答辛佐治可譚遂遣毗詣太祖

董卓

董卓父君雅由微官爲頴川綸氏尉有三子長子擢
字孟高早卒次卽卓卓弟旻字叔頴

卓數討羌胡前後百餘戰

卓欲震威侍御史擾龍宗詣卓白事不解劍立撾殺
之京師震動發何苗棺出其尸枝解節棄于道邊又
收苗母舞陽君殺之棄尸于苑枳落中不復收斂

卓侍妾懷抱中子皆封侯弄以金紫孫女名白時尚
未笄封爲渭陽君於郿城東起壇從廣二丈餘高五
六尺使白乘軒金華青蓋車都尉中郎將刺史二千
石在郿者各令乘軒簪筆爲白導從之壇上使兄子
璜爲使者授印綬

時有謠言曰千里草何青青十日卜猶不生又作董
逃之歌又有道士書布爲呂字以示卓卓不知其爲
呂布也卓當入會陳列步騎自營至宮朝服導引行
其中馬躓不前卓心怪欲止布勸使行乃衷甲而人

卓既死當時日月清淨微風不起旻璜等及宗族老
弱悉在郿皆還爲其羣下所斫射卓母年九十走至
塢門曰乞脫我死即斬首袁氏門生故吏改殯諸袁
死于郿者斂聚董氏尸于其側而焚之暴卓尸于市
卓素肥膏流浸地草爲之丹守尸吏暝以爲大炷致
卓臍中以爲燈光明達旦如是積日後卓故部曲收
所燒者灰并以一棺棺之葬于郿卓塢中金有二三
萬斤銀八九萬斤珠玉錦綺奇玩雜物皆山崇阜積
不可知數

英雄記鈔〔八〕　七

昔大人見臨洮而銅人鑄臨洮生卓而銅人毀世有
卓而大亂作大亂作而卓身滅抑有以也

公孫瓚

公孫瓚擊青州黄巾賊大破之還屯廣宗改易守令
冀州長吏無不望風響應開門受之紹自往征瓚合
戰于界橋南二十里瓚步兵二萬餘人爲方陣騎爲
兩翼左右各五千餘匹白馬義從爲中堅亦分作兩
校左射右右射左旌旗鎧甲光照天地紹令麴義以
八百兵爲先登彊弩千張夾承之紹自以步兵數
結陣于後義久在涼州曉習羌鬭兵皆驍鋭瓚見其
兵少便放騎欲陵蹈之義兵皆伏楯下不動未至數
十步乃同時俱起揚塵大叫直前衝突彊弩雷發所
中必倒臨陣斬瓚所署冀州刺史嚴綱甲首千餘級
瓚軍敗績步騎奔走不復還營義追至界橋瓚殿兵
還戰橋上義復破之遂到瓚營拔其牙門營中餘衆
皆復散走紹在後未到橋十數里下馬發鞍見瓚已
破不爲設備惟帳下彊弩數十張大戟士百餘人自
隨瓚部迸騎二千餘匹卒至便圍紹數重弓矢雨下

英雄記鈔〔八〕　入

別駕從事田豐扶紹欲卻入空垣紹以兜鍪撲地曰
大丈夫當前鬭死而入牆間豈可得活乎彊弩乃亂
發多所殺傷瓚騎不知是紹亦稍引卻會麴義來迎
乃散去瓚每與虜戰常乘白馬追不虛發數獲戎捷
虜相告云當避白馬因虜所忌簡其白馬數千匹選
騎射之士號爲白馬義從一曰胡夷健者常乘白馬
瓚有健騎數千多乘白馬告以號焉紹既破瓚引軍
南到薄落津方與賓客諸將共會聞魏郡兵反與黑
山成于毒共覆鄴城遂殺太守栗成賊十餘部衆數

萬人聚會鄴中坐上諸客有家在鄴者皆憂怖失色或起啼泣紹容貌不變自若也賊陶升者故内黄小吏也有善心獨將部衆踰西城入閉守州門不内他賊以車載紹家及諸衣冠在州内者身自打衛送到斥丘乃還紹到遂屯斥丘以陶升爲建義中郎將乃引軍入朝歌鹿場山蒼巖谷討于毒圍攻五日破之斬毒及長安所署冀州牧壺壽遂尋山北行薄擊諸賊左髭丈八等皆斬之又擊劉石青牛角黄龍左校郭大賢李大目于氐根等皆屠其屯壁奔走得脱斬

首數萬級紹復還屯鄴初平四年天子使太傅馬日磾太僕趙岐和解關東岐别詣河北紹出迎于百里上拜奉帝命岐住紹營移書告瓚瓚遣使具與紹書曰趙太僕以周召之德銜命來征宣揚朝恩示以和睦曠若開雲見日何喜如之昔賈復寇恂亦爭士卒欲相危害遇光武之寛親俱陛見同輿共出時人以爲榮自省邊鄙得與將軍共同此福此誠將軍之眷而瓚之幸也麴義後恃功而驕恣紹乃殺之

周毖伍瓊

毖字仲遠武威人瓊字德瑜汝南人

諸葛亮

亮在荆州以建安初與潁川石廣元徐元直汝南孟公威等俱游學三人務於精熟而亮獨觀其大略每晨夜從容常抱膝長嘯而謂三人曰卿三人仕進可至刺史郡守也三人問其所至亮但笑而不言後公威思鄉里欲北歸亮謂之曰中國饒士大夫遨遊何必故鄉邪

逢紀

逢紀字元圖初紹去董卓出奔與許攸及紀俱詣冀州紹以紀聰達有計策甚親信之與共舉事後審配任用與紀不睦或有讒配于紹紹問紀紀稱配天性烈直古人之節不宜疑之紹曰君不惡之邪紀答曰先日所爭者私情今所陳者國事紹善之卒不廢配配由是更與紀爲親善

閻貢

河南中部掾閻貢扶帝及陳留王上至雒舍止帝獨乘一馬陳留王與貢共乘一馬從雒舍南行公卿百

官奉迎於北芒阪下故太尉崔烈在前導卓將步騎
數千來迎烈呵使避卓罵烈曰晝夜三百里來何云
避我不能斷卿頭邪前見帝曰陛下令常侍小黃門
作亂乃爾以取禍敗爲負不小邪又趨陳留王曰我
董卓也從我抱來乃於貢抱中取王
一本云王不就卓抱卓與王併馬而行也
何苗
何苗太后之同母兄先嫁朱氏之子進部曲將吳匡
素怨苗不與進同心又疑其與宦官通謀乃令軍中

曰殺大將軍者車騎也遂引兵與卓弟旻共攻殺苗
於朱爵闕下
李傕郭汜
李傕北地人郭汜張掖人一名多
丁原
丁原字建陽本出自寒家爲人麤畧有武勇善騎射
爲南縣吏受使不辭難有警急追寇虜輒在其前裁
知書少有吏用
呂布

郭汜在城北布開城門將兵就汜言且卻兵但身決
勝負汜布乃獨共對戰布以矛刺中汜汜後騎遂前
救汜汜布遂各兩罷
袁紹分部攻布掘地爲道穿穴其樓下稍稍施本柱
之度足達半便燒所施之柱樓輒傾倒
諸書布以四月二十三日殺卓六月一日敗走時又
無閏不及六旬
布自以有功于袁氏輕傲紹下諸將以爲擅相署置
不足貴也布求還洛紹假布領司隸校尉外言當遣

內欲殺布明日當發紹遣甲士二十人辭以送布布
使止于帳側僞使人于帳中鼓箏紹兵臥布無何出
帳去而兵不覺夜半兵起亂斫布牀被謂爲已死明
日紹訊問知布尚在乃閉城門布遂引去
布見備甚敬之謂備曰我與卿同邊地人也布見關
東起兵欲誅董卓布殺卓東出關東諸將無安布者
皆欲殺布耳請備于帳中坐婦牀上令婦向拜酌酒
飲食名備爲弟備見布語言無常外然之而內不說
布初入徐州書與袁術術報書曰昔董卓作亂破壞

王室禍害術門戸術舉兵關東未能屠裂卓將軍誅卓送其頭首爲術埽滅讎恥使術明目于當世死生不愧其功一也昔將金元休向兗州甫詣封部爲曹操逆所拒破流離迸走幾至滅亡將軍破兗州術復明目于遐邇其功二也術生年以來不聞天下有劉備備乃舉兵與術對戰術憑將軍威靈得以破備其功三也將軍有三大功在術術雖不敏奉以生死將軍連年攻戰軍糧苦少今送米二十萬斛迎逢道路非直此止當駱驛復致若兵器戰具它所乏少大小惟命布得書大喜遂造下邳

初天子在河東有手筆版書召布來迎布軍無蓄積不能自致遣使上書朝廷以布爲平東將軍封平陶侯使人于山陽界亡失文字太祖又手書厚加慰勞布說起迎天子當平定天下意并詔書購捕公孫瓚袁術韓暹楊奉等布大喜復遣使上書于天子曰臣本當迎大駕知曹操忠孝奉迎都許臣前與操交兵今操保傳陛下臣爲外將欲以兵自隨恐有嫌疑是以待罪徐州進退未敢自寧答大祖曰布獲罪之人分爲誅首手命慰勞厚見褒獎重見購捕袁術等詔書布當以命爲效太祖更遣奉車都尉王則爲使者齎詔書又封平東將軍印綬來拜布太祖又手書與布曰山陽屯送將軍所失大封國家無好金孤自取家好金更相爲作印國家無紫綬自取所帶紫綬以籍心將軍所使不良袁術稱天子將軍止之而使不通章朝廷信將軍使復重上以相明忠誠布乃遣登奉章謝恩并以一好綬答太祖

布後又與暹奉二軍向壽春水陸並進所過虜略到

鍾離大獲而還既渡淮北留書與術曰足下恃軍彊盛常言猛將武士欲相吞滅每抑止之耳布雖無勇虎步淮南一時之間足下鼠竄壽春無出頭者猛將武士爲悉何在足下喜爲大言以誣天下天下之人安可盡誣古者兵交使在其間造策者非布先唱也相去不遠可復相聞布渡畢術自將步騎五千揚兵淮上布騎皆于水北大咍笑之而還時有東海蕭建爲瑯邪相治莒保城自守不與布通布與建書曰天下舉兵本以誅董卓耳布殺卓來詣關東欲求兵西

迎大駕光復洛京諸將自還相攻莫肯念國布五原人也去徐州五千餘里乃在天西北角今不來共爭天東南之地莒與下邳相去不遠宜當共通君如自遂以爲郡郡作帝縣縣自王也昔樂毅攻齊呼吸下齊七十餘城唯莒卽墨二城不下所以然者中有田單故也布雖非樂毅君亦非田單可取布書與智者詳共議之建得書卽遣主簿齎牋上禮貢良馬五匹建尋爲臧霸所襲破得建資實布聞之自將步騎向莒高順諫曰將軍躬殺董卓威震夷狄端坐顧盼遠

近自然畏服不宜輕自出軍如或不捷損名非小布不從霸畏布引還抄暴果登城拒守布不能拔引還下邳霸後復與布和

布遣許汜王楷告急于術術曰布不與我女理自當敗何爲復來相聞邪汜楷曰明上今雖救布爲自敗耳布破明上亦破也術時僭號故呼爲明上術乃嚴兵爲布作聲援布恐術爲女不至故不遣兵救也以綿纏女身縛著馬上夜自送女出與術與太祖守兵相觸格射不得過復還城布欲令陳宮高順守城自將騎斷太祖糧道布妻謂曰將軍自出斷曹公糧道是也宮順素不和將軍一出宮順必不同心共城守也如有蹉跌將軍當於何自立乎願將軍諦計之無爲宮等所誤也妾昔在長安已爲將軍所棄賴得龎舒私藏妾身耳今不須顧妾也布得妻言愁悶不能自決

布謂太祖曰布待諸將厚也諸將臨急皆叛布耳太祖曰卿背妻愛諸將婦何以爲厚布默然

楊及

楊及部曲諸將皆受傕汜購募共圖布布聞之謂楊曰布卿州里也卿殺布於卿弱不如賣布可極得汜傕爵寵楊於是外許汜傕內實保護布汜傕患之更下大封詔書以布爲頴州太守

高順

高順爲人淸白有威嚴不飲酒不受饋遺所將七百餘兵號爲千人鎧甲鬬具皆精練齊整每所攻擊無不破者名爲陷陣營順每諫布言凡破家亡國非無忠臣明智者也但患不見用耳將軍舉動不肯詳思

輒喜言誤誤不可數也布知其忠然不能用布從郝萌反後更疏順以魏續有外内之親悉奪順所將兵以與續及當攻戰故令順將續所領兵順亦終無恨意

劉虞

劉虞爲博平令治正推平高尚純樸境内無盜賊災害不生時鄰縣接壤蝗蟲爲害至博平界飛過不入虞讓太尉因薦衛尉趙謨益州牧劉焉豫州牧黄琬南陽太守羊續並任爲公

虞之見殺故常山相孫瑾掾張逸張瓚等忠義憤發相與就虞駡瓚極口然後同死

張瓚

先是有童謡曰燕南垂趙北際中央不合大如礪惟有此中可避世瓚以易當之乃築京固守瓚别將有爲敵所圍義不救也其言曰救一人使後將恃救不力戰今不救此後將當念在自勉是以袁紹始北擊之時瓚南界上别營自度守則不能自固又知必不見救是以或自殺其將帥或爲紹兵所破遂令紹軍徑至其門

瓚諸將家家各作高樓樓以千計瓚作鐵門居樓上屏去左右婢妾侍側汲上文書

關靖

關靖字士起太原人本酷吏也諂而無大謀特爲瓚所信幸

楊性

楊性仁和無威刑下人謀反發覺對之涕泣輒原不問

曹純

曹純字子和年十四而喪父與同産兄仁别居承父業富於財僮僕人客以百數純綱紀督御不失其理鄉里咸以爲能好學問敬愛學士學士多歸焉由是爲遠近所稱年十八爲黄門侍郎二十從太祖到襄邑募兵遂常從征戰

張遼

張遼字文遠雁門馬邑人也本聶壹之後以避怨變姓少爲郡吏

大戰既征孫權還使遼與樂進李典等將七十餘人屯合肥太祖征張魯教與護軍薛悌署函邊曰賊至乃發俄而權率十萬衆圍合肥乃共發教教曰若孫權至者張李將軍出戰樂將軍守護軍勿得與戰諸將皆疑遼曰公遠征在外比救至彼破我必矣是以教指及其未合逆擊之折其盛勢以安衆心然後可守也成敗之機在此一戰諸君何疑李典亦與遼同於是遼夜募敢從之士得八百人椎牛饗將士明日大戰平旦遼被甲持戟先登陷陣殺數十人斬二將大呼是名衝壘入至權麾下權大驚衆不知所爲遼登高冢以長戟自守遼叱權下戰權不敢動望見遼所將衆少乃聚圍遼數重遼左右麾圍直前急擊圍開遼將麾下數十人得出餘衆號呼曰將軍棄我乎遼復還突圍拔出餘衆權人馬皆披靡無敢當者自旦戰至日中吳人奪氣還修守備衆心乃安諸將咸服權守合肥十餘日城不可拔乃引退遼率諸軍追擊幾復獲權太祖大壯遼拜征東將軍

文聘

孫權嘗自將數萬衆卒至時大雨城柵崩壞人民散在田野未及補治聘聞權到不知所施乃思惟莫若潛默可以疑之乃敕城中人使不得見又自臥舍中不起權果疑之語其部黨曰北方以此人忠臣也故委之以此郡今我至而不動此不有密圖必當有外救遂不敢攻而去

許褚

太祖將北渡臨濟河先渡兵獨與褚及虎士百餘人留南岸斷後超將步騎萬餘人來奔太祖軍矢下如雨褚白太祖賊來多今兵渡已盡宜去乃扶太祖上船賊戰急軍爭濟船重欲沒褚斬攀船者左手舉馬鞍蔽太祖船工爲流矢所中死褚右手並泝船僅乃得渡是日微褚幾危其後太祖與遂超等單馬會語左右皆不得從唯將褚超負其力陰欲前突太祖素聞褚勇疑從騎是褚乃問太祖曰公有虎侯者安在太祖顧指褚褚瞋目盼之超不敢動乃各罷後數日會戰大破超等褚身斬首級遷武衛中郎將武衛之號自此始也軍中以褚力如虎而癡故號曰虎[illegible]

韓馥

韓馥字文節穎川人爲御史中丞董卓舉爲冀州牧於時冀州民人殷盛兵糧優足袁紹之在渤海馥恐其與兵遣數部從事守之不得動摇東郡太守橋瑁詐作京師三公移書與州郡陳卓罪惡云見逼迫無以自救企望義兵解國患難馥得移請諸從事問曰今當助袁氏邪助董卓邪治中從事劉子惠曰今興兵爲國何謂袁董馥自知言短而有慙色子惠復言兵者凶事不可爲首今宜往視他州有發動者然後

和之冀州於他州不爲弱也他人功未有在冀州之右者也馥然之馥乃作書與紹道卓之惡聽其舉兵

孔伷

孔伷字公緒陳留人　張璠漢紀載鄭泰説卓云孔公緒能清淡高論噓枯吹生

王匡

王匡字公節泰山人　輕財好施以任俠聞辟大將軍何進府進符使匡于　徐州發彊弩五百西詣京師會進敗匡還鄉里起家　拜河南太守

橋瑁

橋瑁字元偉玄族子　先爲兗州刺史甚有威惠

袁遺

袁遺字修業爲楊州　刺史爲袁術所敗太祖稱長大而能勤學者惟吾與　袁伯業耳語在文帝典論

王修

修一子名儀字珠表

附王隱載儀高亮　雅直後爲司馬子褒字偉元少立操尚非禮不動身長八尺四寸容貌絶異痛父

不以命終絶世不仕立屋墓側以教授爲務旦夕常至墓前拜輒悲號斷絶墓前有一栢樹褒常所攀援涕泣所著樹色與凡樹不同讀詩至哀哀父母生我劬悴未曾不反覆流涕泣下沾襟家貧躬耕計口而田度身而蠶諸生有密爲褒刈麥者褒遂棄之自是莫敢復佐刈者褒門人爲本縣所役求褒爲屬褒曰卿學不足以庇身吾德薄不足以蔭卿屬之何益且吾不捉筆已四十年乃步擔乾飯兒負鹽豉門徒從者千餘人安丘令以爲見已

整衣出迎之于門褒乃下道至土牛磬折而立云門生爲縣所役故來送別執手泣涕而去今即放遣諸生一縣以爲恥同縣管彦少有才力未知名褒獨以爲當自達常友愛之男女各始生共許爲婚彦果爲西夷校尉褒後更以女嫁人彦弟馥問褒褒曰吾薄志畢願山藪自處姊妹皆遠吉凶斷絶以此自誓賢兄子葬父于帝都此則洛陽之人也豈吾欲婚之本指邪馥曰嫂齊人也當還臨淄褒曰安有葬父河南隨妻還齊用意如此何婚之有遂不婚

孔融

孔融在郡八年僅以身免帝初都許融以爲宜畧依舊制定王畿正司隷所部爲千里之封乃引公卿上書言其義是時天下草創曹袁之權未分融所建明不識時務又天性氣爽頗推平生之意狎侮太祖太祖制酒禁而融書嘲之曰天有酒旗之星地列酒泉之郡人有旨酒之德故堯不飲千鍾以無成其聖且桀紂以色亡國今令不禁婚姻也太祖外雖寬容而内不能平御史大夫郗慮知旨以法免融官歲餘拜大中大夫雖居家失勢而賓客日滿其門愛才樂酒常嘆曰坐上客常滿罇中酒不空吾無憂矣虎賁士有貌似蔡邕者融每酒酣輒引與同坐曰雖無老成人尚有典刑其好士如此

華歆

華歆淡于財欲前後寵賜諸公莫及然終不殖產業陳羣常歎曰若華公可謂通而不泰清而不介者矣

張昭

權與武昌臨釣臺飲酒大醉權使人以水灑羣臣曰今日酣飲惟醉墮臺中乃當止耳昭正色不言出外車中坐權遣人呼昭還謂曰爲共作樂耳公何爲怒乎昭對曰昔紂爲糟丘酒池長夜之飲當時亦以爲樂不以爲惡也權默然有慙色遂罷酒

顧雍

權嫁從女女顧氏甥故請雍父子及孫譚譚時爲選曹尚書見任貴重是日權極歡譚醉酒三起舞舞不知止雍内怒之明日召譚訶責之曰君王以含垢爲

下以恭謹爲節胥蕭何與漢並有大功何每見高帝似不能言漢奉光武亦信恪勤汝之於國寧有汗馬之勞可書之事邪但啙門戶之資遂見寵任耳何有舞不復知止雖爲酒後亦由恃恩亡敬謙虛不足損吾家者必爾也因背向壁臥譚立過一時乃見遣

張紘

張紘與張昭並與參謀常令一人居守一人從征討後呂布襲取徐州因爲之牧不欲令與紘策從事追

舉茂才移書發遣紘紘心惡布恥爲之屈策亦重惜紘欲以自輔答記不遣曰海產明珠所在爲寶楚雖有才晉實用之英偉君子所游見珍何必本州哉

周瑜

程普頗以年長數陵侮瑜瑜折節容下終不與校普後自敬服而親重之乃告人曰與周公瑾交若飲醇醪不覺自醉時人以其謙讓服人如此初曹公聞瑜年少有美才謂可游說動也乃密下楊州遣九江蔣幹往見瑜幹有儀容以才辯見稱獨步江淮之間莫與爲對乃布衣葛巾自託私行詣瑜瑜出迎之立謂幹曰子翼良苦遠涉江湖爲曹氏作說客邪幹曰吾與足下州里中間別隔遙聞芳烈故來敘闊并觀雅規而云說客無乃逆詐乎瑜曰吾雖不及夔曠聞弦賞音足知雅曲也因延幹入爲設酒食畢遣之曰適吾有密事且出就館事了別自相請後三日瑜請幹與周觀營中行視倉庫軍資器杖訖還宴飲示之侍者服飾珍玩之物因謂幹曰丈夫處世遇知己之主

外託君臣之義內結骨肉之恩言行計從禍福共之假使蘇張更生酈叟復出猶撫其背而折其辭豈足下幼生所能移乎幹但笑終無所言幹還稱瑜雅量高致非言辭所間中州之士亦以此多之

瑜少精意于音樂雖三爵之後其有闕誤瑜必知之知之必顧故時人謠曰曲有誤周郎顧

魯肅

魯肅體貌魁奇少有壯節好爲奇計天下將亂乃學擊劍騎射招聚少年給其衣食往來南山中射獵陰相部勒講武習兵父老咸曰魯氏世衰乃生此狂兒

後雄傑並起中州擾亂肅乃命其屬曰中國失綱寇賊横暴淮泗間非遺種之地吾聞江東沃野萬里民富兵彊可以避害寧肯相隨俱至樂土以觀時變乎其屬皆從命乃使細弱在前强壯在後男女三百餘人行州追騎至肅等徐行勒兵持滿謂之曰卿等丈夫當解大數今日天下兵亂有功弗賞不追無罰何爲相偪乎又自植盾引弓射之矢皆洞貫騎既嘉肅言且度不能制乃相率還

黄蓋

英雄記鈔　八　二十七

黄蓋字公覆零陵泉陵人也故南陽太守黄子廉之後也枝葉分離自祖遷于零陵遂家焉蓋少孤嬰丁凶難辛苦備嘗然有壯志雖處貧賤不自同於凡庸常以負薪餘閒學書疏講兵事

赤壁之役蓋爲流矢所中時寒墮水爲吳軍人所得不知其蓋也置廁牀中蓋自彊以一聲呼韓當當聞之曰此公覆聲也向之垂涕解易其衣遂以得生

甘寧

甘寧字興霸巴郡臨江人也寧輕使殺人藏舍亡命聞於郡中其出入步則陳車騎水則連輕舟侍從被文繡所如光道路住止常以繒錦維舟去或割弃以示奢也

凌統怨寧殺其父操寧常備統不與相見權亦命統不得讐之嘗與呂蒙舍會酒酣統乃以刀舞寧起曰寧能雙戟舞蒙曰寧雖能未若蒙之巧也因操刀持楯以身分之後權知統意因令寧將兵遂徙屯於半州

丁奉

英雄記鈔　八　二十八

丁奉字承淵廬江安豐人也少以驍勇爲小將屬甘寧陸遜潘璋等數隨征伐戰鬭常冠軍每斬將搴旗身被創夷稍遷偏將軍孫亮即位爲冠軍將軍封都亭侯魏遣諸葛誕胡遵等攻東興諸葛恪率軍拒之諸將皆曰敵聞太傅自來上岸必遁走奉獨曰不然彼動其境内悉許洛兵大舉而來必有成規豈虚還哉無恃敵之不至恃吾有以勝之及恪上岸奉與將軍唐咨呂據留贊等俱從山西上奉曰今諸軍行遲敵據便地則難與爭鋒矣乃辟諸軍使下道帥

下三千人徑進時北風奉舉帆二日至遂據徐塘天寒雪敵諸將置酒高會奉見其前部兵少相謂曰取封矦爵賞正在今日乃使兵解鎧著胄持短兵敵人從而笑焉不爲設備奉縱兵斫之大破敵前屯會據等至魏軍遂潰

虞翻

虞翻字仲翔會稽餘姚人也少好學有高氣年十二客有候其兄者不過翻翻追與書曰僕聞虎魄不取腐芥磁石不受曲鍼過而不存不亦宜乎客得書奇之由是見稱

英雄記鈔　八　十九

眞靈位業圖　梁　陶弘景

玉清三元宮

上第一中位

上合虛皇道君應號元始天尊

左位

五靈七明混生高上道君

東明高上虛皇道君

西華高上虛皇道君

北玄高上虛皇道君

南朱高上虛皇道君

玉清上元宮四道君　各有諱字

玉清中元宮紫清六道君　各有諱字

玉清下元宮高清四元君　各有諱字

玉清中散位一十君　諱字不顯

右位

紫虛高上元皇道君

洞虛三元太明上皇道君

位業圖　八　一

太素高虛上極紫黄道君
虛明紫闕中元高上傳皇道君
三元上玄老虛皇元晨君
三元四極上玄虛皇元靈君
三元晨中黄景虛皇元臺君
三元紫映揮神虛生主真元胎君
玉玄太皇君
上皇道君
玉皇道君

清玄道君
上皇天帝
玉天太一君
太上虛皇道君
太上玉真保皇道君
玄皇高真
太一玉君
高上玉帝
右玉清境元始天尊爲主已下道君皆得稟命學

道號令羣真太微天帝來受事並不與下界相關
自九宫已上上清已下高真仙官皆得朝宴焉

第二中位

上清高聖太上玉晨玄皇大道君（爲萬道之主）

左位

左聖紫晨太微天帝道君
左聖南極南嶽真人左仙公太虛真人赤松子（黄老君弟子裴君師）
左輔後聖上宰西域西極真人總真君（姓王諱遠字方平紫陽君弟子司命茅君師）

太虛上霄飛晨中央道君（赤松）
紫清太素高虛洞曜道君
太微東霞扶桑丹林大帝上道君
後聖太師太微左真保皇道君
紫明太微九道高元玉晨道君
紫元太微八素三元玄晨道君
九微太真玉保王金闕上相大司命高晨師東海王
清華小童君

領九宮上相長里先生薛君 周時得道許長史前緣兄也

太微右真公領九宮上相希林真人燕君 從小有天王受玉君

替代

司命東嶽上真卿太元真人茅君 大茅君諱盈字叔申

左卿仙候真君許君 諱穆南嶽夫人弟子事晉爲護軍長史退居句曲山

侍常晨清蓋真人郭君 名世幹

紫陽左真人周君 義山

清靈真人裴君 漢右扶風人漢時得道

靈飛太真太上夫人

位業圖　八　四

侍帝晨東華上佐司命楊君

協晨大夫石叔門

正一羽晨候公楊子明

玄洲主仙道君太上公子 姓勤主關奏仙名

經命仙伯太保真人

八玄仙伯右仙公谷君

正一左玄執蓋郎郄偉玄

繡衣使者孟六奇

太素宮官保禁仙郎裘文堅

左楊王　華仲戒

繡衣使者西林藻　右嬪之姬趙約羅

三天左官直御史管長條

逸域宮　八景城

七靈臺　鳳臺瓊闕

金晨華闕

右位

右聖金闕帝晨後聖玄元道君 壬辰運當下生

右輔侍帝晨領五嶽司命右弼桐柏真人金庭官王

位業圖　八　五

君 諱晉靈王太子下教

右輔小有洞天太素清虛真人四司三元右保公王

君 諱褒魏夫人師下教矣

侍帝晨右仙公許君 長史子諱翽

玄洲仙都太上丈人 治玄洲紫桂宮玄洲之主矣

太保王郎李君 名飛

侍帝晨觀大夫九宮太傅玉晨郎

北牖弟子中候仙人 姓范諱邈字度世曾名永漢桓帝侍郎撰魏夫人傳

女

紫微元靈白玉龜臺九靈元眞元君
紫虛元君領上眞司命南嶽魏夫人 諱華存字賢安小有王君弟子
楊君師
八靈道母西嶽蔣夫人
北海六微玄清夫人
上眞東宮衛夫人
北漢七靈石夫人
紫清上宮九華眞妃 姓安晉朝降於茅山
紫虛左宮郭夫人

位業圖　第六

太極中華右夫人
太眞王夫人
滄浪雲林右英王夫人
朱陵北絕臺上嬪管妃
方丈臺昭靈李夫人
北嶽上眞山夫人
瓊華夫人
三元馮夫人
右華九成范夫人

紫微左宮王夫人 諱清娥字愈音阿母第二十六女也
長陵杜夫人
太微玄清左夫人
右陽王華仲飛姬
西華靈妃甄幽蕭
後聖上保南極元君紫元夫人
後聖上傅太素元君
東華玉妃淳文期 青童之妹
東宮中候王夫人 桐柏眞人別生妹

位業圖　第七

太和上眞左夫人
西漢夫人
華山夫人
玉清神女房素
西王母侍女王上華
董雙成　石公子
宛絕青　地成君
郭密香　干若賓
李方明　張靈子

太帝宫官
靈林玉女　賈屆庭
金闕官官
太保侯范法安
經命山伯牙叔平
東華宫玉女煙景珠
上元夫人侍女宋辟非
主仙道君侍女范運華
趙峻珠　王抱一
位業圖　八
華敬滌　李伯益
鮮于靈金
太和殿　寥陽殿
蘂珠闕　七映房
長綿樓
第三中位
太極金闕帝君姓李 壬辰下教太平主
左位
太極左真人中央黃老君

太極左真人紫陽左仙公中華公子
太極左卿黃觀子
無上真人文始先生尹喜
朱火丹靈宫龔仲陽幼陽 兄弟二人受道於青童君
東陽直人陵陽子明
中玄老人中央上玄子
北極真人安期子
北極老子玄上仙皇
清和天帝君
位業圖　九
南極老人丹陵上真
青精先生太宛北谷子
玄和陰陵上帝
太極高仙伯延蓋公子
玄洲仙伯
太極左仙公葛玄 吳時下演靈寶下爲地仙
西極老人素靈子期
五老上真仙都老公 撰靈書紫文
東極老人扶陽公子

太極左宮北谷先生
三天都護王長　趙昇
太極上真公孔丘
明晨侍郎三天司真顏回
玄圖真人軒轅黃帝
玄帝顓頊黃帝孫受靈寶五符
王子帝嚳黃帝曾孫受靈寶五符
帝舜服九轉神丹入於九疑山而得道矣
栢成子高湯時退耕修步綱之道

周穆王至崑崙見西王母
夏禹受鍾山真人靈寶九跡法治水有功
帝堯
風后黃帝師出四扇者
西歸子未顯　蒲衣莊子云猶是被衣矣
丰車子未顯　支離
被衣　王倪
齧缺　巢父
許山　卞隨

華封　北人
子州　善卷
馬皇　安公姓陶乘赤龍矣
大項名託
右位
太極右真人西梁子文
太極右真人安度明
玄洲仙都絳文期
紫陽真人范明期

鬱絕真人裴玄仁
太玄仙女西靈子都
司馬季主受西靈子都劍解之道
太極仙侯張奉
洞臺清虛七真人
西嶽卿副司命季翼仲甫左元放師
八老元仙
正一上玄玉郎王中　鮑丘
南陵玉女

陽谷真人領西歸傳淳于太玄
戎山真人右仙公范泊華
陸渾真人太極監西郭幼度
中黄四司大夫領北海公涓子 蘇君師矣
太極法師徐來勒 吳時天台山傳葛仙公法輪經
耶鄲張君 庚桑子
蕭史
太上玄一三真 吳時降天台山傳葛仙公靈寶經
劉京
位業圖 八 十二
玄洲上卿太極中侯大夫蘇君 名林字子玄涓子弟子周君師
弄玉 二女
長桑公子 莊子師
韋編郎莊周 秦佚
接輿 伯昏
郗閒 老聃

四中位

太清太上老君 為太清道主下臨萬民
上皇太上無上太道君

左位

正一真人三天法師張諱道陵
東華左仙卿白石生
張叔茂
元始天王 西王母之師
玄成青天上皇 此三人太清尊位不領兆民
南上太道君 太上丈人
天帝君 九老仙都君
九氣丈人 此並太清三天東宮之真官章奏關啓學道所得
位業圖 八 十三
中嶽真人高丘子 景雲真人
鬼谷先生 泰清王
九天郎吏 北斗直符七人
定氣真人 監仙真人
五仙夫人 郭内夫人
二十四官君將吏
千二百官君將吏 二條氣化結成
趙伯玄 劉子先
臧延甫 張子房

甯仲君　燕昭王
茅初成
少室山伯北臺郎千壽
赤松子　大梁真人魏顯仁
華山仙伯秦叔隱　葛憩真人周季通
太和真人山世遠
句曲真人定錄右禁師茅君諱固字季偉為地真
皤家真人右禁郎王道寧
太清右公李抱祖　蓬萊左公宋晨生
位業圖八　十四
蓬萊右公賈保安　潛山真伯趙祖陽
九疑仙侯張上貴　蓬萊左卿姜叔茂
周大賓
毛伯道　劉道恭二人王屋山得道
東方朔　馬明生
彭鏗西人流沙　鳳綱
韓終
墨翟宋大夫水解矣　樂子長
李明雷平山合丹也　商山四皓

淮南八公　青烏公
黃山君　甯封
方明　力牧
昌宇　莊伯微漢時人
右位
太清仙王趙車子　太清仙王李元容
小有仙王鄧離子　五嶽司西門叔度
中央真人宋德玄　中嶽仙卿衍門子
中嶽真人孟子卓　西嶽真人馮延壽
位業圖八　十五
南嶽真人傅先生　青城真人洪崖先生
九疑真人韓偉遠　岷山真人陰友宗
司命太元定錄紫臺四真人
中嶽真人王仲甫　北陵丈人
太玄丈人　北上丈人
南上丈人　太氣丈人
益命丈人　飛真丈人
九道丈人　示安丈人
百福丈人　百千神氣丈人

登天上籙玉女四人　上天玉女三人
三天玉女百人　青腰玉女官十人
下等玉女　北宮玉女
五帝玉女　太素玉女
天素玉女　白素玉女
平天玉女　六戊玉女
青天益命玉女　神丹玉女
九流玉女
右十五玉女號
位業圖　八　十六
高上將軍　衡山使者
上天力士　天丁力士已上四人並有姓名各領天兵十萬
號四將軍
飛天使者　九天使者
九天眞王使者　高仙啓天使者
游天使者　太清使者
六乙使者　六丙使者
六丁使者　六壬使者
六癸使者

右十五使者自然之神
東方靈威仰　南方赤熛弩
西方曜魄寶　北方隱侯局
中央含樞紐此太清五帝自然之神
五嶽君五百年而一替　河侯
河伯此三條是得道之人所補　西嶽丈人
三天玉童　洛水神女此三條亦是學道人所補
飛天丈人　太一中黄
玄上玉童
位業圖　八　十七
猛獸先生此自然之神主天下鬼神禽獸
趙昇期在王屋山　陰長生
劉偉道漢時人　郭崇子殷人
郭聲子洛市中卜　周君
徐季道鵠鳴山　鹿皮公
仇季子　司錄君
張巨君
郭芍藥　趙愛兒
王魯連此三人女眞

救苦真人君軌　司危
司厄　司命
八威　除福
帛和　華子期
鮑察　欒巴
葛洪隱羅浮山　左東元上王
四天官王　昌命天王
佐命君王　飛真虎王
九都去死王　四海陰王
位業圖　十八
太一元君　上虛君
摩病上元君　七星瑶光君
三元萬福君　夜光夫人
和適夫人
第五中位
九宫尚書姓張名奉字公先河内人先爲河北河命禁保侯今爲太極仙侯兼領北職位在太極矣
左位
左相清虛真人從小有洞天王受王真人替巳度上清

左仙公郭四朝兼玉臺執蓋郎
左仙公王遥甫赤君弟子齊獻公時人
辛彦雲赤君弟子隨師下降
散位未受其職
朱陵嬪丁叔英　管城子尹虔子師
蘇門先生　周壽陵
孟德然鄭景女師　宋君
李法成趙廣信師　鄧元伯
王玄甫霍山人　尹虔子華山人
位業圖　十九
張石生爲東源伯　李方回三人並晉時服术
張禮正衡山漢末服黄精　治明期衡山
鄭景世廬江潛山
左位
右相巳度上清　右保召公奭從羅南明公受此位
右保司展上公　右真公郭少金
協晨夫人黄景華黄瓊之女
文德右仙監張叔隱　真人禹君章
散位

張重華 晉初服胡麻　平仲鄉 括蒼山受德境
趙廣信 魏末小白山　虞公生 海中猴山
朱孺子 赤水山　黃盧子 西嶽公姓葛禁氣召龍
孫田廣 一名登　糜長生 周大賓弟子
許肇 先在羅酆都爲職東明公右司農　許副 字仲先修大洞眞經
第六中位
右禁郎定錄眞君中茅君 治華陽洞天
左位
三官保命小茅君　三官大理都李豐
位業圖　二十
三官大理守王附子　苟中侯 不顯名字
白水仙都朱交甫　北河司命保禁侯桃俊
左理中監韓崇 如大府長史左如司馬
九宮協晨夫人
文解地上主者　鮑靚 南海太守
岱宗神侯領羅酆右禁司鮑元節
地仙散位
許虎牙 名聯字文暉受楊君守一之道
王眞人 上黨人也　孟君 京兆人也

魯女生 在中嶽此三人受行三一眞一
左元放 在小括山孟仲甫弟子
九疑山女眞羅郁 今在湘東山
杜陵夫人
宜安宋姬 此二人並受西梁眞人青精方而不書位號未委何仙且在地眞之列
許邁 字叔玄小名映改名遠遊東華署爲地仙矣
翁道遠　姜伯眞 猛山學道採藥二人昳之儔侶
郭聲子
黃子陽 一云魏夫人食桃皮師二人葛玄常相隨矣
位業圖　二十一
葛玄 字孝先丹陽句曲人稚川之從祖也初在長山乘虎使鬼無處不至位在太極宮
鄭思遠 即葛玄弟子晉永昌元年入括蒼山
戴孟 本姓燕名濟字仲微裴君弟子
謝允 歷陽人戴孟弟子晉成帝時得道
施闕 一號姹盆子孔子弟子三千人數得道
劉奉林 周時人服黃連
張兆期 費長房之師　周君 二人俱讀素書七卷得道
雷氏 周氏養龍　姜叔
田公 劉安之 裴君時冀州別駕　赤魯班 即黃初起也

范安遠　賈玄道
李叔勝　言成生
傳道流四人並隸司命主察試學道者在太山
真人樊子明　龍威丈人
劉少翁華山　梁伯鸞
樊大夫　吳睦長安少為縣吏
朱䘵陳留人昔作劫盜　郭端潁川人少孤為縣吏
范伯慈桂陽人少曾邪病
鮑叔陽　王養伯

位業圖　二十二

段季叔　劉偉惠四人師西靈子都
宋玄德嵩高山　李東
童初府　蕭閑宮並男真
易遷宮八十三人　合真臺僅二百人並女真

右位
右理中監劉翊　典柄執法郎淳于斟
理禁張玄賓主水雨之官亦保命書
童初府師上侯劉寬郎保命府
丞四人趙威伯王仙籍开泰雨水

樂長治主災害　鄭稚政王考注
唐公房主其死者
明晨侍郎七人比御史中丞
三男真夏馥字子恬陳留人同栖真人弟子二人
不顯
四女　周夏友汝南安城人河南尹周暢之女張
桃枝沛人司隸朱寓之母二人不顯
監二人范幽沖遼西人漢尚書郎李整河南人
武解鬼帥者　王延

位業圖　二十三

范糧　傅晃
除衛四人已度
地仙散位
中嶽仙人宋來子先為楚市長遇馮延壽
中嶽李先生
扁鵲弟子五人　子容
子明　子威
子戲　子游
趙太子服术者　將先生支子元之師

支子元作裴君小時師　盧生
傒公
石生入東海為始皇使　林屋先生王瑋玄
山圖公子周宣王時大夫張禁保之師
赤須子夏明晨之師　青谷先生劉上卿之師
惠車子淳于典柄之師　石長生周明晨之師
東郭幼平桃北河之師　鄭子真陽翟山
鄧雲山　唐覽華山
西河薊公張理禁之師　周正時

刁道林龍伯高之師　郭子華
趙叔達　張季連三人在霍山
趙公成鶴鳴山　范丘林女真趙威伯六甲之師
修羊公化爲白石矣　稷丘子
崔文子　商丘子服菖蒲而不老
劉根服甘草　介象
白羊公不顯姓名　介琰白羊弟子
劉綱妻　嚴青並善禁氣已上六人善禁劾
陳仲林　道君

趙叔道三人蓄竹山中真人　王世龍許遠遊師
趙道玄　傅太初遠遊之交
龔幼節　李開林遠遊代對者
王少道　范叔勝
李伯山三人童初府標表　李仲文
傅知禮
女
竇瓊英　韓太華安國妹李廣利婦
劉春龍　李奚子

王進賢衍女　郭叔香
趙素臺熙女　鄭天生鄧艾母
許科斗長史婦　李惠姑夏侯玄婦
張美子　施淑女續女
宋漂金母　鮑見妹
張微子　傅和二人含真臺主
山外其東者杜契
徐宗度　晏賢生二人契友
孫寒華女貞　陳世景二人契弟子

趙熙　方山下洞室主者

張祖常　劉平阿

呂子華　蔡天生

龍伯高（五人並處方臺）

謝稚堅　王伯遼

繁陽子何苗　馮良

郎宗（五人在鹿跡洞）

王叔明　鮑元治

尹益（婦人）（三人之外餘三十人並北山下絕洞）

辛玄子（自云禁元中郎將吳越鬼神之司）

比干（在戎山）　李喜（南陽人）

務光

第七中位

酆都北陰大帝（炎帝大庭氏諱慶甲天下鬼神之宗治羅酆山三千年而一替）

左位

北帝上相秦始皇　北帝太傅魏武帝

五帝上相（未顯）

西明公領北帝師周公（北少傅）

賓友晉宣帝　中護軍周顗

東明公領斗君師夏啓

賓友孫策　右師長（如世中書監）

許肇（已度九宮位矣）

南明公召奭（一云東明公已度九宮右保宮）

賓友漢高祖

北明公吳季札（吳王壽夢之子闔閭之叔延陵季子）

賓友荀彧（字文若魏武謀臣漢尚書令）

趙叔臺　王世鄉（未顯）

此四明主領四方各治一天官在職一千六百年

得補仙官其他不得矣

鬼官北斗君周武王（治一天官）

三官都禁郎齊桓公（姓姜名小白）

水官司命晉文公（姓姬名重耳）

大禁晨二人位比尚書令

漢光武帝　孫文臺（名堅）

中禁二人位比中書令監

顔懷（字思季）　楊彪（字文先）

北帝南朱楊大門靈關侯郗鑒先是高明司直郗鑒
今爲之位比尚書僕射
右禁監謝幼輿 名鯤晉官太常
司馬鄧嶽
右禁監侍帝晨庾元規 名亮晉時位北侍中領右衛又云元規前爲中衛大將軍
司馬馮懷 字相思晉太常　華歆
長史虞翻 字長翔武昌人庾亮江州引爲上佐不就
後中衛大將軍孔文舉 名融
長史唐周 爲吳尚書
位業圖　八　二十八
司馬張繡 後漢將軍
監海伯治東海溫太真位比大將軍
長史杜預 晉征南將軍註左傳
北帝侍晨八人位比侍中
徐庶 字元直　龎德 字令明
爰榆 字世都　李廣 漢將
王嘉　解結 字叔連
何晏 字平叔　殷浩 字淵源
四明公北斗君各有侍帝晨五人 未顯姓名

河北侯二人
劉備 字玄德　韓遂
右此職統屬仙官
右位
中庭直事四人如世尚書
戴淵 字若思晉驃騎　公孫度 字叔齊王遼東
郭嘉　劉封 備養子
北帝南門亭長二人
郗鑒　周撫 字道和代郗鑒
位業圖　八　二十九
北天修門郎二人
虞諱　紀瞻
修門郎八人 此北斗君門亦有職姓名未顯
北斗君天門亭長二人
臧洪 字子源　王放 晉中書郎
期門郎王允之 王敦堂弟　謝鳳
典柄侯范明　周魴 字子魚主察試
北帝執蓋郎顧和 字君孝晉吏部尚書
部鬼將軍王廙 字世將晉時荆州刺史

殺鬼地映日遊三鬼北帝常使殺人無姓名

西門郎十六人未顯主天下房廟血食之鬼亦應隸四明公

主非使者嚴白虎吳時人爲孫策所殺

南彈方侯許副領威南兵千人巳度九宮未委誰代

主南門鑰司馬留鑽長山人爲吳將

北彈方侯鮑勛領威北兵千人字叔業魏中丞

主北門鑰司馬韋遵吳時昭孫儁門主收執如世羽林監

西河侯陶侃字士行亦領兵數千

長史先用徐寧被彈今用蔡謨字道明晉司徒

位業圖　八　三十

廬山侯魏劉會稽人也

南山伯蔣濟字子通魏太尉

此三任各有封掌

泰山君秦顗字景倩

將軍顧衆字長始晉丹陽尹僕射

長史桓範字元則

司馬曹洪魏武帝操弟字子廉又云先用賈誼前漢人

盧龍公曹仁字子孝魏武帝弟位大將軍

長史司馬未顯

南巳侯何曾字穎考魏司徒

東越大將軍劉陶字子寄後魏人

右號爲四鎮各領鬼兵萬人各有長史司馬復有

小鎮數百各領鬼兵數千人

楚嚴公郎楚莊王熊旅

趙簡子此二人先末有職今方受位

項梁成作鄴都宮頌者　杜瓊蜀人

馬融　劉慶孫與賈誼爭名譽

王逸少　鄧攸此六人未顯

位業圖　八　三十一

右鬼官見有七十五職名顯者凡一百一十九人

東林蓮社十八高賢傳

晉　亡名氏

慧遠法師

法師諱慧遠姓賈氏鴈門樓煩人幼而好學年十三隨舅令狐氏遊學許洛博綜六經尤善莊老宿儒先進莫不服其深致二十一欲度江從學范寗適石虎暴死南路梗塞有志不遂時沙門釋道安建刹於大行常山一面盡敬以爲眞吾師也初聞安師講般若經豁然開悟歎曰九流異議皆糠粃耳遂與母弟慧

持投簪受業精思諷誦以夜續晝因求直道場沙門曇翼每給燈燭之費安師聞之曰道士誠知人師神明英越志與理冥至二十四大善講貫有客問說實相義往復問難彌增疑昧師爲引莊子之說以相比類惑者釋然安師因許令不廢外典常臨衆歎曰使道流東國者其在遠乎後隨安師南遊襄陽值秦將苻丕爲寇乃分張徒屬各隨所往耆德臨岐皆蒙誨益唯師不聞一言師跪請曰獨無訓勑懼非人類安師曰如汝者復何所慮師乃與弟子數十人南適荆州居上明寺念舊與同門慧永約結屋於羅浮太元六年（晉孝武帝）至尋陽見廬山閑曠可以息心乃立精舍以去水猶遠舉杖扣地曰若此可居當使朽壤抽泉言畢清流涌出尋陽亢旱師詣池側讀龍王經忽有神蛇從池而出須臾大雨歲竟有秋因名龍泉精舍永師先居廬山西林欲邀同止而師學侶寖衆永乃謂刺史桓伊曰遠公方當弘道而貧道所棲隘不可處時師夢山神告曰此山足可棲神願毋往其夕大雨雷震詰旦林麓廣闢素沙布地梗柟文梓克布地

上不知所自至伊大敬感乃爲建刹名其殿曰神運以在永師舍東故號東林時太元十一年也此山儀形九疊峻聳天絕而所居盡林壑之美背負爐峰旁帶瀑布清流環階白雲生棟（廬山記匡裕先生殷周之際受道於仙人卽巖成館人稱神仙之廬因名廬山尋陽記山高三千三百六十丈周二百五十里其山九疊水亦九派郡國志疊障九層包藏仙跡）別營禪室最居靜深凡在瞻履神清氣肅師聞天竺佛影是佛昔化毒龍瑞迹欣感於懷後因邪舍律士敘述光相乃背山臨流營築龕室淡采圖寫望如烟霧復製五銘刻於石江州太守孟懷玉

別駕王喬之常侍張野晉安太守殷隱黄門毛修之主簿殷蔚參軍王穆夜孝廉范悦之隱士宗炳等咸賦銘贊（見盧山集）先是尋陽陶侃刺廣州漁人見海中有神光綑之得金像文殊誌云阿育王所造後商人於海東獲一圓光持以就象若彌縫然侃以送武昌寒溪主僧珍常往夏口夜夢寺火而此像室獨有神護馳還寺果焚像室果存及侃移督江州迎像將還至舟而溺荆楚爲之謡曰陶惟劒雄像以神標雲翔泥宿邈何遥遥可以誠至難以力招及寺成師至江上

虔禱之像忽浮出遂迎至神運殿造重閣以奉之因製文殊瑞像讃嘗謂諸教三昧其名甚衆功高易進念佛爲先既而謹律息心之士絶塵清信之賓不期而至者慧永（同師安公先居西林）慧持（遠師同母弟）道生曇順（並羅什門弟）僧叡曇恒道昺曇詵道敬（並遠師門人）佛馱邪舍（此云覺明罽賓國人）佛馱跋陀羅（此云覺賢迦維衛國人）名儒劉程之（號遺民）張野周續之張詮宗炳雷次宗等結社念佛世號十八賢復率衆至百二十三人同修淨土之業造西方三聖像建齋立誓令劉遺民著發願文而王喬之等復

爲念佛三昧詩以見志師神貌嚴肅瞻仰者則心戰沙門有持如意致獻者不敢陳白竊留座隅而去法師慧義強正少可謂師弟子慧寶曰諸君膚淺故於遠公望風推服常至山值師講法華欲致難趣内悸流汗出謂慧寶曰此公言貌誠可敬服殷仲堪任荆州入山展敬與師俱臨北澗松下共談易道終日忘倦仲堪歎曰師智識深明實難庶幾師亦曰君之才辨如此流泉（後人名其處曰聰明泉）司徒王謐護軍王默並欽慕風德遥致敬禮（王謐有書往反）盧循據江州入山詣師師

少與循父嘏同爲書生及見循歡然道舊其徒諫曰循爲國寇得不爲人疑師曰我佛法中情無取舍識者自能察之此何足懼及宋武進討循設帳桑尾左右曰遠公素主盧山與循交厚宋武曰遠公世表之人何可疑也乃遣使馳書遺以錢帛有行者嘗來侍師善驅蛇蛇爲盡去因號辟蛇行者有一虎往來時見形迹未嘗傷人人號遊山虎師與社衆每遊憇山上方峰頂患去水遠他日有虎跑其石水爲之出因號虎跑泉又於一峰製涅槃疏因名擲筆峰初是大

教流行江東經卷未備禪法無聞律藏多闕師乃令弟子法淨法領等遠越葱嶺曠歲來還皆獲梵本昔安公在關中請曇摩難提出阿毘曇心其人未善晉言頗多疑滯後僧伽提婆至卽請重譯及三法度論於是二論乃興師卽製序以貽學者聞鳩摩羅什入關遣書通好什答書曰傳譯來貺粗聞風德經言末代東方有護法菩薩欽哉仁者善弘其道曇摩流支入秦師遣弟子曇邕請於關中出十誦律流傳晉國西土諸僧咸稱漢地有大乘開士每東向致禮獻心

廬岳及佛馱跋陀羅至師卽請出禪數諸經於是禪戒典出自廬山幾至百卷先是此土未有泥洹常住之說但言壽命長遠師曰佛是至極至極則無變無變之理豈有窮耶乃著法性論十四篇羅什見而歎曰邉方未見經便闇與理合秦主欽風以大智度論新譯致書求序師以其文繁廣乃抄其要爲二十卷而爲之序（羅什譯智論凡百卷）桓玄征殷仲堪要師出虎溪稱疾不往玄將入山左右曰昔殷仲堪禮敬於遠請公勿屈玄曰仲堪死人耳及玄見師不覺屈膝所懷問難不復敢發及語至征討師卽不答玄後以震主之威勸令登仕師止辭以答玄不能强旣而欲沙汰衆僧下教僚屬曰沙門之徒有能申述經誥禁修行整者始可以宣寄大化其有違于此者悉當罷黜唯廬山道德所居不在搜簡之列師因致書廣立條制玄悉從之初庾氷輔政以沙門應敬王者何充奏不應禮及玄在姑熟復申氷議師答書曰袈裟非朝宗之服鉢盂非廊廟之器塵外之容不應致敬王者乃著沙門不敬王者論五篇一明在家者有天屬之愛奉

主之禮二明出家以求志變俗以達道豈得與世典同其禮敬三明求宗不順化宗謂泥洹不變其化盡爲宅（泥洹卽涅槃翻不生不滅）不順化者其生可滅其神可冥冥神絶境謂之泥洹而不隨順於生生化化流動無窮之境斯所以不事王侯高尚其事豈復有所禮敬者哉四明體極不兼應謂歷代君王體極之主但務方內而不可并御於方外故曰不兼應天地之道盡於運化帝主之德理極於順通與夫獨絶之教不變之宗優劣明矣若夫如來之道則無所不應矣五明形

盡神不滅謂火之傳於薪猶神之傳於形火之傳異薪猶神之傳異形方生方死往來無窮但悟徹者反本惑理者遂物耳有頃玄纂位卽下書曰佛法宏誕所未能了初推奉主之情故令與今事旣在己宜進謙光諸道人勿復致禮也桓玄西奔安帝自江陵還京師輔國何無忌勸師候迎師稱疾不行帝遣使勞問師上書謝病帝復下詔慰答師嘗講喪服經（當是禮記小記大記四制等篇）雷次宗宗炳等並執奏承旨次宗後著義疏首稱雷氏宗炳寄書責之曰昔與足下面受於釋和尚今便稱雷氏邪（陸德明毛詩音義云周續之與雷次宗同受詩義於遠法師亦此類也）釋惠安患山中無刻漏乃于水上立十二葉芙蓉因波隨轉分定晝夜以爲行道之節謂之蓮花漏僧徹善篇牘嘗至山南攀松而笑和風遠集衆鳥悲鳴超然有自得之趣退諮於師曰律禁晉絃歌舞若一唫一笑可得爲乎師曰苟以亂意皆爲非法徹唯此而止師居山三十年迹不入俗唯以淨土克勤於念初十一年澄心繫想三覩聖相沉厚不言後十九年七月晦夕於般若臺之東龕方從定起見阿彌陀

佛身滿虛空圓光之中有諸化佛觀音勢至左右侍立又見水流光明分十四支流注上下演說苦空無常無我之音佛告之曰我以本願力故來安慰汝汝後七日當生我國又見佛䭾邪舍慧持（義熙八年先逝）劉遺民（義熙六年先逝）在佛之側乃揖師曰師志在先何來之晚師語法淨惠寶曰吾始居此十一年中三見佛相今復見之吾生淨土必矣又曰七日之期斯爲漸矣卽寢疾製遺誡曰吾昔以知命之年託業此山自審有必盡之期便欲絕迹外緣以求其志良由性弱於斷

遂令同趣相引時賢過眷情以類感不覺形與運頹今年已八十三矣仰尋違離之誨俯慨自負之心徒令此生虛謝以悼往疾之深令於至時露骸松林之下卽嶺爲墳與土木同狀此乃古人之禮汝等勿違苟神理不昧庶達其誠大哀世尊亦當祐之以道門徒號慟若喪父母師以世情難割乃制七日展哀至期始順寂卽義熙十二年八月六日也弟子不忍露屍與尋陽太守阮侃奉全軀舉葬於西嶺累石爲塔謝靈運立碑以銘遺德張野作序自稱門人宗炳復

立碑於寺門以表德業師將終耆德請以豉酒治病師曰律無通文請飲米汁師曰日過中矣又請飲蜜和水乃令披律尋文卷未半而終所著經論諸序銘贊詩記凡十卷號廬山集（刻梓在紹興府庫）自佛圖澄道安師遠法師曇順僧叡五世爲國師云唐宣宗大中二年追謚辨覺大師昇元三年追謚正覺（南唐李先王年號郎晉高祖皇帝天福四年也）大宋太宗太平興國三年追謚圓悟大師凝寂之塔

慧永法師

蓮社高賢傳　九

西林法師慧永河内潘氏年十二出家事沙門竺曇現初集禪於恒山與遠師同依安法師期結宇羅浮及遠師爲安公所留師乃欲先度五嶺太元初至尋陽刺史陶範素挹道風乃留築廬山舍宅爲西林以奉師布衣蔬食清心克己容嘗含笑語不傷物峰頂別立茅室時往禪思至其室者常聞異香因號香谷一虎同居人至輒驅去遠師之來龍泉桓伊爲立東林三十年影不出山師居西林亦如之嘗因法事至近邑還山簿暮烏橋營主醉騎馬當道遮師不聽去師以杖指馬驚走營主仆地師捧慰之遂還營主病徃寺悔罪師曰非貧道意爲禱之尋愈鎮南將軍何無忌鎮尋陽至虎溪請遠公及師遠公持名望從徒百餘高言華論舉止可觀師衲衣半脛荷錫捉鉢松下飄然而至無忌謂衆曰永公清散之風乃多於遠師也師標誠植願動在安養義熙十年在疾忽斂衣求屣欲起衆驚問師曰佛來也言終而化異香七日方歇葬于寺之西南春秋八十三唐玄宗朝詔重建塔亭追謚覺寂大師實智之塔

蓮社高賢傳　十

慧持法師

法師慧持遠公母弟也幼讀書一日所記常敵十日年十八與兄同事安公徧學衆經遊刃三藏及公在襄陽遣遠公與師東下遂止廬山師形長八尺衲衣垂膝徒屬三百師爲上首豫章太守范甯請師講法華經阿毘曇論四方雲聚瑯琊王珣與范甯書問遠持二公孰愈甯誠謂賢兄賢弟珣復書曰但令如弟誠未之有況復賢邪羅什在關中遥相欽敬每致書通好隆安三年辭兄入蜀遠留之曰人生愛聚汝獨

樂離師曰滯情愛聚者本不應出家今既割欲求道止以西方爲期耳即悵然而別至成都俾縣居龍淵寺大弘佛法升其堂者號登龍門義熙八年順寂春秋七十六臨終遺命務嚴律儀專心淨業以東間經籍付道泓西間法與付曇蘭以泓行業清敏蘭神悟天發並能係軌師蹤焉

道生法師

法師道生魏氏鉅鹿人幼從竺法汰出家披對經誥一覽能誦年在志學便登講座吐納明辨雖宿望莫

敢酬抗初依廬山常以入道之要慧解爲本乃與僧叡慧嚴慧觀等遊學長安從羅什受業關中僧徒咸仰神悟嘗喟然歎曰自經典東流譯人重阻多滯權文解通圓義若忘筌得魚始可與言道矣於是校閱真俗精練空有研思因果乃立善不受報及頓悟成佛義又著二諦論佛性常有論佛無淨土論應有緣論並籠罩舊說妙有淵旨守文之徒嫌嫉競起師又以法顯三藏所翻泥洹經本先至（六卷成文）經云除一闡提皆有佛性師云夫稟質二儀皆有涅槃正因闡提含生之類何得獨無佛性蓋是經來未盡耳乃唱闡提之人皆得成佛時大本未傳孤明先發舊學僧黨以爲背經遂顯大衆擯而遣之師正容誓之曰若我所說背經當見身癘疾若與實相不背願舍壽之日踞師子座遂拂衣而行及後大經至聖行品云一闡提人雖復斷善猶有佛性於是諸師皆爲媿服師被擯南還入虎丘山聚石爲徒講涅槃經至闡提處則說有佛性且曰如我所說契佛心否群石皆爲點頭旬日學衆雲集忽雷震青園佛殿有龍升天因改寺

曰龍光師於寺請罽賓律師譯沙彌塞律傳於世既而辭衆復投廬山預蓮社久之還都止青霞寺宋文帝大會沙門龍御地筵食至良久衆疑過中帝曰始可中耳生乃曰白日麗天天言始中何得非中遂舉著而食一衆從之莫不歎其機辯時王弘范泰顏延之並挹敬風猷相從問道元嘉十一年十二月庚子於廬山升座說法將畢衆見麈尾紛然墜地隱几而化宛若入定諸師聞之益信前誓有證翌日葬於廬山之西阜初關中僧肇始註維摩詰經世咸玩味師

乃更發深旨人服其妙所述維摩詰法華泥洹小品
諸經皆有義疏時以師能推闡提得佛之義於是顯
其頓悟不受報等論

曇順法師

法師曇順黃龍人幼出承訓羅什講釋群經妙盡色
空無著之旨什歎曰此子奇品也後來廬山同修淨
業寧蠻校尉劉遵孝於江陵立寺要師經始盛弘念
佛三昧之道宋元嘉二年別衆坐逝異香滿室春秋
七十九

僧叡法師

法師僧叡冀州人遊學諸方嘗行經蜀西界爲人所
掠使牧羊有商客異之疑是沙門及問以經義無不
綜達即出金贖之後遊歷天竺諸國還至關中從羅
什諮稟經義羅什翻法華經以竺法護本云天見人
人見天什曰以此言過質耳叡曰將非人天兩接兩
得相見什喜遂用其文久之來入廬山依遠公修淨
業旣而適京師止烏衣寺講說衆經聽者推服宋彭
城王義康要入第受戒師曰禮聞來學王乃入寺祗
奉戒法王以貂裘奉師常用敷坐王密以錢三萬買
之師曰此雖非所宜服然王之所施不可棄也王聞
益加敬謝靈運篤好佛理殊方俗音多所通解嘗以
經中字音求證於師因爲著十四音訓梵漢昭烈元
嘉十六年無疾告衆曰吾將行矣即面西合掌而亡
衆見臥内有金蓮花倏爾而隱春秋八十五

曇恒法師

法師曇恒河東人童儒依遠公出家年甫十三便能
講說内外典籍無不通貫德行淸孤物情推服常有

羣鹿馴遶座隅自入廬山專志淨業義熙十四年端
坐合掌厲聲念佛而化春秋七十一

道昞法師

法師道昞頴州人陳氏幼出家爲遠公弟子該通經
兼明莊老志節孤峻言與行合念佛三昧究心無間
義熙十四年豫章太守王虔入山謁敬請爲山中主
用紹遠公之度衆以道源法嗣咸知宗仰元嘉十二
年集衆念佛就坐而化春秋七十一

曇詵法師

法師曇詵廣陵人幼從遠公出家勤修淨業兼善講說註維摩經行於世常著窮通論以明宿修述蓮社錄以記往生又能別識鳥獸毛色俊鈍之性洞曉草木枝幹甘苦之味妙盡其理人知其有密證云元嘉十七年集衆謂曰自建寺以來至此五十年吾之西行最在其後即跏趺念佛百聲閉息遂絕春秋八十

道敬法師

法師道敬瑯琊王氏祖凝之刺江州遂從遠公出家年十七博通經論日記萬言每歎戒律終身難全願

淨六根但稟一戒以爲得度之要遠公知其堅止許之篤志念佛蚤夜弗替遠公歸寂乃入若邪山宋永初元年謂衆曰先師見命吾其行矣即端坐唱佛而化衆見光明滿室彌時方滅春秋五十二

佛駄耶舍尊者

尊者佛駄耶舍（晉云覺明）罽賓國婆羅門種有沙門至其家乞食父本外道怒歐之遂手足攣躄巫師謂曰坐犯賢聖即請此沙門悔過旬日乃瘳因令耶舍出家時年十三隨師行曠野與虎遇耶舍曰虎已飽必不傷人前行中道果見餘骸至十五誦經日至萬言以分衛廢業爲憂（梵語分衛晉言乞食）一羅漢來代乞食年十九誦經滿數百萬言性度簡傲不爲諸人重至三十猶爲沙彌復從舅氏學五明論世間法術（內衆外道皆有五明內五明者一聲明二醫方明三咒術明四工巧明五因明外五明者前四並同後一是符印明）至沙勒國待遇隆厚既而羅什至乃從學阿毘曇論十誦律什隨母反龜茲師遂留止行化符堅遣呂光伐龜茲執羅什師聞歎曰我與羅什未盡懷抱今忽羈虜相見何期後十年師東至龜茲盛弘法化羅什在姑臧

遣信要之師恐國人止其行取清水以藥投之咒數十言與弟子洗足即夜便發比旦行數百里追之不及問弟子何所覺耶答曰唯聞疾風流響兩目有淚師又咒水洗足乃止既達姑臧什已入長安聞姚主逼以妾媵歎曰羅什如好綿纜何可使入棘林羅什勸姚主遣使迎師既至別立省寺於逍遙園四事供養一無所受將至分衛一食而已時羅什譯出十住經師更相徵決辭理方定師髭赤善解毘婆沙論時人號赤髭論主秦弘始中譯出四分律（四十四卷）長阿含

經二十二卷義熙八年來廬山入社後辭還本國自罽賓以虛空藏經一卷寄商客至京州

佛馱跋陀羅尊者

尊者佛馱跋陀羅晉云覺賢姓釋迦迦維羅衛國人甘露飯王苗末也幼亡父母出家爲沙彌年十六博學羣經深達禪律嘗與僧伽達多共遊罽賓達多閉戶禪座忽見師來云暫往兜率致敬彌勒言乞便隱後益見其神變敬心祈問方知得不還果時姚秦沙門智嚴至罽賓覩法衆淸淨慨然東顧曰我諸同輩未遇

眞匠將何發悟即諮詢於衆孰能遂我所祈諸流化東土僉應之曰跋陀羅其人也嚴乃要師裹糧而行經歷諸國至交趾附舶循海達於青州東萊聞鳩摩羅什在長安師往從之秦太子泓請師於東宮集衆說法與羅什論色空義師曰汝祇說得果中色空不說得因中色空什問何謂師曰一微空故衆微空衆微空故一微空一微空中無衆微衆微空中無一微往復數番羅什罔測秦主與供僧三千盛修人事而師禪靜自守忽謂弟子曰吾見本國五舶俱發衆謂妄言因共擯棄乃與弟子慧嚴慧觀四十餘人俱發至廬山香谷菱舍而居菱蒲蜀切草舍時會蓮社遠公謂師被擯過由門人縣記五舶於律無犯即遣弟子曇邕致書秦主爲其解擯乃請師東林譯出禪數諸經自是江東始耽禪悅師志在遊化西適江陵持鉢分衛果見天竺五舶至此後還都立道場寺先是支法領於于闐得華嚴梵本三萬六千偈未經宣譯義熙十四年吳郡內史孟顗右衛將軍褚叔度請師爲主譯與沙門法業慧義惠嚴慧觀等爲筆授譯成六十卷有

二青衣且從池出灑掃研墨師先後譯出觀佛三昧經般泥洹經修行方便論及法顯所得大僧祇律凡十五部宋元嘉六年念佛而化塔於廬山北嶺

劉程之

劉程之字仲思彭城人漢楚元王之後妙善老莊旁通百氏少孤事母以孝聞自負才不預時俗初解褐爲府參軍謝安劉裕嘉其賢相推薦皆力辭性好佛理乃之廬山傾心自託遠公曰官祿巍巍欲何不爲答曰君臣相疑吾何爲之劉裕以其不屈乃旌其號

曰遺民及雷次宗周續之宗炳張詮畢穎之等同來廬山遠公謂曰諸君之來豈宜思淨土之遊乎程之乃鐫石爲誓文以志其事文見廬山集遂於西林澗北别立禪坊養志安貧精研玄理兼持禁戒宗張等咸歎仰之嘗貽書關中與什肇揚推經義著念佛三昧詩以見專念坐禪之意始涉半載即于定中見佛光照地皆作金色居十五年于正念佛中見阿彌陀佛玉毫光照垂手慰接程之曰安得如來爲我摩頂覆我以衣俄而佛爲摩頂引袈裟以披之他日念佛又見

入七寶池蓮青白其水湛湛有人項有圓光胸出卍字卍字音萬是佛具萬德之相佛指池水曰八功德水汝可飲之程之飲水甘美及寤猶覺異香發於毛孔乃自慰曰吾淨土之緣至矣復請僧轉法華經近數百遍后時廬阜諸僧畢集程之對像焚香再拜而祝曰我以釋迦遺教故知有阿彌陀佛此香先當供養釋迦牟尼如來次供養阿彌陀佛復次供養妙法華經所以得生淨土由此經功德願令一切有情俱生淨土即與衆别臥床上面西合手氣絶勑子雍積土爲墳勿用棺槨時義熙六年也春秋五十九廬山集載感應事迹甚詳

張野

張野字萊民居潯陽柴桑與淵明有婚姻契野學兼華梵尤善屬文性孝友田宅悉推與弟一味之甘與九族共州舉秀才南中郎府功曹州治中徵拜散騎常侍俱不就入廬山依遠公與劉雷同尚淨業及遠公卒謝靈運爲銘野爲序首稱門人世服其義義熙十四年與家人别入室端坐而逝春秋六十九

周續之

周續之字道祖鴈門人父玻過江因居豫章八歲喪母哀戚過于成人十二詣范甯受業通五經五緯時號十經童子養志閑居窮研老易公卿交辟無所就入廬山事遠公預蓮社以爲身不可遺餘累宜絶遂終身不娶布衣蔬食劉毅鎮姑熟命爲撫軍復辟太學博士俱不就以嵇康高士傳得出處之正爲之註釋宋武帝北伐太子居守迎館安樂寺入講禮月餘復還山江州太守劉柳薦于武帝辟太尉掾不就武帝踐祚召至都開館郭外乘輿行幸問禮經傲不可

長與我九齡射于矍圃三義辨析精異上甚說或問身爲處士時踐王廷何也答曰心馳魏闕者以江湖爲桔桔情致兩忘者市朝亦巖穴耳時號通隱先生績之素患風痺不復堪講乃移病鍾山景平元年卒春秋六十七

張詮

張詮字秀碩野之族子也尚情高逸酷耆典墳雖畊鋤猶帶經不釋朝廷徵爲散騎常侍不起庾悅以其貧起爲尋陽令笑曰古人以容膝爲安若屈志就祿

何足爲榮乃入廬山依遠公研窮釋典深有悟入宋景平元年無疾向西念佛安臥而卒春秋六十五

宗炳

宗炳字少文南陽人其母聰辨富於學識敎受諸子皆有成炳妙善琹書尤精玄理殷仲堪桓玄並以主簿辟皆不就劉毅領荊州復辟爲主簿答曰棲丘飲谷三十年矣乃入廬山築室依遠公蓮社久之兄臧爲南平守逼與俱還江陵閑居絶俗劉裕辟太尉掾不就二兒卒累甚衆頻嘗稼穡武帝勑南郡長時致餼賚衡陽王義季在荊州親至其室炳角巾布衣引見不拜王曰處先生以重祿可乎對曰祿如秋草時過即腐宋受禪徵爲太子舍人元嘉初徵爲通直郎太子建徵爲中庶子並不應妻羅氏亦有尚志羅氏沒炳哀之過甚旣而悲情頓釋謂沙門慧堅曰死生之分未易可達三復至教方能遣哀雅好山水往必忘歸西陟荊巫南登衡嶽因結宇山中懷尚平之志以疾還江陵歎曰老病俱至名山不可再登唯澄懷觀道臥以遊之凡所遊履悉圖之于室謂人曰撫琴

動操欲令衆山皆響宋元嘉二十四年卒春秋六十九

雷次宗

雷次宗字仲倫豫章南昌人博學明詩禮入廬山預蓮社立館東林之東元嘉十五年召至京師立學館雞籠山置生徒百員除給事中不拜久之還南昌公卿祖道以送與子姪書曰吾童稚之年巳懷遠略弱冠託廬山事釋和尚遊餐風二十餘載淵丘旣傾復與汝曹歸耕先壟山居谷飲忽復十年及今未老尚

可勵志成西歸之津梁自今以往家務大小一勿見關二十五年召拜散騎常侍不就復徵詣京師築室鍾山謂之招隱館每自華林園入延賢堂爲太子諸王講禮經是年無疾而卒春秋六十三子爾之頗傳素業官至豫章郡丞

百二十三人傳

曇翼餘杭人初入廬山依遠公後入關中見羅什東還會稽入秦望山誦法華經十二年感普賢大士化女子身披采服攜筠籠一白豕大蒜兩根至師前曰

妾入山采薇（上采服五采也彩俗下采薇采取也作采俗）日巳斜豺狼縱橫歸無生理敢託一宿師却之力女復哀鳴不巳遂令居草牀上夜半號呼腹疼告師按摩師辭以持戒不應手觸女號呼愈甚師乃布裹錫杖遥爲按之翌日女以采服化祥雲豕變白象蒜化雙蓮凌空而上謂師曰我普賢菩薩特來相試郡太守孟顗聞於朝勑建法華寺（今天衣寺）初餘杭山沙門法志常誦法華有雉巢於庵側翔集座隅若聽受狀如是七年一日忽憔悴志曰汝能聽經必生人道明旦雉殞即爲瘞之夜夢童子拜曰因聽經得脱羽類今生山前王氏后其家設齋志方踵門兒曰我和尚來也志撫之曰汝我雉兒也解衣視掖下有雉毳三莖七歲令入山出家十六落髮以掖有毳因名以翼

曇邕楊氏關中人形長八尺雄武過人南來廬山依師遠公内外典籍無不綜習立茅屋於山西以自居此有弟子曇果澄思禪門一夕夢山神求受戒法果曰家師在此可往求之邕忽見一人著祫衣風神端雅從者三十人乞授戒師以果先夢知是山神乃爲說法授五戒畢神以外國二鋤爲覯禮謝而去師后

往荊州行化卒於竹林寺

僧濟入廬山問道精悟深要遠公歎曰紹隆大法其在汝乎及在疾遠公以燭遺之曰汝可憑此建心安養師執燭停想延僧誦淨土經至五更以燭授弟子元弼隨僧行道頃之覺自秉一燭浮空而行見阿彌陀佛接至於掌徧事諸佛須臾而覺喜曰吾以一夕觀念便蒙接引明日復于空中見佛菩薩謂弼曰佛來也即舉首西顧一息而終時方炎歊體三日不變

異香郁然

慧恭豫章豐城人與僧光慧堪慧蘭同志爲學光等學力不逮恭而于淨土繫想則過人蘭謂恭曰君雖力學博聞豈不知經云如聾奏音樂悅彼不自聞恭曰學不可已孰能未死昧昧如癡哉後七年蘭等先逝去時並有奇應又五年恭病且篤曰大道沿洄何時可止死生去來吾何歸哉于是叩頭雨泣誓心安養念不少間忽見無量壽佛以金臺前迎恭乘其上見蘭等於臺上光明中而告之曰長生已居上品吾等不勝慰喜但根五濁淹延相依之晚耳恭於是日告衆欣然奮迅而滅義熙十一年也廬山集有恭道人臨終感應事

法安初依遠公爲弟子妙善講說兼習禪業律身持戒爲行尤精義熙中新陽邑社有暴虎居神廟樹下前後害民以百數安遊其村居民皆早閉門廼之樹下禪坐須臾虎負人至見安驚喜跳伏安乃爲說法授戒有頃而去明旦居民見安謂是神人相率禮敬因改神廟立寺宇請安居之左右田園並捨爲寺業嘗欲畫像須銅青慮不可致忽夢一人跪床前云此下有銅鐘索即掘之果得二鐘取青成像而以銅助遠公鑄佛後不知所終

闕公則入廬山白蓮社既逝有同社人至洛陽白馬寺夜中爲公則修忌祭忽一時林木殿宇皆作金色空中有聲曰我是闕公則祈生極樂國今已得生矣言訖無所見

陸修靜吳興人早爲道士置館廬山時遠法師居東林其處流泉匝寺下入於溪每送客過此輒有虎號鳴因名虎溪后送客未嘗過獨陶淵明與修淨至語

道契合不覺過溪因相與大笑世傳爲三笑圖宋泰始三年羽化于京師賜謚簡寂以故居爲觀雲笈七籤本傳云元徽五年化

不入社諸賢傳

陶潛字淵明一字元亮晉大司馬侃之曾孫少懷高尚著五柳先生傳以自況時人以爲實錄初爲建威將軍謂親朋曰聊欲絃歌爲三徑之資執事者聞之以爲彭澤令郡遣督郵至縣吏白應束帶見之潛歎曰吾不能爲五斗米折腰拳拳事鄉里小兒即解印去縣

乃賦歸去來及宋受禪自以晉世宰輔之後恥復屈身異代居潯陽柴桑與周續之劉遺民並不應辟命世號潯陽三隱嘗言夏月虛閑高臥北窻之下清風颯至自謂羲皇上人性不解音畜素琴一張絃徽不具每朋酒之會則撫而和之曰但識琴中趣何勞絃上聲常往來廬山使一門生二兒舁籃輿以行時遠法師與諸賢結蓮社以書招淵明淵明曰若許飲則往許之遂造焉忽攢眉而去宋元嘉四年卒世號靖節先生

謝靈運祖玄有功晉室靈運爲康樂公主孫襲封康樂公文章爲江左第一（應爲江右指金陵也）嘗着木屐上山則去前齒下山則去後齒尋山陟嶺必造幽峻至廬山一見遠公肅然心伏乃即寺築臺翻涅槃經鑿池植白蓮時遠公諸賢同修淨土之業因號白蓮社（或云爲東西二池）靈運嘗求入社遠公以其心雜而止之

范甯字武子篤學多所通覽時浮虛相扇儒雅日替甯以其源始于王弼何晏二人之辠深於桀紂乃著論非之累遷中書侍郎朝廷疑議輒諮訪之出補豫章太守大設庠序起學臺工用彌廣刺史王凝之上言抵罪免官歸家遠公招之入社而甯竟不能往

十八賢傳始不著作者名疑自昔出於廬山耳熙寧間嘉禾賢良陳令舉舜俞粗加刊正大觀初沙門懷悟以事迹疎略復爲詳補云

高士傳

被衣　晉　皇甫謐

被衣者堯時人也堯之師曰許由許由之師曰齧缺齧缺之師曰王倪王倪之師曰被衣齧缺問道乎被衣被衣曰若正汝形一汝視天和將至攝汝知一汝度神將來舍德將爲汝美道將爲汝居汝瞳焉如新生之犢而無求其故言未卒齧缺睡寐被衣大悅行歌而去之曰形若槁骸心若死灰真其實知不以故自持媒媒晦晦無心而不可與謀彼何人哉

王倪

王倪者堯時賢人也師被衣齧缺又學於王倪問道焉齧缺曰子知物之所同是乎曰吾惡乎知之子知子之所不知邪曰吾惡乎知之然則物無知邪曰吾惡乎知之雖然嘗試言之庸詎知吾所謂知之非不知邪庸詎知吾所謂不知之非知邪且吾嘗試問乎汝民溼寢則腰疾偏死鰌然乎哉木處則惴慄恂懼猨猴然乎哉三者孰知正處民食芻豢麋鹿食薦蝍且甘帶鴟鴉耆鼠四者孰知正味猨猵狙以爲雌麋與鹿交鰌與魚游毛嬙麗姬人之所美也魚見之深入鳥見之高飛麋鹿見之決驟四者孰知天下之正色哉自我觀之仁義之端是非之塗樊然殽亂吾惡能知其辯齧缺曰子不知利害則至人固不知利害乎王倪曰至人神矣大澤焚而不能熱河漢沍而不能寒疾雷破山風振海而不能驚若然者乘雲氣騎日月而遊乎四海之外死生無變於已而況利害之端乎

齧缺

齧缺者堯時人也許由師事齧缺堯問於由曰齧缺可以配天乎吾藉王倪以要之許由曰殆哉圾乎天下齧缺之爲人也聰明睿知給數以敏其性過人而又乃以人受天彼審乎禁過而不知過之所由生與之配天乎彼且乘人而無天方且本身而異形方且尊知而火馳方且爲緒使方且爲物絯方且四顧而物應方且應衆宜方且與物化而未始有恒夫何足以配天乎

巢父

巢父者堯時隱人也山居不營世利年老以樹爲巢而寢其上故時人號曰巢父堯之讓許由也由以告巢父巢父曰汝何不隱汝形藏汝光若非吾友也擊其膺而下之由悵然不自得乃過清冷之水洗其耳拭其目曰向聞貪言負吾之友矣遂去終身不相見

許由

許由字武仲陽城槐里人也爲人據義履方邪席不坐邪膳不食後隱於沛澤之中堯讓天下於許由曰

日月出矣而爝火不息其於光也不亦難乎時雨降矣而猶浸灌其餘澤也不亦勞乎夫子立而天下治而我猶尸之吾自視缺然請致天下許由曰子治天下天下既已治矣而我猶代子吾將爲名乎名者實之賓也吾將爲賓乎鷦鷯巢於深林不過一枝偃鼠飲河不過滿腹歸休乎君子無所用天下爲庖人雖不治庖尸祝不越樽俎而代之矣不受而逃去齧缺遇許由曰子將奚之曰將逃堯曰奚謂邪曰夫堯知賢人之利天下也而不知其賊天下也夫唯外乎賢者知之矣由於是遁耕於中岳潁水之陽箕山之下終身無經天下色堯又召爲九州長由不欲聞之洗耳於潁水濱時其友巢父牽犢欲飲之見由洗耳問其故對曰堯欲召我爲九州長惡聞其聲是故洗耳巢父曰子若處高岸深谷人道不通誰能見子子故浮游欲聞求其名譽污吾犢口牽犢上流飲之許由沒葬箕山之巔亦名許由山在陽城之南十餘里堯因就其墓號曰箕山公神以配食五岳世世奉祀至今不絕也

善卷

善卷者古之賢人也堯聞得道乃北面師之及堯受終之後舜又以天下讓卷卷曰昔唐氏之有天下不教而民從之不賞而民勸之天下均平百姓安靜不知怨不知喜今子盛爲衣裳之服以眩民目繁調五音之聲以亂民耳丕作皇韶之樂以愚民心天下之亂從此始矣吾雖爲之其何益乎予立于宇宙之中冬衣皮毛夏衣絺葛春耕種形足以勞動秋收斂身足以休食日出而作日入而息逍遥於天地之間而

心意自得吾何以天下爲哉悲夫子之不知余也遂不受去入深山莫知其處

子州支父

子州支父者堯時人也堯以天下讓許由許由不受又讓於子州支父子州支父曰以我爲天子猶之可也雖然我適有幽憂之病方且治之未暇治天下也舜又讓之亦對之曰予適有幽憂之病方且治之未暇治天下也

壤父

壤父者堯時人也帝堯之世天下太和百姓無事壤父年八十餘而擊壤於道中觀者曰大哉帝之德也壤父曰吾日出而作日入而息鑿井而飲耕田而食帝何德於我哉

石戶之農

石戶之農不知何許人也與舜爲友舜以天下讓之石戶之農曰捲捲乎后之爲人葆力之士也於是夫負妻戴攜子以入於海終身不反也

蒲衣子

蒲衣子者舜時賢人也年八歲而舜師之齧缺問於王倪四問而四不知齧缺因躍而大喜行以告蒲衣子蒲衣子曰而乃今知之乎有虞氏不及泰氏有虞氏其猶藏仁以要人亦得人矣而未始出於非人泰氏其臥徐徐其覺于于一以已爲馬一以已爲牛其知情信其德甚眞而未始入于非人也後舜讓天下於蒲衣子蒲衣子不受而去莫知所終

披裘公

披裘公者吳人也延陵季子出遊見道中有遺金顧

披裘公曰取彼金公投鎌瞋目拂手而言曰何子處之高而視人之卑五月披裘而負薪豈取金者哉季子大驚既謝而問姓名公曰吾子皮相之士何足語姓名也

江上丈人

江上丈人者楚人也楚平王以費無忌之讒殺伍奢奢子員亡將奔吳至江上欲渡無舟而楚人購員甚急自恐不脫見丈人得渡因解所佩劍以與丈人曰此千金之劍也願獻之丈人不受曰楚國之法得伍

胥者爵執珪金千鎰吾尚不取何用劍爲不受員亦
莫知其誰員至吳爲相求丈人不能得每食輒祭之
曰名可得聞而不可得見其唯江上丈人乎

小臣稷

小臣稷者齊人也抗厲希古桓公凡三往而不得見
公嘆曰吾聞布衣之士不輕爵祿則無以助萬乘之
主萬乘之主不好仁義則無以下布衣之士於是五
往乃得見焉桓公以此能致士爲五霸之長

弦高

弦高者鄭人也鄭穆公時高見鄭爲秦晉所逼乃隱
不仕爲商人及晉文公之返國也與秦穆公伐鄭圍
其都鄭人私與秦盟而晉師退秦又使大夫祀子等
三人戍鄭居三年晉文公卒襄公初立秦穆公方强
使百里西乞白乙帥師襲鄭過周反滑鄭人不知將
高將市于周遇之謂其友蹇他曰師行數千里又數
經諸侯之地其勢必襲鄭凡襲國者以無備也示以
知其情也必不敢進矣於是乃矯鄭伯之命以十二
牛犒秦師且使人告鄭爲備祀子亡奔齊孟明等返
至都晉人要擊大破秦師鄭于是賴高而存鄭穆公
以存國之賞賞高而高辭曰詐而得賞則鄭國之政
廢矣爲國而無信是敗俗也賞一人而敗國俗智者
不爲也遂以其屬徙東夷終身不返

商容

商容不知何許人也有疾老子曰先生無遺教以告
弟子乎容曰將語子過故鄉而下車知之乎老子曰
非謂不忘故耶容曰過喬木而趨知之乎老子曰非
謂其敬老耶容張口曰吾舌存乎曰存曰吾齒存乎
曰亡知之乎老子曰非謂其剛亡而弱存乎容曰嘻

天下事盡矣

老子李耳

老子李耳字伯陽陳人也生於殷時爲周柱下史好
養精氣貴接而不施轉爲守藏史積八十餘年史記
云二百餘年時稱爲隱君子謚曰聃仲尼至周見老
子知其聖人乃師之後周德衰乃乘青牛車去入大
秦過西關關令尹喜望氣先知焉乃物色遮候之已
而老子果至乃强使著書作道德經五千餘言爲道

家之宗以其年老故號其書爲老子

庚桑楚

庚桑楚者楚人也老聃弟子偏得老聃之道以北居畏壘之山其居三年畏壘大穰畏壘之民相與言曰庚桑子之始來吾洒然異之今吾日計之而不足歲計之而有餘庶幾其聖人乎子胡不相與尸而祝之社而稷之乎庚桑子聞之南面而不釋然弟子異之庚桑子曰弟子何異於予夫春氣發而百草生正得秋而萬寶成夫春與秋豈無得而然哉天道已行矣

吾聞至人尸居環堵之室而百姓猖狂不知所如往今以畏壘之細民而竊竊焉欲俎豆予于賢人之間我其杓之人邪吾是以不釋于老聃之言

老萊子

老萊子者楚人也當時世亂逃世耕於蒙山之陽蒹葭爲牆蓬蒿爲室枝木爲牀蓍艾爲席飲水食菽墾山播種人或言於楚王王於是駕至萊子之門萊子方織畚王曰守國之政孤願煩先生老萊子曰諾王去其妻樵還曰子許之乎老萊曰然妻曰妾聞之可食以酒肉者可隨而鞭棰可擬以官祿者可隨而鈇鉞妾不能爲人所制者妻投其畚而去老萊子亦隨其妻至於江南而止曰鳥獸之毛可績而衣其遺粒足食也仲尼嘗聞其論而蹙然改容焉著書十五篇言道家之用人莫知其所終也

林類

林類者魏人也年且百歲底春被裘拾遺穗於故畦竝歌竝進孔子適衛望之於野顧謂弟子曰彼叟可與言者試往訊之子貢請行逆之隴端面之而歎曰

先生曾不悔乎而行歌拾穗林類行不留歌不輟子貢叩之不已乃仰而應曰吾何悔邪子貢曰先生少不勤行長不競時老無妻子死期將至亦有何樂而拾穗行歌乎林類笑曰吾之所以爲樂人皆有之而反以爲憂少不勤行長不競時故能壽若此老無妻子死期將至故能樂若此子貢曰壽者人之情死者人之惡子以死爲樂何也林類曰死之與生一往一反故死於是者安知不生於彼故吾知其不相若矣吾又安知營營而求生非惑乎亦又安知吾今之死

不愈昔之生乎子貢聞之不喻其意還以告夫子夫
子曰吾知其可與言果然

榮啓期

榮啓期者不知何許人也鹿裘帶索鼓琴而歌孔子遊于泰山見而問之曰先生何樂也對曰吾樂甚多天生萬物唯人爲貴吾得爲人矣是一樂也男女之別男尊女卑故以男爲貴吾既得爲男矣是二樂也人生有不見日月不免襁褓者吾既已行年九十矣是三樂也貧者士之常也死者民之終也居常以待終何不樂也

荷蕢

荷蕢者衛人也避亂不仕自匿姓名孔子擊磬於衛乃荷蕢而過孔氏之門曰有心哉擊磬乎既而曰硜硜乎莫已知也斯已而已矣深則厲淺則揭孔子聞之曰果哉末之難矣

長沮桀溺

長沮桀溺者不知何許人也耦而耕孔子過之使子路問津焉長沮曰夫執輿者爲誰子路曰是孔丘曰是魯孔丘歟曰是也是知津矣問於桀溺曰子爲誰曰爲仲由曰是魯孔丘之徒與對曰然曰滔滔者天下皆是也而誰與易之且而與其從避人之士豈若從避世之士哉耰而不輟子路以告孔子孔子憮然曰鳥獸不可與同羣吾非斯人之徒而誰與天下有道丘不與易也

石門守

石門守者魯人也亦避世不仕自隱姓名爲魯守石門主晨夜開閉子路從孔子石門而宿問子路曰奚自子路曰自孔氏遂譏孔子曰是知其不可爲而爲之者與時人賢焉

荷篠丈人

荷篠丈人不知何許人也子路從而後問曰子見夫子乎丈人曰四體不勤五穀不分孰爲夫子植其杖而芸子路拱而立止子路宿且享焉而見其二子明日子路行以告夫子曰隱者也使子路反見之至則行矣

陸通

陸通字接輿楚人也好養性躬耕以爲食楚昭王時通見楚政無常乃佯狂不仕故時人謂之楚狂孔子適楚楚狂接輿遊其門曰鳳兮鳳兮何如德之衰也來世不可待往世不可追也天下有道聖人成焉天下無道聖人生焉方今之時僅免刑焉福輕乎羽莫之知載禍重乎地莫之知避已乎已乎臨人以德殆乎殆乎畫地而趨迷陽迷陽無傷吾行郤曲郤曲無傷吾足山木自寇也膏火自煎也桂可食故伐之漆可用故割之人皆知有用之用而不知無用之用也

孔子下車欲與之言趨而避之不得與之言楚王聞陸通賢遣使者持金百鎰車馬二駟往聘通曰王請先生治江南通笑而不應使者去妻從市來曰先生少而爲義豈老違之哉門外車跡何深也妾聞義士非禮不動妾事先生躬耕以自食親織以爲衣食飽衣煖其樂自足矣不如去之於是夫負釜甑妻戴紝器變名易姓游諸名山食桂櫨實服黄菁子隱蜀峩眉山壽數百年俗傳以爲仙云

曾參

曾參字子輿南武城人也不仕而遊居於衞緼袍無表顔色腫噲手足胼胝三日不舉火十年不製衣正冠而纓絶捉衿而肘見納履而踵決曳縱而歌天子不得臣諸侯不得友魯哀公賢之致邑焉參辭不受曰吾聞受人者常畏人與人者常驕人縱君不我驕我豈無畏乎終不受後卒于魯

顔回

顔回字子淵魯人也孔子弟子貧而樂道退居陋巷曲肱而寢孔子曰回來家貧居卑胡不仕乎回對曰

不願仕回有郭外之田五十畝足以給饘粥郭内之圃十畝足以爲絲麻鼓宫商之音足以自娱習所聞於夫子足以自樂回何仕焉孔子愀然變容曰善哉回之意也

原憲

原憲字子思宋人也孔子弟子居魯環堵之室茨以生草蓬戶不完桑以爲樞而甕牖二室褐以爲塞上漏下濕匡坐而彈琴子貢相衞結駟連騎排藜藿入窮閻巷不容軒來見原憲原憲韋冠縰履杖藜而應

門子貢曰嘻先生何病也憲應之曰憲聞之無財謂之貧學道而不能行謂之病若憲貧也非病也夫希世而行比周而友學以爲人教以爲己仁義之慝輿馬之飾憲不忍爲也子貢逡巡而有慚色終身恥其言之過也

説郛目録

弓第五十八

汝南先賢傳

晉 周斐

鄭敬居千蟻陂之陽以漁釣自娛彈琴詠詩常方坐於陂側以蒹葭爲席常隨杞柳之陰

周燮好潛養靖志唯典籍是樂有先人草廬在於東坑其下有陂魚蚌生焉非身所耕食則不食也

戴良家五女皆布裙無緣裙四等

蔡順母平生畏雷自亡後每有雷震順輒登塚泣曰順在此

永平十三年楚王英謀爲逆事互相牽引拘繫者千餘人三年而獄不決坐掠幽而死者百餘人天用災旱赤地千里袁安拜楚郡太守即控轡而行既到決獄事人人具録其辭狀本非首謀爲主所引應時理遣一旬之中言千人之命其時甘雨滂霈歲大稔

周舉字宣光姿貌短陋有晏子之風

新蔡鄭敬都尉高懿廳前槐樹有白露類甘露懿問掾屬皆言是甘露敬曰明府德政未致甘露但樹汁耳懿不悦稱疾而去

太原舊俗以介子推焚骸一月寒食莫敢烟爨

薛苞好學篤行喪母以至孝聞父娶後妻而憎苞分之令出苞日夜號泣不能去至被毆杖不得已廬于舍外且入而掃父怒又逐之乃廬于里門晨昏不廢積歲餘父母慚而還之

周燕字少卿爲決曹掾平囚罪不當死太守劉虔欲殺之燕犯顔諫至于九復虔怒竟殺之死後其家人有書稱寃使覆考虔見燕曰太平相負燕百引私隱陷人之罪傳詣長安當下蠶室未至燕乃慷慨絶命

汝南先賢傳八　二

者是葬玉城之隱樹碑以旌其葬

前隊大夫有范仲翁蓋䟦蒜果共一箭

李宣之子名表宋公令寇端召表爲主簿表不樂爲吏於寺門中焚燒衣幘端怒收表欲殺之陳仲舉聞之至宋公欲請表先過宣宣問何故來曰欲見寇令請足下兒宣曰吾子犯罪罪當死如有白君豈妄殺人宜此還端追問仲舉仲舉具以語之端乃歎曰李宜烈士也即原之

葛玄見賣大魚者玄謂暫煩此魚到河泊處魚主曰魚巳死玄曰無苦以丹書紙内魚口中擲水中有頃魚還躍上岸吐墨書青黑色如木葉而飛又玄與吳王坐樓上見作請雨土人玄曰雨易得耳即書符着社中一時之間大雨流淹帝曰水中有魚乎玄復書符擲中須臾有大魚數百頭使人治之

建武八年車駕西征隗囂郭憲諫曰天下初定車駕未可以動憲乃當車拔佩刀以斷車靷帝不從遂上隴其後潁川兵起廻駕而還帝歎曰恨不用光祿之言

汝南先賢傳八　三

黄憲不矜名以詭侍不抗行以矯俗闚其門者莫敢踐其庭觀其流者不能測其深論者咸曰顔子復生乎漢代矣而其祖族出自孤鄙父爲牛醫少無度教而後能傑然秀出可謂天授者也

范滂被收曰願得一幡薄埋于首陽山上不負黄天下不愧夷齊

説禮玄虛無爲

薛直歸先人冢側種稻芋稻以祭祀芋以充飢既道

周防字偉公年十六任郡小吏世祖廵狩汝南掾史

試經昉允能誦讀拜爲守丞昉以未冠請去師事徐
州刺史盖豫明經舉孝廉拜郎中

汝南先賢傳 四

陳留耆舊傳　蘇林

圉人魏尚高帝時爲太史有罪詔繫獄有萬餘頭雀
集獄棘樹上拊翼而鳴尚占曰雀者爵命之祥其鳴
即復也我當復官有頃詔還故官

董宣爲北海太守大姓公孫舟造起大宅工占之曰
宅當出一喪舟使子取行人殺之以塞咎宣收舟考
殺之

高順字孝甫敦厚少華子式至孝蝝蝗爲災不食式
麥

陳留耆舊傳 一

小黄恒牧爲都尉功曹與郎君共歸鄉里爲赤眉所
得欲殺啖之牧求先死賊義釋之送與菅豆一斛

范丹學通三經常自賃灌園

吴祐爲膠東相嗇夫孫性盗富民錢五百爲父市单
衣父恐便以单衣謁門自謝祐遂以单衣遺其父

圉人魏尚高帝特爲太史有罪繫詔獄有萬頭雀集
獄棘樹止拊翼而鳴尚占曰雀者爵命之祥其鳴即
復也我其復官有頃詔還故官

洛陽令董宣死詔使視之鬫轝一乘帝馬一匹帝歎

董宣之清死乃知之

陳留耆舊傳　二

會稽先賢傳

謝承

孔愉字敬康嘗至吳興縣餘于亭見人籠龜於路愉求買放之於溪中龜行至水反顧愉及封此亭侯而鑄印龜首廻屈三鑄不正有似昔龜之顧靈德應感如此愉悟乃取而佩焉

闞澤字德潤在母胞八月叱聲震外年十三夢見名字炳然在月中

董崑字文通爲大農帑丞坐無完席

會稽先賢傳　一

陳業字文理業兄度海傾命時依止者五六十人骨肉消爛而不可辨別業仰皇天誓后土曰聞親戚者必有異焉因割臂流血以灑骨上應時受血餘皆流去

魏朗字少英爲郡功曹佐正旦掾吏顧龕被裘以加朝服朗以裘非臣服龕不敬勑卒撤去龕恚而不聽朗右手鳴鼓左手撤裘以聞府君喜朗遂退龕以朗代之朗辭病不就

賀劭爲人美容止與人交久益敬之在官府常着襪

希見其足

陳修字奉先爲豫章　太守廳事薦編絕不改易郡風俗不整常卷坐席唯　徐穉李贊數詣問乃待以殊禮焉

益都耆舊傳

晉　陳壽

楊田爲成都文學掾少治易曉占候忽有風起太守問田荅曰南方有薦木實者色黃赤頂之五官掾獻橘數苞

趙瑤爲閬中令時西州遭旱瑤率掾吏齋戒于靈星池歸咎自責稽首流血應時大雨

落下閎字長公明曉天文隱於落下武帝徵待詔太史於地中轉渾天改顓頊歷作太初曆拜侍中不受曰後八百歲此曆差一日當有聖人定之

漢武帝時蜀張寬爲侍中從祀甘泉至渭橋有女子浴于渭水乳長七尺上怪其異遣問之女曰帝後第七車知我巳知寬在第七車對曰天星主祭祀者齋戒不潔則女人見

李孟元修易論語大義畧舉質性恭順與叔子就同居就有瘤疾孟元推所有田園悉以讓就夫婦紡績以自供給

趙閎字溫柔幼時讀尚　書默識其音句

朱倉字卿雲之蜀從處士張寧受春秋糴小豆十斛屑之爲粮閉戶精誦寧矜之飲得米二十石倉不受一粒

郭賀拜荆州刺史明帝巡狩到南陽特見嗟嘆賜以三公之服黼黻旒冕勑去幨露冕使百姓見此衣服以彰其德

張松爲人短小放蕩不治節操然識達精果有才幹劉璋遣詣曹公曹公不甚禮公主簿楊修深器之白公辟松公不納修以公所撰兵書示松松晏飲之間一看便闇誦修以此益奇之

益都耆舊傳八　二

廣漢馮顥爲謁者逐單于至雲中大將軍梁冀遣人求鷹止晉陽舍人不避顥收之使人擊鷹而亡顥追捕甚急冀辭乃止

張充爲州治中從事刺史每日坐高床爲從事設單席於地

張霸字伯饒爲會稽太守舉賢士勸請教授一郡慕化但聞書聲又野無遺寇民語曰上鳥鳴哺父母府中諸吏皆孝友

何祗字君肅汶山夷不安以祗爲汶山太守民夷服信遷廣陵後夷反叛辭曰令得前何府君乃能安我耳時難復屈祗挾族人爲之汶山復得安

標宗字伯雟爲治中與人交結久而益親其所拔進皆世所稱致位牧守鄉里爲之語曰得黃金一笥不如標伯雟所識

何祗夢桑生井中趙直占曰桑非井中之物桑字四十八君壽恐不過此祗年四十八而卒

益都耆舊傳八　三

楊子拒妻者劉懿公女也字恭璞貞勳達禮有四男二女拒早亡教遵閨門動有法則長子元琮常出飲酒自興而歸毋不見十日因諸弟謝過乃數責之曰夫飲食有節不至流湎者禮也汝乃沉荒慢而無禮自爲敗首何以師先諸弟

楚國先賢傳

張方

黃香字文强江夏人博覽傳記群書無不涉獵京師號曰天下無雙江夏黃香

孟宗字恭武至孝母好食筍宗入林中哀號方冬爲之出因以供養時人皆以爲孝感所致

石偉字公操南郡人仕吳爲光祿大夫吳建威將軍王戒親詣偉大康二年詔以偉爲議郎加二千石秩以終厥身偉遂陽狂久竟不受

陰嵩字文王南陽新野人衛尉興從祖兄也少喪父母與叔父居恭謙婉順溫良節儉王莽末義兵初起乃與叔父避世蒼梧後徵拜謁者以叔父憂棄官張掖

孫携字文英與李元禮俱娶太尉桓焉女時人謂桓叔元兩女俱乘龍言得壻如龍也

韓壁將終遺言曰夫俗奢示之以儉儉則節之以禮歷見前世送終過制失之甚也若曹敬聞吾言欲以時服葬以土藏穿畢使葬送之以瓦器慎勿有增益也

李善字次孫南陽人也本同縣李元蒼頭建武中元家死沒產孤兒續始生善親自哺養世祖拜善及續並爲太子舍人善顯宗時辟公府時以能治劇再遷日南太守從京師之官道經南陽李元塚未至一里乃脫服持鉏去草及拜墓哭泣甚悲身炊爨自執俎禹以修祭

應余字子正爲郡功曹是時吳蜀不賓山民皆叛余與太守東方衮逆力得出賊便射衮余以身當箭被

七瘡因謂賊曰我以身代君已被重瘡若身死君全殞殁無恨因仰天號泣涕血俱下如雨賊見其義烈釋衮不害

襄陽耆舊傳

宋 習鑿齒

宋玉

宋玉者楚之鄢人也故宜城有宋玉冢始事屈原原既放逐求事楚友景差景差懼其勝已言之於王王以爲小臣玉讓其友友謝之復言於王王識音而善文襄王好樂愛賦既美其才而憎之似屈原也曰子盍從俗使楚人貴子之德乎對曰昔楚有善歌者始而曰下里巴人國中屬而和之者數百人旣而曰陽

春白雪朝日魚離國中屬而和之者不至十人含商吐角絕倫赴曲國中屬而和之者不至三人矣其曲彌高其和彌寡

龐德公

後漢龐德公襄陽人居峴山之南未嘗入城府躬耕田里夫妻相待如賓琴書自娛覩其貌者肅如也荊州牧劉表數延請不能屈乃自往候之諸葛孔明每至公家獨拜公於牀下公殊不令止司馬德操嘗造公值公渡沔止先人墓操徑入堂上呼德公妻子使作黍徐元直向言有客卽來就公談論妻子皆奔走供設德操少德公十歲以兄事之呼作龐公也人乃謂公是德公名非也後遂携其妻子登鹿門山託言採藥因不知所在從子統

龐統

統字士元少未有識者惟德公重之年十八使詣司馬德操德操與語自晝達夜乃嘆息曰德公誠知人此實盛德也必南州士之冠冕由是顯名後劉備訪世事於德操曰後生俗士豈識時務識時務者在乎

俊傑此間有卧龍鳳雛備問誰曰諸葛孔明龐士元也

王逸

後漢王逸字叔師南郡宜城人元初中舉上計吏爲校書郎累至侍中著楚詞章句行於世其賦誄書論及雜文凡二十一篇作漢詩百二十三篇子延壽字文考作靈光殿賦蔡邕亦造此賦未成及見甚奇之遂輟翰曾有奇夢惡之作夢賦以自勵後溺死

蔡瑁

後漢蔡瑁字德珪襄陽人性豪自喜少爲魏武所親劉琮之敗武帝造其家入瑁私室呼見其妻子瑁曰德珪故憶往昔共見梁孟星孟星不見人時否聞今在此那得面目見卿邪是時瑁家在蔡洲上屋宇甚好四墻皆以青石結角婢妾數百人別業四五十處漢末諸蔡最盛

楊慮

後漢楊慮字威方襄陽人少有德行爲沔南冠冕州郡禮重諸公辟命皆不能屈年十七而夭門徒數百

人宗其德範號爲德行楊君許洗是慮同里人少師慮爲魏武從事中郎事劉備昔在劉表坐論陳元德者其人也慮弟儀

繁仲皇

後漢繁仲皇襄陽人爲青州刺史自爾以來雖無名德重位世世作書生門戶

習融

後漢習融襄陽人有德行不仕子郁字文通爲黃門侍郎封襄陽公

習温

習温識度廣大歷長沙武昌太守選曹尚書廣州刺史從容朝位三十年不立名跡不結權豪飲酒一石乃醉有別業在洛上每休沐常宴其中長子宇執法郎嘗取急趨車乘道從甚盛温怒杖責之曰吾聞生於亂世貴而能貧始可以亡患況復以侈靡競乎

黃承彥

黃承彥高爽開朗爲沔南名士謂孔明曰聞君擇婦身有醜女黃頭黑面才堪相配孔明許即載送之時

人以爲笑樂鄉里爲之諺曰莫作孔明擇婦正得阿承醜女

馬良

蜀馬良字季常襄陽宜城人也兄弟五人並有才名而良稱白眉先主領荆州辟良爲從事

廖化

蜀廖化本名淳中盧人也世爲沔南冠族爲關羽前將軍主簿敗没於吴思歸劉備乃詐死因將老母書夜西奔備於秭歸備大悦以爲宜都太守後爲亮參

軍

董恢

蜀董恢字休緒襄陽人事先主爲宣信中郎諸葛亮辟爲丞相府屬遷巴郡太守侍中董允等共期游宴郎命解驂

李衡

吳李衡字叔平襄陽人習竺以女英習配之漢末爲丹陽太守衡每欲治家事英習不聽後密遣客十人往武陵龍陽氾洲上作宅種橘千株臨死勑兒曰汝

母每怒吾治家事故窮如是然吾州里有千頭木奴不責汝食歲上匹絹亦當足用爾衡既亡後二十餘日兒以白英習曰此當是種柑也汝家失十客來七八年必汝父遣爲宅汝父恒稱太史公言江陵千樹橘當封君家吾答云士患無德義不患不富若貴而能貧方好爾用此何爲吳末衡柑成歲得絹數千匹家道富足晉咸康中其宅上枯薹猶在

韓係伯

齊韓係伯襄陽人也事父母謹隣居種桑樹於界上爲誌係伯以桑枝蔭妨他地遷數尺隣畔隨復侵之係伯輒更改種隣人慙愧還所侵地躬往謝之

郭祖深

梁郭祖深襄陽人也武帝溺情內教朝政縱弛祖深輿櫬詣闕上封事

蔡道貴

齊蔡道貴襄陽人拳勇秀出當時以比關羽張飛

魚弘

梁魚弘襄陽人白皙美姿容凡五爲太守卒官

長沙耆舊傳

劉彧

劉壽

太尉壽少遇相師相曰凡鼻爲氣戶君鼻大貴之象順帝時爲洛陽令歲時亢旱天子祈雨不得壽暴身階庭告誠引罪自晨至中紫雲沓起甘雨登降人爲之歌曰天久不雨蒸人失所天王自出祀令特苦精符感應滂沱下雨

文虔

文虔字仲孺爲郡功曹時霖雨廢民業太守憂悒召虔補戶曹掾虔奉教齋戒在社三日夜夢見白頭翁謂曰爾來何遲虔具白所夢太守曰昔禹夢靑繡衣男子稱滄水使者禹知水脉當通若掾此夢將其比也明日果大霽

徐偉

徐偉奴善叛知識欲爲偉售之偉曰不得奴狂當復逃亡豈可虛受其價廉平義正若此

虞芝

虞芝州命辟南陽從事太守張忠連姻王室罪名入重芝依法執按刺史畏勢召芝芝曰吾年在志盡譬如八百錢馬死生同價且欲立效於明時耳遂投傳去

零陵先賢傳　　司馬彪

劉巴

劉先主欲遣周不疑就劉巴學巴曰昔游荊北時涉師門記問之學不足紀名猶天之南箕虛而不用賜書乃欲賢甥摧鸞鳳之翮游燕雀之宇將何以啓明之哉

鄭產

鄭產零陵人爲白土鄉嗇夫時民家產子一歲輒出

口錢以故貧家鮮有舉子者產勸百姓勿殺子口錢皆爲代出郡縣具以聞上錢因得免改白土曰更生鄉

葉譚

葉譚字令思零陵人少負節操未幾舉孝廉王濟謂譚曰君吳楚人也亡國之餘有何秀異而應斯舉譚曰君不聞明珠大貝獨生江海之濱乎爲之武子默然

蔡倫

蔡倫字仲敬零桂人少負才名官常侍造紙有聲

廣州先賢傳

闕名

頓琦

頓琦至孝母喪感慕哀聲不絕有飛鳬白鳩棲廬側見人卽去見琦而留又丁客遭父艱致飛鳬一雙游廬旁小池見人則馴附如家所畜後遭母喪客歸至所居一宿故雙鳬復游戲池中

廖冲

廖冲明經修行武帝好儒學招天下名士冲與焉比

上耄荒諸子皆嚚汰冲歎曰根本撥矣天下能久治乎

梅鋗

梅鋗家湞水上從吳芮定百粵有功梅嶺因鋗封地得名後鋗將庾勝兄弟居守又名大庾嶺非謂嶺上有梅也

羅威

羅威性至孝遇寒常以身溫蓆母乃寢夏月必撤帳而卧曰吾供蚊蚋恐去齧老母也遇老稚負戴於途卽爲代其任邑人化之

閩川名士傳

黄璞

周匡物

周匡物字幾本漳州人爲元和十二年王播傍下進士及第時以歌詩著名初周以家貧徒步應舉落魄風塵懷刺不偶路經錢塘江乏僦船之資久不得濟乃於公館題詩云萬里茫茫天塹遥秦皇底事不安橋錢塘江口無錢過又阻西陵兩信潮郡牧出見之乃罪津吏至今天下津渡尚傳此詩諷誦舟子不敢取舉選人錢者自此始也

林藻

貞元中杜黄裳知舉試珠還合浦賦進士林藻賦成憑几假寢夢人謂之曰君賦甚佳但恨未叙珠來去之意爾藻悟視其草乃足四句其年擢第謝恩黄裳謂曰唯林生叙珠來去之意若有神助

王播

王播年五十始登第同年陳通方年最少因戲拊播背曰王老王老奉贈一第言日暮途遠便同贈官也播曰擬應三篇通方曰一之謂甚其可再乎王銜之及爲相通方竟爲所困而終

西州後賢志

晉 常璩

聞之善志者述而不作序事者實而不華是以史遷之記詳于秦漢班生之書備乎哀平皆以世及事邇可得而言也西州自奉聖晉後俊瑋倜儻之士或修德蘙行止從時或播功立事羽儀上京策勳王府甄名史錄侔于先賢會遇喪亂軋遘華夏顛墜典籍多軼族祖武平府君愍其若斯乃操簡援翰拾其潰闕然但言三蜀巴漢未列又務在舉善不必珍異援之者舊竹素宜闡今更撰次損益足銘後觀凡二十人綴之斯篇雖行故墜没大較舉其一隅

衛尉散騎常侍文立廣休

散騎穆穆誠感聖君

西河太守栁隱休然

西河烈烈秉義居真

漢嘉太守司馬勝之興先

漢嘉克讓讓德之倫

郪令州主簿常勖修業

郪君謇諤自固底身

江陽太守何隨季業

江陽皎皎命世清淳

梓潼太守王化伯遠

梓潼矜矜在險能平

太子中庶子陳壽承祚

庶子稽古遷固並聲

漢中太守李宓令伯

漢中體曄才蓋群生

犍爲太守杜軫超宗

犍爲卬卬友于是令

給事中任熙伯遠

給事溫恭尚德茂榮

中書郎王長文德儁

中書淵識實道韜明

大長秋壽良文淑

長秋忠肅明允篤誠

大司農西城公何攀惠興

司農運籌思侔艮平
少府成都威侯李燮允剛
少府果壯文武是經
衡陽内史楊邠岐之
衡陽固節隱然不傾
尚書三州都費立建熙
尚書準繩古之遺直
湘東太守常騫季慎
湘東汎愛仁以接物

武平太守常寛泰恭
武平亹亹氷清玉堤
揚烈將軍梓潼内史譙登愼明
闕
江陽太守侯馥世明
闕
五公
司空何武　司空趙戒
太尉趙謙　司徒趙温

司空張皓

文士傳

晉　張隱

成公

成公綏口不能談而有劇問以筆答之見其深智

張儼

張儼朱異張純三人共詣驃騎將軍朱據據聞三人才名告各爲賦然後乃坐純乃賦席曰席爲冬設簟爲夏施揖讓而坐君子攸宜

孔融

孔融年四歲與諸兄食梨輒取其小者人問其故答曰我小兒法當取小者由此宗族奇之

江統

江統召補洗馬每有疑滯大事章奏駁議輒爲同官所推常爲之作草

束晳

束晳晩應司空除著作佐郎撰晉書草創三帝紀及十志

孫盛

孫盛爲秘書監篤尚好學自少長常手不釋卷既居史官乃著三國陽秋

張純

吳郡張純少有令名嘗謁鎮南將軍朱據據令賦三物然後坐純應聲便成文不加點

王肅

王肅對明帝曰司馬遷記事不虛美不隱惡劉向楊雄服其叙事有良史之才謂之實録

賈謐

賈謐與愍懷太子傳爭道成都王穎聲曰皇帝太子國之儲君賈長淵何得無禮

張衡

張衡拜侍中恒居帷幄從容風議拾遺左右

劉禎

劉禎字公幹少有才辨常豫魏文帝座見甄后不伏武帝嘗怒配上方武帝輦至上方觀作署禎故匡坐正色磨石不仰武帝問曰石何如禎因得喻己自理乃跪曰石出自荆山玄岩之巔外有五色之章内有

合和之性磨之不坐雕之不增美禀氣堅貞受茲自然顧其理枉屈紆繞猶不得中武帝顧左右大笑即日還宮赦禎復署吏

潘尼

潘尼與同僚飲主人有瑠璃椀使客賦之尼於座立成

武帝

初武帝招延後進二十餘人置酒賦詩不成罰酒一斗臧盾飲盡顏色不變言笑自若蕭介染翰便成文無加點帝兩美之曰臧盾之飲蕭介之文即席之美

張秉

張秉自知短命乃作千年歌詩以自傷

孔燁

孔燁字正忠解音律彈琵琶

列女傳

晉　皇甫謐

齊孤逐女其狀甚惡又齊宿留女項有大瘤梁鴻之妻孟光醜黒而肥力能舉石臼

會稽翟素者翟氏之女也受聘未及配適遭賊欲犯之臨以白刃素婢名青青乞代素賊殺素後欲犯青青曰向欲代素恐被耻獲害耳今素尚死何以生爲賊復殺之

魯漆室女倚柱而嘯隣婦謂之曰何嘯之悲也子欲嫁乎吾爲子求偶女曰吾豈嫁哉吾憂魯君老而大子少也隣婦曰此乃魯大夫之憂也且魯國雖有事婦人何與女曰子知其一不知其二也

魯漆室之女曰昔有客繫馬園中馬逸踐葵使予終歲不飽葵

湯妃有莘之女也擇德高如伊尹者爲之臣佐湯致王訓正後宮嬪御有序咸無嫉妒逆理之人生三子太丁外丙仲壬敎誨有成太子早卒丙壬嗣登大位

有虞二妃帝堯之二女也長曰娥皇次曰女英堯舉

舜爲相攝行王政舜毎事常謀於二女舜既受禪爲天子娥皇爲后女英爲妃事瞽瞍猶若初焉天子稱二妃聰明貞仁舜陟方死蒼梧二妃死於江湘之間故謂之湘君

齊人杞梁襲莒戰而死其妻就夫之死城下哭之七日而城崩

楚江乙母者當恭王之時乙爲大夫有入王宮盜者令尹以罪乙請于王而黜之處無幾其母亡布八尋言令尹盜之王曰令尹職上寇寇盜在下令尹不知

有何罪焉母曰昔日妾子爲郢大夫人盜王宮中之物妾子坐之而黜令尹獨何不以是爲過也王曰善令吏償母之布因賜金十鎰母讓金而曰妾豈貪貨而干王哉怒令尹之治也遂不肯受王曰母智若此其子必不愚乃復召江乙而用之

魯黔婁先生死曾子與門人往弔焉曰何以爲謚其妻曰以康爲謚昔先王嘗賜之粟三十鍾先生辭而不受是其餘富也君嘗欲授之以國相先生辭而弗爲是其餘貴也彼先生者甘天下之淡味安天下之卑位不戚戚於貧賤不急急於富貴求仁而得仁求義而得義其謚爲康不亦宜乎

廣漢汝歸者汝敦之妻也居世殷富兄弟早孤而嫂貪悋敦以所受田宅奴婢三百餘萬悉讓與兄裁留園地數十畝起舍耕作土中得金一器敦以示妻妻曰本言讓先祖所有也此金非其有耶敦曰固吾意也乃俱擔金與兄嫂嫂初謂叔窮乏來欲借貸有不悅之色見金而喜兄乃惻然感悟棄妻還金

鄒氏孟軻之母見孟子少而學歸母方織問之曰子之廢學若吾斷織孟子懼因更勤不息遂成大儒

梓潼士女志

晉　常璩

文齊字子奇梓潼人也孝平帝末以城門校尉爲犍爲屬國遷益州太守造開稻田民咸頼之公孫述時拒郡不服述拘其妻子許之公侯招之不應乃遣使由交趾貢獻河北述平世祖嘉之徵拜鎭遠將軍封成義侯南中咸爲立祠子忳有令德爲北海太守

李業字巨遊梓潼人也少執志清白太守劉咸慕其名召爲功曹不詣咸怒欲殺之業徑入獄咸釋之公孫述累聘不應述怒遣鴻臚尹融持毒藥酒逼之業笑曰名不可毀身可殺不可辱也遂飲藥死述耻殺名士賜錢百萬子翬逃匿不受建武中察孝廉爲遂久令

景毅字文堅梓潼人也太守丁羽察舉孝廉司徒舉治劇爲沇陽侯相高陵令立文學以禮讓化民遷大守上封吏守闕請之三年不絶以子顧師事少府李膺膺誅自免久之拜成都令遷益州太守上封吏民涕泣送之至沮者七百人白水縣者三百人値益州亂後米斗千錢役至恩化暢洽比去米斗八錢鳩鳥巢其廳孚育而去三府表薦徵拜議郎自免歸牧州劉焉表拜都尉爲人廉正疾淫祠救子孫惟修善爲禱仁義爲福年八十一而卒

楊充字盛國梓潼人也少好學求師遂業受古學於扶風馬季長呂叔公南陽朱明叔頴川白仲職精究七經其朋友則頴川荀慈明李元禮京兆羅叔景漢陽孫子夏由陽王叔茂皆海内名士還以教授州里常言圖緯空說去事希畧疑非聖不以爲教察孝廉爲郎卒

景鸞字漢伯梓潼人也少與廣漢郝伯宗蜀郡任叔本頴川李仲渤海孟元叔遊學七州遂明經術還乃撰禮略河洛交集風角雜書月令章句凡五十餘萬言太守某貺命爲功曹察孝廉舉有道博士徵不詣然上陳時正言經得失又戒子孫人紀之禮及遺令期死奘不設衣襟務在節儉甚有法度卒終布衣

張壽字伯褘涪人也少給縣丞楊放家放爲梁賊所得壽求之積六十始知其生存乃賣家鹽井得三十

萬市馬五匹往蜀放道爲羌所刧掠盡几往三年計
道遠不可得數乃單身詣闕涕泣自說闕 表其屢求
遣放隨還郡名爲中矦部書除巫尉以身佩印盡來
所有財物與三弟復爲郡掾章平賦役歲出三百五
十萬遷功曹吏從五官掾卒

李餘涪人父早世兄夷殺人亡命母慎當死餘年十
三問人曰兄弟相代能免母否人曰趣得一人耳餘
乃詣吏乞代母死吏以餘年小不許餘因自死吏以
白令令哀傷言郡郡上尚書天子與以財幣圖畫府

廷

寇祺字宰朝梓潼人也與邑子矦蔓俱學涼州蔓後
爲渤海王象所殺祺仗劍至象家值象病象謝曰君
子不掩人無備安有爲友報讎殺病人也祺乃還久
之復往殺象由是察孝廉爲灞陵令濟陰相

王晏字叔博涪人也與廣漢張昌甯叔受業大學昌
爲河南呂條所殺晏叔殺條事在叔解

李助字翁君涪人也通名方技醫術作經方頌說名
齊郭王 以上多闕文

李仁字德賢涪人也益部多貴今文而不崇章句仁
知其不博乃遊學荆州從司馬德操宋仲子受古學
以修文自終

杜微字國輔涪人也任安弟子先主定蜀常稱聾闔
門不出建興二年丞相亮領州牧選爲主簿輿而致
之亮引見與書誘勸欲使以德輔時微固辭疾篤亮
表拜諫議大夫從其所志

尹默字思潛涪人也少與李仁俱受學司馬徽宋忠
等博通五經專精左氏春秋自劉歆條例鄭衆賈逵

父子陳元方服虔注說畧皆誦述希復案本以左傳
授後主後主立拜諫議大夫丞相軍祭酒子宗亦爲
博士耳

李譔字欽仲仁子也少受父業又講問尹默自五經
四部百家諸子伎藝筭計卜數醫術弓弩機械之功
皆致思焉爲太子中庶子右中郎將著古文周易尚
書毛詩三禮左氏注解太玄指依則賈馬異丁鄭玄
與王肅初不相見而意歸多同

李福字孫德涪人也先主初爲成都令建興九年遷

巴西太守後爲江州都督陽武將軍人爲尚書僕射封平陽亭侯延熙初以前監軍司馬福同郡梓潼文恭仲實亦以才幹爲牧亮治中從事丞相參軍

季姜梓潼文氏女將作大匠廣漢王敬伯夫人也少讀詩禮敬伯前夫人有子博女紀流二人季姜生康稚芝女始示凡前後八子撫育恩愛親繼若一堂祖母性嚴子孫雖見官二千石猶杖之婦跪受罰于堂歷五郡祖母隨之官後以年老不願遠鄉里姜亦常侍養左右紀流出適分巳侍婢給之博好寫書姜手

爲作袠于是内門相化動行推讓博妻犍爲楊進及博子遵婦蜀郡張叔紀服姑之教皆有賢訓號之三母堂亡義赦康稚芝婦事楊進如舅姑中外則之皆成令德季姜年八十一卒四男棄官行服四女亦從官舍交赴内外官晃百有餘人當時榮之王氏遂世興

杜慈涪杜季女巴郡虞顯妻也十八適顯顯亡無子季欲改嫁與同縣楊上慈曰受命虞氏虞氏早亡妾之不幸當生事賢姑死就養成室存亡等但欲在終供養亡不有恨願不易圖季知不可告而奪也乃審謀與强逼迫之慈縊復死

敬揚涪郭孟妻楊文之女也始生失母八歲父爲梁盛所殺無宗親依外祖鄭行年十七適孟孟與盛有舊盛數往來孟家敬揚涕泣謂孟曰盛凶惡薄命爲女非男比但惡讐未報未嘗一日亡也雖婦人拘制然父子恩深恐卒狂惑益君禍患君宜疎之孟以告盛盛不納安漢元年盛至孟家敬揚以大杖打殺盛將自殺孟止之與俱逃涪令雙勝出追聞其故而止

安尉二門會赦得免中平四年涪令向遵爲立圖表之

漢中士女志

晉 常璩

鄭子真褒中人也玄靜守道履至德之行乃其人也教曰忠孝愛敬天下之至行也神中五徵帝王之要道也成帝元舅大將軍王鳳備禮聘之不應家谷口世號谷口子真亡漢中與立祠

衛衡字伯梁南鄭人也少師事隱士同郡樊季齊以高行聞郡九察孝廉公府州十辟公車三徵不應董扶任安從洛還過見之曰京師天下之市朝也足下

猶之人耳何其在遠以虛名屢動徵書若至中國則價盡矣衡笑曰時有險易道有汙隆若樊季齊楊仲桓雖應徵聘何益于時乎苟無所則尼軻栖栖是以君平子真不屈其志其予之徒也哉吾何慮假之有安扶服之敬其言也

鄧先城固人也景帝時御史大夫晁錯患諸侯强大建議減削會吳楚七國謀反假言誅錯故吳相袁盎譖帝殺之拜盎太常使敕七國七國遂叛鄧公爲謁者人言軍事問曰七國聞晁錯死罷兵不對曰吳王卽山鑄錢煑海爲鹽謀反積數十年錯患之故欲削弱爲萬世策諸侯謀之計畫始行身死東市諸侯莫憚內杜忠臣之口外爲諸侯報怨臣竊爲陛下不取也帝歎息曰吾亦恨之武帝初爲九卿

張騫城固人也爲人强大有謀能涉遠爲武帝開西域五十三國窮河源南至絕遠之國拜校尉從討匈奴有功遷衛尉博望侯于是廣漢緣邊之地通西南之蹇豐絕遠之貨令帝無求不得無思不服至今方外開通騫之功也

張猛字子游騫孫也師事光祿勳周堪以光祿大夫給事中侍元帝帝當廟祭濟渭欲御樓船御史大夫薛廣德當車免冠乞頸血汙車輪陛下不得廟祭矣帝不悅猛進曰主聖則臣直今乘船危就橋安聖主不乘危故大夫言之帝曰曉人不當如是也後與周堪供以中正爲幸臣弘恭石顯所譖毀乍出乍徵堪平和猛卒自殺

楊王孫城固人也治黃老家累千金厚自奉養臨終告其子曰我死臝葬以復吾真但爲布囊盛尸入地

七尺旣下從兄脫之以身親土其子不忍見王孫友人祁矦諫之王孫曰厚葬無益死者也夫僤財送死今日入明日發此眞無異暴骸中原裏以幣帛隔以棺槨含以珠玉後腐朽乃得歸土不可故吾欲早就眞宅祁矦無以易卒贏葬如其言

李郃字孟節南鄭人也少明經術爲郡矦吏和帝遣使者二人微行至蜀宿郃矦舍郃爲出酒夜飮露坐郃問曰君來時寧知二使何日發來耶二人怪問之郃指星言曰有二使星入益部後一人爲漢中太守

命爲功曹察孝廉遂馳名爲尚書郎徙左丞稍遷至尚書僕射尚書令拜司空又進司徒清公直亮當世稱名順帝世薨

李固字子堅郃子也陽嘉三年以對策忠允拜議郎大將軍梁商后父也表爲從事中郎授荆州刺史値州部有亂至州先友其賢者南陽鄭叔躬宋孝節零陵支宣稚表薦長沙桂陽太守踰歷卒已奏免江夏南郡太守孔疇高賜等州土自然安靜（按本傳固奏高賜等贓穢賜等懼罪厚賂梁冀仍從固太山太守）從太山太守克寧盜賊入爲將作大匠多致海内名士南陽樊英江夏黃瓊廣漢楊厚會稽賀純光祿周舉侍中杜喬陳留楊倫河南尹存東平王惲陳國何臨清河房植等皆蒙徵聘轉大司農順帝崩太后臨朝拜太尉與后弟大將軍梁冀大傅趙峻並錄尚書沖帝崩時徐揚有盜賊太后欲不發喪須召諸王至固爭不可言國家多難宜立長君太后欲專權乃立樂安王爲質帝質帝崩太后復與梁冀謀所立固與司徒南郡湖廣司空蜀郡趙戒書與冀引周勃霍光立文宣以安漢之策閻鄧廢立

之禍言國統三絕期運厄會興崩之漸在斯一舉宜求賢王親近不可褻黷也冀得書召公卿列矦議所立三公及鴻臚杜喬僉舉清河王蒜冀然之奏御太后中常侍曹騰私恨蒜說冀明日更議廣戒從冀固與喬必爭蒜宜立中興才也且年長識義必有厚將軍冀不聽策免固喬歲餘收下獄以無事出之京師市邑皆稱千萬歲冀惡其爲人所善更奏擊之固書與二公曰吾欲扶持漢室使之比隆文宣何圖梁冀軍迷謬諸子曲從以吉物爲凶成事爲敗漢家衰微

從是始矣將軍亦有不利吾雖死上不慚于天下不愧于人求義得義死復何恨遂自殺二公得書歎息流涕士民咸哀哭之桓帝無道冀尋受誅漢家遂微政在閹官無不思固也

張亮則字元修南鄭人也爲牂牁太守威著南土永昌越嶲夷謀欲反畏則換臨其郡相諫而上號曰臥虎以戍狄勳遷護羌校尉徵拜扶風又換臨桂陽皆平盜賊巴郡板楯反拜隆集校尉鎮漢中從梁州刺史又爲魏郡太守所在稱治靈帝崩後大將軍袁紹

表爲長史不就丞相曹公拜度遼將軍

趙宣字子雅南鄭人也出自寒微以溫良傅雅太守揵爲楊文方深器異之遂察孝廉官至揵爲太守

趙瑤字元珪琰字稚珪凡七兄弟宣子也皆以令德著聞瑤少有公望瑤始爲緱氏袁趙二公相與書曰趙瑤在緱氏猛虎歸迹百里均耳叔平何難遷扶風太守徙蜀郡司空張溫謂之曰昔弟五伯魚徙蜀郡爲司空掃吾第以待足下矣瑤曰諾尋換廣漢卒琰始爲青州刺史部下清肅從梁相徵拜尚書不就卒

陳綱字仲卿成固人也少與同郡張宗受學南陽以母喪歸宗爲安衆劉元所殺綱免喪往復之值元醉臥還須醒乃殺之自拘有司會赦免三府並辟舉茂才拜弘農太守初至有兄弟自相責引退是後無訟者在官九年卒天子痛惜賜家錢四十萬

李法字伯度南鄭人也桓帝時爲侍中光祿大夫數表宦官太盛椒房大重史官記事無實錄之才虚相褒述必爲後笑帝怒免爲庶人悟然以咎失爲己責久之徵拜汝南太守遷司隷校尉湛然無自得之容

李燮字德公太尉固子也父死時二兄亦死燮爲姊所遣隨父門生王成亡命徐州傭酒家酒家知非常人以女妻之延熹二年梁冀誅後月經陽道暈五車史官上書昔有大星升漢而西捲舌揚芒迫月熒惑犯帝座則有大臣枉誅星在西方太尉固應之令暈如之宜有赦命錄其遺嗣以除此異于是下赦燮得返舊四府並辟公車徵議郎與趙元珪頴川賈偉節荀慈明張伯愼爲友伯愼爲頴川太守與慈明交相言論偉節與焉京師以爲臧否伯愼問趙元珪曰德

公所言何元珪曰無言也伯愼追數曰當如德公兒輩徒靡沸耳慈明亦痛而心變拜東平相國王爲黃巾所沒得出天子復封之爕以爲不可果敗還京兆尹時人爲之語曰李德公父不欲立帝子不欲立王

陳雅字伯臺成固人也靈帝時爲諫大夫閹宦用事上疏曰昔孝和帝與中常侍鄭衆謀誅大將軍竇憲由是宦官秉權安帝幼冲和熹太后兄大將軍鄧隲輔政太后適崩中常侍江京等殺隲安帝登遐黃門孫程又殺車騎將軍閻顯孝桓帝又與中常侍單超

等共誅大將軍梁冀陛下即祚太傅陳蕃太將軍竇武尚書令尹勳等欲誅宦官絕其奸擅盡忠王室建萬世策機事不密爲中常侍朱瑀等所殺此即陛下所見今宦官強盛威傾人主天下鉗口莫敢言者海内怨望妖異並作四方兵起萬姓辛苦陛下尚可以安奈後嗣何帝不省納出爲巴郡太守年七十五卒臨終戒其子曰期運推之天下將大亂雄夫力爭無以資財爲意吾亡依山薄葬亡歲餘靈帝崩大將軍何進復爲黃門所殺海内果亂終成三國也

閻憲字孟度成固人也各知人爲綿竹令以禮讓爲化民莫敢犯男子杜成夜行得遺物一囊中布錦二十五疋求其主還之曰縣有明君何敢負其化童謠歌曰閻尹賦政既明且㬎去苛去辟動以禮讓遷蜀郡民泣涕送之以千數

李歷字季子太尉固從弟也少修文學性行清白與鄭康成陳元方齊名弱冠拜新城令朝請都督

程苞字元道南鄭人也光和二年上計吏時巴郡板楯反軍旅數起征伐頻天子患之訪問益州計考以

方畧苞對言板楯忠勇立功先漢爲帝義民羌入漢中輒衆其力東征南戰世有功勞由不料卹以致叛亂非有僭盜能相羣殺兵臨之未必卒得不如但選明能太守恩信懷服自然安定矣天子從之卒如其言後在道卒

祝龜字元靈南鄭人也年十五遠學汝隸及太學通博蕩達能屬文太守張府君奇之曰吾見海内士多矣無如祝龜者也州牧劉焉辟之不得已行授葭萌長撰漢中耆舊傳以著述終

段崇字禮高南鄭人也太守河間鄭廑命爲主簿永初四年凉州羌反溢入漢中從廑屯褒中羌東攻廑欲戰崇諫不可願固壘待之廑不聽出戰敗績崇與門下吏王宗原展及子勃見子伯生推鋒死戰衆寡不敵崇等皆死羌遂得廑殺之

程信字伯義南鄭人也時爲功曹守居馳來赴難殯殮廑喪送還鄉里訖乃結故吏冠蓋子弟二十五人言共報羌各募敢死士以待時太守鄧成命信爲五官元初二年羌復來信等將其同志率先奮討大破之信被八創死天子咨嗟元初五年下詔書賜信崇

漢中士女志　八　九

家穀數千斛有王宗原展及嚴華李容姜濟陳巳曹廉勾矩劉旌九人皆以令義爲鄭廑所命王宗原展與廑同死華容等七人與信共并命詔書旣賜崇信家又賜九子家穀各五百斛給死事

燕邠字元矦趙嵩字伯高南鄭人也陳調字元化仲卿孫也邠爲刺史郤儉從事使在叚萌與從事董馥張龕同行儉爲黃巾賊王饒趙播等所殺邠聞故哀慟說馥龕赴難二子不可邠難曰使君巳死用生何爲獨死之收劉焉嘉之爲圖象學官誅馥等嵩事太守蘇固固爲米賊張修所疾殺嵩痛之仗劍直入修營殺十餘人幾獲修死陳調少尚遊俠聞固死聚賓客百餘人攻修大破之進攻修營乃與戰以傷死又有陳術字申伯作耆舊傳者也失其行事歷新城魏興上庸三郡太守及錫光等不列也

穆姜安衆令程祗妻司隷校尉李法姊也祗前妻有四子興敦覲豫穆姜生二子淮基祗亡興等憎惡姜姜視之愈厚其資給六子以長幼爲差衣服飲食凡百如之久興等感寤自知失子道詣南鄭獄受不愛

漢中士女志　十

親罪太守嘉之復除門戶常以二月八日社致肉三十斤酒米各二斛六斗六子相化皆作令士五人州郡察舉基字稚業特㒞免爲南郡太守

泰瑛南鄭楊相妻大鴻臚劉巨公女也有四男二女相亡敎訓六子動有法矩長子元珍出行醉毋十日不見之曰我在汝尚如此我亡何以帥群弟子元珍叩頭謝過次子仲珍白母請客旣至無賢者毋恕責之仲珍乃華行交友賢人兄弟爲名士泰瑛之敎流

于三世四子才官隆於先人故時人為語曰三苗不止四珍復起

杜泰姬南鄭人趙宣妻也生七男七女若元珪稚珪有望五人皆令德其教男也曰中人情性可上下也在其檢耳若放而不檢則入惡也昔西門豹佩韋以自寬宓子賤帶弦以自急故能改身之桓為天下名士戒諸女及婦曰吾之委身在乎正順及其生也恩自于撫愛其長之也威儀以先後之體貌以左右之恭敬以監臨之懃恪以勸之孝順以內之忠信以發

漢中士女志八　十一

之是以皆成而無不善汝曹庶幾勿忘吾法也後七子皆辟命祭舉牧州守郡而漢中太守南鄭令多與七子同歲季考上計無不修敬泰姬執子孫禮

禮珪成固陳省妻也楊元珍之女生二男長娶張度遼女惠英少娶荀氏皆貴家豪富從婢七八資財自富禮珪敕二婦曰吾先姑母師也常言聖賢必勞民者使之思善不勞則逸逸則不才吾家不為貧也所以祖食給吾者使知苦難備獨居時二婦再拜奉教從孫奉上微慢珪抑絕之感悟革行遭亂流行宗表

欲見之必自嚴飾從子孫侍婢乃引見之曰此先姑法也四時祭禮自親養牲釀酒曰夫祭禮之尊也年八十九卒惠英亦有淑訓母師之行者也

文姬南鄭趙伯英葬太尉李固女也父為梁冀所免見憲公李公罷官歸文姬歎曰李公滅矣乃與二兄議匿弟燮父門生王成亡命徐州涕泣送之謂成曰託君以六尺之孤若李氏得嗣君之名義參于程杵矣久之遇赦燮得還行喪服闋勑之曰先公為漢忠臣雖死之日猶生之年梁冀以族弟幸得濟豈非天

漢中士女志八　十二

乎慎勿有一言加梁氏加梁氏則連主上是又掇禍也奉行之徙成在徐州各異處傭賃而私相往來成病亡燮四時祭之

陳順謙成固人也順謙適鄧令曹寧十九寡居長育遺孤八十餘卒兄弟陳覲著書歎述之惠謙適張亮則在扶風官下吏白欲重禁嚴防以肅非元修訪于惠謙惠謙曰恢弘德教養廉免耻五刑三千盖亦多矣又何加也兄弟伯思學仙道惠謙戒之曰君子疾沒世名不稱不患年不長也且夫神仙愚惑如繫風

捕影非可得也伯思乃止陳伯臺稱云女尚書之後
耳
禮修趙嵩妻張氏女也姑酷惡無道遇之不以禮修
終無愠色及寧父母父母問之但引咎不道姑卒感
竊更慈愛之鄉人相訓曰作婦不當如趙伯高婦乎
使惡姑知變可謂婦師矣後姑病女來省疾姑却之
曰我死固當絶于賢婦手中後遭米賊嵩死乃碧塗
面亂首懷刀託言病賊不逼也養遺生女依父叔立
義終身者也

韓樹南南鄭人趙子賤妻也子賤初爲郡公曹李固
之誅詔書下郡殺固二子憲公季公太守知其枉遇
之甚寬二子託服藥死具棺器欲因出逃子賤畏法
敕更驗實就殺之及固小子燮得還子賤慮燮報仇
賃人刺之燮覺告郡殺子賤初樹南諫子賤子賤不
從及臨死許共并命兄弟娌侍婢視守之經百餘日
乃息曰兄娌念一死萬不得生不敢復圖死也上下
以爲信然無幾時于幕下自殺

孝子傳

徐廣

老萊子至孝奉二親行年七十著五綵褊襴衣弄鶵
鳥於親側
吳恒之性至孝母葬之夕設九飯茶每臨一祭輒號
慟斷絶至七祭吐血而死
羅威母年七十天寒常以身溫席而後授其處
杜孝巴郡人也少失父與母居至孝稱後在成都母
喜食生魚孝於蜀截大竹筒盛魚二頭塞之以草祝
曰我母必得此因投中流婦出汲乃見筒横來觸岸
異而取視有二魚含笑曰必我壻所寄熟而進之聞
者嘆駭

吳人陳遺爲郡吏母好食鍋底焦飯遺在役恒帶一
囊每煮食取焦者以貽母
郭巨河内溫人也妻生男謀曰養子則不得營業妨
於供養當殺而埋焉鍤入地有黃金一釜上有鐵券
曰黃金一釜賜孝子郭巨
閔子騫事後母極孝騫衣以蘆花御車失轡父怒笞

之撫背之衣单父欲去后妻騫啓父曰母在一子寒
母去三子单
管寧避地遼東遇風船人危懼皆叩頭悔過寧惟諐
言咎念常如斯不冠而已向天叩頭風亦尋靜
巴郡文壤母死墳土未足耕一畝地爲壤群鳥數千
銜所作壤以著墳上
北平陽公雍水作漿以給過者兼補履屩不取其直
天神化爲書生問云何不種菜曰無菜種即與數升
公種之化爲白璧餘皆爲錢公得以娶婦

王靈之廬陵西昌人喪父母二十年鹽酢不入其口
所住屋夜有光庭中橘樹隆冬二實
吳猛年七歲時夏日伏於親牀下恐蚊蝱及父母
鄧展父母在牖下卧多蚊展伏牀下以膚飼之
陳玄陳太子也後母譖之陳侯令自投遼水魚負之
以出玄曰我罪人也故求死耳魚乃去
蕭芝忠孝除尚書郎有雉數十頭飲啄宿止當上直
送至岐路下直及門飛鳴車側
余嘗至綏安縣逢途逐猴猴母負子沒水水雖深而
清乃以戟刺之自脇以下中斷脊尚連肋着船中子
墮其傍以手抱子而死

幼童傳

任嘏　梁　劉劭

樂安任嘏者十二就師學不再問一年通三經鄉人歌曰蔣氏翁任氏童言蔣氏之門老而方篤任家之學幼而多慧

楊氏

楊氏子者梁國人也九歲甚聰慧孔君平詣其父父不在乃呼兒出爲設果果有楊梅指以示兒此君家果兒卽答曰未聞孔雀是夫子家禽

夏侯榮

夏侯榮字幼權沛國譙人也幼聰慧七歲能屬文誦書日千言經目輙識之

祖瑩

祖瑩范陽人十二爲中書學生博士張天龍講尚書選爲都講生徒悉集瑩夜讀書勞倦不覺天曉誤持同房生趙郡李孝怡曲禮卷上座置禮於前誦尚書三篇不遺一字

孫士潛

士潛字石龍六歲上書七歲屬文金樓子自叙曰余六歲解爲詩奉勅爲詩曰池萍生已合林花發稍周因而稍學爲文也

高道傳

司馬承禎　宋　賈善翊

開元中文靖天師與司馬承禎各就枕忽聞小兒誦經聲泠泠如金玉天師窺之額上有小目如錢光照一席逼而聽之乃承禎腦中聲也

張果

明皇問葉法善張果何人法善曰混沌初分白蝙蝠精也果嘗乘一白驢日行數萬里夜卽疊之其厚如

紙置巾箱中以水噀之復成驢也

蘇校書

蘇校書者好酒唱望江南善製毬杖外混于衆内潛修眞每有所闕卽以毬杖于於人得所酬之金以易酒一旦于郡中白日升天

朱桃椎

朱桃椎居女毛村草服素冠晦名匿位織屨自給口無二價或招以弓旌或遺以尺牘竝笑傲不荅後虛室而逝

袁起

袁起者後漢時湘中人在鄉忽醉三日始醒起吐皆聞酒氣自云起與天人共飲

李生

李生不知何許人與李羲範善一夕詣別曰某受命于冥曹主給一城内戸口逐日所用之水今月限既畢不可久任後三日死矣所缺者願送終之人少一千錢託道兄貸之因曰人世用水不過日用三五斗過此極有減福折算切宜愼之

鄱法遵

鄱法遵居廬山簡寂觀道行精確獨力撿校以歷數年全無徒弟

神仙傳

晉　葛洪

子著内篇論神仙之事凡二十卷弟子滕升問曰先生云仙化可得不死可學古之得仙者豈有其人乎予答曰秦大夫阮倉所記有數百人劉向所撰又七十餘人然神仙幽隱與世異流世之所聞者猶千不得一者也故甯子入火而陵烟馬皇見迎於護龍方回變化於雲母赤將茹葩以隨風涓子餌术以著經嘯父别火於無窮務光游淵以哺薤仇生却老以食松巾疏煮石以鍊形琴高乘鯉於碭中桂父改色以龜腦女丸七十以增容陵陽吞五脂以登高商丘咀菖蒲以無終雨師鍊五色以屬天子先讐兩虬於玄塗周晉跨素寉於緱氏軒轅控飛龍於鼎湖葛由策木羊於綏山陸通匝遐紀於橐盧蕭史乘鳳而輕舉東方飄幘於京師犢子鬻桃以淪神主柱飛行以餌砂阮丘長存於睢嶺英氏乘魚以登遐脩羊陷石於西岳馬丹廻風以上徂鹿翁陟險而流泉園客蟬蛻於五華予今復抄集古之仙者見於仙經服食方及百家之書先師所說耆儒所論以爲十卷以傳知眞識遠之士其繫俗之徒思不經微者亦不强以示之則知劉向所述殊甚簡略美事不舉此傳雖深妙奇異不可盡載猶存大體竊謂有愈於劉向多所遺棄也晉抱朴子葛洪稚川題

廣成子者古之仙人也居空同黄帝造焉

若士者古之神仙也莫知其姓燕人戶教見之

彭祖者姓籛名鏗帝顓頊之玄孫至殷末年七百六十歲

神仙傳

蒙谷山沈文太者九疑人也

白石先生者中黄丈人弟也至彭祖巳年二千有餘歲

黄初平者丹溪人也金華牧羊者

衛叔鄉者中山人也

沈衛者吴郡人也

李八百者蜀人也莫知其名

平遠字方平東海人也

墨子者名翟宋人也仕爲大夫

孫博者河東人也
班孟者不詳何人也或云女子也
王子者姓章名震南郡人也周幽王徵之不起
天門子者姓王名綱
北極子者姓陰名恒
太陽子者姓離名明本王子同年之親友也
太陽女者姓盧名全太陽子教以補道之要
太玄女者姓顓名和治王子之術
黃極子者姓栁名融

神仙傳　八　三

馬鳴生者齊國臨淄人也本姓和字君賢
陰長生者新野人也
天師張道陵字輔溪沛國豐縣人也
茅君者名盈字叔中咸陽人也秦始皇時學道幾年
道成治句容山君之次弟名固字季偉季弟名裏字
思和亦得成眞
欒巴蜀郡成都人也
漢淮南王劉安高皇帝親孫也
李少君者齊人也漢武帝時人

王眞者上黨人也嘗見魏武帝時年已四百歲
陳長者在嶼上已六百餘歲
劉綱者下邳人也初居四明山後爲上虞令
樊夫人劉綱妻也
東陵聖母廣陵海州人也適杜氏師事劉綱
孔元方者許昌人也
涉正者字元眞巴東人也
焦先生者字孝然河東人也
孫登者不知何許人也

神仙傳　六　四

靈壽光者扶風人也
嚴清者會稽人也
趙瞿者字子榮上黨人也
宮嵩者浪琊人也
容成公者字子黃道東人也行玄素之道年二百歲
善房中之術
許由巢父服箕山石流黃丹今在中岳山中
石陽服三黃得仙
平吉者沛國人也漢高帝時卒

王都仲者漢人也漢元帝嘗見之
漢旗門郎程偉妻者得道者也
葛玄洪族祖字孝先吳大帝欲加以榮位玄不可
左慈者字元放廬江人也
王遥者字玄伯遼鄱陽人也
太山老父者莫知姓名漢文帝嘗詣之
劉根字君安長安人也漢孝成帝時爲郎中
商公者不知其姓名費長房得其道
尹軌字公度太原人也

神仙傳　八　五

董奉者字君異侯官縣人也吳先生時得道
李根字子源許昌人也
李意期蜀都人也漢文帝時人
王興者陽城人也漢武帝時人
黄敬字伯嚴武陵人也
甘始者太原人也
蓟子訓者齊人也
分象者字元則會稽人也
伯山甫者雍州人也

黄山君者修彭祖之術年數百歲猶有少容
魏伯陽者吳人也
陳安世者京兆人也
李阿者蜀人也
九靈子者姓皇名化
絶洞子者姓李名修
劉政者沛人也
王劉者字長休邯鄲人也
鳳綱者漁陽人也
東郭延者山陽人也

神仙傳　八　六

欒子長者齊人也
和貴者字仲理遼東人也
黄蘆子者姓葛名起
曾女生者長樂人也
封君達者隴西人也
劉京者本孝文帝侍郎也
董仲君者臨淮人也

續神仙傳

唐　沈份

古人神仙舉世知然飛騰隱化俗稀可覩先賢有言人間神仙之人猶千不得其一況史不書神仙之事故多不傳於世詳其史意以君臣父子理亂忠孝之道激勵終古也若尚虛無自然之道則人無所拘制矣史記言三神仙在海中仙人居金銀宮闕不死之藥生其上人有欲者則風引船而去終莫能到斯亦激勵之意也大哉神仙之事靈異罕測初之修也守一鍊氣拘謹法度孜孜辛勤恐失於半塗往海儲山積功之高者便爲仙官卑者尤爲仙民十洲間動有仙家四十萬耕植芝田課計頃畝如稻焉是仙官分理仙民及人間仙凡也其隱化者如蟬留皮換骨保氣固形於岩洞然後飛昇成於眞信非虛矣份生而慕道尤喜積書及長遊歷凡接高士所説兼復積年之間聞見皆銘於心又以國史不盡散於野溯當中和兵火之後墳籍猶缺有秉筆札而述作處世斯久又漸希傳惜哉它時寂無遺聲今故編集其事分爲三卷異特兹好事君子道之以資談柄用顯眞仙者哉

飛昇一十六人　内眞女三人

玄眞子姓張名志和會稽山陰人也

藍采和不知何許人也

王老坊州宜君縣人也

道華自言蛾眉山來泊於河中永樂觀

馬湘字子然杭州鹽官縣人也

鄔通微莫知何所人也

金可紀新羅人也

賀自眞莫究其來也

鄞去奢衢州龍丘人也

張氏號名玄静縣令昇之女鄠縣尉李言妻也

戚氏道名逍遥冀州官人也適同邑蓟潯

不元白不知何許人

賣藥翁莫知其姓名

謝自然蜀華陽女眞也

茅淑女眞人也

朱儒子永嘉安固人也
許碏自稱高陽人也
隱化二十人
孫思邈京兆華原人也
張果隱於常州條山往來汾晉間
劉商彭城人也家長安
許宣平新安歙人也
劉瞻小字宜歌瞻兄也
羅方衆不知何許人

李珏廣陵江陽人也
李昇字雲舉自言江夏人也
華干韶字魯聰洪州建昌人也
徐釣者不知何許人多言
王可交蘇州華亭人也
錢朗字內光洪州南昌人也
司馬承禎字子微隱天台山
曹德林自言從東海青嶼山來遊於曲江
東海蓬萊鄉人也

聶師道字宋徵新安歙人也
羊愔者太山人也
殷七七名文祥又名道筌不知何所人也
譚峭字景昇國子司業珠之子
杜昇字可雲自言京兆杜陵人也

王江　　闕名

王江魏之考城人嘗舉周易學究不遂慨然有超世之志醉則卧衢路或値雪則邏者戲以雪埋之其氣蒸然消釋盡去或値其宴坐從旁竊聽之潺潺然若流水之聲此盖仙經所謂飛精入腦晝夜之間水聲潺湲不絶者是爲金丹第二轉之應也

張明

張明者永靜農家子也有道人者呼去入牢山授以修煉内丹之法明後舘于劉毅一日塞其兩楹間使毅立階阼上明袒臂中立頓撼支體俯而噦者數四忽仰而大呼噴吐一赤丸其大如橘霞彩四發時毅家人婦女皆竊窺之光芒射隙間皆驚明却立須臾復吸而呑之出謂毅曰此吾十五年之所養也翌日不告而去莫知所之

胡恬如

胡恬如道高卧雲林善陰陽緯候星曆推步鑪火黄白之事景福年遇上蔡人馬處謙賣卜於世憫其瞽疾而致孝於二親學術未至肯甘不足因挈入山授其推課之訣歲餘業就送之出山

集仙傳

宋 曾慥

道家者流學黃老神仙之術鍊形成氣鍊氣成神及臻成形神俱妙遥與輕舉浮遊蓬萊變化超忽將與山石無及其次坐脫立亡有所謂尸解按眞誥云人死必視其形足不青皮不皺目光不毀無異生人毛髮盡脫俱失形骨者皆尸解也又云尸解之仙但不得御華蓋乘飛雲登太極遊九宮其中有火解者要之一姓常存周遊自在有道士宿植根本積功累行

乃能飛昇是以三千行滿獨步雲歸玆語信而有証或修心鍊徃自日益至於日損自有爲至於無爲成丹就任世成仙固自有次第又云親遇至人餌丹藥得要訣不假修爲一起直入蓬萊之地則繫於緣分如何耳劉向有列仙傳葛洪有神仙傳沈份有續仙傳予晩學養生潛心至道因采前輩所錄神仙事迹并所聞見編集成書皆有証據不敢增損名曰集神仙傳異代事得於碑碣者姑以其世冠於卷首其年不可考者次之其著見於本朝者又次之至於亡其姓名者皆附之卷末中有長生久視之道普勸功周同証道果浮生光景如流生老病死苦隨之事在勉强而已覽者詳焉紹興辛未至遊子曾慥述

岑道願江陵人也隋末已百餘歲

翟法言字乾佑夔州雲安人也唐天寶十四年四十一矣

王昌遇梓州人也大中十三年成道

楊雲外字慕仙徐州人也唐大中末抵萬洲

爾朱洞字通微不知何許人也唐懿宗朝學道

鍾離權字雲不知何許人也唐末入終南山

呂嵒字洞賓又字希聖九江人也曾授眞籙於正陽

子

應請不知何許人唐僖宗時爲封令

屈突無爲字無不爲世不知其牒但云五代時得道人

張鼇不知何許人也唐末得道

賀元不知何許人仕五代時至晉爲水部

馬自然不知何許人也

張四郎眉州人也
黄損不知何許人也五代時仕南漢爲尚書僕射
陳摶字圖南譙郡人也唐長興中舉進士不第
郭忠恕字以先不知何許人也漢湘陰公辟以事
王昭素酸棗人也開寶二年召至講易
趙靈運不知何許人也雍熈中爲睦州令
穆若拙莫詳其牒端拱中爲洛州肥鄉令
張元夢字靈隱鳳翔盩厔人也眞宗召見
楊谷字虚白太室山人也眞宗召之

藍方字道元亳州人也仁宗召至
劉昉字中明酸棗人也
晁迥字明逹澶州人仁宗時以太子少保歸老
劉屺字伯壽開封尹瞸之子
雷應本馮翊人家全州
鮮于先生蜀州人也甞爲司户參軍
劉誼字宣翁湖州人也少登進士科官至二千石
王安國字平甫臨川人也神宗時入崇文舘
高存不知何許人也政和初監泰州酒務

石延年字曼卿其先幽州人
張大夫魏州人也亡其名官至押班
周從泗州鼎族也
馬宣悳不知何許人仕至宣悳郎
田端彦齊曾間人也崇寧中僉事荆南節度府
傅霖林青州人也
劉希岳字秀峰潼川人也端拱中爲道士
王江考城人也
趙吉泰州人也

張用成字叔天台州人也一名百端熈寧二年遇異人
劉卞功濱州人也徽宗三召之不應
劉生棣州人也
張繼先信州貴溪人天師道陵三十代孫也
武抱一逮人也
徐問眞濰州人也
袁元不知何所人也
徐忍公不知何許人少爲京都徐氏携養

孫希齡不知其里居亦莫詳何代人
李鑿天不知何人太平興國初來遊蓬州
陳太初眉川道人子也蘇軾方八歲與先生同學
徐守信海陵人也人稱爲神翁徽宗召之
劉元眞字子眞華原人也
劉益京兆藍田人也徽宗召之
景知常鄧州人也太宗時從趙秙禩至闕下
姚道眞合州人也
楊扆榮惠人也

集仙傳　五

塗辭蓬州人也
王鶴不知何許人也
趙筆師不知何所人也
張子完字無實邵武人也
趙元精良山人也
張先生黃州人也
張明永靜軍人也
田三禮不知何許人也元豐中教授洺州
王老志濮州人徽宗召至

陳舉蘇州人也
張士遜字順之光化人
木生奉天人也
李子廉衡山農夫也
水丘眞州人也
段毅不知何所人也
學昊劒州人也
施無疾不知何所人也
王山人不知何所來遊于東都

集仙傳　六

李士寧字安道蓬州人也
張閏不知何所人也
張風子不知何所人也
張開光中江人也
越崔夏州人也
瞽道士山東人也
采公趙州人也
黃道覺蓬州蕘牧童也
普道成東平人也

崔知古舒州靈仙觀道士
李五郎汝州客人也
馮五郎永康青城人也
皇甫先生唐州人也
王先生隱王屋山常衣紙襖人呼王紙襖
房先生不知始何許人延安房氏養爲子
祝太伯不知何所人嘗爲傭於信州貴溪
褚先生不知何所人嘗遊東都
張先生池州人也

集仙傳　八　七

孫賣魚楚州人也徽廟解衣衣之
焦覺洛州人也
趙道翁蜀人也
吳大郎大名成安人也
周貫不知何許人也台平熈寧間往來南昌郡
潘谷伊洛間人也
劉野人青州人也
魏二翁漢雷澤世農也徽宗召至
郝老彘兒鄭州人也

趙先生趙州人也
井栁華州蒲城人也
牛道士不知何許人
呂道者鳳翔保鷄人也
王帽師居陪陵
羅蓑子少明浪州人也
袁處人夔州雲安人也
張世寧太原人也
董隱宿州人也

集仙傳　八　八

郭竹師汾州人也
曾志靜廬陵人也
趙麻衣不知何所人唐僖宗時道者避於終南山
王履順思州人也
劉信邑兵也
魏守清鳳翔逃卒也
朱有經州人也少竄名五符
杜模鼈興州人也
石道人齊州人也坐法而黥

單道翁開州鈐下卒也
所清絳州傳置卒也
王吉單州老兵也
王友泰中人也嘗從軍
單道人與單道翁俱隸州五符中人
朱慶開封人也少隸尺籍
袁青潁州兵卒也
孟德神勇軍之退卒也
何仙姑零市道女也
集仙傳　八　九
于仙姑鳳翔人也徽宗召至
向湍字東叔文簡公之後以仙姑學道
何氏二女株陵人也
鄭仙姑徽州人也
張姥王氏獲也
劉妍代州嫗也
張仙姑南陽人也
徐道生山陽軍婦也
寇嫗晉寧人也
侯道姑兗州妓也
集仙傳　八　十

列仙傳　漢　劉向

初武帝好方士淮南王招致賓客有枕中鴻寶秘密之書言神仙使鬼物及流衍重道延命之術世人莫見先是安先謀反服誅何武爲武帝治淮南王獄獨得其書向幼而從之因得受讀及宣帝卽位修武帝故事何興王章王喬等並以通敏有才進侍左右及見淮南鑄金之術上言黄金可成上使何興上方鑄金費多不驗下吏當使兄隱安成侯乞入國中羊贖向罪上亦以其才得减死論復徵爲皇門侍郎講五經於石渠至成帝時向旣司典籍頗修神仙之事乃知鑄金之術實有不虛仙顔久視眞乎不謬但世人求之不勤者遂緝上古以來及代秦漢博采諸家言神仙事約載其人及斯溥焉

赤松子者神農時人也

甯封子者黄帝時人也傳爲黄帝陶正

馬師黄帝時馬醫也

赤將子者黄帝時人

黄帝者號曰軒轅

方回者堯時隱人也

偓佺者槐山採藥人也堯時人

容成公者自稱黄帝師亦云老子師

老子姓李名耳字伯陽陳人生於殷爲周柱下史

關令尹喜者周大夫也

呂尚者冀州人也避紂亂隱於遼西周釣於磻溪

嘯父者冀州人也少在西州市上補履

師門者嘯父弟子也爲夏孔甲龍師

務光者夏時人也

仇生者不知何所人當殷湯時爲木正

彭祖者殷大夫也姓錢名鏗帝顓頊之孫

陸終氏中子印疏者周封史也

介子稚者姓王名光晋人也

馬丹者晋人也當文侯時大夫

穀成子鄉平常生者不知何所人也

陸過者云楚狂接輿也

葛由者周王時人也

江妃二女者不知何所人也逢鄭交甫者

范蠡字少伯徐人也事師太公望爲越大夫

琹高者趙人也以琹爲姓宋康余人

寇光者宋景公時人也

王子喬者周靈王太子晉也

幼伯子者周蘇氏客也

安期生者瑯琊鄉人也

酒客者梁上酒家人也

狂光者上蔡人也趙簡嘗聘之

列仙傳　六　三

蕭史者秦穆公時人也

祝鷄翁者洛人也

朱仲者會稽人也高后時來獻珠

修羊公者魏人也後以道干景帝

稷丘居者泰山下道士也武帝時爲立祠

崔文子太山人也

赤須子者豐人也秦穆公主魚吏

東方朔平原厭次人也

鉤弋夫人者齊人也姓趙武帝幸之生昭帝

犢子鄴人也

騎龍鳴者渾亭人也

王柱者不知何所人也

園客者濟陰人也或云陳晉濟陽氏

鹿皮公者淄州人也

山圖者隴西人也

谿父者南郡庸人也

谷春者櫟陽人也成帝時爲郎

昌容者常山道人也

列仙傳　六　四

陰生者長安中渭橋下乞兒也

子英者舒鄉人也

毛女者字玉姜在陰山中自言始皇宮人也

服閭者不知何所人也往來海邊

文丘者太丘鄉人也

商丘子胥者高邑人也

子尚者楚語而細音不知何所人

陶安公者大安鑄冶師也

赤斧者巴戎人也

呼子先者漢中關下卜師也
負局先生者不知何所人也語似燕代間人
牛黄者廣陵人也
仙女者陳市上沽酒婦人也
黄院内者開山道士也
陵陽子明者銍鄉人也
木羽者鉅鹿南和平鄉人也
玄俗者自言河間人也

江淮異人錄

宋　吳淑

錢處士天祐末遊于江淮嘗止金陵楊某家中夜忽起曰地下兵馬相鬭云接令公聒我不得眠人莫之測明日義祖自京口至金陵時人無有預知者錢又每爲讖詩說方來事言李氏之祚曰髣髴之間倍初吳氏有江東四十六年而李氏三十九年或謂楊氏自稱尊至禪代二十年故髣髴倍之耳

周廣順初江南伏龜山圯得石函長二尺廣八寸中

有鐵銘云維天監十四年秋八月葬寳公于是銘有引曰寳公嘗爲偈大字書于版帛纍之人欲讀之者必施數錢乃得讀訖即纍之是時名士陸倕王釣姚察而下皆莫知其音或問之云在五百年後至卒乃歸其銘同葬焉銘曰莫問江南事江南自有馮乘雞登寳位跨犬出金陵子建司南位安仁秉夜燈東隣家道闕隨虎遇明徵其字皆小篆體勢完具徐鉉徐鍇韓熙載皆不能解及煜歸朝好事者云煜丁酉年襲位即乘雞也開寳八年甲戌江南國滅是跨犬也

當王師圍其城而曹彬營其南是子建司南位潛美營其北是安仁秉夜燈也其後太平興國三年淮海王錢俶舉國入覲即東隣也家道闕意無錢也蹟虎遇戊寅年也

説郛目録

弓第五十九

漢官儀

漢　應劭

獬豸獸性觸不直故執憲者以其角形爲冠

侍御史周官也爲柱下史冠法冠一曰柱後以鐵爲柱

正月旦天子御德陽殿臨軒公卿大夫百官各陪位朝賀蠻貊倶奉朝貢必見屬郡封吏皆陛覲

孝武時天子以下未有幘元帝頞上有壯髮不欲使人見乃始進幘群僚隨焉

省中皆以粉塗壁畫古烈王

孝武皇帝南平百越北攘匈奴置交阯朔方之州復徐梁之地改雍曰梁改梁曰益凡十三州所以交朔獨不州明示帝王未必相襲始開地方遂交南方爲子孫基址也

侍中秩千石黄門有畫室署玉堂署各有長一人

尚書郎懷香握蘭趨走丹墀

世祖封禪久有白氣一丈東南極望正直壇所有青氣上與天屬遥望不見此瑞命之符也

謁者着細幘大冠
綬者有所受以別尊卑彰有德也
司空騎吏以下皂袴因秦水德今漢家火德宜着絳
袴
虎賁中郎將衣紗縠單衣虎綿袴
尚書令僕丞郎月賜渝麋大墨一枚小墨一枚
天子壇田公卿耕訖嗇夫下種凡稱籍田爲千畝亦
曰帝籍亦曰耕籍亦曰東耕亦曰親耕亦曰王籍
侍中向存年老口臭帝乃賜以鷄舌香令含之
漢官儀〔二〕

獻帝春秋　　闕名
初黄巾賊起靈帝建九重華蓋自稱無上將軍身被
介冑謀兵京城先是造作角錢猶五銖而有四道連
于邊輪百姓各有識者以爲天徵竊言新錢有四道
京城將壞而此前四出散於四方之外乎遂皆如其
言
孝靈皇帝何皇后生太子辯帝數失子不敢正名養
于道人史子眇家號曰史侯
獻帝春秋〔一〕
袁紹將兵入宫誅諸黄門張讓等逼迫以尺一詔開
大夏門將帝及陳留王出不知所如
獻帝都許守位而已宿衛近侍莫非曹氏黨舊恩戚
議郎趙彦嘗爲帝陳言時策曹操惡而殺之其餘内
外多見誅操後以事入見殿中帝不任其忿因曰君
能相輔則厚不爾幸垂恩相捨操失色俛仰求出舊
儀三公輔兵入廟令虎賁執刃挾之操顧左右汗流
浹背自後不敢復朝請
自誅黄門後侍中侍郎出入禁中機事頗露由是王

允乃奏侍中黄門不得出入不通賓客自此始也
張遼問吳降人曰紫髯將軍長上短下誰也荅曰是
孫會稽
楊州刺史劉馥上言荊州牧劉表與會稽太守孫權
謀襲京城遂塹許設鹿角砦
董卓未誅有書三尺布幡上作兩口相銜之字負之
於道歌曰布乎及呂布殺董卓負布者不復見
越騎校尉汝南伍孚忿董卓無道欲身自殺之挾佩
刀詣卓孚語畢辭出卓至閤執手孚引刀刺卓卓多

力却不中即殺孚
張遼問吳降人曰向有紫髯將軍長上短下大便馬
善射是誰降人荅曰是孫會稽也

玄晏春秋

晋　皇甫謐

衛倫以郎應會于京師過予而論及於味倫稱魏故
侍中劉子揚食餅知鹽生精味之至也予曰昔師曠
識勞薪易牙別淄澠子揚之妙抑末乎倫曰晉師曠
易牙古之精也魏之子揚今之妙子何間焉
衛倫過予論及於時味倫因命僕取粮進子曰麥也
有杏李柰味
十七年予長七尺四寸未通史書與從姑子梁柳等

或編荊為楯執杖為矛分陳相刺有若習兵母數譴
予予出得瓜果歸以進母母投諸地曰孝經稱曰用
三牲之養猶為不孝何孝者莫大于欣親今爾年近
乎三十志不存教心不入道曾無怵惕少慰我心脩
身篤學爾自得之于我何有因對予流涕予心少感
遂伏史書
余家素貧晝則務作夜則甚疲寐及二時之務書
卷生塵篋不解緘唯季冬裁得一旬學或兼夜寐或
戲獨否或對食忘飡或不覺日夕居家遊出之事古

亟畧絶富陽男數以全生之道誨子方之好色號于

爲書帙

玄晏春秋　卷二

九州春秋

晉　司馬彪

臧洪爲青州刺史爲袁紹所圍糧盡厨有米三斗主

簿啟白欲以爲薄粥洪嘆曰吾獨食此何味命爲薄

粥與衆共歠之

靈帝賣官廷尉崔烈入錢五百萬以買司徒烈子均

字孔平亦有時名烈問曰吾作公天下人謂何如對

曰大人少有高名不謂不當爲公今登其位海内嫌

其銅臭烈舉杖擊之均走烈曰子授父撾而走是可謂

孝乎均曰舜之事父小杖則受大杖而走不陷父於

九州春秋　卷一

不義烈曰爾以吾爲瞽瞍耶

夏侯淵爲黄忠所殺操臨漢中至陽平欲攻劉玄德

而不得進欲守又難爲功乃出令曰鷄肋官屬不聽

所謂楊修便自嚴裝人驚問修何以知之修曰何以

知之修曰鷄肋棄之可惜食之無所得以比漢中知

公欲還也俄操廻師時人伏其幾決

建安六年劉表攻西鄂西鄂長杜子緒帥縣男女嬰

城而守時南陽功曹栢孝長亦在城中聞兵攻聲恐

懼入室閉戶牽被覆頭相攻半日稍敢出而其明側
立而聽二日往出戶問安息至四五日乃更負補親
聞語于緒曰勇可習也
公孫瓚爲袁紹所圍曰天下兵起我謂可唾掌而決
今視孫之兵革方始不如休兵積穀
臧洪爲青州刺史爲袁紹所圍粮食已盡初尚掘鼠
煮筋角後無可復食厨有米三升主簿啓進內稍以
爲糜粥洪歎曰吾獨食此何爲命作薄粥與共啜之
也

帝王世記

晉　皇甫謐

堯時有草莢生庭每月朔日生一莢至月半則所十
五莢至十六日後日落一莢至月晦而盡若月小餘
一莢王者以是占曆唯盛德之君應和氣而生以爲
堯瑞名曰蓂莢一名曆莢一名瑞草
堯時厨中自生肉脯薄如萐搖則風生使食物寒而
不臭名曰萐脯
舜彈五絃琴歌南風曰南風之薰兮可以解吾民之
慍兮

黃帝服齊于中宮坐于玄扈洛上乃有大鳥雞頭鷰
喙龜頸龍形麟翼魚尾其狀如鶴體信五色三文成
字首文曰順德背文曰信義膺文曰仁智不食生虫
不履生草或止帝之東園或巢阿閣其飲食也必自
歌舞音如簫笙
黃帝遊洛水上見大魚殺五牲以醮天乃甚雨七日
七夜魚流始得圖書今河圖是也
皇帝與神農事戰於阪泉之野

炎帝殺蚩尤於中冀名其地曰絶轡之野

湯時大旱殷史曰卜當以人禱湯曰吾所謂自當遂齊戒剪髮斷爪已爲牲禱於桑林之野告於上天已而雨大至

禹葬會稽下不及泉上不通臭既葬收餘壤爲壟

黄帝有熊氏母曰附寶有蟜氏之女也見大電光繞北斗樞心照郊野感附寶而孕

武王納太公之女曰邑姜修教于内生太子誦

黄帝都於有熊今新鄭是也

太昊包犧氏風姓有景龍之瑞故以龍紀官

魏晉世語

晉 郭頒

劉放孫資共典樞要夏侯獻曹肇心内不平殿中有雞棲樹二人相謂此亦久矣其能復幾指謂中書監劉放中書令孫資

司馬景王命中書郎虞松作表再呈不可意令松更定之經時竭思不能改心存形色中書郎鍾會察有憂色問松松以實對會取草視爲定五字松悦服以呈景王景王曰不當爾耶松曰鍾會也王曰如此可

大用真王佐才也卞伯玉赴中書詩曰躍鱗龍鳳池揮翰紫宸裏

杜夷字行齊爲儒林祭酒皇太子凡三至夷舍執經問義

朕甚喜之

刁協遷尚書令詔曰尚書令協抗志高亮才鑒博朗

范甯字武子少好學多所通覽拜中書郎專掌四省居職多所獻替有益政道

孔演字元舒晉國建與庾亮俱補中書侍郎于時中

典肇建庶事草創演經學傳通又練舊典朝儀軌制
多取正焉由是元明二年帝親愛之
劉超字世踰遷中書舍人時臺省初建內外多事超
出納書命以忠慎稱理身清苦衣不重帛
徐邈字景山以儒素坐好學尤善經傳烈宗始覽典
籍招延禮學之士後將軍謝安舉邈應選補中書舍
人專在西省撰正五經音訓學者宗之每預顧問輒
有獻替多所補益烈宗甚愛之
孫盛字安國爲秘書監加給事中篤尚好學自少至
魏晉世語　八　二
長常手不釋卷既居史官乃著三國陽秋
郭璞太興元年奏南郊賦中宗嘉其才以爲著作佐
郎
殷浩北伐江逌爲長史逌取數百鷄以長繩連脚皆
繫火一時駈放飛過塹集于羌營火皆燃

東宮舊事

晉　張敞

皇太子初拜有旄幢一又曰皇太子鹵簿有黃麾
皇太子初拜有石山安車一建九旗青色四馬又曰
皇太子大小會庭設三廂樂舞六佾
皇太子納妃有漆龍頭支髻枕一銀花鏤鈕自副又
曰皇太子納妃有金塗連盤鴨燈一
太子納妃有絳地文履一量又曰皇太子納妃有漆
花籠二具
東宮舊事　八　一
皇太子納妃織成衮帶白玉珮
皇太子納妃四望車羽葆前後部鼓吹各一部又曰
步搖一具九鈿函盛之
太子有銅駞頭燈銅倚燈納妃有金塗四尺長燈銀
塗二尺連盤燈
太子納妃有白縠白紗白絹衫並紫結纓
皇太子納妃有絳紗複裙絳碧結綾複裙丹碧紗紋
雙裙紫碧紗文雙裙紫碧紗文繡纓雙裙紫碧紗縠
雙裙丹碧杯文羅裙

皇太子初拜給縹紅紙各一百枚
皇太子初拜給香墨四九
太子儀飾有玉頭鈿
閤內有曲鄣鄣上雀目窗
太子納妃有玳瑁鈿鏤鏡臺一
太子納妃有龍頭金縷交刀四銀牙鑷綵帶副二
皇太子初拜有絳紗單衣
漆四升杯四十漆杯子三百
長槃五漆尺槃三千漆栢炙捍二
漆三十五子方槃二沓盞二枚

白珥五枚
漆盤子一百枚
漆七五十枚
漆箸一百雙
漆貊炙大函一具
漆注綺纖旒一十枚
漆食架二
太子妃有石砧一枚又擣衣砧杵十枚

皇太子納妃自着衣大鏡尺八寸銀花小鏡尺二寸
漆匣盛翡翠銅鏡二枚嵌金龍頭受福蓮華鈎鑷四
副
皇太子納妃有綠石綺絹裏㭊幨二
太子納妃有青布碧裡梁下幃一紺絹青布窓戶幃
各一
太子納妃有綵杯文綺被一絳具文羅一幅一絳被
羅綉文四五幅被一又有七綵文綺被絳文羅面一
太子納妃有赤花囊文箪

太子有獨坐龍鬚蓆赤皮花經席一領
皇太子納妃有床上屏風十二牒織成漆連銀鉤鈕
織成連地屏風十四牒銅環鈕
皇太子初拜供漆要扇青竹扇各一納妃同心扇二
十單竹扇二十
太子有白旄拂二
太子納妃有漆書銀帶唾壺一
皇太子初拜有銅博山香爐一枚納妃
泰元中皇太子納妃王氏有銀塗博山蓮槃三十香

爐一

皇太子納妃有綾褁幞帊五具絹褁幞帊五具

皇太子初拜有漆馬齒書簏金裝彩花簏

皇太子納妃有絳直文羅袴七彩杯文錦袴五

皇太子納妃有絳紗複裙絳碧結綾袄裙丹碧紗紋雙裙紫碧紗紋雙裙紫碧紗紋綉纓雙裙紫碧紗縠雙裙丹碧杯文雙裙

太子納妃有絳地紋履一雙

皇太子初拜給漆筆四十枚銅博山筆床一副

東宮舊事〈八〉　四

太子納妃有絳綾袍一領

元嘉起居注

闕名

孝感

盱眙民王彭先丁母艱居喪至孝元嘉之始父又喪亡彭兄弟二人土工未就鄉人助彭作塼塼事須水瀆值天旱穿井盡力不得水彭號窮無計一旦天霧霧消之後於塼竈前自然水生

蒐白席

元嘉中劉禎爲御史中丞奏風聞廣州刺史韋朗於州部作蒐白席三百二十領請以事追免朗官

元嘉起居注〈一〉　一

嘉蓮

泰始二年八月嘉蓮一雙駢花並實合跗同莖生豫章鱧湖又六年雙蓮一蔕生東宮玄圃池

居官

尚書左丞袁播啟領曹郎中荀萬秋每設事緣私遊肆其所之豈可復黍刻士林偏名天閣請免萬秋所居官

中書令

王言之職總司淸要中將軍丹陽尹王景文夙尚弘簡情度淹粹忠規茂績實宣國道宜兼管内樞以重其任可中書令

白燕

元嘉元年七月有白燕集於齊郡遊翔庭宇經九月乃去衆燕翼隨有數千

大業拾遺錄

杜寶

南海郡送都念子樹一百株敕付西苑十六院内種此樹高一丈許葉如白楊枝柯長細花餘色葉正赤似蜀葵而大其子小于柿子甘酸至美寄漬爲粽益佳

需支夫善耕婦人善織以五色絲稍内口中兩手引而結之則成文錦丈人多力勤稼一日耡十餘頃之地

隋煬玉蘸得胡人法造

泗河岸上亦有子胥廟每朝暮潮時泗河之水亦鼓怒而起至其廟前高一尺廣十餘丈食頃乃定與錢唐潮水相應

曲阿秦時名雲陽太史云東南有天子氣在雲陽之間故鑿此崗令曲而阿因名

合浦徐聞縣多牛其項上有特骨大如覆斗日行三百里

隋煬諸郡進食用九飣牙盤又有鏤金鳳蟹爲食品

第一

建康宮殿簿

唐　張著

神龍

太初宮中有神龍殿去縣三里左太冲吴都賦云抗神龍之華殿施榮楯而捷獵是也

赤烏

赤烏殿在縣東北五里吴昭明宮内制度上應星宿吴都賦云崇臨海之崔嵬飾赤烏之暐曄是也

通天

通天觀在舊臺城内宋元嘉中築二十三年更修廣之造景陽樓人壯觀又立鳳光殿醴泉堂建業宮有迎風觀

又

晉孝武帝講孝經於通天觀僕射謝安侍坐尚書陸納侍講黄門侍郎謝石吏部侍郎袁宏執經丹陽尹王緄續句論者榮之

商飈

商飈觀在東北十三里籬門亭後亭墩土齊武帝築

九日登以晏群臣

建康宮殿簿（八）　二

山公啓事　晋　山濤

孫楙

中書屬通事令史孫楙限滿久習内事才宜殿中侍御史須空補之不審可否詔曰可

張建

太康七年詔曰郎中張建忠篤履素爲江表士大夫所稱宜在中朝其以建爲給事中

陳邵

山公啓事（六）　一

陳邵字節良太始六年詔曰燕王師邵凊貞廉潔博通六籍宜在左右以敦儒訓可給事中

羊祜

羊祜忠篤寬厚然不長理劇宗正卿鈌不審可轉作否

劉儼

中庶子鈌宜得俊茂者以濟陰太守劉儼陽城太守石崇叅選不審可有合聖意者不

郗説

濤曰臣欲以郄詵爲溫令詔可壽又啓曰訪聞詵喪母不時葬遂於所居屋後假葬有異同之議請更選之詔曰君爲管人倫之職此輩應爲清議與不便當裁處之

山濤再居選職十有餘年每一官缺輒啓擬數人詔旨有所向然後顯奏隨帝意所欲爲先故帝之所用或非舉首衆情不察以濤輕重任意或譖之於帝故帝手詔戒濤曰夫用人惟才不遺踈遠單賤天下便化矣而濤行之自若一年之後衆情乃

寢濤所奏甄拔人物各爲題目時稱山公啓事

八王故事

闕名

夷甫容貌整麗妙于談玄恒捉白玉柄麈尾與手都無分別王戎云太尉神姿高徹如瑤林瓊樹自然是風塵外物王公目太尉巖巖清峙壁立千仭王敦稱太尉處衆人中似珠玉在瓦石間

石勒見夷甫謂長史孔萇曰吾行天下多矣未嘗見如此人當可活不萇曰彼晉三公不爲我用勒曰雖然要不可加以鋒刃也夜使推墻殺之

張方將移惠帝於長安入殿奉迎自領五千騎皆促鐵匣槊二節髮髭繫兜鍪皆用涼州白鶡毛天子見之大驚

太康七年正旦日蝕詔公卿大臣各上封事咨其安在汝南王亮與司徒魏舒司空衛瓘上言三司之任天地人也乾道不普故水旱爲灾人倫失序故奸宄不禁乃者荊州之城妖灾仍與任城國都水流變赤延三朝之始日有蝕之孟陽節過堅氷未消臣等瑣才聽優高位可謂小人而乘君子之器宜就顯戮以

答天意謹免官徒跣上所假章綬夫陰陽失序朕于
天道刑政失中之所致也其使冠履勿復道

陸機要覽

晉　陸機

列子御風常以立春歸乎八荒立秋遊乎風穴是風
至則草木發生去則摇落謂之離合風

昔羽山有神人焉逍遥于中岳與左元放共遊薊子
訓所坐欲起子訓應欲留之二日之中三雨今呼五
月三雨亦爲留客雨

九花樹生南岳雖經雪凝寒花必開便落時人謂之
應春花

萬歲蟾蜍頭上有角頷下有丹書重八字名曰肉芝
以五月五日取陰乾以其足畫地卽流水帶之於身
能辟兵

東弓南矛西劒北戟北中鼓亦曰四兵

西陽山中有甘谷谷中皆菊花墮水中居人飲之多
壽有及一百五十有餘歲者

千歲龜五色額上骨起如角巢於蓮葉之上或在叢
著之下

立夏日服六壬癸符或服玄水丸飛霜散暑不能侵

也

陳思有鵲尾杓柄而長置之酒樽凡王欲勸者呼之尾則指其人

桓譚新論　　桓譚

一

太山之有石刻凡千八百餘處而可識知者七十有二

漢中送王仲都時夏大暑使曝日坐又環以十爐火不言熱而身不汗出

太原民以隆冬不火食五月雖有疾病急緩猶不敢犯爲介子推故也

元帝時漢中遇道人王仲都能忍寒乃於盛寒日令袒衣載以駟馬於昆明池上遶水而走御者厚衣狐裘甚寒而仲都獨無憂也

世俗咸曰漢文帝躬儉約修道德以先天下天下化之故致充實殷富澤加黎庶穀至石數十錢上下饒羨

天下有鵲鳥群國皆食之三輔俗獨不敢取之或取即雷霹靂起原夫天不獨左彼而右此殺鳥適雷

秦始皇見周室失統自以當保有九州見萬民碌碌猶群羊聚諸皆可以竿而驅之故遂以敗也

董賢女弟爲昭儀居椒風舍後漢朱佑初學長安帝往候之佑不時相勞苦而先升講舍後車駕幸其第帝因笑曰主人得無捨我講舍乎以有舊恩數蒙賞愛

余與劉子駿言養性無益其兄子伯玉曰天生殺人藥必有生人藥也余曰鉤吻不與人相宜故食則死非爲殺人生也譬若巴豆毒魚礬石賊鼠桂害獺杏核殺豬天非故爲作也

王翁時男子畢康殺其母詔焚燒其屍暴其罪於天

桓譚新論 八 二

下余上章言宣帝時公卿朝會丞相語次曰聞梟生子長且食其母果然有賢者應曰但聞烏子反哺耳丞相大慙君子之于禽獸尚爲之諱況人乎

宓儀之制杵臼萬民以濟及後人加功因延力借身重以踐碓而利十倍杵舂又復設機關用驢騾牛馬及役水而舂其力乃且百倍

扶風漆縣之邠亭部言本大王匾處其民會日相與夜市而不爲則有羞

關東鄙語曰人聞長安樂出門西向哭和肉味美則對門而啗

余歸沛道病蒙絮被絳罽襜乘騂馬宿下邑東亭亭長疑是賊發卒余令勿問乃聞而去此安靜自存

楚之郢都車掛轂民摩肩市路相交號爲朝衣新而暮衣弊

元帝求方士漢中道人王仲都大暑中使暴坐又環以千鑪不言熱

高君孟頗知律令嘗自伏寫書郎署裏其老欲代之不肯云我躬自寫乃當十遍讀

桓譚新論 八 三

劉子政子駿伯玉三人尤珍重左氏教子孫

余同時左郎官有梁子初楊子林好學所寫萬卷至于白首常有所不曉百許寄余余觀其事皆略可見矣

成帝幸甘泉詔揚子雲作賦倦卧夢其五臟出在地以手收内入覺太少氣一年卒

博士弟子韓生遭三夜有奇夢來以問人人教晨起厠中祝之三旦人告以爲祝詛捕治數日死

余前爲典樂大夫有鳥鳴于庭樹上而府中門下皆

爲憂懼後余與典樂謝侯爭鬬俱坐免去
公孫龍六國時辯士也爲堅白之論假物取譬謂白馬爲非馬非馬者言白所以名色馬所以名形也色非形形非色

譙周法訓

蜀　譙周

古者茹毛飲血燧人初作燧火人始燔炙
善耕者足以謹地待時而動善射者調弓定準見可而發君子善養其人足用
羊有跪乳之禮雞有識時之候鴈有庠序之儀人取法焉
唐虞之衣裳文法禹稷之溝洫耕稼人至今被之
桀紂雖有天下之位而無一人之譽也猶朽木枯樹

逢風則仆也
王者居中國何也順天之和而同四方之統也
挽歌者高帝召田横至鄉自斃從者不敢哭而不勝其哀故作此歌以寄哀音焉
男子幼娶必冠女子幼嫁必笄禮之則從成人不爲殤
有一產二子者當以後生者爲兄言其先胎也愚謂此野人之鑿語耳君子不測暗安知胎之先後也
貪忍者難爲惠苛煩者難爲恭君子一于禮而已矣

何事之難爲

君子處陋巷之中奚樂也曰樂得其親樂得其友樂

聖人之道也

裴啓語林

晉　裴啓

管寧嘗與華子魚少相親友共園中鉏菜見地有片

金揮鉏如故與瓦石無異華捉而擲去

魏伐蜀羅獻爲巴東太守吳聞蜀已敗遣盛獻等水

陸並到說獻以合同之計獻銜枚夜出擊破獻旋軍

保城告誓將士厲以節義莫不用命

荀顗年踰耳順而毋年九十色養烝烝以孝聞當時

在喪顦顇貌不可識

有周雙噴者貧而好道夫婦夜耕

田何年老家貧茅居嵩牀守道不仕

何平叔美姿儀而絶白魏文帝疑其著粉夏月與熱

湯餅旣噉大汗出隨以朱衣自拭色轉皎然

管輅容貌醜而嗜酒飲食無威儀也

顧榮兼侍中安慰河北以前後功封嘉興伯榮覩中

國日弊乃併求急還南旣造江渚欣然自得

王右軍爲會稽謝公就乞牋紙庫中唯有九萬枚悉

與之桓宣武云逸少不節

桓石秀豁第二子也不以榮爵嬰心唯以弋釣爲事游覽樂足一丘桓冲嘗與石秀共獵登九井山獵走甚盛觀者傾坐石秀未嘗屬盼嘯詠而已

諸葛武侯持白羽扇指麾三軍黄竹具叙事

劉真長見王丞相時盛夏王公以腹熨彈碁局曰乃渹劉既出人問見王公如何對曰未見他惟作吴語耳

羊稚舒冬日釀酒令人抱甕須臾復易人速成而味好

裴啓語林　八　二

大將軍丞相諸人在此時閉戸共爲謀身之計王曠世宏來在戸外諸人不容之曠乃剔壁闚之曰天下大亂諸君欲何所圖謀將欲告官遂而納之遂建江左之策焉

劉寔詣石崇如廁見有絳文帳裀褥甚麗兩婢持錦囊寔據退笑謂崇曰何誤入卿室崇曰寔廁耳寔更往向乃守廁婢所進囊是籌良久不得便行謂崇曰貧士不得此廁乃如他廁

石崇廁常有十餘侍婢列皆佳麗藻飾置甲煎沉香無不異備又與新衣客多不能着王敦爲將軍少年既脫故衣着新衣婢謂曰此客必能作賊世說王大將軍敦敦初上主廁見漆箱中盛乾本以塞鼻王謂上廁下果食遂至盡既還婢擎金藻盤盛水琉璃椀澡豆敦目厠著水中而飲之謂之乾飯羣婢掩口而笑之

簡文爲撫軍時坐牀上生塵不聽左右拂公見鼠行跡視以爲嘉有參軍見鼠以手板格煞之撫軍謂曰無乃不可

裴啓語林　八　三

王藍田少有癡稱王丞相以地辟之既見無所他問問來時米價藍田不答直張目視王公王公云王掾不癡何以云痴

袁貞爲監運范玄平作吏部尚書大坐語袁卿此選還不失護軍袁曰卿何事人中作市井

宋岱爲青州刺史禁淫祀著神鬼論有一書生葛巾修刺詣岱曰君絶我輩血食二十餘年君有青牛髯奴所以未得相困耳奴已叛牛已死今日得相制矣言絶而失明日岱死

顧和爲楊州從事旦旦當朝未入停車州門外須史周侯已醉着白袷憑兩人來詣丞相歷和車邊和先在車中覓虱色夷然不動周侯見和過去行數步復又還指顧心問曰此中何所有顧釋虱不視徐徐應曰此中最是難測也

裴啓語林（卷八）四

虞喜志林

晉　虞喜

吳時於江水中得鐘有百餘字募求讀者竟無人曉

建武二十四年南郡男子獻銅鼓有銘

東海之魚墜一鱗崑崙之木落一葉聖人皆能知之也

孫休鋭意於典籍欲畢覽百家之言大好射雉春夏之間常晨出夜還唯此時捨書

諸葛恪父瑾長面似驢孫權大會群臣使人牽一驢入長撿其面題曰諸子瑜也恪對跪乞請筆益兩字續其下曰之驢舉坐欣笑以驢賜恪

虞喜志林（卷八）一

賀齊性奢侈尤好軍事兵甲器械極爲精好干櫓戈矛鈀爪乂棍弓弩矢箭咸取上材

信安山有石室王質入其室見二童子方對棋看之局未終視其所執伐薪斧柯已爛朽遽歸鄉里已非矣

夷陵有陰陽石陰石常潤陽石常燥旱則鞭陰石必雨久雨鞭陽石則止

王瑗自言我𦙶酒肉好書善畫人有美酒珍食精紙何所不可

王瑗遇鬼物言我見蔡邕作仙人飛去飛來甚快樂也

李子長欲知囚情以梧桐爲人蘆葦爲牢當罪木囚不動或冤木囚乃奮

鍾繇問蔡邕筆法于韋誕誕惜不與乃自搥胸嘔血曹操以五靈丹救活之及誕死繇令人盜其墓遂得其法

虞喜志林（二）

洞庭湖神過客祈禱必驗分風送船

魏臺訪議

王肅

臘

帝問何用未祖丑臘對曰王者各以其行盛日爲祖衰日爲臘漢火德衰於戌故以戌日爲臘魏土也土長木丑之明日便寅寅木也故以丑臘土成於未故以歲始未祖也

寒熱

冬至陽動於下推陰而上之故寒於上夏至陰動於下推陽而之上故大熱於上

魏臺訪議（一）

律

後漢尺度稍長魏代杜夔亦制律吕以之候氣灰悉不飛凡律各有所攝引而申之至於六十相生者相變始黄鍾之管下生林鍾以陽生陰故變也相攝者相通如中吕之管攝於物應以毋權子故相變者異時而各應相通者同月而繼應應有早晚者非正律氣乃子律相感寄毋中應也

雨

永平京師少雨上御雲臺自爲卦以周易林占之其繇曰蟻封穴戶大雨將至上以問輔輔曰蹇艮下坎上艮爲山坎爲水山出雲爲雨蟻穴居知雨將至故以蟻興

魏臺訪議〔二〕

魏春秋

晉　孫盛

黄初元年文帝愈崇宫殿雕飾觀閣取白石英及紫石英五色大石於太行穀城之山起景陽山于芳林園樹松竹草木捕禽獸以充其中于時百役繁興帝躬自掘土率群臣三公以下莫不展力

文帝以素書所著典論及詩賦餉孫權又以紙寫一通與張昭

帝善彈棊能用手巾角時有一書生又能低頭以所冠著葛巾角撇棊

魏春秋〔一〕

劉政投炳原曰窮鳥入懷炳原曰安知斯懷之可入邪

明帝時崔林嘗與司空陳羣共論冀川人士稱琰爲首羣以智不存身貶之林曰大丈夫爲有邂逅耳即如卿諸人良足貴乎

王遇性質訥而好學與平中關中擾亂與兄季中依將軍段煨采稆負販而常挾持經書投閑習讀其兄笑之而遇不改

阮籍常率意獨駕不由徑路車跡所窮輒慟哭而反

齊春秋

梁　吳均

王儉不好聲色未嘗遊宴衣裳服用自周而已

南齊時荆州城東天子井出錦于時士女取用與常錦不異經月乃歇

劉璡字子敬耿介好禮嘗與故人共車於津陽内見一女子容姿甚麗眄睞之璡因抽坐席懸車中以隔絶之其正如此

晉安王子懋字雲昌武帝子也年七歲時母阮叔媛

常病危篤請僧行道有獻蓮花供佛者衆僧以銅罌盛水花更鮮子懋流涕禮佛誓曰若使阿姨護祐願華竟齋如故七日齋畢華更鮮紅看視罌中稍有根鬚阮病尋差世稱其孝感

齊給事中皆隸習書省與諸散騎同掌侍從左右獻給省諸文奏

東昏侯鑿金蓮花帖地令潘妃行其上曰此步步蓮花也塗地皆以麝香

波斯國人皆以麝香如蘇塗鬚點額及於耳鼻用以

爲敬

崔元祖父景真爲平昌太守有惠政常懸一蒲鞭而未嘗用

鬱林王好鬭雞密買雞至數千價

東昏侯在位置射雉塲二百九十六處殿中帷帳及步障皆衿以緑紅金銀鏤弩牙瑇瑁帖箭每出輒以鷹犬隊主徐令孫媒翳隊主俞靈韵齊馬而走左右爭逐之

江秘信行人衣敝虱多綿褁置壁上恐虱飢死乃置衣中數日終身無復虱

卞彬爲南康郡丞彬頗飲酒擯棄形骸仕既不遂乃箸蚤蟣虫蝦蟇等賦皆大有指斥

張堪好於齋前種松栢時人曰張堪屋下陳屍

豫章王於郊起山列種桐竹號爲桐山武帝幸之置酒爲樂

樂預爲永世令人懷其德卒官時有一媪年可六七十檐槲敕叶造市貨之聞預卒大泣叶溪中曰夫樂令我輩孤獨老姥故應就死爾市人皆泣其惠化如此

周顒隱居鍾山衛將軍王儉謂顒曰卿山中何所食顒曰赤米白鹽緑葵紫蓼文惠太子問顒菜食何味最勝顒曰春初早韭秋末晩松

范雲常從文惠太子幸東田觀穫稻文惠顧謂雲曰刈此甚快雲曰三時之務亦甚勤勞願殿下知稼穡之艱難無徇一朝之宴逸也文惠改容謝之

齊人渡江至玄武湖西北莫府山南我軍自覆舟東移頓郊壇北與齊人對是時及食調市人餽軍皆是

交脣爲飯以荷葉褁而分給兵士皆困會文帝遣送米三千石鴨千頭帝即炊米煮鴨誓申一戰將士及防身計粮數臠人人褁飯媲以鴨肉帝命衆軍蓐食攻之齊軍大潰

高帝時有獻白烏帝問此何瑞范雲位卑最後答曰臣聞王者敬宗廟則白烏至時謁廟始畢帝曰卿言是也感應之理一至此乎

會稽孔珪家起園列植桐栁多灌山泉始窮真趣衛陽王鈞往遊之珪曰殿下處朱門遊紫闥詎得與山

人交耶答曰身處朱門而情在江湖形入紫闥而意在青雲珪大美之

江革補國子生王融謝朓嘗行還過候革時大寒雪見革弊絮单席而耽學不倦嗟嘆久之

孔靈產爲光禄大夫覽止足之分不肯仕太祖以白麈毛扇素几遺之曰以君有古人風故賜卿古人之物也

劉璡字瑜耿介好禮嘗與故人共車於津陽内見一女子容質甚麗盼睞之璡因抽坐席懸車中以隔絶

齊春秋　四

之其正如此

丘靈鞠善屬文宋孝武殷貴妃亡靈鞠上挽歌詩云雲横廣陌闇霜深高殿寒帝摘句咨嗟賞之即轉爲新安王北平中郎中叅軍

劉獻字珪沛人五歲聞舅孔昭先讀管寧傳欣然請更讀因聽受曰可及此耳

晉陽秋

晉　庾翼

太典中衡陽區純作鼠市四方丈餘開門門有一木鐶四五鼠於中欲出門木人輙以框拒之

吳有葛衡字思直明達天官能於機巧作渾天使地居中以機動之若天轉而地正以上應晷度

高貴鄉公神明爽儁德音宣朗景王曰上何如主也鍾會對曰才同陳思武類太祖景王曰若如卿言社稷之福也

晉陽秋　一

有星赤而芒角自東北往西南没于諸葛亮營俄而亮卒

張華將死中台星遂圻太元中復還合正太傅謝安爲相所致也

袁宏字彦伯謝安賞其機捷辯速自吏部郎出爲東陽郡乃祖之於冶亭時賢皆集安欲卒迫試之執手將別顧左右取一扇而贈之宏應聲答曰輙當奉揚仁風慰彼黎庶合坐歎其要捷

丁卯葬高貴鄉公于洛陽西北三十里瀍澗之濱下

車數乘不設旌旐百姓相聚而觀之曰是前日所殺
天子也或掩面而泣悲不自勝

續晉陽秋

晉 檀道鸞

咸陽王猛被縕袍而詣桓溫面談當時之事猛模虱
而言傍若無人溫察而許之

襄陽羅友在桓溫府屢以貧乞祿溫以其誕肆許而
不用同府人有得郡者溫爲坐別友亦被命至尤晚
溫問之曰出門于中路遇見一鬼謂余曰見汝送人
作郡不見人送汝作郡友始怖終慙不覺淹緩溫笑
而用之

苻堅未敗長安市鬼夜哭一月止

陶潛九月九日無酒於宅邊菊叢中摘盈把坐其側
人望見白衣人乃王弘送酒即便就酌而後歸

王獻之爲中令獻之少而標邁不尋常貫爲一時風
流之冠獻之卒以王珉爲中書令世謂之大王令小
王令也

中書令王珉好捉白團扇其侍人謝芳歌之因以爲
名

桓宣武與妻妾坐月下流星墜下銅盆水中光如二

寸珠顆然妾酌飲之生玄

魏詠之生而兔缺相者云後當貴年十八聞荆州殷仲堪帳下有術人能治之因西上仲堪與語令師看焉師曰可割補之但應百日食粥不語咲詠之曰半年不語亦當治之况百日也師爲治而差

何無忌母劉牢之姊無忌與宋高祖謀夜于屏風中製檄文母登屏風窺之大喜曰汝能如此吾讐得雪矣

清河崔祖思死家無餘財有書八千卷上聞嗟嘆良

續晉陽秋　二

久乃以葛屯穀百五斛賜其家曰葛屯亦吾之垣下令後世知其見異

會稽太守謝琰拒孫恩恩帳下都督張猛于後斫馬琰墮地遂殺之高祖左里之捷生禽猛送琰小子混混刳肝生食之

劉毅至黒時人謂之鉄色

晉中興書

晉　何法盛

騎從

王導謂王敦曰王仁德未著而名位憂輕兄名已振宜有以共相匡舉會三月三日中宗出禊乘肩轝敦導並騎從紀瞻使人覘之旣聞敦導騎從乃大驚自出拜於道左中宗從容謂導曰卿吾之蕭何也

入宫酷寒

桓玄入建康宫逆風迅激旌旗不立法章儀飾一皆傾偃是月酷寒

清暑

烈宗起清暑殿識者曰清暑反語楚聲也爲殿以酸楚之聲爲號非吉祥也俄烈宗崩桓玄自號楚

太極殿

孝武帝建太極殿郭璞筮云二百十年此殿爲奴所壞後梁武帝毀之捨身爲奴

中興之冠

王恬字敬豫與濟陽江彪俱善奕棋爲中興第一

四達

晉穆帝升平二年二月詔曰飲飛督王饒忽上吾鴆鳥一口云以避惡此凶物豈宜妄進於是鞭饒二百使殿中御史孫雲焚其鳥于四達之衢

白鹿子

陶淡侃之孫雅好導養年十五六便服食絕穀於野得白鹿子馴而養之恒與之俱往還後遂不復還家

食蟄燕

中原喪亂鄉人遂共推郗鑒爲主與千餘家避難於魯國嶧山有重險百姓饑饉野無生草掘野鼠蟄燕而食之

晉中興書〈八〉 二

裹以席

王敦死裹以席塗以蠟埋齋中

奏彈夜警

譙王恬字元愉爲御史中丞值海西公廢太宗即位未解嚴大司馬桓溫屯中堂夜吹警角恬奏劾溫大不敬請理罪明日溫見奏事歎曰此兒乃敢彈我眞可畏也恬忠正有器局在朝憚之

清高不仕

高陽許詢字玄度丹陽許玄字遠遊並清高不仕詢有才藻能清言玄山居服食志求仙道遊會稽臨海山誓不歸家乃與婦書令改適後入剡深山莫知所止或以爲昇仙

巴豆杏子丸

程據爲太醫令武帝初受魏禪改元爲太始而據貢雉頭裘帝以奇伎異服典禮所禁焚之于殿前據以醫術承恩出入禁闥因爲賈后合巴豆杏子丸害愍懷太子遂就戮焉

晉中興書〈八〉 三

宋拾遺錄

晋　謝綽

王華王曇首殷景仁劉湛四人宴飲從朝至夕帝甚歎華既出太祖目送之歎曰此四賢一時之秀同管喉脣恐後世難繼矣

張永開玄武湖古塚上得一銅斗有柄太祖訪之朝士何承天曰此是新威斗王莽王公亡皆賜之物一在塚內一在塚外

栢溫葬姑熟之青山平墳不爲封域於墓傍開隧亡

碑故謬其處令後代人不知所在

臣昔貧賤時嘗疾病家人爲臣齋勤苦七日臣晝夜夢見一童子青衣持繖廣數寸與臣臣問之用此何爲荅曰西王母桙也汝可服之服竟便覺一二日病差

戴明寶歷朝寵倖家累千金大兒嬌溽爲五色珠簾明寶不能禁

董偃常卧延清之室畫石爲床石文如畫體甚輕出郅克國上設紫瑠璃帳火齊屏風

蘇秦張儀二人假食于路剝樹皮爲囊以盛天下良書

帝解鳴鴻刀賜東方朔朔曰此刀黃帝時採首陽之金鑄爲此刀雄者已飛雌者獨在

沐胥國人左耳中出青龍右耳中出白虎龍虎初出之時如繩緣頰手將靣而龍虎皆飛去地十餘丈而雲氣繞龍風來吹虎俄而以手指揮其龍虎皆還入耳

會稽典録　晉　虞預

夏方字文正家遭疫癘父母伯叔一時死凡十三喪方年十四晝則負土哀號暮則扶棺哭泣比葬年十七烏鳥聚集猛獸乳其側

夏香字曼卿永興人也年十五縣長葛君會客飲宴時郡遭大旱香進諫曰昔殷湯遭旱以六事自責而雨澤應澍成王悔過偃禾復起自古先聖畏懼天異必思過以濟民命今始懼天灾縣界獨甚未聞明達崇殷周之德飲宴獨歡百姓枯瘁神祇有靈必不享也百姓不足君孰與足宜當還縣香即罷會身捐俸祿以贍民飢

女子曹娥者會稽上虞人父能絃歌爲巫漢安帝二年五月五日於縣江泝濤迎波神溺死不得尸骸娥年十四乃緣江號哭晝夜不絕聲七日遂投江而死

盛吉爲廷尉每至冬月罪囚當斷其妻執燭吉持丹筆相向垂泣

嚴遵字子陵建武五年詔召遵設樂陽明殿命宴會暮留宿其夜客星犯天子宿

卓恕字公行上虞人也與人相期約雖遭暴風疾雨無不至者常從建業辭太傅諸葛恪恪問何當復來恕答曰某日當復覲至是日恪停食俟恕至時賓客會者皆以會稽建業相去千餘里道隔江湖豈得須臾恕至一坐盡驚

鄭弘守楊羨縣民有弟用兄錢者爲嫂所責未還之嫂詰弘弘爲叔還錢兄聞之慙愧自繫於獄遂遣婦齎錢還弘弘不受也

盛吉字君達爲廷尉性多哀憐其妻謂吉曰君爲天下執法不可使一人濫罪殃及子孫其囚無後嗣者令其妻妾得入使有遺類視事十二年天下稱有恩也

謝承遷吳郡督郵歲穰嘉禾六穗生於部屬

陳瑞字文象爲縣卒瑞謙恭敬讓行性謹敬及其居二千石九卿位少年童豎拜者皆正朝服與之抗禮若疾病不能答拜輒拊類以謝之

徐弘字聖通爲山陰縣令俗剛强大姓兼并弘到官

誅剪姦桀豪右欽手商旅路宿道不拾遺童歌之曰
徐聖通政無雙平刑罰姦宄空

會稽典錄　八　三

三國典略

晋　魚豢

齊命逼直散騎常侍辛德源聘於陳陳遣主客蔡凝宴酬因談謔手弄梹榔乃曰頃聞北間有人爲啖梹榔獲罪人間遂禁此物定爾不德源答曰此是天保初王尚書罪狀故耳猶如李固被責云胡粉飾貌搔頭弄姿不聞漢世頓禁胡粉

周命尉遲迥伐蜀帥甲士一萬二千騎萬匹自散關由故道而入太祖送彭城西見一走兎命弟中領軍綱射之綱誓曰若獲此兎必當破蜀俄而獲兎太祖喜曰事平之日賞汝佳口及尅蜀乃賜侍婢一人

三國典略　八　一

渤海王高歡攻鄴時瑞物無歲不有令史焚連理木煮白雉而食之

吝蕭慤爲太子洗馬慤字仁祖帝患腰痛眩不堪馳馬齊主令乘驢以見者笑之

丼寧字興霸巴郡臨江人也招合輕薄少年爲之渠帥群聚相隨挾持弓弩負毦帶鈴民聞其聲卽知是寧也

孫權拜諸葛恪丹陽太守授棨戟武騎作鼓吹導引
歸

周陸逞字季明嘗爲宜州刺史故事刺史奉辭例備
鹵簿逞以時屬農要表請停之制曰逞雖未臨人已
存優䘏宜遂所請彰其推操

陳桃根於所部得青牛獻之又上織成錦被表二陳
主命於雲龍門外焚之其牛遣還於人又曰梁出師
拒侯景郡陵王綸次鍾離初綸將發嘗遊苑臨賀王
正德詣於綸所始入牙門有飄風解旗折至是故殺

牛勞士一牛走入馬廐牴殺綸所乘服以兩角貫一
馬腹載之而行衡突營幕軍中驚亂

周天和元年夏齊冀州人於蚌蛤中得瑶環一隻

徐之才遷預章王宗國常侍隨綜入北有人患足腫
痛諸醫咸莫能識之才視之曰蛤精疾也得疾時嘗
乘船入海垂脚入水中乎疾者曰實曾如此之才爲
剖之得蛤子二大如榆莢

梁劉慤常有飛書謗毀梁王怒曰劉慤似衣中虱必
須掐之

梁元初甘露降荆州皂莢樹

齊斛律光之入寇也周將韋孝寬忌之孝寬參軍曲
嚴頗知卜筮謂孝寬曰來年東朝必大相殺孝寬陰
令嚴作謡言曰百斛飛上天明月耀長安又曰高山
不推自崩槲樹不扶自竪乃間諜遺其文于鄴中齊
人用是而殺斛律光明月光字也

初陳文章以湘州出杉柟乃營造大艦金翅等二百
許艘并諸水戰之具

後梁有何山者其射之妙人莫能及有鳥巢于庭樹

蕭詧惡之謂山曰射中賜一車穀其鳥雛並於枝上
山曰脫一箭中兩請賜兩車臣無車牛願官爲送詧
許之於是射山中其二項詧甚欣悦卽令載穀送之

高德衆正相齊未誅之前家有赤鴨群行於庭犬來
逐遂成碎血

徐陵子份陵嘗遇疾甚篤份燒香泣涕跪誦孝經晝
夜不息如此者三陵疾忽然而愈

梁孝元字世誠初年五歲梁武問曰讀何書對曰能
典禮梁武曰汝試言之孝元卽誦上篇左右莫不驚

及長精神爽儁

郎基字世業中山新市人彛郡太守智之孫也泛涉墳籍清愼無所營求嘗語人曰任官之所木枕亦不須作况重於此乎唯頗令人寫書樊子孟曾遺之書日在官寫書亦是風流罪過基答曰觀過知仁斯亦可矣

建康實録

闕名

得魚作膾

吳介象字元則與吳王論膾何者最美象曰海中鯔魚爲上請於殿前作方坎汲水滿之象垂綸於坎中食項得鯔魚作膾

署紙尾

宋廢帝時以蔡廓爲吏部尚書録尚書徐羨之謂中書令傅亮曰黄門已下悉委蔡吾徒不復厝懷自此

已上故宜共參同異廓聞之曰我不能爲徐羨之署紙尾也遂辭不拜

行火

元帝渡江隋帝有王離妻季氏者洛陽人將洛陽舊火南渡自言受道於祖母王氏傳此火并有遺書二十七卷臨終使行此火勿令斷絶火色甚赤異於餘火有靈驗四方病者將此火煑藥及灸諸病皆愈轉相妖惑官司禁不能止及季氏卒火亦經時而滅人號其所居爲聖火巷

飛霜

貞觀二十年七月宴五品已上於飛霜殿綠竹遞奏群臣上壽賜綾錦殿在元武門北因地形高敞層閣三成引水爲潔渌池以滌炎暑

紫微

貞觀二十一年七月帝遊幸敕奉御王孝積於顯道門内起紫微殿十三間文甓重基高敞宏壯帝見之甚悦

木醴

建康實錄 二

陳后主禎明二年初覆舟山及蔣山柏林冬月出木醴后主以爲甘露之瑞俗呼爲雀餳

三輔决錄 晉 趙岐

求拜

平陵孟他盡以家財賂張讓監奴奴愬問所欲他曰欲得卿曹拜時賓客求見讓者車常數百乘累日不得通他後至諸奴迎拜徑將他車獨入衆謂他與讓善争以物賂他他得以賂讓

胡婢

金禕爲郡上計留在許都時魏武使長史伍必將兵

三輔决錄 一

衛天子於許都禕與必善必見禕有胡婢善射必嘗請之從後也

覆被

馮豹爲尚書郎每奏事未報常伏省闥下或自昏至明天子默使人持被覆之

不炊

第五頡字子陵爲諫議大夫洛陽無主人鄉里無田宅寄止靈臺中或十日不炊

飲馬

安陵道者有次仲仙飲馬渭水每投三錢

從貸

平陵公孫奮富聞京師梁冀知奮儉悋以一鏤衢鞍遺奮從貸五千萬

逃名

蔣詡字元卿舍中三徑唯羊仲求仲從之游二仲皆推廉逃名

自隱

楚遊上表乞宿衛拜駙馬都尉楚無學好遨遊音樂

三輔決錄〔八〕　二

及畜歌者琵琶箏笛每行將以自隱

瘦貴

張氏得鈎何氏得箄故三輔舊語曰何氏箄張氏鈎何氏肥張氏瘦言何氏有肥人輒貴瘦人輒賤張氏瘦者輒貴肥者輒賤故二族以鈎箄知凶吉以肥瘦知貴賤

瘠土所出

弭生字仲叔其父賤故張伯英與李幼才書弭仲叔高德美名命世之才也非弭氏小族所當有新豐瘠土所當出也

謝射

漢末大鴻臚射咸本姓謝名服天子命爲將軍出征以姓謝名服不祥改爲射氏名咸

白鹿甚馴

辛繕字公文少治春秋詩易隱居弘農華陰弟子受業者六百餘人所居旁有白鹿甚馴不畏人

左伯

帝誕奏蔡邕自矜能書兼明斯喜之法非得紈素不

三輔決錄〔八〕　三

妄下筆工欲善其事必先利其器用張芝筆左伯紙及臣墨皆古法兼此三具又得臣手然後可以盡徑丈之勢方寸之言

自稱不堪

韋約字季明司徒劉愷甚敬重之謂曰君以輕於去就大位不躋今歲垂盡選御史實欲煩君約曰犬馬齒盡既無膂力又無考課所以躊躇戀慕者以明公禮遇隆崇未能自割因稱素有風疾眩冒不堪久坐遂徙跣趍出公追不及

詩正

茂陵何比干漢武時丞相公孫弘舉爲廷尉右平下無寃民號曰何公

鄴中記

晉　陸翽

錦有大登高小登高大明光小明光大博山小博山大茱萸小茱萸大交龍小交龍蒲桃文錦班文錦鳳皇朱雀錦韜文錦桃核文錦或青綈或白綈或黃綈或綠綈或紫綈或蜀綈工巧百數不可盡名也

石季龍作雲母五明金薄莫難扇薄打純金如蟬翼二面采漆畫列仙奇鳥異獸其五明方中辟方三寸或五寸隨扇大小雲母帖其中細縷縫其際雖掩畫而彩色明澈看之如金可耻故名莫難也季龍出時以扇挾乘輿

織錦署在中尚坊三署皆數百人有班文錦

華林園有春李冬華春熟

石季龍左右直衛萬人皆著五色細鎧光耀奪目

二銅駞如馬形長一丈高一丈足如牛尾長三尺脊如馬鞍在中陽門外夾道相向

石虎皇后出女騎千人皆着五采靴

趙王虎建武六年造梁馬臺在城西漳水之南約

爲臺虎常於此臺簡練騎卒虎牙宿衛蛇雲騰黑矟騎五千人毎月朔晦閲馬于此臺乃于漳水之南張幟鳴鼓列騎星羅虎乃登臺射髀筒一發五千騎一時奔走從漳水之南齊走至于臺下隊督以巳皆班賚虎又射一箭騎五千又齊走于漳水之北其五千流散攢促若數萬人皆騎以漆矟從事故以黑矟爲號季龍又常以女弟一千人爲鹵簿皆着紫綸巾熟錦袴金銀縷帶五文織成靴遊臺上

石虎苑中有安石榴子大如椀盞其味不酸

鄴中記　二

石虎作沉蘇帳頂安金蓮花花中縣金薄織成綩囊褁受三升以盛香注帳之四面上十二香囊采色亦同

解飛者石虎時工人作旃檀車左轂上置碓右轂上置碓每行十里磨麥一石舂米一斛

石虎有華林園種衆果民間有名果虎作蝦蟇車四摶掘根面去一丈深一丈合土載之植之無不生

石虎有西王母棗冬夏有葉九月生花十二月乃成三子一尺又有羊角棗亦生三子一尺

二銅駝如馬形長一丈高一丈足如牛尾長三尺脊如馬鞍在中陽門外夾道相向

石季虎大饗群臣于太武殿佛圖澄曰殿乎殿乎棘子成林將壞人衣龍殿右有棘生

虎以五月發五百里内萬人營華林苑至八月天暴雨雪雪深三尺作者凍死數千人太史奏作役非時天降此變虎誅起戶部尚書以塞天災

有舂車作木人及行碓于車上動則木人踏碓舂行十里成米一斛

鄴中記　三

石虎冬月施熟錦流蘇斗帳四角安純金龍頭銜五色流蘇或用黄地博山文錦或有紫綈及小明光文錦

石虎中尚方御府中巧工作錦織成署皆數百人有青綈或白綈或緋綈或黄綈或綠綈或紫綈

石虎御府罽有巳頭文罽鹿子罽花罽

石虎皇后出女騎一千冬月皆着紫綸巾

石虎會上御食遊槃兩重皆金銀參帶百二十醆彫飾並同其參帶之間茱萸畫微如破髮近看乃得見

動遊槃則圓轉也
石虎以胡粉和椒塗壁曰椒房
石虎御床辟方三丈其餘床皆局腳高下六尺後宮別院中有小形玉床又有轉關床射鳥獸
石虎作席以錦雜以五香施以五彩綖編蒲皮緣之

錦

石虎作金銀鈕屈膝屏風衣以白縑畫義士仙人禽獸之像讚者皆三十二言高施則八尺下施四尺或施六尺隨意所欲也

石虎冬月爲複帳四角安純金銀鑿鏤香爐
石虎太武殿西有崑華殿閣上輒開大窗皆施以絳紗幌
石虎御床辟方丈冬月施熟錦流蘇斗帳四角安純金龍頭御五色流蘇或用青綈光錦或用緋綈登高文錦或用紫綈大小錦絲以房子錦百二十斤白縑裡名爲裏複帳四角安純金銀鑿金香爐以石黑燒集和名香帳頂上安金蓮花中懸金薄織成椀囊春秋但錦帳表以五色總爲夾帳夏用紗羅或綦文丹羅或紫縠文爲單帳
石虎皇后女騎腰中着金環參鏤帶
石虎臨軒大會着碧紗袍
石虎時着金縷合歡袴
石虎詔書以五色紙着鳳雛口中
石虎正會置三十步皷吹三十步輒置一部十二人皆在平閣上去地丈餘又有女皷吹
石虎大會禮樂既陳虎繖兩閣上窗幌宮人數千陪列晉坐悉服飾金銀熠熠又于閣上作女妓數百衣

皆絡以珠璣鼓舞連到琴瑟細妓畢備

吳錄

晉 張勃

朱桓還屯孫權自出祖送桓奉觴觴曰臣當遠去願一捋陛鬚無所復恨權憑几前席進前捋鬚曰臣今眞可謂捋虎須也

步隲表於孫權曰北降人王潛等說北相部位圖以東向多作布囊欲以盛沙塞江以大向荊州權曰曹衰弱何能以圖必不敢來若不如孤言當以牛千頭爲君作主人後有呂範諸恪爲說隲所言某每懷步隲輒大咲此江與開闢俱生寧有可沙囊塞理乎

吳錄 一

吳範字文則三國孫權時拜騎都尉素與魏滕同邑相善滕嘗有罪孫權責怒甚嚴令敢有諫者死範謂滕曰與子偕死滕曰死而無益何用死爲範曰安能坐觀汝耶乃髠頭自縳詣門使鈴下以聞鈴下曰死不敢白範曰汝有子耶曰有曰使汝爲吳範死子以屬我鈴下乃排闥入言未卒權大怒欲投以戟逡巡走出範因突入叩頭流血言與涕並良久權意乃釋免滕滕見範謝曰父母能生長我不能免我於死丈夫相知如汝足矣何用多爲

劉備曾使諸葛亮至京因覩秣陵山阜乃嘆曰鍾山龍盤石頭虎踞帝王之宅也

五湖者太湖之別名周行五百餘里故以名焉

初漢黃門張讓等刼天子北至河上掌璽投井中及平頓洛陽城南甄宮有井五色氣出孫堅命浚井得漢傳國璽

長城若下酒有若溪南曰上若北曰下若並有村村人取若下水以釀酒醇美勝雲陽

吳録 二

宜春泉水地道記曰宜春縣出美酒隨歲貢上

松梁山山石間開處容數十丈其高似弩射之不及其上

端溪有端山山有五色石石上多香水

居風縣有蟻絮藤人視土中知有蟻因墾發以木皮揷其上則蟻出緣而生漆

丁固爲司徒初爲尚書夢松樹生其腹上謂人曰松字十八公也後十八年吾當爲公乎遂如夢焉

紀隲字子上景皇時隲父亮爲尚書令隲爲中書令

每朝會詔以屏風隔其坐
魏文帝遣使求長鳴短鳴鷄群臣以非禮欲不與孫
權勑付之

吴録

說郛目録

弓第六十

靈憲注 張衡
玉暦通政經
徐整長暦 徐整
孫氏瑞應圖
玉符瑞圖 顧野王
地鏡圖
五行記
玄中記 郭氏
發蒙記 束晳
决疑要注 摯虞
在窮記 孔元舒
河東記
鷄林志
湘山録
九國志 劉昺
九域志 李昉

說郛目録　弓六十　一

靈憲注

晉　張衡

太素之前幽清玄靜寂寞冥默不可爲象厥中惟靈
如是者永久焉斯謂冥莖蓋乃道根既建由无生有
太素始萌萌而未兆并體同色坤屯不分
天有九位自地至天一億一萬六千二百五十里懸
天之晷薄地之儀皆千里而差一寸
水精爲上天漢
日正火月正水火則外光水則含影

陽精之宗積而成烏烏有三趾陽之類數奇
歲星木精熒惑火精鎮星土星太白金精辰星水精
也
三公在天爲三台九卿爲北斗三公爲五岳九卿法
河海二十七大夫法山陵八十一元士谷阜合爲帝
佐以匡綱紀
故三公象五岳九卿法河海三公在天三台九卿法
北斗
冬至日成天文夏至日成地理

人統月建寅物生之端謂之人統夏以爲正

靈憲注六　二

玉曆通政經

闕名

陰陽太甚作雨日久不爲星變則爲地震或大風作而爲地震地寒盛則裂風盛則震也

春當退貪殘進柔良恤幼孤賑不足求隱士則萬物應節而生隨氣而長所謂春令也

正月建寅律中太簇雞雉孳尾招摇生聚少陽解凍其氣温柔逆之則寒

冬至之日見雲送迎從下鄉來歲美民人和不疾疫無雲送迎德薄歲惡故其雲赤者旱黑者水白者爲兵黄者有土功

玉曆通政經六　一

三月三日天無雨無日不見雨蠶大善

舍北種榆九株蠶大得

五沃之地其本宜桐

朝有大蜂武士中蜂赤强黑不良

天子孝則景雲游

玉甕者聖人之應也不汲自盈王者飲食有節則出

芝英者王者親延耆養老有道則生

一角獸者大合同歸則至
五音克諧各得其倫則鳳凰翔
三足烏王者慈孝被于百姓不好殺生則來
赤雀不見則國無賢
白狐至國民利不至下驕恣

王曆通政經（二）

徐整長曆

徐整

泉陽之精上合爲日徑千里周圍三千里下於天七千里
月徑千里周圍三千里下於天七千里
大星徑百里中星五十小星三十北斗七星間相去九千里皆在日月下
黄帝將風不鳴條雨不破塊也
星者元氣之英水之精也

徐整長曆（一）

曆北斗當崑崙氣連注天下春夏爲雨露秋冬爲霜雪
溟涬始牙濛鴻滋萌歲起攝提元氣肇啓有神靈人十三頭號曰天皇
天地混沌如鷄子盤古生其中萬八千歲天地開闢陽清爲天陰濁爲地盤古在其中一日九變神於天聖於地天日高一丈地日厚一丈盤古日長一丈如此萬八千歲天數極高地數極深盤古極長後乃有三皇數起於一立於三成於一盛於七處於九故天

去地九萬里

徐整長曆　二

孫氏瑞應圖　闕名

舜時后稷播植天降秬秠故詩曰天降嘉種惟秬惟秠

景雲者太平之應也一曰非氣非烟五色氤氳謂之慶雲

喬雲也有狀外赤內黄

遇旱責躬引咎理察寃枉退厺貪殘側修惠政則降以靈雨

孫氏瑞應圖　一

葳蕤者禮備至則生一曰王者愛人命則生一名葳綏也

黄龍者神之精四龍之長也王者不漉池沼水得達深淵則應氣而游池沼

鍾律和調則玉羊見

景星者大星也狀如霜月生於晦朔助月爲明王者不私於人則見

文王時見蒼烏王孝悌則至一本曰賢君王帝主修行孝慈被於萬姓不好殺生則來

白鳩成湯時來王者養耆老尊道德不失舊則至一
本成王時來至
王者貴人而賤貨則白馬朱鬣又云車馬有節則見
騰黃者神馬也其色黃一名乘黃亦曰飛黃亦曰咸
吉黃或曰翠黃一名紫黃其狀如狐背上有兩角出
白氏之國乘之壽三千歲
玉馬者清明尊賢則至
眞人者黃帝時遊於池王者有茂德不貪貨利則金
人乘船遊於王後也

王者德及于水而王道通移則海不揚鴻波
醴泉者水之精也味甘如醴泉出流所及草木皆歲
飲之令人壽也
理訟得所醴泉出於京師有仙人以爵酌之
福草生王者有德則福草生
屈軼者太平之代生於庭前有佞人則草指之
延嘉王者有德則見
王孝道行則延嘉生
紫達者王者仁義行則常見

王者慈仁則芝草生食之令人延年
王者嫡庶有序男女有別則賓連闊生於房一名賓
連達一名賓連闊生於房室象御妃有節也
平露者如蓋生於庭似四方之政王者不私人以官
則四方之政平若東方政不平則西低北方政不平
則南低西方政不平則東低南方政不平則北低四
方政不出其根若絲一日平兩

玉符瑞圖

晉 顧野王

龍出

虞舜時黄龍從洛水出詣舜鱗甲成字舜即位與三公臨觀黄龍五采負圖出舜前

白泉

泉色白自出山澤得禮制則澤谷之白泉出飲之使人長壽

蒼烏見

文王時見蒼烏王者孝悌則至

火爲朱烏

赤烏武王時啣穀至屋上兵不血刃而殷服

鳳凰之佐

鸑鳥者赤神之精鳳凰之佐鷄身赤色色亦被五彩鳴中五音肅肅雍雍喜則鳴舞人君進退有度親疎有序則至一本曰心識鍾律律調則至鳴舞以和之

啣珠而舞

晉平公鼓琴有玄鶴二八而下啣明珠舞于庭一鶴失珠覔得而走師曠掩口而笑

白鵠翔

師曠鼓琴通于神明而白鵠翔

地鏡圖

闕名

齊氣之見爲牛
青土地爲女人黄金之見爲火及爲火及白鼠
財在丘墟者爲木變故木有折枯者其旁有財折所
向在焉其在南方厺木八尺其在東方去木六尺
望氣見人家黄氣者支子樹也
錢銅之氣望之如有青雲
山沓材物氣葱盛

行沙出金
斷岡伏鑛小
藴玉有積輝
銅器之精見爲禺
黄金之氣赤黄千萬斤以上光如大鏡盤
銀氣夜正白流散在地擦之隨手合
草青莖赤秀下有鉛
欲知寳所在地以大鏡夜照見影若光在鏡中者物
在下也

天鼓動王弩發天下驚

五行記

闕名

土中得魚

唐杭州富陽縣韓珣莊鑿井纔深五六尺土中得魚數千頭土有微潤

截木得魚

唐封令禎任常州刺史於江南泝流將木至洛造廟匠人截木於中得一鯽魚長數寸如刻安之

蝦蟆

唐懷州凝眞觀東廊柱已五十餘年道士任任聞柱中有蝦蟇聲不知的處後因柱朽壞易之厨人斫以爲薪柱中得一蝦蟆其柱先無孔也

井歎

武后時來俊臣家井中夜有嗟吁怨歎聲

海氷

穆宗長慶元年海州海水氷南北二百里東望無際

氷紋如畫

景福中滄州城塹中氷有紋如畫有竹木牡丹車馬人物樓臺殿閣之狀時人以爲地當有兵難近華孽也

含元路寢

含元路寢大朝會之所御也

植胡桃

後蜀李雄玉衡十二年扶風人韓豹爲太史令雄卒子期立以豹爲太傅猶領侯職豹嘗言於期曰臣今老志在田園欲植胡桃願賜其種期不悟俄而李壽自涪率衆南向襲尅成都廢期自立

黄衣圍城

陳后主夢黄衣人圍城繞城橘樹盡伐去之及隋兵至上下通服黄衣未幾爲隋攻圍之應

柑中有蛇

唐光宅中李崇眞爲益州刺史廳事前有柑樹有柑大如雞子晚熟微小有孔如針群官咸異之方欲將進久而方罷因剖之得一赤斑蛇長尺餘崇眞後爲兵所殺

米化

晉武帝時裴楷家炊黍在甑或變爲螺其年楷卒石
崇家稻米化螺崇亦被誅

玄中記

郭氏

天下之强者東海之沃焦焉水灌而不已沃焦者山
名也在東海南方三萬里海水灌之而不消

東方有桃都山山上有一大樹名曰桃都枝相去三
千里上有天鷄日初出時照此木天鷄卽鳴天下鷄
皆隨之

南方有炎山焉行人以正月二月三月行過此山取
山下木以爲薪然之無熖取其皮績之爲火浣布

君子之國地方千里多木槿花

東方之大者東海魚焉行海者一日逢魚頭七日逢
魚尾魚產則百里水爲血

玉門之西有一國國中有山山上有有祠廟國人歲
歲出石碓數千輪廟中名曰霹靂碓給霹靂用從春
雷出碓日減至秋而盡

東房有柴都焉在齊國有山山有泉水如井狀深不
測至春夏時雹從井中出常敗五穀人常以柴塞之
不柴塞則出也故號爲柴都

吳西具區澤中有包山有洞庭室
松脂淪入地中千歲爲茯苓
萬歲樹精爲青牛
千歲之樹精爲青羊
東南有桃都山上有大樹曰桃都枝相去三千里上有天鷄日初出照此木天鷄卽鳴之
木子之大者有積石山之桃實焉大如十斛籠
東方之大者東海魚焉行海者一日逢魚頭七日逢魚尾魚産三日則碧海爲之變紅

天下之大物有北海之蟹焉舉一螯能加于山上身故在水中
秦文公造長安宮而四百里南至終南山山有梓樹大數百圍蔭宮中公惡而伐之連日不勀輒大風雨夜有鬼問梓樹樹曰豈奈吾何鬼曰若使三百人披頭以絲繞樹豈不敗汝樹默然不應明日入言于秦王王依此言伐之中有青牛逐之入澧州
狐五十歲能變化爲婦人百歲爲美女爲神巫或爲丈夫與女人交接能知千里外事善蠱魅使人迷惑失智千歲卽與天通爲天狐

發蒙記　　晉　束晳

甘棗令人不惑萱草可以忘憂

西域有火鼠之布東海有不灰之木

鹿頰畢老日噉肉百斤

蠅生積灰蜂出蜘蛛腐木爲螢蟒蝤出佇芻

獅子五色而食虎于巨木之岫一噬則百人仆唯畏

鉤戟

王精名委似美女而青衣見以桃戟刺之以其名呼

之可得也

虎以狗爲酒雞以蜈蚣爲酒鳩以桑椹爲酒猫以薄

荷爲酒蛇以茱萸爲酒謂食之即醉也

東方朔乃太白星精

水行峽路最險以灧澦爲則

萬歲蟾蜍頭上有角頷下有丹書重八字

琴以七寶餙之名璠璵之樂

子路感雷精而生尚剛好勇

秦始皇決事縣石之一縣稱也石百二十斤

漢武所生之殿曰猗蘭

蒙恬之爲筆也柘木爲管鹿毛爲柱羊毛爲被

決疑要注

晉　摯虞

辛繕嘗隱居華陰光武徵不仕至有大鳥高五尺五色備舉而多青栖繕槐樹旬時不去弘農太守以聞詔問百僚咸以爲鳳太史令蔡衡對曰凡象鳳者有五多赤色者鳳多青色者鸞多黄色者雛多紫色者鸑多白色者鵠此鳥多青乃鸞非鳳也上善其言

泰除衮冕之制唯爲玄衣絳裳一具而已漢興亦如之中興後明帝永平中使諸儒案古衣圖書始復造衮冕之服至今用之

几筵在殿堂之上唯天子居牀其餘皆鋪牀前設筵几天子之殿東西九筵南北七筵故曰度堂以筵度室以几也

漢武鑿昆明池極深悉是灰墨無復土舉朝不解以問東方朔朔曰臣愚不足以知之可試問西域胡帝以朔不知難以移問至後漢明帝時外國道人入來洛陽時有憶方朔言者乃試以武帝時灰墨問之胡人云經云天地大刼將盡則刼燒此刼燒之餘乃知朔言有旨

尚書臺召人用虎爪書告下用偃波書皆不可卒學以防矯詐

讌之與會威儀不同也會則隨五時朝服庭設金石懸虎賁着旄頭文衣鶡尾以列陛讌則服常服設絲竹之樂唯宿衛者列伏大會于太極殿小會于東西堂

在窮記　孔元舒

趙大龍以鵝二十枚奉上老母

袁彖贈庾翼蜂硯

陳後主常令八婦人劈綵牋製五言詩

虞翻笑鄭玄不識古文

王粲好驢鳴

魏受禪碑王朗文梁皓書鍾繇鐫謂之三絶

廣南以竹爲硯

右軍三十三書蘭亭三十七書黃庭

顔眞卿小鬟曰剪綵僮曰銀鹿

謝太傅墓碑但樹貞石初無文字

劉殷有七子五子各授一經一授太史一授漢書一

門之内七業俱興

倉鶊爲饍可以療妬

陸澄讀易三年不解意義王儉戲云書厨

老子入西戎造樗蒱五木

劉孝綽善草隸自以書似父乃變爲别體

郄氏羲之妻也甚工書

陶弘景借人書隨誤治定

南朝呼筆四管爲一牀

栁下季死妻自誄門人不能損一字

河東記

闕名

崔元暐

博陵崔元暐曾孫照太和八年九月中因熱疾死冥王追去至判官廳有一大樓入門悉是金榜銀榜備列人間富貴人姓名將相姓名列金榜將相以下悉列銀榜更有長鐵榜列州縣府屬姓名

銅鐘書

義熙十一年霍山崩毀出銅鐘六枚上有文科斗書人莫能識

劉勲女

河内太守劉勲女苦左膝裏瘡痒迎陀使視陀以繩繫一犬於馬後走馬牽犬犬因不能行因取斷腸以向瘡口須臾有若虵者從瘡中出長三尺

葉淨能

汝南王領葉淨能葉曰有一生徒能飯當令來謁翌日有通謁者曰道士常持滿見之侏儒也談胚渾一道飲以酒五斗乃醉倒是一甕爾

馬舉

馬舉鎮淮南有一叟謁之稱南山木强人能論兵法驗之乃一棋局耳

雞林志　闕名

佛龕

龜山有佛龕林木益邃傳云羅漢三藏行化至此𢈔齒楊枝插地成木淨水所着今爲淸泉國人以佛法始興之地最所崇奉

僧寺

高麗僧住寺修行者或犯戒律配黑白二山輕亦斥遣籍其子孫仍髡受差役

雞林志　一

僧不娶

僧娶婦者不得居寺

織席

高麗人多織席有龍鬚席藤席今舶人販至者皆席草織之狹而密緊上亦有一小圓花

漆

高麗黃漆生島上六月刺取瀋色若金日暴則乾本出百濟今浙人號新羅漆

收息

高麗王於國中出債收息有陳道人曾入其國爲商云今以官奴求息禪之日磨納之孫貌好者倍其收若得子則亦爲奴婢

染采

高麗善染采紅紫尤妙紫草大梗如牡丹擣汁染帛甚鮮

僧衲

高麗僧衣磨納者爲禪法師衲甚精好

雞林志　二

湘山錄

闕名

楊叔寶郎中興眉州人言須眉州視事後三月作大排樂人獻口號其末句云爲報士民須慶賀火星去了福星來喜召優人問曰大排致語誰做對曰本州自來舊例只用此一首

丁晉公稱化鶴之裔爲印記時謂鶴相

眞廟時日本國入貢求本國神光寺記舍人辭不工令學士張君房代之張退食多潛飲市樓被亘求之不獲大窘時秤放以司諫歸華山楊大年爲開忙令云世上何人最好閑司諫拂衣歸華山世上何人最好忙紫微失却張君房

圃荽即胡荽世傳有布種時口誦褻則滋茂故士大夫以穢談爲撒園荽

劉伯芻巷口有鬻餅者每當鑪嘔歌一旦鎦憐其貧貸以萬錢自是不聞歌聲問之曰本流旣大心計轉麤由是不暇渭城之曲矣

咸通末執政病舉人車馬太盛奏請進士並乘驢鄭光業軀幹偉大或嘲之曰今年勑下盡騎驢短轡長鞦滿九衢淸瘦兒郎猶自可就中愁殺鄭昌圖

闒茸有妹能文每語人曰吾家有一進士所恨不櫛爾

九國志

劉旻

雷神移床

吳柴再用爲光州一日大震雷家人皆伏匿再用當戸危坐不動俄見有襦袴四人舁再用坐敗床出庭中復大震屋折有龍出

洲生忽沒

高繼冲時李景威云舊傳江陵諸處九十九洲滿百則王者興自武信王之初江心深浪中忽生一洲非此洲忽漂沒若可憂也繼冲遂以納款

百家灣

徐溫嘗自迎鑾還至百家灣暴風起舟人相顧失色溫乃祖裼以帛繫環首顧謂妾御曰吾善游儻溺不暇相救幸保此子言訖風浪漸息

叱火

吳盧文進遷潤州節度城中火救之不息文進怒自出州門使召馬步使將斬之聲至火卽滅

除夜鼓

吳越錢鏐嘗歲除夜宴命諸子及諸孫鼓胡琴一再行遽止之曰人將以我爲長夜之飲也

有元和風

南唐韓熙載爲和州司馬久之召爲中書舍人乃始親制誥典雅有元和之風

九域志

李昕

梁孝王自汴州築蓼隄至洛陽三百里
穀城神農嘗五穀於此名穀城
枌榆社漢高祖鄉社名
飛山越王時自海飛來
召伯甘棠樹在陝州府署西南隅
龍泉在延州牧龍川多產駿馬
華山神祠能興雲致雨

直市在耀州物無二價故以直市為名
唐李德裕築琉璃城於漢源
小隴山一名隴坻其阪九廻上者七日乃至南充碧
碧落觀神龍中見黃雲赤霧蓊然翳前後三日但聞斤斧之聲暨霧散雲斂有化宮出
木母冢乃丁蘭母也
鼓角山在蘄州每天欲雨即先鼓角鳴
錢塘在餘杭初為潮水所損州人華信自以私錢作塘捍海因名錢塘
奔牛堰在常州故老相傳古有金牛奔此故以名之
鍾山晉永嘉元年因水有大鍾從上墜水中驗銘是秦時樂器因以命名
王女墩在宜春每天將雨即有五色雲氣湧出石間居人謂之玉女披衣
五孝子城昔五孝子共居此城城在大明府

十道志

李吉甫

陝州陝郡禹貢豫州之域周爲二伯分陝之地即古虢國地戰國時屬韓秦倂天下屬三川郡漢元鼎中置弘農郡

汝州臨汝郡禹貢豫州之域春秋時爲周王畿及鄭楚之地

鄭州滎陽郡禹貢豫州之境秦兼天下爲山川郡

宋州睢陽郡理宋城縣虞舜十二州爲豫州之境周

爲青州之域武王封微子之邑後爲齊楚魏所滅三分其地魏得其梁陳晉齊得濟陰東平楚得沛梁即今州也

亳州譙郡置在譙縣禹貢豫州之域春秋時陳國之譙邑六國時屬楚秦爲碭郡地漢爲譙縣屬沛郡

許州許昌郡禹貢豫州之域周爲許國

陳州淮陽郡置在宛丘縣

檀州密雲郡禹貢冀州之域春秋戰國時並爲燕地秦爲漁陽郡在漢領白檀等十二縣

嬀州嬀州郡禹貢冀州之域舜暨周爲幽州之域春秋戰國並屬燕國秦并天下爲上谷郡

阪泉在懷戎縣

平州北平郡禹貢冀州之域舜十二州爲營州之境周爲幽州之地春秋時爲山戎孤竹白狄肥子二國地秦兼天下爲遼西郡肥如縣地

營州柳城郡禹貢冀州之域其在十二州爲營州地周爲幽州春秋爲山戎之地戰國時屬燕秦漢爲遼西郡

渤海風俗鷙戾多氣力輕姦宄

浮陽水所出東入海

鼓城縣春秋鼓子之邑漢下曲陽之地

瀛州河間郡禹貢冀州之域舜十二州并爲之境春秋時屬燕國秦併天下爲河間郡漢爲河間國

博野縣本漢蠡吾縣地

莫州大安郡其地歷代所屬與瀛州同唐景雲二年分瀛州置

易州上谷郡禹貢冀州之域虞分冀州則爲并州之

地春秋時燕趙之分秦併天下爲上谷郡地漢置涿
郡今州郎涿郡之故安地也
易縣本漢故安縣也
淶水縣本漢遒縣也
遂城戰國時遂縣漢之北新城
幽州范陽郡禹貢冀州之域虞舜十二州爲幽州夏
殷省併冀州復置幽州秦爲漁陽上谷等五郡漢高
祖分上谷置涿郡武帝十三州爲幽州

十道志〈三〉

十三州記

黄義仲

郡名

郡之言君也改公侯之封而言君者至尊也郡守專
權君臣之禮彌崇今郡字君在其左邑在其右君爲
元首邑以載民故取名於君謂之郡

縣名

縣絃也絃以貞直言下體之居隣民之位不輕其誓
施綿用法不曲如絃絃聲近縣故以取名今縣字在
半也

十三州記〈一〉

子男

縣萬戶以上爲令則子國也千戶爲長男國也今人
呼縣爲百里子男本方百里也故言令之百里古之
諸侯

金牛

昔蜀王從卒數千餘出獵於褒谷而溪秦惠王亦畋
于山中怪而問之以金一筐遺蜀王及報欺之以土
秦王大怒其臣曰此秦得之端秦王未知蜀道乃刻

石牛五頭置金於尾下僞如養之者言此天牛能屎
金蜀人見而信之乃令五丁共引牛成道致之成都
秦始知蜀道使張儀伐之蜀王開戰不勝而忘

治田

上虞縣有鳫爲民田春拔野草根秋啄除其穢是以
縣官禁民不得妄害此鳥犯則有刑無赦

神珠

僧彊疊國在天竺南佛寺三十餘所其地有神珠非
玉石晝夜於國中光明於日珠徑一尺五寸其色正
碧

十三州記　八　二

寰宇記

前溪　樂史

前溪烏程縣南東流入太湖謂之風渚夾溪悉生箭
箬後溪在市北餘不亭晉車騎將軍沈充家於前溪
樂府有前溪曲則充之所製其詞云當曙與未曙百
鳥啼忩忩後宋少帝續爲七曲其一曲曰憂思出門
戶逢郎前溪度莫作流水心引新都棆故

任公溪

寰宇記　八　一

歙縣有昉村俗說任昉爲新安太守因行春至此愛
其雲溪緣源尋幽累日不返百姓因名其溪爲昉溪
溪旁村爲昉村村旁有山近故北野縣每山上石壁
則不利縣官縣廢後其事亦止大中十年刺史盧藩
改曰任公村任公溪

玉女沙

緱氏有八風溪溪水南流合三交水岸有沙細潤可
以澡濯隋代常進後宮雜以香藥以當豆屑號曰玉
女沙

貪泉
隱之罷郡見妻篋中有沉香一斤遂投石門内水中
後人謂之沉香浦亦曰投香浦
聰明泉
潯陽縣落星山澗有五松橋昔惠遠法師與殷仲堪
席澗談易于此而樹下泉湧號聰明泉
湯泉
張勃吳録曰丹陽江乘縣有湯山湯出其下大小凡
六處湯澗繞其東西冬夏常熱禽魚之類入者輒爛
寰宇記　二
以煑豆穀終日不熟草木濯之輒更鮮茂舊有湯泉
館今廢
聖泉
蜀武陽有聖泉其水碧色患瘡疾者洗之多愈投銀
即成金色孕婦飲之墮胎俗以爲聖泉
神泉
燉煌有懸泉一名神泉出龍勒山腹梁州異物志云
漢貳師將軍李廣利伐大宛還士衆渴乏廣利乃引
佩刀刺山飛泉湧出三軍賴以獲濟今有祠甚嚴郡

候歲謁
井
賈耽自記云滑城控白馬之津遍斥鹵之濫里居者
井無良焉相土宜視水脉因便道求美泉得之於城
闕之右斸成八隅合爲一甃
司命井
廣州記曰鬱林郡有石井半甘半淡潛通江波冬夏
月常盈名曰司命井周給闔境也其井水竭卽土人
疫稼穡不登以爲候
寰宇記　三
鴻池
浚儀有鴻池魏獻公射鴻於此
天生池
宕渠披衣山上有雲山寺寺中有池去果州嘉陵江
三十里江水或淺其池亦淺或漲其池亦漲號曰天
生池
杜鵑
蜀之先肇於人皇之際黄帝子昌意娶蜀人女生帝
嚳後封其支庶於蜀始稱王者自名蠶叢蜀之後主

名杜宇號望帝有荆人鱉靈死其屍浮水上至汶山下又復生望帝見之用爲相以巳之德不如鱉靈讓位鱉靈立號開明望帝自逃之後欲復位不得死化爲鵑每春月間晝夜悲鳴蜀人聞之曰我帝魂也名杜鵑又名杜宇又號子規

風土記

晉　周處

越俗飲宴即鼓盤以爲樂取太素圓盤廣尺六者抱以着腹以左手五指更彈之以爲節舞者應節而舞

陽羨縣東有太湖中有包山山下有洞穴潛行地中云無所不通謂之洞庭地脉

魏時人或問董勛云七月七日爲良日飲食不同於古何也勛云七月黍熟七日爲陽數故以糜爲珍今此日唯設湯餅無復有糜矣

九月九日律中無射而數九俗尚此日折茱萸房以插頭言辟除惡氣而禦初寒

蜀之風俗晚歲相與餽問謂之餽歲酒食相邀爲别歲至除夕達旦不眠謂之守歲

七月七日其夜灑掃於庭露施几筵設酒脯時果散香粉於河鼓織女言此二星神當會守夜者咸懷私願或云見天漢中有奕奕正白氣有耀五色以此爲徵應見者便拜而願乞富乞壽無子乞子唯得乞一不得兼求三年乃得言之頗有受其祚者

宅亦曰第言有甲乙之次第也一曰出不由里門面
大道者名曰第
陽羨縣前有大橋南北七十二丈橋中高起有似虹
形
潘城西北三里有歷山形似覆釜因以爲名
盧縣西三十九里有藍山
穲稻之青穟米皆青白也
石髮水苔也青綠色皆生於石也
南居細李四月先熟
風土記　八　二
甘橘之屬滋味甜美特異者也有黄者有赭者謂之
壺甘
犬則青鶡白雀飛龍虎子駠良捷警難狎易使也
白鶴性警至八月白露降流于草葉上滴滴有聲即
鳴
六月有大雨名濯枝雨
月正元日五熏鍊形注曰五辛所以發五藏氣
越俗性率朴初與人交有禮封土壇祭以犬雞祝曰
卿雖乘車我戴笠後日相逢下車揖我步行君乘馬
他日相逢卿當下
每歲七月二十五日種類四集於廟扶老携幼環宿
其旁凡五日祠以牛彘酒鲊椎歌歡飲即還惟不用
犬云
風土記　八　三

神境記

晉　王韶之

蘭巖雙鶴

滎陽郡西有蘭巖山常有雙鶴素羽皦然日夕偶形翔集傳云昔夫婦俱隱此山年數百歲化成此鶴忽一旦一鶴爲人所害其一鶴歲常哀鳴至今響動巖谷莫知年歲

黄蓮

九疑山過半路皆行竹松下夾路有青澗澗中有黄色蓮華芳氣盈谷

靈源

滎陽郡西有靈源山其澗生靈芝石蘭巖有紫菊

武陵池

武陵一孤山嶺有池魚鱉無不備有其七月七日乃出游嶺顚族類各别

印渚

印渚山上承浮溪水從渚以上至縣悉石瀨惡道不可行船以下水道無險故行旅集焉晉王胡之爲吳興太守至渚中歎曰非唯使人心情開滌亦覺日月清朗傳云渚次石文似印因以爲名

西征記

戴延之

石床

焦氏山北數山有漢司𨽻校尉魯恭冢前有石祠石廟四壁皆青石隱起自書契以來忠臣孝子貞婦孔子及弟子七十二人形像像邊皆刻石記之文字分明又有石床長八尺磨瑩鮮明叩之聲聞遠近時太尉從事中郞傳珍之諮議叅軍周安穆折敗石床各取去爲魯氏之後所訟二人並免官

厄井

板渚津津南原上有厄井父老云漢祖與楚戰敗走逃走逃此井追軍至見兩鳩從井中出故得免厄因名厄井

陽渠

洛陽城外四面有陽渠水周公所制也

七山

河東塩池東吴坂登七山原每登一原輒峭起至五里原土平廣不知巨極

南嶽

岣嶁山自湘川至長沙七百九里向九背然後不見禹治水登而祭之因夢玄夷使者遂獲金簡玉字之書得治水之要

三輔黄圖

漢　撰人闕

兎園

孝王好營宫室苑囿之樂作曜華宫築兎園園中築有百靈山有膚寸石落猿巖栖龍岫又有鴈池池間有鶴洲鳬渚其諸宫觀相連延亘數十里奇果異樹珍禽怪獸畢有王日與宫人賓客弋釣其中

斗城

長安故城漢之舊都高帝七年方修長安宫城自櫟陽徙居此城本秦離宫也初置長安城本狹小至惠帝更築之周廻六十五里城南爲南斗形北爲北斗形至今人呼漢舊京爲斗城

阿房

阿房以木蘭爲梁以磁石爲門懷刄者止之

未央

營未央宫因龍首山以制前殿至孝武以木蘭爲棼橑文杏爲梁柱金鋪玉戸華榱璧璫雕楹玉碣重軒鏤檻青瑣丹墀左城右平黄金爲璧帶間以和氏珍玉風至其聲玲瓏然也

長信

后宫在西秋之象也秋主信故宫殿皆以長信長秋爲名又永壽永寧殿皆后所處也

駘蕩

駘蕩宫春時景物駘蕩滿宫中也

集靈宫

集靈宫集仙宫存仙殿存神殿望仙臺望仙觀俱在華陰縣界皆武帝宫觀名也

步高

京兆有步高宫

宣室

宣室未央前殿正室也淮南子曰周武王殺紂於宣室漢取舊名也漢書曰文帝受釐宣室夜半前席賈生問鬼神之事即此也

温室

温室殿武帝建冬處之温煖也

武帝太初元年栢梁殿災於是作建章宮前殿下視未央其西則唐中殿受萬人又有疏圃鳴鑾奇華銅柱函德二十六殿

八區

武帝時後宮八區有昭陽飛翔增成合歡蘭林含香鳳凰鴛鴦等殿後有增修安處常寧茝若椒風發越蕙草等殿爲十四位

靈波

甘泉宮南有昆明池池中有靈波殿皆以桂爲殿柱風來自香

昭陽

成帝趙皇后居昭陽殿

首山

漢武元封元年封禪後夢高祖坐明堂朝群臣於是祀高祖于明堂以配天還作首山宮以爲高靈館

石渠

石渠閣蕭何造其下礲石爲渠以導水若今御溝因爲閣名所藏入關所得秦之圖籍至於成帝又於此藏秘書焉

天祿

天祿閣藏典籍之所

白虎

未央宮有白虎閣屬車閣

三輔舊事　表郊

鳳凰闕

建章宮東起別風闕高二十五丈乘高以望遠又於宮門北起圓闕高二十五丈上有銅鳳凰赤眉賊壞之西京賦云圓闕聳以造天若雙碣之相望是也

高靈館

上自封禪後夢高祖坐明堂群臣亦夢想於是祀高祖於明堂以配天還作高靈館

復道

桂宮周回十里內有複道橫渡西至神明臺

藁街

甘延壽陳湯上疏云斬郅支首及名王以下宜縣頭藁街蠻夷邸間

九逵

長安城面三門四面十二門皆通達九逵以相經緯衢路平正可並列車軌十二門三塗洞闢隱以金椎周以林木左右出入爲往來之徑行者升降有上下之別

橫橋

秦造橫橋漢承秦制廣六丈三百八十步置都水令以掌之號爲石柱橋

西都雜記　　韋述

金吾禁夜

西都京城街衢有金吾曉暝傳呼以禁夜行惟正月十五日夜勑許金吾弛禁前後各一日

青梧

五柞宮有青梧觀觀前有三梧桐樹樹下有石麒麟二枚刊其脇爲文字是秦始皇酈山墓土物也頭高一丈三尺東邊者前左脚折折處有赤如血父老謂其有神皆含血屬筋焉

三館

平津侯自以布衣爲宰相乃開東閣營客館以招天下之士其一曰欽賢館以待大賢次曰翹材館以待大才次曰接士館以待國士其有德任毘贊佐理陰陽者處欽賢之館其有才堪九烈將軍二千石者居翹材之館其有一介之善一方之藝居接士之館而躬自菲薄所得俸禄以奉待之

望春亭

南北望春亭在禁苑東南高原之上

飲馬

丞相夏侯嬰墓在飲馬橋東大道南人謂之馬冢

太康地記　闕名

并州不以衛水爲號又不以恒山爲名而云并者蓋以其在兩谷之間乎韓魏趙謂之三晉并冀二州是其地也

曲阿本名雲陽秦始皇以有王氣鑿北阬山以敗其勢截其直道使其阿曲故曰曲阿也吳還爲雲陽今復名曲阿

梁孝王築睢陽城方十三里鼓倡節杵而後下和之者稱睢陽曲今踵以爲故今之樂家睢陽曲是其遺音

太康地記（一）

吳有太初宮方三百丈權所起也昭明宮方五百丈晧所作也

武昌南湖通江夏有水冬則涸于時靡所產植陶太尉立塘以遏水於此常自不竭因取瑯琊郡隔湖魚菱以着湖內菱甚甘美異於他故所產鮒魚乃長三尺

龍目湖秦王東游觀地勢云此有天子氣使赭衣徒鑿湖中長流使斷因改名爲丹徒今水北注江也

太康地記（二）

燉煌新錄

宋　劉昞

索充宋桶

索充夢一虜脫上衣來詣充索紞占曰虜去上半下男字也

又宋桶夢內中有一人著衣桶一手把兩杖極打之索紞占曰內中有人是肉子也兩杖著之象極打肉食也過三日過三家皆得肉食矣

出血

玉琴卒后墓門前有石人獅子子賢寒微賣與氾氏致車破牛死氾氏就打破皆血出

天仙

蘇劉刺在答彙之右大澤中高百尋然無草木石皆赭色山產椒椒大如彈丸燃之香徹數十里每然椒則有鳥自雲際蹁躚五色名赭爾鳥盖鳳凰種也時漢武帝遣將軍趙破奴逐匈奴得其椒不能解使問東方朔朔曰此天仙椒也塞外千里有之能致鳳武帝植之太液池至元帝時椒生果有異鳥翔集

高昌壁

高昌壁故屬燉煌下繞蒲海肥美良白水草沃衍

宋質

宋質直破虜有威名兒啼恐之即止虜相恚曰使汝行逢宋都督

李暠

晉安帝隆安元年京州牧李暠微服出城逢虎道邊虎化爲人遥呼暠爲西涼君暠因彎弧待之又乃遥呼暠曰有事告汝無疑也暠知其異投弓於地人乃前曰燉煌空虛不是福地君之子孫王於西京不如從酒泉言訖乃失暠乃移都酒泉

張存

張存善針存有奴好逃亡存宿行針縮奴脚欲使則針解之

索丞宗

索丞宗伯夷成善鼓箏悲歌能使喜者嚧淚改調易謳能使戚者起舞時人號曰雍門周

氾固

汜固字孔完大将軍樑純之孫也推家財百萬與寡弟婦二百萬與孤兄子於是三府競辟皆不就

燉煌新録　三

扶南土俗　康泰

蒲羅中國

扶南土俗曰利止東行極崎頭海邊有居人人皆有尾五六寸名蒲羅中國其俗食人

優鈸國

優鈸國在天竺之東南可五千里國土熾盛城郭珎玩謠俗與國同

横趹國

横趹國在優鈸之東南城郭饒樂不及優鈸也

比擴國

諸薄之東南有比擴洲出錫轉賣與外徼

馬五洲

諸薄之東有五洲出鷄舌香樹木多華少實

薄歎洲

諸薄之西北有薄歎洲土地出金常以採金爲業轉賣與諸賈人易糧米雜物

耽蘭洲

諸薄之西北有耽蘭之洲出鐵

巨延洲

諸薄之東北有巨延洲人民無田種芋浮船海中截大蚶螺盃往扶南

濱郍專國

濱郍專國出驃馬及金傛民皆有衣被結髮也

烏文國

烏文國昔混滇初載賈人大泊所成比國

斯調國

斯調洲灣中有自然鹽累如細石子國人取之一車

輸王餘自入

林陽國

扶南之西南有林陽國去扶南七千里土地奉彿有數千沙門持戒六齋日魚肉不得入國一日再市朝市諸雜米甘菓石蜜暮中但香花

南宋市肆紀

泗水潛夫輯

諸市

藥市（炭橋）　花市（官巷口）　珠子市（融和坊南官巷）

米市（北關門外黑橋頭）　肉市（大瓦修義坊）　菜市（新門外東青門霸子頭）

鮮魚行（候潮門外）　魚行（北關門外水水橋）　南猪行（候潮門外）

北猪行（打猪巷）　布行（便門外橫河頭）　蟹行（新門外南土門）

花團（官巷口塘門內）　青菓團（候潮門內泥路）　柑子團（後市街）

鮝團（便門外渾水閘）　書房（橘園亭）

瓦子勾欄

南瓦（清冷橋熙春樓）　中瓦（三元樓）　大瓦（三橋街亦名上瓦）

北瓦（名下瓦泉安橋亦）　蒲橋瓦（亦名東瓦）　便門瓦（便門外）

候潮門瓦（候潮門外）　小偃門瓦（小偃門外）　新門瓦（亦名四通館瓦）

薦橋門瓦（薦橋門外）　菜市門瓦（菜市門外）　錢湖門瓦（省馬院前）

赤山瓦（後軍寨前）　行春橋瓦　北郭門瓦（又名人通店）

米市橋瓦　舊瓦（石板頭）　嘉會門瓦（嘉會門外）

北關門瓦（又名新瓦）　艮山門瓦（艮山門外）　羊坊橋瓦

王家橋瓦　龍山瓦（城內隸脩內司城外隸殿前司）

如北瓦羊棚樓等謂之邀棚外又有勾欄甚多北瓦內勾欄十三坐最盛或有路岐不入勾欄只在要鬧寬濶之處做場謂之打野呵此又藝之次者

酒樓

和樂樓昇暘宮南庫　和豐樓武林園上庫　中和樓銀甕子中庫

春風樓北庫　太和樓東庫　西樓金文庫

太平樓　豐樂樓　南外庫

北外庫　西溪樓

已上並官庫屬戶部點檢所每庫設官妓數十人

各有金銀酒器千兩以供飲客之用每庫有祗直者數人名曰下番飲客登樓則以名牌點喚侑樽謂之點花牌元夕諸妓併番互移他庫夜賣各戴杏花冠兒危坐花架然名娼皆深藏邃閣未易招呼肴核杯盤亦各隨意携至庫中初無庖人官中趂課初不藉此聊以粉飾太平耳往往皆學舍士夫所據外人未易登也

熙春樓　三元樓　五間樓

賞心樓　嚴廚　花月樓

銀馬杓　康沈店　翁廚

任廚　陳廚　周廚

巧張　日新樓　沈廚

鄭廚只賣好食雖海鮮頭羹皆有之　蛇螄眼只賣好酒

張花

巳上皆市樓之表表者每樓各分小閣十餘酒器悉用銀以競華侈每處各有私名妓數十輩皆時粧袪服巧笑爭妍夏月茉莉盈頭香滿綺陌凭檻招邀謂之賣客又有小鬟不呼自至歌吟強聒以

求支分謂之擦坐又有吹簫彈阮息氣鑼板歌唱散耍等人謂之趕趂及有老嫗以小爐炷香爲供者謂之香婆有以法製青皮杏仁半夏縮砂荳蔻小蠟茶香藥韻薑砌香橄欖薄荷至酒閣分俵得錢謂之撒暫又有賣玉面狸鹿肉糟決明糟蟹酒蛤蜊柔魚鰕茸鱐乾者謂之家風又有賣酒浸江蟠章舉蠣肉龜腳鎖管蜜丁脆螺鱟醬法鰕子魚鮆魚諸海味者謂之醒酒口味凡下酒羹湯任意索喚雖十客各欲一味亦自不妨過賣鐺頭記憶

數十百品不勞再四傳喝如流便即製造供應不許少有違悞酒未至則先設看菜數楪及舉杯則又換細菜如此屢易愈出愈奇極意奉承或少忤客意及食次少遲則主人隨逐去之歌管歡笑之聲每夕達旦往往與朝天車馬相接雖暑雨風雪不少減也

歌館

平康諸坊如上下抱劒營漆器墻沙皮巷清河坊融和坊新街太平坊巾子巷獅子巷後市街薦橋

皆羣花所聚之地外此諸處茶肆

清樂茶坊　八仙茶坊　珠子茶坊

潘家茶坊　連三茶坊　連二茶坊

及金波橋等兩河以至瓦市各有等差莫不靚粧迎門爭妍賣笑朝歌暮絃搖蕩心目凡初登門則有提瓶獻茗者雖杯茶亦犒數千謂之點花茶登樓甫飲一杯則先與數貫謂之支酒然後呼喚提賣隨意置宴趕趂祗應撲賣者亦皆紛至浮費頗多或欲更招他妓則雖對街亦呼肩輿而至謂之過街轎前輩如賽觀音孟家蟬吳憐兒等甚多皆以色藝冠一時家甚華侈近世目擊者惟唐安安最號富盛凡酒器沙鑼氷盆火箱粧合之類悉以金銀爲之帳幔茵褥多用錦綺器玩珍奇他物稱是下此雖力不逮者亦競鮮華盞自酒器首飾被臥衣服之屬各有賃者故凡佳客之至則供具爲之一新非曾遊者不察也

賃物

花檐　酒檐　首飾　衣服　被臥

轎子　布囊　酒器　幃設　動用

盤合　食具

凡吉凶之事自有所謂茶酒厨子專任飲食請客宴席之事凡合用之物一切賃至不勞餘力雖廣席盛設亦可咄嗟辦也

作坊

熟藥圓散　生藥片飲　麩麪

糰子　饅頭　爊炕鵞鴨

爊炕猪羊　唐蜜棗兒　諸般糖

金橋圍　灌肺　饊子
其豆　印馬　蚊烟

都民驕惰凡賣買之物多於作坊行販已成之物轉求什一之利或有貧而鳯者凡貨物盤架之類一切取辦於作坊至晚始以所直償之雖無分文之儲亦可糊口此亦風俗之美也

驕民

都民素驕非惟風俗所致盖生長輦下勢使之然若住屋則動蠲公私房賃或終歲不償一鏹諸務税息亦多蠲放有連年不收一孔者皆朝廷自行抱認諸項窠名恩賞有黄榜錢雪降則有雪寒錢久雨久晴則又有賑恤錢米大家富室則又隨時有所資給大官拜命則有所謂搶節錢病者則有施藥局童幼不能自育者則有慈幼局貧而無依者則有養濟院死而無殮者則有漏澤園民生何其幸歟

游手

美人局 以娼優為姬妾誘引少年為事
櫃坊賭局 以博戲關撲結黨手法騙財
水功德局 以求官覔舉恩澤遷轉訟事交易等為名假借聲勢脱漏財物

浩穰之區人物盛夥游手奸黠實繁有徒有所謂美人局之類不一而足又有買賣物貨以僞易眞至以紙為衣銅鉛為金銀土木為香藥變换如神謂之白日賊若閙闠之地則有剪脱衣囊環珮者謂之覔貼兒其他穿窬胠篋各有稱首以至頑徒如攔街虎九條龍之徒尤為市井之害故尹京政先彈壓必得精悍鉤距長於才術者乃可都轄一房有都轄使臣總轄供申院長以至廂巡地分頭項火下凡數千人專以緝捕為職其間雄駔有聲者往往皆出羣盗而内司又有海巡八廂以察之

市食

鵪鶉餶飿兒　肝臓鋏子　香藥灌肺
灌腸　猪胰胡餅　羊脂韭餅
窩絲薑豉　剗子　科斗細粉
玲瓏雙條　七色燒餅　雜㸐
金錠裹蒸　市羅鋏兒　寛焦薄脆

糕糜　旋炙犯兒　八糙鵝鴨
炙鷄鴨　爊肝　鑵裹爊
爊鰻鱔　爊團魚　煎白腸
水晶膾　煎鴨子　臓駞兒
焦蒸餅　海蜇鮓　薑蝦米
辣虀粉　糟薺子　豆糰
麻糰　螺頭　膘皮
辣菜餅　炒螃蟹　肉葱虀
羊血　鹿肉犯子

果子

皂兒膏　宜利少　瓜蔞煎
鮑螺　裹蜜　糖絲
澤州餳　蜜麻酥　炒團
澄沙團子　十般糖　甘露餅
玉屑膏　爊木瓜　糖脆梅
破核兒　查條　橘紅膏
荔枝膏　蜜薑豉　韻薑糖
花花糖　二色灌藕　糖豌豆
芽豆　栗黃　烏李
酪麪　蓼花　蜜彈彈
望口消　桃穰酥　重劑
蜜棗兒　天花餅　烏梅糖
玉柱糖　乳糖獅子　薄荷蜜
琥珀蜜　餳角兒　諸色糖蜜煎

菜蔬

薑油多　薤花茄兒　辣瓜兒
倭菜　藕鮓　冬瓜鮓

筍鮓　茭白鮓　皮醬
糟瓊枝　蓴菜筍　糟黃芽
糟瓜虀　淡鹽虀　鮓菜
醋薑　脂麻辣菜　拌生菜
諸般糟淹　鹽芥

粥

七寶素粥　五味粥　粟米粥
糖豆粥　糖粥　糕粥
饊子粥　菉豆粥　肉盦飯

羓鮓

算條　界方條　線條
魚肉影戲　羊羓　削脯
槌脯　鬆脯　兔羓
麞羓鹿脯　糟猪頭　乾鹹豉
皂角鋌　臘肉　炙骨頭
旋炙荷包　荔枝皮　鵝鮓
荷包旋鮓　三和鮓　切鮓
骨鮓　桃花鮓　雪團鮓

玉板鮓　鱘鰉鮓　春子鮓
黃雀鮓　銀魚鮓　蝛鮓

涼水

甘豆湯　椰子酒　豆兒水
鹿梨漿　滷海水　薑蜜水
木瓜汁　茶水　沉香水
荔枝膏水　苦水　金橘團
雪泡縮脾飲　梅花酒　五苓大順散
香薷飲　紫蘇飲

糕

糖糕　蜜糕　栗糕
粟糕　麥糕　豆糕
花糕　糍糕　雪糕
小甑糕　蒸糖糕　生糖糕
蜂糖糕　線糕　間炊糕
乾糕　乳糕　重陽糕
社糕

蒸作從食

子母蠒　春蠒　大包子
荷葉餅　芙蓉餅　壽帶龜
子母龜　歡喜　撚尖
剪花　小蒸作　駱駝蹄
大學饅頭　羊肉饅頭　細餡
糖餡　豆沙餡　蜜辣餡
生餡　飯餡　酸餡
笋肉餡　麩蕈餡　棗栗餡
薄皮　蟹黃　灌漿

臥爐　鵝項　棗餇
仙桃　乳餅　萊餅
秤錘蒸餅　睡蒸餅　千層
鷄頭籃兒　鵝彈　月餅
饆子　炙焦　肉油酥
燒餅　火棒　小蜜食
金花餅　市羅　蜜劑
餅餤　春餅　胡餅
韭餅　諸色餤子　諸色包子

市肆紀　十二

諸色角兒　諸色從食　諸色果食

諸色酒名

薔薇露　流香（並御庫）　宣賜碧香
思春堂（三省激賞庫）　鳳泉（殿司）　玉練槌（祠祭）
有美堂　中和堂　雪醅
眞珠泉　皇都春（出賣）　常酒（出賣）
和酒（並出賣京醞）　皇華堂（浙西倉）　爰咨堂（浙東倉）
瓊花露（揚州）　六客堂（湖州）　齊雲清露
雙瑞（並蘇州）　愛山堂　得江（並東總）
留都春　靜治堂（並江閫）　十洲春
玉醅（並海閫）　海岳春（西總）　籌思堂（江東漕）
清若空（秀州）　蓬萊春（越州）　第一江山（並鎮江）
北府兵厨　錦波春　浮玉春
秦淮春　銀光（並建康）　清心堂
豐和春　蒙泉（並溫州）　瀟灑泉（嚴州）
金斗泉（常州）　思政堂　龜峯（並衢州）
錯認水（婺州）　穀溪春（蘭溪）　慶遠堂（秀邸）
清白堂（揚府）　藍橋風月（吳府）　紫金泉（揚郡王府）

市肆紀　十三

慶華堂（楊駙馬府）　元勳堂（張府）　眉壽堂
萬象皆春（並榮邸）　濟美堂　勝茶（並謝府）
點檢所酒息日課以數十萬計而諸司邸第及諸州供送之酒不與焉蓋人物浩繁飲之者衆故也

小經紀（他處所無有）

班朝錄　供朝報　選官圖
諸色科名　開先牌　寫牌額
裁板尺　諸色指揮　織經帶
棋子棋盤　揣押骰子　交牀試藍

賣字本　掌記冊兒　諸般簿子
諸色經文　刀冊兒　紙畫兒
扇牌兒　印色盈　剪字
纏令　耍令　琴阮絃
開笛　諍笙　鞔鼓
口簧　位牌　諸般盝兒
屋頭掛屏　剪鐵花樣　簷前樂
見成皮鞢　提燈龍燈　頭鬚編掠
香櫞絡兒　香櫞坐子　柱杖

市肆紀　十四

粘竿　風旛　釣鈎
釣竿　食罩　吊掛
拂子　蒲坐　椅褥
藥焙　烘籃　風袋
煙帚　糊刷　鞢楦
桶鉢　搭羅兒　蓋撩子
帽兒　鞢帶　脩皮鞢
穿校椅　穿壘恩　鞢結底
領抹　釵朶　牙梳

穿珠　洗翠　脩冠子
小梳兒　染梳兒　接補梳兒
香袋兒　面花兒　絹孩兒
符袋兒　畫眉七香丸　膠紙
穩步膏　手皴藥　涼藥
香藥　膏藥　髮垛兒
頭髮　磨鏡　弩兒
弩絃　彈弓　箭翎
射貼　壺籌　鵓鴿鈴

市肆紀　十五

風箏　藥線　象棋
鞬子　斗葉　香爐灰
紕刷兒　筅子剔　剪截段尺
出洗衣服　簇頭消息　提茶瓶
鼓爐釘鉸　釘看窗　札熨斗
供香餅　使綿　打炭墼
補鍋子　泥竈　整漏
箍桶　攀膊兒　竹貓兒
消息子　老鼠藥　蚊烟

鬧鵓兒　凉筒兒　紐扣子
接絲　修扇子　錢索
麻索　紅索兒　蓆草
鷄籠　修竹作　使法油
油紙　油單　氈坐子
修砧頭　磨刀　磨剪子
擂槌（俗諺云杭州人一日吃三十丈木頭以三十萬家爲率大約每十家日吃擂槌一分合而計之則三十丈矣）　棒槌　春木
劈柴　淘井　猫窩

猫魚　賣猫魚　改猫犬
鷄食　魚食　蟲食
蟲蟻食　諸般蟲蟻　魚兒活
蛇蚪兒　促織兒　小螃蟹
金麻　馬蚻兒　蜘蟟
蟲蟻籠　促織盆　麻花子
荷葉　燈草　發燭
肥皂團　茶花子　買瓶撥
舊鋪襯　乞伯紙　竹釘
淘灰土　淘河　剔撥叉
黄牛糞灰　挑齊蟲　賣煙火
鏇影戲

若夫兒戲之物名件甚多尤不可悉數如相銀杏猜糖吹叫兒打嬌惜千千車輪盤兒每一事率數十人各專藉以爲衣食之地皆他處之所無也

諸色伎藝人

御前應制　姜梅山（特立觀察使）　周葵窻（諸臣）
曹松山逵　陳藏一（郁）　徐良

陳愛山　程奎　耿待聘
御前畫院　馬和之　蕭漢臣
李安中　陳善　林春
吳炳　夏圭　李迪
馬遠　馬璘

此載武林舊事豈特備叅訂資博洽補史氏之遺
葢有風人之義存焉温陵留志淑書